国家社科基金重大项目资助成果

主编 徐 勇 邓大才

中国农村调查

文献类（第3卷）上

分卷主编 刘金海

武汉出版社
WUHAN PUBLISHING HOUSE

(鄂)新登字08号

图书在版编目（CIP）数据

中国农村调查．文献类．第 3 卷 ：全 2 册 / 徐勇，邓大才主编 ；刘金海分卷主编．-- 武汉 ：武汉出版社，2024.12

ISBN 978-7-5582-6401-6

Ⅰ．①中… Ⅱ．①徐… ②邓… ③刘… Ⅲ．①农村调查－研究报告－中国 Ⅳ．① D668

中国国家版本馆 CIP 数据核字（2023）第 225766 号

主　　编：徐　勇　邓大才

本卷主编：刘金海

责任编辑：张荣伟　黄　澄

封面设计：刘　勍

出　　版：武汉出版社

社　　址：武汉市江岸区兴业路 136 号　　邮　　编：430014

电　　话：(027)85606403　　85600625

http://www.whcbs.com　　E-mail:whcbszbs@163.com

印　　刷：湖北金港彩印有限公司　　经　　销：新华书店

开　　本：787 mm×1092 mm　　1/16

印　　张：68.5　　字　　数：1780 千字

版　　次：2024 年 12 月第 1 版　　2024 年 12 月第 1 次印刷

定　　价：398.00 元（全 2 册）

《中国农村调查》编辑委员会

总　序

1900年中国发生了一场震撼世界的变动，即义和团运动。这一运动的失败，标志着中国这样一个庞大的农业帝国无论如何都难以应对工业文明兴起后“世界历史”的挑战。这一事件也说明制度与文明愈是悠久，其黏性就愈厚重，变革就愈困难，以至于中华民族只有到了最危险的时刻才“起来”。

进入20世纪后，“起来”的中国内忧外患，最基本的出发点则是一个农业农村农民国家的“家底”。这一家底是无法对抗工业文明的进入的，历史面临着“断裂”的危险，“保种保国”“救亡图存”成为仁人志士的共识。唯一出路是顺应世界大势，由农业大国向工业大国转变。但这一转变首先受到冲击的是农村和农民。以认识中国农村为基点，进而解释中国、解决中国问题的农村调查因此应运而生。

中国是一个古老的农业文明国家，但历史上从未有过专门的农村调查。进入20世纪以后，农村调查得到广泛关注，调查者之多和内容之丰富，是前所未有的，在世界上也是少见的，其成就十分突出。据不完全统计，仅仅在1925—1935年间，中国农村社会经济调查便达9000余次。总体上看，20世纪的中国农村调查有如下特点。

其一，有很强烈的问题意识，即意识到农业、农村和农民问题是一个迫切需要解决的时代问题，不能再按照原样继续下去了。而土地是农村的主要生产资料和农民的主要生活保障，在农业、农村与农民问题中具有至关重要的地位。20世纪中国农村调查最多的是与土地相关的问题。土地调查可以说是20世纪中国农村调查的一根主线，贯穿于整个世纪。

民国时期，一些教会学校中的外籍教授为指导学生实习，主持了具有现代意义的农村调查研究，最有代表性的是1920年起担任金陵大学农学院农业经济系教授，并兼任农业经济系主任的美国学者卜凯。他开启和主持了两次大规模的农村经济调查。第一次是1921—1925年间，共对7省17县的2866户农家进行了调查，出版了《中国农家经济》。第二次是1929—1933年，组织对中国22省、168个地区、16786个农场和38256户农家的调查，在此基础上编写了《中国土地利用》一书。

孙中山先生作为先知先觉者，早在20世纪初就提出了“平均地权”的主张，后来又将“耕者有其田”作为政策。由孙中山先生缔造的国民党取得国家政权以后，也意识到农村问题的紧迫性，并专门成立了农村复兴委员会，进行了大量农村调查，特别是农村人口与土地调查。

中国共产党是以马克思主义理论为指导的政党，面对的是农村和农民国家这一基本国情。经过探索，中国共产党逐步认识到农村和农民问题的极端重要性。毛泽东指出：“谁赢得了农民，谁就会赢得中国”“谁解决了土地问题，谁就会赢得农民”。[1] 因此，由中国共产党所从

---

[1]《斯诺眼中的中国》，中国学术出版社，1982年版，第47页。

事的农村调查主要是围绕土地问题展开。中国共产党早期领导的革命为土地革命，即围绕土地展开的革命，所从事的农村调查与土地密切相关，最有代表性的是毛泽东所作的农村实地调查。

1941年，中共中央专门作出《关于调查研究的决定》，推动了农村调查，取得了不少成果。最有代表性的是张闻天等四人进行的“杨家沟调查”。如果说以往的调查主要是一般农户，那么这一次则集中调查一个马姓地主，主要内容是土地、高利贷和商业剥削三者的结合。

由于中国共产党深刻认识到土地问题的极端重要性，获得政权与土地改革相伴随，围绕土地改革进行了一些调查。1960年代初，由于指导思想的过快过急，造成经济严重困难，毛泽东特别强调调查，并要求中央领导人亲自去农村进行调查。在这一过程中，产生了一些调查报告。有代表性的是陈云“青浦农村调查”关于自留地的调查。

1978年，一些地方出现土地包产到户和包干到户的做法，并得到中央主要领导人的支持。但是对这一做法存在很大争议。中央的农村政策研究机构专门组织人员进行农村调查，写出多份有价值的调查报告。其代表人物是号称“农村改革之父”的杜润生及其“九号院”团队。

其二，在农村调查中建立起“民族自觉”和“调查自觉”。

20世纪的中国农村调查的主题是围绕中华民族自强而展开的。因为农村问题关系到国家兴衰，促使人们从民族自强的角度认识和解决农村问题，萌生出“民族自觉”意识，并形成了“调查自觉”。

对中国的研究和农村调查最早是外国人做的。这种现象也强烈刺激了中国人的自我意识和“调查自觉”。1920年代末，在共产国际农民运动研究所东方部工作的匈牙利人马季亚尔写了一本《中国农村经济》，认为：中国自原始社会解体后，是一种由亚细亚生产方式决定的“水利社会”。在苏联留学的陈翰笙不同意这种观点，但因为缺乏对中国农村经济的广泛深入调查，没有确切有力的材料足以说服对方，从而萌生出要对中国农村经济进行实地调查研究的责任感。从1920年代末到1930年代，在陈翰笙主持下进行了一系列农村经济调查，并专门出版了《中国农村》刊物。

20世纪30年代，中国社会学家们有了学术自觉。杨开道为瞿同祖所著《中国封建社会》一书作序时，曾指出：“中国社会科学的毛病，是只用国外的材料，而不用本国的材料。尤其社会学一门，因为目下研究的朋友，大半归自美国，熟于美洲社会情形，美洲实地研究。所以美国色彩甚浓，几乎成为一个只用美国材料，而不用中国材料、欧洲材料的趋势。这种非常状态，自然会引起相当反感的。”[1] 他们积极行动起来，开始从对于“西学”“国外材料”的兴趣，转向将社会学的理论和方法与中国的社会实际结合起来，对中国农村进行调查，以自觉地倡导本土社会的研究取向。

在中共党内，毛泽东是最有“调查自觉”意识的。毛泽东早在1930年就指出：“一切结论产生于调查情况的末尾，而不是在它的先头。”“没有调查，没有发言权。”“调查就像‘十月怀胎’，解决问题就像‘一朝分娩’。调查就是解决问题。”[2] 毛泽东是在反对主观主义和本本主

[1] 转引自张丽梅、胡鸿保：《引进与再造——social anthropology 在中国》，《思想战线》2015年第5期。

[2] 《毛泽东农村调查文集》，人民出版社，1982年版，第1—3页。

义的过程中，建立起高度的“调查自觉”的。1941年8月1日，毛泽东在《关于调查研究的决定》中指出：“二十年来，我党对于中国历史、中国社会与国际情况的研究，虽然是逐渐进步的，逐渐增加其知识的，但仍然是非常不足；粗枝大叶、不求甚解、自以为是、主观主义、形式主义的作风，仍然在党内严重地存在着……党内许多同志，还不了解没有调查就没有发言权这一真理。还不了解系统的周密的社会调查，是决定政策的基础。还不知道领导机关的基本任务，就在于了解情况与掌握政策，而情况如不了解，则政策势必错误。还不知道，不但日本帝国主义对中国的调查研究，是如何的无微不至，就是国民党对于国内外情况，亦比我党所了解的丰富得多。”[1]

其三，成立了专门的调查机构并组织了人员，采用多种调查方法，出现了多种不同的观点。

在20世纪，为推进农村调查，建立了专门的调查机构，有专门的人员进行调查。卜凯的调查培养了大批专门的调查人员。陈翰笙发起成立中国农村经济研究会，将实地调查作为研究会的重要工作。李景汉被誉为中国农村专家，先后任职的中华教育文化基金会社会调查部、中华平民教育促进会定县试验区调查部、中国人民大学调查研究室都是专门的调查机构。陆学艺先生长期任职的中国社会科学院社会学研究所，专门建立有农村调查机构。

在农村调查中形成多种方法，既有西方的“洋办法”，也有自己在实践中创设的“土办法”。总体上看，包括三类。

一是完全运用西方的社会学科及其方法，如卜凯。卜凯特别强调，运用调查方法研究中国的农村问题能否取得良好的效果，关键在于：调查表的性质，调查员的能力，与农人的自身三者……前二者尤居首要。

二是在吸收西方社会科学方法基础上进行再创设，如费孝通。费孝通的调查有两个突出特点：一是典型调查，一是跟踪调查。对“江村”进行为期数十年的跟踪调查，对“云南三村”进行了50年后的重访，以持续不断解剖“麻雀”。

三是在实践中自己探索和掌握的方法，如毛泽东。毛泽东没有受过专门系统的调查训练，但在调查中自创了不少“土方法”。

由于立场、出发点和重点不同，农村调查中产生的观点丰富多彩。大体上可分为：一是以卜凯为代表的“技术学派”，认为中国农村落后是技术落后，改良技术即可。二是乡村建设者的“文化学派”，认为中国农村问题主要是“文化失调”和农民愚昧。三是以费孝通为代表的“产业学派”，认为中国农村落后在于单一的农业，土地改革只能解决生存问题不能解决富裕问题。四是以中国共产党为代表的“制度学派”，认为是生产关系，特别是土地制度造成农村落后，改变农村当从改变制度入手。

其四，在调查过程中产生和强化本土意识，开始建立起本土化理论。

中国作为一个传统的农业国家，依靠的是历史长期形成的规则自我运行，没有专门研究社会发展的社会科学，知识者高于乡村社会之上。近代以来，由于传统帝国无力应对“世界历史”的挑战，只有全面“向西方学习”，当西方人的“学生”。来自外国的思想文化为中国注入

[1]《毛泽东文集》第二卷，人民出版社，1993年版，第360—361页。

了前所未有的新思想新观念，但中国的主体性会日益失去。造成中国只有引进和照搬，缺乏消化、吸收和提升。而调查是一种立足于当地实际对实际状况进行认识的行为，它必然促进调查者从所调查的对象出发。调查过程本身就是不断产生和强化本土意识的过程，也是能够建立起本土理论的过程。

卜凯是纯粹的西方学者。从事农村经济研究的卜凯来到中国后最为困难的是不了解中国农村。在中国大学教学中完全照搬美国不可行，他为之苦恼不已。他的妻子在中国多年，深感从中国实际出发的重要性，鼓励卜凯从调查着手。正是通过调查，卜凯不仅划时代地收集了中国近代农业经济的一套最完善的调查资料，并且对中国农业经济的看法长期影响着后来的学者。

陈翰笙在苏联留学时就对国际权威的论点提出质疑，回国后又不满卜凯的见解。他从马克思主义的观点出发，批评卜凯“自封于社会现象的一种表面，不会企图去了解社会结构的本身”，“着重研究生产力而不研究生产关系”。他的调查得出了中国社会半殖民地半封建性质的结论，并认为农民受到地主、外国资本和本地官僚买办的三重剥削压榨，已经完全破产，除了造反别无出路，从而为农村革命提供了学理上的合法性依据。

费孝通师从国际人类学大师，但并非老师的“跟班”，在开展以中国农村为对象的调查中，逐步产生和强化本土意识，并建立起具有本土性的理论，提出许多经典性的观点，如“差序格局”，最集中反映于《乡土中国》一书。

中国共产党是以马克思主义为指导的政党，而毛泽东则是将马克思主义与中国实际相结合的典范。重要原因就是毛泽东从中国实际出发，而不是从本本出发，在调查中不断产生和强化从实际出发的意识。中华人民共和国成立后，对于如何建设社会主义缺乏经验，出现了照抄照搬苏联模式的倾向，如人民公社。农村改革促使中国重新思考自己的发展道路，而农村改革的成功增强了走中国特色社会主义道路的自信。其中，围绕家庭承包开展的农村调查功不可没。

20 世纪的中国农村调查取得的成就无疑十分辉煌，但由于受时代限制，也存在相当大的局限性。这种局限性构成了中国在由农业国家向工业国家转变中受到重大挫折的重要原因之一。

1.“调查自觉”及其调查缺乏连贯性。

20 世纪中国农村调查主要集中于 20 世纪二三十年代。进入 50 年代，中国全面深刻地改造传统农村，最需要也最有条件开展大规模的农村调查，在此基础上作出改变农村的决策。但是，由于多种原因，农村调查的自觉意识大为淡化，甚至连以调查为主要基础的社会学科也被取消。1950 年代作出改造农村的重大决策缺乏严格科学的调查，更多的是一种主观认识，由此导致重大挫折。直到 1960 年代初，面临严重的经济困难，毛泽东才强调实际调查。但是，这时的调查主要依靠的是领导人，包括毛泽东身边的工作人员到农村了解情况。即使是根据实际情况调查提出的独立见解，也因为不符合某种理想标准而未能对决策产生影响。

2. 缺乏大型深度的基础性和战略性调查。

20 世纪是中国从一个传统农业大国向现代工业大国转变的历史时期，是重大的历史性转变，涉及诸多基础性和战略性问题，但 20 世纪的中国农村调查在基础性和战略性调查方面相当欠缺。

一是广度不够。因为紧迫实用的需要，农村调查主要是围绕土地问题，土地问题又主要围绕分配问题。农村其他方面调查严重不足。同时，调查主要采用的是典型调查。对于中国这样一个地域辽阔、发展不均衡的国家的全面调查几乎没有，特别是中西部农村的调查更欠缺。这种典型调查很容易造成以“点”概“面”。

二是深度不够。农村调查主要是现象和实际状态调查，在一个地方的调查时间不长，访谈式的步步深入挖掘的调查不够。

三是厚度不够。由于强烈的反传统精神和“经世致用”意识，农村调查未能对影响和制约中国农村发展走向的根部和底色进行调查，并寻求规律性认识，如印度和俄国调查中发现的“村社制”根基。正因为如此，土地改革后盲目照搬照抄苏联的集体农庄制。

20 世纪中国农村调查的局限是时代所致。尽管如此，大量的农村调查为后人留下丰富的文献。我们从这些文献中可以更充分和深入地了解 20 世纪中国农村状况及巨大变迁。

历史总是在过往基础上前进的。站在新的历史高点上，21 世纪的农村调查要充分吸取 20 世纪调查的经验，努力弥补过往的不足，将中国农村调查提升到与时代相匹配的高度。将 20 世纪中国农村调查的文献加以整理汇集，既能够为 21 世纪中国农村调查提供借鉴，更可为中华民族从历史断裂边缘中奋进，日益走近世界舞台中心保留下一份珍贵的历史记录。

借本文献的出版，向为中国农村调查作出艰苦努力的前人致以敬礼！

徐　勇

2018 年 6 月

凡　例

作为教育部人文社会科学重点研究基地，华中师范大学中国农村研究院历来重视农村调查资料的收集、整理与利用，《中国农村调查·文献类》便是成果之一。在付梓出版之际，特做如下说明：

1. 本丛编旨在对20世纪20—50年代的农村调查资料进行收集、整理与汇编。

2. 为保证所选材料的原始性、真实性和客观性，尽可能地选用最早版本或是原刊版本，不得已才用新中国成立后的版本代之。这些均在导语中做了简要介绍。

3. 本丛编收录的农村调查资料，原版文字与图表多为繁体字竖排，为适应现代阅读习惯，我们将繁体字、异体字等改为简体规范汉字（特殊含义不在此列），并采用横排；原书中未进行断句的引文，为避免改变原文语义，对这部分内容不断句、不加标点；原文已断句或未完全断句的引文，则保留原文断句或在原文基础上补齐断句，并按现代汉语习惯加标点。

4. 文献汇总编辑时力求贴近原文，尽量保持文字的原始性（如“的”“地”“底”“部份”“粘性”“化钱”等）；为防止在重排图片时出错，将原文中比较清晰的图片，直接用于选编的书稿中；原文无法识别的字，用“【】”标记，每字一“【】”；为了阅读方便，对一些序号进行了调整，或以特殊格式示之；原文献尾注，均修改为页脚注，且每页单独排序；对一些参考性的注释也进行了原文校对；表格一般选用最简自动调整格式，或是调整到适宜阅读格式；原表格后的注释或说明，均纳入表格中的最后一行显示，并在字体上加以区分；明显错误的标点符号也作了相应修改；原文自序、原契文件及原格式排版者，排版及格式亦忠于原文（特殊者除外）。另外，一些格式今古有别，全部按照现代标准进行了校正。

5. 在出版方面，项目组组建了编辑和校对小组，严格审查、校审每一篇编选的材料。

6. 由于选编的材料出版年代久远，许多材料的印刷字体已变得模糊，再加上个别材料保存时间长，出现一定程度的残损，由此造成个别字词难以辨认在所难免。

7. 由于时间紧迫和编辑人员能力水平有限，难免有疏忽错漏之处，希望海内外学者、读者提出批评和建议，帮助我们提高这套丛书的编辑质量。

编辑说明

第 3 卷

《中国农村调查·文献类》第 3 卷为华东军政委员会土地改革委员会编著的《华东农村经济资料》汇编，共五本（六分册），分别为：《江苏省农村调查》《浙江省农村调查》《安徽省农村调查》《福建省农村调查》《山东省农村调查以及华东各大中城市郊区农村调查》。这部资料的“前言”对这些调查和资料汇编的一些情况作了说明：这部资料是华东各省、市（除台湾外）在土地改革准备期间关于土地改革前农村情况调查的汇编；时间跨度为 1949 年夏至 1950 年 10 月；调查目的是为了研究新区农村特点和准备土地改革；调查选择了一般农村、城市郊区以及平原、山区、渔区、盐区等不同类型乡村进行了重点调查，特别着重于阶级关系和土地关系的调查。虽然这些调查都由华东军政委员会土地改革委员会负责，但内容上各有侧重。

《江苏省农村调查》是《华东农村经济资料》第一分册，内容主要包括两个方面：一是苏南农村调查，包括 9 个部分的内容，来源于 1946 年 12 月的调查，内容具体而翔实；二是苏北农村调查，部分转载于 1950 年 6 月 4 日的《苏北日报》。

《浙江省农村调查》是第二分册，包括六个部分：农村土地关系变化情况、农村经济调查、永佃权及租佃形式调查、一些地区的山林调查、一些地区渔业状况，以及一些地区轻工业和种植业的状况调查。

《安徽省农村调查》是第三分册，调查涵盖了安徽全省，包括土地调查、农村经济概况调查、山林概况调查、江河湖湾调查，以及一些特殊情况的调查。

《福建省农村调查》是第四分册，以福建省作为土地革命成效典型地区来进行实地调查，内容包括五个方面，分别是：农村土地租佃剥削情况、共有田调查、山林情况、耕牛情况、龙岩县典型村庄土地情况。

《山东省农村调查以及华东各大中城市郊区农村调查》分为《山东省农村调查》和《华东各大中城市郊区农村调查》两分册。《山东省农村调查》包括两个部分：一为一些典型县区农村经济状况和土地关系调查，二为一些农村渔业和副业调查。《华东各大中城市郊区农村调查》中的城市主要包括上海、南京、杭州、无锡、济南、苏州和镇江等。

为统一编辑和检索的需要，编者作了以下处理：(1)《江苏省农村调查》原文分苏南和苏北两个部分，现予以合并，将苏北部分调整为第十部分；(2)《安徽省农村调查》删除了附录《苗族调查报告》；(3)《福建省农村调查》第二、四、五部分直接将下级标题提升一级；(4) 原第五、六分册分开编排；(5) 给各分册各个部分增加了标题；(6) 对一些表格进行了重排；(7)“前言”原本编排了第一分册之中，现据内容，调整至第一分册之前。

编辑《中国农村调查·文献类》有两个标准：一是调查单元，即以调查区域为依据；二是调查派别，以理论和人文关怀为出发点，按照“制度派”“技术派”“乡村派”等分类汇编。在整理和编辑过程中，两个标准同时采用。第 3 卷同时满足两个标准，而又以第二个标准为主，真实反映华东地区农村土地改革前的经济与社会阶级状况。

编者谨识

2022 年 12 月 30 日

目　录

第一分册　江苏省农村调查

第二分册 浙江省农村调查

第三分册　安徽省农村调查

第四分册 福建省农村调查

第五分册 山东省农村调查

第六分册　华东各大中城市郊区农村调查

前　言

这部资料是华东各省、市（除台湾外）在土地改革准备期间关于土地改革前农村情况调查的汇编。

1949 年夏至 1950 年 10 月，为了研究新区农村特点和准备土地改革，各级党委、人民政府及农民协会均抽派大批干部下乡，组成工作队或工作组，选择一般农村、城市郊区以及平原、山区、渔区、盐区等不同类型乡村进行了重点调查，特别着重于阶级关系和土地关系的调查。对于一县、一市、一地区的情况，作了若干综合研究。同时也分别进行了农业、农村副业等其它专门问题的调查。

这些调查材料，大都经过了当地领导机关研究整理，有的业已铅印成册，有的曾在报章刊物上发表过，但也有一些是未经整理的素材，对华东土地改革前的农村情况，都提供了宝贵的资料。山东、苏北地区在抗日战争和解放战争期间的农村调查，也搜集了若干篇，一并编入，作为参考。

在编辑本资料时，为便于研究参考起见，尽量保持了原材料的朴实性，除删去其中失去时间性的材料，简化了过分复杂的表格，以及作了若干文字上的修改外，对于原材料的基本内容均未加变动。其中部分材料由于调查时各种条件的限制，有些数字与土地改革后各项有关统计数字比较起来，稍有出入，但并未因此失去其参考的价值。

本资料计编为下列各分册：《江苏省农村调查》《浙江省农村调查》《福建省农村调查》《安徽省农村调查》《山东省农村调查》以及《华东各大中城市郊区农村调查》等六个分册。

编辑这部资料的目的，仅仅是为了提供和保存材料，作为研究旧中国农村经济的参考，至于理论上的分析和提高，还未来得及做，尚有待于今后的努力。

编者

1952 年 12 月

第一分册
江苏省农村调查

第一部分　苏南农村经济概况调查

苏南农村土地制度初步调查

一

苏南位于沪、宁、杭三角地区，北滨长江，东临东海，南接浙江，西连皖南。全区辖镇江、常州、苏州、松江四个专区及无锡直属市，有27个县，249个区，2741个乡镇（其中包括无锡、苏州、常州、镇江四个市的郊区在内）。全区土地总面积30 334平方公里，合45 502 000市亩，可耕地为24 192 670亩。总人口约为13 302 036人，其中农村人口约为11 517 025人。如以农村总人口与可耕地总亩数相除，每人平均土地约2亩1分。但各县因人口密度不同，每人平均土地数量亦不一，最高为昆山县，每人平均占有土地3亩4分；最低为武进、江阴两县，每人平均占有土地1亩2分左右。

在土地改革以前，苏南土地制度极不合理，大量土地集中在地主阶级手中；广大的农民，只有少量土地或没有土地。根据25个县（缺丹徒、溧阳两县）973个乡的初步调查统计，农村各阶层占有土地的情况是：

成份	户口		人数		占有土地		
	户数	百分比	人数	百分比	亩数	百分比	每人平均
地主	20 417	2.33	112 034	3.02	2 304 226.95	30.87	20.57
公地	10 835	1.24	2122	0.06	397 322.31	5.32	187.24
工商业者	6291	0.72	31 439	0.85	99 141.30	1.33	3.15
富农	18 138	2.07	107 551	2.89	487 884.12	6.54	4.54
中农	268 116	30.62	1 296 349	34.91	2 356 002.30	31.56	1.82
贫农	439 013	50.15	1 773 010	47.75	1 414 883.48	18.95	0.80
雇农	38 067	4.35	105 351	2.84	36 579.64	0.49	0.35
小土地出租者	41 171	4.70	148 541	4.00	288 091.37	3.86	1.94
其他	33 412	3.82	136 654	3.68	80 974.37	1.08	0.59
总计	875 460	100	3 713 051	100	7 465 105.84	100	2.01

注：小土地出租者系指革命军人、烈士家属、工人、职员、自由职业者、小贩以及因从事其他职业或因缺乏劳动力而出租小量土地者。

这就是说，占总户口2.33%、占总人口3.02%的地主阶级，占有36.19%的土地（包括公地在内）；而占总户口54.5%、占总人口50.59%的贫农雇农，只占有19.44%的土地。但因各地工商业与交通发达程度不同，所受官僚资本的侵蚀与帝国主义的侵略影响深度不一，以及抗日战争中某些抗日游击区经过对敌斗争、减租、减息等种种关系所引起的变化，从而各县地主阶级所占有土地的数量，极不一致。就全区来说，以东部之苏州专区和松江专区部份地区土地最为集中，地主阶级一般占有50%左右的土地。如昆山县地主占有土地和公地共占54.82%。金山县新泾乡地主占有64.21%的土地。最典型的是太仓县大众乡，占户口2.42%、占人口2.83%的地主，竟占有83.59%的土地，平均每个地主占有土地180余亩。昆山大地主陈士勤出租土地达18 000余亩，龚鸣球、钱寅阶等5个地主各占万亩左右土地。他们的土地散布在几个区或几个县范围之内。其次是西部常州、镇江两专区的丘陵地带，土地亦较集中，地主阶级一般占有40%左右的土地。如溧水、高淳地主占有土地和公地共占35%到38%之间。金坛、宜兴两县，地主均占有47%稍强的土地。中部之无锡、武进、江阴等县，地主一般占有20%到30%的土地。如江阴地主占22.45%，无锡地主占有28.98%的土地。全区只有扬中土地较为分散，据57个乡调查，占户口2%的地主，占有14.93%的土地。

另一方面，土地使用情况，根据16个县964个乡的初步调查是：

成份	户口百分比	人口百分比	自耕田	出租土地		佃入土地	
				亩数	占有土地百分比	亩数	占使用土地百分比
地主	2.34	3.02	372 120.47	1 904 500.58	83.65	39 197.62	9.53
公地	1.24	0.06	16 092.33	379 610.72	95.93	1434.29	8.18
工商业者	0.72	0.85	27 465.43	69 537.56	71.69	5171.29	15.85
富农	2.06	2.90	354 007.25	126 777.30	26.37	103 940.19	22.70
中农	30.53	34.91	2 197 162.21	136 740.53	5.86	1 435 537.05	39.52
贫农	50.21	47.75	1 355 528.02	52 547.71	3.73	1 518 552.20	52.84
雇农	4.34	2.83	32 951.41	3359.58	9.25	68 871.97	67.64
小土地出租者	4.73	4.00	120 117.80	164 289.57	57.77	28 426.73	19.14
其他	3.83	3.68	52 878.43	27 998.22	34.62	27 881.52	34.52
总计	100	100	4 528 323.35	2 865 361.77	38.75	3 229 012.86	41.63

从上表可看出：苏南地主阶级封建剥削主要依靠出租土地，出租土地占其占有土地的83.65%；而雇农佃入土地，占其使用土地的67.64%，贫农佃入土地，占其使用土地的52.84%。因此，广大农民因为没有土地，不得不向地主租田耕种，忍受着残酷的封建剥削！

同时，又说明了农村租佃关系复杂，各阶层之间，都有租佃关系，甚至地主阶级（少数经营地主）还佃入少数土地（占总佃入土地的1.21%），雇人耕种。少数中农、贫农、雇农因从事其他劳动或丧失劳动力，也出租少量土地（占总出租土地的6.72%）。

二

苏南地租种类极多，各地名称不一，归纳起来，不外“定租”“活租”“分租”三种。

定租：是苏南较普遍的一种租佃制度，一般有两种情况。一种是“定租呆交”，即规定租额后，“丰年不增，荒年不减”，如上海、奉贤、青浦、松江、太仓等县的“板租”，川沙、江阴、宜兴、江宁等县的“包租”，松江、溧阳、丹阳等县的“官租”，金山的“实租”，无锡的“借田”，金坛的“死租”等，即属此类。另一种是“定租活交”，所谓“活交”，即遇年成荒歉，产量降低或颗粒无收时，可少交或迟交些，这实际上是地主阶级欺骗农民的一种手腕。

活租：一般是根据产量多少，按照一定交租比例，临时评产交租，但评议权完全操在地主手中，如江阴的“成色田”，丹阳、溧阳、奉贤等县的“活租”，青浦的“看租”等属于这类。

分租：各地通称“分租田”“分种田”，常熟称“分场田”，吴县、昆山称“合种田”。这种租制以高淳最为普遍，松江约占全县租田的20%至30%。分租比例有“平分”，有“主四佃六”，有“主六佃四”，甚至有“主七佃三”的，还有常熟县的“外三七分”，即地主得产量的77%，佃户得产量的23%。

租额每亩田一般占正产量的50%。但各地情况不一，根据5个典型乡的调查，高淳薛城乡租额占正产量的40%，常熟长寿乡占41%，江阴浦西乡占50%，无锡坊前占52%，南汇古鹤乡占60%。

此外，还有“预租”“押租”“劳役租”等。“预租”各地名称不同，在江阴叫“榷租”，高淳叫“超租”，丹阳叫“寅交卯租”，常熟叫“烂租”。一般可分为“预收半年租”“预收翌年租”“预收几年租”三种情况。“押租”俗称“押金”“押板”“赋图”“小契”“预首”等。即是农民租种地主土地时，先付一定数量的货币（或粮食）为“押租”，如果农民缴不起地租，地主则扣“押租”。而且地主又将“押金”去放高利贷。所以溧水板桥乡农民说：“押租”是“双保险”“三剥削”。即是说有了“押租”，不怕佃户跑，不怕交不起租，这是“双保险”；地主收租是“一剥削”，取“押租”是“二剥削”，更以“押租”放高利贷是“三剥削”。有“押租”的租田在总租田中所占比例较大，武进周乔乡占总租田的47.45%，上海县占80%。“劳役地租”如丹阳的“分种田”，嘉定的“脚色田”，宝山的“服役租”和“帮工田”等属之。其中以嘉定、宝山两县最为普遍。这种“劳役地租”有两种情况：一种是如承租地主5亩田，要无偿的替地主耕种5亩田；一种是如承种地主1亩田，要无偿的替地主做工20天、40天、60天甚至80天。

三

苏南农村还有一种租佃制度，它与一般租田不同，主要特点在于“田底权”“田面权”分裂，“田底权”为地主所有；“田面权”为佃户所有，实际上是一种永佃权性质。有“田面权”的农民可以将“田面权”出卖、出典、转租，但如果佃户三年不交租，地主就要抽回“田面权”抵作地租，另行招佃。这种租田，在松江叫“大租田”，吴县叫“管业田”，太仓叫“单租田”，无锡叫“灰肥田”或“老租田”；分布范围有吴县、常熟、昆山、吴江、太仓、青浦、金山、松江、奉贤、上海、嘉定、江阴、无锡等13个县，约占有400万以上人口的地区，但各县“田面权”租田所占数量不一。租额一般虽较普通租田略低，但农民需用很高的代价，买进“田面权”，故租额实际很高。在抗日战争前一般租额是“八米二麦”或“六米二麦”（即一年缴8斗或6斗米，2斗麦的租）；抗日战争后到现在，部份地区，租额有了若干变化。“田底”“田面”的比价也有了变化，据吴县、无锡、常熟调查，在抗日战争前，一般是1∶1（即“田底”“田面”同等价值）；抗日战争后逐渐变化，“田面”价值则较“田底”为贵；据常熟3个乡调查，抗日战争前每亩“田底”5石至10石，“田面”5石至10石；抗日战争后每亩“田底”3石至4石，“田面”5石至8石；松江新农乡调查，抗日战争前每亩“田底”8石至9石，“田面”2石至4石；抗日战争后每亩“田底”7石至8石，“田面”2石至4石，解放前每亩“田底”1石至4石，“田面”3石至5石。因此，如果把农民购买“田面权”所付的价格的利息计算在地租之内，则租田的租率实际很高。

四

苏南地主大部分住在城市或集镇上，其收租办法，既狡猾又毒辣，花样很多，善于运用政权力量，压榨农民。在苏州，地主组织有“田业公会”，大小地主1700余人参加，会中雇有“催粮警”100余人，并设有“收租总栈”，下设若干“分栈”，分布各市镇（吴县光福镇就有10多个“租栈”），如遇佃户抗租欠租，即由伪警察下乡逮捕。在太仓，地主组织“评租委员会”，设立“催租局”（县有“总局”，区有“分局”或“催租站”）。局有局差，可指挥伪警察、伪保卫队。由大地主陈士勤、钱寅阶、龚鸣球等3人为首，召开全县地主代表会议，拟订租额，经反动政府批准，谓之“官租”，并由伪县府出布告，地主开会收租。在青浦，地主与伪县府合组“租佃委员会”，统一收租。在无锡、松江一部份地区，地主则利用伪农会（实际上是地主阶级御用的农会），规定租额和收租日期。在常熟、吴江有“催租处”，采取“租赋并征”办法，“指佃完粮”，国民党反动政府县长潘××对所属人员训话时说，“倘有歹徒鼓动抗租、阻碍征实及发生暴动等事情，一经查察，即格杀勿论。”国民党常熟县政府于1946年的《整顿租风实行办法》中规定，凡区镇保甲长都要“挨户劝导佃农，迅速交租”。总之，地主阶级与反动政府“沆瀣一气”，残害农民。有些地主为了欺骗农民达到迅速收租起见，曾规定“限前有让，限后加罚”。如嘉定地主规定“七月七折”“八月八折”“九月九折”。正如“租核”所载：“……田禾至十月方登场，而租限已自九月中始，及其脱粟而粜，则租限早满，无毫发让矣！”实际非但“无毫发让”，反而只有加罚。青浦太仓等县规定“三限”：“头限”十天至半月，过期按原租额加一成（亦有加10斤的）；“二限”七天至十天，过期按原租额再加一成（或加10斤）；“三限”五天至七天，过期再加一成（或再加10斤，共30斤）。吴县光福区地主汪秋生曾用“三比”酷刑对付欠租农民，“三比”是三天一“小比”，五天一“大比”，七天一“血比”。“比”的方法是把欠租的农民，按置在一种特制木架上，掀翻屁股，用鞭子猛打，一直到见血，才叫“血比”。句容县桥头镇地主华锦之的牢房里，五年中关过400多个农民，有些则被杀死在牢里。溧水板桥乡地主王明德并且造了堡垒来监禁农民。无锡梅村区地主薛念恩堂逼租时用“滚笆斗”“吃毛竹筷”“坐冷方砖”等残酷刑具，对付欠租农民。昆山、常熟两县地主对欠租农民采用游街、销庭柱、栽田、站笼、人质、戴枷、滚笆斗、拷打、开差船、放水灯等24种逼租方法。不少地主备有手铐、脚镣、铁锤、棍棒等凶器，动辄扣押吊打农民，逼得无数的农民家破人亡，逼死了无数的善良农民。据常熟大义区11个乡统计，农民受地主逼害的共有2716人，其中吃租米官司的970多人，被逼逃亡的350人，坐牢致死的47人，被逼死的51人，送掉婴儿和小孩的有1200多人。

地主阶级不仅残酷地向农民逼取地租，而且还有许多额外剥削，如虚田实租（1亩只有8分的弓口）、大斗大秤、要农民做白工、逢年逢节要农民请酒送礼等。地主陈健行的“司马秤”每担要大25斤。江阴地主庄杨氏，收租放债有两种斗，收租大，放债小，放债斗底暗藏木块，放给农民1斗实只9升。太仓地主汪家镇，还用一种“活底斗”，斗底用机器制成，能上能下，量进有1斗2升，量出只8升。常熟地主龚国太有一个特制的21位大算盘，当地农民说：“铁算盘一响，种田人哭断肚肠。”真是一字一泪，道出了农民的血泪仇！

五

解放前，地主和国民党反动派相互勾结统治着苏南农村。江宁、江阴、常熟三县8个区73个乡的统计，地主1864户，9716人中，曾任伪职及参加反动党团和封建会门组织者，就有1423户，占地主总户数的76.34%。其中曾任伪乡保长职务者481人，区长以上者138人，伪军官102人，其他伪职218人，参加反动党团特务组织者416人，参加封建会门组织者391人（其中有些人是一人参加几种反动组织者）。这些地主、恶霸、土匪、特务，不仅吮吸了农民血汗，而且对农民进行了惨无人道的血腥镇压。根据江阴、常熟、江宁三县66个乡不完整的材料统计，在568个有血案罪行的地主中，曾杀害群众及我地下工作同志833人，烧毁民房371间，霸占土地1401亩，其他被敲诈勒索、强抓壮丁等毒害者2896人。又据50个恶霸地主的罪恶统计，他们曾经杀害人命260人，烧毁房屋512间，抢船2只，强占耕畜19头，敲诈稻子3560斤，米2900斤，银元700元，人民币950万元，抢夺猪子12只，鸡600只。类似这种例证，简直举不胜举。更有些恶霸地主如溧水张锦山（抗战前任顽乡长、日伪时任县自卫团长、伪剿匪司令等）一个人就杀害126个人。句容地主廖在康，备有煮人锅，在1929年夏天将农民张道打死，碎尸六块，放在锅里煮熟，喂给他养的十几条狗吃。昆山陈元俊用蜡烛放在马桶里烧农妇下身……这些骇人听闻的酷刑，他们都毒辣地一一用过了，血债累累，罪恶滔天。

六

综观上述，苏南农村不但存在着封建剥削土地制度，而且，封建剥削很厉害。地主除以地租方式残酷地剥削农民的血汗外，并放高利贷，重利盘剥。加之，国民党反动政府苛捐杂税的榨取和帝国主义、官僚资本主义的侵蚀，造成了苏南农村经济的破产，广大农民过着悲惨的生活，终年辛苦耕种，结果则是衣不蔽体，食不果腹，妻离子散，家破人亡；而地主阶级却过着荒淫无耻、穷奢极欲的生活！

但是，苏南农民是具有反帝反封建的革命传统的，经历过 1927 年大革命运动，十年内战时期，抗日战争时期以及解放战争时期，在共产党领导下曾进行了武装暴动、减租减息、抗丁、抗税、抗租等英勇果敢的斗争，经过反复胜利与挫折，坚持不屈，终于配合了人民解放军的渡江作战，彻底摧毁了国民党反动统治，取得了最后胜利！

中共苏南区党委农委会

1950 年 5 月 1 日

青浦县农村经济概况

一、一般情况

青浦属苏南，位居宁、沪、杭三角地区之东部，北临吴、昆、嘉，西濒淀山湖，南接松江及浙江嘉善，东近淞沪，沼泽密布，河港纷歧，宁沪铁路经县北黄渡，公路有青沪线通上海（尚有青松、青安两线暂未修复），水道四通八达，有小汽船至嘉定、朱家角、松江等地。全县土地面积1 043 000亩，户口57 733户，人口254 567人（以上系根据刚解放时的统计，现在人口已增至 27 万以上）。共辖 1 个市、8 个行政区，大小镇 86 座（内拥有 5000 以上人口的大镇 2 个，2000 以上人口的大镇 2 个）。农村物产丰富，素称鱼米之乡。作为主要农产的水稻，产量约836 000石，棉花产量约27 000余担。城乡关系极密切，破产的农民，很多转化为工人、店员和小商人，商品经济已逐渐从城市侵入农村。城东南有著名的佘山天主教堂，农民信教的也较普遍。故在解放前，这里的农村是直接间接受着帝国主义的侵蚀与封建主义、官僚资本主义的严重剥削和榨取的。

二、土地情况

甲、土地占有情况

根据调查，全县土地比较集中。最大地主竟占有土地达万亩，城厢区一张姓地主，在满清时期曾有望田楼一幢，从这楼上可以望到的田，都是他家里的。这里的地主有个特点，即大地主全部居住在城市中，其中又以居住在青浦县城及上海市区的为最多，他们也兼营工商业，但大多依靠封建地租的剥削收入为其穷奢极欲的生活来源，小地主和富农则多住在本乡本村，占有土地超过百亩的也较普遍。另一特点，是一个地主的土地很少密布在某一区乡，一般都是零散在各区各乡，甚至外县。富农的土地也比较星散，因此，很多富农都佃入土地耕种，亦有将外乡外村的出租田变卖，而全部佃入土地雇长工耕种的。

青浦县城厢区城北乡土地占有使用情况表

成份	户数	人口		占有田亩	佃入田亩	出租田亩	百分比		
	住在本乡	住在本乡	不住本乡				人口占全乡百分比	户数占全乡百分比	占有全乡土地百分比
地主	15	58	9	691.98	29.00	720.98	1.48	1.52	9.95
富农	58	371	4	2435.65	1578.10	1402.23	8.29	5.85	35.04
中农	432	2185	24	3284.17	9753.51	858.30	48.83	43.59	47.25
贫农	417	1631	49	466.15	5102.19	166.85	37.14	42.08	6.71
雇农	46	106	4	20.98	56.29	9.00	2.43	4.64	0.30
其他	23	74	9	52.12	68.90	31.00	1.83	2.32	0.75
总计	991	4425	99	6951.05	16 587.99	3188.36	100.00	100.00	100.00
备注	本乡地主还有很多土地出租在外乡未列入表内，外乡地主、富农在本乡出租田及公田计13 399.63亩，未列入占有数内，因此本乡地主的土地占有数显得特别小。								

朱家角薛间乡车路村土地占有使用情况表

成份		富农	中农	贫农	雇农	工人	其他	总计
户数		9	15	26	7	1	4	62
人口	人数	42	63	99	15	—	18	237
	百分比	17.72	26.58	41.77	6.33	—	7.60	100.00
占有土地	亩数	206.20	128.06	71.37	4.20	4.00	0	413.83
	百分比	49.83	30.94	17.25	1.01	0.97	0	100.00
	每人平均数	4.91	2.03	0.72	0.28	—	0	1.75
租入	亩数	168.00	265.10	220.56	15.00	0	0	668.66
	百分比	25.12	39.65	32.99	2.24	0	0	100.00
出租	亩数	11.50	31.36	24.10	0.50	4.00	0	71.46
	百分比	16.09	43.88	33.73	0.70	5.60	0	100.00
使用土地	亩数	362.70	361.80	267.83	18.70	0	0	1011.03
	百分比	35.87	35.79	26.49	1.85	0	0	100.00
	每人平均数	8.64	5.74	2.71	1.25	0	0	4.27

说明：1.该村富农的土地较集中。2.富农出租外村的田未列表内。3.每户富农都雇有1个至2个长工。

乙、土地的种类及分布状况

全县土地分水稻田与旱田两种。水稻田最普遍，其中又有高田、中田、低田（即荡田，亦有因荡田是低田中的最低者，而将低田与荡田分开）之分，高田分布在城西的商榻、金泽、朱家角及城南和城北的城厢等区较多，低田分布在城东南与城西南的练塘、佘簳等区较多，中田的分布较一般。旱田又分棉田、杂粮田，大部集中在城东北的白鹤、重固、龙凤等区。

丙、土地的种类和产量

（一）土质分黑土、黄土、青土三种。黑土、黄土较肥沃，高田、中田即属这两种土质，但黄土不及黑土普遍。青土因经常遭受雨水淹浸，除种水稻外，一般不宜种其他农作物，又因佃种的农民生活贫苦，无力施肥，及顾虑水灾不肯多用肥，以致土质每况愈下，造成“土气不旺”，低田、荡田全属这类土质。

（二）黑土、黄土中的高田、中田产量较多，青土中的低田产量则相差很大。因青浦农村多为水网地区，产量多少，主要以田亩地势的高低为标准，故农民称高田为准熟田，称中田为半准熟田，至于低田，平均每三五年里面要受水灾一次。但高田、中田又由于分布地区的不同而决定收成的不同，如朱家角因整个地势比城厢区高，这里的中田就相当于城厢区高田的高度。因此，每逢大水年间，城厢区部份中田要被水淹没，在朱家角的中田即可避免这一损失。

（三）旱田的土质，一般不分高、中、低，而分出江地、二进地、三进地、四进地（亦有分甲、乙、丙、丁四等地）。出江地最佳，这种地沿江临河，取水出水均便，农民都以此种萝卜、雪菜。二进地接邻出江地，离江河较远，三进、四进地离江河更远，农民多以这后三种地种棉花、大小麦。

（四）低田产量极不一致，丰年每亩产 2 石糙米以上，荒年（水年）亦有粒米无收的。有的低田因农民多用肥、勤耕种，土质逐渐转好；有的低田土质愈变愈坏。

三个典型区各种土地产量比较表

区别	朱家角			城厢区			白鹤区		
田类	高田	中田	低田	高田	中田	低田	高田	中田	低田
丰年每亩	3.2	3.0	3.0	2.8	2.8	2.0	2.0	1.5	1.0
常年每亩	3.0	2.8	2.2	2.5	2.2	1.5	1.5	1.1	0.8
荒年每亩	2.5	2.0	3.0	2.0	1.5	3.0	1.5	1.0	0.7
说明	1.单位为石。 2.如逢旱年,低田收获产量比高田多。								

三、租佃关系

甲、租制与租额的种类

（一）板租：这种租制最普遍。不论年成丰歉，每年租额固定不变，每亩租额最少 8 市斗糙米，最多 1 石 2 斗。

（二）花租：也是多数。先议定租额，到每年秋收后，再按照年成好坏及田里丰歉程度，决定增减（亦有地主至荒年不肯减者），租额最少 3 斗，最多 9 斗 8 升至 1 石。

（三）看租：先不决定租额，到秋收后，根据田里丰歉程度规定租额多少，但一般要多收，租额与花租同。此种租制较少。

（四）预租：在一年前即预收租米，一般占应交租米数的十分之六七，下余部分，在收获时补足。也有打点折扣的，如租米 5 石，因已预交租米 4 石多，剩下几斗可免交。但这种情形不常见。

（五）大小租：又称二租或小租。农民对所租种的田无底面权，一般要向田底地主交大租 9 斗，再向田面业主交小租 3 斗至 5 斗。但亦有地主富农因底面全归己有，而兼收大小租者，如佃户欠租一年，即收回给其他贫苦农民佃种。这是剥削最重的一种租佃形式。

（六）分种：又称分种田，地主出肥料、种籽、田赋；农民出劳力、耕牛、农具。根据每年田里实际产量（连稻草在内）按三七（佃三主七）或四六分收。此种田大多田底、面均属地主所有，但亦有部份农民因缺少劳力及田地离村太远，往返不便，而将自耕田或佃入田与其他农民分种。

（七）棉田租：比水稻田的租额较轻，一般是 2 斗至 3 斗的租米。

（八）菜地租：租额比棉田租略高，每亩租米 3 斗至 4 斗。

三个典型区各种租额比较表

区别		朱家角			城厢区			白鹤区		
种类		最多	一般	最少	最多	一般	最少	最多	一般	最少
花租		1.0	0.9	0.7	0.93	0.7	0.3	1.0	0.7	0.5
板租		1.2	0.9	0.8	0.95	0.9	0.8	0.9	0.8	0.7
大小租	大租	—	1.0	—	—	0.9	—	—	0.9	—
	小租	0.6	0.4	0.3	0.50	0.4	0.3	0.5	0.3	0.2
说明		1. 以上三种租制是比较通行的租制。 2. 单位为石米。								

城厢区城北乡七汇村各种租额占土地常年产量比较表

田别	每亩常年平均产量	租额							
		花租		板租		大小租		分种	
		每亩	百分比	每亩	百分比	每亩	百分比	每亩	百分比
高田	2.5	0.83	33	0.90	36	1.4	56	（六成半）1.625	65
中田	2	0.56	28	0.68	34	1.2	60	（六成）1.20	60
低田	1	0.30	30	0.37	37	0.6	60	（六成）0.60	60
说明	1. 以上各种租额系根据去年(1949 年)最高与最低租额平均数,故极轻。 2. 分种田租额系根据三七分与四六分。 3. 单位为石米。								

乙、地租的额外剥削及地主收租办法

（一）地租的额外剥削

（甲）无田面（永佃权）的佃入田，在订立认种契时，农民要向地主交押租（顶首）1石至1石5斗（超过每亩田的租米数），秋收后，如无力交租，即在押租内扣除。

（乙）农民交租米的度量衡，自1937年起即废除老斗改用市斗。其后，国民党匪帮一度叫嚣所谓“二五减租”，实际就是面子上表示用市斗，实际却在全力支持封建阶级制造新的剥削花样，将每石租米加上一成六，变为1石1斗6升，名之曰“一六升”。故农民都反映说：反动派的“二五减租”就是“一六加租”。与此同时，有些地主则索性恢复老斗。直至1948年，在我大军胜利形势影响下，才又一律改用市斗，但地主阶级中的当权派则仍旧沿用老斗和一六升的方法收租。

（二）地主收租办法

（甲）农村中的中、小地主多派账房、图正收租，或亲自收租。居住城市的大地主则一律由青浦伪县府与地主阶级合办的“佃租委员会”统一催收租米。

（乙）每年秋收后，即阴历十月半，地主发出限单给农民，第一次为“废限”，每石租米可打九七折。三天后为“头限”，租米需照原租额缴纳。头限后十天为“二限”，交每石租米另加3升。再移后十天就是“三限”（即末限），租米每石多交5升。三限以后交租，1石米就要交1石5斗。延至次年春三月再不交租，“佃租委员会”（农民称为租局）即将欠租农民拘禁押缴（农民称为“开租”）。

（丙）有田面的佃入田，如二年（亦有三年或四年）不交租米，地主即悍然收回田面，另租给其他农民耕种。

丙、地租与高利贷的关系

（一）地主强迫无力交租的农民另写借据，将所欠租米全部作成债米，利息一般每石加5斗，最多8斗。

（二）农民交不起租米时，因害怕地主“开租”，或已经“开租”，多被逼只得借高利债米，以付清租米。

丁、几种特殊田的租佃情况

（一）图田：即图正的出租田。绝大部分是积年侵吞得来的公田和落图田（没有后代的无主田），一小部分是地主因图正催租有功而“恩赐”的“赏田”。这种田的产权有时属于几个图正，故租米亦有几个图正轮收。同时，又因土质一般较差，租制多定为花租。

（二）祭田：即某家某族的公堂田，此种田多为这一族的封建势力所把持，轮流收租，农民交租米，今年交给甲地主，明年则又交给乙地主。租制租额与普通租田同。

（三）公学田：即过去青浦伪教育局的学产田。由伪教育基金委员会统一收租，租额一般较轻，平均每亩6斗至7斗。

（四）母子田：即沿河的高田与低田。子田可耕面积较小，且易淹水，故租额亦最轻，但这只是金泽区的个别情况。

（五）典当田：即经营典当剥削的城市地主出租田，一般租额较高。

戊、渔业的租佃关系

除大盈河等公河外，一般岔河小港，均有鱼图控制渔权。这种鱼图多为农村的地痞流氓恶势力者，他们以潮水的去来方向及取蟹的便利为标准，把河港分成段，每段长达二里三里不等，一般产蟹百斤左右，大鱼图都占有好多的段。出租给渔民时，每段每年索租米 8 斗。每段又可放鱼窠，每窠能捕鱼 20 斤至百斤，佃入段的渔民，则多将鱼窠放小租，租额约 5 升糙米。

己、图正的各种剥削形式

图正除了从事图田的地租剥削外，又以圩为单位进行其图规米的剥削。圩分天、地、玄、黄等种类，每圩有田 50 亩至百亩以上，大图正往往兼管几个圩，土地多达二三千亩，每亩田不分自耕佃入，也不管收成丰歉，一律勒索图规米 1 升（地主的出租田不在此例）。其次，农村中买卖田地时，图正又要从中取得所谓“中资费”的剥削。

庚、农民每亩土地的收益与支出

城厢区农民土地收入与支出比较表

田别		高田		
每亩收获量(糙米)				2.50
每亩田所费成本	种子	7 升	合糙米	0.06
	占成本百分比			3.33
	肥料	粪 10 担、豆饼 1 张、花草 1/3 亩	合糙米	0.60
	占成本百分比			33.33
	人工	12 工(戽水工不在内)	合糙米	0.84
	占成本百分比			46.67
	人工生活费	12 工的菜饭	合糙米	0.25
	占成本百分比			13.89
	农具	水车换板子、上桐油等折耗	合糙米	0.05
	占成本百分比			2.78
	合计			1.80
收获减成本余额				0.70
租额	花租			0.83
	板租			0.90
	大小租			1.40

续表

田别	高田
支出合计	2.63至3.20
收获减支出差额	负0.13至负0.70

注:1.收获量系以常年产量计算。
2.单位系石米。
3.为了比较租额的大小,所以将三种租额并立,以此来看出不同租制下,农民支出合计数的高低。
4.收获减支出后不足数字以"负"字表现。

上面是以城厢区农民为例的土地收支比较表，要注意的这是高田的收支比较。以收获量最高的高田来看，交租以后农民仍要亏负，如果按中田低田计算，成本低不了多少，收获量却大大减低，再要交巨额的地租，农民的收入更不足以维持最低的生活了。

四、借贷关系

甲、借贷的一般情况

（一）在国民党匪帮血腥统治时期，由于伪法币和伪金元券的膨胀与贬值，农村借贷均以实物代替货币，放、借债米的情况极普遍。

（二）放债米的多为地主富农及城镇中的米行米厂。借债米的以贫农占绝对多数，中农次之，雇农因贫穷没有抵押，很难借到。

（三）借债原因，通常是为了病、丧、嫁、娶，买肥、买牛，地主逼租，断粮、断炊，以及被蒋匪勒索苛捐杂税（要壮丁米）及借端敲诈（诬指通匪）等。也有的是为了赌博，但系极个别现象。

（四）农民借债时间不定，但大多数是在下种施肥和青黄不接的时期。还债时间，均限每年秋收后。于秋收前一个月借的与前一年借的利息完全一样。

（五）借债时间愈短，即距离秋收时间愈近，利息反而愈大。如阴历二三月间借债米每石仅5斗、6斗利息，六七月间，则至少要8斗、9斗。地主阶级就是这样善于趁火打劫。

（六）在解放前放、借的债米，以1947年与1948年内的利息为最高。至1949年春，利息才普遍下降至5斗6斗。

（七）农民被逼还债米，而将田面出卖者很多。

乙、利贷与利息的种类

（一）普通债米：分高利与低利，高利每石加5斗至1石，轻利每石加2斗，但后者数量极少，且多为亲友间及农民阶层之间的临时周转。

（二）肥料借贷：每年下肥时，农民向苏北肥料商买粪，无力付现，三个月后秋收时归还，每欠1石米则加利息5斗，加上本村粪头的中间剥削2斗，共计7斗。其次向米厂、油坊赊欠豆饼，每石米买4张，而市价则可买5张。且赊欠时间至多不能超过当年秋熟。

（三）戽水机借贷：少数，在水旱年成，城郊农民向米厂、农场借用戽水机戽水，每小时付“租米”2斗，所用煤油（每小时需2斤5两）及柴油则由厂方负责。

（四）耕牛借用：没有耕牛的农民可向本村有牛户借用，每耕好1亩田，即需以1个人工向耕牛业主交换。（按：1个人工需6升米的工资，这种工资，就与耕牛耕1亩田的代价相抵销。）

（五）店账债：农民向城镇中的商店赊欠油盐杂货，至秋后以购买时米价结账，若秋后米价涨高，就要按结账时的米价折算，万一购买时及结账时的米价均贱，则须增补利息若干。

（六）商业青苗债：这是一种最严重的高利贷剥削。青黄不接时，农民因缺吃粮，被迫向米行、油坊等商店“卖青苗”，即先将田里青苗估价，准借值米1石的货币至秋后还2石。譬如借债时，米价每石值18万元，农民借9万元，即需还米1石，但常有市上米价实际不止此数，农民所借9万元有买不到5斗米的。这情况在朱家角较普遍，一家服装店，竟以从事这种剥削为其“副业”的。

（七）月利债：按月还利，按年还本，借每石米，须按月付利1斗，月月交清。

（八）母子债：所借债米如到秋收后还不出利，即被迫重写借据，将利变本，利上滚利。例如借对本利1石，次年不还，第三年就要还4石。

七汇村各阶层放借债米情况表

成份		地主	富农	中农	贫农	雇农	其他	总计
各阶层户数		5	7	36	24	3	8	83
放债户	户数	5	7	2	2		3	19
	百分比	100	100	5.56	8.33		37.5	22.89
借债户	户数		1	30	22	2		55
	百分比		14.28	83.33	91.67	66.67		66.27

七汇村放借债米的利息种类比较表

成份		地主	富农	中农	贫农	雇农	其他	总计	各种利息百分比
放债米户数		5	7	2	2		3	19	
放出利息	2斗	1	1					2	10.53
	3斗5升								
	4斗			1				1	5.26
	5斗	3	4	1	2		3	13	68.42
	5斗5升	1						1	5.26
	6斗		2					2	10.53
	6斗5升								
	7斗								
借债米户数			1	30	22	2		55	
借入利息	2斗			2	1			3	5.45
	3斗5升			2				2	3.64
	4斗			1	3			4	7.27
	5斗		1	21	12			34	61.82
	5斗5升			1	2	1		4	7.27
	6斗			2	3			5	9.09
	6斗5升			1		1		2	3.64
	7斗				1			1	1.82

东水村一个典型户的借债情况表

<table>
<tr><td>姓名</td><td>杨荣藩</td><td>成份</td><td>中农</td><td colspan="2">借债原因</td><td colspan="2">1.1939年无力交日寇军米，开始借债米。
2.此后为儿子娶亲等事，也借了些债米。</td></tr>
<tr><td rowspan="20">借债次数</td><td>次数</td><td>借米数</td><td colspan="3">利息</td><td colspan="2">债主成份</td></tr>
<tr><td>1</td><td>3石</td><td colspan="3">共2石</td><td colspan="2">富农</td></tr>
<tr><td>2</td><td>4石</td><td colspan="3">共3石</td><td colspan="2">富农</td></tr>
<tr><td>3</td><td>5石</td><td colspan="3">共4石</td><td colspan="2">富农</td></tr>
<tr><td>4</td><td>5石</td><td colspan="3">共3石</td><td colspan="2">地主</td></tr>
<tr><td>5</td><td>9石</td><td colspan="3">共7石2斗</td><td colspan="2">富农</td></tr>
<tr><td>6</td><td>3石</td><td colspan="3">共2石4斗</td><td colspan="2">地主</td></tr>
<tr><td>7</td><td>4石</td><td colspan="3">共2石</td><td colspan="2">中农</td></tr>
<tr><td>8</td><td>2石</td><td colspan="3">共1石6斗</td><td colspan="2">中农</td></tr>
<tr><td>9</td><td>5石</td><td colspan="3">共2石5斗</td><td colspan="2">富农</td></tr>
<tr><td>10</td><td>2石</td><td colspan="3">共1石2斗</td><td colspan="2">富农</td></tr>
<tr><td>11</td><td>3石</td><td colspan="3">共1石5斗</td><td colspan="2">中农</td></tr>
<tr><td>12</td><td>1石2斗5升</td><td colspan="3">共6斗</td><td colspan="2">富农</td></tr>
<tr><td>13</td><td>2石</td><td colspan="3">共1石</td><td colspan="2">中农</td></tr>
<tr><td>14</td><td>2石</td><td colspan="3">共1石</td><td colspan="2">中农</td></tr>
<tr><td>15</td><td>2石</td><td colspan="3">共1石</td><td colspan="2">富农</td></tr>
<tr><td>16</td><td>2石</td><td colspan="3">共1石</td><td colspan="2">地主</td></tr>
<tr><td>17</td><td>4石</td><td colspan="3">共2石</td><td colspan="2">中农</td></tr>
<tr><td>18</td><td>3石</td><td colspan="3">共1石5斗</td><td colspan="2">富农</td></tr>
<tr><td>19</td><td>3石</td><td colspan="3">共1石5斗</td><td colspan="2">富农</td></tr>
<tr><td rowspan="5">比较</td><td>共借债米数</td><td>64石2斗5升</td><td colspan="2">共付利息数</td><td>40石</td><td>共有放债户</td><td>19户</td></tr>
<tr><td rowspan="4">借债时间</td><td rowspan="4">1946年春至1950年春</td><td colspan="3" rowspan="2">每石利息</td><td>成份</td><td>百分比</td></tr>
<tr><td>中农</td><td>31</td></tr>
<tr><td>最高</td><td>最低</td><td>平均</td><td>富农</td><td>53</td></tr>
<tr><td>8斗</td><td>5斗</td><td>6.3斗</td><td>地主</td><td>16</td></tr>
<tr><td>说明</td><td colspan="7">放债户一部分住在外村。</td></tr>
</table>

丙、农民习惯上的借贷形式

（一）板会：这是青浦农村中最通行的一种借贷形式。由9人至16人组成，起会人不出会米并最先得会，其余8人或15人，则以出会米多少决定得会的先后程序（往往第一人比第二人多出4斗），每年秋后集会一次，每人均有得会一次的权利。但起会人至第二年集会时，须将所得会米吐出与第一人（即出米最多者）同样数目，并逐年出米，至八年或十五年后，可将会米全部还清。但先得会米的人，多将会米放债米，有些人为要取得这笔利息，竟一人同时参加几个板会。

（二）摇会：为数较少，通常连头尾11人，起会人光收不摇，第二次，谁摇中谁得会，于每年春熟秋收时间，举行二次。

（三）单刀会及标会：极少数，在城西及城东接近沪郊地区有这种借贷形式。

五、生产情况

甲、各种农产物的收获季节与施肥情况

（一）水稻：年收一熟。早稻少，大部为晚稻。每年阴历五月底下种，九十月间收割。每亩需种籽6升至7升，肥料分三步。（甲）人粪5担至10担（配以牛、猪、鸭粪更佳）。（乙）豆饼一张或菜饼一对（用肥田粉需10斤，价较廉，但农民因其易拔田基，通常不肯使用）。（丙）花草（紫云英）1/3亩（不曾统计每亩花草的产量）。

（二）棉花：收一季，种收时间跟节气转，如逢闰月，就要延迟一个月去种，大多在三四月间下籽，四个半月后（早稻收割后）可摘花。肥料需粪20担。

（三）大麦：一熟，种收时间为阴历年底至开年五月。需种籽10斤，粪15担。

（四）小麦：也是一熟，十月种，开年四月收。需种籽15斤，粪20担。

（五）元麦：种收时间和熟数与小麦同，需种籽12斤，粪15担。

（六）黄豆：五月种，九月收，一熟。需种籽11斤，肥料可以不用。

（七）玉米：农民称为番麦，每年三月至七月为种收时间，只一熟。肥料需粪30担，怕风，大风年成，收获最坏。

（八）菜子：每年一熟，十月底种，开年四五月间收。需粪15担。但在春三月开花时节，一受风雨挫折，收成就要打很大折扣。

（九）蚕豆：又称元豆，收一季，九月至开年五月为种收时间。一般不施肥，如每亩用粪灰1担，收成可望更好。

（十）花草：即红花草，年收一次，八月种，开年四月收，不要用肥料，如加些河泥，草就长得更盛。用途：嫩的可吃，老的可喂牛及肥田，每亩产量，一般可肥田3亩。

（十一）雪菜：每年收二熟，即八月至十一月，十一月至开年三月，三月所收的雪菜又名春菜，质量均差，故农民一般只种头熟。每亩肥料需粪60担。

（十二）青菜：种收时间多在八月至十月，一年可收几次。每亩需浇粪50担。

（十三）萝卜：收一熟，种收时间与雪菜相差有限，每亩需粪30担。

（十四）洋山芋：一年收两熟，正月至四月尾为种收时间，每亩需芋籽200斤，粪30担，另需“谢”（猪、羊粪）15江篮（重2400斤）。

（十五）冬瓜：一熟，种收在三月至六月，每亩需粪30担，忌水。

（十六）南瓜：农民称为番瓜，也是收一熟，种收时间及所需肥料与冬瓜同。

注：以上时间均指农历。

各种农产物产量比较表

项目	丰年单位(斤)	常年单位(斤)	荒年单位(斤)
棉花	60	40	旱年 20 水年 2
小麦	90	70	50
大麦	140	110	70
元麦	110	90	50
玉米	240	140	90
菜籽	100	60	20
黄豆	100	60	30
蚕豆	200	80	40
洋山芋	1200	1000	800
青菜	4000	3000	虫荒 200
萝卜	1600	1500	600
雪菜	3000	2000	400
冬瓜	3000	2000	400
南瓜	1500	1000	600

说明：1. 以上以亩为单位，按市斤计算。
2. 去年各种产物除棉花、玉米、冬瓜有荒歉外，其他产量均与常年同。

乙、农产物产销情况

农民所生产的各种农产物，除去元麦、蚕豆、南瓜等全部留作自己吃用外，其他如米、麦、棉花、黄豆及蔬菜等大部或全部运销上海、青浦等地，然后，从城市中买回肥料、农具及布、糖、油、盐、火柴等日用品。

丙、副业与手工业概况

副业生产以捕鱼、养猪、养鸡较为普遍，城南佘簳区及城厢区城南乡之渔民最多，养猪、养鸡户在城厢区约占农村总户口50%。

手工业生产：以纺织业为最多。在白鹤区差不多家家织布，户户纺纱。其他各区纺织均盛。一般一斤棉花就可织一条土布，一条土布正好做一身衣裳。因此，过去青浦农村，除地主阶级不事劳动外，其他各阶层（包括富农在内）每户每人的土布衣裳，均自给自足，无须依赖城镇。

丁、耕牛、农具的占有情形

青浦农村的耕牛、农具（以拉水车为主）和船，富农占有最多，其次是中农，贫农一般只占有不完全的农具和船，在朱家角一带几乎每一户农民（甚至雇农）都有船1只。地主阶级因不劳动，故占有耕牛、农具均甚少。

七汇村各阶层占有耕牛农具情况表

成份	户数	主要农具			每户平均占有数		
		牛	水车	船	牛	水车	船
雇农	3	0	0	0	0	0	0
贫农	24	2	17	0.5	0.08	0.71	0.02
中农	36	23	45	4.5	0.64	1.25	0.13
富农	7	6	12	7	0.86	1.71	1.00
其他	8	0	1	0	0	0.125	0
合计	78	31	75	12	0.40	0.96	0.15
说明	0.5系指两家合用1只船,即半只船。						

六、农民负担的比较

这里有一个典型例子，可以比较农民在解放前及解放后的负担。

朱进卿，佃中农，住城厢区陈园村，一共种租田22亩。

解放后：即去年，夏季替地主代交公粮1石糙米，秋季又代交公粮8石糙米，合计9石糙米（公草计算在内）。

解放前：即前年，由地主自己完粮，但他所种22亩佃入田却要交租米19石8斗（每亩板租9斗），并向国民党反动政府纳“壮丁米”1石，“跑鞋费”及“月费”5斗，合计负担21石3斗。去年与前年比较，去年负担共减轻12石3斗糙米。

中共青浦县委会

1950年2月6日

江阴县农村经济概况

一、一般经济情况

江阴县土地总面积约5410方市里，包括城关、要塞、华阳、周庄、祝塘、花山、青旸、夏港、澄西、晨阳、长泾等 12 个区，共有198 266户，787 792人（内男416 769人，女371 023人）。

该县大小城镇共计有 76 个，其中江阴城区及三个较大镇统计有16 676户，80 373人，其他72 个大、小镇估计约有 7500 户，33 750人，合计城镇人口约24 176户，114 123人，内工商业户约 8845 户，占城镇总户数的36.59%。行政上单独成立市镇的有城区一个，及青旸、华市、杨舍、长泾、北涠、顾山、周庄、后塍等 8 个镇。除去城镇人口，乡村约有174 090户，673 669人。此外在城镇人口中，尚有一部分农民。

该县因地处长江三角洲，受城市资本主义影响较大，城镇商业繁盛，地主大部分兼营工商业或其家中有人从事自由职业。据长泾区调查，该区地主 818 户中，兼营工商业者 431 户，占53%弱，地主家中有从事自由职业者 146 户，占 18%弱。

农村中手工业生产亦颇发达。

全县土地，据统计可耕地总面积约为1 135 823亩（山地不计在内），现在耕种者有1 123 970.8亩（其中漕田937 465.6亩，沙田186 505.2亩）。

每人占有土地平均数，若连城镇人口统计在内，约1.43亩（因城镇人口中有一部分是农民，另一部分贫民、工人、职员等所有的土地，亦为其维持生活所必须，完全不需兼靠土地生活者一时统计不出，故暂统计在一起），而此1.43亩平均占有土地中，尚包括有坟荒、屋基等，故实际可耕田亩数还不到此数。

每人维持生活所需土地，在祝塘区与华阳区南部因土地产量较高，约需1.3 亩至 1.5亩，华阳区北部产量较低，需 2 亩至2.5亩（均水稻田）。一般水稻田地区之埄田（旱田）则每人需3 亩左右，故该县大部分地区均感土地不足，农民必须依靠副业、手工业或外出做工，才能维持生活。据青旸区悟空乡统计，该乡贫农 1474 户中，有产业工人 150 户计 170 人；苦力工人30 户计 30 人；手艺工人 50 户计 50 人；小贩 5 户计 6 人；手拉布机 200 架，以每户拥有一架布机计算，则从事副业生产与兼有其他职业者共有 435 户（计 456 人）。该乡中农 381 户中，有产业工人 20 户计 25 人；苦力工人 30 户计 30 人；手艺工人 20 户计 20 人；小贩 10 户计 13人；手拉布机则有 323 架，中农虽有些户拥有 2 架或 3 架布机，但从事副业及其他职业者无疑亦多。这很清楚可以看出，该地手工业及商品生产已相当发达了。

一般说来，富农不仅占有多量土地，而且占有多量织布机，这些织布机有不少是雇工织布，从事资本主义性质的剥削的。至于中、贫农民则一般都赖副业来弥补农业收入之不足，以维持生活。一些贫苦农民虽有剩余劳动力，但因生产工具较少及缺乏生产资金，故只能在农忙时帮人做短工或从事季节性的小贩，上述悟空乡从事副业生产的贫农为 435 户，实际上尚不止此数。

青旸区悟空乡是代表江阴南部一般农产较高地区的，若以北部及城郊一带来说，则需从事副业及手工业者当更多，如夏港区之文富乡共有田 3199 亩，3755 人，平均每人占有土地约 0.85亩，若以每人每年需粮 600 斤稻计，全年需稻2 253 000斤，该地全年土地产量折合稻约计 100 万斤，尚少 100 余万斤须靠副业、小贩、手工业等弥补。该乡接近城郊，土地特别少，城郊有好几个乡与此情形相仿，但从全县说来则是比较突出的。

二、土地占有与使用情况

全县土地最集中者为华阳、长泾、祝塘等区，地主、富农占有土地约占总使用土地的 50%以上（包括外乡地主出租在本乡的土地）。一般较分散者，如要塞区之石牌乡，地主富农占有土地约占总使用土地之 27%强；青旸区悟空乡地主富农所有土地约占总使用土地的 19.26%（包括外乡地主出租在本乡的土地）。土地最分散者如夏港区之文富等乡则很少地主富农，文富乡土地最多的是一户富农，有田 17 亩。

长泾镇新民一村土地占有及使用情况表

成份		富农	中农	贫农	雇农	手艺工人	合计
户数	数	6	58	56	6	4	130
	百分比	4.62	44.62	43.07	4.62	3.07	100.00
人口	数	34	262	228	20	15	559
	百分比	6.08	46.87	40.79	3.58	2.68	100.00
占有土地	亩数	177.6	286.4	119.2	0.9	4.1	588.2
	百分比	30.19	48.69	20.27	0.15	0.70	100.00
	每人平均亩数	5.220	1.090	0.523	0.045	0.273	1.052
租出土地	亩数	68.7	11.1	0	0	0	79.8
	百分比	86.09	13.91	0	0	0	100.00
	占本阶层占有土地百分比	38.68	3.88	0	0	0	13.57
租入土地	亩数	50.1	466.0	142.9	6.9	4.5	670.4
	百分比	7.47	69.51	21.32	1.03	0.67	100.00
	占本阶层使用地百分比	31.51	62.86	54.52	88.46	52.32	56.87
使用土地	亩数	159.0	741.3	262.1	7.8	8.6	1178.8
	百分比	13.49	62.89	22.23	0.66	0.73	100.00
	每人平均亩数	4.680	2.830	1.150	0.390	0.573	2.108

长泾区渎南乡新民、民生、竹华、万兴四个村土地占有及使用情况表

成份		地主	富农	中农	贫农	佃农	雇农	手工业	商人	合计
户数	数	14	14	193	352	105	22	14	4	718
	百分比	1.95	1.95	26.88	49.03	14.62	3.06	1.95	0.56	100.00
人口	数	65	63	850	1447	388	64	62	17	2956
	百分比	2.20	2.13	28.75	48.95	13.13	2.17	2.10	0.57	100.00
占有土地	亩数	1164.2	232.9	1180.0	741.4	0	12.6	10.1	13.6	3354.8
	百分比	34.70	6.94	35.17	22.10	0	0.38	0.30	0.41	100.00
	每人平均亩数	17.910	3.696	1.390	0.512	0	0.196	0.163	0.800	1.130
租出土地	亩数	1164.2	75.2	101.4	59.7	0	0	0	8.9	1409.4
	百分比	82.60	5.34	7.19	4.24	0	0	0	0.63	100.00
	占本阶层占有土地百分比	100.00	32.29	8.59	8.05	0	0	0	65.44	42.01
租入土地	亩数	0	91.0	591.6	1092.7	451.0	20.1	26.5	2.3	2275.2
	百分比	0	4.00	26.00	48.03	19.82	0.88	1.17	0.10	100.00
	占本阶层使用土地百分比	0	36.59	35.42	61.58	100.00	61.47	72.41	32.85	53.91
使用土地	亩数	0	248.7	1670.2	1774.4	451.0	32.7	36.6	7.0	4220.6
	百分比	0	5.89	39.57	42.04	10.69	0.77	0.87	0.17	100.00
	每人平均亩数	0	3.950	1.965	1.226	1.162	0.510	0.590	0.411	1.428

注明:佃农中大部分系贫农,少数为佃中农,原材料未予划分。

说明:1.地主、富农实际占有土地数远大于表中所列,因部分地主住在城镇,其在各乡土地只能表现在表中“租入土地”一栏中;这也是表中“租入土地”总数大于“租出土地”总数的原因。
2.在计算地主、富农占有土地占总使用土地百分比时,应将外乡地主之出租土地计入。

青旸区悟空乡土地占有及使用情况表

成份		地主	富农	中农	贫农	雇农	祠公田	合计
户数	数	2	27	281	1474	30	0	1814
	百分比	0.11	1.49	15.49	81.26	1.65	0	100.00
人口	数	11	190	1252	6599	158	0	8210
	百分比	0.13	2.31	15.25	80.38	1.93	0	100.00

续表

成份		地主	富农	中农	贫农	雇农	祠公田	合计
占有土地	亩数	163.7	744.2	3397.3	7822.6	10	50	12 187.8
	百分比	1.34	6.11	27.88	64.18	0.08	0.41	100.00
	每人平均亩数	14.88	3.92	2.714	1.19	0.063	0	1.484
租出土地	亩数	62	110	20	15	0	50	257
	百分比	24.12	42.80	7.78	5.84	0	19.46	100.00
	占本阶层占有土地百分比	37.87	14.78	0.588	0.19	0	100.00	2.11
租入土地	亩数	3.9	160	269.8	1556	50	0	2039.7
	百分比	0.19	7.84	13.23	76.29	2.45	0	100.00
	占本阶层使用土地百分比	3.69	20.15	7.40	16.62	83.33	0	14.60
使用土地	亩数	105.6	794.2	3647.1	9363.6	60	0	13 970.5
	百分比	0.76	5.68	26.11	67.02	0.43	0	100.00
	每人平均亩数	9.6	4.18	2.91	1.42	0.38	0	1.70

至于城郊一带，土地一般很少，且极分散，出租土地往往是中、贫农民或小贩、工人等，这些人因土地太少，多将土地出租而从事其他职业。

公田方面：全县有公、学田计28 145.22亩，江阴救济院田8055.25亩，合计36 200.47亩（其中亦包括城区庙产）。至于私立学校学产，及其他慈善救济机关公田、四乡祠堂庙产等则尚未统计。据长泾区调查，祠公田计水田 2287 亩，旱田（垎田）135 亩，合计 2422 亩。

兹将各区公田数字统计如下：

江阴县公田统计表

区别	公田与学田	救济院	合计
晨阳区	13 995.96	1841.62	15 837.58
华阳区	3503.75	850.78	4354.53
澄西区	2262.85	2.50	2265.35
要塞区	1026.55	763.17	1789.72
花山区	1543.57	1079.46	2623.03
夏港区	1411.28	285.88	1697.16
青旸区	1346.24	493.00	1839.24
祝塘区	1291.39	1809.21	3100.60
周庄区	913.98	747.08	1661.06
长泾区	633.95	171.80	805.75

续表

区别	公田与学田	救济院	合计
城区	215.70	10.75	226.45
合计	28 145.22	8055.25	36 200.47

三、租佃及雇佣关系

甲、租佃关系

该县土地出租情况大致可分二类：

（一）土地集中地区，绝大部分出租土地由地主出租，如长泾区渎南乡新民等 4 个村地主出租土地达总出租土地的82.60%；租入土地数则以贫、雇农为最多，几达总租入土地的 50%。

（二）土地较分散地区，尤其是近城各乡，因土地太少，一般农民都兼有其他职业或从事副业生产，各阶层都有出租土地，如要塞区蒲桥乡地主出租土地为92.4亩，占总出租土地的 15%，富农出租 104 亩，占 17%，中农出租 202 亩，占 33%，贫农出租 211 亩，占 35%。

租额米麦合收，一般每亩都在 1 石左右，约占土地总收获量的 40%—60%。详细可见下表：

租额情况表

地区		澄西区		要塞区浦桥乡		花山区夏港区		晨阳区		周庄区	
种类		米	麦	米	麦	米	麦	米	麦	米	麦
正产量		1 石	7 斗	1 石	9 斗	1.5 石	7 斗	1.5 石	1.2 石	2.5 石	7 斗
租额	最高	8 斗	4 斗	6 斗	5 斗	8 斗	4 斗	1.2 石		1.6 石	
	占产量百分比	80	57	60	56	53	57	44		50	
	一般	6 斗	4 斗	6 斗	3 斗	6 斗	3 斗	9 斗		1.2 石	
	占产量百分比	60	57	60	33	40	43	33		38	
	最低	6 斗	3 斗	3 斗	2 斗	4 斗	2 斗	4 斗		1 石	
	占产量百分比	60	43	30	22	27	29	15		31	

注：1. 晨阳区租额最低的土地，佃户有田面权。
2. 晨阳区租额栏之实物系元麦，不另收米；周庄区系米，不另收麦。

乙、雇工

全县雇工数尚无统计，据长泾区调查，地主雇长工 516 人；富农雇长工 273 人，短工（脚工）162 人。要塞区石牌乡地主富农雇长工 37 人。长工工资夏港区最高的每年 10 石米，一般的 4 石米；短工或日工每日 3 升米。晨阳区长工工资最高的 6 石米，一般的 4 石米，最低的 2 石米；日工忙时每工 5 升米，平时 3 升米，闲时 1 升 5 合米。牧童人数未有统计，就了解的，大部为富农雇用，工资最高的每年1.2石米，一般的 8 斗米，最低的 6 斗米。

四、生产情况

甲、土地种类及耕种情况

全县漕田937 465.6亩，大部分系水稻田，每年种稻麦两熟。大熟种稻，但其中有一部为高埄田，不能种水稻，多种植桑树及黄豆等，如周庄区漕田83 664亩中，约有900亩桑田，占1.08%。夏港、澄西两区漕田中有一部分是蒲田，但无详细统计。

全县沙田186 505.2亩，过去大熟极大部分种棉花及黄豆，抗战以来，因棉价贱，米价贵，粮食缺乏，故一般都改种稻。近年大约40%种稻，30%种黄豆，30%种棉花。

小熟一般种麦（小麦、大麦、元麦），少数种菜子、金花菜、黄芽菜等，金花菜除当蔬菜外，夏耕时可作肥料。

肥料，沙田需要量较漕田为高，如晨阳区沙田种稻每亩需施肥折米100斤，而夏港区漕田一般只需施肥值米60斤。人工除种棉花外，如种黄豆、稻，则因沙田均在沿江一带，灌溉便利，所需工较漕田为少。一般产量则漕田高，沙田低；但麦产则沙田较漕田高。可见下表：

晨阳、周庄两区稻、麦产量比较表

	晨阳区（可代表一般沙田地区）		周庄区（可代表一般漕田地区）
每亩产米（斤）	最高	300	450
	一般	200	300
	最低	150	250
每亩产麦（斤）	最高	200	120
	一般	170	90
	最低	—	50

该县农作物种类计有稻、棉花、麦、黄豆、蒲、黄芽菜、油菜子、桑叶等。主要农作物为稻、麦、棉花。

乙、农具、耕畜情况

据不完全统计，全县有戽水机151架，脚踏水车、牛车、耕牛则尚未有全面统计数字。据目前所获材料，澄西区有耕牛1192头，祝塘区有2570头，晨阳区有水牛417头、黄牛380头，共797头，夏港区有300多头。每头牛能耕地50亩至70亩，故与各区耕地比较，除祝塘区外耕牛均嫌不足。戽水机主要分布在长泾、祝塘、青旸等区及周庄、华阳、花山等区的南部，沿江一带则不用。戽水机数除自有外，过去农忙时还需从无锡等地临时租进一些。戽水脚车每部一般能戽水10亩至15亩，牛车每部能戽水20亩，20匹马力的戽水机每架能戽水600亩，全县戽水机共有151架，共可戽水90 600亩，若以全县漕田937 465.6亩计算，则有9.66%的漕田可用戽水机戽水。江阴一般河岸较高，单靠牛车或脚车戽水比较困难，很多地方如用脚车或牛车则需用二三道车才能把水戽进田里，故对戽水机的需要非常迫切。

兹将该县澄西、长泾两区各阶层占有农具及耕畜情况列表如下：

澄西、长泾两区各阶层占有农具、耕畜情况表

成份	澄西区				长泾区		
	打水机	脚车	牛车	牛	打水机	水车	牛
地主	0	34	23	22	6	0	0
富农	1	262	223	252	21	26	260
中农	3	552	439	508	23	1040	151
贫农	0	535	509	410	11	586	0
雇农	0	0	0	0	0	45	0
合计	4	1383	1194	1192	61	1697	411

注：1. 该区河小岸低，所以打水机少。
2. 水车包括脚车，调查时未分开。

丙、副业生产情况

全县副业有织布、捕鱼、养猪、养蚕、编竹器、打蒲包、打草蒲鞋等。

养猪、捕鱼、做蒲包，在澄西、夏港、晨阳区较发达；养蚕在江阴南部青旸、周庄、祝塘、华阳等区较发达；打草蒲鞋在夏港区较多；织布全县各区都很普遍，是江阴的主要副业之一，对农民生活影响很大；养猪及养蚕在部分地区也是农村主要收入之一。现将已有的关于主要副业生产的材料摘录于后。

（一）织布

全县布机根据不完全统计，铁木机约15 000张，手拉机约18 000张（实际手拉机、铁木机数当远不止此数）。小土布机约70 000张（实际亦不止此数）。共有布机约100 000多张。全县除澄西区仅有少数小土布机，织布业不发达外，其他各区都很发达，晨阳区全部为小土布机，长泾、要塞两区土布机亦占大部分，花山、周庄等区则铁木机、手拉机较多。现将周庄区调查数字列表于下：

周庄区农村织布情况调查表

户口	人口	布机种类	数量	生产时每架垫付资金（纱）	全区织机全部生产时所垫付资金（纱）	每架每天织布数（丈）			每架每年收入
						最高	一般	最低	
总户口	18 160	小布机	858	1 包	858 包	4	3	2	以全年织 200 匹小布计，收入约合纱 5 包。
总人口	68 414	手拉机	1221	4 包	4884 包	5	4	2.5	以全年织布 150 匹计，收入约合纱 20 包。
有布机户口	8300	铁木机	6709	6 包	40 254 包	10	8	6	以全年织布 240 匹计，收入约合纱 36 包。
有布机户人口	34 988	合计	8788	—	45 996 包	—	—	—	

注：1. 每包纱过去约合米 1 石，现在合米 5 斗不到。
2. 织布机中地主、富农占 185 张，中农占 3530 张，贫农占 5280 张，这是因为中、贫农土地太少，必须经营副业之故。

铁木机每天一架能织布1匹（长7丈2尺），现在可赚工资2股纱，折米4升5合，过去可赚3股纱，折米1斗5升。至少需棉纱6包，才能开转。一般的全年可织布240匹，现在可赚24包纱，折米10.8石，过去可赚36包，折米36石（当时1包纱值1石米），有的日夜织，每天可织1匹半到2匹，全年当更多。手拉机如果每天一个人不停的织可织5丈长的布一匹，一般的二天一匹（指女人有小孩带煮饭的），可得工资2股纱，过去可得2.5股纱。至少需4包纱才能开转，全年可织150匹可赚15包纱，折米6.75石，过去可赚18.75包纱，折米18石多。土布机每天可织4丈2尺的小布一匹，可得工资0.5股纱，至少需1包纱才能开转，全年可织200匹，可赚5包纱。过去资金的来源，有的是自己的，这是富农和少数中农。一般的向布号拿纱代织，十天缴布，提前缴布有奖，过期生息，但是利率很小。亦有少数是借贷来的。

所织布的种类和尺码：

（甲）2.6尺宽的手布，只能在二号铁木机上织。

（乙）2.25尺—2.15尺宽的格子条纹等布，大都在铁木机上织，木机也能织，但较困难。

（丙）1.8尺宽的土布在手拉机上织。

（丁）一尺宽的小土布在土布机上织。

（戊）其他帐子布等也能织。

（二）养蚕

据花山区峭岐镇调查：过去养蚕是该地主要副业之一，桑田亦多。由于抗战以来日伪与国民党反动派的摧残，销路日蹙，蚕农将桑树砍伐，现存桑田只有原桑田的1/3，对桑田管理也不注意，出叶很少。如长泾镇新民村，全村原有54家养蚕，共有桑田45.5亩，可养70张蚕，产干茧700多斤，在1927年茧价最高时，每100斤茧可换米10石多，共可换米70石。以后茧价逐年降低，到1937年后，1担茧只换2石多米。数年来蚕农砍伐桑树达20.5亩，去年水灾又淹死10.5亩，现只存桑田14.5亩，桑田最多的3户富农每户只有0.7亩。长泾镇全镇现仅有桑田182.4亩，蚕户380户（内缺4个村的统计），可见蚕业已降到最低点。

（三）渔业

江阴沿江四区有黄田港、利港、夏港、石牌护漕港等16个港口，都有船只捕鱼，黄田港的钩帮网帮共有船约250多只，人口约2600多人。钩帮大船每船有2万把到3万把钩，小船每船有1万把钩，每万把钩约合大米5石；网帮大船有30多条网，小船有10条到20条网，每条网合米3斗。能捕到的鱼类计有刀鱼、河豚、鲥鱼、蟹等，往年刀鱼每担可换米1石，现在只换4斗多米。此外尚有一部分在内河攀网，现无统计数字。

（四）蒲包

做蒲包在夏港区很普遍，观山乡全乡1479户中有1015户做蒲包，十几岁的小孩都做，熟手每天可做5只。在秋收前后及年关前，销路最好，大蒲包每只可卖半斤米，小的13只可卖1升米，行销苏州、无锡、常州及江阴城镇间。该区种蒲很普遍，向外购蒲的只几十户，其他如观西、景贤、夏葑等乡做蒲包亦很多。

（五）养猪

亦以夏港区最普遍，所养均为母猪，梅园村在去年秋前120户中有100户养猪，虞门一村过去养猪户，占全村户口的一半，一般每户养1头到2头。除把小猪养大出卖外，并可积肥。

目前养猪户减少很多，主要原因是资金缺乏和猪价太低。

江阴县农民协会
1950 年 3 月

武进县农村经济概况

一、一般情况

甲、武进县全县共划分为 15 个区，184 个乡，1648 个行政村，230 818户，人口1 018 965人。耕地面积1 523 673.97亩（以上数字，系根据该县粮食局统计）。全县有大小市镇 78 个，商户 5408 户（缺新闸区的，该数字包括一切小商贩等在内）。直属县领导的有奔牛、戚墅堰 2 个镇。

乙、该县人多地少，每人平均不到一亩半田，据 1949 年的调查，一般收成较好的田，每亩产稻 400 斤到 450 斤，小麦 100 斤到 150 斤。仅靠农业收入不能维持生活，因之一般农民多搞副业生产，亦有少数农民兼营工商业。

丙、此外该县还有一部分外籍迁来的农民，其中大部来自苏北，也有部分是皖北的。他们大半系靠出卖劳力维持生活，生活很苦，出卖劳力的代价也特别低。因当地封建统治者的利用和挑拨，本地农民歧视他们，致造成本外地农民间的隔阂。兹将戚墅堰区政成乡，外籍农民情况列表如下：

乡名	全乡户数	全乡人口	全乡田亩	外籍			外籍户数占总户数的百分比	外籍人口占总人口的百分比	外籍农民土地占总田亩数的百分比
				农民户数	人口数	占有亩数			
政成	1268	5896	7049.94	63	274	0	5	4.65	0

二、土地关系

甲、各阶层土地占有情况

现将靠近城区及铁路沿线的几个区、乡各阶层的土地占有情况列表分述于下：

戚墅堰区政成乡（铁路沿线）各阶层占有土地统计表

成份	户口		人口		占有田亩		每人平均占有数
	数	百分比	数	百分比	数	百分比	
地主	9	0.71	70	1.19	435.38	6.18	6.22
富农	41	3.23	164	2.78	755.13	10.71	4.60
中农	467	36.83	1869	31.70	2848.72	40.41	1.52
贫农	476	37.54	2252	38.20	1534.96	21.77	0.68
工人	177	13.96	893	15.14	723.22	10.26	0.81
其他	91	7.18	643	10.91	263.16	3.73	0.41
庙宇	7	0.55	5	0.08	88.74	1.26	17.75
祠堂	—	—	—	—	397.23	5.63	—
学田	—	—	—	—	3.40	0.05	—
合计	1268	100.00	5896	100.00	7049.94	100.00	1.20

湖塘区马杭乡（铁路沿线）各阶层占有土地统计表

成份		地主	富农	中农	贫农	佃农	手工业者	合计
户口	数	6	33	366	1342	94	136	1977
	百分比	0.30	1.67	18.51	67.88	4.76	6.88	100.00
人口	数	41	209	1792	4528	365	537	7472
	百分比	0.55	2.80	23.98	60.60	4.88	7.19	100.00
占有田亩	数	394.80	1051.00	3220.68	3615.45	45.63	291.70	8619.26
	百分比	4.58	12.19	37.37	41.95	0.53	3.38	100.00
每人平均		9.63	5.03	1.80	0.80	0.13	0.54	1.15

注:“佃农”原材料未说明包括那些成份,无法分类,只能单独列入统计。

马山区新南乡（离城很近）各阶层占有土地统计表

成份	户口		人口		占有田亩		每人平均
	数	百分比	数	百分比	数	百分比	
地主	17	1.40	90	1.81	861.04	12.06	9.57
富农	41	3.38	244	4.91	708.18	9.92	2.90
中农	245	20.20	1123	22.62	2160.56	30.26	1.92

续表

成份	户口		人口		占有田亩		每人平均
	数	百分比	数	百分比	数	百分比	
贫农	789	65.05	3034	61.11	3160.80	44.27	1.04
佃农	25	2.06	97	1.95	78.00	1.09	0.80
手工业者	96	7.91	377	7.60	171.79	2.40	0.46
合计	1213	100.00	4965	100.00	7140.37	100.00	1.44

百丈区地主土地占有统计表

乡名	50亩以下	50亩—100亩	100亩—150亩	150亩—200亩	200亩—250亩	300亩—400亩	合计
新桥乡	5	1	0	0	0	0	6
潘墅乡	8	6	3	2	0	0	19
史墅乡	4	1	0	1	0	0	6
徐墅乡	9	10	0	0	1	2	22
百丈乡	11	5	1	0	0	0	17
圩塘乡	0	1	0	0	0	1	2
龙巷乡	0	0	0	0	0	0	0
魏村乡	3	1	0	0	0	0	4
滨江乡	0	0	1	0	0	0	1
大沙乡	1	0	1	0	0	0	2
迎龙乡	2	0	0	0	2	0	4
济农乡	2	1	0	0	0	0	3
齐泉乡	3	3	0	0	0	0	6
龙德乡	4	6	0	0	0	0	10
合计	52	35	6	3	3	3	102

从上列几个区乡各阶层的土地占有情况调查表中，可以看出该县土地占有情况之几个特点：

（一）根据百丈区调查和该县实际情况，地主占有土地以100亩以内的户数为最多。

（二）城区周围及铁路沿线土地集中程度较低，地主富农户数较少，如上述马杭乡地主、富农仅占总户数1.97%，占有土地占全乡总数的16.77%。政成乡地主、富农占总户数3.94%，占有土地占全乡土地的16.89%。铁路南，如卜弋、鸣凰、运村、马山、礼加等区地主、富农较多。马山区新南乡地主、富农户数占该乡总户口的4.78%，占有土地为全乡土地总数的21.98%。

（三）公田较多，如政成乡的调查，祠堂田、庙田、学田等即有489.37亩，即占全乡田亩总数的6.94%。

乙、公田占有情况

全县公田约有3626亩，农场20亩。兹将政成、蒋湾、厚圩（五村）3个地区的公田情况列表于下：

政成、蒋湾、厚圩（五村）公田调查统计表

乡(村)名		厚圩(五村)	蒋湾村	政成
总田亩		3570.40	6889.60	7049.94
公堂	亩数	43.90	61.63	397.23
	占全乡(村)总田亩数百分比	1.23	0.89	5.63
学田	亩数	143.38	0	3.40
	占全乡(村)总田亩数百分比	4.02	0	0.05
庙田	亩数	0	43.30	88.74
	占全乡(村)总田亩数百分比	0	0.63	1.26
合计	亩数	187.28	104.93	489.37
	占全乡(村)总田亩数百分比	5.25	1.52	6.94

该县祠堂田、庙田、义庄田等，大部为地主、富农所把持，并有部分地主、富农假借权势，将自田出租，而用低租额租进祠堂、庙田雇工经营或以高租额转租出去，从中剥削农民。此外公田收入也都掌握在地主、富农手中，任其处理，农民不能过问。

丙、城郊土地占有情况及特点

（一）城郊土地占有比较分散，如下面茶山乡的调查（见附表）即可说明：

武进县城郊茶山乡各阶层占有土地统计表

成份		地主	富农	中农	贫农	佃农	手工业者	合计
户数	数	15	18	354	1053	131	193	1764
	百分比	0.85	1.02	20.07	59.69	7.43	10.94	100.00
人口数	数	112	124	1791	4717	670	874	8288
	百分比	1.35	1.50	21.61	56.91	8.08	10.55	100.00
占有田亩数	数	1179.98	226.58	2067.40	3013.70	421.10	359.50	7268.26
	百分比	16.24	3.12	28.44	41.46	5.79	4.95	100.00
每人平均占有亩数		10.54	1.83	1.15	0.64	0.63	0.41	0.88

（二）因耕地少，人口多，所以农民多精耕细作，一般每亩田要花15个工。又因靠近城边，肥料又多，豆饼一般每亩田要垩80斤。所以产量比其他区乡较高，水田每亩可产稻550斤，小麦150斤。

（三）城周围公坟较多，据茶山乡统计，坟田有二千三四百亩。

（四）因土地少，人口多，单靠土地收入不够维持生活，同时该地区离城又近，所以各阶层大多兼搞其他副业。

茶山乡兼营副业情况表

项目	总数	织布	造船	工厂工人	作盘	作猪毛	小贩	工商业	自由职业	合计	占总数百分比
户口	1764	423	35	219	121	214	56	17	13	1098	62.24
人口	8288	2260	260	1199	419	830	218	111	53	5350	64.55

说明：另外有其他副业者400余户，人口1300余人，具体情况不详。

三、阶级关系

甲、各阶层出租土地情况

（一）因该县人民从事其他职业和兼搞副业生产的很多，有部分手工业工人及产业工人亦将自田出租，从事其他工作，所以土地出租情况较复杂，各阶层都有（详见附表）。

（二）根据政成乡的各阶层土地出租情况，计祠堂地、庙田、学田共出租420.68亩，占该乡总出租土地数的20.91%；地主、富农出租土地占总出租土地数的23.48%，其余则全系其他各阶层出租。

（三）根据马杭乡情况：地主、富农出租土地占总出租土地数的60%强。其余则系其他各阶层出租。

戚墅区政成乡各阶层出租土地统计表

成份	占有田亩数	出租田亩数	占本阶层占有土地的百分比	占出租土地总数百分比
地主	435.38	220.05	50.54	10.93
富农	755.13	252.48	33.44	12.55
中农	2848.72	434.65	15.26	21.60
贫农	1534.96	283.59	18.48	14.09
工人	723.22	361.32	49.96	17.95
其他	263.16	39.56	15.03	1.97
祠堂	397.23	346.63	87.26	17.23
庙田	88.74	72.20	81.36	3.59
学田	3.40	1.85	54.41	0.09
合计	7049.94	2012.33	28.54	100.00

湖塘区马杭乡各阶层出租土地统计表

成份	占有土地亩数	出租土地亩数	出租土地占本阶层占有土地的百分比	占出租土地总数百分比
地主	394.80	375.31	95.07	38.37
富农	1051.00	213.92	20.35	21.87
中农	3220.68	219.97	6.83	22.49
贫农	3615.45	113.09	3.13	11.56
佃农	45.63	0	0	0
手工业者	291.7	55.79	19.13	5.71
合计	8619.26	978.08	11.35	100.00

乙、各阶层佃入土地情况

根据政成乡、新南乡、马杭乡等各阶层佃入土地情况列表如下：

戚墅区政成乡各阶层佃入土地情况：

戚墅区政成乡各阶层佃入土地统计表

成份	地主	富农	中农	贫农	佃农	工人	其他	合计
使用土地	215.33	516.45	2848.93	2876.19	496.10	420.81	223.60	7597.41
租入土地	0	13.80	434.66	1224.82	496.10	58.91	0	2228.29
占租入土地总数之百分比	0	0.62	19.51	54.97	22.26	2.64	0	100.00
租入土地占使用土地之百分比	0	2.67	15.26	42.58	100.00	14.00	0	29.33

马山区新南乡各阶层佃入土地统计表

成份	地主	富农	中农	贫农	佃农	手工业者	合计
租入土地	0	13.05	424.20	1569.47	115.87	150.75	2273.34
占租入土地总数之百分比	0	0.57	18.66	69.04	5.10	6.63	100.00

湖塘区马杭乡各阶层佃入土地统计表

成份	地主	富农	中农	贫农	佃农	手工业者	合计
使用土地	19.48	838.98	3297.63	4470.61	246.26	247.69	9120.65
租入土地	0	1.90	296.92	968.25	200.63	11.78	1479.48
占租入土地总数之百分比	0	0.13	20.07	65.44	13.56	0.80	100
租入土地占使用土地的百分比	0	0.02	9.00	21.66	81.47	4.76	16.22

上列3个乡的情况，以贫农佃入土地为最多，占佃入总数的55%到65%以上，占本阶层原有土地总数的50%左右，富农一般佃入土地很少，中农的佃入土地数仅占佃入土地总数的20%。

丙、租佃形式

（一）活租制：即一年或二年定一次租额，一般的是白米1石2斗（占总收入的40%—50%），低的8斗，最高的租额为1石5斗。现将政成、茶山、湖港3个乡的租额调查列表如下：

茶山、政成、湖港三乡每亩租额统计表

乡(村)别		茶山乡	政成乡	湖港乡	前黄乡三村
高	租额	225斤	180斤	200斤	276斤
	占产量百分比	50	60	60	—
中	租额	150斤	150斤	150斤	220斤
	占产量百分比	40	50	50	—
低	租额	120斤	90斤	120斤	—
	占产量百分比	32	40	40	—

（二）定租制：业佃双方议定三年或五年的租期，期限内地主不能抽田，租额与活租制同。

（三）活田（未过粮）：即贫苦农民将田卖给地主，几年后可以原价赎回，在这几年中，卖田人仍自种，每年除交总收入的30%到40%的租子外，还要缴纳田赋（湖塘区此类情况最多）。

（四）干租制：即农民将田卖给别人，几年后可以原价赎回，在此期间，买主自种不交租，卖田人亦不交利息，俗称："银不起息，田不起租。"

（五）分种：即所用肥料、种籽，业佃各半，收获亦由业佃双方平分。

注：公田、学田、庙田地租较低，一般的每亩租额为米6—8斗。

丁、借贷种类

（一）翻头利：春天借米，麦收后麦贱米贵，以米折成麦，稻收后米贱麦贵，又以麦折成米或棉纱。例如：奔牛区戴田村周敖生放出米2石，五年后即成70石；又新桥区涂墅村巢生如上年二月借豆4石5斗，麦出时折麦8石8斗，麦收后又折成8包纱，稻出后又折成24.5担稻。几个转折，借额变成原额的几倍。

（二）借头粮：即无论在一月、二月或九月借的粮，到秋收后最低利息每石加4斗，最高加6斗。高山区一般是加5斗。市镇借粮是每日1石加4升、5升，最多加1斗。此种重利盘剥，实属骇人听闻。

戊、阶级关系特点

该县靠近沪宁铁路，由于资本主义经济的渗入与影响，因此接近城区和铁路沿线之区乡，农村阶级关系比较复杂。

（一）地主富农阶级除以地租、雇工剥削维持生活外，大部分兼营工商业或其他职业的：例如政成乡就有9户地主富农从事其他职业的；湖塘区茶山乡也有15户地主富农兼营工商业或从事其他职业的，即占该乡地主富农总户数的40%以上。

卜弋区厚圩乡六村22户地主中从事自由职业的有10户，占地主总户数的45.5%。又如礼加区礼加乡三村，留井乡八村，阳湖乡一村与戴溪镇五村，4个村有地主13户，其中兼搞农村副业和从事自由职业的有4户，占本阶层总户数的30.8%。

距铁路沿线较远的地方，地主兼营工商业或从事自由职业的则较少。

（二）农民由于地少人多，农业收入不足维持生活，故大部亦均兼营农村副业和从事其他职业。靠近城区和近铁路线之区乡尤甚。例如湖塘区马杭乡，从事其他职业的有954户，占总户数的50%，其中依靠副业为主兼搞农业的占总户数的25.2%。茶山乡的调查，全乡从事手工业和其他副业的竟占总户数的80%以上。礼加区4个村的调查，559户中，兼搞其他职业者有125户（地主、富农2户在内），占总户数的22%，以农业为次而主要依靠其他职业或副业生活者78户，占总户数的14%，两者共占总户数的36%。又据马山区新南乡5个村的统计，计751户中（地主、富农除外），其中兼营其他职业的187户，占总户数的25%，以其他收入为主而兼搞农业的有111户，占总户数的15%，二者合计298户，占总户数的40%。

（三）根据茶山、政成两个乡的调查：除部分地主富农兼营工商业及其他职业外，农民兼搞其他副业的也很多；如茶山乡占90%以上，政成乡占60%以上。同时由于农民兼搞副业或从事其他职业，无法耕种土地，因此有不少将土地出租，依靠其他收入作为主要生活来源的。

茶山乡、政成乡各阶层兼营其他职业统计表

乡别		湖塘区茶山乡		戚墅区政成乡	
项目		户口	人口	户口	人口
总户口及人口		1764	8288	1268	5896
地主富农总户口及人口		33	236	50	234
地主富农兼营其他职业	工商业	3	13	8	37
	其他职业	12	53	1	6
	合计	15	66	9	43
	占本阶层总数之百分比	45.45	27.97	18.00	18.38
农民总户口及人口		1538	7178	943	4121

续表

乡别		湖塘区茶山乡		戚墅区政成乡	
项目		户口	人口	户口	人口
农民兼营其他职业	手工业	798	4138	304	1457
	其他副业	688	2443	295	1714
	合计	1486	6581	599	3171
	占本阶层总数之百分比	96.62	91.68	63.52	76.95
各阶层兼营其他职业者合计		1501	6647	608	3214
占总户口、人口之百分比		85.09	80.20	47.95	54.51

己、雇工情况

（一）根据湖港乡第五村调查，地主、富农雇用长工 4 人，并经常雇用短工 4 人，中农雇用长工 3 人和经常雇用短工 7 人，长工 7 人全系外来的，短工亦大半是外地来的。其工资：长工每年高的 8 石，中等的 7 石，最低工资 6 石；经常的短工每日工资分 3、4.5、6 升三等；农忙季节中工资则为 8 升或 1 斗，一般的也需五六升（工资以大米计算）。

（二）茶山乡短工 118 人中，本地占 51 人，外地来的有 67 人，其工资高的 5—6 升，一般的 3—4.5升，低的仅2.5升。

（三）政成乡雇工情况如下表：

政成乡雇工情况统计表

类别		雇工	牧童
雇工住处	本地	2	1
	外来	41	4
	合计	43	5
雇用阶层	地主、富农	24	4
	中农	21	1
	合计	45	5
每年每工工资	高	8 石	3 石
	中	7 石	2 石
	低	6 石	1.5 石

（四）在该县南部区乡工资较高，个别技术好的每年高的到 15 石（长工），一般的是 8—9 石大米。

（五）上述长工工资平均每人只能养活 1 人，最高的亦仅可养活 2 人。

（六）忙季月工做 100 天的，最高工资为大米 6 石。

四、生产情况

甲、农业产量情况

根据政成乡及焦溪、湖塘等区的调查，列表说明如下：

（一）政成乡农业产量如下表：

类别	每亩产量		
	最高	一般	最低
稻麦	500 斤稻	450 斤	300 斤
桑田	3000 斤桑	2000 斤	1000 斤
菜田	10 000 斤菜	6000 斤	4000 斤

（二）焦溪、湖塘二区 3 个乡（村）的农业产量情况如下表：

区域	等级	好年成	一般年成	歉收
焦溪区新安乡	一等田	550 斤（稻）	450 斤	250 斤
	二等田	450	300	200
	三等田	250	180	—
湖塘区马杭乡	一等田	600	500	400
	二等田	500	400	350
	三等田	450	350	200
湖塘区蒋湾乡 10 个村	一等田	587	500	347
	二等田	488	428	275
	三等田	372	296	203
三乡平均	一等田	579	483	332
	二等田	479	376	275
	三等田	357	275	201.5

注：全县有荒山 76 875 亩，江滩 15 000 亩，湖滩 35 000 亩，合计 126 875 亩（以前调查）。

（三）全县主要农作物耕种面积及产量：根据各乡调查综合统计全县的农作物种植田亩及每亩平均产量列表如下：

种类	种植面积(亩)	每亩平均产量(斤)
稻	1 080 000	400—450
麦	1 100 000	100—150
大豆	150 000	150
棉	18 000	45

注:1.棉田系根据奔牛、百丈、新闸、小河4个区统计。
2.全县除个别地区因田低有水只可种稻外,全都是二熟田,故以上数字相加超过实有田亩总数。
3.其他菜田、桑田等未曾统计在内。

乙、农具及牲畜占有情况

各阶层占有很不平均，而且亦不敷该县农民使用。全县计有戽水机356部，人力水车1918付，牛力水车1661架，马达71架。各阶层占有情况，兹根据政成乡及湖塘区、礼加区几个乡（村）的调查列表于下：

政成乡各阶层占有农具、耕畜统计表

成份	户数	使用土地亩数	打水机	脚车	风车	牛车	轧稻机	犁	牛
地主富农	50	731.78	0	14	0	11	16	21	17
中农	467	2848.93	1	64	1	22	67	79	37
贫农	476	2876.19	0	29	0	9	14	28	35
公有	—	—	6	0	0	0	3	0	0
合计	1268	7579.41	7	107	1	42	100	128	89

注:户数及使用地亩的合计数是全乡总数。

武进县几个区乡村各阶层占有农具牲畜统计表

乡别	成份	户数	田亩数	打水机	水车	轧稻机	耕牛
湖塘区马杭乡	地主	6	394.80	0	1	0	1
	富农	33	1051.00	0	16	0	16
	中农	366	3220.68	0	97	0	110
	贫农	1342	3615.45	0	51	0	52
	合计	1747	8281.93	(公有)1.5	165	0	179
戚墅区湖港乡第五村	富农	5	128.53	0	5.5	5	4
	中农	22	213.77	0	5.5	6	9.5
	贫农	79	271.74	0	2	7	1
	合计	106	614.04	0	13	18	14.5

续表

乡别	成份	户数	田亩数	打水机	水车	轧稻机	耕牛
礼加区阳湖乡第一村	地主	7	233.71	0	0	0	0
	富农	16	259.25	0	4	0	2
	中农	20	178.63	0	1	0	0
	贫农	94	428.93	0	1	0	2
	合计	137	1100.52	0	6	0	4
总计	地主	13	628.51	0	1	0	1
	富农	54	1438.78	0	25.5	5	22
	中农	408	3613.08	0	103.5	6	119.5
	贫农	1515	4316.12	0	54	7	55
	合计	1990	9996.49	(公有)1.5	184	18	197.5

（一）根据上表三个区乡（村）的统计数字综合，计算出地主平均13户有水车一部，耕牛一头。富农每2户可有水车一部，每11户有轧稻机一架，每2.5户有耕牛一头。中农每4户有水车一部，68户有轧稻机一架，27.5户有耕牛一头。贫农每30户有水车一部，每216户有轧稻机一架，每30户有耕牛一头。由此可见该地区生产工具及耕畜，大多为富农、中农所占有，贫农则异常缺乏，多系用人力来换牛力，以补生产工具之不足。

（二）按照该县情况，耕牛每头可耕田20亩到30亩，水车每部可灌溉40亩，打水机每部可灌溉250亩。因此从上列统计表中可看出该地区农村中耕畜及农具缺乏情形之一般。例如政成乡有田7049.94亩，仅有耕牛89头，可耕地2670亩，其余4379.94亩则须靠人力耕种。

又如马杭乡和阳湖乡的第一村，湖港乡第五村共有田9996.49亩，仅有牛197.5头，可耕近6000亩地，其余3900多亩，也只有靠人力耕种了。

水车方面，除政成乡有水车（脚车、牛车合计）149部，打水机7部，可供本乡灌溉而且尚有剩余外，其余的乡如马杭乡、湖港乡的第五村、阳湖乡的第一村共有田近1万亩，只有打水机一部半，水车184部，仅可灌溉7700余亩，其余2200余亩则无法或不能及时灌溉。其解决办法，主要依靠城市的抽水机来弥补。

丙、农村主要副业生产情况

（一）湖塘、鸣凰二区出产棉布，该地农民十之七八均以织布为主要副业，约有铁机5000架，土织布机20 000架，产品运销常州、上海、苏北、广德、长兴、宜兴等地。

（二）焦溪区的焦溪镇、新安镇、三河口镇等地出产蒲包，共分七种，有特号青大黄加重、青普通、签字包和纱包等。参加生产的人数占全区人口的43%，以编蒲包为主要生活来源者占31.5%，产量每日最高为29 130只，最低为15 330只，原料来自南通、镇江、龙潭等地，产品运销地点为无锡、苏州、上海、常州、南京、杭州等地。

（三）礼加区遥观乡有窑160座，依此维持生活的占全乡人口70%以上。每年产

1亿7000万砖瓦，运销江北各地。

（四）新闸区、奔牛区、西郊市区萝卜出产甚丰，每亩产量有25担，制成之萝卜干，为该区之特产，运销国内外，销路很大。

（五）蚕桑过去亦为该县之主要副业，但因抗日战争后，丝价一蹶不振，蚕桑业因之大衰，过去全县每年用蚕种达18万张，现仅4万张。而且农村桑树，亦多半被砍伐。

（六）其他如从事养鱼、编制箬帽、蓑衣、芦菲、种果树、种菜等及瓦、木匠和产业工人人口，在该县人口数中亦占有很大比重。

1950年1月调查

常熟县农村经济概况

一、农村经济特点

常熟县境位于上海之西200华里，苏州之北10余里，无锡之东90余华里，北滨长江。人口稠密，土地肥沃，农产富饶，副业生产发达。整个农村离大城市和铁路线较近，农村经济受着资本主义的侵蚀，因此，反映了农村经济的复杂性。农村的劳动力向城市流动，农民在农闲或农隙中便去城市做工，或兼营其他手工业，商品经济也从城市逐渐侵入，洋货倾销到广大的农村，而农业生产品也主要供给上海等大城市。过去广大农民受着帝国主义、官僚资本主义、封建主义三种势力直接和间接的剥削和榨取。

县境北部，沿江是沙土，地形较高，不种稻，宜植棉，靠南是黑土，土地肥沃，而且便于灌溉，种稻子。南乡多湖沼，地形较低，部分田亩每年仅种稻一次，名叫“一熟头”田，余者为稻麦田，一年二熟，全县的田亩“稻七棉三”，就是三成棉田，七成稻田，根据最近县粮食局的统计，高田（旱田，大部分植棉，但亦有少数种早稻）580 413亩，低田（水田，种稻麦）1 224 603亩。

全县人口共有116万余人，其中城区人口有5.7万人，农村人口有110.4万人。全县地主、富农占总人口数的3.87%，农民人口87万以上。耕地1 805 016亩中，自耕田只有478 108亩，3/4以上的田是租田，而这些租田绝大部分在地主手中。同时在47万余亩的自耕地中，还有大部掌握在地主富农手里，所以自耕农在农村中是很少的。如支塘镇董滨乡的情形：全乡跨越高低两地，共有田亩24 914亩，其中租田占21 200亩，自耕田只有3714亩，占全部耕地的1/6。在自耕田中，地主富农却占有大部分。

二、佃租剥削

甲、田制

（一）租田：常熟的田制分为“田底”“田面”。“田底”是地主对土地的所有权；“田面”

是佃农对土地的耕种权，两者分开，而且都有价格；有“田面”权的佃农要向有田底权的地主交租，与其他各地一样，农民不能因有“田面”而欠租。过去，佃农欠租，地主除自行催讨外，还勾结旧官府向农民追租，“关佃户”是极常有的事。在抗战期间，反动地主，依旧凭借敌伪势力，设立租栈，武装追租。

（二）花利田：即“田底”“田面”全在地主、富农手中，出租给佃农耕种的土地，叫“花利田”。“花利田”有的米麦二熟都要收租，也有的只收一熟，他们收的租子都是实物。这种租田，地主可以任意收回来自己耕种或租给别人种，佃农没有权力交涉。

（三）接手田：即佃户租耕1亩田，有2个地主，在地主与农民之间，再加上一个二地主的剥削。

（四）沙田：常熟沿江一带，每年由长江里的泥沙冲积起来的土地。地主向“沙田局”领了执照，便可以去围田，围下来，租给农民耕种，有分租的，有折租的，而且在种田之前，先缴下租来，还有交“田顶首”（即押租），统称“榷租”。

乙、租制及其演变

（一）因为有“田底”“田面”之分，所以在租制上有着不同，一般实包租，以田地的优劣，决定田的租额，每年每亩租额最高1石2斗，最低是6斗，这是以糙粳米计算的。租额之外有所谓“领尖不动手，脚米归账房”的一套额外剥削。在地主的仓厅上（收租的地方），放置着筛子和风车，当时租子的纯净也是一个苛刻的条件。在抗日战争以前地主为了省事，使用了“折价”，折价是以租子的市价折为钱币，佃农可以用钱币去交租，这个折价是由田业公会（地主集团）拟定的，依照当时的市价为准，但是有一定的限期，每限加上一成，三限不交便要“开追”，即地主交给“官府”来追租。

在抗日战争中及日寇投降后反动派统治时期，农村负担非常沉重，农民除要负担“收军米”“指田完粮”和“抽壮丁”等苛捐杂税外，还要向地主交纳大量地租。兹将两个时期的地租、负担比较列表如下：

地区	战前			抗战时期		
	年产	租子	百分比	年产	租子	百分比
梅李区塘垒乡	2—2.5石	1.2石	48—60	2.0石	0.5—1.2石	25—60
大义区大义乡	2—2.5石	1.1石	45—55	2.0石	0.6—0.75石	30—37.5
塘桥区塘桥乡	2.5石	米8斗麦2斗	40	2.5石	米8斗麦2斗	40

注：1.上表所列年产系除去戽水、种籽、肥料等代价之劳动所得。
2.租子减轻，并非农民负担减轻，许多转嫁负担及额外负担相反加重。

这里有一个附带的说明：包租制的田亩，农民耕作时所有种籽、肥料、戽水等成本，也由农民负担。又因为江南土地耕作技术上，较为精湛，所付的劳力与成本较大，在合算地租剥削时，应该注意佃农的成本支出。如塘桥长寿乡的调查，每亩田所用成本代价如下：

戽水（用机器打水）费需稻75斤，肥料需稻75斤，种籽7斤。劳动力的代价还没计算在内。

（二）地租形式：全县大部分已采用折价交租，但在个别地区还存在着分租制和二熟一租的实物地租形式。

（三）抗租运动：由于抗日民主根据地的建立，农民觉悟程度较高，曾发生过几次群众打租栈的斗争行动，此对近十年来的土地关系上发生了重要的影响。

（四）“田面”价格问题：在土地关系的变化上，有一个显著的表现，即近年来租田“田底”跌价，而租田的“田面”价格高涨，例如大义区葛成乡抗战前“田面”每亩为5石，“田底”每亩5石，而抗战胜利后“田面”每亩为6石，“田底”每亩仅1石。

三、农村高利贷

常熟县农村高利贷剥削也很严重，详见下表：

名称	俗称	方式	剥削程度			期限	备注
			一般	最高	最低		
放债米	粒半头	借米还米 米上加利	1石米还1石5斗	1石米还2石	1石米还1石2斗	6个月 到10个月	
卖青苗	捉麦账 捉米账	把未成熟的稻麦作价出卖	比普通市价低20%	比普通市价低50%	比市价低10%	1个月 到3个月	
放豆饼	借饼	借饼还饼	10块加2块	10块加4块	10块加1块	—	
放过洋	押头乌	借钱还钱 利上加利	日息5%	日息10%	日息1%	10天为期 利上加利	现已没有

过去在常熟农村中最盛行的是放债米，“过洋”是过去敌人统治时期恶性通货膨胀下的产物，现已绝迹，而且农民信任实物，债主也信任实物。放债米和放豆饼现尚流行。关于卖青苗，解放后商人都不敢公然做这些勾当，但秘密进行的仍然有，如唐市区去夏尚有发现。解放后当地粮饼行采取了封锁农村的顽固态度，一般停止了高利借贷，另一方面，正确的借贷关系很不普遍，故使农民造成了极大困难。

四、农村生产状况

甲、全县农业生产比抗日战争前更为降低，原因是受战争的破坏和反动统治下日益残酷的榨取搜刮，使农村经济处于崩溃的境地，因此农民缺乏生产资本，施肥减少而致农业产量普遍下降。兹将各地收获量列表如下：

地区	产品(每亩)	战前			解放前		
		最高	一般	最低	最高	一般	较低
梅李区塘墅乡	米	3.0石	2.2石	1.5石	2.8石	2.0石	1.2石
	小麦	2.0石	1.8石	1.5石	1.8石	1.5石	1.0石
	元麦	1.4石	1.25石	1.0石	1.3石	1.0石	0.6石
塘桥区长寿乡	米	—	—	—	2.5石	2.2石	1.25石
大义区大义乡	米	—	—	—	3.0石	2.5石	2.0石
支塘区董滨乡	米	2.7石	2.0石	1.5石	2.0石	1.5石	1.2石
	小麦	2.0石	1.5石	1.0石	1.5石	1.2石	0.7石
吴市	棉花	—	—	—	—	80到100斤	—

乙、农村副业生产以从事纺织土布与绣花边的最为普遍，纺纱织布为该地区农村妇女的长年专业，不过近年来由于土布、花边的滞销，因此副业产品呈现萎缩现象。兹将其生产成本及收益情况说明如下：

（一）土布，皮花1斤2两，可织布2个。每2个布可换1斤10两皮花，织成2个布要5个工，每天的工价仅值1两6钱皮花（约米5合），解放前后土布业已大部停顿。

（二）织花边最快的每天可做100根线，但每百根线仅有工资米1升，且因出口困难，上海洋行压价（花边商反映），有时尚须停顿，无工可做。据该业商人说："在太平洋战争之前，每年输出约值200万美金，在抗战结束后销路又畅，直至解放前每月输出达15万美金。"

（三）织厂布，根据塘墅乡的调查，全乡原有13家小型布厂，织工工资每人每天大米5升。

五、农村负担情况

关于负担情形是非常复杂的。在国民党反动政府的苛捐杂税及伪职人员的敲诈勒索下，农民负担奇重：比如在塘墅乡每个"壮丁安家费"，一般是30至40石米；在支塘区则为12石至20石；大义区是9石至20石。加上伪乡公所办公费，伪区公所的灯油费，匪军的招待费，伪军民合作站的供应费等。而且这些苛捐都没有一定的规定，据当地农民说："过去种1亩田，一年总要出脱1石米的捐税。"现将解放前农民的负担情况，列表如下（以糙米计）：

解放前农村负担情况调查表

地区	田亩	租额	赋额	额外负担	合计
大义区	租田 1 亩	0.8 石	0	0.5 石	1.3 石
	自田 1 亩	0	0.3 石	0.6 石	0.9 石
梅李区	租田 1 亩	0.5 石	0	0.25 石	0.75 石
	自田 1 亩	0	0.3 石	0.3 石	0.6 石
支塘区	租田 1 亩	0.5 石	0	0.2 石	0.7 石
	自田 1 亩	0	0.3 石	0.2 石	0.5 石
塘桥区	租田 1 亩	0.9 石	0	0.2 石	1.1 石
	自田 1 亩	0	0.3 石	0.25 石	0.55 石

1950 年 1 月调查

太仓县农村经济概况

一、一般概况

甲、该县地势较高，产棉丰富，在抗战前棉田占总地亩数 70％以上，棉织业甚发达。由于日本帝国主义侵略，外货倾销，和交通阻隔，使棉织业受到影响，种棉数量，逐渐减低，据目前的统计，棉田只占总地亩数 60％左右。另外种薄荷的也不少，主要是靠外销，但自解放后，海上因美帝封锁，销路困难，故产量亦随之减少了。

乙、农村经济受帝国主义的经济侵略与官僚资本的侵蚀，影响甚大。如抽水机烧的汽油、松油，全靠外货供应。加之封建统治剥削日益残酷，不但是重租高利，而且花样众多，手段毒辣，致使农民陷于水深火热之中，地主更利用帮会和宗教来统治和麻痹农民，因此农村文化不发达，一般农民均不识字，庙宇多，迷信重。

丙、土地大部集中在地主富农手中，全县 80 余万亩土地，租田即有386 000多亩，占总田亩的 48％。根据双凤镇九保的统计材料，可以看出地主富农占有土地总数 50％以上。

双凤镇（九保）各阶层土地占有统计表

成份	户数	占总户口百分比	人口	占总人口百分比	占有土地	占总占有土地百分比
地主	5	2.30	24	2.54	569.99	28.27
富农	21	9.68	110	11.65	517.60	25.67
中农	96	44.24	439	46.51	747.93	37.09
贫农	95	43.78	371	39.30	180.92	8.97
合计	217	100.00	944	100.00	2016.44	100.00

二、租佃关系及高利贷剥削

甲、租佃种类及其剥削情况

（一）单租——即农民向地主租地时，首先买得田面权后才能种地，田面权的价钱，一般的占地价的2/3（即1亩田值3石米，买田面须用2石米）。田面权买到后，每年还要向地主交租，租额是由伪政府和地主所组成的评租委员会来评定，分稻田棉田二种，按地区划分等级。解放前一年，全县划为四等，一等租米6斗6升，二等租米3斗3升，三等租米2斗7升，四等租米2斗5升。棉花：一等15斤，二等12斤，三等11斤半，四等11斤。租额一般占总产量的比数：棉花为21%—36%，稻为25%—30%，两熟田占总产量的20%—25%。

（二）双租——有两种：一种是田底田面都是地主的，出租给农民；一种是二地主买来田面权再租给农民，这种租额一般是单租的两倍，占总产量的40%至50%。如是二地主的田面租给农民，每亩要完租米1石，同时还要完3斗4升给原来的大地主，这种租额最高，占总产量的2/3，这样的租田很少是稻田，而且这种田地主可随时抽回自种或转租。

（三）板租——田底田面都是地主的，或是二地主的田面出租。在未种地前，先将租价议定好，不管收成好坏每年按原数完租，这种地，地主也可随时抽回。

（四）分种——一种是地主只出地，什么不管，收成平分。一种是麦子不分，是佃户的，秋收平分。一种是因种麦子出力少，肥料少，地主自种，种稻时租给佃户种，地主什么不管，平分稻子。

（五）预租——今年收明年的租，这种租额一般是6斗米，占总产量的40%，租入对象大多是外地迁来的，如苏北人。

乙、收租方法与额外剥削

（一）由国民党反动政府出布告，限期完齐。收租时有的小地主自己收，有的用收租人收，期限大体如下：

第一期：十天至半月，过期按原租额加一成，若物价上涨，按物价上涨规定。

第二期：七天至十天，过期再加一成。

第三期：五天至七天，过期再加一成，并送催租局（是国民党反动政府办的）。

以后由催租局雇用流氓去收，每去一次，得向佃户要跑路钱和饭钱，不给，则随便拿东西，再不交租，报告警察局将佃户捉去，带枷锁，坐牢狱，并限期交，若过期，每亩又要加棉花12斤，至最后结束，每亩需棉花60斤。每年每保都有三四个农民被绑去，用来恐吓其他农民，使他们赶快交租。

（二）佃户三年不交租，地主即收回田面权，而以过去佃户买田面权的钱顶租，所以佃户买田面权的钱等于给地主预收了几年租，这种剥削手段最为狠毒，地主将卖田面权的钱，拿去放高利贷，再进一层的剥削农民。

（三）农民交不上租，只得将自有土地押给地主，农民的地权为地主所占有，这样地主再以分种的方式将土地租给农民耕种。

（四）收租用大斗大秤（有专门收租用的斗），而且还要顶好的米。

（五）地主有事，靠近的佃户须帮短工，每年还要送礼。此外佃户还要受地方（保甲组织）图长（即图正）的剥削，地方与图长每年收米和年份子，佃户如不给，明年催租特别紧，一时不交即送伪政府吃官司。另一种图长将自己的赋额分到群众身上，若要到伪政府里去查，又得化钱，还不如不查，只得多拿一点，自己吃亏。

丙、高利贷种类及其剥削

（一）借米：年利——借米1石，利息最高1石，普通6斗、7斗、8斗不等，最低5斗。

月利——借米1石，每月最高3斗，最低1斗。

（二）丢稻钱和丢麦钱：利息占总借贷的20%，即接近收成前一二个月借米，须先扣利息，最高的借1石米须先扣4斗（实借6斗），低的扣3斗，到收成还1石。

（三）利加利：即米变麦，麦变米，这种利息最高。如第一年春季借米1石，至麦季加利2斗米，时米贵麦贱，每石米等于3石麦，若无力还米时，则将1石2斗米折麦3石6斗，到秋季收稻后，那时麦贵稻贱，再将3石6斗麦，改为3石6斗米，若再不还，到第二年夏季变为4石3斗2升米，再折成麦12石9斗6升，到秋收时又变成12石9斗6升米了，如此循环，重利盘剥。这样农民被逼得只有典地卖屋，永远不能翻身。

1950年1月调查

无锡县农村经济概况

一、土地占有情况

无锡县人口及土地数，现根据秋征材料统计如下表：

无锡县各区户口、人口、田亩统计表

区别	梅村	前洲	荡口	开原	滨湖	查桥	张村	新渎	张泾	合计
户口	20 481	22 219	12 500	16 293	22 844	18 161	25 282	15 305	11 118	164 203
人口	101 511	94 917	52 350	74 293	96 439	90 825	133 539	77 976	83 697	805 547
田亩数	145 957.23	150 878.81	157 861.38	98 055.71	154 229.62	110 849.00	143 606.99	139 669.24	140 355.97	1 241 463.95
占总田亩数之百分比	11.76	12.15	12.72	7.90	12.42	8.93	11.57	11.25	11.30	100

无锡虽称鱼米之乡，但由于土地制度的不合理，有的地区，农民尚不能专赖耕作来维持生活。就调查的几个乡而言，每人平均占有地亩最多者为3.15亩（梅村区薛典镇三保），最少者仅0.78亩（查桥区云林乡），而靠近城区的乡镇，尚有每人平均不到半亩者。如依生活需要计算，每人须有耕田2亩（稻田1.5亩，桑田0.5亩），才能维持生活，因之有些地区的农民必须兼营副业。兹将调查几个乡镇的人口与占有土地数字，列表如下：

无锡县几个乡、村各阶层占有土地统计表

成份		地主	富农	中农	贫农	雇农	其他	总计
薛典镇第三保	人口	97	45	378	518	0	52	1090
	百分比	8.9	4.13	34.68	47.52	0	4.77	100
	占有土地	2841.56	91.62	365.04	245.60	0	0	3543.82
	百分比	80.18	2.59	10.30	6.93	0	0	100
堰桥乡二个村	人口	100	35	495	705	0	554	1889
	百分比	5.30	1.85	26.20	37.32	0	29.33	100
	占有土地	2158.72	32.55	170.84	54.96	0	70.25	2487.32
	百分比	86.79	1.31	6.87	2.21	0	2.82	100
北延镇第十保	人口	192	107	663	423	6	216	1607
	百分比	11.95	6.66	41.26	26.32	0.37	13.44	100
	占有土地	2706.70	211.40	745.09	225.90	4.85	91.07	3985.01
	百分比	67.92	5.30	18.70	5.67	0.12	2.29	100

续表

成份		地主	富农	中农	贫农	雇农	其他	总计
云林乡	人口	98	486	3314	7166	57	1393	12 514
	百分比	0.78	3.89	26.48	57.26	0.46	11.13	100
	占有土地	1250.81	949.81	3446.30	3603.15	15	620.04	9885.11
	百分比	12.65	9.61	34.87	36.45	0.15	6.27	100
玉祁镇第三保	人口	10	35	265	641	0	0	951
	百分比	1.05	3.68	27.87	67.40	0	0	100
	占有土地	51.40	98.01	286.46	309.34	0	0	745.21
	百分比	6.90	13.15	38.44	41.51	0	0	100
北延镇第九保	人口	6	65	493	865	14	64	1507
	百分比	0.40	4.31	32.71	57.40	0.93	4.25	100
	占有土地	37.75	156.49	709.97	697.15	0	54.13	1655.49
	百分比	2.28	9.45	42.89	42.11	0	3.27	100
坊前乡	人口	136	272	1532	1501	35	396	3872
	百分比	3.51	7.02	39.57	38.77	0.90	10.23	100
	占有土地	732.09	503.05	1861.87	910.98	0.46	210.37	4218.82
	百分比	17.35	11.93	44.13	21.59	0.01	4.99	100
周新镇第八保	人口	43	95	271	491	0	152	1052
	百分比	4.09	9.03	25.76	46.67	0	14.45	100
	占有土地	320.16	215.14	328.07	177.19	0	78.35	1118.91
	百分比	28.61	19.23	29.32	15.84	0	7	100
新渎镇第五保	人口	71	118	711	437	10	35	1382
	百分比	5.14	8.54	51.45	31.62	0.72	2.53	100
	占有土地	761.70	528.90	788.50	249.70	0	0	2328.80
	百分比	32.71	22.71	33.86	10.72	0	0	100

由此可见，无锡各地区土地大部分是集中在地主手中，但各乡土地的集中程度，并不一致。兹分三种类型地区说明如下：

甲、集中地区

土地集中的地区是薛典镇第三保、堰桥乡二个村和北延镇十保等三地区。占人口5.30％至11.95％的地主阶级占有土地总数的67.92％至86.79％；而占人口63.52％至82.20％的中农贫农，仅占有土地总数的9.08％至24.37％。在三个地区中，土地集中最显著的是堰桥乡二个村，地主人口仅占5.30%，而占有86.79%的土地；中农贫农人口占63.52%，但只占有9.08%的土地。

乙、较集中地区

土地占有较为集中的地区有坊前乡、周新镇第八保和新渎镇第五保。地主人口占3.51%至5.14%，占有土地17.35%至32.71%；中农贫农人口占72.43%至83.07%，占有土地44.58%至65.72%。

丙、较分散地区

土地占有较为分散的地区有云林乡、玉祁镇三保和北延镇九保。地主人口占0.4%至1.05%，占有2.28%至12.6%的土地；中农贫农人口占83.74%至95.52%，占有71.32%至85.0%的土地。

但即使在土地占有比较分散的地区，地主每人平均占有的土地数，亦至少为各地区每人平均占有土地数的五六倍，为贫农每人平均占有数的10倍以上。若在土地集中的地区，则地主每人平均占有土地数更有高于贫农每人平均占有土地数约27倍者。兹以各地区各阶层每人平均占有土地数列表如下：

无锡县九个乡、村各阶层每人平均占有土地统计表

成份	地主	富农	中农	贫农	雇农	其他	当地每人平均
薛典镇第三保	29.29	2.04	0.97	0.47	—	0	3.25
堰桥乡二个村	21.59	0.93	0.35	0.08	—	0.13	1.32
北延镇第十保	14.09	1.97	1.12	0.53	0.81	0.42	2.48
云林乡	12.76	1.95	1.04	0.51	0.26	0.45	0.79
玉祁镇第三保	5.14	2.80	1.08	0.48	—	—	0.78
北延镇第九保	6.29	2.41	1.44	0.81	0	0.85	1.10
坊前乡	5.38	1.84	1.22	0.61	0.01	0.53	1.09
周新镇第八保	7.45	2.26	1.21	0.36	—	0.52	1.06
新渎镇第五保	10.73	4.48	1.11	0.57	0	0	1.69

如上表计算，无锡每人平均占有土地，约在1亩左右。地主每人平均最少者5.14亩，最高者达每人29.29亩。富农一般在2亩左右，最高4.48亩，最低0.93亩。中农一般略高于1亩，最高1.44亩，最低0.35亩。贫农一般在半亩左右，最高0.81亩，最低0.08亩。雇农有全无土地者。

在土地集中最显著的堰桥乡二个村，虽然每人平均占有土地数有1.32亩，但因地主每人平均高达21.59亩，其他阶层，连富农在内，均不满1亩。

二、土地使用情况

无锡各地区，每人平均使用土地一般在1亩左右，最高者为新渎镇第五保的1.8亩，最低者为堰桥乡二个村的0.45亩。

各阶层使用土地，以中农所占比例最多，一般在35%至45%之间，次为贫农，约占30%，富农约占10%左右，各阶层每人平均使用土地，以富农为最多，约每人2.5亩，最高有至4.66亩者。中农每人平均数略高于当地每人平均数，贫农则均低于当地每人平均数。

兹将各地区各阶层使用土地统计如下：

无锡县九个乡、村各阶层使用土地统计表

成份		地主	富农	中农	贫农	雇农	其他	总计
薛典镇第三保	使用土地	196.22	107.40	527.99	433.73	0	0	1265.34
	百分比	15.50	8.49	41.73	34.28	0	0	100
	每人平均数	2.02	2.39	1.40	0.84	0	0	1.16
堰桥乡二个村	使用土地	45.21	45.95	473.89	267	0	15	847.05
	百分比	5.34	5.42	55.95	31.52	0	1.77	100
	每人平均数	0.45	1.31	0.96	0.38	0	0.03	0.45
北延镇十保	使用土地	194.23	268.01	1107.04	497.73	1	96	2164.01
	百分比	8.98	12.38	51.16	23.00	0.04	4.44	100
	每人平均数	1.01	2.50	1.67	1.18	0.17	0.44	1.35
云林乡	使用土地	97.95	839.88	4230.34	6165.65	20.50	718.89	12 073.21
	百分比	0.81	6.96	35.04	51.07	0.17	5.95	100
	每人平均数	1.00	1.73	1.28	0.86	0.36	0.52	0.96
玉祁镇三保	使用土地	1.40	69.89	293.95	529.90	0	0	895.14
	百分比	0.15	7.81	32.84	59.20	0	0	100
	每人平均数	0.14	2	1.11	0.83	0	0	0.94
北延镇第九保	使用土地	18.13	204.57	1061.06	1345.27	4	75.49	2708.52
	百分比	0.67	7.55	39.17	49.67	0.15	2.79	100
	每人平均数	3.02	3.15	2.15	1.56	0.29	1.18	1.80
梅村区坊前乡	使用土地	97.96	472.61	2001.93	1354.30	12.64	134.85	4074.29
	百分比	2.40	11.60	49.14	33.24	0.31	3.31	100
	每人平均数	0.72	1.74	1.31	0.90	0.36	0.34	1.05

续表

成份		地主	富农	中农	贫农	雇农	其他	总计
周新镇第八保	使用土地	67.53	103.79	319.34	427.10	0	60.88	978.64
	百分比	6.90	10.61	32.63	43.64	0	6.22	100
	每人平均数	1.57	1.09	1.18	0.87	0	0.40	0.93
新渎镇第五保	使用土地	187.96	550.30	1087.20	668.80	0	0	2494.26
	百分比	7.54	22.06	43.59	26.81	0	0	100
	每人平均数	2.65	4.66	1.53	1.53	0	0	1.80

从各乡（村）土地占有情况比较观察，有下面三种不同的情形：

甲、占有土地数超过使用数，这种情形多发生在土地集中的乡（村），如薛典镇三保占有数为使用数的2.8倍，堰桥乡二个村占有数为使用数的3倍，北延镇第十保占有数约为使用数的1倍。此种地区有一部分土地出租在外乡。

乙、使用土地数超过占有数，这种情形发生在土地比较分散的乡（村），如玉祁镇三保，北延镇九保。

丙、在土地比较集中的乡（村），使用土地数和占有数相差很少，如坊前乡使用数为占有数的96.58%，新渎镇第五保使用数为占有数的107.10%。

从各阶层而言，则地主使用土地约为其占有土地的10%左右，富农的使用土地和占有数，大致接近，相差不大。中农一般使用土地大于占有数，但亦有略小于占有数者，如周新镇八保中农占有土地328.07亩，使用土地319.34亩，相差数很少，且就各区而言，亦仅是个别情形。贫农的使用土地都超过占有土地，使用土地超过占有数最多者约4倍（如张村区堰桥乡二个村，贫农占有54.96亩，而使用土地为267亩），一般而言，贫农使用的土地约占其占有土地数的2倍。

三、租佃情况

甲、租佃种类

有灰肥田、借种田、转佃田（三租田）、典田、押田等。各种详况分述于下：

（一）灰肥田——灰肥田的田底权属于业主，田面权属于佃户，如拖欠租额超过田面价格时，业主即强行收回。灰肥田的业主，绝大部分是地主，其他阶层亦有少许。依照佃出数量的比例而言，地主佃出灰肥田比例，最高者为99%（薛典镇三保），最低者23%（北延镇九保），一般则在90%以上，租种灰肥田的，以贫农、中农为多。

灰肥田的来源约分四种：一为借贷抵押，一为出卖田底，一为代垦荒地，一为利租田（押田卖出）的转化，构成的原因虽各不同，但均是地主剥夺了农民土地的所有权所产生的。

（二）借种田——借种田的田底与田面权均属业主，佃户无永佃权。借种田的业主，成份颇为复杂，一般而言，以中、小地主为多，富农、中农次之，贫农较少，其他阶层则占有少数。借种田的佃户，以贫农为最多，中农次之。

（三）转佃田——转佃田亦称三租田，又名盖头田，享有永佃权的佃户，将灰肥田转租与第三者耕种，故名转佃田，数量甚少，在租佃关系中，不占重要地位。

（四）押田——押田又名活头田，由借债而产生，如债务满期不还，随即转为灰肥田。

（五）典田——农民或其他阶层，因借贷关系，将田出典给债主耕种，典价高低依时限长短而定，在出典期间，地不起租，债不生息，满期不赎，即行结田。

如从租佃时间来分：则有定期田与活期田两种；如以交租情形分：则有预租田、一熟一交田、二熟交租田三种。

乙、各阶层租佃情况

无锡各地区的租佃关系，大致相彷彿：地主出租土地约占全部租田的一半以上，中农、贫农合计共租用租田的90%。兹将各区各阶层租出和租入的土地统计如下：

无锡县九个乡、村各阶层租出和租入土地统计表

成份			地主	富农	中农	贫农	雇农	其他	总计
薛典乡第三保	租出	亩数	2645.34	2.20	34.60	24.24	0	0	2706.38
		百分比	97.74	0.08	1.28	0.90	0	0	100
	租入	亩数	0	17.98	197.55	212.37	0	0	427.90
		百分比	0	4.20	46.17	49.63	0	0	100
堰桥乡二个村	租出	亩数	2113.51	0	0	0	0	59.55	2173.06
		百分比	97.26	0	0	0	0	2.74	100
	租入	亩数	0	13.40	303.05	212.04	0	4.30	532.79
		百分比	0	2.52	56.88	39.80	0	0.80	100
北延镇第十保	租出	亩数	2532.50	38.18	28.07	4.13	3.85	21.20	2627.93
		百分比	96.37	1.45	1.07	0.16	0.15	0.80	100
	租入	亩数	20.03	94.79	390.02	275.96	0	31.13	811.93
		百分比	2.47	11.67	48.04	33.99	0	3.83	100
云林乡	租出	亩数	1152.86	212.53	126.50	46.45	0	91.20	1629.54
		百分比	70.75	13.04	7.76	2.85	0	5.60	100
	租入	亩数	0	102.60	910.54	2608.95	5.50	190.05	3817.64
		百分比	0	2.69	23.85	68.34	0.14	4.98	100

续表

成份			地主	富农	中农	贫农	雇农	其他	总计
玉祁镇第三保	租出	亩数	50	30.58	45.68	29.44	0	0	155.70
		百分比	32.11	19.64	29.34	18.91	0	0	100
	租入	亩数	0	2.46	53.17	250	0	0	305.63
		百分比	0	0.80	17.40	81.80	0	0	100
北延镇第九保	租出	亩数	22.73	22.40	58.45	33.66	0	0	137.24
		百分比	16.56	16.32	42.59	24.53	0	0	100
	租入	亩数	3.11	70.48	409.54	681.78	4	21.36	1190.27
		百分比	0.26	5.92	34.41	57.28	0.34	1.79	100
坊前乡	租出	亩数	637.33	75.28	168.84	47.56	0	87.93	1016.94
		百分比	62.67	7.40	16.60	4.66	0	8.65	100
	租入	亩数	3.20	44.90	308.90	490.88	12.18	12.45	872.51
		百分比	0.37	5.15	35.40	56.26	1.40	1.42	100
周新镇第八保	租出	亩数	257.43	115.05	67.97	10.99	0	34.27	485.71
		百分比	53	23.69	13.99	2.26	0	7.06	100
	租入	亩数	4.80	3.70	59.24	260.90	0	16.80	345.44
		百分比	1.39	1.07	17.15	75.53	0	4.86	100
新渎镇第五保	租出	亩数	583	100.50	65.40	20.40	0	0	769.30
		百分比	75.78	13.07	8.50	2.65	0	0	100
	租入	亩数	9.26	121.90	364.10	439.50	0	0	934.76
		百分比	0.99	13.04	38.95	47.02	0	0	100

从上表来看，在土地集中的乡（村），地主的出租土地占总出租土地的96%以上。以薛典乡第三保的97.74%为最高，堰桥乡二个村次之。较集中的乡（村），地主出租土地占全部出租土地的60%至70%。地主出租土地所占百分比最低者为北延镇第九保的16.56%，但该保全部租出土地仅为137.24亩，而租入土地达1190.27亩，其中大部分为向外乡地主阶级所租入，所以总的讲来，该保租田仍大部分为地主所有。

富农租出土地占全部租出土地的百分比，最高地区为周新镇第八保占23.69%，一般在15%左右。堰桥乡二个村，富农无出租土地。薛典乡第三保仅占0.08%。

中农亦有小量出租土地，在土地集中之处，中农出租土地占1%左右，在比较分散之区，中农出租所占比例较大（如北延镇九保占42.59%），和各地区地主出租比例适相反。

从各阶层出租土地与其占有土地的比例来看，则地主租出土地，为其占有土地的80%至95%。富农租出土地一般为其占有土地的20%左右。中农租出土地一般约为占有土地的5%至10%。个别贫农因失去或缺少劳动力的亦有少量出租土地。

中农、贫农所租入的土地，一般占租入土地总数的90%左右，最高的达99.20%（玉祁镇第三保），最低者亦达82.03%（北延镇十保）。

贫农租入土地一般占租入土地总数的50%以上，最高者占81.8%（玉祁镇三保），最低者占33.99%（北延镇十保）。中农租入土地一般占40%左右，最高者占56.88%（堰桥乡二个村），最低者占17.4%（玉祁镇三保）。

有4个乡（村）的地主，没有租入土地，其他几个地区，地主所租入的土地，亦不到租入土地总数的1%。富农租入土地一般在3%至5%之间，最高者占13.04%（新渎镇五保），最低者占0.8%（玉祁镇三保）。

各地区租入土地，一般为其使用土地的30%至50%之间，最高者占62.90%（堰桥乡二个村），最低者占21.42%（坊前乡）。各地区佃入土地和自耕田的比例，可以下表说明：

无锡县几个乡（村）自耕土地和租入土地比较表

地区	使用土地	租入土地		自耕土地	
		亩数	占使用土地百分比	亩数	占使用土地百分比
薛典镇三保	1265.34	427.90	33.82	837.44	66.18
堰桥乡二个村	847.05	532.79	62.90	314.26	37.10
北延镇十保	2164.01	811.93	37.52	1352.08	62.48
云林乡	12 073.21	3817.64	31.62	8255.57	68.38
玉祁镇三保	895.14	305.63	34.14	589.51	65.86
北延镇九保	2708.52	1190.27	43.95	1518.25	56.05
坊前乡	4074.29	872.51	21.42	3201.78	78.58
周新镇八保	978.64	345.44	35.30	633.20	64.70
新渎镇五保	2494.26	934.76	37.48	1559.50	62.52

丙、租额情况

无锡各地区租田的租额情况如下表：

无锡各地租额比较表

地区	灰肥田(亩)		借田(亩)		押田(亩)	
	最高	最低	最高	最低	最高	最低
梅村区景渎乡	1.00	0.30	1.00	—	1.30	0.40
查桥区杨华乡	0.90	0.30	1.00	—	1.20	0.50
荡口区后宅镇	1.00	0.30	1.00	—	—	—
张村区怀四村	0.90	0.40	0.90	0.40	0.70	0.40
新渎区陆区乡	1.00	—	1.50	—	—	—
滨湖区南旅乡	1.00	—	1.60	—	—	—

续表

地区	灰肥田(亩)		借田(亩)		押田(亩)	
	最高	最低	最高	最低	最高	最低
张泾区八士乡	0.80	0.32	1.00	0.30	—	—
前洲区济社乡	0.80	0.40	1.80	0.40	—	—
开原区	0.80	—	1.00	—	—	—
备注	本表数字以1948年为准,单位以石米计。					

由上表看出:

租额较高者为滨湖区，新渎区。

灰肥田租额以不满1石为普遍。借田租额，普通在1石以上。

灰肥田的租额在抗战前均为1石糙米，借田亦然，自民国初年以至抗战，封建势力甚强，故租额无大变化。其时田底价格为白米10石。抗战期间，灰肥田租额，一般为5斗至8斗，农民已有拖欠不交者，其原因不外：大地主逃亡在外，小地主集中城市，不能直接逼租；农民受敌伪重重剥削生活困难，无力交租；以及我地下党活动的影响。由于收租不易，故地主多弃田从商，因之田底价格一落而为4石白米上下。少数农民亦有购田者，农村中的阶级关系因之略有变化。胜利以后租额并无变动。此时田底价格虽低，但有力赎田者甚少。借田的租米，各时期内，变动不大。

四、土地种类

甲、土质

无锡地区的土质，分乌山土、灰岗土、白土、黄泥土、青泥土等数种，其与作物产量、田亩等级等的关系，详见下表：

土质、作物及产量比较表

土质	田亩等级	分布地形	特点	作物	产量(石米)	
					最高	最低
乌山土	上等一级	平坦地带(即平田土质)	肥而松,不漏水	稻麦均宜	2.70	1.80
灰岗土	上等二级	较低地带(即低田土质)	肥亦松,略漏水	麦最宜,稻次之	2.20	1.60
白土	中等一级	较高地带(即高田土质)	爽硬,碱性,易漏水	稻麦均宜	2.20	1.50
黄泥土	中等二级	较高地带	坚硬,不漏水	麦最宜,稻次之	2.10	1.50
青泥土	下等田	较低地带	性黏,不易漏水	稻麦均不甚宜	1.20	0.50

注:上表系根据查桥区及梅村区的调查制成,但据梅村区坊前乡的调查,黄泥土在该乡较白土为好。

乙、土地种类

（一）稻田——稻田春秋两熟，春熟（小熟）为麦；秋熟（大熟）为稻。稻田在农业生产中，占首要地位。稻田占总田亩的比例，因地而异，最多者约占总田亩的75%（如安龙山乡六保），最少者，约占总田亩的40%（如开原区湖山乡），一般而言，约占50%—70%之间。

（二）桑田——养蚕是无锡农村中的主要副业，故桑田在农村经济中的地位，仅次于稻田。桑田的多少也是各地不同，最高者占总田亩30%，一般者为20%左右。但也有个别乡村，几乎没有桑田，如新渎镇五保、三保等。

（三）旱田——旱田的分布，多在山地或高地附近（亦有少数分布于低地者），其占总田亩的比例，除新渎镇三、五保占2.4%，安龙山乡六保占2.8%以外，其他各乡村占数不多。旱田的主要物产为杂粮、蔬菜等。

（四）山地——山地的物产，以柴草树木为主，分布于山区地带。如开原区湖山乡的总田亩中，山地占10%，新渎镇三个保占3.21%，其他如玉祁镇三保、安龙山乡六保等，亦各有少数。

（五）柴田——柴田以芦草为主要物产，据现有材料，仅新渎区新渎镇三个保占有少数，其比例为0.59%。

（六）鱼池——渔业虽非无锡的普遍生产事业，但在经济上亦有相当价值。鱼池最多的地区，为开原区，全区约有2000余亩，其次为新渎区，全区约有160余亩，滨湖区鱼池很少约三四亩。

（七）坟埄——坟埄系坟地与荒埄的总称，坟地除树木柴草外无他出产。荒埄散布于稻田之间，池塘周围，沟渠两岸，仅产茅草，但亦有垦殖种豆种菜者。坟埄占有比例，最高者为张村区戴圻村占22.75%，最低者为前洲区玉祁镇三保占1%，一般地区，约占10%左右。

（八）屋基——屋基是房屋基地及门外砖场和土场，其占总田亩的比例，依户口密度而转移，比例最高者如玉祁镇三保占6.79%，最低者为安龙山乡六保占1.8%，一般情形，约占4%左右（每户平均约2分左右）。

各区土地种类分布情况以典型乡村为例见下表：

无锡八个乡、村土地种类分布情况表

土地种类		稻田	桑田	坟埄	屋基	旱田	山地	柴田	鱼池	总计
梅村区坊前乡	亩数	2954.57	655.35	422.16	186.74	0	0	0	0	4218.82
	百分比	70.03	15.53	10.01	4.43	0	0	0	0	100.00
荡口区北延镇四个保	亩数	5830.93	1375.16	802.45	208.32	0	0	0	0	8216.85
	百分比	70.96	16.74	9.77	2.53	0	0	0	0	100.00
开原区湖山乡	亩数	9294.40	6970.80	3401.20	1040.00	0	2323.60	0	206.00	23 236.00
	百分比	40.00	30.00	14.64	4.47	0	10.00	0	0.89	100.00

续表

土地种类		稻田	桑田	坟埄	屋基	旱田	山地	柴田	鱼池	总计
新渎区 新渎镇	亩数	2798.37	0	155.20	150.70	1052.70	138.60	25.50	0	4321.07
	百分比	64.76	0	3.59	3.49	24.36	3.21	0.59	0	100.00
前洲区 玉祁镇 一个保	亩数	377.33	136.87	5.89	40.01	0	29.48	0	0	589.58
	百分比	64.00	23.21	1.00	6.79	0	5.00	0	0	100.00
查桥区 安龙山乡 一个保	亩数	839.67	136.68	66.67	20.00	30.50	18.40	0	0	1111.92
	百分比	75.52	12.29	6.00	1.80	2.74	1.65	0	0	100.00
张村区 戴圻村	亩数	446.75	120.78	175.87	29.56	0	0	0	0	772.96
	百分比	57.80	15.63	22.75	3.82	0	0	0	0	100.00
滨湖区 周新镇 一个保	亩数	542.29	133.30	41.41	32.46	0	0	0	0	749.46
	百分比	72.36	17.79	5.52	4.33	0	0	0	0	100.00

苏南区农筹会调研科

1950 年 3 月 10 日

奉贤县农村经济概况

一、一般情况

该县境内除沿海一带居民兼晒盐和捕鱼外，其他大部农民均无副业，大、中地主都集中于城市，兼营工商业和自由职业，土地关系较复杂，很多农民有自耕同时又有佃入也有少数出租土地，近年来由于革命形势发展，有些地主、富农将土地典当或卖给农民。

二、各阶层土地占有及使用情况

该县的土地是比较集中的，最大的地主有万亩以上，其次的也有四五千亩和二三千亩，在农村中的小地主，普通的也有百亩左右。现据第一区六墩乡的一个村与砂碛乡的一个村的调查统计如下：

成份	户数	占百分比	人口	占有土地		自耕田	出租田	佃入田	使用土地		
				亩数	每人平均数				亩数	每人平均数	百分比
地主	5	3.50	25	343.500	13.74	105.995	237.505	7.175	113.170	4.53	5.46
富农	24	17.00	123	468.668	3.81	391.248	77.420	212.425	603.673	4.91	29.13
中农	50	35.20	229	342.894	1.50	312.964	29.930	376.366	689.330	3.01	33.27
贫农	60	42.20	267	181.100	0.68	181.100	0	478.735	659.835	2.47	31.85
雇农	3	2.10	15	5.950	0.40	5.950	0	0	5.950	0.40	0.29
总计	142	100.00	659	1342.112	2.04	997.257	344.855	1074.701	2071.958	3.14	100.00

注：1.使用土地中有镇上及外处地主732.816亩。
2.外乡地主占有土地与本乡地主占有土地合计1076.316亩，占耕地面积51.73％。
3.根据以上材料，证明贫雇农一定要出卖剩余劳动力，同时一年的收获也不够生活的需要，因为收获的大部分要被地主剥削去。

三、租佃关系

甲、租佃形式

出租土地中有75％有押租（押租情况见后述）的。地租制度有下列几种：

（一）活租（花租）：每亩租额1石2斗至1石3斗，实缴租额按年成决定，以每年实产量的37.5％交租。

（二）板租：不管年成好坏按规定缴纳，一般是3斗半至4斗米（此类多系劣等地）。

（三）预租：业佃双方议妥后（无押租和年期）先把头年租额付好，过年再耕种，一般租额每亩4斗至4斗半。

（四）分租制：地主出土地、耕牛和农具等，佃户出劳力，租额普通是主佃各半或佃四主六。

（五）包租制：收获后，佃户要交1石大米或70斤棉花。这是剥削最重的一种租制。

乙、出租户（业主）

（一）大部分地主住在市镇，有的兼开商行工厂。业佃关系大都是活租制。

（二）农村中的小地主，一部分业佃关系是活租制，一部分是分租制或包租制。

（三）部分中农也有因田较远或缺乏劳动力而将自耕田出租他人的。

丙、承租户（佃户）

（一）富农、中农租有较好的土地，是城市地主的土地，交付押租，有永佃权。

（二）贫农租种的土地大多是农村中的小业主的土地，押租与租额较重，其中有一部分是分租制和包租制。

丁、交租情况

（一）每年农历九月中旬，佃户要按地主所议定的租米交租，地主为了要使佃户迅速交租，故有“头限”“二限”“三限”“寒租”“春租”等规定。若于头限中交租，可按议定的租米交租，以后每过一限（五天或七天），即须加罚一成，若到明春交租，即要加五成，即4斗4升的租米要交6斗5升或7斗（大米）。

（二）在抗战以前，交租时以粮价折币（较市价低）交租，但自抗战开始以后，因物价波动，故又改实物交租。

四、借贷及额外剥削情况

甲、一般借贷是五分利（粒半头）。

乙、高利贷：无利率标准。普通在稻将熟时借米1石，收稻时加利五六斗。例如四团一带，在麦收后借7包籽棉，在新棉花采集时即须还12包以上，此种利息普通是一倍到一倍半。

丙、押租金（顶首）：佃户承租耕田除每年交正租外，还要先交押租米，每亩最低要5斗，普通的1石，最高的1石5斗。佃农若拿不出押租金，可做借贷手续给地主，以自有土地作抵押，几年一翻滚，利上加利，最后还不起就以抵押之土地出卖给地主，自田就变为租田。

丁、一般的地主以大秤收租。

戊、大地主雇有“外账”，负责催租，平时佃农要孝敬他，过年过节要送礼物，并请吃酒吃饭，不然他就在地主面前说坏话，以至要加顶或抽田。

五、土地种类及其主要产量

甲、棉田在奉贤农村耕地中占主要地位，一般约占耕地总面积60%（一、三、四区），有的占耕地总面积75%（五、六区），有的占耕地总面积40%（二区）。在抗日战争时期，因粮食缺乏，棉田改种粮食，因此那时只占50%。棉田每年产两熟，大熟为棉，其产量（籽棉）：

年份	最高	普通	最低
1947年	140斤	105斤	75斤
1948年	100斤	80斤	60斤

棉田大熟的副产为大豆，其产量：

年份	最高	普通	最低
1947年	35斤	20斤	10斤
1948年	75斤	50斤	40斤

小熟为麦、蚕豆、油菜等，收获量甚少，只能抵充肥料与人工，故往年耕种小熟者甚少，只占棉田总数20%到30%。

各种农作物每亩平均产量统计表

类别	最高(斤)	普通	最低
小麦	80	60	30
大麦	100	80	60
元麦	100	80	50
菜子	70	50	30
蚕豆	130	100	70

乙、稻田在耕地中占次要位置，一般的占总耕地面积的40%（在抗日战争时期曾占50%到60%）。稻田每年可产三熟，大熟为稻，其产量（以米计算）每亩最高可收2.2石，一般可收1.5石，最低亦可收1.2石。

中熟为绿豆、荞麦、青菜和萝卜等，过去种中熟的田只占稻田总数的20%。绿豆和荞麦较多，青菜次之。青菜下种时所用的人工肥料都大于其它中熟农作物，出产虽多而收益和其他小熟相仿。兹将各种农作物每亩平均产量列表如下：

类别	最高(斤)	普通	最低
绿豆	100	70	40
荞麦	120	80	40
青菜	6000	4000	3200
萝卜	500	350	200

至于小熟，则只种红花草，作为稻田的基肥，无收入。

丙、鱼池是占有极少数土地面积的天然湖泊，凡水较深，夏季不易晒干的，普通都养鱼，不用饲料，任其自然长大。每亩鱼池在春季可下鱼秧150条，到冬季能收获100斤鱼。若用饲料（水牛粪与水草）养300条，则能获200斤鱼（每百斤值白米1石到2石）。

六、农作物生产成本计算

肥料：一般农民都以人粪、牛羊猪粪、河泥、青草等为肥料。各种畜类粪是由所养牲畜积存的；而河泥青草等肥料是要化人工的，每亩最少要化大米2斗。

人工：不论种棉种稻和种小熟在内，每亩共需要人工20工，每工连饭以5升大米计，共需大米1石。

种子：最普通每亩要稻种8升（棉种13斤），麦种7升，共计大米1斗5升。

戽水：每亩需大米3斗。

农具修理与添购每亩亦需白米5升。

由上合计，每亩稻的成本为白米1石7斗，棉的成本每亩为白米1石4斗。

1950年2月调查

嘉定县农村经济概况

一、一般概况

境内无山，是平原地带，南靠铁路，北靠浏河，南部河流较多。城外有较大的市镇三个（南翔、黄渡、娄塘），人口在5000到万余人之间。全县共有土地65万3千多亩，户口有5万余户，人口25万6千余，平均每人有土地2亩左右，因为地少人多，又接近大城市，因此在工厂做工的人很多。境内土地，大部是青紫土（即黑土），只有徐行东部，与黄渡、纪王二区，靠近苏州河附近及部分高地系黄松土（即黄土），不能种稻。

二、土地占有与使用情况

从塘西乡与塘东乡两地区的调查，可看出该县的土地多集中在地主富农手中。例如塘东乡地主富农人口不到10%而占有土地却达总土地面积的46.31%，而占总户口69.42%的贫农只占有28.88%的土地。在使用土地方面，地主与富农每人平均有4.6亩左右，而贫农则只有1.23亩。又例如塘西乡地主每人平均占有土地竟达34.49亩，而雇贫农仅占有1亩左右。

嘉定县塘西乡土地占有及使用情况统计表

成份		地主	富农	中农	贫农	雇农	工人	自由职业者	贫民	公学慈善土地	总计
户数	数	3	60	179	325	7	—	—	7	0	581
	占全乡总数百分比	0.52	10.33	30.81	55.94	1.20	—	—	1.20	0	100.00
人口	数	21	331	895	1357	10	32	3	20	0	2669
	占全乡人口百分比	0.79	12.40	33.53	50.84	0.38	1.20	0.11	0.75	0	100.00
占有土地	田亩数	724.29	1970.07	2402.04	1491.42	10.63	0	0	0	30.20	6628.65
	每人平均数	34.49	5.95	2.68	1.10	1.06	0	0	0	0	2.48
	占占有土地总数百分比	10.93	29.72	36.24	22.50	0.16	0	0	0	0.45	100.00

续表

成份		地主	富农	中农	贫农	雇农	工人	自由职业者	贫民	公学慈善土地	总计
使用土地	田亩数	123.06	1845.09	3035.06	2503.53	10.63	0	0	15.30	117.81	7650.48
	每人平均数	5.86	5.57	3.39	1.84	1.06	0	0	0.77	0	2.87
	占使用土地总数百分比	1.61	24.12	39.67	32.72	0.14	0	0	0.20	1.54	100.00
出租土地	田亩数	601.23	237.48	27.33	4.30	0	0	0	0	16.60	886.94
	占出租土地总数百分比	67.79	26.78	3.08	0.48	0	0	0	0	1.87	100.00
佃入土地	田亩数	0	112.50	660.35	1016.41	0	0	0	15.30	104.21	1908.77
	占佃入土地总数百分比	0	5.89	34.60	53.25	0	0	0	0.80	5.46	100.00

娄塘区塘东乡一个村各阶级（层）土地占有及使用情况调查表

成份	户口			占有土地			使用土地			佃出田			佃入田		
	户数	人数	户数的百分比	亩数	每人平均	占占有土地的百分比	亩数	每人使用土地	占使用土地的百分比	本乡	外乡	小计	本乡	外乡	小计
地主	5	35	4.13	336	9.60	28.55	158	4.51	12.65	140	38	178	0	0	0
富农	7	47	5.79	209	4.45	17.76	223	4.74	17.85	3	—	3	16	1	17
中农	22	112	18.18	292	2.61	24.81	315	2.81	25.22	0	0	0	23	—	23
贫农	84	450	69.42	340	0.76	28.88	553	1.23	44.28	0	0	0	38	175	213
其他	3	13	2.48	—	—	—	—	—	—	—	—	—	0	0	0
合计	121	657	100.00	1177	1.79	100.00	1249	1.90	100.00	143	38	181	77	176	253

三、租佃关系情况

甲、租佃种类

（一）长租制（即定租）：最高的每亩 100 斤米和 100 斤麦，200 斤草；一般的是白米 60

斤，其剥削程度超过正产量一半以上。交租七月交七折，八月交八折，九月交九折，十月交没有折扣。这种租制，在东北乡最多。

（二）分租制：凡土地一切收获，都与地主分收，分收成数不一，一般为对半分，种子肥料各出一半，若佃户单出劳动力，则主六佃四分。一般分租比长租剥削较重。

（三）脚色田（即劳役租）：租田1亩，一般的佃户要出40工，最高62工，最低的二十一二个工。佃户做工时是吃地主的，但一般吃粮很粗。此种租田因剥削实在太重，非万不得已，农民不愿租种。

（四）二熟分（即预租）：一般租额较低，约5斗白米，田也较好，但贫农一般是种不到这种田的。

乙、额外剥削

（一）小租：代收租者，每亩外加2斗的剥削，这里又称包租，佃户对这种剥削最为痛恨。

（二）佃佣：出佃时过手人向佃户外收佃佣，每亩约4升到5升。

（三）小费：即为地主催租、收租的爪牙的一切招待费用等，负担也很重。

（四）无偿劳动：地主家婚丧事，皆须去帮忙，否则抽田。

（五）佃户假如欠租，就得加利，这样租米与高利贷相结合起来，到麦季翻麦，稻季翻稻。1斗租米，两季一翻就变成5斗米。

四、利贷剥削

甲、月利：最高利率为六分，一般为五分，最低四分。在敌伪时期，因为物价波动太大，债主一般都以实物计算，如100斤棉花，每月加利息6斤。在农村中月利最多，如以年利计算则为六分利或是七分利。

乙、年利：一般是五分利，现因月利较大，所有放年利的，也按月利加息。

丙、日拆利：每元每日要长到一角二，一角五。

丁、过洋利：借债时先扣利息（都是月利计算），如每元每月三角利息，放债时借七角即作为一元计算。

戊、过手利：若月利五分，中间人要加上二分，作为自己的报酬。这些人大多是账房、流氓、地主的狗腿子等。

己、逼佃户买田，以地价变债，来重利盘剥农民。

庚、三转清（即一般变相剥削）：如佃户或贫苦农民到年底无米吃，地主借给他2斗米，到第二年要包种2亩田，从割麦或从拔豌豆开始，一直到米进仓，种下麦子，才算抵清了米债。

五、生产情况

甲、农业生产

（一）农作物种类：主要是稻、麦、豆、棉四种。稻、棉耕地面积较大，尤以棉花为多（棉七稻三）。根据外岗区杨甸乡调查，其农作物种类与耕种面积如下表：

大熟		小熟	
种类	耕种亩数	种类	耕种亩数
稻	4611.5	麦	4961.3
棉	2021.8	蚕豆	750.7
豆	1065.5	菜子	674.2
其他	568.9	其他	1454.5
共计	8267.7	共计	7840.7

（二）农作物产量：全县各种农作物收获量如下表：

全县各种收获量比较表

名称	上则田	中则田	下则田	备注
稻	2石	1.5石	1石	
黄豆	200	150	100	单位以市斤计算
棉	80	60	30	
小麦	200	150	80	
大麦	300	150	100	

嘉定外岗区杨甸乡农作物的产量如下表：

杨甸乡农作物收获量统计表

种类	高	中	低
稻	300	200	125
棉	100	70	40
豆	160	110	60
麦	140	100	70
油菜	100	80	60
蚕豆	160	100	60

注:以斤为单位。

（三）农作物生产成本：根据外岗区杨甸乡的调查情况如下：

（甲）稻的每亩成本：种子10斤；肥料计草泥80担，豆饼1片，肥田粉10斤；人工方面计：罱河泥5工，做秧田1工，挑草泥1工，戽水4工，施肥1工，耘荡等7工，合计19工。

（乙）黄豆的每亩成本：种子8斤，人工方面：犁田下种3工，除草4工，收打1.5工，合计8.5工。

（丙）棉的每亩成本：种子8斤，肥料计猪灰8担，肥田粉4斤，人工则需犁田1工，种花1工，脱花1工，捉花5工，及拔花等共20.5工。

乙、副业情况

（一）手工业：家庭小手工业发达，编竹、纺织毛巾等。在城关附近有600户，最多是徐行区，如石岗乡6个甲的调查：70户365人中，从事家庭工业者66人，占成年人的30%以上。

（二）城市小贩，小商人做小生意的甚多。捕鱼亦较普遍，一般约占总户口的1/2。塘东乡第六村80户中就有39户捕鱼。养鱼的多数为地主富农或较富裕的农民，因此种副业获利虽多，但成本很大，一般贫苦农民是没法从事此种副业生产的。

（三）此外还有做产业工人的，全县200到七八百工人的工厂有八九座，该县农民在里面做工的为数极多。

1950年1月调查

高淳县农村经济简况

高淳县西部当水阳江下游，东境为茅山山脉的丘陵地带，全县有270 035人，534 583亩土地，其中圩田占35%，山田占25%，平均每人占有土地为1.98亩田。在圩田中有一成余滩地，地势低洼，圩堤失修，历来常遭水灾。农业以稻麦为主产，副业以渔业为最多。农业生产方式很落后，抽水机只有二三架，捕鱼工具也缺乏，农民生活甚为贫困。土地占有方面全县的公堂田特多，全县族田、寺庙教堂土地、公学田、慈善田的总计数达77 013.86亩，占全县总耕地面积的14.41%。据双桥乡庙湾村调查：公堂占全村总土地35.21%，地主、富农土地占25.54%，两者合计占了全村土地的绝大部分。其情况可见下表：

双桥乡庙湾村各阶层占有土地统计表

成份	地主	富农	中农	贫农	雇农	公堂	其他	合计
户口	1	5	37	58	25	25	24	175
占有土地亩数	140.00	85.30	251.40	90.90	0	310.60	4.00	882.20
占总土地百分比	15.87	9.67	28.50	10.30	0	35.21	0.45	100.00
每户平均占有土地亩数	140.00	17.06	6.79	1.57	0	12.42	0.17	5.04

该县租佃制度计有五种：

一、分租：（群众称之为分种田）不问年成好坏、产量多寡，及正副产物，一律割下平分，这是该地主要的租佃形式。

二、议租：根据土地好坏及按丰收年成计算，先定毛租，待收割时评议本年普遍几成收，再变为净租，当地称为“先定后议”。

三、呆租：根据土地好坏，预先商定年成产量与租额，此种租制除因水灾全部淹没外，均须照预定数交。

四、超租（即先交租后种田）：根据土地好坏及普通年成产量，商定呆租额，先行交租（即今年上半年交租，明年或下半年种田），即使田苗淹没，亦不退租，此种租制主要通行在田少人多的靠湖地区。

五、转租：即二地主将租来土地转租，进行剥削。

以上五种，以分租最普遍，议租次之，呆租和超租较少，转租田最少。

租额：租额相当苛重，除超租外，均有押租，普通每亩100斤。根据双桥乡庙湾村租额情况调查：业主收租额占正产物最高的是80%，一般的在40%到65%，最低是35%。

1950年1月调查

丹徒县农村经济简况

一、一般情况

丹徒原属镇江县，解放后，城区划为镇江市，农村设丹徒县，全县东西长130里，南北宽七八十里，地形狭长，三面环山，丘陵起伏，土质瘠薄。国民党统治时，划为7个区，53个乡镇。解放后划为9个区，88个小乡。共98 466户，372 048人，其中农业人口328 424人。土地总面积1 560 340亩，耕田面积779 198亩。由于封建剥削很严重，土质又薄，物产不丰，因此农民单靠土地不能维持生活，全县出外经商做店员、学徒、小贩者甚多，尤其在接近城市及铁路沿线地区如高桥、姚桥、大港、辛丰等区，受商业资本影响较深，对城市依附性很大。

二、土地及租佃情况

东部、北部之大港、姚桥、辛丰、渣泽、高桥等5个区，土地占有较为分散。据大港区庆善乡的调查，全乡共有584户，耕地面积有2846亩，其中占有土地1亩半以下的57户，1亩半至5亩的273户，5亩至10亩的165户，10亩至20亩的44户，20亩至30亩的2户，30亩至40亩的1户。西部、南部之上党、宝埝、高资等4个区土地较为集中，庙产甚多，如焦山寺约有田17 000多亩，竹林寺有3000余亩，超岸寺有800余亩。

该县租制主要的有下列几种：

甲、分租制：无论年成好坏，所收粮食，主佃各半分收，若肥料各半负担，草也要平分，若肥料由佃户一方负担，草归佃户。分租土地，大部为小地主的土地。

乙、活租制：租额每年按产量由地主规定缴纳。

丙、定租制：预先规定租额，无论年成丰歉，不得变更，一般是每亩30斤麦，32斤米，高的也有56斤麦，90斤米的。

三、借贷关系

该县高利贷最普通的是借七加三，即借7斗，借据上就写1石，限期（大多为一年）归还，合年利达43%左右。但到青黄不接时期，借一加五（即年利50%）、加七、加八的高利就较多了，最高有1斗加1斗的，若到期还不出，即利上滚利，愈滚愈多。此外，也有月利二分，一月一收的。

四、生产概况

全县耕地面积中，水田占64.23%，计500 501亩；旱地占35.77%，计278 697亩。主要农作物的产量稻每亩可产240—400斤，豆每亩产70—120斤。全县总产量计：

稻——全年生产总量890 502市担，全年消费总量约100余万市担，因此每年须由芜湖输入10万余市担。

麦——全年生产总量419 879市担，年有余麦运无锡出售，约占总产量1/4。

棉花——年产约5000担。

总的说，稻、麦出入相抵，粮食可以自给，但贫富相差悬殊，粮食多集中在地主、富农手中，农民口粮仍然不够，必需以副业补助。该县蚕茧全年约可产干茧春季6800余斤，秋季3700余斤，合计10 500余市斤。渔产极丰，一般年产约31 500担鱼，有渔民14 000人，渔船800只，渔具5500件。

1950年1月调查

第二部分　苏南农村情况调查

无锡县张村区农村经济情况调查

一、一般概况

张村区以张村为中心，原辖7个乡，现划为15个乡。该区人口稠密，土地较少，根据1949年秋征之统计，全区户口为29 872户，人口约有134 424人，而全区耕地仅有折实平田127 608亩，每人平均不足1亩（平田1亩折1亩，高、低田1亩折平田0.741亩，芦苇田1亩折平田0.3亩）。兹根据若干乡的调查列表如下：

九个乡（镇）的土地人口调查表

项目	胶南乡	观惠乡	泰安乡	寺头镇	长安乡	堰桥镇	张村镇	刘仓乡	塘头镇	合计
户口	1218	895	1602	1028	2153	1604	1249	1155	3204	14 108
人口	5665	4145	7527	4713	9268	7812	6052	5549	15 049	65 780
田亩数	5059.17	4035.90	7578.40	4015.00	10 040.10	9409.60	6130.80	6078.10	13 022.00	65 369.50
每人平均田亩数	0.89	0.97	1.01	0.85	1.08	1.20	1.01	1.10	0.87	0.99

张村区六个乡各阶层户口人口比例统计表

<table>
<tr><th colspan="3">成份</th><th>地主</th><th>富农</th><th>中农</th><th>贫农</th><th>工人</th><th>商人</th><th>其他</th><th>合计</th><th>备注</th></tr>
<tr><td rowspan="4">张村</td><td rowspan="2">户口</td><td>数</td><td>13</td><td>11</td><td>346</td><td>472</td><td>25</td><td>4</td><td>23</td><td>894</td><td rowspan="4">1.缺3个村
2.有2个二地主，以中间剥削为主</td></tr>
<tr><td>百分比</td><td>1.45</td><td>1.23</td><td>38.70</td><td>52.80</td><td>2.80</td><td>0.45</td><td>2.57</td><td>100</td></tr>
<tr><td rowspan="2">人口</td><td>数</td><td>66</td><td>61</td><td>1874</td><td>2232</td><td>99</td><td>20</td><td>68</td><td>4420</td></tr>
<tr><td>百分比</td><td>1.49</td><td>1.38</td><td>42.40</td><td>50.50</td><td>2.24</td><td>0.45</td><td>1.54</td><td>100</td></tr>
<tr><td rowspan="4">胶南</td><td rowspan="2">户口</td><td>数</td><td>16</td><td>15</td><td>355</td><td>750</td><td>66</td><td>9</td><td>7</td><td>1218</td><td rowspan="4">全乡</td></tr>
<tr><td>百分比</td><td>1.31</td><td>1.23</td><td>29.15</td><td>61.58</td><td>5.42</td><td>0.74</td><td>0.57</td><td>100</td></tr>
<tr><td rowspan="2">人口</td><td>数</td><td>78</td><td>114</td><td>1810</td><td>3265</td><td>264</td><td>60</td><td>74</td><td>5665</td></tr>
<tr><td>百分比</td><td>1.38</td><td>2.01</td><td>31.95</td><td>57.63</td><td>4.66</td><td>1.06</td><td>1.31</td><td>100</td></tr>
</table>

续表

成份			地主	富农	中农	贫农	工人	商人	其他	合计	备注
观惠	户口	数	1	7	204	138	70	16	12	448	苇城塘、官前头、高巷、河头上、大巷上5个村
		百分比	0.22	1.56	45.54	30.80	15.63	3.57	2.68	100	
	人口	数	5	36	1028	588	264	70	37	2028	
		百分比	0.25	1.78	50.69	28.99	13.02	3.45	1.82	100	
寺头	户口	数	10	17	267	485	100	49	10	938	胡巷、屯田里、青莲村、松垿里、刘家塘、寺头村6个村
		百分比	1.07	1.81	28.46	51.71	10.66	5.22	1.07	100	
	人口	数	78	128	1296	2027	487	231	54	4301	
		百分比	1.81	2.98	30.13	47.13	11.32	5.37	1.26	100	
泰安	户口	数	8	4	99	96	13	2	10	232	董巷、戴圻、石桥头3个村
		百分比	3.45	1.73	42.67	41.38	5.60	0.86	4.31	100	
	人口	数	81	25	543	415	44	9	50	1167	
		百分比	6.94	2.14	46.53	35.56	3.77	0.77	4.29	100	
堰桥	户口	数	27	4	103	155	89	0	15	393	村前、大堡2个村
		百分比	6.87	1.02	26.21	39.44	22.65	0	3.81	100	
	人口	数	100	35	495	705	493	0	62	1890	
		百分比	5.29	1.85	26.19	37.30	26.09	0	3.28	100	
合计	户口	数	75	58	1374	2096	363	80	77	4123	
		百分比	1.82	1.41	33.32	50.84	8.80	1.94	1.87	100	
	人口	数	408	399	7046	9232	1651	390	345	19 471	
		百分比	2.10	2.05	36.19	47.41	8.48	2.00	1.77	100	

二、农村生产中的几个主要情况

甲、全区土地肥沃，物产丰富，近城之乡镇因肥料与劳力充沛，更胜于边沿地区，抗战前一般产量：每亩产米2石至3石，产麦1石以上。但抗战后，由于遭受日寇之蹂躏和国民党反动派之横征暴敛，因此农业生产力受到严重的摧残与束缚，致产量渐形低降。

每亩土地常年产量调查表

乡别	米(石)			麦(包)		
	上等田	中等田	下等田	上等田	中等田	下等田
张村	2.5	2.0	1—1.5	1.5	1.0	0.7—0.8
泰安	2—2.3	1.8—2.0	1.5—1.8	1—1.2	0.8—1.0	0.8

续表

乡别	米(石)			麦(包)		
	上等田	中等田	下等田	上等田	中等田	下等田
刘潭	1.8—2.0	1.7—1.8	1.3—1.5	1.0	0.7—0.8	0.5—0.6
八士	2.3—2.5	1.6—1.7	1.1—1.2	1—1.2	0.6—0.7	0.3—0.5
刘仓	1.8	1.4—1.6	0.9—1.0	1.0	0.7—0.8	0.3—0.4

注:麦每包为172.5斤。

乙、农民在各个季节中，农业生产的主要内容如下：

立春：修桑树、搓草绳、菜加肥、孵子鸡。

雨水：修桑树、扒河泥（肥料）。

惊蛰：加田岸、开灰潭、挑河泥。

春分：桑田削草、桑田翻土、植桑秧、接桑树、麦田拔草。

清明：种苋菜、割青草。

谷雨：浸稻种、灰潭加工、种夏菜、收蚕。

立夏：做秧田、戽水播谷、收油菜籽。

小满：养蚕正忙、桑田翻土或削草。

芒种：割小麦、拔蚕豆、锄田、施肥、戽水、插秧、种霉菜。

夏至：稻田除草、施肥、补失棵、添稻水、荡稻、种芝麻、黄豆。

小暑：荡稻、耘稻、搪草、添稻水（每六天一次）。

大暑：耘稻、搪草、添稻水。

立秋：搁稻、扒河泥、拔稗草、添稻水。

处暑：养秋蚕、扒河泥、添稻水。

白露：蚕事正忙、添稻水、种秋白菜。

秋分：割早稻、种冬菜。

寒露：收割晚稻、拔黄豆、种麦、种蚕豆。

霜降：收晚稻、种麦、翻土。

立冬：轧稻、种春菜、挑晒、垫猪窠泥。

小雪、大雪：轧稻、牵磨、敲麦、撩草削麦。

冬至：麦子敲锄、撩削并施肥。

小寒：同上。

大寒：同上。

丙、每亩农作物所需之工本：麦田1亩需7个工（种麦2工，撩敲锄麦2工，割麦1工，浇粪1工，打麦1工），稻田每亩需11个工（锄田1.5工，开灰、挑泥2工，荡稻1工，耘稻搪草2工，割稻1工，收割1工，和一些零星工）。由于有机船戽水之故，一个整劳动力一般能种田四五亩。

麦田1亩需种籽1斗，粪15担（折米1斗5升），合米2.5斗；稻田每亩需种籽6斤，折米

2升半，机船打水费1斗9升，肥料河泥与草折米3斗，人粪15担折米1斗5升，轧稻费（机器）4升，合计共需米7斗5合。人工不算（如算在内非亏本不可），除去缴田赋外，较好之年成，每亩收入可余2石左右。以此计算该地区大小人综合平均每人须有自耕田1亩至1亩半，才能维持最起码之生活费用。如果土地非自己所有而须交租，则除掉饥饿和负债外，别无他法。

丁、农村中兼营和从事其他职业之情况：由于张村区人多田少，土地收入不足维持生活，因此农村中兼营或从事其他职业者约占总户口数的半数以上，兹根据张村（6个保）寺头（5个保）两个乡镇的调查，其情况如下表：

张村寺头两乡镇从事其他职业的户口人口统计表

乡别	张村(6个保)			寺头(5个保)		
项目	户口	人口	参加劳动的人	户口	人口	参加劳动的人
商店	28	176	40	0	0	0
手工业者	36	159	37	13	67	14
泥水、木、石匠	21	93	23	2	10	2
小摊贩	37	170	49	4	17	4
摇船	18	76	20	5	18	7
埋发匠	3	16	3	1	6	1
茶房	11	60	13	3	20	3
漆匠	2	5	2	1	6	1
厨司	43	212	44	22	115	24
职员	23	92	24	15	103	20
杂工	45	234	45	103	486	109
工人	83	446	92	34	185	35
铜锡匠	4	23	4	0	0	0
道人	5	24	5	0	0	0
捕鱼	8	50	15	1	10	2
修船	25	120	26	0	0	0
种菜	0	0	0	78	368	112
机船	0	0	0	2	9	2
其他	3	21	3	3	13	3
合计	395	1977	445	287	1433	339
各占两地调查总人口户口百分比	50.3	57.4	—	39.6	42.1	—

从上列统计表中可看出该地区农民除从事其他副业以补助生活外，尚有大批剩余劳动力转

向城市发展。表内所列工人、杂工、职员、厨司、茶房、漆匠等六项之户数与人口数（两乡镇的合计数）即达 385 户，1964 人，占该两地区从事副业或其他职业总户数和人口的 50%以上。又因该地区靠近无锡城市，故产业工人亦占有较大的数量。

根据张村镇三个保的调查，经营副业或出卖劳动力的，主要的是中农、贫农，中农尚有少数资本可自营副业，贫农大多依靠出卖劳动力，从事各种艰苦的副业生产。

张村镇（三个保）各阶层从事副业户数人口调查表

成份	总户数	总人数	参加副业		占总副业户数人口的百分比		副业户数人口占本阶层户数人口百分比	
			户数	人口	户数	人口	户数	人口
地主及富农	4	18	3	15	1.60	1.59	75.00	83.33
中农	126	717	91	510	48.66	53.91	72.22	71.13
贫农	117	460	66	293	35.29	30.97	56.41	63.69
工人	22	103	22	103	11.77	10.89	100.00	100.00
商人	4	20	4	20	2.14	2.11	100.00	100.00
其他	9	17	1	5	0.54	0.53	11.11	29.41
共计	282	1335	187	946	100.00	100.00		

根据寺头乡 4 个村 1 个保的调查，农村副业（包括种菜、捕鱼、养蚕等）及农业以外的其他生产收入，在农民全年开支中占很大比重。从事副业生产的中农，其农业生产以外的其他生产收入可维持约 4 个月的生活，贫农可维持 5 个月，因此有些农民甚至对农业生产反不感兴趣，有谓："种田是阿末条路，只要有点办法，总勿会在家。"

戊、全区计有市镇 19 个，根据张村与塘头两个镇的调查，张村的菜贩、鱼肉铺占全镇摊贩商店数的36.3%，塘头镇占 30%，酒、茶面店在张村占全镇总商店数的 13%，塘头镇占 27.3%。杂货业、布业、药店等在张村占商店总数19.5%，塘头镇则占22.7%。由此我们可以看出农村中市集的主要作用，在于交流农业副产品，辅助城乡交流，及供应群众日用品等。

地主在农村经营工商业者很少，资本充裕者，大多是向城市发展而兼为资本家了。

三、土地关系

甲、土地占有情况

（一）土地占有比较集中，靠近城区之乡镇（占全区半数以上）的租田大部集中于城市业主手里，其中绝大部分又集中在杨、薛、顾等姓地主手中，地租由其管账者代收。业主既不知田在何方，佃户亦不知老板情况。在边沿之乡，土地多集中于乡下地主及富农手中。

居住城市业主与在乡地主富农的土地占有情况统计表

乡别	使用田亩总数	城市业主		乡村地主富农		合计		备注
		田亩数	百分比	田亩数	百分比	田亩数	百分比	
张村	4479.9	1119.9	49.33	243.4	20.23	1363.3	39.25	缺3个村
观惠	1919.8	354.6	15.62	157.9	13.13	512.5	14.76	
寺头	3774.2	704.3	31.02	668.9	55.61	1373.2	39.54	
长安	663.3	91.5	4.03	132.7	11.03	224.2	6.45	
合计	10 837.2	2270.3	100.00	1202.9	100.00	3473.2	100.00	

（二）各阶层土地占有情况（居城镇的地主未计入，下同）：根据6个乡的调查，地主每人平均占有土地8.7亩，而贫农每人平均仅0.38亩。其详细情况可见下表：

张村区（六个乡）各阶层土地占有统计表

乡别		张村	泰安	观惠	堰桥	胶南	寺头	合计
地主	亩数	147.00	377.30	21.00	2158.70	467.00	378.90	3549.90
	每人平均	2.23	4.66	4.20	21.59	5.99	4.86	8.70
富农	亩数	146.90	57.50	137.00	32.60	231.50	290.10	895.60
	每人平均	2.41	2.30	3.81	0.93	2.03	2.27	2.24
中农	亩数	1772.50	505.70	925.60	179.90	1623.30	1171.90	6178.90
	每人平均	0.95	0.93	0.90	0.36	0.90	0.90	0.88
贫农	亩数	1176.30	204.50	262.60	55.00	868.20	910.50	3477.10
	每人平均	0.53	0.49	0.45	0.08	0.27	0.45	0.38
商人	亩数	6.20	2.50	48.70	—	33.50	111.70	202.60
	每人平均	0.31	0.28	0.70	—	0.56	0.48	0.52
工人	亩数	45.20	13.90	99.10	10.70	26.30	173.60	368.80
	每人平均	0.46	0.32	0.38	0.02	0.10	0.36	0.22
其他	亩数	65.90	82.00	49.70	59.60	81.00	25.20	363.40
	每人平均	0.97	1.64	1.34	0.96	1.09	0.47	1.05
合计	亩数	3360.00	1243.40	1543.70	2496.50	3330.80	3061.90	15 036.30
	每人平均	0.76	1.06	0.76	1.32	0.59	0.71	0.77
备注		各乡镇的村别均同6个乡各阶层户口人口比例统计表	内公产21.4亩			内公产25.2亩		

注：该区公学慈田全部出租，均为封建势力所把持，此项土地在堰桥乡有1352亩，占全乡土地14.68%，分布于附近各乡。其次如泰安乡有530.07亩，内公田5.52亩，学田4.1亩，祠田230.6亩，庙田21.1亩，慈善田268.75亩。

乙、各阶层土地使用情况

全区（六个乡镇）的土地使用情况：由于该区人多地少，因此各阶层的使用土地为数不多，根据六个乡的调查，富农使用土地每人平均为1.54亩，中农为1.12亩，贫农仅0.74亩，而地主由于雇工耕种，因此使用土地竟超过中农，每人平均数为1.28亩。其具体情况如下表：

张村区（六个乡镇）各阶层使用土地统计表

乡别		张村	泰安	观惠	堰桥	胶南	寺头	合计
地主	亩数	116.30	207.50	8.90	45.20	57.40	108.50	543.80
	每人平均	1.76	2.56	1.78	0.45	0.74	1.39	1.28
富农	亩数	141.30	71.20	70.40	46.00	165.90	238.20	733.00
	每人平均	2.32	2.85	1.95	1.31	1.46	1.86	1.84
中农	亩数	2373.50	812.20	1156.10	473.90	2174.30	1572.80	8562.80
	每人平均	1.26	1.49	1.12	0.96	1.20	1.20	1.22
贫农	亩数	1698.20	502.90	460.70	267.10	2363.17	1528.30	6820.37
	每人平均	0.76	1.21	0.78	0.38	0.72	0.75	0.74
商人	亩数	16.00	2.40	30.90	—	44.10	101.90	195.30
	每人平均	0.80	0.27	0.44	—	0.74	0.44	0.50
工人	亩数	56.90	30.80	154.70	15.00	191.20	188.70	637.30
	每人平均	0.57	0.70	0.58	0.03	0.72	0.39	0.39
其他	亩数	77.70	60.50	31.90	21.00	63.10	33.90	288.10
	每人平均	1.14	1.21	0.86	0.34	0.85	0.63	0.84
合计	亩数	4479.90	1687.50	1913.60	868.20	5059.17	3772.30	17 780.67
	每人平均	1.01	1.45	0.94	0.46	0.89	0.88	0.91
备注		1. 乡别、村别同上表。 2. 张村：工人项内包括手工业者 5 户。地主项内包括工商业户 2 户。 3. 观惠：内公产6.31亩。 4. 寺头：内公产2.1 亩。						

同时须加说明的是，该区有一些外籍户大部依苦力为生，使用与占有土地极少，佃入田大部均系借入田。泰安乡外籍户 12 户 53 人，占该乡总户口人数的 7%左右，借入田80.4亩，占全乡田亩数的0.83%。观惠乡外籍户共 9 户，43 人，占全乡户口人数的 1%，自田3.4亩，借入田57.5亩，租入田1.75亩，合计使用土地62.65亩，占全乡耕地面积的1.55%。

丙、租佃关系

（一）该地区租佃关系极为复杂，各乡地主亦有佃入土地，此项土地大都转租给他人或是雇工耕种。贫农借出田系因无劳动力，租出田大部是因贫困无力耕种而典与他人的。

（二）租佃形式主要分永佃田和借田两种，有永佃权的土地数量极多，承佃户在不欠租的条件下有永久耕种之权。战前租额较高，抗战后由于革命运动的影响租额逐渐减轻，现一般每年每亩交租2至3斗，群众有“租田为自产”之语。借田无永佃权，业主可随时收回自种或转借，租额高，此种田数量较少，过去要交押板金，现已减少。

丁、土地种类、租佃及其收益情况

（一）全区土地主要分为稻麦田、桑田、芦苇田、屋宅基、坟埄、河池等。其中以稻麦田数量为最多，桑田次之。芦田一般均位于大河沿边或低洼有水之处，各乡情况很不一致。荒田一般不多，除广柏乡有400余亩因水利失修无法种植外，仅有一些荒坟、荒山、荒埄等，荒坟数量并不少，且有大至20余亩者，此均为过去封建统治者所有，现已无人过问而变成公共坟地了。兹将该区（六个乡镇）各种土地数量列表如下：

张村区（六个乡镇）各种土地数量统计表

乡别		胶南	张村	寺头	泰安	刘仓	观惠	合计
总田亩数		5312.90	4689.00	3664.62	8798.10	314.22	526.32	23 305.16
稻田	亩数	4178.60	3442.00	2515.90	7299.70	244.00	362.10	18 042.30
	占总田亩数的百分比	78.65	73.41	68.65	82.97	77.65	68.80	77.42
桑田	亩数	615.80	1042.00	874.30	601.30	10.42	103.69	3247.51
	占总田亩数的百分比	11.59	22.22	23.86	6.83	3.32	19.70	13.93
芦苇田	亩数	15.20	0	67.55	335.90	0	16.35	435.00
	占总田亩数的百分比	0.29	0	1.84	3.82	0	3.11	1.87
荒田（坟）	亩数	230.00	86.00	35.00	219.70	50.00	14.75	635.45
	占总田亩数的百分比	4.33	1.83	0.96	2.50	15.91	2.80	2.73
屋基	亩数	247.10	119.00	165.22	321.00	9.80	19.09	881.21
	占总田亩数的百分比	4.65	2.54	4.51	3.65	3.12	3.63	3.78
其他	亩数	26.20	0	6.65	20.50	0	10.34	63.69
	占总田亩数的百分比	0.49	0	0.18	0.23	0	1.96	0.27
备注		全乡	缺3个村	刘家塘、松埄里、屯田里、青莲村、寺头村5个村	全乡	徐家巷一村	惠巷上一村	

注：总田亩与以上表格有出入，因前表未将荒田完全统计在内。

（二）桑田数量仅次于稻田，抗战前蚕业兴盛时，桑田曾占总耕地面积的30%左右，后因茧价低降，养蚕户少，桑田亦随之减少。兹将各乡各阶层占有桑田情况与各阶层使用总田亩之比例列表如下：

张村区（五个乡镇）各阶层桑田占有情况统计表

乡别		张村	胶南	寺头	堰桥	观惠	合计
总田亩数		4479.90	5059.17	3772.30	868.20	1913.30	16 092.87
地主	桑田亩数	24.22	26.11	17.99	13.14	0	81.46
	每人平均	0.37	0.34	0.23	0.25	0	—
	占本阶层总田亩百分比	20.82	45.48	16.58	29.07	0	—
富农	桑田亩数	40.99	22.20	24.03	16.98	8.90	113.10
	每人平均	0.67	0.20	0.19	0.26	0.59	—
	占本阶层总田亩百分比	29.00	13.38	10.08	36.91	12.64	—
中农	桑田亩数	389.73	187.36	337.28	44.10	67.35	1025.82
	每人平均	0.21	0.103	0.26	0.089	0.21	—
	占本阶层总田亩百分比	16.42	8.61	21.44	9.30	5.82	—
贫农	桑田亩数	305.22	153.69	184.17	48.09	11.39	702.56
	每人平均	0.14	0.05	0.12	0.09	0.10	—
	占本阶层总田亩百分比	17.97	6.50	12.05	18.00	2.47	—
合计	桑田亩数	760.16	389.36	563.47	122.31	87.64	1922.94
	每人平均	0.18	0.04	0.12	0.15	0.21	—
	占全乡总田亩百分比	16.97	4.73	14.93	14.09	4.58	—

注：1.塘头、刘仓、泰安总田亩资料没有，故无法统计。
2.各乡总田亩荒田亩数未统计在内。
3.统计村别同上表。

（三）桑田大都为自耕田，但各阶层间亦互有租佃关系发生，桑田租额据观惠乡调查每亩租额约大米5斗至8斗，借田租额亦较高，是8斗至1石。每亩桑田产量，抗战前产量较多，上等田产20担，中等田15担，最差的每亩产10担左右。桑田的工本较一般耕地多些，每亩约需15工，每亩桑田每年需浇粪两三次，全年需粪48担，河泥则需300担（每工可罱50担），总计肥料本约要大米7斗2升。

全区各阶层桑田使用及租佃情况如下表：

张村区（七个乡镇）各阶层使用桑田统计表

乡别	地主		富农		中农		贫农		合计
	亩数	每人平均	亩数	每人平均	亩数	每人平均	亩数	每人平均	亩数
胶南	4.72	0.06	16.74	0.146	269.11	0.15	261.35	0.08	551.92
张村	31.67	0.48	43.42	0.71	508.01	0.27	430.93	0.19	1014.03
寺头	8.99	0.12	25.29	0.20	456.88	0.35	263.78	0.13	754.94
观惠	0	0	9.50	0.63	75.15	0.33	14.84	0.13	99.49
堰桥	10.89	0.21	24.08	0.37	123.77	0.22	134.86	0.14	293.60
刘仓	2.00	0.08	2.00	0.15	3.70	0.05	2.72	0.03	10.42
泰安	2.00	0.28	25.50	0.35	85.40	0.52	53.15	0.24	166.05
合计	60.27	—	146.53	—	1522.02	—	1161.63	—	2890.45

张村区（七个乡镇）各阶层租佃桑田统计表

乡别		胶南	张村	寺头	观惠、	堰桥	刘仓	泰安	合计
地主	租借出	23.51	5.20	9	0	2.25	1.20	0	41.16
	租借入	2.10	12.65	0	0	0	0	0	14.75
富农	租借出	5.96	0	3.09	0	0	0	0	9.05
	租借入	0.50	2.43	4.35	0.60	7.10	0	2.30	17.28
中农	租借出	37.50	7.30	0.40	0	1.50	0	0	46.70
	租借入	119.25	125.58	120.00	7.80	81.17	1.25	45.40	500.45
贫农	租借出	5.44	0.50	1.35	0	0	0	1.35	8.64
	租借入	113.10	126.21	80.96	3.45	86.77	1.82	12.75	425.06
合计	租借出	72.41	13.00	13.84	0	3.75	1.20	1.35	105.55
	租借入	234.95	266.87	205.31	11.85	175.04	3.07	60.45	957.54

（四）芦苇田：每亩每年一般产苇量在 10 至 15 担，最少亦有 6 至 7 担，此田不需工本，亦无租佃关系。有的芦田经挖泥修堤后即可变为稻田。芦田多半为地主阶级所占用，据塘头镇下旺村的调查，150 亩芦田中，3 户地主就占有了 100 亩。

（五）茭白田与菜地：此类耕地数量在靠近城市之乡镇较多，例如刘潭乡一保过去种茭白的土地面积占总田亩数的 20%，种植户占总户数的29.5%。种菜地的面积占总田亩数的7.83%，种植户占总户口的59.36%，由此可见该地区种植菜地户数字之众多。其所以如此，由于种此种农作物，受益较大。一般的田亩种茭白者，每年每亩收益约折大米 10 石，除去工本外，每亩净益达 5 石半左右之多。

四、蚕桑、鱼池等问题的简况

甲、蚕桑

（一）一般情况：养蚕为张村区农村中主要副业生产之一。大部贫苦农民往往以育蚕所得作为夏收夏种之生产资金，一般农民之日常生活费用，部分亦仰给于此。故有“吃自田里来，用由养蚕得”之语。育蚕户极为普遍，例如胶南乡胡家渡二保151户中就有114户育蚕，占总户口数的75.5%，六堡村83户中育蚕者达75户，占总户口90.4%，一般未育蚕户，多系无劳动力和外出谋生者，或系因无桑田而无法养育者。例如胡家渡二保37户未育蚕户中因无劳动力或外出谋生者14户，因无桑树者23户；以成份划分为雇工12户，手工业者2户，贫农10户，中农4户，小商贩5户，职员2户及其他2户。

（二）育蚕之工本与收益情况：一般蚕种约在谷雨后二三天出卵，自幼蚕至结茧全部过程需30至33天。蚕种有洋种（改良种）与土种两种，前者系制种场用科学方法培制者，每张蚕种可收茧30至45斤，丝质甚佳；而土种则以土法制就，茧丝之质与量均较差，目前农村用土种者为数甚少，仅占全数20%左右。

每张蚕种约需米五六升至1斗左右，每张蚕种需叶7至8担（约叶片3担半至4担）。每担叶价视市场需要量多寡而决定，通常每担价格约需大米1斗3升至3斗。抗战前茧价每担折米约10余石，敌伪统治时至10石以下，至国民党反动派统治时期，茧价剧贬，1946年每担茧仅值大米3石余，群众生产情绪因之大为低落，大批桑田改为稻田，留下的桑田又因未施肥施工，再加大水浸淹，树苗大衰。

（三）全区有蚕种制造场4处，年产种纸约5万张，大部均销售于外省外县，现将各制种场情况列表于下：

张村区蚕种制造场情况调查表

种场名	牌号	性质	场主姓名	成份	桑田亩数	每年所产种纸(张)	
						抗战前	1949年
三五馆	三葫芦	独资	陆子容	资本家	145.0	100 000	30 000
求新	金猫	合股	徐莫文	资本家	—	10 000	8000
永益	仁形	独资	刘培箴	地主	30.0	18 000	9000
新华	桑叶	合股	胡逸湖	资本家	34.3	10 000	9000

乙、鱼池

张村区鱼池分布面积较广，各乡均有，以堰桥乡最多，约有大小鱼池70个，其面积合计有61.4亩，占全乡总田亩面积的0.65%。养鱼有养大鱼及育鱼秧两种，在1亩以上的鱼池可养大鱼，不足1亩者可育鱼秧。鱼秧是从长江中捞取鱼卵，经培育45天后即可出售，每百条价约米三四升。养鱼工具甚简单，只要有网船即可，工本亦不大，除喂鱼秧之黄豆或购买鱼秧所需之费用外，其他没有什么花费。鱼池的经营方式有独资与合股两种，均需雇人专管，鱼池的租额一般与田相同。

丙、戽水机

戽水机为该区农业生产的主要工具，全区计有戽水机船户 145 户，机船 152 只，共计马力 3155 匹。最大的每部有 30 匹马力，最小的有 8 匹，通常的每部多为 20 或 25 匹马力。每季需戽水 9 次，30 匹马力用柴油者可包田千亩，最小者亦可包田 200 余亩，全区机船除供本区灌溉外，仍有多余之机船可供外县外区农村使用。

戽水机价甚昂，25 至 30 匹马力者每部约 300 至 500 石大米，可用 15 年。每季戽水 120 天（冬天可轧米），每船有 4 人，工资伙食计米 18 石。戽水费价格视田之高低为标准，每亩田最低价米 1 斗 5，最高为 2 斗 5。每部戽水机（25 至 30 匹马力者），每年可获净益大米 30 至 50 石。

居于农民与机船之间者为水头，大半为农村中统治人物或在该段田亩最多之人所兼任，其职务是接洽机船，代收水费，开缺筑缺等。其待遇是除本人在该段田亩不付水费外，并有半成至二成之酬报（在水费内扣除），此外在包工中还短报田亩，浮收水费一般约占总田亩数的一至二成。

机船所有者之成份，根据胶南乡 10 户统计，计资本家 6 户，富农 1 户，中农 3 户。

无锡县农村工作团第五大队

1950 年 3 月

无锡县云林乡农村经济调查

一、一般情况

该乡属无锡县查桥区，位于城东北 18 华里，只有两个较大的村子，平时有油盐菜蔬等买卖，其他均为小村落。每日有班船经过，交通极为便利。农田 12 073.21 亩，有 2687 户，12 514人（男 6335 人，女 6179 人）。

大革命时期，该乡农民在我党领导下，曾和地主做过激烈斗争，如借粮、抗租等运动，并进行过农民暴动，杀死地主安宗义、烧毁其房屋，当时地主大部逃往上海无锡等大都市。随着大革命失败，农民运动一度被反动势力镇压下去，在 1927 年 10 月当地被杀者，计有朱金宝（农民领袖）、蔡英章等 10 余人。抗战时期，该乡一向处于敌伪、顽、我三方游击地带，我曾在此建立过两面政权，征收过粮赋。乡的东部组织过农会，也提出过减租减息，但未实际执行。1945 年我军北撤时，曾留下一批潜伏力量，在原地坚持，组织武工队和游击小组。

二、土地占有及使用情况

全乡土地占有及使用情况如下表：

无锡云林乡各阶层土地占有使用情况表

成份			地主	富农	中农	贫农	雇农	职工	自由职业者	手工业者	商贩	其他	合计
户数	数		18	89	643	1607	15	46	58	103	38	70	2687
	百分比		0.67	3.31	23.93	59.81	0.56	1.71	2.16	3.83	1.41	2.61	100.00
人口	数		98	486	3314	7166	57	212	293	429	242	217	12 514
	百分比		0.78	3.89	26.48	57.26	0.46	1.70	2.34	3.43	1.93	1.73	100.00
占有土地	亩		1250.81	949.81	3446.30	3603.15	15.00	83.80	164.15	118.84	75.60	177.65	9885.11
	占总占有土地百分比		12.65	9.61	34.86	36.45	0.15	0.85	1.66	1.20	0.77	1.80	100.00
	每人平均		12.76	1.95	1.04	0.50	0.26	0.40	0.56	0.28	0.31	0.82	0.79
租出土地	亩	借出田	195.10	181.18	125.00	46.45	0	24.35	36.35	8.40	20.80	0	637.63
		租出田	957.76	31.35	1.50	0	0	0	0	1.30	0	0	991.91
		总计	1152.86	212.53	126.50	46.45	0	24.35	36.35	9.70	20.80	0	1629.54
	占总租出土地百分比		70.75	13.04	7.76	2.85	0	1.49	2.23	0.60	1.28	0	100.00
	占本阶层占有土地百分比		92.17	22.38	3.67	1.29	0	29.06	22.14	8.16	27.51	0	16.48
租入土地	亩	借进田	0	19.50	342.23	516.35	2.50	7.55	7.30	25.70	10.50	0	931.63
		租进田	0	83.10	568.31	2092.60	3.00	31.55	29.95	47.45	18.75	11.30	2886.01
		总计	0	102.60	910.54	2608.95	5.50	39.10	37.25	73.15	29.25	11.30	3817.64
	占总租入土地百分比		0	2.69	23.85	68.34	0.14	1.02	0.98	1.92	0.77	0.29	100.00
	占本阶层使用土地百分比		0	12.22	21.52	42.31	26.83	39.68	22.57	40.13	34.80	5.98	31.62
使用土地	亩		97.95	839.88	4230.34	6165.65	20.50	98.55	165.05	182.29	84.05	188.95	12 073.21
	占总使用土地百分比		0.81	6.96	35.04	51.07	0.17	0.82	1.37	1.51	0.69	1.56	100.00
	每人平均		0.999	1.728	1.277	0.860	0.360	0.465	0.563	0.425	0.347	0.871	0.965

说明：1. 借出田指田底田面均属地主出租之土地。
2. 租出田指田底归地主田面归农民所有之出租土地。

三、租佃关系

甲、两种出租土地

租田：此种租田地主只有田底权，佃户有田面权，而田底与田面权皆可自由买卖。这种租佃关系，大都是农民因受高利贷盘剥，无力偿还，将田契抵押给地主，田仍由自己种，按年按季向地主交纳一定租粮，农民保有田面权即使用权。租额在抗战前为1石米，如遇荒年可少交一二成。

借田：田底田面权全属业主，借出者多为小地主、富农及缺乏劳动力的农民；租额很重，一般为米1石2斗，高的要1石4斗，低的1石。耕种期限不定，业主可自由收回。

乙、几个时期交租情形

1935年一般租额为1石米，佃户很少短欠租米，就是有部分拖延，最后还是要缴纳的。

抗日战争初期，绝大部分地主逃至国民党统治地区，一般佃户均未缴租。到1940年至1941年，少数地主虽回来，但都住在城里，不敢下乡，想派武装下乡收租，因要化相当代价，又怕得不偿失，故未实行。当时佃户有交一部的，也有一粒未交的。到1943年后，农民普遍自动将租额降低到四五斗米不等。在解放前几年中，住在农村的地主每亩可收4至5斗，原因是逼得紧，农民无法逃避，住在城里的地主，每亩最多收到二三斗，有的一粒也收不到，原因是农民有永佃权，同时又有抗租运动，地主不敢下乡收租。

这样一直到去年，因年成歉收，加上解放战争胜利影响及坚持原地的革命组织的支持与发动，绝大部分佃农粒米未交，即使部分农民交了，也很少交齐。如十一保诸义根租田2亩半，已5年没有交租了。

丙、租额降低原因

远因：大革命时期，该地进行过农民暴动，抗租抗债，杀死过地主，分过粮，地主大批逃往城市，在这个运动下，很多地主不敢向佃户要租，更不敢强迫，这给农民在阶级觉悟上有很大的启发作用。后来，虽然为反革命势力镇压下去，但遗留给农民的印象是团结起来，租可以少交。抗战以后地主大部逃往内地，加上我党在此建立游击根据地，发动抗日保家和减租运动，减租虽然未能实行，但租额普遍向下低落了。兼之此地处于资本主义较为发达的地区，地主将农村榨取所得，逐渐转入工商业，生活重点移入工商业，因此表面上地租的剥削，稍有降低了。

近因：解放战争后，在我胜利发展形势及老区的减租、抗租、土改等运动鼓舞下，农民的斗争情绪提高，打击了地主的声势，地租更降低，但这不是说全部农民因有了阶级觉悟而不交租，主要是因为交不起。

四、负担情况

甲、解放前几个时期田赋征收情况：1936年以前按银粮征收，一般是一亩田（十分粮）银元1元，有的因土质和地位不同而征九分粮、八分粮（即9角一亩、8角一亩），但亦有征十一分的，这是个别大亩，如600稻棵一亩的（当时1元合米1斗）。完粮分上下两期。催征员主要是地保和图正，当时国民党反动政府不直接向粮户催，而将图正押交，具结完纳，这样迫使图正进一步逼群众交粮。

1937年日寇占领后，当年未征粮，以后仍是银粮征收，一亩田1元。另外每亩附加借军粮3升，而以少数日用品配给抵还，实际上农民收回很少，更加上乡保长从中渔利，农民吃亏很大。完粮是一次征收，冬至开征，年底为止。过了年完，即按原数加一成罚金，如再过期到三月份，即再加一成，农民无力交纳而拖欠者，最后课以二成罚金。

1946年初，国民党反动派以抗日战争胜利名义，宣布免征本年田赋，伪装体念人民八年抗战痛苦，但实质上，人民所出“清剿”等杂费，已超过一年应征田赋数。

1947年开征每亩实征谷子1斗9升，合市秤24斤多，亦有征28斤一亩的。

1948年每亩并附加2升稻的手续费，征八分粮的即应完32斤。

田赋规定是从8月开征的，但实际开征要到冬至。在未实际开征前，年年提先向殷实户预借（也就是预征），这类对象大部是殷实户或市镇商家。完粮规定由八月起至年底为第一期，第一期未交者，在次年一月底前（第二期）交，加罚一成，在二月半以前（第三期）交，再加罚半成，过二月半交，则加罚三成，再不交则待下期开征后，先交罚金欠粮，才可完纳新粮。

国民党反动政府在抗战胜利后催粮更加凶狠，粮柜上直接派武装下乡抓欠户押交。

乙、国民党反动统治时期，苛捐杂税种类计有壮丁费、经常费、枪支费、清剿部队催粮草招待费、乡丁保丁费、军鞋费、优待残废军人费、自卫队长队员寒衣费、门牌费、身份证、薪饷（乡事务员，自卫队户籍警）、田赋征集费、流亡学生菜金、乡保长车、船、酒、饭、香烟、通知等费，名目甚多，摊派方式有按户的，有按田亩的，有按适龄壮丁的。

兹以第四、五两保及各阶层典型户负担情形说明各阶层负担情况如下：

（一）第四、五两保计409户，1869人。耕地面积2121.9亩，全年农业收入为7882.3石，全年付出壮丁费121.5石，经常费65石，其他72.98石，合计付出259.48石，占总收入3.33%，每人平均负担0.139石（田赋在外）。

（二）典型户：

地主：诸培南，2个人，有田121亩。全年收入100石米，全年付出壮丁补助费1.15石，经常费1.5石，合计付出2.65石，占全年收入2.65%。

富农：施有根，6个人，有10.7亩田。全年收入20.12石米，全年负担壮丁适龄费0.61石，经常费1.5石，其他0.07石，合计付出2.18石，占全年总收入10.83%。

中农：倪阿巧，4个人，种田5.75亩。全年收入15.18石，全年负担壮丁补助费0.45石，经常费2石，其他0.04石，合计付出2石4斗9升，占全年收入16.4%。

贫农：王进权，6个人，种6亩田。全年收入12.9石，全年负担壮丁补助费0.5石，经常费0.14石，其他1.09石，合计付出1.73石，占全年收入13.4%。

从上面的调查中可以看出，收入最多的地主，负担只占全年收入的2.65%，而中农是16.4%，贫农是13.4%，国民党政权的反动性质，在此表现得再明显没有了。农民除这沉重的苛捐杂税外，再加地主的租米，饥饿是必然的了。

五、农业生产情况

甲、土地质量

上等一级——真乌山土。这种田的地位一般不高不低，群众称为平田。

特点：土质肥而松，省人工，不漏水，不怕旱，宜种稻麦，省肥料。

上等二级——灰岗土。此土亦属乌山土之一种，但较次，田较低，群众称为低田。

特点：土质松而肥，但有些会漏水，最宜于种麦，种稻稍差些。

中等一级——白沙土，位置较高，群众称为高田，虽有些平田，但较少数。

特点：土质硬爽，带有碱性，稻麦皆宜，唯人工垩本大（水位高，打水难，又易漏水，只要人工垩本好，可与真乌山土同等质量）。

中等二级——黄泥土，位置较高者多。

特点：土质坚硬，耕种时人工粪水都大，此田一般不漏水，宜于种麦，种稻稍次，因质坚根生浅。但此田不易生虫和白穗。

下等田——青泥土，田低，群众称为低田。

特点：土质很黏，不易漏水，耕种时人工肥料均大，麦稻都长不好，因为苗根难以深入。这种田水旱歉收，群众最不喜欢，但为数极少。

高低平三种田的位置，以种稻而划分，高田打水化五成本，平田只须化二成本，低田一成本即行。故群众都喜欢平田，高田则次之，主要因为田高难蓄水，旱年易于歉收；低田易于被淹，则更次之。

各种土质每亩产量表

等级	土质	米(最好)	米(最低)	麦(最好)	麦(最低)
上等一级	真乌山土	2.7石	1.8石	1.2石	0.6石
上等二级	灰土	2.2石	1.6石	1.2石	0.6石
中等一级	白土	2.2石	1.5石	0.8石	0.4石
中等二级	黄泥土	2.1石	1.5石	0.8石	0.4石
下等田	青泥土	1.2石	0.5石	0.5石	0.3石

各种土质常年产量，除了年成好坏、人工、肥料、土质及位置高低外，尚有“大亩”“小亩”之分；最大的亩，每亩600个稻把子，最小的每亩300个稻把子，普通450个稻把子（每个稻把子24棵稻）。

桑田——普通以350棵计算为标准。

乙、生产方面

（一）该乡出产为一年两季，主要农产是稻和麦，尤以稻为主，其次是春秋两季蚕桑和黄豆。稻的产量自抗战以来，由于战争频繁，捐税繁杂，地租苛重，再加上虫灾增加，群众不能安心生产；尤其是经济困难，施肥不足，影响产量颇大。种麦情况则与之相反，近年来由于蚕业衰败，农民春季收入皆赖于麦产，故不论在种植方面及收成数量上，都有了增加。抗战前坏田不种麦，现在皆垦植了；过去一亩田只收 5 斗至 6 斗，现在则收 8 斗到 1 石，超过过去 40% 至 50%。蚕桑在 1931 年前后，是农民唯一副业收入，占总收入 30%强，每亩收益超过稻田，现在则不如稻田（战前 1 担茧值 10 石米）；过去每亩桑田可收 20 担桑叶，现在收 10 担的也很少。且许多桑田已渐改为豆田，少数桑田中间杂种黄豆。在生产方面进步的是用机器打水，轧米，磨面，落后的则有铁耙耙田，人工掼麦等。全乡有打水机 17 部半，耕牛 24 条。

（二）三个时期产量比较

（甲）1935 年

每亩平均产米 2 石 2 斗，产麦 5 斗上下。

原因：年成较好，田中普遍尚未发生虫灾，即是发现亦很少，范围也小。当时农民情绪正常，重视生产。那时茧价高，蚕利大，群众春季重视养蚕，无心于种麦，垩本积于桑田而不垩麦，故麦收少。

（乙）1943 年

每亩平均产米 1 石 9 斗到 2 石，产麦 8 斗到 1 石。

原因：秋熟稻田螟虫蔓延，部分地区生笠帽瘟、白穗，再加上战争影响，故稍有减收。时因茧价下跌，麦价上涨，农民开始重视种麦，将欲植桑的田转种麦，垩本亦转向麦田，故麦的面积与产量都是逐年增加。

（丙）1948 年

每亩平均产米 1 石七八斗，产麦 7 至 8 斗。

原因：国民党反动政府的税捐苛重，群众无力垩田。加以秋稻雨水太多，又刮西北风，稻不盛旺，螟虫比以往更多，普遍都是白穗，部分田里还发生镰刀瘟、笠帽瘟、鸡郎瘟等；麦子亦因雨水多，低田受水淹没，高田受瘟，而歉收。

（丁）三个时期产量对比，麦的产量基本上是逐年增加的，稻子虽逐步向下，但相差不大，只要稍加注意，年成不坏，即可恢复原产量。

（戊）1935 年每亩桑叶可产 14 担到 16 担，能养两张蚕种；1949 年春季每亩只能产桑叶 7 担到 8 担，养一张蚕种，普遍降低 50%。

（三）一亩田的农业成本消耗

（甲）稻田种子及肥料等

成本	数量	折米	备注
稻种	4 升	2 升 5	
豆饼	5 片	2 斗	
搞泥草	250 斤	2 斗 1 升	
打水	—	2 斗 5 升	
做砻	—	6 升	

续表

成本	数量	折米	备注
机臼	—	5升	
罱泥	—	7升	
肥料	—	8升	下小秧豆饼10斤折米8升
合计	—	9斗4升5	

（乙）稻田人工

工作	工数	备注
翻田	1个半	群众一般意见种稻一亩为10工，未将附带劳动算在内，尚比较符合
挑灰	1个	
挑河泥	1个	
挑水踏灰草	1个	
拔秧插秧	2个	
拔秧草挡、拳、耘稻	4个	2次
割捆挑	1个半	
上稻　堆稻　轧稻	1个半	
罱泥搞草	1个半	
下小秧车水	1个	
合计	16个	

忙工工资每工5升米，闲工3升米，5个忙工，11个闲工，计工资5斗8升（包括肥料种的罱泥工资），供饭折米2斗1升，共计米7斗9升。

（丙）农具消耗（以一户中农计算）

农具	数量	价格及使用期间	修理次数及修理价格	每年消耗折米
大铁耙	1	1斗5升用15年	7次半每次6升	4升
小铁耙	1	1斗用15年	5次每次5升	1升
镰刀	1	5升用5年	—	1升
大挡	1	1斗用5年	—	2升
小挡	1	6升用7年	—	8合4
大铁铲	1	1斗用15年	—	7合5
锄头	1	1斗用8年	3次每次5升	2升5
挡杆	1	3升	—	1升5
合计	—	—	—	1斗3升5合9

注：上列计算单独拆开算是多的，平均种5亩田农具折耗为4升到6升。

（丁）麦田种子肥料

成本	数量	折米
麦种	1斗2升	1斗
豆饼	3片	1斗2升
合计	—	2斗2升

（戊）麦田人工

工作	工数
翻田	1工
挑泥种麦	2工
搞泥锄草	2工
割挑掼麦	2工半
合计	7工半

每工3升米，计2斗2升5合，饭米1斗1升，共计3斗3升5合。

一亩稻麦田两季，除人工外须成本1石1斗7升5（农具折耗以1升计）。如加上人工，每亩全年须成本2石2斗3升。

1950年1月调查

无锡县坊前乡农村情况调查

该乡位于无锡城东12华里，东西长3里、南北长1里半。全乡共有8个行政村，除兴平村居住较集中外，其余7个村均极分散。境内有接连运河的柏渎河横贯，每日有轮船往来于城区及梅村、荡口之间，交通方便，与城市关系颇为密切。

一、人口和各阶层概况

全乡共有773户，3872人，其中成年男子1139人，女子1165人，儿童1568人。各阶层人口、户口情况如下表：

成份	户口		人口	
	数	百分比	数	百分比
地主	18	2.33	136	3.51
富农	42	5.43	272	7.03
中农	307	39.72	1532	39.57
贫农	320	41.40	1501	38.77

续表

成份	户口		人口	
	数	百分比	数	百分比
雇农	9	1.16	35	0.90
工人	9	1.16	42	1.08
商人	24	3.10	125	3.23
自由职业者	21	2.72	124	3.20
其他	23	2.98	105	2.71
合计	773	100.00	3872	100.00

该乡地主集中居住于坊前镇（在该乡中心），计有15户（占全乡地主总数的83.3%）。地主多为倪姓“大”族，祖辈即为大地主，因而封建势力比较浓厚，近数十年来渐已没落。在大革命时代地主阶级会受到当地农民运动猛烈的打击，从那时起，封建势力已较减弱。在敌伪时期，有所谓“五大亨”者（倪志成、倪祖型、冷佩裕、周炳生、华括环），曾勾结敌伪及反动帮会，压榨农民。但同时，在农村中已有我地下党员进行活动，发动拖租、抗租，地主阶级已不敢过分嚣张，并有分化的趋向；一部分地主以地租剥削所得，投资经营工商业，另有从事自由职业者7户，教员2户。

富农42户中有3户4人为产业工人，兼营商业及家中有人从事自由职业者14户。

农民因受长期的封建剥削，依靠土地收入不够维持生活，劳动力普遍过剩，到城市里做工的有53户，55人，其中一部分在获得固定职业后，以其小额土地出租于其他农民，如新民村有3户工人以自有7亩土地全部出租。另有以小量资本从事小摊贩和“跑单帮”的24户。出外当学徒、帮工、做苦力的，计36户。流为算命打卦及其他无固定职业者29户。此外该乡农民从事手工业副业生产很为普遍，达总户数的86.03%。

二、土地占有情况

该乡共占有土地4218.82亩，其中稻田2954.57亩，占全乡占有土地总数的70.03%；桑田655.35亩，占15.53%；荒地坟场422.16亩，占10.01%；屋基186.74亩，占4.43%。

各阶层占有土地情况，可由下表说明：

成份	户口		人口		占有土地		
	数	百分比	数	百分比	地亩数	占占有土地百分比	每人平均占有数
地主	18	2.33	136	3.51	732.09	17.35	5.38
富农	42	5.43	272	7.03	503.05	11.93	1.85
中农	307	39.72	1532	39.57	1861.87	44.13	1.22
贫农	320	41.40	1501	38.77	910.98	21.59	0.61

续表

成份	户口		人口		占有土地		
	数	百分比	数	百分比	地亩数	占占有土地百分比	每人平均占有数
雇农	9	1.16	35	0.90	0.46	0.01	0.01
工人	9	1.16	42	1.08	31.94	0.76	0.76
自由职业者	21	2.72	124	3.20	59.49	1.41	0.48
商人	24	3.10	125	3.23	63.13	1.50	0.51
其他	23	2.98	105	2.71	55.81	1.32	0.53
合计	773	100.00	3872	100.00	4218.82	100.00	1.09

该乡地少人多，每人平均占有土地数仅为1.09亩，但地主每人平均数在此数5倍左右。富农超过平均数0.76亩，中农稍超过平均数，自此以下，各阶层平均占有数均少于全乡平均数。

地主、富农共占有土地总数的29.28%，地主每户平均40.67亩，富农每户平均11.98亩。全乡以中农阶层占有土地最多，每户平均约6亩。该乡土地不很集中，大部分在每户5亩以下，每户占有25亩至100亩者仅9户。详细分配情况如下表：

项目	无地户	3亩以下	3亩至5亩	5亩至8亩	8亩至12亩	12亩至16亩	16亩至25亩	25亩至100亩	合计
户数	42	249	223	140	86	10	14	9	773
百分比	5.43	32.21	28.85	18.11	11.13	1.29	1.81	1.17	100.00

三、租佃关系

甲、佃田种类

该乡农民所租入土地大部分有永佃权，即有“田底”“田面”之分。此种土地，该乡称为“灰肥田”，或“老祖田”。形成这种租佃关系的原因是：

（一）借债抵押：农民向地主借债，必须以田单抵押（每亩可抵押四五石米，利息一般为年利二分，时间三年），若到期农民无力偿还，地主即取得该地的所有权，农民在经常交租的条件下取得永佃权。有时农民以田作抵，每亩可借得30元（战前），每年交租糙米1石，是为利租，若三年无力缴纳，本利合计和“田底”价格相等时，地主即行结田，取得“田底”权。

（二）出卖“田底”：农民因迫于生活，急需款项时，以“田底”权直接出卖于地主，每亩约值白米10石。

（三）垦荒：农民无代价为地主垦荒，至能生产后取得这土地的永佃权，每年缴租。但因此而获得永佃权的佃户，并不多见。该乡租入土地52%为“灰肥田”，其余租田称为“借田”，即“田底”“田面”权均属于地主，佃户无永佃权。

此外又有押田、典田，但仅极少数，全乡只有一二亩而已。

乙、租入土地

该乡共租入土地872.47亩，各阶级租入土地的详细情况见下表：

成份	租入土地亩数	占租入亩数之百分比	占本阶层使用土地百分比	有永佃权土地		无永佃权土地	
				亩数	占租入总数之百分比	亩数	占租入总数之百分比
地主	3.20	0.37	3.27	3.20	0.37	0	0
富农	44.90	5.14	9.50	38.00	4.35	6.90	0.79
中农	308.90	35.40	15.43	180.03	20.63	128.87	14.77
贫农	490.88	56.26	36.25	226.46	25.96	264.42	30.31
雇农	12.18	1.40	96.36	0.85	0.10	11.33	1.30
工人	1.56	0.18	5.89	1.30	0.15	0.26	0.03
自由职业者	1.99	0.23	5.42	1.99	0.23	0	0
商人	3.82	0.44	8.66	0.72	0.08	3.10	0.36
其他	5.04	0.58	18.32	1.60	0.18	3.44	0.39
合计	872.47	100.00	21.41	454.15	52.05	418.32	47.95

由上表可知，中、贫农租入土地为租入总数的91.66%，所以中、贫农为地租的主要负担者。而贫农租入土地又超过中农，占租入总数的半数以上。富农租入土地仅为总数的5.14%，为其使用土地的9.5%，富农所使用者绝大部分为自田。

贫农租入土地无永佃权的多于有永佃权的，占总无永佃权的租入土地的63.21%。富农租入土地大部分有永佃权，占其租入土地的84.63%。中农有永佃权土地占其租入土地的58.28%。

该项租入土地的业主以居住本乡者为多，外籍业主土地仅224.08亩，占总数的25.68%。按业主阶层划分，则63.92%的租入土地为地主所有，8.92%为富农所有，二者合计共占72.84%。兹将该乡租入土地业主成份统计如下：

成份	本乡		外籍		合计	
	亩数	占租入土地总数的百分比	亩数	占租入土地总数的百分比	亩数	占租入土地总数的百分比
地主	396.35	45.43	161.33	18.49	557.68	63.92
富农	49.14	5.63	28.72	3.29	77.86	8.92
中农	120.67	13.83	8.51	0.97	129.18	14.81
贫农	47.56	5.45	0.66	0.08	48.22	5.53
工人	0	0	2.33	0.27	2.33	0.27
自由职业者	11.38	1.31	2.54	0.29	13.92	1.59

续表

成份	本乡		外籍		合计	
	亩数	占租入土地总数的百分比	亩数	占租入土地总数的百分比	亩数	占租入土地总数的百分比
商人	19.79	2.27	13.99	1.60	33.78	3.87
祭(学)田	3.50	0.40	6.00	0.69	9.50	1.09
合计	648.39	74.32	224.08	25.68	872.47	100.00

丙、租出土地

在该乡所占有的4218.82亩土地中，共出租1016.94亩，占总占有土地的24.10％。其中以地主出租土地最多，占租出土地总数之62.67％；次为中农，占16.60％。此因该乡中农出外寻求工作，或从事摊贩、“单帮”者较多，各以小额土地出租。但从出租土地和占有土地比例来看，则中农租出土地仅占其占有土地的9.07％。富农的出租土地，虽然在数字上小于中农，但其租出土地与占有土地的比率大于中农，为14.96％。地主则以其占有土地的87.06％出租。此外自由职业者、商人各以其土地的 30％至 40％出租。

全乡共租出1016.94亩，而租入土地仅为872.47亩，即有144.47亩为外乡所使用。若在租入土地中除去向外乡业主租入数字，则本乡业主出租在本乡土地为648.39亩，因之本乡业主土地出租在外乡者共计366.55亩，占全部租出土地的36.24％。地主阶级出租在外乡的土地共计240.98亩，占其出租土地的37.81％。

各阶层出租土地详情如下表：

成份	租出土地	占租出土地总数的百分比	占本阶层占有土地的百分比
地主	637.33	62.67	87.06
富农	75.28	7.40	14.96
中农	168.84	16.60	9.07
贫农	47.56	4.68	5.22
工人	7.00	0.69	21.92
自由职业者	24.75	2.43	41.60
商人	22.84	2.25	36.18
祭(学)田	33.34	3.28	59.74
合计	1016.94	100.00	24.10

四、使用土地

该乡共使用土地4074.35亩，每人平均使用1.05亩。其中稻田2793.41亩，占68.6％；桑田654.16亩，占16.1％；其他坟场屋基626.78亩，占15.3％。

在全部使用土地中，中农使用部分最大，共占49.14％；次为贫农，占33.24％。富农虽仅使用总数的11.60％，但其每人平均使用土地数量占全乡第一位，计每人平均使用1.74亩，超过全乡每人平均使用数约 7 分左右，约为贫农每人平均使用数的一倍。中农每人平均使用数略高于全乡平均使用数，贫农则不足，佣农仅为全乡平均数的 1/3。

各阶层使用土地情况列表如下：

成份	使用土地亩数	占使用总亩数的百分比	每人平均使用亩数
地主	97.96	2.40	0.72
富农	472.67	11.60	1.74
中农	2001.93	49.14	1.31
贫农	1354.30	33.24	0.90
雇农	12.64	0.31	0.36
工人	26.50	0.65	0.63
自由职业者	36.73	0.90	0.30
商人	44.11	1.08	0.35
其他	27.51	0.68	0.26
合计	4074.35	100.00	1.05

该乡使用土地极为分散，每户使用土地在 6 亩以下者占总户数 75％以上，每户最高使用土地不到 25 亩，使用 16 至 25 亩者，仅 5 户。

项目	3 亩以下	3 亩至 6 亩	6 亩至 9 亩	9 亩至 13 亩	13 亩至 16 亩	16 亩至 25 亩	合计
户数	259	323	134	47	5	5	773
百分比	33.50	41.78	17.34	6.08	0.65	0.65	100.00

五、地租与地价

该乡租种无永佃权的“借田”的租额，普通每亩租米 8 斗至 1 石，最高达 1 石 3 斗。因无永佃权，地主可随时以退佃威胁，故佃户多不敢拖租。租种“灰肥田”的地租，在抗战前一般为每亩 1 石糙米，当时“田底”价格约每亩白米 10 石。在抗战时期，“灰肥田”租额普遍下降，自八折至六折。主要是因为当时农民受到敌伪重重剥削，生活更加困难，无力缴租；同时大地主逃亡在外，中小地主集居城市，无法直接逼租；并在我地下党发动下，农民多进行拖租。地主因收租不易，加上生活腐化，开支浩大，出卖土地者日益增加（如该乡地主倪祖堃在抗战时期内共出卖“田底”300余亩）。田底价格降至每亩三四石米。胜利后租额和抗战时期相仿佛。

六、副业生产

农民由于长期受到封建剥削，人多地少，土地使用分散，农业收入不足以维持生活，因而从事各种副业以补助生活者颇多，全乡计有665户，占总户数的86.03%。该乡副业生产，不仅在农村经济中起了很大作用，并且由于接近城市，不少副业（如砖坯、养蚕、绣花等）为城市工商业服务，对城市有着极大的依附性。

从事副业的阶层绝大部分为中农、贫农，地主仅有4户从事比较轻便的养蚕。从副业种类而言，以养蚕、做砖坯、种菜、绣花的人数较多。兹将各阶层从事各项副业的情况列表如下：

成份		地主	富农	中农	贫农	雇农	工人	自由职业者	商人	其他	总计
总户口		18	42	307	320	9	9	21	24	23	773
总人口		136	272	1532	1501	35	42	124	125	105	3872
养蚕	户口	4	36	237	165	0	0	2	4	2	450
	人口	4	36	237	165	0	0	2	5	2	451
拉丝棉	户口	0	1	4	1	0	0	0	0	0	6
	人口	0	2	7	3	0	0	0	0	0	12
砖坯	户口	0	0	21	14	1	0	0	0	0	36
	人口	0	0	26	20	1	0	0	0	0	47
裁缝	户口	0	2	21	16	0	0	0	0	0	39
	人口	0	2	21	16	0	0	0	0	0	39
绣花	户口	0	0	4	5	0	0	0	0	0	9
	人口	0	0	6	7	0	0	0	0	0	13
种菜	户口	0	4	18	20	1	0	0	0	0	43
	人口	0	4	23	22	1	0	0	0	0	50
木匠	户口	0	2	10	10	0	0	0	0	0	22
	人口	0	2	10	10	0	0	0	0	0	22
漆匠	户口	0	0	1	4	0	0	0	0	0	5
	人口	0	0	1	4	0	0	0	0	0	5
铜匠	户口	0	1	13	10	0	0	0	0	0	24
	人口	0	1	16	11	0	0	0	0	0	28

续表

成份		地主	富农	中农	贫农	雇农	工人	自由职业者	商人	其他	总计
其他	户口	0	6	38	53	1	0	1	2	0	101
	人口	0	11	39	56	1	0	2	2	0	111
总计	户口	4	52	367	298	3	0	3	6	2	735
	人口	4	58	386	314	3	0	4	7	2	778

注:从事副业总户数735户中因有重复,故与上文所述665户不符。

甲、养蚕

养蚕为该乡最普遍的副业，全乡养蚕户共有450户，为总户口数的58.21%。因养蚕只需轻便劳动，故以家庭妇女从事者较多。普遍每年养蚕两次，一次在春季谷雨前后，通常称为春蚕，一次在秋季立秋之后，称为秋蚕。春蚕饲养约需一个月，一张蚕种需桑叶8担左右。秋蚕时间较短，约20天，一张蚕种需桑叶6担。春蚕每张蚕种产茧最高55斤，普通为35斤。秋蚕最高产茧35斤，一般为30斤。

各户养蚕多少，依其使用桑田多少而定，桑叶大多自给，但亦有个别户因无人养蚕而专门出售桑叶的。

该乡共有桑田654亩，每户均有若干桑田。农民植桑情绪随茧价高低而定，如茧价战前每担四五石米，至抗战时期增至八九石米，农民增植桑树颇多，将高田改植桑树。解放后因外销减少，每担茧价减至2石米左右，农民多以桑田改种其他作物。普通桑树在种植三年后，才能采桑。新桑产量较丰，每亩可产30担梗叶，老桑仅20担至25担。桑叶产量与施肥多少有绝大关系，根据新十村调查，如不施肥，每亩仅产八九担春叶。在战前每亩约施人粪80担，胜利以后，农民经济困难，施肥已见减少。兹将各时期每亩桑田施肥和养蚕数量比较如下：

每亩桑田产量比较表

时期	全年工本		全年肥料		产叶担数	产蚕张数	产茧斤数
	人工数	折合白米(斗)	人粪(担)	折合白米(斗)			
抗战前	14	5.60	80	8	44	5.00	150
抗战时期	16	6.40	80	8	44	5.00	150
胜利后	14	5.60	60	6	40	4.50	130

该乡各阶层因使用桑田的多少，养蚕数量亦不相同，兹将各阶层养蚕数量统计如下：

成份		地主	富农	中农	贫农	雇农	商人	其他	合计
半张以内	户数	1	0	41	45	1	2	1	91
	张数	0.50	0	18.75	22.00	0.50	1.00	0.50	43.25
一张	户数	2	2	60	43	3	1	3	114
	张数	2	2	60	43	3	1	3	114
一张半至二张	户数	0	9	82	50	0	1	0	142
	张数	0	18	156	100	0	2	0	276
二张半至三张	户数	1	12	28	14	0	0	0	55
	张数	3.00	34.50	81.50	41.50	0	0	0	160.50
三张半至四张	户数	0	8	18	7	0	0	0	33
	张数	0	32.00	72.00	27.50	0	0	0	131.50
四张以上	户数	0	5	8	1	0	0	0	14
	张数	0	30	48	6	0	0	0	84
合计	户数	4	36	237	160	4	4	4	449
	百分比	0.89	8.02	52.79	35.63	0.89	0.89	0.89	100.00
	张数	5.50	116.50	436.25	240.00	3.50	4.00	3.50	809.25
	百分比	0.68	14.40	53.91	29.66	0.43	0.49	0.43	100.00

由上表可知，中、贫农养蚕数量占总数的83.57%，其他阶层，除富农占14.4%外，均在1%以下。

现在（1949年）各户养蚕张数最多的仅六张，一般在二张以下。在抗战前，该乡养蚕户中最多的户养蚕达十张左右，一般在五六张。至胜利后，已减退至三五张，现在则更见减少。即使以现在养蚕809张计算，该乡产茧仍有2万余斤（以每张产茧20至30斤计算）。

丝茧的出售，过去由商人所办的茧行收购，该乡在最盛时有茧行3家，现仅存一家。

养蚕收入多少，一般不易统计，须视蚕茧产量多少，以及售价高低而定。如按1949年茧价每担合米2石4斗计算，秋季每亩桑田采桑12担，养蚕一张半，收茧45斤，折米1石1斗2升，除去茧种、桑田人工和肥料折米4斗后，可得纯收入7斗2升，而养蚕人工并未计算在内。

乙、制砖坯

无锡的砖瓦业，据说开始于明朝初年。至1926至1927年间最盛，当时全县有大小砖窑108只，一年至少产砖五六千万块。一般窑户必需依靠近郊农民供应砖坯，因而郊区农民亦以此为主要副业之一。过去从事该项副业的人数颇多，近因窑户不求改进，成本高，出品慢，用户均改用嘉善下甸庙所产之砖，青城、盛泽所产之瓦，无锡窑业生产砖转而减少，现仅存窑户93户，农民制造砖坯亦因而受到影响，现该乡共有47人从事该项副业。

砖坯价格，在抗战前每万块值米2石半至3石。做砖坯的成本，除人工外，须备置泥、柴草及木制模型，平均1万块砖坯成本约米1石。

做砖坯时期，上半年从三月开始到割麦，下半年从立秋到割稻时节，全年共做4个月。制造时先用脚将泥踏熟，再用模型制成砖坯，然后晒干。一般每人每天能做六七百块，熟手可做八九百块。

制成后，大多由船商运往窑户，代运1万块扣500至800块作为运费，但船商往往压低价格，从中剥削。

丙、拉丝绵

在战前以及抗战时期中，由于丝价较好，该乡以拉丝绵为副业者颇多，现尚存有16人。拉户因资本不足（大多仅米1石），产量很少。并且拉成后，必须送到城里经商贩转售，价格完全为商贩操纵，又须接受远期支票，在物价波动时期，拉户损失颇大。

普通拉户需购置茧30斤（现折米1石），草66斤（折米4升），碱2斤（折米1升），耗时102小时，可拉成丝绵10斤。出售后，可净赚米6升3。

又有客户自备蚕茧，拉户代拉，但仅限于亲友，以每担蚕茧拉成34斤丝绵，交出28斤，6斤用作拉户工资。

丁、绣花

该乡现从事绣花者计13人，全为年轻妇女。经营方法为每村有一人负责，从城中取来原料分配各户。每绣16副枕头，或八幅床沿布可得布8尺，或绣鞋面、小孩围袋两个可得米1升，如绣神袍，工价较高。过去一般家庭妇女绣花所得，每年穿着可以解决，或可维持个人三四个月生活。近年来因销路不畅，从事绣花者亦见减少。

戊、卖菜

该乡以卖菜为副业者共有50人，大部份是利用桑田在冬季种菜，生产后售于城里菜行。往年种菜所得可解决年底及春二三月的生活。

1950年1月调查

无锡县堰桥乡农村概况

堰桥乡在国民党反动政府时代为一大乡，包括今之胶南、堰桥、刘仓等3个乡，以堰桥镇为中心，全乡计19个保，3218户，15 825人，17 600亩土地，每人平均有土地1.11亩。该乡北距江阴30余里，南离无锡20里，为无锡北部较大集镇之一，横跨锡澄公路，交通便利，有汽车、轮船往来于锡澄之间，文化教育发达，庄村稠密，政治经济情况较为复杂。

一、经济情况

在土地问题上：地主占有大量土地，公田普遍而多，如慈善田、祠堂田、庙田、学田、救火会田等，大多为地主、富农阶级所掌握。根据9个村不完全的调查，其情况为：

堰桥镇：共有451户，2225人，2593亩6分土地，其中有地主、富农15户，占有土地717亩及公田595亩；与420户贫农、中农等占有土地1228亩相较，地主、富农以3.3%的户数，占有50.6%的土地。

村前村：地主以5.96%的户数，占有全村81.91%的土地，而占户数90%以上的雇农、贫农、中农，及其他劳动人民仅占有10%的土地。这是占有土地比较集中的一种情况。

村前村农村各阶级（层）占有土地情况如下表：

堰桥乡村前村各阶层土地占有情况表

成份	户数	人口	占有土地亩数	占总数之百分比			每人平均占有土地亩数
				户数	人口	占有土地	
地主	18	83	1205.816	5.960	5.620	81.910	14.528
富农	4	27	19.600	1.330	1.830	1.330	0.726
中农	63	309	95.600	20.860	20.940	6.490	0.309
贫农	119	545	31.900	39.400	36.920	2.170	0.059
雇农	4	21	0	1.330	1.420	0	0
工人	83	453	19.700	27.480	30.690	1.340	0.043
自由职业者	10	37	97.587	3.310	2.510	6.630	2.637
其他	1	1	2.000	0.330	0.070	0.130	2.000
总计	302	1476	1472.203	100.000	100.000	100.000	0.997

另外一种情况，是占有土地比较分散的庄子，有少数小地主，占有10亩至30亩左右的土地，占全村总土地的比例较小。农民多佃种本乡内大地主出租在本村的土地，如六堡、山下、高田上等村皆如此。

全乡每人平均占有土地，一般为7分至1亩3分上下，个别多的为1亩5分左右。

租佃关系复杂，租佃耕种的土地约占全乡总耕地的60%至70%，以习惯的称法约有如下几种租佃形式：

甲、永佃田

通称灰肥田，一般占有数量较多，多的约占总耕地50%上下，少的也在30%左右。此种土地业主有所有权，佃户有使用权（田面永佃权），地租租额一般较低，每亩2斗、3斗、5斗不等。如遇年岁荒歉还可酌减租额。

乙、暂佃权

通称借田，系借种性的租田，在租田土地中，为数不多，均占总耕地数的10%左右。地租租额较高，每亩在5斗至1石左右，业主随时可以增加租额或抽佃，农民很少能够减租或拖欠租粮。

丙、转佃田

通称“盖头地”，佃户向地主“盖头”（田面业主），两面交租，租额很高，剥削极残酷，一般每亩租额在7斗至1石左右，在租佃土地中占有数量极少。

丁、分租田

一般是对半分，由业主出肥料，其他各项全由佃户负担。此种租制的田为数亦微。

戊、押田

因借贷关系，负担农户无法清偿债务，以田抵押与债主，称为租佃关系，佃户按期向其交租。实带有高利贷性质的地租剥削，此种土地数量极少。

根据胡家渡、六堡村两村的调查，自耕田与租田占有的比例情况如下表：

（一）胡家渡村租佃情况表

田别	亩数	占全村土地百分比
自耕田	279.210	24.880
永佃田	592.230	52.780
出租田	101.350	9.030
借田	149.270	13.310
全村土地	1122.060	100.00

注：该村共有土地1122.06亩。

（二）六堡村土地租佃情况表

田别	亩数	占全村土地百分比
租田	353.138	58.800
借田	50.035	8.300
自耕田	197.787	32.900
全村土地	600.960	100.00

租佃关系上的另一特点：租佃关系所涉及的范围很广，不单包括了地主与农民的关系（这是主要的部分），也包括一部分工商业者、自由职业者、独立劳动者、鳏、寡、孤、独、缺乏劳动力而出租少量土地者与农民的关系。由此也形成了农村阶级关系的复杂性。地主土地出租的范围也很广，往往一户地主的土地分散出租给许多村庄、许多农民；一户农民也往往种有几户业主的土地，如六堡村农民佃种的土地400亩，业主即有40多家。

该乡土地瞒报的情形很普遍，而且数量巨大。土地越多者瞒报土地的数量也越大。地主阶级在旧政权的包庇之下（大多地主本身也就是过去的统治者），黑地之多，尤为惊人。根据春季借粮工作及夏征中所发现的材料，堰桥镇被检举补报的地主共3户，一户由百亩补报到300亩，一户由50亩补报到130亩，一户由40亩补报到60亩。村前村一户被检举瞒报土地的地主，由30亩补到200亩。六堡村原来土地460亩，经夏征中动员补报登记，土地亩数已达600.96亩，由此可见土地瞒报之多。

计算土地面积亦无统一标准，一般计算土地面积的方法有二：一是以弓尺丈量的土地，称“金粮田”或称“实粮亩”；计算法为5尺一弓，240弓为一亩，一般皆用此法。另一方法是“号称亩”，也叫“口号田”，如有的在契约上书名某块田“多少租米”或“多少稻草个子”，这种“多少租米”或“多少稻草个子”，也可能代表8分，也可能代表1亩。

土地质量原有高、低、平、荡之分：反动政府在征收田赋时，将低荡田折成平田计算，这种折合，在旧的政权统治之下，以多报少，以好报孬等情形极普遍，有钱有势者占便宜，一般农民群众吃亏甚大。再加上雨水的冲积，地形的变化，戽水机的使用，事实上所谓高、低、平、荡等土地身位的差别已起很大的变化，地主的田因生产工具的改良，一般多变成好田，而田赋照旧，这样，地主更占便宜了。

全乡种植以稻为主，麦为次。稻、麦一般为六与四之比，个别村庄稻占十分之八九，麦子极少，小部分土地也种植黄豆等杂粮。

农村副业发达：以养蚕为主，种园、养鱼为次。养蚕户一般占总户数的75%左右。胡家渡村的调查：养蚕户占总户数的86.8%，总人口的90.8%。桑田占全村土地总和的24%强。农村与城市工商业关系很密切，外出经商及做工的人较多。大的村庄均有三五个小商店、理发铺等。全乡约计有手工工人、机器工人、学徒等千人左右。地主大多兼营工商业，或家中有人从事自由职业。农民大多兼营农村副业，部分出外做工或从事手工业。根据西高里村调查，外出做工及自由职业者等计有165人，占全村总人数的10%强，占全村124户的6.6%强。

农村有较进步的生产工具，全乡计有戽水机30余部，成为农村水稻生产的主要工具，可戽水灌溉土地，也可以碾米。但戽水机多为地主、商人所占有，变成为剥削的工具，水费很重，贫苦农民很难“戽得起水”。戽水机主及“水头”（即经纪人）对农民的剥削，一般是戽水机主包一部分土地戽水，水价很贵，“水头”又从中进行渔利。根据六堡村的调查，戽水机主承包田380亩，每亩工钱即要1斗米，35斤麦子。“水头”从中每亩田要得麦子5斤。此外，尚净得60亩的水费。这样，戽水机主所得者，实际为320亩，其余60亩及每亩的5斤麦子，总共4600斤的粮食，便为“水头”从中剥削去了。牛、驴等耕畜为数极少，某些村庄间或有一二头。

农村中除封建的地租剥削外，普遍的存在高利贷剥削。根据横排圩村的调查，除去冬今春被地主追缴去的债利外，目前欠债户计有17家，尚欠有大米162石6斗，放债者主要是地主、富农及工商业者以及高利贷者（他集中向债主借出，分散放债给各借户，从中进行高利盘剥）。放债户中也有少数是偶有积蓄的中农、工人等。借贷利息一般很高，多为五分利，随物价上涨而本利亦上涨，有每星期30％的利者，也有所谓“一粒半”利者。

该乡出产是丰富的，号称鱼米之乡。但在地主的剥削下，农民的生活仍然是贫苦的，吃南瓜等的很普遍。该乡农民生活主要靠农业，由于地租、债利、商业资本的剥削，大多必须靠经营部分副业或靠做小商贩或做工，以补土地收入之不足。

城乡关系密切：一、农产商品化的程度较高，如稻米、茧子、麦子等，多在收获后向城市去出售，许多手工业制造品靠城市工业加工。二、城市工商业经济势力伸展到农村，乡村一个很小的理发馆、粮行、茧行，均为城市同业公会所掌握。农村中的手工业、小型厂坊等对城市工商业的依附关系极密切。遭受帝国主义经济的影响也较大。城市市场的波动很容易影响到农村。三、由于该乡接近城市，工商业比较发达，人多地少，农村劳动力有剩余等原因，也就使得农村人口向城市移动；有些农民因土地不足，剥削沉重，无以为生而流入城市作小贩、苦力等。农业不如商业利润来得快和容易，地主阶级多以封建地租剥削之所得，从事工商业。同时，由于该地区工商业及文化事业较发达，该乡有不少人从事自由职业，如当职员，当中、小学教员等。农民中在工厂作工的亦有相当数量，工人和农民有着密切的联系。

二、政治情况

经济情况的复杂性，反映在政治情况上也是比较复杂的，表现在如下几个方面：

甲、反革命势力长期统治，基础较雄厚，反动党、团、特的组织在乡保人员及公教人员中较普遍，其中除少数主要分子，决心与人民为敌外，有一部分是混饭吃、挂牌子、撞门面的，也有因躲避征兵而参加三青团组织的。该乡有整套的“保甲制度”，解放后这些旧的保甲人员，一般都是敷衍塞责，应付公事，最坏者表现为继续破坏法令，抵抗合理负担政策，不交借粮，徇私舞弊，将地主的负担转嫁到农民头上，威胁积极分子等。其具体情形不同，可分如下几类：一类是村保中的封建代表人物，纵揽经济政治大权，从各个方面敲诈鱼肉人民，为广大群众所痛恨。一类是封建地主的狗腿子，完全为地主掌握，对政府则声称“凡事有命令则办；没有命令则不办”。一类是出身成份较好，但作了一个时期的伪保长，稍有贪污，对群众态度不够好，也为群众所不满。一类是封建地主阶级的替身，在解放前上台不久的伪保长，对工作是消极对抗，夏征中抗不缴粮。一类是对群众小恩小惠，尚无显著恶迹，对政府则表面应付，实际却是当地的统治者。

该乡道门、帮会较多，先天道组织较普遍，并与帮会取有联系，最多时有310人左右，会众有远在数村、数乡，以至更大范围以内者。大刀会目前已不存在，在抗战期间此种组织较普遍，堰桥附近村庄一般青壮年参加者较多，当时曾进行过反封建地主恶霸的斗争，至今农民中还留有一种印象，以参加当时的大刀会引为光荣。此外靠白浪圩运河、江阴一线，土匪经常流窜骚扰。

该乡地主阶级及农村中的一些上层分子，文化程度较高，较狡猾，善于钻空子，对国民党反动派存在较浓厚的“正统”观念。

其次，该乡庄与庄，一庄之内东头与西头，特别是大姓之间，普遍存在有历史性的宗派斗争，多为封建统治分子所掌握。

乙、该乡有革命传统：从1927年（即第一次国内革命战争时）我党即开始领导此地的农民革命运动，向土豪恶霸展开斗争。当时主要口号是“打土豪、分田地”，以后则是“大斗变小斗”“减租”等，在六保、村前、胡家渡尚有当时参加革命斗争的农民。由于抗日战争中革命斗争的影响，该乡与老区仅一江之隔，受老区革命的影响亦较大。北撤后地下党坚持斗争的影响，开展过“抗丁”“抗税”“抗租”的三抗斗争，组织过一个保的保家队，发展了3个党员，因而农民的革命斗争性是强的。

丙、由于经济政治条件的不同，地主与农民之间的关系，也存在一定的特点：地主一般在采取了残酷的剥削压榨之后，逐渐转变为以更狡猾的方法来对付农民。曾采取过结合反动政权，用“追租所”，结合土匪，用“土匪催租”等方法来鱼肉人民。后来由于革命影响的扩大，农民斗争经验的丰富，加之部分地主转向工商业，地主对地租的追索表面上逐渐地转为缓和了；近数年来，佃户可以“欠旧租，还新租”，“废旧租，还新租”，“交多欠少”等，缴不足地租的现象也较普遍，也可以根据年成的好坏，每年临时规定租额，租额有一定的伸缩性了。

上述情况绝不是地主阶级的仁慈，也不是地主阶级的剥削不残酷，而是农民革命斗争的结果。农民的生活是痛苦的，此地有一首民谣说得好：“镇长讨小老婆，保长吃鱼吃肉，甲长推五推六，老百姓嚎啕大哭。”这可说明在反动的政治经济制度的统治下，农民的生活是如何的困苦了。

编者注：该材料系1949年9月该地解放不久时的调查，内容尚不够全面、具体，但可窥见该地区之一般情况。

武进县梅港乡农村情况调查

一、概况

该乡共有15个保，只调查一、二、三、七等4个保，共计851户，4054人，使用土地（自耕田加佃入田）4964.27亩。其中第一保是一个小镇，叫塘桥镇。

该地区主要种稻，常年产量每亩能收2石大米，8斗小麦，一个人有1亩半自田，即可维持最低生活；但纯种租田，要2亩到3亩；假使自己有7分到1亩，再加种1亩到1亩半租田，也可维持最低生活。

贫苦中农及贫、雇农等，由于土地不够种，往往从事副业生产，如养蚕（主要副业）、养猪、捉鱼、做手工业、做小生意及出卖短工劳力等以补生活之不足。

贫、雇农大多仅有少数土地，又无足够农具，不够维持生活，故有一小部分贫雇农索性典、卖或出租自己的土地，另谋出路。

灌溉方面多数包给戽水商用机器戽水（每亩包工3斗米至4斗米），故各阶层均缺乏水车。耕田仍以牛犁为主，在三保264户中只有耕牛9条，且均系为中农以上所有和使用，贫苦中农以下，就只能用锄头翻土，故生产较困难。

肥料用猪灰粪，一只猪的灰粪可垩田6亩。贫农中有70%养不起猪，只好用河泥及少许豆饼垩田，其余30%的贫农、大部中农、全部地主及富农都养猪，每户至少养1只，不但粪可垩田，而且猪肉还可留到过年吃。经济困难的及养得较多的则可出卖，换取粮食以维持生活。

二、土地问题

甲、纯以土地为主要生活来源的各阶层土地占有及使用土地的情况有如下表：

各阶层土地占有及使用情况统计表

成份	户数	占百分比	人口	占有土地数		出租数	佃入数	使用土地	
				亩数	每人平均占有数			亩数	每人平均使用数
地主	9	1.24	50	357.07	7.14	290.56	0	66.51	1.33
富农	43	5.92	227	791.05	3.48	231.16	8	567.89	2.50
中农	319	43.94	1395	2362.89	1.69	287.63	280.04	2355.30	1.69
贫农	329	45.32	1545	1215.38	0.79	74.50	491.42	1632.30	1.06
雇农	23	3.17	73	8.89	0.12	0	46.01	54.90	0.75
祠堂	—	—	—	43.55	—	37.30	—	6.25	—

续表

成份	户数	占百分比	人口	占有土地数		出租数	佃入数	使用土地	
				亩数	每人平均占有数			亩数	每人平均使用数
其他	3	0.41	13	0	0	0	0	0	0
合计	726	100.00	3303	4778.83	1.45	921.15	825.47	4683.15	1.42

乙、不以土地为主要生活来源的各阶层土地占有及使用情况如下表：

一保塘桥镇中不依土地为主要生活之各阶层土地占有及使用表

成份	户数	百分比	人口	占有土地		出租田	佃入田	使用土地		
				亩数	每人平均			亩数	每人平均使用	百分比
产业工人	4	3.20	30	15.76	0.53	3.00	4.40	17.16	0.57	6.10
手工业者	11	8.80	64	11.15	0.17	1.70	9.80	19.25	0.30	6.85
贫农	28	22.40	126	26.23	0.21	8.20	4.60	22.63	0.18	8.05
独立劳动者	7	5.60	44	18.40	0.42	2.00	4.10	20.50	0.47	7.29
职员	9	7.20	65	17.73	0.27	13.50	5.60	9.83	0.15	3.50
自由职业者	10	8.00	81	28.20	0.35	14.00	0	14.20	0.18	5.05
小商人	42	33.60	250	211.37	0.85	71.70	6.03	145.70	0.58	51.83
其他	14	11.20	91	41.65	0.46	12.70	2.90	31.85	0.35	11.33
合计	125	100.00	751	370.49	0.49	126.80	37.43	281.12	0.37	100.00

注：其他项内系指该镇十四户不务正业的游民。

说明：

（一）四个保的土地分布，可综合统计，但第一保的塘桥镇中有125户，751人是不以农业为主要生活的，其余109户，592人专以农业为主要生活或出租土地过剥削生活的，所以分别统计。

（二）这个小镇上的游民，14户中就有10户是专门放黑债的，并且勾结反动区长开设赌场，致使镇上及农村中的好赌分子，往往倾家荡产在他们手中。

（三）镇上原有粮行16家，现因营业不振，资本短少，已关门4家。过去各保农民均会向这许多粮行借过高利贷。所以此种粮行的高利贷剥削，也是造成农民穷困的因素之一。

（四）镇上的地主和商人，在各保的土地，共502.76亩，占全部租田1038.55亩的1/2，占纯农户出租田907.15亩的1/2以上，由此可知，土地虽不集中，而农民佃田来源，属于这一镇上者却很多。

（五）这个小镇，基本上是农村性的集镇，与农村关系很密切。

三、租田情况（三、七两保）

甲、业主方面

（一）没有大地主，土地不十分集中。

（二）根据三、七两个保调查，出租土地者除地主外，富农有小量土地出租，有些中、贫农也出租土地，其原因：中农有因自己的土地离家远，租出后再租进田的；有因劳力不够，只能出租的；有因从事小工商业而出租。贫农多系因土地太少，农业生产不能维持生活而出租土地，专门从事做工来维持生活。

（三）租额一般的稻田每亩大米1石，小麦3斗；旱田每亩大米6斗，小麦2斗。租额最高的，稻田每亩大米1石到1石3斗，小麦3斗到4斗；旱田每亩大米7斗，小麦2斗5升。现将七保租额情况，调查如下：

七保各阶层出租土地及租额调查表

成份	户数	出租田亩数			每亩稻田租额			每亩旱田租额		
		稻田	旱田	合计	大米	小麦	户数	大米	小麦	户数
地主	1	3.82	0	3.82	1.00	0.30	1	—	—	—
富农	12	37.40	3.90	41.30	1.50	0.35	1	—	—	—
					1.30	0.40	1			
					1.20	0.30	1			
					1.20	0.32	3			
					1.10	0.30	2			
					1.00	0.30	4			
中农	14	20.50	5.30	25.80	1.10	0.30	2	—	—	—
					1.00	0.30	12			
贫农	8	10.50	5.45	15.95	1.00	0.30	70	0.70	—	1
祠庵	1	11.10	0.50	11.60	1.00	0.30	1	—	—	—

注:租额单位为石。

乙、佃户方面

（一）人多自田少，土地不够种。

（二）贫、雇农所承种的租田的租额，大多稍高于中农和其他各阶层的租额。这从下面调查表中可以看出：

贫农与中农所承种租田的租额比较表

成份	户数	每亩稻田租额			每亩旱田租额		
		大米	小麦	户数	大米	小麦	户数
贫雇农	34	1.00	0.30	15	0.70	0.25	9
		0.80	0.22	1	0.60	0.20	7
		1.00	0.25	15	—	—	—
		0.70	0.25	3	—	—	—
中农	12	1.00	0.25	3	0.60	0.20	1
		1.00	0.30	8	—	—	—

注:租额单位以石计算。

（三）三、七两保共有贫、雇农232户，1100人，自耕地832.91亩（包括出租田40.05亩），如以最低生活所需计算（一般租田自田合计2亩一人，就可勉强维持生活），尚需租进田1367.09亩，但在贫、雇农中间只有105户租种到252.18亩租田，其余127户，一户也租不到，因此，只有出卖短工劳力或从事副业生产。现其中已有90余人离开土地（占全部贫农的8.5%），另谋生活。

四、负担问题

国民党反动派统治时期苛捐杂税的繁多这是人所共知的，其对农村的剥削尤其残酷，现将二保调查所得，列表说明如下：

二保各阶层负担情况调查表

项目		佃农	贫农	中农	地主富农
负担户	户数	2	38	73	11
	人口	5	175	317	67
	田亩	1.580	146.640	450.667	268.280
苛捐名称	看夜费	0.080	0.650	1.870	0.280
	自卫捐	—	0.930	2.130	0.270
	鞋子费	—	0.350	0.680	0.180
	棉费	—	0.310	0.810	0.190
	猪肉捐	0.008	0.260	0.714	0.275
	电杆捐	0.040	0.280	1.544	0.720
	开河费	0.010	0.260	0.585	0.135
	按田壮丁捐	0.120	7.862	25.884	9.396
	按丁壮丁捐	1.600	12.900	27.650	3.150
	军草折米	0.060	1.600	5.749	3.372

续表

项目	佃农	贫农	中农	地主富农
合计	1.918	25.402	67.616	17.968
平均每人负担	0.384	0.145	0.213	0.268
每亩平均负担	1.214	0.173	0.150	0.067
各阶层负担百分比	1.700	22.500	59.890	15.910

注：各项捐费折米以石为单位。

说明：

（一）该保苛捐杂税负担，一般以自田（包括自耕田与出租田）摊派计算，惟壮丁捐，家有适龄壮丁还要出特别捐。

（二）田赋负担未计在表内。此保田赋在粮串上只写稻子32斤半一亩，而实收40斤，借口蚀耗费或说稻不好轧米要蚀耗及伪乡长办公费、收粮的与送粮的车船费等理由多收7斤半，额外剥削农民。

（三）一般负担比较：去年（1948年）收获量因发生白梢而减少正常收获量的1/4，故一般每亩产大米1.5石，小麦8斗（折合大米约0.56石），人工、种子、肥料等资本不除，每亩总收入折合大米2.06石。各队负担以田赋（40斤稻折合大米1斗7升）加苛捐杂税计算，则雇农每亩负担占每亩总收入的67.18%，贫农为16.66%，中农为15.53%，地主富农为11.5%，负担最少。

（四）该保负担之极不合理，亦可从每亩负担数上来看。捐税名义上按自田摊派，实际上地主与伪保甲人员勾结，而将负担加到贫农、中农身上。例如以看夜费、自卫费两项而言，地主富农的田亩占总数的30.94%，而所出的看夜费、自卫费仅占该两项捐税的9.7%与8.11%而已，而贫农其自田仅占总田亩中的16.91%，却要出22.57%与27.93%；中农的自田占总田亩的51.97%，而出该两项苛捐数占64.93%与63.96%。从每亩负担平均数看，地主富农每亩仅负担0.0669石；而贫农每亩负担0. 1732石；中农每亩负担0.15石。由此可见地主富农负担仅及中农贫农的1/2到1/3。

五、债务情况

债主情况及数量可见下表。

三、七两保债主统计表

成份		富农	中农	贫农	祠堂	粮行	商店	其他	总计
在本保	户数	8	21	8	8	—	—	0	45
	放粮数	38.10	79.70	16.60	62.60	—	—	0	197.00
在外地	户数	2	5	0	0	20	2	27	56
	放粮数	2.20	40.50	0	0	105.00	5.00	152.91	306.56

续表

成份		富农	中农	贫农	祠堂	粮行	商店	其他	总计
合计	户数	10	26	8	8	20	2	27	101
	放粮数	40.3	120.20	16.60	62.60	105.00	5.00	152.91	503.56

注:单位为石米

说明:

（一）贫农及中农放债的原因：有的从地主富农那儿借来的债未到期还，又还不掉，又不敢乱用，只能转放给别人，等于替地主富农放债；有的是稍有积蓄或因卖东西所得的钱，在未到需用时先放出去，等于储蓄，不是专为剥削的。

（二）中农中也有借债放债的，也有是富裕中农放债的。

（三）富农及祠堂放债是平常的事。

（四）粮行放债，主要是以生意方式，进行高利贷剥削。其资金大多是系地主、富农的存款及粮食，粮行即以此放给农民谋取重利。

（五）利率共分三种：一种是年利加成，如一般祠堂及中农、富农等放债大多是年利二分到四分；一种是米麦轮翻打转，如粮行的放债，即春天借米，到麦收后折麦，秋收后再折米，往往借 1 担米，一年不到即变成两三担米，故剥削很重；一种是黑利，主要是放给赌徒，一星期一个对转（即加一倍），本生利，利变本，转加剥削极重。

三、七两保借债户统计表

成份		富农	中农	贫农	雇农	合计
借债户	户数	3	53	80	3	139
	人口	11	214	327	13	565
借粮数		28.35	333.50	406.90	11.20	779.95
本阶层总人数		144	815	1022	58	2039
借债户人口占本阶层总人数百分比		7.60	26.00	32.00	22.40	27.00

注:借米数以石为单位。

说明:

（一）借债时期多在 1947 年以后至解放前。

（二）借债原因：主要是由于国民党反动政府的压榨，特别是借债交壮丁米，其次是 1948 年的农业收成减少，只有七五成，不够维持生活。

（三）债务利息不得拖欠，故有些贫苦债户，往往因还不起本息而卖田给债主，否则即借债还债，永远欠债。

1949 年 6 月调查

松江县新农乡农村情况调查

一、概述

新农乡属松江县泗泾区，全乡辖有 8 个行政村，808 户，3430 人，共有使用土地 14 244.745亩，内分自耕田3394.315亩，佃入田10 850.43亩，全乡有出租田1571.178亩，其中一部分出租与外乡农民。

二、土地情况

甲、该乡土地占有较集中，有租佃关系的土地比例较大。该乡佃入田占全乡使用土地 76.17%，而自耕田只占23.83%。地主平均每人占有土地 13 亩零 5 厘 4，富农平均每人占有 5 亩零 8 厘，中农平均每人占有 1 亩 4 分 7 厘 7，而贫农平均每人仅占有 3 分 6 厘 3；地主平均每人使用土地 7 亩零 1 厘，富农平均每人使用 7 亩 2 分 3 厘 3，中农平均每人使用 5 亩 3 分 2，而贫农平均每人仅使用 3 亩零 4 厘 5，如将全乡土地按人口平均分摊，每人应得 4 亩 1 分 5 厘。

松江县新农乡土地情况调查统计表

成份		地主	富农	中农	贫农	雇农	自由职业者	宗教职业者	手工业者	小商贩	其他	合计
户口	户数	21	40	288	396	49	2	3	5	1	3	808
	百分比	2.60	4.95	35.64	49.01	6.07	0.25	0.37	0.62	0.12	0.37	100.00
人口	人数	104	203	1325	1631	138	5	4	11	4	5	3430
	百分比	3.03	5.91	38.63	47.55	4.02	0.15	0.12	0.32	0.12	0.15	100.00
占有土地	占有土地数	1357.590	1031.279	1958.059	591.431	1.500	0	4.150	1.984	19.500	0	4965.493
	占有土地百分比	27.34	20.77	39.44	11.91	0.03	0	0.08	0.04	0.39	0	100.00
	每人平均亩数	13.054	5.080	1.478	0.363	0.011	0	1.038	0.180	4.875	0	1.448
自耕田		556.202	631.051	1607.867	572.061	1.500	0	4.150	1.984	19.500	0	3394.315
佃入田		173.234	837.434	5442.416	4395.346	2.000	0	0	0	0	0	10 850.430
出租田		801.388	400.228	350.192	19.370	0	0	0	0	0	0	1571.178
使用土地	使用土地数	729.436	1468.485	7050.283	4967.407	3.500	0	4.150	1.984	19.500	0	14 244.745
	占使用土地数百分比	5.12	10.31	49.49	34.87	0.03	0	0.03	0.01	0.14	0	100.00
	每人平均亩数	7.014	7.234	5.321	3.046	0.025	0	1.038	0.180	4.875	0	4.153

1.表中统计数字有 4 个村(潭家村、张家村、张施村、姚家村)系根据实际田亩数计算,另 4 个村系根据户并册后的田亩册统计。
2.2 户自由职业者系教员。
3.其他项目系 3 户游民。

松江县新农乡四个村佃入田田底权占有情况表

项目		户数	占有田底权亩数	占总百分比
地主	地主	164	3098.642	64.58
	地主兼工商业者	46	546.68	11.39
	地主兼自由职业者	9	102.973	2.15
	合计	219	3748.295	78.12
富农		31	201.625	4.20
中农		58	284.517	5.93
贫农		16	58.461	1.22
工人		2	5.666	0.12
小贩		5	7.786	2.04
工商业者		7	62.822	1.31
自由职业者		8	90.708	1.89
公产		8	135.576	2.82
其他		28	112.75	2.35
合计		392	4798.206	100.00
备注		表中系该乡张家村、姚家村、王家村、长浜村等4个村的统计。表中“其他”一项是指不明地主所占有的佃入田田底权。		

乙、从表二中，可以看出该乡4个村的佃入田的“田底”权大部为地主占有。地主占有佃入田“田底”权的78.12%，富农占有4.20%，中农占有5.93%，贫农占有1.22%。

丙、该乡的大中地主多居住在附近的城镇，部分兼营工商业，小地主多居住在乡里。

松江县新农乡姚家村王家村佃入田田底业主住址分析情况表

住址		本乡	外乡	泗泾镇	松江城	外县	上海市	合计
地主	户数	3	2	15	26	2	29	77
	百分比	3.89	2.60	19.48	33.77	2.60	37.66	100
	亩数	37.010	43.031	153.035	564.46	13.17	957.208	1767.914
	百分比	2.09	2.43	8.66	31.93	0.75	54.14	100.00
地主兼工商业者	户数	0	0	7	2	0	1	10
	百分比	0	0	70.00	20.00	0	10.00	100.00
	亩数	0	0	83.187	10.042	0	9.345	102.574
	百分比	0	0	81.10	9.79	0	9.11	100.00

续表

住址		本乡	外乡	泗泾镇	松江城	外县	上海市	合计
富农	户数	3	4	0	0	0	0	7
	亩数	40.107	26.826	0	0	0	0	66.933
中农	户数	9	5	0	0	0	0	14
	亩数	34.020	21.048	0	0	0	0	55.068
贫农	户数	3	0	0	0	0	0	3
	亩数	17.770	0	0	0	0	0	17.770
工人	户数	0	0	1	0	0	0	1
	亩数	0	0	3.390	0	0	0	3.390
小商贩	户数	0	0	8	0	0	3	11
	亩数	0	0	51.575	0	0	27.891	79.466
自由职业者	户数	0	0	0	1	0	1	2
	亩数	0	0	0	18.183	0	18.796	36.979
公学田	户数	0	0	0	3	0	0	3
	亩数	0	0	0	57.880	0	0	57.880
不明者	户数	0	0	4	4	0	8	16
	亩数	0	0	17.708	12.705	0	31.091	61.504
合计	户数	18	11	35	36	2	42	144
	百分比	12.50	7.64	24.30	25.00	1.39	29.17	100.00
	亩数	128.907	90.905	308.895	663.270	13.17	1044.331	2249.478
	百分比	5.73	4.04	13.73	29.49	0.59	46.42	100.00

三、租佃关系

甲、“田面”权与“田底”权

该乡大部分土地，有“田面”权与“田底”权之分，“田面”权即永佃权，为农民所有，即农民对土地有长期的使用权；“田底”权为地主所有，即地主有所有权。另一部分土地，“田底”“田面”为一个业主所有，地主占有这种土地，可以定期抽佃，向其他农民招租，农民中有为生活所迫或无地可种的，即出高价来承租，每年需交召租。

农民占有“田面”权的土地，每年仍须向地主交大租，但“田面”权可以自由出租、出典或出卖。地主中亦有将自田的“田面”权出卖给农民者，卖时须写绝卖契（名春花永状），农民又称此为杜绝契，表示地主不能再从农民手中拿回使用权之意。也有农民买“田面”权时，因不能一次付清“田面”价格，而只交顶首者，六年为期，期满后地主又涨顶首，待涨到“田面”价格时，方写“田面”权绝卖契。新农乡农民所有佃入田中，大部有“田面”权，如张家村农民有“田面”权的田占佃入田的98.7%。关于“田面”与“田底”价格的涨落，过去“田底”价格一向高于“田面”价格，但在解放前，因受时局影响，“田面”价格反而高过于“田底”价格。

田面价格与田底价格涨落统计表

时间	抗战前	抗战时期	抗战胜利后	解放前
田底每亩价格	8—9石	7—8石	9—4石	4—3—2—1石
田面每亩价格	2—4石	2—4石	2—4石	3—5石
备注	抗战胜利后，田底价格突然高涨至9石，以后因受解放战争胜利与老区土改影响，乃逐渐下降，淮海战役后，更自4石下降至1石。			

乙、租制与租额

（一）虚租：为一般租制，租额按年成打折扣交租，每年秋收时，由大地主与伪县长、伪参议会议决后公布，如1946年八折收，1947年七折收，1948年因受解放战争胜利影响，乃议成六折收租。早交者打五七折。

（二）实租：分虚实租与板实租；虚实租租额较虚租略小，但折扣亦小，打折扣后，一般比虚租多二成。板实租又叫板租，无论荒歉年成，都不打折扣交租。板租田一般地势较低，经常歉收（所谓十年九不收），租额亦较低。

（三）小租：无地或少地种的农民向有“田面”权的农民租田耕种，除向地主交纳该田大租外，还须交小租，无论荒熟年，均不打折扣。每年一般为5斗，也有3斗或4斗的。

（四）包租：农民向有“田面”权的农民租田耕种，每年交大小租者叫包租，又叫包石头，包租不打折扣，租额一般为1石米。

（五）召租：地主将有“田底”“田面”权的田，向农民召租，6年或3年一期，期满后地主见农民收成好即涨租，或转租给其他出高租额的农民耕种。农民种召租田时，须交上相当于两年租额的顶首或叫押租，如农民在两年中交不起租，地主即将田收回，以押租抵当欠租。

（六）分种：地主或富农将土地租给农民种，地主出肥料、种子、耕牛，农民出劳力，依实际收获量三七分（业七佃三），如农民出劳力、耕牛，则照四六分（业六佃四）。

各种租额统计表

租制	最高	一般	最低
虚租	1.0石—1.1石	0.75石—0.8石	0.4石—0.5石
实租	0.8石	0.5石—0.6石	0.3石
包租	1.1石	1.0石	0.2石
小租	0.5石	0.4石	0.35石
备注	1.高租额大抵是高田租额，一般是低田租额，最低田租额大抵是荡田。 2.好田每亩米产量2石，如虚租1.1石，照六成交要6.6斗，占产量的1/3，如交实租8斗即占产量的40%，如交大小租则须交1.16石，占一亩产量的1/2以上。		

丙、额外剥削

（一）地主规定冬至收租，逾期即加成收租；如往年规定虚租在冬至前半个月交，照五成收，在冬至前一个星期交，照六成收，在冬至后一个星期交，照七成收，在冬至后二个星期交，即照八成收。如农民逾两周仍交不上租，地主即派伪警察来催，头催付车马费 3 斗米，二催再交不出，即将农民抓入伪政府牢监吃官司。农民被抓后，其家属只得设法借贷或典卖“田面”权，交清租米后才可将农民自牢中赎回。

（二）地主收租米，过去用大斛，一般比普通斛子大 2 升，大秤百斤比普通秤多 2 斤。如农民租米中有碎米，地主即用大眼筛子筛，1 石要筛去 1 斗，归地主没收。也有地主将斛子里的米闩卸除后量米，每斛米要多容 2 升。农民如经过地主的账房交租，要先交出三四升米样，请账房转给地主看样，看过后账房吞吃不还，无赖的说：“留作老鼠粮。”

四、债务情况

甲、负债情形

全乡农民每 3 户中就有 2 户欠债，王家村 86 户农民共负债 935 石 8 斗米，而今年全村农民（雇、贫、中农）的米产量也不过 1100 石，由此可以看到农民负债的严重。从下面的附表中，可看出放债户中以米行、商店所贷出的数字最大，王家村农民欠米行、商店的债共 525 石 2 斗，占全村欠债户总数56.12%。

关于农民受债户剥削的情况，有如下例：张家村贫农陆长根，在两年前因养鸭蚀本，向松江城高金源火油公司借米 16 石，年利七分，至去年变成 27 石 2 斗，去年还了 20 石，结算尚欠 7 石 2 斗，至今年又变成 12 石 2 斗 4 升，陆又还去 2 石 2 斗 4 升，还欠 10 石。又陆在去年因还高金源火油公司利息时向泗泾米行借米 9 石，年利五分，今年计算，连本加利变成 13 石 5 斗，已还去 5 石，尚欠 8 石 5 斗。陆长根家有 5 口人，4 个劳动力，有耕牛 1 条，水车 1 架，种租田 12 亩，小租田 9 亩，每年每亩按产大米 2 石计，21 亩可收到大米 42 石，除交去大租 14 石 7 斗（按每亩虚租 1 石照七折交租计算）与小租 4 石 5 斗（按每亩小租 5 斗计算）外，净余 22 石 8 斗，故过去生活尚能勉强维持，但自负债后，每年除交租外还须交上利息，家里粮食即不够吃。我们由上面这个例子可以看出农民在负债后，要想清理债务翻过身来是很难的。一个农民在负债后先是生活水平更为下降，然后出卖土地，而由中农降为贫农，或由贫农降为雇工。

松江县新农乡王家村借贷情况调查表

成份		贫农	中农	雇工	手工业者	总计	各阶层放债数占总数的百分比
总户数		34	47	4	1	86	
欠债户		22	31	1	1	55	
欠债户占总户数百分比		64.71	65.96	25	100.00	63.95	
放债数	地主	25.0	31.2	0	0	56.2	6.01
	富农	17.30	67.50	4.0	0	88.8	9.49
	中农	49.0	38.7	0	2.0	89.7	9.58
	贫农	9.0	10.6	0	1.0	20.6	2.2
	工人	6.5	0.8	1.0	0	8.3	0.89
	米行	55.1	164.0	0	0	219.1	23.41
	商店	90.4	215.7	0	0	306.1	32.71
	手工业者	6.5	0	0	0	6.5	0.69
	小贩	10.0	24.5	0	0	34.5	3.69
	鳏寡	2.0	2.5	0	0	4.5	0.48
	牛贩	8	38	0	0	46	4.92
	其他	2.3	53.2	0	0	55.5	5.93
	合计	281.1	646.7	5.0	3.0	935.8	100.00
备注		1.表中未包括中、贫农间之会米债务。 2.放债数栏统计数字单位是石米。					

乙、借债原因

王家村第二十组7户贫农共欠债96石1斗。其中因添购生产工具、维持生活、交租交捐而欠下的有48石5斗，占欠债总数1/2强。中农欠债原因与贫农相类似。由此证明，农民大多是在为了生产与生活为主的情况下借债的。而农民之所以如此贫困以致靠借债生产或生活的原因，正是由于长期受了国民党反动派苛捐杂税的压榨和地主阶级残酷剥削的结果。

新农乡王家村第二十组欠债原因调查表

成份	总户数	欠债户	总数	各种欠债原因及数量比较				
				添购生产资料	为了生活	交租交捐	婚丧喜事	其他
贫农	8	7	96.1	25.0	16.8	6.7	43.1	4.5
中农	14	13	286.2	45.0	61.0	16.3	90.8	73.1
雇工	1	1	3.0	0	3.0	0	0	0
手工业者	1	1	3.0	0	0	0	0	3.0

续表

成份	总户数	欠债户	总数	各种欠债原因及数量比较				
				添购生产资料	为了生活	交租交捐	婚丧喜事	其他
总计	24	21	388.3	70.0	80.8	23.0	133.9	80.6
占欠债总额百分比			100	18.03	20.81	5.92	34.48	20.76
备注	欠债原因中“其他”一项大多是养猪养鸭亏蚀，欠债数字单位是石米。							

丙、利息

主要的有下列几种。

利息调查表

种类		放债米	店账	贷肥料	卖青苗
利息	最高	1石加息1石	七分、八分	九分	—
	一般	1石加息七八斗	五分	六分、五分	借1石还1石5斗
	最低	1石加息5斗	三分、二分	三分	—
期限		春借秋还	一年	春借秋还	两月
备注				原来每石米可买5张豆饼，赊欠时只可买到3张。	稻在田里时先借钱用，秋收后交还。

五、生产情况

甲、田的种类与产量

该乡地势一般较低，高田占总田亩的3/10，低田占总田亩的2/10以上，荡田不到5/10。宜植稻禾。稻子常年产量高田最高，低田与荡田稍低，如遇灾荒，低田与荡田大多一成不收。

新农乡稻田产量比较表

田别		高田	低田	荡高田	荡低田
常年每亩产量	最高	2.5	2.0	2.0	2.0
	普通	2.0	1.5	1.5	1.5
	最低	1.5	1.0	1.0	1.0

乙、主要农产物

该乡的主要农产物是稻，一般田只种大熟，少数高田可种二熟。小熟种植很少，大都是小麦、蚕豆、菜子等。农民不种小熟的主要原因有二：一是田地低，冬天下雨后，田里即积水，不能种小麦与菜子；一是部分高田虽可种麦子，但种了后第二年须下很大的垩本（肥料成本），稻子的收成才好。

丙、耕种情况

此地女人与男人一样能下田插秧与壅稻。农民之间有伴工（变工的一种），但不普通，只限于感情好的或近邻。贫、中农没有牛的向有牛的人家借牛车水（农民叫“包车水”），从耕田起至割稻为止，每亩田付牛工资 3 斗大米。也有农民请人带牛来耕田，每天耕 3 亩田，人、牛工资共 2 斗米。

丁、垩肥

中、富农大多用豆饼与肥田粉、猪粪、牛粪及河泥等肥料。贫农养得起猪的很少，豆饼买不起，请人罱河泥又请不起，所以年年收成不如中、富农好。

戊、生产工具

主要是牛、水车、轧稻机、船。地主、富农占有最多，中农次之，贫农最少。

松江县新农乡耕牛水车统计表

成份		地主	富农	中农	贫农	其他	合计
全乡总户数		21	40	286	396	65	808
耕牛	耕牛数	27	58	278	190	0	553
	占全乡耕牛总数百分比	4.88	10.49	50.27	34.36	0	100.00
	平均每户占有	1.29	1.45	0.97	0.48	0	0.68
水车	水车数	22	64	378	256	0	720
	占全乡水车总数百分比	3.06	8.89	52.50	35.55	0	100.00
	平均每户占有	1.05	1.60	1.32	0.65	0	0.89

松江县新农乡张家村、姚家村轧稻机统计表

成份		地主	富农	中农	贫农	其他	合计
总户数		1	12	64	97	19	193
轧稻机	架数	0	5	14	7	0	26
	占总数百分比	0	19.23	53.85	26.92	0	100.00
	平均每户占有数	0	0.417	0.219	0.072	0	0.135

己、副业生产

本乡除木匠与裁缝稍多外，其他副业生产很少，全乡虽有 200 多架织布机，但因织布本钱大，销路少，故农民只织了自用。

新农乡农民副业生产统计表

成份	贫农	中农	雇工	总计
木匠	5	9	0	14
泥水匠	2	2	0	4
小贩	5	3	2	10
渔民	3	0	0	3
裁缝	10	2	0	12
竹匠	2	1	0	3
厨司	5	1	0	6
织草包	1	0	0	1
理发	2	0	0	2
其他	4	1	0	5
合计	39	19	2	60
备注	1.表内数字单位为人。 2.“其他”一项中包括店员、茶房等职工。			

新农乡五个村织布机与船只统计表

成份		地主	富农	中农	贫农	其他	合计
总户数		6	22	268	272	44	612
船只	船数	11	17	69	21	0	118
	占船只总数百分比	9.32	14.41	58.47	17.80	0	100.00
	平均每户占有	1.83	0.77	0.26	0.08	0	0.19
织布机	布机数	3	16	79	43	0	141
	占总数百分比	2.13	11.35	56.03	30.49	0	100.00
	平均每户占有	0.50	0.73	0.29	0.16	0	0.23

庚、生产季节

正月、二月修车篷、罱河泥、整理农具，准备春耕；三月拔牛草、下稻种；四月插秧苗；五六两月荡稻、壅稻；七月下肥；八月休夏；九月割早稻；十月割晚稻；十一月轧稻缴公粮；十二月砻稻、罱河泥。

中共松江地委调委调研组

1950年2月

昆山县太平乡农村情况调查

一、土地关系

该乡共24个自然村，524户，2540人（男1207人，女1333人）。各阶层占有及使用土地情况如下：

昆山县太平乡各阶层占有和使用土地统计表

成份		地主	富农	中农	贫农	雇农	工人	其他	合计
户数	数	3	44	251	199	14	5	8	524
	百分比	0.57	8.4	47.90	37.98	2.67	0.95	1.53	100
人口	数	19	319	1236	903	22	13	28	2540
	百分比	0.75	12.56	48.66	35.55	0.87	0.51	1.10	100
占有土地	亩数	1403.90	1277.16	1309.14	195.96	3.40	0	0	4189.56
	百分比	33.51	30.48	31.25	4.68	0.08	0	0	100
	每人平均	73.89	4.00	1.06	0.22	0.15	0	0	1.65
租出土地	亩数	1355.60	249.81	117.16	0	0	0	0	1722.57
	百分比	78.7	14.50	6.80	0	0	0	0	100
	占本阶层占有土地百分比	96.56	19.56	8.95	0	0	0	0	41.12
租入土地	亩数	12	878.86	4835.14	2156.08	6.20	0	0	7888.28
	百分比	0.15	11.14	61.30	27.33	0.08	0	0	100
	占本阶层使用土地百分比	19.9	46.11	80.22	91.67	64.58	0	0	76.18
使用土地	亩数	60.3	1906.21	6027.12	2352.04	9.60	0	0	10 355.27
	百分比	0.58	18.41	58.20	22.72	0.09	0	0	100
	每人平均	3.17	5.98	4.88	2.60	0.44	0	0	4.08

注：租入土地中并包括有学田、庙田、祠堂及昆山城内教育局及慈善机关的公地，多为伪乡、保人员及地痞、催脚等把持。

根据上表所列统计数字，可见该乡土地集中程度很高。如地主每人平均占有土地为73.89亩，达贫农平均占有土地0.22亩的340倍强。再如以地主、富农占有土地数来计算，加上外乡管业地主的土地，该乡10 355.27亩使用土地中，属于地主、富农所有者达8800余亩，占总耕种土地面积的84%左右。地主占有的土地绝大部分是出租的，可见农民所受剥削之深重与农村阶级对立的尖锐。

该乡租制分定租、分租两种。现分述于后。

甲、定租制

业主与佃户规定一定数量的物租或钱租（该乡在抗战以前皆为钱租，战时及战后因币值日跌，多改物租）。租额大小视土地占有关系而定，计分：

（一）底面田：田底、田面全为业主所有，占有者一般为小地主和富农，佃户无永佃权，租额一般是1石米，最高1石5斗。

（二）管业田：田底权为业主所有，田面权为佃户所有——即有永佃权的土地，租额一般为8斗至9斗，但三年不缴租，地主即强行收回田面权。此等土地在该乡出租土地中为数最多，地主多为住在城内的大地主。

（三）小租田：有田面权的佃户，再将田转租给别人耕种，“田面业主”（有田面权的佃户）可收小租，一般小租租额为3斗。租此种土地的佃户除缴大租给“田底地主”外，又需交小租给“田面业主”。租期有规定，期满由“田面业主”收回耕种或再行转租。

（四）活契田：“田面业主”将田面租给别人耕种，收押金若干（一般为1石），期满后以原押金赎回田面权，这是以押金利息作为“小租”的。

乙、分租制

租额不作硬性规定，而以每年实产量，由业佃双方按比例分配，有三七分租（业三佃七）及对成分租（业五佃五）两种。对成分租时，业主需出肥料及种子的一半。年限经双方同意面定，此种土地多为底面田及转租的管业田。

该乡田面价格最高每亩750斤米，最低150斤米，一般是450斤米。田底价格最高每亩700斤米，最低100斤米，一般在400斤米左右。

二、借贷关系

该乡借贷关系极为普遍，贫苦农民为交租、交壮丁米、买肥料，或耕畜死亡等原因，常需举债，而且在地主阶级及反动政府残酷压榨下，衣食不周，一遇婚丧喜庆，无法应付，不得不乞求于高利贷者。如该乡199户贫农中，借债的有121户，占60%以上，而放债者多为地主、富农及少部分富裕中农，详情可见下表：

太平乡各阶层借债、放债户数统计表

成份	户数	借债户	占本阶层户数百分比	放债户	占本阶层户数百分比
地主	3	0	0	3	100
富农	44	22	50.00	14	31.82
中农	251	137	54.58	37	14.74
贫雇农	213	124	58.22	17	7.98
合计	511	283	55.38	71	13.89

说明:贫雇农放债者大多为将做长工或从事副业生产的小量收入放出,以作储蓄手段。

三、雇佣关系

该乡各阶层雇佣雇工人数如下表:

雇工种别	地主	富农	中农	合计
长工	2	21	16	39
短工	—	—	—	13
牧童	0	2	4	6

注:短工13人,是将短工折合长工得出的人数。

雇工工资:长工每年450斤米至1200斤米,以750斤米者占多数;牧童最高每年为450斤米,最少只给吃住,一般在90斤米左右。

四、生产情况

甲、农业

该乡共有耕地10 355.27亩,其中绝大部分为水田,分黄泥田与黑泥田二种,黄泥田又分上、中、下三等(根据田面高低而定),以中等田为多;黑泥田大部是低洼田,为数很少。两种土地以黄泥田较佳。

作物每年两熟,每熟栽种作物名称及耕种面积如下:

(一)春熟:麦的播种面积占耕地15%;菜子占50%;蚕豆占15%;花草(用作肥料)占20%。

(二)秋熟:稻占耕地95%。

产量:稻每亩最高产量为米3石,最低为1石2斗,一般约2石左右。麦每亩最高产量为1石,最低仅2斗,一般为6斗。蚕豆每亩最高产量为5斗,最低3斗,一般为4斗左右。

该乡施肥,惯用人粪、猪牛粪、花草、河泥、菜子饼、草木灰等,部分富农及富裕中农有时采用豆饼。据农民计算,每亩一般年需肥料折糙米81斤。每亩全年人工约需15个,牛工3

个。每亩需用种子折糙米8.5斤。

各阶层占有生产工具情况如下：

各阶层劳力、耕牛、生产工具统计表

成份	劳动力		生产工具					耕牛	耕种田亩数
	整	半	水车			船			
			牛车	风车	手车	大	小		
地主	8	0	0	1.0	0	1	1	1.0	60.30
富农	144	46	49.0	11.0	3	23	12	49.0	1906.21
中农	588	185	200.0	11.0	25	29	85	220.0	6027.12
贫农	321	145	75.5	5.5	40	4	22	56.5	2352.04
雇农	13	4	1.0	0	0	0	0	0	9.60
合计	1074	380	325.5	28.5	68	57	120	326.5	10 355.27

注：1.劳动力只统计整、半劳动力，有些不够半劳动力者未统计在内。

2.平均每个劳动力能耕种田10亩，每头牛能耕田25亩，平均每部水车能戽水22亩2分，根据以上情况来看，劳动力还有剩余，耕牛农具基本上是缺乏的。

乙、农村副业

农民依靠其他生产事业，以补助家庭开支者计有58户，详见下表：

副业种类	泥水匠	木匠	竹匠	裁缝	短工	小贩	厨司	屠夫	草竹匠	猎户（打鸟）	共计
户数	5	8	7	8	18	3	5	1	2	1	58

注：1.竹匠是将竹子作成农具或日常用具出售，草竹匠是替人家盖草屋的。

2.短工可参考前面“雇佣关系”一节。

亦有农民在秋收后，合股收买稻草，运到上海一带销售者。

此外，该乡90%以上的农户在冬季农闲时都从事纺织，在二三年前，曾营代纺。现因销售闭塞，出品也不精良，所以多买棉自纺自用了。

1950年1月调查

昆山县小澞乡农村情况调查

一、人口

该乡共有546户，2375人。按阶层划分有如下表：

成份	户口		人口	
	户数	百分比	人数	百分比
地主	8	1.47	38	1.60
富农	23	4.21	119	5.01
中农	297	54.40	1430	60.21
贫农	170	31.13	651	27.41
雇农	17	3.11	25	1.05
其他	31	5.68	112	4.72
合计	546	100.00	2375	100.00

在农民中间（包括富农在内），纯农民472户，此外尚有兼营其他副业35户的计木匠5户、铁匠1户、竹匠2户、纺织1户、裁缝8户、厨司1户、泥水匠5户、铁路工人8户、米行帮工4户。

在其他类中有天主堂1户，计11人。

二、占有土地

全乡各阶层共占有土地4850.45亩，每人平均占有2.04亩，若按该乡土地的一般产量及生活必需计算，则2亩土地即可维持一人最低生活。故该乡一般而言土地是足够的。但从各阶层占有情况看来，则贫农以下，每人平均占有土地尚不足1亩。兹将阶层占有土地情况统计如下：

成份	占有土地	各阶层占有土地占总数的百分比	每人平均占有土地
地主	503.31	10.38	13.25
富农	884.73	18.24	7.43
中农	2974.86	61.33	2.08
贫农	397.42	8.19	0.61
雇农	6.99	0.15	0.28
其他	83.14	1.71	0.74
合计	4850.45	100.00	2.04

以上表所示，地主每人平均占有土地为全乡平均数的6.5倍，为贫农的21.72倍。中农每人平均土地2.08亩。

在表上看来，似乎中农阶层占有了一半以上的土地，而地主阶级仅占有10.38%的土地。但从下表可看出该乡向外乡业主共租入土地5447.83亩，其中地主土地4330.28亩，几乎等于该乡占有土地数。因之地主阶级共占有土地4833.59亩，为全部使用土地的46.94%（昆山地主居住城区者颇多，据查共计665户，其中占有土地2000亩以上者3户，占有1000亩以上者44户。因此必须将这些地主的土地计入，才能看出地主在农村占有土地的情况）。

兹将外乡业主成份列表如下：

成分	地主	富农	中农	贫农	其他	成份不明	合计
出租土地	4330.28	143.26	37.06	30.26	537.95	369.02	5447.83
百分比	79.49	2.63	0.68	0.56	9.87	6.77	100.00

三、使用土地

全乡共使用土地10 298.28亩，其中耕地9669.06亩，宅基、荒坟、竹园等629.22亩。平均每人使用土地4.34亩，可耕土地每人平均使用4.07亩，所以该乡在苏南来讲是比较地多人少的地区。

兹将该乡各阶层使用土地情况列表如下：

成份	使用土地数	各阶层使用土地占使用总数的百分比	每人平均使用土地
地主	248.08	2.41	6.53
富农	801.55	7.78	6.74
中农	7216.08	70.07	5.05
贫农	1924.56	18.69	2.96
雇农	5.47	0.05	0.22
其他	102.54	1.00	0.92
合计	10 298.28	100.00	4.34

每人平均使用土地以富农的6.74亩为最高，地主次之，中农每人平均数在全乡平均数之上，贫、雇农均少于全乡平均数。

中农使用土地占全部使用土地的70.07%，贫农为18.69%。中、贫农使用土地共占88.76%，但其中66.37%为租入土地。

各阶层使用土地的种类和耕田土质，可以下表说明：

成份	宅基、荒坟、竹园等	可耕土地						
		总亩数	上等田		中等田		下等田	
			亩数	占本阶层可耕土地总数百分比	亩数	占本阶层可耕土地总数百分比	亩数	占本阶层可耕土地总数百分比
地主	50.70	197.38	111.45	56.46	59.60	30.20	26.33	13.34
富农	52.40	749.15	586.76	78.32	93.52	12.48	68.87	9.20
中农	362.05	6854.03	3924.60	57.26	2187.63	31.92	741.80	10.82
贫农	145.39	1779.17	1032.63	58.04	408.73	22.97	337.81	18.99
雇农	5.47	0	0	0	0	0	0	0
其他	13.21	89.33	28.23	31.60	31.97	35.79	29.13	32.61
合计	629.22	9669.06	5683.67	58.78	2781.45	28.77	1203.94	12.45

上表所列的土质等级，系按旧田亩册上的三等九级划分综合而成。上等田在总可耕土地总数中占58%，中、贫农所使用土地中，上田所占百分比与此不相上下，但富农使用土地中，上田高达78.32%，下等田仅占9.2%而已，因此富农使用土地的土质比中、贫农优良得多。

四、租佃情况

该乡共租出土地840.74亩，而租入土地高达6288.57亩，租入土地中84.44%为外乡业主所有。该乡各阶层均有租入和租出土地。兹将各阶层租佃情况列表如下：

成份	租出土地			租入土地		
	亩数	占总数之百分比	占本阶层占有土地之百分比	亩数	占总数之百分比	占本阶层使用土地之百分比
地主	262.00	31.16	52.06	6.77	0.11	2.73
富农	219.64	26.13	24.83	136.46	2.17	17.02
中农	257.08	30.58	8.64	4498.30	71.53	62.34
贫农	40.80	4.85	1.03	1567.94	24.93	81.47
雇农	6.12	0.73	87.55	4.60	0.07	84.10
其他	55.10	6.55	66.27	74.50	1.19	72.65
合计	840.74	100.00	17.33	6288.57	100.00	61.06

该乡租入土地大部分为中农租入，占71.53%；中、贫农合计共占租入土地的96.46%，富农租入土地仅占2.17%。贫农自耕土地和租入土地的比例，为1与4之比，中农为1与1.6之比，而富农则为1与0.2之比。

该乡租田，大多有田底田面权之分。在租入土地中，有永佃权者占78.22%。兹将各阶层承租土地有无永佃权情形列表如下：

成份	租入有永佃权土地		租入无永佃权土地		租入土地合计亩数
	亩数	占本阶层租入土地之百分比	亩数	占本阶层租入土地之百分比	
地主	6.09	89.96	0.68	10.04	6.77
富农	76.91	56.36	59.55	43.64	136.46
中农	3741.53	83.18	756.77	16.82	4498.30
贫雇农	1071.69	68.15	500.85	31.85	1572.54
其他	22.43	30.11	52.07	69.89	74.50
合计	4918.65	78.22	1369.92	21.78	6288.57

该乡租佃关系之另一特点为业主大部分在外乡，且很多兼营工商业或其家庭中有人从事自由职业。如在225户有土地出租在本乡的业主中，地主81户（并且其中多数是每户占地50亩以下的），地主兼营工商业者63户，地主其家中有人从事自由职业或其他职业者40户，由此可知在225户业主中有28%的业主和工商业发生关系。

因为该乡地主大多住在城区，或兼营工商业者，故90%的地主收租都通过租栈和催子。农民受着地主和租栈、催子的双重剥削。

五、劳动力和农具情况

该乡共有全劳动力1185人，半劳动力353人。各阶层劳动力分配情况如下表：

劳动力情况	地主	富农	中农	贫雇农	其他	合计
全劳动力	22	54	716	344	49	1185
半劳动力	5	19	223	96	10	353

注：地主虽有劳动力，但不从事劳动。

该乡劳动力卖买和调节的特点是：短工多，长工少，伴工多，雇工少。除地主都雇有长工外，全乡23户富农中雇长工的仅11户，其余各户均雇短工。富裕中农37户均雇短工。贫农37户40人必须经常出卖劳动力，但其中只有长工14人，余均为短工。伴工在该乡极为盛行，往年有70%户数互相伴工，现在经过组织，已达90%左右。伴工主要对象为缺乏农具的贫、雇农及一部分中农，以劳动力交换富农及富裕中农的多余农具使用。这样，缺乏农具的贫、雇农固然得到了农具的使用权，但富农剥削劳动力却比雇工更是方便。因此过去伴工，部分是剥削劳动力的一种方式，现在组织后，情形已有改变。

各阶层占有耕畜农具统计如下：

成份	牛	船	车	砻	轧稻机	犁
地主	6	6	7	4	2	8
富农	23	19	27	19	8	39
中农	238	162	273	106	41	375
贫雇农	24	27	64	13	5	47
其他	0	4	1	0	0	0
合计	291	218	372	142	56	469

1950 年 4 月调查

吴县保安乡农村情况调查

一、一般情况

该乡接近城镇，西北与浒关镇相连，南则接近苏州，全乡南北长 4 里，东西宽 3 里，共有 9 个行政村，包括大小自然村落 68 个。水陆交通方便，离运河线仅里许，沪宁铁路浒关车站即设在该乡保卫村，境内有一条大河三个大塘（南北河、杨家桥塘、旺小河塘、东河塘）。由水道可直达浒关、苏州、黄埭等地，每日船只来往频繁，与集镇在经济上的联系非常密切。

该乡地势低洼，河流交织，多雨时泄水不畅，土地易被水淹成灾，因之农民多将低洼田开为鱼池，如大庄村，其鱼池面积已达该村总土地面积的 44%。

全乡计 1575 户，7004 人，其中男 3474 人，女 3530 人，全劳动力 1937 个，半劳动力 1603 个（能参加农业劳动的妇女均算作半劳动力，少数参加主要农业劳动的妇女作为全劳动力）。如按每一个劳动力可耕种土地 7 亩计算，则单 1937 个全劳动力即可耕种全乡土地，故该乡农民多从事副业生产，以利用剩余之劳动力。

二、土地占有及使用情况

该乡土地种类及占有亩数如下表：

浒关区保安乡土地种类比较表

土地种类	稻田	旱田	桑田	荡田	低洼田	鱼池	其他	合计
亩数	11 511	234.94	1.40	36.03	129.02	1183.17	601.82	13 697.78
占总土地面积百分比	84.04	1.72	0.01	0.26	0.94	8.64	4.39	100.00

土地之占有及使用情况如下表：

浒关区保安乡各阶层占有及使用土地情况表

成份	户口		人口		占有土地			使用土地		
	户数	百分比	人数	百分比	亩数	百分比	每人平均	亩数	百分比	每人平均
地主	14	0.89	76	1.09	704.34	9.37	9.27	276.85	2.02	3.64
富农	138	8.76	760	10.85	2088.07	27.79	2.75	2686.25	19.61	3.53
中农	561	35.62	2599	37.11	3303.24	43.96	1.27	6282.94	45.87	2.42
贫农	742	47.11	3210	45.83	1406.49	18.72	0.44	4412.29	32.21	1.37
雇农	65	4.13	171	2.44	2.65	0.03	0.02	29.00	0.21	0.17
其他	55	3.49	188	2.68	10.09	0.13	0.05	10.45	0.08	0.06
合计	1575	100.00	7004	100.00	7514.88	100.00	1.07	13 697.78	100.00	1.96

注：有荒地745.52亩未计算在内。

该乡租入土地大部为苏州城内管业地主所有，本乡地主多为中小地主，一般占地在50亩左右。土地占有是集中的，以本乡地主来说，每人平均占有土地为贫农每人平均占有土地的21.1倍。如将城内地主在该乡的管业田计算在内，地主、富农共占有全乡使用土地的65%左右。而且地主、富农占有土地一般较好。如该地1亩鱼池能抵2至3亩稻田，而各阶层占有土地中的鱼池比率地主、富农远高于中、贫农。据该乡永安、长安两个村的调查，各阶层占有土地种类情况如下表：

浒关区保安乡永安、长安两个村各阶层占有土地种类比较表

成份		地主	富农	中农	贫农	雇农	其他	合计
各阶层占有总亩数		136.74	618.93	1453.18	748.12	2.01	1.48	2960.46
稻田	亩数	41.01	479.23	1236.36	663.85	1.10	0	2421.55
	占本阶层总占有土地百分比	29.99	77.43	85.08	88.74	54.73	0	81.80
鱼池	亩数	80.72	98.38	106.21	44.49	0	0	329.80
	占本阶层总占有土地百分比	59.03	15.89	7.31	5.95	0	0	11.14
桑田	亩数	—	1.00	0	0	0	0	1.00
	占本阶层总占有土地百分比	—	0.16	0	0	0	0	0.03
低田	亩数	8.00	4.00	26.23	2.50	0	0	40.73
	占本阶层总占有土地百分比	5.85	0.65	1.80	0.33	0	0	1.38
旱田	亩数	7.01	31.44	84.38	37.28	0.91	1.48	162.50
	占本阶层总占有土地百分比	5.13	5.08	5.81	4.98	45.27	100.00	5.49

续表

成份		地主	富农	中农	贫农	雇农	其他	合计
其他	亩数	—	4.88	0	0	0	0	4.88
	占本阶层总占有土地百分比	—	0.79	0	0	0	0	0.16

该乡土地租佃关系极为复杂。有永佃权的土地占总土地数的40%。由于土地分开底面，转租和田底田面的买卖情形很普遍，有的土地田面转移了而田底未转移或田底转移了而田面未转移，造成了更复杂的土地关系。该乡各阶层出租及租进土地情况如下：

浒关区保安乡各阶层出租、租进土地统计表

成份		地主	富农	中农	贫农	雇农	其他	合计
出租土地	户数	12	35	30	10	2	4	93
	占本阶层户数百分比	85.71	25.36	5.35	1.35	3.08	7.27	5.91
	田亩数	453.93	364.85	147.72	31.19	4.24	17.85	1019.78
	占总出租土地百分比	44.51	35.78	14.48	3.06	0.42	1.75	100
租进土地	户数	8	93	424	638	15	4	1182
	占本阶层户数百分比	57.14	67.39	75.58	85.98	23.08	7.27	75.05
	田亩数	26.44	963.03	3127.42	3036.99	30.59	18.21	7202.68
	占总租进土地百分比	0.37	13.37	43.42	42.17	0.42	0.25	100
租进及出租土地中转租土地亩数		21.41	63.12	25.74	12.2	2.8	10.46	135.73

三、租佃关系

甲、租田种类

出租土地基本上分管业、自业（底面）二种。管业田即佃户享有永佃权的土地，底面田则土地权全归业主。在管业田内有部分的转租土地（即称为借租田或盖头田），其租额都很高（接近或超过底面田租额）。管业田一般租额是1石至1.08石，在地主规定限期内交租者可实交七成至八成，这是地主用以欺骗农民早缴租的手段。抗战胜利以来由于农民的抗租斗争，管业田实缴租额一般减至0.5石。底面田则全是实租，租额一般为1.2石，最高有1.5石的。

乙、租佃概况

全乡管业田5437.8亩，大部集中在苏州市大地主手中，其中以洪桂荫栈、周义庄栈、丰满义仓（顾贻名）、王大有栈（朱耕余）等为最多。这些地主，经常住苏州城内，其收租办法，通常在秋粮上场（阴历十月间），即于苏州和浒关等地设立粮栈、监狱，布置催脚，并公布催租规章。缴租日期分为三期（每期十天），佃户接到通知单后在第一期交租者七折“优待”，第二期交租者八折“优待”，第三期交则需十足缴纳。逾期不交者要罚，或勾结反动武装将农民捉去坐牢；或私刑拷打，强迫交租。而在出监狱时，除缴纳租米和罚款外，还要出具结费、茶费、出差费、监房费、灯油费等。反动势力愈强地区（如靠近铁路的保卫村），农民所受压迫就愈深重。

这些管业地主，已和农民不发生直接关系，主要是通过租栈和催脚来向农民收租的，而农民在地主残酷压榨下，被逼而起来抗租的亦很多。

至于出租底面田的业主，多为本乡小地主、富农和一些缺乏劳动力的中农，底面田因无永佃权，业主随时可向佃户抽佃，租额亦较高。

丙、抗租情形

在地主的残酷剥削下，除少数富裕农民交租外，一般贫雇农是以抗租来斗争的。在敌伪时期及胜利后国民党反动政府统治时期，农村已濒破产，多数佃农衣食无着，每当新稻上场，终日提心吊胆，大人做活，小孩站在村头“站岗”，一见有收租人的踪迹，大家就跑。每年从十一月开始到翌年四月止，是一个逃租米的时期，少数较富裕农民，亦有以买通催脚等办法（通常送几斗米或请吃酒），以拖延缴租或不缴租的。

抗战期间，在莫埂郎、华玉桥、大庄郎等一带，有农民武装游击队50余人，由我地下党领导，在该地进行斗争。因此，地主不敢下乡催租，有时带着日本鬼子去收，也因农民坚壁清野，很少收到租米。抗战胜利后，农民一直坚持斗争，因此该地自1939年至解放时止，除极少数外，一般租管业田的农民都不交租。

该乡近五六年来，在农民各种方式斗争下，拖欠或少缴甚至不缴租米者达种管业田农民的70%左右。因此，削弱了地主的封建势力，有些农民已把管业田视为自己的产业了。

四、借贷关系

该乡借贷关系颇为普遍，据不完全统计，借进户共有385户，其中贫农227户，占58.96%，中农126户，占32.73%。一般农民由于平时收入太少，衣食不周，因之在生产下肥时，便需借贷，也有青黄不接时借债度日的。放债的除本乡地主、富农外，尚有苏州、浒关的蚕场、商行等，并以后者为多。借贷利率有二种：一是“粒半头”，即年利50%；一是利倍本，即年利100%，而以前者较多。但虽称年利，实际上借期只有四五个月到七八个月，甚至有所谓“青稻钱”者，利息相同，而日期仅有一个月或十数天。该地部分富裕中农亦有放高利贷的，但一般都只有几石米，数量不大。

五、雇佣关系

该乡各阶层雇进及出雇长工、短工情况如下：

苏州浒关区保安乡雇佣关系统计表

成份	雇进户				出雇户		备注
	长工			月工	长工	月工	
	本地雇工	外地雇工	合计				
地主	5.0	4	9.0	12	0	0	
富农	31.5	5	36.5	79	0	0	
中农	14.5	0	14.5	116	0	24	中农及贫农雇用雇工的主要原因是养鱼
贫农	0	0	0	44	14	187	
雇农	0	0	0	0	37	12	
合计	51.0	9	60.0	251	51	223	

雇工工资如下：

甲、长工，最高每年 10 石米，一般是 7—8 石，低则 5 石。

乙、包忙（季节工），每个农忙期一人可做四“脚”包忙，每“脚”包忙 25 天，工资如预支为0.7石米，到上工时工资为 1 石米。

丙、月工（短工），工资0.6—0.8石米。

丁、散工（日工），最高工资为 5 升（农忙时），一般是 3 升米。

六、生产情况

甲、农业

该乡主要农作物为稻、麦、菜花等，其种植亩数及产量如下表：

产物名称	种植亩数	占耕地总面积百分比	每亩平均产量(担)	总产量(担)
稻	11 511.40	84.04	3.6	41 441.04
麦	8633.55	63.03	0.6	5180.13
菜花	1151.00	8.40	1.0	1151.00

一般说来，该地农业的经营方式基本上还是落后的，但在耕作方法上却已有了部分的改善，如因戽水机的广泛使用，旧有之踏车多数废弃不用。现将该乡各阶层占有生产工具的情况说明如下：

苏州浒关区保安乡各阶层占有生产工具统计表

成份	户数	农具						船只	耕牛	备注
		犁	耙	戽水机	风车	踏车	牛车			
地主	14	3	5	1.4	—	12.0	2.0	39.0	—	
富农	138	31	81	8.8	1	78.7	25.0	72.0	19	
中农	561	17	240	10.5	1	243.5	11.3	196.5	9	
贫农	742	2	199	0.8	0	203.6	3.0	41.0	3	内破船 2 只
雇农	65	0	0	0	0	1.5	0	1.0	1	
其他	55	0	0	0	0	1.0	0	0	0	
合计	1575	53	525	21.5	2	540.3	41.3	349.5	32	

注:农民踏车多数废弃不用。

从上列的统计数字中显示出下列情况:

(一)该乡农民,耕畜和农具都很缺乏,这反映了农村经济的衰颓,如该乡 742 户贫农中仅有耕牛 3 头及 2 把犁,因此,贫苦农民用手力翻田的极为普遍。

(二)地主、富农利用其生产条件的优越和农民的穷困,对农民进行剥削,如该乡地主、富农共有打水机 10 部,而自耕土地为 2963 亩(见前土地占有及使用情况表),因而可代农民戽水四五千余亩(每部打水机可戽水 600—800 亩稻田)这样,每年总共可收戽水费 1000—1250 石米(每亩戽水费为 2—2.5斗米),这种垄断性的剥削(农民买不起戽水机),必然会使农民更加穷困。

在经营上,各阶层所投入的成本相差很大,据该乡永安、莲香、长安等村的典型调查,每年每亩土地垫支的农业成本(包括种子、雇佣工人、肥料)有如下表:

地主	富农	中农	贫农
108.3—157 斤	157.5—163.4 斤	17.5—75 斤	7.7—24.3 斤

注:上表以稻谷计算。

从上列统计材料可以看出,贫苦农民为生产而垫支的成本,除种子为固定不可少者外,已减低到几等于零了,因而收获量的低落,是必然的,这是农村已濒破产的最明显的证明。

乙、渔业

该乡因地势低洼,故鱼池要占总耕地面积的8.64%,计1183.17亩。鱼池之占有及使用情况如下表:

浒关区保安乡鱼池占有及使用情况表

成份	鱼池占有户数	占有鱼池		租出鱼池亩数	租进鱼池亩数	使用鱼池	
		亩数	百分比			亩数	百分比
地主	9	368.48	36.49	255.45	48.00	161.03	13.61
富农	37	407.94	40.39	102.64	157.84	463.14	39.14
中农	39	201.16	19.92	37.20	287.01	450.97	38.12
贫农	13	32.33	3.20	—	75.70	108.03	9.13
合计	98	1009.91	100.00	395.29	568.55	1183.17	100.00

鱼池的租赁关系与其他土地不很相同。因养鱼成本较大，故租赁鱼池多采取合养的形式，即地主、富农出资金，中、贫农出劳力。据估计每亩鱼池第一年需投入资金7.5石米（包括鱼秧、人工、饲料及车水、租船等费用），第二年亦需米四五石，二年后可出鱼八九担，约折36担稻。该乡鱼产情况计算如下：

鱼池面积(亩)	占耕地总面积百分比	每年平均每亩产量（担鱼）	总产量(担鱼)	折合稻谷数(担)
1183.17	8.64	4.0	4732.68	18 930.72

丙、手工业

该乡之手工业尚称发达，多为农民副业生产，种类有打草包、编草席、糊硬衬、织丝绸等。现将农民从事副业生产的人数统计如下：

手工业收入为家庭生活主要来源的			手工业收入作补助生活费用的			合计		
户数	人口	占总人口百分比	户数	人口	占总人口百分比	户数	人口	占总人口百分比
133	392	5.60	906	2812	40.15	1171	3414	48.74

说明：有一村之从事手工业者132户，210人中，未能区分其收入为家庭生活主要来源抑用作补助生活费用，故无法分别计入“手工业收入为家庭生活主要来源”及“手工业收入作补助生活费用”两栏，而直接计入“合计”栏。

一般从事副业生产的农户其副业收入约能达到其总收入的30%，个别户能达40%。通常草包、草席盛销于十一、十二、一月上半月等二个半月，细席盛销于春夏二季，硬衬、草绳等则受季节影响较小。解放前有商人下乡订购收购。为避免此种中间剥削，亦有农民自行运销苏州、上海、杭州等大城市的。

农民从事手工业生产所得的劳动报酬极为微小，兹举下列三种副业为例来说明：

（一）草包：每个值米1.5升至2.8升。需稻草4.5升至6.5斤，折米0.32升至0.46升，需麻8两至10两，折米0.8升至1升，垫支成本总数是米1.12升至1.46升。与售价差额是0.38升至1.34升。

（二）细草席：每条值米4升，需席草3.57斤，折米1.78升，需麻0.5斤，折米1升。垫支成本总数是米2.78升。与售价差额为米1.22升。

（三）硬衬：每捆（100 张）值米6.5升，需破布 10 斤，折米6.5升，需面粉1.5斤（做浆糊用），折米1.75升，垫支成本总数是8.25升。因此每捆尚须蚀本1.75升米（此系目前硬衬无销路价格下跌之故）。

在此种情况下农民所以继续经营之原因，全为无地少地生活穷困之故。

除上述之副业生产外，该乡农民还有兼做小贩的，他们大部是往返城镇，将本地出产（主要是鲜鱼、虾等）运到城里卖出，换回香烟、洋布等日用品，到乡村销售，从事这种贩卖生涯的全乡估计有 100 户，其中主要为贫农，计 53 户，占一半以上。

吴县堰里乡鹤金村调查

一、一般情况

该村四面环水，地势低洼，计包括金家甲、白塘湾、鹤颈湾 3 个自然村，共有 168 户，764 人，使用土地1490.43亩。

二、土地关系

该乡各阶层占有及使用土地情况见下表：

堰里乡鹤金村各阶层占有及使用土地统计表

成份		富农	中农	贫农	雇农	其他	庙宇	总计
户数	户数	9	55	85	10	8	1	168
	百分比	5.36	32.74	50.59	5.95	4.76	0.60	100
人口	人数	45	281	384	27	25	2	764
	百分比	5.89	36.78	50.26	3.54	3.27	0.26	100
占有土地	亩数	106.50	289.94	178.70	7.60	0.77	11.36	594.87
	占总占有土地百分比	17.90	48.74	30.04	1.28	0.13	1.91	100
	每人平均	2.37	1.03	0.47	0.28	0.03	5.68	0.78
出租土地	亩数	31.94	18.67	4.10	6.80	0	0	61.51
	占总出租土地之百分比	51.93	30.35	6.66	11.06	0	0	100
	占本阶层占有土地百分比	29.99	6.44	2.29	89.40	0	0	10.34

续表

成份			富农	中农	贫农	雇农	其他	庙宇	总计
租入土地	亩数	盖头田	23.00	208.30	133.06	1.80	4.96	0	371.12
		管业田	50.24	218.70	308.27	3.92	4.82	0	585.95
		合计	73.24	427.00	441.33	5.72	9.78	0	957.07
	占总租入土地之百分比		7.65	44.62	46.11	0.60	1.02	0	100
	占本阶层使用土地之百分比		49.55	61.15	71.65	87.73	92.70	0	64.21
使用土地	亩数		147.80	698.27	615.93	6.52	10.55	11.36	1490.43
	占总使用土地之百分比		9.92	46.85	41.32	0.44	0.71	0.76	100
	每人平均		3.28	2.48	1.60	0.24	0.42	5.68	1.95

注:“租入土地”栏中之盖头田中有小部分是底面田。

该村租入外籍业主之土地数量颇大，此等土地大多为管业田，佃户有永佃权。

当地土地买卖通常只限于田面，地价主要以是否卖绝而定，如卖出后不再赎回，在解放前田面价格每亩约值6石至8石米（连田底每亩约值10石米）。如系“典”，则典价全视典卖者是否想赎回而有不同，一般想赎回者只典二三石米，但亦有高至五六石米的，普通出典期限为三年至五年，期满以原价赎回，如到期无力赎取而被迫将地卖绝时，典卖户可再得若干地。

至于田底，抗战前一般地主为了收租，都不愿卖出，十年以前始陆续有人卖出，购入者大部分是占有田面权的富农，每亩田底约值3石至4石米，解放前一年跌至每亩仅值1石米。

三、租佃及雇佣关系

管业田大部为住在城镇的大地主所有，租额最高的每亩1.3石米，最低为6斗米，一般则为8斗米。盖头田（转租之管业田）的租额分包租和分种两种：分种以鱼池为多，租额视收获量而定；包租多为稻田，又分两种：

甲、“小租”，每亩租额最高6斗米，最低3斗米，一般5斗米。除小租外，佃户尚须负担田赋及管业田租等。

乙、“大小租”，每亩租额为1.6石至1.2石米，一般为1.5石米，田赋及管业田等全由盖头田主负担。

至于底面田租额，一般要比管业田高，且业主多住本乡，不易拖欠。

雇工方面：该村地少人多，雇工不多。雇工工资长工每年为3石至7石米，一般是5石米。牧童每年一般工资为1石米。短工（月工）每月工资约1石米，多在农忙时雇佣。

四、生产情况

该村使用土地除24.6%为鱼池外，余多为稻田，农业生产之外，经营副业者亦众。现分述于后。

甲、农业

（一）土质：土质分为黄泥土、红沙土、紫泥土、灰路头土等数种，以前两种土为最好，紫泥土次之，灰路头土则土质松而漏水，故最差。

（二）耕种情况：该村稻田多种两熟，一熟麦，一熟稻，但种麦面积仅占稻田总面积的60%左右，其余除种少数菜花外，都种羊草作为肥田之用。

两种作物产量颇不一致。麦田喜干燥，故不积水的漏田产量较多，而中心的“壤里田”则产量较差。高田每亩最高可收麦 1 石，最少仅四五斗，一般可收到七八斗。水稻则与麦相反，能积水的“壤里田”产量较多，如施肥，栽植得宜，每亩可收糙米 2 石六七斗（田宽大能种五百几十个稻把子的能收糙米 3 石），最差的沿塝漏田只收 1 石 5 斗，一般则在 2 石左右。

（三）种植工本：主要是人工和种子，农民在国民党反动派残酷压榨下已濒破产，无力施肥，肥料多垩河泥以之与羊草合拌，即较富裕农民，也仅加用猪窠灰而已。今将种植麦、稻所需工本分析于后：

（甲）麦（每亩），耕田1.2个工，种麦 1 工，撩麦0.5工，割麦 1 工，掼麦 1 工，共计4.7个工，并麦种 7 升。

（乙）稻（每亩），开灰潭0.3工，断柴泥、翻潭 2 工，耕田1.2工，挑灰0.5工，莳秧 1 工，耥稻、耘稻 4 工，割收、掼稻 2 工，共计 11 个工，并需稻种 8 升，罱河泥工资米 1 斗，戽水费米 3 斗。

（四）该村各阶层占有生产工具情况如下：

成份	户数	占有生产工具				
		犁	耙	踏车	船只	牲畜
富农	9	0	0	6	9	0
中农	55	0	0	57	60	0
贫农	85	0	0	63	42	0
雇农	10	0	0	4	2	0
其他	8	0	0	1	0	0
合计	167	0	0	131	113	0

造成以上特点之原因有下列四点：

（甲）农民穷困，无力购置大农具和牲畜，耕田时大都采取伴工互助的形式，用钉耙人工翻田。

（乙）该村地势低洼，灌溉便利，每户只需 1 架踏车即可应付。

（丙）鱼池较多，为保护圩岸，亦是不养耕牛的原因之一。

（丁）该村四面环水，来往交通必须用船，故船只较多。

乙、副业

该村约有95%以上的农户从事副业生产，其统计数字如下：

鹤金村各阶层从事副业情况统计表

成份		富农	中农	贫农	雇农	合计
换糖	户数	0	2	34	3	39
	占总户数百分比	0	1.19	20.24	1.79	23.21
织麻线	户数	4	40	108	1	153
	占总户数百分比	2.38	23.81	64.29	0.6	91.07
贩麻线	户数	0	1	1	0	2
	占总户数百分比	0	0.6	0.6	0	1.19
卖黄莲头	户数	0	5	13	0	18
	占总户数百分比	0	2.98	7.74	0	10.71
摇鱼船	户数	0	1	4	0	5
	占总户数百分比	0	0.6	2.38	0	2.98
手工业	户数	0	1	8	0	9
	占总户数百分比	0	0.6	4.76	0	5.36
其他	户数	0	1	5	0	6
	占总户数百分比	0	0.6	2.98	0	3.57

注：因有些农户兼营数种副业，故从事副业生产之总户数超过全村总户数。

（一）织麻线为该村主要副业，即用手摇车，把苎麻织成麻线，全由妇女操作。在农闲时，除了家内没有妇女或少数做其他副业者外，几乎全村每户都从事此种副业。苎麻每斤值四五升米，织成麻线后1斤最多能换得1斗米。

（二）换糖即以糖换破布，农民通常在农历年底前驾船出发，先从糖坊里把糖贩来，然后再至各地村坊以糖掉换破布。每只船需2人（内中有一个系小孩，看船），每趟吃饭及日常费用需米1石，糖本约米五六斗，可换回破布四五担，最好时能卖三四石米。

（三）卖黄莲头，黄莲头是一种树的嫩叶，出产在无锡、常熟一带，每年三四月间采摘腌制，春季前后出卖。该村农民在春节前驾船去常熟整批买进，再至上海、江湾、大场一带零卖。每出去一次需[illegible]本白米5斗至1石，二三个月回来，可净赚1石米。

此外，该地农民尚有从事养鱼、摸螺蛳（供养鱼户饲鱼用）、打鸟、摇鱼船等副业。

1950年3月调查

吴县斜塘镇三、六两保农村调查

一、土地关系

三、六两保共有524户，2426人。自然村庄有11个。

甲、这两个保土地非常集中，种租田的有486户，占总户数92.75%。共有使用土地（即耕地面积）4861亩，其中自耕田723.7亩，仅占总使用土地的14.89%，租入4137.3亩，占总使用土地的85.11%。

乙、各阶层土地使用情况如下表：

三、六两保各阶层土地使用表

成份		地主	富农	中农	贫农	其他	总计
户数		1	29	213	241	40	524
人口		3	149	1133	998	143	2426
占人口百分比		0.12	6.14	46.7	41.14	5.9	100
使用土地	自田(亩)	28.4	292.1	362.3	40.4	0.5	723.7
	百分比	3.93	40.36	50.06	5.58	0.07	100
	租进田(亩)	17.8	578.8	2473.4	1048.8	18.5	4137.3
	百分比	0.43	13.99	59.78	25.35	0.45	100
	合计	46.2	870.9	2835.7	1089.2	19	4861
	平均每人使用田亩	15.4	5.84	2.5	1.09	0.13	2
劳动力		2	69	509	432	76	1088
雇进	长工	4	18	12	0	7	41
	放牛	0	0	3	0	0	3
雇出	长工	0	0	0	47	19	66
	放牛	0	0	1	10	0	11
生产工具	牛	1	28.5	165	29	0	223.5
	车	1	39	184	92	0	316
	船	1	28.5	144	34.5	0	208

说明：1.地主大多住在城里，农民租入的土地大部是城内地主出租的。

2.地主2个劳动力，不参加实际劳动。

3.在“其他”一栏内包括雇农及接近小集镇的小商贩和小手工业者。

4.雇工占总人数1.8%，长工工资每年最多6石，一般四五石，最少的二三石；放牛的最高3石，一般的1石左右，甚至有仅吃饭无工资的。

各阶层对稻麦田与滥田的使用情况如下表：

成份	地主	富农	中农	贫农	其他	总计
稻麦田	34.20	794.00	2580.90	945.50	16.50	4371.10
滥田	12.00	76.90	254.80	143.70	2.50	489.90
滥田占稻麦田百分比	35.09	9.69	9.87	15.20	15.15	11.21

二、租佃情况

甲、永佃权

租田有田底田面之分，田底所有权属于地主，田面使用权归农民，农民可以将田面权转租及出卖，业主不得过问。出卖永佃权，每亩可值五六石米，转租后要收大小租，大租是给地主的，按原有标准缴，小租是转租者所有，每亩要收5斗。转租情形很少，大多是失去劳动力的佃农，才转租于他人。

乙、租额

（一）抗战时期——1942至1946年最高每亩租额1石至1石1斗米，中等六七斗米，最低3斗左右，但很少。

（二）解放战争时期——1946年以来，稻田租额最高每亩8斗米，中等五六斗米，低者三四斗米。

（三）滥田与稻田租额相等。

丙、地主的收租方式

（一）成立“业主田业公会”，该会设在苏州城内，所有苏州周围大小地主1700余户都加入，大地主有300余户，土地最多的达5000亩至六七千亩。公会中有催粮警100余人，设有收租总栈，按自然村庄及小集镇设若干分栈，催粮警分配于各分栈，每分栈管理几十家或几百家佃户，进行收租。

（二）田业公会是地主向佃户收租的机构，如有抗租者即由公会直接处理，利用催粮警及依仗国民党反动派伪警及其他反动武装，会同拘捕农民，带至公会坐牢。坐牢时自带伙食，一般在八、九月即被捕，到明年正、二月农忙时才放出，最多有坐半年牢的，如三保农民金德富在1946年十一月捉去，到第二年五月才放回。

丁、农民抗租、拖租情形

抗日战争爆发后，自1937年到1939年的三年中都不缴租，因地主逃亡他处。1940年以后，大部分地主渐渐回来，又向农民要租。在1940至1946年，农民又开始缴租，一般的要缴到四成至六成，如拖抗力强者，仅缴一二成，甚至有不缴的。稍弱的农民有缴到八成的，亦有少数农民十余年一直是抗租的。

解放战争开始后，在1947、1948两年中农民不缴租，仅完纳国民党反动政府的粮赋。

以上不缴租的原因：

（一）佃户多，土地相当集中，农民为生活所迫，自发抗租。

（二）由于抗日时期地主逃亡，无人收租，农民自然形成抗租习惯。

（三）地主集中城里，多兼营工商业，不全靠土地生活（但不兼营工商业的小地主，往往有亲自下乡收租的）。

三、负担情况

甲、田赋负担

1946年——每亩最高额稻子26斤。

1947年——每亩最高额稻子28斤。

1948年——每亩最高额稻子48斤。

乙、各种捐税

1948年：

壮丁负担——全年三次，摊壮丁6人，计大米120石（这是最高额）。

苏锡公路费——全年一次，大米7斗。

电杆公费——全年一次，大米1石。

慰劳布鞋——100多双，大米10石。

自卫自治费——全年一次，大米1石。

乡镇经常费——全年六次，2个月征收一次，每亩平均收大米6升。

冬防粥衣弹药费——全年一次，大米8石。

临时军草费——全年一次，草600斤。

保丁饷费——自八月至十二月，共收大米7石。

保干事饷——自八月至十二月，共收大米9石。

保队附饷——自八月至十二月，共收大米5石，另外尚有津贴费，7个人共计大米5石。

难民费——每月3斗，5个月共大米1石5斗。

1949年：

壮丁捐——一次，每保约一个半至两个计算，每个壮丁计大米20石，解放前共捐30石。

乡镇经常费——每2月征收一次，每次1升，共收2次，计大米2升。

保丁饷费——解放前共计捐大米1石4斗。

保干事饷——解放前共计捐大米1石8斗。

保队附饷——解放前共计捐大米1石。

难民费——解放前每月捐大米3斗。

船捐——大船每年捐 1 斗，小船每年捐 5 升。

四、农业生产情况

物产以稻为主，麦次之；其他有席草、荸荠、茨菇、藕等。在 4861 亩耕地中，稻麦田 4371.1亩，占总使用土地的 90%，滥田489.9亩，占总使用土地的 10%。

在4371.1亩稻田中，春季全部种稻，冬季以 50%种小麦、元麦，另外 50%种菜子、豆子、秧草等；但在第三保中有少数稻田因地势特别低，不能种麦，仅收一季稻。

甲、土地种类、土质与收获量

（一）土地种类

（甲）稻麦田——按地势高低分上、中、下三等，上、中二等可种稻麦两熟，下等仅产稻，以中等田最好。

（乙）滥田——地势最低，易于淹没，因此，不能种稻，农民都种席草、藕等。

（二）土质与产量

（甲）稻麦田有二种土质：

灰沙土——是最好土质，最高能产米 2 石 5 斗，一般是 2 石左右，较低者有 1 石五六斗的；产小麦最高七八斗，普通四五斗。

黄沙土——产量与灰沙土相等，但田中漏水。

以上二种土质产量相等，但田亩有大小，大者每亩 700 个稻把子，小者为 450 至 500 个稻把，普通为 600 个。

（乙）滥田——都是灰沙土，产席草每年每亩最高产量 10 担，一般七八担；荸荠每年每亩产 8 担左右；茨菇每年每亩产 6 担左右；藕每年每亩 8 担左右。

此田都是二年三季，藕是单独长的，席草与荸荠、茨菇是混合长的，种席草时其中间种茨菇或荸荠。

前几年每亩滥田产量值米 10 石左右，今年因席草不值钱，所值较往年相差很多。

（三）产量的百分比：

（甲）稻麦田

稻占稻麦田总产量的 80%，麦占稻麦田总产量的 15%；菜子、蚕豆、秧草占稻麦田总产量的 5%。

（乙）滥田

席草占滥田总产量的 50%，荸荠、茨菇、藕占滥田总产量的 50%。

乙、成本

（一）稻田——肥料以河泥秧草为主，因此所费成本不多，每亩折米 4 斗左右，每亩需稻种 7 斤至 10 斤。

（二）麦田——肥料垩河泥，成本值米约 1 斗左右。

（三）滥田——垩本及人工所费较稻麦田为多，据了解，须高出5倍。

丙、其他

该地除了地主富农及少数中农雇长工外，一般劳动力不缺乏，雇短工很少，农忙时，少数农民缺乏劳动力的，采取换工办法耕作。一般生产工具如牛、水车等亦不缺乏。此地副业很少，仅有斜塘镇周围少数人家做芦菲及木匠船匠等。

1949年7月调查

吴县姑苏乡农村情况调查

一、一般情况

该乡属木渎区，东面近山，地势较高，中部和西部是平原。境内有塘河，南通横泾，北至木渎，主要物产是稻和小麦，其次为大麦、菜籽、蚕豆、南瓜、山芋等。副业生产主要是养蚕，其次为养猪及刺绣。

该乡共包括5个行政村，463户，2082人，全乡耕地共5066.37亩，每人平均使用土地为2.43亩。

二、土地关系

甲、土地占有关系

该乡各阶层占有及使用土地情况如下：

木渎区姑苏乡各阶层占有土地情况表

成份		地主	富农	中农	贫雇农	公产	其他	合计
户数	户数	4	33	143	277	—	6	463
	百分比	0.86	7.13	30.88	59.83	—	1.30	100
人口	人数	20	189	696	1164	—	13	2082
	百分比	0.96	9.08	33.43	55.91	—	0.62	100
占有土地	亩数	823.45	742.84	1134.50	619.64	102.70	0.95	3424.08
	百分比	24.05	21.69	33.13	18.10	3.00	0.03	100
	每人平均数	41.17	3.93	1.63	0.53	—	0.07	1.64

续表

成份		地主	富农	中农	贫雇农	公产	其他	合计
出租土地	亩数	739.70	215.90	100.20	17.70	102.70	0	1176.20
	百分比	62.89	18.36	8.52	1.50	8.73	0	100
	占本阶层占有土地百分比	89.83	29.06	8.83	2.86	100	0	34.35
租入土地	亩数	0	248.99	1342.28	1227.22	—	0	2818.49
	百分比	0	8.84	47.62	43.54	—	0	100
	占本阶层使用土地百分比	0	32.09	56.48	67.09	—	0	55.63
使用土地	亩数	83.75	775.93	2376.58	1829.16	—	0.95	5066.37
	百分比	1.65	15.32	46.91	36.10	—	0.02	100
	每人平均数	4.19	4.11	3.41	1.57	—	0.07	2.43

从上表统计数字中可看出该乡土地是很集中的，仅占总人口0.96%的地主即占有总占有土地的24.05%，地主每人平均占有土地为贫、雇农每人平均占有土地的77.68倍，如加入外乡地主在该乡占有的土地，则该乡总使用土地的63%以上在地主、富农手中，再加上名义上为公有而实际为当地封建势力所把持的公田，其占百分数更高。这些掌握在封建阶级手中的土地，大部分出租给农民耕种，借以榨取高额地租。

此外，由于近年来国民党反动派的加紧掠夺，更使很多农民极快地丧失了原有的很少的土地。如该乡忠心行政村，在1947至1948年间，贫农共丧失了原占有土地的24%，雇农丧失了原占有土地的51%，其统计数字如下表所示：

姑苏乡忠心村1947－1948年各阶层丧失土地情况表

成份	户数	占有土地亩数	丧失土地户数			丧失土地亩数		
			户数	百分比	占本阶层户数百分比	亩数	百分比	占本阶层占有土地百分比
富农	10	222.00	1	2.44	10.00	2.00	2.26	0.90
中农	53	301.70	18	43.90	33.96	40.73	45.96	13.50
贫农	65	178.75	21	51.22	32.31	42.90	48.40	24.00
雇农	6	5.88	1	2.44	16.67	3.00	3.38	51.02
合计	134	708.33	41	100.00	30.60	88.63	100.00	12.51

这些出卖的土地大部分落入地主阶级与少数富农手中，因此，农村中土地集中趋势是很显著的。直至1948年下半年后，由于革命形势的迅速发展，地主富农才不敢买土地，农民虽要卖田，但已缺乏受主，这样才暂时缓和了土地集中的趋势。

该乡地价在1946年时每亩“田底”最低值12担稻，后逐渐下降，至1948年下半年跌至二三担稻，且交易都在“赎地”情形下发生，为收租而买田的已很少了。

乙、租佃形式及租额

该乡租入土地共2818.49亩，地主出租约占2300余亩，其中绝大部分为管业田，农民称为“栈口”田，租额一般1石米，最高1石1斗，最低5斗，近年来由于革命形势的发展以及四周农民抗租运动的影响，地主阶级才将租额稍予减低，借以缓和农民的反抗。

底面田（田底田面均归一个业主所有）多为本地地主或缺乏劳动力农民出租之土地，在该乡占比重很小，租额亦以1石米为多，高的有1石2斗，最低为9斗。当地农民称底面田为“背斛子田”，盖指背了斛子上门来收租之意。

在管业田中有若干转租田，其中有一部分要加小租，但也有相互调换耕种的。

其次，还有一些分租田，租额最高，农民要将全部收获的一半交给地主，此种租田在该乡数量极小。

三、雇佣关系

该乡有长工27人，除10人为外地工人外，其余全为本乡雇工，工资最高全年14担谷，最低10担，一般在12担左右。此外，并有半长工10人，都是少地的贫农出雇，实际工作时间为2个月（自夏至到七月半），工资普通为白米2石4斗，最低的仅1石8斗。雇佣长工者多为地主、富农及个别富裕中农。

该乡贫农因耕种土地太少，约有50%以上需做散工以弥补农业收入之不足（少部分中农亦需出雇），散工除由雇主供膳外，每天工资最多5升米，普通为4升。雇主多为富农及缺少劳动力的中农。

该地雇用长工的富农在自己不需要时，常将长工转雇给别人做散工，侵吞其全部工资，剥削极为残酷。

四、债务情况

该乡债务关系极为复杂普遍，农民由于收入太少，常需举债，而地主、富农、高利贷者则残酷地对农民进行高利贷剥削。据该乡一个行政村的调查，全村不足100户中共有55户欠债，欠债总数达1051.27石米，统计如下表：

姑苏乡一个村各阶层负债情况统计表

成份	负债户数		负债数额	
	户数	百分比	米(担)	百分比
富农	2	3.64	133.00	12.65
中农	18	32.73	455.00	43.28
贫雇农	35	63.63	463.27	44.07
合计	55	100.00	1051.27	100.00

该村放债情况之统计则如下表：

姑苏乡一个村各阶层负债情况统计表

债主成份	放债数(担米)	百分比
米行	64.69	6.15
地主	83.20	7.91
富农	590.16	56.14
中农	251.42	23.92
贫雇农	61.80	5.88
合计	1051.27	100.00

地主、富农放债时往往通过街上米行或本地中农，故实际上地主、富农放债额约达放债总数的80%左右，利率则多为“粒半头”，即年利50%。农民与农民之间的借贷关系利率较低。

五、生产情况

甲、土地种类

该乡5066.37亩使用土地中，除桑田、屋基和只能种麦及菜的一熟田（旱田）外，多为能产稻、麦的二熟田。各种土地所占面积如下：

土地种类	水田	桑田	旱地	屋基	合计
亩数	4390.01	292.84	244.20	139.32	5066.37
百分比	86.65	5.78	4.82	2.75	100

乙、农作物种类及产量

（一）稻：

（甲）产量：最高每亩可产550斤，最低350斤，一般在450—500斤之间。

（乙）成本：如完全雇工耕种则需：

雇工费(9工)折稻	108斤
肥料	70斤
种子	8斤
戽水费	60斤
共计	246斤

（二）麦：

（甲）产量：每亩最高50斤，最低30斤，一般40斤左右。

（乙）成本：麦种七八斤，肥料用猪窠灰五六担，人工3工。

农民认为种麦并无好处，如改种“荷花郎”（草肥，属苜蓿科），一亩“荷花郎”再加猪窠灰五六担，即可肥稻田 2 亩，值稻 140 斤。但麦收虽少，却可救急，故一般农民仍多种小麦。

丙、各阶层生产工具占有情况

姑苏乡各阶层占有生产工具统计表

成份	户数	犁	牛	牛车	水车	使用土地	注
富农	33	42	28	32	4	775.93	地主占有农具原材料缺
中农	143	90	60	71	51	2376.58	
贫雇农	277	37	13	26	107	1829.16	
合计	453	169	101	129	162	4981.67	

可见，该乡除富农外其余各阶层农具及耕畜均感不足。如以耕牛计算，富农平均每27.71亩土地即有耕牛一头，中农每39.61亩有耕牛一头，贫雇农则需140.70亩才有耕牛一头。通常一头耕牛能耕地 30 亩左右（包括戽水），则中农有 1/4 土地需靠人耕种戽水，贫雇农有 8/10 的土地需靠人力耕种戽水。

如再以占有水车情况来看，中农牛车戽水不足部分尚可用水车以人力补足，而贫雇农因水车亦少，故必需依靠临时租用机器戽水，其垫支成本必然更大，也必然相对地减少了农业收入。

丁、副业生产

该乡贫苦农民因单靠农业收入不足维持生活，故多兼做其他副业。

（一）养蚕：全乡有 310 户养蚕，现有桑地274.34亩，1948 年养蚕约 1000 张。近年来因米涨茧跌，桑地桑株均见减少，再加施肥不足，故产叶不够，每年需向东山等地购进桑叶。

养蚕是该乡主要副业之一。每张蚕种值米 1 斗至 1 斗 2 升，要吃 5 担桑叶，按该乡产叶情况看，其中一担半要自别处购进，值米 1 斗 5 升至 3 斗，共需垫支成本 2 斗 5 升至 4 斗 2 升（自有桑地之加工施肥支出均未计入）。每张蚕种可产茧 40 斤，如每斤值米 4 升，则可卖 1 石 2 斗米，除去垫支成本外尚余 9 斗 5 升至 7 斗 8 升，这对农民渡过春荒帮助甚大。

（二）养猪：是该乡普遍的家庭副业，农民通常用 5 斗米购进母猪一头，养 4 个月后母猪可生一窝小猪，再养 3 个月可将全部小猪（约 3 担）卖出，值 7 石 5 斗米，7 个月中共需饲料 960 斤豆饼，折米 5 石 3 斗（糟糠、青草未计在内）。这样，每窝小猪可获利 2 石多米，通常一头母猪每年可产小猪两窝，则可获利 4 石多米；此外，尚可得猪窠灰肥 60 担至 100 担（每担猪灰可抵 3 斤豆饼）。

养猪虽能使农民得到若干收入，但因垫支成本很大，故一般贫苦农民在购买饲料时势必堕入城市高利贷者的罗网中。粮行在贷饼给农民时一般采取两种方式：一是按月加息一成，一是要农民在秋收后还米，而在贷饼时抬高饼价。于是，农民终年辛勤养猪的结果仅能得九十担猪窠灰肥而已。

（三）刺绣：全由妇女操作，亦颇普遍，大多是为城内刺绣行代绣妇女穿的鞋面，行销各地，亦有若干出口，解放前工资每天能有1升米，工作熟练及无孩子牵累的妇女最多能赚2升米。

此外，尚有141人从事各种手工业，其中中农22人，贫雇农119人，大部分为泥水匠和木匠。通常一年做工100天，可有收入6石米。这数字已超过一般贫农的农业净收入，故兼有这类职业的农民其本人已可算作手工业工人了。

苏南区农委会

1950年7月

第三部分　苏南农村租佃借贷调查

吴县租佃情况调查

一、土地情况

甲、土地种类及主要作物产量

（一）稻田：其面积在该县土地中占首位。一般占土地总面积的75%，在个别特殊地区稻田所占比例较小，鱼池所占面积较大。如浒关长青二保，稻田占55.14%，鱼池占44.86%。

稻田每年产二熟（大、小熟）：大熟为稻，每亩平均产量糙米2石，最高能产2.5石，低者1.2石（稻田分为一、二、三、四级，其中以一、二两级为多数）；小熟为麦，麦田占总土地面积的45%，占耕地面积的70%，占全部稻田的74%（一个保的材料）。每亩平均产量0.5石，最高0.8石，低者0.3石，这样以二熟计算，每亩平均产量为2.5石，最高3.3石，低者1.5石。

（二）鱼池：全部鱼池在全县范围内说，占总耕地面积估计在2%。鱼池大部为地主、富农所占有，一般农民占有较少。鱼池是由低洼田所开成（即四级田，最不好的田），据农民传说是在明朝起开掘的，因为获利很大，农民逐渐普遍开洼地为鱼池。

（三）滥田：也是一种低洼田开成的（即四级壤田），土质多为灰沙土，主要是产席草、荸荠、茨菇、藕等。每两年收三季，可将几种作物同时混合一起栽种（而不一定同时收获），产量和收益，仅次于鱼池，但生产成本很大（人工和肥料）。这种田为数较少，主要在淞北区。

（四）桑田：在春、秋两季产桑叶，每亩产量一般为5担到10担，俗称春六秋四。桑价每担平均为0.12石或0.2石米，最高买价会达0.65石米。平时桑价以浒关最高，因其为蚕种业集中所在地。蚕丝业未发达前，桑田面积很小，后随着中国蚕丝业的旺盛而桑田亦逐渐增多起来。开始时桑树是种在屋角房基上，后来差不多的旱田都开为桑田了。种桑以砾土最适宜，桑田的收成主要决定在人工和肥料，桑田容易出现一种白蠊虫，对桑的危害颇大。

（五）山田：产柴草、石头，全县山地数量很少。

乙、种田成本计算

（一）肥料：农民一般多施人粪，牛、羊、猪粪，河泥，青草，豆饼，黄豆（煮熟后放入田中）等作肥料。各种粪类肥料由所养牲畜积存，成本以副产物抵销，而豆饼、黄豆要化钱去买，青草、河泥主要是人工所换得，挟河泥有时要请短工。一般估计，每亩田平均需肥料成本计米0.2石。

（二）人工：每亩田种二季，估计化人工15个，工价每人每日连吃饭计算在内，以0.05石米算，计折米0.75石。

（三）种子：每亩需要麦种折米0.04石，稻种0.06石，共需米0.1石。

（四）戽水工资及农具折旧费：戽水费每亩以0.2石计；每年添置及修理农具等，每亩平均计0.15石米。

以上各项合计，每亩成本为糙米1.4石。

二、租佃关系

甲、地租种类

吴县基本上只有定租制和活租制两种。

（一）定租制（即包租制）

地主与承租户在建立业佃关系时，规定好租额和押租（坐租），若干糙米或钱（即物租与钱租，鱼租包括在物租内），以及交租的时间、地点、手续等，也有规定出租年限（如盖头田）、灾荒、歉收减租等特殊事例的处理办法的。

（二）活租制（即分租制）

租额不作一般规定，而是按每年实产量，业佃双方分益。分租标准，一般以对半分租居多数（鱼池和稻田都一样），鱼池也有倒三七分租的（养鱼资本由业主负担）。

乙、三种出租户（业主）

（一）底面地主即自业地主

产权（土地权）全属地主所有，这样的地主多数居住乡村（极少数居住镇市），农民亦叫在地地主。一般的说此种土地全是中小地主所出租的（其中也有少数为富农或其他阶层如鳏、寡、孤、独、自由职业者及在工厂做工的工人等）。租额皆很高，每亩均在1石糙米以上，最高的达1.6石。地主在出租土地给农民时，都订有合同手续，规定年限或押租，承租人没有永佃权，到期或佃户缴不出租时，地主可随时将田收回自耕和转租他人，并将“欠租”在押租中扣除，佃户无权干涉。

（二）田底地主即管业地主

地主占有田底，即所有权，佃户占有田面，即永久耕种权（土地分田底田面后才有这种租佃关系）。佃户要向业主交田底租米（大租），每亩租额为5斗半至7斗半糙米。在佃户册子上写上佃户姓名、住址及租田亩数，无年限规定，每年秋收后，向佃户收租米一次。田底地主极大部分住在城市（如苏州、上海等）或市镇上。一般都是几百亩几千亩以上的大地主（几十亩是很少数的），并且大部分都兼营工商业，或其家庭中有个别的人从事其他职业。

“管业”的意义及其来源是这样：

清初粮重，凡交不出田粮者要受拘受罚（罚金按拖欠时间规定）。而绅衿因有功名可免拘押，故其田粮一般都能拖欠到下忙齐交（皇粮有“上”“下”忙之分），而吴县地主收租是秋收后一期，所以上忙田粮往往交不出，怕被拘被罚，因此有了依赖绅衿“牌头”之心，与绅衿相商，成立了设“栈”寄收制度，地主将“堂名”或姓名抄给绅衿，按“栈”编号，归“栈”归户结数，这样田粮可以趸交，但仍按户制串，由“栈”正式代收田租和代交田粮，出现了“管业”之名，于是地主的田，一般称其为“管业田”。

管业田、“永佃权”形成的原因有下列几种：

（甲）太平天国以后土地无人耕种而成荒地，地主得以大块土地交给农民开垦，垦后许其永久耕种（世世代代耕种），但这种永久耕种是有条件的，就是说农民要保证交租，若交不出租，地主仍可收回土地，故很早以前永久耕种权是没有保障的。

（乙）农民因生活困难将自田出卖给地主，地主乘机压低价格，仅给农民保留耕种权，因而形成了租佃关系。

（丙）农民向地主借的债，利上加利，多年还不清，乃将土地抵押于地主，地主为长久的剥削农民计，以“割断债务”清理手续为借口，要农民把土地杜绝给他，但仍租给农民耕种，农民向地主交租，由这样的过程建立起了业佃关系。

上面这三种“管业田”地主土地的来源以第一种为多数，而第二、三种是田底权田面权形成后逐渐增加起来的。

由于太平天国革命运动的关系，使农民对部分土地有了永佃权，又经历史上农民不断的斗争，使永佃权得以保持下来，因此永佃权实际上很早就形成了。但它只是一种相对的权利，即保证交租才有永久耕种的权利，是没有法律保证的。到了1927年大革命时代，当时的政府正式颁布了《减租法令》和《土地法》，土地法中规定佃农有永佃权，当时农民在政府的法令支持下向地主进行了斗争，获得了胜利，永佃权才得巩固，并开始有了法律保障。

田底田面权的分离是与永佃权同时发生的。承租土地的农民对土地有长期的耕种权以后，有时因丧失劳动力自愿转租他人，因为他对这土地是有永佃权的，转租出去也要收点租，这样，原租以外，再加原承租人的租，实际上就是提高了租率，而租的缴纳也分成了田面权的租与田底权的租两种，田底与田面之分就明朗化起来了。更由此发展，耕种权不仅可以转租，还可以互相买卖，于是，“田面权”在习惯上就确立了。到大革命时，永佃权有了法律的保证，更巩固起来，田面田底就此完全划开，各自买卖，互不干涉。田底与田面价格是有一段变化过程的，开始时田底价高于田面价，为五与一之比，以后因革命形势的影响，田底价逐渐低落，从相等而到低于田面，到解放以后，已无人再买田底了。

当大革命农民斗争胜利时，曾要地主发出通知单（管业租田通知单），凡发着这样通知单的农民，都有了“田面权”，以后农民就凭这通知单出卖或转租田面。地主则根据“方单”出卖田底。

从这时候开始，“管业”田的“管业”二字的意义也发生变化了，不但是从“管”字的字面解释它，而且它又包括了田底田面之分和永佃权的意义了。凡是“管业地主”只有田底权，而承租“管业”田的佃户皆有田面权。

拔田：本来“管业田”有拔田的规矩，就是说农民出卖给地主的土地，仍旧自种（管业租田），只要农民能拿出相当代价（等于田价），可向地主拔田，但过去只有个别农民才能拔得起，一般农民是没有力量拔田的。过去地主不愿给农民拔田，但后来田底不值钱了，拔田价也低了，从最高时的10石米降到3石米，最后等于一年租米，这是由于革命形势造成的。农民自然也不愿拔了。

（三）田面业主

将承租田底地主之田面转租给别人，一般有两种转租形式和收租方法：

（甲）田面业主将田面转租给另一农户，称为“借租田”。这种借租田，佃户除直接向田底地主交租以外，还要另交小租给田面地主。这种田的租佃手续很简单，有时也有押租，数量相等于一年租额。

（乙）田面业主，也是将田面转租另一农户，一般的手续与形式多与上面的转租方法一样，所不同的是田面业主（转租人）不但收小租米（盖头米），而且将田底地主的大租也一起收了，承租户不与田底地主发生关系，而只和“田面业主”发生租佃关系，农民的叫法是“种盖头田”或“放花利”。这种田以佃富农转租为多，一般的农民较少。

丙、承租户（佃户）

（一）承租底面佃户

即向“底面”地主租入自业田，到秋后向地主交租米，租额很重，手续又严，到期听命地主决定，农民无永佃权。租种这类土地以中贫农成份为多数，因土地少，劳动力有剩余，为了维持一家最低的生活，除了忍受地主残酷的地租剥削外，还要请地主吃饭或送礼等。

（二）承租田底佃户（即管业佃户）

自己占有田面而租入地主的田底，这种田大部是祖传下来的（这种土地原来是该田面业主所开垦的荒地，或出卖给地主的土地，因之有这种田面权），因为土地有永佃权，故能世代相传。若因中途失去了劳动力或发生了灾难，也能转租或出卖田面。

（三）承租甲底乙面佃户（二佃户）

即缺少土地的农民从田面业主（管业佃户）手里租种的田面，由承租人和田面业主（管业佃户）订好租种手续和规定租种年限及租额（大小租额），若合同规定承租户能与“田底地主”直接发生主佃关系时，承租人向田底地主（管业地主）直接交租（大租），而另交盖头米（小租）给田面业主。假如无此规定，承租人应将大小租完全交给田面业主（管业佃户）。到规定期限田面业主（管业佃户）有决定是否收回之权，承租人只能相商田面业主（管业佃户）无权强自续种。

丁、交租情形及各种租额

（一）交“底面”地主的租，一般租额较高，占到总产量的60%，每亩租额至少为1石，最高1.65石，一般的1.2石。交租时，多为地主上门收租，亦有由佃户送到地主家里的。一般都是按时交租，很少拖欠。

（二）交“田底地主”之租米，是对“栈”交租。很早以前是收实物租米，后来地主为了方便起见，改为钱租（按原实物租额折价）。以前的租额极重，逊清减赋后，租额方稍减了些，原为1.4石者减为1.18石，1.2石者减为1.08石，以此类推；大革命后，实行二五减租，实交租额一般是5斗至7斗半。地主为了要农民早日到“栈”交租，故有“飞限”“三限”规定，飞限按实交租额“八五”折交租，三限期间交租，每一限按飞限加五缴纳，第三限加至原实交租额。过期不交就要拘禁押交。从有田租通知单后，一直是按田租通知单之面（租额）收租。田底地主很早开始设“栈”或联合栈收租，雇用催子和账房，抗战开始后，设公栈收租并与敌伪勾结租赋并收。1945年抗战胜利后，各栈各收。1946年又建立了联合收租处（在一个方向一个区域的地主联合会），因农民抗租关系，又改为“指佃完粮”（地主因直接收不到租，故利用蒋匪收租），引起了农民普遍的抗租。但农民自拖租、抗租以来，并没有减轻负担，而相反的各种苛捐杂税陆续加在农民身上，实际负担量比过去交租时的租额还要高（如敌伪时代的军米经常费，国民党时代的壮丁费等），因之农民生活还是一天困苦一天。

（三）交“田面业主”之田租（盖头米或小租）。佃户到秋收后按契约规定向“田面业主”交盖头米（小租），一般在0.5石以上，田底地主之租额，归承租人（实际耕种的佃户）负责。

（四）交“田面业主”之底面租（包租），因“田面业主”在转租土地给承租户时，手续规定是承租户向“田面业主”交大小租，所以到秋收后承租户除交原租额（田底大租）外，还规定要交盖头租米（田面小租），这两种租额全由田面业主收，田面业主能对田底地主抗交大租而承租人却不能如此。

三、租出户和租进户的成份比较

甲、租出户

出租土地以地主为最多。根据木渎区的材料，地主的出租土地占全部出租土地的86%，地主中以“田底地主”（管业地主）占多数（占全部地主出租土地的80%），“底面地主”占少数。其次是富农，而富农又是转租土地为多数，富农出租土地占全部出租土地的9.3%。再次，是其他无劳动力的鳏、寡、孤、独、工人、自由职业等阶层，占出租土地的4.2%。整个出租土地数占耕地面积的70%，最高到80%。（附：本区姑苏乡北半乡各阶层出租土地情况表及黄埭区十四保二十三个甲各阶层出租土地情况表作参考。）

乙、租进户

租进户一般是贫农、中农占绝大多数，富农和其他阶层次之。根据木渎区姑苏乡的北半乡的材料，租进户：中农、贫农租进土地占总租入田的91.16%，富农占8.84%（见附表四）。另根据黄埭区的材料，租进“管业田”以贫农最多，占出租管业田的49.313%，富农占32%，中农次之，占9.62%，地主再次之，占8.54%（这种地主本身是“管业佃户”或租进鱼池），最少的是其他阶层（雇农手工业等），占0.047%。但以各阶层每户租进田亩平均数计算，则富农占第一位了，富农户数占租进户的5.8%，而租种的土地却占租进管业田面积的32%。租进底面田，以中、贫农最多，黄埭区材料，中农占52%，贫农占43.4%，富农占4.05%。租进鱼池则以富农、地主占第一位，因为他们有资本（养鱼资本大，一般农民只有和人家合养），养得起鱼。

四、其他几个问题

甲、抗租情况

（一）原因：抗租一般以管业田为主，抗租发生的原因，首先是历史上的农民革命的影响，逐渐的教育了农民，使农民的阶级觉悟步步提高；到了敌伪时代以及胜利后国民党反动政府时代，反动政府的田赋与苛捐杂税以及沉重的地租重重的压在农民头上，使农民生活困苦不堪，实在负担不起，从拖租（欠交或欠交几成）发展到抗租，由个别不自觉的反抗而发展到有组织的普遍的反抗，汇成为伟大的抗租运动（当然亦有我地下党领导的影响）。

（二）抗租：抗战第一年未交租，从第二年起就有拖租情况出现，不过在这时只是减少成数，大部分还是交的；但是地主已和敌伪勾结起来，凡在农民拖欠租米时，就派伪军下乡捉人，捉着关起来吃“官司”，在东山，一天曾关起过 200 多人（新四军消灭敌人时才全被释放）。那时地主认为谁是抗租的指挥者，即被捉去送镇江坐牢，一般抗租的农民送苏州坐牢。淞南乡地主曾捉过 9 个佃户送到镇江坐牢，就死去了 8 人。可是农民负担愈重，抗租的情况也必然愈扩大。1945 年农民交了一年“胜利租”，实际是群众在地主威势下（国民党反动派助威）逼迫交出的，但地主也只收到 70%左右。1946 年后交租就一年比一年少了，尤其是去年农民在解放战争胜利的影响下，基本上已停止交租。

乙、额外剥削情况

（一）地主需要人力时可向佃农要轻工或服役勤务，如地主上街进城时摇船等，做工时有给佃农饭吃的，也有不给饭吃的。

（二）佃农在过节或交租时，要请地主吃饭、送礼物，一般是送上市新鲜的副产物，如鱼、鸭等。

（三）押租金：佃户种花利田（土地底面全属地主），除正当交租外，还要交押租米若干，地主拿了押租米，又可放高利贷，佃农拿不出租米时，可做借贷手续给地主，利上加利，最后被迫甚至以自己仅有的一点土地抵押或出卖给地主。

（四）预收租米：明年种田，今年先交一半租米为定。

（五）底面田主，一般的都是以大秤大斛收租米（1 石加 1 斗）。

（六）催子、账房对农民的敲榨行为除在收租时候加拖 6 升外，平时佃农要伺候他，如过年过节送礼物，下来看荒给钱，这样才好请他们说好话，帮助多报几成荒；或是在拖欠租米时地主派催子和差人下乡催租米，佃农给几个钱也可免押交（带走），但一次二次可免，到第三次就逃不掉了（被押）。平时地主和佃户不怎么接触，都是催子和账房与佃户发生关系，所以农民恨死催子和账房。

编者按：该文业佃关系中，将地主（有的也叫业主）、佃户，分为底面地主、底面佃户、田底地主、田底佃户，以及底面地主的地租、田底地主的地租，这种分类法，是不科学的，缺乏明显的阶级分析，仅系按租佃土地的不同情形而区分的，对研究租佃双方的具体情况是有一定好处的，但必须在总的阶级情况分清的前提下，这种具体的分类，才不致于使人发生误解。

浒关长清乡第四保三个甲土地出租户的调查表

地主种类	户数	住地情况	成份	租额种类	租额数量	备注
田底地主	34	3户住集镇 1户住乡村 30户住城内	地主	实物地租折合现金完纳	最高1.2石 最低0.3石	现在职业及生活情况不知
田面业主	2	乡村	中农 工人	实物	高1.5石 低1.1石	在乡村种田及船上机器工人
底面地主	4	1个城内 2个浒关 1个乡村	地主2 木匠1 小贩1	实物	1.2石,1.1石 0.8石,0.9石	有1个先住乡村,后到城内住,1个在上海做小生意不在家
附注	1.管业地主都住在城内。2.转租盖田户大都住乡村且地主成份者很少。3.底面地主集镇与乡村者最多,即有住城内者也是从乡村搬去。4.对城内地主职业生活情况无法调查清楚。					

浒关长清乡第四保三个甲各类地（业）主户数及田亩比较表

项目		田底地主	田面地(业)主	底面地主
户数	数	34	2	4
	百分比	85.00	5.00	10.00
田亩	数	218.175	6.800	8.665
	百分比	93.38	2.91	3.71

木渎区姑苏乡北半乡各阶层出租土地情况表

成份	出租田数	占出租田百分比	备注
地主	2381.99	84.51	包括本村及外村地主出租土地在内
富农	215.90	7.66	
中农	100.21	3.56	
贫雇农	17.70	0.63	
公田	102.70	3.64	
合计	2818.50	100.00	

木渎区姑苏乡北半乡各阶层租进土地情况表

成份	户数	占总数百分比	租进田亩	占租田百分比
富农	29	7.44	248.99	8.84
中农	134	34.36	1342.28	47.62
贫雇农	227	58.20	1227.22	43.54
合计	390	100.00	2818.49	100.00

黄埭乡十四保二十三个甲各阶层出租土地情况表

成份	出租自业田	百分比	出租管业田	百分比	出租田面田	百分比
地主	338.21	50.95	2545.85	88.29	22.00	9.22
富农	132.75	20.00	256.20	8.89	104.16	43.64
中农	92.90	13.99	8.10	0.28	69.53	29.13
贫农	21.00	3.16	4.00	0.14	4.00	1.67
其他	79.00	11.90	69.28	2.40	39.00	16.34
总数	663.86	100.00	2883.43	100.00	238.69	100.00

旧长青二保四、五、六三个甲拖抗租米情况表

成份	户数	管业田总亩数	每亩平均租额	还租总亩数	拖抗租总亩数	原缴租总额(总亩数×每亩平均数)	拖抗总额(拖抗总亩数×每亩平均租额)	拖抗总额占原缴总额的百分比
佃富农	2	28.46	原定租额1石至1石1斗实缴数每亩平均为0.65石	19.46	9.00	18.50石	5.85石	31.62
佃中农	6	103.54		56.75	46.79	67.30	30.41	45.18
佃贫农	34	213.84		43.04	170.80	139.00	111.02	79.87
雇农	0	0		0	0	0	0	0
合计	42	345.84		119.25	226.59	224.80	147.28	65.52
备考	1.只有管业田才有拖抗租可能。2.原定租普通折头是七五至五五折故以平均六五折计算。3.拖抗租总数(亩)不等于彻底拖抗,其中有年代长短差别。							

说明:1.拖抗办法,绝大部分是采取软拖逃脱办法,拖逃不掉,被抓押去,就得缴足租粮,并增加追缴费等等。

2.拖抗对象,除居城大地主外,底面地主、田面业主的租米,是不可以拖抗的,相反的,还有额外增加押金稻草的(如五甲江老二,为了抗去押金和稻草,父子俩竟被殴伤)。

黄埭乡十四保二十三个甲拖抗租情况表

年份	抗租户	占总户数百分比	拖租户	占总户数百分比	租额		交租户	占总田户百分比
					原额	拖后额		
1937—1946年	108户	2.91	58户	1.56	6—11斗	5—8斗	3544户	95.53
1947年	194户	52.29	10户	2.70	6—9斗	—	167户	45.01
1948年	340户	91.65	17户	4.58	6—8斗	—	14户	3.77
备注	1.23个甲共有371户佃户。 2.1937年到1946年各项数字是10年的合计数,因此百分比数是3710户(371户的10倍)为基数来比的。							

中共吴县县委会调研室

1949年11月

松江专区的“脚色田”

“脚色田”就是“劳役地租”，以嘉定、宝山两县较为普遍，其他如松江等县亦有一部分。现在主要根据嘉定调查材料及宝山部分情况，加以综合。

嘉定的“脚色田”以马陆、南翔、徐行和娄塘4个区较普遍，尤其是徐行最多，据该区统计，全区租入田中“脚色田”占70%以上。泽塘乡俞家湾村，全村出租土地均系“脚色田”。该村占有40亩以上土地的共有8户，每户出租田中均为“脚色田”，最多出租15亩，有5户“乡邻”（佃户）替他在田中服劳役。南翔区静安乡有一户半地主式富农，出租了30亩“脚色田”，拥有15户“乡邻”替他服役，因此自己种的50亩土地，大部都由“脚色田”的佃户替他耕种。这种租制的剥削是相当残酷的。

一、“脚色田”租佃双方的关系

据宝山县情况，出租“脚色田”的，一般都是小地主与富农（也有极少为丧失劳动力的农民）。嘉定情况亦类似，如上述的俞家湾的统计，地主、半地主式富农所出租“脚色田”，占全部“脚色田”的90%。

种“脚色田”的佃户，极大部分是贫农，稍有办法想的农民是不种此种田的。因为种“脚色田”的佃户，连雇工也不如，雇工还有相当的人身自由，而“脚色田”的佃户没有自由，在农忙时，地主需要他去工作，就必须丢下自己的庄稼，去为地主干活，如雨后托花（即锄草），必须先去地主家去做，眼看自己种的棉花，被草淹没，庄稼受到损害，却无法照顾，及至实在不得已时，自己留下，雇人去地主家顶替，还要遭地主不满。到地主家干活，一般工具要佃户自带，工作又多且都是重活，如耕田、插秧、种麦、荡稻、拔草、托花、割稻、割麦、挑河泥等，同时地主监督很严，赶早带晚，工作忙碌不堪。

二、工作日及工资的计算

租种“脚色田”的服役工数各地不一，宝山县一般是佃户每亩要出 20 个工左右，多者三四十个工。嘉定县北部及东北部每亩出工较多，如马陆区，每亩田佃户出 45 个工，每亩地出 40 个工；南翔区每亩田佃户出 40 个工，每亩地出 35 个工；徐行区每亩田佃户出 42 个工，每亩地出 38 个工；娄塘区每亩田佃户出 60 个工，每亩地出 45 个工，个别地区每亩田有出七八十个工的。

出租“脚色田”时，确定每亩力役工数，同时又确定每个工的工资，当佃户不能出工或地主对出工用不了时，即由佃户按工资数找给地主，如地主多用时，按工资找给佃户。工资一般较短工为低，兹根据嘉定 4 个区的情况统计如下：

区别	一般工资		脚色工资	
	米（斤）	钱（元）	米（斤）	钱（元）
马陆区	4	4500	4	4000
南翔区	4	4500	4	3500
徐行区	3	3300	1.5—2	—
娄塘区	3	3300	1.5—2	—

在徐行区有一种制度，是每个“乡邻”种三亩半“脚色田”，就不再计算工数，只要地主家需要，佃户就要按时赶到，多做了也不找工资。其他各区，一般是有固定工数的，必需做满，否则佃户即要找钱给地主。如佃户多做了，地主则设法推拖，不愿拿钱找给佃户。

在计工上，嘉定北部一般是插秧、挑河泥当双工（南部则无此区别）。佃户至地主家做工，由地主管饭。以上每亩“脚色田”出工的数量，主要是根据当地土地的多少来决定的，一般的情况地少的地方出工即多，反之，即少一些。

三、“脚色田”与一般租佃对农民剥削的比较

“脚色田”此种租佃形式对农民的剥削最为残酷。根据嘉定县各种农作物所需工作日计算，平均每亩田每年需人工 17 个（稻麦田一年需 18 工，棉田 20 工，豆麦田 12 工，平均 17 工）。按一般情况，每亩“脚色田”以 42 个人工计算，则每亩“脚色田”的工可耕 2 亩半田了。也就是说，佃户租种 1 亩田，就要无偿的替地主耕种 2 亩半田。如果折成实物地租来看，“脚色田”每亩出 42 工，每工以 3 斤半米计算，合计 147 斤米，折稻 2 担，超过一般租额半倍到一倍。再以农业收入来计算：每亩田可收麦 150 斤，稻 450 斤（老秤），小麦收入与种子肥料相抵，可得纯收入白米 2 石半，佃户佃入 1 亩“脚色田”，加上给地主种的 2 亩半，合计 3 亩半，可收入大米 8 石 7 斗 5 升，2 亩半的收入计 6 石 2 斗 5 升米为地主所得，则等于种地主 3 亩半地所交的租子，如此每亩的租额合 1 石 7 斗 8 升多米，占总收入的 75％左右。嘉定一般定租额是 6 至 8 斗，最多 1 石米，故“脚色田”的租额要相当于定租额的一倍到二倍之多。

同时“脚色田”中有不少是“出头田”，即1亩半田实际上往往只有1亩二三分。最尖刻的地主竟无耻到每年抽换土地一次，将佃户当年种的稻田，秋后收回自种棉花，而把自种的棉田给佃户种麦，因为抽回的稻田，佃户在上面垩了豆饼肥料，一季稻是吸收不完这些肥料的，这样种棉花时就可不施肥而吸收稻田原有的肥料了。在此种残酷的剥削下，被剥夺了土地的贫苦农民无力抗拒，只得听其宰割。

四、“脚色田”残存的原因

在抗日战争及解放战争中，由于敌伪与国民党反动派滥发纸币，致造成恶性通货膨胀，因此许多地区的货币地租又恢复到实物地租，地主阶级为了更进一步地剥削农民，遂促使了劳役制的地租跟着恢复以致发展起来。

根据嘉定县各乡情况，抗战后“脚色田”之所以增多，因为过去贫苦农民还可到上海或其他城市找工做，或者做些小生意即可维持生活。而抗战后，城市失业人口增多，无工可做，只得回到乡间来依靠土地，因此地主阶级乘机加紧对农民的剥削，“脚色田”亦随之日益增多。由于土地集中于地主阶级手中，农民地少人多，不得不忍受地主阶级最残酷之剥削，以此来维持自己最低的生活了。

1950年8月调查

松江县农村租佃、借贷、生产情况调查

一、租佃形式

甲、虚租田——租额以米1石一二斗为最多，占60%到70%，1石三四斗占10%到20%，1石以下的占10%。此种田租额折扣较大，有五成七交的（即原租额1石，只交五斗七升），也有六成交租的。

乙、实租田——此种租田在出租田中仅占8%，每亩租米一般为1石，交租时可打九五折。

丙、分种田——占十分之二三，地主出肥料种子，农民负责人工牛工，依实收获量分收，佃业三七分收属多数，二五、七五分与四六分收则少数，一般分粮不分草。

丁、小租田——田底权属地主，田面权属农民，有永佃权。有的农民因耕种不及，雇工又不合算，以及没有劳力耕种户（如小商人、工人），因此将田面出租给其他农民。小租一般是5斗，低的2斗至3斗。

戊、召田——田底田面权原属地主与农民共有，后因农民无力交租，给地主召掉，结果田底田面权均归地主所有，如农民向地主承租时，交顶首（按：顶首即押租）者不交小租，不交顶首，要交大小租。

己、板租——亦少数，是最凶的一种租制，是定租刻板毫无折扣，租额每亩田8斗到9

斗。

庚、棉租——租额每亩地约30余斤棉花。

辛、官租——即种育婴堂、老人堂及国民党政府教育局的公田等，租较轻，但过去收租时很凶，雇老人、伤兵、警察逼租。

一般到冬至前议租，议好后限期交租，有头限二限等，头限较低，越拖租额越加大。

二、高利贷情况

甲、逼买田债

这种债户近年来较多，就是地主要逼农民买田，不买要收回土地，农民不得已借债买田，大部分借自本地主的，也有借自专门放债户者。利息一般五成，少的三四成，凶狠的高利贷主借出1石，要加利6斗。

乙、普通米债

农民因急需或缺粮，向地主富农借米，低利是“糙三斛”（即借2斛还3斛，每斛5斗），高利是对本利，即借1石加利1石。“糙三斛”大部是中农才能借到，因他们有抵押，贫农一般借不到“糙三斛”，大部借的是八成利与对本利，借贷时间极短，一般四五个月，在五六月里借，十月里就还。

丙、商业肥料债务

农民在下肥时，无钱购肥，向米行借豆饼，一般是六七分利，重的加倍利，即现米买豆饼，1石米可买8张，而赊账贷饼1担米只买4张，行家在借据上写明，农民欠米多少，本利结算一起，稻熟时农民依契还米。

丁、商业青苗债户

农民在青黄不接时候，向行家赊米，当时减低一成，即借1石只付9斗，利息一般是5斗，时间仅2个月左右。

戊、母子债

即本滚利，利滚利，年年换新票，这样，逐年增加，永远还不清。

农民负债，极为普遍，叶榭区杨典村全村411人，种田1300亩，而负债竟达1300石零7斗米，而全村年产米只有1560石。

三、生产简况

甲、松江大部地区，仅种一季稻，不种小熟（麦、豆），其原因：

（一）土地低洼，特别是沿黄浦江及大河一带，易受水淹。

（二）土壤软黏，不是沙土质。

（三）肥料缺乏，如种小熟，需肥很多，农民无生产成本，如不下肥，不仅收成少，而且影响大熟产量。

乙、副业生产极少，在沿海有晒盐，靠江河有捕鱼，在城市附近，少数农村妇女摇袜织布，个别地方有打蒲包、打绳子、做竹篮等。

丙、一般年成，每亩可收米 2 石，如遇水灾，最好的田只产 1 石七八斗，一般的 1 石 5 斗，部分水淹过的沟田只有 2 斗许。

1950 年 1 月调查

上海县马桥区租佃、借贷关系调查

一、租佃关系

该地的租制有下列几种：

甲、虚租

是最普遍的一种租制，约占出租土地数的 80%。业主与佃户建立业佃关系时议定每亩租额，但在收租时可按收获情形，酌打折扣。实交租额一般在大米 6 斗至 7 斗之间，占土地产量的 25%至 35%。

乙、板租（实租）

占出租田 10%。租额固定，不论荒歉，都得按预定成数实缴。在 1937 年以前，大都是以银元计算；1937 年以后，逐渐改为实物租，以大米计算。租额占土地产量的 40%至 50%。

丙、预租

占出租田 3%。在业主与佃户订立租约后，即按订定的租额先付租 1/2 或 1/3，否则佃户不得耕种。租额一般占土地产量的 20%左右，但因需预缴一部，农民往往须借债来缴纳，而地主收入后即以之放高利贷，故实际上不止此数。

丁、分租（也叫活租）

占租出田 3%，租额不作硬性规定，而是依每年土地实际产量，由业佃双方按比例分配。一般以对半分租较多，但亦有佃四业六，甚至佃三业七的。

戊、役租、小租、现田租

这些租制为数均少。一般的租额占土地产量的 30%至 40%，其中役租是地主以力役的形式直接剥削农民的劳动力，是最落后的一种租制。

己、押租金

收押租的租田约占该区出租土地的80%至90%。此种租田大都田底田面属地主所有，农民无永佃权。押租分实物（米）及货币两种，一般是租额的一半。地主拿了押租金（米）后即以之放高利贷。佃户如缴不出押租，可变押租为借款，这样利上滚利，加重对农民的剥削。

此外，地主大斗大秤收租的现象也极普遍，通常收租1石要多收5升，100斤要多收3斤。

二、借贷关系

甲、农民负债情况

根据马桥乡3村67个农户的调查，负债的共有35户，占52.2%，每户最高负债额达30石米，最低也有5石米，一般的在10石米左右。负债的原因归纳如下：

（一）买肥料及买农具、耕牛：在春季开始耕种时贫苦农民因买农具、耕牛、肥料等而借债的，据三村调查，约占全部债款的50%。

（二）欠租：秋收后，地主即来催租，但因贫苦农民交了旧欠租米及债款后，所剩无几，因之又不得不欠租，这样以租米转作高利贷的债款，约占全负债数的30%。

（三）婚丧事：农民在地主残酷剥削下，只有在丰收年成才能勉强维持生活，若遇荒歉或婚丧喜事则势必举债，因这种情形所欠的债款约占全部债款的20%。

乙、高利贷剥削及利息种类

（一）农村中放高利贷的都是地主、富农，他们大多通过米行、棉花行、南货店来放债。中、贫农向地主、富农、商人、米行等借债，首先要拿出所值超过借款数的田契（最少在2亩以上）或金银首饰作抵，再请同村熟识的地主或富农做保，才能借到（如借债在一二石米以下，则单有保人就可借到）。但富农向地主借债十石八石只要写借票并请熟人作保就行了，利息也较低。

（二）利息分下列二种：

（甲）钱利：在1937年前较为普遍，一般为五分利（月利），1937年以后因伪币币值日跌，大部改为实物利。据马桥三村调查，近年来以钱利计息的债款仅占放债总额的10%，利率亦因物价剧烈上涨而动荡不定。

（乙）实物利：这种借款约占放债总额90%，地主、富农借谷或米给贫农、中农，不论是前一年十一月、十二月借的，或当年一月、二月借的，到一月收稻时，都要纳原借额的30%至50%作利息，并以实物归还（米或棉花）。

（丙）农民间的互助借贷关系

在农村中，只有中、贫农间的借贷关系是互助性质的，中农比较田多一点，但缺乏劳动力，贫农田少，而劳动力多，在春荒时贫农没有吃向中农借一二石米，一般利很轻，最高不超过三分利，在一二月内还的可不计利息，超过三月以外才计利息；而在中农缺乏劳动力时，贫农则予以帮助。因此这完全是平等互利的借贷关系。此外尚有请会和摇会的办法，贫苦农民在有急用时往往邀集亲友起会，参加的人轮流得会，不计利息，这也是农民间互相帮助的一种借贷形式。

1950年调查

南汇县朱码乡城东村租佃、借贷关系调查

一、租佃关系

甲、该村各阶层土地占有情况见下表

城东村各阶层占有土地统计表

成份		地主	富农	中农	贫农	其他	合计
户数		5	2	30	85	5	127
人口	数	34	13	159	328	20	554
	百分比	6.14	2.35	28.70	59.20	3.61	100
占有土地	亩数	475.66	76.68	382.53	550.65	0	1485.54
	百分比	32.02	5.16	25.75	37.07	0	100.00
	每人平均数	13.99	5.90	2.41	1.68	0	2.68
备注		其他栏内5户为捉鱼2户，制盐1户，船夫1户，小贩1户。					

乙、租佃关系有下列诸形式

（一）预租：先交租后种田，即明年的田租今年交。在抗战前一般行“钱租制”。抗战到现在改为“物租制”（以米计算）。

（二）分租：劳动力、种子、肥料、工具等都是农民的，田里全部产物（连稻草在内）与地主对分。

（三）顶佃：是定期的佃田，如果契约上顶三年，就把三年租在订约时全部交给地主，期满由地主收回土地。耕种期间的田赋、草料由顶佃农民交纳。

丙、租额

（一）预租：租额在1947年大多是1石米，1948年起改为8斗，但个别地主仍有收1石的。租额一般占全部产量的66.8%。一般预租都是“虚田实租”，交10亩租只有7亩实田。

（二）分租：田里全部收获连稻草在内都对分，但如租田上有河浜，浜内有签莳草，佃户

是分不到的。租额占全部产量的50%。

（三）顶佃：依一般预租打八折，地租在订约时一次付足。

丁、额外剥削

（一）小租：个别大地主的账房收租时，在租额外每亩还要加收小租1斗。

（二）期限加租：地主在农历十月二十日开始收租，如过十一月二十日，1石租要加米5斤，过一个月再加10斤。

二、借贷关系

甲、全村127户中有40户负债户，欠债总额为米482石6斗。最多的如徐龙生欠米30石，邹楚江欠米13石，王一峰欠米15石，都是因受地主长期的剥削及反动政府的苛捐杂税，加上生病、死人、死猪等原因而欠的债。

乙、放债的大多是地主，农民将田单或别的财产作抵押品，向地主借米，一般的利息长年三分（也有个别收三分五或四分）。此外亦有托亲友向镇上熟悉的商店（粮行或南货店）借债的。

丙、利息有下列种种：

（一）"年利"：常年三分（实物）。

（二）"除利"：契约上写借10石，利息先扣，农民只拿到7石。

（三）"包利"：借10石，但契约上借13石。地主怕放高利贷不合法，所以连利息都写在借票上。

（四）"卖青苗"：农民向粮行卖掉长在田里的青苗，按月三分利，并且卖价比一般市价要低。

丁、农民间的借贷形式：

（一）六贤会：农民请亲友6人坐会，一年一转，是有利息的。如起30石米一个会，头会得了以后，每年出8石，二会也是出8石，第三会每年出7石，第四会每年出6石，第五会每年出5石，第六会每年出4石。

（二）摇会：有急用的农民请亲友10人坐会，半年摇会一次，没有头二会之分，亦没有利息。在每次会期那天，起会人请大家吃中饭，饭前用骰子放在碗里摇，那一个点数最大的是今天得会人。

（三）分头会：这是最有困难的农民所请的会，如起会人要5石米急用，就请几个亲友坐会，以后每半年或一年还1石。由各坐会人平分，不起利息。

1950年调查

无锡县梅村区四个乡租佃债务情况调查[1]

一、参加调查座谈会八位代表的家庭情况

甲、赵根大

住大墙门十字乡，十五保三甲四户。45岁，一家大小6人，妻子43岁，有劳动力，3个儿子（一个是16岁，一个14岁，一个1岁），一个女儿10岁。家中有自田7分（包括荒、坟在内），租田2亩2分（内桑田8分），借种田1亩。有1屋1间1架。有1头猪，1只鸡。今年养秋蚕半张种，收12斤茧，曾买桑叶130斤，蚕种折价4升米。

每年的收入不够吃，靠卖零工。每年要帮人家做五六个月的工，解放后，只做了3个工。据赵自己说：他并不欠债，因为人家不肯借给他，嫌他穷。

去年借田收稻250斤，还租稻190斤。田主王子初，有田20余亩。租田收稻800斤，还租稻165斤。田主王可厚，是伪乡长，有田300余亩，是该乡大地主。

乙、范寿根

住大墙门一保十一甲一户，36岁。家中共有5人，母亲65岁，妻32岁，儿子7岁，女儿9岁。家里种租田3亩，自田9分（包括坟、荒、屋基），去年增加借田1亩（哥哥的田），另有房屋1间1架，羊1头。本人共欠债15石稻（因为母亲病，父亲死，妻子害疔，几次借用），有的是去年借的，有的是二三年前借的。

平时不够吃，帮帮零工，过去原在浒墅关做席子，鬼子来后，因为父亲死了，才下乡来种田，附带上街卖菜卖柴，维持生活。

丙、薛永寿

周泾乡第二保二甲朱孔圩人，一家共6人。母亲60多岁（由兄弟4人轮养，每年养3个月），妻39岁，小孩子4个（大的14岁，最小的1岁）。家中有租田半亩，自田半亩，借田1亩半（半亩桑田）。租田每年要缴租糙米4斗，借田缴白米1石。今年收秋茧12斤，换白米2斗多，仍然不够吃。解放前帮人家开机船（每年一季四个月），可得5石米工资，又帮人家开碾米机，二个月可以得2石米。

丁、单泉根

周泾乡第十七保四甲三户，前单巷人。家中老小11人，婶母50多岁（由他供养），有老

[1] 本材料系邀请梅村区的8位农民代表座谈后整理而成。

父母，妻39岁，6个小孩（最大14岁，最小5岁），破屋3间。自田有5亩2分，租田2分半（租额每亩大米8斗），借田2亩半（租额每亩大米1石），桑田有8分。今年养了1张秋蚕，家中劳动力很少，只有妻子可以帮助耕种，自己一年忙到头，田总算勉强可以种下去。

前年因为腿生病，不能做生活，先后借了3石米与8石稻看病，利率50%。病好了，日子却越过越难了。每年还租米、利米，剩下来的，就不够吃。女人从去年冬天起，就到上海去替人家做奶妈，月薪8斗米，贴补家用。

戊、吴新耕

住薛典乡六保八甲二户，42岁。有3子4女，其中2个女儿已经出嫁。自田有2亩半，租田7亩。每亩田收成白米2石，另外小麦每亩可收70斤，减去租额每亩5斗糙米，肥料（河泥）每亩折米3升，戽水费每亩2斗2升白米。余下总是不够吃，因为每月食米要1石5斗，一年就要18石，再加国民党反动派的苛捐杂税，日子更难过。如去年春秋两季的乡保长经常费税，就要5斤麦与15斤稻，外加稻草50斤（每亩）；特别费每亩大米1升。壮丁费全年共缴白米2斗（因不适龄）。

七亩租田的田主是2个人（邹文海5亩，邹凤生2亩），邹文海的5亩田面（使用权）是于1935年以30石米的代价买来的。1945年，邹文海要收回。吴四出找人调解，当时用去大米10余石。去年又要收回，请国民党反动派农会调解，又用去2石多米。邹文海有田百余亩，都出租。佃户不敢欠租。如农民邹于举，只欠了一次，便被抓去吊打，还用10余石米，才得出来，打伤医药费又用去不少。

己、杨文彬

住薛典乡一保七甲三户，45岁。妻49岁，有3女2男（大的17岁）。有自田1亩3分，租田4亩半，借田3亩。每亩收大米约1石8斗，缴租每亩糙米5斗。地主是翁家里的翁义樗，是大墙门自卫队的图正，催租很厉害，不缴租的，就把佃户的门踢下来。

收入不够吃，要靠做短工。女人下田帮着种田。现在吃南瓜。欠债40余石稻。因为1947年死了母亲，用去40担稻（借），冬里标会还去一半。1948年嫁女，又用去20余石（借），去年把自田1亩3分，租田1亩2分，卖出田面，得稻23石，现还欠40石。

庚、陆金荣

梅村镇第三保三甲三家村人，40岁。母亲已死，父亲住硕望桥黄家祠堂（属大墙门）。妻蔡氏，有女三（9岁、5岁、2岁），原籍南通。自田1亩，租田2亩7分半（1亩是张仲树的，1亩7分半是尤其昌的），另外尚有1亩是万家祠的田，不要还租，但每年要给祠堂350斤桑叶（春天250斤，秋天100斤）。今年祠堂不要桑叶了，要他缴租，他准备秋后缴。今年养秋蚕1张带3个圈。

自己兼做裁缝，解放前每天可做3升米到4升米，每年约做70个工。

辛、谢桂泉

梅村镇第五保十一甲十一户，高田村人，39岁。四弟裕泉，31岁，妻顾氏，女蕙芬12

岁。家有自田1亩7分（内桑田1分），借田4亩3分（地主谢百明，小学教员，内有8分是谢家祠的）。田中有坟田8分半，屋基8分半。有4间屋。今年养蚕半张种。

过去他是制麻雀牌的手艺工人，每年秋收后到城里去做工，开年二月才回来。种田实际上只种4个月。欠债2石5斗米（白粳）。

二、租佃情况

甲、4个乡自田、租田、借田的百分比如下表：

村别	梅村五保	梅村三保	薛典六保	薛典一保	墙门一保	墙门十五保
自田占总田亩百分比	60	40	30	20	10	30
租田占总田亩百分比	10	40	60	70	90	70
借田占总田亩百分比	30	20	10	10	0	0
统计	100	100	100	100	100	100

乙、租田：又叫灰肥田，田底归地主，田面归佃户，有永佃权。一般说，租额较低，不管有无收成，都要还租。如果佃户三年不缴租，三年欠租就等于田面价格。地主有权收回自种，或出借给别人种，或再将田面卖给别人。

丙、借田：无永佃权，租额较大，一年不缴租，当年业主就可抽田。

丁、租田全部是地主的。借田大部是富农的，一部分是商人、工人、中农、贫农中无劳动力的。

戊、租田租额：抗战以来，变化很大，抗战前由地主在城里开大会，统一规定，不问土地好坏，租额一律。有的有麦租，有的没有麦租。不收麦租的，则秋天的稻租较重。

（一）薛典六保：抗战前每亩租额糙米7斗5升（稻150斤），麦2斗。抗战后，因江南抗日纵队来了，地主有的逃了，在农民的抗租运动影响下，每亩缴稻120斤—130斤，麦2斗。胜利后（1947年）每亩缴稻100斤—110斤，麦2斗。1948年，每亩缴稻81斤—90斤，麦2斗。

（二）梅村五保：抗战前，每亩租额糙米7斗（稻140斤）。

（三）梅村三保：抗战前，没有麦租，每亩租额糙米9斗（稻180斤）。抗战后，每亩稻172斤。胜利后在1947年每亩缴稻140斤，1948年每亩缴稻125斤。

（四）墙门十五保：抗战前，每亩租额糙米7斗5升（稻150斤），麦2斗。抗战后，每亩交稻126斤，麦2斗。胜利后在1947年每亩缴稻94斤，麦1斗5升。1948年，每亩缴稻78斤，麦1斗5升。

（五）墙门一保：抗战前，每亩租额糙米7斗5升（稻150斤），麦2斗。抗战后，每亩交稻100斤—120斤，麦2斗。胜利后在1947年每亩交稻100斤—110斤，麦2斗，1948年同。

己、借田租额：抗战以来，没有变化，因为没有永佃权，如短交租额，业主随时可收回。

（一）梅村三保、五保：每亩租额白米1石至1石2斗（每石糙米折合白米8斗5升）。

（二）薛典六保：每亩租额白米1石。

（三）薛典一保：每亩租额白米1石，有的还有麦2斗。

（四）墙门一保、十五保：每亩租额白米1石，麦2斗（该地极少借田）。

庚、解放前常例：缴租100斤，如超过缴租期限，其超过日期，凡10天，加稻10斤。

辛、无论租田、借田、弓口大小不一，最大每亩可割稻700把，最小400把。一般在450把到550把。每把24棵稻，可产糙米1斤。

壬、每年每亩田（包括上下两季）需工30个，机器戽水每亩田白米3斗（梅村），或白米2斗，麦15斤（墙门），如果田漏水，戽水费还要增加一些。

三、债务情况

甲、欠债的人、占总户数比例：（一）薛典占70%；（二）梅村三、五保占50%；（三）墙门一保占70%，十五保占50%。

乙、凡是种租田的人，差不多都要欠债。欠债的原因，大半是由于平时收入太少，地租苛重，加之再遇婚丧喜事疾病等，便须借债应付，还有壮丁费，有的时候也要举债还债。

丙、高利贷：以卖青稞最厉害，其次为粒半头（加五）。乡间有句话，叫做“八斗九年三十石”，即是借8斗米，经过9年，要还30石。

常熟县借贷情况调查

一、利贷关系的形成及其种类

甲、在抗战前借贷的利率一般尚有限度，大都在二分上下，以货币计算。抗战后货币贬值，就逐渐转为实物计算，高利贷更形发展，有“粒半”（五分利）、“粒六”（六分利），也有为了特殊事故（因死亡需要棺殓等）急用借贷时，亦有“粒八”“对本”等高利的。高利的期限一般为六个月，借贷时间大都在春秋两季，俗称“荒三春、苦七月”，即所谓“稻尽麦勿熟”“麦尽稻勿熟”的时候。每到年底也有借债的，大都是贫苦的雇贫农和因故下降的中农。

乙、“捉麦账”：借米给麦，借麦给米，这是一种很重的高利贷形式。“捉麦账”大都在麦收以前借的，如借米1斗，作麦2斗至2斗5升，但到麦熟时还不出，再把麦转成2斗到2斗5升糙米。当小麦登场的时候，麦贱米贵，或在米谷登场的时候，麦贵米贱，这样辗转相折，其利息就比本还大。此外，还有“放青苗”，即青苗还未收割时，就卖给债主，价很贱，等到收割后须全部交给债主。

丙、“九头鸟”：这是一种最凶狠的高利贷，借款时先扣去利息，占本金30%，以日利五分至一角计息，每十天结息一次，利上加本，再打日利。这种放债户一般是地痞流氓以及敌伪反动派统治时期的伪军警等，解放后已绝迹。

丁、地主、富农利用粮价季节性的涨落，通过商行来放债盈利；同时，商行也借助于地主、富农的粮食囤积居奇，盘剥农民，获得很高的利润。这样在麦熟登场以后，麦贱米贵，地主、富农以米换麦，例如以1石米换1包8到2包小麦，到秋熟登场以后，麦贵米贱，地主、富农又以麦换米，1包到1包2的麦可换米1石，这样一转手，1石米变成了2石，地主、富农就得了对本对利的收益。地主、富农将这一批从农民剥削来的粮食，存入行家，直到次一熟，方再收回，因此行家即可利用这一批粮食，作为周转资金，增强了它囤积的力量和放高利贷的资源，何况很多粮行与地主是分不开的，更可获得双重利益。

戊、在农村中，商行普遍利用存放粮食，进行高利贷剥削，因为集镇上的米粮行，普遍都是一面经营商业，一面即兼营存放业务，即吸收地主、富农和较富裕之中农存进的米粮，放债给农民，通过这一个方式所得利益如下：

（一）存利与放利的差额一般是一分或二分。

（二）存户大都在秋收后存进，而一般放出是在二三月利息较高的时期，因此米行实际所得要比上述要高。

（三）此外尚有一般商店与农民之间发生的利贷关系，农民平日赊欠了日用品均以实物（米）记账，每年惯例到年底清偿，如无力清偿时就变成了借贷关系，其利息一般是以粒半计算。

二、一个乡的各阶层借贷情况调查

甲、借贷情况

下面是常熟县唐市区李墅乡各阶层借贷情况调查。

唐市区李墅乡小庙村各阶层负债统计表

各阶层户数	富农	富裕中农	中农	贫农	雇农	合计
	5	10	51	31	6	103
负债户	0	0	26	12	2	40

唐市区李墅乡放债户借出各种利贷调查表

利贷种类	借债户数	借出数量(石)
粒二一四	40	396.05
粒五	152	968.05
粒六一九	32	158.70
合计	224	1522.80

注:1.借贷户数,实有182户,因有同一户借的债,利有两种以上,不便合并,所以表内的借债户数有224户。
2.以上利贷种类以6个月计,亦有少数以8个月到10个月或2个月至4个月计的。

农村中借债的主要是中农和贫农。雇农因为借了还不出，所以借不到债。至于借息则以利半最多。这就是说，50%的高利是农村中借贷的主要形式，就是这样的高利，才喂肥了农村的剥削阶级。

唐市区李墅乡借贷情况调查表

<table>
<tr><th colspan="3">项目</th><th>户数</th><th>借贷数量(石)</th></tr>
<tr><td rowspan="9">放债户</td><td colspan="2" rowspan="3">外乡放债户</td><td>商行</td><td>44</td><td>326.78</td></tr>
<tr><td>其他</td><td>64</td><td>325.50</td></tr>
<tr><td>小计</td><td>108</td><td>652.28</td></tr>
<tr><td rowspan="6">本乡放债户</td><td rowspan="3">放外乡债户</td><td>商行</td><td>12</td><td>396.68</td></tr>
<tr><td>其他</td><td>14</td><td>200.00</td></tr>
<tr><td>小计</td><td>26</td><td>596.68</td></tr>
<tr><td rowspan="3">放本乡债户</td><td>商行</td><td>14</td><td>380.00</td></tr>
<tr><td>其他</td><td>54</td><td>490.52</td></tr>
<tr><td>小计</td><td>68</td><td>870.52</td></tr>
<tr><td rowspan="3">负债户</td><td colspan="3">商行</td><td>4</td><td>285.00</td></tr>
<tr><td colspan="3">其他</td><td>176</td><td>1237.80</td></tr>
<tr><td colspan="3">小计</td><td>180</td><td>1522.80</td></tr>
</table>

注：1.本乡“放债户”一栏内放往外乡的26户，兼在本乡放债，因此该26户重复于放债在本乡的68户之内。
2.放债户内的“其他”一项包括地主、富农、中农、贫农、手工业者、自由职业者及个别雇工与出外工人等阶层。（编者按：这样不分开是不好的）
3.负债户内的“其他”一项包括富农、中农、贫农、手工业者等阶层。（编者按：同上）
4.外乡放债户的数字仅是放到本乡的数量。

乙、几个问题

（一）商行贷放高利贷，成为农村高利贷的中心。我们从李墅乡借贷情况调查表中，可看出商行放债占放债户总数的33%，其贷出债额占总额46.3%，几等于地主、富农及其他阶层出贷的总额。但是商行贷出之资金，大都来源于地主、富农的存粮。因此，实际上是地主、富农假手于商行贷放的。地主、富农之所以要这样做，主要的原因是直接贷给农民，怕农民对其拖赖，因此假手商行出面。而商行也乘机牟利，因此利息奇高，债户蒙受双重剥削。从这里我们可以获得一个结论：常熟农民中以高利贷剥削农民的，主要的是地主、富农。因为有了商行居中榨取，因而使剥削程度格外沉重。

（二）负债的户数多了，负债的数目大，从小庙村各阶层负债统计表中可以看出：负债户占该村农民户口的38.8%。再据李墅乡全乡统计，每一负债户平均所负债务达7石3斗米（商行负债不在内）。如果再是利息上滚，终将无法偿清。小庙村的一个负债户，朱大根，种田12亩，家中5口，负债15石米，终年呻吟在高利重压之下，还了十二年尚未清偿。

（三）放债者放在外乡的多，放在本乡的少。主要原因为要保障债权及高利的收益，因外乡人情较少，追索便利。这亦可看出江南地主的狡黠与剥削手段的残酷。

常熟县雇工情况调查

一、概况

常熟县农村雇工数量不多，但在部分地区，如唐市区、姑苏区及支塘区的一部分，雇工数量则比较多些，这是由于该地区地少人多，贫苦农民无地耕种，只得出卖劳动力，另一方面因地区土质关系（施肥习惯，全部取之于罱河泥）一般的比较费人工，因此占有大量土地的地主、富农需要较多的雇工。在该地区雇工，一般是富农雇入较多，每家雇1至2个雇工很普遍，同时在雇工中，忙工多于长工，其原因是：

甲、主要是地主、富农利用劳动力过剩、出卖劳动力较多的条件，雇佣忙工作为加重剥削的一种方法。

乙、由于各地区土质的不同（如棉田与稻田、早稻与晚稻地区），而产生耕作季节上的差异，各地区忙闲不一，在农忙季节，因长工不够用，必须临时添忙工，也有部分雇主（如中农）因雇不起长工，只能在农忙时暂雇忙工帮助的。

丙、外地劳动力过剩，外地农民自动的结伙到农忙地区来做工；亦有雇主从外地招忙工来做活的。

二、雇工类别

雇工有长工、月季工（又名忙工）、短工（又名散工）与童工之别，兹分述于下：

甲、长工：一般雇佣以一年为期，在农历的正月半上工，到农历的十二月二十四日下工。雇佣长工一般在前一年的秋收以后至年终之前，接洽妥当，被雇者的工资及待遇亦在当时讲好，并一般先付工资半数，其余在上工后至夏收秋收间付给。除工资外，有的雇主还给雇工1至3斗米的津贴，或给一些剃头费和黄烟、衣服等，以示小恩小惠，但是否发给，还要看雇工的劳动强度、熟练程度和工资的大小来决定。工资的高低，基本上可分四等：一等为年青力壮，劳动力强，对耕作件件皆能（如罱泥、插秧等），在农业劳动上，占主要地位者；二等为对耕作技能较次或有缺门的，如罱泥、耕田、筛米、插秧等主要工作，有一项或二项不精者；三等为刚成年的长工，如由牧童上升的或雇工在雇主田间的劳动上不占主要地位者；四等为童工。

乙、月季工（忙工）：雇佣忙工是在季节开始时，工资在洽定时即讲好，普通分三等：一等为年青力壮，耕作技能全会者；二等为劳动力较差、耕作技能全，或劳动力强，而耕作技能或有不全者；三等为劳动力较差，耕作技能又有不全者。

工资之外的待遇是：在工作期内可有二三天休息，工资照给，并供给一包黄烟（折米5升左右）和代付四五壶茶钱（每壶茶合2合米）。如遇天雨，工资停给，单供伙食。每天早晨上工后，中途如遇天雨而停工，已做工占全天的3/4者，仍算1工；如做2/4者，算半天；仅做1/4者，不算工，只吃饭。

忙月有三种方式：一种是“双忙”，即莳秧和耘稻二个时期，连续做60个工，可有二三天的休息；一种是“单忙”，即做莳秧或只做耘稻一个时期，连续做30个工，可有一二天的休息；另一种是“半忙”，在2个月的农忙时期内，代雇主做2个工后，回家做2个工，就这样的循环不息的做满30个工为止。以往忙月的时间是“小满”上工，往后计算日程，做满后即下工。

丙、短工（即散工）：有住在雇主家的和不住在雇主家的两种。这些短工一般是外乡和外区人，时间不固定，雇主需要时即雇，不需要时即停。但亦有一种是包工，如包莳秧等，饭食由自己负责，只取包工工资。

丁、童工：一般是长年的，待遇只供给饭食，无工资，工作是饲牛、煮饭和做些轻微劳动。

三、雇工工资及目前情况

在抗战前，一般农民生活尚可勉强维持，出雇较少，工资亦较低。抗日战争期间，由于物价飞涨和敌伪的苛捐杂税，加之地主的剥削日益残酷，农民生活更加困难，中农贫农土地日益为地主富农所兼并，地主富农土地增多后，雇工的需要量增多，工资随之逐渐提高，贫苦农民亦因无地耕种，只得忍受剥削而出雇于地主富农。抗战胜利后，农民生活在反动派的统治和压榨之下更形困难，增加了做忙工的人数，形成忙工工资的下跌，雇主对忙工与长工的比重上，起了变化，即雇忙工的较多，雇长工的较少。

雇工的工资分长工、忙工、短工三种。长工工资中又分全能工、次能工、成年工、童工四种。根据唐市区李墅乡及姑苏区木渎乡的调查：李墅乡长工全能工工资解放前是5.5石—7石大米；次能工工资是4.5—5.5石大米；成年工工资是1.5—2石；童工无工资。而木渎乡全能工工资解放前则为6.5—8.3石；次能工工资是3—5石；成年工工资是1.5—2.5石；童工是0.5—1石。忙工（又称月季工）两乡解放前后均为1—2.4石。短工大致在农忙时，大工每工为5升米，小工3升米；农闲时大工每工3升米，小工仅2升米。

唐市区李墅乡雇工统计表

雇工类别		长工									月季工								
		本乡长工							外乡长工		本乡月季工							外乡月季工	
		本乡雇佣		外乡雇佣		合计			本乡雇佣		本乡雇佣		外乡雇佣		合计			本乡雇佣	
		在雇	解雇	在雇	解雇	在雇	解雇	合计	在雇	解雇	已雇	未雇	已雇	未雇	已雇	未雇	合计	已雇	未雇
雇工数		10	8	4	8	14	16	30	26	13	3	7	0	2	3	9	12	0	4
家庭人口		17	16	16	29	33	45	78	76	—	10	12	0	2	10	14	24	0	11
使用土地	自耕田	0	0	0	0	0	0	0	1.0	—	0	0	0	0	0	0	0	0	0
	佃入田	30.0	26.5	25.0	46.5	55.0	73.0	128.0	72.3	—	12.4	24.5	0	2.0	12.4	26.5	38.9	0	8.0
	合计	30.0	26.5	25.0	46.5	55.0	73.0	128.0	73.3	—	12.4	24.5	0	2.0	12.4	26.5	38.9	0	8.0
每人平均		1.76	1.66	1.56	1.60	1.67	1.62	1.64	0.97	—	1.24	2.04	0	1.0	1.24	1.89	1.62	0	0.73

注：全乡946户，4112人，田15002亩，平均每人3.6亩。已雇与未雇（在雇解雇）相加即为解放前的雇工数。

唐市区李墅乡雇主统计表

雇工类别	长工雇主			月季工雇主			备注
	在雇	解雇	小计	已雇	未雇	小计	
雇佣户数	33	19	52	2	6	8	在雇与解雇关系调查时的雇工情况，二者的小计可代表解放前雇主的雇工情况
雇佣工人数	36	21	57	3	21	24	

姑苏区木渎乡雇工统计表

雇工类别	长工					月季工					童工				
	本乡长工			外乡长工		本乡月季工			外乡月季工		本乡童工			外乡童工	
	在雇	解雇	合计	在雇	解雇	已雇	未雇	合计	已雇	未雇	在雇	解雇	合计	在雇	解雇
雇工数	3	7	10	14	23	1	1	2	4	6	1	0	1	10	2
家庭人口	3	13	16	—	—	3	2	5	—	—	1	0	1	—	—
耕种田亩	8.60	27.50	36.10	—	—	6.00	5.00	11.00	—	—	5.00	0	5.00	—	—
每人平均	2.87	2.12	2.26	—	—	2.00	2.50	2.20	—	—	5.00	0	5.00	—	—

注：1.全乡956户，3840人，田12500.22亩，平均每人3.2亩。
2.全乡雇工，没有雇到外乡去的。
3.解雇与在雇（已雇与未雇）相加即为解放前雇工情况。

姑苏区木渎乡雇主统计表

雇工类别	长工雇主			月季工雇主			童工雇主			备注
	在雇	解雇	小计	已雇	未雇	小计	在雇	解雇	小计	
雇佣户数	17	18	35	5	7	12	8	2	10	在雇与解雇关系调查时的雇工情况，二者的小计可代表解放前雇主的雇工情况
雇佣工人数	17	30	47	5	7	12	11	2	13	

中共苏州地委

1950 年 4 月

第四部分　苏南农村典当田调查

苏南典当田调查

一、一般情况

甲、典当田的种类及性质

（一）在苏州分区典当田称为“活契田”或“押田”，这种典当田基本上分二种：一种将自田出押，取得一笔押金，耕种权不变，每年缴租子给承押户，性质相等于一种借贷形式；一种是有田面权的租田出押，出押期间耕种权属于承押户（详见吴县姑苏乡的典当田的调查报告）。

（二）镇江分区的情况略有不同，此地农民耕种租田均无田面权，因此在典当田关系上只有一种，自田出典，当地称为“活契田”，到期可以赎回，在出典期间，耕种权属于典入户。这种“活契田”在今天农村中还占着相当数字，这由于江南地少人多，一般农民均不愿轻易把土地卖绝的缘故。可是“活契田”往往又会变成“绝契田”，因为当农民到期限无力赎回时，于是典入户就再找贴一定的钱给典出户，这样“活契田”即变为“绝契田”，而归典入户所有了。

乙、典田户成份及土地情况

在抗战以前，典出户以中农、贫农占多数，典入的则是地主、富农。以后情况改变了（理由见姑苏乡典当田调查报告中），典进典出在农民的内部占了多数，一般地主富农很少典入。只有个别的由于这块土地特别好或靠近家门口，地主富农才肯典入。

丹徒县里墅乡下于村典出土地调查表

成份	地主	富农	中农	贫农	雇农	其他	公田	总计
总户口	4	6	75	45	12	1	1	144
典出户数	1	1	10	6	3	0	0	21
典出亩数	2.70	1.85	27.55	17.95	5.00	0	0	55.05
占总典出田百分比	4.90	3.36	50.05	32.61	9.08	0	0	100.00

丹徒县里墅乡下于村典入土地统计表

成份	地主	富农	中农	贫农	雇农	其他	公田	总计
总户口	4	6	75	45	12	1	1	144
典入户数	0	2	14	10	2	0	0	28
典入亩数	0	0.80	26.90	31.60	4.40	0	0	63.70
占总典入田百分比	0	1.25	42.23	49.61	6.91	0	0	100.00

丹徒县里墅乡里墅村典出土地统计表

成份	地主	富农	中农	贫农	雇农	其他	公田	总计
总户口	3	2	68	41	1	10	4	129
典出户数	2	0	12	11	0	2	0	27
典出亩数	4.10	0	25.10	12.34	0	12.85	0	54.39
占总典出田百分比	7.54	0	46.15	22.69	0	23.62	0	100.00

丹徒县里墅乡里墅村典入土地统计表

成份	地主	富农	中农	贫农	雇农	其他	公田	总计
总户口	3	2	68	41	1	10	4	129
典入户数	1	1	25	12	0	0	0	39
典入亩数	1.80	0.50	35.20	22.55	2.50	1.20	0	63.75
占总典入田百分比	2.82	0.79	55.22	35.37	3.92	1.88	0	100.00

丹徒县里墅乡五塘村典出土地统计表

成份	地主	富农	中农	贫农	雇农	其他	公田	总计
总户口	3	4	56	64	3	3	6	139
典出户数	1	1	10	18	1	0	0	31
典出亩数	11	0.90	15.50	28.25	8.30	0	0	63.95
占总典出田百分比	17.20	1.40	24.24	44.18	12.98	0	0	100.00

丹徒县里墅乡五塘村典入土地统计表

成份	地主	富农	中农	贫农	雇农	其他	公田	总计
总户数	3	4	56	64	3	3	6	139
典入户数	0	2	19	10	0	0	0	31
典入亩数	0	14.00	47.38	16.85	0	0	0	78.23
占总典入田百分比	0	17.90	60.56	21.54	0	0	0	100.00

从典入土地的质量上来看，一般贫农是不容易典入好田的，多数只能典入些坏田，因为好田典价要高。中农典入的土地好田与坏田各居其半。

二、典出原因及典价情形

典出的原因有下面几种：

甲、经济窘迫无法生活下去，只好把土地出押，这是押田中主要原因之一，占典田总数50%。

乙、借高利贷无力还清，被迫以土地去抵押，这种情况占典田总数的10%。

丙、被恶霸敲诈、罚金，因而被迫典出土地的，占典田总数的30%。

丁、死人、死牛、急用，典出的田占典田总数的2%。

戊、因其他原因而典出土地者占典田总数的8%。

每亩典田价格，一般习惯上相当于绝契田半价。在1946年到1950年间，田每亩典价是：上等5至6石米，中等3至4石米，下等2至3石米。地每亩典价是：上等5石米，中等1石米，下等几斗米。

三、典田的风俗习惯

甲、典田要有伪乡、保长和本族人做中人，没有中人是无效的。典一次田要请中人吃三次酒席。一次是写契酒，二次是交价（给押金）酒，三次是赎田酒。假使不办酒，需要出中人费，相当于典价的15%—20%。

乙、典田限期一般是三年至五年，期满出典户无力回赎而承典户又愿意继续耕种时，承典户可增加一些押金，延长耕种时间，连续耕种下去（但押金的增加不能超过当地一般自由价格，超过时即成“绝契田”）。又期满了不赎，而延长到三十年者也成为“绝契田”。

丙、典当田中所起的纠纷：

（一）赎回时期上的纠纷：当地习惯叫“对日期赎回”，即押期三年的话，那天写契算起，赎回要在第三年的那天赎，往往赎户延期了一二天时间，承押户不愿给赎，因而闹成纠纷。

（二）典青赎青的纠纷：在原有的典出户连同麦青出典时，赎回时也连同麦青赎回来，往往典出与赎回时两年的麦青长得成色好坏不一样，因此引起纠纷。

（三）纸币典价的纠纷：在抗战前币值较稳定，一般典田押金是以纸币为单位算的。在以后赎回土地时即有纠纷，典进户要求折合米或物计算，赎田户还是要依纸币计算，这种纠纷的发生在目前最多。

（四）在典出田时，要先给本族人典入的优先权纠纷：土地典出时本族人有优先承典权，但当出典的土地日多时，本族人无力全部典入，但典出给外族，本族人又不愿，以致不肯签名做中人，而发生纠纷。

1950年7月调查

吴县姑苏乡典当田调查

一、典当田的种类

典当田在此地称为“活契田”或“押田”。根据该乡调查材料，“押田”中一般有自田出押与租田出押两种：

甲、自田出押

指出押者将自有土地押给对方，订定赎期（通常是五年），取得一笔押金（每亩约四五百斤谷子），以后出押者每年向受押者交纳8斗至1石糙米（一般1石糙米折谷200斤）的租谷，不问有无灾情，每年必须实缴，公粮由受押者负担。到期后假使出押者无力赎回时，由受押者再找一点“价”约3担至4担谷，土地即为受押者所有，称为“贴绝”。这种自田出押在战前是非常盛行的。出押这种自田的一般多属贫农、雇农、中农，承押的则是地主和富农。但在抗日战争后，高利贷“粒半头”利息厚，资金流转方便，不像“押田”押金要受押期的限制，因此在农村借贷关系上，“粒半头”代替押田，占了主要地位。

乙、租田出押

指出押者将租田（主要是管业田）的田面权转让给受押者，取得一笔押金，通常是4担到6担谷，以后受押者即耕种这块土地，租子由受押者直接交给地主，也有少数将租子交给出押者由他交给地主的，这种中间原出押者往往可以“收十足，交折扣”，落到一点好处。期满后，一方面还押金，一方面还田。到期如不能还时，可延期或贴绝。租田出押，一般是在农民内部进行的居多，因受押者是为了需要土地耕种，因此受押者大多是中农。

二、典当田的演变及目前情况

甲、演变情况

凤凰、三星二个行政村解放前三年押地情况表（1935年－1937年）

田别	押出户成份	户数	田亩数	押进户成份			
				地主	富农	中农	贫农
自田	贫农	13	29.7	2	10	1	0
	中农	3	12.5	0	2	1	0
	小计	16	42.2	2	12	2	0

续表

田别	押出户成份	户数	田亩数	押进户成份			
				地主	富农	中农	贫农
租田	贫农	8	19.4	1	2	4	1
	小计	8	19.4	1	2	4	1
合计		24	61.6	3	14	6	1

凤凰、三星二个行政村解放前三年押地情况表（1946年－1948年）

田别	押出户成份	户数	田亩数	押进户成份			
				地主	富农	中农	贫农
自田	贫农	2	4.1	2	0	0	0
租田	贫农	1	4.0	0	0	1	0
合计		3	8.1	2	0	1	0

注:押给地主的2户中有1户是在17年前押的,限期早已满了,但没有赎回,继续还租,实际上已经中断了典押关系。

目前姑苏乡全乡押地的情况则如下表:

姑苏乡全乡目前押地情况表

田别	押出户成份	户数	田亩数	押进户成份			
				地主	富农	中农	贫农
自田出押	贫农	8	24.1	1	3	3	1
	中农	3	17.0	0	2	0	1
	小计	11	41.1	1	5	3	2
租田出押	贫农	30	101.5	0	4	11	15
	中农	11	67.1	0	2	4	5
	富农	1	1.2	0	0	1	0
	小计	42	169.8	0	6	16	20
合计		53	210.9	1	11	19	22

注:姑苏乡共有土地8069.81亩,押田210.9亩,占2.6%。总户数885户,出押户53户,占6%。

从上面三个表中可以看出下面两个特征:

(一)出押土地的地主和富农极少或者没有,只有中农和贫农才出押土地,尤其贫农出押的最多。

(二)押进土地的在抗战前主要的是地主富农,抗战中和抗战后这情况起了变化,地主富农押进的减少了,这是由于其他高利贷的剥削要比这更有利,所以地主富农转而他图了。这也说明了这段期间高利贷剥削在农村中的发展。至于解放以后则抵押主要的已在农民内部,而成为农民互通有无的一种方式。

乙、出押的原因

根据姑苏乡调查材料，出押的原因可归纳以下几种：

（一）主要原因，当然是由于经济情况窘迫。但也有少数因为出押户见到放“粒半头”比种租田合算，因此将田押出去，将取得的押金去放高利贷，这种押出的大多是较会打算的中农。

（二）也有因为失掉了劳动力，无法耕种而押出的。

（三）为了调进近田，而将远田押出去的。

在押进户方面，在抗战前多半是地主富农为取得封建剥削而押进，后因典当田的性质起了变化，押进户则多为缺田户（尤其是外籍人到这里来种“客田”的，特别需要土地耕种）。在押进户中间，个别的原先是雇工，做了几年以后，有了点积蓄，而押进几亩自种，也有的是因对方欠了自己的债，而把对方的租田押进的。这些押入户，多属雇农、贫农和中农。其中虽然也有极少数的属富农，那也只是由于那块田靠得近，或田口好而押进的。

丙、押期和押金

姑苏乡典当田的押期和押金则如下表所载：

押期比较表

田别	户数及田亩数	押期							
		3年	4年	5年	6年	7年	8年	9年	10年
自田	户数	2	0	7	1	0	0	0	1
	田亩数	4.0	0	30.1	4.0	0	0	0	3.0
租田	户数	4	2	25	1	1	2	3	4
	田亩数	12.0	19.5	108.7	3.0	4.0	13.8	6.0	2.8
合计	户数	6	2	32	2	1	2	3	5
	田亩数	16.0	19.5	138.8	7.0	4.0	13.8	6.0	5.8

押金比较表

田别	户数及田亩数	押金(稻子:担)					
		1—3	4	5	6	7	8—10以上
自田	户数	2	1	4	2	1	2
	田亩数	5.1	2.5	17.2	6.3	4.0	6.0
租田	户数	10	8	17	9	3	4
	田亩数	30.9	32.0	52.2	18.3	17.0	19.4

续表

田别	户数及田亩数	押金(稻子:担)					
		1—3	4	5	6	7	8—10 以上
合计	户数	12	9	21	11	4	6
	田亩数	36.0	34.5	69.4	24.6	21.0	25.4

苏南区农委会调研科

1950 年 4 月

第五部分　苏南农村公共地调查

苏南族有土地调查

一、历史沿革

甲、族有土地由来

义庄之设立，在明朝和清朝时必须要有千亩以上土地，得到封建王朝吏部的批准，始得成立。义庄、祠堂的土地来源，大多是由封建官僚捐赠，或借其统治势力，乘灾荒严重，农民生活困难之际，用极低的代价大量掠夺农民的土地而创办的。部分小祠堂祭祖田多系上代遗留下之绝嗣田，或分家时留下的一部分养老田（养寿田）死后未分，留作祭祀之用的。总括的说，这种土地，都是带着严重的封建性的。

乙、义庄、祠堂建立之政治背景

义庄之建立，以宋朝范仲淹之建庄为始。明末清初，一些封建官僚晚年告退，或为避免战乱或为贪图享乐，因而选择较好的风景区，先后建立了这些封建堡垒——义庄、祠堂和庙宇。明清两代，苏州东山区 5 个乡（涧桥、新潦、渡桥、后山、湖湾），创立的义庄有王、席、吴、翁、金、郑、周、严等 8 个。民国初年创立的有席恒义庄、叶义庄 2 个。在无锡荡口区受了苏州影响，亦先后建立了 12 个义庄。

义庄、祠堂封建性很浓厚，它是以封建代表人物为核心的一种封建宗族组织，其主管人均为有钱有势的封建首脑人物。自清末以来，由于工商业逐步发展，义庄在某些地方亦随之起了变化，主持人已不尽是封建官僚地主，部分地主转化为商人或资本家后，另一批族内主要分子即来代替掌管义庄祠堂之大权。至于小祠堂祭祀田，系为了祭祖或小祠族内相互聚餐之用，其对社会的影响较小。

二、土地情况

甲、土地数量与分布情况

义庄与祠堂的土地，在农村中所占比重相当大，如高淳县沧溪区双桥乡公田的单位即有

361个，占有土地3845.69亩。以整个高淳县来说，其总田亩733 208亩，而公堂田亩即有83 375.1亩，占总田亩的11.36%。无锡荡口区12个义庄，占有田13 751.6亩，占全区总田亩(144 368.25亩)的9.52%，内中以华芬义庄占有土地最多，计4223亩，徐义庄土地最少，占有290亩。另有15个祠堂占有土地6888.9亩，其中以德本堂为最大，有田2000亩，孝余堂为最小，占有土地53.42亩。又如张村区堰桥乡有2个义庄，有田1663.16亩，祠堂4个，有田506.01亩。苏州东山区5个乡有义庄7个，占有田7170亩，3个祠堂占有966.6亩，其中以王义庄为最大，有田2364亩，席义庄最小，有100亩。

义庄、祠堂的土地一般分布较广，如苏州东山区5个乡的7个义庄、3个祠堂的土地，其分布地区在，东山区有土地3942.6亩，昆山700亩，常熟1500亩，苏州160亩，横泾1500亩，木渎334亩。又如无锡张村区堰桥乡同善保局有田320.6亩，计分布在堰桥110亩，刘仓乡40亩，泰安乡80亩，胶南乡60亩，观惠乡30.6亩。

乙、土地种类

根据苏州东山区5个乡8119.8亩宗族性土地的调查，其种类为：

种类	稻田	荡田	棉田	坟地	渔池	桑田
亩数	5028	449	1500	1085.8	17	40
占总田亩百分比	61.92	5.53	18.48	13.37	0.21	0.49
备注	共8119.8亩。可耕地7034亩，占义庄总田亩数86.63%。不可耕地1085.8亩，占义庄总田亩数13.37%。					

义庄土地中屋基坟地占有比例很大，如无锡荡口区华老义庄3598.672亩土地中，屋基坟地占有203.758亩，占总田亩数的5.66%。

丙、土地使用情况

义庄田、祠堂田（较大者）一般除屋基坟地外均是出租的，如华老义庄3598.672亩土地，除了屋基坟地外，其余则全部出租，收取租米。但有的其中亦有以极小部分的土地，给看管义庄祠堂的农民耕种的，如无锡张村区堰桥乡尤公祠有田53.55亩，其中就是有8.9亩给看管祠堂的人耕种。还有一种祭祀田（公庄田无房屋，只有小部分的土地），则由其子孙轮管出租或轮种，在田地收入中，抽出一部分或全部，作为祭祖之用。

三、租佃关系

义庄、祠堂之土地，其田底田面权大都属义庄、祠堂所有，无锡张村区胡氏义庄田，则田面权属佃户，田底权属义庄。

甲、佃户成份

义庄、祠堂的田，使用较为分散，苏州东山区广桥乡第一行政村共有190户，758人，种田者83户（余不种田），内中种义庄田者27户（115人），该村总使用土地是252.6亩，内有义庄田102亩，占27户的总使用土地数的40%，占全村土地总数（1173亩）的8.6%。又如无锡张村区堰桥镇六堡里，尤公祠占有土地53.55亩，除祠基坟地4.6亩外，其余出租给本村族内31户，计37.15亩，异姓19户，16.4亩（包括本乡、外乡及管祠堂、坟墓的农民租种的8.9亩在内）。这些佃户的成份计中农约占40%，贫农约58%，余为地主和富农。

乙、地租剥削的种类

义庄、祠堂田之出租，对佃户限制颇严，租额亦高。根据苏州东山区调查，其对农民收租规定分三个限期，五天一限，农民如在限期前交租可照实缴数打九折，在头限期照实缴数交，二限期照实数加一成，三限期则照实数加二成。租额分下列几种：

（一）活租：最高米1.8石，一般1.5石，最低1.4石，实收根据此标准打七折后再打7.5折。

（二）板租：最高米0.9石，一般0.5至0.6石，最低0.4石，实收以此为标准打七折，这种租额的田多为坏田、荡田。

（三）包租：每亩租额米1斗5升，这种租额的田是最差的棉田，不管丰收歉收，一律是夏季收5升，秋季收5斗。

义庄田一般都有押租，过去1亩田由义庄统一规定的鹰洋1元，解放前1亩田交米1石半，佃户不交租则摘田并扣其押金。

丙、义庄祠堂收租之方式

根据无锡荡口区的调查，义庄主管人对佃户之统治榨取，大致有如下几种方式：

（一）勾结反动政府官员，在农历冬至前后派伪警察下乡向农民催收地租，动辄拘捕逼交。例如华老义庄华少正经管时，与国民党反动派的县政府伪官员陈宏凡勾结，就用此种手段向农民收租。

（二）雇用地方上一批地痞流氓，到过期不交租的佃户家中，翻坛倒瓮，见东西就拿，充抵所欠租额。如甘露镇二十三保农民徐其根，种3亩义庄田，欠租6斗，就会被流氓“小聋盲”去背过大门和脚炉（烤火用具）。荡口安介巷的佃户阿二，因欠租，家中的大门曾连续被背去三年。

（三）敌伪时期和解放前，其剥削手段，更为毒辣，由个别收租改变为集体收租，其方式即所有地主们联合组织成一个收租办事处，并聘伪区、乡、镇长参加，同时联合当地伪军，对农民施以压力，且扬言“欠租者送去当壮丁”。故每当夏冬两季，农民交不出租，常被逼得逃走，躲到旷野，平时亦是提心吊胆的，如果一旦被捕，则卖地、卖屋亦得把租交清，否则就不得出来。同时在出来时还得出额外花费，如开销费、门岗费、出差费等等。

四、义庄祠堂经管情况

甲、组织情况

义庄、祠堂的封建性很浓厚。一般来讲，义庄祠堂在昔日，其组织相当严密，同时在宗族内威信亦较高。兹将华老义庄之组织情形分述如下：

满清时设董事长1人（年俸白银60两），司事2人（年俸为30两），仆役数人（年俸各米3石6斗，另亦有出差费）。董事、司事由族内选出，多系族内富有者担任，3年选举一次，并可连任。

民国时期，改为主管人二（月俸米各5斗），外账房二（年俸米各5石），内账房三（月俸米各1石至1.2石），厨司一（月俸米5斗），工人二（月俸米各5斗），看门人二（年俸米各5石）。主管人仍由该族内选，可连任。

根据苏州东山区的调查，义庄的组织者，封建地主与官僚约占80%，地主蜕化的大商人约占20%，其领导人及主管人，均系族内有权势的封建代表人，一般劳动人民是难能参予领导的。

至于祠堂，一般也是地方上的封建首脑人物所把持操纵，如无锡张村区堰桥镇范公祠，曾由范阿根管了十多年，贪污中饱，预收租米，把搜括贪污的钱都用来吸毒，对佃户则尽情榨取与剥削。这类例子是多得很的。

乙、收支情况

以苏州东山区席义庄为例，其全年总收入为350担米，其用途计完粮80担，占总收入22%，占总支出40%；杂支（工资等）32担，占总收入10.3%，占总支出16%；祭祖、修缮20担，占总收入6%，占总支出10%；义米（救济本族贫苦者）60担，占总收入17%，占总支出30%；义学（办学校之经费或补助本族子女之学费等）6担，占总收入1.7%，占总支出3%。合计全年支出198担（占总收入57%），剩余计152担（占总收入43%），则交庄正或存银行生息，或购股票，准备将来购义田及修祠堂之用。就在这种收支情况下，义庄、祠堂的田每年增加，而农民的田日益减少了。这就是一直为士大夫歌颂的义庄、祠堂的真面目。

五、房屋情况

义庄、祠堂一般均占有很多房屋，除一部分族内自用外，其余部分则出租或借给公共团体。如无锡荡口区华老义庄计有房屋120间（内庄房60间，庙房10间，殡房5间，市房20间，荡口小学校舍15间，三公祠10间）。张村区堰桥乡范公祠有房屋20多间，同善保局16间，这两处房屋今为堰桥乡中心小学校址。胡氏义庄有60间房屋全部作胡氏公学校舍。

1950年7月调查

高淳县薛城乡祠堂、神会土地情况调查

一、一般情况

该乡祠堂、神会很多，全乡有大小祠堂137个，各种神会244个；此外还有庙庵4个，公益团体3个，慈善机关1个，合计389个，均占有相当数量的土地。

该乡邢姓最多，外姓户较少。据第五村统计，全村135户中，姓邢的就有129户，因此，全乡公祠几乎均为邢姓大小支祠。大公祠土地较多，并有祭房作设神祭祖之用；小公祠土地较少，本身没有房屋，祭祀时则借用别的祠堂。祠堂土地来源有三：第一，是祖上分家时所保留的部分公田，作为每年祭祀费用的；第二，是由公田所收租谷购买者，如恺二公祠，原来只有土地五六亩，后来逐渐增至15亩；第三，是由同宗后裔所捐献或绝嗣后将土地献给祠堂者，如第五村的远三公祠，其土地即为同宗后裔在数十年前所捐献的，又如第一村的恺一公祠，其土地133.2亩中，即有73.2亩是因族人绝嗣后献给祠堂的。

神会是一种迷信组织，为少数人发起组合而成，但也有是全乡性的；名称多种多样，不分姓氏均可参加。总括起来大致可分为两种：一种是祭神用的，内供偶像，如土地会、观音会、地藏会等；另一种是集会游行的（在每年的农历三月十八日），如旗会、抬神会、盘香会等。在数量上讲前一种较多，后一种较少；同时有不少神会名称虽相同，但其经济单位是分开的，如土地会几乎每村都有，甚至一村有好几个，其经济单位却不一定在一起。以上这些神会，其土地来源都是在初创时由在会人集资购买起来的。

公益慈善团体，全乡共有4个，其中2个是圩局，为修堤筑圩而设；一个是乡科会，过去科举时代用来补助读书赶考的“士子”，现在则用作补助学校经费；另一个是华善堂，名义上是做慈善事业（如施柩施药等），实际为封建统治作装饰品。这些团体所占有之土地，均系捐资购买或募化而来。此外，还有庙宇4个，有2个只有土地没有房屋和僧道；其余2个庙，一庙有一和尚，一庙有一道士。

二、土地情况

甲、占有情况

全乡总土地为8632.76亩，其中祠堂土地有2222.38亩，占总土地的25.74%；各种神会土地有1141.6亩，占总土地的13.22%；庙庵土地有89.5亩，占总土地的1.03%；公益团体土地有26.5亩，占总土地的0.31%；慈善机关土地有67亩，占总土地0.78%。总计以上各单位公有土地3546.98亩，占全乡总土地的41.08%。

祠堂占有的土地，最多的有343亩（邢大公祠），最少的只有1亩（申一公祠），一般在20

亩左右。据第二村调查，30个公祠中，其土地在20亩以下的就有27个。每个祠的族户有多有少，最多的有2000多户，范围及于两乡，一般均在40户以下。

神会中，占有土地最多者有32亩，最少者0.7亩，一般在20亩以下。如第二村35个神会中，20亩以下就有31个；第五村26个神会中占有土地20亩以下的有22个。神会土地占有者包括农村中各个阶层，一般一户参加一个神会，但也有一户参加很多神会的，据调查第五村地主邢王槐，即参加32个神会；富农邢精法，亦参加20个，参加神会的多寡与土地占有的多少成正比例。（注：在会的每户，均有一份土地。）

乙、使用情况

祠堂的土地大部出租，据统计，全乡出租的祠堂土地竟达2104.08亩，占总祠堂土地2222.38亩的94.68%。该乡第二村30个公祠中，全出租者有24个，共出租土地206.5亩，占该村总祠堂土地232.5亩的88.8%。第五村祠堂出租土地137.1亩，占该村总祠堂土地159.6亩的85.9%。小公祠的土地，则都系轮种，收获归轮种者所有，不需交租，但每年得办酒祭祀及完粮纳税等。

祠堂土地出租的方式有三种：第一是由管祠堂者作主租给农民；第二是由族户抽签耕种，连抽得连种；第三是由族户依次轮流租种。租制均系超租（即先缴租后种田），不论水旱虫灾，所缴租稻一律不退。租额以田的土质好坏而定，但较一般地主、富农出租的土地要低20至30斤，最高每亩租稻1.8担，一般1.5担，最低0.8担。该乡出租土地多半是超租；少数是活租（分租），即秋收的稻和草，由业佃双方平分，麦熟业主得1/3，佃户得2/3。

神会土地均系轮种，出租很少。据统计，全乡神会土地轮种者达836.1亩，占神会土地总数1141.6亩的73.24%。第二村35个神会中，全轮种者就有31个；第五村26个神会中，也有21个是轮种的。此外，尚有部分出租及轮种兼出租的，但为数不多，第五村26个神会中，轮种兼出租者只有1个。

在国民党反动统治时期，公田捐税，比一般土地为重，有些会田轮种者入不敷出，于是规定赋税由轮种者负责，不足数由大家贴补，因此，部分会田逐渐由轮种转为出租。

神会土地与祠堂土地有些不同：祠堂土地只可子孙世代相传，不得出卖；神会土地则在会人可将其会田应有的一部按价卖与他人，但不得拆开。

庙田及公益、慈善土地，也都是全部出租的，租制、租额与祠堂土地相同。这些土地，大都操纵在封建势力手中，如华善堂有土地67亩，在6个管理人中，有3个是地主，2个是富农，只有1个是中农。又如大丰圩局，有土地13.5亩，其6个管理人，3个是地主，3个是富农。

现将该乡祠堂、神会及其他公田的占有及使用情况列表如下：

高淳县薛城乡各种公地占有情况统计表

名称	个数	参加户数	占有土地(亩)				
			出租	轮种	合计	占全乡总田亩百分比	房屋(间)
祠堂	137	9402	2104.08	118.30	2222.38	25.74	109
神会	244	6227	305.50	836.10	1141.60	13.22	27
庙庵	4	全乡	89.50	0	89.50	1.04	22
公益团体	3	全乡	26.50	0	26.50	0.31	0
慈善机关	1	沿石臼河一带	67.00	0	67.00	0.78	0
总计	389	—	2592.58	954.40	3546.98	41.09	158
说明	全乡田亩 8632.76 亩						

高淳县薛城乡第二、五村各阶层租进祠堂神会土地统计表

成份	户数	租入祠堂田		租入神会田		总计	
		户数	亩数	户数	亩数	户数	亩数
地主	7	1	1.00	0	0	1	1.00
富农	7	4	15.00	0	0	4	15.00
中农	111	89	165.50	66	129.95	155	295.45
贫农	155	155	222.45	89	158.05	244	380.50
雇农	3	0	0	0	0	0	0
手工业者	3	0	0	0	0	0	0
其他	9	2	7.00	0	0	2	7.00
合计	295	251	410.95	155	288.00	406	698.95

注:因租入祠堂田和神会田的户数有重复,所以合计户数超过原户数。

高淳县薛城乡第二、五村祠堂土地占有及使用统计表

参加户数	个数	户数	占有土地(亩)		
			出租	轮种	合计
10 户以下	15	102	46.50	24.00	70.50
10—20 户	15	239	84.60	16.50	101.10
21—40 户	6	162	48.50	8.00	56.50
41—60 户	2	98	30.00	0	30.00
61—100 户	2	149	70.50	0	70.50

续表

参加户数	个数	户数	占有土地(亩)		
			出租	轮种	合计
101—200户	1	102	4.00	0	4.00
200户以上	2	2115	59.50	0	59.50
总计	43	2967	343.60	48.50	392.10

高淳县薛城乡第二、五村神会土地占有及使用统计表

参加户数	个数	户数	占有土地(亩)		
			出租	轮种	合计
10户以下	29	211	7.00	96.50	103.50
10—20户	10	145	17.00	30.50	47.50
21—40户	10	284	0	67.50	67.50
41—60户	3	148	4.50	17.00	21.50
61—100户	2	143	0	21.00	21.00
101—200户	4	612	15.00	2.40	17.40
200户以上	3	857	32.00	21.00	53.00
总计	61	2400	75.50	255.90	331.40

三、祠堂收支及管理情况

甲、祠堂的收入支出以邢大公祠为例来看，邢大公祠1937年的收入计：地租收入共稻376.72担，人丁费6211.5担，高利贷利息165.69石。这说明了邢大公祠，不但有封建的地租剥削，同时有苛重的高利贷剥削；不但对一般农民进行剥削，同时对族内也加上了人丁费的剥削。

乙、再从邢大公祠1938年的支出来看，其支出计：迷信费用稻1910.45担，蚀耗浪费699.41担，吃喝2771.81担，杂捐219.27担，公益事业费65.16石。由此可以看出，祠堂收入大部消耗在迷信、吃喝、浪费上，用于公益事业费者，为数极少。

丙、祠堂由族长管理，族长有正副两个，在族中有最高权力，同时这些人又大都为当地封建势力的头子，往往大权在握，为所欲为。至于有些小公祠虽然名义上是轮管，但实际也为封建势力所操纵。管理人或文账常在祠堂土地出租时，保留部分好田用较高租额转租给农民，从中剥削。

四、祠堂惯例

甲、每年清明、十月朝吃老年酒。大的祠堂要60岁以上及塾师才有酒吃；小的公祠则在堂户每户一人，不分年龄均可吃酒。

乙、族人至60岁时，在冬至日可向祠堂领取炭子钱一次（约米1斗），70岁以上，年年可取，直至老死。

丙、族内子弟，高小毕业后，祠堂每年津贴50斤稻；初中毕业津贴100至200斤稻；高中大学学生则更多。据了解最多者有10担左右。

丁、私生子及僧尼不得在祠堂立名，新娘及新婚所生子女，在正月间要带了点心鸡蛋等，至祠堂拜祭祖宗、孝敬长辈。

戊、修谱时每户每人要出修谱人丁费稻子50斤（未婚女子除外）。

这些惯例的意义，不外是加强封建宗族的权威，借以维持地主阶级的统治。

1950年8月调查

高淳县双桥乡公堂土地调查

一、公堂简况

高淳县公堂，为数甚多，差不多每村均设有大小公堂，且均占有不等数量的土地，较大的公堂竟占有土地300余亩。此类土地大多为地主阶级所控制，对农民进行剥削，此为高淳县农村经济之一大特点。

二、公堂及公田土地占有数量

双桥乡总田亩为8488.45亩，公田单位有361个，占有土地3845.96亩，占全乡总田亩的45.31%。其中大小公堂共有172个，占有土地2176.38亩。其具体情况如下表：

高淳县双桥乡各种公田统计表

名称		单位	亩数	占全乡总田亩百分比	占公田总数百分比
祠堂田	大族田	40	1138.35	13.41	29.60
	小族田	104	892.93	10.52	23.22
	祭田	28	145.10	1.71	3.77
	小计	172	2176.38	25.64	56.59

续表

名称	单位	亩数	占全乡总田亩百分比	占公田总数百分比
社田	127	989.58	11.66	25.73
寺庙田	23	127.60	1.50	3.32
学田	5	58.80	0.69	1.53
国家公田	4	16.40	0.19	0.42
慈善机关田	12	135.40	1.60	3.52
义仓田	14	330.70	3.90	8.60
公益事业田	4	11.10	0.13	0.29
总计	361	3845.96	45.31	100.00

三、公堂土地来源

甲、捐献：初期该地人少田多，捐田、捐钱修祠者较多，并规定捐田 3 亩者，即可有一个人在清明及十月一日祭祖时吃捐田酒 2 次，捐 6 亩者有 2 人，捐 9 亩者则有 3 人。如不去，祠堂就将酒菜送之捐户家中。3 亩以下或捐钱者则无酒吃。

乙、趁灾荒或农民生活困难时购买土地，地价按市面八折计算。如光绪四年，张氏公祠收买莲花塘村土地 50 亩；1931 年，潘氏祠堂又买莲花塘村土地 30 亩，但此种土地卖田户有永佃权。

丙、年老绝嗣，怕死后无人祭扫；或因子多，分家时留的一部分养老田（即养寿田），死后未分，作祭祀费用之来源，此两种田即变为支祠田（即小族田）和祭田。全乡计有 132 个这种单位（小族田与祭田合计），占有土地1038.03亩。

四、控制和管理公堂土地的阶层

甲、大公堂：形式上是由辈高年迈的老人所经营，实际却为当权的地主、富农所控制。如大港口村徐大公祠，为伪区长徐同祐、伪乡长徐锡昌、候选伪国大代表徐铨等（都是地主）所控制；双桥渡吴大公祠，为伪保长吴士栋（富农）所控制。

乙、小祠堂：因范围小，田少，一般为中农、贫农轮流管理。但确定租额，要根据大公堂的指示。

五、产量及租佃关系

甲、产量

双桥乡全是圩田，土质相差不大。因田有高低，才有一熟田、二熟田之分，因而分为三等

(即上坝田、中坝田、下坝田)。田高可种稻种麦者为一等,一般年成每亩田可产稻 400 斤、麦 150 斤左右;产量较低者为二等,每亩可产稻 300 斤至 350 斤、麦 100 斤;低田常积水不能种麦者为三等,每亩田产稻 250 斤至 300 斤。但如果低田或较低田,多加工施肥,每亩田也能产稻 400 斤。

乙、租额

(一)公堂租额按田好坏定租率,最高的每亩实交稻谷 160 斤以上,一般的 130 斤左右,最低的 50 斤至 100 斤。虽是定租,如歉收租额可商求减低一些。1949 年该乡一般租额好田为稻谷 100 斤,低田 50 斤至 80 斤。

(二)有些地主、富农亦租入部分公堂田,其租额较中农、贫农低,如控制莲花塘村葛氏公祠的地主葛才双,他租入一等田,每亩租额 110 斤,而中农、贫农租入二三等田,每亩租额却为 130 斤至 150 斤。这说明了地主、富农非但控制公堂,压榨贫苦农民,而且还假借权势租种公堂好田,将自己孬田出租,从中牟利,以饱私囊。

(三)公堂田租额,一般比私人田租额低些。如地主、富农出租土地每亩最高租额(定租)为 200 斤以上,一般为 170 斤左右,最低为 70 斤至 100 斤,少数地主还要收麦租每亩 20 斤至 30 斤,歉收照交,并有预租。兹将该乡公田与地主、富农出租田租额列表如下:

田别		公堂田	私人田(地主、富农)	差额
上田	每亩全年租额	160.2	213.6	−53.40
	每亩全年产量	453.0	458.0	−5.00
	租额占产量百分比	35.3	46.4	−11.10
中田	每亩全年租额	132.0	178.0	−46.00
	每亩全年产量	374.0	371.0	+3.00
	租额占产量百分比	35.2	46.7	−11.50
下田	每亩全年租额	93.2	126.0	−32.80
	每亩全年产量	251.0	245.0	+6.00
	租额占产量百分比	37.1	51.4	−14.30

注:1.租额及产量单位为谷斤。2.租额及产量是 1948 年全乡一般典型调查数字合并平均计算而得。
3.事实上最高租额田并不完全等于最高产量田,这样只作为公田与私田(地主、富农)租额比较的参考。

丙、租入公堂田阶层

公堂田大都为中农、贫农所耕种,但少数好的公堂田,则为地主、富农所耕种。各阶层租种亩数如下:

成份	租种公田亩数	占公田总数百分比
地主	20.00	0.52
富农	165.38	4.30
中农	2134.00	55.49
贫农	1491.38	38.78
雇农	11.00	0.28
其他	24.20	0.63
合计	3845.96	100.00

丁、租制与佃权

（一）租制：分活租制与定租制两种。公堂田大部为活租制（一等田原定200斤，一般150斤，低为100斤），交租时按收成打折扣，如歉收，即按六折交租（1948年按六折计算）；少数低田为定租制，租额较轻（一般为50斤），产多产少都按定额交租。

（二）佃权：一为有永佃权的土地，贫苦农民卖田给公堂时仍保留自己的耕种权（参看上述）；一为无永佃权的土地，即捐献与绝嗣田，谁租到谁种，若不交租，公堂管理人即行摘田。

六、公堂收入的消费情况

公堂的消费是祭奠、修祠、修谱、吃喝、修桥、办学和纳税等，但开支最大的是吃喝浪费，祭奠与办公益事业的支出为数都很小。例如大港口徐家公祠每年吃4次老年酒（清明、七月十五、十月初一日、腊月三十），2次捐田酒，在1948年即用稻6578斤。这是大小公堂的一项主要开支。

公堂的贪污现象很严重，主要是掌管公堂的人收租稻后，作价存款，物价上涨，仍按原价付钱，百斤稻只须用10斤稻钱抵偿即够了，管公堂人大多如此公开贪污。如双桥渡吴士勋，于1941年借吴大公祠稻2940斤，1945年本利以钱付还只买了16斤稻。但部分为中农、贫农管理的支祠，其收支均以稻谷计算的，很少发生贪污情况。

高淳县农会工作组

1950年4月

无锡县张村区特殊土地调查

一、堰桥乡胡氏义庄

胡氏义庄共有土地1560亩，系3个单位合并而成，其创办情形及合并经过如下：

甲、胡氏义庄：原有土地800亩，系胡乔源捐田创立于清道光年间。土地全部出租，收入作救济胡氏族内鳏、寡、孤、独之用。

乙、义庄塾：系胡谷梅发起，与义庄同时成立。共有土地600亩，均由胡氏族内捐出，全部出租，收入作胡氏子弟投考费用。

丙、祠堂田：共160亩，系胡氏两个祠堂所有，收入作祭祀费用。

这3个单位原各自管理，至光绪年间，胡氏族中办学堂，乃在义庄、义塾内各拨出300亩田充作经费。后因遭水灾，收不到租，至宣统时学堂停办，土地复归原处。1914年，创办胡氏小学，仍将以前600亩田拨给小学。此时，义塾田和祠堂田因数量不多，才并入义庄管理。1927年，创办胡氏初级中学（小学则为附小），又从义庄田内拨出164亩。1936年添设高中，再拨出350亩，总共拨出1114亩，还剩446亩（包括义塾田和祠堂田在内）。所拨出的名义上虽称学校田，但实际负责管理收租及完粮的仍是义庄，仅每年依照学校田数量收入的稻租，交给学校而已，而且都属胡氏公产，学校校舍又是义庄的房屋，故义庄田与学校田是分不开的。

很早，义庄的租米收入，义庄的主管人（系族内推出）大都还能用于救济方面，义塾田和祠堂田的收支账目，也比较清楚。到后来渐渐发生贪污中饱，如胡有山、胡有祥合管时期，他两人一个吃白面，一个酒糊涂，家里没有什么产业，在管理时大吃大喝，义庄收的租，大部被他们吃掉。抗战胜利后，伪区长胡守贞依靠国民党反动势力夺取了义庄管理权，从中贪污榨取，以肥私囊。管理人大都是这样，甚至有为争夺管理权而涉讼的。

义庄共有稻田1010亩（平田和低田），桑田470亩（旱田），荒田80亩（即山田和芦塘田）。另有房屋60间（基地未算）。土地分布在太安乡最多，有930多亩，堰桥乡360多亩，刘仓乡100多亩，胶南乡80多亩，江阴县20多亩。佃户共有1000多户，租种最多的每户3亩，最少的只有2分多。佃户大都系贫农，均有田面权，义庄只有田底权。抗战前每亩租米缴7斗至8斗（没有麦租），而且需佃户送上门；抗战时期只缴4斗至5斗，由义庄自己去收；抗战胜利后一般是缴3斗，缴2斗的也有。

至于学校，是胡氏的公学，过去凡是族内的子弟求学，都不要学费（异姓的要收）。抗战胜利后，因收租减少，致部分胡氏子弟，也要学费了；解放后，只要缴得起学费，不论本姓异姓都要收。该校的范围，在农村来说，一般还算不小，中学和附小学生最多时有1000多名，且有很多寄宿生，房屋有60多间（大都是义庄的，只有十多间是学校新造），各种设备也比较完全。

二、刘仓乡祠堂田（又名义庄田）

甲、土地来源

相传在康熙时，该乡卫家巷村有卫姓兄弟三人合股经商，获利有多，便买田产，传至今便成为卫姓的公田。

乙、土地数量及收入用途

土地共有103.16亩（内平田101.26亩，低田1.90亩），都在本乡，出产稻、麦等普通农作物。103.16亩土地全部出租，在年成好时，每亩租米4斗，歉收时则看情形减少。收入大部用于扫墓、祭祀，多余的则由义庄中24户分得。义庄过去为卫培其管理，目前由地主卫耀祥管理。

丙、佃户成份

租种该祠土地的共有83户，大部分为贫农，部分为中农，此外，尚有少数的富裕中农、自由职业者及工人、地主等。其户数及田亩数如下：

成份	户数	占总户数的百分比	租入义庄田亩数	占义庄田亩总数的百分比
地主	4	4.82	5.20	5.04
富裕中农	5	6.02	9.50	9.21
中农	26	31.33	29.48	28.58
贫农	43	51.81	50.03	48.50
自由职业及工人	5	6.02	8.95	8.67
合计	83	100.00	103.16	100.00

三、堰桥镇公祠田

甲、六堡里尤公祠

尤公祠在六堡里前村，共有土地53.55亩（内包括祠基3.30亩，坟墓0.87亩，山地0.43亩），系百年前该村尤文纪等购买，作为祠之公田，迄今未有增减。土地除坟地和山地外，余均出租，佃户大部为本村本姓，少数为异姓。租给本姓之田较好，且租额亦比异姓少交2斗（每亩8斗至1石）。佃户的成份以贫农最多，约占58%；中农次之，约占40%；余则为地主、富农。该祠之经管人系尤信康（工商业者），已有十五六年之久，租很少收到。过去所收之租米，除完粮和修祠外，其余完全用于每年清明、冬至二次祭祀。

乙、西街范六房

是堰桥范公祠的第六房，原只有个坟墓（百年前建立），而没有祠基，于1911年前后由其他各房（5个房）绝嗣者捐献的土地29亩，作为祭坟之公田，1930年，逐渐增至53.46亩。土地全部出租（墓地1亩除外），本乡租种者计24户，田35亩；外乡租种者计3户，田17.46亩。27户（内本姓11户，余为外姓）佃户，贫农占80％，中农占20％。管理人在1935年前的20年中是范根培，后由范阿银管理了七八年，范阿银是个吃大烟的，往往预收租米作为私用。在敌伪时期农民抗租较多，特别是本姓的佃户（过去租额，本姓佃户比外姓佃户一般的少完一二斗）拖欠，故收入逐渐减少。后将原租额一般每亩租米七八斗减至四五斗，收入除用于修坟、祭祀及完粮外，余补助本族困苦之子孙。现由范广扬管理。

丙、东街范公祠

该祠位于堰桥东街中段，成立于清代，起初只有20多亩田，系由范元贞发起建立，后由宗祠名义劝各房（共6个房）将私有公田移入宗祠管理，故逐渐增多，现共有土地165.1亩（内包括宗祠所有的79亩、代管未发还的83.3亩、祠基0.6亩、坟墓2.2亩），房屋20余间。土地分布在本乡北山下70亩，六堡里20余亩，东西街30余亩，泰安乡30余亩，胶南乡10亩，刘仓乡3.4亩。佃户共120户（内中农、贫农占80％），本姓占10多户，计田40余亩。民国以来，由范仲升（已故）经管，当时租额每亩租米高者7斗，低者4斗，皆可照收。1937年以后由范石均经管时，因佃户抗租的关系，租额逐减至三四斗，也有不缴的。1947年起，由范广济经管至去年止，其间收到的租更少，致入不敷出。租米过去除祭祀、修坟等用外，其余则分给贫苦子孙及作自设的小学费用。

丁、东街同善局、同保局

该局位于东街中段小河南（今为堰桥中心小学校址），建立于150年前，由范、胡、卫三姓（计30多户）共捐而成。现共有房屋16间，屋基0.6亩，及出租田320亩。土地分布于堰桥者110亩，刘仓乡40亩，泰安乡80亩，胶南乡60亩，观惠乡30亩。过去管理人为范光济、胡宝如和汪达九等，后为胡守贞管理。租米每亩五六斗。收入用于施衣、施粥、施诊、施材及掩埋路尸和修理房屋等。每年在冬至祭祀一次，并在这时结一次账。

戊、堰桥全乡的官田

共有136.44亩，佃户132户，每户佃种最多者为3.69亩，最少者为0.03亩。

四、刘仓乡保圩田

甲、土地来源

刘仓乡人多地少，劳动力过剩。1925年，由地主胡雨人、王作林等33人发起开垦荡田，当时他们以“啥人开荒啥人有田面权”为幌子，致参加开垦者有三四百家之多，共开垦约1000多亩。据群众谈：当时所开垦的土地，开垦者若三年以内交筑堤费的（每亩1石米），该田即归开垦者所有；不交筑堤费的，该田即拨归王作林所控制的保圩局，每年所收之租米，作为保圩费用，故名之为“保圩田”。

由于年代较久以及二地主之营私舞弊，保圩田土地数目已搅不清，农民只知道种的是王作林的田，而不知道是否是保圩田；调查时经最后经管的二地主郁中满交出之保圩田数目，只有38.78亩，显然，有许多土地是被侵吞去了。

乙、经营情形

保圩田归王作林（大地主兼资本家）经管后，前后共委托吕川宾、张爱仁、胡荣度和郁中满等经手收租米（张、胡已死）。在胡荣度经手时，由于他吸食鸦片，将保圩田偷卖40亩，租米不足之数，他虚加在其他佃户身上。该田租米本来应作为每年修堤之用（每亩租米最多时4斗），但历年为王作林侵吞，从来没有修过圩堤，致农民每年都有遭受水灾之危险。

五、堰桥镇横排圩保圩田

甲、土地来源

清光绪末年，堰桥村胡亦先（大地主，已故）在横排圩购买大量荒芜芦荡田，招人耕种。因屡遭水灾，农民均不愿垦种，大部离开。宣统三年，又招募常州芙蓉圩居民来此垦种，并建房屋给移民居住，但在宣统三年和1914年又遭受大水灾。1915年，曾大修圩岸一次（经费系每亩田捐2斗米）。嗣后，胡亦先更搜寻地方上无粮之田，拨为保圩田，一面补报登记完粮，一面由保圩局（保圩田经管机构）派人收租，作修圩之用。

乙、土地数量、产量及租额

保圩田共有低田77.18亩，鱼池5个半（另半个为周新镇周肇甫所有），计地20亩。低田每亩产量最高为米2石，一般1石5斗，最少5斗（遇水灾时每亩只收二三斗，甚至全部淹没），不能种小麦。租额是活租制，每年视收获量的多少而决定，在抗战前，每亩最多收租米六七斗，一般收三四斗；抗战以后，一般只收2斗（最高3斗，最低1斗）。鱼池租额约每亩租米一二斗。低田分布在本乡的有36.99亩（佃户12户，计佃贫农7户，佃中农5户）；在胶南乡杨巷上的有40.19亩（佃户24户）。鱼池则均在本乡（佃户7户，内3户兼种低田）。

丙、经营情况

主管人即为胡亦先，管账为陈义安（胶南乡杨巷人，地主成份，兼管公堂田），另有监察6人，共8人。初创时每年于二月初二（阴历）8人聚餐一次，清理一年账目。1916年至1927年间，保圩局尚买些蒲、木桩等修理圩岸，以后就甚少修理。胡亦先死后，保圩局就有名无实，陈义安从不公布账目，每年除完粮、杂支外，余均中饱私囊。据群众估计：从1927年至

1940 年间，每年可收租米约 40 石，交粮、支薪及杂支等只需支出 30 石，故每年尚可积余 10 石左右。

1950 年 5 月调查

太湖东山义庄田情况调查

一、义庄的来源、性质及其变化

义庄基本上是封建地主、官僚捐赠土地创办的，据传：东山区在南宋康王时就已有义庄，其土地收入的用途，名义上是救济族内贫苦者、举办义学、修理庙宇祠堂、祭祀祖宗，故自称为“义”；又因封建王朝规定 1000 亩以上土地，通过朝内吏部批准，可称“庄”，故总称曰“义庄”。义庄的封建性很浓厚，它是一种封建的宗族组织，目的在于缓和族内阶级矛盾，模糊农民（包括义庄的佃户）的阶级意识，以便于榨取农民和树立封建统治的权威。但自清末以来，义庄的某些方面已逐渐起了一些变化，如义庄的创办人已不尽是封建官僚地主。由于工商业逐步发展，部分地主转化为商人或资本家后，有将土地拿出，单独或集资成立义庄的，如东山区的周、金、叶、翁等义庄；有个别义庄为大商人霸占后另行设的，如席恒义庄；也有几个家祠合并为义庄的，如翁义庄。

东山区目前共有席、叶、翁等义庄 10 个，每个义庄的户数如下：

庄名	户数	庄名	户数
席义庄	300	金义庄	150
叶义庄	300	周义庄	150
王义庄	300	席恒义庄	30
翁义庄	100	吴义庄	30
郑义庄	80	合计	1690
严义庄	250		

二、义庄和祠堂的区别

义庄与祠堂其封建性质（虽程度与形式差别很大）基本上是一样的，它们之间的主要区别是：

甲、义庄土地多，规模大（一般在千亩左右），范围广，（代表宗族的面广宽）；祠堂土地少，规模小。有些义庄是几个祠堂组成的。

乙、祠堂田的收入，主要用于祭祀；而义庄除祭祀之外，还举办一些所谓义学及救济族内贫民等“慈善”事业。

丙、祠堂田有时有轮管等使用土地的形式；而义庄田则全部出租。

丁、较小的祠堂土地有为农民所有的；而义庄的土地都为大封建势力的大地主所占有。

三、东山区义庄较多的原因

由于东山区居于太湖之滨，群山环绕，果桑成林，是一优美的风景区。因此明末清初时一些封建官僚，晚年告退，或避免战乱（有碑文可考），大都来此居住，他们大都创办了义庄、祠堂。有所谓八大家族即前山的翁、席、刘、严，后山的胡、叶、朱、周；有六大义庄即席、严、金、翁、郑、叶等。

四、土地占有及分布情况

10个义庄占有的土地共8119.8亩。由于义庄的创办有先后，因此占有土地的形式有封地、霸地、买地之别；各义庄的土地面积和来源也各有不同，致形成了大小不同的义庄。兹将10个义庄的大小、土地分布、土地种类等情况分别说明如下：

甲、以占有土地的多少来区分义庄的大小

（一）土地在1000亩以上的有：王、叶两义庄（王有田2364亩，叶有田1850亩）。

（二）土地在500亩以上的有：席、翁、严三义庄（席有田926亩，翁有田951亩，严有田509亩）。

（三）土地在100亩以上的有：郑、金、周、吴、席恒五义庄（郑有田390.6亩，金有田450亩，周有田436亩，吴有田140亩，席恒有田100亩）。

乙、土地分布情形

（一）义庄土地在外县或外乡的计：昆山700亩，常熟1500亩（棉田），苏州160亩，横泾1500亩，木渎334亩，合计4194亩。占该区全部义庄土地8119.8亩的51.7%。

（二）土地在本山（东山）的：共3925.8亩，约占该区总面积46 000亩的8.5%；占全部义庄土地48.3%。

丙、义庄所占土地种类如下表

土地种类	亩数	占义庄总田亩百分比
稻田	5028.00	61.93
荡田	449.00	5.53
棉田	1500.00	18.47
鱼池	17.00	0.21
桑田	40.00	0.49

续表

土地种类	亩数	占义庄总田亩百分比
坟地	1085.80	13.37
合计	8119.80	100.00

上项土地，其中可耕地7034亩占义庄总田亩86.6%。非耕地1085.8亩，占13.4%。

五、租佃情况

甲、佃权

义庄田分为有“田面”权和无“田面”权两种，后者的数量较多，其情况如下：

（一）本山（东山）的义庄田3925.8亩（内有1085.8亩坟地为非耕地），全无“田面”权，占义庄总田亩8119.8亩的48.3%。

（二）在外地的土地中有1500亩田无“田面”权，占义庄总田亩18.5%。另有2694亩有“田面”权，占义庄田总数的33.2%。

此外义庄土地私人均无所有权，不能随便买卖。

乙、租制及租额

义庄田除坟地外，全部出租（房屋也大部出租），租额较重，而且大都有押租，“三限”期也较一般地主为严，地主一般半个月至一个月为一限，而义庄田五天为一限。其租制有如下几种：

（一）活租（按每年产量确定租额）：最高1.8石米，一般1.5石至1.6石米，最低1.4石米。

（二）板租（有押板的）：最高0.9石，一般0.5石至0.6石，最低0.4石，实收时有的可打七折（大都是坏田、荡田）。押板钱过去每亩需银洋1元，现改为1石米，不交租时就拔田，并扣其押租。

（三）包租：一般租额为0.15石（均系棉田、坏田），不管年成丰歉，一律在春季收0.5石，秋季收0.1石。

义庄除本身收租外，有的甚至还替地主代收租米，近似“租栈”（如席、严义庄）。其对外族剥削的程度尤为残酷。

丙、义庄田的使用情况

（一）义庄田本族人是很少耕种的，在东山区本族人种义庄田的只有1户，种田1.08亩，原因是田离家近，本人又无职业之故，其他均为外地外族农民租种。

（二）各阶层使用义庄田，以中农、贫农居多数，一般约占佃种总户数的40%至70%，个别乡村有达90%以上的。如东山区渡桥乡第一行政村共190户，758人，农业户口83户（其余为非农业户口），计358人，共有土地1173亩。全村使用义庄田者27户，115人。27户总使用土地是252.6亩，内有义庄田102亩，占其总使用土地252.6亩的40%，占全村土地总数1173亩的8.7%。其中佃富农租种者计3.56亩，占全部义庄田102亩的3.5%，中农（包括佃中农）租种者为39.6亩，占38.8%，贫农租种者为58.8亩，占57.6%（中农、贫农佃种土地共占总数的96.5%）。又杨湾乡共租种义庄田174.8亩，内二地主租种者为42亩，占24.03%，佃富农租种者计56.9亩，占32.55%，中农租种者（包括佃中农）为75.9亩，占43.42%。

六、义庄的收支情况

义庄每年收支分配情况，以席义庄为例，全年收入为350石米，其支出如下表：

支出项目	数量(石米)	占总收入百分比	占总支出百分比
完粮	80	22.86	40.41
杂支(工资等)	32	9.14	16.16
祭祖(修坟祠)	20	5.71	10.10
义米(救济本族贫苦者)	60	17.14	30.30
义学(本族办的学校)	6	1.71	3.03
合计全年支出	198	56.57	100.00
剩余	152	43.43	—

剩余的则交庄正存银行生利，或购股票，准备将来扩大义庄田和修祠堂之用（庄正贪污中饱的很多）。另有个别义庄补贴义学经费很多，如叶义庄全年助务本小学250石米，占总收入40%强。从上列情况中可看出义庄的收入与社会各方面发生的经济关系是很复杂的。

甲、首先与工商业者的关系很密切。

乙、与部分本族贫民及鳏、寡、孤、独生活亦有一定的关系，例如定期救济，每人每年规定0.5石米至1石米的有席、严、吴等义庄，2石至2.1石米的有周义庄，2至4石米的有叶义庄。

丙、过去对个别学校，略有资助，最近三五年来已停止。

七、义庄的管理情形

甲、义庄的管理形式有如下几种

（一）总管理制：一个义庄有3个总管负责全面事宜，另设3个管理人负责义庄具体事宜，如王义庄（内总管一人系族长兼）即如此。

（二）族长统一领导，由1个支族长兼庄正，另设监理，管理人分工负责的，如席义庄。

（三）采取委员会统一负责制，有6个委员，由族长兼主任委员，委员会下有代管人，如周义庄即如此。

（四）支族长霸占义庄，完全一人负责，如席恒义庄。

（五）族长下设庄正、代管人的，如：翁、金、严、叶四义庄。

（六）族长领导下只设代管人：如吴义庄。

义庄在收租期内则还另雇账房、催甲，一年雇三四个月。

乙、义庄掌握者与管理者的成份

义庄一般掌握在族内封建头子或有钱有势者的手里，劳动人民是很难参与领导的。现将10个义庄掌握者和管理者的成份统计如下：

族长9人：全部是工商业家、大商人经理（是由地主转化成的）。

支族长6人：全部是商人（大部是地主转化成的）。

庄正4人：全部是商人（大部是地主转化成的）。

监理1人：自由职业者（以前也是大商人）。

管理12人：地主2人，商人10人。

委员会6人：地主3人，商人3人。

总管3人：全部为工商业家和大商人。

合计41人，其中大商人及工商业家（大部是地主转化成的）35人，地主5人，自由职业者1人。

注：此材料可代表太湖办事处所辖区乡（东山区、西山区）义庄田的情况，又因东山区原为吴县所属，因此，甚至还可代表吴县之光福、天平山区、虎丘山区及苏州市周围风景区之义庄田的情况。

中共苏州地方委员会

1950年4月

无锡县荡口镇义庄田情况调查

一、荡口镇义庄田的一般情况

甲、历史情况

据该镇各义庄负责人谈：各义庄是受宋朝范仲淹建庄的影响而开始建立起来的。

由于义庄田不准个人买卖，故认为可借此防止子孙败坏祖业，但这仅是表面的看法，实际上这是麻醉农民、维持封建剥削最巧妙的手段。封建地主意识到这点，于是，这里的义庄就陆续建立起来。荡口镇原有义庄6处：即华老义庄、华芬义庄、华永义庄、华襄义庄、徐义庄及殷义庄，惟殷义庄已于1935年间分掉，故目前只有义庄5处。其中历史最攸久的是华老义庄，根据该庄建庄匾额所载，系在清朝乾隆甲午年建立。嗣后各庄也陆续开始建立，时间最短的则为华襄义庄，系清光绪年间所建。

乙、土地情况和租佃关系

荡口镇共有土地13 010亩，而各义庄所占土地达9691.6亩，占当地总土地的74.5%。此项义庄土地主要分布在荡口、甘露及其他各乡镇，梅村区和查桥区也有一部分，其中以华芬义庄所占土地最多，计4223亩，占该镇义庄总田亩43.57%；最少为徐义庄，仅290亩，占总田亩3%弱。义庄土地极大部分是出租的，一般在90%以上，如华老义庄占有土地3598.67亩，除坟垅屋基203.75亩外，其余3394.92亩全部出租，占该义庄全部土地的94.3%。

义庄土地的来源主要是靠捐献。有的将捐献来的土地出租，从地租剥削中再继续添购（如殷义庄）；有的除捐献土地外，还依靠工商业上所赚来的钱添购（如华襄义庄）。义庄是一种封建的宗族性组织，管理义庄的一般都是有财有势的统治阶级，如华老义庄历代在无锡县称为一霸，过去无锡县内出任大小官员，需经该族有权势者同意，如明之华太师，今之华泽之皆是；此外殷义庄负责人殷国清，对农民压迫亦甚，殷是大烟鬼，又是恶讼师，每年收租，租额要比别的义庄高5升到1斗，农民因慑于他的恶势力，只得忍痛将租交足，如略有拖欠，立即就有坐牢的危险。

丙、目前义庄三种情况

（一）华老义庄：情况较为简单，已无私人田产混杂，也未转移到工商业上去，主要依靠义庄土地收取地租，办理祭祀及义学等族内一切事宜。这是可以代表大多数义庄情况的。如华永义庄、华襄义庄、徐义庄等均属这一类型。

（二）华芬义庄：其关系较为复杂，不仅义庄土地和祠堂及私人田亩混杂，而且也兼营商业。如在战前曾兼营兴仁堆栈（在无锡西门）。在土地方面和华德本堂、华崇德堂有些混杂，不管堂或庄，主权均系操纵在华泽之一人手里，外面人只知雨堂一庄合有田7000多亩。尽管内部负责人说："每年租米分开存放。"但确实情形一时很难查明。

（三）殷义庄：该庄原有田320亩，该庄贫穷户太多，义庄租米不够分配，在大多数人要分的情况下于1935年间，将土地按房分配掉了。

丁、义庄田开支情形

义庄田租米的支配，各庄虽略有不同，但主要用途不外是办义校、祭祀、救济本族的义米，以及其他开支等项。根据华芬义庄的调查，全庄4223亩土地中，留出分庄田1524亩，除供捐赋动支外，余作救济本族鳏寡孤独之用；另拨义学田5.7亩，办学校及补助贫苦子弟的学费；又耕义田620亩，用于办理各种"善举"。固本堂田652亩，供本族贫苦者借贷之用；同善辅葼田380亩，供本族之鳏寡孤独户代葬棺木之用；其余土地则均拨为祭田，供祭扫、修葺祠堂坟墓之用。义庄规定租米入仓后，除上列项目所规定的开支外，一律不准动支，亦不得借贷或经营其他事业，原则上是今年的租米今年用完。

二、华老义庄调查

甲、华老义庄的起源

清乾隆初年，地主华进思有收租田500亩，经过30年的经营剥削，积有土地2200亩，在宋朝范仲淹的影响下，提出以土地1340亩建立义庄，即为华老义庄，原址在甘露镇东北2里之茅庄，后因庄房在农村不便，迁至荡口镇。当时对1340亩土地的使用划分有如下规定：

（一）“赡”族义田1000亩。

（二）“恤”佃田120亩。

（三）施衣埋柩田50亩。

（四）塾本义田120亩。

（五）会课田50亩。

后经几代之捐赠，至今已有土地3598.67亩。该房后裔共有16房，有新老宅之分，由于外房有田捐出，故外房子孙亦得享受义庄待遇。义庄土地只许捐进，不许拿出或变卖。

乙、经营人员

庄内设有负责人及职员专门经营义庄事宜，如清朝时庄内设董事1人，司事2人，仆役数人；至民国时代已增至主管2人，内外账房6人，厨司1人，工人和看门4人，共13人。主管人由二房互选，其余均为雇用，月薪最低5斗米，最高1石2斗。现在的负责人是华志道和华祖歧。

丙、现有财产

（一）占有土地3598.67亩，内出租土地3394.92亩，占该庄全部土地94.34%。

（二）所有土地中，为本族16房产权的为2205.5亩，其余1393.17亩，均为16房与其他氏族捐助的祭田，共34个单位，计外房20个单位，本房14个单位。最高单位为学田120亩，最低单位仅1.7亩。

（三）共有房屋120间。

丁、剥削情况

从历史上来说，义庄对农民的压榨，一般都很厉害，无锡则以华老义庄为甚。一般地主及义庄每年开租时，都要先等华老义庄行动，以便效法。按华老义庄传载：“义田与寻常家产不同，家产只供一家之用，义田缺租其糟粮赡族则受影响，故每年租例限冬至结账完清，倘有顽佃强抗拖欠即送官严追……”其凶状可见。租额规定每亩田米1石，实收时稍有折扣，战前每亩收糙米6斗5升及麦2斗；战后收稻120斤（新义庄少收5升），水旱荒年略有折扣。历代会有是项规定：即旱荒要华老义庄庄房门前河内石头人出现（最低地），水荒要陈大圩淹没（最高地）方可免租。在1934年石头人未出现，而该地区旱荒确甚严重，可是因有规定在前，除少数确实无法缴出外，一般佃户均仍变卖借贷，忍痛将租米于限前缴清，以免抽佃。按 1936 年 10 月 18 日，该庄收租布告内容是按期缴纳，过期多缴：

头限：开仓日至十一月初二日，平田、圩田每亩收净米 5 斗 5 升。

二限：十一月初三日至二十三日，平田、圩田每亩收净米 6 斗。

三限：十一月二十四日至十二月二十日，平田、圩田每亩收净米 6 斗 5 升。

逾限期则照原额 7 斗 5 升。

过去收租常与反动政府相勾结，利用账房狗腿子率领差人进行逼租。至解放前数年，逼租更进一步，收租改为集体行动，所有地主阶级连同义庄联合组织了收租办事处，聘请伪区乡镇长参加，联合当地驻军，进行武装逼租，逼不到时便下乡捕人，经常有每天捕三四十人的，并扬言："欠租者送去当壮丁。"故春冬两季，农民无时不提心吊胆，为了躲避交租，常越墙、涉河逃走，躲入麦田。欠租者被关禁在庄房内，缴清后始得释放。故该镇农民称之为"老虎村"。

戊、义庄田经费使用情形

义庄田租米，主要使用于下列几方面：

（一）大部用于本族 16 房，补助本族内鳏、寡、孤、独的生活粮者计 30 人，每人每年 3 石 6 斗米，共 108 石；其余补助近房和远房的生活粮，计 2 石 4 斗的 8 人，1 石 8 斗的 12 人，1 石 2 斗的 400 人。连前总计628.8石米。

（二）对本房子孙的栽培：求学时代男孩供给学费，停学求业则供给铺盖钱，结婚时酌情贴补结婚费。

（三）地方公益事业：有关本族公用的桥梁、道路有时加以修理。但对地方性的桥、路则很吝啬，常津贴一小部分或不津贴。

（四）"慈善事业"：在清代曾施棺施衣，如每年冬季棉衣 100 件，并有义冢8.22亩，给无地者殡葬，但仍须出一部分费用。

现根据该庄 1934 年支出，列表如下：

华老义庄 1934 年支出调查表

支出项目	公益事业	慈善事业	地方教育	子孙学杂费	恤佃	赡米	杂支费	合计
数量(石米)	128.10	9.90	50.0	122.13	14.02	628.80	122.04	1074.99
百分比	11.90	0.90	4.70	11.40	1.30	58.50	11.30	100.00

己、义庄与族人之关系

过去依靠义庄补助而生活者，本房外房共达 450 人，远到苏、常等地，每年凭票前来领取，即使家庭生活能维持，但只需有鳏、寡、孤、独条件，即可获得优待（男孩成年后不给，寡妇照给）。又本房后裔如系贫苦户，而非鳏、寡、孤、独者，亦可向义庄借兑，往往是有借不还，特别是二流子、"白面鬼"等经常去强借。故在经济上，氏族内部经常发生矛盾，族中少数子弟，曾一度要求分拆义庄而未果。该庄后有新老宅之分，老宅较有势，新宅较弱。把持义庄的人均是有钱有势的封建代表人物，账目亦不公开，常贪污中饱，分配赡养费时亦极不公平，有面子就有办法，懦弱者则可欺。如本族华宗祐母亲说："义庄像一只米窝，旁边小虫将米窝钻空了；或像个饭碗，碗边大家吃，碗中主管人吃！"选举主管人，亦是明里选，暗里通，事先勾结拉拢好，选举是官样文章。因有利可图，经管者无不发财的。

中共无锡县委

1950年4月

苏南宗教土地情况调查

一、概况

宗教性土地可分为二种类型：一种是寺庙土地，它在苏南分布较广，土地数量亦最多；一种是天主教堂土地，数量较少，尚无确实调查数字。

苏南寺庙带有严重的封建性质，有的寺庙拥有大量土地与大批和尚（如镇江金山寺占有土地7825.68亩，和尚185人，焦山寺占有土地17 280.34亩，和尚39人，上述人数均是僧工合计），依靠地租剥削为生。而且每个寺庙都与地主、反动官僚有着密切联系，甚至直接参加反动统治的政治活动。例如无锡泰伯庙土地，即为地主蔡勋所把持，上海县草行乡弟子庙，塘口乡青龙庵、排马庙等土地，均为康姓地主所把持。又如镇江6个寺庙中，就有5个庙有国民党反动的党组织，负责和尚并参加了国民党中统特务组织。余下的那个金山寺，虽不曾参加反动党的政治活动，但亦与前伪江苏省主席王匪懋功等有来往。

二、土地情况

甲、土地来源

寺庙土地主要来源为：

（一）地主施给的田地，或以施金购置的。

（二）满清皇帝拨给的祭祀田。

（三）寺庙的主持人以地租所得或放高利贷所得，购买大批土地。

（四）群众受封建迷信所蒙蔽，因无后嗣或者因病及其他原因而许愿捐献的田地。

（五）少数系和尚在外化缘所得。

乙、土地分布情况

一般寺庙的土地大部分分布在本地，如无锡泰伯庙土地即是如此。又如镇江6个寺庙的土地，除大部分分布在本地外，尚有部分分布在苏北的扬州、淮安、仪征、六合等县，这是大寺庙的特殊现象。

丙、土地占有情况

一般寺庙都拥有较多的土地，除上述镇江焦山、金山二寺外，无锡的泰伯庙亦占有388.94亩。其他如上海县塘口乡的青龙庵、排马庙，吴县永桢庵，宜兴茅桥潮音寺等，也都各占30亩左右，也有占有较少的如无锡梅村镇九保，占有庙田1.2亩。现将镇江六寺及无锡泰伯庙占有土地情况列表如下：

镇江六寺庙及无锡泰伯庙占有土地调查统计表

寺庙		山林宅基及菜园	自耕						出租	合计
			荒墓埄地	水田	旱田	山地	芦滩	小计		
镇江六寺庙	焦山	26.99	0	0	30.00	0	1214.50	1244.50	16 008.85	17 280.34
	金山	157.69	0	0	0	0	1325.41	1325.41	6369.58	7852.68
	超岸	14.16	0	0	0	0	40.00	40.00	775.83	829.99
	竹林	27.90	0	0	0	0	0	0	3109.94	3137.84
	鹤林	8.00	0	7.40	16.10	12.00	0	35.50	939.30	982.80
	招隐	50.00	0	7.00	8.50	0	0	15.50	755.30	820.80
无锡泰伯庙	东院	5.64	13.81	7.90	1.00	0	0	22.71	43.97	72.32
	西院	8.31	18.93	20.60	0	0	0	39.53	268.78	316.62
	小计	13.95	32.74	28.50	1.00	0	0	62.24	312.75	388.94

丁、土地使用

拥有土地较多的寺庙，除基地外，大部出租或雇工经营，少量土地自耕。如金山、焦山6个寺庙及无锡泰伯庙等。也有的寺庙土地除基地外，全部出租的，如上海县草行乡弟子庙等。

三、租佃关系

甲、出租土地大部为中、富农所租入

根据无锡泰伯庙的调查，其出租在梅村镇土地的佃户成份如下表：

成份	户数	占总户数百分比	亩数	占总亩数百分比
富农	93	40.97	111.88	42.63
中农	120	52.86	131.59	50.14
贫农	14	6.17	18.97	7.23
合计	227	100.00	262.44	100.00

乙、地租剥削

寺庙土地的租额一般的都较重，约占收获量的 1/3 以上，例如镇江 6 个寺庙的水田租额，均为 70—100 斤（占收获量的 1/3），旱田为4.2—5.2斗（占收获量的 40％到 60％）。梅村镇泰伯庙租额最高糙米 8 斗，最低 5 斗（出租有灰肥田292.026亩，借种田20.721亩）。上海县的各寺庙租额在 5—8 斗之间。至于山地柴草，是主佃四六分的，一年一季，每亩要交 200 斤至 400 斤，占产量 40％。

丙、收租情形

寺庙收租的情形一般是比较严厉和毒辣的，例如镇江的竹林、鹤林二寺，施行定租制，虽遇荒年歉收，佃户还得照规定租额交租。无锡泰伯庙设有里外账房，专司收租，以及管庙内一切经济事务，佃户若缴不起租时，须立据加息偿还。又如镇江焦山寺的地租，每年由伪乡公所的自卫团帮收，而且伪自卫团帮收的一切费用，还要加在农民身上。因此，实际租额剥削，要占收获量 60％以上。

四、房屋占有情况

一般寺庙都占有较多房屋，普通占有数间至数十间不等，最多的有数百间，如无锡泰伯庙占有 136 间；镇江焦山寺占有 338 间；金山寺占有 244 间。在这些占有房屋中，除了寺庙自用外，其余的大都出租。如超岸寺有市房 92 间出租；金山寺有市房 13 间、庄房 27 间出租；竹林寺有庄房 16 间出租；泰伯庙将楼房 6 间、平房 72 间，借给学校使用。

1950 年 7 月 5 日调查

镇江市焦山、金山等六寺庙土地情况调查

一、历史情况

焦山、金山、超岸、竹林、鹤林、招隐六寺在镇江市郊，其中焦山寺位于东北的江中，金山、超岸二寺位于西面小码头西津镇，竹林、鹤林、招隐三寺则位于南郊。均规模宏大，特别是金、焦二寺，名胜古迹较多。

六寺庙大都是建于六朝时代，只有超岸稍迟，建于六朝以后。在太平天国时，除焦山寺遭破坏较少外，余均被毁于兵燹。嗣后，开始重建，至民国年间，始全部恢复。抗战期中，又都遭到日寇的部分破坏，金山寺虽得幸免，但于 1948 年遭火灾，被毁房屋达 200 余间。

六寺庙和尚很多，焦、金、竹三寺和尚都有一二百人以上，在抗战前且创办过佛学院。抗战开始，佛学院解散。抗战胜利后国民党匪特曾利用焦山、竹林、超岸等寺，与主持和尚勾

结，进行反人民的政治活动。

二、土地情况

甲、土地占有

六寺庙共有土地30 000余亩。其中最多的焦山寺占有17 000余亩，最少的招隐寺亦占有 800余亩。各寺庙的占有情况如下表：

镇江市焦山、金山等六寺庙占有土地统计表

寺庙	山林菜园及房基等	自耕田					出租田	合计
		水田	旱田	山地	芦滩	小计		
焦山	26.99	0	30.00	0	1214.50	1244.50	16 008.85	17 280.34
金山	157.69	0	0	0	1325.41	1325.41	6369.58	7852.68
超岸	14.16	0	0	0	40.00	40.00	775.83	829.99
竹林	27.90	0	0	0	0	0	3109.94	3137.84
鹤林	8.00	7.40	16.10	12.00	0	35.50	939.30	982.80
招隐	50.00	7.00	8.50	0	0	15.50	755.30	820.80
总计	284.74	14.40	54.60	12.00	2579.91	2660.91	27 958.80	30 904.45

乙、土地分布

六寺庙土地大部分分布在本地，部分则分布在苏北的仪征、江都、泰州等县。其详细情况如下：

金山等六寺庙土地分布地区统计表

地区	本山	丹徒	仪征	江都	六合	扬中	淮安	泰州	江宁	高邮	合计
亩数	5600.80	15 964.15	3730.38	644.71	387.77	1900.00	170.00	2238.49	185.15	83.00	30 904.45

三、地租剥削情况

租额：一般的租额较重，占收获量的 1/3 到 1/2 以上，招隐寺租额较轻，租额部分在 1/3 以下。据南郊三寺（包括招隐寺）调查如下表：

竹林、鹤林、招隐三寺土地租额调查表

田别	等级	产量(每亩)	租额(每亩)
水田	上	300斤(米)	100斤(米)
	中	250	80
	下	200	70
旱田	上	13斗(麦)	5.2斗(麦)
	中	10	4.6
	下	7	4.2

山地柴草一年出产一季，主佃四六分，每亩租额400斤、300斤、200斤不等，一般占产量的40%。在竹林、鹤林二寺，过去还有一种较苛刻的定租制，若遇荒年歉收，佃户也得如数交租。此外，还有额外剥削，如焦山寺和尚自己不收租，由伪乡公所自卫团帮他收，自卫团的收租费用，要加在佃户身上，故实际剥削额最高要占收获量的60%以上。

四、房屋、树木、文物古迹及其他财产情况

甲、房屋：六寺庙现共有870余间，绝大部分在寺庙所在地，少数是在外地给佃户住的庄房和在小集镇上出租的市房。各寺房屋的占有和使用情况如下表：

六寺庙房屋情况统计表

寺庙	占有情况							使用情况					
	市房	庄房	本寺		下院		合计	神殿	学校使用	和尚使用	空房	其他	合计
			楼房	平房	楼房	平房							
焦山	0	0	130	108	0	0	238	31	0	46	0	161	238
金山	12	27	78	81	12	34	244	23	0	56	20	60	159
超岸	92	0	44	39	0	0	175	13	25	14	0	31	83
竹林	0	16	22	72	0	10	120	21	0	40	33	0	94
鹤林	0	3	34	32	0	0	69	7	21	12	5	21	66
招隐	0	4	0	26	0	0	30	8	0	15	3	0	26
总计	104	50	308	358	12	44	876	103	46	183	61	273	666

乙、树林：竹林、鹤林、招隐三寺在抗战前期树林很多，有数万株；但在抗战时期，为日寇破坏大部分；抗战胜利后，又被国民党与流氓分子破坏不少；现在已所剩无几。竹林寺只剩500多株（栗树、株树各200多株，杂树100多株）；鹤林寺剩50余株（松树20多株，杨柳30多株）；招隐寺剩300多株（大部是松树，少数是杂树）。

丙、文物古迹：竹林寺现保存有藏经、蚌蛤、罗汉、鸵鸟蛋、泉水等；鹤林寺有米南宫墓、濂溪桥、杜鹃花、杜鹃台、寄奴泉、名人字画、水晶佛像、六朝松等；金山寺有玉带、周

鼎等古物。一般的说，各寺在历代的兵燹中文物古迹均遭到惨重的破坏，大都残缺不全了，只有焦山寺在文物古迹方面损失较少。

丁、其他：金山、焦山、竹林、超岸、招隐五寺庙共有木头的与铁的织布机31张，其中除招隐寺因无资本停止生产外，余均在织布。此外，各寺一般尚有牛和若干大农具（竹、鹤二寺除外）及小农具。

中共镇江地委
1950年4月

无锡县梅村镇泰伯庙土地情况调查

一、一般情况

该庙建于明正德年间，系祭祀吴泰伯之所，原分东、中、西三院，分掌庙务及财产，后因中院绝嗣，财产并入西院，故西院现有土地较东院多出倍余。

该庙掌握庙务者为山主及庙主，山主系吴泰伯之后裔吴绍芝（原居无锡城内）；庙主为该庙之大施主，现为蔡勋（西仓镇地主）。山主及庙主均为世袭承继，对庙务及经济等各方面均有控制权。

该庙于抗战以前会开设典当、茧行、作坊等。1946年以前，并雇工耕种稻田27.5亩。

该庙东院现为道士王秋泉主持，全院道士7人，上灶（烧饭者）2人，共9人；西院为道士周益泉主持，全院道士5人，上灶2人，共7人。东西两院生活来源，一般均靠地租剥削。

二、土地情况

甲、土地占用

该庙东、西两院共有土地388.94亩，内自耕76.19亩，出租312.75亩，各院土地数字如下：

无锡梅村镇泰伯庙土地占有统计表

院别	自耕土地						出租土地			占有土地
	稻田	桑田	墓地	坟埄	基地	小计	灰肥田	借种田	小计	
东院	7.90	1.00	8.95	4.86	5.64	28.35	41.97	2.00	43.97	72.32
西院	20.60	0	8.95	9.98	8.31	47.84	250.06	18.72	268.78	316.62
合计	28.50	1.00	17.90	14.84	13.95	76.19	292.03	20.72	312.75	388.94

乙、土地分布及佃户数统计

土地绝大部分分布于梅村镇，只有一小部分分布在薛典镇、北夏乡、西仓镇、安镇和鸿声镇。租种佃户数共有259户。

丙、土地来源

（一）该庙于建立时，曾有地主蔡信之、蔡用之（庙主）等施助田43.39亩。

（二）清康熙皇帝拨祭田53亩（折平田40.88亩），以供春秋祭祀费用。该田不纳粮，故为“无粮田”。

（三）其余土地大部系主持道士以地租和高利贷剥削，掠夺农民土地积累起来的。

三、租佃情况

甲、佃户成份及使用土地数

该庙东西两院出租于梅村区梅村镇的土地，每户使用最多者5.24亩，最少者0.11亩，一般的约在1亩左右，其具体情况如下表：

无锡梅村镇泰伯庙土地各阶层使用情况调查表

成份	户数	百分比	田亩数	百分比
富农	14	6.17	18.97	7.23
中农	120	52.86	131.59	50.14
贫农	93	40.97	111.88	42.63
合计	227	100.00	262.44	100.00

乙、租借手续及租额

（一）“借”种田（在无锡为租田的一种）：佃户“借”种时与庙方订立契约，租额每年每亩8斗。

（二）租种田（按：即“灰肥田”）：因佃户有“田面”权，故租种者与庙方无契约及其他租佃手续，每亩租额最高者为糙米8斗，最低者为糙米5斗。

丙、收租方式及经管情形

（一）该庙设有里账外账，里账掌管庙内一切经济事务，外账专司土地事宜，向佃户收取租米，并每日向主持道士报告，佃户缴不起租时，则须立据加息偿还。

（二）庙主蔡勋控制一切庙中经济事务，对当家道士亦有权撤换，蔡本人抽鸦片并时常挪用庙款；里账外账亦从中渔利，例如蔡裕昌等就因收租管账剥削而致富。

（三）恶霸地主强育曾做伪镇长时，曾利用敌伪势力，强占庙田数十亩，作建造梅村师范及中华中学校舍屋基和操场之用，该庙土地于抗战时期及解放前完全为他把持。

四、房屋情况

该庙东西两院共有房屋134间，除自用51间和坟堂5间外，余均借出。详见下表：

院别	自用		出借		坟堂	合计	备注
	楼房	平房	楼房	平房			
西院	4	29	0	58	3	94	借用者系梅村师范。
东院	0	18	6	14	2	40	借用者系梅村区人民政府。
总计	4	47	6	72	5	134	

无锡农村工作团三队

1950年5月

江宁县栖霞寺情况调查

一、一般情况

甲、历史沿革

栖霞寺在江宁栖霞山，最初建立于南北朝齐武帝永明元年（公元483年），后经历代改建，名称颇多，如功德寺、隐居栖霞寺、妙因寺等，到明太祖洪武二十五年，仍改称为栖霞寺。清咸丰五年，清军和太平军大战于该处，房屋被毁。1919年至1921年重建。现共有房屋206间，小房168间。

乙、名胜及出产

栖霞山周围约40华里，树木很多，约有30万株，以枫树红叶出名，并有千佛崖等古迹共28类，都是六朝胜迹。药草有山花（即山参的一种）、木冬、木香、玉竹、石花草、红梗、药乌、桔梗、苎乌等多种。矿产有铁、煤、锰等。

二、土地情况及租佃关系

甲、土地占有

共有田地1352.3亩（内田1199.28亩，地153.02亩），分布在一区的小庄头村（217亩）和八区（田982.28亩，地153.02亩）等地。该寺雇工耕种土地30亩，名为农场。

乙、土地来源

一部分是原有的及买的；一部分是重利剥削及霸占得来的。（如以田押当，3 年期，每石米加 5 斗至 8 斗，甚至 1 石的利息。霸占的有牛山、龙山、石头山、扁豆山、乌龟山、象山等地的土地。）

丙、租额

每亩最高 120 斤稻，最低 50 斤，一般的是 80 斤到 100 斤。

丁、每年收入

最多收入 1000 多担稻，最少收 500 多担稻，一般收 600 担到 800 多担稻。

三、山周围两个村的阶级情况

栖霞寺周围有 2 个村：一是梅墓村，一是摄山营，两个村各阶层户数、人口及土地情况如下表：

（一）梅墓村

成份	户数	人口	使用田亩数	每人平均数
富农	2	7	36.40	5.20
中农	33	120	388.50	3.24
贫农	58	235	380.50	1.62
合计	93	362	805.40	2.22
备注	贫农租栖霞寺田 125 亩			

（二）摄山营

成份	户数	人口	使用田亩数	每人平均数
富农	2	8	28.60	3.58
中农	13	48	92.60	1.93
贫农	6	24	21.50	0.90
合计	21	80	142.70	1.78
备注	中贫农租栖霞寺田 67 亩			

中共江宁县委

1950 年 5 月

无锡、江阴慈善机关土地情况

兹将无锡普济堂、江阴救济院土地情况调查整理归纳如下：

一、一般情况

甲、上述两慈善机关均有200多年的历史，无锡普济堂创办于乾隆年间，江阴救济院创设于清康雍年间，其土地都由各市镇商人和地方人士捐助。亦有部分为慈善机关本身以收租所得逐年购买的。

乙、救济范围各有大小不同，江阴救济院前身为分别设立的“育婴”“育幼”“普济”“同善”“培心”“保节”“儒厘”“乐善”“宝善”“清节”“培善”“公善”“义渡”等堂局，1928年后，改称救济院，统一管理，并酌量裁并，所办事业有育婴、育幼、习艺、安老、施材掩尸、庇寒、施衣施药等项。该院现收有婴儿35名，老人20名。

无锡普济堂主要为救济无依老者，平时亦施材施药，现收有无依老者94名。

二、土地占有及分布情况

这两个慈善机关都占有相当多的土地，且大都为出租田，分布范围亦较广。就现有的材料来看，无锡普济堂占有平田874.37亩，分布在无锡查桥、梅村、新渎、开原等7个区及市郊6个镇内，最多为张村区，计有土地428.649亩，次为新渎区，161.561亩，开原区最少，17.65亩。

江阴救济院占有沙漕田8055.25亩，分布于江阴晨阳、华阳、澄西、要塞、花山等11个区内，最多为晨阳、祝塘两区，计有土地1800亩以上，次为花山、华阳、周庄、要塞等区，每区有700以上至1000亩左右，最少为澄西区，计2.5亩。

三、租佃情况

甲、租佃关系及佃户成份百分比

根据江阴救济院情况的了解，院内逐年购买之土地，出租时大多收有押租，佃户成份富农约占10％，中农约占20％，贫农约占70％；无锡普济堂出租土地均系灰肥田，无统计材料。

乙、租制与租额

（一）物租：江阴救济院出租的土地，佃户全以实物缴租，每年每亩租额计夏麦1至3斗（沙田板租，劣田则无夏租），秋米0.4至1.0石，实缴租额为原租额的六成，占总收获量十分之三四。

（二）折租：无锡普济堂出租土地，佃户均根据实缴租额折市价缴租，每年每亩为糙米5斗，少数地区尚缴小麦2斗，实缴租额为原租额的七成，占总收获量十分之二三。

丙、收租情况

（一）江阴救济院过去设有公有款产管理委员会，同时于各乡镇设有租庄若干处，通过租庄进行收租，抗战后至解放前农民大多欠租，颗粒不缴的农民，亦占有十分之一二。

（二）无锡普济堂收租办法是在秋收后，由管租的下乡通过"经租人"收取，经租人亦从中剥削，农民与堂内不发生直接关系，欠租较多，1948年后农民未缴租。

1950年7月5日调查

镇江市慈善团体土地情况调查

一、镇江京口救生会、焦山救生局、瓜镇义渡局联合管理处

甲、历史沿革

（一）京口救生会：创立在清康熙四七年，因鉴于镇江江岸上自三江江口，下至龙窝，江面广阔，水势汹涌，民船时有遭风涛颠覆的危险，乃由地方人士筹资建造红船7只，分段留守，专事抢救。到1930年成立了董事会，作为管理机构。

（二）焦山救生局：创于清康熙年间，因焦山兀立江中，波涛险恶，时有旋风，行船至此，常遭不测，遂有一姓汪者募款造红船2只，专司救险之责。至清同治十二年，又由陈任旸筹划扩充，陆续购船13只，分驻在北固、焦山、龙窝、丹徒、谏壁、图山、沙头等诸险要，救护来往遇险的船只。1933年也成立了董事会。

（三）瓜镇义渡局：于清同治十年创立，因咸丰兵燹之后，江中时发生盗案，该邑钱业、洋行、洋药、杂货和洋货五大业业董，筹资创设了义渡船只，由镇江至瓜州、六七濠、大港、荷花池、三江营、天伏州等地对渡。每日天明开渡，上灯停止，不取渡资。共计船14只，在抗战期间损失9只，现仅存5只。

以上三慈善团体，过去由于用人不当，管理不善，致发生贪污舞弊行为，船只亦未加修理，多已破烂。解放后，为加强管理起见，已合并组织联合管理处，现有职员男7人，女1人，船3只，工友15人；另外尚有能自给自足的船5只和工友25人。

乙、房屋及土地情况

（一）京口救生会：房屋共有150间。土地共有618.85亩（内包括沙田157.14亩，高田14.11亩，滩田447.6亩），其分布地区见下表：

京口救生会土地分布情况表

分布地区	土地类别	田亩数
镇江三茅乡安泉村	沙田	71.95
正心镇西门街	沙田	43.48
高资区九摆渡	高田	14.11
高资区九摆渡	滩田	9.60
高资营	沙田	2.28
江都瓜东乡刘葛庄	沙田	39.43
金山东新河	滩田	438.00
共计		618.85

（二）焦山救生局：房屋共有64间（内平房48间，楼房16间，均出租）。土地共有522.29亩（内包括屋基0.23亩，沙田401.87亩，滩田120.19亩），其分布地区见下表：

焦山救生局土地分布情况表

分布地区	土地类别	田亩数
仪征三乙乡卢庄	沙田	62.03
僧庄	沙田	92.90
郝圩	沙田	47.81
朴树乡藩庄	沙田	113.33
小张沟	沙田	22.00
曾庄	滩田	120.19
高资正左乡	沙田	63.80
共计		522.06

注:屋基除外。

（三）瓜镇义渡局：房屋共有201间（内自用平房4间，楼房7间；出租平房103间，楼房36间，厢房50间，披房1间）。土地共有9530.59亩（内包括屋基0.49亩，滩田6225亩，滩地100亩，芦滩1205.1亩，泥滩2000亩），其分布地区如下表：

瓜镇义渡土地分布情况表

分布地区	土地类别	田亩数
扬州济福乡	滩田	3355.00
迁垦局	滩田	2240.00
迁垦局	滩地	100.00
镇江大枣乡永济洲	滩田	630.00
永济洲	芦滩	60.00

续表

分布地区	土地类别	田亩数
连城洲	芦滩	1145.10
永济西洲	泥滩	2000.00
共计	（地基除外）	9530.10

以上三慈善团体合计，房屋共有415间，土地共有10 671.73亩。

丙、收支情况

（一）京口救生会收入：房租每月米12.39石，全年计148.68石；地租每年沙田稻约90石，高田麦2.8石，滩田麦约9石，共稻90石，麦11.8石。支出：全体职员每年薪米60石，房租收入作支薪之用，地租收入预备购江船之用。

（二）焦山救生局收入：房租每月米10石，全年计120石（现仅收七成）；地租每年沙田稻240石，滩田麦12石。支出：全体职员每年薪米144石，修理船只费用年约30余石。

（三）瓜镇义渡局收入：房租每月米33石，全年计396石（现仅收七成）；地租每年沙田麦1245石，滩地麦20石，芦滩麦241石（泥滩没收入），共米396石，麦1506石。支出：全体职员工友每年薪米360石，余作为修理及添置船只之用。

丁、租佃情形

三团体的占有土地全部出租，绝大部分是一年收一季，只有少数是一年收两季。佃户除仪征县稍有些自耕田外，其余大多是没有土地的贫雇农。租子有稻租和麦租两种，稻租每亩平均约8斗，麦租每亩平均约2斗；租额占每亩总收入的25%。

二、镇江私立北门孤儿院、贫嫠教养所

甲、历史沿革

清同治十一年，地方人士柳旭等因鉴于孤儿众多，呈准官厅，募捐创办继抚塾，在十三年成立，专门救济贫苦失学的孤儿。同时，并筹补“完节”堂，在十五年成立。1927年，改继抚塾为北门孤儿院，1930年，组织董事会，聘顾少棠主持，并设立初级小学；而“完节”堂，亦在1928年改为贫嫠教养所，组织董事会。故两处原为一个组织，专收容贫苦孤儿及贫苦嫠妇。现董事长为鲍敦典（镇江人，73岁，小资产阶级出身，曾任中学教员，1937年负责迄今），职员13人（内女2人），工友3人（比解放前已减少2人）。共收容106人（内15岁以下的计男16人，女18人；16至20岁的计男12人，女16人；20至35岁的女10人；36至45岁的女34人）。

乙、房屋及土地情况

房屋共有381间（内自住147间，出租234间）。土地共有2508亩（内包括水田600亩，

山田 373 亩，芦滩 25 亩，草地 1510 亩），其分布地区见下表：

分布地区	土地类别	田亩数
金坛第四区下新河	水田	26.00
扬州瓜西乡双桥	水田	20.00
仪征仪维区沈庄	水田	250.00
镇江水西乡	水田	26.00
永东乡王家港	山田	223.00
京岘乡头二岸	水田	128.00
西岑山石山湾	水田	150.00
京岘甘露港	草地	10.00
连益乡广元洲	山田	150.00
伏新洲	芦滩	25.00
永济西洲	草地	1500.00
共计		2508.00

丙、收支情况

收入：房租每月米27.2石，全年计326.4石；地租共计稻885.4石，麦275.2石（芦滩草地在外）。支出：每月食米 13 石，员工薪金12.2石，共25.2石，全年合计302.4石。

丁、租佃关系

土地完全出租给贫苦农民耕种，租额在江北水田，每亩稻 9 斗，麦 2 斗；江南水田，每亩稻 9 斗，麦 3 斗；在广元洲王家港的，每亩稻 8 斗，麦 4 斗；石山湾地的，每亩稻 100 斤。

三、镇江私立育婴堂、养老所、普仁施诊所

甲、历史沿革

育婴堂创于清康熙十三年，系地方人士夏尔范等私人捐资创办。初名育婴社，至雍正九年，左熙等又捐资扩充，乃改名育婴堂。养老所附设于育婴堂内，系恤嫠会和留养所两机构合并组成，均创立于乾隆年间。普仁施诊所原名普仁堂，创于道光年初，至民国初年，改为京口医院，迁设于大市口，1927 年由堂收回，仍在原处施诊，1930 年因拆屋筑路，才并入育婴堂内。于是，育婴堂、养老所、普仁施诊所乃合并（即于 1930 年），并成立董事会。现有职员 7 人，工友 15 人（内男 3 人，女 12 人）。共收容 50 人（内 15 岁以下男 4 人，女 33 人；21 至 35 岁男 3 人，女 2 人；36 至 45 岁女 1 人；46 岁以上女 7 人）。

乙、房屋及土地情况

房屋共有254间（内自住35间，出租平房148间，楼房23间，厢房46间，披房2间）。土地共有1802.22亩（内包括地基25.19亩，公墓地153.7亩，山田39.5亩，沙田1369.45亩，芦滩107.29亩，草滩81.9亩，荒山25.19亩），其分布地区见下表：

镇江私立育婴堂、养老所、普仁施诊所土地分布情况表

分布地区	土地类别	田亩数
丹徒县连益乡顺江洲	沙田	262.57
丹徒县连益乡顺江洲	芦滩	87.72
丹徒县连益乡顺江洲	草滩	28.90
广顺圩	草滩	50.00
益课洲	沙田	579.83
高资永丰乡	沙田	203.68
高资永丰乡	沙田	193.33
永生圩	沙田	48.00
永生圩	草滩	3.00
镇江市焦东乡金丝港	沙田	9.42
上党区长乐乡	山田	39.50
桃花圩	荒山	4.69
邬家大山	荒山	20.50
泗叶洲	沙田	72.62
泗叶洲	芦滩	19.57
共计		1623.33

注：地基、墓地未计算在内。

丙、收支情况

房租每月19.13石，全年计229.56石；住宅地基每月3.17石，公墓地基每月35.11石（71亩未列入），全年计459.36石，此外，滩田租米51.68石，麦8.35石，共计米740.6石，麦8.35石。支出每月收容人员食米等计42.2石，全年共506.4石。

丁、租佃关系

除荒山未垦及东门土地被人占种外，其他完全出租。据调查所得，1948年的租额，顺江洲每亩3.4斗；永东乡、永丰乡每亩米1.5斗，麦0.5斗；长乐乡每亩米1.5斗，麦1斗。

四、其他团体

甲、镇江红卍字会

现有职员21人（内男17人，女4人），工友21人（女），合计42人。房屋45间（均自住），土地399亩（内地基156亩，芦滩243亩）。

乙、镇江私立同善堂

现有职员2人（男），工友2人（女），合计4人。房屋160间（内自住8间，出租152间），土地974.72亩（内水田967.22亩，地基7.5亩）。

丙、镇江私立敦本小学（“完节”堂）

共有房屋102间（内自住63间，出租39间），土地75.21亩（内山田38.67亩，地基36.54亩）。

镇江市人民政府民政科

1950年4月

苏南学田简况

关于苏南学田问题，因受材料限制，无法全面说明，现就无锡梅村中华中学土地情况调查、无锡县立师范及附小土地情况调查、无锡张村区堰桥乡胡氏中学等3个典型调查来作说明。

一、土地来源

甲、捐募经费购置的，如中华中学以捐助所得购进“灰肥田”61.84亩。

乙、社会人士及宗教、宗族性机关团体捐募的，如无锡县立师范由勖悌义塾和泰伯庙各捐助“灰肥田”40多亩，共计84.85亩（注：县师84.85亩土地中，曾出售50多亩作建校经费用）；胡氏中学1000余亩土地，即为胡氏义庄所捐助而来的。

二、土地占有及使用情况

苏南许多学校占有的土地，大者在千亩以上，小者几亩不等，这些土地极大部分出租给农民耕种，一小部分用作校基、操场、校园等，由学校自己使用。但也有学校因缺少房屋、操场、校园等而租进部分土地的。现将3个学校的土地占有与使用情况列表如下：

学校名称	占有土地(亩)	出租土地	租入土地	使用土地	备注
无锡县立师范	36.175	23.825	0	12.350	使用土地系学校校基校园
中华中学	69.640	61.640	16.121	24.121	同上
胡氏中学	1114.000	1114.000	0	—	

注:中华中学佃入土地中,租进地主土地 5 亩,富农 2 分,手工业者 1 亩,泰伯庙 17 921 亩(内中又有 10 亩转租给中农),出租61.64亩土地，为购进田面权土地出租的。

三、租佃关系

甲、佃户成份

根据无锡县立师范出租土地情况了解，贫农占 40%左右，中农占 34%左右，其他各阶层占 26%。

乙、租额

(一) 学田中的“灰肥田”(田面田底产权分开的) 租额，抗战前每亩收糙米 8 斗，胜利后减为6.4斗。1948 年每亩改收稻谷 124 斤。

(二) 转租田 (学校向地主租来转租的) 租额较高，每年每亩最高为糙米1.4石，最低 1 石，其中四成归学校，六成归原地主。中华中学有一部分田就是这样情况。

1950 年 7 月调查

第六部分　苏南农村湖田渔业果园花业等调查

苏南湖田、沙田简况

一、湖田沙田特点

苏南长江沿岸及各大小湖的周围，都有沙田及湖田。如常熟沙州区（现包括3个小区）即有湖田、沙田42万亩；吴江城厢区也有40余万亩，占全区总耕地面积的51%。现将湖田、沙田的特点分述如下：

甲、土地面积时长时坍，生产不安定

由于江、湖水位变化，水流冲积，有些地方因泥沙淤积使地面长出来，又有些地方因江、湖水流将地层冲蚀而使地面陷下去，因此土地面积时常有变化，增减不定。如江阴澄西区黄丹乡地面只坍不长，而团结乡地面只长不坍。又如常熟每年坍下去的沙田很多，但另一些地方却又长出来不少。一般沙田、湖田只要圩堤筑成，即可耕种。吴江城厢区农民，原来都在新开辟不久的北太湖田耕种，但因地低水大，今年又多转移到南太湖田耕种了。

耕种沙田、湖田的农民的生产、生活皆不安定。流动性很大，遇到大风雨不仅颗粒无收，倾家荡产，而且还有生命危险。去年水灾后，许多耕种沙田、湖田的农民流离失所，往各处逃荒谋生。所以此等土地与水利的关系极为密切，如把堤坝修筑坚固，农民即可避免水灾的危害，生产也就可转向稳定。

乙、沙田、湖田的优点

（一）土地肥沃，需肥少，新湖田则不须加肥（但年久也会逐渐瘦薄，江阴沙田就瘦薄一些）。

（二）本轻利重，田中杂草少，且不易遭受旱灾，人力方面只需要高田一半人工。

（三）负担轻，一般10亩只折普通田1亩的负担（如吴县、吴江）。

二、占有及使用简况

甲、占有情况

土地的占有比较集中。这从下面3个表中，可以看出，地主阶级占有的土地，最少的也占总田亩的37.69%，而多的竟到98%，这由于湖田、沙田受恶势力霸占的情况特别严重。

吴江东城区域各阶层沙田、湖田占有情况表

成份	占有田亩数百分比
地主	98.00
中农	1.25
贫农	0.75

吴县新河村各阶层沙田、湖田占有情况表

成份	占有田亩数百分比
地主	60.00
中农、贫农、其他阶层	40.00

江阴澄西区团结乡各阶层沙田、湖田占有情况表

成份	人口百分比	占有土地百分比	每人平均(亩)
地主	1.16	37.69	56.78
富农	2.95	9.07	5.40
中农	17.13	18.78	1.92
贫农	78.76	34.31	0.77
学田	—	0.15	—
合计	100.00	100.00	1.75

乙、使用情况

沙田、湖田使用情况和一般高田相似，中农、富农使用较多，例如吴江东城圩的土地使用权，就是大部分掌握于佃富农与佃中农手中，多数贫苦农民使用的土地则很少，因此非要以其他劳动来维持生活不可。兹将吴江东城圩及江阴澄西区团结乡各阶层土地使用情况列表如下：

吴江东城圩各阶层土地使用情况调查表

成份	人口百分比	使用土地百分比	每人平均(亩)
佃富农	6.10	27.52	23.00
佃中农	24.00	40.8	9.00
自耕中农	1.00	0.78	4.66
贫雇农佃贫农及其他	68.80	30.5	2.12

江阴澄西区团结乡各阶层土地使用情况调查表

成份	人口百分比	使用土地百分比	每人平均(亩)
地主	1.16	21.90	38.63
富农	2.95	4.25	2.94
中农	17.13	16.65	2.00
贫农	78.76	57.20	1.49
合计	100.00	100.00	2.05

三、产量与剥削情况

甲、产量

（一）湖田：收成较丰。吴江城厢区太湖田一般年成，普通土地每亩可收 3 石到 4 石，最高可收 5 石 5 斗（稻子）。吴县新区村每亩最高收 4 石，一般 2 石至 3 石，最低 1 石。但湖田一年只有一熟，且常有遭遇水灾的危险。

（二）沙田产量，以江阴为例：

（甲）上熟田产麦每亩最高可收 200 市斤，最低 30 市斤。

（乙）下熟田产籼稻每亩最高产 400 市斤，最低 250 市斤，普通 360 斤。

（丙）土地坐落较高的田亩可产豆，每亩可产 50 至 160 斤，或棉花 30 至 70 斤，并可种花生、芋头，圩身可种桃树。

乙、剥削情况

（一）湖田、沙田一般剥削较重，除少数田亩有永佃权外，一般无永佃权，农民因怕地主抽地，只得忍受残酷的地租剥削。

（二）其他剥削如押租、预租均甚普通，农民对此极为痛恨。据常熟南丰区南丰乡长丰村调查，全村租佃土地：榷租（预租）占58.5％；包庄（押租）占33.4％；分种占6.9％；烂租（预交年租）占1.2％。

（三）其他剥削情况，一般与高田相似。

编者按：此材料系江阴、常熟、吴县、吴江四县材料综合而成。

1950年7月5日调查

吴县渡桥乡新河村荡田调查

一、一般情况

甲、来源

该村荡田已有50年历史，分2个圩子：一个是“新荡圩”，有1700亩土地，是50年前开垦的；另一个是“外圩”，有600亩土地，是近50年内逐渐围起开垦的。新河共有荡田2300亩，人口约500余，每人平均有地约四五亩。

荡田原先是湖，湖泥逐日淤积成为湖滩，长蒿草、芦柴，这时地主或富农就到国民党反动政府湖田局去登记，出一定的费用，并完纳土地税，即可取得地权。地主将荡围起来，成为“湖荒”，圈给农民开垦，农民开好后即成荡田。垦荒的农民可有永佃权，如年年交租，永久可种，如交不出租，地主就要把田收回，但收回农民田面时，地主亦要退还农民若干开荒费（最高1石，一般五六斗）。荡田土质较好，一般皆是“西湖沙”，很肥沃，种三年仅需施肥一次。

一般的荡田，每亩产谷3至4石，年成不好产1至2石。

乙、地价

在解放前，一般的荡田地价，“田面”最高为1石米，一般的五六斗。如底面一起卖，最高4石米，一般的3石米，最低的一二石。根据年成好坏、田的优劣来决定。

丙、特点

（一）各阶层占有荡田情况：一般中农均占有荡田三四十亩，富农多在百亩左右，地主则占有更多。据不完全统计，该村地主占有荡田情况如下：

300亩以上2户，占田700亩。

200亩以上1户，占田220亩。

100亩以上1户，占田120亩。

50亩以上4户，占田360亩。

共计1400亩。

一般地主不单占有荡田，而且都占有高田。

（二）荡田土地肥沃，一般需要肥料很少，农民称之为肥料田。农本轻，收获丰，好年成产量能超过高田，而且荡田出产的稻每担谷可以多舂出糙米十几斤。

（三）年仅产一熟，除产稻外，无其他产物（因田低洼）。

（四）荡田最怕大风雨，如圩被击破，灌进湖水，则田全部淹掉，一粒不收，收成很不正常。

（五）田赋较轻，全部荡田均为四等下则田，每亩赋元1角2分，10亩荡田才合高田1亩的赋额。

二、租佃形式和剥削关系

甲、租佃形式，基本上分两种

（一）定租：多系管业田，农民有永佃权（其中有出钱买的）。每亩均有固定租额，由田业公会（地主的组织）评定，收租时根据年成打折扣，一般的习惯照最好收成打七折，最普遍是打对折。

（二）活租：由业佃分收，农民无永佃权，地主随时可以收回土地，其中又分二种：

（甲）提种分租。种子是地主的，收获后地主将种子提出后再分。

（乙）揽种分租，即不提种子一起分。

建立在分租关系上，有所谓“代经”，地主要佃户代种几亩地，给予若干工资，由佃户替他栽培成熟，这也是地主剥削农民的另一种形式。

（三）此外，尚有一些转租田或典田，在两种情形下发生：

一种是二地主（又叫田面地主）转租，他开垦很多土地，在取得一定代价后（一般是1石米或五六斗米），转租给农民，农民交租给二地主，由二地主转交给田底地主，二地主从中可以剥削一部分。

一种是有特殊困难的农民将田面典给别人取得一定米款，典入者直接交租给地主，无中间剥削，满期则还钱赎地。

乙、租额

（一）定租：管业田租额最高的9斗米，一般的六七斗，最低的四五斗。这是固定租额，每年照例要根据年成评定打折扣。

（二）活租：分收数额最高的四六分收（业六佃四，工具、肥料、种子由地主出）。

一般的对分（工具、肥料、种子双方负担）。

最低的六四分（业四佃六，工具、肥料、种子佃户出）。

丙、雇工及高利贷剥削情况

（一）雇工：因种荡田农户占有荡田较多，故雇工情形颇为普遍，长工都为富农雇佣，月工（短工）则全视农忙时需要而定。

（甲）长工：工资（根据长工能力强弱）分三种：

1. 每年8.5石米。壮年长工，可从事全部主要农业劳动者，在年成好时可以得到这样的工资。

2. 每年6—7石米。能力较弱，也是壮年长工。

3. 1—3石米。老年长工或牧童。

（乙）短工（或月工）工资：

1. 半年（从清明到秋收完），因多是忙工，最高6石米，一般四五石。

2. 做忙月的短工，每月1石米或七八斗。

（丙）散工工资：

1. 管吃饭的，每天工资2升米。

2. 不管吃饭的，每天工资4升至5升米。

（二）高利贷：该村农民借高利贷很普遍，利息最高者加倍，一般七八分。还有一种高利贷叫“放青苗”，利上加利，如春天借米3斗，到夏天要还麦1石，夏天还不起到秋收要还米一石。

三、生产情况

甲、稻子产量：每亩最高产谷4石。一般产谷2至3石。最低产谷1石（多系洼地或年成不好）。

乙、工本：

（一）人工每亩只需8工（包括做秧池、踏脚车、拔草、耘草、收割），折米3斗2升至4斗。

（二）工具：有牛车、船、谷桶、大锹、荡耙、镰刀、砻、罱子。价格较高的如牛、船、脚踏车等每件要15—16石米。

丙、每个劳动力可种荡田7—10亩。有耕牛的可以种10—12亩。

中共苏州地方委员会调研室

1950年4月

苏南芦滩土地调查

一、芦滩土地之形成、产权及分布情况

甲、芦滩土地之形成及其产权问题

（一）芦滩土地大多系江河急流将上游泥沙冲下，至水流较缓处，即逐渐淤积而露出江面，即为滩地。抗战前，地主以极廉之代价（每亩地约1—4元），向伪政府呈报登记，该项滩地产权即归私人所有，同时其所承购之土地数字与实际地亩数，相差极为悬殊。

（二）芦滩地之另一种形成，系原有田地被江水冲蚀，倒坍下陷，不能种植稻谷，而改种芦苇，此即成为白水滩，产权仍归原有者所有，俗称“补额”。

乙、芦滩的分布情况

（一）芦滩土地大部分分布于长江沿岸及湖滨，以常熟芦滩为例，据不完全统计，共有9393.17亩，大部分分布于县境西南昆承、凉塘、塘市、古苏等区，以昆承湖与尚湖之滨最多。

（二）又如江阴芦滩分布在沿江120市里（全县江岸线140市里）及江中双山沙场，占有面积9019.9亩。另有草滩1495亩，白水滩19 749亩（此数不甚确实，因地主可能匿报）。芦滩在沙田围岸，即江堤与长江白水滩之间，一般阔度为30—40丈。

二、芦滩土地占有情况

根据江阴、常熟二县调查，地主占有芦滩土地约占总面积的60%以上，其余的则为公产和农民所占有。以江阴县为例，共占有情况如下：

甲、芦滩：地主占有5846.9亩，占芦滩总数的64.82%；公产478亩，占总数的5.3%；农民及其他阶层所占有的有2695亩，占总数的29.88%；合计9019.9亩。

乙、草滩：地主占86.95%，农民只占13.05%。

三、产量与剥削情况

甲、产量：以江阴为例，每亩可产芦苇60至100捆（每捆约重70斤），可折米2斗5升至4斗左右，最高产量每亩可有6至7斗的收入，低的每亩只有1至2斗。

乙、剥削情况：地主占有芦滩土地后，即交给沿江农民看管芦苇，工资每亩一捆芦苇。每年收割时，地主亦雇用农民砍割，三七分，农民得30%。也有由沿江农民向地主包买包割的。

抗战前地主曾以极低微的工资（每工铜元40枚），雇用农民至芦滩拔草（按：即芦滩上长的一种杜瓜藤，绕在芦苇上会把芦苇绕死）。抗战以后，地主则很少雇工拔草，因此产量大减，每亩产量由百捆降至80到60捆。

四、芦滩与水利之关系

芦滩对水利关系很大，因长江急流，冲击沿江两岸时，可先由芦滩上之芦苇阻拦而缓和水流，减低其速度及汹涌程度，故对沿江堤岸及农田有莫大之保护作用。

1950年7月调查

苏南鱼池情况调查

一、鱼池概况

苏南无锡、吴县、昆山、太仓、丹徒、丹阳、江宁、高淳、句容、江阴、金坛、宝山、奉贤、南汇、川沙、嘉定等县，均有鱼池，其中以吴县为最多，金坛、吴江、无锡等地次之。一般鱼池多为人工开掘，但在丹阳等地区天然的湖荡养鱼的也很多。饲养以青鱼、草鱼、鲢鱼等淡水鱼为主。现将鱼池之面积、种类、大小等，分述于后：

甲、各地鱼池面积与总土地面积的比较

鱼池面积占总土地面积的百分比，各县不一。据统计：吴县有鱼池36 794亩，占总耕地面积的2.18%；吴江有鱼池13 867亩，占全县总耕地的1.23%；江宁县有鱼池11 137亩，占全县总耕地的 1%；无锡鱼池以梁溪河两岸自蠡桥迄太湖沿岸一带为最多，据开原、新渎、滨湖三个区不完全统计，共有鱼池2358.48亩，占全县总耕地的0.2%；其余诸县亦各有不少的鱼池，如常熟有鱼池 576 亩，江阴有鱼池 263 亩等。

在一县之中，鱼池之分布亦不平均，如吴江县以城厢区鱼池最多，严墓、震泽两区次之。以城厢区讲，南广乡五、六两保鱼池占耕地面积的 30%，一、二两保占13.2%；但该区蒲西乡则鱼池特少，全乡耕地14 315亩，鱼池仅有 21 亩。吴县以陆墓区鱼池最多；东山区新潦乡鱼池占总土地面积的52.5%；浒关区保安乡则占8.64%。无锡有鱼池以开原区为最多，占总土地面积的3.8%；新渎区藕塘、光明、新民等三乡鱼池占全区土地的0.15%；滨湖、张村等区鱼池土地甚少，但分布颇广。

乙、鱼池种类

在鱼池中有天然与人造鱼池之分：天然鱼池大都为占地千余亩的公塘，如丹阳之缴塘，无锡之白水荡等。亦有在官河两头筑坝养鱼的，这些天然鱼池多为当地封建势力所把持，一般农民无权养鱼。

人造鱼池之前身大都是芦滩或沼泽，经开掘及筑圩而成。据吴县新潦乡调查，这种鱼池又有里荡、外荡之分，里荡鱼池是指开掘几百年的老鱼池，鱼池靠近村庄，池内又多积肥，经营便利，获利较丰；外荡鱼池是指近几十年来新开鱼池，多半位于太湖之滨，不但照顾困难易失窃损耗，而且如遇大水，因地势低洼往往使养鱼走失。因此表现在鱼池价格上相差很大，过去里荡鱼池每亩最高值米 10 石，一般的七八石，最低的也有五六石，而外荡鱼池最高的只值五六石，一般的三四石，最低的仅 2 石。

丙、鱼池体积

人造鱼池有大小深浅之分。鱼池之大小差异颇大，如无锡开原区仙蠡、开原、湖山等 3 个

乡养鱼者有350户，大小鱼池计584只，最大者20亩，一般10余亩，最小的仅5分；吴江大鱼池每只30余亩，小鱼池二三分，一般的七八亩。深浅方面：吴江鱼池最深的6尺，一般的四五尺，最浅者仅3尺。池深池大能养大鱼，池浅池小只能做秧池或养小鱼。

二、占有情况

苏南各阶层占有鱼池的情况，各地的情况不一，现将吴县保安乡三个村、东山区新潦乡、无锡开原区三个乡的典型调查，按各阶层占有的百分比列表如下：

吴县、无锡若干乡、村各阶层占有鱼池百分比比较表

地区		吴县浒关区保安乡三个村	吴县东山区新潦乡	无锡开原区三个乡
地主	户口	9.18	0.23	4.21
	占有鱼池	36.49	8.4	11.25
富农	户口	37.76	7.69	12.85
	占有鱼池	40.39	34.22	16.44
中农	户口	39.8	13.4	28.27
	占有鱼池	19.92	22.42	20.79
贫农	户口	13.26	54.84	7.94
	占有鱼池	3.2	33.65	2.55
雇农	户口	—	17.52	—
	占有鱼池	0	0.53	0
工商业者	户口	0	0	35.51
	占有鱼池	0	0	36.74
其他	户口	—	6.32	11.22
	占有鱼池	0	0.78	12.23

从上表可见鱼池占有，一般仍以地主、富农为多，惟无锡工商业者占有鱼池达总鱼池数的36.74%，较为突出。各阶层出租之鱼池与其占有鱼池的比例情况亦以百分比表现如下：

地区	出租鱼池占有鱼池百分比							
	地主	富农	中农	贫农	雇农	工商业者	其他	合计
吴县浒关区保安乡三个村	69.33	25.16	18.49	0	0	0	0	39.14
吴县东山区新潦乡	100.00	22.06	0.36	0.53	0	0	99.73	16.99
无锡开原区三个乡	76.53	47.67	26.73	10.39	0	97.14	100.00	70.18

从上表可看出鱼池的出租情况，除地主将其69%至100%的占有鱼池出租外，工商业者占有的鱼池也几乎全部出租，至于贫农、中农、富农出租的鱼池，一般占其本阶层占有鱼池的

26%以下。

三、使用情况

再从上述若干乡的鱼池使用情况来看，则如下表：

吴县、无锡若干乡、村各阶层使用鱼池百分比比较表

地区		吴县浒关区保安乡三个村	吴县东山区新潦乡	无锡开原区三个乡
地主	户口	9.18	0.23	4.21
	使用鱼池	13.61	0	2.64
富农	户口	37.76	7.69	1285
	使用鱼池	39.14	26.549	25.32
中农	户口	39.8	13.4	28.27
	使用鱼池	38.12	28.907	40.49
贫农	户口	13.26	54.84	7.94
	使用鱼池	9.13	43.921	12.05
雇农	户口	—	17.52	—
	使用鱼池	0	0.621	0
工商业者	户口	0	0	35.51
	使用鱼池	0	0	1.23
其他	户口	—	6.32	11.22
	使用鱼池	0	0.002	18.27

从上表看来地主使用鱼池很少，吴县保安乡最高，也仅占总使用鱼池的13.61%，这与地主占有情况来作比较，可看出地主在鱼池土地上的封建剥削与一般土地并无不同。鱼池使用数量最多的是富农与中农，一般各占25%至40%上下，贫农使用亦不少，除个别地区使用鱼池达43.92%外，一般在10%左右。

这些使用鱼池中有不少是佃入的鱼池，现将各阶层佃入鱼池占其使用鱼池的百分比列表如下：

地区	佃入鱼池占使用鱼池百分比							
	地主	富农	中农	贫农	雇农	工商业者	其他	合计
吴县浒关区保安乡三个村	29.81	34.08	63.64	70.07	—	—	—	48.05
吴县东山区新潦乡	0	15.99	35.39	36.27	28.37	—	—	30.58
无锡开原区三个乡	0	47.93	63.50	81.09	—	14.85	100.00	66.01

从上表看来，佃入鱼池占本阶层使用鱼池比例最高的是贫农，高者达到81.09%，最低也

有36.27%，中农次之，富农又次之。

四、租佃关系

鱼池佃户一般均无永佃权，吴县佃户且需负担押租，押租额通常相当于租额的五成。佃户与地主直接发生关系的很少，通常地主都是通过账房收租。

鱼池出租大多是定租，且为物租，俗称“铁租制”，无锡物租中有米租、鱼租之分。米租租额一般的是每亩1石至1.3石；鱼租以鲢鱼为标准，每亩最高100斤，最低50斤，一般70斤。吴江鱼池租额视鱼池深浅而定，深池每亩1.3石米，浅池为1石。一般鱼池均需预缴租米，吴江甚至要一次交清3年才得租养。

吴县出租的鱼池，其周围堤岸上的树木仍属地主。此外佃户还要每年送地主年礼青鱼几十斤。

五、经营方式及生产情况

甲、鱼池经营的两种方式

（一）自养：有自池自养与租池自养之别，一般以前者为多。吴县新潦乡自池自养鱼池占总使用鱼池的69.14%；黄桥乡北庄基则占41.1%。无锡地主及工商业者自营鱼池则很少。经营鱼池需垫支为数颇大的鱼食、肥料，一般贫苦农民无力负担，故自养鱼池大都为地主、富农所经营，使用鱼池的面积亦较大，且大多雇有雇工。其他阶层自池自养鱼池较少，而租池养鱼的情况较为普遍。

（二）合养：也有自池合养与租池合养之分。地主经营鱼池除雇工自养者外，多半采自池合养之方式，即地主出池，农民出劳动力，鱼本双方对半出，收益平分；也有地主贷鱼本给农民，在收鱼时先将鱼本加利提尽，然后再平分的。农民租进鱼池后因资金不足常需与他人合养。也有两人共同承租合养的。

此外，尚有所谓轮养者，一年或两年轮换一次，这大多是弟兄分家后鱼池未分，议定双方轮流养鱼，也有贫苦农民遇有特殊困难卖出半个鱼池，而与买户轮流共养的。这两种为数均少。

乙、养鱼方法及收益情况

苏南淡水鱼大多是青鱼、草鱼、鲢鱼、鳊鱼、鲤鱼等，这些鱼自鱼苗养至成鱼最少需时二年，青鱼草鱼等则需三四年。农民购入的鱼秧分两种：一种是夏花（才自鱼卵孵出不久）；一种是春花（即将夏花养至第二年春天的鱼种）。夏花要放在小秧池内（吴县称花子池），喂以豆浆、糖糟，稍大可喂菜饼、豆饼或碎螺蛳；待养至每条四五寸长后即称为春花，便可放入成鱼池喂养。也有农民直接购入春花放在成鱼池中喂养的。

成鱼池分两种，一种是青鱼池，以养青鱼为主；一种是草鱼池，以养草鱼为主。两种池都带养若干鲢鱼、鳙鱼（花鲢）、鲤鱼、鳊鱼等。青鱼需喂螺蛳，据吴县黄桥乡北庄基调查，一只 10 亩鱼池一年需喂螺蛳值 60 石米，故垫本甚大。草鱼池则仅需割水草、秧草喂养，垫本小而费工大，多为中、贫农民喂养，通常鲢鱼养至年底即可卖出，每条有 1 斤多，青鱼养二年可有八九斤，草鱼可有五六斤，故鱼池必需轮次换养，才能年年下秧，年年出产。

至于收益，则全视资金是否充足，饲养是否得当而定，各地相差甚大。兹以吴县北庄基、吴江南广乡、吴县新潦乡 3 个乡为例。说明鱼池之工本及产量情况如下：

吴县、吴江三个乡养鱼工本、产量比较表（以一亩为单位）

乡名	池别	养鱼数(条)	工本折米(石)	每年产量折米(石)	盈余折米(石)
吴县北庄基	青鱼	青鱼 150 鲤鱼 100 白鲢 100 花鲢 30 鳊鱼 40	鱼种 3.0 饲料 6.0	26.0	17.0
吴江南广乡	草鱼	草鱼 60 鲢鱼 240 鲫鱼 480 鲤鱼 60	鱼种 1.7 饲料 1.4 人工 0.6	8.5	4.8
吴县新潦乡	草鱼	草鱼 250 鲢鱼 240 鳊鱼 240	鱼种 0.6	4.5	3.9

注:北庄基及新潦乡工本中均未将人工计入,故实际盈余数字不足表上所列数字。

苏南农委会调研科

1950 年 4 月

吴县鱼池情况调查

一、鱼池数量与分布地区

吴县鱼池主要分布在陆墓、黄埭两区，此外，浒关区的长青、保安两乡也有部分鱼池。据初步调查，陆墓区有鱼池 9170 亩，黄埭区有鱼池 4786 亩，浒关区有鱼池 2600 亩，三区共达 16 556亩。其中以陆墓区的黄桥乡为最多，约 3235 亩；陆墓区占上乡与黄埭区的渔耕乡次之，各项均有鱼池 2000 亩左右。但在一个乡里鱼池的分布也是不平衡的，根据陆墓区黄桥乡调查，该地北庄基 3 个行政村计 296 户，占有鱼池 2817 亩，而稻田仅184.48亩，因此，这 3 个村绝大部分人口均以养鱼为生。但在该乡的黄桥、永兴、东庄、旺更 4 个行政村，鱼池就不多，其中黄桥村有鱼池 398 亩，而永兴村仅有鱼池 20 亩。

二、鱼池的占有和使用情况

根据黄桥乡北庄基3个村的调查，鱼池的占有和使用情况如下：

北应基各阶层占有及使用鱼池情况表

成份	户口		人口		占有鱼池			出租鱼池（亩）	租入鱼池（亩）	使用鱼池情况（亩）						
	数	百分比	数	百分比	亩数	百分比	每人平均			自池自养	自池合养	租池自养	租池合养	合计	百分比	每人平均
地主	1	0.34	10	0.68	83.0	4.98	8.30	42.0	18.0	29.0	12.0	8.0	10.0	59.0	2.09	5.90
富农	28	9.46	188	12.83	1016.6	61.05	5.41	147.0	221.2	689.9	179.7	134.7	86.5	1090.8	38.71	5.80
中农	50	16.89	291	19.86	385.2	23.13	1.32	21.6	459.1	321.9	41.7	235.3	223.8	822.7	29.2	2.83
贫农	107	36.15	572	39.04	163.8	9.84	0.29	11.1	665.5	118.1	34.6	208.0	457.5	818.2	29.04	1.43
雇农	72	24.32	260	17.75	5.5	0.33	0.02	1.8	14.5	0	3.7	10.5	4	18.2	0.65	0.07
手工业者	6	2.03	26	1.78	5.8	0.35	0.22	5.8	0	0	0	0	0	0	0	0
其他	32	10.81	118	8.06	5.4	0.32	0.05	5.4	8.8	0	0	8.8	0	8.8	0.31	0.07
总计	296	100.00	1465	100.00	1665.3	100.00	1.14	234.7	1387.1	1158.9	271.7	605.3	781.8	2817.7	100.00	1.92

从上表来看，在占有关系上，该三村地主所占鱼池，占该地总鱼池数量仅4.98%，但外乡业主在该三村占有大量鱼池。表上出租鱼池数共计234.7亩，但租进鱼池共达1387.1亩。假使以该三村出租鱼池完全由本村人租养计算，则外乡业主放租在该三村之鱼池数当为1152.4亩（实际上可能还不止此数）。在这些鱼池中，有不少属于地主阶级的，而且放租情况又各不同：

甲、原为该三村人占有的鱼池，因贫困无法维持生活而卖给苏州城内地主的约500亩左右，现全部租给该三村人使用。

乙、原为该三村人占有的鱼池，因迁往苏州而将此项鱼池出租的也达300亩左右。

丙、苏州城内地主所有，租给该三村人合养的约200余亩。

丁、邻近占上、善济等乡的地主出租的鱼池约80亩左右。

富农占有的鱼池很多，约占总鱼池的61%。

在使用关系上，在乡地主大部鱼池为自己经营（雇工经营和合养）；富农以租出与佃入相抵计算，所差无几，几乎全部自己经营；中农和贫农则以佃入的较多，其中中农租入的达459.1亩，占其总使用鱼池数的55.8%，贫农租入的达665.5亩，占其总使用鱼池数的81.3%。如以每人平均数来说，则全乡每人所占仅1.92亩，而地主、富农的占有达5.8亩以上，超过全乡每人平均数二倍以上。而且他们养的大都是青鱼池，因青鱼池出产好，贫雇农则因成本大，养不起。

三、鱼池的经营情况

甲、鱼池经营有如下几种情况

（一）自养：有自池自养与租池自养之别。根据北庄基3个村材料，自养鱼池共1764.2亩，占3个村使用鱼池总亩数2817.7亩的62.6%。自养鱼池中，地主、富农使用的鱼池较大较多，大都雇有雇工。北庄基共有雇工 72 户，计 260 人。工资以鲢鱼计算，最多每月给鱼 1 担，一般 70 斤，最低为 50 斤。

（二）合养：又分为自池合养和租池合养两种，共使用土地1053.5亩，占全庄总使用鱼池亩数的37.4%。自池合养一般是地主出池，承养人出力，鱼本对半出，收益对半分。但如承养人没有或缺少鱼本时，则由池主贷给一半或一部分鱼本，以粒半利计息，在收鱼时先将鱼本提净，然后平均分配。

租池合养一般租额每亩以一担鲢鱼计算，约合米1.5至 2 石左右，租米须预先付清，然后承租人才能与他人和养。也有两人共同承租共同合养的。

乙、鱼池的种类和大小

一般分为青鱼池与草鱼池两种：青鱼池以养青鱼为主，并带养鲢鱼、鲤鱼、鳊鱼；草鱼池以养草鱼为主，并杂养鲢鱼、鲤鱼、鳊鱼。该三村鱼池大小不一，以 10 亩以下者占大多数，约占 90%左右，个别最大的为 24 亩，最小的仅几分，详见下表：

北庄基各阶层使用鱼池只数及养鱼种类统计表

成份		地主	富农	中农	贫农	雇农	手工业	其他	合计
3 亩以下	花子	1	37	46	62	3	0	0	149
	青鱼	1	30	12	20	0	0	1	64
	草鱼	0	17	20	23	1	0	0	61
	小计	2	84	78	105	4	0	1	274
3 亩至 6 亩	花子	0	2	1	0	0	0	0	3
	青鱼	0	49	29	11	0	0	0	89
	草鱼	0	7	17	34	0	0	0	58
	小计	0	58	47	45	0	0	0	150
6 亩至 10 亩	花子	0	1	1	1	0	0	0	3
	青鱼	2	21	14	4	0	0	0	41
	草鱼	0	2	20	32	0	0	0	54
	小计	2	24	35	37	0	0	0	98
11 亩至 15 亩	花子	0	0	1	0	0	0	0	1
	青鱼	0	11	8	6	0	0	0	25
	草鱼	0	3	8	10	0	0	0	21
	小计	0	14	17	16	0	0	0	47
16 亩至 20 亩	青鱼	0	5	1	0	0	0	0	6
	草鱼	0	0	1	2	0	0	0	3
	小计	0	5	2	2	0	0	0	9

续表

成份		地主	富农	中农	贫农	雇农	手工业	其他	合计
20 亩以上	草鱼	1	0	0	0	0	0	0	1
	小计	1	0	0	0	0	0	0	1
共养只数	花子	1	40	49	63	3	0	0	156
	青鱼	3	116	64	41	0	0	1	225
	草鱼	1	29	66	101	1	0	0	198
	总计	5	185	179	205	4	0	1	579

丙、产量、成本

（一）成本：养青鱼成本较大，养草鱼成本较少。以一只 10 亩的青鱼池计算，需青鱼鱼种“过池”500 条，“条丝”1000 条（按：青鱼大小鱼种有三种，最小的春花俗称“新口”，约四五两一条；中等的鱼种俗称“条丝”，约半斤至 1 斤半一条；最大的鱼种俗称“过池”，约二三斤一条。自刚孵化之鱼苗养成春花需时约近一年，养成“过池”则需时二年），小白鲢 1000 条，小花鲢 300 条，小鳊鱼 400 条，小鲤鱼 1000 条（以上均为春花），共需鱼种资金 30 石米。以一只 10 亩草鱼池计算，需草鱼大鱼种 700 条（每条约 1 斤半），小鱼种 600 条（每条约半斤），其余鲤、鲢鱼等鱼种数量与青鱼池相仿，共需资金 20 石米。鱼种除鲤鱼当地可购到外，其余青、草、鲢、鳊鱼，均须于每年清明前后至南京、芜湖、九江、高资一带去采购。

饲料方面：青鱼需喂螺蛳，自阴历三月至十月，按上述 10 亩青鱼池，共需螺蛳约值 60 石米，故养青鱼成本颇大；草鱼池一般不需购买饲料，草鱼、鳊鱼都吃水草、秧草，撩草只需化劳力，故成本小而费人工大。至于鲢鱼，农民过去都认为只吃青鱼、草鱼的粪，不需饲料，实则鲢鱼吃的是水中的各种浮游生物，鱼粪能使水中有机质增加，浮游生物易于繁殖。因此鱼类混养能使各种鱼都生长很快，实为一经济而科学的方法。

（二）产量与盈余：青鱼一般养三四年方可出池；草鱼要养二三年出池。以一条鱼作单位来说：青鱼三年后能有八九斤；草鱼养二三年约有 3 斤多至 6 斤；白鲢养二年能有 2 斤左右；花鲢养二年能有 1 斤半至 3 斤；鲤鱼养二年能有三四斤；鳊鱼养二年约有 1 斤左右。青鱼池如轮次换养，照顾得当，10 亩的鱼池每年产鱼可售米 260 石左右，除去鱼秧、鱼料 90 石米，可盈余 170 石米左右（按：雇工工资及修池床，干池等费用均未除去）。草鱼池每年所产也可售米 60 石，除去 20 石秧本外，可盈余 40 石左右（自己撩草等所化人工未除去）。

中共苏州地方委员会调研室

1950 年春

吴江县鱼池情况调查

一、一般情况

该县鱼池总面积为11 309亩，占总耕地面积1 284 887亩的0.88%，养鱼户数为1625户，占全县总户数113 554户的1.43%。鱼池大都集中在城厢区，次为严墓、震泽两区。如城厢南广乡一、二保，鱼池占耕地面积的13%，养鱼户占总户数的21.63%，松凌镇五、六保养鱼户也不少。

南广乡一、二保鱼池情况表

<table>
<tr><td colspan="3">户数</td><td>356</td></tr>
<tr><td colspan="3">人口数</td><td>1473</td></tr>
<tr><td colspan="3">耕地面积</td><td>7389.8</td></tr>
<tr><td colspan="3">鱼池面积</td><td>975.46</td></tr>
<tr><td colspan="3">鱼池占耕种面积百分比</td><td>13.2</td></tr>
<tr><td rowspan="16">鱼池占有情况</td><td rowspan="4">地主</td><td>户数</td><td>8</td></tr>
<tr><td>人数</td><td>36</td></tr>
<tr><td>田(亩)</td><td>1042.39</td></tr>
<tr><td>鱼池(亩)</td><td>344.8</td></tr>
<tr><td rowspan="4">富农</td><td>户数</td><td>36</td></tr>
<tr><td>人数</td><td>140</td></tr>
<tr><td>田(亩)</td><td>655.61</td></tr>
<tr><td>鱼池(亩)</td><td>431</td></tr>
<tr><td rowspan="4">中农</td><td>户数</td><td>16</td></tr>
<tr><td>人数</td><td>64</td></tr>
<tr><td>田(亩)</td><td>178.56</td></tr>
<tr><td>鱼池(亩)</td><td>28.86</td></tr>
<tr><td rowspan="4">贫农</td><td>户数</td><td>17</td></tr>
<tr><td>人数</td><td>54</td></tr>
<tr><td>田(亩)</td><td>186.03</td></tr>
<tr><td>鱼池(亩)</td><td>80.8</td></tr>
</table>

一般鱼池多占地七八亩，最大鱼池面积有30亩，最小仅3分，鱼池有深、浅，水深可养

青鱼，带养草鱼、鲤鱼；水浅多养草鱼。南广乡鱼池以养草鱼、白鲢、花鲢者较多，鱼秧多自浙江菱湖买来。

二、生产情况

该地农民多养草鱼，因草鱼吃水草，饲养不需垫本，只需化劳力往湖荡割取即可。草鱼池一般还带养鲢鱼、编鱼、鲤鱼等。如于农历正月间将鱼种（普通为每条重四五两的春花，草鱼种较大，有半斤多）放入池中，则至年底草鱼可长至 2 斤，鲢鱼可达斤许，编鱼也有 10 两。一般每亩草鱼池养草鱼 200 条，白鲢、花鲢各 100 条。如一个占地三四亩的中等鱼池，年可产鱼 2100 斤，折米 4220 斤，除饲料成本（菜饼、豆饼等）米 620 斤，鱼秧成本米 1200 斤，可收益米 2400 斤（撩草及清塘等人工未计入）。

如养青鱼，则必须以螺蛳喂养，一亩大的鱼池可养青鱼二三百条（亦带养鲢鱼、编鱼），每年需喂养螺蛳 83 担，折米 4 石，菜饼、豆饼等陆续放入亦需 1 石米，故如一个三四亩的中等鱼池，每年的饲料需 20 石米，且鱼种亦较贵。但青鱼池出产亦大，故一般青鱼池多为地主、富农所经营。

兹将一个草鱼池的生产情况列表于后：

业主姓名	鱼池面积	工本														产量										净益（折米：斤）
		鱼种						饲料（折合米数：斤）				人工（折合米数：斤）				草鱼		鲢鱼		鲤鱼		鲤鱼		合计		
		草鱼（条）	白花鱼（条）	鲫鱼（条）	鲤鱼（条）	合计鱼数（条）	折合米数（斤）	菜饼	豆饼	米饼	小计	工资	食米	小计	合计（折米：斤）	出池斤数	折米斤数	出池斤数	折米斤数	出池斤数	折米斤数	出池斤数	折米斤数	出池斤数	折米斤数	
徐永明	五亩	300	1200	2400	500	4400	1254	750	150	150	1050	250	180	430	2734	900	2025	1200	1800	800	1800	500	750	3400	6375	3641

注：这是一个饲养较好出产较丰的鱼池。

三、养鱼方法

甲、一般养鱼不只一个池，大半分大、中、小三个池，小池多养鱼苗，成鱼则多从大池捉出。

乙、鱼种应善加选择，肚皮宽大而体瘦的不易长大，掉鳞的易被细菌侵袭而致病，皆需剔除。小鱼苗给些豆腐浆吃则发育良好。

丙、鱼池中可下人粪，因投入粪便能使水中有机质增加，有利于各种浮游生物之繁殖，鲢鱼即主要吃这些浮游生物。

丁、饲料下池要注意季节和时间，菜饼、米饼在春、秋二季下池，人粪、牛粪在白露后下，鱼池中不应放牛、鸭入内。

戊、鱼池应有人专门负责，经常换水，按时施饲，但一般中、贫农所养的鱼因资金不足，无力喂养，故多不易长大。

己、鱼池外围不能有大树，否则对鱼有害。

四、租佃关系

鱼池出租较少，只有住外地业主才出租，租金大小需视鱼池大小、优劣及深浅而定，租米多先交，每三年交租一次，水深者每亩租额要1.3石，水浅在1石左右。

此外，尚有所谓“合养”，亦为出租之一种形式，有二种情况：

甲、业主出池，佃户出劳力、饲料与鱼秧，收益业佃平分。

乙、业主出池，佃户出劳力，饲料及鱼秧二家分出，收益双方平分。

五、销售情况

鱼出池后通常有鱼行来收，再运往上海、苏州等大城市，一般1担鱼可换1石米，鱼行多用大秤（110斤鱼作100斤计算），另加10%的行佣，而且养鱼户一般没有网，靠鱼行代捉，每捉1石米的鱼要工资1斗，业主只得9斗。

过去鱼户自己去卖鱼，要有鱼行的税条，受中间剥削异常深重。

兹附鱼、米比价表如下：

1948年与1949年每市担鱼折米数量比较表（单位：石）

鱼名	1948年	1949年
青鱼	3.0	1.8
草鱼	2.0	1.2
鲤鱼	1.5	0.9
鲫鱼	2.0	1.2
其他	1.0	0.78

1950年夏调查

无锡县鱼池情况调查

一、鱼池范围及分布区域

无锡鱼池分布于开原、新渎、滨湖、前洲等区，其中以开原为主。开原区鱼池大部分布在梁溪河南北两岸，自蠡桥起至太湖沿岸，东西长达6华里，包括湖山、仙蠡、开原三乡，经营鱼池者达350户，拥有大小鱼池584只（每只最大为20亩，数量最少，一般均在5亩至8亩左右，最小的仅5分），鱼池面积共2185.08亩，约占全区总土地数56 882.54亩的3.8%。其次新渎区之藕塘、光明、新民等三乡，有249户经营鱼池27只，其面积有169.9亩，约占全区总土地113 364.28亩的0.15%。其他尚有数量颇大之鱼池散布在该县各地。

二、鱼池的来源及历史演变

甲、鱼池来源大致有如下两种

（一）芦滩、沼泽：系专产芦苇、其他作物不易生长之地，经营者即将沼泽围筑堤岸和开凿成池（如开原区）。

（二）白水荡：系自然存在的河荡，俗称野河，一般均出产野鱼，无人掌管，后由经营者加以兴修改养家鱼，遂变成鱼池（如新渎区）。

乙、历史演变

（一）抗战前经营一般尚称顺利。日寇占领无锡后，1942年伪华中水产公司成立后，即在开原区掠夺渔权，以低价强租鱼池81只，计面积300余亩，鱼池被其任意糟蹋，堤坝倒塌，农民损失颇巨。

（二）1948年，国民党反动军队进驻，对鱼池非但不加爱护，且伐尽沿堤树木，用手榴弹在池中炸鱼，使渔民受日寇蹂躏之后，复遭摧残，损失极大。

（三）1949年水灾泛滥，鱼池损失奇重，尤以太湖沿岸更甚。灾情较轻地区亦因鱼种发生困难，使渔户对养鱼发生顾虑，故产量大减。

三、鱼池情况与租佃关系

甲、根据开原、新渎等区材料的了解，鱼池的占有者，以工商业家（有些是兼地主）为最多，如开原区总共有428户鱼池占有者，占有鱼池584只，面积2185.08亩，其中工商业家152户就占有鱼池216只，占面积802.8亩；以户数论，占鱼池占有者总户数的35.51%；以只数论，占36.99%；以鱼池面积论，则占36.74%（详见附表）。

开原区各阶层占有鱼池面积情况表

成份		地主	富农	工商业家	中农	贫农	其他	合计
户数	数	18	55	152	121	34	48	428
	百分比	4.21	12.85	35.51	28.27	7.94	11.22	100
只数	数	45	90	216	144	29	60	584
	百分比	7.70	15.41	36.99	24.66	4.97	10.27	100
亩数	数	245.73	359.23	802.8	454.27	55.8	267.25	2185.08
	百分比	11.25	16.44	36.74	20.79	2.55	12.23	100

乙、鱼池的经营，根据四个区材料统计，除新渎区藕塘、新民、光明等乡的249户及滨湖、前州区的大部分和开原区西湾的一小部分鱼池为自有自营外（其中尚有一小部分系雇工经营），开原区鱼池大部均系佃入经营。全区350户鱼池经营者，佃入户就达215户，占61.4%，共佃入鱼池379只，占鱼池总数64.9%；面积1533.57亩，占鱼池总面积70.18%，其中以中农佃入最多，计97户，佃入鱼池147只，占总佃入鱼池总数38.8%，鱼池面积551.73亩，占总佃入鱼池面积的36%。

丙、出租鱼池的以工商业者、地主为最多，如开原区152户工商业者成份（有些是兼地主）的鱼池占有者中，出租的就有150户；而18户地主成份的鱼池占有者中，出租鱼池者亦达11户。

开原区各阶层出租鱼池统计表

成份		地主	富农	工商业家	中农	贫农	其他	合计
户数	数	11	33	150	46	5	48	293
	百分比	3.75	11.26	51.20	15.70	1.71	16.38	100
只数	数	31	37	210	38	3	60	379
	百分比	8.18	9.76	55.41	10.03	0.79	15.83	100
亩数	数	188.05	171.25	779.80	121.42	5.80	267.25	1533.57
	百分比	12.26	11.17	50.85	7.92	0.38	17.42	100

中共无锡县委调研科

1950年春

丹阳县鱼塘情况调查

丹阳鱼塘较多，在15亩以上的计有7838只（延陵区除外），其中养鱼的为4717只（占60%）。大的鱼塘大都不纳粮（或纳一小部分粮），一般均为当地封建势力所把持操纵，唯塘水及河泥，则任人取用。小的鱼塘大都纳粮，一般为塘边田主（一户或数户）所占有与使用；少数则因卖田时只附带卖了一半塘粮（如纳二分塘粮，出卖一分），另一半留作自己养鱼，因而买田的人，只能取水、挖泥（或单取水），不能养鱼。

鱼塘又有公塘与私塘之分。公塘大都为封建势力所占有，亦即上述之大鱼塘；私塘为私人或少数人所占有，即上述的小鱼塘。

现将若干公私鱼塘分述于后：

一、柳茹大塘（公塘）

位于延陵区柳茹乡，面积1125亩，塘水可灌溉沈甲、前塘东、后塘东、杨巷等7个村的水田千余亩。据传前清时原非鱼塘，系夏溪乡张宗祠芦滩，后为贡姓霸占，筑堤积水而成。柳茹村共319户，其中除28户杂姓外均为贡姓，该塘的养鱼权，即属柳茹村的贡姓和邻村一部分本族人。其解放前的组织管理大致如下：由贡姓族长（由各房分长选出）1人总负责，下有分长9人（由各房选出），大头（又名总公）4人（由族长、分长挑选，1个管账，1个管鱼，2个管收租），小头8人（做收租、养鱼等工作）。在经济上的权力以大头为最大。

每年养鱼籽一缸，需化本4担稻，产鱼最多50担（合稻200担），一般30担，最少20担。收入主要用于祭祖，每年春、冬大祭2次，小祭10次。大祭时10岁以上贡姓宗族均有饭吃，计50桌；小祭时只有族长、分长、大头、小头吃饭，少者4桌，多者10桌。其次用于修葺祠堂和修理坝闸等。

二、缴塘（公塘）

位于延陵区延陵镇西北3里，面积1500余亩，可灌溉西州、官井头、延陵镇、西花湖等8个村的水田4000余亩。该塘原出于茅山东北，水道经丹徒、金坛、丹阳入运河，沿河堤岸由当地群众修理，若决口，可淹及苏州，为害甚大。据传前清时，曾规定缴塘收入，补助修河堤之用。

该塘养鱼权为西花湖村贡姓中封建势力所霸占，不缴田赋。西花湖村有226户，其中贡姓150余户。在1920年时，养鱼资金只有6股半，每股稻100斤；至1946年，增至91股半（其中只有6股是外姓的），每股稻75斤。解放前，西州村群众，为争取入股，时起纠纷。

全塘可下鱼秧10余万条，但自养鱼以来，每年最多下秧4万条，一般2万条，最少1万条。每年最多可产110担，一般70担，最少50担。鱼销常州等地，解放前每担值稻5担。收入除抽一部分做祭祖与修河堤费用外，余均按股份平分。去年产鱼 50 担，除网主分去 10 余担外，卖得稻 156 担，每股分得到 128 斤，尚余 3888 斤，充作地方公益及农会办公费用等（注：91 股半中只有 27 股有网。因塘深，普通的网捉不上来。捕鱼由有网者捉，家鱼按三七分，即网主得三分，股东得七分；野鱼对半分，股东参加捕鱼的供给中饭一顿）。

三、姜塘（公塘）

位于延陵乡，面积 3000 余亩。其中纳粮的 1816 亩，由塘东俞庄村人负担。塘水能灌溉 3700 亩稻田，水利及于 16 个村庄。该塘养鱼权为东俞庄封建势力所操纵，参加养鱼的有 53 户，计 47 股。由股东中推 7 个代表负责买鱼秧、看鱼等事宜。该塘最多下秧15 000条，一般10 000条，最多产鱼 32 担，一般 22 担，最少 17 担。

四、南大塘（私塘）

位于延陵区柳茹乡，面积 4 亩，有 20 户用水用泥。养鱼共 5 股半，其中 2 股为敏节公宗（公祠）所有，纳粮1.69亩；3 股半由 9 户农民合资投股，纳粮2.31亩。全年下秧 100 条，产鱼 2 担，公祠收入作祭祖吃饭之用。

五、西大塘（私塘）

位于柳茹乡，面积 5 亩，为 17 户所共有。其中 10 户只用塘水、河泥，余 7 户有养鱼权（交纳公粮的计 14 户，因在养鱼户中有 3 户不完粮）。

六、干塘与官塘（私塘）

位于柳茹乡大杨庄。干塘面积 20 亩，官塘 30 亩。公粮由用水户负担，养鱼由全村合股经营，按股分配。

丹阳县农民协会

1950 年 5 月 1 日

吴县新潦乡鱼池情况调查

一、一般概况

甲、该乡鱼池已有数百年历史，其来源主要是将芦荡（长蒿草与芦柴）围起后开掘而成。每亩鱼池一般须80个工，开掘时最深6尺，一般四五尺。由于开掘时间早晚不同，以致鱼池有新、老两种：一种是老开池，俗称里荡，开掘较久，离村也较近，便于经营照顾，又因年代久远，池底沉淀的鱼食已积成厚层，肥料有基础。另一种是新开池，又称外荡，均系近年所开，多位于太湖边沿，离村远，难照顾，在生产收益上，仅及老池十分之五六。

乙、鱼池价格：在解放前老池每亩最高价须米10石，一般为七八石，最低约5石；新开池最高值米6石，一般三四石，逢荒年时，有低至2石米一亩的。买卖时佃户有优先权，惟一二年来鱼池的买卖情形极少。

丙、该乡鱼池生产的几个主要情况

（一）产量低，但比其他地区工本轻。

由于该乡处于太湖边沿，易遭水灾，如鱼池围堤被水冲垮，则鱼全部逃走，重新下秧要一二年后才有收鱼的指望。

（三）鱼池和桑田结合。在鱼池四周都种植桑树，其一般比例为：鱼池面积占60%至70%；桑田占30%至40%。桑树作用除能遮荫外，主要是巩固围岸，同时，桑叶可以养蚕，蚕桑收户可占整个鱼池出产的30%左右。

（四）池鱼最怕大水、大风、大热。个别由于管理不善，常产生各种意外损失，如鱼被鸭吃、鹰吃以及因照顾不够而死亡等，因而在产量上，形成了同一成本而获利不等的情况。

（五）鱼池的工本、产量伸缩性很大，工本的大小和产量的多寡，一般都成正比例，故农民在生活上稍有剩余，就都投资到鱼池中去。

二、占有、使用情况与租佃问题

甲、占有及使用鱼池情况

全乡1313户，5787人，共有土地14 024亩，内有鱼池2000余个，面积计7383.36亩，占全乡总土地的52.5%。其中最大的有18亩，一般每个鱼池约五六亩，最小的仅3分。各阶层占有使用鱼池数见下表：

新潦乡各阶层占有和使用鱼池统计表

成份	户口		人口		占有鱼池亩数					每人平均占有数	租入		使用鱼池亩数	每人平均使用数
	数	百分比	数	百分比	自池自养	自池合养	自池出租	合计	占总数的百分比		租入亩数	占总数的百分比		
地主	3	0.23	33	0.57	0	0	518.70	518.70	8.40	15.72	0	0	0	0
富农	101	7.69	493	8.52	1635.84	11	466.09	2112.93	34.22	4.29	313.40	13.88	1960.24	3.98
中农	176	13.40	838	14.48	1378.96	0	5.00	1383.96	22.42	1.65	755.33	33.45	2134.29	2.55
贫农	720	54.84	3305	57.11	2056.78	10	11.00	2077.78	33.65	0.63	1176.09	52.09	3242.87	0.98
雇农	230	17.52	766	13.24	32.83	0	0	32.83	0.53	0.04	13.00	0.58	45.83	0.06
其他	83	6.32	352	6.08	0.13	0	48.00	48.13	0.78	0.14	0	0	0.13	0.0004
总计	1313	100.00	5787	100.00	5104.54	21	1048.79	6174.33	100.00	1.07	2257.82	100.00	7383.36	1.28

乙、租佃情况

地主的鱼池全部出租，在该乡出租鱼池中所占的比重也最大；其次为富农，约有22%出租；至于中、贫农及其他缺乏劳动力的阶层，虽也有一小部分出租，但数量很小。

租佃形式：该乡仅自池出租一种，类似底面田形式。地主与佃户发生直接关系的很少，往往通过账房收租。租额过去按银元计算，每亩最高约合米7斗至9斗，一般约5斗，最低约合二三斗。刚租入时尚须先交“押板钱”，一般约合租额的一半，佃户无永佃权。

三、生产及销售情况

甲、工具占有情况

新潦乡各阶层占有渔具统计表

成份	户数	人口	渔具种类			
			船(只)	每户平均数	横刀(把)	每户平均数
地主	3	33	0	0	0	0
富农	101	493	106.5	1.05	48	0.48
中农	176	838	152	0.86	59.5	0.34
贫农	720	3305	456.5	0.63	74	0.1
雇农	230	766	66	0.29	4	0.017
其他	83	352	8	0.01	0	0
总计	1313	5787	789	0.6	185.5	0.14

乙、生产情况

（一）生产方法：一般均采取轮次换养的办法，因为多半鱼要养两三年方能出池（如草鱼、鲤鱼），故轮次换养才能达到年年下秧、年年出产的目的。新潦乡养鱼的技术与生产力方法都较差，而且，所养品种大都低劣，故收益较他地为少。

（二）成本与产量：

（甲）每亩鱼池平均每年要鱼种300至550条（其中草鱼约占65%），需米4斗至5斗；其次每亩池边桑田还产桑叶三四担，可附带养蚕种半张，需米5升；其他工具及修船等为数甚微，如不雇工，肥料也自己解决，则每亩鱼池所需成本约6斗米左右。

（乙）每亩产量平均每年最高可收鱼3担，一般2担，最低1担半左右。如每担鱼平均值米1石半，则每亩鱼池所产之鱼最高可售米4石半，一般也值3石左右，如无特殊情况发生，一般可获利2石米以上（另养蚕产茧尚可售米1石，未计算在内）。

（三）该乡一个6亩鱼池的典型调查：

据该乡中农周裕顺谈，其一个6亩鱼池的生产情况如下：

（甲）鱼池水面占4亩多些，第一年需下鱼种1950条（草鱼约1000条），除鲢鱼外都是两三年出池。这样年年下秧，年年起鱼，每年平均鱼种约2.5石米左右，平均每年产约9担至10担，按解放前的鱼价，可售米18石左右，除成本外（人工、饲料未算），尚能盈余15石左右。

新潦乡一个六亩鱼池的生产情况统计表

种类	需鱼种条数	共需代价米（石）	饲养时间	养活百分数	平均每年收鱼数(担)	解放前换米数(石)
草鱼	1000	4.00	2年	50—70	6.0	12.0
花鲢	400	0.40	1年	70	3.0	4.0
白鱼	150	0.15	1年	70	1.0	1.2
鲤鱼	300	0.30	2年	10—20	0.5	0.5
鳊鱼	100	0.30	2年	40	0.2	0.3
合计	1950	5.15	—	—	10.7	18.0

注:上表鱼种成本系指第一年投入数,不是每年平均成本。

（乙）桑田约占2亩弱，每年产桑叶20担左右，能养蚕种三五张，可产茧100斤，值米3石左右。除去蚕种工本0.35石，尚余2石六七斗。鱼池和蚕桑净收入共计可得17石米以上。

丙、销售情况

池鱼的销路以上海、苏州为主，太仓、南浔等地次之。一般城市鱼贩，大都通过鱼行进行买卖，鱼行往往直接向渔民收鱼，先捉鱼去，售出后给钱，在过去物价日涨的情况下，渔民损失很重；同时鱼行大都操纵鱼价，大秤进小秤出，渔民和鱼贩均遭受很重的剥削。

中共苏州地方委员会调研室

太湖东山湖湾乡四个村果园情况调查

一、土地情况

湖湾乡石丰、新四、岱宗、西坞4个村，共有447户，2182人。使用土地4674.86亩，其中果园土地1229.16亩，占26.29%；荒地3387.50亩，占72.46%；鱼池39.00亩，占0.84%；桑田1.50亩，占0.03%；稻田17.70亩，占0.38%。从数量上讲，是荒地最多，但荒地除了一些野草外，根本无甚出产，群众生活来源主要依靠果园生产。各阶层占有及使用果园情形如下：

湖湾乡四个村果园土地统计表

成份	户口		人口		占有土地		使用土地	
	户数	百分比	人数	百分比	亩数	百分比	亩数	每人平均数
地主	2	0.45	18	0.83	11.10	0.91	1.82	0.1
富农	4	0.89	30	1.38	62.28	5.10	62.28	2.08
中农	149	33.33	762	34.92	651.70	53.38	682.98	0.90
贫农	202	45.19	956	43.81	344.20	28.19	362.68	0.38
雇工	4	0.89	12	0.55	1.00	0.08	1.40	0.12
商人	21	4.70	100	4.58	56.20	4.60	36.70	0.37
职员	40	8.95	201	9.21	53.90	4.41	52.80	0.26
贫民	10	2.24	39	1.79	3.30	0.27	3.30	0.08
自由职业	3	0.67	15	0.69	3.30	0.27	3.30	0.22
工人	10	2.24	45	2.06	23.20	1.90	16.90	0.38
庙宇祠堂	2	0.45	4	0.18	10.80	0.89	5.00	1.25
合计	447	100.00	2182	100.00	1220.98	100.00	1229.16	0.56

注:2户地主占有果园土地虽少,但有其他土地出租。

4个村每人平均使用果园土地虽仅0.56亩，但已能维持一般生活。因为果园产量较丰，以橘子为主的果园，每亩最高能产30担，一般15担，最低5至6担（据新四、石丰2村平均能产18担左右）；而且价格较贵，解放前四种主要果子的混和价格为每担0.6石米（橘子0.8石；枇杷0.8石；石榴0.4石；枣子0.4石），一亩出产能换米10石左右。除工本（只需修理农具费，一般的工人与肥料不需要出钱）及负担（果园负担均是三等中则0.42元）约0.8石外，还可获利9石左右。

二、经营方式与生产情况

甲、经营方式

（一）果园土地租佃关系较少。该4个村使用果园土地中，93.23%均为自耕。各阶层自耕果园数量如下表：

成份	户数	亩数
富农	4	62.28
中农	148	651.70
贫农	202	344.20
雇农	3	1.00
商人	10	26.30
职员	21	35.00
贫民	1	1.30
自由职业	2	2.30
工人	9	16.90
庙宇	1	5.00
合计	401	1145.98

富农多雇佣长工经营果园，每年工资一般为5石米，也有做一年工只付半年工资的（3石米）。还有一些富农专雇散工，如富农滕树春每年要用200个以上的散工。散工工资一般每天为供饭的2升米，不供饭的4升米。此外，还有一种对半劳动力的剥削，就是雇佣采茶工，每采4斤青叶，只给工资1升米，忙了一天甚至连半斤米也得不到。

（二）部分地主转向工商业及少数其他阶层出外谋生，因而出租少量果园。该乡4个村出租果园土地共41.98亩，占该乡4个村占有果园土地（1220.98亩）的3.44%。各阶层出租数量如下：

成份	户数	亩数
地主	2	9.28
职员	1	1.10
工人	1	6.30
商人	4	19.50
祠堂	1	5.80
共计	9	41.98

（三）租入土地也很少，该4村共租进50.16亩，占果园使用土地数的4.08%。各阶层租

进果园的数量如下：

成份	户数	亩数
中农	8	31.28
贫农	8	18.48
雇农	1	0.40
共计	17	50.16

地主的出租土地，往往随着果树的成长和产量的增加不断加租。如新四村佃户周阿三，租地主庞柏年半荒果园 4 亩，10 年内被迫提高租额 3 次，由1.5石米增至 3 石；另外，地内有白果树 6 棵，仍为地主受益。地租剥削在整个使用土地中面积虽小，但剥削程度却很深。

（四）托人代管：有一部分果园因故委托亲戚朋友雇散工经营的。4 个村共有代管果园土地33.02亩，占果园使用土地（1229.16亩）的2.69%。托人代管的阶层如下：

成份	户数	亩数
地主	1	1.82
商人	4	10.4
职员	12	17.8
贫农	1	2.00
自由职业	1	1.00
共计	19	33.02

（五）其他尚有典田、轮种等，但均属少数，此处不详。

乙、生产情况

在果树的栽培上，一般分“混种”与“分种”两种形式。“分种”栽培的果园，是较进步的；但该乡全系“混种”的果园。其中有以橘子为主的（如新四、宗岱两村），也有以枇杷为主的（如石丰、西坞两村），一般枇杷的产量和价格均差，只能抵橘子生产的 70%左右。在收成上有大年、小年之分。各种果树出产均带有季节性，出产时间先后不同，因此，每年从清明到立冬，月月可有收入。

三、果园地区的特点

甲、果园不是天然成长，而是人工开垦培植出来的。由于山地有石块等，开垦颇不易，每亩纯荒开垦出来，一般需 700 个人工。而且果树栽培不易，成长时间又特别长，一般果树如橘子、枇杷、杨梅等，均需 15 年上下才能收获。从明朝起到现在已有 500 余年，还不过开垦了 4 个村土地的26.29%，还留有72.46%的荒地，尚未开垦。山顶少量土地，则根本无法开垦。

乙、由于人多地少，劳动力剩余，因此，不少农民都到城市里做工或作商贩。4 个村共有 823 个劳动力，按一般情况每一个劳动力平均能照顾3.5亩果园计算，则1229.16亩果园，只需

351个劳动力，仅占劳动力总数的43%；尚余472个劳动力，除一部分从事砍柴、采茶及其他劳动外，其余就得向外发展（现在外谋生的有189个劳动力，占总数的23%）。4个村不依靠土地为生者有82户，385人；完全不依靠或没有土地者有3户，12人。

丙、租佃关系较少，佃户大多有“田面”权。

丁、土地买卖关系较少，只有一些小量的典当关系，而且这些典当关系多存在农民之间。

戊、庙宇、祠堂等也占有一些果园，并且还有部分自营的。

己、由于开垦果园需化费很多人工，同时采果、施肥、制茶都受到时间的限制（例如：果子熟了，马上要摘，时间一久，就要烂掉；采了茶当晚就得做，否则就要坏掉），因而在农忙时，普遍自发地产生一种伴工组织，借一工还一工，互相帮助。这样不但推动了生产，同时，加强了农民内部的互助团结。

中共苏州地方委员会

1950年4月

太湖东山湖湾乡新四村果园情况调查

一、一般概况

新四村是东山区果园最多的一个村。它包括尚锦、小长湾、周湾和洪湾4个自然村，计144户，776人（内男327人，女449人），位于东山脚下，面向太湖，果园极多。该村耕地面积狭小，全村1552.45亩土地中，除荒山、果园外，其他土地仅占1%，故该村以经营果园为主业。果园系近三四百年来由荒山开垦栽培而成。普通开垦一亩纯荒需600至700个工，栽培果园每亩需105个工，且需时15年始有收获，工本甚大。所以，果园的增加是很慢的。果树的品种在自然条件与人工的支配下，逐步在改良，如金橘、樱桃等已告绝迹；枇杷已研究改良为红种枇杷。目前果种尚有15种之多。

果园土地买卖极少，无一定价格，主要因开垦困难及果园土地面积特少之故。但在农民特殊困难的情况下，仍有典卖关系，农民将果园出典，取得一定代价后，在约定的典期内“花不起果，钱不起息”（将收成抵利息的意思），到期还钱赎地。典值很高，如贫农周德良典入地8分，约期20年，当时化110元，折米达15.7石。

由于该地是风景区，又是果子与茶叶的产地，故城乡关系较密切，群众生活亦较一般农民略好。

二、土地情况

该村共有土地1552.45亩，其中果园土地为316.63亩，占20.40%；荒地为1220.12亩，占78.59%；荡田为14.2亩，占0.91%；桑田为1.50亩，占0.1%。

果园的土质分小粉土、香粉土、黄泥土和狗干土四种。小粉土性松，是最好的一种，分布在山脚，宜种橘子、石榴；香粉土因性太松，故次之；黄泥土性干，分布在山腰，宜种枇杷、杨梅；狗干土最多，性坚韧。荒地土少石多，开垦后多系狗干土。荡田系湖边淤积的滩地所围成，故为砂质土。

果园的占有及使用情形如下：

湖湾乡新四村各阶层占有使用果园土地情况表

成份	户口		人口				占有果园		租出果园亩数	租入果园亩数	使用果园土地		
	数	百分比	在乡	在外	合计	百分比	亩数	百分比			亩数	百分比	每人平均
地主	1	0.7	0	12	12	1.55	5.50	1.79	5.50	0	0	0	0
富农	1	0.7	6	0	6	0.77	10.47	3.40	0	0	10.47	3.31	1.745
中农	44	30.6	254	21	275	35.44	142.46	46.30	0	5.00	147.46	46.57	0.536
贫农	88	61.1	390	49	439	56.57	131.36	42.69	0	11.10	142.46	44.99	0.325
雇农	1	0.7	5	0	5	0.64	0	0	0	0.15	0.15	0.05	0.030
其他	9	6.2	28	11	39	5.03	17.89	5.82	1.80	0	16.09	5.08	0.413
总计	144	100.0	683	93	776	100.0	307.68	100.0	7.30	16.25	316.63	100.0	0.408

注:地主除果园土地外,还占有其他土地、房屋,均一并出租,自己搬到城里经营商业。

从上表看出，果园占有是较分散的，阶级关系亦较单纯。在这 144 户中，占有果园在 1 亩以下者有 19 户；1 至 2 亩者有 70 户；2 至 3 亩者有 22 户；3 至 4 亩者有 20 户；4 至 5 亩者有 2 户；5 至 7 亩者有 7 户；7 亩以上者有 4 户。租佃关系亦极少。租出土地有“管业田”与“底面田”两种：地主出租的是“管业田”，因出租时地面上只有少数果树或没有果树，经佃户长期栽培才成果园，故有永佃权，不过，地主常提高租额压榨佃户；其他阶层出租的是“底面田”，佃户无田面权。

每人平均使用果园土地数很少，不论单以在乡人口计算或全村人口计算，均不足0.5亩。而依照果园的产量、收益计算，每人每年维持最低生活所必需的土地为0.5亩左右。其计算如下：

甲、产量：最好果园（在山脚，占总果园面积 30%），每亩产果子 30 担，一般（在山腰，占总果园面积60%）产 15 担，最低（在山顶，占总果园面积10%）产 5 至 10 担，平均产量为 18 担左右。

乙、价格：解放前一般价格橘子每担为0.8石米；枇杷为0.8石米；石榴为0.4石米；枣子为0.4石米，平均价格为0.6石米左右。

丙、每亩工本：人工 30 工，折米1.2石；肥料 40 担，折米0.8石；修农具一次，折米0.58石，合计2.58石，每年田赋折米0.165石。但农民一般人工是自己的，不算钱；肥料因自己养羊，也可解决一半以上；而且，贫雇农的农具，一般要拖到二年才修，故所费成本只要 1 石左右。

由此可知：每亩每年的纯收益为 9 石多米（以每亩平均产量 18 担，平均价格每担0.6石米计），以每人每年饭米零用4.5石米计（大人小人平均算），每亩的纯收益，可维持大小二人的生活费用。

由于土地少、人口多，因此，形成劳动力过剩。本村全劳动力有161人，半劳动力有152人。每个劳动力能照顾1至5亩（山脚下靠湖边的可照顾5亩，往上，越高越难种），故在乡的全劳动力106人、半劳动力140人中，尚有40%为剩余的。过去是在本村和邻村作散工；或往上海、苏州等小果行作短工，农忙时回家；或开垦荒地；或采制春茶等。向外发展的全劳动力有55人，半劳动力有12人，多半在上海、苏州、杭州等地的西服店、棉布店或水果店里做伙计、学徒或做小贩，勉能维持生活。

三、生产及销售情况

果园种植有分种、混种两种，分种在上肥、照顾及选种等各方面比较方便，故比较进步，但该村只有混种的，没有分种的。果树的栽培，最长的需三十年（石榴），最短的也需四年（桃子），一般的均在十五年左右（橘子、枇杷、杨梅）。出产有大年小年之分，一年结得多、一年结得少。收获有季节性，从清明到立冬，农民月月都有收入，如清明产茶叶、梅子；小满产枇杷、杏子；夏至产杨梅、桃子、花红、李子；立秋产栗子、柿子；寒露产石榴、白果、橙子、葡萄；立冬产橘子。

全村有15种果树，大的（能结果）计7506棵，小的（稍能结果及不能结果的）计5945棵，共计13 451棵。其中以枇杷棵数最多，橘子次之，石榴又次之。橘子的收入占43.85%，枇杷占29.07%，石榴占12.87%，其他占14.21%。

果树容易遭受天灾（风灾、雨灾、虫灾），如橘树怕冷，在极冷的气候下就会冻死。去年的水灾，湖边有7亩果树，被水全部扫光，三十年前的大冷，橘树绝大部分死掉。一般群众都说："解放前我们是望天吃果。"

果子销售地点大致为上海、苏州、无锡、常熟、嘉兴、杭州等地。销售方式有两种：一种是事先定好，由水果行来收；一种是自己打下，送到水果行里去卖。水果行也有两种：一种是开设在上海、苏州等地的大行，专以贩卖为业；一种是在山上暂时开设的小行，多系农民自己组织的。但也有少数地痞二流子从中牟利，主要是为大行代买，或买进后转卖给小贩零售。大行的剥削表现在：先拿果子，后付钱，通货膨胀时，农民受损失很大；而且，佣钱很高，在夏、秋两季要取10%，冬季减至5%。小行的剥削较轻，农民一般能拿到现钱，就是价格较低些。

该村各种果树、产量及收益情况统计如下表：

类别	棵数			每棵产量(斤)		每年总产量(担)	1950年每担价格米(石)			共值米(石)	
	大	小	合计	大	小		最高	一般	最低	担数	百分比
枇杷	1766	1987	3753	50	3	943	1.60	0.80	0.30	754.40	29.06
石榴	1323	827	2150	60	5	835	0.50	0.40	0.25	334.00	12.87
橘子	1212	1012	2224	130	5	1626	1.00	0.70	0.30	1138.20	43.85
枣子	541	416	957	40	3	229	0.40	0.30	0.30	68.70	2.65

续表

类别	棵数			每棵产量(斤)		每年总产量(担)	1950 年每担价格米(石)			共值米(石)	
	大	小	合计	大	小		最高	一般	最低	担数	百分比
杨梅	531	469	1000	45	3	253	0.25	0.21	0.10	53.13	2.05
橙子	731	183	914	80	5	594	0.10	0.10	0.10	59.40	2.29
桃子	276	311	587	45	3	134	0.50	0.30	0.10	40.20	1.55
梅子	371	225	596	80	5	308	0.15	0.10	—	30.80	1.19
其他	755	515	1270	37.5	3	299	0.43	0.30	0.30	116.61	4.49
总计	7506	5945	13 451	—	—	5221	—	—	—	2595.44	100.00

注：上表共值米价格，以“一般”价格计算。

该村农民除果园生产外，还有三种副业。第一种是茶叶，即颇负盛名的东山碧露春。一般茶树种植在果园的边上或空隙中，是一种本轻利重的副业，每天每人可采青叶 1 斤半，3 斤半青叶可制茶叶 1 斤，纯系妇女劳力采制。统计全村能产茶叶 690 斤。普遍在清明前后采制出卖，当地群众往往靠此渡过春荒，故对茶叶生产和销售亦很重视。在 1945 年时，每斤价格最高值米五六斗，一般为 3 至 4 斗，最低为 2 斗（这是茶价最高的一年）；去年（1949 年）价格很低，每斤最高不过 2 斗，一般 1 斗，最低只有 3 升。第二种是柴草：是荒山的出产，最高每亩产 5 担，一般 3 担，最低 1 担，价格较低，每担高的为米 3 升，一般 2 升半，低的 1 升半。该村每年可出 3660 担。第三种为稻谷：是刚从太湖边上围起来的荡田的出产，好年成每亩能产稻谷 3 担，全村共有荡田 12 亩，可产稻 42 担，但遇到水灾，就颗粒无收。这三种副业收入一般可达到该村农民总收入的 20%左右。

四、生产工具及房屋占有情况

栽植果树所需之农具如锄头、斧头、钉耙、木梯、铁铲、桑剪等，价钱便宜，容易购置，且可互借使用，在 21 户中（内富农 1 户，中农 7 户，贫农 10 户，雇农 1 户，其他阶层 2 户）共有农具 289 件。

房屋占有方面：地主占有 24 间；富农 12 间；中农107.5间；贫农167.5间；雇农 2 间；其他阶层 13 间，合计 326 间，贫农租进14.5间（包括地主出租的 6 间），故房屋共有334.5间。除房屋外，宅基上栽满果树，故在统计上，宅基与园地是混合不分的。

中共苏州地方委员会调研室

1950 年 4 月

宜兴县金泉乡果园情况调查

一、土地情况

该乡是宜兴张渚区果园比较多的一个乡，四周是山，中间盆地，果园即分布在平地（较高）、山麓及山腰中间。全乡共有1140户，5473人，土地14 472.00亩，其中果园土地有2013.50亩。该乡土质有黏土、沙土、黏沙混合土三种，黏土宜种稻；果园则以混合土最宜，次为沙土。各阶层占有果园土地数量如下：

成份	户数	占全乡户口百分比	占有果园土地(亩)	占果园土地百分比
地主	7	0.61	541.00	26.87
富农	42	3.68	608.00	30.20
中农	153	13.42	573.50	28.48
贫农	80	7.02	200.00	9.93
其他	—	—	84.00	4.17
庙田	2	0.18	7.00	0.35
合计	284	24.91	2013.50	100.00

注:其他关系指外乡业主,其户数、成份不明。

地主除占有果园土地外，尚有相当数量的稻田出租。如横山村地主黄玉生有果园111亩，出租稻田900余亩，并雇工耕种20余亩；钓桥村地主陈济生有果园160亩，出租稻田200亩。

二、租佃关系

果园土地租佃关系较少，因为耕种果园收获大，利润厚，如栗园1亩能抵稻田1亩；梨园则产量更丰。租佃形式可分为三种：

甲、长租：以米计算，看收获量确定租额，如钓桥头一佃农，租进果园土地14.80亩，每年每亩租额为米3石，栗子50斤，五年契满后，看收获量如何再行议租；并规定在荒地上要补满栗树。

乙、分租：土地由佃户耕种，包括修剪、看管和采栗等，收获为四六分（地主六分，佃户四分）。副产品则归佃户所有。

丙、短租：在收获栗子前一个月，主佃双方到园中估计收获量与价格，按照收获量与价格缴租。如每亩能打栗子100斤，价格是1石米，则佃户就要缴租1石米，栗子由佃户去打和出卖，佃户耗力费工所得的仅是100斤栗子以外和超过1石米价格以外的剩余额，而且收入是没有把握的。

三、经营和生产情况

甲、最普遍的是雇工经营，因栗园平时化工不多，仅在收获时需人工打下栗子。每工能打5分田，计栗子100斤左右。一般的工资是每个日工5升米，最高8升，最低2升。

乙、工本：栗树工本较少，每年每亩只需人工4工（连翻土打栗子），折米2斗（按每工5升米计）；梨树工本较大，除翻土与采梨外，要卖竹叶做袋包梨子，以免虫害，每工只能包500只，如以每亩产7000只计算，则单包工就需化24个工，折米7斗。肥料以每棵树2斤豆饼计算，每亩约20棵树，即需豆饼40斤。至于工具则很简单，仅铁耙、锄头、竹梯、篙子等。

丙、种植果园在接苗时较难，需要一定的技术，当地只少数农民能接，往往要到外乡去请人来接。从植苗到收获，栗树要七年；梨树要十五年。栗树有处树红、大红袍、招财、薄壳等种，收获时间在八月底到九月间；梨树有早梨、白金花、黄金花、玉梨等种，收货时间在六月到七月间。

产量：栗子每亩最高产220斤，一般100斤，最低50斤；梨子每亩最高产20 000只，一般7000只，最低4000只，平均每500只重100斤。梨子产量很难肯定，遇到大风就会造成很大的损失。

丁、价格：栗子与梨子价格相等，每担最高折米1石，一般8斗，最低5斗。栗子除销沪宁线外，并销到香港；梨子则销宜兴、高淳、溧水、溧阳、武进等地。

戊、该地在近年来有一种蛀心虫，对栗树的损害很大，受害的树即不能结栗子；而且，由于近年来销路不佳，农民生产情绪降低，不施肥，甚至不翻土，故产量一般要比过去降低两成。

四、果园与当地农民的经济关系

当地农民以果园收入为主要生活来源者，占占有果园总户数的10%；占生活费一半者，占占有果园总户数的80%；其余户数的果园收入，仅居生活来源的次要地位。当地贫雇农每年在果子收获时，靠出卖劳动力做短工的也不少，他们借此作生活上的补助。

1950年6月调查

无锡县峄嶂乡桃园情况调查

滨湖区桃园大部集中在峄嶂乡山区，其他平原地区极少。该乡有桃园的共48户，计桃园土地100.6亩（已种植果树4652株），其中自田60.1亩，占总使用土地的60%弱；租入的土地40.5亩，占40%强。各阶层使用桃园土地以中农为最多，共计61.1亩，占桃园土地总数61%弱。兹将该乡桃园土地使用情况列表于下：

峄嶂乡各阶层使用土地及占有果树情况表

成份	户数	使用土地			占有果树株数
		自耕	租入	小计	
富农	3	11.0	7.0	18.0	810
富裕中农	2	4.5	0	4.5	230
中农	23	33.0	28.1	61.1	2769
贫农	19	8.6	5.4	14.0	730
宗教职业	1	3.0	0	3.0	113
合计	48	60.1	40.5	100.6	4652

各阶层出租园地情况调查表

租入户成份	业主成份及出租情况					
	祠庙		中农		贫农	
	户数	亩数	户数	亩数	户数	亩数
富农	0	0	0	0	1	7
富裕中农	0	0	0	0	0	0
中农	1	28.1	2	16.8	0	0
贫农	2	5.4	0	0	0	0
宗教职业	0	0	0	0	0	0
合计	3	33.5	2	16.8	1	7

注:业主有 16.8 亩园地系出租给外乡。

从上表看出：出租园地的，以祠庙为最多；其次中、贫农也有少量出租，他们是因桃园的开垦、施肥、雇工包桃等所需成本大，而且需五年后才有收成，无力经营而出租的。

桃园租额每亩每年为 2 斗至 3 斗米，租期最少二十年，最多五六十年。桃园中一般种植蟠桃和水蜜桃，又以成熟时期分为早、中、晚三种。桃苗过去要到奉化去购买，现在本地已能接培。桃苗每枝价值 1 升至 2 升米。每亩园地可植桃树 50 株（每隔 1 丈左右 1 株）。栽植后一般需五年方能结桃，约二十年后即衰老不结了。每亩每年施肥 2 次，约需豆饼 40 斤（肥料最好是狗屎等）。每亩下肥、翻土、包桃等共需 8 个工。园主一般均自己劳动，唯在包桃时，尚需雇进少数零工。

所产桃子过去主要销往上海、南京、苏州一带，据园主谈：“过去苏州等地的桃行，在桃子尚未成熟时，便先行付款订货，园主即借此加工施肥，提高产量，唯剥削也较重。”目前，销路已不如前了。

中共无锡县滨湖区委会

1950 年 5 月

苏州市城西区白洋乡花农情况

一、一般情况

苏州市城西区白洋乡共有 699 户，其中有花农 500 户（占总户口71.5%），种有白兰、茉莉、玳玳等花树。兹将各村花农户数统计如下：

白洋乡花农户数统计表

村名	路南村	路北村	白洋村	新益村	新吴村	全乡共计
总户数	144	124	150	94	187	699
无花的户数	62	24	46	16	51	199
有花无玻璃花厢(暖室)户	10	23	30	28	14	105
有花厢户	72	77	74	50	122	395

二、生产情况

白洋乡花农种植的花树有白兰、茉莉和玳玳三种，都出售给茶商作薰制茶叶用，其中仅玳玳花树冬季可置于瓦屋中，茉莉、白兰均须有玻璃暖室的设备，而尤以白兰花树更要很高的技术方能种植。售价则以白兰花最高，茉莉花次之，玳玳花则低得多。

以路北村花农罗根大，1950 年花的生产情况为例，可说明种植花树所需资金、成本及盈利等问题：

罗根大全家 6 人，自有花厢 4 间，种植白兰 50 棵，茉莉 700 棵。

其投入之固定资本为：

建造 4 间花厢，约 120 石米

750 棵花树，约值 30 石米

750 棵花树的花盆，约 20 石米

共值 170 石米

1950 年全年各项支出如下：

粪（施肥用）8 石米

竹、绳（植花用）——1.8石米

必须增补之花盆——10 石米

修理花厢——4 石米

采花工工资（四十余工）——1 石米

花进出厢、修花等零工工资——10 石米

共约需34.8石米

全部花售得11 820 000元，折合白米约61石，共盈余约26.2石米（自己家约记2个劳动力及花厢的折旧未计入）。

从上述事例中可以看出植花树需要很大的资本。从许多户的生产情况来统计，凡种植白兰、茉莉生产比较好者，其固定资本、各项支出和利润三项的比例约为7∶1∶1.5（自己劳动及雇工工资不计在内）。

可是因种植技术欠佳而生产不好的花农则盈利极小。现以路北村花农冯松年的经营情况为例，说明如下：

固定资本（自有花厢四间，种植白兰90棵）150石米

各项支出——19.5石米（自己劳动及雇工工资未统计在内）

共售得——27石米

盈余——7.5石米

根据上例调查材料，如把照管四间花厢所耗的劳动力、雇工工资及花厢折旧等费用也计入成本之内，则非但没有盈余，反而亏蚀10石米以上。

但如90棵白兰出产量好则最多可售到80石米，一般也可以售到50石米左右。从这一户的调查材料中更可以看出种植花树要较高的技术和丰富的经验，尤其种植白兰花，技术不高不仅产量很低，而且如稍有差池，就会全年无收，甚至花树枯死。

三、花厢及园场占有使用情况

根据调查，花农对各项生产资料的占有情况，主要表现在对玻璃花厢及花房的占有情况上。一般说来：种玳玳花不需要暖室设备，因此多系贫苦花农所种；种植少量茉莉花而自己无玻璃厢者必须向别人租借花厢；凡种植白兰花者，多系比较富裕的花农，有较多较好的花厢。

白洋乡花房对花厢、花房占有情况如下：

花厢花房间数	路南村	路北村	白洋村	新益村	新吴村	全乡共计	占全乡总数的百分比
10间以上	1	4	0	0	4	9	1.8
5—9间	12	15	2	1	16	46	9.2
3—4间	14	24	14	9	22	83	16.6
2或2.5间	13	18	24	12	37	104	20.8
1或1.5间	32	16	34	28	43	153	30.6
无花房	10	23	30	28	14	105	21

花农对土地的使用情况，一般是和花厢占有情况成正比的，根据调查：平均每间花厢要使用土地0.5亩，作为春、夏、秋三季花出厢后摆花的园场。

花农摆花园场的土地占有情况，总括的说是自业较多，而租田比较少。这一则是因为园场多系荒地，逐渐利用为摆花园场，二则因为花农一般较普通农民宽裕，能从地主手中买租田为自田。兹根据田粮登记册，统计全乡园场亩数如下：

村别	路南村	路北村	白洋村	新益村	新吴村	全乡共计	百分比
租田	21.91	64.84	14.76	28.25	40.01	169.77	34
自业	67.11	90.96	43.54	34.26	98.13	334	66
共计	89.02	155.8	58.30	62.51	138.14	503.77	100

注：由于若干园场报为荒地或旱田，实际使用的园场当较上列统计为多。

一般来说，花厢少的花农园场租田较多，花厢多的花农园场自业较多，不过也有很多贫苦花农没有园场，少量花盆则摆在荒地或田埂屋基等地方。

四、各种剥削情况

白洋乡花农所受到的剥削，其种类、情况和性质约有以下几种：

甲、受花商和茶商的中间剥削

这是全体贫、中、富花农都受到的剥削。剥削方式约有下列数种：

（一）收取高额佣金：

花农把当日采下的鲜花，卖到用花薰茶叶的用户手中，要经过花商和茶商二层中间剥削，比如1000两茉莉花，经过花商、茶商卖给用户是100万元，花商要扣10万元（10％佣金），茶商也要扣10万元，花农卖100万元的花，到手只有80万元。

（二）操纵市场价格：

由于白兰、茉莉等花，只能当日采下当天售出，采下售不掉就会变坏，应该采而不采下也同样会烂掉，所以花商、茶商在大批采花的时候，就拼命压低花价，残酷剥削花农。例如在1948年，本来白兰花每两售价4合米，但大批花上市时，花商只肯出0.8合米，而实际采下一两花的工资就要1合。花农张天生采花400两，用的采花工资要2斗4升米，但结果400两花却只卖到2斗米。因此花农只好任花烂在树上，无人再肯采下来出售，已经采下来的也都愤而倾倒河中，估计该年损失鲜花约1000担左右。

（三）延期付款：

花卖给花商往往是拿到的期票，要过二至六个月才能兑现。在国民党反动统治时期，物价一日数涨，花农在夏天卖花所得花款当时可买到1石米的，等到秋季期票兑现时，恐怕已买不到2斗米了。

乙、受高利贷的剥削

中、贫花农在冬季修理花厢时，或在春荒期间，常须借债，放债者多系花商。不论在春季前后，借10石米到六七月里要还15石米，利率都以米计，在6至10个月中的利息高达50％。

丙、雇工的剥削

（一）该地雇工的种类、劳动情况及待遇如下表：

种类	雇佣时间	劳动范围	工资				备注
			计算时间	工资	伙食	共计	
有极高技术的长年工	长年雇佣，且多系雇佣数年	浇白兰花，其他和一般长工同，冬季休息时间较多	每年	12石米左右	供伙	约22石米	主人对雇工较优待一些
有一般技术的长年工	长年雇佣	浇水、浇粪，及采花、修花等工作，并要兼种稻田	每年	7—10石米	供伙	约16—19石米	忙时较受优待，但工作亦较吃力
有一般技术的十月工	从三月花出厢到十二月花进厢	劳动与一般长年工同，夏天忙时要半夜3点半起来，上午采花，下午浇粪	10月	5—8石米	供伙	约12—15石米	同上
雇佣数月不定的短工	雇佣1月至9个月多系最忙时间	劳动和一般十月工最忙时间	1月	1石左右	供伙	约1.6石米	
男临时工	花进厢和出厢时期	搬运花进出玻璃花厢，极费力气	每日	6升左右	供四餐	约1斗	
女临时工	花出厢以后以日计算	采花叶、剪花、剪梗、拔草	每日	3升左右	供三餐	约5升	
采白兰花工	采花时以日计算	早晨采白兰花约2小时	每日	2升左右	不供伙	约2升	采花时全乡农民大半参加
采茉莉花工	同上	上午下午采茉莉花	每日	4升左右	供早午餐	约5升	同上

（二）雇佣和出卖劳动力的一般情况：

根据白洋乡的情况，如果一户花农自己只有一个主要劳动力，则占有花厢数及雇佣数或出卖劳动力的情况如下：

占有花厢10间以上——至少请一长工和等于一长工以上的月工。

占有花厢5间以上——至少请一长工。

占有花厢3间以上——一定要请一月工。

占有花厢2间以上——一般不请人帮工。

占有花厢1间以上——一般要帮人做临时工。

种植花树而无花厢——一般要大量帮人做月工或临时工。（上列所有材料不包括采花工）

（三）雇佣和出卖劳动力统计：

根据吴村一个行政组调查，关于雇工情况如下：

雇长工一人以上者——4户（共雇长工4人）。

雇短工者——2户。

不请雇工者（采花工不算）——5户。

帮人做长工者——1户。

全组共计——14户。

根据调查，虽然雇主对雇工剥削相当残酷（尤其是没有技术的一般工人），可是花农雇工并不像一般农村中地主雇长工一样，带有经济外的强制性，这种雇工剥削多少带有些资本主义的性质。

丁、地租剥削

据各阶层花农反映，一方面由于花田自业较多，另一方面园场需田不多，因此所受的地租剥削较少。

但从每亩剥削量来看，全乡租入170亩园场田，以一般租额1石米计，则每年被剥削的地租也有170石米之多。

戊、出租花厢

花厢只有在自己花树枯死，或添造新厢而多余时，才租与无花厢的花农使用。

现将花厢的租额及其成本比较如下：

平均每间花厢租额——1.5石米

平均每间花厢每年必须修理费——0.5石米

三年必须翻造一次平均每年摊费——1石米

十年必须完全重造每年折旧——3石米

从上表可以明显看出，只有在不得已时才会出租花厢。据了解，在白洋乡从来没有特地造了花厢出租的。现该乡共有69户出租花厢，共出租花厢计54间。

白洋乡花的生产，据说已有200年历史，可是近十余年来，历遭日寇、蒋匪的摧残，除1937年及1945年曾有昙花一现的好转以外，花的产量和花厢数一直在逐年减少。旧中国的农村经济日益走向凋敝的道路，花农也无法例外。

苏南区农民协会调研科

1950年7月5日

苏州市城西区白洋乡新吴村花树调查

一、虎丘花树的一般概况

苏州虎丘地区，种植玳玳、茉莉、白兰花极多，为该地有名的特产。种植地区，包括苏州市的虎丘镇、花园衖一带，及吴县枫桥区白洋乡、陆墓区的虎北乡、新齐乡及浒关区的长清乡，其中以市区花园衖及枫桥区的白洋乡和陆墓区的虎北乡为产花中心。虎丘地区共有2500至3000户的种花户，植有玳玳花21 000棵，每年产花300余担；茉莉花225万棵，年产花5000担左右；白兰花约4000至4500棵，年产近百担。各地所产之花，都整批在虎丘镇销售，通过花行再转售给茶商，作茶叶香料之用（主要是玳玳花干），或售给小贩零售（主要白兰、茉莉）。

二、白洋乡新吴村花树调查

甲、占有和使用

根据吴县白洋乡新吴村的调查，全村187户中，有136户种花，占总户口72.7%。全村共占有817.52亩，其中花树田达126.65亩，占15.5%。一般农作土地和花地，均以富农占有最多，前者占45.6%，后者占67.5%。

花地的租佃关系很少，富农使用花地最多，占53.1%；其次为中农，占31.3%。

另花房、花厢的占有使用也是富农最多，中农次之。七架间以上的花房、花厢则大部分为富农所有。

详见下列二表：

新吴村各阶层占有及使用花地统计表

成份			富农	中农	贫农	雇农	其他	总计
户数	总户数		39	59	69	10	10	187
	种花户数		33	48	52	2	1	136
人口	总人口		190	266	274	25	29	784
	种花人口		169	215	211	5	1	601
占有土地	一般土地亩数		314.71	256.91	108.84	3.61	6.80	690.87
	花田亩数		85.50	26.77	12.38	0	2.00	126.65
	合计亩数		400.21	283.68	121.22	3.61	8.80	817.52
	占有花田占总占有土地百分比		21.36	9.44	10.21	0	22.73	15.49
	每人平均	占有土地亩数	2.11	1.07	0.44	0.14	0.30	1.04
		占有花田亩数	0.51	0.12	0.06	0	2.00	0.21
出租土地	一般土地亩数		44.80	27.5	0.48	0	0	72.78
	花田亩数		3.10	0	0	0	0	3.10
	合计亩数		47.90	27.50	0.48	0	0	75.88
租入土地	一般土地亩数		162.51	270.95	187.13	6.00	0	626.59
	花田亩数		6.75	25.79	11.79	0	0	44.33
	合计亩数		169.26	296.74	198.92	6.00	0	670.92

续表

成份			富农	中农	贫农	雇农	其他	总计
使用土地	一般土地亩数		432.42	500.36	295.49	9.61	6.80	1244.68
	花田亩数		89.15	52.56	24.17	0	2.00	167.88
	合计亩数		521.57	552.92	319.66	9.61	8.80	1412.56
	使用花田占总使用百分比		17.09	9.51	7.56	0	22.73	11.88
	每人平均	占有土地亩数	2.75	2.08	1.17	0.38	0.30	1.80
		占有花田亩数	0.53	0.24	0.11	0	2.00	0.28

新吴村各阶层占有花树、花房、花厢统计表

成份		富农		中农		贫农		雇农		其他		合计	
种花户数		33		48		52		2		1		136	
种花人口		169		215		211		5		1		601	
占有花房与花厢间数	类别	房	厢	房	厢	房	厢	房	厢	房	厢	房	厢
	五架间	0	0	0	1	0	2	0	0	0	0	0	3
	六架间	89.5	45	66	25	21	12.5	0	0	2	1	178.5	83.5
	七架间	2	66	2.5	24	3	13	0	0	0	0	7.5	103
	八架间	4	27	0	7.5	0	3	0	0	0	0	4	37.5
	九架间	0	0	0	4	0	0	0	0	0	0	0	4
	十架间	1	4	0	0	0	1	0	0	0	0	1	5
	合计	96.5	142	68.5	61.5	24	31.5	0	0	2	1	191	236
各种花树棵数	茉莉	30 444		22 718		13 471		380		880		67 893	
	白兰	690		164		80		0		0		934	
	玳玳	4312		4481		1842		0		130		10 765	
每人平均花树数		209.74		127.27		72.95		76		1010		132.43	
每人平均花房数		0.57		0.32		0.11		0		2		0.32	
每人平均花厢数		0.84		0.29		0.15		0		1		0.39	

乙、经营方法和各阶层种花情形

（一）经营方式：大多为自己经营的，也有雇工经营的，种花较多的富农雇工较多，全村富农共雇长工 12 人；中农仅雇长工 2 人，月季工 1 人。雇工的劳动强度很高，在农忙时既要耕种土地，又要照顾花树的施肥与浇水，故拂晓前就要起床，一天忙到晚。零工是采花期间雇的，只做采花工作。长工受雇的时间为 8－10 个月，短工是 3－5 个月。工资按照技术的高低而定，种白兰花，技术较高，这种长工，最高工资每年 10 石米，普通则为 3 石至 6 石；短工工资每月最高 1 石，一般 3 斗至 5 斗。零工工资男工每天 6 升米，女工每天 2 升至 3 升米。

（二）白兰花以富农种植的居多，新吴村总共种植白兰花 934 棵，富农即占 690 棵，中农占 164 棵，贫农占 80 棵。原因是成本大，中、贫农多种不起。茉莉花成本少，种植较为普遍。新吴村67 893棵茉莉树中，富农占30 444棵，中农占22 718棵，贫农占13 471棵。

丙、成本、产量与收益情形

（一）种白兰花的成本较大，原因首先是怕冻，要有花房；其次花树本身贵，大的每棵需 2 石米左右，小的（接木的）也需 1 斗米左右；再则很难扦活，扦活率仅 10%；另外成长很慢，须十年才能产花卖钱。玳玳花五年产花，扦活率也是 10%。茉莉花也需花房，但花树贱，每棵只需 2 升至 3 升米，而且易扦活，扦活率为 50%至 80%，三年就产花，资金周转较快。

（二）茉莉花年开 3 次，第一、二两次在六月和七月，第三次在八月半后，末一次产花较少。每棵平均产量是 3 两（120 朵合一两），全村年产 120 担左右。玳玳花每年在立夏后开花一次，收花时间约一二天，每棵平均产量约1.5斤至 2 斤（每斤合 1440 朵，5 斤鲜花折合 1 斤花干），全村年产花约 200 担左右。白兰花每年自五月至八月共开放 2 次，每棵平均产量为 1 斤半至 2 斤（22 朵合 1 两），年产 15 担至 20 担。

（三）虎丘街上有 80 余家花行，他们操纵花市，剥削花农。花收后，必须当日售出，否则香味退减就不值钱，花行收花时乘机压低市价，并收取行佣，进出各一成，中间剥削甚重。

（四）茉莉花普通每两可售 1 升米，每棵产 3 两，可售 3 升米。富农平均每人 180 棵，可售5.4石米；中农每人平均 105 棵，可售3.2石米；贫农每人平均 63 棵，可售1.9石米。玳玳花普通 1 升米 1 斤，每棵产 2 斤，可售 2 升米，富农平均每人 25 棵，可售0.5石；中农平均每人 20 棵，可售0.4石米；贫农平均每人 8 棵，可售0.16石。白兰花普通每两三升米，每棵平均可售 8 斗米左右，富农平均每人 4 棵，可售3.2石米左右；中农平均每人0.7棵，可售0.56石；贫农每人约0.3棵，可售0.24石米。总计富农每年每人种花收入约9.1石米，可维持一年半生活；中农每人每年可收入4.16石米，可维持一年生活。加上一般农业收入，则富农、中农的生活水平可较其他地区农民为好。贫农每人每年可收入2.3石米，生活仍有困难。

中共苏州地委调研室

1950 年春

第七部分　苏南农场调查

苏南农场概况

一、创办与发展中的三个时期

甲、苏南农场的兴建时期，正是第一次世界大战结束，中国民族资产阶级在战争期中已得到适当发展的时期，同时在这个时期，帝国主义经济又更深入中国农村，尤其是美、日帝国主义，在中国展开了激烈的市场争夺战，这样便推动了国内新的官僚与工商业家向农业方向的投资，影响了农村封建地主开始改变其使用土地的方法，由此在农业上出现了资本主义经济与封建主义经济相结合的经营方式——旧中国的农场。

从历史上来看：清末常州道台宋盈，早于1912年设茅麓公司于金坛；1917年，当时的政府亦创建农业推广所于常熟。然而农场蓬勃发展的时期，还是在1921年至1936年间，其中以镇江专区建场最多：有官僚地主、工商业家合营的均益、三益、益民等种场（四益农场前身）；有教会的农场（2所）；有旅美华侨回国建立的农场（1所）。同时松江苏州地区也有少数农场的建立。

乙、在抗日战争时期，农场的发展一般已停滞甚至呈下降状态，从现有材料来看，那时只有苏州新建两场未受破坏，原来国民党反动政府所经营的公营农场及与国民党政府有关的私营农场均遭受敌伪惨重的破坏，如无锡周泾巷与吴江庞山湖公营农场，农场土地先后为敌伪全部出租；私营农场中如镇江三益农场，桑树被敌砍伐焚毁殆尽，茅麓公司的树林、房屋、家具，亦被敌毁遗无几，加之当时这些农场经管人逃亡在外，场内乏人管理，因此部分财产为人挪走。

丙、在日寇投降以后到解放的时期内，已被破坏的农场，开始着手恢复，有的合并经营，增添股资（如四益）扩大范围，有的向佃户收回部分土地，自己经营（庞山湖、周泾巷），同时各地并又建立不少新场，其中以苏州专区建场最多，次则为无锡、青浦、丹阳等地，大的为丹阳练湖农场（公营），一般的为近城小型集约经营的农场（私营13处）。

淮海战役以后，与国民党反动政府有关的私营农场，生产情绪降低，开始紧缩农场范围，如四益农场在1948与1949年之间，先后遣散2次职工，达511人之多。解放时有些场主经理逃亡在外（青浦茂盛农场与无锡益华农场），但与此同时又有部分封建地主，将土地转向农场，企图借此维持其封建剥削，因而在苏南，又产生了不少名义上的农场。

二、土地分布的情况与特点

苏南农场有105处，占有土地93 465.92亩，其中有公营农场30处，占有土地57 748.32亩，私营农场75处，占有土地35 717.6亩，兹将其分布的情况特点，分别叙述于后：

甲、农场土地分布情况

农场土地分布一般以西部为多，东部为少，如果以苏南所有农场土地93 465.92亩，作为100%计算：则常州专区农场土地最多，占35.24%；镇江专区较次，占33.59%；苏州专区又次之，占22.65%；松江专区只占8.13%；无锡更少，仅占0.39%。如果以各县农场土地与各县总土地相比来看，农场土地较多的为镇江专区与常州南部（金坛），苏州西部（吴江）。其中以金坛县农场土地为最多，占其总土地面积的3.227%，其他（丹徒、溧水、句容、江宁、吴江）一般占有0.488%至1.501%之间；农场土地较少的为无锡、松江专区及苏州专区的大部分地区，其中以青浦县较多，亦仅占其总土地数的0.201%，最少的是常熟，占其总土地数的0.005%。但个别县份的农场土地，亦有特多特少的情况，如西部地区的溧阳县，农场土地只占0.214%，高淳更少，仅占0.136%，而东部地区中的奉贤县，农场土地占其总土地数倒反达0.709%。

苏南区各县公私营农场占有土地统计表

地区		公营农场面积	私营农场面积	公私农场合计	占本县总土地面积的百分比
无锡		296.4	71.5	367.9	0.029
松江专区	松江	293.0	124.5	417.5	0.046
	上海	135.0	258.7	393.7	0.123
	奉贤	0	4949.0	4949.0	0.709
	青浦	0	1446.0	1446.0	0.201
	南汇	0	144.0	144.0	0.011
	嘉定	0	245.8	245.8	0.038
苏州专区	吴县	84.0	207.1	291.1	0.016
	吴江	8961.0	10 298.8	19 259.8	1.501
	昆山	0	1141.0	1141.0	0.100
	太仓	0	376.0	376.0	0.045
	常熟	50.0	50.0	100	0.005
常州专区	金坛	29 874.0	12.0	29 886.0	3.227
	溧阳	0	3050.0	3050.0	0.214

续表

地区		公营农场面积	私营农场面积	公私农场合计	占本县总土地面积的百分比
镇江专区	丹徒	440.5	4867.0	5307.5	0.488
	丹阳	4720.3	50.0	4770.3	0.418
	句容	2212.0	4173.0	6385.0	0.770
	江宁	7137.1	4253.2	11 390.3	1.055
	高淳	1000.0	0	1000.0	0.136
	溧水	2545.0	0	2545.0	0.559
总计		57 748.3	35 717.6	93 465.9	0.459

乙、单位农场所占土地情况

以单位农场所占土地多少来看，就 102 个农场材料统计（因为私营中有 3 个场全部是佃入，未列入）则如下表：

地区	每个农场所占土地数			合计
	10—100 亩	101—1000 亩	1001—20 000 亩	
无锡	6	1	0	7
松江	12	6	3	21
苏州	19	6	5	30
常州	1	0	3	4
镇江	18	12	10	40
合计	56	25	21	102

从上表来看，松江、苏州专区与无锡地区小型农场为多，其中苏州与松江专区 8 个大农场所占土地均不足万亩，常州专区农场最大，顶大的达 2 万亩土地，镇江专区中型与大型农场很多。

丙、公营和私营农场的数目和土地的比较

（一）就农场单位数来看，公营农场少（30 个），私营农场多（75 个）。但各地分布情况又不平衡，以专区为单位来看，只有无锡县公营数量多于私营（公五私二）；如果以县为单位来看，在高淳、溧水只有公营而无私营农场，丹阳、松江两县各有 2 个公营农场，1 个私营农场，其他地区均以私营为多。

公私营农场分布情况表

地区		公营农场数	私营农场数	合计
无锡		5	2	7
松江专区	松江	2	1	3
	上海	1	8	9
	奉贤	0	3	3
	青浦	0	4	4
	南汇	0	3	3
	嘉定	0	1	1
	小计	3	20	23
苏州专区	常熟	1	1	2
	吴县	1	11	12
	吴江	1	6	7
	太仓	0	4	4
	昆山	0	5	5
	小计	3	27	30
镇江专区	丹阳	2	1	3
	丹徒	3	1	4
	江宁	6	17	23
	句容	4	4	8
	溧水	1	0	1
	高淳	1	0	1
	小计	17	23	40
常州专区	金坛	2	2	4
	溧阳	0	1	1
	小计	2	3	5
合计		30	75	105

（二）就农场土地而言，则公营农场土地（57 748.32亩）多于私营农场土地（35 717.6亩），但在松江地区，私营农场土地反而多于公营农场，如果以该区农场总面积7596亩，作为100%来计算，则其私营农场土地占94.37%，公营农场土地仅占5.63%。其他专区一般以公营农场土地为多，但其所占程度又各有差异，其中以常州专区所占比重较大，占其所有农场土地32 936亩的91%，私营农场土地仅占9%；无锡县又次之，公营农场土地占所有农场土地367.9亩的80.57%；镇江专区则又次之，公营农场土地占其所有农场土地的58%；苏州专区则占

43%。

丁、农场土地分布不平衡的原因

（一）西部农村土地所以较多者，是由于开发山地湖田，客观上给予创建农场具备有利的条件。我们现就不完全材料统计来看（以农场所有土地作为100%计算），全苏南农场土地中，山地就占72.09%。就金坛、溧水来说，山地占各该县农场土地的97%至98%强；江宁山地较少，亦达66.4%；吴江则湖田最多，农场土地几乎全是湖田；丹阳湖田亦占95.4%。东部地区农场土地大都是一般耕地（其中亦以水田为多），所以东部农场土地的特点是田少田好，西部则是田多田劣。

（二）西部农场创建最早，是当时地主、资本家、教会、华侨先后收买农民的土地建立的。

（三）公营农场，占有土地荒地较多，有些地区的农场也正因为公荒土地较多，因而面积增大。解放以后，又没收了一部分战犯所经营的农场土地（如王匪懋功一个场），与代管了不少逃亡分子的私营农场（4个场），增加了公营农场的总面积。

苏南六十三个农场土质调查表（一）

地区		公营农场							
		现有土质材料农场数	占有土地						
			总占有亩数	水田		旱地		山地	
				亩数	百分比	亩数	百分比	亩数	百分比
无锡		5	296.4	114.8	38.73	83.6	28.21	98.0	33.06
松江地区	松江	1	268.0	268.0	100.00	0	0	0	0
	上海	—	—	—	—	—	—	—	—
	奉贤	0	0	0	0	0	0	0	0
	青浦	0	0	0	0	0	0	0	0
	南汇	0	0	0	0	0	0	0	0
	嘉定	0	0	0	0	0	0	0	0
苏州专区	常熟	1	50.0	50.0	100.0	0	0	0	0
	吴县	1	84.0	84.0	100.0	0	0	0	0
	吴江	—	—	—	—	—	—	—	—
	太仓	0	0	0	0	0	0	0	0
	昆山	0	0	0	0	0	0	0	0

续表

地区		公营农场							
		现有土质材料农场数	占有土地						
			总占有亩数	水田		旱地		山地	
				亩数	百分比	亩数	百分比	亩数	百分比
镇江专区	丹阳	2	4720.3	4500.7	95.35	70.0	1.48	149.6	3.17
	丹徒	—	—	—	—	—	—	—	—
	江宁	6	7137.1	21.0	0.29	1891.0	26.50	5225.1	73.21
	句容	4	2212.0	308.0	13.93	104.0	4.70	1800.0	81.37
	溧水	1	2545.0	15.0	0.59	30.0	1.18	2500.0	98.23
	高淳	—	—	—	—	—	—	—	—
常州专区	金坛	2	29 874.0	760.0	2.54	0	0	29 114.0	97.46
	溧阳	—	0	0	0	0	0	0	0
合计		23	47 186.8	6121.5	12.97	2178.6	4.62	38 886.7	82.41

苏南六十三个农场土质调查表（二）

地区		私营农场							
		现有土质材料农场数	占有土地						
			总占有亩数	水田		旱地		山地	
				亩数	百分比	亩数	百分比	亩数	百分比
无锡		2	71.5	26.5	37.06	45.0	62.94	0	0
松江地区	松江	1	124.5	74.4	59.76	50.1	40.24	0	0
	上海	2	12.7	0	0	12.7	100.00	0	0
	奉贤	—	—	—	—	—	—	—	—
	青浦	4	1446.0	1226.0	84.78	3.0	0.21	217.0	15.01
	南汇	—	—	—	—	—	—	—	—
	嘉定	—	—	—	—	—	—	—	—
苏州专区	常熟	1	50.0	50.0	100.00	0	0	0	0
	吴县	2	9.0	0	0	8.0	88.89	1.0	11.11
	吴江	2	1263.7	1263.7	100.00	0	0	0	0
	太仓	—	—	—	—	—	—	—	—
	昆山	2	161.0	161.0	100.00	0	0	0	0

续表

地区		私营农场								
		现有土质材料农场数	占有土地							
			总占有亩数	水田		旱地		山地		
				亩数	百分比	亩数	百分比	亩数	百分比	
镇江专区	丹阳	1	50.0	50.0	100.00	0	0	0	0	
	丹徒	1	4867.0	0	0	4867.0	100.00	0	0	
	江宁	17	4253.2	492.6	11.58	1422.2	33.44	2338.4	54.98	
	句容	3	2673.0	105.0	3.93	113.0	4.23	2455.0	91.84	
	溧水	0	0	0	0	0	0	0	0	
	高淳	0	0	0	0	0	0	0	0	
常州专区	金坛	1	12.0	0	0	12.0	100.00	0	0	
	溧阳	1	3500.0	0	0	50.0	1.43	3450.0	98.57	
合计		40	18 493.6	3449.2	18.65	6583.0	35.60	8461.4	45.75	

注：1.以上2表不是全县农场土地的情况，而是指有土质分类调查的农场中的占有土地情况。
2.吴县2个有土质材料的农场是苏州市的农场。
3.镇江市包括在丹徒县内。
4.表中百分比系与该县现有土质材料的农场亩数相比之百分数。
5.吴江县的2个农场另有鱼池21亩未统计在内。

三、土地所有权一般是属于封建性的

甲、首先从土地的占有与使用情况来看

在有占有与使用土地情况材料的56个场中，私营农场只有35个，我们从这35个农场中研究，可分为四种类型：

第一种，完全佃入或大部佃入土地采用雇工经营的农场，这种农场相同于农业资本家经营性质的有5个，占所统计私营农场总数的14.29％。

第二种，全部或极大部分为自田雇工经营的农场，这种农场是地主多少兼有些资本主义性质经营的农场，即是说其土地所有权是封建性的，但其经营的方法是采取雇工经营，一般比较进步，这种农场是农场中的主要部分，私营农场中21个，占私营农场的60％，占有土地8853.23亩，占私营农场中所有土地的56.12％。

第三种，全部或相当于全部的土地（包括自营、出租或佃人兼有出租，佃入租出相抵消而自有居主者）为自己所有，极大部分采取雇工经营而部分土地出租的农场，这种农场直接兼有一部分封建剥削，在私营农场中有5个，占私营农场的14.29％；占有土地2747.92亩，占私营农场总土地的17.42％。

第四种，农场所占土地，大部或全部放租，靠收取地租维持，这种农场实际上与地主无异，名义上是农场而实际上还是封建剥削。这种在私营农场中有4个，占11.43%；占有土地2399.2亩，占私营农场土地15.12%。

就公营农场的经营机关来说，解放后有行署管理的（一般是大农场），有专署与县市政府管理的（一般都是中小农场），这些农场大部分是接管自国民党反动政府的公营农场，个别是没收逆产而来，也有少数是代营的。

在私营农场中有独资与合股之分，其中以合股为多，独资次之，此外还有少数是宗教、学校所占有的。

苏南区各县公私营农场几种类型统计表

经营性质		佃田（或大部分佃田）			自田自营（或有少数佃田）农场			自田自营兼有出租田农场			大部或全部出租田农场		
		场数	佃入土地数	自田数	场数	自田数	佃田数	场数	自田数	出租田数	场数	出租田数	自田数
公营农场	行署管理	—	—	—	2	20 084	—	1	182	86	2	14 090	4745
	专署县市管理	1	61	31	5	2811.3	—	2	1066	184	2	83.8	29
	学校	—	—	—	1	188	—	—	—	—	—	—	—
	其他	—	—	—	3	3755.72	—	2	1670.5	136.5	—	—	—
	共计	1	61	31	11	26 839.02	—	5	2918.5	406.5	4	14 173.8	4774
私营农场	独资	—	—	—	1	40	—	2	230	73	1	1033	67
	合资	1	0	0	4	4959.73	67	2	331.49	65.43	1	1246.2	—
	宗教	—	—		1	380	—	1	34.7	23.3	—	—	—
	学校	—	—	—	1	41.5	—	—	—	—	—	—	—
	不明	4	3049.66	1775.02	14	3432	—	—	—	—	2	53	—
	共计	5	3070.99	1775.02	21	8853.23	67	5	2586.19	161.73	4	2332.2	67
统计		6	3131.99	1806.02	32	35 692.25	67	10	5504.69	568.23	8	16 506	4841

1.有生产方式不明的农场49个，占有（或使用）土地28517.219亩，未计算在内。
2.私营农场内，有三者兼有的农场一个（自耕68.49，出租56，佃入30.57）计算在自田自营兼出租田场内，同时在出租土地内，扣除了佃入土地，作出租25.43计，旨在看出其封建剥削的多少。

乙、农场出租土地的剥削份量与出租土地的原因

（一）封建剥削份量：

茅麓公司出租水田740亩，每亩租额最高的占其产量的50%，一般的占有47%左右，最低的也占有37.50%。松江大有农场是采取分租办法，解放前分租标准是农场得七成，佃户得三成（肥料、种子、农具，由场方负责），解放后佃户要求降低一成按场六佃四分收，按照苏南一般租额情况来说，这种剥削份量还是异常沉重的。

（二）出租土地的原因：

（甲）公营农场出租土地的原因，大都因为遭受敌伪的破坏而无法经营（周泾巷农场），或土地原为敌伪所出租（庞山湖农场）。

（乙）由于土质不良农场自己经营无利可图，因而出租（茅麓公司出租水田 740 亩）。

（丙）有的是地主向农场投资，将自己土地变为农场土地（益华农场），有的地主将原来出租土地一变而为农场出租土地。

此外还有从农场农民开垦的公荒中收取地租的，如江宁建国农场有 300 多亩即为山东难民所开垦的公荒，开成后由农场收取地租。

四、经营的情况

甲、私营农场雇工经营情况

（一）雇工数量：私营农场，一般均或多或少的雇工人职员，据现有材料，私营 17 场中，有职员 124 人，工人 246 人，但农场有大有小，各场雇佣员工的人数是各不相同的。现在将员工人数材料完全的十一个私营农场的人数列表如下：

十一个私营农场员工人数表

县名	场名	职员	工人	合计
松江	大有农场	5	4	9
青浦	茂盛农场	1	5	6
青浦	凤凰山农场	10	40	50
上海	中华农场	4	2	6
上海	亲民农场	3	2	5
南汇	大中农场	1	2	3
吴江	平沙湖合作农场	7	2	9
镇江市	四益农场	71	142	213
句容	中华三育社附属农场	2	17	19
江宁	金陵神学院农场	2	4	6
江宁	正谊农场	2	2	4
合计		108	222	330

（二）雇有技术职员与工人：在私营农场中有 15 场，雇有技术工人和职员，这种场占全部私营农场（75）的 20%。

（三）对职工剥削情况：

（甲）工作时间：大的私营农场一般有时间规定，如四益农场依季节忙闲而伸缩工作时间，规定长工夏季每日 10 小时工作，春季 9 小时工作，秋冬二季 8 小时。但其对季节工剥削程度特重，蚕种部工人，每日工作达 12 小时。中小农场一般不依规定，如中华农场工人反映："日出做到日落，除吃三餐饭外，一天到晚都在工作。"不论大小农场，工人均无星期假日，有的农场一月放一日工。工人生病只准请假两天至三天，逾期要扣除工资。

（乙）工资：工资标准，是根据农场对外工作需要，职工能力强弱及场方对职工的好恶而定的。职员中分普通职员与技术职员两种：技术职员工资比普通职员工资较高，普通职员工资最低的月薪7斗米，一般的1石2斗，最高的3石5斗，技术职员月薪最低的1石，一般的二三石，最高的每月5石。大农场一般职员工资较高，小农场往往是股东兼技术职员，所以工资较低，大农场有练习生，工资极低，每月就有三五斗米。

工人中亦有普通工人与技术工人之分：普通工人工资最少每月四五斗米（小农场），一般的在1石左右，最高的1.65石米（四益）；技术工人工资则较高，最低的月薪7斗，最高的有1.85石米。

此外，个别私营农场还有不给工资，只拨一部分土地给工人耕种的，用劳役地租方式来获取劳动力，有的因工资低，采取年底分红的欺骗办法。至于农场雇佣短工者，就中华农场而言，每日工资只有一二升米，附近农民均不愿受雇。

据四益农场材料，解放前物价高涨，场方却以货币折发工资，以致职工吃亏甚大。

乙、设备问题

（一）机器设备：

私营农场在松江、青浦、吴江、太仓、句容等县共有8个场，有15架机器（抽水机9架，拖拉机、开山机各1架，其他耕作机4架），公营农场中只丹阳练湖农场有打水机10架（除供应本场外，还设有戽水站给农民灌溉），拖拉机7架，割稻机1架，吴江庞山湖农场有戽水机22架。据现有材料，整个苏南的公私营农场，有机器设备的仅8场，占所有105场的9.5%。有机器设备的农场，对机器的使用情况又各不相同：一种是用以耕种农场自己的土地的，这是大多数有机器设备农场的情况；另外有些农场土地大部或全部出租，农场占有机器（如抽水机）帮农民打水，收取租金（如平沙湖农场）；还有一种名义上占有机器，但机器已经破坏，不加使用的（如大有农场）。

（二）其他新式设备：

根据私营农场四益、中华、大有、劳动等四场的调查，其中除四益农场设备比较完整外（蚕种部设备很齐全，畜牧部置有牛奶消毒机、牛奶分离机、白塔油机），其他3场设备均较简陋。松江大有农场只有养蜂、栽花一部分设备，丹阳劳动农场只有些杀除病虫害的一些设备，中华农场有喷粉枪、量热表及薄荷蒸馏器等。公营农场中的庞山湖农场，有机械、土木、试验等器材80余件。

五、生产情况

甲、农场组织情况

关于公营农场的组织情况这里从略，兹就私营农场来谈。

第一种是大农场（如四益农场），组织系统较为复杂，最高权力机构为董事会，对场负实际责任的是正副经理（往往是农场主），下面又设分场主任及各部技术主任，并在附近或与经营有关的城市设立办事处，负责购售农场必需品与生产物，从其组织系统中看出农场与城市与资本家的联系较密切。

第二种是中型农场，如松江大有、中华及镇江之三育研究社附属农场等，一般设有正、副场长，下设技术职员与普通职员二三人，技工或普通工人三四名，场长多半是股东或农场创办人。

第三种是一些小型农场，或以出租土地为主的名义农场，没有什么组织，往往只雇一二个人看管农场。

乙、农场作物种类

作物种类很多，有农作物、果园、苗圃、园艺、牧场等，往往一个农场兼营几种作物，就整个而论（以农场的主要作物来划分），有如下几个特点：

（一）在城市（苏州、昆山、太仓、上海）附近的小型农场，往往以集约经营方式，生产园艺作物为主（私营5场），供应城市人民的需要。

（二）生产工业原料或供销国内外市场的所谓经济作物，这些往往是较大的农场所经营，如四益的蚕桑，中华农场的薄荷，及其他农场的生产小麦等。

（三）经营苗圃、林场、茶树与一般农作物的农场是适应苏南地理条件（山地湖滩）而成立的，苗圃在东边以上海为多，西边以镇江为多，林场则以常州为最多。这种农场，所占数量很大，为农场中的主要部分。

（四）此外还有一种消费性的作物农场，成为统治阶级欣赏场所，如花草、果园等属之。此种作物农场所占面积不大，但解放以后产物已失去销路，发展前途不大。

丙、农场资金

大农场流动资金较大，不但农场土地需要资金，而且还与工商业有密切联系。拿四益农场来说，其土地财产只值8亿元（1945年估计），而其经营资金倒有12亿元，并且还吸收银行存款20亿以上。小农场资金较少，如中华农场共计50股，总额1亿元。有些农场的资金比它更少。

丁、房产、农具、耕畜的占有情况

公营设备比较完全，兹就5个农场的材料来看：

场名	房屋(间)	农具(件)	耕畜(头)	备注
庞山湖农场	55	708	5	有加工厂1所
茅山林业试验场	8	—	—	
人民农场	—	—	3	
江宁养殖场	12	全	4	系草屋，另有新式仓库1座
淳化农场	13	全	4	系草屋

如果就私营农场来看：

场名	房屋	农具	耕畜
益华农场	4	—	—
劳动农场	12	20	1
平沙湖农场	4	—	—
中华农场	9	全	—
大有农场	26	50	2

从上表看来，没有农具耕畜的农场（益华、平沙湖），往往是靠收地租或雇短工耕种的，第二种只有房屋农具而无耕畜的农场（中华），这些农场往往范围较小，或生产不需要耕畜者，只有大农场才有房屋、农具、耕牛等较完全的设备。

戊、农场收支情况

农场的收支情况现在以4个农场为例来说明：

场名	收入(米)	支出	盈亏		备注
			盈余	亏损	
四益	6403.00石	5222.90	1180.10	0	1949年情况
中华	105.00石	99.40	5.60	0	1949年情况
练湖	2088.98石	3657.49	0	1568.51	1949年情况
庞山湖	6116.30石	2508.87	3607.43	0	1949年情况

其中练湖农场所以亏蚀者，由于新垦土地，所需工本较大，而产物较少，所以亏欠。四益农场在收入部分内有苗本1500石，花卉50石计算在内，但该种作物目前均无销路。

注：该农场材料系根据各地农场调查报告整理而成，限于时间的关系，内容是极不完全的，仅作为研究农场情况的参考。

苏南区农民协会调研科

1950年7月5日

吴江县平沙湖农场调查

一

平沙湖农场位在吴江城西南30多里的太湖边上，建立于1947年。它的场址原是一块淤土冲积而成的，约三四千亩，地势低洼，湖水时常泛滥。1945年，有国民党军官赵正顺，借口开辟农场，意图依势霸占，后为当地地主周思谋等争夺去了，便组织了这个农场。

二

该场共有土地504.02亩（内有鱼池8.58亩），其来源有二：

甲、剥削和侵占的计275.16亩。因该场在成立后，即开始包工筑堤（筑堤费用每亩3斗米，由农民负担），筑堤时圩埂所损失的耕地，以二成扣算（如农民原有的1亩土地，由场方折为8分发还），但实际不需二成；其次筑堤时农民有因生活困难，无法交纳筑堤费的，土地即为场方没收（也有因土地不好，交筑堤费反而得不偿失，农民不愿交筑堤费，致土地为场方没收的）；再次农民在筑堤时为了想少负担些筑堤费，因而短报了田亩，此后该场即按照所报之田亩折算（唯也有个别虚报的）；此外，并侵占了一部分公地在内。

乙、由该场正、副场长投入的计228.99亩。

土地分布很散，也很零碎，本想在堤成后划地分配时归并一块，因农民的反对而没有成功，现仅雇工自耕地25亩，余均出租。佃户没有田面权，承种时每亩需交押金米1石，收租是采取议租办法，一般年成每亩租米二三斗，与当地的大租田差不多。

三

该场名义上是个合作农场，为全体场员组成（原在这块滩地耕种的农户都是场员一分子）。实际上农场经济权力都掌握在几个地主手里，普通场员——农民只能参加场员大会，听听场方的报告，而农场的收益，则归场方所有（即为掌握农场的地主把持）。此外农场与农民的关系好像戽水商与农民的关系一样，每年帮农民排水，向农民收费，对生产上则无任何指导。

四

该场设正场长1人，副场长2人，以下为总务、工程、生产、机务4处，各设处长1人，现共有员工9人（其中技术员实际只有司机1人）。设备方面有8、12、60匹马力的打水机各一架，20匹马力的拖拉机一架，随机全部犁耙一应俱全。惟因地势太低，土质很湿，迄未使用。此外，还有米车 2 架（原拟办加工厂之用，没有成功，现出租在外），木车 2 具，耕牛 1 头，机房 3 间，大小船只各一。

1950 年 7 月调查

吴江县庞山湖农场调查

一、概况

庞山湖农场位于吴江城东北约 6 里，运河横贯其境，水陆交通尚称便利。地势西高东低，平均低于水平面，故只愁水灾不怕旱灾。

该场在未开辟前，原是一块约万余亩的湖滩（即庞山湖），产蒿草及芦苇等，为当地土豪劣绅所霸占。1928 年，国民党反动政府发起开垦，因民产纠纷，未能实行。1933 年，重新整理民产，建筑围堤，以十字港（在庞山湖中）为中心，划分为“田”字形的 4 个垦殖区，正式从事开垦，并定名为“模范灌溉实验农场”。至 1936 年，先后垦成一、二、三垦区，唯第四个垦殖区私人土地较多，而且地又低产，需工程浩大，故未开垦。抗战初期，被吴江伪“维持会长”王联卿侵占。1943 年又被伪政府接收，改名为“庞山湖实验农场”。抗战胜利后，由国民党反动政府“杨子江水利委员会”接收。解放后，为我人民政府接管。现全场有技术人员 10 人，人员 17 人，技工 18 人，工友 7 人，合计 52 人。

二、土地及设备

甲、土地

共有11 880亩，土质肥沃、潮湿，不宜使用畜力，均为人工耕种，机器灌溉。其土地占用和分布情况如下：

垦区	场基数	自耕田		出租田		未垦区	鱼塘道路场基沟渠	合计
		熟田	新垦	熟田	新垦			
第一区	9	96.609	15.593	2262.437	17.499	0	407.863	2800.000
第二区	14	88.855	0	3876.642	226.179	0	638.324	4830.000
第三区	8	23.290	0	2324.400	29.644	0	672.666	3050.000
第四区	0	0	0	0	0	1200.000	0	1200.000
总计	31	208.754	15.593	8463.479	273.322	1200.000	1718.852	11 880.000

注：已垦土地自耕者占2.5%，出租者占97.5%。

乙、设备

房屋有15座，计55间，分作机房、办公室、宿舍、学校、瞭望楼及厨房等用。机器数量如下：

类别	名称	数量	每单位马力(匹)	使用地区
原动机	柴油引擎发电机	2	100	农场
原动机	冷进柴油引擎	1	36	加工厂
原动机	水汀引擎	2	100	未用
原动机	水汀锅炉	1	200	未用
原动机	旧式柴油引擎	6	18	农场
原动机	直流发电机	1	12	未用
原动机	火油引擎	1	4	未用
电动机	马达	13	—	农场
戽水机	螺旋式水帮浦	13	—	农场
戽水机	离心式水帮浦	6	—	农场
戽水机	真空引水瓶	3	—	农场
加工机	碾米机	4	—	加工厂
加工机	砻谷机	3	—	加工厂
加工机	菜子轧筒	1	—	加工厂
加工机	面粉磨连清粉机	1	—	加工厂
加工机	木质油车	10	—	加工厂

此外，尚有耕作、收刈等农具708件，机械、土木试验仪器80件。在水利方面，设有水泥闸四座，涵洞6个，作为引水泄水之用。附设加工厂一座，经营碾米、榨油等，有房屋164间半。

三、租制演变

甲、雇工包种制

即耕种1亩田，以全年计算给工资8.5元（可买米1石半），所有种子、肥料及戽水等费用，均由农场负担，收入亦全归农场。这是因为初垦时期，当地农民不了解情况，不愿去工作，只得找了三四十个苏北的难民，从事垦殖，人少工多，故工资较高。至1935年，苏北农民来此渐多，田亦较好，工资即由8.5元降至6.4元。1937年，续降至3.8元。

乙、包租耕种制

抗战初期（1938年），农场被王联卿侵占后，即将全场8600余亩稻田，经过少数坏蛋的大包小包，转租给农民。承种人每亩需交保证金5元。租额分为七等：一等153斤（稻）；二等141斤；三等112斤；四等95斤；五等71斤；六等59斤；七等41斤。

丙、按人口租种制

抗战胜利后，国民党反动政府拟将包租耕种田全部收回雇工自耕，因遭农民反对，只得一半沿用“包租耕种制”，一半用“雇工包种制”。至1948年，除自耕田224.374亩（包括试验田）外，余均按照人口重新分租给农民。其分租办法是：20岁至50岁的，男每人10亩，女每人5亩；15岁至20岁的，男女每人各为3亩。租额为总产量的37.5%。其他费用不多，但如遇大水，机器抽水的电费要分担的。如1949年因排水用电很多，农民便挨户出戽水费，一般的是42.5斤稻。

四、农民生活情况

靠租农场土地为生的佃农，共有509户，2143人，大都是由苏北先后移此或逃难来此的。生活很困苦，普通一年农产的总收入，只够维持4个月的开支，丰收可维持到6个月。如去年（1949年）因歉收，便只能维持3个月至4个月。故在秋收后至春耕前，就需出外经营各种副业，以补生活之不足。据调查，去年农民经营副业的情形如下：

副业种类	经营户数	经营时间	平均每户收益
贩卖地货	37	10月至翌年3月	8.8石
捕鱼虾	301	10月至翌年3月	8.0石
做工	100	10月至翌年3月	7.2石
摆渡	2	全年	20.0石
摇渔船	2	8月至翌年3月	9.0石
开茶店	2	全年	70.0石
大饼店	1	全年	48.0石
养鸭	24	全年	18.0石
木匠	6	8月至翌年3月	11.0石
鞋匠	1	8月至翌年3月	4.0石
磨剪刀	1	10月至翌年3月	7.0石
拉人力车	2	10月至翌年3月	9.0石
踏三轮车	1	10月至翌年3月	10.0石

续表

副业种类	经营户数	经营时间	平均每户收益
赶马车	1	10 月至翌年 3 月	9.0 石
运沙	1	10 月至翌年 3 月	8.0 石
其他	27	二三个月	3.0 石
合计	509	—	—

因为生活穷困农民必须贷款过活，因此又受高利贷剥削。借贷普通在四五月借，九十月还，借米 1 石，须还 1 石 5 斗至 1 石 8 斗，最高的要还 2 石。出贷者：一为同里镇的米店；一为吴江的富农；另一为农场贷款。农场贷款，是按照借户的田亩数贷给的。如每亩贷稻 10 斤，种 10 亩即贷 100 斤。但也有特殊穷困户，场方怕他们还不起而不贷的。此外农民遇有婚丧喜事，费用颇大，就是穷的人家娶亲，也要费米 10 担左右，自己没有，需要借贷，这也是负债的原因之一。

苏南农林水利局

1949 年冬

松江县大有农场调查

一、概况

该场位于松江城西近郊，由于交通便利以及过去苗木花卉著名，故城中人士来游者很多。该场原系吴履刚于 1923 年创办。吴当时为松江县农会会长，利用职权，买进官荒 26 亩，以培植桑树及普通园艺作物为主。1928 年后，吴病故，其妻乃卖给金山人沈叔贤继续经营，业务改为植桑育种为主。1933 年，高君藩参加合作，并由高主持，侧重水稻与苗木栽培，继续扩充。抗战期间，遭敌伪破坏，损失很大。胜利后，宜兴人邵霖生参加合作。解放后，组织场务管理委员会，场长为高君藩，副场长为沈叔贤和邵霖生，下设事务员 1 人，技术员 1 人，技工 1 员，工友 3 人，共 9 人。事务员和技术员每月各大米 2 石；工友每月 5 斗（供膳）；技工则由场内拨给旱地 3 亩余耕种，全部收益归技工，一切赋税由场方负责，并每年津贴食米 4 石。

二、土地

该场共有水田66.884亩，旱地49.512亩，住宅地0.570亩，池塘7.501亩（池塘现已与河流通连），合计124.467亩。其中水田30.57亩系租入，有永佃权，每年共需交租米 35 石，平均每亩租额 1 石 1 斗多。如年成歉收，可以核减。这些水稻田，自种的只有 10 亩有零，其余的 56 亩，都与人分种，所需的种子、肥料和主要农具等由场内供给，分种人只出劳力，有时也拿出一部分农具应用。在解放前是三七分收，即场方得七成，分种人得三成；去年解放后，由于水灾歉收和分种人的要求，乃改为四六分收。此外，还出租旱地10余亩给苏北人秦姓耕种，每年收租米2石。

目前该场种植计有苗木15亩（旱地），小麦4亩（旱地），油菜7亩（水田），蔬菜3亩（旱地），蚕豆1亩（旱地），水稻60亩（水田），垦荒6亩（旱地）。经营业务以繁殖苗木为主，水稻次之。繁殖良种，是自今年开始；至于蔬菜、蚕蜂及改良鸡种等，则作为副业。

三、设备

该场设备原很齐全，在抗战期间，被敌伪破坏殆尽，胜利后陆续修缮添置，现有房屋26间，温床2所，3匹马力引擎1具（需待修理），水牛2头，犁、耙、水车（2部）等总计50余件。桌、椅等家具尚足应用。此外，养蜂、栽花等设备齐全，养蚕设备亦有少数。

四、收支

该场苗木市场在上海，过去销路尚佳，近三年来连同水稻蔬菜等栽培，每年平均收入约值人民币2000万元；每年平均支出计薪水工资约1000万元，肥料300万元，种子耕畜约100万元，修缮费约100万元，赋税和租金约400万元，合计1900万元。

苏南农林水利局

1949年冬

无锡县陆区乡陆园农场调查

一、一般概况

陆园农场位于无锡西乡，在新渎区陆区桥南面一里的石坝头，1947年10月沙仲虎、梁正明等人因桃树产量较好，获利较丰，向伪农林部备案登记后创立的。开始称桃场，以后始改称陆园农场。

该农场系合股经营，集股的方式有二种：一种是以当地农民为主，投入土地股，凡农场范围内的土地，以普通租额计算，均作为投股资金，计有土地股76股；另一种则为现金股，主要是教职员及城市工商业者所投入，计275股。场方吸收农民投入土地，往往采用利诱、感情拉拢办法，如农民实在不愿投股，便改用以田调换和租佃榷田形式来取得土地。惟现金股与土地的折合是不合理的，现金每股以1石米计算，而土地每亩的租额加利息只算二股，以此计算，投入土地的农民是吃亏的。因农民的土地原来均系自耕，每亩每年产量在3石米左右，现按租额只算1石多米，按实际收益讲，也吃亏1石多米。同时入土地股后，土地的交粮纳税仍由农民负担，而现金股东就无负担。另外沙仲虎等人名义上不支薪水，实际上大权在握。场内浪费很大，仅开办费一项就用去167.39石米；而且，收支款项亦不公开，只向股东会作一报告而已，其中当然有很多弊端。

二、股本数量及土地情况

各阶层投入陆园农场股本数量详见下表：

项目	雇工及手工业者	贫农	中农	富农	地主	工商业	教职员	其他	合计
户数	5	4	17	2	2	9	7	21	67
股数	16.5	12	131	15	15	84	23.5	54	351
股数百分比	4.7	3.4	37.3	4.3	4.3	23.9	6.7	15.4	100

从上表看出：各阶层投股以中农所投最多，计131股，占全部股本的37.3%；贫、雇、中农及手工业者合计的股本为159.5股，占总股本的45.4%；地主、富农、工商业者、教职员及其他成份共计191.5股，占总股本数的54.6%；投入土地作股本的也以中农最多，计29.69亩，占投入土地总数的78.66%；贫农次之，计6.77亩，占17.95%；地主投入土地则为1.28%，占3.39%。总计26户投入土地37.72亩（作76股）。

陆园农场除各股东投入的土地外，尚有佃入土地10亩（每年地租计米7.95石，麦2石），故总使用土地为47.72亩。

三、生产技术和经营情况

甲、种植桃树需要一定技术，特别是嫁接技术的好坏，会直接影响到桃子的质量。施肥有季节性，不宜过多过少，如施肥份量过重就会不结桃子，过轻则会减低桃子的产量、质量，并会缩短桃树的寿命。其次在剪枝、修理、包桃、采桃等也须有熟练的技术和经验，否则也会损害桃树。这些技术除嫁接外，均较低级，一经研究便可学会。此外，桃树很怕水，如遭水淹就会死亡，但过旱又会掉落桃子，故在水份的调剂上颇重要。关于防止病虫害则需要有喷粉机、喷雾机及药品等进步设备，但陆园所使用的仍是旧式农具，目前尚无进步设备。

该园对桃树的经营比当地一般农民为好，他们有整地立畦工作，桃树的布植也适合规定，施肥、修剪等较科学化，故产量高质量也较好。此外，他们能进行嫁接工作，而当地农民是不能嫁接的。

乙、产量与收益：桃树在开始五年内没有收获，只能在桃园里种植蚕豆、黄豆、麦子、白菜等副产品。桃树的寿命约二十年，以后就要衰亡。在旺产期，每亩桃树最高产量约桃子20担，一般12至14担，最低五六担；如每担桃子价以5斗米计算，则最多售米10担，一般六七担，最低2.5担至3担，除去工本2.51石米，一般可获利3.5至4.5石左右。每亩桃园所需工本及桃园与普通土地产量的比较，详见下列两表：

每亩桃园的成本计算表

名称	篾篮	纸袋	肥料		人工						合计
			人粪	绿肥	翻土	修剪	贴袋	包装	采实	下肥	
数量	25 只	6000 只	20 担	40 担	3 工	2 工	3.5 工	4 工	0.5 工	5 工	—
折米	0.37 石	0.40 石	0.20 担	0.60 石	0.18 石	0.10 石	0.09 石	0.24 石	0.03 石	0.30 石	2.51 石

桃园与普通土地产量比较表

产品	米	麦	豆	桃子	共计折米
水田	2.5 石	150 斤	0	0	3.1 石
旱地	0	150 斤	1.5 石	0	2.1 石
桃园	0	0	0	12—14 担	6—7 石

注：小麦 150 斤折米六斗，桃子每担以五斗米计算。

该场桃园虽每亩可收益 4 石米左右，但要去掉现金股的红利约 2 石 4 斗，因此投入土地股的农民实际收益只有 1 石 6 斗，故该场在分红上，投入土地股的亦较现金为吃亏。

丙、该场所有桃园只雇 2 个长工，故工作繁重，生活较苦，除每天只给 2 升米伙食外，每年工资是 5 石至 6 石米。此外，在盈余中提出 5%，作为分红，但要和其他职员共分，实际所得甚微。

1950 年 7 月调查

丹阳县人民练湖农场调查

一、概况

练湖淤滩远在清康熙之前，即曾垦为熟田，至康熙中叶废田还湖，蓄水作灌溉之用，后因逐年淤塞，湖底高于运河及农田，已失蓄水灌溉之效。1936 年以前，曾决定浚湖垦田，修筑涵洞及水闸；抗战期间工程停顿，逐渐损坏；至 1947 年底，由地方人士组织浚垦委员会筹办一切，先后捐募款伪法币 200 余亿，与伪江苏省复耕队合作，利用机器开垦，定名为“练湖合作农场”。解放后，由人民政府接管，改称为“丹阳人民练湖农场”。接管时原有员工 35 人，现已陆续增至 145 人（包括炊事员、饲养员 2 人）。

该场位在丹阳县城西北角，紧接城垣，东临运河，堤身高峻，北为上练湖旧址，早垦为熟田，西北为中心河，是山洪入湖主要道路，西堤接农田或乡村，南为丹镇公路，水陆交通便利。西、南、北三面环山，南北高而西南低，与运河水位比较，湖底平均高为7.5公尺，而该地运河最低水位为2.89公尺（以吴淞零点为准），几相差四五公尺，故非抽水入湖储蓄灌溉不可。

二、土地及设备

甲、土地：共有4410亩，其中第一垦区560亩系熟地，种植小麦，但生产不良；第二垦区1500亩系半熟荒地；此外，全系荒地。另在场之南端有鱼秧养殖地，约80亩，养鱼范围几为蓄水库之全部，约10 000亩（即现存之湖面）。

乙、设备：机器农具方面，计有福特拖拉机6架（附二行犁6架，圆碟耙2架，齿耙2架），阿列斯强保拖拉机1架（附圆碟二行犁1架），柴油引擎平土机1架（已坏，附四行犁1架），条播机2架，复式收获机1架，12寸口径柴油引擎抽水机3架，5寸口径柴油引擎抽水机3架；此外，尚有旧式犁、水车及普通农具、渔具等。并有耕牛20余头，马1匹，驴1只。水利方面，在东堤上建有帮浦站1座，设60匹马力柴油引擎抽水机4部，灌溉该场及附近农田约6万余亩；并建有5门钢筋水泥大水闸一座，作大水及山洪暴发时泄水之用。

三、生产情况

甲、土质：表土及土深1尺部分属粘质土，富有机质，粘性不过大。由2尺至3尺深部分，上层土粒颇微细，甚粘，干后呈白色；下层土粒较粗，呈铁锈色，含有胶质及石灰质。地下水位较高，适宜于生长稻麦等农作物，一部分高地，可种植豆、麻等杂粮。

乙、种植情况：1949年共种有第一垦区全部及第二垦区一部分地势较平的半荒地，计1110亩，内水稻1050亩，杂粮60亩。水稻因受水灾及虫灾，平均减产五成。总收获量在2000担稻左右，荞麦产16石8斗。秋季组织垦荒，扩大耕种面积2800亩，冬季又增500亩。

丙、副产：以渔业为主，其次是藕、蟹等。渔业方面因缺乏技术与经验，致今年（按：指1949年）鱼产损失严重。现在已开始捕捉及防护，大约可得鱼700担至1000担之谱。藕收入128 050元。蟹捕得1187斤，计813 150元。鱼临时捕捉收入185 150元。

四、附近农村情况

甲、农产：以稻麦为主，仅有极少数高旱之地种黄豆及棉花。

乙、副业：该地饲养牛及猪、鸡、鸭、鹅等极为普通，以沿练湖10个农村计算，即有牛六七百头，猪五六百只，鸭6700余只，鹅2700只。此外，养鱼亦很普遍，沿湖农民以捕鱼为生者，约六七十户。

丙、劳动力：沿湖约有农家1000户，其劳动力主要为妇女，男子多出外做工或经商。平时劳动力的剩余，约占总劳动力的十分之二三。

丁、工资：长工（全年供给伙食）需工资4石至6石米，短工（割麦至插秧，供给伙食）需工资1石5斗至2石米，临时工（每天计，供伙食）需工资2升至3升米。

五、农场与农民的关系

甲、在练湖未加管制前，这区域常发生旱灾。自农场成立以来，附近84个村庄的稻田约6万余亩，均由农场机器灌溉。

乙、本地人多田少，每户平均仅四五亩，故农民希望农场方面能使本地劳动力，参加农场生产工作。

苏南农林水利局

1949年冬

句容县“中华三育研究社”调查

一、概况

该社位于句容县下蜀区桥头镇西1公里许，社址分布于烟屯山丘陵地带，有汽车道可直达场内。

该社系“基督复临安息日会全球总会中华分会”所创办，1909年初设于河南之周家口，1911年迁南京，翌年迁上海，改名“三育”（系取所谓“灵、智、体三育并重”之义）；1919年学员日增，更名“三育大学”；1924年夏在桥头镇购地建筑房屋，次年落成后迁来；1931年，改组为“三育研究社”。其目的在于培养牧师教士，假宗教之名，从事帝国主义的文化侵略。经费来源，一贯由美帝国主义供给，社务大权，全操纵于美国人之手。抗战期间，房屋设备，全部毁于炮火；抗战后又重建。解放前美国人要全部迁往香港，因中国教徒不同意，结果将其高级部（相当于大学，计师生百余人）迁走，中、初级留下。重要机械，亦被搬走，所留社者，均系不便搬运之物。今年（1950年）夏，复由港迁回（美国人已全部回国），到桥头后，改名“三育神学院”，由苏醒之任院长。

二、土地情况

该社共有山地607亩，平地220亩，稻田20亩，合计847亩。内山地的全部和平地（包括稻田）的130余亩，均系1924年创立时购置，周围用铁丝网围住；在抗战胜利后，又在铁丝网外添购地100余亩。全部土地均雇工经营，无租佃关系。由于地处山麓，并无河流可以灌溉（只有几个较小的池塘），故易遭旱灾。

土地的来源，据调查，初期所购的，极大部分是属庙田与义庄田；抗战胜利后添购的，大多是通过当地土豪劣绅向农民强迫收买的，地价受了土劣从中大量的贪污中饱，故农民实际所得很少。关于农民被强迫而出卖土地的情况，兹略举数例于下：

（一）桥头镇严家村农民严德林、邱泽州的山地位于三育山坡下，“三育”围田时将其围进去23亩6分，被迫只得出卖。

（二）蒋巷农民严德林、邱泽义、严德森、夏长余、夏长魁合有公塘一个，计3亩，被硬围于铁丝网内，后“三育”开荒，落雨时黄泥冲下，塘被塞平，致严等稻田30余亩无水可用，影响生产，但又不敢向其说理，现尚未解决。

（三）住桥头镇农民严宜浦有地0.24亩，不愿出卖，“三育”利用蔡汉成（士绅）连续威逼3次，结果买得。

此外，如钟开亮3亩、王钟宝2亩，许恒才2.5亩、许直广0.66亩，均属类此情形而出卖，每亩地价米仅五石。

三、设备情况

房屋计有大楼3座（洋房），住房19座（洋房），医院1座（洋房），铁工房3座，木工房2座，工人住房4座，牛房1座，鸡房1座，草房6座。共计洋房23座，普通平房18座。

机器计有发电机2部（其中1部在香港），汽车3部，摩托卡1部，开山机1部，水塔抽水机1部；此外，原有拖拉机1架，逃亡时已带到香港。

四、学生及员工情况

甲、学生：高级85人，中级165人，初级39人，合计289人。

乙、职员：教职员40人，医师2人，护士4人，合计46人。

丙、工人：校工12人，医院工人2人，木匠3人，农场工人18人，合计35人。

以上总计370人，其中教徒占99%。

学生几乎全部是教徒子女，由各地教会保送来的，大部分是工读生。

所学课程内容，均以圣经为主，即使在初级部年幼小学生，也得读圣经。

工人工资较低，尤其是雇佣的短工，解放前每人每天工资2升米（不管饭）；解放后每人每天1升多米；现为人民币4000元（不管饭）。对于长工，不问信教与否，每人每月工资中硬性规定要扣除1/10作会费（解放后听便）；而且，在解放前，未婚者打八折支付，已婚者打九折支付，水电房钱，则按月扣工资的8%。每逢安息日的上午，须参加讲道聚会（不问信教与否），到会者均须“自愿”捐献。此外，小孩子在教会学校内读书的，每逢安息日亦须参加聚会，不然要被歧视或被扣分数，到会亦要捐献。

五、附属部门

该社附有农场部、铁工部、木工部、手工部、家事部和医院等部门，兹分述于下。

甲、农场部：该社全部土地中除屋基及运动场外，全部属农场部使用。在抗战前，主要种植草莓、蔬菜，山地上种植果树；抗战胜利后，以种植小麦、绿豆、黄豆等普通作物为主；今年种了20亩水稻，另有10亩左右种植蔬菜。山地上原来种植的果树，在抗战期中全被毁光，故现大部荒芜，种植的松树，尚未成长。另有一畜牧部，有奶牛13头，鸡100余只，牛奶、鸡及鸡蛋等不出卖，专供教职员及学生饮食。

农场共有工人18人。设备方面有耕牛3头，马1匹和普通农具等。过去有1架拖拉机已搬到香港，现社方虽有1架开山机可拖犁耙，但迄未使用。在解放前收割时，常雇进大批临时工（最多一次雇200至300工）；目前则很少雇用，由农业组学生（40余人）参加工作。

据社方负责人谈，农场生产，不及一般农民，全年收入（稻、麦及豆等计算），只能维持农场内职工薪水的三五个月，其余需社方补助。而据工人马魁谈，可维持十个月左右。农场工人不但在田里做，还要帮做社内如筑路等其他工作。

乙、铁工部：在抗战前铁工厂规模较大，那时主要是制造铁床、铁椅等到南京一带销售；抗战期间被毁。目前设备很简单，规模很小，仅替内部做些电焊及修理铁床等工作，没有工友，只有技术员一人，余均为铁工组学生轮流参加工作。

丙、木工部：专门替内部修理制造一些木作使用，雇有长年木工3人。

丁、手工部：有工房一座，约三四间，预备女生摇纱、纺线等实习工作之用，现尚未开工。

戊、家事部：系学生实习缝纫、烹饪等家事杂物之用。

己、医院：名“桥头镇卫生疗养院”，系一以营业为目的的医院。内有医生2人，护士4人，工人3人，合计9人。医药及设备较全，有X光、电疗及太阳灯等。

六、与群众关系

该社与外界往来，仅限于当地地主、士绅和教徒等，对农民则极少发生关系。某农民说：“我们不信教的老百姓，他们很歧视，甚至连短工都不愿意叫我们去做。”当地土地原即很少，自从被社方大量收买后，农民更感缺乏。该社土地全部用铁丝网围起来，连农民池塘和从前的牧场都围在里面，农民要用水，需先向社方报告后方准入内，但是牧牛就不准进去。因此，群众对社方非常不满。

苏南农林水利局

1950年11月

第八部分　苏南农村桑蚕棉产调查

苏南蚕桑情况调查

一、概况

苏南农民进行蚕桑副业的历史已很久。于清末开始发展，1921 年—1937 年间为最盛时期，桑田最多时达 118 万亩，年产丝 5 万至 8 万担。抗战期间因敌伪控制，蚕丝不能出口，丝价惨跌，蚕桑生产大为衰落，产量减低 2/3，桑树亦大量被砍伐。胜利后国民党反动派统治时期，由于美帝经济侵略，蚕丝业每况愈下。到 1949 年止，桑田减少到 60 万亩（占总耕地面积的 2.5％），其分布的情况如下：无锡 25 万亩，吴江 10 万亩，吴县、武进、宜兴、溧阳各 5 万亩，其他各县共约 5 万亩。

在 1921 年前，蚕农所用的蚕种全是"土种"，1927 年起，私人制种场渐有设置，蚕农才逐渐采用"改良蚕种"。至 1937 年，公私种场已达百十余所，蚕农全部采用"改良蚕种"，"土种"近于绝迹。当时每年所产蚕种，最多时达 300 万张左右。抗战期间制种业也跟着衰落，胜利后每年制种不过一百二三十万张，而春、秋两季的销量则仅百万张。因为销量减少，故制种场倒闭了十多家。现在将其具体情况，分述于后。

二、蚕种场情况

甲、数目

苏南现有制种场共 92 家，其中公营场 10 家；私营场 82 家。私营场的分布，计无锡 27 家，吴县 20 家，吴江 4 家，镇江 8 家，宜兴 9 家，武进 8 家，江阴 4 家，昆山 1 家，常熟 1 家（其中有的场有分场共 101 家）。

乙、蚕种场土地的占有与使用

（一）全苏南 92 家种场，其中土地全部自有者 29 家，占有土地3380.44亩。自有兼租进者 61 家，自有土地2407.78亩，租进土地2044.6亩。全部租进土地者 2 家，租田 90 亩。以上共占有田5788.22亩，租田2134.6亩，共使用土地7922.82亩，占全苏南总桑田 60 万亩的1.3％。

（二）种场土地一般是 80％以上用于植桑供制种需要，部分土地种植其他农作物，如大生场有37.06亩，舜耕场有18亩，永生场10亩，用来种稻麦等作物。此种土地一般最多者占种场使用土地的1/3，少者1/6至1/5。种场一般出租土地者很少，据现有材料公营苏州蚕桑试验场（西场）出租土地186.84亩，占其占有土地的1/6。

（三）种场土地因主要是种植桑树，大部系高田，其中又大部原系荒地、坟田、河边、高地等一般不适种稻的土地，因而卖价、租价也比较便宜。

丙、经营情况

（一）蚕种场的组成形式与资本：

在私营蚕种场中有独资、合股、有限公司等组织形式，资本最多者有13 123石米，一般的700石米至2000石米，最少者仅100石米。在集股而成的农场中，部分股东有以土地投资的。公营10家资本较少，最多者770石，一般的500石，最少200石。

（二）设备方面：

一般的蚕种场都有必要的新式装备：如显微镜、解剖器、乳钵、喷雾器、消毒器、温湿计、接物镜、接目镜、冷库、低温室等，另有蚕室、贮桑室及其他养蚕制种之普通设备。

（三）场中技术条件与员工情况：

场中人员最多的有45人，一般的有10至20人，最少也有3人的，这些人员中分场长（经理）、工人与技术人员。场长多半为商人及在蚕桑专科职业学校学习过的知识分子，技术人员大部分为蚕桑专科学生，或蚕业专修班之学生，服务年数一般是三到五年，多者十到十五年，待遇较普通工人高一倍以上，每月薪水最多有三五石米，最少者2石米。

工人分长工、短工两种，长工最多的场达30人，一般十几个人，最少者三五人，每月工资最高1.27石米，最低者四五斗米。短工的雇佣是季节性的，分春、秋两季，每年雇用时间为三到五个月，每场雇短工人数较长工多1倍到2倍，工资一般是2升到3升米一天，女工工资略低，一般的每天1.5升到2.5升。

（四）蚕种产量、价格与利润：

一般制种场，过去每场最多年产4万到5万张蚕种，抗日战争爆发后，由于蚕丝业不振而大为减少，目前一般仅产1万到2万张。

每张蚕种价格约8升到1斗米，每张工本需7升到9升米，每张种可获得利润1升米左右，少者约半升米。

三、桑田情况

甲、桑田占有与使用情况

（一）租佃情况：桑田的培植，需要有较多的肥料与劳力，而且，需较长的时间，所以佃户佃入土地来植桑的一般都很少。因此桑田的租佃关系较一般田地为少。例如吴江四个区的统计，2193户共有桑田2499亩，内佃入者仅226亩，占总数的9%。吴江震泽区八都乡后港村共有桑田185.2亩，出租桑田41.25亩，占总桑田数的22.3%。又如无锡县荡口区北延乡八、

九、十、十二共4个区保统计，共有桑田1379.16亩，出租443.33亩，占总数的32.1%，内地主出租者388.92亩，占总桑田数的28.2%，占出租桑田的87.7%。从以上情况看，吴江桑田出租，一般相当于桑田总数的1/5左右。无锡桑田出租数较多，但也不过总田亩30%。租额与普通土地相当，近几年由于丝价下跌，租额有的略低于稻田。

（二）桑田在总田亩数中的比例，根据桑田较多的地区调查，约占总田亩的1/6到1/5，例如可代表吴江县一般情况的后港村，该村有桑田185.12亩，占总田亩18.8%。无锡5个区的统计，桑田最多者占总田亩41%，一般的是15%到20%，最少的是1%。

乙、桑田的土质与分布情况

桑田多是开垦之荒地及不适宜种植稻谷的旱田、高地。其分布情形，极为分散，例如太湖边吴县等地区，桑田多在鱼池边，据东山区调查，1万亩桑田分布在5000多个鱼池边上，因靠鱼池边之田地，不宜种稻，但种桑产量较高，反比种稻收益大。

丙、桑叶产量与蚕农收益情况

（一）桑田产量：因各地区土质和施肥情况不同，因此产叶量也各有差别。一般的每亩产春叶5担，秋叶1担，有的全年可产10到15担，最少的每年每亩可产叶5担左右。

（二）蚕农收益情况：兹以一张蚕种计算，其支出为：蚕种1张，合米1斗，需桑叶700斤，合米7斗，人工25工，每工以2升米计，合米5斗，其他杂支，折米1斗，共需工本1.4石米，如每张蚕种可收30—40斤鲜茧，每担茧价以4石米计算，可售米1.2到1.6石，照以上计算，如每张蚕种收茧40斤，则可获利2斗米，如收茧30斤，则不但无利，且亏2斗米。不过桑叶多是农民自植的，而且育蚕工作多是妇女来承担，因此桑叶与人工两项费用，可无需支出，这样养育一张蚕种，可有7斗到1石米的收入。一般蚕桑兴盛的地区，蚕农每户大致养蚕种3—5张，可有2—5石米的收入，相当于2—5亩稻田的纯收益，同时蚕茧登场，亦正是农民口粮缺乏和农忙开始的季节，故农民往往以此项收入作为春季生活资料与生产资料之主要来源。

四、茧及生丝的生产数量和销售情况

甲、干茧产量

苏南各县的干茧产量，1948年和1949年的情况如下表所载：

干茧产量表

县别	1948年产(担)	1949年产(担)
无锡	33 650.84	23 882.14
吴县	4185.69	5937.20
吴江	2310.85	3085.01

续表

县别	1948年产(担)	1949年产(担)
溧阳	6784.34	5015.00
丹阳	982.03	893.79
扬中	449.03	167.62
江阴	2232.46	1746.80
常熟	454.01	—
宜兴	5278.21	3582.27
武进	7465.96	5266.22
金坛	442.94	438.22
镇江	11.60	—
其他	160.74	—
合计	64 408.70	50 014.27

乙、生丝数量及销售情况

生丝分土丝和厂丝两种，土丝是农民用木车自缫的，厂丝是由炼丝厂所缫。苏南共有缫丝厂90多家，除3家在苏州外，其余多集中于无锡一地。这些缫丝厂共拥有座缫车6554部，复缫车3869部，立缫车402部。其历年的产额如下：

年份	1938年	1939年	1940年	1946年	1947年	1948年	1949年
鲜茧(关担)	311 220	378 800	345 100	130 369	156 240	171 360	142 520
丝量(关担)	22 230	28 200	24 650	9312	11 160	12 240	10 180

注:每关担为1.2096市担。

苏南的生丝约90%都由上海出口，价格方面，全视外汇之高低而定。1949年由于海口被美帝及国民党反动派封锁，出口困难，每担生丝仅合米25石至30石，而实际成本应在80石米左右。当时私营厂家，在收茧时硬压价格，每担鲜茧仅给价1石米左右，而蚕农成本则在3石米以上。在这样情况下，人民政府为了维持和发展农村副业生产，不使农民遭受损失，不顾蚀本（中蚕公司材料：1949年亏米50万石左右），以每担鲜茧3石至4石米之价格全部予以收购。

苏南人民行政公署

1950年7月5日

吴江县蚕桑情况调查

一、概况

该县共有 10 个区，一个直属镇，耕地总面积为1 121 115亩，内旱地77 314亩。旱地中桑田有 74405 亩，占旱地的96.24%，占耕地总面积的6.64%。这些桑田，大部分布于该县的南部 4 个区——震泽、严墓、大庙和坛丘，约占全县桑田总数的 90%左右。全县养蚕的有 7 个区，共有养蚕户40 190户，而这 4 个区的养蚕户，即占总数的 90%左右。以每户平均能养蚕种二三张计算，全县约可养95 000张。每张平均产茧 35 斤计算，共可产3 325 000斤。

各区养蚕户数见下表：

各区养蚕户数统计表

区别	震泽区	严墓区	大庙区	壇丘区	盛泽区	平望区	城厢区	合计
全区户数	13 789	11 927	14 573	10 145	11 688	8686	11 796	82 604
养蚕户数	9951	9676	10 062	5592	1529	2800	580	40 190
占全区户数百分比	72.17	81.13	69.05	55.12	13.08	32.24	4.92	48.65

二、桑田占有及使用情况

桑田大多是自有的，租佃关系很少，据震泽、严墓、大庙和坛丘 4 个区不完全的统计：自有桑田户在 5 亩以上至 10 亩的有 126 户，在 5 亩以下的有 2367 户；租入桑田户 5 亩以下的有 224 户，在 5 亩以上 10 亩以下的仅 2 户。桑田租额与水田相同。

全县桑田所产桑叶是不够所需要数量的。据估计约有 90%以上的养蚕户，都要买叶来养蚕，一般买叶的数量要占所需桑叶的 40%左右……（震泽、大庙两区蚕农到太湖东山湖滨一带买叶；严墓区养蚕农到浙江乌镇一带买叶）。而且群众认为卖桑叶是耻辱，即植有桑树，就应该养蚕，因而卖桑叶户很少，不过百分之一二。

桑田中还可以种蔬菜和豆类，借以解决春荒。据调查：每亩桑田种菜，从十月到翌年的正月，可得 50 担左右；如种豆，至五月即可收。

三、蚕桑对农民的关系

在 4 个区的调查中，农民会反映："这里不论穷富，多少有点桑田的。宁愿把家里的东西一切卖掉，不愿卖掉桑田。"由此可见农民对桑田的重视了。蚕桑的收入很大，一般年成每户的收入，占全年总收入的 40%左右。一般蚕农，全年生活，7 个月靠稻田收入，其余 5 个月就全靠蚕桑收入。例如严墓区农民盛友鹤家，共5个人，种稻田5.5亩，桑田1亩，每年养蚕种3张，自己桑叶好的话，可以养2张，一般的养1张多，其余需购进桑叶。全年可产茧100斤左右，在抗战前，可换米10石，1948年可换米6石，在1949年仅换米2石。该户每年五、六、七、八4个月就靠蚕茧收入来维持生活。

四、制种场情形

全县共有制种场4所：一是“友声”，牌号“五星”。二是“永康”，牌号“双龙”。三是“宜兴”，牌号“将军”。四是“天元”，牌号“龙虎”。四个场的规模相仿，“友声”“天元”二场有桑田30亩左右，“永康”有桑田15亩，“宜兴”没有桑田。每场约有女工20人、男工10人、职员2至3人（1948年情况）。女工每月工资最高为9斗米，最低为5斗，男工每月在1石2斗左右，都是供饭的。每场春熟产蚕种约8000张，秋熟产3000张左右，每张需成本6升米。

吴江县农民协会

1950年3月

吴江县六都乡后港村桑田调查

一、基本情况

甲、该村共有110户，460人（内男245人、女215人），分布在后巷、前巷、环桥、竹园头、秀才浜、旗杆下、倪家湾、中段、西姚和皇家门10个自然村内。

乙、土地共有983.26亩，内自耕田565.58亩，占总土地的57.52%。土地一般不种小麦，都是一熟田。

丙、该村耕牛极少，除个别外籍户养牛外，本村人不养牛。全村有船43只，有羊144头。

丁、该村群众以养蚕为主要副业。据调查，养蚕历史已有百年以上。每家都有养蚕工具，养蚕经验也很丰富，特别是近四五年来，养蚕事业益见发展。

二、土地情况

甲、全村土地983.26亩中，稻田为798.13亩，占总土地的81.17%；桑田为185.13亩，占总土地的18.83%。单以后港（自然村）统计，全村土地214.425亩中，稻田为168.215亩，占总土地的78.45%；桑田为46.21亩，占总土地的21.55%。

乙、全村桑田185.13亩中，自耕桑田为134.7亩，占总桑田的72.76%；租自地主的桑田为41.25亩，占总桑田的22.28%；租自农民内部的桑田为9.18亩，占总桑田的4.96%。农民占有

（农民自耕加出租的桑田）的桑田占桑田总数的77.72％，地主占有的桑田则占22.28％。

丙、桑田和稻田毗连交错，一般没有整块的，都是零星散布在稻田的田边、田埂上。如贫农皇甫胜祥有自田6亩4分，内桑田8分，分布在3块稻田间；佃田6亩，内桑田1亩1分，分布在4块稻田间；另有自耕桑田2处，记1亩3分，毗连于别的稻田旁；又屋基3分半，共计种田13亩7分，内桑田3亩2分（屋基除外）。

丁、稻田与桑田的赋额、租额完全一样。仅有个别农民内部出租的桑田，租额略高一点。

三、生产情况

甲、每亩桑田好年成一般可产叶20担，能饲4张蚕种，每张最低能产鲜茧30多斤，4张种可收茧150斤左右。如按今年政府公布茧价每担鲜茧售米3石5斗计算，则可收米5石2斗5升。其次，每亩桑田尚可出大头菜20坛，目前大头菜销路不畅，每坛可售米2斗3升左右，合计可售米4石6斗。两种收入共可得米9石8斗5升。故一亩桑田，可抵稻田3亩以至4亩的收入（该村上等稻田，好年可产米2石半至3石）。惟桑田成本略高于稻田。

乙、1948年，全村收入米2267.655石。其中稻谷收入为1307.07石米，占总收入的57.64％；蚕桑收入为700.235石米，占总收入的30.88％；大头菜收入为260.35石米，占总收入的11.48％。由此可知，农民生活的主要来源为稻谷，其次为桑蚕。

吴江县农筹会

1950年7月

吴江县震泽、严墓蚕桑调查

一、一般概况

吴江为江苏著名的养蚕区，往年最高养蚕种达10万张，其中震泽、严墓两地所需蚕种，即占80％；城区附近、八坼、盛泽、平望等区，仅占20％。震、严两区共有桑田13 000余亩（震泽区桑田9046亩；严墓区桑田4018亩），可产桑叶580余万担（桑叶价每百斤约合米1斗）。近年（指解放前），因丝茧销路不畅，农民养蚕兴趣减低，因此蚕桑业已不如以往那样兴盛。

养蚕是震、严两区农民主要的副业，对该区商业及农民生活，有很大影响。该地农民都养蚕以弥补农业收入之不足。在收茧后，很少有人出售鲜茧，大都是把它抽缫成丝出售，换回一部分食粮，以防荒灾；同时购买肥料，用于稻田，如此非但增加了农业产量，而且也促进了工商业的发展。

二、震泽、严墓的蚕桑

甲、过去及现在的一般情形

震、严两区农民，过去大都只饲养春蚕，1948 年起才开始饲养秋蚕，但因这两区秋季桑树多虫，桑叶大部被昆虫吃掉，因此育秋蚕者仍很少。

在 1931 年至 1937 年是养蚕的旺盛时期，那时每张种的盈利在 5 斗米以上，因此有些人家甚至把稻田都翻成桑田；但自抗日战争爆发，灾祸迭起，蚕业一落千丈，有些桑树都砍伐当柴卖，至抗日战争结束，养蚕业又为大家注意了。在 1947 年全县共养蚕 7 万张，震、严两区约养 5 万张；1948 年全县养蚕 9 万张，震、严两区约养 6 万张。

乙、蚕业情形

（一）蚕种的种类及饲养张数：

震、严两区采用的蚕种，以梅花、寿星、壬戌馆、老虎及飞虎牌等为最普遍。平均每家养种 3 至 5 张，最多达 40 张。

（二）产丝量及需要的桑叶量：

每张蚕种最高能产鲜茧 50 市斤，平均每张产茧 30 市斤，最少十几斤。每张种约需桑叶 700 市斤，人工 25 个。

（三）饲养时期及一般情况：

春蚕大都在四月间饲养，秋蚕在七月间饲养，自收蚁至采茧为期一个月。

在震、严乡间，流行着一种集体育蚕方法。即由震泽合作社办事处及大有蚕种制造场办事处，派员下乡组织养蚕小组，每 20 户为一组，1 个指导员能管理 3 至 4 个小组，自催青至三龄，这 20 户的蚕都放在一起，由指导员来指导管理，共同给叶，共同饲养。催青是一件很重要的事情，其主要的优点是能使蚕蚁出得整齐，不受冷热的影响。三龄后，由农民拿回家中自育，直至采茧。

震泽区之大有蚕种制造场和合作社有催青设备，合作社能催青蚕种 2 万张，大有蚕种制造场能催青蚕种 3 万张。严墓区亦能催青 2 万张。

每张蚕种约合大米 1 斗到 1 斗 2 升，催青费每张约合大米 1 合半。

三、震泽、严墓的丝、茧

甲、丝、茧价格

鲜茧普通每担合大米 4 石。土丝每担合大米最高价 40 石，最低价 30 石，土丝的最高价有时会和厂丝相等，但若销路遇阻时，两者就可能相差 5 至 10 石米。

乙、丝的种类

（一）土丝：系农民用木车自己抽缫而成。
（二）纺丝：以土丝再加以纺摇，便成纺经。
（三）厂丝：用鲜茧烘成干茧后再委托丝厂抽缫，即成厂丝（烘干仅试办过 2 次）。

丙、产销情形

（一）生产情形：在抗日战争以前，两区丝的最高产量每年达 5 万担，鲜茧 210 万担。但由于历年的天灾战祸，近年来产量大为减少，1948 年产丝 4 万担，鲜茧 180 万担；而今年（1949 年）仅产丝28 000担，鲜茧 120 万担。

（二）运销情形：农民所抽的土丝，多直接售于震泽的土丝行（震泽全区有土丝行 14 家），再由土丝行售于纺经行（亦算加工整理场，全区有纺经行 12 家），由纺经行加以纺摇，便成纺经，即可销至上海、杭州、苏州等地。但严墓所产的丝大部售于盛泽各织绸厂家。

丁、抽缫情形

通常 1 斤鲜茧缫丝2.13两，最高为2.47两，最低为1.75两，农民均采用木车自缫。平均每张蚕种所结的茧，如缫成丝时约需 3 个人工。

戊、烘茧设备情形

大有蚕种制造场震泽办事处有烘茧的双灶 6 付，合作社有双灶 7 付，严墓有双灶 10 付；开弦乡有双灶 3 付，每付能烘干茧 50 斤。按一般标准每 420 斤鲜茧可烘干茧 100 斤。

己、成本及获利计算

（一）蚕种 1 张——需大米 1 斗。
桑叶 700 市斤——需大米 7 斗。
其他——需大米 1 斗。
合计——需大米 9 斗。

（二）每张蚕种普通能产茧 30 斤，若每担鲜茧以 4 石大米计算，则 30 斤鲜茧能得大米 1 石 2 斗，即可能获利 3 斗，如养户有桑叶，获利可更多。

1950 年 2 月 20 日调查

太湖东山蚕桑情况调查

一、蚕桑分布概况

该地桑田约有1万亩以上，多数分布在5000多个鱼池的周围，其中以渡桥、新潦和杨湾等乡为最多。以7个乡（镇）统计，目前共有养蚕户1666户，养蚕种5248张。7个乡（镇）桑田共计5585.63亩，平均每张蚕种可摊桑田1.06亩，故桑叶已足够需要。蚕种往年是各人零购，今年由小组长集体购买。在5248张蚕种中，3427张是农民去年已经定好的，每张付款计米1斗2升，1676.7张为政府今年所贷，144.3张为农民现购。

东山区七个乡、镇桑田分布统计表

乡别	养蚕户数	养蚕张数			桑田亩数	每张种平均可摊亩数
		去年	今年	合计		
东山镇	57	88	38	126	125.24	0.99
湖湾乡	53	26	55	81	109.30	1.35
涧桥乡	235	412	311	723	552.87	0.76
渡桥乡	568	1535	551	2086	2195.11	1.05
新潦乡	435	1366	344	1710	1803.83	1.05
杨湾镇	267	—	443	443	696.51	1.57
石山乡	51	—	79	79	102.77	1.30
总计	1666	3427	1821	5248	5585.63	1.06

二、桑田占有及使用情况

由于桑田多分布在鱼池的周围，与鱼池有密切的关系，而鱼池大多为富农及中农占有与使用，故桑田大部分亦为富农及中农占有与使用。兹将6户典型调查列表于下：

东山区六户蚕农占有及使用鱼池、桑田统计表

成份			富农	中农	贫农	总计
户数			2	2	2	6
人口			19	11	12	42
占有亩数	自耕	鱼池	73.5	20	2.5	96
		桑田	24	8	0.5	32.5
	出租	鱼池	29.6	0	0	29.6
		桑田	6	0	0	6
	合计	鱼池	103.1	20	2.5	125.6
		桑田	30	8	0.5	38.5
每人平均占有亩数		鱼池	5.43	1.82	0.21	2.99
		桑田	1.58	0.73	0.04	0.92
租进亩数		鱼池	0	0	9.73	9.73
		桑田	0	0	4.5	4.5
使用亩数		鱼池	73.5	20	12.23	105.73
		桑田	24	8	5	37
每人平均使用亩数		鱼池	3.87	1.82	1.02	2.52
		桑田	1.26	0.73	0.42	0.88

三、桑的种植和使用情况

桑的种植地方一般分为两种：一种是在鱼池旁边，一种是在桑田里。据群众反映：鱼池边的桑比桑田里的桑出产多，因池边肥料多，而且水分温度适当，故叶厚，油汁多，分量重。

由于该地农民不是以种田为主，而是以养鱼为主，因此，不一定出产多少桑叶，就养多少蚕，还必须靠出卖一部分叶的收入，换取其他生产资料与养蚕资金。例如农民濮白清，今年出产 100 担叶，在二月初预售 30 担，得米 2 石 4 斗，买了鱼秧；在三四月又出售 10 担，得米八斗，买了些养蚕工具。另外房子大小，也与养蚕多少有关。故一般蚕农，能以产叶量的 50%至 60%左右自用，就算养蚕不少了。

以产叶量最高的 1943 年计算，全年出产的 20 万担桑叶中，自用 12 万担，占总产量的 60%，出卖 8 万担，占总产量的 40%。一般销路，以运往太湖以南的盛泽、南浔一带为最多，约占销出数的 50%以上。1949 年产叶总产量 10 万担，销于该地的仍有 1 万多担。今年可产叶 5 万担，自用 3 万担，可卖出 2 万担。

桑叶出卖有三种形式：一种是通过桑行出卖，约占销出数的 35%以上；一种是买户与卖户直接接洽订购，约占销出数的 50%；另一种是乡与乡、村与村之间的农民有剩余的和缺乏的相互帮助或购买，约占销出数的15%。这三种形式的买卖双方，绝大部分是相互熟悉的老主顾。

四、桑行情况

桑行在1940年最多，在该区共设有23家。今年营业的仅4家。它的作用在于能及时的沟通供求，保证蚕食和桑叶的出路。经营时间一年不过15天至20天，一个行最多的可经手2000担叶。向农民采购有两种形式：一种是预购，价格比市价稍低些，但必须保证全部按时交货；一种是现购，有时为应顾客急需，桑行提高桑价，致贫苦养蚕户发生丢蚕卖叶的情况。

桑行不需要资本，特重信用，开行与利润均系扣行佣得来，在解放前，行佣是向卖户与买户双方扣的（各拿一份）；解放后，单向买户拿一份。一般每年经手千担左右的桑行，除工资外（一年20天，雇3人，以能力强弱给工资7斗或1石），可获利10石至15石米（以1949年计算）。而且，向桑行购叶，得预先付款，故桑行可整批拿进，零碎付出。因此，当解放前通货膨胀的时候，往往还可利用这笔款子，赚得许多利润。

苏州地委调研室

1950年5月

吴县大有第一蚕种场调查

一、一般情况

吴县大有第一蚕种场位于沪宁铁路浒墅关上塘南首，1926年春由江苏省立女子蚕业学校校友费达生、张娴等集资创办。当时仅股金12 000元，后经扩股，于1929年改为股份有限公司。1931年资本增至10万元，又分设大有第四分场。至1949年底，已有固定资本大米11 740石，流动资本585石；股东97人，内直接经营蚕业的54人，有股本246股；经营丝业的10人，有股份240股；其他经营医业、保险及服务教育界的股东共33人，占有股本514股。该场经理原为邵申培，系浙江省蚕业学校毕业；现任经理为邵柏苏，原任大有总厂经理。该场出品之老虎牌蚕种，品质较好，全年最高销路曾达7万张。抗战胜利后因茧价惨跌，蚕种销路也骤减。解放后经政府大力扶持，1950年起已趋好转。

二、桑田及房屋设备情况

甲、该场共使用桑田229.34亩，内自有150.002亩，占使用总数的65.41%；租入79.338亩，占使用总数的34.59%（其中有田面权的占租入总数的69.2%；无田面权的占租入总数的30.8%）。该场自有及有田面权之桑田，多系历年陆续购置。其中1929年至1931年内购进最多，达126.971亩；1932年后则很少购进，直至1946年抗战胜利后，又购进30亩左右。现都由场方雇工经营，栽植桑树。

种场自有土地和佃入土地中原卖主和出租业主成份统计表

项目			买进的	租进的		
				种场有田面权	种场无田面权	合计
亩数			150.002	54.956	24.382	79.338
原卖主及出租业主成份	地主	户数	1	0	0	0
		亩数	17.000	0	0	0
	工商业者	户数	3	1	1	2
		亩数	38.572	0.800	22.382	23.182
	中农	户数	5	3	0	3
		亩数	24.700	30.131	0	30.131
	贫农	户数	3	1	0	1
		亩数	6.340	2.250	0	2.250
	商人	户数	0	2	1	3
		亩数	0	4.035	2.000	6.035
	业主	户数	6	2	0	2
		亩数	63.390	17.740	0	17.740

乙、该场房屋设备较多，共有房屋102间，计蚕室4处22间；贮桑室21间（包括地下室、草舍、平房）；上簇室18间（包括检种室）；冷藏库6间（目前仅使用1间）；其他附属室35间（包括办公室、宿舍、堆积室、厨房、浴室等）。

蚕室较干燥，高度均在4至5公尺左右，宽度为4.6公尺，深度最深为9.87公尺，每间容积均在100立方公尺以上。

冷藏库原来设备亦较好，库内保温程度为华氏表38度，容冰较多，并有12匹马力机械一架。有浸酸灶，浸酸架，原料主要用阿摩尼亚。此外，尚有温度计2只，比重计11只，浸酸马表3只，有铅皮箱685只，每只可容蚕种500余张，最大容量近40万张。惟1941年后因蚕种生产数量减少，该库已停用，仅拨出一间改为低温室，温度保持45度。冰源主要往苏州采购。

其他如养蚕、制种、采桑、检验等工具设备亦颇齐全。兹分别统计如下：

养蚕用具	蚕匾	3118 只
	稚蚕用网	1583 张
	梯形架	209 具
	温湿计	16 副
	壮蚕用网	5944 张
制种用具	铅圈	18 783 副
	制种架和板	1820 片
	蛾箱	36 只
检验用具	显微镜、接物镜等	3 架
	解剖器	1 具
	乳钵	3 架
	乳棒	156 个
消毒用具	喷雾器	3 副
	消毒缸	1 座
贮桑用具	大小采桑篮	261 只
其他用具	船	2 只
	铁耙、刮子、切桑刀板等	共 172 件

三、经营情况

甲、该种场主要依靠雇工进行养蚕、制种。桑田为该场财产的一部分，专供栽桑作养蚕饲料之用。

乙、蚕种的成本，据 1949 年统计：春秋二期共制蚕种15 895张，合计成本1434.04石米（内包括饲桑 1358 担，每担需米 3 斗 1 升余，共需米420石左右，其余为劳力加工、推广、折旧等费），平均每张合成本9.02升（制成一张蚕种要吃 8 斤半叶，合米2.65升，约占成本的30％弱）。

丙、蚕种的出产量根据销路盛衰决定。该场自成立以来，以 1940 年和 1941 年两年销路最好。1940 年春秋两季共销蚕种69 568张，1941 年销58 933张。以后产量和销路逐步下降，至抗战胜利后下降尤甚。兹将胜利后历年销种情况统计如下：

大有一场抗战后蚕种销路统计表

年份			1946 年	1947 年	1948 年	1949 年
蚕种张数	春季	毛种	29 630	29 188	26 712	14 405
		净种	28 000	24 807	24 183	13 405
	秋季	毛种	9039	8668	10 914	2505
		净种	8000	7368	10 283	2490
合计		毛种张数	38 669	37 856	37 626	16 910
		净种张数	36 000	32 175	34 466	15 895
形式			框	框	平框	平散

注:1946 年春、秋两季净种数均为约数。

产品推销地区主要是太湖东南地区，如吴江之震泽、严墓等镇，浙江吴兴之南浔、双林、桐乡、乌镇等地及吴县之光福、善人乡一带。其次无锡、杭州、武进等地，亦曾盛销一时。惟1935 年至 1936 年所出品之华六品种因粒子太稀，收茧量少，以致影响蚕农信仰，后改用华七品种，才将信誉扭转过来。抗战期内又因过分着重茧质丝量，以致因茧质较弱而一度重遭失败。旋改用中日一二化交杂种，予以补救，同时积极办理推广事业，以吴江县震泽为中心，进行共催、共育、共烘等工作，指导蚕农育蚕。过去每年提出蚕种产量的 5%做为推销费，抗战胜利后更增加至 10%，想借宣传来增加销路。

蚕种出售价格，在抗战前每张约银元一二元不等。最近每张合米 1 斗左右。

四、职工情况

甲、该场雇佣员工人数，历年均略有增减。抗战前雇佣职员最多 11 人，最少 7 人，工人最多 27 人，最少 14 人。目前共有职员 11 人（内技术员 6 人，事务员 5 人），工人 20 人，大都是宜兴县籍。抗战后每年所雇职工数量的变动不大，详见下表。

大有一场员工人数变动比较表

年份	1946 年	1947 年	1948 年	1949 年	1950 年
总人数	34	35	40	30	31
职员	10	9	11	10	11
工友	24	26	29	20	20

乙、在组织管理方面：行政上主要由总经理负责；技术上由技师负责，下设主任技术员、技术员等。技术人员主要是计划和执行关于养蚕制种上的一切工作，如蚕室、蚕具之消毒，各龄迟眠、蚕簇中毙蚕、苗蛾等检查，及养蚕工作的技术指导等。在养蚕工作期外，关于蚕种保护、催青、捻种、浸酸、挖补等工作，由大有总厂技术室集中管理。桑场管理员之工作主要是培桑、施肥、除草、预算和购买桑叶、用具的修理以及其他行政管理工作。该场技术人员，大都毕业于大有讲习班，一般均有四五年工作经验，技术上较熟练，但技术改进较少。

丙、职工待遇：解放前以货币计算，1940年最高200元，最低30元。1941年至1942年变动不大，以后因货币贬值，薪额逐年增加。如1946年最高薪额为81 000元，1947年就增至58万元，但实际上还买不到2石米。

在雇工方面，有长工、忙工（月工）、日工之别。日工中又分为计时工和计件工两种：计时工即捉熟茧工；计件工包括剥茧、监雌雄、剖茧、摘山簇等工作。目前男女工月薪最低0.45石，最高1.3石。养蚕日工每日最低2.2升，最高2.8升（以上均供膳宿）。临时短工每日1升米（不供膳）。该场雇用短工数，蚕场较桑场为多。据1948年统计，该场在生产过程中，共雇蚕场工7487个，桑场工7365个（桑场工每天工作8－9小时）。工人多半为来自农村的贫、雇农。

苏南人民公署蚕管局

1950年4月

无锡县制种场调查

一、一般概况

太湖流域素以蚕业驰名，无锡则更为发达，当地有"蚕业农，一年足"之谚，由此可见蚕业和农村经济关系的密切。早在1928年，该县已有小型蚕种制造厂（如兴业制种场）之创设，至1936年左右，各区先后创办约有20余家，其经营范围，逐渐扩大，设备亦渐趋完善。根据抗战前国民党反动政府统计，全县桑田约有14万余亩。1946和1947的两年，产茧量在5 449 952市斤。所需蚕种，均赖本县各制种场供给。目前无锡共有制种场23家，占苏南制种场总数95家的24.2%。其分布地区，以梅村区为最多，且规模较大。供应蚕种范围除本县各区、乡外，还运销至浙江湖州和本省的江阴、常州、宜兴、溧阳等地。如梅村区坊前乡"永生育蚕制种场"，1938年春季共产蚕种15 000张，其中60%销于本县各乡镇，其余40%，即由贩客或场方派专人负责运销至常州、宜兴等地。

该县制种场多数为由地主转化来的工商业家所经营，设备方面因资金的多寡而各有不同。如新渎区"舜耕制种场"，创办于1928年，至1936年又加扩充，设备计有房屋99间，干湿器7架，剖解器2副。而开原区的"丰年制种场"，仅有房屋4间，设备亦很简陋。

各制种场所有土地中，以桑田最多。根据目前调查所得的15个制种场的材料统计：在513亩使用土地中，桑田有402.8亩，占78.5%。"舜耕制种场"自耕桑田有23亩，又租进桑田27亩，合计50亩；最盛时，一季可产桑叶500担，能供给一季蚕吃。而"丰年制种场"自耕桑田仅4亩，每当养蚕之际，经常要买桑叶300担以供蚕食。

15个制种场占有土地情况如下：

无锡十五个制种场土地统计表

组织形式			合股	独资	总计
场数			4	11	15
场地面积	占有	基地	0	43.00	43.00
		桑田	65.10	149.40	214.50
		水田	230.00	52.20	282.20
	入租	桑田	84.00	104.30	188.30
		水田	0	7.00	7.00
	出租	桑田	0	0	0
		水田	210.00	12.00	222.00
	使用土地		169.10	343.90	513.00

无锡十五个制种场制种数量及设备情况表

组织形式		合股	独资	总计
场数		4	11	15 个
每年制种	春种	36 067	75 062	111 129 张
	秋种	27 341	57 034	84 375 张
	合计	63 408	132 096	195 504 张
设备	蚕匾	3500	13 500	17 000 只
	蚕网	4180	—	4180 只
	干湿器	—	35	35 副
	给桑架	15 000	3305	18 305 副
	铅圈	3000	41 000	44 000 副
	制种板	—	6500	6500 块
	制种架	—	200	200 副
	显微镜	1	8	9 架
	冰屋	1	4	5 间
	蚕架	150	610	760 副
资本金额	流动	32 900 元 520 石米	1 202 100 元 5990 石米	1 235 000 元 6510 石米
	固定	—	55 000 元 500 石米	55 000 元 500 石米

续表

组织形式		合股	独资	总计
人工	长工	8	16	24 人
	短工	260	335	595 人

注:1.合股经营的为大生(现已改为独资)、翼农、蠡桥和永言四场。
2.独资经营的为永生、舜耕、三乐、复生、如意馆、大华、经浜、兴华、永平、东新及丰年 11 场。
3.上表各场调查较完全者只有舜耕和永生两场,其余调查不够完全。
4.短工系指季候工(约 2 个月的时间)。

二、经营方法

甲、性质

分独资经营和合股经营两种：独资经营的如舜耕种场，是朱舜耕所创办（他原有 200 余亩田，因为经营制种场而出卖百余亩作资本）；永生育种场是倪宝祺的父亲所创办。合股经营的如大生蚕种场、翼农蚕种场等。

乙、生产过程

纯粹品种育蚕、作茧、出蛾、制种，由专门技术人员负责看护、防毒及治疗。制种张数多少及其成绩好坏，决定在制种时的蚕种交配（如舜耕制种场蚕子是以沄义、沄瀚、华十、华九、华八交配的）。在养蚕时蚕室里不许外人参观，而养蚕的女工在喂蚕时，还需要更衣换鞋，以免蚕儿染病。

丙、雇工

各制种场场主虽亦有个别参加场内工作的，但一般均雇有技术人员和工人。如永生制种场经常雇有职工 5 人（技术员 2 人，账房 1 人，伙夫 1 人，管理 1 人），舜耕制种场一年雇用蚕工 1 次，计男工 35 人，女工 36 人，学生 30 人（自己场内办有小学 1 所），每次 2 个月，工资平均每人每天近 2 升米。另外每年经常要雇短工三十几人，工资是每天 2 升半米，工人多为当地人。

丁、成本计算

据永生育蚕制种场材料（从场主倪宝祺处所得），1939 年春季饲育 24 两蚁，净制种15 000 张，其成本计算如下：

桑叶约 2000 担(每担 1 斗 5 升)		300 石米
工资	男工 1200 工	40 石米
	女工 2000 工	40 石米
	临时女工	30 石米
药水		200 石米
修理用具		50 石米
修理房屋		10 石米
膳食		140 石米
冷藏浸酸		40 石米
捐税		50 石米
杂支		100 石米
共计		1000 石米

其收入如下：

蚕种 15 000 张(每张米 8 升)	1200 石米
蚕茧(200 张种产茧 80 担,每担米 7 石)	560 石米
蚕种收入(藏 10 万张,每张 1 合半)	150 石米(注)
蛾茧收入(20 张种,产 8 担)	15 石米
副产品收入(如蚕渣、蚕沙等)	15 石米
共计	1940 石米

注:全县 23 家蚕种场,有 18 家之蚕种储存于该场冷藏库内。

根据舜耕制种场材料：每张蚕种价格最高售 1 斗米，可得利润四成以上；最低时 5 升米，需亏本一成至二成；一般价格在 8 升至 9 升米，利润在三成以上。又根据丰年制种场材料，解放前每张种可赚利息 1 升至 1 升半米。

戊、推销方法

（一）客贩代售：制种场的蚕种由客贩运出代售，先不付钱，待卖出后结账，若卖不掉，仍可退回制种场。客贩则以售出张数多寡，取得一定的报酬。

（二）各种定售：顾客先付若干定金向种场定货，到出卖蚕种时取货，若卖不掉，则依照所订契约办理，损失多由顾客负担。

（三）门市出售：不受中间剥削，种场直接出售，唯限于范围，数量不多。

己、其他收入

各制种场除专制蚕种外，并经营一部分农业生产。如永生育蚕制种场，有自耕田 19 亩；舜耕制种场的 18 亩稻田，能产 90 担稻，可供全年职工食用。该场在过去还养有许多牲畜，最多时养有牛 2 头，猪 60 只，羊 40 只，鹅 150 只，并种植 3 亩蔬菜，均有不少收益。

无锡县大生蚕种场调查

一、历史情况

该场位于无锡县梅村镇西首，1930 年由绸布商张进新发起合资创办。当时资本总额仅 15 000元，故房屋建筑及设备所需款项，大部系向别人临时挪借。张不熟悉种场业务，致开始经营失利，1933 年起，该场由其子伯范主持，营业渐趋好转。1936 年，又增加股金 2 万元，并在江阴青旸镇设立分场，抗日战争爆发后，分场即为日寇所焚毁。1937 年日寇来梅村镇，张伯范曾担任伪镇长约一年。1940 年，由张主持在荡口镇附近小桥头设立分场，但不久因房屋不合格而停业，专营本场，每年略有盈余。抗战胜利后，因种销不畅，时有亏蚀。同时，各股东对张之独断独行和开支浩大，表示不满，大批退股，种场租借给张伯范独资经营。租金 1948 年为 140 石米，1949 年为 100 石米。

二、土地及房屋设备情况

甲、本场和分场共占有土地37.017亩，内桑田29.728亩，占占有土地总数80.3%。共使用土地64.004亩，其中租入和借入的共26.987亩，占总使用土地的42.16%（详见下表）。每年土地收获物约计有春叶 248 担，秋叶 130 担，稻 5000 斤，麦 1000 斤。

大生制种场土地使用情况表

土地种类		自有土地	租(借)入土地	使用土地
桑田	本场	9.216	9.429	18.645
	分场	20.512	8.130	28.642
其他作物田	本场	2.117	0	2.117
	分场	3.182	5.005	8.187
场基	本场	0	4.423	4.423
	分场	1.990	0	1.990
总计	本场	11.333	13.852	25.185
	分场	25.684	13.135	38.819

乙、房屋建筑及设备方面：大生本场共有蚕室 4 处，计 19 间；贮桑室 2 处，计 9 间（每间最大贮桑量约百担）；上簇室 4 处，计 13 间；另有低温室 1 间，及其他附属室 30 间（包括办公室、贮藏室、厨房、浴室、男女宿舍等），总计 72 间。此项房屋的基地，共4.423亩，亦系向各股东所租用。工具的设备详见下表：

养蚕用具	蚕匾	2000 只
	稚蚕用网	1300 只
	梯形架	100 副
	温湿计	45 副
	壮蚕用网	2700 只
制种用具	铅圈	9000 副
	制种架	4 副
	制种板	1100 块
消毒检验用具	喷雾器	2 副
	显微镜	1 架
	乳钵	8 副
	乳棒	150 个
治桑用具	大小桑篮	80 只
	切桑板	24 块
	切桑刀	24 把
	铁耙	15 把
	锄头	15 把

三、经营情况

甲、该场制种的成本较大，原因是自有桑地少，所产桑叶尚不敷供给所产蚕种 60%的需要，故必需向外采购桑叶。

据 1949 年的统计，该场全年共产蚕种13 664张，其付出成本计：

（一）培桑费：合米231.69石，约占总成本的 19%。

（二）技术费：合米743.378石，约占总成本的60.6%（内包括薪金539.66石）。

（三）事务费：合米250.76石，约占总成本的20.4%。

共计：1225.828石，每张合成本八九升米。

乙、蚕种推销地区，开始时主要在无锡县的梅村、查桥等地，因产品不良，销路日减，乃于 1933 年另辟推广地区，在荡口、张泾桥、滨湖、陈墅、张马舍、李菊等地成立 6 个指导所，由一二人负责。分场成立后，推广业务又扩展至江阴县之青旸镇、长安桥等地，并在养蚕期内聘请地方士绅参观，利用他们进行宣传推广，销路尚好。以后产量增加，并由场内职工兼任推销员，酌给手续费鼓励推广。抗战胜利后，各指导所先后撤消，蚕种的销路方面，均依靠场内职工联络种贩，进行个别推销及门市定购，销路扩展到浙江的吴兴等地。如 1936 年至 1937 年两年中，就有 6000 余张蚕种销往浙省。该场历年销种以 1935 年至 1937 年为最好，其中 1936

年共销35 000张，1937年共销55 000张（后一年包括分场在内）；以1931年销路最差，仅5000张。抗战胜利后的销路，计1946年为25 000张，1947年18 400张，1948年18 150张，1949年13 664张。该场从创办迄今共产蚕种40余万张。

丙、桑园的生产概况：该场桑园大部集中在荡口区小桥头分场，本场仅占4/10，两场共使用桑田47.278亩（参看前表）。所植桑树均为湖桑，树龄都在10—20年之间。对桑树的培植计每年翻土、锄草各一次，肥料主要是肥田粉和人粪，肥田粉每年约施30斤左右，人粪5—10余担不等。本场全年春秋两季可收片桑约300担；分场去年收400余担，今年也可收320至350担。但两场所收仍不敷应用，故目前已预购1000担，每担1斗3升米，共需米130石。

丁、职工情况：该场共有职工16人，计技术员男2人女5人，事务员4人（包括会计1人），长工5人（内技工4人，事务工1人）。其中技术员除1人仅一年半的工作经验外，其余均已有五六年以上资历，最久的且有服务20年以上的。长工亦大都为10年以上的老工人。职员工资过去每月为2石米至3石米，目前最高为2石5斗米。工人工资则为1石米，短工工资视产量多少而定，一般每天约1升米左右。

苏南蚕管局

1950年4月

镇江专区植棉情况调查

一、棉田面积

镇江专区植棉面积较广，据1949年统计，丹阳植棉面积为50 080亩；丹徒为38 720亩；高淳为27 224亩；江宁为26 800亩；句容为18 560亩；溧水为12 000亩；扬中为6400亩，合计植棉面积为179 784亩。

二、棉田的历史演变情况

甲、植棉面积的演变

在第一次世界大战前，农民植棉的面积较多，主要是织土布供给自己需要，因那时洋布少，而且价钱贵。第一次世界大战后，中国纺织业逐渐发展起来，洋布在农村推广，价格便宜，因此农民植棉面积就比前减少了。

个别县份（如高淳）在抗战前不种棉，抗战开始后，由于纱布缺乏，洋布很贵，农民就将杂粮田改种棉花，织土布供自己应用。至1949年，已有27 000余亩棉田。

江宁县在1948年棉田面积为33 500亩；1949年春，由于战争，农民生产情绪不稳定，部分棉田改种杂粮，致棉田面积减为26 800亩，较1948年降低20%。

乙、洋棉（改良棉种）的逐渐推广

（一）江宁县在十余年前已有洋棉开始推广（那时由南京金陵大学农场作为试验性推动），但因棉农顾虑较多，推广困难，到目前为止，洋棉的种植面积还极少。

（二）丹阳县洋棉（美种柯字棉）推广较大，与土种棉（即中棉）种植面积比较如下（1949 年）：

名称	种植面积	占百分比
洋棉	16 830 亩	38.40
中棉	27 000 亩	61.60
合计	43 830 亩	100.00

注：此数字系根据丹阳棉农代表及丹阳农业推广所材料，与镇江专区生建处材料有些出入。

该县洋棉种植面积，在镇江专区 7 个县中占第一位，其原因是：由于 1946 年后，伪“棉产改进处”在此进行推广工作，并且由于改良棉种的推广使用，棉田总面积至 1949 年为止，已较 1946 年前增加 40%（1946 年前棉田面积仅占耕地总面积的 3%；1949 年已扩展至 5%）。其次，洋棉产量高，一般每亩能产 150 斤（籽花），最高能产 300 斤；而中棉一般每亩只收 70 斤，故种洋棉的收益，较种土棉和杂粮甚至较种稻要大得多，这也是造成洋棉种植面积扩大的一个主要因素。

（三）除了丹阳种植洋棉较多和江宁有少数外，其他各县农村中，绝大多数仍是采用土棉种。

三、种棉与农村经济关系

甲、该专区农民大多不把植棉作为一个主要农业收入，一般每户只种三四分棉田，较多的亦不过种 1 亩左右，主要是为了供给自己家庭需要，如做棉衣、翻棉被、纺纱做线和织土布等，纯粹为了出卖而种植的很少；大都自己用不了而出卖一部分的。因此，在植棉方面的施肥下工都不够，因而产量不高。

乙、农民将棉花换纱：在丹阳，有“丹阳纱厂”委托商人以纱换棉花（这些商人，很多为伪保长），1949 年交换的比例是：洋棉 32 斤籽花，换粗纱一包（10 磅）；洋棉 44 斤 4 两，换细纱一包（10 磅）。假如以土棉交换，籽花数量还要增加 20%。经手人从中剥削每包籽棉要收取佣金 3 斤，其换纱手续是先收了棉农的棉花，到纱厂里去换得纱后，再交给棉农。

还有常州等地纱厂，每年于收花时期，亦派人来丹阳，委托商人以纱换棉花；丹徒一部分棉农，也有来丹阳换纱的。

农民换了纱后或是自己织布用，或是以纱再向布店换布，如需要钱用的时候，就以纱卖给布店。

丙、在江宁、溧水，亦有少数收购棉花的商人，以钱收买，但出卖的不多。

丁、在高淳等县，没有商人收棉花，也无需换纱，大部分是自己织土布用，织成的土布自己用不了，就在农民间自由议价买卖或交换粮食。

四、棉量比价与工本、利润

甲、各个时期棉量的比价演变情况如下：

时间	洋棉（每斤合米）	中棉（每斤合米）
1949年11月前	3斤	2斤6两
1949年11月后	1斤半	1斤3两
目前	2斤	1斤11两

注：棉花以籽花计算。

乙、工本和收入（以每亩棉田计算）：

类别		洋棉		中棉	
		数量	折米	数量	折米
成本	种子	3斤	1升	同洋棉	
	肥料	—	5升		
	人工	15工	6斗		
	合计	—	6斗6升		
产量	籽花	150斤	3石	70斤	1石4斗
收入	除种子肥料	—	2石9斗4升	—	1石3斗4升
	除总成本	—	2石3斗4升	—	7斗4升

注：1.籽花与粮食比价以1948年计算。
2.产量系指常年产量。
3.收入项内系指纯收入，有两种计算方法：前者人工不算成本；后者人工算成本。

从上表可看出：洋棉每亩除成本（种子和肥料）能收入2石9斗4升米；而中棉只能收入1石3斗4升米。假如棉田改种黄豆（棉田大多系旱田，不能种稻），每亩产豆一担，只合1石米，故种豆不如种棉花。

但以目前棉粮比价计算，则每亩中棉产籽花70斤，值米7斗8升；种豆每亩产1担，值米8斗。而且，种豆人工较省，故种中棉较种豆收入稍为差些。不过，洋棉每亩产150斤，值米2石1斗，比种豆收入大一倍半。

苏南农筹会调研科

1950年3月

太仓县棉产概况

太仓县是产棉较多的地区，全县耕地面积83万亩，而种棉的面积却有35万多亩，几占耕地面积的一半，农村中借贷关系常以几包棉花来计算。一般年成每亩棉田可收籽花60至80斤。所产棉花除供给本县纱厂及农民自用外，余多销售苏州、常熟、上海等地，上海中纺、申新等厂，均在本县浏河、沙溪等地设立收花处，专门收购棉花。往年农历九月间，农民每80斤籽花可换1石2斗米，花价好的年份每亩棉花出产相当1亩田的稻谷，有时还超过。最盛时1937年，种棉面积曾达504 000亩，占全县耕地面积的61%。在日寇统治时期和抗战后国民党反动统治时期，由于交通阻隔，各地粮食不易运销，形成了粮贵、棉贱，尤其在国民党反动统治时期，美棉大量倾销，太仓棉花的价格被压得很低，农民在这种情况下，将土地改种其他杂粮，棉田的面积因而剧减。1947年全县棉田面积是32万亩，最低时期曾降至30万亩，比1937年种植面积减少204 000亩。这个时期棉田的单位面积产量也大为减少，原因如下：一、棉多粮少，粮贵棉贱，农民都把好地改种了杂粮，而把薄地种棉。二、常在棉田内间种其他农作物，使棉花受不到阳光，妨碍正常生长。三、棉花的病虫害很多，在太仓常见的有卷叶虫、叶跳虫、红蜘蛛、造桥虫、蚜虫等，而以卷叶虫为最常见。卷叶虫可产生缩叶病，即在生长初期将棉叶卷起，使其不能营光合作用，而逐渐枯萎或生长不茂盛。当时农民根本没法进行有效的防治。四、种棉方法是散播，不是条播，雨水一多不易排出而涝死；今年便是这样的情形。五、种子不选择，优良品种不加保存（收起了棉花都拿到轧花商那里去轧，一般的并将棉种付轧工），等到要种时再去向商人购买，而商人将好坏棉种都混在一起，甚至拣好种子拿去榨油（好种子能多榨油），坏种卖给农民。

1950年2月调查

第九部分　苏南农村副业手工业调查

川沙县毛巾业调查

川沙县农村，由于遭受帝国主义、官僚资本主义和封建势力的搜刮榨取，又因该地区地少人多，农民在农业生产上，不能解决生活问题；因此，只得纷纷投入副业生产——织毛巾，以弥补生活的不足。该县毛巾业大部集中在城区，均为小型的家庭手工工场，大多只在每年春、秋两季，进行6个月的生产。据调查：全区有1/2以上的户口从事这种副业，其收入一般约占各户总收入的45%左右。

农民因资金缺少，不能独资经营毛巾业，故只能给大厂家代织。代织户占总织户的60%以上。代织的资金，由厂方供给，如织一箱纱（40小包），可一次预支工资3石至4石米和浆纱用的面粉40斤。代织户中有7/10是代该地惠民和川沙两纱厂织的，其余系代上海厂家织的。

每部机一个月可织10小包纱，每小包纱可织20两重的毛巾6打，或18两重的毛巾7打。技术好的，每天可生产毛巾3打（普通2打）。农民从事此种副业生产所受的剥削也很重：自织的，自己不能直接拿到市上去出售，必需先由当地的大厂商收集，送到上海毛巾厂或经理处加印牌子后，才能销售，这样就受到大厂商压价收购的剥削；代织的，在领纱与交货时，要受到厂方大秤进、小秤出等种种剥削。

1950年春调查

常熟县大义区花边业情况

大义区为常熟县花边业之发源地，历史已久。从事花边业之工人，都为妇女。过去做花边的有18 500人，占全区总人口6万人的30%以上；目前继续做的只有5000余人，约占总人口的7.5%。

该区做花边的以大义、葛城、谢桥三乡为最多。大义乡会做花边的约5500户，7500人；现在做花边的约1000户，1500人，每月可产花边100至200匹（中纺竹布）。葛城乡会做花边的约3200户，4800人；现在做花边的约900户，1500人，每月可产花边100匹（中纺竹布）。谢桥乡会做花边的约4000户，5200人；现在做花边的约1000户，1500人，每月可产花边100匹（中纺竹布）。

生产过程是先由花边商将花边原料如竹布或麻布（已印好花样）及花线等分发给农户；农

户即逐日编织，完成后交给花边商，并领取工资。工资的计算一般是以花线100根，得米1升，但因手技有优劣，故工资亦略有高低。每天最快的可织花线120根，最慢可织50根。花边商将制成品，雇工洗白、熨平，加以整理后，分批送至上海出口。

花边商可分三类：一类是现货花边商，自备材料，直接发出，直接运销；一类是定货花边商，即由出口商委托发放；另一类是花边代放商，即代以上两者发放，中间剥削最多，从花边商到农户中，要经过二三层的中间剥削。

1949年冬调查

高淳县副业生产情况

一、土布

高淳县的土布为农村主要副业产品，尤其在城区以东，因地势较高，多棉田，故产量最多。农村妇女大多能纺纱织布，估计全县约有12 000多妇女从事这种副业，技术较好的居半数。平均每户有纺纱车1辆，每10户有土织布机1架。

土布可分两种：一种是自己穿的，质量较好，成本亦较大；一种是出售的，质量差，成本小，产量多，便于销售。每匹土布长3丈6尺（老尺），宽1尺6寸至1尺8寸之间；但重量不等，好的重3斤强（老秤），次的只有2斤4两。织工也不等，好的每人每天只能织1匹，次的在1匹以上（手艺纯熟的能织两匹）。重3斤的土布，需棉花3斤4两；而1斤布，可换棉花1斤2两至1斤6两。

该县土布年产量约10万匹左右，目前价格好的每斤值米7升半至8升，次的每斤值米7升。销路过去以溧水、句容、广德、郎溪、当涂等地为主，宣城、宁国、泾县等地次之；现在则以宣城、宁国、泾县、广德等地为主，当涂、溧水、句容等地次之。销售时都以换米方式进行，这主要是由于高淳农民缺乏粮食所致。

二、鱼产

高淳鱼产较丰，主要产区为固城湖与石臼湖，其次为大南湖与当涂西湖等。据不完全统计，全县共有渔民8000人，船250只，但因渔具不全，故生产量并不大。

捕鱼数量最多时期为农历十一月至十二月，每日能捕鱼100担左右，但若遇水涨时，就要减少80%；三月至八月之间无鱼；其他各月捕鱼不多，以高淳城区为例，每日最多捕鱼10担左右，少则一二担；总计全县在产鱼最多时期，每日能捕鱼约300担左右。

鱼多为鲫鱼和鲤鱼，其销路向在上海、无锡、常州、溧阳、南京等地，各地均设有“牙行”收购。经营贩卖和运输的，多系沿湖贫民，运金约需原价的八成（包括吃饭住宿），这主要是由于交通不便，故运费很大。

三、蛋产

本县产蛋不多，在三月至四月和八月至九月时，最多每日能收购1400斤（内6/10为鸭蛋）；其余各月平均每日可收购200余斤。销售地点为上海、南京、无锡等地。过去大都要经过城里蛋行转卖，现在则不少由蛋贩直接到溧阳、南京去贩卖。

1949年冬调查

吴县浒关区副业情况

吴县浒关区，位于沪宁线上，水陆交通便利，人口稠密。广大农民，在国民党反动政府及地主阶级长期的剥削和压榨下，农业收入所得不能维持最低生活；所以，除去部分群众每年外出求生外，在乡的大多数群众，都靠各种副业生产，以弥补生活的不足。该区农村主要副业有草席、草包、草绳、硬衬等，其中尤以草席、草包的制作为最普遍。东桥、望亭、长青及浒关等地农民，十之八九皆从事这些副业生产。因此副业生产在广大劳动群众的经济生活中，占了很大的比重。有些无地少地的贫苦农民，依靠副业生产收入，作为生活的主要来源。

用稻草编织草席、草包这一副业生产是在抗日战争爆发后才兴起的。1939年，日寇因麻袋来源缺乏，军用急迫，故改以草席、草包代替麻袋包扎物资，乃由“正大洋行”派员到浒关农村中广发编扣（即编织席、包的工具，是木质的），传授编织技术，勒令农民大量编织供应。那时，草席、草包每只价格约合白米2升半至3升。抗日胜利后，由于国民党反动政府的苛捐杂税搜刮榨取，农村经济更趋恶化，副业成品销路停滞，价格低落；再加蒋匪抓壮丁、要民夫，人心惶惶，生产情绪低落，因而这一副业生产的产量锐减，农民生活亦因此更加困苦。

草席的成本，约需稻草5斤，合米4合至5合（工资饭金不计在内，2人一天可打6条）；麻经草袋的成本（宽约28寸，深40寸，袋盖5寸，4根麻经，边缝50针以上，重4斤半至5斤），每个需麻8至10两，合大米8合至1升，草4斤至4斤半，合大米3合2至3合6，共合大米1升1合2至1升3合6（2个人一天打2至3条，饭金、工资不在内）。依照目前市价，草席每条可卖1升5合米左右，草包可卖2升8合米一只（连运费在内）。

草席用途很广，可用以包扎香烟、肥皂、火柴，作为木箱的代用品；又可用以包扎棉纱、布匹，以便长途运转。当前草席广销地区，有浙江湖州各地。草席销售，行商从中剥削甚大，他们从需席厂家拿到每条草席价在2升米以上，而他们收购时最高出价1升二三合，最少的只9合，经常在升米左右。此外，他们还经常借故压低价格，时收时停，并扬言即要停止收购，因此，大大影响了农民的生产情绪。

1950年2月调查

吴县光福镇副业情况

一、概况

光福镇位于吴县之西，滨太湖，多山，水陆交通极为便利。全镇分5个保，计有4318户，17 440人。土地37354亩，其中稻田18 677亩，占土地总面积50%；桑田7470亩，占土地总面积的20%；其他山地占25%。农作物以稻麦为主。副业生产以养蚕、养猪、刺绣等三种为主。

二、蚕桑业

甲、蚕桑情况

光福镇养蚕事业素称发达，在1937年以前，每户平均养蚕种3张，最多有养七八张的，以后逐渐减少，1945年平均每户只养2张，1947年至1948年又增至3张，1949年则不到2张。据东陆巷、山前头、安山村、上官山、浮上村、小村上、涧里村、西陆巷等8个自然村调查（以下简称8个村），共504户中，养蚕户有311户，占总户口62%。8个村在1937年计养909张蚕种，1949年只养501张。其逐年减少原因，主要因在敌伪及国民党反动派统治下销路不畅，茧价下落。茧价高的时候，养蚕收入占农民全部收益的50%。1940年时茧价最高，每担茧可换米10石，1944年只值3石，1946年曾恢复到10石，但1947年又跌到6石，1948年续降到4石，因此，群众养蚕情绪低降。

乙、蚕桑成本

（一）每亩桑田成本与收益比较表：

成本		收益		附注
项目	合大米(石)	项目	合大米(石)	
春期(3月)施猪粪6担(每担4升米)	0.24	春期产桑叶5担(每担2斗5升米)	1.25	1. 按标准桑地计算 2. 桑地每年的杂粮收入不计在内 3. 人工系农民自己的劳力
夏期(6月)施人粪10担(每担2升米)	0.20	秋期产桑叶1担(每担2斗5升米)	0.25	
春夏两季锄地除草施肥人工8工(每工7升米)	0.56	—	0	
田赋及其他负担	0.50	—	0	
合计	1.50	合计	1.50	

（二）每张新品蚁量平均1钱5分，1两蚁可收鲜茧220斤。每张种需饲桑叶500斤（往

年光福镇养蚕兴盛时期，本地桑叶不够，须向东山、西山、横泾等地采购；近年来养蚕很少，本地所产桑叶足够自给）。如果以养蚕 3 张计算（可收鲜茧 1 担），需要桑叶 15 担，每担桑叶价 2 斗 5 升米，计需米 3 石 7 斗 5 升，蚕种每张需米 1 斗，3 张共需米 3 斗，共计成本为 4 石 5 升米。故每担蚕茧价在 4 石米以下，即使人工不算，蚕农也要赔本。

（三）饲养人工需 24 工，但此多系农民自己的劳力，毋须雇用帮工；催青炭火费由蚕粪抵充，桑梗抵添购桑苗。

三、养猪

甲、光福镇农民以往养猪极为兴盛，乡间有谚云："种田不养猪，秀才不读书。"此足见群众对养猪副业之重视。兹将 8 个村农民养猪情况统计列表如下：

村名	户数	养猪户		养猪数			
		户数	养猪户占本村户数百分比	母猪	肉猪	幼猪	合计
东陆巷	37	31	83.78	10	27	73	110
山前头	64	49	76.56	25	49	168	242
安山村	92	50	54.35	4	53	29	86
上官山	29	21	72.41	0	29	0	29
浮山村	51	48	94.12	4	61	3	68
小村上	39	20	51.28	0	27	0	27
涧里村	78	38	48.72	2	41	13	56
西陆巷	15	7	46.67	3	4	22	29
合计	405	264	65.19	48	291	308	647

乙、过去卖小猪 100 斤（大约 5 只小猪），可换米 2 石 5 斗至 3 石不等（每只 5 斗至 6 斗）。养小猪 3 个月（以 5 只计），需饲豆饼 150 片（每片3.25斤），约值米 1 石 2 斗，除老母猪长肥不计外，可净得益 1 石 3 斗米。而且小猪出售很快，江浙两省农民均来选购，有供不应求之势。同时，养猪又可积肥垩田，对农业增产起很大作用。

四、刺绣

光福镇农家妇女，十有八九皆以刺绣为副业生产，据 8 个村调查，405 户中，刺绣者达 331 户，占总户数的81.7%。所绣者大都是被面、鞋面、戏袍之类。在最盛时期，光福镇代办商每天要发工资五六十石米，每个女工平均每天可得工资大米 5 升，一月收入可供 7 人费用，现在只可收入 7 合，勉强维持本人生活。过去绣被 1 条，可净得工资 5 斗米，一般女工起早带夜，一个月可绣成被面 4 条。

1950 年 2 月调查

无锡县张村区茭白生产情况

一、张村区靠近无锡城区，种植茭白者极为普遍。根据刘潭乡一保与十六保调查，茭白田各占该保总田亩的20%与14%；张村镇小利市约占20%。刘潭乡十五保种植户数约占总户数的29.5%。

二、茭白田无永佃权，其业主成份为地主、富农者极少，只有塘头十七保有富农3户，其余大都为中农、贫农及鳏、寡、孤、独等占有小量土地者所有，故产权比较分散，佃户多为劳动力充裕之中农、贫农。茭白田最多只能收两季茭白，第三季须重新换地耕种，原地则改种其他作物（如稻）。因茭白耗肥太多，不轮种，产量就要减少。

三、茭白田租额高低不一，有三熟租与四熟租之区别，三熟租即种茭白二期（须占去两季麦、一季稻之时间），四熟者，则收茭白后再种一季稻子。前者租额为2石米和1包麦(172.25斤)，后者须3石6斗米。在张村小利市稍轻，约2石米。

四、种植情况：选择土质肥沃，能存水，而距河较近之田，冬季先翻土、铺肥，次年春3月栽茭白秧（此秧即老茭之根分成），经培土、施肥、拉黄叶以至拔茭，第一次在八月收；收后留下老根，经施肥、拉黄叶，至翌年四五月，再收一期。

五、收获量：每亩最多栽1100墩，最少栽800墩，一般为1000墩，每墩茭白数斤。第一季产量较少，约20担至25担（市秤100斤一担）；第二期产量较多，约30担至50担。两季以每亩50担计算：过去，五月里每担茭白值1斗至3斗米，八月份则可卖2斗至6斗米，去年春季每担平均约1斗2升米，八月2斗7升米。每亩茭白折米为：春季2石4斗；秋季8石1斗，合计全年收益10石零5斗。

六、工本：施粪约200担（未种前施肥一次用粪50担，新茭70担，老茭80担），每担粪价1升半米，计米3石；种子（老茭根）6斗米；人工：翻土填墩6工，每工4升米，栽茭2工，每工4升米，拔茭及拉黄叶14工，每工6升米，共1石1斗6升；戽水费每亩5斗米，总计工本5石2斗6升米。

七、纯益：全年收益10石零5斗，除去工本5石2斗6升米，租额3石外，尚可净余2石2斗4升米。

1950年2月调查

无锡县荆福乡十二村农民副业生产情况

一、一般的家庭副业

甲、做绿豆粉

这种副业的成本较大，大约要3石绿豆才可经营，十二村有七八家从事此种副业生产的。每石绿豆可以得粉70斤左右，约值米9斗1升，而1石绿豆价则折合米9斗3升，假如每天做绿豆粉2斗的话，则赚下的豆渣可养猪2只，不需再买猪食，同时猪粪又可作肥料垩田，以增加农业收入。

乙、拉线粉（又名粉丝）

在靠近旧历年关时，线粉的销路很大，手艺好的人，最多一天可做值1石二三斗米的线粉。本钱大的可买现成蒸粉，每斤蒸粉约值1升3合米，可拉成线粉约4斤，每斤线粉值1200元左右，每卖1斤蒸粉可赚1000元。十二村做这生意的很多，每年年底都运往苏州去卖，一次可赚米1石左右。

丙、打草鞋

此种副业不需什么本钱，稻草自家有，空余时间即可打，每双草鞋价700元左右，每人每日可打五六双，可赚大米2升余。

二、妇女的副业生产

甲、制造红胭脂（又名红头）

这种东西在江南地方当做红颜色搽的，有喜事人家到南货店买的是有壳的，式样像鸡心。其原料是老棉花和洋红两种，其成本老棉花最好的每斤1升米，洋红每听约需3斗左右，一听洋红粉可做胭脂1万枚，共计能卖白米1石3斗（最高可以换到1石5斗）。制造方法是先把老棉花拉成鸡心式，然后浸在红水里，再一张一张的放进铅皮制的模型中去，每放一张下去，即注入红水，然后加上丝棉用盖板压一压，使每张棉花都吃透红水，再拿出来一张张的拆开，放在竹匾中晒干即成。红胭脂是该地区妇女的一种最好副业生产，如该村韩岳飞过去做此种副业可以赚到一个冬季的食米和过年的用费。

乙、刺绣

荆福乡二村及十二村有一部分妇女能绣枕头和门帘，每做8张门帘（或枕头16对），需时半月，可换花洋布旗袍料1件。

丙、做网花

这是从前卖给外国人做窗帘布的，一幅有3张台子大小的网花，在一月中可以做好，其工资在战前可得七八元，约折白米1石，此种副业生产该村男女都能胜任。

1950年2月调查

无锡县砖坯业调查

一、一般概况

无锡的砖瓦业，素负盛名，在明代时就已有砖窑，抗战前最多曾达108座。每年一般都烧三四次，可产砖瓦4000万块以上。一般窑户，均依靠砖坯工人供给砖坯，故郊区及离城较近的潮音、吴蒋、下甸、坊前（西部）等乡，以做砖坯为主要副业的达2千人之多。这些地区，土地较少，平均每人占有土地仅八九分，贫农每人仅占五六分，故除少数地主、富农外，其农业收入一般均不够维持生活，因此，大都依靠做砖坯来解决生活困难。

砖坯的价格，在抗战前最高每万块值40余元（合米3石半至4石），烧成砖后每万块最高可值大米14石左右，一般也值米10石以上。各窑产品大部销本地，10%至15%销苏北，5%至10%销京沪沿线各埠。抗战后，销路大减。目前尚有砖窑93座，经营者仅74户，经常烧的砖窑仅达1/4。由于销路停滞，现在砖价每万块仅值七八石米（方砖价较高些）。砖坯价也大跌，每万块一般在1石米上下。故目前做砖坯的已大为减少。据今年一月份调查，吴蒋乡全乡981户中，做瓦坯的尚有340户左右；潮音乡974户中，做砖坯的有400户；下甸乡988户中，有150户左右；江溪乡730户中，有140余户（主要做方砖）；此外，坊前乡有30余户，郊区爱护村有54户，共计做砖瓦坯的约1100余户。

无锡县农民砖坯副业生产有如下几个特点：

甲、做砖坯工人大都是贫农，他们耕地很少，收入不够维持生活，只有将剩余劳动力用来做砖坯增加收入。

乙、做砖坯成本极少，技术简单，一学就会，只要有销路，农民人人会做，人人愿做。

丙、都在农闲时做，不会影响农业生产。

丁、在离城较近、靠近砖窑而地少人多的地区，做砖坯是其主要副业。

二、做坯方法、成本产量

甲、砖坯的种类很多，有瓦坯、方砖及四料头、二寸头、料三分、望砖、足四、足六等种。做坯时首先须备置泥土，将土用脚踏熟，每次须踏二三天，一般要踏六次至八次后方能适用；否则，做出砖来会有空心、裂缝等弊，容易破碎。泥土踏熟后，只须备置木质模型（木盒），少量草木灰及泥弓等简单工具。做时先在模型内放些灰，然后将泥弄成方块，用力将泥块向模型内掼下，用泥弓将模型边下的泥刮平，倒下晒干，即成砖坯。方砖坯的做法不同，它是用脚踏的，比较难做，因之价格较高（一块尺八方砖相当于15至20块四料头砖的价格）。过去做方砖有“传子不传媳”的旧规，故会做的较少，通常都由少数人包做，别人往往无法染指。故一般做坯工人，大都只做四料头、足六等砖坯；至于望砖、瓦坯则也须熟手方能做好，故做的不及前者为多。

乙、做坯的期间，除炎夏、寒冬及农忙时不做外，上半年一般从三月间做到芒种割麦（五月间）；下半年从七月（立秋）做到九月（割稻），麦子种下后则再做一个多月（冬至后一般不再做），共约5个多月至6个月左右。

丙、做砖坯除人工以外，只须备置烂泥数船（都从荒地内挖取，有的不要钱，有的津贴别人田赋米一斗）。如以每年实做5个月计算，则所需成本为泥弓及木盒两只，约五六升米；草二三担（做草帘盖砖坯用），约米2斗至3斗；挖泥津贴米1斗；有的还须租地缴地租（堆砖坯用），连石灰等其他零星开支，共计成本约1石米左右。

丁、做坯的速度，高低不一，从拂晓做到天黑（俗称从鸟叫做到鬼叫），熟手最快每天可做小砖坯七八百块，个别的甚至达千块以上的。如坊前乡新十村贫农纪阿菊，会做到1400（踏泥时间除外）。一般每天可做五六百块，最慢做三四百块。如全年做砖期间5个月中，再除去阴雨和踏泥的时间外，则全年最快可做小砖坯实数7万块左右，一般四五万块，最慢做3万块左右（不经常做的除外）。如以解放前价每万块（小砖14 000块算1万块）净得2.2石米计算（驳工已除去），则最快的所做7万块作5万块出售，可得米11石，除去成本1石米后，尚可净赚10石米；一般的可净赚6石至7石米；最慢可净赚三四石米。

过去做坯的大都可向窑户预支工钱，定期交货，但如三四月间久雨不晴，做坯的便无法工作，故乡间曾流传着如下的民谣：“慢踏黄泥先借钱，三月风来四月雨，跳脚拍手喊龙天!”意思就是说三四月里有风雨，对做坯的是一个很大的打击。自抗战末期起，窑户因砖瓦的销路无把握，大都采取购现货办法，故做坯的也就不能再向窑户预支工钱了。

做坯工人将砖坯晒干后，一般都通过运坯的船商，售给窑户。船商从中剥削很大，除了代运1万块砖要扣除500至800块砖的手续费外，还要压低工人的坯价（如市价每万2石米，只给工人1.5石至1.8石米），故窑户收进砖坯的价格，往往比工人所得的坯价要高出三成左右。而船商每装一次，即可获取驳工及扣头1石至数石米不等，其剥削程度相当苛重。

三、目前制砖、瓦坯情况

无锡各地做坯的典型情况详见下列附表：

无锡三个村做坯情况统计表

地区		潮音乡新五村	坊前乡新十村	吴蒋乡胜利村
全村总户数		164	117	133
中农户数		43	46	—
雇贫农户数		115	59	—
做坯户数	中农做坯户	9	3	7
	占中农户数之百分比	20.93	6.52	—
	雇贫农做坯户数	78	24	61
	占雇贫农户数之百分比	67.83	40.68	—
	做坯户合计	87	27	68
	占全村总户数之百分比	53.05	23.08	51.13
共做砖坯数(块)		2 600 000	755 500	2 300 000
所需人工(工日)		4330	1496	4000
平均每天做坯数		600	505	575
做坯收入(石米)		200.00	56.8	175.00

注:共做砖坯数系约计数。

坊前乡三个自然村全年做坯收入比较表

地区		倪洋桥	北陈庄	唐公桥	合计
户口数		11	18	9	38
做坯户数		6	14	6	26
做坯户占总户数百分比		54.55	77.78	66.67	68.42
做坯人数	中农	3	2	0	5
	雇贫农	5	13	6	24
	合计	8	15	6	29
所需人工(工日)		390	571	485	1446
共做砖坯(块)		234 000	260 000	230 000	724 000
平均每天做坯(块)		600	455	474	501
全年制坯收入(石米)		17.12	16.91	20.79	54.82

续表

地区	倪洋桥	北陈庄	唐公桥	合计
全年农业收入(石米)	25.80	81.36	38.61	145.77
全年其他收入(石米)	7.80	0	0	7.80
全年总收入(石米)	50.72	98.27	59.40	208.39
制坯收入占全年总收入百分比	33.75	17.21	35.00	26.31

注:共做砖坯数系约计数。

坊前乡 1949 年做坯户典型调查表

姓名		计实根	邹锦泰
成份		贫农	佃贫农
人口		3	5
使用土地亩数	自田	2.28	0
	佃入田	1.10	3.60
	合计	3.38	3.60
参加做坯人数		2	2
做坯期间(天)		50	70
共做砖坯(块)		44 000	80 000
平均每天做坯(块)		880	1140
全年做坯收入(石米)		3.40	6.42
全年农业收入(石米)		3.30	3.20
全年其他收入(石米)		0	2.50
全年总收入(石米)		6.70	12.12
全年制坯收入占总收入百分比		50.75	52.97

注:共做砖坯数系约计数。

1950 年春调查

宜兴县陶器土地调查

一、一般情况

宜兴县陶器历史悠久，与景德镇的瓷器在国内外共享盛名。产地为丁蜀区的丁山、蜀山、白宕、边安、汤渡5个乡镇及城南区的潜洛、川埠两乡。该地区共有大小窑墩72座，1931年时经常烧的有64座，平均每座每年烧60窑，全年共计可烧3840窑。抗战后销路已大减，如1948年仅烧2000多窑。

宜兴陶器产品种类繁多，有缸、坛、甏、瓮、火钵、茶壶、砖瓦及卫生用品、工业化学陶器等。销路除主要为苏、浙、皖、闽、广等地外，并遍及全国，其中茶壶、花盆、火钵、洋坛等且输往美国、南美，及南洋、日本、菲律宾等地。

宜兴所产陶土的矿山计有嫩泥、白泥、东山泥、本山泥等矿。嫩泥矿所产的嫩泥，为制造陶器用量最多的泥料，主要产于丁蜀区白宕乡西山、红庙二村。东山泥矿出产黄白泥、紫黄泥、东山面头泥、东山甲泥、红假土，产地在丁蜀区的白宕乡大潮山及东北山麓的梅林山。白泥矿出产白泥，产地在丁蜀区白宕乡大潮山西上濮山。本山甲泥的产地则在丁蜀区白宕乡的黄龙山，因该泥就在山窑地出产，所以叫本山甲泥。宜兴各种泥土的储存量详见下表：

宜兴各种陶土储藏量估计表

陶土种类	储藏量(担)	已开采(担)	未开采(担)
嫩泥	54 715 000	24 716 400	29 998 600
黄白泥生坯	2 700 000	540 000	约 2 160 000
东山面头泥	1 500 000	300 000	约 1 200 000
东山甲泥(可淘紫泥)	9 500 000	1 900 000	7 600 000
红假土	有泥山就有假土,产量极多	—	—
白泥	42 677 388	约 10 680 000	约 31 997 388
本山甲泥	27 200 000	—	—

注:上表数字系用目测、步测估计的。

二、陶土矿占有使用情况

宜兴有陶土的矿山，大都为当地的各氏族所公有，一小部分则为私人所有。如嫩泥矿山大部分为氏族公产，这些矿山从1924年至今从未完过粮。如东山泥矿为白宕乡许、吴、陈、李、崔诸姓所占有；在解放前，该泥矿的开采权，全操在各该姓52户手里，外姓和客民均无权开采。白泥矿为周墓村宋公祠和汤渡周宗祠、敦省堂、范公祠所有，过去为南岸少数人所把持，只准白泥场附近居民开掘；1948年后，周墓村人以120石米代价通过帮会头子及伪区长关系，始获得开采权。其他如本山甲泥矿则为白宕乡葛、鲍两姓的私产，一部分又为葛宗祠和鲍宗祠共同占有。据说：陶土矿山过去原为公有，后来地方封建实力鉴于泥矿的用途较广，获利较丰，便设法霸占。现各阶层占有的详细数字尚不详。

三、经营情况

甲、采矿工具和方法

开采方法落后，工具比较粗劣，一般以人工用大锄、铁耙、桩锄等开采。运输工具主要是独轮车、小船及少数塌车。采矿方法有明掘法和暗掘法两种：明掘法的矿，土名叫明塘，开掘时先找有泥之山从地面挖下去，发现泥层即行开掘，如开采嫩泥、黄白泥、东山面头泥、红假土、本山面头泥等都用此法。暗掘法的矿，土名叫暗塘，是从山腰打洞深入，用石块砌成隧道，进行开采，塘内阴暗要点灯，并且危险性很大，如砌石不固，会倾塌压死人，开采东山甲泥、白泥、本山甲泥均用此法。

乙、经营采矿事业大体上有三种情况

（一）自己占有矿产权，直接从事经营的，有自挖、自淘、自运、自售或雇工开采等。其中又有各挖各的，也有几家合营的。

（二）自己无矿产权，向业主（山主）租山，议定租金，取得开采权，然后再行开掘。其中有集股（俗名塘脚）合营的（以一个劳动力为一份），也有雇工独资经营的。

（三）自己不劳动，专门收购塘户的泥进行兜售，从中获利，俗称站码头；或收购塘户的泥后，再转运至窑地卖给窑户，或替站码头的驳运（俗称为水发脚），收取水脚，每船水脚一般照码头泥价加五成。

四、封建陋规和剥削情况

甲、地租剥削

山地的租制一般只有活租制和包租制两种。采取活租制的地主，每一泥矿可净得一个劳动力的收益。如5人合开一个泥塘，收益照6人派，其中地主可白得一份。一个小山一般有五六个小泥矿，则地主可净得相当于五六个劳动力的地租收益。包租制的租金有每季收的和半年一收的两种：前者每矿每季收租金2斗米，每年共8斗米；后者每半年每矿收租金4斗至5斗，全年共收8斗至9斗。

乙、陋规

凡开矿户要参加开矿，必先入行，不入行就不准开采。但入行时要先得同业同意，并需办

酒请客和缴纳入行费，多少视情况而定（如与大山户感情较好可少交）。一般嫩泥矿约在1石至1石半左右，白泥矿矿户须缴2石至3石，淘户须缴7石至8石，船户须缴5石至6石不等。并规定入行一次以一个劳动力参加开采为限，故很多人均因无力缴纳入行费而不能进行开采。

丙、雇工剥削

宜兴泥矿之间的雇工工资，略有高低，剥削量亦有上下。兹将各矿情况说明如下：

（一）嫩泥矿：挖泥工人每天可挖泥48担，在矿地的售价为7.34升米，但所得工资仅4升米（自己吃饭），其余均为矿主剥削去。

推车工人：从矿地推至河口每人每天约可推16担，值7.7升米，工资7升（自备工具伙食），余为矿主所剥削。

载运工人：从河口运至窑地，每天载两船，值1斗8升米，工资连饭共7升，其余为矿主所得。

这样如每天以雇3个工人计，工人工资为1斗8升米。矿主所得为1斗5升多米（包括成本在内）。

（二）东山泥矿：解放前雇工每人每日可挖泥3车，每车值4升米，以每日5人计，则可挖15车，共值6斗米，除去工资2.75斗（每人5升米）、工具折旧费4升、推力4升外，矿主每天可得2.45斗米。

（三）白泥矿：据1949年统计：

挖泥工人，平均每天所挖之泥值米6升，而每天工资平均仅4升半米。

淘泥工人，每人每天所淘泥值1斗5升半米，而工资只有4升半。

船户，雇工两人运输，每天可得运费值3斗米，除2人工资9升米外，余为矿主所得。

如每天以4人计，4个工人仅得工资共为1斗8升米，而矿主可得3升半米（包括成本在内）。

中共宜兴县委会

1950年春

江阴县山石地调查

一、分布情况

江阴县山地大部分布在要塞、周庄、夏港、青旸、花山等区，计有黄山、君山、观山、定山、长山、萧山、白石山、顾山等共计 33 座半（内顾山跨于常熟、江阴之间，就算半座）。山地占有情况在江阴县基本上分为两种：一种是无主的公山，如要塞区西塞乡的萧山等，大都是荒山。另一种则为私人占有的私山，有全部能栽植的；有大部分能栽植而有一部荒芜的（如要塞区的长山）；有 1/3 是荒芜的。各山高度约在 50 公尺至 200 公尺之间，长度自一里至六七里不等，所占土地面积最少百余亩，最多二三千亩。

二、占有与使用情况

根据长山调查，地主占有石塘很多，全山有石塘 48 个，共面积 130 亩。其中地主 1 户，占有石塘 8 个，计 28 亩，占石塘总面积的21.53%；中农 12 户，占有石塘 10 个，计27.5亩，占总面积21.15%；贫农 35 户，占有石塘 28 个，计 71 亩，占总面积54.625%；其他 1 户，占有石塘 2 个，计3.5亩，占总面积2.69%。从每户平均占有来看，地主为 28 亩，中农为2.29亩，贫农为2.03亩，其他户3.5亩。地主与贫农占有数量相差达 12 倍以上。但萧山、白山等地，山地的占有较为分散：如南沙乡瞿巷村 75 户中，有 60 户占有山地 180 亩，其中中农 11户，占有 31 亩；贫农 49 户，占有 147 亩；中、贫农每户所占均在 3 亩左右。香山也如此，山顶为公地，山侧多为中、贫农所有，地主仅占有一些坟地。

石塘的使用者，大都为中、贫农。据长山调查：全山 49 户塘主中，除地主和个别中农及其他成份系将塘出租外，自营的有 46 户，计中农 14 人，贫农 47 人，连租塘的在内，共有采石工人 304 人，计中农 55 人，贫农 249 人，共使用石塘面积计 130 亩。使用数量中农每人一般在 5 分至 1 亩左右，贫农一般三四分左右，个别亦有近 1 亩的。白石山有石塘 10 个，能使用的 6 个，共有打石工人 30 余人，以贫农使用的较多。香山有石塘 5 个，使用的约 140 人。萧山虽为荒山，但石塘亦可采用，14 个石塘中，能使用的有 6 个，面积约 20 亩，使用者大都为中、贫农，共 60 余人。4 个山约计有采石工人 540 人，使用石塘面积约 170 亩左右。

三、出产和经营方式

甲、出产

山石地主要出产山石，也产松枝和茅草。石头产量的多寡，一般需视销路盛衰、交通便利与否而定。如长山在东部因运输困难，需俟潮水大时才能运，每年只打3个月；西部则可打9个月。全山最高产量在1918年时会达6万吨，普通约4万吨。

松枝在抗战前每亩可产40余担；茅草在空山地每亩可产13担至15担，有松树的地方也可产5担至6担。惟山松已在抗战期间为敌伪砍伐殆尽，茅草则因无人照管，被牛羊吃掉甚多；有些山因此而放弃种植，任其荒芜（如萧山）；有些山虽重行种植，但产量已大减（如白石山、香山、定山等）。现每亩仅产松枝10担至20担；茅草3担至10担不等。

乙、经营方式和方法

采山石的经营方式有三种：

（一）石塘主将石塘出租给打石工人，有的按产量提一成，一般租额每人一年需交3斗至1石米；有的按年收取塘租，其租额之高低，一般视石塘优劣、销路盛衰等项而定。每个塘的租额最高为6石米，一般3石米，最低1石米。但也有照股拆账的，如长山等地即有这种情况。

（二）工人自由结合（3人至10余人不等），合打1石塘，打下石头出售后，扣去添置工具费用、工具折旧费、火药费等（如石头是租入的尚需扣除塘租），然后按工计算拆帐，按劳动分配所得。

（三）商人承包。过去曾有包工制，由公司雇工开采，后因损失过巨，故现已无人承包，仅有3个承包商，向外埠公司承包，再向工人订购，从中渔利，每吨可获利1升米至2升米。

采石方法在20年前均用铁棍撬打的，近十几年来，始采用火药爆炸来开采，方法是先用铜杵凿眼，深度视石层厚薄决定，然后放火药爆炸，最后将裂开的大石敲成小块，外运出售。

在栽植方面：由于山地高燥，农作物较难生长，且山地开垦后如遇大雨，浮土下流，倾入池塘及田中，反而有碍生产。更因栽种其他农作物，没有长茅草合算，故在山地种植农作物的很少。其经营方法也有两种：第一种是由山下全村共同经营的。如白石山麓的孙家衖及山下村、张家村等，均采取分村，不分阶层，共同使用的经营方式。这种共同经营方式又有两种情况：一种是一户可入几股；另一种则以一户一股为限，分家后可增股（如山村）。第二种规定由18岁以上男子集股栽植，樵柴时按股出力均分（如孙家衖）之。

四、成本、价格和收益情形

甲、除砍伐松枝茅草不需成本只需劳力外，采石的成本计算如下：

（一）工具：需要大小铁锤、长短钢杵、风箱等，全套需米约4石半。使用时，钢杵每隔二三天要重放在火炉中打一次，所以还需煤若干。

（二）人工：视石质坚松、石层厚薄、经验技术等决定。据长山调查，每尺深的石眼平均需1个工，炸裂后再加工敲碎，平均每吨石头需人工1个至2个。

（三）火药：每斤火药价4升至5升米，每尺深的石眼需火药6两至半斤，石眼越深及凿近口边，所用火药越少。

乙、价格和收益：石头过去每吨可售8升米至1斗米，现值5升米左右。长山有一石塘，所产石头可作玻璃原料，曾卖过3斗米1吨。白石山因水路不便，只销近地，1里路以内每担

0.8升米，3里至5里内每担3升米。过去价格较高，销路好，每工可得1斗米左右；现在石价低，每工仅合5升米左右；有的半打半停，只能得米2升。全年最多的可得10多石米，一般六七石。根据长山山麓安全村的调查，中农平均每户最高可打9石米，约占其全面总收入的54%；一般是5石米，约占其全年总收入33%；最低1石六七斗，约占其总收入10%。贫农每户全年最高可打13石米，约占其全年总收入的80%，一般的约9.5石，约占其总收入60%；最低5石，约占其总收入35%。少数贫农户则专靠打石为生，故打石为当地的主要副业，在当地贫农的经济上，所起的作用很大。

茅草一年只能割一季，当地价格每担约二三升米，市场价格略高；每天能割二三担，可售得五六升米。如挑往市场出售，则每天只能产一二担。松枝价较茅草略高，惟因产量少，砍伐不多。

中共江阴县委会

1950年春

吴县戽水机业情况调查

一、种类

甲、火油机（最老式）：10匹到30匹马力。

乙、柴油机：8匹到20匹马力。

丙、冷进机（新式）：12匹到30匹马力。

以上三种机以冷进机为最好，用油比火油机、柴油机要少一半，而效能却差不多。现在改烧柴则都是一样的了。

二、固定资本

甲、火油机、柴油机每匹马力价值5石米，冷进机每匹马力价值10石米。

乙、一只船价值约50石米。

丙、每部机水风箱价值约40石米。

丁、皮带3石米（两年即要换）。

戊、配零件5石米。

己、每只机船正常修理可用30到40年。

目前烧柴改装费，冷进机与火油机需15石米到16石米，而柴油机则需要23石米到25石米。

三、流动资本

甲、每只机船要3个工人（一个主要的，两个助手），工资约16石米到20石米。

乙、每包一亩田，要烧70斤柴。以目前估价约值4升半米计算，则20匹马力、10寸管，可包700田，需49 000斤柴，折米31石5斗。每亩田要用6两车油，价约1升5合米，700亩则需262斤油，应值10石零5斗米。另外要2斤火油、5磅牛油、3磅纸柏屑，共约3石米。

丙、机船每年一般的修理费要20石到25石米。

综上消耗，每只机船每年除折旧费金不算外，包700亩田要活动资本80石到90石米。

四、效能

甲、10匹马力机即可拖8寸管子。

乙、10寸管子一个钟头可打10亩田水，插秧时可打5亩田水（插秧时田里水需比普通时要深一半）。

丙、10到12匹可包400亩田，14匹到16匹可包500亩田，18匹到20匹可包700亩田。

五、工资

一般的每亩田大米2斗，两期付给（麦收、秋收）。都是自由结合、当面协议的，工资预付或现付，通常可打九折；欠付或者完全秋收后付，即照2斗5升一亩算。

六、平均利润

每包一亩可赚6升到7升米，每只船一年一般的可赚50石到70石米。但油价的贵贱与雨水的调匀与否，对其利润有极大关系。

除包田戽水外，10匹马力以上的机船，并可代人轧米以及冬季戽鱼池水，生意好的话，可解决工人全部工资。

1950年春调查

无锡县戽水机业情况调查

一、戽水机数量

无锡戽水机业开始于清末，迄今已有40余年历史。1933年—1937年，全县机船数量经常保持有1300—1600只。抗战期中，戽水机损坏达30%；抗战胜利后，又逐渐恢复。目前，全县共有机船户22户，机船960只，其中8匹马力的1只；10匹的7只；12匹的81只；14匹的86只；16匹的94只；18匹的175只；20匹的193只；25匹的214只；30匹的109只（注：此数字是根据戽水业公会登记材料来的，尚有12户有戽水机12只未登记，故未列入）。

二、戽水机的机能和成本

戽水机主要的有柴油车与木炭车两种，兹将两种车的机能及成本，列表说明如下：

柴油车的机能及成本估计表

马力(匹)	10	12	14—16	18—20	25—30
水管口径(寸)	8	9	10	11	12
白田每小时戽水(亩数)	1.5	1.5	2	3	4
上田每小时戽水(亩数)	3	3	4	6	8
每季包水亩数	350	450	600	800	1000
每小时消耗柴油(磅)	6	6.72	8	8.4	8.75
共需红车油(磅)	10	11	12	13	15
每机需工人数	3	3	3	大3,小1	大3,小1
每季工人工资(石米)	18	18	23	23	23
每年租船金(石米)	10	11	13	13	15
每年引擎租金(石米)	15	20	25	30	35
每年水风箱租金(石米)	6	7	11	13	15

注：1.工人伙食由机户供给。
2.冷进车消耗油量要省1/3。

木炭车的机能及成本估计表

马力(匹)	10	12	14—16	18—20	25—30
水管口径(寸)	8	9	10	11	12
木炭炉尺寸(寸)	20	20	22	24	26
每小时用木炭量(斤)	35	35	40	45	50
每机需工人数	4	4	4	大4,小1	大4,小1
每季所需工资(石米)	24	24	24	29	29
全年用柴(担)	500	500	580	640	700

注:1.木柴以栗柴计算。
2.所需红车油,船租、引擎及水风箱等租金与柴油车同。

三、戽水费用

甲、戽水费在抗战前低田每亩仅0.8至1元（合米8升至1斗2升），高田每亩1.3元；抗日战争爆发后，一般均在1斗5升至2斗上下。1949年起，因柴油飞涨，戽水费也随之高涨，高田最高每亩合大米3斗，平田每亩2斗4升至2斗6升，低田每亩2斗至2斗2升。各地戽水费高低不一，计算单位有麦、有米，颇不统一。

乙、一般都是从立夏以后开始戽水，至霜降为止，共4个多月。农民在订立合同时，先付下机工费的1/3，至小麦登场时再付1/3，其余则在收稻时付清。

丙、机船至新地区戽水，订承揽时一般都须经过“水头”。“水头”大都是在当地有封建势力的，他的职务是替机船主向农民接洽打水、催索机工费等；水头从中剥削很重，他除扣除机主一成机工费外，同时还常向农民多索机工费，并且，机船主还要无代价的给“水头”戽水。

丁、机船户除为农民包工戽水外，秋后还兼营碾米，8匹至14匹马力的机车，能拖米车一部，16匹马力以上的可拖米车2部。以糙米碾白米，每石取工资3升至3升半；以稻碾米每石工资5升左右，生意好时每天可获利1石。

四、机船主成份

据无锡市戽水机业公会的统计，在922户机船的占有者中，有50户地主，占总户数的5.4%；550户富农，占59.6%；280户中农及富裕中农，占30.3%；其他成份约42户，占4.5%。

1950年1月调查

第十部分　苏北农村调查

苏北农村封建剥削种种

说明：此材料系1946年的调查，所反映的地主封建剥削种种，主要根据过去封建堡垒盐阜分区淮安县石塘区的调查，以及其他分区散见于报端的材料的综合，因此是很不完整的。

一、田到手，苦临头！为了交租日夜愁

押租：还没有开始耕种以前，地主要农民交一定数量的钱或粮，名为押租，有些地方也叫“押板”或“顶首”。押租目的：第一，怕农民荒年或穷困的时候不交租，所以地主事先得一定数量的押租，可以随时扣除，把马骑在自己屁股底下，自己要怎样办就可以怎样办。第二，对地主任意的加重剥削农民，有了保证，午秋估租时地主可以把收获量估大，多收租。佃农如不承认，地主就在押租内扣除。押租租额，说起来多的骇人，例如：淮南甘泉黄练乡佃农周万隆佃地主贡锡九的81亩田，1921年承租时，交350元的押租，当时稻价3元1石，350元可买170石稻，平均1亩地押1石4斗稻，相当于有些田亩秋季的全部收获量。第三，地主时常以退佃威胁，达到增加押租的目的，有些原佃户只能在卖牛、卖儿女的情形下，去加押租；有些原押租已经扣光而出不起新押租的，地主认为再榨不出油来，能马上任性退佃，再从新佃户身上得到更重的押租，有些地主竟以此买田起家。

写田礼：在换揽时，佃户要出钱给管事的先生和地主。佃户家长死了，由子孙继承也要换揽；兄弟分居要换揽；地主加租，也得换揽。凡是换揽都得给钱。有些地主在换揽时特别苛刻，如淮安石塘区赵徐乡有个佃户种10亩地，在战前每换一次揽，就要花银币30元，以当时物价算，可买3石多小麦。

强迫换田：每换一次，不但又可讨一次田礼，还可多要些，如淮安高宝龙岗镇杨开廉种地主田12年，搬了4次家，讨田礼按次是60元，160元，50元，最后一次因没有人种他的田，还要杨开廉挑100多个工的河泥。

分租包租：华中地区过去分租一般是对半分，有些甚至倒四六倒三七（地主多得佃户少得），包租一般也相等于分租，一亩地包5斗至1石以上，荒年照要不误。中等年成还可以，好年成占了一点便宜老板就要加租，还是捞不到好处。

虚田实租：地主给佃户承种的田，除场地、屋基、河界、岸界，都在包租之列外，严重的是亩数不够，亦要照实数包租，每石种要虚5分地左右，往往10亩地只有9亩或8亩落种，在租田时，有些先言订包法，每石种本来讲明是10石稻正租，但到收租时往往加到11包（即

是要 11 石)，或 11 包半 (即是要 11 石 5 斗)。

小租：地主家里用许多管事的仆人，这些人的开支也要出在佃户身上，一般每亩要交小租 2 升至 3 升。

屋基包租：佃户住屋基是老板的，也按亩交租 7 斗至 1 石 3 斗不等。

特涨租：地主家庭遇有婚丧喜事，则要加佃户租额，包租田加高二成至四成不等。

提种租额：提种每石 1 斗，另外每收 1 石又加 3 升，荒年不补种，还照样要租粮租草 (四六分)，你说荒年，他偏说你抛荒失误，佃户奈何他不得。

尾欠租加利：佃户缴纳租粮，有时因灾荒拖欠，或其他特殊原因一时不能缴足，就恳情暂时欠挂，待第二年再交，这种欠挂必须加利 (利率最高达二三倍)。

烧青苗：有句谚话："地主想到烧青苗，佃户吓得头直摇。"青苗长在田里，地主要涨租要拿田，佃户自然不舍得放回，或者因没办法再找田，于是只好答应加租。

租鸡租草：一般佃户租地主的田，除正租外，还要送租鸡，少的 2 只，多的四五只，最少要 4 斤重的，不够秤的往往还要佃户重送。地主包租规定无草，但总要额外收草，佃户为了保牢租田不得不送草，有的甚至要加几担。

大眼看租：地主看租往往要估高收成，估高多少要看人行事，一般加二，但是如佃户有自田，就要加四加五，可以更快把田抢为己有；或者佃户已快要缴不起租他要撵佃户滚蛋时，就要加三加四。这样每打 1 石粮食，照对半分他要分到 6 斗到 7 斗 5，实际就是倒三七。另外如好年成，甚至大到加倍，如佃户只打 4 石稻，他看估成 8 石。佃户如先割掉粮食，他就要加六算。

打方费：地主派人下乡看年成，以方筐打在田里计算收获量 (每亩田作62.5方计算)。佃户一定要送钱给打方的人，以求打得"客气些"。

看稻费：每年秋天将收稻时，佃户要请地主家管事先生下乡看稻的收成，佃户照规矩要送钱，还要请吃饭。农民的歌谣说："鸡鸭吃得好，估租留把草，鸡鸭吃不好，连草估光了。"每石种的看稻费，至少要花 5 斗稖头以上。

独差钱：这是地主专门养一个差人作催租子抓佃户的，地主到县府拿钱买一张提票将所有的佃户姓名列入，随时可将佃户押进大牢，提票保存地主手中，独差专司此事。"独差上门，财神回避"，独差来催租时，佃户须送上二三元至数十元不等的出差费。

大斗大斛：即是地主收租粮的斛子，均较街市或乡间通行的斛子要大，一般为加二；农民需要 12 斗才合地主家 1 石，少的有加 1 斗 2 升到 1 斗 6 升的，而最多的则加到 2 斗 6 升。如淮安石塘区砖桥乡刘圩地主刘鼎来的大斛制度，农民用歌谣唱着："刘家升比斗大，斗比斛大。""我打刘圩走，混身就发抖，别的都不怕，就怕他家斛和斗。"

晒、滚、筛、风，全是地主在收租时，用以进一步榨取农民的最精明手段。佃户所送的租粮，如认为嫌潮，首先必须将粮堆摊开曝晒，如粮中杂有泥块，晒后须由小滚子滚，以便所有泥块滚碎，再用筛子筛。经过以上手续，粮食中的瘪子则仍未除去，再用风斗风。风斗是大口子出粮，小口子出稗子，另一口出泥块，还有一口出瘪子。经过风斗以后，所有的粮食粒粒如珠，均变成毫无混杂的超等粮食，然后进行收粮。经几道手续有损耗还须补足，不得欠挂，如不足数，则把送粮的扁担笆斗扣留，限令回家取粮补足。如一时无粮补足，则逼佃户以锅、碗、缸、罐、桌子、板凳，或猪、牛、驴等折交欠租。

五种起租的花头经：淮安崔姓地主收租时想出很多巧妙方法来搜括佃户：一、水里漂：每当佃户把稻子送到仓房，地主先留一碗水放在那里，每个佃户送来的稻子都要抓一把放在水里看看有多少稻子沉下底，有多少稻子漂在水上，漂在水上的稻子是瘪的，如果稍为漂得多一点，再重新去扬簸；二、手砻验：地主特地制造一个很小的手砻，随身能带，放在手里能用，收租时，随时可用手砻试验稻子的好丑；三、签子试：用铜制的空心签子，一头尖，在尖头的侧面留一个洞，碰到大囤子稻时，手伸不到底，不知囤底下稻子好坏，深怕佃户掺假，就用铜签子插进去吸出来看；四、垫风斗：普通人家用风斗扬稻子都是平放在地上，但崔姓地主是经过一番研究的，放平了过一时那些瘪稻、土灰、碎草，就易堆积起来，出不尽，他们每当风稻时，总要把风斗屁股后面垫高些，前面便低了，瘪稻、土灰、碎草等物便容易扬出去；五、分上下风：在他收租时，不论稻子如何好，他总要再扬一次，扬过以后，他就将所扬的稻堆子，划成两半边，一边是上风，他要，因为这里瘪稻少，一边是下风，瘪稻较多，就分给佃户。

出仓费：佃户除每年直接把租粮送上地主的仓房外，还不能算了事，在地主要出售时，在出售中的一切开支，还要由佃户负担。

二、送礼、供饭，四季不断

酱麦：水田一般在春季是不能出产粮食的，经过佃户劳动，也可以收些麦，但也要送3升给地主做酱。这叫做酱麦。

供饭：地主下乡收租或是出仓售粮时，佃户须办超等的菜来供饭。供饭有大小之别，麦收、看稻及出仓为“小饭”；秋收为“大饭”。供饭是按田亩计算，每5石种（33亩），要供一天，一个庄上要轮流供饭，供饭时每天四顿或五顿：早上早点是挂面或烧饼、包子，或油炸馒头等；早饭是四个菜，肉丝、炒猪肝、鸡蛋、变蛋、海蜇皮之类；中午需七至八个菜，如鸡、鸭、鱼、肉、鸡蛋、肉圆、面筋、青菜、汤等；晚饭大致和早饭相同；晚饭后，佃户要送两大盘花生米和瓜子给地主或管事先生消闲。鸭子要规定三斤半以上的，小的不吃；又规定要整只的，半片或切碎的就不吃；偶不如意，即翻桌打碗。佃农对供饭特别憎恨，歌谣也最多，略举两支如下：“鱼肉面筋蛋，收租千千万，没蛋不吃饭，桌子向外掼。”“鱼肉面筋蛋，一双鸭子二十三斤三，小酒不喝，洋河大曲（好酒名）他来扳。”地主常叔文1944年在十里乡华下庄收租，带伪军下乡，佃户供饭要三四桌，还常嫌鸭子小，把鸭子掼到屋顶上，嫌鱼小，连盘子掼到阴沟里。看租时必须有七八斤重的蹄子，曹鱼至少每尾有半斤重，酒一定要陈尖对高粱，吃珠兰茶叶还要带人给他烧大烟，回家还要带几十个煮鸡蛋。高宝县龙冈镇窦宝才为租子太重，请地主下乡讲话，还要特请厨子用鱼皮席。佃户为供饭而被剥削，估计每年种1石种的要花5斗米。

送年礼：每到年底有些地主规定佃户要送年礼四样或六样，用土产或城市买来的东西为礼物，这是表示孝敬主人的意思。

四时八节送礼“历”：芒种（浸种时）送芽稻面饼、豌豆头；插秧——送豌豆、蚕豆荚子、麦仁条子；割麦——送麦团扇子，还要编两个麦秸笼子，给小少爷养纺织娘；养蚕——送两板子蚕丝，给小姐绣花；立夏——送鹅蛋、鸭蛋，吃了伏天不害病；端午（五月五）送芦帘、粽箬、菖蒲、艾、大钱花；六月六——送炒面、鲜稖头；大暑（大伏）送小瓜、萝卜给老板腌酱瓜、萝卜干子；中秋（八月半）送菱角、癞葡萄、瓜纽子等，给小老板赏月，送汤鸭、小生鸡给老板煨汤；冬至（过冬）送拉瓜（长的南瓜，也叫吊瓜、饭瓜、茄瓜）给老板做瓜秸子，吃下去头不疼；大寒——送门闼子，送稻草给老板奶奶铺床，送稻草"腰子"（帘）代老板箍水缸；过年——送风鸡、火腿、花生、"银元宝"（葵花子）、"金元宝"（芦秫屑子）、"摇钱树"（芝麻秸子）及树材架火盒（烤火取暖用）、安乐菜（做馒头馅心）、胡萝卜（做吉祥菜）。另外，平时还要送瓜呀菜呀，刷锅、扫地帚把子、畚箕呀等等，老板什么时候要就什么时候送（射阳县射阳河一带最流行）。

三、剥削无孔不入，修补一样不管

盖仓费：地主的仓房如年久失修，或有破毁，修理盖屋的一切费用，均由佃户负担。

修车：佃户用的水车，每年要修理，战前均由地主负担。日寇占领后，即被地主无理取消了，佃户们修不起索性不修，有的佃户为了要车水只有自己拿钱出来修，每石种约花米 3 斗。

挑沟挖圩：在每年冬，沟圩要整理挑挖，这些费用战前为地主负担，沦陷后亦被无理取消；过去挑沟挖圩的费用每石种需 2 斗至 3 斗米。

包黑坊：佃户在春耕下秧池子后，车轴、水车等农具夜里都放在田野里，在乡村里为防止小偷，有人专门照顾这些农具，这在过去也是由地主出费用，沦陷后也同样的无理取消了，现由佃户按户给，每家要出 5 升至 1 斗米。

四、穷人力气不化钱买，随叫随到不敢违拗

小工：在城市地主规定佃户每年要为主人做多少工，如果不做，必须照工付出代金（佃户要应的差役：一、挑水，二、堆房泥墙盖屋，三、带送当家与管事的，四、碾米，五、洗衣缝补，六、挑面，七、送草，八、送粮食，九、推种子，十、晒仓，十一、卖粮食等）。乡村地主有些自己也种土地，但一切耕作，均由佃户负担，不付工资，佃户男的当长工、当佣人，女的当女仆，都不给工钱。湖心寺做饭挑水大小勤务，大都是由佃户家子弟充任，不给工资，名为"道人"。有些地方佃户要给地主无代价盖炮楼，又要轮流守卫来保护地主安全，以冬防时最忙。

出差费：出差费有两种意思：一种是地主下乡收租看稻，都坐黄包车或骑牲口，这种开支均由佃户付出；一种是敌伪摊给地主的差役，地主自己当然不会去，于是摊给佃户，如佃户不去，就要交代金另外雇人。

五、不出捐，不派税，都往佃户身上推

战后加租：自抗战后，地主的开支较往昔增加，于是一切增加的开支就都打在佃户身上算

账，每亩地除原租额外，加租粮 2 斗。

预借麦租：这是战后的新剥削，敌伪加在地主身上的负担，地主又设法把这个负担转嫁于佃户，即每年春天要向佃户预借麦子，每亩 2 斗至 3 斗或 4 斗以上，名为“预借”，其实“借而不还”。有些地主虽然说漂亮话，要在秋租中扣算，但在估租时即预先把借麦估计在内，七折估八折，八折估九折，事实上等于不还。为预借麦发生不少惨剧：如淮安石塘二堡乡一个佃户被地主常叔文带伪军催缴借麦，因一时交不出，被绑在树上一枪打死；十里乡华于生是个好手艺的木匠，在贫病交迫下亦被殴打受伤，气愤而死；又华振淦因为交不出预借麦，被逼着拆房子卖，交清才了事。

代出伪费：这种伪费都是按田亩摊派的，本应由地主负担，但一切都压在佃户身上，每亩田每年出伪费 1 石以上。如石塘区赵徐乡一个甲，在 1945 年二月至八月的 7 个月中，佃户种 1 亩地，要代地主出伪费粮食 7 斗 8 升 9 合，伪币 9799 元；不代出的，庄头就拿大棍子逼着佃户把粮食送给伪军，不送就打；去年（1945 年）秋天，十里乡西刘圩的佃户，在稓头收上场而还没有晒干时，就被逼把稓头送到伪军的碉堡里去了。

六、二老板的剥削

二老板多半是佃富农、自富农、自中农，在政治上大都是被地主利用的尾巴。他们把佃田转佃给贫农，大则担把种，小则斗把种，自己当二老板。这些佃入转佃田的贫农，在农村中占最多数，也是最吃苦头的。这是富农经济剥削和地主剥削的混合体。其剥削方法如下：

住房剥削——住房一间，每年 10 个忙工，但实际往往超出。

包吃包做——穷人转租二老板二三斗种，二老板不要分租而要佃户包种几亩田。因为田坏，穷人几乎把自己的劳动力全部为二老板忙了。

转租剥削——二老板把小部分田转租给“小住房的”。大老板看租时找大佃户（二老板）看过后，大佃户叫“小住房的”多负担些，自己可以少负担些，因此“小住房的”受双重剥削。

七、打骂奴役，甚至活埋

虐待雇工：在地主家中的雇工，饱受着地主的岐视、虐待与残酷的剥削，如吃饭两样，说话不准随便说，打碎一个坏碗要从工价上扣，下湖耕地毁了犁头要赔偿，还不能随便跑到地主客屋里去，高兴打就打，欢喜骂就骂。1932 年泗县西南乡恶霸王献昆家的雇工，在吃饭时说：“老板，蚕豆叶不能吃了。”王献昆把桌子一拍大发雷霆说：“小舅儿，你想吃什么，不吃给我滚，一年要是走 3 个伙计，我就不出一个钱啦!”后雇工无法生活只好到别乡逃荒去。每个伙计最多不能在他家耽 6 个月，找个不是就被撵跑了，这样他就可以连工钱都不要出了。

家生子：一个农民以身体出卖给地主，写下卖身契后，就叫“家生子”。“家生子”不但自己一生做地主的奴隶，受尽奴役、打骂，以及人格上的侮辱，而且是“世袭”的，一代做了“家生子”，子子孙孙就永世不得翻身。

强占妇女：地主对佃户的妻女，可以随意侮辱、霸占。或以服役为名，召至家中，或则公然霸占，甚至有若干地区如宿迁北部，还保留“初夜权”制度，佃户娶妻，首先要让地主困过，然后可以同房。盐东县清思区多万乡的大恶霸柏连聪的荒淫，就是一个典型例子：5个老婆中4个都是强行霸占的。凡是地方上的标致的女人，只要“三老爷”看中了，总逃不出他的魔掌。沙头姓柏的有一次请他吃饭，他家大姑娘无意走到他面前，柏连聪连饭都不吃，跟在大姑娘后面追，追到后就硬把大姑娘拉到腿上，抱到房里，柏家人看着敢怒而不敢言。又一次，柏连聪骑脚踏车到张家桥口，遇到一个新娘子回门到娘家去，他跳下车子就调戏她，亲新娘的嘴，新郎在旁边一句话也不敢讲。

勾结伪军压迫佃户：如淮南天长县护城桥“孽和尚”时常强占人妻，佃农姚宝富的妻被他奸污了，他还叫伪军陆熙（护城桥伪中队长）把姚宝富捉去灌洋油毒打一顿，姚化了40石稻，请了几桌酒席，才了事。

仗势杀人：大地主家中大都有私牢黑房和马桩，以供吊人打人甚至杀人之用。一方面又勾结官府，倚仗反动势力鱼肉人民，犯了命案也无人敢哼一声。如泗沭六区敬波村对隆庄地主史运楼就杀过和活埋过姓蔡、姓马、姓秦等4个人。他强占了周姓的女人，姓周的回来，打官司也没有用，史运楼（号六老爷）却说，“杀人要灭丁，斩草要除根”，又化了钱买通李广楼把姓周的杀掉了。

鞭打佃户：地主打骂佃户是当家常便饭。如史运楼的佃户邓六因出差迟了，史马上坐家升堂，用鞭子把50多岁的老佃户邓六吊打一顿；打了还不算，并叫佃户自己说“越打越欢喜”。

怕人的庄规：地主为使佃户服贴在他管制之下，都定有许多严厉的庄规，要佃户遵守。如淮海地主杜振兴规定：一、每年每张犁给犁鸡两只；二、过年不论老头小孩子要到堆房磕头；三、应一切庄差供饭；四、不许散放牛羊；五、打场不许吃烟；六、晚上佃户看场；七、到堆房不坐；八、无事不准到堆房，见主人要恭敬；九、锄田规定一张犁四把锄，少了挨打；十、耕不好地要打；十一、锄不好地要打；十二、收割时那家车拉的落后罚扛大旗子；十三、堆房门口台石不许坐；十四、佃户不许坐大车；十五、不许骑牛；十六、大车路上不许拾麦；十七、佃户要给地主竖大旗子放门。又如淮宝地主的“成文法”写着：“写揽上庄，必守规章；一年四季，挑水打场；过年逢节，喜庆婚丧，老板有事，全家帮忙。如有不到，绑上马桩。”

八、滚田地、逼人命的利债

高利贷：地主除用土地剥削外，还采用高利贷的毒辣手段，利息从五分至一倍以上。淮安石塘区砖桥乡地主刘鼎来专门放高利债，最普通的利息是“春三、夏一、秋二、冬一五”，按季计息。春季3个月，利息是30%，夏季10%，余类推。到时不清，利变本，继续滚下去。两年一滚，农民田产房屋便滚光了。他要账真有办法，欠三两个钱不还，便把农民的碗拿走，出门便掼了；稍多些，把铜勺拿走，再多些把锅提走。

青苗钱：又名“麦青钱”“放青裸子”“先钱”“麦账子”，多在三春头上青黄不接之际发放，按当时麦价（粮食最高的时候）放出1石麦价的钱，到麦收时即照新麦价折收新麦（一般麦价比青黄不接时便宜半倍上下），或者在放钱时即将钱折成新麦多少斤（通常的折法：借出1石麦，总要折到新麦1石半或1石8斗以上）。这种青苗钱，不但限于春天青黄不接时，在夏后秋收以前也有这种借贷，叫“秋账子”，以稻作算。

印子钱：借贷时即将原本打八折算十足放出，每月还要“加三”或“加五”生利（即借1元，实只借到手8角，另外还要生利，一个月后，本利要还1元3角或1元5角）。

种子钱：春耕秋耕时贷给做种，照当时最高价折成钱，到收成时又照最低价值折成粮收回。春天放黄豆种，麦收时要折麦；麦场后放稻种，到秋天收黄豆或稻。这样翻来覆去，一年连本扯利要滚好几倍。例如盐城县大官区三角圩地主韦四侉子，在1942年春天放给同族韦禄黄豆2石，当时按豆种折成钱，收麦时以低价折成麦，秋收又照麦价折成稻，这样翻来克去，本生利，利变本生利，约3年工夫，韦禄被四侉子算去良田24亩。

逼头钱：是在农民死人、失火、遭灾、遇难、送贿（如敌抓壮丁，贿赂乡保长）等急迫的情况下借的。债主将本以七折或八折放出（即借1元实只有7角到8角），其利息一般不以月计，而是在约定的二三天，多在十天八天的短期内，除当时扣七折八折外，还要“加二”“加三”生息。放这种钱的都是封建地主恶霸及其爪牙，因不公开所以也叫“黑头钱”。如盐城庆楼张金美借1石黄豆钱给邻居王三，到收稻不到二十天，本利共收8石。

连利捆：即在放出粮食时，将粮食高价作成钱，如当时粮价36斤一元，则以16斤或20斤算作一元放给人，到秋天再以钱折成稻收回。这就是以折利为本的剥削方式，其利息相当于本钱的一倍至八九倍之多。叶挺县庆楼区马沈庄潘继于向徐如冈借四石稻子，未及半年即抵去田8亩（24石多稻）。

随涨不落：放稻出去，收稻时，若稻价下落，则要还钱，外生钱利，没钱就再折成稻。如稻价比借出时更高，就仍以原本稻的数量要稻，外生稻利。

包头钱：又名过手钱。大部放自恶霸豪绅封建势力地主的走狗手中（或者是封建地主通过这般家伙放出），他本人没钱，以分半或二分向他们主子借，再以五分、六分或加“四”、加“五”的利率，转借给工农贫民，而从中获得半倍到一倍的好处。如略斜区大成乡封建地主成韶九，即以一分半利借给走狗成自仁100元（1939年）做本钱滚剥，成自仁即以月利四分放给中农成必裕，当时100元还扣去5元（95元即算100元）。

小耳朵：义丰区永福乡的张如红，放100斤稻给王老，秋收时不但算稻150斤，另外还要3斗糠（没糠，就以糠再折稻）。这种额外3斗糠之类的剥削，称之为“小耳朵”。

连利滚：通常这种剥削分成3期，每到一期都要把利钱加到本里，再以本利和计算生利，连滚3次。

月份利：秦南区之地主王聚昌在1928年放给吴陈庄贫农司同周40元，1929年干荒，但王聚昌还要以三分利按月计息，1930年年成又歉收，到1931年王聚昌反又借8元给司，本利凑成60元（付粮的不算），结果司同周还不起了，只有以4亩田抵给王聚昌，150斤稻一亩，每年向王交600斤租，如此延长了4年，1936年自动抗租时减去了200斤，以400斤又交了6年，直至1941年，苦苦的将田赎回头时，还付给王聚昌原价60元。

地主盘剥农民土地的方法，还有叫做“不驮租”的，就是把租谷存放在佃户庄上，蚀耗风干要佃户认，不准少一颗、差一两。如果佃户因他不来取而取用一些或吃了一些，他马上就要来驮租，缺了就加利或逼着写田偿还。这是地主盘剥半自耕农土地的圈套之一。

1946年12月调查

苏北地租形式简述

苏北地区封建地主利用自己占有的大量土地，对农民所进行的种种残酷的封建剥削，其花样是五花八门和无孔不入的，这里仅就地租剥削方面，根据不完全的材料，列举一些主要形式说明如下：

一、包租

包租即地主仅出租土地，其种子、肥料、人工及农具等皆由承包人负责。农民每年缴付地主一定的租额，并规定水、旱、虫、荒均不折不扣。这种包租制中又有三种形式：

甲、粮租

这是包租制中最多的一种形式。租额视常年产量多少而定，一般每亩田每年为四五斗，最高的有 2 石。夏秋两季分缴，小麦黄豆各半。一般由于黄豆比麦价高，所以有些地主规定佃户四六缴租，即上熟缴四成小麦，下熟缴六成黄豆。此种粮租在如皋以南之沿江一线较广，租额一般也大。

乙、银租

即货币租。这种租制在抗战前大部是带有预租性的，往往都是先缴足下一年租额后才能种田。在城市附近及沿江地区，地主为了便于投资商业活动，也有将老的粮租改为银租的，抗战开始后，因货币不断贬值，地主又大部将银租改为粮租。

丙、雨夹雪

即粮租和银租各缴一部分。这也是地主为了加重对农民剥削的一种手段。地主往往在粮价上涨时就照粮租收，而粮价下跌时就照银租收。

以工包租在南通、海门、泰州、高邮、如皋等地最为普遍，一般占 80%以上。

二、押租

押租即农民租种地主土地前，要预缴一定数量的押板金。一般是相当于租额的一半，但也有些较高的相当于地价的一半，甚至还有超出一半的。根据南通解放村调查，该村计有佃农 109 户，押租占田价不到一半的 62 户，占田价一半以上的 43 户，押租等于田价的 4 户。另据扬州甘泉区调查材料，该区押租一般也占到地价的 1/3 到 1/2。

此种押租全区都有，在棉垵田地区称为“顶首”，旱田的某些地区称为“上庄钱”。也有称为“押板金”的。

三、预租

预租是地主在地租剥削上最狠毒的一种形式。因为农民除交了押租外，还要预缴下一年的租额。至于下一年的收成如何，地主概不负责；故农民不论年成好坏，除缴付地主的租粮外，等于还要缴一年租额的利息。

此种租制在南通、东台、如皋等地较普遍。

四、分租

分租制在小农经济发达和劳力剩余的地区较多，无押租，分收成数视不同情况而定：

甲、肥料、种子、农具等均由地主负责，农民仅出劳动力。分租制一般有“里三七”（农民得三成地主得七成）、“外三七”（农民得三成地主得1石）。但视田的远近土质好坏等情况，也有“二八”“四六”等分法的。禾草一般均为地主独得。

乙、地主出土地，农民出劳力，其种子、肥料、农具由业佃双方负责，则收获各分一半。

丙、种子、肥料、农具概由农民负责，一般地主得三分或三分五，农民得六分五或七分。这也是活动租的一种形式，这种形式在淮阴专区为多。

五、烂租

烂租又名滚租。地主急需钱用时，将田出租，规定年限，要佃户先把租粮一齐付出，期满即行收回。烂租租额表面上看较低，但加上利息就很重了。而且地主也往往以烂租形式作为欺骗和剥削农民的手段。如在抗战前，有些地主利用包租改为烂租的方法，趁机对农民进行变相的加租。抗战期中不少地主企图顽抗减租，阴谋将田摘回自种，或要假减租花样而将包租改为烂租。

六、议租

在庄稼成熟时，业佃双方根据年成好坏、庄稼好坏进行评议，按照收成缴租叫做议租。但也有几种情况：在崇明等地一般由于押租较高，分成时多为佃户得65%，地主得35%；在棉垦地区佃户得七成，地主得三成；在扬州、仪征、六合等地，春熟是包租，秋熟是议租。议租是按照十成丰收产量确定好最高的租额标准，缴租时依据当熟歉收程度折算。这种议租从表面上看似乎要比其他租制要来得合理些，其实流弊很大，农民照样吃大亏。因为每熟的收成并没有做到由业佃双方公议，而往往都是由当地地主中的代表人物来决定的。如扬州市郊每熟的收租成数，就是由扬州城里几个大地主决定；又如在江都刘桥地区每熟议租，就是由刘庄一个有4万亩田的大地主决定的。地主说好就好，说坏就坏，农民是没有说话的余地。扬州城郊胡场乡农民说：“碰到好年成，地主不要请，就来连看几次庄稼，荒年用轿子抬他也不来，那一年都是把租评得高高的。”

七、抽行打租

抽行打租即在庄稼成熟时，地主到田里抽一行下来计算收获量，而决定应收租多少。这种租制流弊也很大。因地主往往都是拣好的抽，或把抽出的粮食加潮，结果缴租标准一般都很高。这种租制在东台南部富安一带较多。

八、宝塔租

宝塔租即农民以相当于土地价的 1/3 到 1/2 的押金租进土地，行租不作定，产量高时就增加租额，产量降低了不减少，有增无减。三年五年就加租一次，涨得最高的租额有接近于田价的，待农民缴不起租时，地主就将田收回。此种租制在东台西部较多。

九、劳役地租

劳役地租有三种情况：

甲、农民种地主的田，以代做短工算租，普通每种一亩田要做 62 到 70 个工。

乙、农民种地主的田，以替地主代种田算租，每种一亩租田要代种 2 亩到 4 亩。

丙、农民种地主的田，以替地主做长工算租；分终身和定期两种，普通一个长工换佃田 2 亩到 3 亩。

十、跑租和跑马租

跑租是一种最苛刻的剥削形式。不定期的，谁缴租大，地主的地就给谁种。跑马租是地主的荒地租给农民开垦，待成熟时就逐渐加租，这在东台以西地区较多。

十一、小租

地主家里用的仆人所有一切开支，都要出在农民身上，一般每亩要交小租 2 升到 5 升，这种情况淮安石塘区较多。

（转载 1950 年 5 月 31 日《苏北日报》）

崇明县封建剥削种种

崇明县地主阶级对农民的欺压和剥削，其手段之残酷，较之其他地区有过之无不及。现将几种主要剥削形式，简述如下：

一、地租剥削

包租——是最普遍的一种地租形式，每千步田（4.166亩）租粮4石（每石160斤），约合每亩1石，这比淮阴区一带一般租额要高到1/2。“地主开仓，农民精光。”佃户在缴租后，所余粮食也就不多了。佃农普遍的怨言：“种租田就赚落一把草呵！”租粮分麦秋二季缴纳，每千步田麦季缴麦2石，秋季玉米和黄豆也是2石。

分租——这种形式在一区水田地带较多。地主出种和粪，佃户耕作，分时主七佃三，也是一种很厉害的剥削。

议租——这种田有押租。租额留到庄稼成熟时看收成好坏来决定，名义上是“议”，实则还是由地主决定，没有佃户的好处，收成好多缴，但收成少不一定少缴。

单边田——又叫额租田或底面田。起初是地主控制了一些滩荒草地，经农民开垦后，地主再以重价将耕种权出卖给农民，但粮苗仍保持在地主手中，每年农民向地主缴纳比钱粮高出几倍的所谓“老租金”，由地主上柜完粮，这种形式在二区（崇明西部）较多。“老租金”有的是稻子360斤一千步，有的是秋后分稻。这种田农民可以自由典卖，不受地主限制；但新的买主要到地主那里换名字，纳“写地金”，所以又叫“过投田”。

顶首——地主出租土地给贫穷的农民种，怕佃户缴不起租，规定要交很重的顶首——押租。如顾妙其种梅家1亩2分田，交押租黄豆3斗，当时市价要合6斗玉米。

二、雇工剥削

由于此地人家不养牲畜，闲时事少，一般都在忙时叫短工。这种短工，束缚性很大，不是自由请工，而是春天借粮，忙时抵工。这是带有高利贷性的，工资比一般要低得很多。其次是佃户替地主做工，有事时一定要来，没事赶走，工资也不高，这是带有封建性质的。地主们为了提高工作效率，多剥削一些劳动剩余价值，多吸一些农民血汗，在做工时，加酒发烟，但烟酒钱却又要在工资内扣除。

地主对长工的控制更严，雇工没得一点自由。如黄明久雇给大兴乡地主王典谋，雇了六七年，工资不增加，要下工王典谋又不让走，强制非雇给他家不可。黄明久在他家起五更睡半夜，一年到头不得休息。有一次过年黄自动休息了，就被打了一顿还扣起来7天。黄平时有病，还要按日扣工资。最后下工时，8斗工资没到手，地主反说黄欠他8斗，又把黄扣起来，黄明久不得已找人说话，又替地主家做了几个月的工，才还清这笔冤枉债。

三、利债滚剥

一般放债的利率是三分至五分，也有大到一倍的。贫农欠了高利债无力偿还，地主便强迫他以田抵，甚至以人抵。季海清向施凤乔借玉米5石，月利三分，每年1石8斗利息。三年后，季无力偿还，被逼以500步田作抵，每年交租2石。两年没交租，便成了死契，又把所欠租粮写成借据再生息。邬克胜借顾兆贞900斤玉米，月利四分，最后也抵地350步。很多人家的田就像这样滚到地主手里去了。高利贷者更乘穷人危急时高利盘剥。秦西具家因死人向顾兆贞借米1石，月利加一，一年付利息1石2斗，直到解放时才停息。

借债形式与手续亦因人而异。在一般所谓有“根底”的人中间，多系立据自由借贷。而在穷人借债时却很麻烦，要所谓“立据求借”。杨有才××年前向季在坤借50元，请3次酒才写好借据，还债时又请一次才退据。

四、其他特种额外剥削

大斗——地主家都有2只斗，一是普通斗，一是收租斗，租斗比普通斗要大到一成，甚至二至三成。

小步——这和北方的“租弓”一样。北方地主丈地有2张弓，普通弓是5尺2寸为一弓子，所谓“五二官弓”，在典卖契上经常看到这4个字。出租土地用“租弓”，即4尺8寸算一弓子，因此，佃户只种9分1厘6的地，就缴一亩地的租。崇明的地皮是以步计算的，租田也是4尺8寸算一步。

虚田作实——地主内部因债务关系，致使欠债户破产，经常以七八分田作一亩抵债。这样的地租出时，地主便以契上亩数计算，贫农因急于想地种，也就只好认当上。

押女儿——穷人在借贷无门万分危急时，便将女儿以很低代价押给地主家做使女，到出嫁时赎回。但稍有姿色的，地主便不让走，强留作妾。如沈坚安即占使女莱郎为妾。

（转载1950年5月15日《苏北日报》）

崇明县的“上利田”

在崇明西半部土地比较集中的水田地区，地主剥削农民手段之毒辣，花样之繁多，变化之频繁，租额之奇重，真是见所未见，闻所未闻。这里剥削较重的租佃形式有包租、分租，特别是“上利田”尤为苛重。

以农民世代耕种的包租田来说，原租额每千步（4.166亩）田，350斤至500斤（十八两三老秤，下同），约占常年产量1000斤的百分之四五十。在日寇侵占时期，地主们一面逢迎敌人，一面利用敌伪势力，加重对农民的剥削。如颂平乡五村吴夏狗，租种倪礼宾300步棉田，原租粮150稻，加成210斤；陈金元租种吴施氏800步稻田，租粮400斤加到480斤。而且这些田在租种时，都缴大量的顶首（押租），前者是20块银元，后者是140块。又如同村陈才狗，前年租陈海福250步田，还缴押租3石。

分租有三七分和二八分两种。一般地主出种子、肥料，佃户出工耕种。特别费工的田是三七分，主七佃三，一般是主八佃二。在插秧和收稻时，地主家假意的供两顿饭，算是优待。农民范小根和张子山根据亲身体验算一下：地主出豆饼（200斤）、草灰等肥料，连40斤稻种共需340斤稻的资本，而农民须在地里起早带黑的做四五十个工。以收获1000斤计，地主分得800斤，除去340斤资本，还有460斤。而农民辛苦了四五十天，才得到200斤稻的报酬，简直是太不合理了。种这些田的人，都是赤手空拳的农民，他们说："种田无利息，不种没得吃。"意思是种地主的田，一点赚头也没有，但不种又无办法，有劳动力无处使用，只好伸头朝地主绳扣里钻了。

因对农民剥削奇重，而为地主所逐渐普遍采用的形式是"上利田"。这种没有押租，但佃户除缴定额地租外，每千步田要额外加上"利稻"200斤左右，谓之"上利"。"上利田"的形成有四种原因：

一种是有"二粮户"的"上利田"。即原租户把佃入田，转租给另一个农民耕种，新租户除缴原额地租给"大粮户"（地主）外，还要缴一定"利稻"给原佃种的"二粮户"。理由是原佃种户在租种该地时，缴有押租在地主手中，"利稻"就算押租的利息。

第二种是没有押租的"脱手田"，也要缴"利稻"。崇明的土地是逐渐淤积起来的，在土地尚未淤好时，地方封建势力便把"海苗"（海边水草地）圈占起来，淤成滩后，由穷人来做圩、修岸，进行开垦。这种田因为老底子是地主占有的，所以地主有"底权"；地面是经过农民大力修垦之后才能生产东西的，因而农民有"面权"，所以叫"底面田"（即单边田）。但过了一些时候，农民被剥削枯了，一遇荒年或疾病，便不得不把仅有的"面权"卖给地主。"底权""面权"完全归地主后，就成了"脱手田"。这种租田因没有押租，地主除把原租额每千步300多斤提高到500斤外，还要加上"利稻"200斤。

第三种是佃户缴租时欠些尾子，当时马马虎虎拖下去，过了几年后，一结算连本带利数目很大，地主便要收田，佃户没法只好将押租抵积欠，这正合地主的心路，没有了押租，就要交"利稻"。像颂平乡五村三组张有能等几家，种的"上利田"就是这样变成的。

第四种是抗战后，货币下跌，地主看到包租不如"上利田"能多剥削些，便退回押租，改为"上利田"。退押租时不管是银元还是粮食，一律退纸币。如黄瑞祥，1920年租地主龚志之2400步田押银元100块，日寇侵占期间，改为700斤租的"上利田"，退回押租伪储备票100元，只够买一块大饼。1944年时，收粮不够缴租，黄把自家500步田收的粮食也填上，又借吴念庚2石稻（三分利），才完了租，最后只少15斤租还作成三分利的债。1947年黄卖去自家200步田，才还清利账。后黄瑞祥因家里困难，要求减低租额，龚志之不仅不减，反把地拿去给李才清种了。有些人家租虽没改，顶首却加了很多。如农民陈善义在1929年种地主陆云峰1820步田，每千步田400斤租，另押租55块银元。日寇侵占后，地主要改成"上利田"，经他一再要求，结果把租粮加一，又加上120元押租，地主才答应不改。1947年国民党匪帮进攻解放区正紧张时，又被地主逼着加上不少的押租。

抗战前此地种"上利田"的还没有几户，因为地主看这个剥削办法好，因此十来年间已有一半租田被改为“上利田”了。农民们都说：“再十年不解放，全成上利田了。”

除租重外，此地一般土地亩积都是虚数，原因是封建势力控制“海苗”时，向上报少，租给农民时报大，如报官府完粮10 000步，租给农民时要算12 000步。

（转载1950年6月4日《苏北日报》）

第二分册
浙江省农村调查

第一部分　区县调查

浙江农村土地关系变化情况

一、抗战以来若干乡村土地占有日渐集中

抗日战争爆发后的十余年中，浙江农村历经日本帝国主义及国民党反动政府的搜括掠夺，又加地主阶级的封建剥削，尤其是地主阶级的当权派在农村中仗势横行，极尽压榨之能事，加速了农村破产，“富者愈富，贫者愈贫”，土地所有权大多集中到少数封建剥削者的手中。

从若干乡村材料来看，各阶层的变化情况是：地主阶级一般变化不大，富农中有因分家而降为中农或富裕中农者，也有个别上升为地主的，所以富农户数略见减少。中农户数人数普遍大降，贫农则较前大为增加。兹就龙游、衢县、丽水三个县五个村的调查，列表说明如下：

1936 年五个村各阶层人口、户口统计表

成份	龙游县方村乡第九行政村		丽水县南明乡桥亭村		丽水县南明乡叶按村		丽水县南明乡下张村		衢县壮乡姜家坞		合计			
	户数	人数	户数	人数	户数	人数	户数	人数	户数	人数	户数	百分比	人数	百分比
地主	8	41	2	15	1	7	3	12	4	47	18	4.65	122	6.32
富农	1	5	1	4	1	6	0	0	4	24	7	1.81	39	2.02
中农	17	105	5	20	8	27	9	37	59	291	98	25.32	480	24.87
贫农	104	602	15	56	3	10	20	103	91	406	233	60.21	1177	60.98
雇农	0	0	5	23	0	0	1	3	14	34	20	5.17	60	3.11
其他	3	16	0	0	0	0	0	0	8	36	11	2.84	52	2.70
合计	133	769	28	118	13	50	33	155	180	838	387	100.00	1930	100.00

1948年五个村各阶层人口、户口统计表

成份	龙游县方村乡第九行政村		丽水县南明乡桥亭村		丽水县南明乡叶按村		丽水县南明乡下张村		衢县壮乡姜家坞		合计			
	户数	人数	户数	人数	户数	人数	户数	人数	户数	人数	户数	百分比	人数	百分比
地主	8	76	1	11	1	11	3	15	3	38	16	3.68	151	7.42
富农	1	5	0	0	0	0	0	0	2	17	3	0.69	22	1.08
中农	20	120	4	30	3	22	10	35	33	146	70	16.09	353	17.35
贫农	138	621	17	60	11	47	28	99	115	538	309	71.03	1365	67.07
雇农	3	6	2	11	0	0	2	7	14	37	21	4.83	61	3.00
其他	4	21	0	0	0	0	0	0	12	62	16	3.68	83	4.08
合计	174	849	24	112	15	80	43	156	179	838	435	100.00	2035	100.00

五个村各阶层人口增减比较表

成份	户数				人数			
	1936年	1948年	增减百分比		1936年	1948年	增减百分比	
			增	减			增	减
地主	18	16	0	11.11	122	151	23.77	0
富农	7	3	0	57.14	39	22	0	43.59
中农	98	70	0	28.57	480	353	0	26.46
贫农	233	309	32.62	0	1177	1365	15.97	0
雇农	20	21	5.00	0	60	61	1.67	0
其他	11	16	45.45	0	52	83	59.62	0
合计	387	435	12.40	0	1930	2035	5.44	0

从各阶层土地占有情况来看，地主阶级的土地大为增加，富农虽因户数减少而使总土地减少，但每户平均占有则并未减少，每人平均占有数还有增加的趋势。中农的下降较普遍，土地占有数也有减少，每户平均数则未减少。贫农阶层因有中农转化，总占有土地增加，但每户平均占有数，反较前减少。所以在十余年中，地主集中兼并土地的情形极为明显，兹以丽水县南明乡下张村、桥亭村、叶按村、吴弄口村等4个村为例，说明各阶层占有变化情况如下：

丽水县南明乡四个村各阶层占有土地变化统计表

成份		地主	富农	中农	贫农	雇农	合计
1939 年	户数	6	7	33	56	17	119
	人数	34	40	114	220	44	452
	占有土地亩数	704	260	353	178	0	1495
	占土地总数的百分比	47.09	17.39	23.61	11.91	0	100
	每户平均土地数	117.33	37.14	10.70	3.18	0	12.56
	每人平均土地数	20.71	6.50	3.10	0.81	0	3.31
1946 年	户数	5	3	41	72	15	136
	人数	35	19	145	255	35	489
	占有土地亩数	721	130	413	196	0	1460
	占土地总数的百分比	49.38	8.90	28.29	13.43	0	100
	每户平均土地数	144.20	43.33	10.07	2.72	0	10.74
	每人平均土地数	20.60	6.84	2.85	0.77	0	2.99
1948 年	户数	5	2	33	89	12	141
	人数	36	10	130	307	28	511
	占有土地亩数	776	70	376	230	1	1453
	占土地总数的百分比	53.40	4.82	25.88	15.83	0.07	100
	每户平均土地数	155.20	35.00	11.39	2.58	0.08	10.30
	每人平均土地数	21.56	7.00	2.89	0.75	0.04	2.84

十余年来，4 个村中地主阶级由 6 户变为 5 户（1 户是因为没有儿子，土地分给 3 个女儿），而土地则由 704 亩增加到 776 亩，计增加10.23％。每户平均占有土地自117.33亩增至155.2亩，计增加32.28％。地主阶级占有土地从占土地总数47.09％，增至53.4％。

富农 7 户，其中 3 户因分家而降为中农，另有一户降为中农，一户降为贫农，故剩 2 户，土地数量较前减少，但每人平均数则有增加。

中农阶层户数未动，土地略有增加，原因是富农下降和中农内部分家。土地数增加是因有原来的富农下降带来了土地。但主要情况是抗战以来，中农下降为贫农者有 9 户，为中农总户数的27.27％。若将富农因分家而降低成份的吴弄口村除去，则其余 3 村，中农土地自 234 亩，锐减为 186 亩。

贫农阶层由于户数增加，每户平均占有土地自3.18亩减为2.58亩。且有 1 户为生活所迫，流亡外出。出卖土地变为雇农者有 1 户。

雇农有 3 户上升为贫农，2 户至城市做工，由贫农转化而来 1 户，带来土地 1 亩。

衢县姜家坞村的材料，亦说明同样情况：

成份	1939 年						1948 年					
	户数	人数	占有土地亩数	占有土地占总数的百分比	每户平均占有土地亩数	每人平均占有土地亩数	户数	人数	占有土地亩数	占有土地占总数的百分比	每户平均占有土地亩数	每人平均占有土地亩数
地主	4	47	1231	67.67	307.75	26.19	3	38	1270	73.37	423.33	33.42
破落地主	0	0	0	0	0	0	4	28	0	0	0	0
富农	4	24	136	7.48	34	5.67	2	17	72	4.16	36	4.24
中农	59	291	254	13.96	4.31	0.87	33	146	149	8.61	4.51	1.02
贫农	91	406	191	10.5	2.1	0.47	115	538	197	11.38	1.71	0.37
雇农	14	34	7	0.39	0.5	0.21	14	37	6	0.34	0.43	0.16
手工业者	6	28	0	0	0	0	6	24	0	0	0	0
商贩	2	8	0	0	0	0	2	10	1	0.06	0.5	0.1
其他	—	—	—	—	—	—	—	—	36	2.08	—	—
合计	180	838	1819	100	10.11	2.17	179	838	1731	100	9.67	2.07

该村在抗战时期，成份下降者共计 36 户，计地主 1 户、富农 2 户、中农 28 户、贫农 5 户。

该村恶霸地主邵正陈在抗战期间霸占土地，因而地主阶级的土地，由原有占全村土地总数的67.67%增至73.41%。

富农 2 户下降为中农，但其余 2 户的每户平均占有土地数，都较原来增加。

中农下降占 56%，加上富农下降者 2 户，现有中农 33 户，占有土地较前减少42.34%，但每户及每人平均数反见增加，此因富农带来较多土地之故。

贫农有 5 户降为赤贫。贫农户数增加了26.37%，但土地仅增加了3.14%，因而每户、每人平均占有土地较前减少。

二、土地集中的原因

根据各县材料的研究，农村各阶级的变化与土地占有数的增减，主要原因有以下几点：

甲、在敌伪及国民党反动政权统治下，各种苛捐杂税项目繁多，农民不胜负担。例如衢县姜家坞村调查，苛捐杂税共有 30 余种，加上农村种种封建剥削，压得一般中、贫农喘不过气来，生活一年不如一年，被迫将仅有的少数土地变卖或抵押，甚至最后背井离乡、四处流亡。同时地主则大量廉价收购土地，如天台县地主张逢怡抗战前仅有田 200 亩，经过十余年的“巧妙”剥削，现有田 600 亩，增加了 2 倍余。地主张逢选原有 50 多亩，现有 200 多亩，增加 3 倍余，富农张樾人原仅 10 亩，现有 25 亩，增加 1 倍半。相反的，同村贫民陈克井、江阿毛却因抽丁征税，闹得家破人亡，仅有的 3 亩田也出卖给地主，下降为农村无产者。

乙、封建势力和反动政府相互结合，仗势霸占或强买土地，如德清县李少梅曾任伪县长三四年，依靠敌伪势力霸占良田 180 亩。又如萧山县钱塘江边 4 万余亩沙田全为该县恶霸地主和奸商所强买和霸占，其中 4 个主要人物是：

（一）沈定一有沙地 1 万余亩。

（二）汪长海沙地筑塘时任会计，以贪污所得，强买沙14 000地万余亩。

（三）李锡英萧山县坎山镇伪镇长，强买沙地 1200 余亩。

（四）盛练心勾结官僚资本、奸商，强买沙地14 000万余亩。

丙、受战争影响而下降或因借战争机会谋利而暴发者。如萧山自由孔村地主蒋志贤家产为炮火所毁，下降为富农，又如该村中农孔金章在战争时期中经营投机买卖，获利甚厚，购置田产 50 亩而上升为地主。另据遂安县的调查，1946 年该地重利盘剥最甚，该地地主多数兼工商业，农产物变为地主操纵投机的对象，稻谷初收，地主低价收买，待青黄不接时再高价出卖，农民受着双重剥削。据该县吴村调查，地主在战争时期中一般增加其原有土地数 2/3，富农增加 1/5。

中共浙江省委农村工作委员会调研室

1949 年 12 月

天目山区农村情况

崇山峻岭、茂林修竹的浙西山区，集中了江南风光之美。美丽的天目山是往日统治阶级消闲冶游的“乐园”，但这“乐园”的底层却蕴藏着无数农民的悲愤。封建的土地制度，给美丽的江南风光，涂上了黯淡的颜色。

记者访问了包括天目山区周围 11 个县的临安专区，在这里，除了数目不多的城镇以外，到处是三三两两的灰色茅棚，分散地伫立在山沟山腰甚至山顶上。千千万万的荒山开垦者——贫苦农民，就在这些茅棚里居住。像这样的山区，在浙江省占了 70%以上。

该区山多田少，山林占全专区面积的 80%。天目山主峰西南部的昌化、分水等县，山的面积竟占达 90%以上。在这些高山丛岭中，可耕的土地数量极少，全专区人口百余万，仅有 160 多万亩田地。耕田已如此少，而占人口 4%的地主阶级竟占有土地达 45%。占 90%的农民只对 40%的瘦瘠土地有所有权。其中一半以上的人口则是根本失去了土地或只占有极少量的土地。土地缺乏，使全区 50%至 60%的农民不得不依靠经营山林而生活。他们傍田而居，依山筑舍，整年整月地进行着过度的和冒险的操劳。许多人是世世代代的开山种地，却终生没有一块土地。

地主由对土地的兼并发展到对山林的霸占，有钱有势的人向官府“报粮认税”领取山林，有的则依靠势力“指山为界”，将大片“无主”的山林归并在自己私造的契约之内。如分水县蠡湖乡在 1917 年以前人口特少，许多山林无主经营，1917 年段祺瑞执政时，并勒令建立“清山局”，要群众领山认税，清山局多为地主豪绅所把持，该乡清山局即是本乡的满清拔贡王秉融任总董事，王曾任淳安县知事，其子王植民任清山局秘书，父子二人总揽大权，霸占了该乡 1/4 的山林。现在该专区除部分尚未开垦的原始山林和无用的“无主”荒山之外，地主霸占可经营的山林竟达70%以上。孝丰县大地主周茂兴占有山林将近万亩以上。山亩的计算有“喝山亩”（即喊声所至为1亩）及“敲锣亩”“滚石亩”“估山亩”等各种方法，其实际占有面积往往超过其亩数的数十倍。孝丰、临安、於潜等地地主霸占山林的范围有的遍及一乡一县。

山区农村残酷的封建剥削事实，揭穿了地主阶级所谓“江南农村无封建”的滥调。地主强迫农民每年以60%至70%的土地收获量向地主纳租，在记者所访问到的几个县里，几乎每县都有着“占山为王”的“土皇帝”。例如临安县的“雌老虎”、孝丰县的“四大老爷”、於潜县的“四大家”、昌化县的“陈家五虎”。该区地主普遍实行一种征收农民60%或70%租谷的“定租制”，佃户所需的牛力、肥料均由自己负担，有些种坏田的农民辛苦一年却只得二成或一成。在许多地区又有预租制、包租制、活租制及空头租、劳役租、兵役租、送年节礼等苛杂的超经济剥削。国民党反动统治时期，农村的地主和国民党反动政权密切地结合着，所有的伪乡长都是地主或地主的爪牙充任。自抗日战争以来反动党团的势力更深入到浙西山区，当时在昌化县曾流传着一句“无党不成家”的谚语，许多恶霸地主控制了政权，拥有武装，甚至乡长有杀人的权利。於潜县出租千亩土地的大地主邵展成，曾经打死、饿死七八个农民，邵家拥有数十支短枪、步枪和四挺机枪，租种邵家土地的农民每年须有几个月的“兵役租”替邵家去剿“匪”。

种种罪恶的封建剥削和反动的统治严重的打击了农民的生产情绪，许多农民不敢增施肥料，不敢开塘灌田。临安县新溪乡北山谷里钱阿火等十几家农民就是因为数十年的辛苦将荒山开成田，将坏田变好田，而租子由80斤一直加到160斤。山谷里的稻田常年怕旱，但他们怕开了水塘以后地主又要加租，因此年年只有靠天吃饭。於潜县农民每到年关就提心吊胆地怕地主来抽佃，受到抽佃威胁的必须请客送礼，恳求地主加租才能免去抽佃。农民说：“有肥料不能施在客田（即租田）里。”山区有着不利的自然条件，水旱灾害经常使农民交不上租，富阳、於潜、新登等县地主为了预防这一“天灾”，普遍实行“预租制”，农民未种田之前先被征收一年的租，年成坏时就以预租抵押，有时将预租变为高利贷，使农民受到双重的剥削。没有预租的地区，地主将农民的欠租作为借款，按期征收50%以上的利息，欠租二三年还不清的就干脆押田。临安县新溪村佃贫农周显法向记者诉苦道：“地主周信甫有田700多亩，他的大谷仓里每年收进几十万斤租子，农民纳不上租的就写下欠租票，来年1石还1石5斗，还不上的就以利作本，下一年再还不上就把田押去，这样的‘欠租票’在周家有几百斤啊!”

地主建筑一个简单的茅棚，将失去土地的农民束缚在山林上，农民借居在这些茅棚里一面替地主管山，一面依靠开山种杂粮。农民往往在极陡的坡度上用极简单的劳作方法进行开垦，荒山被开出后，山水便急遽的冲下，昌化城区的一条河道就是这样的逐年加宽，河两岸的田地遭到极大的破坏。所开的荒地也大都在耕种3年之后即山瘦地薄，农民只得再另寻他处重新开垦。许山开山的农民就是这样年年开新荒，年年抛旧荒，很难积下土地。新溪村佃贫农周显法，祖父一代就来开山，但至今却只有3分田。艰苦的经营使农民精疲力尽，甚至冒了性命的危险为生活而斗争。昌化县昌北区农民在开山中曾经屡次发生过滚下山跌死的惨剧。农民开的荒山每年要向地主交纳20%的杂粮租。不交租的给地主培植树苗作报酬，农民抛荒之后“养苗还山”。由于封建的土地制度和原始的经营方式，使茅棚里的人们不能做安家立业的长远打算，他们没有故乡，大都经二三十年将附近的肥山开成瘦山之后便要寻山求食，终生吃尽迁徙流离之苦。记者到昌化县转革乡去访问时，该乡源头里（山谷名）有着8户茅棚，他们来此开山已有20余年，附近的荒山已经过轮番的开垦，现大多已变成瘦山了，农民叹息着说："再开几年就只好搬走了。"

贫穷使山区农民的生产和生活水平极为低下。山区便于畜牧，但农民普遍养不起耕畜，依靠租牛耕田。专门开山的农民生产工具则更为简陋，多仅有一张镢头一把镰刀。因为近河近塘土质肥沃的"大畈田""堰田"大都为地主所占有，农民只有"山坞田"（即山谷中间的田）和"靠天田"（即山坡上的田），他们无力开水塘，没钱施肥料，因此产量有的低到一般的一半以下，生活的困苦使农民面黄肌瘦。分水和昌化等县有的大山区里农民经常须依靠山粉（代食品）和野菜搀以少量的玉米粉充饥。地主、奸商和高利贷者常利用农民青黄不接的困难和山区的交通不便，向农民巧取豪夺，余杭县最严重的有以1/10的价格强购农民的生产品，在昌化县又有以100%的高利向农民贷放布、盐等日用品，农民的日常用品简陋到最低限度。昌化县昌北区有的数月吃不到食盐。建德县山鹤乡许多农民夜里点燃油松木代替灯光；该乡赤贫农余樟云活了40多岁没穿过一双新鞋，因为买不起新衣盖不上棉被，冬天烤柴睡眠，夏天有时以棕皮遮身。

贫困和艰苦的劳作带来了疾病和悲剧式的家庭生活。农村中极普遍的流行着血吸虫病，一个个腿肿、腹胀，昌化县西部有个别的乡由于连年腹胀病的蔓延，使有些村庄的壮年男子即将死光（此病妇女不易传染），剩下很多寡妇，因而许多田地荒芜了。大山区里传染着恶性疟疾，昌化县东坞村就因此种疾病的传染，儿童们都无法养大。我在该村曾亲眼目睹许多孩子面色焦黄，身体孱弱，在该村所能看到的青年人已寥寥无几。山区里曾极为普遍的演出了典妻、溺婴、卖子等悲剧。野蛮的"典妻制"将妇女如同商品一样出卖给有钱人"生孩子"。典期之内有的只准夫妻在年节相会一次。但典妻制度又有许多是出现在农民之间。昌化县后管村雇农王柏顺以10年的典期典进贫农朱梅女的妻子。许多农民因为极度贫困无力养家，被迫将妻子出典给半世讨不起老婆的单身汉。溺婴、卖子及典妻制度使不少的农民失去了家庭的幸福。有些父母被贫穷逼迫着连续杀死或丢弃几个婴儿，富阳城区有一贫苦农妇连生8个孩子，被丈夫溺死了3个。旧的封建制度使善良的父母忍痛割弃了儿女。

但是天目山区的农民在地主阶级和国民党相互勾结压榨下，他们没有屈服。自抗日战争时期，浙皖边区农民就在共产党的领导下不断地坚持了斗争。抗日战争的末期粟裕将军带领新四军打到天目山区时，不少的农民踊跃的参加了新四军和游击队，积极打击敌人和进行抗粮抗租抗捐等斗争。在安吉、武康等县即有数百农民因为领导斗争而遭受敌人血腥的报复。农民的血没有白流，黑暗的日子终有了结束的一天。解放军渡江南下以后，广大农民和游击队配合解放军迅速解放了浙西山区，人民的红旗插上天目山，天目山开始变色了。一年多来农民经过了初步的发动，他们迫切地要求改变不合理的土地制度。中央人民政府颁布土地改革法令以后，农民同声欢庆的说："毛主席是大恩人，有了毛主席才有今天。"

（转载1950年10月5日《人民日报》）

临安专区农村经济概况

一、一般概况

甲、区域划分与人口

临安专区包括临安、余杭、新登、富阳、安吉、孝丰、武康、昌化、於潜、桐庐、分水等11个县，共47个区及5个县直属镇，计乡镇412个（直属镇未包括在内），行政村1591个。

全区共计251 465户，1 057 503人，一般说，是男多于女，根据各个县的统计，男女比例为53.3与46.7之比。推其原因，不外有二，（一）旧社会的重男轻女恶习，如溺杀女婴，虐待妇女，致使妇女死亡率较大。（二）外籍贫苦农民来此谋生甚多，他们往往只身来此，如余杭杨桥乡共有2698人，其中外籍单身汉124人，占该乡总人口的4.6%。

行政区域及人口调查表

县别	区别	直属镇	乡镇数	行政村数	户数	人口		
						男	女	总计
临安	4	1	37	103	22 768	47 276	43 812	91 088
余杭	5	1	40	217	35 110	59 975	52 644	112 619
新登	4	0	33	140	15 675	34 619	30 455	65 074
富阳	6	0	59	298	48 816	107 900	104 783	212 683
安吉	4	0	28	108	22 114	54 082	39 264	93 346
孝丰	4	1	33	125	21 933	50 555	44 504	95 059
武康	4	0	25	76	13 297	35 735	29 236	64 971
昌化	4	0	37	90	19 370	39 098	37 029	76 127
於潜	4	1	29	99	14 255	35 216	28 302	63 518
桐庐	4	1	62	227	24 767	66 539	58 129	124 668
分水	4	0	29	108	13 360	32 330	26 020	58 350
合计	47	5	412	1591	251 465	563 325	494 178	1 057 503

乙、劳动力

根据临安等7个县不完全统计，其情况如下：

县别	人口			劳动力			
				男		女	
	男	女	合计	整	半	整	半
临安	33 254	27 317	60 571	12 256	11 418	10 266	8900
富阳	107 900	104 783	212 683	50 229	57 671	39 138	65 645
安吉	54 082	39 264	93 346	27 467	17 561	14 981	18 770
孝丰	50 555	44 504	95 059	18 654	17 687	12 856	16 365
昌化	39 098	37 029	76 127	14 747	9613	10 660	10 195
於潜	35 216	28 302	63 518	12 900	9338	8027	7972
分水	32 330	26 020	58 350	11 603	10 342	8910	9490
合计	352 435	307 219	659 654	147 856	133 630	104 838	137 337
说明	1.临安县调查缺亭子区一个区的资料。 2.昌化县缺一个村的资料。						

根据此一调查推算全区的劳动力为：

男		女		合计		共折合整劳动力
整劳动力	半劳动力	整劳动力	半劳动力	整劳动力	半劳动力	
236 949	199 187	168 009	220 091	404 958	419 278	614 597

若以每个劳动力可耕土地 7 亩计算，则可耕土地4 302 179亩，实际上全区可耕土地仅2 867 989亩（包括田、地、山、荡的自然亩合计），则多余劳动力达 33％。因此山区农民多把多余劳动力投向山产、特产的垦植、运销、加工等工作上面，借以弥补收入之不足。

丙、外籍农民

外籍农民散布在该区有着相当的数量，兹将富阳等四个县的调查列表如下：

县别	调查范围		外籍农民						占有土地	使用土地
			户口				人口	占本籍农民百分比		
	户口	人口	原籍在本专区	原籍在本省	原籍在外省	合计				
富阳	48 816	212 683	340	1802	76	2218	6765	3.2	4841	3190
安吉	22 114	93 346	1080	7781	7945	16 806	70 944	76.0	68 776	125 047
於潜	14 255	63 518	—	—	—	4794	19 462	30.6	13 765	13 062
分水	—	52 080	—	—	—	4641	16 855	32.4	11 964	7738
合计	—	421 627	—	—	—	28 459	114 026	27.0	99 346	149 037

外籍农民籍贯有河南、安徽、湖北、福建、湖南、江西、江苏等省份，及本省其他各地，其中以宁波、绍兴、台州、温州等地为最多。

在风俗习惯上，本省农民因语言结合，与本地农民无多大差别。但外省人却因言语、生活方式的不同，加以地主阶级为巩固统治地位，故意挑拨是非，分化农民，形成了严重的宗派斗争。如余杭西社乡七村绝大部分是河南籍的移民，与本地人合不来，又如武康莫干山的安徽帮和东阳帮亦时常发生磨擦。

外籍农民差不多都是赤手空拳来该专区谋生，因此保持着坚苦朴实的优良作风。他们占有的土地很少，使用土地亦低于本地农民的平均数。使用土地的来源大部分是开垦所得，其次是租入地主的少量土地。他们所遭受的封建压迫与剥削，较本地农民更为严重。

二、土地情况及剥削关系

甲、土地情况

全区土地总面积为14 691 934亩（节录伪政府1937年的经济年鉴），其中可耕土地为2 867 989亩（根据专署粮食局1949年秋征土地登记，为田、地、山、荡等自然亩合计），即可耕土地为总面积的19.5％。

兹将全区土地种类及每人平均数列表如下：

县别	人口	土地						
		田	地	山	荡	合计	折合市亩数	每人平均数
余杭	112 619	189 863	28 048	103 819	5683	327 413	208 600	1.85
临安	91 088	112 225	34 841	97 923	1336	246 325	150 586	1.65
於潜	63 518	91 281	15 636	43 661	259	150 837	102 012	1.61
昌化	79 127	63 345	19 173	51 175	0	133 693	74 034	0.94
分水	58 350	51 821	19 827	42 011	588	114 247	63 448	1.09
桐庐	124 668	166 471	36 450	87 311	958	291 190	172 437	1.38
富阳	212 683	177 362	161 861	245 117	3538	587 878	245 217	1.15
新登	65 074	45 539	18 151	21 538	506	85 734	60 212	0.93
孝丰	95 059	108 424	25 672	282 335	140	416 571	146 941	1.55
安吉	93 346	177 405	35 591	74 008	652	287 656	202 231	2.17
武康	64 971	94 140	13 714	111 913	6678	226 445	117 230	1.80
合计	1 060 503	1 277 876	408 964	1 160 811	20 338	2 867 989	1 542 948	1.45
全区每人平均数		1.20	0.39	1.09	0.02	2.70	1.45	

乙、各阶层占有、使用土地情况

根据36个基点村的初步调查，各阶层对田的占有、使用情况统计如下：

成份	户口		人口		占有田		租出田		租入田		使用田	
	户数	百分比	人数	百分比	亩数	百分比	亩数	百分比	亩数	百分比	亩数	百分比
地主	232	3.6	1120	4.6	11 650	43.4	9897	73.86	203	1.1	1956	6.1
富农	151	2.3	822	3.4	2811	10.5	1374	10.25	238	1.3	1675	5.3
佃富农	26	0.4	117	0.5	98	0.4	11	0.08	349	1.9	436	1.4
中农	1170	18.2	4957	20.6	7312	27.3	1175	8.77	2308	12.5	8445	26.5
佃中农	819	12.7	3290	13.7	1093	4.1	99	0.74	7492	40.7	8486	26.6
贫农	1435	22.3	5327	22.2	2659	9.9	256	1.91	2209	12.0	4612	14.5
佃贫农	1392	21.6	5256	21.9	348	1.3	32	0.24	5026	27.3	5342	16.8
雇农	532	8.3	1084	4.5	66	0.2	2	0.02	246	1.3	310	1.0
其他	680	10.6	2058	8.6	777	2.9	554	4.13	347	1.9	570	1.8
合计	6437	100.0	24 031	100.0	26 814	100.0	13 400	100.00	18 418	100.0	31 832	100.0

注:调查时间为1950年5月一7月。

其次，根据富阳盛村、余杭杨桥乡二村、临安横溪乡3个村共5个村的调查，各阶层对山的占有、使用情况统计如下表：

成份	户口		人口		占有山		租出山		租入山		使用山	
	户数	百分比	人数	百分比	亩数	百分比	亩数	百分比	亩数	百分比	亩数	百分比
地主	60	6.0	336	8.6	2469	50.3	563	68.6	4	0.4	1910	38.3
富农	24	2.4	126	3.2	399	8.1	116	14.1	0	0	283	5.7
佃富农	3	0.3	26	0.7	8	0.2	8	1.0	70	7.7	70	1.4
中农	72	7.2	354	9.0	670	13.7	100	12.2	96	10.6	666	13.4
佃中农	90	9.0	384	9.8	137	2.8	1	0.1	45	5.0	181	3.6
贫农	388	38.7	1459	37.3	1053	21.5	32	3.9	298	32.9	1319	26.4
佃贫农	134	13.3	509	13.0	76	1.5	1	0.1	333	36.8	408	8.2
雇农	88	8.8	208	5.3	9	0.2	0	0	28	3.1	37	0.7
其他	144	14.3	515	13.1	83	1.7	0	0	32	3.5	115	2.3
合计	1003	100.0	3917	100.0	4904	100.0	821	100.0	906	100.0	4989	100.0

关于山的使用情况，由于经营山较为便当，一般来说，占有者多为使用者，即地主阶级的山也只有20%出租，公共山出租的亦仅为占有的30%左右。

地主自己经营山林而不肯出租的原因是因为山的经营容易而且获利多，只要建筑一个简单的茅棚，招人看管，就可以坐享其成。失去土地的农民大都寄居在这些茅棚里替地主管山，管山农民开山种六谷每年还要向地主交20%的租谷，并替地主栽植树苗，树木成林则全部为地主所有，这种吃人的剥削叫做“养苗还山”。

丙、特殊土地的占有情况

根据各县调查，该专区公共土地约占耕地10％到15％，今将几个典型乡（村）的调查综合列表于后：

<table>
<tr><th colspan="3">土地项目</th><th>田</th><th>山</th></tr>
<tr><td colspan="3">占有土地总数</td><td>19 224</td><td>5791</td></tr>
<tr><td colspan="3">各阶层占有土地数</td><td>16 507</td><td>4904</td></tr>
<tr><td rowspan="17">公共土地</td><td rowspan="2">校产</td><td>亩</td><td>285</td><td>—</td></tr>
<tr><td>占公地百分比</td><td>10.49</td><td>—</td></tr>
<tr><td rowspan="2">祠堂产</td><td>亩</td><td>170</td><td>—</td></tr>
<tr><td>占公地百分比</td><td>6.26</td><td>—</td></tr>
<tr><td rowspan="2">庙产</td><td>亩</td><td>108</td><td>—</td></tr>
<tr><td>占公地百分比</td><td>3.97</td><td>—</td></tr>
<tr><td rowspan="2">政府公产</td><td>亩</td><td>203</td><td>—</td></tr>
<tr><td>占公地百分比</td><td>7.47</td><td>—</td></tr>
<tr><td rowspan="2">祀产</td><td>亩</td><td>1573</td><td>—</td></tr>
<tr><td>占公地百分比</td><td>57.89</td><td>—</td></tr>
<tr><td rowspan="2">事业产</td><td>亩</td><td>345</td><td>—</td></tr>
<tr><td>占公地百分比</td><td>12.7</td><td>—</td></tr>
<tr><td rowspan="2">会产</td><td>亩</td><td>10</td><td>—</td></tr>
<tr><td>占公地百分比</td><td>0.37</td><td>—</td></tr>
<tr><td rowspan="2">社产</td><td>亩</td><td>23</td><td>—</td></tr>
<tr><td>占公地百分比</td><td>0.85</td><td>—</td></tr>
<tr><td colspan="2">合计</td><td>2717</td><td>887</td></tr>
<tr><td colspan="3">公共土地占总占有土地数的百分比</td><td>14.13</td><td>15.32</td></tr>
</table>

资料来源：

1.田：临安横溪乡(3个村)、武肃村、余杭文困乡(5个村)、西社一村、安吉三官村、於潜后诸桥村、武康千秋村、考丰摄湖村、富阳禾家沙村、昌化转革乡六村、分水儒山等17个村。

2.山：临安新溪乡(3个村)、余杭杨桥乡二村、富阳盛村等共5个村。

丁、租佃制度及各种剥削

该区租佃形式名目繁多，主要有下列几种：

（一）定租制（即板租、死租）——一般不论收获量如何，以契约规定租额交租（年成特别歉收由业佃双方下田看荒议租），这是该区各县最通行的一种租佃关系，其租额原则为每亩田总收入的60％－70％，有些田很坏，佃户只能得到一成至二成，而所需的牛力、肥料均由佃户负担，往往因歉收而亏本。

（二）包租制——不管年岁好坏，订下多少就得交多少，不能让租也不能要求分租，故遇年岁歉收，就要借谷赔租，此种租佃关系施行在於潜、新登两县较多。

（三）预租制——地主要佃户在种田前半年或一年，即交租或折成代金交纳，如无力负担，就将地转租他人，有的地主甚至要佃户在同一年内交 2 年以上的租，佃户由于撤佃的威胁，常因此借高利贷交预租而受双重剥削，这种租制以富阳、新登等县施行较多。

（四）分租制——正常的分租系按照常年产量四六分（佃四业六），或三七分（佃三业七），另一种是看收成好坏再来决定分租，多收多分，少收少分，但它的分成原则不外上述两种，这以於潜、临安、新登、余杭、富阳等县施行较多，但仅占总数的 7%至 8%。

（五）平分制——主佃各占其半，不管收成好坏，按实收数平均分配。这种租制，只有临安、富阳等地农村中极少数的采行。

其他剥削方式还有下列种种：

（一）二地主的剥削——地主租田给二地主，二地主又租给农民，农民交租时交二地主一份，交地主一份。如余杭仓前镇一个雇农租种 2 亩田，交地主六成，交转租的二成，自己仅得二成，这是较一般更为厉害的剥削。

（二）典租——地主乘农民急用时（以年底或丧、喜事时为多）借钱给农民，以一定额的租谷为利息。如借款 10 万元，规定为每年交租谷 100 斤，每年秋收后即依此数交租。

（三）无价或半价出工（劳役租）——地主将土地出租时，规定佃户每年每亩须无代价的（或半价）出工 4 个或 5 个（往往于农忙时节），随叫随到，这种剥削以新登、於潜两县较多。

（四）押租金——佃户在租田时须交一定数量的押租金，当佃户交租不足额时，即在押租金中扣除。新登、孝丰、於潜、富阳等地这种押租金很盛行。

（五）高利贷——地主借谷给农民，每百斤每年要还 120 到 160 斤，甚至有的达 200 斤的，如还不起，至翌年利上加利归还。又如佃户和地主家相距甚远时，不能送租，地主则又想出新的剥削花样，把租谷储存在佃户家，硬要佃户依借贷关系加利计算。这种高利贷各地均有。

（六）大斗大秤——地主收租用大斗、大秤，夏季放出米则用小斗、小秤，这种现象各地都有。

（七）送礼——佃户于过年过节时要向地主送礼物，如鸡、肉、蛋、鱼等东西，在富阳、孝丰等地都有这种剥削。

三、雇工及工人情况

甲、雇工情况

近年来雇佣关系变化很大，根据孝丰、富阳、昌化、安吉、临安（缺亭子区）等 5 个县 537 806人口中的调查，情况如下表：

成份	雇主户数	雇工总数		调查时在雇的雇工数									调查时已解雇的雇工数								
		本籍	外籍	男工		女工		童工		合计		占各阶层雇工总数的百分比	男工		女工		童工		合计		占各阶层雇工总数的百分比
				本籍	外籍	本籍	外籍	本籍	外籍	本籍	外籍		本籍	外籍	本籍	外籍	本籍	外籍	本籍	外籍	
地主	183	775	632	259	237	24	19	193	148	476	404	62.5	210	163	36	16	53	49	299	228	37.5
富农	874	794	630	261	197	15	13	230	205	506	415	64.7	176	108	24	2	88	105	288	215	35.3
中农	1886	1426	802	341	194	21	9	616	420	978	623	71.9	225	88	5	0	218	91	448	179	28.1
贫农	1003	721	515	84	67	1	4	471	357	556	428	79.6	86	55	0	0	79	32	165	87	20.4
其他	11	0	16	0	11	0	4	0	1	0	16	100	0	0	0	0	0	0	0	0	0
合计	3957	3716	2595	945	706	61	49	1510	1131	2516	1886	69.8	697	414	65	18	438	277	1200	709	30.2

编者按：本表中长、短工不分，因此显得贫农雇工数字很大，是不正确的，仅供参考。

农村中雇工工资如下表：

工类	长工			短工		
	男工	女工	童工	男工	女工	童工
最高	2000	1200	840	12	8	7
一般	719	362	307	5	3	3
说明	1. 此表根据临安、孝丰、分水、昌化、安吉、桐庐6个县全面调查综合统计。 2. 工资单位为谷斤。 3. 长工工资是1年的数字，短工按劳动日计算。					

乙、工人情况调查

根据临安（缺亭子区）、孝丰、分水（缺长乐乡）、富阳、安吉、桐庐6个县638 000人口的调查，工人人数约占总人口的5%左右。目前农村工人的情况如下两表：

在业、失业工人调查表

调查人数	工人		在业工人		失业工人	
	总数	占调查人口的百分比	人数	占工人总数的百分比	人数	占工人总数的百分比
638 000	33 739	5.3	25 020	74.2	8719	25.8

各类在业、失业工人调查表

工人名称		产业工人	手工业者	独立劳动者	店员	篾匠	五金匠	苦力	合计
工人总数		17 763	10 577	2750	1916	372	141	220	33 739
在业工人	人数	15 388	5661	2116	1496	131	57	171	25 020
	占同业工人总数的百分比	86.6	53.5	76.9	78.1	35.2	40.0	77.7	74.2
失业工人	人数	2375	4916	634	420	241	84	49	8719
	占同业工人总数的百分比	13.4	46.5	23.1	21.9	64.8	60.0	22.3	25.8

四、生产情况

甲、农业生产情况

关于全区农业生产情况可见下表：

县别	折合田亩(亩)	常年产量		丰年产量		1949年产量	
		共计	每亩平均	共计	每亩平均	共计	每亩平均
於潜	102 012	27 645 252	271	32 643 840	320	25 707 024	252
安吉	202 231	55 815 756	276	70 780 850	350	66 732 820	330
新登	60 212	26 372 864	438	32 875 752	546	24 385 860	405
昌化	74 034	20 359 450	275	24 875 414	336	19 174 806	259
余杭	208 600	55 279 000	265	65 291 800	313	74 560 800	357
武康	117 230	24 618 300	210	32 355 480	276	15 826 050	135
孝丰	146 941	39 821 011	271	49 010 553	334	34 678 076	236
临安	150 586	45 175 900	300	60 234 400	400	45 175 900	300
富阳	245 217	73 565 100	300	85 825 350	350	61 303 250	250
分水	63 448	20 366 808	321	22 610 936	356	18 336 472	289
桐庐	172 437	51 731 100	300	60 352 950	350	48 282 360	280
合计	1 542 948	440 750 541	285.7	536 857 325	347.9	434 163 418	281.4
说明	1.折合田亩为田、地、山、荡折合数，每折合亩之产量均以田之每亩产量为准。 2.产量单位为斤、稻谷。						

若以每人每年平均消费量需中熟米333斤计算，全区人口1 057 503人每年需米352 148 499斤，把常年、丰年及1949年所产稻谷以七折计算，各年盈缺情形如下表：

年别	常年	丰年	1949年
全区估计全年需粮(斤)	352 148 499		
粮食总产量(斤)	308 525 379	375 800 128	303 914 393
盈缺数(斤)	—43 623 120	+23 651 629	—48 234 106

从上表中我们可以看出，除了丰年以外，全区的食粮是不够的（上述的计算没有把农业税除出），好在山区土、特产甚多，可用以弥补不足。

乙、土、特产生产情况

专署工商科本年7月份统计全区全年土、特产总值为17 853 904万元（详见下面附表），若以20万元折米1石，则值米892 695.25石即133 904 287.5斤。

若拿这个数字与1949年全区粮食总产量303 914 393斤比较，则粮食总产量与土、特产总值之比为69.42∶30.58，同样地，与常年全区粮食总产量308 525 379斤比较，则粮食总产量与土、特产总值之比亦为69.73∶30.27。可见该专区土、特产的重要性。

兹将全区土特产产量及价格列表于下：

临安专区土、特产产量及总值表

品名	产量	价值(万元)		品名	产量	价值(万元)	
		单价	总值			单价	总值
菜油	7000担	44	308 000	丝	140担	300	42 000
山杉油	5000担	40	200 000	丝绵	3500斤	5	17 500
麻油	1720担	40	68 800	茶叶	15 830担	35	554 050
桐油	9560担	60	573 600	笋干	6765担	80	541 200
柏油	11 600担	45	522 000	箬皮	28 500担	10	285 000
青油	6250担	50	312 500	烟叶	2000担	30	60 000
白纸	188 180件	10	1 881 800	棕毛	1500担	10	15 000
坑边纸	850 000块	0.5	425 000	山核	55 500担	20	1 110 000
黄纸	2 200 000块	0.5	1 100 000	于术	100担	80	8000
桑皮纸	5000担	13.5	67 500	麻	5000担	20	100 000
桃花纸	200条	20	4000	石灰	167 000担	1.5	250 500
草纸	2 400 000块	0.5	1 200 000	笔杆	20 000担	1	20 000
木材	56 200棵	28	1 573 600	青枣	3000担	10	30 000
毛竹	182 000帖	8	1 456 000	乌药	50担	6	300
小竹	4 213 500件	0.3	1 264 050	五倍子	50担	35	1750
毛料	160 000担	2	320 000	花栗薄	200担	6	1200
柴	3 963 000担	0.7	2 774 100	栗子	1500担	50	75 000
炭	128 500担	3	385 500	总计	—	—	17 853 905
茧	5850担	52.3	305 955				

丙、副业情况

据临安（缺亭子区）、孝丰、於潜、分水、富阳、昌化、安吉7个县154 848户不完全的调查，从事副业（其大多数主要生活来源靠副业收入）户数统计如下表：

副业名称	造纸	石灰窑	烧炭	香粉碓	瓦窑	茶叶	笋干	养蚕	桐子	渔业	织席	制笠帽	核桃	造伞骨	总计
户数	12 322	971	2608	222	24	1446	741	2798	61	513	3	1	126	127	21 963

在154 848户中有21 963户从事副业，即在调查户数中有14.2%户是以经营副业生产为其生活的主要来源，可见副业在该区的重要性了。

丁、主要农具占有情况

根据临安（缺亭子区）、孝丰、分水、於潜、富阳、昌化、安吉7个县在653 404人口中的不完全调查，他们所占有的主要农具情况如下表：

农具名称	耕牛	犁	锄头	铁铲	耙	水车	船只	耖	铁耙
总数	32 625	36 630	250 052	26 155	52 682	16 886	797	12 067	14 739
每人平均	0.05	0.06	0.38	0.04	0.08	0.03	0.001	0.02	0.02

编者按：本表没有分阶层来统计，所以未能说明问题，仅供参考。

戊、农村中作坊商行的调查

县别		孝丰	分水	富阳	昌化	安吉	桐庐	合计
米行	数	—	—	10	—	11	—	21
	资金	—	—	188	—	22	—	210
茧行	数	—	—	1	1	2	—	4
	资金	—	—	2000	30	3	—	2033
油行	数	24	31	10	50	2	21	138
	资金	480	6282	172	1648	—	1964	10 546
纸行	数	—	—	3	—	—	—	3
	资金	—	—	45	—	—	—	45
木行	数	—	—	2	—	—	31	33
	资金	—	—	6	—	—	646	652
糖坊	数	—	—	—	2	—	2	4
	资金	—	—	—	13	—	360	373
磨坊	数	—	—	—	2	—	56	58
	资金	—	—	—	32	—	308	340
染坊	数	—	—	—	—	—	1	1
	资金	—	—	—	—	—	11	11
酱作坊	数	—	—	—	—	—	1	1
	资金	—	—	—	—	—	254	254

说明：1.合计栏资金系四舍五入。
2.资金单位：石米。
3.富阳茧行一家系公家办的。4.六月份县委汇报统计而成。

一般说，农村中作坊、商行需资本很多，故拥有大批资金的作坊或商行多为地主富农所控制，平均约有 2/3 以上作坊、商行为地主阶级所经营或掌握，1/3 为农民集股经营。

农村中的作坊、商行在农民经济生活上起着一定的作用，尤其是经营山产、特产的地区，其影响尤大。如茧行、纸行等收购土产，向外推销；油行代客榨油，同时油饼可做肥料，都对农村经济有着密切的关系，因为作坊、商行都被地主、富农所控制，所以农民又多受一重剥削。

中共浙江省临安地委调研室

1950 年 8 月

丽水专区农村经济概况

一、地理环境及土地占有情况

甲、全专区所辖各县，除松阳、丽水、龙泉、缙云等县略有小块平原外，其余都系山区，耕地较少。兹将各县的耕地面积及其所占各该县总面积的百分数列表如下：

县名	各县面积（市亩）	耕地面积（市亩）			耕地占该县面积百分比
		田亩数	地亩数	合计	
丽水	1 729 403	203 070.65	13 862.30	216 932.95	12.54
松阳	2 100 000	226 330.00	4160.00	230 490.00	10.98
缙云	2 253 750	81 022.00	80 268.00	161 290.00	7.16
宣平	1 320 000	74 497.00	965.00	75 462.00	5.72
云和	1 698 750	69 282.00	3675.00	72 957.00	4.29
景宁	2 913 750	83 671.00	2214.00	85 885.00	2.95
龙泉	4 303 125	150 000.00	28 789.00	178 789.00	4.15
庆元	2 971 875	109 282.00	472.00	109 754.00	3.69
共计	19 290 653	997 154.65	134 405.30	1 131 559.95	5.87

乙、土地占有情况：在丽水、松阳某些平原地带较为集中，在其他各县及山区则较为分散，地主大都在田较多的平原地带，但龙泉、庆元的某些地主却不同，他们的主要占有土地是山，如龙泉某地主的山纵横七十余里。兹把丽水城区两行政街及松阳望松乡 8 个村的土地占有情况以统计表说明如下。

丽水城区两行政街各阶层占有和使用土地统计表

成份		地主	富农	中农	贫农	雇农	小土地出租者	工人	其他	合计
户口	户数	12	2	53	150	9	3	148	131	508
	百分比	2.4	0.4	10.4	29.5	1.8	0.6	29.1	25.8	100
人口	人数	72	7	247	599	28	10	522	462	1947
	百分比	3.7	0.4	12.7	30.8	1.4	0.5	26.8	23.7	100
占有土地	亩数	897.7	16.1	171.4	110.2	1.0	64.9	47.0	109.6	1417.9
	占总占有土地百分比	63.3	1.1	12.1	7.8	0.1	4.6	3.3	7.7	100
	每人平均	12.47	2.30	0.69	0.18	0.04	6.49	0.09	0.24	0.73
租出土地	亩数	889.6	13.1	105.9	15.0	0	60.1	33.1	87.1	1203.9
	占总租出土地百分比	73.9	1.1	8.8	1.2	0	5.0	2.8	7.2	100
	占本阶层占有土地百分比	99.1	81.4	61.8	13.6	0	92.6	70.4	79.5	84.9
租入土地	亩数	4.6	7.2	260.3	802.3	4.7	0	18.3	7.7	1105.1
	占总租入土地百分比	0.4	0.6	23.6	72.6	0.4	0	1.7	0.7	100
	占本阶层使用土地百分比	36.2	70.6	79.9	89.4	82.5	0	56.8	25.5	83.8
使用土地	亩数	12.7	10.2	325.8	897.5	5.7	4.8	32.2	30.2	1319.1
	占总使用土地百分比	1.0	0.8	24.7	68.0	0.4	0.4	2.4	2.3	100
	每人平均	0.18	1.46	1.32	1.50	0.20	0.48	0.06	0.07	0.68

松阳县望松乡八个村各阶层占有土地统计表

成份	户数	占总户数百分比	人口	占总人口百分比	地亩	百分比	每人平均地亩
地主	20	2.1	135	3.5	5714.74	83.0	42.33
富农	33	3.5	165	4.3	305.80	4.5	1.85
中农	264	28.3	1083	28.3	596.90	8.7	0.55
贫农	617	66.1	2442	63.9	264.43	3.8	0.11
总计	934	100.0	3825	100.0	6881.87	100.0	1.80
说明	地主、富农的黑地未计在内。						

上面两个表所反映的该地土地的集中情形是相当严重的。第一表中，地主以3.7%的人口，占据了63.3%的土地，雇、贫、中农以44.9%的人口，仅占有土地20%；地主每人平均占有的

土地为中农的18倍，贫农的63倍。第二表中，土地集中的情况更属惊人，地主竟集中了83%的土地，平均每人达42.33亩，中农每人平均只有5分，贫农每人平均只有1分地。不仅如此，地主所占的田地都是上等的三熟良田，中、贫农占有的土地既少，而且还多属山地。解放前农民为了生活，不得不向地主租种土地，忍受苛重的剥削，正因为这种不合理的土地占有情况，使本区农民，长期生活在饥饿线上。

二、租佃关系及各种封建剥削

甲、租佃的种类、方式及租额

（一）本区农村中最普通的是物租制，一般田以谷交租，地则以玉米、豆、麦、麻等交租；钱租制在抗战前很盛行，但自抗战开始后，伪币跌值，物价不断上涨，收钱租的地主觉得不合算，渐被取消，但个别地主要钱应用时农民就将实物按时价折合代金交租，但这与钱租性质上已有不同。

（二）租佃的方式通常有下列三种：

（甲）定租制：凡较好的地一般都采用定租制，租额较重，起码占土地正产量一半以上，甚至占绝大部分，据丽水城镇第十保的调查，每亩一般产量是350斤谷（最多产量380斤），租额200斤，占总产量的57%。每亩生产成本计：劳动力折谷99斤（牛工33斤，人工11工，每工6斤计），肥料66斤（白矾6斤谷，头发20斤谷，灰肥40斤谷），种子7斤，共计172斤谷。每亩收入350斤（产量），如减去200斤租谷，再减去172斤成本，尚亏22斤，假定每亩可收副产100斤，抵亏数外，一年辛苦实得副产七八斤。

（乙）分租制：分租的租额一般是按照土地的等级而定，土地较好的租额较高，土地较差的租额较低，以对半分租和倒四六分租最普遍，租重的也有倒三七、倒二八分租的。缙云人口多，土地少，故租额较重，景宁等县人口稀少，土地较多，租额也较轻。土质较差的土地，承租人少，地主以减低租额来引诱，故也有少数是四六分租的。

（丙）典佃：业主为了急用，但又不愿出卖土地，就用典佃办法将土地标价出典，典期一般较短（一年、两年），典价按土地等级及产量估计，较一般租额为低，大概典价加上一年利息刚相等于一般租额，但须先付价后种田。这种典价过去都以现款交付，近年都用实物或以实物计算，这种租佃方式在缙云很多。

（三）除此以外，还有：

（甲）押租：丽水一般上等田每亩押租谷100斤（过去用押租金），中等田每亩押租谷50斤，城区每亩租额200斤，押租也要200斤。地主以这押租放息，每年可得利息50斤至100斤。

（乙）垫租（即预租）：这种制度在龙泉城区最普遍，就是先交租后种田，如明年种田，今年先交租，若今年交不起就要算利，例如租一亩田，假定租额为200斤，如今年交不起，明年须交300斤。

乙、高利贷剥削及利率

（一）借粮：近年来伪币日跌，物价不稳，农民常常借一担谷子的款而买不到一担谷，故粮食就成为农村的主要借贷物了。农民于农忙季节或青黄不接的时候，就不得不向地主、高利贷者借粮。这种剥削是很严重的，二三个月时间就要出50％的利息，如7月借谷100斤，9月要归还本利150斤，这还算是最便宜最普通的，最高的有60％、70％、80％，甚至有“对合利”的（就是一倍利，此种高利风行于龙泉一带）。

据丽水的调查：

港南区章村庄，中农吴盛法借谷100斤，自9月至12月每月利息10斤，自次年一月至秋收时，每月利息6斤，一年后还本利188斤。

高溪乡下陈村贫农杨赛木向碧湖地主林鹤亭借小麦100斤，每月利息20斤，复利计算，4个月功夫还本利200斤。

（二）借款：伪币不稳，地主、高利贷者都以现款借贷，实物归还。例如：去年七月间米每100斤卖伪币2000万元，当时物价天天上涨，借到2000万元常常买不到100斤米，到秋收（九月）或年底就要归还本利150斤，但农民大都无粮，只好以现款偿还，但伪币日跌，本利折合现款，成为天文数字。农民没有这些款，只有将猪、桐油、茶油、毛边纸等副业产物，贱价抵偿。这种借贷，表面上看来似很公平，实际上是很严重的剥削。

（三）借“银租”：债主放款与债务人订立借约，规定每年交纳谷若干或桐油若干为利息，并规定须交纳几年，期满还本清债。在限期内债务人虽然有能力偿还，也非忍受所定年数的剥削不可。在物价有涨无跌的情况下，债务人是死路一条。

（四）“以农产物预先定价之买、卖借款”的高利贷剥削也有很多，如放青苗、放桐租等，高利贷者乘农民急需生产资本或青黄不接时压低农产物价格，贱价定货。这种剥削也很严重，缙云双溪乡平坑口村贫农杨朱芬就这样欠了3千多斤桐油债，每年把桐油给债主还不够，结果把桐山都押给地主。

三、副业生产情况

本区副业生产种类很多，现将主要的副业简述如下：

甲、制碗业

龙泉八都区的制碗业是本区重要手工业之一，目前约有碗窑50多个，每窑有工人20人至30人，现有工人约1000余人。销路畅旺时期，每年可出货600多窑（大窑出碗50多担，小窑30多担，平均40担），产量2万5千担至3万担；一般每年可出货400多窑，产量约1万6千担至2万担（大碗每担200多只，中碗每担240多只，小碗每担360多只）。销售浙江各地及福建、台湾、上海等地区。大部是手工劳动，工资按件计，剥削很重，工人生活很苦。

乙、做纸工业

庆元的毛边纸，是本区的另一主要特产，做纸工人约1000余人，大多来自泰顺。厂数及每年产量尚未详细调查，依过去之特产税数估计，每月出产900担左右。运销温州、处州各县。

丙、种香菇

种香菇以庆元、龙泉、景宁三县农民种植最多，约有五六万人，庆元的东区则全部皆是。他们于每年九、十月留下老幼守家，带全家男女到福建、赣南、广东等地种菇，直至次年清明前后回家，故该处学校冬春两季放假，夏秋两季开学。在香菇生产上，菇商对菇民的剥削亦很重。

建德专区农村经济概况

一、一般情况与土地占有情况

甲、一般情况

（一）地理环境

该区位于钱塘江上流，北连新登、於潜、昌化，东界浦江，南邻兰溪、龙游、衢州，西邻安徽之屯溪、徽州。境西有仙霞岭余脉怀玉山，成浙、皖之天然分水岭，山势向东倾斜，形成高低起伏的丘陵地带。地势以遂安为最高（最高的在海拔1100公尺以上），造成钱塘江上流之峡谷。河流有信安江（衢江）由衢州北流经兰溪至建德，与自安徽流入新安江（徽江）相会，称桐江，北流经过桐庐会合天目溪称富春江。该区山多平原少，面积共计：12 662 222市亩（33 766方市里），其中以淳安为最大，占全专区面积33.5%，分水最小，占全区面积8.7%，建德占全区面积19.7%，遂安占全区面积17.5%，桐庐占全区面积11.6%，寿昌占全区面积8.9%。全区白山（荒山）占总面积83.92%，青山占总面积6.42%。耕地面积仅占总面积9.66%，其中田占总面积的6.11%，地占3.42%，荡占0.13%。

（二）行政区划

该区辖建德、淳安、遂安、寿昌、桐庐、分水6县，计32个区，143个乡镇（未划分小乡前），其概况见下表：

建德专区所辖县区乡镇行政概况表

县别	区数	乡镇数	村数(保)	户数	人数
建德	5	28	225	27 271	129 855
淳安	7	34	404	56 009	227 463
遂安	6	20	194	28 498	127 256
寿昌	5	16	153	20 562	87 400
桐庐	5	26	235	27 536	113 621

续表

县别	区数	乡镇数	村数(保)	户数	人数
分水	4	19	113	11 446	48 584
合计	32	143	1324	171 322	734 179

（三）交通

（甲）水路：建德当新安、信安两江之会合处，由新安江南行可通兰溪，西至淳安，上溯可直达安徽、屯溪。自分水至桐庐有天目溪可通，经富春江可直达杭州，该区特产大部由水路输出。

（四）物产

该区主要农作物有稻、麦、玉米、甘薯等，特产有桐油、柏油、茶叶、木材等，产量甚丰。现以建德县为例，列表说明如下：

1949 年建德县主要作物产量统计表

品名		产量	单价(谷斤)	折谷斤数
稻		43 117 800 斤	—	43 117 800
麦		2 378 160 斤	—	2 378 160
杂粮		17 115 280 斤	—	17 115 280
特产	桐油	9500 担	470	4 465 000
	柏油	2574 担	430	1 106 820
	茶叶	4200 担	375	1 575 000
	木炭	17 000 担	23	391 000
	杉木	100 000 桶	290	29 000 000
	柏木	50 000 桶	435	21 750 000
	松木	90 000 桶	200	18 000 000

乙、建德专区各县土地、粮食情况

（一）土地情况

该区土地面积统计如下表：

建德专区土地面积与分类比较表

县别	田	地	荡	山		总面积
				青山	白山	
建德	143 726	80 094	2630	434 366	1 829 010	2 489 826
淳安	176 754	126 891	1948	67 050	3 878 928	4 251 571
遂安	140 992	114 307	2273	48 834	1 911 799	2 218 205
寿昌	120 185	15 343	3300	30 486	963 489	1 132 803

续表

县别	田	地	荡	山		总面积
				青山	白山	
桐庐	147 314	67 795	5184	183 413	1 069 705	1 473 411
分水	44 758	28 727	823	48 913	973 185	1 096 406
合计	773 729	433 157	16 158	813 062	10 626 116	12 662 222

注:此统计表根据专署粮食局旧有田赋册统计

（二）食粮情况

该区1949年农业收获量据统计稻产量205 134 808斤，小麦12 431 907.2斤，其他杂粮79 818 816斤，合计总收获量为297 385 531.2斤，1949年除交农业税5000万斤外，尚剩粮247 385 531.2斤，按人口734 179分配，计每人每年平均得粮362斤，由此可见该区食粮尚不够自给。

（三）土特产情况

该区粮食收获量虽不多，但土特产甚丰。过去都靠土特产向外换取食粮，当地土特产如木材、木炭、桐油、柏油、茶叶、煤炭、纸等都向外换取食粮。

丙、建德专区各阶层土地占有情况

就寿昌、分水、桐庐、遂安四县及建德城关区和淳安港口镇各阶层土地占有情形的调查统计列表如下：

建德专区寿昌、分水、桐庐、遂安四县及建德城关区淳安港口镇各阶层占有土地统计表

成份	人口		土地亩数					各阶层占折合田亩总数之百分比	每人平均数（折合田亩）
	人数	百分比	田	地	山	荡	折合田亩		
地主	7458	1.97	102 727	25 824	46 978	748	107 196	20.38	14.37
富农	18 729	4.95	146 295	27 872	26 829	690	102 519	19.49	5.47
中农	81 588	21.57	120 836	40 864	37 873	880	138 120	26.26	1.69
贫农	187 018	49.44	90 605	32 611	24 536	834	105 104	19.99	0.56
免征户	82 115	21.71	23 268	11 182	7601	120	27 280	5.19	0.33
其他	1304	0.34	23 768	13 667	5816	139	28 573	5.43	21.91
庙宇	86	0.02	3766	1601	863	19	4278	0.81	49.74
学田	—	—	5852	1849	1161	55	6495	1.24	—
公田	—	—	6446	586	1750	23	6380	1.21	—
共计	378 298	100.00	523 563	156 056	153 407	3508	525 945	100.00	1.39

注:本表系根据专署粮食局1950年2月统计。成份划的不正确,仅供参考。其中免征户包括部分中、贫农,鳏、寡、孤、独以及受有灾情者。其他阶层包括居住城区的工商业家兼地主,所以每人平均占有数很大。

二、农业生产概况

甲、农作物产量与增产、减产原因

建德专区山多田少，全区田、地仅占土地总面积9.53%，因此粮食不足自给。该区水田通常以种稻为主，油菜、豆类次之。三熟田中有种荞麦、蔬菜、绿肥及麦子、甘薯、玉米等多种。旱地以种麦子、玉米、甘薯为大宗。冬季农作物的种植比例为：油菜占35%以上（以往历年为50%以上），豆类15%以上，小麦约30%，大麦约20%（去年及往年每年大麦与小麦的种植比适相反）。各县农作物产量见下表：

县别	稻谷			麦子			杂粮		
	种植面积	每亩产量	产量	种植面积	每亩产量	产量	种植面积	每亩产量	产量
建德	143 726	300	43 117 800	29 727.00	80	2 378 160.0	94 040	182	17 115 280
淳安	176 754	250	44 188 500	36 670.50	90	3 300 345.0	117 555	182	21 395 010
遂安	140 992	230	32 428 160	31 828.87	70	2 228 020.9	114 237	182	20 791 134
寿昌	120 185	260	31 248 100	16 944.38	80	1 355 550.4	15 375	182	2 798 250
桐庐	142 314	300	42 694 200	26 888.50	90	2 419 965.0	67 795	182	12 338 690
分水	44 758	256	11 458 048	10 712.37	70	749 865.9	40 761	132	5 380 452
合计	768 729	—	205 134 808	152 771.62	—	12 431 907.2	449 763	—	79 818 816

注:产量以市斤为单位。种植面积以亩为单位。

兹再以建德县1949年11月的农作物产量调查，分全县及典型村统计如下：

建德县1949年农作物产量与常年产量比较表

作物名称	全县情况			礼和乡程头村情况			与常年每亩产量比较		增产或减产之原因
	种植面积	每亩产量	共计产量	种植面积	每亩产量	共计产量	增	减	
水稻	143 676	360	51 723 360	1293.5	250	323 375	—	—	水灾
甘薯	13 030	600	7 818 000	100.0	600	60 000	0	200	因旱
玉米	37 100	140	5 194 000	142.9	69	98 601	0	80	同上
油菜	29 500	60	1 770 000	0	0	0	10	0	开花时天晴无风
大麦	34 000	50	1 700 000	68.2	—	—	0	5	黑穗病
小麦	19 000	60	1 140 000	234.0	—	—	0	10	黄锈病
高粱	4750	200	950 000	0	0	0	0	50	因旱

续表

作物名称	全县情况			礼和乡程头村情况			与常年每亩产量比较		增产或减产之原因
	种植面积	每亩产量	共计产量	种植面积	每亩产量	共计产量	增	减	
花生	1573	200	314 600	0	0	0	0	50	同上
大豆	4910	45	220 950	893.0	29	25 897	0	20	同上
蚕豆	3000	60	180 000	0	0	0	5	0	开花时天晴无风
豌豆	2000	45	90 000	0	0	0	5	0	同上
小麦	1537	40	61 480	0	0	0	0	20	因旱
荞麦	560	70	39 200	0	0	0	0	50	同上
芝麻	393	40	15 720	0	0	0	0	30	天旱

注:种植面积以亩为单位,产量以市斤为单位。

又根据典型调查了解，建德专区各县土地收获量最高最低情况比较如下表：

建德专区各县典型土地收获量统计表

县别	区别	最高收获量				最低收获量				平均收获量			
		稻子	麦子	副粮	菜子	稻子	麦子	副粮	菜子	稻子	麦子	副粮	菜子
建德	洋溪区	400	140	0	80	200	80	0	30	300	110	0	55.0
淳安	城关区	400	120	230	60	220	70	130	25	310	95	180	42.5
桐庐	桑园里	400	200	0	80	200	80	0	30	300	140	0	55.0
遂安	城关区	280	140	60	60	170	90	30	35	225	115	45	47.5
寿昌	二区	400	150	120	80	280	70	60	35	340	110	90	57.5
	三区	500	120	100	0	120	30	30	0	310	75	65	0
分水	一区	350	140	120	70	180	65	70	30	265	103	95	50.0

注:1.田以亩为单位,产量以市斤为单位。
2.平均收获量是指一般平均数,并非由最高最低两项收获量折中而得。

综合以上情况，该区每年田、地、山、荡主副农业收入与全区人口平均需要比较，每人每年尚差粮食50斤，详情见下表：

建德专区1949年农业产量与需要比较表

土地种类	原亩数	折合亩数
田	773 729	773 729
地	433 157	144 386
山	813 069	81 307

续表

土地种类	原亩数	折合亩数
荡	16 158	4039
合计		1 003 461
平均每亩所产折稻(市斤)		315
全年总产量折稻(市斤)		315 845 936
全年每人平均所得(市斤)		430
全年每人需要量(市斤)		480
每人不足数量(市斤)		50

注:全区人口 734 179 人。

各县农业生产成本如下表:

各县农业生产成本概况表

县别	种稻(水田)							种麦(旱地)							
	人力		肥料		种子	其他	合计	人力		肥料		种子		其他	合计
	工数	折谷	饼数	折谷	斤数	折谷	折谷	工数	折谷	饼数	折谷	斤数	折谷	折谷	折谷
建德(东区)	8	56.0	40	40.0	6	20	122	6	42.0	0	0	—	9.0	34.0	85.0
淳安(城区)	—	95.0	—	50.0	4	0	149	—	50.0	0	0	—	5.0	0	55.0
桐庐(桑园里)	—	60.0	—	44.0	5	25	134	—	55.0	0	0	—	10.5	25.0	90.5
遂安(城区)	15	93.5	—	46.5	6	0	146	10	62.5	0	0	—	5.1	6.1	73.7
寿昌(三区)	18	48.0	40	34.0	6	30	118	7	42.0	0	0	8	12.0	10.0	64.0
分水(一区)	10	45.0	40	40.0	5	30	120	9	45.0	0	0	6	9.0	10.0	64.0

注:成本计算以亩为单位,折谷以市斤为单位。

乙、施肥情况

建德区内农民通常用的肥料计有人粪尿、草木灰（或焦泥灰）、厩肥（亦称猪、牛栏粪）、煤灰、石灰、绿肥（紫云英，俗称草子、嫩青、蚕豆青、油菜青、草青等）、桐饼、菜饼、麻饼、柏饼、明矾（桐庐、分水部分稻田采用）、石膏（建德等县部分稻田采用，但不普遍）、淤泥等。

上述各种肥料中煤灰含有速效性磷酸成份，为极佳之肥料。桐、柏、菜饼都是完全性肥料，效用都很大，但均须用粮食换取或购买。人粪尿、草木灰、绿肥等可以靠自己劳力积用，平均一个人工，可以自制草木灰二担。养猪养牛均有厩肥可用。最近十年来桐、柏、菜饼除了比较富裕的中农以上阶层施用外，一般农民大多无力施用，因此也影响了粮食的产量。兹将各县肥料名称、作物、数量、方法列表如下：

三个县施肥的典型调查表

县区乡村别	农家常用肥料名称	施用情况		
		施用作物	每亩地用量	施用方法
建德县洋溪区洋溪镇第七保	人粪尿	稻、麦、玉米、山芋	6—10 担	撒放一次
	草木灰	麦、玉米、山芋	3—4 担	盖放一次
	绿肥	稻	4—6 担	踏放一次
	菜饼	稻	30—40 斤	磨粉混合柴灰撒放一次
	厩肥	稻、麦、玉米、山芋	5—8 担	铺放一次
寿昌县三区劳村庄	人粪尿	农作物均可用	5—10 担	用灰拌或直接施放二三次
	草木灰	稻、麦、山芋	2—3 担	用饼混合或尿混合施放一次
	绿肥	稻	10—12 担	踏放水稻田中一次
	桐菜饼	稻、麦、山芋	30—40 担	混合灰与尿施放一次
	厩肥	稻、麦、玉米、山芋	10—15 担	铺放或掩在田中分一二次
分水县一区蠡湖村	人粪尿	农作物通用	3—6 担	—
	草木灰	稻、麦、豆、山芋	4—6 担	—
	绿肥	稻	4—5 担	—
	菜饼	稻、山芋	40—50 斤	—
	桐饼	稻、山芋	30—40 斤	—
	厩肥	稻	—	—

再将各阶层施用肥料之种类与数量分为一般和典型列表如下：

施用肥料种类	建德县各阶层一般每亩田施用肥料数量（市斤）				建德县礼和乡程头村各阶层每亩田施用肥料典型调查			
	地主	富农	中农	贫农	地主	富农	中农	贫农
人粪尿	400	450	400	150	500	550	500	200
泥灰	500	1000	1000	400	600	800	800	350
桐饼	35	35	20	0	40	40	25	0
厩肥	2000	2500	1000	250	1800	2100	900	400
菜饼	40	40	20	0	40	40	30	0
煤灰	55	50	40	20	40	45	30	20

三、特产、土产情形

甲、特产的种类及生产概况

（一）木材：该区出产以杉树为多，次是马尾松、瓔珞柏。以建德、淳安出产最多，深山中森林茂盛，在沿江交通便利的地方，大部都已砍伐，但少种植，对水利有很大的影响。

造林一般都是先在山地垦荒，种过杂粮后的第三年春天（清明前后）栽苗（杉树扦插），每亩可种240株，约有200株成长（因种下有死掉的）。一般生长期较长，其中杉树最短，约15—20年就能砍伐，松树需30—40年，柏树最长，需40—50年。砍伐期间多在冬季，自中秋节起至翌年3月止（因3月后溪水拦住灌田，木材即不能运出），顺溪江而下，销售沪、杭。

成本：以一亩杉树计算，开荒工6个（没种过杂粮的荒地），采苗工、种工3个，砍运工30个（运至河边止），以每工10斤米计算，共需米390斤（折谷507斤）。由河边运至杭州运费为木材价格的10%。

由于近年来国民党反动统治压榨及残酷的封建剥削，农民极端贫困，在交租和高利贷剥削后，所得无几，且木材外销不佳，种植年数又长，农民整天忙于生活，无心造林，因此产量大受影响。

据1947年建德调查，杉木出产量是17万楠，但在1949年仅产杉木10万楠。淳安1937年产量是1万楠（杉木），而1949年产量仅4000楠（杉木）。各县现有森林统计如下：

建德专区林产种植面积株数统计表

县别	森林面积(市亩)	主要树木	株数
建德	126 998	马尾松、杉、柏、桐	16 050 000
淳安	235 332	同上	11 716 000
遂安	88 567	同上	7 837 500
寿昌	28 000	同上	3 819 500
桐庐	365 000	同上	4 690 700
分水	20 000	同上	1 241 000
合计	863 897	—	45 354 700

（二）桐油：新安江流域的桐油品质占浙江第一位，产量甚丰，以建德、淳安、桐庐为最多，分布面积甚广，在全盛时代，山坡到处可见桐树林。

桐树大都是三年桐，一般在种过杂粮两年后的山坡上，于清明前后种植，每年都要铲草、施肥。种植后第三年十月即可收果，再过三年后即行衰退。每亩约种100株左右，每株每年产果7斤至8斤，4斤果开1斤乌子（桐子），2斤乌子开1斤桐白，2斤桐白可榨1斤油。近年外销不佳，油价低落（由每担4石米降低到2石），且受高利贷剥削，培植既要化人工（铲草等），产后又卖不出去，且无利可图，因此，大部已种杂粮，就是所种的一些，也没有很好的栽培，因此产量大减。

据淳安调查，战前每亩产量是220斤（桐子），而1949年每亩仅产70斤。

（三）柏子：都为分散种植于田埂、河边，以淳安、寿昌、桐庐为最多，而以淳安威坪品质最佳，称为坪油，该地农民每户都种有几株，田野间到处可见，产量甚多。

柏子在清明前后种植，到第8年后可结子，收成有大年、小年，相差很大。开始产量不多，以后逐年增多，20年后可旺生，每株最高可产100斤柏子。在霜降时摘下，每百斤可榨皮油20斤至25斤，青油10斤至12斤，青饼与腊饼50斤左右。青油与皮油大部用于制皂、烛及提炼甘油和润滑油，在乡村里用以点灯。青饼可作肥料，腊饼可当燃料，大部内销。

据建德调查，三年来柏油（包括皮油、青油）产量的变化不大，1947年产2500担，1948年产2000担，1949年产2574担。因为培植柏树所化人工与成本甚少，且销路尚佳，所以近年柏油产量未减少。

（四）茶叶：盛产于高山寒冷干燥之地，分布面积甚广；大都是绿茶（桐庐、分水也产红茶），以淳安、遂安产量最多，淳安、遂安珍眉茶和建德云雾、龙山茶品质最佳。茶树于清明后种植，每亩可种100丛左右，须很好的栽培，于五六年后始可采茶。清明后谷雨前采摘的是芽茶，过时后就是粗茶，每丛平均可产2斤干茶（盛时），尤其是淳安的茶园威坪盛时每亩最多可产4担干茶。近年外销大部断绝，价钱低落，生产不够成本，且技术落后，保护与焙制都没有新式方法，产量大减。据淳安的调查，战前平均每亩产200斤，而1949年每亩产量仅57.8斤，减产达70%以上。

（五）柴炭：山地野生树木甚多，以麻栎、青冈栎、苦槠最多，分布面积甚广，山中无地与少地的农民，大都靠打柴烧炭来解决生活。木柴产得多的地方，山中到处可见木炭窑。以麻栎烧的炭品质最佳，柴炭大部输往沪、杭。

建德专区特产产量比较表

县别		建德	淳安	遂安	桐庐	寿昌	分水	合计
桐子	战前产量	30 000	60 000	8000	72 000	20 000	37 000	227 000
	现在产量	19 000	20 000	2000	—	20 000	3000	64 000
	现在产量占战前的百分比	63.33	33.33	25.00	—	100.00	8.11	28.19
柏子	战前产量	3000	20 000	8000	14 000	15 000	1000	61 000
	现在产量	7800	20 000	5000	7350	20 000	5000	65 150
	现在产量占战前的百分比	260.00	100.00	62.5	52.50	133.33	500.00	106.80
茶叶	战前产量	8000	20 000	20 000	7000	3000	3000	61 000
	现在产量	4200	10 000	4500	3000	990	2100	24 790
	现在产量占战前的百分比	52.50	50.00	22.50	42.86	33.00	70.00	40.64
木炭	战前产量	16 500	15 000	40 000	46 000	16 000	8000	141 500
	现在产量	17 000	12 000	38 000	48 000	8000	5000	128 000
	现在产量占战前的百分比	103.03	80.00	95.00	104.35	50.00	62.50	90.46

注：此表统计均以市担为单位。

四、煤灰与石灰的生产概况

甲、产区概况及其沿革

因该区位于山区，大部系冷水田，且含有酸性，故煤灰与石灰为该区田、地重要而且普遍施用的肥料（温水田也用，但用量少）。且该区石灰石（俗称硃矿）与煤（一种品质甚劣的煤，只能烧煤灰，不能作其他动力燃料用）的蕴藏量极丰富，同时产灰地区大半傍山临水，运输便利，易于外销，因之产量很多。

根据寿昌调查，灰石山起初都是公的，当发现能烧煤灰时，即被发现者占为己有。过去农村在封建势力的统治下，这种山大部为地主阶级所占有，也有个别属于村庄公有的，但亦多为地主所掌握。因此雇工烧窑的窑头必须向山主租用，每窑每年烧灰不论多少，要70余担稻子的租价。

石灰岩与煤的分布面积很广，但储量多的都集中在几个区域，如建德洋溪、淳安威坪等。在蕴藏量多交通便利的地方，集中有大量资金的即能烧大窑，而在蕴藏量少而交通不便利的地方就只能烧小窑。

乙、煤灰与石灰的性质、效用和用法

煤灰与石灰均为碱性物，适用于略带酸性的农田（包括地），据浙江省农改所化验结果，发现其中含有速效性磷酸成份，为极有价值之农用肥料。其对土地的效用：

（一）杀灭害虫——可杀灭扑灯蛾之幼虫、马蛭、牙虫、青虫等，普通的寄生小幼虫都能杀死。

（二）中和酸性土壤——山区的冷水田含有酸性，使植物不能正常生长，影响收获，煤灰与石灰皆含有钙质，为重要钙肥之一，能拔苗，使植物加速成长而坚强。

（三）腐烂其他植物——农田中的绿肥或厩肥不易腐烂，以及禾田中有其他杂草与遗留之麦根，加了煤灰与石灰，能使它腐烂成为肥料，使有机物加速分解。

（四）能使粘土轻松，沙土细密。但在使用煤灰与石灰过多时，超过土地吸收量之饱和点，煤灰与石灰就不能变为碳酸氢钙而沉淀，留在地内时，土质要变硬。

石灰作用大致同于煤灰，但在坂田使用时效力不及煤灰，一般煤灰效力比石灰大1/3，用30斤煤灰，改用石灰即需45斤左右。

根据桐庐、寿昌调查，煤灰与石灰必须年年用，如第一年用50斤，则第二年也得用50斤，否则要减产。

山坞里的冷水田用得多一些，因山坞里的冷水田太阳晒得少及涧水很冷的缘故。普通的坂田少用些；地比田要少用些。一般的用煤灰20斤到40斤左右，最多至60斤，温水田也可用，但最多到40斤。

所用煤灰数与其所能增产粮食比例，附表如下：

一般坂田所用煤灰、石灰量与增产的比例

项目	煤灰(市斤)			石灰(市斤)		
使用量	0	30	40	0	45	60
产量	300	330	360	300	330	360
增产百分比	0	10	20	0	10	20

一般烂田所用煤灰、石灰量与增产的比例

项目	煤灰(市斤)			石灰(市斤)		
使用量	0	45	60	0	45	60
产量	300	330	360	300	330	360
增产百分比	0	10	20	0	10	20

注:山坞里的冷水田使用与增产情况大致与烂田相同。

农民在每年稻田插秧后20天将水放干，施以石灰或煤灰（石灰一定要在晴天施，煤灰可在阴天或晴天)。煤灰与石灰在使用前，须先放在泥地上分解，煤灰较快，经风化成粉后，再伴以草木灰，分两次施用，每亩每次约使用煤灰20斤，多至30斤，太多不好；施下后即用铁耙耕耘一次，使灰质混合土中，过了二三天，稻禾定见郁茂，再隔十多天，照样使用一次，两次合计共30斤至50斤，太少与太多都不好。

丙、产量及其销路

由于制造煤灰与石灰的窑户资金薄弱，所以其产量多少大部依靠订购与外销数量而定。

建德洋溪有煤灰窑4个，在战前每年可以出产煤灰4万担以上，现在因为农民购买力薄弱，仅能产1万5千担至2万担。

建德县1937年出产煤灰4万担，现减至2.5万担，桐庐也由3万余担减至1.4万担。

淳安县抗日战争前煤灰与石灰的产量最高65万担（煤灰36万担，石灰29万担)。抗战时在敌伪压榨下，交通又不便，产量低落；抗战胜利后，在国民党匪帮的摧残下，产量更降至337 200担左右。该县威坪区共有26个煤灰窑（威坪乡17个，蜀阜乡1个，三源乡8个)，在抗战前因销路广阔，运销与资金都没有困难，所以生产量就大，最高产量达24万担，抗战后产量逐渐降低至1万5千担，抗战胜利后生产水平还是下降。

过去产区自用较少，大部外销于金华、兰溪、永康、歙县、屯溪、休宁、婺源一带，威坪乡17个窑，以内销为主，三源、蜀阜2个乡9个窑以外销为主，往年灰窑产灰60%以上为外来灰客所预订，40%为临时到窑现买及船户借灰运销（窑主不做运销)，而今年仅歙县、屯溪一带有个别灰客预订少量。

每年全专区约有15万担以上可以销出，以金华区销最多，次为宁、绍、杭、萧山、於潜、徽州、丽水一带，大部由水路运销。

丁、成本与售价

烧煤灰 1000 担需开采煤工、打灰石工、挑运工共 700 个工，折合成本一担煤灰需要 13 斤米左右。售价分预定和现买两种：预定价格较低，每担灰价格合苞米6.5升，今年7.5升，临时到窑现买每担灰价合苞米 1 斗 1 升（即按成本加 25%计算）。

中共建德地委调查室

1950 年 3 月

衢州专区农村经济概况

一、概况

甲、全专区辖衢州市（辖有 2 个镇）、衢县（辖 6 个区）、龙游（辖 6 个区）、江山（辖 7 个区）、常山（辖 5 个区）、开化（辖 4 个区）、遂昌（辖 5 个区）6 县 1 市，共计 35 个区，149 个乡，1719 个行政村，总面积计45 387平方华里，17 020 384市亩（衢州市除外），约占全省总面积 11%，以遂昌为最大，计 3 836 241 市亩，占全区面积 23.54%；其次为衢县，面积共 3 494 625市亩，占全区面积20.53%；开化共3 261 690市亩，占全区面积19.16%；江山共 3 015 346市亩，占全区面积17.72%；常山共1 736 350市亩，占全区面积10.20%；龙游共 1 676 132市亩，占全区面积9.85%。

全专区土地以山地为最多，约占 82%，道路、河湖、沙涂等约占 2%，农田宅地约占 16%。平原面积以龙游比例较大，占该县面积27.8%；衢县次之，占该县面积24.6%；再次为常山，占该县面积16.8%；江山占该县面积16.3%；开化占该县面积8.4%；遂昌占该县面积 4.6%。至于耕地、荒地、林地等面积详见后述。

乙、全专区计250 581户；总人口为1 133 484人，其中男613 071人，女520 413人；人口以衢县最多，计285 220人，江山次之，265 720人，其余依次为龙游171 468人，常山134 579人，遂昌125 427人，开化最少为114 382人。衢州市36 688人。全专区有大小城镇 36 个，共计城市人口149 197人，占全专区总人口的13.16%。其中 3 万以上人口的城镇仅有衢州市 1 个。

兹将该区各县城镇人口统计列表如下：

县名	城镇数	人口	占本县人口百分比
衢县及衢州市	8	56 818	17.65
龙游	5	22 594	13.18
江山	15	40 021	15.06
常山	3	11 857	8.81

续表

县名	城镇数	人口	占本县人口百分比
开化	4	13 000	11.37
遂昌	1	5007	3.99

丙、土地占有情况：根据各县所作的典型调查，列比例表如下：

成份	项别	衢县	龙游	江山	常山	开化	遂昌
地主	户口百分比	1.2	2.3	3.7	3.7	3.9	1.4
	人口百分比	1.5	4.8	4.8	6.3	5.6	1.7
	土地百分比	17.9	41.4	25.0	58.2	49.6	20.9
	每人平均亩数	21.60	22.40	10.40	22.70	8.80	23.64
富农	户口百分比	3.7	5.0	3.7	4.1	3.9	2.7
	人口百分比	4.4	7.8	4.9	2.9	3.6	3.3
	土地百分比	23.9	16.5	4.6	8.8	16.2	13.0
	每人平均亩数	9.90	6.04	1.90	7.40	4.40	6.09
中农	户口百分比	22.4	26.5	9.7	10.2	8.8	35.6
	人口百分比	22.5	31.8	10.6	9.7	9.5	38.4
	土地百分比	28.8	26.6	6.7	9.7	16.4	35.8
	每人平均亩数	2.40	2.13	1.28	2.50	1.70	1.70
贫农	户口百分比	72.6	59.8	48.3	72.7	83.4	60.3
	人口百分比	71.4	54.0	46.7	78.6	81.3	56.6
	土地百分比	29.3	15.5	13.0	23.2	17.8	30.3
	每人平均亩数	0.76	0.77	0.56	0.73	0.22	0.96
每人平均土地		1.80	2.57	2.01	1.88	2.38	1.84

注：各种百分比的基数中，包括地主、农民以外的其他阶层的数字在内（衢县、开化、遂昌不包括其他阶层），但为了简便起见，所以表上不列其他阶层。

该专区土地占有比较集中，例如常山县地主之户口不到总户数的4%，却占有土地达总土地数的58.2%；而占总户口73%的贫农，仅占有总田亩的23.2%。地主每人平均有22.7亩；而贫农每人平均仅占有0.73亩。

表中江山县地主所占土地虽较少，但该县公田却占总田亩数的50.7%，这些田大部操纵在地主与富农手中，如再加上地主、富农本阶层原占有数计算，则他们所掌握的土地就超过总土地数的80%以上，而占总人口的最大多数的贫、雇、中农所占有的土地，尚不到总田亩数的20%。这即说明该县的土地仍然是很集中的。

二、农业生产

甲、农作物情况

（一）土地面积（全专区耕种面积尚无精确调查，下表数字仅供参考）：

县别	水田	山地	旱地	塘地	沙涂	荒地
衢县	444 070	95 249	160 015	17 812	14 930	84 356
龙游	346 000	28 376	49 519	7580	—	12 000
江山	331 123	200 149	23 879	14 705	1429	18 563
常山	168 377	54 104	91 265	—	6470	64 337
开化	166 821	7175	89 828	368	—	50 000
遂昌	214 183	218 960	90 620	16 761	2234	22 000
总计	1 670 574	604 013	505 126	57 226	25 063	251 256

（二）农作物种类及产量：

该专区农产以水稻为主；其次大麦、小麦、玉米、大豆、粟、荞麦、番薯；再次为高粱、芝麻、蚕豆、豌豆等。油菜、棉花、烟草、甘蔗等特种作物亦有少量出产。总计全专区可产稻谷约500万担，折米350万市担；杂粮50万担，折米35万市担；二者总计为385万市担。全专区110万人口，每人每日以食米一斤计，即需400万市担，故尚缺粮约15万市担。所缺之粮，则以该专区土特产向外地交换粮食来补足。此外如棉花、烟草等均不够自给，亦须自外地输入。

全专区农产与战前相较，产额平均减低约为20%，原因是由于农民多年在敌伪与国民党以及买办官僚和地主阶级等残酷的统治与剥削之下，生活贫困，肥料缺乏，耕牛农具不足，自然灾害无法防治，遂致产量激剧下降。

现单就水稻一项战前与战后的产量比较如下表：

县别			衢县	龙游	江山	常山	开化	遂昌
1936年	面积(亩)		438 808	360 000	331 123	168 000	173 430	214 183
	产量	担数	1 535 828	1 050 000	887 409	420 000	523 000	384 529
		百分比	100.00	100.00	100.00	100.00	100.00	100.00
1948年	面积(亩)		438 848	346 000	331 120	160 000	—	214 183
	产量	担数	1 228 774	800 000	559 596	384 000	—	346 692
		百分比	80.01	76.19	63.06	91.43	—	90.16
1949年	面积(亩)		440 070	346 000	331 120	158 000	166 821	241 183
	产量	担数	1 336 650	865 000	804 629	410 900	416 000	353 402
		百分比	87.03	82.38	90.67	97.83	79.54	91.91

水稻每亩平均产量（斤）见下表：

年份	衢县	龙游	江山	常山	开化	遂昌	平均
1936年	350	300	268	250	300	180	274.7
1948年	280	230	169	240	—	160	215.8
1949年	300	210	243	260	250	165	238.0

其他主要杂粮生产亦见减少，如小麦战前每亩产量为70至80斤，1949年每亩产量仅及战前的60%左右。

1949年杂粮生产情况见下表：

1949年主要杂粮生产统计表（单位：担）

类别	衢县	龙游	江山	常山	开化	遂昌	总计
麦类	75 100	75 000	63 770	14 310	15 000	6354	249 534
玉米	111 420	3780	53 220	63 400	66 000	3648	301 468
番薯	18 635	18 000	83 101	22 020	40 000	38 502	220 258
豆类	66 036	71 526	68 151	18 052	15 000	1123	239 888
油菜	15 000	—	4088	10 800	11 000	1764	42 652

（三）耕种情况：

该专区一般情况，每一壮年男子平均可种旱地10亩或水田12亩，女子参加主要劳动者不多，仅从事附带劳动，儿童多从事放牛、除草、砍柴等工作，农忙时有实行换工习惯。

该专区夏季作物以水稻为主，栽培面积占田、地总亩数的90%，其余10%则种甘蔗、烟草、棉花、靛青等；秋季作物以马料豆、大豆、粟、玉米、荞麦、番薯等为主；冬季作物以大麦、小麦为主，间种油菜及少数蚕豆、豌豆等。

土地种植有每年三熟、二熟、一熟之别。三熟制：一般夏季为早稻，秋季为马料豆，冬季为麦类；或夏为大豆、六月豆，秋为粟、荞麦、玉米，冬为麦及油菜等。二熟制：夏为晚稻，冬为麦类、油菜；或夏为棉花、烟草、甘蔗、靛青，冬为麦类、油菜或蚕豆、豌豆等。一熟制：夏作为晚稻或双季稻、甘蔗等。若以栽培面积估计，则三熟者占40%，一熟和二熟各占30%。

作物品种，除小部分稻、麦用纯系种外，概系土种，病虫害稻以螟虫为最大，麦受黄锈病为害最重，损失数字甚大，估计约为稻麦总数的10%至20%左右。

乙、肥料

因该专区各县情况不同，所以肥料的价格和施用量亦各异。一般农民所用肥料，大部分为自然肥料，其中以人粪尿为主，厩肥次之；一部分施用商品肥料，如石灰、石膏、骨粉、油饼之类；化学肥料则很少使用（战前曾有少量采用）。兹将一般通用的各种肥料略述如后：

（一）人粪尿——除自积外，尚需向城市购买，每担价格合米4至6斤。用途广泛，为农村主要肥料。

（二）草木灰——除自积外，亦需向城市购买，每担约值米 3 至 10 斤，每亩用量百斤左右。

（三）厩肥——均系自积，以猪、牛粪为主，每亩用量在 10 担左右。

（四）绿肥——多在田中植紫云英或取野生植物幼苗，用量不定，每亩 10 至 20 担。

（五）河泥——即挖取河塘泥土作为基肥，用量不定，每亩约在 10 余担以上。

（六）饼类——即豆饼、桐子饼、菜饼等，但价格很高，每担合米 70 至 100 斤，每亩用量约二三十斤，因为价昂，农民无力大量购用。

（七）骨粉——多向乡间收购，每斤合米二三斤，每亩约用 5 至 8 斤，拌泥使用，亦因价昂，用者不多。

（八）石膏——多与绿肥、草木灰并用，每亩用量约 2 斤。

（九）石灰——石灰为该区土壤之特种有效肥料，不能缺少，用量随土质而定，一般每亩约为 1 担至 3 担左右，不但肥田，且可防治虫害。

丙、农具及耕畜

该专区农民无新式农具，仍使用旧式生产工具，如犁、锄头、耙、铁锹、四齿耙、铁铲、水车、杓、桶等亦均缺乏，尤以大型水车、犁、耙等为甚，农民多互相借用，以资调剂。

耕牛尤感缺乏，兹将战前战后每百家平均耕牛数作一比较如下：

年份	耕牛种类	衢县	龙游	江山	开化
1936 年	水牛	33	17	13	32
	黄牛	17	21	10	22
1948 年	水牛	20	11	13	—
	黄牛	5	16	10	—
1949 年	水牛	18	10	12.8	17
	黄牛	9	14	9.4	11

由上述统计，耕畜减少情况，以 1949 年与战前比较，四个县平均每百家黄牛减少 7 头，水牛减少 9 头，全专区计 25 万户，以 80％的农民计算，20 万户的农民总计减少水牛1.4万头，黄牛1.8万头，共3.2万头之多，而战前的耕牛即已感不足，故现在耕牛缺乏的情形，更可想而知了。

丁、家畜、家禽

家畜、家禽之饲养情况详见下表：

种类	时期	衢县	龙游	江山	常山	开化	遂昌	总计
猪	战前	62 270	80 000	32 120	38 420	30 000	13 980	256 790
	1949 年	29 840	50 000	34 160	29 510	8000	12 580	164 090

续表

种类	时期	衢县	龙游	江山	常山	开化	遂昌	总计
羊	战前	8980	1000	—	540	—	210	10 730
	1949 年	1200	900	—	210	—	140	2450
鸡	战前	213 200	180 000	212 150	—	200 000	157 500	962 850
	1949 年	239 500	170 000	182 690	—	60 000	35 160	687 350
鸭	战前	35 900	50 000	32 740	—	10 000	2550	131 190
	1949 年	39 200	6000	21 420	—	2500	2310	71 430
鹅	战前	7780	1000	2640	3520	—	1890	16 830
	1949 年	6650	1000	2360	2130	—	1620	13 760

三、副业情况

各县副业生产，种类很多，主要者有下列几种：

（一）衢县——制扇、麻绳、草鞋、烧砖瓦、烧陶瓷、造纸。

（二）龙游——砍柴、腌火腿、制红糖、制粉干、造纸。

（三）江山——制扇、制帽、造土靛、造纸。

（四）常山——制砂糖、榨油、砍木材、造纸、烧石灰。

（五）开化——制茶油、制柏油、采松脂、榨油。

（六）遂昌——制土靛、伐木、砍柴。

四、森林、果树情况

甲、森林

全专区山岳面积约为1300余万亩，而森林面积根据各县调查（包括经济林如竹山、桐林在内），约400余万亩，树木直径5英寸以上者，估计不过4000余万株。近年来因农民生活贫困，无力保养山林，致桐林、竹山、薪炭林破坏甚多，影响水土保持，所以水、旱灾害连绵不断。目前各县苗圃面积仅117亩，种植苗木约67万株。

乙、果树

该专区果树出产，以橘之产量为最多，输出金、兰、沪、杭一带，产区集中衢江两岸，年达5万担。此外桃、李、梨、柿、枇杷、杨梅、柚等各县均有出产，但种植分散，产量不多。

五、手工业情况

该专区手工业种类繁多，遍布各城、区、乡、镇，主要手工业约在42种以上，工人约计5000余人，普通每日工资平均在六七斤米左右。兹将手工业工人情况略述于后：

甲、种类

有针织、肥皂、糖业、织布、铸锅、锡作、榨油、制伞、造纸、皮鞋、制酒、烟丝、制酱、蜡烛、制香、鞭炮、饴糖、豆腐、水碓碾米、印刷、机械修理、染坊、铁匠、木匠、泥水匠、石匠、竹匠、裁缝、理发、瓦匠、箍桶、担挽、木车、棺木、剪刀、造船、粉皮、锡箔、锯板、油漆、铅皮等。

乙、工人人数及工资情况

（一）衢州市——工人1243人，盛时约1794人，平均每日工资约6.5斤米。

（二）衢县——78人，盛时约180人（不全），每日工资6斤米。

（三）龙游——2282人，盛时约8795人，平均每日工资6.5斤米。

（四）江山——540人，盛时约1118人，平均每日工资约7.8斤米。

（五）常山——364人，盛时约834人，平均每日工资约6.5斤米。

（六）开化——186人，盛时约293人，平均每日工资约7.5斤米。

（七）遂昌——226人，盛时约491人，平均每日工资约6斤米。

六、土特产的产销情况

根据1949年调查，该区土特产的产量、输出情况见下表：

名称	产区	盛年产量（担）	最近产量（1949年）	输出情况			
				盛年输出量	价值（合米石）	1949年输出量	价值（合米石）
土纸	衢、龙、江、常	500 000	103 000	400 000	300 000	81 000	59 250
柏油	衢、龙、江、常、遂	39 315	17 378	29 449	137 347	13 300	55 200
青油	衢、龙、江、常、遂	20 425	7250	3075	12 225	1700	7100
桐油	开、常、遂、江	19 353	12 853	15 150	75 750	7150	35 750
茶油	遂、常、开	73 070	29 500	55 800	55 800	18 500	18 500
菜油	江、开、衢	—	13 588	—	—	3000	9000
竹笋	龙、衢、遂、江	30 000	20 000	20 000	30 000	15 000	15 000
木材	江、开、常、遂	—	180 000(株)	—	—	180 000(株)	46 000

续表

名称	产区	盛年产量（担）	最近产量（1949年）	输出情况			
				盛年输出量	价值（合米石）	1949年输出量	价值（合米石）
木柴	江、开、常、遂	—	—	—	—	1 095 000	29 500
木炭	衢、江、遂、开	—	—	—	—	185 000	32 300
红糖	常、龙	11 300	4600	5200	26 000	1250	6250
橘柑	衢、常	120 000	37 000	90 000	60 000	25 900	17 000
矿产	江、遂	—	—	—	—	（煤、硫磺）	2000
小猪	江、龙	—	—	—	—	16 800（只）	2788
麻皮、棉花	遂昌	3000	2000	3000	9000	2000	6500
白笋干	遂昌	3000	2000	3000	10 000	2000	10 000
靛青	遂昌	8000	1500	300	1200	300	900
总计	—	—	—	—	717 322	—	353 038

注："衢"——衢县，"龙"——龙游，"江"——江山，"常"——常山，"遂"——遂昌，"开"——开化。

土特产输出中，以土纸及油类的价值最大，最盛时仅此两项合米即达581 122石以上，占土特产输出总值80%以上，然现在衰落特甚，土纸输出仅及盛时的1/5，油类也降至1/2以下。

土纸、油类以外，占输出比重较大者如木材、木炭、木柴等，估计约值米10万石左右，再次如橘柑、竹笋、红糖等，约值米5万石左右。橘柑、竹笋盛年输出约值米10万石。总计1949年土特产之输出约折米353 038石以上，尚不及盛年的50%。

中共衢州地委调研室

1950年3月

衢县农村经济概况

一、概况

甲、衢县位于浙江西南部，为浙赣交通要道，水陆交通均甚便利。县境有衢市、杜泽、大洲、樟潭等8个城镇。全县总人口为321 908人（内衢州市人口36 688人），农村人口为265 090人，城镇人口56 818人。

乙、全县土地面积：依照伪浙江省政府经济年鉴所载为3 494 625市亩（衢市除外），其中已耕地计：水田444 070亩；山地95 249亩；旱地160 015市亩；塘地17 812亩；沙涂地14 930亩。未耕地计：熟荒（公有地）84 356亩。

丙、该县各阶层土地占有情况：该县自抗战以来土地占有是日趋集中的，地主及富农占有土地约占总田亩数的70%以上。兹以北化乡姜家坞村的土地情况为例，来看农村土地集中的情况。

姜家坞村各阶层土地占有情况调查统计表

成份	户口		人口		占有土地		
	户数	百分比	人数	百分比	亩数	占全村土地总数百分比	每人平均数
地主	3	1.83	38	4.90	370.8	46.66	9.76
富农	2	1.22	17	2.19	72.2	9.08	4.25
中农	31	18.90	146	18.81	148.9	18.74	1.02
贫农	114	69.51	538	69.33	197.0	24.79	0.37
雇农	14	8.54	37	4.77	5.8	0.73	0.16
合计	164	100.00	776	100.00	794.7	100.00	1.02

二、农业

甲、农作物情况

全县土地中，山地占很大比例，耕地面积仅占1/5。稻及杂粮产量不足自给，故尚须以土特产向外地交换粮食。该县在抗日战争以来，屡经日寇及国民党反动派的摧残榨取，农民生活贫困，生产资本缺乏，水利失修，病虫害无法防治，产量因而大减。兹将该县农作物历年产量列表如下：

作物名称	1936年		1948年		1949年		每亩平均产量(担)		
	面积(亩)	产量(担)	面积(亩)	产量(担)	面积(亩)	产量(担)	1936年	1948年	1949年
水稻	438 808	1 535 828	438 848	1 228 774	444 070	1 336 650	3.50	2.80	3.01
麦类	—	—	265 878	187 457	150 200	75 100	—	0.70	0.50
玉米	—	—	22 886	41 892	92 850	111 420	—	1.83	1.20
甘薯	—	—	3500	14 000	3721	18 635	—	4.00	5.02
豆类	—	—	—	—	—	66 036	—	—	—
杂粮	—	—	—	—	—	57 892	—	—	—
油菜	—	—	42 500	33 525	41 660	15 000	—	0.79	0.36

1949年所产粮食（包括玉米、甘薯、豆、杂粮），共计原粮1 665 733担，以每人（大小平均）每年需原粮6担计算，全县全年共需粮食1 931 448担，共缺粮265 715担。

乙、肥料

（一）该县农村主要肥料种类及施用情形：

人粪尿——自积或向城区购买，其价格战前与现在均为1升米一担。施用于稻、麦、棉、玉米、油菜等农作物，每亩约用6担，分二三次施用。

草木灰——自积，施用范围与人粪尿同，每亩约用40斤，分2次施用。

石灰——向石灰窑购买，每市担需米1斗5升，施用于稻田每亩100斤，使用很普遍。

石膏——每担需米1石，施与秧田，每亩约需8斤。

厩肥——自积，以牛、猪粪和草灰集聚而成，肥效很大，各种作物都可用，使用普遍。

（二）该县在国民党反动统治时期曾贷放过硫酸铔及磷铔，但肥贷均被少数地主、官僚中饱，农民并未受到实惠。

丙、经济作物

该县经济作物只有土棉一种，其他如茶叶，为野生茶，数量极少。土棉1944年的栽培面积为12 750亩，产量为7650担籽棉；1949年的栽培面积为4250亩，产量1700担。减产原因是因肥料不足及旱灾影响。每年所产尚不够自用，须向外地购进棉花。该县采制棉花均系用手或脚踏之工具，每担需工资折米6斗。

丁、农具、耕牛

该县生产工具均系旧式，农村主要生产工具为犁、耙、锄、铁锹、铁铲、水车、杓、稻桶等类，穷苦农民尚无力购买。除地主、富农农具不缺外，中农、贫农大都残缺不全，过去均系向地主、富农借用或农民间互相调用。

生产工具数量表

种类	抗战前每百家平均数	胜利后每百家平均数
犁	50	40
锄头	95	90
铁锹	60	50
铁铲	100	100
耙	50	40
水车	35	25
杓	100	100
稻桶	40	30

该县耕牛在抗战前足够使用，战时经敌寇二度流窜及国民党反动派军队任意宰杀，加上疫病死亡，农民无力添购，故耕牛大为减少，农民耕种时不得已多以人力代耕牛。兹将历年耕牛情况列表如下：

耕牛情况比较表（每百家占有耕畜头数）

种类	1936年	1948年	1949年
水牛	33	20	18
黄牛	17	5	9

戊、农村副业

该县农村副业有制麻绳、制扇、制草鞋、烧砖瓦、烧陶瓷、造纸、榨油、饲养家畜等项，以制扇、制草鞋、饲养猪羊最为普通。战前平均每一农户养猪一头，近年来销路欠佳，又因缺乏饲养，因此产量锐减。

家畜历年产量比较表（单位：头）

种类	1936年	1948年	1949年
猪	62 270	51 250	29 840
山羊	8980	3950	1200

己、森林、果树情况

（一）森林

全县森林面积1 025 000市亩，植有林木3 075 000株，其中有部分林木种植年代已达7年至12年，但历年被日寇、国民党匪军强砍，游民盗伐，被损害的林木约有50万株。该县南部山区都系种植毛竹、松树。

（二）果树

该县果树以航埠区之衢橘最为著名。其余果树如枇杷等类均非集中栽培，而家庭果园种的很普通，故产量亦较多。

果树产量统计表

果树名称	栽培面积(亩)	1949年每亩产量(担)	全年总产量(担)	每担价格(合米斗)
桃	135	3.3	450	2.0
枇杷	—	—	2350	3.5
李	—	—	1300	2.0
石榴	—	—	1540	3.0
柑(衢橘)	2500	6.8	17 000	3.5

该县果品除衢橘运销沪、杭外，其余各类均行销本地。

三、手工业状况

根据樟潭镇的调查，全镇共有住户504户，计2438人。该镇为逐昌、龙游、开化等县木炭及木材集散市场，商业以木行为重心。手工业仅有炭篓、篾练（系代替绳子，用以捆扎木排）两种。炭篓业往年最发达时，从事该业者共有 30 人左右，篾练业则有 150 人左右。两业工人每人全年平均工资收入计食米十五石。但因近年木材、柴炭销路呆滞，以致影响了该项手工业的发展。

该县有脚踏轧花机 150 架，油车 100 部，碾米水碓 500 个，均系旧式。

四、土特产产销情况

该县土特产主要为土纸，其次为木材、柴炭、植物油类及橘子。土纸分尖纸和南屏纸两种，过去年产量最高时达 30 万担左右，大部运往华北及苏北销售。木材过去产量最高时输出数约值银洋 20 万元，柴炭输出值 30 万元。植物油类分桐油、柏油、青油、菜油、茶油五种，其中柏油产量最高时每年输出3.5万担左右，桐油每年输出 1 万担，青油 1000 担，均输往兰溪、杭州转销他地，菜油不能自给，须自江西输进。橘子过去产量最高时每年约值银洋 20 万元左右，运销于沪、杭及金华、兰溪一带。该县土特产之输出，对农村经济的繁荣与农民生活，影响很大。

中共衢州地委调研室

1949 年 12 月

龙游县农村经济情况

一、一般情况

龙游位于浙江省中部，东界汤溪、兰溪，北连寿昌，西邻衢县，南接遂昌，东西广约 57 里，西北长约 150 里，境内丘陵起伏，间杂小块平原，地势以西南为最高，东南次之，东部衢江出境处最低，故农作物多分布于沿江南北，竹、杉多产南部山区，衢江西岸多冲积土壤，盛产蔗糖。

龙游境内各山多为仙霞岭余脉，一般山脉高度约 200 尺，河流主要有衢江及灵山港。衢江发源于仙霞岭，为钱塘江中流，常年水位约 3 尺，河床宽度约 200 至 300 尺，水涨时可通行载重 10 吨的船只，灌溉面积约 4 万亩，唯因在国民党反动统治时期堤堰不修，河道淤塞，天雨过久，易生水灾。灵山港发源于遂昌侵云岭，由南而北汇入衢江，常年水位约1.5尺，河床宽度约 100 至 400 尺左右，溪口以下，可通行载重一吨的船只，灌溉面积约 5 万亩，该港水流急湍，可利用之水源甚多，灵山镇附近已有小型发电厂之设计。

该县土地面积为1 676 132市亩，已耕土地面积为453 455亩，占全县土地面积 27%，其中水田为367 984亩，占已耕面积的 81%；其他：山地为28 372亩，旱地为49 519亩，塘池为 7580 亩，共占已耕面积的 19%，至于可耕而未耕的土地面积则尚未统计在内，荒地面积据 1949 年调查约有12 000余亩。

由于该县土质肥沃，每年粮食生产除自给外，尚可大量输出。1949 年该县曾遭受水灾，虫灾，但粮食生产总量仍有773 470市石，除供自用 62 万石外，尚多余153 470石。此外该县土特产输出亦盛，1949 年该县蔗糖、屏纸、毛猪、冬笋、皮油等五项的输出总值合米 7 万余石，约占食粮总产量的 10%；在最盛时输出总值约合米 30 万石左右，更可见其重要性。

1949 年解放后统计，全县共 5 个区，23 个乡，295 个保，38 398户，171 468人，计男性88 883人，女性82 585人。

该县共有大小城镇 5 个，这 5 个城镇人口共22 594人，占全县人口总数13.18%。

二、农村土地关系及阶级关系

甲、

该县农村土地集中情况甚不一致，平原地带土地集中程度较低，山区土地集中情形较为严重。现将东、南、西、北 4 个区的基典村的各阶层土地占有情况列举如下：

（一）龙游东区希唐乡第一行政村各阶层占有土地表：

成份	户数	人口	占有土地(亩)	占全村土地百分比	每人平均(亩)
地主	1	8	147.875	8.85	18.48
富农	12	83	647.375	38.74	7.80
中农	54	224	695.375	41.61	3.10
贫农	131	293	180.600	10.80	0.62
合计	198	608	1671.225	100.00	2.75

（二）南区灵山乡十村各阶层占有土地表：

成份	户数	人口	占有土地(亩)	占全村土地百分比	每人平均(亩)
地主	6	43	408.149	30.35	9.492
富农	16	89	426.200	31.70	4.789
中农	49	234	300.669	22.36	1.285
贫农	76	247	209.631	15.59	0.849
合计	147	613	1344.649	100.00	2.194

（三）西区詹家乡九村各阶层占有土地表：

成份	户数	人口	占有土地(亩)	占全村土地百分比	每人平均(亩)
地主	8	75	田　1805.640 地　464.240	81.09 68.40	田　24.075 地　6.190
富农	1	5	田　41.375	1.86	田　8.275

续表

成份	户数	人口	占有土地(亩)	占全村土地百分比	每人平均(亩)
中农	13	106	田　136.000 地　54.000	6.11 7.95	田　1.283 地　0.509
贫农	116	484	田　243.575 地　160.510	10.94 23.65	田　0.503 地　0.332
合计	137	670	田　2226.590 地　678.750	100.00 100.00	田　3.323 地　1.013

（四）北区连塘乡第六村各阶层占有土地表：

成份	户数	人口	占有土地(亩)	占全村土地百分比	每人平均(亩)
富农	3	27	131.02	13.22	4.853
中农	56	217	590.71	59.59	2.722
贫农	68	310	269.50	27.19	0.869
合计	127	554	991.23	100.00	1.789

乙、耕种情况

据前述4个村的典型调查，4个村人口共2445人，内男性1296人，女性1149人，整劳动力607个，半劳动力668个，一个壮年男子每人平均能耕种水田12亩或旱地10亩，女子除家事及副业劳动外，小部分也有下田参加主要劳动者，童工都参加牧牛、割草、砍柴等附带劳动。一般说来劳动力不感缺乏，农忙时亦有实行换工互助情况的，人、牛换工比例为2∶1，在南区则为4∶1。

三、生产情况

甲、农作物情况

该县农作物生产情况如以下两表：

农作物生产情况

作物名称	1936年		1948年		1949年		每亩平均产量(斤)		
	面积（亩）	产量（千担）	面积（亩）	产量（千担）	面积（亩）	产量（千担）	1936年	1948年	1949年
水稻	360 000	1080	360 000	800	346 000	865	300	222	250
小麦	75 000	150	—	—	150 000	75	100	40	50
大麦			—	—			90	80	60
玉米	2300	5.52	—	—	2300	3.68	240	200	160
甘薯	3000	21	—	—	3000	18	700	650	600

续表

作物名称	1936 年		1948 年		1949 年		每亩平均产量(斤)		
	面积(亩)	产量(千担)	面积(亩)	产量(千担)	面积(亩)	产量(千担)	1936 年	1948 年	1949 年
豆(大豆)、蚕豆(豌豆)	71 520	121.6	60 000	59.6	72 520	71.25	170	100	100
油菜	—	—	130 000	40	—	—	40	30	30

经济作物生产情况

作物名称	1936 年		1948 年		1949 年		每亩平均产量(斤)			每亩需肥情况(斤)
	面积(亩)	产量(千斤)	面积(亩)	产量(千斤)	面积(亩)	产量(千斤)	1936 年	1948 年	1949 年	
土棉	2400	144	1600	64	800	20	60	40	25	灰 300
美棉	4200	336	2800	140	1400	42	80	50	30	饼 50
烟草	800	100	2000	300	2000	300	125	150	150	粪 300

1949 年各项农作物的生产，一般虽比 1948 年为优，但较战前产量则衰退远甚，究其原因实为农场过去在敌伪、蒋匪统治摧残下，经济破产，元气大伤，肥料不足，水利失修，虫害无法防治，耕牛、农具缺乏等所致。

乙、肥料

该县肥料使用情况如下表：

肥料名称	来源	每担价格(合米斤)			施肥作物及每亩使用量	施用方法及次数
		1936 年	1948 年	1949 年		
人粪尿	储存及向城市收购	4	6	6	10 担	稻 2 次 小麦、棉 1 次
草木灰	同前	8	10	10	1.5 担	同前
河泥	附近河塘	—	—	—	10—50 担	作基肥
绿肥	自植	—	—	—	30—40 担	耕入土中作基肥
桐饼	向当地油车或向城市购买	70	70	70	稻田 20 斤 麦、棉 20 斤	稻田 1 次 麦、棉 2 次
豆饼	同前	100	100	100	同前	同前
菜饼	同前	70	70	70	同前	同前
石灰	北区有灰井开采	22	25	25	稻田 1 担 豆田 50 斤	稻田用 2 次 豆田用 3 次
骨粉	乡间收购	—	250	250	5 斤	拌黄泥使用，将秧苗放泥中一沾即可

续表

肥料名称	来源	每担价格(合米斤)			施肥作物及每亩使用量	施用方法及次数
		1936年	1948年	1949年		
石膏	兰溪等地输入	200	302	300	稻田2斤	拌草木灰施于根部
厩肥	牛栏猪栏出产	—	—	—	稻田25担 麦、豆、棉2担	稻田作基肥 麦、棉作壅肥

丙、生产工具及耕牛

据1949年典型调查，生产工具及耕牛情况如以下二表：

（一）生产工具

种类	每百家中占有农具数		价格(斤米)
	往年	今年	
犁	30	20	100
锄头	300	200	70
耙	30	20	150
四齿耙	100	60	40
水车	28	25	600

（二）耕牛调查

种类	每百家中占有耕牛数			每只牛每年能耕亩数
	1936年	1948年	1949年	
黄牛	21	16	14	15
水牛	17	11	10	20

丁、农村副业及家畜、家禽饲养情况

该县农村副业主要为饲养家畜、家禽，少数养蚕（南区）及种葡萄。在溪口、庙下、沐尘等乡有以造纸为主业，耕种为副业者；詹家乡有以制糖、养猪为主业，而以耕种为副业者。

乡民从事副业所得，占其总收入的百分比，一般以养猪为最高，占8%，家禽次之，占3%，其他副业仅占少数。

家畜、家禽饲养情况调查列表如下：

畜禽种类	各种禽畜数量(只)		
	1936年	1948年	1949年
猪	80 000	72 000	50 000
山羊	1000	900	—
鸡	180 000	170 000	170 000

续表

畜禽种类	各种禽畜数量(只)		
	1936 年	1948 年	1949 年
鸭	50 000	60 000	—
鹅	1000	1000	—

戊、土特产

该县土特产主要为蔗糖、屏纸、毛猪、柏油、青油等，兹分别说明如下：

（一）榨糖业：该县西区衢江沿岸詹家乡一带，地质适合种植糖蔗，故该业特别兴旺，大量输至杭州、兰溪等地，最盛时植蔗面积约 1800 亩，年产糖 50 万斤。胜利后，台糖充塞市场，土糖市场尽为所夺，且农村在国民党反动派统治下日益凋敝，致植蔗面积大减，1949 年植蔗面积仅约 340 亩，产红糖 10 万斤，输出约 8 万斤，值米约 4000 石，工人人数亦由 250 人减至 170 人。

榨糖均用旧法，每 800 至 1200 斤糖蔗可产红糖百斤，若能改用新式工具，则每 700 至 800 斤即可产糖百斤，品质亦较优。

（二）土纸业：该县造纸工业历史悠久，远在明代即已开始制造，三四十年前为最盛时期，有纸槽 200 余个，年产 20 万担，约值米 20 万石以上，运销苏、杭，远及青岛、济南一带。抗战后始告衰落，现估计约有纸槽百个，年产 5 万担，值米 5 万石左右，输出额约占总产量 80％左右。

该县造纸业多集中南区，庙下、溪口一带，在特产输出中最占重要地位。造纸墨守旧规，纸质粗糙，多为迷信、包裹等用纸，但经新法改良后可造毛边纸及土报纸。

（三）柏油：产量以东区希唐、湖镇一带为多，最盛时曾达2.5万担，总值约合米 13 余万石之多，输出额占产量 80％，1949 年生产约 5000 担，输出约 4000 担，约值米20 800石左右，运销沪、杭一带。在土特产中，柏油之输出可与土纸业媲美，而其发展前途实有过之。

（四）青油：最盛时年产15 000万担，1949 年产量约 3000 担，值米14 000石，多系该县自用，输出不多。青油出产地区与柏油同。

（五）毛猪多集中西区詹家乡一带，最盛时年产小猪 6000 余只，1949 年约产 1800 只，合米约 288 石，多输出至杭、绍、金华等地。

（六）竹笋：多产于南部山区沐尘庙，下溪口一带。最盛时年产13 000余担，折合米 2 万余石，运销沪、杭一带。

兹将土特产产量及输出情况列表如下：

种类	最盛产量	今年产量	今年输出量	输出价值(合米石)
糖	500 000 斤	100 000 斤	80 000 斤	4000
土纸	200 000 担	50 000 担	40 000 担	40 000
柏油	25 000 担	5000 担	4000 担	20 800
青油	15 000 担	3000 担	—	—
小猪	6000 只	1800 只	1800 只	288
竹笋	约 13 000 担	—	7000 担	5000
总计	—	—	—	70 088

己、森林、果树情况

该县森林面积共约4.5万余亩，仅占山地面积的2.7%，林木以马尾松为最多，竹及杉木次之，其余尚有油桐、乌柏、杂木材等，据伪省府经济年鉴估计，林木直径 5 寸以上者共约 250 万株左右。

每年山林出产木材十余万株，薪炭 7000 余担，多运销兰溪、沪、杭一带。

全县苗圃有 3 处，一为公营苗圃农场，面积 2 亩，树苗多为乌柏、桑树，共约 9000 余株，管理尚佳；私营苗圃 2 处：一在东区，占地 3 亩；一在北区，占地0.25亩，植有松、乌、侧柏、白杨、苦楝、桐等树苗。

果树据调查仅桃、梨、柿有较大量栽培，其他果树大多零星种植。出产仅供给自用，经济上不占重要地位。

果树生产调查：

果树名称	栽培面积	年产量		本年每担价格(合米:斤)
		每亩产量	总产量	
桃	东区 40 亩	500 斤	200 担	350
梨	西区 19 亩	600 斤	114 担	120
柿	西区 42 亩	每株 300 斤	—	—

中共衢州地委调研室

1949 年 12 月

开化县农村经济概况

一、一般情况

甲、开化县位于浙江省极西边境，全县面积占全专区土地面积19.16%。全境概属山地，仙霞岭山脉北支怀玉山脉由浙赣边境插入浙皖边境，较大河流为马金溪，次为池淮、龙山两溪，由西汇于马金溪口。

乙、该县由于山多田少，而且山田荒芜很多，因此食粮不够自给，主要食粮出产仅够半年消费，杂粮可供4个多月的消费，这样每年至少要缺一个多月的食粮。

丙、抗日战争以来，由于地主阶级之剥削日益残酷，以及国民党反动派之苛捐杂税，农村生产受到严重的破坏，又因近年来沼河林木砍伐过甚，水利失修，常发生水灾，加之疟疾病和日本血吸虫病的流行，更加速了该县农民的破产，人口死亡率随之增加，劳动力亦大量减少，因而农村各项生产，无论在质或量方面都剧烈下降，例如：

（一）该县过去年产靛青约万担，自洋靛充斥市场后，土靛产量逐年减少，至解放前几已绝迹。

（二）抗战前毛猪输出每年约有500至1000只，解放前已不足自给。

（三）茶叶战前输出年约六七十万斤，现亦仅够自给。

二、土地、人口

甲、土地

该县面积根据伪浙江省经济年鉴（1940年材料）载，全县面积为869 784方市里，合3 261 690市亩。其中耕地、宅地为273 715市亩；山地2 951 645市亩；道路4479市亩；河、湖31 851市亩。耕地面积据历年田赋存根统计，计有水田166 821市亩；山地7175市亩；旱地89 828市亩；塘地368市亩。

该县旱地多属红沙土、黄土；低地则属灰角砾岩、烂泥。烂泥田（占全部田亩的20%）土虽肥，但排水不佳，长年积水，不利作物生长。旱田又因缺少灌溉设备，作物易受旱灾威胁。

乙、人口

据1947年伪县府统计，全县人口是114 382人；其中男性63 709人，女性50 673人。该县之农业劳动力估计约为3万人（妇女无参加主要劳动生产习惯）。

丙、农村土地关系与阶级关系

根据虹桥区溪源乡第八村调查如下：

（一）土地占有情况：

该村土地占有较集中，占总户口7.84%的地主、富农占有土地达全村土地65.8%；而占总户口83.33%的贫农仅占有总土地数的17.75%。详见下表：

成份	户口	百分比	人口	百分比	占有土地数	占总占有土地百分比	每人平均占有土地
地主	4	3.92	26	5.59	229	49.57	8.81
富农	4	3.92	17	3.66	75	16.23	4.41
中农	9	8.83	44	9.46	76	16.45	1.73
贫农	85	83.33	378	81.29	82	17.75	0.22
合计	102	100.00	465	100.00	462	100.00	0.99

（二）全村劳动情况：

该村壮年男子平均每人可耕水田12亩或旱田10亩，女人一般不从事农业主要劳动，儿童则多担任放牛工作。农民中在农忙及劳动力缺乏时，常彼此换工，或在缺乏牛力时，以人工换牛工。

三、农业生产情况

甲、农作物

该县农作物的耕种面积与产量，一般均历年下降，兹将1940年与1949年的农作物种类、产量及种植面积统计，列表如下：

作物名称	1940年			1949年			1949年占1940年的百分比		
	面积（亩）	总产量（千担）	每亩产量（斤）	面积（亩）	总产量（千担）	每亩产量（斤）	面积	总产量	每亩产量
水稻	173 430	523	300	166 821	416	250	96.19	79.54	83.33
小麦	21 000	25	120	10 000	10	100	47.62	40.00	83.33
大麦	6300	10	150	4000	5	120	63.49	50.00	80.00
玉米	37 000	110	300	30 000	66	220	81.08	60.00	73.33
甘薯	15 000	75	500	10 000	40	400	66.67	53.33	80.00
大豆	13 000	20	150	15 000	15	100	115.38	75.00	66.67
菜子油	24 000	15	70	22 000	11	50	91.67	73.33	71.43

乙、农村副业

该县农村副业只有两种：砍伐及运输木材与饲养家畜、家禽。砍伐运输木材的收入，约占农民全年总收入的1/3，近年来因木材存量无多，砍伐已减少；故靠此为副业者渐渐减少。其次为养猪及家禽等，每年收入一般约占农民全年总收入的5%。抗日战争前全县饲养猪约3万只，鸡20万只，鸭1万只；至解放前猪、鸡、鸭等产量普遍锐减，猪减为8千只，鸡6万只，鸭2500只。

丙、生产工具及耕畜

该县农具占有情况如下表：

名称	犁	锄	铁锹	铁铲	耙	水车	杓
每百家占有数量	40	85	10	20	40	4	30
每件购买价值(米)	100斤	40斤	40斤	40斤	200斤	20担谷	24斤

所有农具全为旧式，农民一般农具缺乏时，多相互借用，唯犁因价格较高，故多由农民于租牛时一并向牛主租用。

耕牛，在抗战前农民每百家约有黄牛22头，水牛32头；解放前减为黄牛11头，水牛17头。若以每头牛耕地15亩到20亩计算，估计每百家尚缺牛9头。农民缺少耕牛原因，大多系因在国民党反动派时，强征壮丁，农民只得卖出耕牛雇人代替当壮丁，以及受匪军骚扰，耕牛被掠去和因疫病死亡等原因所致。

丁、肥料

该县农村中肥料，一般均感缺乏，国民党反动派政府时，曾举办过折款贷肥，但多为地主、富农凭借封建势力侵占去后，再以高利贷转放给农民。农民缺肥的问题不仅不能解决，且更加严重。

该县农民常用肥料有如下几种：

（一）人粪尿：同时与草木灰混合制成饼状施于水稻田，每亩每年需用400斤左右，由农民自积或向城镇购买。1949年每担价值5斤米。

（二）草木灰：每亩用100斤左右。用法：如系麦、豆田，则与种子拌合一起播入田中；如系稻田，则与人粪尿、厩肥、植物油饼等一并下用。每担价值米7斤。

（三）河泥：系从池塘及小沟中挖出之泥土，于每年翻土前挑放田里。

（四）桐饼、豆饼、菜饼：每亩稻田用桐饼20斤，或豆饼、菜饼15斤。用时与草木灰并下。价格每百斤桐饼需80斤米，每百斤豆饼或菜饼需100斤米。

（五）石灰：该县田地土质多带酸性，故必须用石灰作肥料，每亩每年用100至240斤。在苗长5寸时，施用1至2次。价格每百斤值8斤米（产地价格）。

（六）厩肥：即牛、猪栏内之粪草，堆积于朝阳平地任其腐化，用时施于植物根部。

四、森林、果树情况

该县山地290万市亩中林山占100万市亩左右。主要树木有松、杉、柏、桕、茶、樟等。1949年估计约有松1200万株、杉400万株、桐树4万株、柏树10万株。过去每年产松柴130

万担，杉木每年产60万株，大部运销杭、沪等地。该县有林业公司组织，占地计162亩，种植松、杉，现由人民政府接管经营。

该县无大块果林，只有少量桃、梅、杨梅、枇杷、李、桔、柚子等出产，多由农民附带经营的。

五、手工业情况

甲、手工业及工人数

该县手工业中，除铁匠具有固定营业规模外，余皆无固定营业规模，兹统计如下：

类别	发达时工人数	1949年工人数	每天每人工资(米)
铁匠	41	18	6斤6两
木匠	92	52	7斤8两
泥水匠	46	31	7斤8两
石匠	3	3	7斤
竹匠	45	39	7斤
裁缝	62	49	9斤
染坊	2	2	15斤

上列工资皆不包括伙食。工人数目及工资统计系调查城关区、华埠区、马金区三区数字合成；其中工人以华埠区最多，马金区最少。工作时间，除铁匠外，工人一年中有1/3休闲时间。

乙、加工工具

该县加工生产分轧花、榨油、辗米、制茶四种，皆为利用人力及水力之简单加工生产。轧花机只有两部，每天每部轧花80斤。榨油机共有22部，本地制造，每部每天生产量为100斤油。碾米机皆为水碓，沿河各乡皆有，每天每臼可碾米200斤左右。制茶机亦为土制，每天可制茶80斤，现有两部在华埠区。

六、粮食和土特产产销情况

该县1949年粮食产量约计稻4160万斤，小麦100万斤，大麦50万斤，玉米660万斤，蕃薯400万斤，以上各种粮食产量合计折米3642万斤。如折合成米，全县每年最低需要4002万斤，故全年尚缺少米460万斤。不足之数，皆靠江西及临县输入接济。

该县主要土特产是茶油、菜油、杉木、松柴、薪炭及桐油、柏油等。1949年土特产产量计：茶油约1.4万担，菜油约5000担，杉木约3万楠，松柴约130万担，薪炭1500担，桐油1000担。输出茶油约5000担，菜油约3000担。输往江山及衢州两地。输出杉木约3万楠，松柴约80万担，薪炭约1000担，桐油约600担，均运销于衢、杭、兰、沪等地。

中共衢州地委调研室

1949年9月

松阳县农村经济概况

一、自然环境

松阳县位于浙江省西南隅，东界丽水，北依宣平，西北接连遂昌，西南与龙泉相邻，东南则与云和接壤。东西长112市里，南北阔约84市里，总面积为5561.96方市里，其中平原597.20方市里，占总面积10.7%，山地4859.85方市里，占总面积87.4%，余则为道路河流及沙涂，占总面积1.9%。

该县地势西南高而西北低，西南诸山起伏，最高峰达1400余公尺，山脉向东北蜿蜒，地势渐低，形成古松盆地（古市、松阳），主要的河流为松川（或称大溪），其源一出遂昌的贵义岭，一出龙松坳，这两道水源在港口会合下注雅溪口、靖居口，汇合各小流经裕溪、堰头直下丽水的大港头，与龙泉、云和诸水流汇合东下而入海。

二、人口

该县人口素称稠密，在抗日战争以前，全县户数计33 117户，人口128 848人（男性72 399人，女性56 449人）。1941年及1942年日寇数度流窜县境，人民遭敌无辜屠杀以及因战事而流离失所者甚多，抗日战争结束后蒋匪又复发动内战，大事抽丁，因之人口减少甚巨。1947年全县户数减至26 244户，人口减至111 575人（男58 924人，女52 651人），户数较战前减少20.76%，人口较战前减少13.40%。

三、土地面积及各阶层占有情况

该县土地总面积据1946年调查为2 085 736市亩，兹将各种土地面积列表于下：

类别	市亩数	占土地总面积百分比
水田	226 330	10.85
旱田	4160	0.20
住宅	46 410	2.23
园圃	45 306	2.17

续表

类别	市亩数	占土地总面积百分比
森林	1 661 402	79.65
畜牧	12 691	0.61
坟墓	7018	0.34
荒地	37 691	1.81
池塘	16 262	0.78
草荡	250	0.01
河川	15 528	0.74
其他	12 688	0.61
合计	2 085 736	100.00

全县各阶层占有土地情况，尚无全面调查，兹将望松乡八个村土地调查列表于下：

松阳县望松乡八个村各阶层占有土地统计表

成份	户数	百分比	人口	百分比	土地(亩)	百分比	每人平均亩数
地主	20	2.1	135	3.5	5714.74	83.0	42.33
富农	33	3.5	165	4.3	305.80	4.5	1.85
中农	264	28.3	1083	28.3	596.90	8.7	0.55
贫农	617	66.1	2442	63.9	264.43	3.8	0.11
总计	934	100.0	3825	100.0	6881.87	100.0	1.80

注:地主、富农的黑地未计在内。

由上面这个表看来，地主仅占总人口的3.5%，但占有土地却占总地亩的83%，贫农占总人口63.9%，占有土地仅有总地亩3.8%。地主非仅拥有大量土地，而且都是上等三熟良田，贫农占有土地既少，而且还多属山地。从望松乡的乌井、王村这两个村的调查，可以看出整个农村各阶层占有土地质量情况。

乌井地主占有的平田（三收的上等田）达其占有土地的44.1%，山田（下等田）46%；而贫农占有的平田仅占其占有土地的22.85%，山田则占58.57%。王村地主占有的平田达其占有土地的59.74%，山田根本没有，而贫农占有平田48.89%，山田36.2%。

四、农作物

甲、粮食作物

全县粮食作物以水稻为主，其中又以籼稻为多，糯稻出产较少。次为小麦、大麦、荞麦，荞麦产量甚少，不占重要地位。此外尚有大豆、番薯、玉米、高粱、小米等，除大豆外，余均不占重要地位。主要粮食作物大部出产于松古平原地区，城区与古市两区粮食出产占全县总产量的70%，该县粮食除自给外，并有少量供给温州、丽水、宣平等县。据1946年调查，该县每亩田作物产量籼稻为276斤，糯稻为214斤，小麦为98斤，大麦为111斤。本年年成较好，稻谷每亩田可收300斤，好的收400斤，个别特殊好田有收600斤的，小麦可收100至120斤。大豆为水稻后的作物，在稻子收割的一星期前撒布豆种，在稻子收割后撒以草灰，此种豆类多以用作马料，故又称马料豆。另一种则于稻子收割时种于稻根之中，上撒灰泥稻秆，此种则称黄豆，俗名白豆。

在1941年至1946年，该县曾推广改良品种，水稻有6506号早籼及2777号早籼两种，计推广种植达15 000亩；小麦则有9号、17号两种，计推广百余亩。每亩增收产量水稻为50至100斤，小麦约20至50斤，此外早稻优良土种有老鼠牙、千棒槌、细叶青，中晚稻有泰顺稻、长形谷、迟细叶青等。

乙、经济作物

该县经济作物以烟草为主，其次为茶叶，油茶、花生、甘蔗、蓝靛、芝麻等很少栽培，棉、麻则更少。

烟草：该县烟草产量占全省第一位，每年种植约在1.5万亩左右，年产烟草达3万担，平均每亩产量200斤，今年产量与过去相仿。烟草出产以古松平原最多，约占全县总产量80%。烟草品种有兰扇叶、尖刀叶、牛舌叶、小叶等四种，品质大致相同。烟叶厚而暗褐，味浓辣，油份高，不适作卷烟。本地多以烟叶运销沪、闽一带，亦有切成烟丝销售邻县。近年来亦有制成雪茄烟出售的。松阳烟草因为不宜于制卷烟，所以销路呆滞，同时烟农受封建剥削和高利贷剥削很苛重，缺乏肥料，所以产量日见衰落。

茶叶：该县茶叶多出产于竹溪之横山和古市区的卯山。横山曾设有茶叶示范场，改良调制方法，制造龙井茶。关于该县茶园之面积及茶叶的产量，据1940年调查，计有茶园500亩，年产茶叶500担，今年产量与过去近似。

五、病虫害

该县历年危害农作物的病虫害，水稻中有稻热病、稻苞虫、螟虫、浮虱（即浮尘子），小麦则有黄锈病、散黑穗病，大麦则有坚黑穗病，烟草有主枯病、青枯病、蚜虫、地老虎等，其中尤以地老虎为害最烈。蔬菜以猿叶虫为害最大。稻热病、稻苞虫为水稻之大害，每年均有发生。螟害（白穗）、稻苞虫害尚不严重。小麦黄锈病在1944年至1947年为害甚烈，今年为害较轻，黑穗病则每年均有。对于病虫害的预防，农民尚无有效办法。对于烟草的地老虎，一般以掘杀和补种方法防治，青枯病则换用生地种烟以预防之。在解放前关于治虫药剂方面曾用砒酸钙、砒酸铅、滴滴涕，防治蔬菜的猿叶虫效力颇好，惜因价昂，农民无力大量使用。对于防治菜虫，菜农多用雷公藤粉，原料系来自丽水碧湖。

六、肥料

该县所用的肥料，大多农民自给，一般以使用人、畜之粪便为主，使用草木灰的亦很普遍，上项肥料，各种农作物均可使用。厩肥（猪牛粪）普通多用作旱地作物的基肥，但亦有用于水田的，次为青油饼、桐油饼、菜子饼，多使用于烟草、甘麻、稻子等作物。绿肥仅有紫云英一种，因农民未能普遍栽培，故数量甚少。过去农民有购用卜内门肥田粉的，大多施用于水田，效力颇好，近年因肥田粉价格高，农民无力购买使用。该县因地质关系，稻作肥料须用明矾、石膏、石灰以及骨粉等，这些肥料都须向外地购买。在解放以前，该县曾经有过两次的肥料贷放，一次是贷放肥料实物硫酸铔，一次是肥料贷款，贷给的对象为种作改良品种的农民和农业改进会的会员，但多为当时农村中的地主、富农所把持，一般农民是得不到实益的。

七、林业

该县森林的面积，根据过去的调查，估计在90万亩至160万亩之间，占全县土地总面积80%，主要树种有马尾松、油桐、油茶、乌桕、杉树等。近年来因滥行砍伐，在沿河以及交通方便的处所，已很少有老龄的树木，甚至连幼年的树苗也被砍掉。该县还没有私人的苗圃，仅有小量野生的马尾松苗供应市场需要。木材的出产，据1946年调查，刺杉种楠面积约38 745亩，产杉木2 549 800株；马尾松47 234亩，产量3 728 720株，其余如樟、枫、乌桕等树则很少。兹将油桐、油茶、乌桕的年产量统计如下：

类别	产量(担)	较1946年以前增减
油桐	2500	减少
油茶	3000	增加
乌桕	1000	乌桕甚分散,颇难估计

公有的苗圃在解放以前有农业辅导区苗圃6亩，栽植马尾松、油茶、乌桕等树苗。该县果树以梨、桃、柿为主。

八、畜牧

该县饲养家畜以牛、猪为主，羊则很少。家禽以鸡为主，鸭仅产于沿池塘附近之村庄。据1946年调查，有水牛1333头，黄牛4712头，猪8691头，羊37头。耕牛数目因受抗日战争影响，较之抗战以前大为减少。农村耕牛不敷应用，例如：芝泰乡寺岭下村，有人口467人，仅养有耕牛23条，平均每20人占有耕牛1头。因为农村耕牛缺少，地主、富农出租耕牛进行剥削，租牛有以时期计算（租年的），有以耕作面积计算（包耕的）两种。租年的每年租金为300斤谷，包耕的耕田7至8亩付100斤谷。因为耕牛的缺少，租牛办法并不能解决问题。有些农民，尤其是贫农，因为自己没有耕牛，往往使耕作失时，以致影响产量。牛的耕作能力，水牛每年可耕田50亩，黄牛约二三十亩，如耕田和耕地的时间不冲突，每头牛耕作土地面积还可增多。

家畜的病害有猪瘟、牛瘟、猪肺疫、猪丹毒等。今年猪肺疫和猪丹毒的病害很多。家禽的疾病有鸡、鸭瘟。农民对猪、牛瘟用针灸法医治，功效很低。过去农场曾有用血清治疗，功效良好。该地养猪之前途希望很大，因为农民对饲养有经验，小猪来源均由丽水之碧湖运来。

中共丽水地委调研组

1949年12月

第二部分　乡镇村调查

嘉兴县高照乡农村经济调查

高照乡位于嘉兴西北30里，水路可以直达。共有5个行政村36个小组。境内港汊交错，自然村以“浜”为名者极多，如薛家浜、长浜、李家浜等。各村农民居住甚为分散，最密者为李家浜自然村，亦仅29户，其余均为三户五户的小村，且有独家村者。

一、人口

全乡的户数与人数，按阶层划分如下：

高照乡各阶层人口统计表

成份	户口		人口	
	户数	百分比	人数	百分比
地主	21	3.18	131	4.50
大佃农	8	1.21	40	1.37
富农	64	9.68	395	13.57
中农	245	37.06	1100	37.79
贫农	128	19.36	456	15.67
雇农	144	21.79	598	20.54
其他	51	7.72	191	6.56
合计	661	100.00	2911	100.00

全乡雇农144户，598人中，纯雇工有102户，303人，另外籍单身雇工114人，牧童35人，均无户口，未计入户口数内。

其他成份共有10种不同职业。其中工人7户，30人。手工业者18户，51人。独立劳动者8户，50人。自由职业者4户，19人。商人2户，6人。小贩3户，7人。宗教职业者2户，5人。游民6户，17人。旧公务人员1户，6人。

大佃农是指自己仅有少量土地，租入较多土地，略有新式农具，自己不参加农业主要劳动，而雇工耕种经营。

二、土地占有和使用情况

该乡各阶层共占有土地5978.92亩，而使用土地为11 285.35亩，使用土地中有5400.03亩为外乡业主所占有。兹将该乡各阶层占有和使用土地统计如下：

高照乡各阶层占有和使用土地统计表

成份	人口		占有土地			使用土地		
	人数	百分比	亩数	占占有土地总数之百分比	每人平均占有数	亩数	占使用土地总数之百分比	每人平均使用数
地主	131	4.50	1327.18	22.20	10.13	1252.13	11.09	9.56
大佃农	40	1.37	108.40	1.81	2.71	395.29	3.50	9.88
富农	395	13.57	1543.42	25.81	3.91	3044.52	26.98	7.71
中农	1100	37.79	2175.16	36.38	1.98	5209.37	46.16	4.74
贫农	456	15.67	560.60	9.38	1.23	1070.55	9.49	2.35
雇农	598	20.54	59.66	1.00	0.10	200.39	1.78	0.34
其他	191	6.56	72.70	1.22	0.38	113.10	1.00	0.59
公田	—	—	131.80	2.20	—	—	—	—
共计	2911	100.00	5978.92	100.00	2.05	11 285.35	100.00	3.88

甲、各阶层占有土地情况

单从全乡自有土地来看，似乎该乡地权并不集中，占有土地的36.38％为中农所有，富农占25.81％，地主则占有22.20％，但从外乡业主占有土地来看，情形恰恰相反。在外乡业主所占有的5400.03亩土地中，地主阶级占有4425.04亩，合计起来，地主阶级在该乡使用土地中，共占有5663.77亩（本乡地主出租在外乡的88.85亩未计算在内），占使用土地的50.19％。地权是相当集中的。

从该乡各阶层每人平均占有土地来看，亦以地主每人占有10.13亩为最多，约为全乡每人平均数的5倍。富农每人平均占有3.91亩，超过全乡平均数1.86亩，此因该乡富农中有一半为佃富农，占有土地不多，但自耕富农每人占地则达7.03亩。中农每人平均数略少于全乡平均数，中农以下各阶层则远落于全乡平均数之下。

乙、各阶层使用土地情况

全乡使用土地11 285.35亩中，租入土地共6218.93亩，占55.11％；自耕地5066.42亩，占44.89％。

使用土地的46.16％为中农所使用，但中农使用土地中60.1％为租入土地。富农使用土地仅次于中农，其租入土地亦达使用土地的54.43％。地主所使用的1252.13亩地中，经营地主占980.70亩。

各阶层每人平均使用数以大佃农的9.88亩为最高，约等于全乡平均数的2.5倍，地主每人平均数量略次于大佃农，但其中经营地主每人使用11.54亩，实为全乡第一。中农平均使用数略高于全乡平均数，贫农则与全乡平均数差一亩半，至于雇农则每人使用尚不到半亩。

该乡土质悬殊不大。水田的好坏以离河远近、河流的大小以及地位的高低而定。土质大致可分为以下三种：

黑沙土：土内所含肥分丰富，多有机质，土质较为松软。此种田多靠近河岸，因该乡河道纵横，所以占比例较大。

青子泥：泥色发青，土质黏重而冷湿，耕作费力，尤不宜于春花生长。此种田大多离河较远。

白沙土：此种土质所占比例不多。其特点是易于硬化，比较硗薄，土层不厚。灌溉后不久即枯干，对作物生长不利，是最差的土质。

该村土地种类有如下表：

高照乡土地种类统计表

土地种类	田	地	桑地	竹园	合计
亩数	9484.94	1252.52	394.29	153.60	11 285.35
百分比	84.05	11.10	3.49	1.36	100.00

各阶层使用土地的种类，可以下表说明：

高照乡各阶层使用土地种类统计表

成份	田	地	桑地	竹园	合计
地主	1102.08	82.80	48.35	18.90	1252.13
大佃农	354.00	27.99	7.90	5.40	395.29
富农	2629.11	284.51	92.40	38.50	3044.52
中农	4377.70	581.13	184.94	65.60	5209.37
贫农	829.35	176.65	47.70	16.85	1070.55
雇农	111.70	77.44	9.30	1.95	200.39
其他	81.00	22.00	3.70	6.40	113.10
合计	9484.94	1252.52	394.29	153.60	11 285.35

该乡土地依产量高低可分上中下三等。上田每亩产谷400斤左右，中田240斤至360斤，下田则不到240斤。上、中田一般靠近河港，车水、罱河泥均较方便。

该乡地主、富农所使用的土地大部分为上田，中、贫农使用上田很少，雇农则可说没有上田。兹以该乡高照村为例，统计各阶层使用土地质量如下：

高照村各阶层使用田地质量统计表

成份	上田		中田		下田	
	亩数	占上田总数百分比	亩数	占中田总数百分比	亩数	占下田总数百分比
地主	263.18	32.81	49.10	2.38	10.00	3.56
大佃农	4.00	0.50	64.40	3.12	0	0
富农	294.00	36.65	393.71	19.11	112.50	40.08
中农	225.50	28.12	1335.94	64.83	112.50	40.08
贫农	15.40	1.92	145.45	7.06	38.70	13.79
雇农	0	0	30.13	1.46	0	0
其他	0	0	42.00	2.04	7.00	2.49
合计	802.08	100.00	2060.70	100.00	280.70	100.00

三、各阶层租佃情况

该乡各阶层共租出土地912.5亩，租入6218.93亩，兹将各阶层租出及租入土地统计如下：

高照乡各阶层租出和租入土地统计表

成份	租出土地			租入土地		
	亩数	占租出土地总数的百分比	租出土地占本阶层占有土地的百分比	亩数	占租入土地总数的百分比	租入土地占本阶层使用土地的百分比
地主	407.15	44.62	30.68	332.10	5.34	26.52
大佃农	46.40	5.08	42.80	333.29	5.36	84.32
富农	155.90	17.09	10.10	1657.00	26.64	54.43
中农	97.00	10.63	4.46	3131.21	50.35	60.11
贫农	36.50	4.00	6.51	546.45	8.79	51.04
雇农	2.25	0.25	3.77	142.98	2.30	71.35
其他	35.50	3.89	48.83	75.90	1.22	67.11
公田	131.80	14.44	100.00	—	—	—
合计	912.50	100.00	15.26	6218.93	100.00	55.11

该乡租入土地中，向外乡业主所租入者共5400.03亩，占租入土地的86.83%。外乡业主所占土地中以地主土地最多，计4425.04亩。兹将本、外乡业主出租在该乡土地（本乡业主出租在外乡土地93.6亩未统计在内）统计如下：

本外乡业主出租在高照乡土地统计表

成份	地主	富农及大佃农	农民及其他阶级	公田及其他	合计
本乡业主	318.30	202.30	171.25	127.05	818.90
外乡业主	4425.04	343.76	297.10	334.13	5400.03
合计	4743.34	546.06	468.35	461.18	6218.93
百分比	76.27	8.78	7.53	7.42	100.00

该乡的租入土地大部分为地主所有，而一半以上为中农所租入。大佃农、佃富农、佃中农、佃贫农共租入土地4388.56亩，占租入土地总数的70.57%。

富农大都将土质较差、离家较远的土地出租给急需土地的中、贫农，收取较高租额，同时租入土质较好的土地，而付较少的地租，从中剥削。如高照村富农周根水以自有中田30亩出租，每亩收租71斤稻，押租200斤；同时又向绍兴地主租入上田55亩，每亩交租71斤。又如富农李俊炳为戽水方便，租进近河中田40亩，每亩交租70斤，同时出租中田20亩，每亩收租高达200斤。

租入土地以中等田多，少数上等田大部分为富农所租入，中农亦有少量，贫农则全无上田租入。如该乡高照村租入土地中，有中等田1390.98亩，中农以下各阶层租入983.94亩，占中等田租入数的70.73%，有上等田337.6亩，富农以上各阶层租入206.6亩，占60.10%，其余131亩为中农所租入。

出租土地在该乡的外乡地主很多居住嘉兴、上海、绍兴等地，拥有大量土地。佃户大多有永佃权，若出租业主将田出卖，买主需要自耕必须出价收买原佃户的永佃权，称为“并租”。永佃权可单独出卖，亦称“并租”。如1948年12月经营地主王平之出卖40亩土地的永佃权，得价100石米。

四、地租形式及租额

兹将各种地租形式及租额分述于后：

（一）花租——根据当年土地收获量，由伪乡公所参照伪乡保代表评定产量，报伪县评租委员会批准，以三七五为标准分租（即业主得37.5%，佃户得62.5%）。1948年每亩一律评定交租70斤干谷。

（二）现租——即预租，在耕种前预先交租，佃户交租后，不负担其他捐税。地主对此种土地有转租的机动权，谁出租子最高，就租给谁。另一种是租佃关系较长，佃户有耕种权，但每年仍需先交租米。如雇农郁阿照，向富农金富全租田11亩，即预先交米11石作为今年的预租。

（三）包田——即业主以一定工资包给佃户耕种，由业主供给种子、肥料、耕牛及农具。如雇农徐阿三、张巧官、张富坤、朱金堂和朱宝荣5人向地主朱三官包种田18亩，由朱三官出工资米8石，买肥料米2石，谷种约6斗，自春耕起至秋收止，工作全由承包户操作。秋收时割稻由朱三官另行雇工收割。

（四）分种——业主以土地交佃户耕种，供给成本，自己不参加劳动，事前约定收获时一部分田归佃户收割。如有种 18 亩，以 5 亩归佃户者，有种 31 亩，以 10 亩归佃户者。

（五）小租——即转租，由二地主向大地主租得土地转租给佃户（大部为缺田的贫农），佃户除向大地主交租，向伪政府交粮外，尚须给二地主每亩交 2 斗米或 4 斗米。

（六）空头租——即地主出租土地亩数不确实，如实际上只有 25 亩而作为 30 亩出租。如中农韩长明在 1934 年向沈新城（上海人）租种花租田37.6亩，而作 40 亩付租，并当时交押租银元 40 元（折米 10 石），去年韩长明除缴田粮外每亩田交租米 1 斗。

（七）顶租——贫农因经济困难，将土地耕种权转让给债权人以作借款的抵押，定有期限，期满赎回。如无钱不能赎回，所订顶租约作废。如贫农邹阿四本有田 13 亩，因生活困难将田 5 亩出顶给洛甫乡贫农孙秀玉，借米 10 石，期限 5 年，5 年后由邹阿四出原价赎回。在未到期前，邹阿四因生病急需钱用，向孙秀玉商量，由孙再出米 2 石 5 斗，5 亩田作为卖绝，以后不得赎回。但卖契上写明，如孙秀玉要出卖，邹阿四有优先承买权。

（八）板租——即定租，不论收获多少，均照契约规定租额交租。如中农赵阿三向甘露庵（系庙）租田 2 亩，不论收成丰歉，每年每亩交租五斗米，田赋由甘露庵负责交纳。

（九）押租——佃户向地主承租土地时需先交押租，佃户归还土地时，地主无息退回押租。一般为每亩 1 石米押租。

五、高利贷剥削

甲、借贷的演变

抗战前使用银币时，借贷利息一般为每年 10 元取息 2 元（及年利二分），有高至 3 元者。当时收成尚好，借贷关系并不太多。

1939 年以后，由于日寇摧残，伪军下乡掠夺，农民损失很大，如 1941 年春，该乡惨遭伪军洗劫，中、贫农破产的很多。当时正值四月种稻时节，急需种子下秧，大多到米行借稻，利息每石米由加 2 斗增至四五斗。以后因需要借债的人多，放债的亦多，借贷关系遂很复杂。

抗战胜利后，由于国民党反动政府横征暴敛，农民每 3 个月即需交壮丁米 8 斗，此外尚有教育经费、保甲经费等，农民不胜负担，举债的很多。一般利息为借 1 石米付息 5 斗，最高甚至有付息 1 石者。

乙、高利贷的方式

（一）卖赊米：在五六月时，农民食米接应不上，就把种下的秧禾作米出卖，每一石“卖赊米”只能换得米 5 斗。这种高利贷方式很盛行，大部分是米行放出的，因为除了剥削外，米行并可多做生意（借户以后要卖米必须到该米行出售）。该乡地主李西北亦用这种方式剥削农民。

（二）米利：债权人出借食米，利息亦以食米计算，每石加 5 斗至 7 斗。因利息太重，农民往往因还不起而被迫将土地卖给债权人。

（三）卖青桑：在寒天以低价出卖明年桑叶，这在六七年前很是盛行。

（四）卖春花：这也是米行高利贷剥削方式之一，情形和“卖赊米”相同，不过1石春花仅能换得米3斗，农民认为这种方式剥削最重。

（五）钱利：债权人借出货币，而照当时米价折合成米。利息亦以食米计算，每石5斗至9斗。也有地主向银行借钱，转放给农民的，放10元每月利息3元。如地主李西北即曾放过这种高利贷。

有时借债需要以贵重物品如田、牛、黄金作为抵押，虽然有介绍人作保，但不负主要责任。普通作保头（担保人）的有两种人：米行商人和农民，以前者为多。因米行商人大多借得地主大批米放出，从中取利。农民作保头不常有，农民虽互不相识，由一个人介绍即能举债，但一般数目不大，仅二三石米，保头不取中间剥削。

六、劳动力、耕畜、农具和房屋

甲、劳动力

全乡2911人中，共有男整劳动力651人，半劳动力207人。兹将各阶层自有劳动力统计如下：

高照乡各阶层自有劳动力统计表

成份	男		女	
	整劳动	半劳动	整劳动	半劳动
地主	4	10	0	23
大佃农	0	2	0	7
富农	65	31	4	80
中农	183	69	26	123
贫农	123	23	16	98
雇农	243	53	7	86
其他	33	19	2	35
合计	651	207	55	452

注:地主有劳动力,但并不参加劳动。

若以两个男半劳动力折合一个整劳动力，则各阶层每一整劳动力（女劳动力不计在内，因该乡妇女不从事农业主要劳动）所使用土地数为：富农38亩；中农24亩；贫农8亩。因而除地主、富农外，部分中农需要雇佣工人。兹将该乡各阶层雇佣工人数统计如下：

高照乡各阶层雇佣工人统计表

成份	长工(个)	月工(个)	短工(工日)	牧童(个)
地主	29.5	3	160	10
大佃农	9.0	3	0	3
富农	61.0	0	232	23
中农	45.0	11	646	23
贫农	0	0	41	1
雇农	0	0	0	0
其他	1.0	3	70	1
合计	145.5	20	1149	61

注:长工中有以两个半长工拼一长工者。

长工大部分为地主、富农及大佃农所雇用，占长工总数的68.38%，而短工则56.22%为中农所雇佣。

至于该乡出卖劳动力者大部分为外来单身汉，全乡共有114个尚未取得户籍的单身雇工。中、贫农亦有若干劳动力出卖，以短工较多。兹将各阶层出卖劳动力情况统计如下：

高照乡各阶层出卖劳动力统计表

成份	长工(个)	月工(个)	短工(工日)	牧童(个)
中农	5.0	0	486	4
贫农	14.5	14	4644	7
雇农	76.0	33	4370	28
其他	4.0	0	60	1
合计	99.5	47	9560	40

乙、耕畜、农具

全乡耕种土地11 285.35亩，其中地及特种土地1800.41亩不需耕牛，其余9484.94亩水田需牛耕种。若以每头耕牛能耕种田40亩计算，共需237头，全乡共有牛236头，所以从全乡看来，耕牛基本上是不缺乏的。但从各阶层分配情况看来则相差极为悬殊，中农以上各阶层大多够用或有剩余，贫农以下则普遍缺乏。兹将各阶层占有耕牛数统计如下：

高照乡各阶层占有耕牛统计表

成份	地主	大佃农	富农	中农	贫农	雇农	其他	合计
占有耕牛数	26.00	8.50	66.50	121.75	10.75	1.75	0.75	236.00
以每头耕牛耕种40亩计算的盈亏数	－1.55	－0.35	＋0.80	＋12.31	－10.00	－1.04	－1.28	－1.11

注:但地主和大佃农所有耕牛质量较好,不止耕40亩,故实际并不缺。

贫农以下各阶层普遍缺牛，一般以人工来换牛工，通常以人工3工换取牛工1工。

农具占有情况大致和耕畜相仿佛，除耙不足外，犁、耖、水车、车盘等皆有余。船（罱河泥用）因不易确定需要标准，不能看出多余或缺少情况。全乡平均每7户有船1只，基本上也还够用。其余新式农具如抽水机、脱粒机数量很少，只在部分土地上使用，在全乡讲来不起主要作用。

兹将各阶层占有农具统计如下：

高照乡各阶层占有农具统计表

成份		地主	大佃农	富农	中农	贫农	雇农	其他	合计
使用水田亩数		1102.08	354	2629.11	4377.7	829.35	111.7	81	9484.94
犁	数	28	10	70	156	19	2.25	0.33	285.58
	盈或亏	+0.45	+1.15	+4.27	+46.56	−1.73	−0.54	−1.7	+48.46
耙	数	19	9	49	101	11	0.75	0	189.75
	盈或亏	−3.04	+1.92	−3.58	+13.44	−5.59	−1.48	−1.62	+0.05
耖	数	18	8	53	106	8.5	1	0	194.5
	盈或亏	+6.98	+4.46	+26.71	+62.22	+0.21	−0.12	−0.81	+99.65
水车	数	32	11	86	179.5	35.5	3.75	0.25	348
	盈或亏	+0.51	+0.89	+10.88	+54.42	+11.8	+0.56	−2.06	+77
车盘	数	34	10	78	171	29	3.75	0.75	326.5
	盈或亏	+2.51	−0.11	+2.88	+45.92	+5.3	+0.56	−1.56	+5.55
船		11	6	36	22	8	4	0	87
抽水机		2.5	0.5	1	0.75	0	0	0	4.75
脱粒机		0	2	1	0	0	0	0	3

注：盈亏折算方法：犁每张工作能力40亩，耙50亩，耖100亩，水车35亩，车盘35亩。

丙、房屋

全乡共有房屋1882间，每人平均约半间，因此基本上是够用的，但各阶层占有极不平均，地主每人占有约一间，以下各阶层逐次减少，雇农每人仅0.3间。

高照乡各阶层占有房屋统计表

成份	户数	人数	房屋间数	每户平均间数	每人平均间数
地主	21	131	114	5.4	0.9
大佃农	8	40	36	4.5	0.9
富农	64	395	318	5.0	0.8
中农	245	1100	858	3.5	0.8

续表

成份	户数	人数	房屋间数	每户平均间数	每人平均间数
贫农	128	456	308	2.4	0.7
雇农	144	598	156	1.1	0.3
其他	51	191	92	1.8	0.5
合计	661	2911	1882	2.8	0.6

七、施肥情况

该村中贫农所施肥料以自然肥料较多，如牛粪、羊粪、人粪尿等。河泥因受船只的限制，不能大量施用，而贫农尤其缺乏，如富农每亩能上河泥 5 船，一般中农只上 2 船，贫农上 1 船，或不施。富农且有资本能施价钱较高的肥料，如肥田粉、黄豆等，因而产量较高，平均每亩可收 400 斤至 450 斤，一般中农只能收 360 斤至 380 斤，而贫农仅能收 300 斤至 320 斤。兹以三个典型户为例，来说明富农、中农及贫农施肥情况。

1948 年高照乡三个典型户施肥情况统计表

典型户姓名		孟和尚	曹阿大	张阿生
成份		富农	中农	贫农
使用田亩数		60.0 亩	16.0 亩	4.6 亩
每亩施肥数量	绿肥(紫云英)	0.6 亩	0.3 亩	0
	河泥	4 船	1.5 船	0
	羊厩肥	0	50 斤	700 斤
	人粪	70 斤	0	0
	牛厩肥	2 担	1 担	0
	蚕沙	0	33 斤	0
	菜饼	1.5 斤	2 斤	0
	黄豆	3 升	6.5 升	0
	肥田粉	1 斤	0	0
	估计每亩施肥折米数	45.5 斤	32.5 斤	24 斤
每亩早稻产量(斤)		380	320	300
每亩晚稻(斤)		400—450	360—380	300—320

中共浙江省委工作队

1950 年

嘉兴县塘汇乡农村经济调查

从嘉兴塘汇乡4个村的材料中，可以看出江南农村比之北方农村是有它不同的特点的。

首先是城乡关系比较密切，很多地主住在都市、城镇，部分还兼营工商业；也有相当数量的城市工人、职员、小商贩、自由职业者等在农村占有小量的土地。农产品亦有一定程度的商品化，农民把粮食卖到城市，又从城市换回生活必需品。大佃农及佃富农等使用的化学肥料及近代农业机器亦依赖城市供给；因此农村对城市的依赖性很大，商业资本与农业生产的关系也比较密切，而农民受商人的垄断剥削也特别严重。

该地区在阶级关系与剥削关系上亦表现得非常错综复杂。土地的租佃关系特多，外籍业主中有地主及工商业家，有小土地出租者。租进土地的不仅有雇、贫、中农，地主、经营地主、富农、大佃农亦租进很多土地。佃富农租进的土地占很大比重，但他们同时却又有不同数量的出租土地。据南阳村、花鱼村不完全材料看，有租佃关系的户数占户口的60％以上，因此形成极其错综复杂的关系。

地主、富农及商业资本家利用季节操纵市场，低价收购农产品，高价卖出种子、肥料、食米及生活必需品。由于历年地主、高利贷者、商人三位一体的剥削榨取，及国民党反动派的苛捐杂税，使农村日趋破产。农民在青黄不接时，因生活困难或生产需要，不得不向地主富农及商人借债，因此借贷关系普遍频繁，高利贷的利率重至50％－100％。有少数雇工亦以积蓄放债，农民之间借贷关系亦很普遍。

在生产方式上，有若干程度的资本主义化。经营地主、大佃农、佃富农（其中尤其是大佃农）已有少数近代化的农具，并使用化学肥料，雇佣工人经营土地，生产量比一般为高。但广大农民的生产方式并未摆脱封建的落后状态。因此个体分散的经营，仍然是主要的经营方式。

土地质量一般比较肥沃，各阶层占有土地在质量上的悬殊不大。

一、土地占有、租佃及使用情况

塘汇乡南阳、花鱼、鸣羊、徐王4个村共有1037户，4199人，占有土地9120亩（包括自耕7330亩，租出1790亩），使用土地14 930亩（包括自耕7330亩，租入7600亩）。

各阶级（层）土地占有、租佃及使用情况详见以下诸表：

塘汇乡南阳、花鱼、鸣羊、徐王四个村各阶层土地占有及使用情况综合统计表

成份		地主			富农				中农	贫农	雇农	其他	总计
		地主	经营地主	小计	富农	佃富农	大佃农	小计					
户口	户数	15	12	27	29	59	7	95	261	515	87	52	1037
	占总户口百分比	1.45	1.16	2.61	2.80	5.69	0.67	9.16	25.17	49.66	8.39	5.01	100.00
人口	人数	87	78	165	137	303	55	495	1064	2162	178	135	4199
	占总人口百分比	2.07	1.86	3.93	3.26	7.22	1.31	11.79	25.34	51.49	4.24	3.21	100.00
占有土地	亩数	1490	1005	2495	950	155	106	1211	3052	2353	6	3	9120
	占总占有土地百分比	16.44	11.02	27.36	10.42	1.70	1.15	13.27	33.47	25.80	0.07	0.03	100.00
	每人平均亩	17.13	12.88	15.12	6.93	0.51	1.93	2.45	2.87	1.09	0.03	0.02	2.17
自耕土地	亩数	363	838	1201	791	148	93	1032	2851	2237	6	3	7330
	占本阶层占有土地百分比	24.36	83.38	48.14	83.26	95.48	87.74	85.22	93.41	95.07	100.00	100.00	80.37
租出土地	亩数	1127	167	1294	159	7	13	179	201	116	0	0	1790
	占本阶层占有土地百分比	75.64	16.62	51.86	16.74	4.52	12.26	14.78	6.59	4.93	0	0	19.63
	占总租出土地百分比	62.96	9.33	72.29	8.88	0.39	0.73	10.00	11.23	6.48	0	0	100.00
租入土地	亩数	128	120	248	127	2863	481	3471	1643	2216	18	4	7600
	占本阶层使用土地百分比	26.07	12.53	17.12	13.83	95.08	83.80	77.08	36.56	49.76	75.00	57.14	50.90
	占总租入土地百分比	1.68	1.58	3.26	1.67	37.67	6.33	45.67	21.62	29.16	0.24	0.05	100.00
使用土地	亩数	491	958	1449	918	3011	574	4503	4494	4453	24	7	14 930
	占总使用土地百分比	3.29	6.42	9.71	6.15	20.17	3.84	30.16	30.10	29.82	0.16	0.05	100.00
	每人平均亩	5.64	12.28	8.78	6.70	9.93	10.44	9.10	4.22	2.06	0.13	0.05	3.56
说明	大佃农系指自己只占有少量土地，租入大量土地，雇工经营，使用小量进步农具的农户。												

塘汇乡南阳、花鱼、鸣羊、徐王四个村各阶层土地占有、租佃及使用情况分村统计表

村别	成份	户数	占有土地	自耕土地	租出	租入	使用土地	租出占占有土地百分比	租入占使用土地百分比
花鱼村	地主	8	390	64	326	58	122	83.59	47.54
	经营地主	1	135	101	34	0	101	25.19	0
	富农	8	183	128	55	18	146	30.05	12.33
	佃富农	6	5	5	0	275	280	0	98.21
	中农	82	1081	1022	59	164	1186	5.46	13.83
	贫农	115	501	478	23	556	1034	4.59	53.77
	雇农	6	2	2	0	0	2	0	0
	其他	10	2	2	0	3	5	0	60.00
	合计	236	2299	1802	497	1074	2876	21.62	37.34
南阳村	经营地主	4	337	300	37	67	367	10.98	18.26
	富农	7	250	218	32	27	245	12.80	11.02
	大佃农	4	50	37	13	316	353	26.00	89.52
	佃富农	12	85	78	7	699	777	8.24	89.96
	中农	49	740	696	44	257	953	5.95	26.97
	贫农	185	1109	1070	39	604	1674	3.52	36.08
	雇农	64	1	1	0	0	1	0	0
	其他	4	0	0	0	0	0	0	0
	合计	329	2572	2400	172	1970	4370	6.69	45.08
鸣羊村	地主	5	745	227	518	70	297	69.53	23.57
	富农	5	157	151	6	0	151	3.82	0
	佃富农	24	37	37	0	1078	1115	0	96.68
	中农	62	785	737	48	255	992	6.11	25.71
	佃中农	23	4	4	0	402	406	0	99.01
	贫农	85	190	185	5	287	472	2.63	60.81
	雇农	—	0	0	0	3	3	0	100.00
	其他	33	0	0	0	0	0	0	0
	合计	237	1918	1341	577	2095	3436	30.08	60.97

续表

村别	成份	户数	占有土地	自耕土地	租出	租入	使用土地	租出占占有土地百分比	租入占使用土地百分比
徐王村	地主	2	355	72	283	0	72	79.72	0
	经营地主	7	533	437	96	53	490	18.01	10.82
	富农	9	360	294	66	82	376	18.33	21.81
	大佃农	3	56	56	0	165	221	0	74.66
	佃富农	17	28	28	0	811	839	0	96.66
	中农	45	442	392	50	565	957	11.31	59.04
	贫农	130	553	504	49	769	1273	8.86	60.41
	雇农	17	3	3	0	15	18	0	83.33
	其他	5	1	1	0	1	2	0	50.00
	合计	235	2331	1787	544	2461	4248	23.34	57.93
4村合计		1037	9120	7330	1790	7600	14 930	19.63	50.90

南阳、花鱼、鸣羊、徐王四个村各阶层每人平均占有及使用土地统计表

（此表见P424－P425——编者）

从上述诸表中可以看出该4村土地占有使用租佃情形有以下诸特点：

甲、外籍业主的土地多

使用土地超过占有土地5810亩，说明了有很多土地是从外籍业主处租来的，该4村共有外籍田5968.4亩，占全部使用土地的40%，占总租入土地的78.5%，详见下表：

四个村外籍田统计表

村名	使用土地总数	租入土地总数	外籍田	外籍田占使用土地的百分比	外籍田占租入田的百分比
南阳村	4370	1970	1798	41.1	91.3
花鱼村	2876	1074	727	25.3	67.7
鸣羊村	3436	2095	1501	43.7	71.7
徐工村	4248	2461	1942	45.7	78.9
合计	14 930	7600	5968	40.0	78.5

注：外籍田系指地权非属本村业主土地而言。

南阳、花鱼、鸣羊、徐王四个村各阶层每人平均占有及使用土地统计表

村	成份	地主		经营地主		富农		大佃农		佃富农		中农		佃中农		贫农		雇农		其他		合计
		数	百分比	数	百分比	数	百分比	数	百分比	数	百分比	数	百分比	数	百分比	数	百分比	数	百分比	数	百分比	数
南阳村	户口	0	0	4	1.22	7	2.12	4	1.22	12	3.65	49	14.89	0	0	185	56.23	64	19.45	4	1.22	329
	人口	0	0	32	2.62	39	3.19	27	2.21	66	5.40	214	17.51	0	0	768	62.85	66	5.40	10	0.82	1222
	占有土地	0	0	337	13.10	250	9.72	50	1.94	85	3.31	740	28.77	0	0	1109	43.12	1	0.04	0	0	2572
	使用土地	0	0	367	8.40	245	5.60	353	8.08	777	17.78	953	21.81	0	0	1674	38.31	1	0.02	0	0	4370
	每人平均占有土地	—	—	10.53	—	6.41	—	1.85	—	1.29	—	3.46	—	—	—	1.44	—	0.02	—	0	—	2.10
	每人平均使用土地	—	—	11.47	—	6.28	—	13.07	—	11.77	—	4.45	—	—	—	2.18	—	0.02	—	0	—	3.58
花鱼村	户口	8	3.39	1	0.42	8	3.39	0	0	6	2.54	82	34.75	0	0	115	48.73	6	2.54	10	4.24	236
	人口	41	4.07	8	0.79	33	3.28	0	0	33	3.28	349	34.66	0	0	497	49.35	21	2.09	25	2.48	1007
	占有土地	390	16.96	135	5.87	183	7.96	0	0	5	0.22	1081	47.02	0	0	501	21.79	2.0	0.09	2	0.09	2299
	使用土地	122	4.24	101	3.51	146	5.08	0	0	280	9.74	1186	41.24	0	0	1034	35.95	2.0	0.07	5	0.17	2876
	每人平均占有土地	9.51	—	16.88	—	5.55	—	—	—	0.15	—	3.10	—	—	—	1.01	—	0.10	—	0.08	—	2.28
	每人平均使用土地	2.98	—	12.63	—	4.42	—	—	—	8.48	—	3.40	—	—	—	2.08	—	0.10	—	0.20	—	2.86

续表

成份		地主		经营地主		富农		大佃农		佃富农		中农		佃中农		贫农		雇农		其他		合计
		数	百分比	数	百分比	数	百分比	数	百分比	数	百分比	数	百分比	数	百分比	数	百分比	数	百分比	数	百分比	数
鸣羊村	户口	5	2.11	0	0	5	2.11	0	0	24	10.13	62	26.16	23	9.70	85	35.87	—	—	33	13.92	237
	人口	36	3.92	0	0	23	2.51	0	0	108	11.77	249	27.12	82	8.93	280	30.50	50	5.45	90	9.80	918
	占有土地	745	38.84	0	0	157	8.18	0	0	37	1.93	785	40.93	4	0.21	190	9.91	0	0	0	—	1918
	使用土地	297	8.64	0	0	151	4.39	0	0	1115	32.45	992	28.87	406	11.82	472	13.74	3	0.09	0	—	3436
	每人平均占有土地	20.69	—	—	—	6.83	—	—	—	0.34	—	3.15	—	0.05	—	0.68	—	0	—	0	—	2.09
	每人平均使用土地	8.25	—	—	—	6.57	—	—	—	10.32	—	3.98	—	4.95	—	1.69	—	0.06	—	0	—	3.74
徐王村	户口	2	0.85	7	2.98	9	3.83	3	1.28	17	7.23	45	19.15	0	0	130	55.32	17	7.23	5	2.13	235
	人口	10	0.95	38	3.61	42	3.99	28	2.66	96	9.13	170	16.16	0	0	617	58.65	41	3.90	10	0.95	1052
	占有土地	355	15.23	533	22.87	360	15.45	56	2.40	28	1.20	442	18.96	0	0	553	23.72	3	0.13	1	0.04	2331
	使用土地	72	1.70	490	11.53	376	8.85	221	5.20	839	19.75	957	22.53	0	0	1273	29.97	18.0	0.42	2	0.05	4248
	每人平均占有土地	35.50	—	14.03	—	8.57	—	2.00	—	0.29	—	2.60	—	—	—	0.90	—	0.07	—	0.10	—	2.22
	每人平均使用土地	7.20	—	12.89	—	8.95	—	7.90	—	8.74	—	5.63	—	—	—	2.06	—	0.44	—	0.20	—	4.04

此种土地占有者的成份较复杂，但多数为地主或工商业者兼地主，全部外籍土地中有78.54%属于他们，详见下表：

南阳、鸣羊、徐王三村外籍业主成份、户数及其出租田亩表

成份	南阳村				鸣羊村				徐王村			
	户数	百分比	出租本村田亩		户数	百分比	出租本村田亩		户数	百分比	出租本村田亩	
			亩数	百分比			亩数	百分比			亩数	百分比
地主	10	13.2	115	6.4	15	16.0	475	31.6	4	5.3	327	16.8
地主兼商人	7	9.2	972	54.0	3	3.2	231	15.4	5	6.7	439	22.6
破落地主	0	0	0	0	0	0	0	0	2	2.7	11	0.6
地主兼其他职业	3	3.9	68	3.8	0	0	0	0	0	0	0	0
商人兼地主	7	9.2	162	9.0	8	8.5	222	14.8	11	14.7	756	38.9
自由职业者兼地主	2	2.6	68	3.8	3	3.2	113	7.5	1	1.3	29	1.5
资本家兼地主	1	1.3	63	3.5	0	0	0	0	1	1.3	60	3.1
高利贷者	0	0	0	0	1	1.1	7	0.5	0	0	0	0
富农	8	10.5	136	7.5	2	2.1	8	0.5	1	1.3	20	1.0
佃富农	0	0	0	0	1	1.1	4	0.3	0	0	0	0
中农	6	7.9	27	1.5	4	4.2	17	1.1	0	0	0	0
贫农	2	2.6	3	0.2	4	4.2	9	0.6	3	4.0	7	0.4
雇农	0	0	0	0	3	3.2	9	0.6	1	1.3	5	0.3
商人	11	14.5	91	5.1	15	16.0	113	7.5	9	12.0	110	5.7
小贩	3	4.0	23	1.3	8	8.5	39	2.6	9	12.0	43	2.2
自由职业者	5	6.6	27	1.5	4	4.2	40	2.7	4	5.3	29	1.5
店员	0	0	0	0	4	4.2	23	1.5	1	1.3	3	0.1
孤寡	0	0	0	0	6	6.4	19	1.3	4	5.3	9	0.5
公田族地	0	0	7	0.4	1	1.1	5	0.3	0	0	0	0
其他	0	0	0	0	5	5.3	66	4.4	10	13.4	37	1.9
未明	11	14.5	36	2.0	7	7.5	101	6.8	9	12.0	57	2.9
合计	76	100.0	1798	100.0	94	100.0	1501	100.0	75	100.0	1942	100.0

注：1.鸣羊村其他项包括：产业工人1户田4亩，船工1户田0.7亩，教堂1户田10亩，尼姑1户田5亩，铁路局职员1户田46亩。

2.徐王村其他项包括：伪职员1户田1.5亩，接生婆1户田0.5亩，城市流氓1户田2亩，看日子的1户田0.5亩，革命职员1户田1亩，房主1户田2.5亩，手工业者2户田17亩，小儿堂及顾顺德堂田13.4亩。

3.商人兼地主是指以商业收入为生活主要来源而出租土地很多的。

4.地主兼商人是指主要依靠收租生活兼营商业的。

乙、土地比较充裕，占有比较集中

该乡的土地是比较充裕的，4个村平均每人有使用土地3.5亩。土地充裕的原因主要是这里人口较少，另一原因由于该乡靠近大城市，一部分人不经营土地，从事农业以外的职业（上述的土地平均数是按各该村使用土地总数减去外籍业主中劳动人民及其他非地主富农阶级出租土地后用该村总人口相除而得）。

土地占有较集中，按上述各阶层占有情况看，把外籍业主占有土地计入后，则地主占总占有土地数的50.46％，富农占9.87％，中、贫、雇农占32.36％，其他小业主及公田占7.31％。

丙、中农占有及使用的土地数量相当大

4个村中农占有土地占总占有土地的33.4％，中农使用土地占总使用土地的30.1％，每人平均使用土地超过全村每人平均数（详见前表）。

丁、佃富农及大佃农所经营的土地占相当大的数量

这地区佃富农和大佃农的使用土地很多，但其中绝大部是租入的（一大部分外籍地主土地为他们所使用），仅个别户自己有田。他们都采取雇佣长工的方式经营土地，剥削雇佣劳动；鸣羊村佃富农占户口的10％（24户），使用了全村使用土地3436亩的1/3弱（1115亩），但是占有土地却很少，仅占总数1918亩的1.9％（37亩）。

4个村平均计算，佃富农和大佃农的户数占总户数的6.4％，人口占8.5％，使用土地却占24.01％，但他们的占有土地还不及总数的3％，他们租入土地占总租入土地数44％。

戊、有租佃关系土地数量相当大，租佃关系极为复杂

租入土地超过租出土地，4村平均租出土地仅达租入土地的23.5％。其情况可见下表：

四个村租入、租出土地统计表

村别	租入土地	租出土地	租出土地占租入土地的百分比
花鱼	1074	497	46.3
南阳	1970	172	8.7
鸣羊	2095	577	27.5
徐王	2461	544	22.1
合计	7600	1790	23.6

南阳村有租佃关系的土地共有2026亩，占全村使用土地4370亩的46.3％，无租佃关系的土地2344亩，占全村使用土地的53.7％。

花鱼村有租佃关系的土地有1182亩，占全村使用土地2876亩的41.1％，无租佃关系使用的土地1694亩，占全村使用土地的58.9％。

两村（鸣羊、徐王两村材料缺）平均有租佃关系的土地占总使用土地数的44.2％。

租佃关系极为复杂，花鱼两村各阶层土地租进、租出的情况如下：

南阳、花鱼两村各阶层租入、租出土地统计表

成份	南阳村					花鱼村				
	户数	租进		租出		户数	租进		租出	
		户数	土地	户数	土地		户数	土地	户数	土地
地主	0	0	0	0	0	8	3	58	8	326
经营地主	4	3	67	2	37	1	0	0	1	34
富农	7	3	27	3	32	8	2	18	7	55
大佃农	4	4	316	1	13	0	0	0	0	0
佃富农	12	12	699	1	7	6	6	275	0	0
中农	49	34	257	7	44	82	40	164	16	59
贫农	185	118	604	10	39	115	100	556	2	23
雇农	64	0	0	0	0	6	0	0	0	0
其他	4	0	0	0	0	10	1	3	0	0
合计	329	174	1970	24	172	236	152	1074	34	497

注：1. 租进、租出户中有些户既租进又租出。
2. 鸣羊、徐王两村因缺乏租进、租出户数，故不列入。

从南阳、花鱼两村各阶层土地租入、租出情况中，可以看出这地区租佃关系的复杂性。南阳村除雇农和其他成份外，经营地主、富农、大佃农、佃富农、中农、贫农等六阶层有174户（占全村329户的53%）都租进土地，出租土地的亦有上述六阶层，但仅24户（占全村329户的7%）。

花鱼村除经营地主和雇农外，其他各阶层都租进土地，计有152户（占全村236户的64%），出租土地的共34户（占全村236户的14%），有地主、经营地主、富农、中农、贫农等五个阶层。

己、与城市关系密切

从外籍业主成份和居住地中，可以看出农村土地和城市工商业联系的密切。

（一）外籍土地中的一半以上是地主兼商人及商人兼地主出租的。

（二）外籍业主户中有1/4以上是城市工人、商贩及自由职业者。

（三）外籍业主绝大部分均居于城市及集镇上，其分布情况可见下表：

南阳、徐王两村外籍业主住址统计表

外籍地主居住地点	南阳村		徐王村	
	户数	百分比	户数	百分比
城市	34	44.7	39	52.0
小镇	17	22.4	29	38.7
乡下	24	31.6	3	4.0
未明	1	1.3	4	5.3
合计	76	100.0	75	100.0

现再将该乡土地质量好坏的标准与各阶层占有使用好坏土地的情况，分述如下：

土地质量好坏的标准有以下几个：

（一）近河。近河的田上水、捻河泥、捞水草都很便利，所以好，反之就不好。

富农以上的各阶层，因为工具较进步（用牛水车，个别的还有水风车、抽水机），肥料充足（豆饼、肥田粉、草子），所以他们有能力种离河较远的田，而且种得很好。中、贫农无近代化农具，种离河远的土地，就很困难。但据南阳村的材料，各阶层占有和使用土地，如从近河这点看，好坏相差不多。

南阳村各阶层近河田亩比较表

成份	自田			租入田			租出田		
	总田亩	好田百分比	坏田百分比	总田亩	好田百分比	坏田百分比	总田亩	好田百分比	坏田百分比
经营地主	195.8	93.9	6.1	72.0	68.1	31.9	16.2	0	100.0
富农	174.2	81.4	18.6	43.4	100.0	0	30.6	100.0	0
大佃农	56.5	100.0	0	251.4	74.6	25.4	13.0	76.9	23.1
佃富农	165.5	88.3	11.7	489.3	91.2	8.8	1.0	100.0	0
平均数	—	89.2	10.8	—	84.7	15.3	—	94.5	5.5
中农	607.6	91.6	8.4	60.1	94.3	5.7	50.2	72.1	27.9
贫农	905.5	96.7	3.3	561.9	95.3	4.7	27.9	100.0	0
平均数	—	94.6	5.4	—	95.0	5.0	—	82.0	18.0

注：1.本表根据“南阳村田地质量好坏比较表”（见后）制成。
2.第一、二近田合称好田，第三、四近田合称坏田。

（二）田比地好。种豆、麦等栽种时期较长作物的土地，收入和田差不多。靠近城市种菜的地，收入还比田好。不过种地所费的劳动力要比种田的大得多，能管七八亩田的人只能种二三亩菜地，种豆麦的地也只能管5亩左右，所以田比地好。

中、贫农无论就占有或使用地的情况讲，地在该阶层总田亩数中的百分比都是比较大的。

南阳、徐王两村各阶层占有与使用地的比较表

成份		地主	经营地主	富农	大佃农	佃富农	中农	贫农
南阳村	占有土地	0	212	204.8	69.5	166.5	657.8	933.4
	地占占有土地之百分比	0	1.8	9.1	18.2	4.3	11.8	18.7
	使用土地	0	267.8	217.6	307.9	654.8	887.7	1467.4
	地占使用土地之百分比	0	2.4	7.6	1.8	2.4	8.8	13.8
徐王村	占有土地	355	533	360	56	28	442	553
	地占占有土地之百分比	1.6	14.4	10.4	30.9	5.9	31.9	39.3
	使用土地	72	490	376	221	839	957	1273
	地占使用土地之百分比	8.3	15.5	13.3	13.2	14.4	20.4	30.5

注：表中所列有关南阳村的各种数字，在调查时，群众报得不确，所以总田亩与其他问题中所提到的总田亩不相符（以下两表情形亦同），但这种出入并不致十分影响本材料的代表性。

（三）土地离家近的好。离家近的田耕种便利，可以节省时间，耕作效率高，这种田是好田。中、贫农因为缺田种，所以不得不种些离家较远的田，因而在他们使用田中离家较远的比较多。

南阳村各阶层远田比较表

成份	自田		租入田		租出田	
	总亩数	远田之百分比	总亩数	远田之百分比	总亩数	远田之百分比
经营地主	195.8	0	72.0	0	16.2	0
富农	174.2	0	43.4	0	30.6	0
大佃农	56.5	23.5	251.4	1.9	13.0	92.3
佃富农	165.5	0.8	489.3	3.3	1.0	0
折合平均数	—	2.5	—	2.4	—	19.8
中农	607.6	3.6	280.1	8.0	50.2	0
贫农	905.5	2.1	561.9	12.2	27.9	28.9
折合平均数	—	2.5	—	10.8	—	9.7

（四）车沟少的比车沟多的好。车沟少可减少装拆、搬运水车的时间，提高耕作效率，所以这种土地是好田。徐王村贫农杨永福说："夫妻俩做对手，1个车沟可管12到13亩田，3个车沟就只能管7到8亩了"，上下相差四五亩之巨。

中、贫农的田车沟较多，田亩较分散，他们每条车沟所灌溉的田亩只3.8—6.8亩，而富农以上的各阶层每个车沟所灌溉的田却在12.1—38.2亩之间（见后"南阳村田地质量好坏"比较表）。

（五）肥田。按南阳村调查，各阶层田的肥瘦相差极微，瘦田仅系个别的，只有佃富农董阿才的17.4亩田才是没人要种的瘦田，其他都还可以。

（六）特别高或特别低的田。这种田只是极个别的情况，真正高到没人要的土地极少，鸣羊村佃富农施阿法有20亩这种田。

（七）田脚深的是好田。所谓田脚乃指田中熟泥的深度而言，南阳村贫农夏金坤说："客帮人的田（用牛耕的）分给我们种，头二年种过，田脚就深了。"他又说："只要人勤快，多上些水草，田脚浅的收成也并不比田脚深的差。"所以田脚深浅是无关紧要的，在于深耕、细作、施肥。

（八）雄田雌田。东西向的田是"雌田"，冬季时受北风吹打的面积较大，受太阳照的面积较小，春花易冻死，南北向的"雄田"反之，所以雄田好。

（九）运河以北的土质较运河以南的好，运河以南的土质，没有运河以北的那样黑，稍许黄一点，紫一点，田脚也较浅一点。但据群众反映，差别并不大。

由上所述，可知在嘉兴一带，土质的差别是极微小的，区别土地好坏的标准主要的是（甲）是否近河，（乙）地与田，（丙）土地离家远否，（丁）车沟的多少等四方面。租入田并不比自田差，中、贫农的田比之富农以上各阶层的田相差的程度也有限。

南阳村田地质量好坏比较表

成份		经营地主	富农	大佃农	佃富农	中农	贫农
户数		3	7	4	12	49	185
第一近田	自田	86.3	64.0	39.5	60.0	398.4	642.3
	百分比	44.1	36.7	69.9	36.2	65.6	71.0
	租入田	16.5	31.1	56.4	269.5	165.9	384.0
	百分比	22.9	71.7	22.4	55.1	59.2	68.3
	租出田	0	26.6	4.0	0	26.1	20.3
	百分比	0	86.9	30.8	0	52.0	72.8
第二近田	自田	97.5	77.7	17.0	86.0	157.9	232.9
	百分比	49.8	44.6	30.1	52.0	26.0	25.7
	租入田	32.5	12.3	131.0	176.5	98.0	151.2
	百分比	45.1	28.3	52.1	36.1	35.0	26.9
	租出田	0	4.0	6.0	1.0	10.1	7.6
	百分比	0	13.1	46.1	100.0	20.1	27.2

续表

成份		经营地主	富农	大佃农	佃富农	中农	贫农
第三近田	自田	12.0	23.5	0	19.5	51.3	30.3
	百分比	6.1	13.5	0	11.8	8.4	3.3
	租入田	23.0	0	53.0	41.9	16.2	26.7
	百分比	32.0	0	21.1	8.5	5.8	4.8
	租出田	16.2	0	3.0	0	14.0	0
	百分比	100.0	0	23.1	0	27.9	0
第四近田	自田	0	9.0	0	0	0	0
	百分比	0	5.2	0	0	0	0
	租入田	0	0	11.0	1.4	0	0
	百分比	0	0	4.4	0.3	0	0
总计	自田	195.8	174.2	56.5	165.5	607.6	905.5
	租入田	72.0	43.4	251.4	489.3	280.1	561.9
	租出田	16.2	30.6	13.0	1.0	50.2	27.9
离家特别远的田	自田	0	0	13.0	1.4	22.2	19.5
	百分比	0	0	23.0	0.8	3.7	2.2
	租入田	0	0	5.0	16.0	22.6	68.4
	百分比	0	0	2.0	3.3	8.1	12.2
	租出田	0	0	12.0	0	0	8.0
	百分比	0	0	92.3	0	0	28.9
特别高的田	自田	0	14.0	0	2.0	0	0
	百分比	0	8.0	0	1.2	0	0
	租入田	0	0	8.0	0	56.1	6.0
	百分比	0	0	3.2	0	20.0	1.1
特别瘦的田	自田	0	4.0	0	17.4	13.3	10.6
	百分比	0	2.3	0	10.5	2.2	1.2
	租入田	0	0	0	90.0	0	20.2
	百分比	0	0	0	18.4	0	3.6
车沟	个数	7	18	10	25	127	379
	每个车沟灌溉的田亩	38.2	12.1	30.8	26.2	6.8	3.8

二、剥削关系

甲、地租剥削

南阳村一带地租剥削大致有如下几种：

（一）活（花）租：这种租制采用最多，每年由国民党反动政府根据该地该年度正产物的平均收获量，订定缴租标准，农民再按标准缴租。例如1948年塘汇乡正产物平均每亩收获量为2石米，计租时收获量按平均每亩1.2石计算，则其缴租标准为0.45石（为正产物37.5%），因此塘汇乡的所有活租佃户，均依照这个标准缴租。至于正产物每亩收获量有高低时，缴租数也依据0.45石作比例的增减。

据鸣羊村的农民反映，活租制并不是任何佃户都可得到的，一般是比较大的佃富农、有永佃权的或多年耕种的老佃户才能得到。以鸣羊村来说，活租制并不像南阳村那末普遍。

（二）定（板）租：这种租制由业佃双方在成立租佃关系之初订定契约，说明每亩每年交租数额，不管年成荒旱，均须照约定租额如数交清。南阳村定租田租额90%左右是在每亩5斗米以上，高的到七八斗的也有，鸣羊村地主陈连奎出租基地竟有高及1石者。

（三）分租：分租是业佃双方按照一定比例（如佃四业六，佃三业七）分配土地的实际收获物（正产物），南阳村行分租制者有两户。鸣羊村地主陈联君的出租土地全部采四六分租制，除分好米外，还要分稻草。

（四）预（现）租：这是一种先交租米后种田的租制，即佃户租种业主的田，于前一年的冬季先交清规定的租米。由于土地大部集中在地主、富农手里，广大少地无地农民极需田种，兼之人口逐渐增多，租田颇为不易，而地主即乘机提高租额，预收租米，以加重剥削。在鸣羊村采用此种租制的土地相当多，如地主陈连奎的出租田解放前每亩净收预租0.43石，加上田赋及各项按田亩分担的苛捐款摊派，佃户租1亩田须负担0.955石，剥削之重，可见一斑。

（五）押租：是地主对佃户进一步剥削的方法：（甲）地主在佃户租田时收押租，于退田时付还，这中间地主可拿这笔钱出借，收取利息。（乙）用押租来扣还租米。地主遇到佃户有短缺租米时，就从佃户所付押租内扣还（短缺租米、拖欠租米常为构成地主撤佃的主要理由）。南阳村交押租的办法是由佃户交付业主很高数额的押租，在一定租种年限内，不再交租，以押租利息代替租米，直至租种期满后，押租按原数退回。

现将南阳村各阶层租入土地、租制、租额列表如下：

南阳村各阶层租入土地、租制、租额统计表（一）

成份		活租						定租					
		50斤至79斤	80斤至109斤	110斤至139斤	140斤以上	小计	占总数百分比	99斤以下	100斤至119斤	120斤至139斤	140斤至159斤	小计	占总数百分比
地主	户数	0	4	0	0	4	2.10	0	0	0	0	0	0
	百分比	0	100.00	0	0	100.00	—	0	0	0	0	0	—
	亩数	0	67.00	0	0	67.00	5.50	0	0	0	0	0	0
	百分比	0	100.00	0	0	100.00	—	0	0	0	0	0	—
富农	户数	0	2	1	0	3	1.60	0	0	0	0	0	0
	百分比	0	66.70	33.30	0	100.00	—	0	0	0	0	0	—
	亩数	0	25.40	1.60	0	27.00	2.20	0	0	0	0	0	0
	百分比	0	94.10	5.90	0	100.00	—	0	0	0	0	0	—
大佃农	户数	1	5	1	0	7	3.60	0	0	0	0	0	0
	百分比	14.30	71.40	14.30	0	100.00	—	0	0	0	0	0	—
	亩数	3.55	265.45	47.00	0	316.00	25.80	0	0	0	0	0	0
	百分比	1.10	84.00	14.90	0	100.00	—	0	0	0	0	0	—
佃富农	户数	0	10	0	1	11	5.70	0	0	1	0	1	7.70
	百分比	0	90.90	0	9.10	100.00	—	0	0	100.00	0	100.00	—
	亩数	0	149.46	0	8	157.46	12.90	0	0	37.50	0	37.50	45.30
	百分比	0	94.90	0	5.10	100.00	—	0	0	100.00	0	100.00	—
中农	户数	2	39	1	0	42	21.90	1	0	0	1	2	15.40
	百分比	4.80	92.80	2.40	0	100.00	—	50.00	0	0	50.00	100.00	—
	亩数	20.50	217.98	0.50	0	238.98	10.50	9.65	0	0	2.00	11.65	14.00
	百分比	8.60	91.20	0.20	0	100.00	—	82.80	0	0	17.20	100.00	—
贫农	户数	6	110	9	0	125	65.10	0	3	2	5	10	76.90
	百分比	4.80	88.00	7.20	0	100.00	—	0	30.00	20.00	50.00	100.00	—
	亩数	24.00	381.50	12.63	0	418.13	34.10	0	17.80	3.90	12.00	33.70	40.70
	百分比	5.80	91.20	3.00	0	100.00	—	0	52.80	11.60	35.60	100.00	—
合计	户数	9	170	12	1	192.00	100.00	1	3	3	6	13	100.00
	百分比	4.70	88.50	6.30	0.50	100.00	—	7.70	23.10	23.10	46.10	100.00	—
	亩数	48.05	1106.79	61.73	8.00	1224.57	100.00	9.65	17.80	41.40	14.00	82.85	100.00
	百分比	3.90	90.40	5.00	0.70	100.00	—	11.60	21.50	50.00	16.90	100.00	—

南阳村各阶层租入土地、租制、租额统计表（二）

成份		分租				押租						
		倒六四分	五对五分	小计	占总数百分比	170斤	400斤	500斤	1150斤	1340斤	小计	占总数百分比
地主	户数	0	0	0	0	0	0	0	0	0	0	0
	百分比	0	0	0	—	0	0	0	0	0	0	—
	亩数	0	0	0	0	0	0	0	0	0	0	0
	百分比	0	0	0	—	0	0	0	0	0	0	—
富农	户数	0	0	0	0	0	0	0	0	0	0	0
	百分比	0	0	0	—	0	0	0	0	0	0	—
	亩数	0	0	0	0	0	0	0	0	0	0	0
	百分比	0	0	0	—	0	0	0	0	0	0	—
大佃农	户数	0	0	0	0	0	0	0	0	0	0	0
	百分比	0	0	0	—	0	0	0	0	0	0	—
	亩数	0	0	0	0	0	0	0	0	0	0	0
	百分比	0	0	0	—	0	0	0	0	0	0	—
佃富农	户数	1	1	2	100.00	0	0	0	0	0	0	0
	百分比	50.00	50.00	100.00	—	0	0	0	0	0	0	—
	亩数	47.00	55.54	102.54	100.00	0	0	0	0	0	0	0
	百分比	45.80	54.20	100.00	—	0	0	0	0	0	0	—
中农	户数	0	0	0	0	0	0	1	0	0	1	16.70
	百分比	0	0	0	—	0	0	100.00	0	0	100.00	—
	亩数	0	0	0	0	0	0	1.50	0	0	1.50	12.60
	百分比	0	0	0	—	0	0	100.00	0	0	100.00	—
贫农	户数	0	0	0	0	1	2	0	1	1	5	83.30
	百分比	0	0	0	—	20.00	40.00	0	20.00	20.00	100.00	—
	亩数	0	0	0	0	4.00	1.00	0	2.00	3.40	10.40	87.40
	百分比	0	0	0	—	38.50	9.60	0	19.20	32.70	100.00	—
合计	户数	1	1	2	100.00	1	2	1	1	1	6	100.00
	百分比	50.00	50.00	100.00	—	16.70	33.20	16.70	16.70	16.70	100.00	—
	亩数	47.00	55.54	102.54	100.00	4.00	1.00	1.50	2.00	3.40	11.90	100.00
	百分比	45.80	54.20	100.00	—	33.60	8.40	12.60	16.80	28.60	100.00	—

编者按：本表(一)(二)租入土地数字与前表有出入，仅供参考。

这一带不仅租佃关系普遍，而且牛租、农具租等也很流行。如徐王村佃中农胡阿海缺乏农具向富农汤锡和租用，一亩田须出0.4石租米；鸣羊村佃中农朱掌福向地主租牛车水，一亩田也要出0.4石租米。

乙、高利贷剥削

高利贷在南阳村一带是相当普遍的，尤其在解放前高利贷剥削极为苛重。

高利贷的种类有二：一种是实物高利贷，一种是货币高利贷。实物高利贷主要是粮食的借贷，此外也有借贷黄金的。战前与抗战初期，该地区实物借贷不及货币借贷普遍，到抗战后期，尤其是抗战胜利之后，国民党反动统治下的通货恶性膨胀，市场买卖多物物互换，货币借贷便不多见了。

（一）实物高利贷：最普遍的是年利50%，即借1石米，明年偿还本利1石5斗，这是不算高的，在解放前很多有借米1石还2石的（年利100%）。亦有如南阳村贫农葛阿耐借进20多石米，年利为80%的。农民种一亩田，每年收入只2石米左右，尚需种子、肥料、赋税、租米等等的开支；而借1石米的利息就须8斗。因此农民如借1石米，就是等于赔本白种1亩田。这种高利剥削可说是极其苛重的。高利贷剥削例子极多，鸣羊村农民虞来喜可以作一个典型：虞于1947年借嘉兴某地主食米5石，说定至1948年偿还，利息100%，本利合计得还10石，可是到期还不出，续借至1949年，利率按照70%计算，到1949年本利是17石。短短两年时间，地主以5石米的债本，收入的利息竟达12石，这是何等残酷的剥削！

（二）黄金高利贷：鸣羊村农民赵阿芳因为死了牛，向人告贷黄金七钱，作为补进牛力之用，言明按年利50%付息，但解放前黄金价格天天上涨，再加上50%的黄金利息，其剥削的苛重，可想而知了。

高利贷者，更善于乘人之危，趁火打劫。如穷苦农民在青黄不接时缺乏食米或遭遇意外，需款开支而向高利贷者借债时，往往四五月份借得之款，到秋收（十一月）前后即须偿还，而利息仍按一年计算给付。南阳村贫农钱金官因为死了母亲，无力安葬，不得已向高利贷者告贷，而将快要收割的四亩田的青苗全部作抵，仅换得4石5斗米来办理丧事。

（三）货币高利贷：在南阳村发现得很少，而鸣羊村则较多，原因是鸣羊村种地的农民较多，不少农民兼作菜贩，除在附近城镇贩卖外，更有到无锡、上海、南京一带合伙贩卖各种蔬菜的，他们缺少资本，经常告贷。借贷以一两个月为期，届时本利偿清。这种借款利息一般的是月利五六分，较高的是七八分，也有高至一角二分的。

丙、商业资本剥削

商人对农民的剥削，比起地主放高利贷来，其手段又要高明些。商人对农民剥削方法有：

（一）赊给日用必需品：农民们全部收入都靠土地出产，他们手头不能经常存有零用钱，日常的购买只好赊欠，商人就以实物加利息放账。解放前塘汇镇的肉商是用这种方法来放账的：赊出时，将一斤肉作成几斤米（已将较高的利润计入），等到还账时，如米价不及肉价高，他就照肉算；米价高时，就按米收账。

（二）廉价购入，高价卖出：农民们每年都靠出卖农产品以偿还赊欠、债款、利息等等，这就给商人一个机会，垄断农产品的价格：低价收购，农民不卖吧，店主、债主又要逼偿欠账，不得已只有忍痛卖出，等到农民需要买进时，商人又将价格提高。如1949年上半年五六月间农民要卖出4石豆才可换回1石米；到十一月间，则要卖出1石5斗米才可换回1石豆作豆种。再如种子、肥料也是这样，1949年花草种子刚上市时是1石2斗米换1石花草子，到后来商人一再抬价，要五六石米才能换1石花草子。肥料，如城市的粪便就受粪便商的垄断，仅仅一转手，5合米一担的粪便卖给农民就要2斤米一担。

（三）预购农产品：商人在农民青黄不接或生产资金短缺时，向农民预购农产品，预购的价格一般总要比市价低好几成，农民们为着急用，不得不忍痛卖出。

此外，船商还以高额船租出租船只，剥削无船的中、贫农，因为这一带中、贫农靠水草、河泥做肥料，非租船拉捻不可，通常一只船（中型的）一个月要1石5斗租米，这种剥削也不轻。

三、南阳、花鱼两村的生产情况

甲、各阶层土地使用情况的比较

从南阳、花鱼两村各阶层土地使用情况来看：中农每人平均使用3.8亩弱，地主、富农每人平均使用4.5亩，贫农、雇农及其他劳动者，每人平均使用只1.96亩。使用大批土地的是经营地主、大佃农、佃富农，平均每人使用11.3亩。详见下表：

南阳、花鱼两村各阶层土地使用面积比较表

成份	户数	人数	使用土地总数	每人平均亩数
地主及富农	23	113	513	4.54
经营地主、佃富农、大佃农	27	166	1878	11.31
中农	131	563	2139	3.80
贫雇农及其他劳动者	384	1387	2716	1.96
合计	565	2229	7246	3.25

中、贫农使用土地相当分散，他们每户使用的土地已很少，却还分成很多小块；而经营地主、佃富农、大佃农等使用的土地是成片的、大块的，便利其经营耕作（如抽水灌溉时，不受过水等各种限制。亦可将田亩间不必要的田塍拆除，这样并成大块后使用，既便利耕作，又增加耕地面积）。如经营地主蒋瑞亮使用土地74亩，仅分成9片，最小一块是4亩。佃富农毕竟成使用土地85.5亩，也只分成14片，最小一块亦有3.5亩。而中、贫农使用10亩左右土地的，则常常分散于五六处以上，最大块的土地不超过6亩，而最小的不足一亩。又如大佃农单宝生，为便利经营起见，将自己原有的6亩远田出租给贫农沈慕仁耕种，自己另行租入5.2亩土地，而贫农沈慕仁因缺田，只好每天跑远路渡过河去种，这样东奔西走地耕种分散的少量土地，劳动效率自然减低，因此往往成本大、收益少，远不如大块土地的经营效率高。

各阶层使用土地分散情况表

成份	姓名	使用土地（亩数）	分散程度（块数）	每块最大面积（亩数）	每块最小面积（亩数）	平均每块面积（亩数）
经营地主	蒋瑞亮	74.00	9	26.95	4.00	8.22
富农	钱子芳	48.60	11	10.00	2.00	4.42
大佃农	庄国仁	74.20	14	13.00	2.50	5.30
佃富农	毕竟成	85.50	14	11.00	3.50	6.11
佃富农	葛阿南	47.00	10	8.00	3.00	4.70
佃富农	陈掌法	70.00	11	15.00	4.50	6.36
中农	姚金才	18.65	7	5.00	0.83	2.66
中农	姚有宝	14.10	6	3.40	0.30	2.35
中农	张茂松	11.35	6	2.50	0.80	1.89
贫农	姚胜元	11.13	6	5.50	0.30	1.86
贫农	李宝全	8.26	5	4.00	0.30	1.65
贫农	吴海泉	6.20	5	3.50	0.50	1.24

乙、南阳村（花鱼村材料缺）各阶层劳动力使用的比较

（一）全村总计有474个全劳动力，贫农达312个，占全村劳动力66%，而该村贫农使用土地总数只1674亩，以一个全劳动力能种7亩田计算（因贫农无耕畜，故每一全劳动力只能种7亩田），只需239个劳动力即可，尚剩余73个全劳动力没有田种，因此他们就依靠出卖劳动力来维持自己及家庭生活，5个作长工，其余作短工。雇农全劳动力占全村总劳动力的11%，占雇农全人口的79.3%。他们的劳动力全部出卖，自己使用的土地仅一亩。

雇进劳动力者是经营地主、大佃农、佃富农，他们20户共雇进短工2340个（工日）、长工（合全劳动力）44个；富农7户，使用短工562个（工日）、长工（全劳动力）3个；中农虽出卖218个短工（工日），而又雇进600个短工（工日），两者相抵仍雇进382个短工（工日）；富裕中农雇用长工数占长工总数的4.8%；中、贫农合计雇进短工占雇进短工总数（工日）的20.6%，经营地主、大佃农、佃富农等雇用长工占长工总数89.8%，短工约64%。其详情可见下表。

南阳村各阶层使用劳动力比较表

成份		经营地主	富农	大佃农	佃富农	中农	贫农	雇农	其他	合计
户口		4	7	4	12	49	185	64	4	329
人口		32	39	27	66	214	768	66	10	1222
使用土地亩数		367	245	353	777	953	1674	1	0	4370
自有劳动力	全劳动力	0	4	0	10	51	184	44	0	293
	半劳动力	2	13	1	7	38	207	13	2	283
	小劳动力	2	5	1	6	35	99	7	0	155
	合计	4	22	2	23	124	490	64	2	731
	占本阶层人数百分比	12.5	56.4	7.4	34.8	57.9	63.8	97	20	59.8
	折合全劳动力	2	12	1	15	79	312	52	2	474
	占全村劳动力百分比	0.4	2.5	0.2	3.2	16.7	65.8	11	0.2	100
雇进劳动力	全劳动力	10.5	3	10.5	16	0	0	0	0	40
	半劳动力	4	0	3	4	3	0	0	0	14
	小劳动力	0	0	1	5	2	0	0	0	8
	折合全劳动力	12.5	3	12	19.5	2	0	0	—	49
	短工（工日）	1020	562	460	860	600	154	0	—	3656
出卖劳动力	全劳动力	0	0	0	0	0	3.5	44	0	47.5
	半劳动力	0	0	0	0	0	0	12	0	12
	小劳动力	0	0	0	0	0	6	8	0	14
	折合全劳动力	0	0	0	0	0	5	52	—	57
	短工（工日）	0	0	0	0	218	2918	0	—	3136

注：其中“小劳动力”系指不及半劳动力的附带劳动力者，折合是以4个小劳动力抵一个全劳动力计算。短工是以日计算。

（二）南阳村及其附近村庄妇女劳动在整个生产过程中占相当重要的地位，南阳村474个全劳动力中女劳动力达138个，占总劳动力的29%，这在一般农村是相当大的数字，如果这妇女的138个全劳动力不参加农业生产，则南阳村中贫农不但不能有多余的劳动力，而且还不能耕种今天所耕作的2627亩土地（以全体中、贫农民每全劳动力耕种7亩计）。138个妇女全劳动力中，贫农妇女占80%。因为妇女参加劳动，占农村生产劳动相当重要的地位，因此，该地妇女社会地位亦比较高。

南阳村男女劳动力参加农业劳动比较表

项目		经营地主	富农	大佃农	佃富农	中农	贫农	雇农	其他	合计
男劳动力	人口	15	18	13	32	104	393	64	6	645
	全劳动力	0	4	0	10	48	170	44	0	276
	半劳动力	1	4	1	4	15	42	13	0	80
	小劳动力(附带)	1	1	1	4	14	52	7	0	80
	折合全劳动力	1	6	1	13	59	204	52	0	336
女劳动力	人口	17	21	14	34	110	375	2	4	577
	全劳动力	0	0	0	0	3	14	0	0	17
	半劳动力	1	9	0	3	23	165	0	2	203
	小劳动力(附带)	1	4	0	2	21	47	0	0	75
	折合全劳动力	1	6	0	2	20	108	0	1	138
全劳动力合计		2	12	1	15	79	312	52	1	474

工资比较表

等级	人数	每人每年所得工资(斤谷)
领工	2	2800—3200
大工	4	2400—2600
大工	6	2200—2400
二工	6	1800—2000
三工	5	1500—1600
看牛工	6	800—1000
小看牛工	1	700

注:1.这表根据30个工人工资调查编制。2.工资标准是比较高的。

丙、两个村生产工具占有情况

两个村的农业生产工具有两种不同的占有情况：(一)中、贫农的生产工具主要依靠铁锆、铲，这两种农具中、贫农占有90%以上，但主要农具中、贫农却很少。全村52.5头耕牛，中、贫农占有和使用的仅23%，平均36户才能有一头，其中尤其是贫农，300户共种了2708亩田，只有耕牛1头、犁耙2张。生产工具少到这样可怜，但为了生活，他们只得以自己的劳力代畜力，以铁锆和铲代犁耙，从事耕种。(二)经营地主、大佃农、佃富农（包括地主及富农在内）共50户，耕种土地面积为2391亩，占两个村使用土地总面积的1/3，但他们不仅掌握了80%上下的耕牛、犁、耙，而比较近代化的农业机器如抽水机、打谷机等也全都为他们所占有，中、贫农只靠人力水车及部分风力水车戽水。

下表是南阳、花鱼两村各阶层占有农具的情况：

南阳、花鱼两村各阶层占有农具比较表

成份			南阳村									花鱼村								
			经营地主	富农	大佃农	佃富农	中农	贫农	雇农	其他	合计	经营地主	富农	大佃农	佃富农	中农	贫农	雇农	其他	合计
户数			4	7	4	12	49	185	64	4	329	8	1	8	6	82	115	6	10	236
现有主要农具数量	牛	数	5	4.5	6	13	9.5	0.5	0	0	38.5	2	2	2.5	5.5	1.5	0.5	0	0	14
		百分比	13	11.7	15.6	33.7	24.7	1.3	0	0	100	14.3	14.3	17.8	39.3	10.7	3.6	0	0	100
	犁	数	7	4	6	12	8	0.5	0	0	37.5	2	1	2	6	2	1	0	0	14
		百分比	18.7	10.7	16	32	21.3	1.3	0	0	100	14.3	7.1	14.3	42.9	14.3	7.1	0	0	100
	耙	数	8	4	5	12	6	0.5	0	0	35.5	0	0	0	0	0	0	0	0	0
		百分比	22.5	11.3	14.1	33.8	16.9	1.4	0	0	100	0	0	0	0	0	0	0	0	0
	抽水机	数	0	0	2	0	0	0	0	0	2	0	0	0	0	0	0	0	0	0
		百分比	0	0	100	0	0	0	0	0	100	0	0	0	0	0	0	0	0	0
	打谷机	数	0	0	0	2.5	0	0	0	0	2.5	0	0	0	0	0	0	0	0	0
		百分比	0	0	0	100	0	0	0	0	100	0	0	0	0	0	0	0	0	0
	风水车	数	2	0	0	0	0	0	0	0	2	0	0	0	0	0	0	0	0	0
		百分比	100	0	0	0	0	0	0	0	100	0	0	0	0	0	0	0	0	0
	风车	数	0	0	0	0	0	0	0	0	0	4.5	0	4	4	12.5	0	0	0	25
		百分比	0	0	0	0	0	0	0	0	0	18	0	16	16	50	0	0	0	100
	水车	数	9	5	9	13	41	114	0	0	191	3	2	7.5	6	70	84	0	0	172.5
		百分比	4.7	2.6	4.7	6.8	21.5	59.7	0	0	100	1.7	1.2	4.3	3.5	40.6	48.7	0	0	100
	船	数	1	2.5	5	7	21	43.5	0	0	80	3	1	2	2	39.5	23.5	0	0	71
		百分比	1.3	3.1	6.2	8.8	26.2	54.4	0	0	100	4.2	1.4	2.8	2.8	55.7	33.1	0	0	100
	铁锴	数	29	28	29	60	257	759	0	0	1162	21	8	38	31	399	467	0	0	964
		百分比	2.5	2.4	2.5	5.2	22.1	65.3	0	0	100	2.2	0.8	3.9	3.2	41.4	48.5	0	0	100
	铲	数	—	—	—	—	—	—	—	—	—	5	2	9	3	89	83	0	0	191
		百分比	—	—	—	—	—	—	—	—	—	2.6	1	4.7	1.6	46.6	43.5	0	0	100
使用土地			367	245	353	777	953	1674	1	0	4370	122	101	146	280	1186	1034	2	5	2876

此外，船在该地（杭、嘉、湖地区都如此）农业生产中是不可缺少的一种重要工具，尤其是中、贫农不仅要用船作交通工具（这是次要的），更重要的是作挖河泥、捞水草以及到市镇装倒粪便等的工具。一只船一般只能供30亩地之用（按该村船只载重量估计）。从上面农具统计表可看出中、贫农现有127.5只船，平均每3户才能使用一只，是不够的，按他们使用土地计算，尚缺少33.5只船。

经营地主、大佃农、佃富农等他们大都将船用作交通工具，必要时雇船来挖河泥作肥料（贫农常常人和船一同出雇给他们）。他们除用河泥作肥料外，通常还有豆饼、草子（绿肥）、粪便、肥田粉等。如大佃农胡恺田一年施用5次肥料，计2批草子（绿肥），1次河泥，1次肥田粉，1次粪便。一般农民由于资本缺乏，最多只能下3次肥，计1次粪便、2次水草加河泥。

丁、农业生产与成本的比较

经营地主、大佃农、佃富农等，因为资本雄厚，肥料充足，生产工具优良，生产效率及生产量大大超过中、贫农，这可从下表及各阶层生产成本计算举例中看出来。

南阳村各阶层每亩生产成本及产量比较

成份		经营地主	富农	大佃农	佃富农	合计平均	中农	贫农	合计平均
每亩收获量		525	479	596	433	514	492	334	450
每亩成本	按价值算	223	229	232	192	216	306	323	310
	按实支算	223	130	232	191	207	196	158	185
每亩收入	按实支算	302	349	364	242	307	296	176	265
	按价值算	302	250	364	241	298	186	11	140

注：1.按实支算比按价值算小，因肥料等都系农民用自己的劳动力积存的，不必化钱购买之故。
2.单位为斤谷。

各阶层生产成本计算举例：

关于农业生产成本可分成本总值、实际支出（除去不用化钱的自备品外的实际开支）两项来计算。如经营地主沈瑞元，8口人，使用土地100.6亩，支出谷、麦、蚕豆、黄豆等种子折谷925斤，自有半劳动力（有一个儿子从事半劳动）只算吃饭折谷60斤，牛2头，牛工折谷1000斤，再加实际支出，成本总值为14 755斤，每亩平均146.6斤。

大佃农胡恺田，5口人，使用土地136亩，支谷种952斤，豆、麦种折谷75斤，肥料、草子种、牛工折谷2400斤，河泥折谷1600斤（再加工资2380斤），肥田粉折谷1400斤（外再加工资84斤），挑牛灰、猪灰100担，工资56斤，抽水机、水车、船、犁等修理费2000斤，抽水机油折谷1000斤，长工6人，放牛2人，短工400个，工资17 168斤，以上合计实际支出谷29 115斤。另牛、猪灰肥100担折谷2000斤，牛3头约折谷2040斤（牛的饲料及牛本折耗），计农业成本总值33 155斤，每亩平均243.7斤。

富农沈翔官，4口人，使用土地12.85亩，支出谷、麦、蚕豆、黄豆、种子228斤，肥料、水草、豆饼600斤，短工工资376斤，水车、铁锆修理费及买镰刀50斤，牛租60斤，合计实际支出1314斤。另月工吃饭190斤，羊灰肥料折谷200斤，成本总值1704斤。每亩平均132.6

斤。

佃富农吕季发，5 口人，使用田54.5亩，谷种 250 斤，蚕豆种（20 多亩）折谷 460 斤，肥料、河泥 1600 斤，草子种 600 斤（今年未种草子），长工 1 人、放牛工 1 人加短工计 3300 斤，犁、耷、牛水车等修理费 710 斤，合计实际开支 6920 斤。自工算吃饭 900 斤，牛、羊灰折谷 200 斤，自有牛一头，牛工折谷 500 斤，成本总值 8520 斤，每亩平均156.3斤。

中农华龙官，6 口人，使用田15.6亩，谷、麦、蚕豆、种子 284 斤，肥料及买水草、挑水草工 459 斤，雇短工 462 斤（今年身体不好，所以雇工较多），铁锴、水车、镰刀及船的修理费合计 202 斤，牛租 125 斤，合计实际开支 1532 斤。羊灰肥料约谷 200 斤，自工算吃饭 108 斤，成本总值 1840 斤，每亩平均 118 斤。

贫农李阿毛，7 口人，使用田13.2亩，谷、麦、蚕豆、黄豆种子 251 斤，水车、1/3 只船、铁锴、镰刀等修理费 140 斤，牛租 40 斤，合计实际支出 431 斤。肥料系自捞水草算吃饭 72 斤，自工吃饭 585 斤，成本总值 1088 斤，每亩平均82.4斤。

戊、副业及其他收入情况

南阳、花鱼 2 个村的农民，除农产收入外，副业和其他收入占全村总收入将近 20%，副业收入方面有猪、羊、蚕茧、鸡蛋等，此外还有兼作小买卖的。富农和个别佃富农及经营地主兼出租小量牛工，贫农及部分中农出雇大量短工。各种副业及其收入的比重是：（一）短工。（二）养猪。（三）小买卖。（四）蚕茧。（五）牛工。[1] 其他是羊、鸡蛋、泥砖、柴等收入。以阶层言，中、贫农对副业收入的依赖性极大，他们从事副业的收入占全村副业收入的 96.5%，而大佃农、佃富农、经营地主及地主、富农等的副业收入仅占全村副业收入3.5%。

南阳、花鱼两村副业及其他收入情况表

村别	南阳村						花鱼村					
成份	经营地主	富农	大佃农	佃富农	中农	贫农	地主	经营地主	富农	佃富农	中农	贫农
各阶层户口	4	7	4	12	49	185	8	1	8	6	82	115
占有副业户口	4	6	0	0	49	185	8	1	8	6	82	115
占全村副业总收入百分比	0.9	2.6	0	0	96.5		0.8	0.01	2.3	0.4	96.5	
占本阶层总收入百分比	1.8	15.2	0	0	15.8	45.1	7.9	0.3	13.3	1.9	18.5	37.4

过去副业和其他收入中蚕丝占相当大的比重。饲养胡羊的亦很多，胡羊可积厩肥，又可繁殖小羊，羊毛、羊皮可以出卖，价钱亦好。但现在羊毛、羊皮销路不大。蚕丝自遭受帝国主义的破坏后，日趋凋敝，1938 年一斤蚕茧可值8.5升米，至解放前每斤只值2.3升米。解放后茧价上升，每斤可售5.6升米，群众很满意。

[1] 编者按：出卖短工和出租牛工算作副业是不妥当的。

花鱼村各阶层农业、副业收入比较表

成份	姓名	使用土地	农业收入	平均每亩收入	副业收入								总收入	副业收入占总收入之百分比
					羊	短工	鸡蛋	茧	生意	猪	牛工	合计		
地主	张福元	27.60 出租 75.70	8000	290	60	0	0	128	0	500	0	688	8688	7.9
	张耀球	6.65 出租 31.20	2786	419	50	0	30	160	0	0	0	240	3026	7.9
	小计	34.25 出租 106.90	10 786	315	110	0	30	288	0	500	0	928	11 714	7.9
经营地主	沈瑞元	100.60	34 158	340	100	0	0	0	0	0	0	100	34 258	0.3
富农	张顺福	36.40	12 554	345	120	0	60	560	400	0	0	1140	13 694	8.3
	范根良	23.50	4968	211	0	0	12	150	0	400	1000	1562	6530	23.9
	小计	59.90	17 522	293	120	0	72	710	400	400	1000	2702	20 224	13.4
佃富农	吕季发	53.40	19 380	363	0	0	15	0	0	600	300	915	20 295	4.5
	吴月仙	50.30	16 084	320	0	0	0	0	0	0	0	0	16 084	0
	倪阿达	58.80	17 840	303	0	0	160	0	0	0	100	260	18 100	1.4
	小计	162.50	53 304	328	0	0	175	0	0	600	400	1175	54 479	2.2
中农	张金昌	11.60	4496	388	180	0	30	0	1200	0	0	1410	5906	23.9
	张毛式	15.85	3890	245	40	0	0	120	300	0	0	460	4350	10.6
	范玉林	14.20	3157	222	0	0	0	72	0	0	0	72	3229	2.2
	范洪昌	33.38	10 390	311	160	280	0	600	0	1530	450	3020	13 410	22.5
	小计	75.03	21 933	292	380	280	30	792	1500	1530	450	4962	26 895	18.4
贫农	张有才	9.50	2220	234	0	200	0	0	180	0	0	380	2600	14.6
	张宝传	1.80	300	167	0	600	0	0	0	0	0	600	900	66.7
	沈四毛	6.00	1268	211	0	1450	0	160	0	0	0	1610	2878	55.9
	张三毛	7.20	2966	412	120	300	30	204	0	0	0	654	3620	18.1
	范顺君	3.30	700	212	0	950	0	270	0	0	0	1220	1920	63.5
	小计	27.80	7454	268	120	3500	30	634	180	0	0	4464	11 918	37.5
合计		460.08	145 157	315.5	830	3780	337	2424	2080	3030	1850	14 331	159 488	9.0

注：本表数字，土地以亩计；收入折合谷计，单位是斤。

南阳村各阶层农业、副业收入比较表

成份	姓名	使用土地	农业收入	每亩平均收入	副业收入										总收入	副业收入占总收入之百分比
					羊	猪	短工	茧	牛工	柴	泥砖	生意	其他	合计		
经营地主	蒋昌金	109.80	62 008	565	0	210	0	200	1000	0	0	0	卖牛 600	2010	64 018	3.1
	蒋昌信	128.10	61 814	483	0	0	0	400	0	0	0	0	0	400	62 214	0.6
	小计	237.90	123 822	520	0	210	0	600	1000	0	0	0	600	2410	126 232	1.9
富农	夏金林	36.80	18 976	516	80	1800	0	400	300	0	0	0	0	2580	21 556	12.0
	夏惠夫	19.70	8090	411	0	1600	0	380	0	300	0	0	0	2280	10 370	22.0
	小计	56.50	27 066	479	80	3400	0	780	300	300	0	0	0	4860	31 926	15.2
大佃农	胡恺田	136.00	81 125	597	0	0	0	0	0	0	0	0	0	0	81 125	0
佃富农	项阿丙	80.50	35 400	440	0	0	0	0	0	0	0	0	0	0	35 400	0
	朱阿根	55.60	23 660	426	0	0	0	0	0	0	0	0	0	0	23 660	0
	小计	136.10	59 060	434	0	0	0	0	0	0	0	0	0	0	59 060	0
中农	张保生	19.90	13 086	658	80	1400	0	600	0	300	400	0	0	2780	15 866	17.5
	夏子祥	11.80	3840	325	100	0	0	260	0	0	0	0	0	360	4200	8.6
	陆巧生	16.05	6590	411	60	600	0	440	0	0	0	0	合米 225	1325	7915	16.7
	小计	47.75	23 516	492	240	2000	0	1300	0	300	400	0	225	4465	27 981	16.0
贫农	俞阿传	4.00	1610	403	100	0	0	0	0	0	0	4800	鸡 200	5100	6710	76.0
	夏子华	7.50	1676	223	60	0	0	60	0	0	0	0	奶妈 1600	1720	3396	50.6
	夏子官	6.30	2670	424	60	420	340	0	0	0	0	0	0	820	3490	23.5
	沈国祥	8.50	4984	586	0	400	1780	100	0	0	100	0	0	2380	7364	32.3
	李阿二	11.00	4045	368	0	400	1720	100	0	0	0	0	0	2220	6265	35.4
	小计	37.30	14 985	402	220	1220	3840	260	0	0	100	4800	1800	12 240	27 225	45.0
合计		651.55	329 574	506	540	6830	3840	2940	1300	600	500	4800	2625	23 975	353 549	6.8

注：本表数字，土地以亩计；收入折合稻计，单位是斤。

中共浙江省委农委调查

1950 年 3 月

绍兴县鉴湖乡农村调查

鉴湖乡位于绍兴县城附近，从鉴湖乡第二、三、四、五共 4 个村的土地占有及使用情况调查中，可以看出下列的特点：

一

土地较少，人口众多，劳动力有余。4 个村共有 736 户，3696 人，共占有清业田（田底、田面均属于业主所有的土地）1485.24亩，田底田（业主只有田底权的土地）1272.04亩，共计2757.28亩，每人平均0.75亩。

使用土地有5322.65亩，每人平均使用数是1.44亩。不论从每人平均占有数和使用数来看，数目都是小的。其次再从劳动力上来看，如第二村只有牛6头，内2头还是小牛，能使用的不过4头，春耕期内可耕田300亩左右，其余要靠人力，一个全劳动力只能耕田8亩（用牛工每人可耕种12至15亩）。但就是全部以人力来耕种，该村的劳动力仍有多余。据农民估计：全村使用土地1124.94亩仅需劳动力140.6个，该村有劳动力168个，尚余27.4个。因此农民在农闲期间一般都是兼做小商贩，担卖茭白、荸荠与菱等，妇女则日常以糊锡箔为副业。第二村152户中不从事农业劳动者有9户，计工人8户，渔民1户。不依农业劳动为主要收入者35户，计工人12户，其他23户（包括孤寡、船户、小商贩以及身份不明者）。

另外土地不足、劳力过剩的情形还可从农民与河争地的现象看出来。农民在每年可挖河泥时，必将从田中挑出之土倒在河沿，逐渐填河，以求扩大土地面积，因为土地不足，全村几无荒地。

二

土地的占有是分散的，使用亦较分散，中农占有及使用土地的数量相当大。

从4个村的材料来看：富裕中农、中农、佃中农共1486人，占总人口40.21%。共占有：清业田864.57亩，占全部清业田的58.21%，田底田501.41亩，占全部田底田的39.42%。共使用土地2986.99亩，占全部使用土地的56.12%。每人平均使用数：富裕中农是2.37亩，中农是1.75亩，佃中农是1.97亩，都超过了4个村使用土地的平均数（4个村的每人平均使用数是1.44亩）。

地主占有和使用土地的比例不十分大。该4个村共有6户地主，33人，共占总人口的0.89%，占有清业田69.6亩，占全乡清业田的4.69%；田底田222.41亩，占全部田底田的17.48%。使用土地87.44亩，占全部使用土地的1.64%，每人平均使用土地2.65亩。

三

田面权的存在和其特点：

甲、4个村使用土地中佃户有田面权的较多。

乙、据4个村合计，有田面权的土地计有3613.47亩，占总使用土地的67.89%，清业田1709.18亩，占32.11%。以第二村来说：使用土地中有田面权的计780.19亩，占总数69.36%，清业田344.75亩，占30.64%。此外还有转租田（当地称三家田）的存在，在第二村占全部使用土地的6%左右，4个村合计约占9%强。

丙、使用土地中，有田面权的土地80%以上在中、贫农手中。据第二村的统计材料：各阶层有田面权土地的比例以中农为最大，占50.84%，贫农为次，占29.01%。4个村的材料也证明了这点：中农占54.2%，贫农占34.77%。

四

田底田（即田面权属佃户之土地）多属外籍业主所有，土地关系复杂。

甲、如第二村使用土地中，田底权为外籍业主占有的计670.33亩，占使用土地总数1124.94亩的59.58%。

乙、上述外籍业主中属于城区业主的田底田有320.45亩，占全部外籍业主所占田底田的47.8%，占第二村使用土地的28.48%。这是由于该乡接近城市，土地和城市关系较密切的表现。在320.45亩田底田中，属于地主的是105.39亩，占城区业主所占田底田的32.9%，占第二村使用土地的9.36%。所以外籍业主中地主占有的比重也是不很大的。

丙、在第二村一面要交租一面又有租可收的户口计有42户，占全村户口的27.3%，如雇农陈阿龙，自己耕种土地1.2亩，内田面田0.8亩，田底权是外乡中农陈阿大的，要交大租；另外尚有田底田0.96亩，田面权是本村中农徐阿三的，可以收大租。如贫农陈刘鹤耕种土地3.7亩，内1.8亩田面属自己，田底属本村富农陈阿王，要交大租；另外1.9亩是清明田（祭祀田，是清业田），族内轮流耕种（说一生才轮到一次），又占有田面田4.5亩，因田在外乡，耕种不便，租予外乡贫农单刘高，可以收小租，田底主不明（陈刘鹤说：田底主与他没有关系无需要晓得）。

富农陈王泉，使用土地24.15亩，内11.5亩是清业田，4亩是清明田（20家轮流），8.65亩田面田，田底权有5亩属绍兴地主，0.95亩属于本村富农，2.7亩属于本村尼姑庵，均须交大租。又有田底田2.4亩（系轮流的），内1.2亩田面属于本村一雇农，1.2亩属本村一划船者，可收大租。

这种复杂的关系，在4个村中是普遍存在的。

绍兴鉴湖乡四个村各阶层土地占有与使用统计表

成份		地主	富农	中农				贫农	雇农	工人	其他	祭田	合计
				富裕中农	中农	佃中农	小计						
户口	户数	6	19	40	42	178	260	270	33	63	85	0	736
	占总户数百分比	0.82	2.58	5.43	5.71	24.19	35.33	36.68	4.48	8.56	11.55	0	100
人口	人数	33	136	273	239	974	1486	1308	137	286	310	0	3696
	占总人数百分比	0.89	3.68	7.39	6.47	26.35	40.21	35.39	3.71	7.74	8.38	0	100
占有土地	清业田亩数	69.6	185.52	289.34	159.9	415.33	864.57	192.08	7.2	15.32	23.3	127.65	1485.24
	田底田亩数	222.41	380.36	198.59	40.3	262.52	501.41	60.7	1.78	48.02	9.86	47.5	1272.04
	小计	292.01	565.88	487.93	200.2	677.85	1365.98	252.78	8.98	63.34	33.16	175.15	2757.28
	占占有土地总数百分比	10.59	20.52	17.7	7.26	24.58	49.54	9.17	0.33	2.3	1.2	6.35	100
	平均每人占有土地数	8.85	4.16	1.79	0.84	0.7	0.92	0.19	0.07	0.22	0.11	0	0.75
出租土地	清业田亩数	4	0	8.4	0	6.85	15.25	2	0	5	10.6	0	36.85
	田底田亩数	222.41	380.36	198.59	40.3	262.52	501.41	60.7	1.78	48.02	9.86	47.5	1272.04
	小计	226.41	380.36	206.99	40.3	269.37	516.66	62.7	1.78	53.02	20.46	47.5	1308.89
	占出租土地总数百分比	17.3	29.06	15.81	3.08	20.58	39.47	4.79	0.14	4.05	1.56	3.63	100
租入土地	清业田亩数	0	10.05	12.84	12.2	154.05	179.09	60.45	0.9	1.5	8.8	0	260.79
	田面田亩数	21.8	96.88	353.55	245.57	1359.46	1958.58	1256.25	45.95	57.15	68.4	108.46	3613.47
	小计	21.8	106.93	366.39	257.77	1513.51	2137.67	1316.7	46.85	58.65	77.2	108.46	3874.26
	占租入土地总数百分比	0.56	2.76	9.46	6.65	39.07	55.18	33.99	1.21	1.51	1.99	2.8	100
使用土地	亩数	87.4	292.45	647.33	417.67	1921.99	2986.99	1506.78	54.05	68.97	89.9	236.11	5322.65
	占使用土地总数百分比	1.64	5.49	12.16	7.85	36.11	56.12	28.31	1.02	1.3	1.69	4.43	100
	平均每人使用土地数	2.65	2.15	2.37	1.75	1.97	2.01	1.15	0.39	0.24	0.29	0	1.44

绍兴鉴湖乡第二村各阶层土地占有使用统计表

成份		地主	富农	中农			贫农	雇农	工人	其他	祭田	合计
				富裕中农	佃中农	小计						
户口	户数	3	5	9	42	51	41	8	21	23	—	152
	占总户数百分比	1.97	3.29	5.92	27.63	33.55	26.98	5.26	13.82	15.13	—	100
人口	人数	18	27	56	200	256	204	44	116	89	—	754
	占总人口数百分比	2.39	3.58	7.43	26.52	33.95	27.06	5.84	15.38	11.8	—	100
占有土地	清业田亩数	25.9	59.1	91.2	108.3	199.5	29.3	0.8	4.8	8.6	15.5	343.5
	田底田亩数	72.11	144.32	25.95	58.67	84.62	7.5	0.96	37.22	4.76	2.4	353.89
	小计	98.01	203.42	117.15	166.97	284.12	36.8	1.76	42.02	13.36	17.9	697.39
	占占有土地总数百分比	14.05	29.17	16.8	23.94	40.74	5.28	0.25	6.02	1.92	2.57	100
	每人平均占有数	5.45	7.53	2.09	0.83	1.11	0.18	0.04	0.36	0.15	—	0.92
出租土地	清业田亩数	4	0	0	0	0	0	0	0	3.6	0	7.6
	田底田亩数	72.11	144.32	25.95	58.67	84.62	7.5	0.96	37.22	4.76	2.4	353.89
	小计	76.11	144.32	25.95	58.67	84.62	7.5	0.96	37.22	8.36	2.4	361.49
	占出租土地总数百分比	21.05	39.92	7.18	16.23	23.41	2.08	0.27	10.3	2.31	0.66	100
租入土地	清业田亩数	0	0	0	5.45	5.45	1	0.9	1.5	0	0	8.85
	田面田亩数	7.5	23.65	57.6	339.04	396.64	226.3	31.35	37.45	47.9	9.4	780.19
	小计	7.5	23.65	57.6	344.49	402.09	227.3	32.25	38.95	47.9	9.4	789.04
	占租入土地总数百分比	0.95	3	7.3	43.66	50.96	28.81	4.09	4.93	6.07	1.19	100
使用土地	亩数	29.4	82.75	148.8	452.79	601.59	256.6	33.05	43.75	52.9	24.9	1124.94
	占使用土地总数百分比	2.61	7.36	13.23	40.25	53.48	22.81	2.94	3.89	4.7	2.21	100
	每人平均使用数	1.63	3.06	2.66	2.26	2.35	1.26	0.75	0.38	0.59	—	1.49

中共绍兴地委调研组

1950 年 4 月

衢县白渡乡农村经济调查

一、全乡概况

甲、地理环境及人民生活

本乡位于衢城西北，长7里许，阔6里左右，隔衢江与城相望，离城最近的村是上、下埠头，仅1里许。境内无高山，多红土丘陵，与全县比可称平原地带。境内有较大山溪一条，东南流入衢江，衢江下游河身曲狭，每逢雨季，易泛滥成灾，下坊、姚家、河边埂，及上、下埠头5村，时蒙水患，以下坊受害最甚。水灾发生多在农历四五月间，甚时5村遍成泽国，平常泛滥一次稻田每亩约减产百斤，以公元1915、1925、1935、1941年4年水灾最重，庄稼多颗粒不收，水灾对该乡农业生产是莫大的威胁。

全乡共有行政村10个，自然村19个，共1114户，5061人，最大的村为龚家埠、蒋家滩，均在200户，900人以上，最小村亦在15户，50人左右，为村庄及人口较为集中之地区。

人民生活列全专区的第二等（全专区以四等计），自1942年受日寇摧残，人民生活水平大降，加之近年蒋匪帮残酷搜刮，群众生活更非战前可比。

本乡距城较近村庄多种菜园，为农民购买日用品及肥料支出之主要来源，打扇子、磨豆腐、贩竹笋、卖柴等副业生产全乡极普遍，群众俗语说："娜妮会打扇，就有衣服穿"，由此可见副业生产在人民生活中之重要及本乡与城市关系之密切。

乙、历史情况

（一）农村反动统治机构的变革

满清时称"村"为"都"，今之龚家埠即清之五十六都，国民党统治后，"都"改称"村"，设村长管理行政，而田赋则以"村"以上之"庄"为单位征收，庄以上又设田粮办事处，1937年后，国民党反动政权为加强农村统治，将村行政组织改为乡、保、甲制。

（二）抗战以来阶级的变化

抗战以来，阶级变化极大，除一些奸商、恶霸地主、乡、保长、高利贷者、汉奸等不义之财者外，余均因受战争损害、反动派统治之苛捐杂税、抓丁派伕、货币贬值等故，农村各阶级一般都较前下降，个别已经破产，如上埠头村原有8户地主，破产2户，财产减少1/3至1/2的6户；5户富农，降为贫农1户，减少土地1/3的2户，因战乱、贱价卖地及任伪乡长贪污发财而升为地主者2户；中、贫农下降尤甚，借债户大增，如战前全村仅十余户借债，1942、1943年两年中增至45户，占全村中、贫农户口3/4，且利率大为提高，竟由20%增至100%，以后借债户虽然减少，但仍超过战前一倍以上。

（三）生产降低的情况

抗战以来因日寇蒋匪交互为害，人民损失甚巨，1942 年日寇犯衢州时，该乡耕牛、农具大部受损，粮食、浮财抢劫一空，仅蒋家滩一村即烧毁房屋百余间，损坏风车 40 余扇（占 1/2），杀死耕牛 18 只（占 2/5），毛猪减少 36%，养猪户大减，施肥量亦较前锐减，如贫农叶村奎过去每日进城挑粪 3 担，现在 5 天仅挑一担；中农龚怀芳从前每亩用石灰百斤，现在只用 70 斤，再加国民党反动派的抽丁，劳动力大为减少，生产力日益降低，因此除个别好田外，一般田均减产 1/3。

二、阶级情况

甲、户口、人口及成份

全乡共有 1114 户，5061 人（男 2633 人，女 2428 人），详细情况见下表：

全乡户口、人口统计表

成份		户数	人数		
			男	女	合计
地主	数	21	71	68	139
	百分比	1.89	2.7	2.8	2.75
富农	数	34	111	99	210
	百分比	3.05	4.21	4.08	4.15
中农	数	346	897	913	1810
	百分比	31.06	34.07	37.6	35.76
贫农	数	551	1258	1149	2407
	百分比	49.46	47.78	47.32	47.56
雇农	数	83	141	77	218
	百分比	7.45	5.35	3.17	4.31
其他	数	79	155	122	277
	百分比	7.09	5.89	5.03	5.47
总计		1114	2633	2428	5061

由以上情况，可看出：

（一）地主人口最少，其次是富农。

（二）人口最多的是贫农，次是中农，两者占据了全乡人口总数83.32%。

（三）雇农是户多人少（户口占7.45%，人口占4.31%），平均每户仅两个半人，且男女相差一倍（男多），由此可知雇农中单身汉很多，中农、贫农、雇农合计占总人口的87.63%。

（四）其他成份各占相当数量，情况较为复杂，详见附表：

全乡其他成份统计表

类别	户口	家属人口数		合计
		男	女	
手工业工人	1	2	0	2
商店职员	3	4	6	10
车夫	2	3	2	5
技师	1	1	2	3
佣工	3	8	7	15
教员	2	4	2	6
职员	1	2	1	3
医生	3	6	5	11
剃头	3	7	5	12
篾匠	7	14	9	23
裁缝	5	10	10	20
木匠	5	5	9	14
泥水匠	1	3	2	5
铁匠	1	3	1	4
小商贩	26	57	41	98
游民	3	5	6	11
伪退伍军人	6	11	8	19
贫民	2	4	1	5
木行	1	2	3	5
手工业资本家	1	2	1	3
乞丐	2	2	1	3
总计	79	155	122	277

乙、寄居人口及外出人口

全乡共有寄居户 25 户，88 人，单身寄居 21 人，除 6 户伪军系解放后来此外，大部在抗战期中迁入，至少亦在 2 年以上，最多约 19 年，其职业多为小贩和手工业劳动者，且已有 5 户租入少量土地耕种，大都不愿回家或无家可归。单身寄居 21 人中，部分帮亲戚种田，部分过寄养生活。

全乡外出者 92 人，占总人口1.8%，而外出人员中，中、贫农及其他户又占绝大部分，共外出 79 人（多于抗战中及抗战后为谋生或抓壮丁而外出），而地主、富农阶层外出者亦有 13 人。全乡外出人员中参加工作者 21 人。

三、土地的占有与使用情况

甲、土地情况

全乡使用土地7773亩（内占有自耕2629亩，租入5058亩，当入86亩），每人平均使用1.54亩。

占有土地3682亩，加公田共为5119亩（内自耕2596亩，轮种公共地33亩，出租2447亩，当出43亩），每人平均占有1.01亩。

公共土地全乡共1437亩，占总占有土地的28.07%，内有祠堂田272亩，祀田746亩，庙田42亩，桥渡田285亩，校田92亩。经营方式除33亩轮种外，余1404亩全部出租。各阶层土地情况详见下列各表：

白渡乡各阶层土地占有、使用与租佃情况统计表

成份		地主	富农	佃富农	中农	贫农	雇农	其他	公地	合计
户口	户数	21	30	4	346	551	83	79	—	1114
	占总户口百分比	1.89	2.69	0.36	31.06	49.46	7.45	7.09	—	100
人口	人数	139	193	17	1810	2407	218	277	—	5061
	占总人口百分比	2.75	3.81	0.34	35.76	47.56	4.31	5.47	—	100
占有土地	亩数	841	629	17	1381	743	40	31	1437	5119
	占总占有百分比	16.43	12.29	0.33	26.98	14.51	0.78	0.61	28.07	100
	每人平均	6.05	3.26	1.00	0.76	0.31	0.18	0.11	—	1.01
自耕	亩数	276	378	16	1208	673	22	23	33	2629
	占本阶层占有百分比	32.82	60.10	94.12	87.48	90.58	55.0	74.19	2.3	51.36
租出土地	亩数	565	251	1	173	70	18	8	1404	2490
	占本阶层占有百分比	67.18	39.90	5.88	12.53	9.42	45.0	25.81	97.70	48.64
	占总租出百分比	22.69	10.08	0.04	6.95	2.81	0.72	0.32	56.39	100
租入土地	亩数	236	269	63	2538	1910	72	56	—	5144
	占本阶层使用百分比	46.09	41.58	79.75	67.75	73.95	76.60	70.89	—	66.18
	占总租入百分比	4.59	5.23	1.22	49.34	37.13	1.40	1.09	—	100
使用土地	亩数	512	647	79	3746	2583	94	79	33	7773
	占总使用土地百分比	6.59	8.32	1.02	48.19	33.23	1.22	1.01	0.42	100
	每人平均	3.68	3.35	4.65	2.07	1.07	0.43	0.29	—	1.54

注：1. 表内使用土地中包括有当入土地，地主当入15亩，富农8亩，佃富农1亩，中农20亩，佃中农11亩，贫农28亩，雇农2亩，其他1亩，共86亩。

2. 表内占有土地中有当出土地43亩，其中中农当出9亩，佃中农2亩，贫农23亩，雇农8亩，其他1亩。

3. 表内公田1437亩出租，其中有33亩系由该族人轮种，故实际出租数为1404亩。

全乡公共土地占有情况表

<table>
<tr><td colspan="3">全乡占有土地总数</td><td>5119 亩</td></tr>
<tr><td colspan="3">公共土地总数</td><td>1437 亩</td></tr>
<tr><td colspan="3">公共土地占全乡占有土地百分比</td><td>28</td></tr>
<tr><td rowspan="15">公共土地各类型占有数字比较</td><td rowspan="3">祠堂田</td><td>亩数</td><td>272 亩</td></tr>
<tr><td>占全乡总数百分比</td><td>5</td></tr>
<tr><td>占公田总数百分比</td><td>19</td></tr>
<tr><td rowspan="3">祀田</td><td>亩数</td><td>746 亩</td></tr>
<tr><td>占全乡总数百分比</td><td>14</td></tr>
<tr><td>占公田总数百分比</td><td>52</td></tr>
<tr><td rowspan="3">庙田</td><td>亩数</td><td>42 亩</td></tr>
<tr><td>占全乡总数百分比</td><td>1</td></tr>
<tr><td>占公田总数百分比</td><td>3</td></tr>
<tr><td rowspan="3">桥渡田</td><td>亩数</td><td>285 亩</td></tr>
<tr><td>占全乡总数百分比</td><td>6</td></tr>
<tr><td>占公田总数百分比</td><td>20</td></tr>
<tr><td rowspan="3">校田</td><td>亩数</td><td>92 亩</td></tr>
<tr><td>占全乡总数百分比</td><td>2</td></tr>
<tr><td>占公田总数百分比</td><td>6</td></tr>
</table>

白渡乡土地情况特点为：

（一）使用土地多，占有土地少。

全乡使用土地每人平均1.54亩，如不交租可维持中农生活。本乡土地除去公田占有土地每人平均仅有0.73亩，不够维持最低生活，若加上公田，每人可增至1.01亩，不交租时，亦仅能维持贫农生活。

（二）本乡租用土地多属外乡业主（从使用超过占有，租入超过租出亦可看出），而出租土地又多为外乡农民耕种。

本乡租用土地 5058 亩中（不包括当入田），属于外乡业主者 3094 亩，占总租入土地 61.2%，其中地主、公田共占租入外乡业主土地的 71%（地主占 59%，公地占 12%），而在外乡地主中，城内地主又占绝大多数，共占外乡地主出租在本乡土地的 61%以上。

（三）本乡地主、富农占有与使用的土地虽不多，但以全乡来说，土地仍很集中（不过集中的形式不同），按上表全乡地主、富农、公地（实为地主、富农所操纵）占有土地即占总占有土地数的56.8%，假如将外乡地主、外乡公地出租在本乡之土地加入计算，则地主的占有比率即变为32.46%，公地占有比率变为 22%，富农无变化，三者合计占有土地为66.76%（本籍地主公田出租在外者未算)。

(四)中农多,占有与使用土地亦较多。

中农(佃中农在内)占全乡总人口36%,使用土地占48.1%,占有土地占27%,每人平均使用土地2.07亩,占有土地0.76亩。

(五)雇、贫农及其他成份人数最多,土地最少。

占总户数64%及人口57%之雇、贫农及其他户,占有土地仅占总占有土地数的16%,使用土地亦只占总使用土地数35.46%,每人平均占有土地0.3亩,每人平均使用土地0.95亩。

(六)富农占有土地很多出租,使用土地又多系租入。

富农占有土地约有40%出租,且多在外乡,而其使用土地中40%又系租入,且多为好田。

(七)地主、富农不仅占有土地数量较多,且使用土地的质量亦较好。

本乡耕种土地主要有水田、旱地两种,其中又以水田占绝大部分,仅上、下埠头、河边埂、姚家4个村使用的旱地较多,其余各村几全系水田。

本乡土地质量按照群众习惯可分四五等之多,一般可归纳为上、中、下三等,现将上、中二等作为好田,下等作为坏田,以便于比较。各阶层使用好坏水田情况如下表。

全乡各阶层使用好坏田比较表

成份	自耕水田			租入水田			使用水田		
	亩数	好田百分比	坏田百分比	亩数	好田百分比	坏田百分比	亩数	好田百分比	坏田百分比
地主	251	83.7	16.3	231	89.6	10.4	482	87.5	12.5
富农	330	77.0	33.0	255	80.4	19.6	585	78.4	21.6
佃富农	15	100.0	0	62	79.0	21.0	77	83.2	16.8
小计	596	86.9	13.1	548	83.0	17.0	1144	83.0	17.0
中农	885	79.0	21.0	1261	69.9	30.1	2146	74.0	26.0
佃中农	145	75.4	24.6	1266	26.2	23.8	1411	70.0	30.0
小计	1030	77.2	22.8	2527	73.0	27.0	3557	72.0	28.0
贫农	445	69.0	31.0	1672	73.6	26.4	2117	71.2	28.8
雇农	8	62.5	37.5	51	88.2	11.8	59	84.7	15.3
其他	17	52.9	47.1	64	81.2	18.8	81	71.7	28.3
小计	470	61.5	38.5	1787	81.0	19.0	2257	75.9	24.1
合计	2096	76.4	23.6	4862	77.1	22.9	6958	75.1	24.9

据上述统计数字可见,地主、富农使用土地绝大部分为好田,好、坏田为83与17之比,中农好、坏田为72与28之比,贫农好、坏田为71与29之比,其他阶层也与贫农相仿,雇农虽使用土地较好,好、坏田为85与15之比,但均系租入,且数量也少(全部仅59亩),自有者好、坏田之比为62与38之比。

乙、租佃问题及其特点

（一）租佃关系普遍，无租佃关系户与无租佃关系土地均极少。

全乡使用土地7740亩中（轮种的公田33亩不在内），有租佃关系者5058亩（当入土地86亩不在内），占使用土地65％，自耕田仅2596亩，占使用土地的33％。而占有土地5119亩中，有租佃关系土地为2447亩，占占有土地的48％，全乡无租佃关系者仅128户，占总户数的11％强。

各阶层租进、租出土地情况表

成份	地主	富农	佃富农	中农	佃中农	贫农	雇农	其他	合计
总户数	21	30	4	212	134	551	83	79	1114
纯租进户	4	6	3	153	128	460	35	28	817
纯租出户	4	3	0	3	0	11	9	9	39
租进又租出户	12	21	1	53	6	34	0	2	129
租进土地	236	269	63	1273	1265	1910	72	56	5144
租出土地	565	251	1	160	13	70	18	8	1086
租进户占本阶层总户数百分比	19	20	75	72.2	95.5	83.5	42.2	35.4	73.3
租出户占本阶层总户数百分比	19	10	0	1.4	0	2	10.8	11.4	3.5
租进租出户占本阶层总户数百分比	57.1	70	25	25	4.5	6.2	0	2.5	11.6
不租进又不租出户	1	0	0	3	0	46	39	39	128

注：租入、租出土地中包括典当田在内。

（二）出租土地中公田最多，地主、富农出租的次之，中、贫农及其他户最少。租入土地以中农最多，佃富农最少。全乡出租土地共2447亩（当出土地不在内），其中公共土地占全部出租土地的58％，地主、富农占33％，地主、富农、公田合计共占91％，其余阶层共出租226亩，仅占9％。

占全乡人口近36％的中农，租入土地占总租入土地中49.34％（佃中农在内），占全乡人口0.34％的佃富农，租入土地占总租入的土地1.22％。

（三）有租佃关系土地中，水田多，旱地少。

全乡使用5058亩有租佃关系之土地中，水田4963.5亩，旱地仅94.5亩（实为189亩，折田94.5亩）。

（四）租佃关系复杂，形式繁多。

因土地面积非常零碎，故一户地主常拥有百余户佃农，一户农民承租几十家业主土地，且各村各阶层之租佃关系相互交错，一块土地常有一业二主或一业三主。

租佃形式主要有小业出租（田面权），小业转租，大业浮田三种。小业转租即有小业权的承租户，将租进有小业权之土地转租他人（非转卖），第三者无转租权，此种土地本乡共 54 亩；大业浮田即承租户无大、小业权之土地，其租额业主可随时提高，土地可随时抽回，本乡大业浮田共 202 亩。

小业出租田本乡最多，共 4865 亩，有大、小业关系的占全部使用土地 96%，占有大业者多为地主与公田，小业权则多属农民。

大、小业形成原因有三：

（甲）农民破产，将自田田底权出卖，自己保留使用之小业权。

（乙）地主为剥削获利计，出卖田面权而保持田底权，仍可继续过其不劳动之收租生活。

（丙）农民开垦地主荒地三年后即成大、小业关系。

丙、典当问题

本乡典当土地不多，共有浮田出当（43 亩）与小业田出当（21 亩）两种，各阶层当出土地以贫、雇农最多，中农次之。各阶层承当土地为：地主当入 15 亩，富农 9 亩，中农 31 亩，贫农 28 亩，雇农 2 亩，其他 1 亩。每亩典当价格一般为原地卖价的一半。

丁、房屋情况

全乡自用洋房、楼房、平房、草房共2589.5间，每户平均自用住房2.1间，每间平均住人两个，各阶层占有详情见下表：

各阶层房屋情况统计表

成份		地主	富农	中农	贫农	雇农	其他	合计
户口		21	34	346	551	83	79	1114
人口		139	210	1810	2407	218	277	5061
占有房屋	洋	28	0	0	0	0	0	28
	楼	164	149	536	235	36	22	1142
	平	134	65	191.5	336	44	34	804.5
	草	2	14	182	374	23	20	615
合计		328	228	909.5	945	103	76	2589.5
每人平均		2.4	1.1	0.5	0.4	0.5	0.3	0.5
自用	洋	24	0	0	0	0	0	24
	楼	126	136	528	230	33	21	1074
	平	107	49	137	313	39	30	675
	草	2	14	168	372	22	20	598

续表

成份		地主	富农	中农	贫农	雇农	其他	合计
租入	洋	0	0	0	4	0	0	4
	楼	0	0	4	11	0	11	26
	平	0	0	3	31	0	9	43
	草	0	0	3	5	0	5	13
借入	洋	0	0	0	0	0	0	0
	楼	0	2	4	23	0	5	34
	平	0	0	17	18	15	16	66
	草	0	0	0	3	1	0	4
当入	洋	0	0	0	0	0	0	0
	楼	0	0	2	1	0	0	3
	平	0	0	11	6	0	3	20
	草	0	0	0	0	0	0	0
当出	洋	0	0	0	0	0	0	0
	楼	11	0	0	0	0	0	11
	平	0	0	4	13	3	0	20
	草	0	0	0	0	0	0	0
租出	洋	4	0	0	0	0	0	4
	楼	15	4	3	2	1	1	26
	平	17	0	17	5	0	4	43
	草	0	0	13	0	0	0	13
借出	洋	0	0	0	0	0	0	0
	楼	12	9	5	3	2	0	31
	平	10	16	33.5	5	2	0	66.5
	草	0	0	1	2	1	0	4
每户平均住房数		12	5.9	2.4	1.7	1.1	0.9	2.1
每人平均住房数		1.9	1.0	0.5	0.4	0.5	0.3	0.5

注:1.住房平均数系指现在自用,并非占有数。2.房屋以间为单位。

据上表看，地主、富农多居宽阔的高楼瓦屋，狭窄之平房草屋则贫、雇农住用，有的农民甚至寄居祠堂、庙宇。

祠堂房屋各村均有，为数亦不少。据群众现有习惯，祠堂除按节祭祖外，多作寄放农具(水车、谷桶等)，或竹、木匠做工用，亦有作小学校舍者。

戊、耕牛、农具占有情况

全乡各阶层占有耕牛及各种主要农具情况可见下表：

各阶层耕畜、农具统计表

成份	户口	人口	耕牛				水车			谷桶			风车		犁	耙	耖
			黄牛		水牛		能用	待修	小计	能用	待修	小计	能用	待修			
			大	小	大	小											
地主	21	139	3	0	13	4	20	0	20	16	0	16	14	0	21	17	15
富农	30	193	4	0	23	5	24	4	28	26	0	26	22	0	28	28	28
佃农	4	17	0	0	4	0	2	1	3	4	0	4	4	0	4	4	4
中农	346	1810	88	0	107	28	140	37	177	151	5	156	74	0	207	198	159
贫农	551	2407	40	12	20	6	71	24	95	96	3	99	31	0	99	86	53
雇农	83	218	0	0	1	0	3	0	3	1	0	1	1	0	2	1	1
其他	79	277	0	0	0	0	0	0	0	0	0	0	0	0	0	0	0
合计	1114	5061	135	12	168	43	260	66	326	294	8	302	146	0	361	334	260
备考																	

据上表看，本乡能耕田大牛计 303 头，以每头平均耕田 23 亩计，共可耕 6969 亩，与总使用土地 7740 亩比较，尚缺耕牛 33 头，如加上小牛 55 头，该乡耕牛适够使用。

水车能用者 260 架，全乡平均 5 户合有一架，但水车为旱时急需农具，相差一二日稻谷将受减产损失，故如争取每 2 户合有一架，本乡水车尚缺原数一倍以上。

犁、耙、耖与牛对比，仅缺耖 42 把。

各阶层中最缺乏耕牛、农具者为雇、贫农，其占有耕牛与使用土地相比，尚缺 56 头，若按每头牛耕田 23 亩计，该阶层约 1/2 土地靠租耕牛耕种，而地主、富农之耕牛、农具则有多余，故各村牛租剥削相当普遍，一般为耕田 5 亩计租谷 1 担（农具在内），耕田日并须请牛主吃饭。

四、生产情况

甲、劳动力情况

全乡共有参加农业劳动的整劳动力 1414 人（男 1258 人，女 156 人），半劳动力 495（男 250 人，女 245 人），共计折合整劳动力 1662 人，占全乡总人口的 34%。全乡使用土地计 7740 亩，平均每个劳动力只能使用4.66亩。据该乡情况，每个劳动力一般能耕 6 亩，而 7740 亩仅需 1290 个劳动力，故劳动力尚多余 372 个。

有剩余劳动力的多是无田少田的雇农与贫农，计贫农占有劳动力 773 个，耕种土地 2583 亩，多余劳动力 343 个，雇农占有劳动力 101 个，耕种土地 94 亩，多余劳动力 85 个。

根据以上情况，雇、贫农剩余劳动力达 50%，目前的使用土地不够维持其最低生活，故不得不靠出卖劳动力及从事其他副业生产以维持最低生活，总计全乡雇、贫农共出卖长工 111 个，月工 63 个，短工 3489 个（日工），童工 27 个之多。

据现在统计材料，全乡雇、贫农出雇之 111 个长工中，现被解雇的约有 40 个，占全部出雇的 36%，如本乡地主解放前雇入长工 37 个，解放后解雇 21 个，富农雇入 21 个，解放后解雇了 9 个，中农也解雇了 4 个。

乙、水田、旱田的成本及收益情况

（一）收益及产量：

（甲）水田

上等田作物一般是两年五熟制，二月间种稻，至七月收割后种下黄豆，黄豆收割后种油菜（或大麦），至明春二月前后收割。平均每亩可产稻谷 450 斤，黄豆 70 斤（折谷 100 斤），油菜 70 斤（折谷 100 斤）或大麦 80 斤，总计每亩年产量折谷可达 650 斤左右。

中等田一年中一般仅能种两次作物。稻谷收割后种植荞麦，同时也种下草子、油菜，因荞麦不用中耕（铲田），待荞麦收割后留下草子、油菜，明春耕入土中做肥料（故农民称此田为草子田），平均每亩能产稻谷 350 斤，荞麦 80 斤（折谷 80 斤）。共计每亩产量折合稻谷为 430 斤左右。

下等田每一年中只能种植一次稻谷，平均每亩可产水稻 300 斤左右，收割后即成冬闲田，农民俗称“地要冬耕，儿要亲生”即指此等田。

（乙）旱地

旱地一年中一般均能种植三次作物，冬季种小麦，收割前又在小麦垄内种下六月豆，小麦收割后六月豆也已成长，豆收割后又可种粟或油麻，平均每亩旱地可产小麦 80 斤（折谷百斤），最好的可产 100 斤，六月豆 80 斤（折谷百斤），粟 120 斤（折谷 120 斤）。共计旱地每亩产量折谷约 320 斤左右。

（二）工人及肥料情况：

（甲）水田（每亩计算）

在种稻前一般须耕 3 次，至少也要耕 2 次，需人工 2 个半，牛工 2 个，下种半个工，铲田梗、除草及施肥 2 个工，割稻、打稻、挑草需 2 工，共需人工 7 个，牛工 2 个（折人工 4 个），每工工资以 7 斤米计，共需人工成本折谷 105 斤。

肥料一般需石灰百斤左右（折谷 30 斤），油饼 20 斤左右（折谷 20 斤），粪 20 担（折谷 40 斤），共计肥料成本折谷 90 斤。

总计农业成本为人工 105 斤，肥料 90 斤，种子 4 斤，共 199 斤。上等田收益为 450 斤左右，成本费相当于收益的 44%，下等田所费成本相同，而收益仅 300 斤，成本相当收益的 66%（副产收益不计算在内），故一亩好田与一亩坏田的实际收益相差很大。

（乙）旱地（每亩计算）

旱地所需要成本较水田为多，主要者为人工，一般旱地要“铲”四五次，并且需工也多，平均每人每日可铲田 2 亩，铲地仅能铲到一亩，每年种植 3 次需人工 20 个，牛工 2 个，才能收益 320 斤（折谷），仅相当于下等田的产量，而所需人工则要多 2/3，故一般农民均不愿耕种旱地，但旱地如种植蔬菜，种植得宜，每亩菜地能抵2亩水田，但所费人工肥料更多，能种6亩水田的人，只能种2亩菜地。

丙、各阶层土地经营情况

对土地的耕作情况，地主、富农、中农三个阶级相差不多，一般水田均为耕3次，铲3次，施肥3次，因其主要农具不感缺乏，可以及时耕种，不误农时，铲田次数是由肥料多少决定的，如仅铲而不施肥，田便会短劲减产，地主、富农及中农所以能铲3次即因肥料充足之故。雇、贫农水田一般仅能耕一次，铲2次，因雇、贫农缺乏耕牛、农具，租牛耕种时，必待牛主耕种完毕后，才能租到，如欲耕3次后再种，则误了农时，晚熟减产，又因石灰肥料缺少，铲田也只能铲两次，故就耕作情况看，雇、贫农是居于劣势的。

其次就肥料来看，地主、富农石灰用量在120斤以上，中农也在100斤左右，而雇、贫农仅有60斤左右，地主、富农饼肥用量每亩在20至30斤之间，中农也相差不多，而雇、贫农多无力使用，施者数量也极微少，据下埠头调查，56户贫农中仅19户施用饼肥，且有16户完全无力购买肥料，只用少数自积粪便及草木灰等。除石灰饼肥以外，地主、富农及中农还可大量使用人粪，牛、猪粪等，而雇、贫农则多无力饲养牲畜，厩肥更为缺乏，人粪也无力购买。

雇、贫农由于上述诸原因，耕种之不及时，肥料之使用不足，故虽有同样土地，产量与地主、富农、中农的相差很多，并且土地效能也不能充分发挥，如能种3次的好田，如缺乏肥料，也只好种2次，普通地主、富农的上等田一次稻谷即产450斤至500斤，而贫农则要少产二至三成左右。

本乡水田不宜种植小麦，如今年种植小麦，来年种稻即减产1/3，贫苦农民为渡春荒，不得已时才种小麦。

丁、副业生产情况

本乡副业生产主要有如下数种：

（一）打扇子：打扇子的生产在本乡最为普遍，除地主外，其他各阶层妇女均从事打扇生产，女孩至6岁以上首先要学打扇，因此群众俗语说："娜妮会打扇，便有衣服穿。"本乡妇女打扇的普遍性可见一般。

据姚家村的统计，全村142户，即有138户从事此项副业，普通每户每年能打扇500把左右，多的能打700至1200把，如按每户年打500把计，138户共可打6.9万把，照今年价格每把3两谷计，共合谷12 938斤，折合米9580斤，按2斤米换1尺布计算，共可购布匹4790尺，全村共680人，平均每人可得布7尺，可制新衣1件。如按每人日食米1斤，也可维持全村人口半月生活，由此可见本乡妇女打扇副业在生活中所占比重之巨大。

（二）养猪：本乡战前养猪极为普遍，农民俗语说："穷人不离猪，富人不离书。"可见农民对养猪的重视。但自1942年日寇窜扰后，大为减少，据下埠头、蒋家滩、河边梗3个村的统计，约减少1/3多，如蒋家滩村战前养猪390余只，现仅约200只，河边梗战前养猪200余只，现仅约百余只，下埠头全村92户中，战前养猪者约80户，现在则仅有三四十户了。

养猪副业不但可以积肥，直接有助农业生产，并且亦是储蓄的手段，如本乡农民说："养猪是积钱筒，零碎东西喂猪，长大了可卖一大宗钱。”

（三）种青菜：本乡农民习惯每家均要种少许菜地，多者三四分，少者一二分，一面既可卖青菜贴补家庭生活，一面也可供自食。离城较近村庄种菜很为普遍，且有不少农民以种菜为全家主要生活来源者。菜地收益很大，价好时每亩每年收益折谷约 30 担，但所需人工成本也多，无法多种。

（四）作豆腐：从事此项副业户数较少，每村至少不过三四户。作豆腐必须兼营养猪才能有利，专卖豆腐是得利不多的，作豆腐户多要养八九只至十余只小猪，以豆渣饲养，百斤左右即可卖到 600 余斤谷，并可积到很多肥料。

（五）养蜂：本乡仅有个别户养蜂，约 100 桶，每桶蜂能收蜜 70 斤，价高时可换谷 2 担，100 桶即可收益 200 担左右。

中共浙江省衢州地委会政研室

1950 年 8 月

临海县开石乡农村调查

临海开石乡在城东 25 里。有 6 个行政村，16 个自然村。全乡 998 户，3859 人，使用土地 8617.64亩，平均每人使用2.23亩。

一、阶级情况

地主人口占总数的8.1%，地主、富农人口合计占11.6%。贫农几占总人口的半数。中农、贫农人口合计达总人口79.3%，非农业人口所占比数很小。其详情见下表：

成份	户数	百分比	人数	百分比	备注
地主	64	6.4	313	8.1	其他包括自由职业者4户，独立劳动者7户，小商贩10户，贫民26户（内孤独14户），游民17户，工人19户，宗教职业者10户。地主4户，19人外出七八年，户口仍报本乡。
富农	25	2.5	133	3.5	
中农	324	32.5	1394	36.1	
贫农	432	43.3	1668	43.2	
雇农	41	4.1	67	1.7	
小土地出租者	19	1.9	43	1.1	
其他	93	9.3	241	6.3	
合计	998	100.0	3859	100.0	

二、土地的占有和使用

该乡土地的占有很是集中，占人口8.1%的地主阶级占有了土地总数的一半左右。地主、富农及公田共占有土地63.22%，而占人口81%的中农、贫农和雇农仅占有土地34.34%。

全乡各阶层共使用土地8617.64亩，其中一半以上为租入土地。使用土地的82.93%为中、贫农所使用，但其租入土地各占本阶层占有土地的55.6%及74.4%。

富农使用土地虽占总数的百分比不大，但每人平均使用数达3.62亩，为全乡第一，其使用土地88%为自有土地。

兹将各阶层占有和使用土地情况统计如下：

成份	人口		占有土地			使用土地		
	人数	百分比	地亩数	占总数的百分比	每人平均数	地亩数	占总数的百分比	每人平均数
地主	313	8.11	3851.34	48.68	12.30	753.17	8.74	2.41
富农	133	3.45	528.48	6.68	3.97	481.03	5.58	3.62
中农	1394	36.12	1911.88	24.16	1.37	4136.47	48.00	2.97
贫农	1668	43.22	787.84	9.96	0.47	3010.33	34.93	1.80
雇农	67	1.74	17.48	0.22	0.26	51.59	0.60	0.77
小土地出租者	43	1.11	88.08	1.11	2.05	15.33	0.18	0.36
其他	241	6.25	105.39	1.33	0.44	169.72	1.97	0.70
公田	—	—	621.39	7.86	—	—	—	—
合计	3859	100.00	7911.88	100.00	2.05	8617.64	100.00	2.23

三、各阶层使用土地质量情况

该乡土地可分上、中、下三等，上等田可产谷300斤，麦100斤，豆80斤，中等田产量折谷400斤，下等田200至250斤。土地好坏决定于田的高低，田低的每年受水淹，只能种一次稻。

全乡地主、富农使用上等田多，下等田少，地主为四于一之比，富农为二于一之比，而贫农、中农所使用的下等田几达其使用土地的半数。

成份	上田		中田		下田	
	亩数	占其总使用数的百分比	亩数	占其总使用数的百分比	亩数	占其总使用数的百分比
地主	207.32	27.52	385.37	51.17	160.48	21.31
富农	140.09	29.12	192.82	40.09	148.12	30.79
中农	776.26	18.77	1580.98	38.22	1779.23	43.01
贫农	579.73	19.26	1064.34	35.36	1366.26	45.39
雇农	15.90	30.82	13.72	26.59	21.97	42.59

续表

成份	上田		中田		下田	
	亩数	占其总使用数的百分比	亩数	占其总使用数的百分比	亩数	占其总使用数的百分比
其他	36.45	19.70	75.73	40.92	72.87	39.38
合计	1755.75	20.37	3312.96	38.44	3548.93	41.18

注:其他项内包括了前表中小土地出租者在内。

四、租佃关系

该乡租出户155户，占总户数的15.53%，而租入户达808户，占总户数的80.96%。

各阶层租出土地4059.91亩，77.14%为地主阶层所租出。出租在外乡者计1481.18亩，占租出土地的36.48%。

租入土地4765.67亩中，95.27%为中、贫农所租入。该乡各阶层共向外乡业主租入2187.56亩，占租入土地总数的45.90%。兹将各阶层租出及租入土地统计如下：

成份	租出土地					租入土地				
	出租户数	占各阶层户数的百分比	地亩数	占总数的百分比	占各阶层占有土地的百分比	租入户数	占各阶层户数的百分比	地亩数	占总数的百分比	占各阶层使用土地的百分比
地主	64	100.00	3131.94	77.14	81.32	13	20.31	33.77	0.71	4.48
富农	14	56.00	105.38	2.60	19.94	18	72.00	57.93	1.22	12.0
中农	29	8.95	75.00	1.85	3.92	300	92.59	2299.59	48.25	55.6
贫农	17	3.94	18.41	0.45	2.34	407	94.21	2240.90	47.02	74.4
雇农	1	2.44	1.25	0.03	7.15	22	53.66	35.36	0.74	68.5
小土地出租者	19	100.00	80.38	1.98	91.26	6	31.58	7.63	0.16	49.8
其他	11	11.83	26.16	0.64	24.82	42	45.16	90.49	1.90	53.3
公田	—	—	621.39	15.31	100.00	—	—	—	—	—
合计	155	15.53	4059.91	100.00	51.31	808	80.96	4765.67	100.00	55.3

向外乡业主所租入的土地占该乡使用土地的25.38%，这些土地90.66%为地主及公堂所有。详情见下表：

成份	户数	田亩数	占外籍田总数的百分比	占租入总数的百分比	占使用总数的百分比
地主	68	1632.96	74.65	34.27	18.95
富农	5	15.25	0.70	0.32	0.18
中农	18	26.11	1.19	0.55	0.30
贫农	17	15.14	0.69	0.32	0.18
工商业家	2	10.00	0.46	0.21	0.12
小土地出租者	36	137.85	6.30	2.89	1.60
公田	—	350.25	16.01	7.35	4.06
合计	146	2187.56	100.00	45.90	25.38

临海各地正绍田很多，但开石乡因去年征粮时，大多已按对半折合化成清业田，故调查时正绍田数就不多，正田（田底）多属地主及公田（80.05%），绍田（田面）大多属中、贫农（76.68%），其情况如下：

成份	正田(田底)		绍田(田面)		备注
	田亩数	占正田总数的百分比	田亩数	占绍田总数的百分比	
地主	173.87	33.12	89.38	17.33	正田占该乡占有数的6.64%，占出租数的12.93%，绍田占租入数的10.83%，占使用数的6%。
富农	17.29	3.29	26.91	5.22	
中农	12.30	2.34	220.97	42.83	
贫农	12.82	2.44	174.66	33.85	
雇农	1.00	0.19	2.95	0.57	
其他	61.33	11.68	1.05	0.20	
公田	246.45	46.94	—	—	
合计	525.06	100.00	515.92	100.00	

中共台州地委会调研室

1950年5月

义乌县佛堂镇农村调查

佛堂镇为义乌县的第一大镇，每逢该镇市日（旧历逢一、三、五、七、九市日），四乡农民及邻县商贩都来贸易，在过去繁盛时期，赶市者不下15 000余人，现亦在七八千人以上，以商业的繁荣来说，仍为全县第一个市集。

交通方面，水道循婺江南达金华、兰溪，可航帆船，北通东阳江，折东阳南江，坐竹筏可抵东阳横店，自东阳北江可达东阳魏山，因水道淤塞，深浅不一，仅与县城间（距义乌县城5

华里之西江桥）每日对开航船两次，再往上游，仅可航竹筏。义乌东阳两县土产及商品大部借此水道运输。

陆路原有汽车通义亭，衔接浙赣铁路，现因腐蚀过巨，暂停行驶。

一、人口及占有土地

全镇原有10个保，现改为10个行政村，此次调查范围为一至九行政村，第十村未包括在内。三、四、五、六村及二村的1/3（即4个组）均在镇市区内，其他一、七、八、九、十村，及二村的2/3（9个组）是镇市外的农村。从耕地面积上言，镇市内4个半村的土地仅占总耕地面积的28.1%，而4个半农村（十村未计在内）就占总耕地面积的71.9%，所以镇市和农村的人口与土地的比例，相差很大。兹将各阶层人口及各村占有土地统计如下：

佛堂镇（九个村）各阶层人口统计表

成份	镇市内（4个半村）	占总人口百分比	镇市外（4个半村）	占总人口百分比	合计	占总人口百分比
地主	227	2.02	242	2.16	469	4.18
农民	4315	38.46	4321	38.52	8636	76.98
手工业者	422	3.76	253	2.26	675	6.02
商人	696	6.20	322	2.87	1018	9.07
其他职业者	312	2.78	109	0.97	421	3.75
合计	5972	53.23	5247	46.77	11 219	100.00

佛堂镇（九个村）人口、耕地面积统计表

村别	人数	耕地面积			备注
		水田亩数	旱地亩数	合计	
一	969	1025.40	222.43	1247.83	1.上列耕地面积，系指该镇区域内的自然亩，非该镇地域内的土地均未列入计算。 2.全镇11 219人口中，镇市上的人口为5972人，占总人口的53.23%。
一	1291	367.56	335.92	703.48	
三	1432	354.35	274.85	629.20	
四	1419	135.85	182.60	318.45	
五	1474	388.33	122.34	510.67	
六	1197	630.73	202.05	832.78	
七	1103	519.30	917.76	1437.06	
八	1145	1118.67	470.90	1589.57	
九	1189	598.47	1116.57	1715.04	
合计	11 219	5138.66	3845.42	8984.08	

二、耕种面积和农作物产量情况

该镇位于婺江、东阳南江和东阳北江间的三角地带，历年都有大小水灾。沿江一带水田因受洪水冲击变成沙地，水田面积逐年减少。耕地总面积中，水田占57.2%，旱地（沙地）占42.8%，与一般平原不同。该镇旱地农产物如糖蔗、麦、豆、粟等产量不仅不亚于水田，且超过水田总产量的一半，但迫切需要兴修水利。

全镇共有5138.66亩水田，今年种稻谷为4923.9亩，占水田总面积的95.8%，种植糖蔗214.76亩，占水田总面积的4.2%。在往年水田种植糖蔗的要占10%。又在往年种植草子（绿肥）的面积，要占稻田面积的60%，今年因受水灾农民顾虑明年的春荒问题，多改种麦子，草子的种植面积仅及稻田面积的40%。按照此地农民的习惯，在水田里本不愿种麦，因为种了麦子，不但影响明年稻子的收获量，而且明年春耕的肥料问题亦不易解决。全镇耕地总面积8984.08亩的全年总产量折米计22 083.38石，每亩平均产量为2.46石米。兹将各种作物耕种面积和收获量统计如下：

产品名称	耕地面积（亩）	正常年产量（斤）	估计今年产量		每亩平均产量（斤）	折米比率
			数量（斤）	折食米（石）		
稻	4923.903	1 579 258.96	1 579 258.96	7369.87	321	1∶0.7
糖蔗	1157.433	—	326 396.10	6963.17	282	1∶3.2
黄豆	1992.015	159 361.20	143 425.08	1434.25	80	1∶1.5
大麦	2254.330	247 976.30	236 704.65	1104.39	110	1∶0.7
小麦	2387.185	262 590.35	262 590.35	2100.72	110	1∶1.2
粟米	1992.015	258 961.95	181 273.34	845.94	130	1∶0.7
荞麦	2847.390	170 843.46	136 674.77	738.93	60	1∶0.8
撒豆（黑豆）	1359.475	88 365.94	44 182.97	353.38	65	1∶1.2
花生	450.481	65 319.74	65 319.74	783.84	145	1∶1.8
棉花	144.281	2597.08	2597.08	207.77	18	1∶12
芝麻	111.140	—	5001.30	91.69	45	1∶2.75
西瓜	55.830	44 664.00	44 664.00	89.33	800	1∶0.3
葡萄	456.727	—	—	—	—	—
草子	1969.590	—	—	—	—	—
合计	—	—	—	22 083.28	—	—

三、劳动力与耕牛

全镇农民总数为8636人，占总人口的76.98%。全镇总劳动力（包括手工业店员、小贩）有4555人，占总人口的40.6%，而农业劳动力为3910人（内整劳动力2014个，半劳动力1896个），占总劳动力的85.84%。虽然从事农业劳动的人数很多，但多不是纯粹农民。因当地人多地少，每个农业全劳动力（以2个半劳动力折成1个全劳动力计，共农业全劳动力2962个）平均仅有耕地3.03亩，如以一般每一全劳动力可耕地6亩计，则劳动力剩余将近一半，因此一般农民又多兼事其他职业，以解决其剩余劳动力的出路。

此外在耕牛方面，全乡有水牛88头，黄牛78头，合计为166头。据调查，每只水牛平均可耕地50亩，每只黄牛平均可耕地35亩，为照此标准计算，166头耕牛可耕种面积为7130亩，而该乡共有耕地面积8984.04亩，则尚缺少水牛约37头，惟据该乡一般农民谈，在农村中有些农民在秋收后将牛卖出，明春清明前又去买进，因此，过去耕牛尚不缺乏，所发生问题的是各阶层间的分配不平衡，耕牛大部分掌握在地主、富农手中，贫、雇农无力购买或饲养耕牛，每届春耕时，只得租牛耕种（每亩付稻10斤或20斤不等）或以人工换牛工。

四、田、地产量的比较

一般地区水田的产品价值比旱地要多一倍或二倍，至少要多半倍以上，但该镇每亩旱地产品价值要超过每亩水田半倍多，因为该地的旱地在过去都是水田，经江水冲击后，变成黏土与沙土的混合土，不但适宜于种植豆、麦、棉、麻，尤宜种植糖蔗，一般产量均超过水田（但旱地肥料成本较水田为高，产量的高低，主要根据施肥多少来决定）。水田耕植总面积为5138.66亩，全年总产量折合米计10 157.72石，平均每亩产量折米为1.97石（折谷423.5斤），旱地耕植总面积为3845.42亩，全年总产量折合米计11 915.66石，平均每亩产量折米计3.1石（折谷664斤），按照此产量折合比较，地一亩产量所值等于田1.57亩。

佛堂镇（九个村）田、地产量折合调查统计表

	面积	种植农产品的名称	种植亩数		种植时间	收获时间	收获数量			照市价比例折合米（石）
			过去	现在			今年产量	一般年产量	每亩平均产量	
田	5138.66	稻	—	4923.003	4月上旬	7月中旬	1 579 258.96	—	321	7369.87
		糖蔗	286.377	214.760	4月上旬	10月下旬	60 562.32	—	282	1292.00
		撒豆	—	1359.476	7月上旬	10月上旬	44 182.97	88 365.94	33(56)	353.38
		荞麦	—	2847.391	8月下旬	10月中旬	136 674.77	170 843.46	48(60)	729.93
		大麦	—	736.180	9至10月	次年4月	77 298.90	80 979.81	105(110)	360.64
		小麦	—	59.919	9至10月	次年4月中旬	6591.09	—	110	52.73
		草子	—	1969.359	8至10月	次年4月	—	—	—	—
		葡萄	—	456.727	—	—	—	—	—	—
	小计		—	—	—	—	—	—	—	10 157.55
地	3845.42	小麦	—	2327.266	9至10月	次年4月中旬	255 999.26	—	110	2047.97
		大麦	—	1518.150	9至11月	次年4月	159 405.75	16 699.85	105(110)	743.75
		糖蔗	1256.897	942.673	4月上旬	10月下旬	265 833.79	—	282	5671.12
		黄豆	—	1992.015	3月中旬	6月中旬	143 425.08	159 361.21	72(80)	1434.25
		花生	—	450.481	3月中旬	9月	65 319.08	—	145	783.84
		棉花	—	144.282	4月中旬	9月	2597.08	—	18	207.77
		芝麻	—	111.140	6月上旬	8月	5001.30	—	45	91.67
		粟	—	1992.015	6月下旬	9月下旬	181 273.34	258 961.95	91(130)	845.94
		西瓜	—	55.830	3月中旬	7月	44664.00	—	800	89.33
	小计	—	—	—	—	—	—	—	—	11 915.66
共计	8984.08	—	—	—	—	—	—	—	—	22 073.21

注：每亩平均产量中，有括弧系一般年产量。

五、肥料问题

该乡施用肥料种类除人粪、绿肥外，尚需向外购入肥田粉、石膏、碌矾、桐饼、菜饼、石灰等，兹将各种肥料需要量统计如下：

肥料名称	肥料来源	每亩最低需要量(斤)	施用的农作物	合计需要向外购买量(斤)
肥田粉	上海	4	稻、糖	6000
石膏	—	6	稻	9000
碌矾	江西广丰	6	稻	9000
桐饼	主要建德寿昌	40	稻、棉	64 000
菜饼	主要嘉兴	40—100	稻、麦、粟	80 000
石灰	金华及浦江	40—60	稻、花生	75 000

注:1. 一至六村靠近佛堂镇故人肥很多,约可抵作肥料六成,缺少四成须向外地采购。七至九村以养猪及人肥可抵四成,尚缺肥料六成。
2. 表列合计需要向外购买量,中农以下照一般需要量的六成计算的。
3. 糖蔗需要肥料量合稻谷的 2 倍。

六、手工业调查

全镇共有手工业 15 种计 106 户(镇市外农村只调查工人数,户数不包括在内),各业最发达时有工人 498 人,今年计 422 人,共有资本折米 6154 石,以织布(1751 石)、榨油(1090 石)、针织等业(850 石)的资本较大,占总资本额的59.9%。解放后织布业增加了 3 家,针织业增加了 4 家,该二业工人人数较解放前增加了38.46%。此外新开设了一家肥皂厂(系家庭工业性质),按此地当前情况与条件,是最有发展前途的,因该镇肥皂原料及销售方面都是具备有利条件。兹将各业从业人员及工资情况统计如下:

佛堂镇手工业调查表

业别	该业最发达时期估计工人数	估计今年的工人数	估计今年平均每人全年收入(折石米)	今年10月份每人每日工资(折米斤)			备考
				最高	普通	最低	
织布	75	114	8.0	5	4	3	
染布	16	14	9.6	9	8	6	6 个月的生产期间(伙食在内)
榨油	96	48	8.4	8	7	5.5	6 个月的生产期间(伙食在内)
木作	95	81	8.4	6	5	4	9 个月的工作时间
成衣	45	36	7.0	6	5	4	伙食在内
肥皂	—	2	9.0	—	—	—	4 个月的生产时间家庭手工业
油漆	9	6	5.7	9	8	6	4 个月工作时间伙食在内
修理	11	7	8.0	6	5	4	伙食在内
鞋	9	6	6.5	5	4	3	8 个月工作时间算
火炮	6	4	3.0	4	3.5	3	全年 4 个月工作时间

续表

业别	该业最发达时期估计工人数	估计今年的工人数	估计今年平均每人全年收入（折石米）	今年10月份每人每日工资（折米斤）			备考
				最高	普通	最低	
灯笼	9	5	4.5	4.5	4	3.5	全年4个月工作时间
皮箱	27	9	6.8	6	5	4	按全年7个月工作时间计算
针织	21	42	7.5	6	4	3.5	伙食在内
冶坊	12	12	9.8	6	5.5	4	全年9个月工作时间
铜铁	67	36	8.1	5	4.5	4	全年9个月工作时间
合计	498	422	—	—	—	—	

注:共15业106家。

织布厂7家共有木机38架，铁机12架，每月能织布1060尺，除职员外工人都自理伙食，工资按月以匹数计算，缕条每匹工资4市斤米，格子每匹5斤。木机每月可织25匹左右。铁机25至30匹。由于工人技术熟练的差异，每人每月平均工资很难确实计算。7家针织厂，共有洋袜机49架，织毛巾机3架，织帽机1架，共53架（还有家庭针织机不计算在内），每月能织洋袜5000打以上，一般品质尚佳。

中共义乌县委会

1949年12月

建德县山鹤乡农村经济调查

一、土地占有与使用情况

甲、全乡各阶层土地占有和使用情况

全乡共13个行政村（保），1448户，7244人，占有土地12 048.5亩（内有山、荡1755.63亩），平均每人占有土地为1.66亩，全乡使用土地共有12 116.5亩（山、荡在内），平均每人使用土地为1.67亩。根据当地生产情况，平均每人有1.5亩田即可维持一个人的最低生活。现将全乡各阶层占有及使用土地情况列表如下：

山鹤乡各阶层占有和使用土地统计表

成份		地主	富农	中农	贫农	其他	总计
户数	户数	55	57	359	489	488	1448
	百分比	3.8	3.94	24.79	33.77	33.7	100
人口	人数	367	463	2630	2131	1653	7244
	百分比	5.07	6.39	36.3	29.42	22.82	100
占有土地	亩数	5360.7	1604	3224.5	1614.4	244.9	12 048.5
	占占有总数百分比	44.49	13.32	26.76	13.4	2.03	100
	每人平均占有亩数	14.61	3.46	1.23	0.76	0.15	1.66
租出土地	亩数	3748.8	381.7	240.4	83.9	28.1	4482.9
	占租出总数百分比	83.62	8.52	5.36	1.87	0.63	100
	占本阶层占有土地百分比	69.93	23.8	7.46	5.2	11.47	37.21
租入土地	亩数	14.5	352	2124.2	1708.8	351.4	4550.9
	占租入总数百分比	0.32	7.73	46.68	37.55	7.72	100
	占本阶层使用土地百分比	0.89	22.36	41.58	52.75	61.84	37.56
使用土地	亩数	1626.4	1574.3	5108.3	3239.3	568.2	12 116.5
	占使用总数之百分比	13.42	12.99	42.16	26.74	4.69	100
	每人平均使用亩数	4.43	3.4	1.94	1.52	0.34	1.67

注:本表土地面积包括田、地、山、荡在内。

从上表中可看出:

(一)该乡有半数以上的土地集中于地主、富农手中。

地主拥有占全乡44.49%的土地,绝大部分出租,自己使用的仅及本阶层占有土地数的30.07%,其余69.93%的土地全部出租给农民耕种。

(二)租入土地最多的是中农,占全部租入土地数的46.68%,占本阶层使用土地的41.58%。其次是贫农,占租入土地数的37.55%,占本阶层使用土地的52.75%。

乙、该乡杨村桥各阶层土地占有及使用情况

(一)该村113户,519人,占有田地338.17亩,每人平均0.65亩,使用田地696.46亩,每人平均1.34亩。

(二)杨村桥各阶层土地占有和使用情况如如下表:

山鹤乡杨村桥各阶层占有和使用土地统计表

成份		地主	富农	佃富农	中农	佃中农	贫农	佃贫农	其他	总计
户数	户数	1	5	1	23	24	13	14	32	113
	百分比	0.88	4.43	0.88	20.35	21.24	11.51	12.39	28.32	100
人口	人数	10	34	9	114	121	61	64	106	519
	百分比	1.93	6.55	1.74	21.97	23.31	11.75	12.33	20.42	100
占有土地	亩数	40.68	110.05	0	102.13	27.36	37.93	8.64	11.38	338.17
	占有总数百分比	12.03	32.54	0	30.2	8.09	11.22	2.55	3.37	100
	每人平均占有亩数	4.07	3.24	0	0.9	0.23	0.62	0.14	0.11	0.65
租出土地	亩数	7.7	31.6	0	28.6	3	6.1	0	3.4	80.4
	占租出总数百分比	9.58	39.3	0	35.57	3.73	7.59	0	4.23	100
	占本阶层占有土地百分比	18.92	28.71	0	28	10.96	16.08	0	29.88	23.78
租入土地	亩数	0	0	31	29.01	262.2	16.65	72.17	27.66	438.69
	占租入总数百分比	0	0	7.07	6.61	59.77	3.8	16.44	6.31	100
	占本阶层使用土地百分比	0	0	100	28.29	91.5	34.34	89.31	77.61	62.99
使用土地	亩数	32.98	78.45	31	102.54	286.56	48.48	80.81	35.64	696.46
	占使用总数之百分比	4.74	11.26	4.45	14.72	41.15	6.96	11.6	5.12	100
	每人平均使用亩数	3.3	2.31	3.44	0.9	2.37	0.79	1.26	0.34	1.34

注：该村的佃富农、佃中农、佃贫农在乡统计中并入富农、中农、贫农项内。

从上表中可看出：

（一）该村土地占有比较集中，占总人口数的10.22％的地主、富农就占有全村44.57％的土地；而占总人口24.08％的贫农，仅占有13.77％的土地。

（二）佃中农与佃贫农的使用土地较其他各阶层多，为其本阶层占有土地的9至10倍。例如佃中农每人平均占有土地为0.23亩，而使用土地每人平均则有2.37亩。

（三）佃富农一户，共9人，土地全系佃入，每人平均使用土地为3.44亩。

二、租佃情况

甲、各阶层出租土地的情况及出租原因

全乡出租田4482.9亩中，地主出租达3748.8亩，占全乡出租土地总数的83.62%，富农出租381.7亩，占出租总数8.52%。中农、贫农亦有少量土地出租，这些人大多系鳏寡、孤、独、无劳动力者；或因土地过少，无法维持生活而从事其他职业者；也有或因田远耕种不便，而出租给他人耕种的。

乙、租佃形式

（一）大、小田（即大、小业主）：这种租佃关系产生于太平天国时代，由于战争影响，地主、富农逃亡在外长期不归，土地荒芜，地权不明，农民开垦土地耕种。及至太平天国失败后，地主陆续归来，凭借封建势力强占地权，因而形成地主为大（业）田主，佃户获有田面权的租佃关系。农民（佃户）每年向地主交租，田赋、捐税由地主负担。农民除有永佃权外，并可将小业（田面）权出卖、典当或将土地转租给他人耕种。经过转租的土地承租人要交大小租（大租归大业主，小租归小业主），租额甚重，约占正收益的80%－90%。

（二）典田：农民因受高利贷剥削，借款到期还不出时，只得将自田立契出典给人。出典户有永久耕种权（须向典主交租），但无出卖权，只能以抵押方式把耕种权抵押给他人。典主有收租及出卖权（七折出卖），但出卖时须经出典户允许。

（三）租田：即农民佃入的田，田底、田面权均在地主手中的田。租额是主佃七三分租（例如1亩田年收谷3石，则交2石1斗给地主，歉收时亦必须按照规定比例交租），如佃户欠租，地主即将田地收回自种或转租，无地的农民为了怕抽地，只得按时交租，忍受地主阶级残酷的剥削。

（四）押田：农民向地主借贷粮食时将自田作为抵押（抵押款仅及田价之半数），并订立契约，规定抵押时间（一般是二至三年），过期不赎就成死押。抵押时有两种方式：一种是保留耕种权，每年向地主交租；另一种是连同耕种权一并出押，到期还谷赎田，不须付利息，但每年田赋仍由原主负担。

中共浙江省农委会调研室

1950年3月

建德县庵口乡顾家村、黄里坪村调查

一、地势

黄里坪行政村包括黄里坪、西山下、王山脚、大桥 4 个自然村，位于新安江北岸半里的山区，三面环山，一面临江。田地多分布于东北方向，地势不平。山田共 193 亩，占全村耕地面积的17.2%。全村水旱不均，南面公路两旁缺水，而东面在江水泛滥时，易成水灾。

顾家村行政村包括南社村、潘家村、苍坪、王坪村、顾家村 5 个自然村。位于黄里坪北 3 里许。西北靠山，仅产毛柴。全村地势颇高，只有小河一条，灌溉多靠雨水。全村共有山田 206 亩，占全村耕地面积的21.7%。

二、人口

该两行政村共有 184 户，912 人。内男 482 人，女 430 人，按阶层划分如下表：

两个村各阶层户口、人口统计表

成份	户口		人口	
	户数	百分比	人数	百分比
地主	12	6.5	64	7.0
富农	5	2.7	72	7.9
中农	40	21.8	205	22.5
贫农	94	51.1	488	53.5
雇农	26	14.1	66	7.2
手工业者	6	3.3	16	1.8
小商贩	1	0.5	1	0.1
合计	184	100.00	912	100.00

地主 12 户中有经营地主 1 户，4 人，占有土地 11 亩，并另租入土地，均系雇工耕种。富农 5 户中有佃富农 2 户，7 人。中农 40 户中有佃中农 9 户，46 人。贫农 94 户中有佃贫农 70 户，371 人。雇农 26 户中有 4 户纯以出卖劳动力为生，其余 22 户有极少的田或无田，以出卖短工及打柴为生。

三、土地占有情况

该两村的土地有 60%以上集中在地主、富农之手，贫、雇农仅占有 15%左右的土地。现将各阶层占有土地情况列表如下：

两个村各阶层占有土地统计表

成份	户数	人数	占有土地亩数	百分比	每人平均占有土地
地主	12	64	595.21	44.0	9.30
富农	5	72	221.59	16.4	3.08
中农	40	205	318.44	23.5	1.55
贫农	94	488	204.19	15.1	0.42
雇农	26	66	8.80	0.7	0.13
手工业者	6	16	4.30	0.3	0.27
小商贩	1	1	0	0	0
合计	184	912	1352.53	100.00	1.48

从上表可以看出该两村土地占有的特点：

甲、地主占有土地最多，两村地主人口仅占6.5%，而占有土地就占44%，每人平均占有土地数为两村每人平均数的6倍，为贫农平均占有数的22倍。

乙、占总人口7.9%的富农，共占有土地16.4%，其每人平均占有亩数亦为两村每人平均占有亩数的2倍以上。

丙、中农每人平均占有亩数接近两村每人平均占有亩数。占总人口53.5%的贫农仅占土地15.1%，每人平均占有数尚不足半亩。雇农占有土地更少，每人仅一分左右。手工业者大部分是被剥夺了土地的农民，每人平均占有土地也只有2分多，对土地的要求亦甚迫切。

四、土地使用情况

两村共使用土地1622.01亩，而占有土地仅1352.53亩，即尚向外籍业主租入土地272.4亩。每人平均使用土地为1.78亩。该地区土地比较缺乏，多山田，加之受地主剥削，农民生活极为困苦，因之建西农民有“女儿不嫁庵口乡，只吃山芋包罗粉”的谚语。

从总的使用面积而言，中、贫农合计使用土地占使用总数的75.2%，但每人平均使用数仅为1亩半至2亩。中农使用土地的35.3%为租入土地，贫农租入土地高达其使用土地的73.8%。

每人平均使用土地以富农最高，地主次之，均超过两村每人平均使用数1亩左右。雇农仅使用0.33亩，手工业者最低每人只有0.18亩。

两个村各阶层使用土地统计表

成份	户数	人数	使用土地(亩)	百分比	每人平均使用
地主	12	64	172.81	10.7	2.70
富农	5	72	204.29	12.6	2.84
中农	40	205	458.02	28.2	2.23
贫农	94	488	762.49	47.0	1.56
雇农	26	66	21.60	1.3	0.33
手工业者	6	16	2.80	0.2	0.18
小商贩	1	1	0	0	0
合计	184	912	1622.01	100.00	1.78

五、土地质量和各阶层使用情况

两村土地种类可分田、地和山田三种。田约占56%，地约占24%，山田约占20%。

田的土质可分为三种：

甲、沙土——土质松而肥，每年能三收，为上等土地，每亩年产谷约300斤。

乙、乌土——系沙土和黄土的混合土，质量次于沙土，每亩年产谷约250斤。

丙、黄泥土——土质最差，有黏性，不易耕犁。每亩年产谷约200斤。

地的土质可分两种：平原地，土层较厚，土质肥沃，禾苗易于生长。山脚地，土质瘦薄，土层一般为四五寸左右，接受阳光的时间较短，禾苗不易生长。

山田分为多石和少石两种。前者多系白山，不易开辟，树木亦难生长。少石山地则开辟较易，但又分向阳向阴两种，面向太阳的，树木或农作物易于生长。

至于各阶层使用土地土质情况可以下表说明：

两个村各阶层使用土地质量统计表

成份	田				地			山田		
	沙土	乌土	黄泥土	合计	厚	薄	合计	少石	多石	合计
地主	65.4	34.3	34.2	133.9	27.1	13.9	41.0	33.0	4.0	37.0
富农	40.9	13.3	88.9	143.1	31.3	26.3	57.6	60.9	4.0	64.9
中农	46.6	34.9	285.8	367.3	35.3	125.4	160.7	27.1	103.8	130.9
贫农	66.8	135.9	320.1	522.8	114.7	81.6	196.3	45.9	109.1	155.0
雇农	0.3	0	4.0	4.3	16.9	26.3	43.2	0	10.0	10.0
手工业者	0	0	1.8	1.8	0	0	0	0	1.5	1.5
小商贩	0	0	0	0	0	0	0	0	0	0
合计	220.0	218.4	734.8	1173.2	225.3	273.5	498.8	166.9	232.4	399.3

注：各阶层使用土地总数和前表不符，因前表没有计算山地，此外田、地之和亦稍有出入。

由此可见，地主所使用田亩的半数为沙土田，两村全部沙土田中，地主、富农所使用的占48.3%。中、贫农所使用的大部分为黄泥土质。地和山田的使用情况，同样亦是地主、富农大部分使用土质较好的。

六、土地租佃情况

两村各阶层土地租佃情况如下表：

两个村各阶层租出和租入土地统计表

成份	租出土地			租入土地		
	亩数	百分比	占本阶层占有土地之百分比	亩数	百分比	占本阶层使用土地之百分比
地主	432.6	84.6	72.7	10.2	1.3	5.9
富农	50.9	9.9	23.0	33.6	4.3	16.4
中农	21.9	4.3	6.9	161.48	20.7	35.3
贫农	4.5	0.9	2.2	562.8	72.1	73.8
雇农	0	0	0	12.8	1.6	59.3
手工业者	1.5	0.3	34.9	0	0	0
小商贩	0	0	0	0	0	0
合计	511.4	100.0	37.8	780.88	100.0	48.1

从上表可看出该两村土地租佃的特点：

甲、租入土地超过租出土地

两村租入780.88亩，租出511.4亩，相差约200余亩，系向外籍业主租入。

乙、租入以贫农最多

贫农租入土地占租入总数的72.1%，但其每人平均使用亩数仍仅1.56亩（因贫农每人平均占有数尚不足半亩）。中、贫农租入地占租入总数的92.8%，可知地租几全部为中、贫农所负担。

丙、租佃关系复杂

除小商贩外，其余各阶层均发生租佃关系。除佃农无租出，手工业者无租入外，其他阶层均有租出和租入。地主阶级租入土地很少，仅顾家村有经营地主一户租入10亩土质较好的土地，雇工耕种。富农及部分中农租出土质较差土地，另租入土质较好的土地。

该地土地原有大、小业田（即田底、田面权）之分，近年来地主千方百计垄断土地所有权，以低价收购小业田，因之现在大、小业田大部分为地主所独有。

七、剥削情况

甲、地租剥削

该地地租有下述几种：

（一）包租：亦名定额租，即业、佃双方规定一定租额，不论荒旱歉收，佃户一律按数缴纳。普通每亩田缴租180斤至200斤，地租占正产物收获量（300斤）60％至66％。

（二）分租：即业佃双方在收获后按规定比例分配。该地多数以稻谷三七分租，即收获300斤稻谷需缴租210斤。甚至有按二八分租者。少数亦有以稻、豆、麦三种粮食各半分租者。

（三）预租：佃农在租佃时预付下年租额，否则即不能租到田种。地主利用预收租额放高利贷，等于农民多负担一年的利息。如贫农徐寿根向富农徐水正租进2亩半田，每亩预缴租200斤，徐水正以之放高利贷，每年多收150斤。

（四）押租：该地区押租很普遍。佃农交押金后，仍须照常交租，形成额外剥削。

除上述各种地租外，地主尚以各种方法进行剥削：如以大秤收租，收租经常以108斤折合一石；又以假卖方式抽回租田，威胁农民，以便随意提高租额。

乙、高利贷剥削

高利贷剥削情况严重，一般利息为加三、加五，即借100斤到第二年还130斤、150斤，高的有加倍取息者。最重的高利贷是种稻时借100斤，过3个月至收获时还150斤，3个月内利息高达50％。这是地主惯用的手段。

据顾家村调查，该村共借债30 188斤米。大部分为中、贫农所借入，共占借债总额的98.8％。债主大部分为地主、富农，共占放债总额的71.2％。外籍地主放债的很多，如南社村地主邬昭卿即在该村放债20余石。

顾家村各阶层借贷统计表

成份		地主	富农	中农	贫农	雇农	手工业者	小商贩	合计
户数		4	6	24	32	10	4	1	81
借入	借入户数	0	1	5	9	1	0	0	16
	占本阶层户数之百分比	0	16.7	20.8	28.1	10	0	0	19.8
	借入数量(谷斤)	0	250	13 720	16 098	120	0	0	30 188
	占总借入数之百分比	0	0.8	45.5	53.3	0.4	0	0	100
借出	借出户数	1	2	0	5	0	0	0	8
	占本阶层户数之百分比	25	33.3	0	15.6	0	0	0	9.9
	借出数量(谷斤)	2200	2250	0	1800	0	0	0	6250
	占总借出数之百分比	35.2	36	0	28.8	0	0	0	100

八、劳动力情况

该地区妇女不参加农业劳动，只做些家庭杂事。在两个村 482 个男人中，共有整劳动力 200 个，半劳动力 47 个，兹将两个村各阶层自有及雇佣劳动力情况统计如下：

两个村各阶层劳动力情况统计表

成份	自有劳动			雇入劳动力				雇出劳动力			
	全	半	牧童	全	半	牧童	短工(工日)	全	半	牧童	短工(工日)
地主	1	8	5	8	3	1	520	0	0	0	0
富农	14	4	2	3	4	3	661	0	0	0	0
中农	47	8	10	1	3	2	730	0	0	0	26
贫农	118	26	32	0	2	6	231	4	2	11	1311
雇农	20	1	0	0	0	0	0	4	0	0	690
合计	200	47	49	12	12	11	2142	8	2	11	2027

注：手工业者及小商贩因不参加农业生产故未计入。

地主不参加劳动，雇入劳动力最多，富农雇入长工虽少于地主，但雇入短工则较地主为多。中农亦有部分雇入，雇出仅短工 26 工日。雇出者几全部为贫、雇农，但尚有多余劳动力，故仍需依靠砍柴为生。

九、耕畜、农具占有情况

两村共有牛 77 只，若以每头能耕种土地 16 亩计，尚缺牛约 20 余只。地主、富农占有耕牛均有余，中农、贫农均感不足。地主、富农以多余耕牛出租，进行剥削。租牛耕一亩付租谷 24 斤，中农、贫农因缺牛不得不受这种剥削。如以顾家村来看情况是这样：地主出租牛 3 只，中农出租 1 只。中农租入 6 只，贫农租入 12 只。

两村均无新式农具。总的说来，除雇农全无农具外，一般尚够用。富农拥有较多的农具，他们能不求于人，但亦不愿出借。如顾家村富农朱樟元使用土地 11 亩半，拥有犁二、耖一、锄头四、铁耙二、稻桶二、风车一、水车 1/4。此外，丰产户农具亦比较齐备，如顾家村朱金水使用土地四亩八分，有犁、耙、耖各一，锄三、铁耙一、水车一、壮牛一头。

两村各阶层耕畜农具占有情况有如下表：

两个村各阶层占有耕牛、农具统计表

成份	户数	使用田亩	耕牛		水车		犁		耙	
			数	百分比	数	百分比	数	百分比	数	百分比
地主	12	172.81	13.50	17.53	7.50	12.49	9.00	12.00	8.50	9.81
富农	5	204.29	16.50	21.43	8.25	13.74	13.50	18.00	12.50	14.42
中农	40	458.02	19.00	24.68	17.50	29.14	25.50	34.00	28.00	32.31
贫农	94	762.49	28.00	36.36	26.80	44.63	27.00	36.00	37.66	43.46
雇农	26	21.60	0	0	0	0	0	0	0	0
手工业	6	2.80	0	0	0	0	0	0	0	0
合计	183	1622.01	77.00	100.00	60.05	100.00	75.00	100.00	86.66	100.00

注：小商贩1户因无使用土地，未计入。

1950年3月调查

金华县干溪乡坛里郑村调查

该村是金华县城关区干溪乡第八保一个村庄，在金华江北岸，东距金华县城15里。全村居民196户，871人。耕地面积2520.4亩，砂质土，农产物以稻为主，杂粮次之。林产以柏树、樟树较多，副产物柏油以前尚外销。副业以养鸡、鸭、猪较普遍，从事手工业生产者有11户(铁匠1户、竹匠3户、木匠4户、泥水匠2户、裁缝1户)。

一、各阶层占有土地情况

坛里郑村各阶层占有土地统计表

成份		地主	富农	中农	贫农	赤贫	合计
户数	户数	13	2	31	75	75	196
	占总户数百分比	6.63	1.02	15.81	38.27	38.27	100
人口	人数	76	16	172	343	264	871
	占总人口百分比	8.72	1.84	19.75	39.38	30.31	100
水田	亩数	1282.3	41.7	329.88	225.49	22.96	1902.33
旱地	亩数	222.83	25.47	152.22	199.26	18.29	618.07
合计亩数		1505.13	67.17	482.1	424.75	41.25	2520.4
占总亩数百分比		59.72	2.66	19.13	16.85	1.64	100
每人平均占有亩数		19.8	4.2	2.8	1.24	0.16	2.89

该村无土地或缺少土地耕种者占全村人口1/3，农民生活困难，常年平均缺粮达40至45天，主要依靠出卖劳动力、做短工或挑石灰补足。由九龙挑石灰到江山、溪湖两乡，往返2日，挑一担石灰可获12斤米。或贩卖甘蔗，由该村至溪湖，每天一次，挑甘蔗4捆（共80根）可得4斤至8斤米。

二、租额

该村土地以石和斗为单位，1石田等于2亩5分，租入1石清田（即田权全部为业主所有者），佃户付租最高700斤谷，普通600斤，最低500斤，即1亩田付租谷最高280斤，普通240斤，最低200斤。租入1石大租田，租额为产量的70%。租入1亩旱地，佃户要缴夏熟租（大、小麦）50斤，秋熟租（粟）50斤。

三、农作物种植情况

该村农作物以稻为主，小麦种植面积不到稻的一半。

坛里郑村农作物产量统计表

作物种类	栽培面积(亩)	今年每亩产量(斤)			去年每亩产量(斤)		
		最高	最低	普通	最高	最低	普通
稻	1332	400	200	350	360	200	300
粟	—	150	80	100	200	100	150
玉蜀黍	—	150	80	120	200	100	150
大豆	—	60	30	50	150	80	100
小豆	—	80	—	50	150	80	100
荞麦	—	20	—	—	80	40	60
大麦	—	100	70	90	150	70	100
小麦	500	100	70	85	120	70	90
油菜	—	100	40	60	100	40	60
花生	—	150	80	100	—	—	—
芝麻	—	50	30	40	—	—	—
甘蔗	—	120(捆)	40(捆)	80(捆)	—	—	—

注：甘蔗产量以捆为单位，每捆甘蔗20根。其他产量单位为斤。

四、人工工资、畜租和农具情况

甲、人工工资

该村地主共雇用年工 24 个，半年工 3 个，童工 6 个。年工每年最高工资 20 担稻，一般 17 至 18 担，最低 15 至 16 担。

半年工每半年最高工资 10 担稻，一般 8 至 9 担，最低 7 至 8 担。

童工每年最高工资 7 至 8 担稻，一般 5 至 6 担，最低 2 至 3 担。

短工，夏忙时每天工资 10 至 15 斤米，一般 7 至 8 斤。夏忙季节有温州、台州、衢州及该县境内南北山等处的工人来此工作。

各阶层雇工人数统计表

成份	雇工人数		
	长年工	半年工	童工
地主	24	3	6
富农	0	0	0
中农	1	0	1
贫农	0	0	0
合计	25	3	7

乙、畜租

一头耕牛可耕水田 15 亩左右。因该村水田为砂土，漏水较快，雨水稍为缺少，就需天天戽水，所需牛力较多，无牛农民必须租入耕牛车水。

普通以一个人工换一个畜工。另有代耕方式：平时代耕一亩须付 10 斤米，忙时一石田 30 斤米（按当时人工工资两个半工计算），如包种一石田需出 300 斤稻谷（耕田灌溉均在内）。

丙、农具情况

水车虽然是该村农业生产上不可缺少的重要农具，但因价格昂贵，每部牛车要值米 1000 斤左右，一般农民无力添置，故水车缺少的情况相当严重。如 150 户贫农（包括赤贫）仅占有 18 部。因此一般农民不得不以每石田付 40 至 50 斤的租谷来向地主租用。

该村各阶层占有耕牛及水车数量情况如下表：

各阶层占有耕牛及水车统计表

成份	耕牛头数		每户平均耕牛数	畜力水车数	每户平均水车数
	黄牛	水牛			
地主	7	4	0.85	17	1.31
富农	0	4	2.00	4	2.00
中农	22	6	0.90	21	0.68
贫农	31	9	0.27	18	0.12
合计	83		0.42	60	0.31

注:本表贫农包括赤贫在内。

五、病虫害概况

螟虫历年均有发生，但为害不严重。水稻主要病害土名稻桶瘟，病状是在水稻成熟时生，全田稻禾枯萎。

每年均有小麦叶黄锈病发生，普遍而严重。

大麦黑穗病也每年均有，严重者每亩受害程度达20%。

粟（小米）白发病和玉蜀黍黑穗病，虽较普遍，但为害不严重。

菜虫以青菜虫、卷叶虫等危害较严重。

以上作物病虫害目前尚无土法防止。

六、土特产情况

土产有甘蔗，今年种植面积估计约30至50亩，每亩平均产1600根，总产量估计为4.8万至8万根。主要销金华及金华江南岸江工、溪湖乡等处。

该村此外尚产柏油。柏子产量以前可供外销，但目前已较其他村庄为少，因原有柏树林在抗战时期为敌伪破坏，今仅足自给，外销数量很少。年产约计柏子2420斤。一般2斤米可换1斤柏子，3斤柏子换1斤柏油。

金华县人民政府

1949年11月

丽水县城区第一、第四行政街农村调查

丽水县城区第一和第四行政街，虽然由于属城区而有其区别于一般农村经济的特点，但依靠土地生活的人数仍占49.5%。因之和土地的关系仍很密切。

一、人口

两行政街共有人口1947人，内男977人，女970人。按主要生活来源分，则依靠土地生活的963人，占总数49.5%；手工业工人及手工业独立劳动者（大部为泥水匠、竹木匠、裁缝等）522人，占26.8%；经营商业者205人，占10.5%；自由职业者26人，占1.3%；其他（包括贫民、小贩等）231人，占11.9%。在依靠土地为主要生活来源的户数中，亦有一大部分人兼营手工业。例如第一行政街依靠土地生活的121户中就有68户（占56.2%）兼营手工业。

二、土地关系

两行政街各阶层在土地改革前的土地占有、使用、租佃情况如下表：

两行政街各阶层占有和使用土地统计表

成份		地主	富农	中农	贫农	雇农	小土地租出者	工人	其他	合计
户口	户数	12	2	53	150	9	3	148	131	508
	百分比	2.4	0.4	10.4	29.5	1.8	0.6	29.1	25.8	100
人口	人数	72	7	247	599	28	10	522	462	1947
	百分比	3.7	0.4	12.7	30.8	1.4	0.5	26.8	23.7	100
占有土地	亩数	897.7	16.1	171.4	110.2	1	64.9	47	109.6	1417.9
	占占有土地百分比	63.3	1.1	12.1	7.8	0.1	4.6	3.3	7.7	100
	每人平均	12.47	2.3	0.69	0.18	0.04	6.49	0.09	0.24	0.73
租出土地	亩数	889.6	13.1	105.9	15	0	60.1	33.1	87.1	1203.9
	占租出土地百分比	73.9	1.1	8.8	1.2	0	5	2.8	7.2	100
	占本阶层占有土地百分比	99.1	81.4	61.8	13.6	0	92.6	70.4	79.5	84.9

续表

成份		地主	富农	中农	贫农	雇农	小土地租出者	工人	其他	合计
租入土地	亩数	4.6	7.2	260.3	802.3	4.7	0	18.3	7.7	1105.1
	占租入土地百分比	0.4	0.6	23.6	72.6	0.4	0	1.7	0.7	100
	占本阶层使用土地百分比	36.2	70.6	79.9	89.4	82.5	0	56.8	25.5	83.8
使用土地	亩数	12.7	10.2	325.8	897.5	5.7	4.8	32.2	30.2	1319.1
	占使用土地百分比	1	0.8	24.7	68	0.4	0.4	2.4	2.3	100
	每人平均	0.18	1.46	1.32	1.5	0.2	0.48	0.06	0.07	0.68

从上表中可以看出该两行政街土地占有很集中。地主占有土地最多，占全部占有土地的63.3%，每人平均占有为两街每人平均占有亩数的17.8倍。富农和小土地出租者虽然只占有5.7%的土地，但是每人平均占有数亦达两街总平均数的3倍至9倍。

中农共占有12.1%的土地，每人平均占有数和总平均占有数相等。

贫农、雇农占有土地极少。贫农每人平均只有2分土地，雇农28人只有地1亩，每人平均尚不到半分土地。

两街使用土地1319.1亩中，有92.7%为中、贫农使用。每人平均使用1亩半左右。两街使用土地的83.8%是租入土地，因此农民受地租剥削是很沉重的。

租入土地中96.2%为中、贫农所租入，占该二阶层使用土地86.9%。所以地租大部为中、贫农所负担。

租出土地大部分为地主租出，其次为富农小土地出租者，他们出租土地共占出租土地总数的80%。地主的出租土地，达其占有土地的99.1%。

三、各阶层占有土地变化情况

长时期以来，由于国民党反动政府的压榨和地主阶级的剥削，特别是抗日时期日寇的窜扰，使该地农业生产遭受严重的破坏，农民日趋破产，土地日益向地主阶级手里集中。从下面抗战前、抗战中、抗战后及解放时四个时期各阶层占有土地变化表中可以看出这一趋势。

两行政街各阶层占有土地变化统计表

成份		抗战前	抗战中	抗战后	解放时
地主	户数	10	10	10	12
	田亩数	661.4	746.4	837.2	897.7
	每户平均田亩数	66.1	74.6	83.7	74.8
富农	户数	2	2	2	2
	田亩数	13.1	13.1	13.1	16.1
	每户平均田亩数	6.6	6.6	6.6	8.1
小土地租出者	户数	4	3	3	3
	田亩数	70.8	63.9	63.9	64.9
	每户平均田亩数	17.7	21.3	21.3	21.6
中农	户数	45	48	52	53
	田亩数	143.7	132.2	170.3	171.4
	每户平均田亩数	3.2	2.8	3.3	3.2
贫农	户数	130	137	145	150
	田亩数	60.5	62.9	81.6	110.2
	每户平均田亩数	0.5	0.5	0.6	0.7
雇农	户数	11	11	8	9
	田亩数	0.5	0.5	1.0	1.0
	每户平均田亩数	0.1	0.1	0.1	0.1
工人	户数	147	138	141	148
	田亩数	39.6	46.0	49.9	47.0
	每户平均田亩数	0.3	0.3	0.4	0.3
其他	户数	132	134	135	131
	田亩数	63.6	58.4	75.1	109.6
	每户平均田亩数	0.5	0.4	0.6	0.8
合计	户数	481	483	496	508
	田亩数	1053.2	1123.4	1292.1	1417.9
	每户平均田亩数	2.2	2.3	2.6	2.8

三个时期中地主占有土地共增加236.3亩，为其原占有土地数36%。地主阶级土地的增加，尤以抗战中到抗战后这段期间最为显著，这时期内增加的土地为地主前各时期全部增加土地数的38%。地主阶级占有土地增加得最多的人是与国民党反动政府勾结得最紧密的土豪劣绅，以及伪政府的官僚分子。如地主李启华在抗战前曾任伪法院院长十余年，抗战时期解职返

乡，勾结官吏，欺诈民财，曾先后置田200余亩。

此外也有个别地主在抗战时期因遭受战争损害，或因生活腐化，任意挥霍，或变卖土地进行投机，使其原来的占有土地减少的，如地主吴联璧即因日寇流窜，财物被掠，加以生活浪费，进行投机买卖，先后卖去田40亩。但这仅是个别情形，绝不影响整个地主阶级占有土地日益增加的趋势，反而更证明了土地正是向着少数和反动政府有直接关系的大地主手里集中。

至于富农土地增加较少，小土地出租者反见减少，这是因为富农在抗战期中，将资金大部出借高利贷，不再投放在土地之故；小土地出租者因没有劳动力，所以土地只减不加。

中农土地数量在抗战后、解放前两个时期中仅因户数增加，总土地数才见增加，而每户平均占有土地则仍保持战前水平。但在抗战时期，日寇几次流窜及反动政府抽丁征税，使很多中农愈加贫困、破产，被迫变卖土地，因之该时期户数虽增加，而土地反而减少。

贫农土地变化不大，但是过去受地主与反动政府的压榨极重，因而70%左右的贫农都要借债度日，所以除地租剥削外，受高利贷剥削也极为严重。在抗战期中，工人因受国民党反动经济政策的影响而失业，因之租田耕种，转为贫农者颇多，所以贫农户数在抗战时期是增加的。

雇农土地无变化。在抗战后户数减少，因为当时雇农工资不能维持生活，但又无力改营其他职业，只能租田来种，因此转为佃贫农。

四、劳动力及房屋情况

第一行政街共有整劳动力148人，贫农几占半数。除地主雇长工一人外，短工大部分为中、贫农所雇佣。这也是郊区农村特点之一。因为郊区农产以菜蔬等作物为多，所需劳动较多，同时又为生活所迫，农民兼营其他副业亦多，因而所雇短工较多。

第一行政街劳动力情况统计表

成份	户数	自有劳动力		雇入		雇出	
		整劳动力	半劳动力	长工	短工（工日）	长工	短工（工日）
地主	8	0	0	1	60	0	0
小土地出租者	3	0	0	0	36	0	0
中农	25	18	9	0	265	0	70
贫农	80	70	21	0	1005	0	870
雇农	5	5	1	0	0	2	500
工人	66	38	9	0	0	0	0
其他	60	17	5	0	0	0	0
合计	247	148	45	1	1366	2	1440

两街共占有房屋591间，内出租154间。租入194间，租入房屋为使用房屋的30.8%，大部分由地主及其他阶层租出，而由中、贫农租入。详见下表：

两行政街各阶层占有和使用房屋统计表

成份	占有			租出			租入			使用		
	楼	平	草	楼	平	草	楼	平	草	楼	平	草
地主	45	40	0	4	25	0	4	3	0	45	18	0
富农	3	8	0	2	4	0	0	0	0	1	4	0
小土地出租者	3	12	0	0	4	0	0	0	0	3	8	0
中农	49	59.5	1	7	18	0	31	19	1	73	60.5	2
贫农	43	102.5	7	0	6	0	31	94	1	74	190.5	8
雇农	0	0	0	0	0	0	2	5	3	2	5.0	3
工人	23	47.5	3	11	10	0	0	0	0	12	37.5	3
其他	55	89.5	0	9	54	0	0	0	0	46	35.5	0
合计	221	359.0	11	33	121	0	68	121	5	256	359.0	16

五、解放前农民负担情况

第四行政街曾对解放前的捐税负担进行调查，但是因为国民党反动政府时期苛捐杂税名目繁多，一般农民不能记忆，这里只调查出一个梗概。

国民党反动政府时期的捐税共有：

甲、田赋：每亩田征收约44.2斤谷。其他尚有附征的种种名堂，如：

（一）征借（全部为伪国民政府征收）

（二）省县公粮

（三）乡镇教育费

（四）乡镇自治费

（五）地主积谷

（六）“优待”谷

（七）“绥靖”经费

（八）乡镇经费

乙、壮丁捐：壮丁分前、后方两种，18岁至25岁者为前方壮丁，26岁至35岁者为后方壮丁。前方壮丁每名需20余担谷，后方壮丁10余担，壮丁费的分派全落在中、贫农身上，平均每户负担1担余谷，地主则不受分派，可自由认捐。

丙、壮丁安家费——每一壮丁的安家费为500斤谷，每保分派以中、贫农负担较多。

丁、代役金——农民每户出役，商人按户派钱。

戊、“戡乱”费——地主、富农、商店分派较多。

己、“慰劳”捐——每户鞋袜各1双。

此外如警察捐、营业捐、报社捐（由伪县政府派出，每保需缴纳100斤至200斤谷）、“劳动服务”、驻军副食费、“自卫”捐等名目不一。

该街有地主4户，占有土地131.83亩；富农2户，土地16.2亩；中农28户，土地71.06亩；贫农70户，土地43亩；雇农4户，无地。解放前一年共约缴各项捐税7.7万多斤谷。解放后只有农业税一项负担。兹将解放前各阶层负担比较如下：

第四行政街解放前地主富农及农民负担统计表

成份	各阶层收入总数	负担额		每户平均收入	每户平均负担	
		数量	百分比		数量	占平均收入百分比
地主	32 236	8355	10.7	8059	2089	25.9
富农	12 020	1082	1.4	6010	541	9.0
中农	133 840	34 850	44.8	4780	1245	26.0
贫农	222 600	33 387	42.9	3180	477	15.0
雇农	9677	197	0.2	2419	49	2.0
合计	410 373	77 871	100.0	3800	721	19.0

注：表中数量单位为斤谷。各阶层收入数中地主、富农有瞒报之处，实际收入尚大于此数。

（一）各阶层负担数。从各阶层分派负担的比例可以清楚看出反动政府压榨中、贫农的情况。在反动政府时代负担的87.7%落在中、贫农身上，而地主仅负担10.7%。

（二）每户平均负担。在解放前每户平均捐税负担虽以地主之2089斤为最多，但其负担占平均收入之百分比和中农相同，均为26%。可是在地主每户收入8059斤谷中，与在中农每户收入4780斤谷中同样取26%，对生活的影响是相差很大的。尤其不合理的是在贫农收入中榨取14.9%，而在收入大于贫农一倍左右的富农收入中仅收9%。

中共浙江省丽水地委调研组

1950年1月

杭县山桥乡第二村调查

山桥乡位于杭县西境，接近余杭，属平原地区。城乡关系很密切，农民多种植商品性作物，如水果、茶叶、棉、麻、桑、蔬菜等，到城市去卖，对城市工商业的关系密切。地主多兼营工商业，农民兼为商贩者亦多。兹以该乡第二村为例，说明该乡土地关系及其他农村经济基本特点于后。

一、人口

该村共有179户，785人（内男411人、女374人），阶层划分见下表：

山桥乡第二村各阶层户口、人口统计表

成份	户口		人口		
	户数	占总数的百分比	人数	占总数的百分比	每户平均人数
地主	1	0.56	6	0.76	6.0
富农	7	3.91	46	5.86	6.6
中农	82	45.81	353	44.97	4.3
贫农	72	40.22	332	42.29	4.6
雇农	11	6.15	31	3.95	2.8
其他	6	3.35	17	2.17	2.8
合计	179	100.00	785	100.00	4.4

在中农82户中，包括富裕中农4户，17人；佃中农33户，117人。贫农72户中，包括佃贫农47户，202人；赤贫2户，2人。其他阶层系手工业者4户，10人；商人1户，3人；宗教职业者1户，4人。

二、土地占有和使用情况

该村土地约分5类：水田、旱地、竹园、林地及荡。以水田与旱地为主，竹园、林地、荡数量不大，无山地。水田主要种植水稻；旱地栽植桑树，蚕桑在该村经济上所占比重很大。

全村各阶层共占有土地945亩，内水田676.66亩，旱地156.39亩，其他111.95亩。使用土地共计1630.57亩，各阶层占有和使用土地情况如下表：

山桥乡第二村各阶层占有和使用土地统计表

成份	人口		占有土地			使用土地		
	人数	百分比	亩数	占占有总数百分比	每人平均亩数	亩数	占使用总数百分比	每人平均使用亩数
地主	6	0.76	29.91	3.17	4.99	13.57	0.83	2.26
富农	46	5.86	158.09	16.73	3.44	136.52	8.37	2.97
中农	353	44.97	580.37	61.41	1.64	926.41	56.82	2.62
贫农	332	42.29	151.06	15.98	0.46	506.32	31.05	1.53
雇农	31	3.95	4.59	0.49	0.15	24.34	1.49	0.79
其他	17	2.17	20.99	2.22	1.23	23.41	1.44	1.38
合计	785	100.00	945.01	100.00	1.20	1630.57	100.00	2.08

根据此一统计，该村土地占有似较分散，大部土地为中农所占有，富农占有土地亦较多，地主仅占3.17%。各阶层每人平均占有数悬殊不算太大，但这仅是居住该村各阶层的占有情况，若把外地地主在该村占有的土地计入，则土地占有亦相当集中。详见下表：

本、外地业主占有土地统计表

成份	本村业主占有		外地业主占有		合计	
	亩数	百分比	田亩数	百分比	田亩数	百分比
地主	29.91	3.17	611.37	80.18	641.28	37.56
富农	158.09	16.73	47.98	6.29	206.07	12.07
中农	580.37	61.41	26.23	3.44	606.60	35.52
贫农	151.06	15.98	6.75	0.89	157.81	9.24
雇农	4.59	0.49	2.00	0.26	6.59	0.39
其他	20.99	2.22	68.15	8.94	89.14	5.22
合计	945.01	100.00	762.48	100.00	1707.49	100.00

外地业主在本村占有土地762.48亩，为本村业主占有土地数的80.68%，其中地主阶级占有绝大部分，本村和外地地主合起计算则地主阶级占有土地为该村使用土地的39.33%。高于其他一切阶层的占有数。在研究各阶层的占有比例时，必须加上外地业主的占有数，才能显示出真实情况。

该村各阶层使用土地以中农为最多，每人平均使用数高于全村平均使用数；次为贫农，每人平均使用数少于全村使用平均数；富农使用土地虽然仅占8.37%，但其每人平均使用数却占各阶层第一位，为全村每人平均使用亩数的1.43倍。

土地使用数虽大部分集中于中农，但其每户平均使用亦仅11.3亩，所以该村土地使用情况是相当分散的。

该村土地大部为水田。各阶层所使用的上田相差不多，占各阶层使用土地的20%左右。下田则以中农、雇农使用较多。兹列表说明如下：

山桥乡第二村各阶层使用土地质量统计表

成份			地主	富农	中农	贫农	雇农	其他	合计
水田	上	亩数	2.2	21.5	149.63	77.26	6.8	1.63	259.02
		占本阶层使用水田之百分比	27.29	19.22	20.07	18.46	34.69	9.87	19.62
	中	亩数	4.56	78.83	344.43	230.98	6.3	9.9	675
		占本阶层使用水田之百分比	56.58	70.46	46.2	55.19	32.14	59.93	51.14
	下	亩数	1.3	11.55	251.39	110.24	6.5	4.99	385.97
		占本阶层使用水田之百分比	16.13	10.32	33.73	26.35	33.17	30.2	29.24
	合计		8.06	111.88	745.45	418.48	19.6	16.52	1319.99

续表

成份			地主	富农	中农	贫农	雇农	其他	合计
旱地	上	亩数	0.3	3.57	21.51	10.7	0	0.38	36.46
		占本阶层使用农地之百分比	7.9	27.57	19.59	17.08	0	20.65	18.71
	中	亩数	2.7	7.97	49.58	26.48	0.91	1.46	89.1
		占本阶层使用农地之百分比	71.05	61.54	45.15	42.27	23.45	79.35	45.71
	下	亩数	0.8	1.41	38.71	25.47	2.97	0	69.36
		占本阶层使用农地之百分比	21.05	10.89	35.26	40.65	76.55	0	35.58
	合计		3.8	12.95	109.8	62.65	3.88	1.84	194.92

注:其他土地如竹园荡地等未包括在内。

三、租佃关系

该村的租佃关系相当复杂，有土地出租者计46户，占总户数的25.7%，租进土地者共计173户，占总户数的96.65%，同时有租出、租入土地者计41户，占总户数的22.9%。各阶层共租出土地180.21亩，租入865.77亩，详细情况见下表：

山桥乡第二村各阶层租出和租入土地统计表

成份		地主	富农	中农	贫农	雇农	其他	合计
户数		1	7	82	72	11	6	179
租出土地	租出户数	1	7	31	5	0	2	46
	亩数	18.8	48.16	100.85	5	0	7.4	180.21
	占总数的百分比	10.43	26.72	55.96	2.78	0	4.11	100
	占本阶层占有土地的百分比	62.86	30.46	17.38	3.31	0	35.25	19.07
租入土地	租入户数	1	6	82	69	9	6	173
	亩数	2.46	26.59	446.89	360.26	19.75	9.82	865.77
	占总数的百分比	0.28	3.07	51.62	41.61	2.28	1.14	100
	占本阶层使用土地的百分比	18.13	19.48	48.24	71.15	81.14	41.93	53.1
同时有租进租出的户数		1	6	28	4	0	2	41

甲、租出土地

因上表仅计本村业主出租土地，故中农出租土地竟占该村各阶层出租土地总数的55.96%，次为富农，占26.72％，但地主一户以其占有土地的62.85％出租，富农共7户，每户均有土地出租，出租土地为其占有土地的30.46％，中农有土地出租者仅31户，占中农总户数的37.80％，出租土地仅为占有土地的17.38％。

全村各阶层租出土地中，出租在本村者103.29亩，其余76.92亩出租在外村，占租出土地总数的42.68％。

乙、租入土地

该村租入土地865.77亩，为租出土地的4.8倍，占使用土地的53.10％，其中大部分为中、贫农租入，共占租入土地总数的93.23％，占该二阶层使用土地的50％至70％。富农租入土地仅占3.07％。

该项租入土地的业主大部分为地主、富农，兹将租入土地业主成份列表如下：

山桥乡第二村租入土地业主成份统计表

业主成份	本乡（山桥乡，包括本村）		外乡		合计	
	亩数	占总租入土地百分比	亩数	占总租入土地百分比	亩数	占总租入土地百分比
地主	443.68	51.25	186.49	21.54	630.17	72.79
富农	56.51	6.53	11.58	1.34	68.09	7.87
中农	75.96	8.77	10.65	1.23	86.61	10.00
贫农	6.85	0.79	3.90	0.45	10.75	1.24
雇农	2.00	0.23	0	0	2.00	0.23
小土地出租者	9.81	1.13	13.00	1.50	22.81	2.63
公共土地	36.64	4.23	8.70	1.01	45.34	5.24
合计	631.45	72.94	234.32	27.06	865.77	100.00

由上表可见，租入土地中地主所有占72.79％，富农占7.87％。地主、富农及公地共占85.90％。其余各阶层，除中农占10.00％外，均仅占百分之一二左右。

该村佃户有永佃权者极为普遍，在租入土地中854.62亩有永佃权，占租入土地的98.8％。在租出土地中，有永佃权者计172.41亩，占95.7％。

丙、租佃形式

该村地租剥削很重，租佃形式可分下述几种：

（一）花租。即议租或称不定租，每年根据收成，由当时有势力的地主与伪政府共同议定租额。解放前三年每亩租额平均约0.42石米，占产量的1/3强。此种地租最为普遍。

（二）板租。即死租或称定租，旱地多采用此种形式，水田很少采用。租额规定后，不问灾歉，均须按额交足。每亩租额一般在8斗米左右，占产量的2/3弱，剥削比活租重，尤为残酷。此种租田多为缺田的贫农所承租。

（三）小租。即转租。由二地主（也有个别农民因劳动力不足而转租）向地主租入田地（有永佃权），转租给农民（无永佃权，可随时抽田），佃户除向原地主交租及交田赋外，尚需给二地主小租每亩3斗至5斗。

（四）空头租。地主以不到1亩的土地作为一亩出租，亦有以田边地也算作田地一起出租收租的。一般以七分至八分田作为一亩。无异提高租额，也是一种额外剥削的方式。

（五）顶田。佃户因生活困难而借债时，以田面权（使用权）作为抵押，每年向债权者（即受押人）交租，过期不赎，田面权即为地主所有。

（六）借田。即活租。佃户无永佃权，地主看谁出租最多，每年更换佃户。租额在8斗至1石之间，剥削很重。

（七）预租。即先缴租米后种田，原为花租者照花租交租，原为板租者照板租交租，这也是一种额外剥削。

（八）分租。业主出土地，农民出劳力及农本，收获时，正产物业佃对分，副产物归佃户，剥削亦重。

四、劳动力情况

该村共有男整劳动力206人，女整劳动力157人，男半劳动力71人，女半劳动力42人。该地妇女不参加农业劳动，又无耕畜，每一男整劳动力平均耕种土地8亩。兹将各阶层劳动力及雇工情况统计如下：

山桥乡第二村各阶层劳动力和雇佣情况统计表

成份	男整劳动力			雇入劳动力		雇出劳动力	
	人数	占总数之百分比	每户平均数	长工（个）	短工（工日）	长工（个）	短工（工日）
地主	1	0.49	1.0	0	0	0	0
富农	10	4.85	1.4	3	347	0	0
中农	102	49.52	1.2	0	997	0	737
贫农	79	38.35	1.1	0	521	2	3925
雇农	10	4.85	0.9	0	0	5	1431
其他	4	1.94	0.7	1	50	1	100
合计	206	100.00	1.2	4	1915	8	6193

中农劳动力最多，几占全村劳动力的半数，整个阶层雇入雇出相抵还要雇入短工260工日。贫农劳动力总数仅次于中农，纯雇出长工2人，短工3404工日。雇农纯雇出长工5人，短工1431工日。地主无雇佣关系。富农纯雇入长工3人，短工347工日。其他阶层纯雇出短工50工日。

从上述分析中，可知贫、雇农为劳动力买卖上的主要供给者，富农则为主要购买者。

该村共雇出长工8人，短工6193工日，而雇入仅长工4人，短工1915工日，可见该村劳动力有过剩。

五、房屋农具占有情况

该村占有房屋488.5间，借用、租用各 3 间，租出 1 间。全村每户平均占有2.73间，以地主一户占有 6 间为最多，次为富农每户平均占有5.7间，中农以下顺序减少。全村每人平均占有0.62间，除“其他”阶层每人占有1.18间外，地主每人一间，富农以下各阶层每人平均占有房屋亦顺序减少。

山桥乡第二村各阶层占有房屋统计表

成份	户数	人数	占有房屋间数	每户平均占有数	每人平均占有数
地主	1	6	6.0	6.00	1.00
富农	7	46	40.0	5.71	0.87
中农	82	353	294.5	3.59	0.83
贫雇农	83	363	128.0	1.54	0.35
其他	6	17	20.0	3.33	1.18
合计	179	785	488.5	2.73	0.62

该村农具基本上尚不缺乏。所有农具约 50％为中农阶层所占有，次为贫、雇农及富农。但每户平均占有则以富农最多，中农次之。从每亩田地使用锄头、铁耙、耥头等农具而言，则反以贫、雇农使用较多，富农最少，原因是贫、雇农使用土地量小分散，故较土地集中使用的富农每亩所需农具较多，若贫、雇农获得足够土地后，农具将感不够。兹将各阶层占有农具情况列表如下：

山桥乡第二村各阶层占有农具统计表

成份		地主	富农	中农	贫雇农	其他	合计
户数		1	7	82	83	6	179
使用土地亩数		13.57	136.52	926.41	530.66	23.41	1630.57
水车	数	1	5.5	35.8	18.2	0	60.5
	每户平均	1	0.79	0.44	0.22	0	0.34
稻桶	数	1	7	56	29	0	93
	每户平均	1	1	0.68	0.35	0	0.52
船	数	0	1	7	1	0	9
	每户平均	0	0.14	0.09	0.01	0	0.05
风车	数	0	0	0.5	0.75	0	1.25
	每户平均	0	0	0.006	0.009	0	0.007

续表

成份		地主	富农	中农	贫雇农	其他	合计
锄头	数	2	23	192	172.5	10	399.5
	每户平均	2	3.29	2.34	2.08	1.67	2.23
铁耙	数	4	31	270	206.5	10	521.5
	每户平均	4	4.43	3.29	2.49	1.67	2.91
鞘头	数	2	12	93	71	4	182
	每户平均	2	1.71	1.13	0.86	0.67	1.02
每亩土地使用锄头、铁耙、鞘头数		0.59	0.48	0.6	0.85	1.03	0.68

中共杭县县委调研组

1950 年 7 月

余姚县潮界乡第二村调查

一、人口和职业情况

全村共有 12 个自然村。使用土地中半数植棉。全村共有 286 户，1275 人，其中男 666 人，女 609 人。按阶层划分如下表：

成份	户口		人口			
	户数	百分比	男	女	合计	百分比
地主	10	3.50	24	28	52	4.08
富农	33	11.54	82	93	175	13.73
中农	78	27.27	224	200	424	33.25
贫农	70	24.47	156	145	301	23.61
雇农	26	9.09	61	32	93	7.29
手工业者	29	10.14	52	45	97	7.61
其他	40	13.99	67	66	133	10.43
合计	286	100.00	666	609	1275	100.00

注:另有宗祠、会社等 47 户未计算在内。

因该村地少人多，故从事农业以外的其他职业者很多，生活完全依靠土地收入者共 200 户，其余 86 户（其中有一部分系农民兼营其他职业者）均有其他职业，占总户数的30.07%，从业人员 100 人，家庭人口 267 人，合计占总人口的28.8%。由此可见，其他职业在该村生活上所占的地位。兹将该村职业情况统计如下：

潮界乡第二村职业统计表

项目		户数	人口	
			从业人数	家庭人数
完全依靠土地者		200	624	284
工人	机器铜匠	1	1	1
	铁路工人	1	1	7
	轧米厂工人	1	1	5
	油车工人	1	1	2
	司机	1	1	4
	小计	5	5	19
手工业者	木匠	4	4	19
	泥水匠	8	8	17
	竹匠	19	22	46
	石匠	1	1	4
	袋匠	6	6	17
	漆匠	1	1	6
	裁缝	8	9	26
	小计	47	51	135
商人		12	13	42
屠宰		7	8	26
小教		2	2	14
小贩		2	2	5
其他		11	19	26
合计		286	724	551

其他职业中以手工业最多，亦有一户有几种职业者，如陈忠鉴一户，本人是裁缝，一个儿子当竹匠，一个儿子当泥水匠，一个儿子当雇工。这些人均因种不到田，才不得不转向其他职业。

二、土地的占有和使用

该村各阶层共占有土地3085.61亩，使用土地1888.49亩，兹将各阶层占有和使用土地情况统计如下：

潮界乡第二村各阶层占有和使用土地统计表

成份	人口		占有土地			使用土地		
	人数	百分比	亩数	占占有土地总数百分比	每人平均数	亩数	占使用土地总数百分比	每人平均数
地主	52	4.08	1786.91	57.91	34.36	30.90	1.64	0.59
富农	175	13.73	657.01	21.29	3.75	560.03	29.66	3.20
中农	424	33.25	264.55	8.57	0.62	867.57	45.94	2.05
贫农	301	23.61	38.75	1.25	0.13	357.91	18.95	1.19
雇农	93	7.29	7.30	0.24	0.08	22.00	1.16	0.24
手工业者	97	7.61	13.80	0.45	0.14	28.15	1.49	0.29
其他	133	10.43	13.15	0.43	0.10	21.93	1.16	0.16
公地	—	—	304.14	9.86	—	—	—	—
合计	1275	100.00	3085.61	100.00	2.42	1888.49	100.00	1.48

该村土地很为集中。地主以4.08%的人口，占据了57.91%的土地，如再加上富农以及公地则共占占有土地总数的89.06%；而占人口64.15%的农民仅占有土地10.06%。地主每人平均占有土地为全村每人平均数的14.2倍；而贫农每人占有仅为全村每人平均数的1/19，相差达264倍。

该村地主、富农有大量土地在外村，共计2001.62亩，为其占有土地的81.9%。其他各阶层亦有小量土地在外村，故该村各阶层在本村所占有的土地仅1000余亩而已。

该村公地共有304.14亩土地，为祠堂、会社、庵庙、学校等47单位所占有。

潮界乡第二村公田统计表

类别	单位数	土地亩数	占公地总数百分比
宗祠	33	199.69	65.66
会社	12	51.67	16.99
庵庙	1	46.05	15.14
学校	1	6.73	2.21
合计	47	304.14	100.00

各阶层使用土地共1888.49亩，其中64.89%为中、贫农所使用，而其中租入土地占80%至90%。

该村使用土地均不是田而是地，略带沙质，俗称“狗菊黄土”，土薄泥松，极易漏水，不宜种稻，而宜植棉及麦、豆、粟、菜、瓜等旱地作物。种稻时需每日戽水两次，俗谚有：“一日二届（戽水），晏昼（中午）晒晒”之语。虽然全村河渠纵横，但岸高水浅，戽水亦颇不易。

若以田地高低、戽水方便与否而分好坏二级土地，则好地占使用土地总数的96.36%，地主、富农使用土地中好地的比例，均超过此数。

潮界乡第二村各阶层使用土地质量统计表

成份	使用土地亩数	好地亩数	次地亩数	好地占使用土地百分比
地主	30.90	29.90	1.00	96.76
富农	560.03	553.33	6.70	98.80
中农	867.57	833.67	33.90	96.09
贫农	357.91	340.01	17.90	95.00
雇农	22.00	21.20	0.80	96.36
手工业者	28.15	25.35	2.80	90.05
其他	21.93	16.33	5.60	74.46
合计	1888.49	1819.79	68.70	96.36

三、租佃关系

兹将该村各阶层租出和租入土地情况统计表如下：

潮界乡第二村各阶层租出及租入土地统计表

成份	租出土地			租入土地		
	亩数	占租出土地总数的百分比	占本阶层占有土地的百分比	亩数	占租入土地总数的百分比	占本阶层使用土地的百分比
地主	1763.41	66.52	98.68	7.40	0.51	23.95
富农	456.99	17.24	69.56	360.01	24.76	64.28
中农	95.85	3.62	36.23	698.87	48.07	80.55
贫农	10.85	0.41	28.00	330.01	22.70	92.20
雇农	4.10	0.15	56.16	18.80	1.29	85.45
手工业者	4.30	0.16	31.16	18.65	1.28	66.25
其他	11.40	0.43	86.69	20.18	1.39	92.02
公田	304.14	11.47	100.00	—	—	—
合计	2651.04	100.00	85.92	1453.92	100.00	76.99

各阶层共租出土地2651.04亩，其中地主、富农及公田租出数共占95.23％。地主以其占有土地的98.68％出租，富农出租土地亦占其占有土地的69.56％。

因该村地主、富农有大量土地在外村，故出租土地中仅739.84亩为该村各阶层所租入，占总出租土地总数的27.91％。

各阶层共租入1453.92亩，其中70.77％为中、贫农所租入。富农租入土地占总租入数的24.76％。

在全部租入土地中，有714.08亩向外村业主所租入，占总租入土地的49.11％。其中亦以地主所有最多，兹将该村租入土地的业主成份统计如下：

潮界乡第二村租入土地的业主成份统计表

业主成份	本村业主在本村出租亩数	外村业主出租在本村亩数	合计	占租入土地总数的百分比
地主	218.78	411.51	630.29	43.35
富农	140.25	80.50	220.75	15.18
中农	37.45	76.19	113.64	7.82
贫农	22.70	15.45	38.15	2.62
雇农	2.20	6.60	8.80	0.61
商人	0	23.43	23.43	1.61
其他	14.32	16.70	31.02	2.13
公田	304.14	0	304.14	20.92
不明	0	83.70	83.70	5.76
合计	739.84	714.08	1453.92	100.00

四、地租种类和租额

该地地租种类有以下二种：

甲、大租地

农民承租此种土地时须出顶费，每亩约须出银元十三四元（折皮花50斤）。此种土地在1927年前称为“官地”，如佃户五年不缴租，地主即可抽佃。1927年以后，地主阶级改变方式，如佃户不缴租，地主就勾结官吏，将佃户拘捕送牢，结果佃户被迫只得变卖房地，取款交租赎人，所以此种方式实比以前的抽佃更加凶恶。以后经农民不断的斗争，到1936年才改为业佃双方依年成好坏，议定租额。但租额实际上仍然是地主、官僚所决定，农民很少有发言权。农民称承租此种土地为“顶地”，即大租地。每亩租额约5至7斤皮花（折稻谷50至70斤）。

乙、稍租

始于前清末年，地主每年规定租额，选择佃户承租。当时每亩租额银元1.5元，折谷70斤。至1941年，因受战争影响，失业人数增加，需要土地耕种者日多，租额上涨至每亩120斤谷，此后租额每年增加，最高甚至达280斤。稍租又分两种：一为“隔年稍”，即在租地之前预付租额者。一为“稻上开花”，即在收获时缴租者。

兹将该村各阶层租入土地的两种租佃形式统计如下：

潮界乡第二村各阶层租入土地的租佃形式统计表

成份	租入土地亩数	大租地亩数	稍租亩数	大租地占本阶层租入土地百分比
地主	7.40	7.40	0	100.00
富农	360.01	359.41	0.60	99.83
中农	698.87	665.67	33.20	95.25
贫农	330.01	296.91	33.10	89.97
雇农	18.80	12.70	6.10	67.55
其他	38.83	36.93	1.90	95.11
合计	1453.92	1379.02	74.90	94.85

注:其他中包括手工业者。

从上表可以看出:(一)该乡租入土地中以大租地占绝对多数。(二)稍租的剥削重于大租地,而农民中租种这种租制土地最多的是贫农和中农,换言之,只有无地少地的农民才不得不忍受这种剥削。

五、农业生产情况

该村使用土地1888.49亩中,781.42亩为稻地,716.31亩为棉地,其中151亩植改良棉。除棉、稻之外,几乎一年四季均有出产,如正月出蕹菜、雪里蕻、黄芽菜、韭菜;二月出油菜、青菜、芥菜;三四月出大麦、小麦、豆、菜籽、小白菜、茄子、苋菜;五月出南瓜、黄瓜、芝麻;六月出西瓜、早茭白;七八月出小白菜、萝卜;九月出黄芽菜;十月出大头菜;十一月出"落雪大";十二月出花生、甘蔗、白菜、荞麦、荸荠。

因该处土质含沙,若连年种棉,土质易发硬,故一般采用轮种方式,所谓"对花对稻"。兹将该处主要农产物种植情况统计如下:

潮界乡第二村主要农作物种植情况表

作物名称	种植时期	收获时期	所需时间(天)	每亩所需种子(斤)	每亩所需人工(工日)	每亩收获量(斤)						需用肥料种类
						普通			去年			
						高	中	低	高	中	低	
棉花	谷雨立夏	寒露	150	10	20	120	80	70	100	60	30	花、豆、菜饼,肥田粉。
晚稻	小满前后	霜降前后	120	5	26.5	200	150	100	150	100	50	花饼、河泥。
早稻	立夏前后	立秋后	80	8	26.5	250	200	160	250	150	100	草籽、河泥、肥田粉。
大豆	霜降之后	芒种前后	90	10	7	180	140	100	120	100	70	人粪、尿、羊粪灰。

续表

作物名称	种植时期	收获时期	所需时间（天）	每亩所需种子（斤）	每亩所需人工（工日）	每亩收获量（斤）						需用肥料种类
						普通			去年			
						高	中	低	高	中	低	
大麦	立冬前后	芒种前	150	6—7	8	220	170	100	200	150	100	人粪，尿，羊粪灰。
小麦	立冬后	芒种后	150	6	8	220	170	100	200	150	100	人粪、尿、羊粪灰、河泥。
高粱（粟）	立夏前后	立秋前后	150	1	8	200	150	100	150	110	90	人粪、尿、羊粪灰。
黄豆	芒种至夏至	霜降前	120	10	5	150	90	60	100	80	60	人粪、尿、羊粪灰。
菜籽	霜降后	芒种后	150	0.4	10	150	100	70	150	100	60	人粪尿。
油豆	中伏前后	霜降前后	90	10	8	120	100	80	100	80	60	羊粪灰。
萝卜	春社至秋社	秋社	40	1.4	40	—	—	—	—	—	—	人粪、肥田粉。
荸荠	中伏	霜降	240	1.8	20	—	—	—	—	—	—	稻草灰、人粪、牛粪。
花生	立夏	霜降	120	4	15	—	—	—	—	—	—	绿灰、人粪。
芝麻	立夏	白露	120	1	15	—	—	—	—	—	—	绿灰。

至于各阶层种植农作物情况，可见下表：

潮界乡第二村各阶层种植各种作物亩数统计表

成份	使用土地亩数	各种作物种植亩数								
		稻	改良棉	土棉	粟	黄豆	芝麻	大麦	小麦	大豆
地主	30.90	11.50	0	7.00	3.00	1.30	0.60	9.00	1.00	2.40
富农	560.03	248.10	30.20	180.90	21.60	4.60	8.90	67.00	29.20	113.57
中农	867.57	367.70	52.40	291.10	44.90	3.80	6.80	101.57	63.10	142.64
贫农	357.91	135.32	67.40	66.48	25.62	4.40	0	80.90	19.55	114.15
雇农	22.00	4.90	0	8.60	2.80	0.50	0	6.20	1.40	9.10
手工业者	28.15	7.40	0	6.20	5.90	1.20	0.70	6.60	1.30	7.60
其他	21.93	6.50	1.50	4.53	3.20	0	0.60	4.10	0	2.30
合计	1888.49	781.42	151.50	564.81	107.02	15.80	17.60	275.37	115.55	391.76

六、劳动力情况

该村各阶层共有整劳动力484个，半劳动力201个，牧童116个，折合整劳动力（两个半劳动力、三个牧童折一整劳动力）624个。以每整劳动力能耕种棉地8亩计算（普通田地除戽水外，每人能耕种十四五亩，但棉地除草较为费工，故费劳力较多），共能耕种棉地4492亩，而该村共使用土地仅1888.49亩，共有剩余劳动力348个，其中以贫雇农过剩最多。雇工64.71%出雇在外村，且有失雇者。雇主大部分为地主、富农及一部分富裕中农。兹将各阶层自有劳动力及雇佣情况统计如下：

潮界乡第二村各阶层劳动力情况统计表

成份	使用土地亩数	自有劳动力				雇入劳动力			雇出劳动力			失雇
		整	半	牧童	折合整劳动数	本村	外村	合计	本村	外村	合计	
地主	30.90	19	3	2	21.5	1	2	3	0	0	0	0
富农	560.03	68	27	13	86.0	11	25	36	0	0	0	0
中农	867.57	156	59	50	201.5	5	10	15	0	1	1	0
贫农	357.91	116	46	26	148.0	1	0	1	8	6	14	3
雇农	22.00	43	23	6	56.5	0	0	0	9	24	33	2
手工业者	28.15	41	19	5	52.5	0	0	0	0	0	0	2
其他	21.93	41	24	14	58	0	0	0	1	2	3	0
合计	1888.49	484	201	116	624	18	37	55	18	33	51	7

注：地主虽有劳动力但不劳动。

雇工分为领工（作领头的）、大工（二肩）、二工（三肩）及牧童等四种。领工每年工资最高1100斤谷，普通900斤，最低700斤。二肩最高900斤，普通700斤，最低600斤。三肩最高700斤，普通300斤，最低甚至仅200斤。牧童一般工资150斤左右。

农村雇工一向为地主富农所奴役轻视，除受残酷剥削外，且受人格、言语上的侮辱，如说："吃人一碗，由他谈管；吃人二碗，由他使唤；吃人三碗，当成狗唤。"其生活的痛苦自可想见。

七、农具、耕牛情况

棉区农具和稻区不同，所需农具除牛、犁、车盘外，均较简单，价格亦较为低廉，如括子每把10斤米，铁铳、铁耙每把12斤米，豆挠每把3斤米，昂铲每把12斤米，小铲每把0.5斤米，锄头每把5斤米，毛刀每把3斤米。一般农民的轻便工具问题不大。

全村共有耕牛39头，若每只耕牛能耕作戽水20亩计，则全村尚缺少耕牛55头，以中、贫农所缺最多。水车分牛车、脚车及牵车三种，各阶层水车平均占有数以富农最高，中、贫农牛车不够应用，都以脚车代替，故脚车以中农占有较多。犁、耙，地主、富农不但够用，且有多余，贫、雇农则均感缺乏。兹将各阶层占有农具情况统计如下：

潮界乡第二村各阶层占有耕牛、农具统计表

成份		地主	富农	中农	贫农	雇农	手工业者	其他	合计
使用土地亩数		30.9	560.03	867.57	357.91	22	28.15	21.93	1888.49
耕牛	数	1	21.5	15.5	1	0	0	0	39
	以每头耕作20亩计的盈亏数	－0.5	－6.5	－27.9	－16.9	－1.1	－1.4	－1.1	－55.4
水车	牛车数	1	21.5	15.5	1	0	0	0	39
	脚车数	2	24.5	52	34	0	1.5	1	115
	牵车数	1	17	33	15	0	2	0	68
	盈亏数	1.2	16.1	19.4	12.4	－1.1	0.2	－0.3	＋47.8
犁	数	1	20.5	23.5	0	0	0	0	45
	以每件能力60亩计算的盈亏数	＋0.5	＋11.2	＋9	－6	－0.4	－0.5	－0.4	＋13.5
耙	数	1	5	1	1	0	0	0	8
	以每件能力80亩计算的盈亏数	＋0.6	－2	－9.8	－3.5	—	—	—	－15.6

注:水车的盈亏以牛车每架能供应20亩,脚车15亩,牵车5亩,统一折成牛车数计算的。

八、副业情况

由于该村地少人多，加以深受地主剥削，一般贫苦农民单依靠土地不能维持生活，都经营其他副业。

副业种类有编凉帽、养猪羊、牛洋车（绞花用）及作小贩、竹匠、泥水匠等。村中编凉帽者颇多，凉帽能运销国外，过去收入很好。在需要多时，一般男子也都打帽。养羊收益较养猪为好，因为成本较轻，羊粪又为植棉的主要肥料。普通买25斤羊一只，需米25斤（普通每斤羊值一斤米），饲养10个月后，大的可有七八十斤，一般50斤，利润在50%以上。养猪利润与养羊相仿，但成本较大，一般农民养不起。

兹将该村各阶层几个农户的副业收入统计如下：

潮界乡第二村几个农户副业收入统计表

姓名	陈岳明	陈纪香	陈永标	朱尧春	朱炎春	董阿孝	吴珠泉	朱支香	朱振森
成份	富农	富农	富农	中农	中农	中农	贫农	贫农	贫农
使用土地亩数	22.47	27.9	20.42	14.5	4.5	5.8	13.7	12.1	15.5
出租土地亩数	11.6	32.5	2.6	0	3.5	0	0	0	0
农业收入	6741	8370	5717	3712	1152	4050	3507	3097	3968

续表

姓名		陈岳明	陈纪香	陈永标	朱尧春	朱炎春	董阿孝	吴珠泉	朱支香	朱振森
副业收入	养猪	1120	750	700	0	0	0	0	0	0
	养羊	50	250	50	50	0	100	50	200	150
	编凉帽	0	0	0	0	200	0	0	500	200
	小贩	0	0	0	0	0	0	0	800	1000
	泥水匠	0	0	0	0	0	630	50	0	0
	竹匠	0	0	0	0	0	0	0	600	50
	牛羊车	0	0	0	1890	0	0	0	0	0
	摇船	0	0	0	0	0	0	0	500	0
	合计	1170	1000	750	1940	200	730	100	2600	1400
副业收入占农业收入的百分比		17.36	11.95	13.12	52.26	17.36	18.02	2.85	83.95	35.28

注：收入单位——谷斤。

九、借贷关系

该村借贷关系很是复杂，在解放前，地主、富农除地租剥削外，多半兼放高利贷，如该村富农陈玉香曾放出高利贷1.4万斤谷之多。

抗战以后，借贷以实物计算，如放皮花（每斤折谷 10 斤）、米、稻谷等。利率最低一分，但很难借到，最高四分。

据该村第八组（一个自然村）18 户的调查，有 13 户负债，8 户放债，借入者大部分为中、贫农，放出者极大部分为地主、富农。

兹将该组借贷关系统计如下：

潮界乡第二村第八组各阶层借贷统计表

成份			地主	富农	中农	贫农	雇农	手工业者	其他	合计
总户数			2	2	5	3	3	1	2	18
借入	户数		1	2	4	3	2	1	0	13
	数量（斤）	皮花	0	170	493	181	0	0	0	844
		米	93	530	0	100	206	0	0	929
		稻谷	200	0	750	650	180	320	0	2100
		折合稻谷	333	2457	5680	2603	473	320	0	11 866
	占借入总额的百分比		2.81	20.7	47.87	21.94	3.98	2.7	0	100

续表

成份			地主	富农	中农	贫农	雇农	手工业者	其他	合计
借出	户数		2	2	1	1	1	1	0	8
	数量（斤）	皮花	211	740	0	0	0	59	0	1010
		米	280	0	0	0	0	0	0	280
		稻谷	1100	900	250	100	300	0	0	2650
		折合稻谷	3610	8300	250	100	300	590	0	13 150
	占借出总额的百分比		27.45	63.12	1.9	0.76	2.28	4.49	0	100

中共余姚县委调研组

1950 年 6 月

余姚县南留乡第十村调查

该村为环城区，离城仅 7 里。全村共 130 户，525 人（内男 260 人，女 265 人），按阶层划分如下表：

南留乡第十村各阶层户口、人口统计表

成份	户口		人口			
	户数	百分比	男	女	合计	百分比
地主	4	3.08	4	11	15	2.86
富农	4	3.08	10	8	18	3.43
中农	51	39.23	122	145	267	50.85
贫农	35	26.92	71	55	126	24.00
雇农	17	13.08	19	17	36	6.86
手工业者	9	6.92	22	15	37	7.05
其他	10	7.69	12	14	26	4.95
合计	130	100.00	260	265	525	100.00

因该村使用土地大部分为租入，农民受地租剥削极为苛重。且土地土质较差，一般农民尤其是贫农单依靠土地收入，不能维持生活，在农闲时必须出卖劳动力，往城区出雇，或兼做小贩。该村有手工业者 9 户，亦不能以手艺维持生活，必须兼事耕作，仅有一户不种田地。

一、土地的占有和使用

兹将该村各阶层占有和使用土地情况，列表统计如下：

南留乡第十村各阶层占有和使用土地统计表

成份	占有土地					使用土地		
	土地在本村者	土地在外村者	合计	占占有土地总数百分比	每人平均数	亩数	占使用总数百分比	每人平均数
地主	92.08	62.90	154.98	25.44	10.33	44.78	3.30	2.99
富农	39.80	8.30	48.10	7.90	2.67	55.10	4.07	3.06
中农	29.45	0	29.45	4.83	0.11	772.05	56.95	2.89
贫农	0.30	0	0.30	0.05	0.002	257.30	18.98	2.04
雇农	0	0	0	0	0	49.40	3.65	1.37
手工业者	0	0	0	0	0	53.30	3.93	1.44
其他	0	0	0	0	0	20.10	1.48	0.77
公田	346.60	29.70	376.30	61.78	—	103.60	7.64	—
合计	508.23	100.90	609.13	100.00	1.16	1355.63	100.00	2.58

注:公田的使用土地103.60亩系轮种土地。

该村各阶层共占有土地609.13亩（包括公田），其中在外村土地占16.56%。在全部占有土地中，公田共占一半以上，大部分为祭祀田，计346.3亩，占公田总数的92.03%，其余会田17.2亩，校产12.8亩。

地主的占有土地为总数的25.44%，其每人平均数几达全村每人平均数的9倍。而贫农126人，合计仅有土地3分，全村全无土地者达总人口42.86%。

全村各阶层共使用土地1355.63亩，88.72%为租入土地，向外村业主租入者为使用土地数的62.51%。

使用土地的75.93%为中、贫农所使用，但其中租入土地竟占97.62%及99.88%之多。

以每人平均使用数而言，地主、富农每人在3亩左右，中农2.89亩，略高于全村每人平均数，其他各阶层每人平均使用数均在全村平均数之下。

该村使用土地中有竹园30余个，约15亩；菜园5亩。另有柴山5亩，荒山约40亩。山地土质很坏，不宜种植作物，一般均为荒地，无收入。

该地接近山区，地质不肥，带寒性，种稻时必须施用盐精（卤精）、石膏，否则稻禾不能生长。又因该地土地使用的变动性很大，使土质不能改善。土地使用变动的原因有二：一因有小租田（即出租田面权者）400余亩，经常调换佃户；二因有轮种祀田103.60亩，亦每年改变耕种者，轮值耕种者都不愿上肥，甚至有连草肥亦不愿施用的，因而“田脚”拔空。一般轮种祀田每亩产量较自田要少100斤稻。轮种的祀田亦有出租收小租的，一般以贫农租入较多，他们亦无力施肥，因此土质一年坏似一年。

该地因近山区，除沿江田灌溉较为便利外，大部分田地均依靠山水，多晴则缺水，多雨又要淹；且山水较寒，影响稻禾生长。该地土地约可分为四种：一等田是沿江水田，每亩最高年产400至500斤稻，此种田占使用土地总数的26.10%；二等田是少数较差的沿江田及一部分“放水田”，灌溉依赖一个“老云洞”（泉源），但若天晴略久，即感缺水，每亩最高年产350斤至400斤，此种田占总数24.74%；三等田是离泉源较远的“放水田”和近山的山沟田，时常告旱、告淹，每亩最高年产200斤至350斤，占总田亩数39.32%；四等田是靠山田及近村低田，俗称“靠天田”，只能种一季稻，年产最高200斤至280斤，占总田亩数9.83%。

至于各阶层使用土地的质量，地主、富农使用大部分为一、二等田，中农多为二、三等田，雇、贫农则多为三、四等田。如富农徐涨潮有一亩多田，称为“大田”，一般每年种两季稻可收700斤。贫农戴阿良去年种田3亩，仅收400余斤。因该村租入土地大部经过富农、富裕中农之手，他们多留下好田，而以坏田转租，取小租，或以自有坏田出租，因而贫农不能租到好田。

二、租佃关系

兹将各阶层租出和租入土地，列表统计如下：

南留乡第十村各阶层租出和租入土地统计表

成份		地主	富农	中农	贫农	雇农	手工业者	其他	公田	合计
租出土地	出租在本村土地亩数	73.8	27.4	11.1	0	0	0	0	243	355.3
	出租在外村土地亩数	62.9	8.3	0	0	0	0	0	29.7	100.9
	合计	136.7	35.7	11.1	0	0	0	0	272.7	456.2
	占出租土地总数的百分比	29.96	7.83	2.43	0	0	0	0	59.78	100
	占本阶层占有土地的百分比	88.2	74.22	37.69	0	0	0	0	72.47	74.89
租入土地	从本村业主租入土地亩数	15.8	14	215.3	71.8	22.6	14.8	1	—	355.3
	从外村业主租入土地亩数	10.7	28.7	538.4	185.2	26.8	38.5	19.1	—	847.4
	合计	26.5	42.7	753.7	257	49.4	53.3	20.1	—	1202.7
	占租入土地总数的百分比	2.2	3.55	62.67	21.37	4.11	4.43	1.67	—	100
	占本阶层使用土地的百分比	59.18	77.5	97.62	99.88	100	100	100	—	88.72

注：租出和租入土地中有部分转租田，但均作一次计算。

该村各阶层共出租土地456.2亩，其中22.12%在外村。出租给本村各阶层的355.30亩中，公田占有68.39%，地主占20.77%。地主以其占有土地的88.20%出租，富农出租土地虽占总数比例不大，但亦为其占有土地的74.22%。

各阶层共租入土地1202.70亩，84.04%为中、贫农所租入。向外村业主租入者占总数的70.46%，外村业主在该村所占土地以地主占有394.2亩最多，占外村业主在该村所占土地总数的46.52%。公田计333.5亩（其中祀田达297.6亩），占总数的39.35%。兹将该村租入土地按业主成份划分统计如下：

南留乡第十村租入土地的业主成份统计表

业主成份	本村业主出租土地亩数	外村业主出租土地亩数	合计	占该村总租入土地百分比
地主	73.8	394.2	468.0	38.91
富农	27.4	33.2	60.6	5.04
中农	11.1	6.8	17.9	1.49
商人	0	16.9	16.9	1.40
小商贩	0	4.4	4.4	0.37
公田	243.0	333.5	576.5	47.93
不明户	0	58.4	58.4	4.86
合计	355.3	847.4	1202.7	100.00

该村租入土地中尚有469.48亩为转租而来，即佃户要缴小租受双重剥削者。这种土地大部分为中、贫农租入。该村各阶层出租这种永佃权土地收小租者计有18户，118.48亩。其中属地主、富农转租出者达总数的41.59%。兹将该村各阶层转租田面权及承佃者情况统计如下：

南留乡第十村各阶层租入及租出田面权统计表

成份	租进田面权（即缴小租者）			租出田面权（即收小租者）		
	户数	田亩数	占总数百分比	户数	田亩数	占总数百分比
地主	2	7.60	1.62	2	31.98	26.99
富农	1	2.00	0.43	2	21.80	18.40
中农	36	282.45	60.16	6	24.00	20.26
贫农	29	145.53	31.00	4	27.80	23.46
雇农	2	1.10	0.23	1	4.00	3.38
手工业者	6	30.80	6.56	2	6.90	5.82
其他	0	0	0	1	2.00	1.69
合计	76	469.48	100.00	18	118.48	100.00

三、租佃形式和租额

该村租佃形式可分三种：

甲、预租（即稍租或称便租）：佃户在种田前一年预缴地租，剥削极重，一般是亟需土地的贫农才肯忍痛租入，租额每亩140斤至170斤，视土质好坏而定。种这种田若遇天荒歉收常使佃户赔本。

乙、议租（即大租）：业佃双方在租赁开始时订立租约，写明“租石”（即租底额），租额在秋收时议定，按早晚稻两季分缴（早六晚四）。这种田佃户有永佃权，业主有田底权，双方可以自由转卖，互不干涉。常因在买卖之间，将田亩面积做大，而形成空头租。

丙、小租（即转租田租）：佃户除交大业主（有田底权）的大租外，又需交小业主（有田面权）的小租，一般小租额每亩80至100斤稻，且不论年成好坏，必须按额缴租。贫苦农民在这种双重剥削下，生活的贫困自可想见。由于近年来小租剥削收入尚多于大租，如1948年一般大租连田赋只有80斤，小租却要100斤，因而地主、富农多出卖其田底，而购入田面，以加重剥削，如该村地主邵子和收大租田57亩，收小租田亦达26亩之多。该村地主、富农收小租亩数，共达全村收小租总亩数的45.39%，其他农民亦有因丧失劳动力而出租田面权的。

四、劳动力情况

全村共有劳动力折合成整劳动力计143.75个（以年龄18岁以上至50岁以下无残疾者为整劳动力，50岁以上的男子及妇女参加劳动者，以2人折一整劳动力，牧童4人折一整劳动力），参加农业劳动者123.75个，占劳动力总数的86.09%。全村共使用土地1355.63亩，以每人能耕作10亩计，现在参加农业劳动者尚不够所需。

从各阶层而言，地主不参加劳动，全部雇工耕种，富农、中农劳动力均不够所需，贫农、雇农则均有余。贫、雇农雇出长工13个，本村地主、富农雇入长工4个，尚有9个出雇在外村。短工的64.12%为中农所雇入，但亦有部分中农出卖短工。兹将该村各阶层劳动力情况统计如下：

南留乡第十村各阶层劳动力情况统计表

成份		地主	富农	中农	贫农	雇农	手工业者	其他	公田	合计
使用土地亩数		44.78	55.1	772.05	257.3	49.4	53.3	20.1	103.6	1355.63
自有劳动力	折合整劳动力数	1.75	3.75	67.25	34	18.25	12.25	6.5	—	143.75
	参加农业劳动力数	0	2.25	66.75	34	18.25	2.5	0	—	123.75
	参加农业劳动力占各阶层劳动力之百分比	0	60	99.26	100	100	20.4	0	—	86.09
	劳动力盈亏数	−4.48	−3.25	−10.45	+8.27	+13.31	−2.83	−2.01	—	−11.81
雇入劳动力	长工	2	2	0	0	0	0	0	—	4
	半工	1	2	3	0	0	0	0	—	6
	牧童	1	2	2.5	0	0	0	0	—	5.5
	短工(工日)	27	215	1090	138	0	10	40	—	1710
雇出劳动力	长工	0	0	0	1	12	0	0	—	13
	半工	0	0	0	1	4	0	0	—	5
	牧童	0	0	0	0	1	0	0	—	1
	短工(工日)	0	0	109	435	68	0	20	—	632

五、耕牛、农具情况

该村因灌溉不便，经常需要戽水，故主要生产工具是耕牛和水车。全村共有耕牛 49 头(内小牛 6 头)，稍感不足，其他水车、耙等则勉强可应付。但从各阶层而言，则地主、富农、中农均够用或有余，贫农、雇农及其他阶层则均不足。兹将该村耕牛、农具数统计如下：

南留乡第十村各阶层占有耕牛、农具统计表

成份	使用土地亩数	耕牛		水车		犁		耙		稻桶	
		数	盈亏数	数	盈亏数	数	盈亏数	数	盈亏数	数	盈亏数
地主	44.78	2	+0.3	4	+1.0	2	+0.3	2.0	+0.7	4	+0.3
富农	55.10	2	0	8	+4.3	4	+2.0	4.5	+2.9	9	+4.4
中农	772.05	42	+13.4	69	+17.5	35	+6.4	29.5	+7.4	54	−10.3
贫农	257.30	3	−6.5	21	+3.8	2	−7.5	2.5	−4.9	19	−2.4
雇农	49.40	0	−1.8	3	−0.3	0	−1.8	0	−1.4	2	−2.1

续表

成份	使用土地亩数	耕牛		水车		犁		耙		稻桶	
		数	盈亏数	数	盈亏数	数	盈亏数	数	盈亏数	数	盈亏数
手工业者	53.30	0	－2.0	5	＋1.5	0	－2.0	0.5	－1.0	4	－0.4
其他	20.10	0	－0.7	1	－0.3	0	－0.7	0	－0.6	1	－0.7
公田	103.60	—	—	—	—	—	—	—	—	—	—
合计	1355.63	49	－1.2	111	＋20.6	43	－7.2	39.0	＋0.3	93	－20.0

注:盈亏计算以每头耕牛工作能力 27 亩,水车 15 亩,犁 27 亩,耙 35 亩,稻桶 12 亩。

六、房屋情况

该村共使用房屋305.5间，其中35.5间系向外村业主租入。房屋中大部分为平瓦屋，地主、富农有楼屋 6 间，其他各阶层有草屋 8 间。兹将各阶层占有和使用房屋情况统计如下：

南留乡第十村各阶层占有和使用房屋统计表

成份	户数	占有房屋		租出房屋		租入房屋		使用房屋	
		间数	每户平均数	间数	占本阶层占有的百分比	间数	占本阶层使用的百分比	间数	每户平均数
地主	4	15.5	3.88	2.0	12.90	0	0	13.5	3.38
富农	4	19.0	4.75	0	0	0	0	19.0	4.75
中农	51	133.5	2.62	8.5	6.37	17.5	12.28	142.5	2.79
贫农	35	53.0	1.51	2.0	3.77	26.5	34.19	77.5	2.21
雇农	17	19.5	1.15	1.0	5.13	3.0	13.95	21.5	1.26
手工业者	9	8.5	0.94	0	0	9.0	51.43	17.5	1.94
祠堂	—	1.5	—	0	0	0	0	1.5	—
其他	10	19.0	1.90	12.0	63.16	5.5	44.00	12.5	1.25
合计	130	269.5	2.07	25.5	9.46	61.5	20.13	305.5	2.35

中共宁波地委秘书处

1950 年 5 月

第三部分　租佃借贷调查

浙江省永佃权情况调查

一、永佃权的名称

永佃权相当普遍地存在于浙江省的各地，可是各地名称不同，如嘉兴称“永年田”，绍兴、衢州称“小田”“小业田”与“大田”“大业田”，温州、平湖一带称为“田皮”“田面”与“田心”“田底”，兰溪称“小皮”与“大皮”，江山叫“小耕”与“大耕”，开化叫“浮田”与“实田”，还有“小卖”“客田”“下手田”与“大卖”“民田”“上手田”等都是永佃权的别称，按其实际都是土地的所有权和使用权分离开来，不为一个业主所共有。

二、永佃权的形成及其来源

根据绍兴、嘉兴、嘉善、平湖、金华、衢州、宁波等地的调查，永佃权的形成有如下几个原因：

甲、太平天国革命时，一般地主长期逃亡在外，土地逐渐荒芜，后由农民将荒田开垦耕种。地主归来后，即发生地权纠纷，结果所有权仍归地主，农民取得使用权（永佃权），但农民仍须向地主交租。

乙、贫苦农民因长期的受地主盘剥，生活困窘不堪，只得出卖自己的土地以求应急，但因农民与土地相依为命，所以只愿出卖所有权，使用权仍归自己所有，按年交纳一定数量的地租。相反的情况，地主以一定的价格出卖土地使用权给农民，农民为了免除地主随时撤佃之苦，出高价购得了永佃权。

丙、由于长期使用，习惯形成的永佃权，如嘉兴、嘉善、平湖等县的一些客帮佃户经过长期使用租田而取得永佃权。

丁、平常也有因农民替地主开垦荒地因此取得这个垦地的永佃权的。

戊、也有以预交一部分押金的方式，从而取得一种相对的永佃权的，地主不得随意抽佃（但地主往往找许多借口抽回土地），在衢州地区称为押揽租。

三、永佃权的特点与性质

有永佃权的土地，田底权与田面权是分开的，一般有下列的特点：

甲、田底权：即所有权，有收租权、出卖权、典当抵押权，但应担负田赋。田底权收租的租额在金华乾溪乡一般相等于全部产量的23.5%，占正产物的40%。例如一亩上等田产稻谷400斤，小麦160斤，荞麦120斤，总计680斤，交大租160斤稻谷。

乙、田面权：占有田面权者对土地有长期使用权，此外还有出卖、典当、抵押、转租权，但还须向田底权所有者交租，租额较一般为轻。有田面权的土地，业主不能撤佃，但如三年不交租，这田面权就不能保持了。农民过去因受地主与国民党反动派的残酷剥削，为了救燃眉之急，常有将田面权典当或抵押的情形，往往因无力赎取而终于将田面权卖掉。田面权的转租往往发生在农民自己失去劳动力或因土地太少不得已而转业的情况下。转租的租额，据金华乾溪乡的调查，上等田每亩除交租稻谷120斤外，尚须交大租160斤，合计交租280斤，占每亩稻谷收获量的70%，占每亩全部收获量的41.1%。

农民获得田面权后，地主不能随便撤佃，但这亦是相对的，农民只有在年年交租、年年忍受地主剥削的条件下，才能保得这永佃权，而从地主阶级来说，永佃权将农民永远束缚在土地上，正利于他们长期的剥削。

四、有永佃权土地的价格及其变化

有永佃权的土地其买卖价格亦分田底价格与田面价格。以解放前几年的情况来说，田面的卖价比田底为高，如绍兴一带田面价格一般超过田底价格的40%，衢州金华一带的田面价格则超出田底一倍左右，嘉兴、平湖一带差别更大，田面的价格超过田底的二倍到五倍。但在抗战以前情况并非如此，而是田底的价格高于田面，因为那时田底租额高，地主和城市工商业者都把买田底田收租作为一种很好的剥削手段，大家竞买，这情势直到抗战发生才起了变化。下面是平湖县胜利乡第十三村的调查，从这调查可以看出田底和田面价格变化的过程及其变化的原因。

1931年以前，田底价格高于田面价格约2/3，当时田底租额每亩为6斗到1石米。1931年至日寇侵入平湖前这一阶段，田底价格仍高于田面，有时也呈相等现象，当时田底租额为每亩五斗到七斗米（田赋由田底业主负担）。敌伪统治时期到1947年，田面价格高于田底价格3倍至5倍。1948年田底田面价格与1947年相仿，当时田底租额每亩1斗到2斗，但田赋由佃户交纳。

田底、田面价格变化的原因：第一是由于近年来革命形势的发展，地主购买田底收租者愈来愈少，以致田底价格大落。第二是在敌伪统治时期以及在国民党反动政府发动内战时期各种负担日益加重，收田底租的利益减少，也影响田底价格的下降。

由于上述原因，有永佃权的土地与农民的关系更加密切起来，据嘉善的调查报告：“农民认为永佃权为自己的一种产业，当作传代的法宝，解放后他们更认为是分田的基础。”

五、永佃权存在的情况

现在以几个不同地区的情况，列表来说明永佃权存在的情况：

绍兴鉴湖乡四个村各阶层清业田、田面田、田底田比较表

成份	户数		人口		清业田		田面田		田底田	
	户数	百分比	人数	百分比	亩数	百分比	亩数	百分比	亩数	百分比
地主	6	0.82	33	0.89	69.60	4.69	21.80	0.68	222.41	17.48
富农	19	2.58	136	3.68	185.52	12.49	86.83	2.72	380.36	29.90
富裕中农	40	5.43	273	7.39	289.34	19.48	321.75	10.08	198.59	15.61
中农	42	5.71	239	6.46	159.90	10.77	213.07	6.68	40.30	3.17
佃农	178	24.19	974	26.35	415.33	27.96	1248.66	39.13	262.52	20.64
贫农	270	36.68	1308	35.39	192.08	12.93	1031.30	32.32	60.70	4.77
雇佣	33	4.48	137	3.71	7.20	0.49	38.25	1.20	1.76	0.14
工人	63	8.56	286	7.74	15.32	1.03	52.75	1.65	48.02	3.78
其他	85	11.55	310	8.39	23.30	1.57	68.40	2.14	9.86	0.78
学田	0	0	0	0	127.65	8.59	108.46	3.40	47.50	3.73
合计	736	100.00	3696	100.00	1485.24	100.00	3191.27	100.00	1272.02	100.00

金华乾溪乡雅宅村各阶层清业田、田底田、田面田比较表

成份	户口		人口		清业田		田底田		田面田	
	户数	百分比	人数	百分比	亩数	百分比	亩数	百分比	亩数	百分比
地主	3	1.73	29	4.21	118.63	23.81	148.43	18.05	54.38	5.83
旧式富农	5	2.87	24	3.49	56.88	11.42	28.25	3.43	76.00	8.14
中农	24	13.79	133	19.33	121.75	24.43	53.13	6.46	263.56	28.24
佃中农	21	12.07	103	14.97	26.13	5.24	10.00	1.22	213.18	22.84
贫农	100	57.47	362	52.62	86.68	17.40	10.00	1.22	236.10	25.30
雇农	14	8.05	18	2.62	0.63	0.13	0	0	1.50	0.16
其他	7	4.02	19	2.76	0	0	0	0	2.50	0.27
祠田	0	0	0	0	12.88	2.58	11.50	1.40	3.40	0.36
祀田	0	0	0	0	51.75	10.39	547.60	66.58	79.00	8.46
庙田	0	0	0	0	22.95	4.60	13.50	1.64	3.75	0.40
合计	174	100.00	688	100.00	498.28	100.00	822.41	100.00	933.37	100.00

平湖胜利乡第十三村各阶层清业田、田底田、田面田统计表

成份	户口		人口		清业田		田底田		田面田	
	户数	百分比	人数	百分比	亩数	百分比	亩数	百分比	亩数	百分比
富农	7	3.76	33	4.13	77.3	55.93	151.6	80.81	133.5	7.69
佃富农	6	3.23	20	2.51	59.0	42.69	0	0	112.7	6.49
中农	10	5.38	36	4.51	1.9	1.38	27.0	14.39	17.6	1.01
佃中农	110	59.14	519	65.04	0	0	2.5	1.33	1181.4	68.02
佃贫农	43	23.12	165	20.68	0	0	1.5	0.80	265.3	15.28
雇工	6	3.23	14	1.75	0	0	0	0	14.3	0.82
店员	2	1.07	9	1.13	0	0	0	0	7.0	0.40
孤寡	2	1.07	2	0.25	0	0	5.0	2.67	5.0	0.29
合计	186	100.00	798	100.00	138.2	100.00	187.6	100.00	1736.8	100.00

从绍兴鉴湖乡4个村的统计中可以看出：田面田共3191.27亩，其中在雇、贫、中农手中者2953.03亩，占田面田总额的92.53%，而地主的田面田仅21.8亩，占田面田总额的0.68%。雇、贫、中农有田面权的土地，其田底权又是属于谁的呢？在表面上看不出来，因为这4个村的地主和富农占有的田底田不过602.77亩，只占雇、贫、中农田面土地的20.41%，其余79.59%的田底田显然是外籍业主所占有的。

金华县乾溪乡雅宅村和平湖县胜利乡第十三村的田面权占有的情形，大致也和鉴湖乡相类似。

六、田面田使用情况

有永佃权的土地，农民一般都是自己耕种的，但亦有少数转租的，下面是金华乾溪乡雅宅村永佃权土地的使用情况：

转租出情况：共转租出田面田146.94亩，其中地主转租出33.88亩，占转租出总数23.06%；富农48.25亩，占32.84%；中农40.56亩，占27.60%；佃中农5亩，占3.4%；贫农19.25亩，占13.10%。

转租入情况：共转租入田面田571.83亩，其中地主转租入17.5亩，占转租入田面田总额3.06%；中农63.63亩，占11.13%；佃中农124.7亩，占21.81%；贫农356.5亩，占62.34%；雇农9.5亩，占1.66%。

自种情况（即自种有永佃权的土地）：全村共有自种永佃权土地700.28亩（庙田、族田、祀田未计入），其中地主20.5亩，占自耕田面田总额2.93%；富农27.75亩，占3.96%；中农223亩，占31.84%；佃中农208.18亩，占29.73%；贫农216.85亩，占30.97%；其他4亩，占0.57%。

从这里可以看出：永佃权土地的使用除地主以外以自种为多，而转租入田面田的亦以贫农最多，其次是中农。

中共浙江省委农委调研处

1950年4月

浙江农村的三种租佃形式

定租制：这是浙江租佃关系中最普遍的形式，一般凡是地质较好的土地都采用定租制。定租制租额很重，农民起码得以正产收获量的一半以上交纳给地主，一般地主得收获量的60%至70%，佃户得30%至40%，而生产资料如牛力、肥料等等都由佃户负担。据丽水城镇十行政村的调查，该村这种租额的土地，土质最好的每亩平均能收正产量350斤稻谷，每亩交出租额为200斤稻谷，占总产量的57%，而农民耕种每亩土地需要劳动力合99斤谷（包括牛工33斤谷，人工11个，每个以6斤谷折算共66斤谷），肥料66斤谷（折算白矾6斤谷，头发20斤谷，灰肥40斤谷），另外再加种谷7斤，共为172斤谷。这样，佃户每亩收入350斤谷，除去交租200斤，生产成本172斤，不但没有剩余，还得亏空22斤谷，再把农民每亩副产收入也折算成100斤谷子的话，抵亏以外，农民辛苦一年，仅实得副产利益七八十斤谷，因此农民只有终年在饥饿线上挣扎。

分租制：分租制的租额一般是按照土地的等级而有高低，这种租额在名义上一般是业主、佃户对半分租，实际上一般大多为倒“四六”：即地主得六成，佃户得四成。更重的如丽水区的缙云县因人口多土地少，分租租额则为倒“三七”，个别的甚至有倒“二八”的：即地主得七成或八成，佃户得三成或二成。如果土质实在太差，农民因租额太高不愿租种时，地主也会将租额压低一点，而找劳动力最强的农民租种，因为劳动力强的农民挖土深，收获就多，租额也可以随之加高。一旦农民们在贫瘠的孬地上，放了本钱，卖力气多加了工，使土质变好了以后，地主又会借故撤田，以更高租额转租给别人。

预租制：也叫典租制，地主把田租给农民，农民要在种田前就交清下一年租谷，种了第一年后又得把种第二年的租谷交清，依此类推。农民为了交预租，必须借债，借债要出高息，因此农民的负担越背越重，如果再不幸逢到次年天旱或水灾，农民的痛苦就更大了。例如奉化县中奉镇农民周阿龙1946年秋天向地主预租田1.8亩（即1947年种田），就预交租子350斤，第二年秋天，又得预交第三年租子，那时周阿龙无力交纳，经地主同意写好借单，以五分利计算，延至1948年早稻时交还525斤。但到了1948年，周阿龙更加无力交清，于是又再写借单，继续延长一年，利盘利，要还778斤。三年中，周阿龙需交出预租及利息1483斤半（连1949年的350斤预租也算在内）。而三年中1.8亩租田的实际收获量总计还不满1650斤，另外周阿龙每年每亩还需化成本170余斤，这就可以看出这种剥削方式的残酷毒辣了。

预租制发展的另一种剥削形态叫做高利贷押租，地主往往乘人之危，借钱借粮给农民，利息加四加五，最高的达借一还二。地主为掠夺农民的家产，在借出的当年故意不加追还，待利上加利利息已巨，即算账押田，第一次押田，地主还把原田租给原户耕种，只按期收租，如又欠租，即再作债加利；这样，押山、押屋……待其全部家产押光卖光，地主就将原押租田也抽给别人种了。如建德县杨村桥区自耕农杨水芳，他原来有自耕田3亩、地1亩，1947年因急用以3亩田抵押借得李姓地主15块银元（当时能买500斤谷），每年加利6石谷，以后他已经艰难地还清了12石谷，可是利滚利至解放时止还欠李姓地主20余石谷。解放后人民政府实行减租减息，杨水芳感动地说："建德不解放，我欠地主的债是永远也没有还清的一天的！"

以上是浙江农村中三种基本租制的形成。

（转载1950年6月4日《解放日报》）

丽水县租田借贷及雇工情况

一、城区的租佃情况

甲、租佃制度

（一）定租制即死租制或称包租制

（甲）一种虽在契约中明文订定租额数量，但倘遇天灾歉收，则租额以实际产量由佃户与地主按成折分，正如契约上所说："若有天年灾荒，请田主面割均分。"

（乙）另一种不论天灾荒年收成如何，佃户必须按照契约所规定数量交纳田租，一如契约所说"不敢欠少升合"，形成包租制。这种形式，只见之于城郊附近的三收良田（即每年可收稻、麦、豆的田）。

（二）分租制

分租制即活租制，契约中并不说明租额数量，而以秋收实际数量与地主按二八、三七、四六或对半分，一般以对半分最为普遍，而又以凭山滨溪的劣田实行最多。因为这种田的收成全凭雨量气候好坏而定，产量无一定把握。

（三）典租制

典租制亦名押田，即是典押之意，大都是因为农民一时亟需用款，而将田典押出去。它有一定的典押时期，期内土地使用权归承典人所有，其一般情况可分为小典与大典两种：

（甲）小典：小典的情况与预租制相似，且多以一年为期，预收租谷若干成数，即所谓典金，来年则归承典佃户耕种，不必再行交租，惟原租户有承典之优先权。典金普通须扣去原租额20％到30％作为利息。此种小典以祭田为最多，因为祭田是轮流管理的，而每年祭祀如"做清明"需要用款，就须预收田租。

（乙）大典：大典又名"卖活契"，典期较长，通常5至10年，到期不赎，即为卖绝，惟承典人须找回不足田价之数。丽水俗语所谓"典一担，找一头"（即典价为卖价之2/3，卖绝时找回其余部分的1/3）即此意。典期内，土地归承典人使用，原佃户则可继续承种或有权续种一年然后由承典人另行出租，典期内之田赋亦归承典人负担。典价视典期的长短而定，典期较长的则典价近乎卖价的80%到90%，典期较短的则典价近乎卖价的50%，惟一般的典价多为卖价的2/3。

（四）押租制

押租制即押金制，俗谓“垫底”，是地主强迫佃户交纳田租的一种保证金，一如契约中所说的“日后倘有拖欠，将押金扣除，多还少补”。这种押金，租田的十之八九都需交纳，所以无形中变成一种制度。押金的多少以租额为标准，重的为“二年租额”，甚至“三年租额”，普通“一年租额”。地主对押金不需交付利息，即在租佃关系存在时，佃户无形中负担押金利息的损失，这种剥削是很严重的。

例如：丽水城区第十六保农民吕根顺于1941年从安徽业主处租得田2.5亩，当即交付垫底价值500斤谷的伪法币，安徽业主于1947年返回原籍，将该田出卖于刘天顺，刘在春耕前令吕根顺重新立约，并须交垫底200斤谷，先前交付安徽人的垫底，仅抵谷30斤（因伪法币贬值仅能抵谷30斤），吕根顺为保全租田，不得已再补交了170斤谷。

（五）私租制

私租制即为转租，俗名叫做私佃。佃户承租了土地后，因劳动力不够无法继续全部耕作，把租来的田抽出一部分转租给他人，租额多维持原额，押金则偶然也有比原额略为提高的。有些地主为了收租的方便，便集体将田地租给恶霸或其走狗，再由走狗们转租给佃户，走狗们借以获得中间剥削，不过这种情形在丽水是很罕有的。

又介绍人（田伢郎）在租佃关系中也有剥削情形：

田地买卖典押之介绍人，本地俗称“田伢郎”或“中间人”，买卖典押成交之后，买卖或典押受授双方均须出中费为酬谢，大抵双方各出买卖值的3%。这种“田伢郎”同样也出现在佃农向地主承租土地的时候，他也趁机索取中费，因此佃农也要遭其剥削。

乙、地租形态及租额

（一）地租的形态

地租的形态有“钱租”、“物租”、以物计算的“钱租”及“力租”等。大抵在抗战前物价平稳，地主为便于收租，多用钱租，即佃户每年交纳一定之金钱作地租。抗战后因物价波动，钱租渐不流行，而代以物租，即佃户每年交纳实物作为地租。其后地主为便于收租及不受物价影响起见，而以实物折合市价收取钱租，成为一种“变相的物租”，其实便是以物租为准折合货币而已。此外又有力租，即佃户每年以一定时间替地主作工而不收工资以代替田租的。不过采用力租制的很少，现在一般以物租最为普遍。

（二）租额

地租的租额与每年的产量有关，大抵是上等的三收良田地租最高，每亩约须交3担（每担谷老秤100斤）；普通较好的田，通常每亩交纳地租2担；较差的中等田则交纳1担，不过这种田很少有垫底；此外如滨溪傍山的“山垄田”，因为土地贫瘠，每亩租额约为80斤左右。该县地租剥削是极其苛重的。我们可以再从佃户耕种一亩田的成本、产量和交租额的数字上看出佃户被剥削的程度。

每亩田所需人工及工资估计表

工作名称	工数	工资折谷斤数
犁田	人工1.5、牛工1.5	33
敷田	人工3.0	30
插秧	人工1.0	10
割稻	人工3.0	30
糊田岸掘田岸	人工0.5	5
做肥料	人工3.0	30
合计	人工12.0、牛工1.5	138

每亩田所需肥料种子成本表

肥料名称	数量	每斤折价(谷斤)	折合谷数(斤)
头发	6斤	5	30
白矾	12斤	1	12
粪肥	2担	10	20
种子	6斤	6	6
合计	—	—	68

以上二表为每亩田必需人工和种子肥料成本最低的估计，此外还须看田的好坏和水利的方便与否而决定每亩人工和肥料成本需要增加多少。

其次每亩田的产量也有多有少，最好的田正产量有产谷400多斤的；普通每亩较好的田年产250斤到350斤，以300斤产额为多；少数田质低劣的，年产仅谷百斤左右。以产量除去成本、交租外往往是赔本，所以佃户全赖副产的收入以作弥补。兹将第十七保佃户李仁火所租种田的租额和成本列表如下：

佃户李仁火所受地主剥削量统计表

地主姓名	亩数	正产稻谷(斤)	成本		除成本后所余稻谷	交租稻数(斤)	交租后盈亏数(斤)	人工不算成本的盈亏数(斤)	押金			副产品豆产量(斤)
			肥料折谷(斤)	人工折谷(斤)					押金银元数	折谷(斤)	每年利息折谷(斤)	
陈其有	3.0	900	204	414	282	600	−318	+96	28	933	280	240
徐利斋	1.3	400	89	179	132	260	−128	+51	8	267	80	104
管瑾儿	1.8	600	124	248	228	350	−122	+126	0	0	0	144
胡会兵	3.0	800	204	414	182	600	−418	−4	16	533	160	240
学田	1.5	350	102	207	41	200	−159	+48	0	0	0	120
合计	10.6	3050	723	1462	865	2010	−1145	+317	52	1733	520	848

二、农村高利贷情况

农村高利贷与租田，是有紧密关系的，据调查，丽水农民60%以上均负债，大多是贫、雇农与少数的中农，他们往往是身受高利贷与地租的双重剥削的。至于放高利贷者，都是地主、富农和少数的富裕中农。

甲、借贷的原因

（一）春耕时期的借贷

农民因春耕缺乏成本，以致借贷，如十七保农民许金银，种田2.6亩，兼拉人力车，去年春天缺粮下种，向地主叶联壁借豆200斤。利息以每担80斤（豆）计算，至今年秋收时，共需还本利360斤，折合谷720斤，因无力偿还，叶联壁便将其人力车强行拉去，抵谷520斤，不足数限其另出借票，今年又得利上加利。

（二）青黄不接时期的借贷

农民因粮食中断而借贷，如第一保叶顺金历年于青黄不接时，均得求人告贷。

（三）灾荒年份或过年过节而借贷

天灾成荒，收成减产，地租又非交不可，因而影响农民生活；或因习俗，过年过节开支增大，因此不得不借债弥补。

（四）因为交纳押金而借贷

丽水的佃户必须向地主交纳押金以作地租之保证，农民为求租得田地，而忍受高利剥削。例如：十七保农民王焕面过去没有田种，在1945年向叶规清借到银元60元以充抵押金，才租到43.6亩，此债迄今未能偿清。

乙、借贷时的手续与利率

农民借贷时，普通均须订立契约，并须有见证人（中人），契约内容除订明交还日期及借贷数目外，并不说明利息，盖所有利息早已直接计算在借贷数字之中，即契约中之借贷数并非实借数字。此种契约，一般都是以凭条式出现的。

利率则多以年利起息，债务人如到期不还，以复利计算，利率高低之一般情形如下表所列：

各时期借贷利率升降比较表

时期	抗战以前			抗战期间			抗战以后		
等级	最高百分比	普通百分比	最低百分比	最高百分比	普通百分比	最低百分比	最高百分比	普通百分比	最低百分比
利率	20	15	10	100	80	50	60	50	40

抗战期中，浙江文化、军事、政治、经济的中心转移于此，人口骤增，尤其在日寇流窜浙东丽水沦陷前后，生产停顿，粮食缺乏，至利息高达100%。胜利后，又因伪法币贬值，物价波动，投机商人风起云涌，所以下降很微，停留在60%到40%之间。解放前一年出借现象已

渐减少。

丙、高利贷的种类

（一）实物借贷

三月间农民缺粮，需贷入谷、豆、麦等维持生活。实物借贷利息以50%为普遍，如二三月借贷谷100斤，秋后要还150斤。

（二）货币折成实物借贷

在收获前贷放货币，而以实物低于市价一二成的价合成实物，秋收后再以实物加利归还。抗战时及胜利后，因物价波动，多用此方式借贷。

（三）实物折成硬币的借贷

将实物折合硬币贷出，新谷登场，谷价下跌，再以硬币加利折成实物收回。此种借贷情形多见于抗战前物价平稳时，今不多见。

三、雇佣情况

丽水雇工有两种：一是“长工”，多系地主、富农雇佣的。一是“短工”，是一般农民在农忙时因缺乏人工而临时雇佣的。

甲、长工

长工俗称长年，即终年在雇主家工作，但亦有因不能负担整个长工的开支，或因土地少无需一个长工，而由两家合雇一人的。他们的工作和工资由双方平均分担。

（一）工资：年轻力壮能胜任田间一切工作者每年工资12担至15担谷。工作能力较差的每年工资七八担谷。牧童不能胜任田间工作一年只有2担谷的工资，或添制一二身衣服。

（二）补助津贴：长工的日用品如毛巾、肥皂、草鞋等由雇主供给，亦有铺盖、黄烟由雇主供给的，但仅少数。

乙、短工

短工又称零工，无论富农、中农，农忙时缺乏人工都雇用短工，其工资以日计算。每天约6斤米（夏天则工资加倍），每日三餐（夏天则每日四餐）由雇主供给。

各时期雇工工资升降情况比较表

时期	抗战以前			抗战期间			抗战以后		
等级	最高	普通	最低	最高	普通	最低	最高	普通	最低
长工(年)	24元 8担	15元 5担	仅供膳食	12担	8担	仅供膳食	14担	8担	2担
短工(日)	—	3斤	—	—	4斤	—	—	6斤	—

注：1.抗战前稻谷平均3元一担，当时雇工以货币计算。
2.短工工资以米计。

四、城区租牛情况

甲、耕牛占有情况

丽水全城区共有18个保，除二、七两保外，其他16个保，有耕牛者共188户，其占有情况见下表：

丽水县城区各阶层占有和使用耕牛统计表

成份	户数	占有数	自养数	租出数	租入数	使用数
地主	5	380	0	380	0	0
富农	5	19	13	6	0	13
中农	31	50	44	6	4	48
贫农	46	146	142	4	48	190
其他	1	7	0	7	0	0
合计	188	602	199	403	52	251

注：租出数中有351头出租到外区。

根据上表租出耕牛共403头，自养耕牛共199头，租出为自养的2倍，而地主租出耕牛380头，占总租出数的94%。

上表仅为各阶层占有耕牛之一般情况，兹将全城区各阶层户口总数与耕牛租入、租出、自养户口数之比例数列表于下：

丽水县城区耕牛租出、租入、自养户数统计表

成份	户口总数	出租耕牛户		自养耕牛户		租入耕牛户		无牛户	
		户数	占本阶层户数百分比	户数	占本阶层户数百分比	户数	占本阶层户数百分比	户数	占本阶层户数百分比
地主	60	5	8.33	0	0	0	0	0	0
富农	42	2	4.76	5	11.90	0	0	0	0
中贫农	770	4	0.52	137	17.79	41	5.31	624	81.04
合计	872	11	1.26	142	16.28	41	4.70	624	71.56

大牛主已调查出的仅有5户。兹将该5户地主租出牛数列表于下：

丽水县城区五户大牛主租出耕牛统计表

牛主姓名	租出牛数	兼营之工商业	耕牛散布地区
陈益棋	80	米店	清灵五保山脚一带
杨宝称	80	酒店	九里附近一带
黄宝兴	100	酒店	周畈一带
李顺利	100	丝线店	水埬海潮一带
叶明禄	20	—	未详
合计	380	—	—

乙、牛租之剥削情形

租牛之农民除了每年应交一定之租金外，尚需负担牛之牧养及医药等费用。至其租额，系按牛之大小、种类而定，一般情形约为牛价的1/10。

（一）牛价

大水牛：25担谷左右

小水牛：20担谷左右

大黄牛：20担谷左右

小黄牛：18担谷左右

稚牛：8担谷左右

（二）租额

水牛一年之租额约为：150斤—250斤谷。

黄牛（或小水牛）一年之租额为：100斤—200斤谷。

小黄牛一年之租额约为：50斤—100斤谷。

稚牛无耕种力时无租金。

不生小牛者，按养牛户田亩多少计算，约为每亩16斤谷（此种情形甚少）。

其他尚有额外剥削，如每年年关养牛户需送鸡给牛主。

（三）租约

本地租牛租约名为牛劄。普通租牛都不订约，若双方互不信任时，才会订劄。牛劄多不订明出租期限，但无论订劄与否，依惯例如有天灾时疫耕牛因而死亡，养户不负任何责任，倘因水草供给不足，或不慎失窃时，养户应负赔偿之责，母牛生产之小牛双方各占一半。

牛劄举例：

“立租牛劄徐火木今向

李佩现先生租得小黄牛一只，牧养耕种，三面言定，每年八月秋收交租谷五十斤老称，晒干扇净，送到李姓仓口交足，不敢少欠升合，如有欠租者，将牛听凭牛主牵过木栏，如有水草不足，夜晚不慎失落，养主之事，高山雷石，即报牛主调理，倘遭风云不测听天由命，不得赔偿，如生有牛儿双方各半均分，并无反悔，恐口言难信，立牛劄存照。

中华民国三十六年二月　　日

立租劄　徐火木押

见　劄　周章报押

代　笔　林丙其押”

（四）押金：普通多无押金，订有租约者间或有押金，约30斤—50斤谷。

（五）牛一年之消费量

牛之饲料春、夏、秋三季多吃野草，冬季（约有4个月期）饲以稻草或豆壳。大牛每日食草约十五六把，小牛约七八把，或大牛豆壳两箩，小牛一箩。

稻草15把价约值米3斤，即大牛每日食料值米3斤，则4个月为360斤米。

惟草料豆壳均为养户副产品，不需向外购买，且牛粪勉可与草料相抵。

另外，牛需要一小孩照顾放青，如果用一牧童，年在十二三岁者，仅供给伙食，间或有工资一二担，15岁以上者，除伙食外，尚有工资约三四担，惟一般农民多系自家小孩照顾牧放。

丙、租牛转租之情形

一条牛之劳动力每年约可耕田二三十亩，养户多利用多余之牛力连同本人劳动力出卖，代人包耕，其代价计算有两种方式：

（一）以时间计算：每做一个工（一天），人与牛各得米5斤，并供伙食，共约13斤米，（实际上每一短工，工资连伙食亦为13斤米），每亩田约需3个工（此种转租方式较少）。

（二）以田亩计算：每包耕田3亩，收力资100斤谷（每亩田需耕耘4次），此种计算方法较为普遍。

该地区贫农平均每户种田5亩左右，则尚可代人包耕15亩田左右，约可收入500斤谷。

中共浙江省丽水地委调研组

1949年11月

松阳县望松、太芝两乡牛租调查

现将望松、太芝两乡 8 个村的牛租情况调查如下：

租牛有两种方式。

一、租养耕牛

无牛农户向有牛多余的农户租养，耕具由租户自己购置，依照耕牛的年龄和耕种能力计算租费。好的水牛每年租谷 3 担，即 450 斤。黄牛较低，每年租谷 300 斤，生得小牛租户和养户平分。在望松乡了解，牛少的村租牛即多，反之租牛的就少。如石门村 17 只半牛，有 5 只半是租来的，黄公渡村 21 只牛，有 7 只租来的，而王村 28 只牛，仅有 2 只是租来的，大塔头村 33 只牛，有 3 只是租来的，翁村有牛 31 只，都是自养的。平均起来租牛的数目只有耕牛总数的12.5％。

二、按亩计租

好的水牛可以耕田 50 亩，黄牛也可以耕 20 余亩。有牛的农民因自己耕种的田亩不多，把多余牛力租给无牛的农民使用，按亩计租。租金一般都是每亩 1 桶谷（每桶 18 斤 12 两），只有望松乡塔寺下、太芝乡河头、岭下等村是每担谷耕 7 亩（每亩 21 斤多），西屏镇每担谷 6 亩（每亩 25 斤）。耕具随同出租，不另计租，但是用坏时须由租入户负责修理。有的农民以第一种方式租进耕牛，而以第二种方式租出。

松阳耕牛的数量较多，根据 8 个村的统计，每百户就有耕牛26.7只（8 个村共 944 户，有牛 248 只，小牛不计），平均每只牛耕田 38 亩（8 个村有水田、旱田、山田共 9420 亩）。有牛出租的农户占 1/4，需要论亩租牛耕种的农民占 3/4。

各阶层饲养耕牛的数量以中、贫农为多，占 89％，富农、地主仅占 11％。以各阶层户数和饲养耕牛的数量来比较：地主 5 户养牛一只（8 个村共地主 20 户，牛 4 只），富农、中农每 2 户养牛一只（富农 43 户，牛 23 只，中农 264 户，牛103.5只）。一户养有 2 只大牛的极少。假如以每户养牛一只来计算，除地主不种田不去租牛外，将有半数的富农、中农和 5/6 的贫农需要租牛耕种。

望松、太芝乡八个村耕牛占有及牛租收支情况统计表

村别	地主			富农			中农			贫农			赤贫		
	牛只	牛租收入	牛租支出	牛只	牛租收入	牛租支出	牛只	牛租收入	牛租支出	牛只	牛租收入	牛租支出	牛只	牛租收入	牛租支出
河头	2	5	0	3	0	2	13	9	29.4	5	0	64.2	0	0	0
寺岭下	1	1.1	0	1	2	0	14	17.1	12.2	15	0	67	0	0	0
叶村	0	0	0	6	7	0	18	19	11	8	9	16.6	0	0	5
塔寺下	0	0	0	1	0	0	16	12.4	5.2	38	37.3	29.7	0	0	0
乌井	0	0	0	4	2	2.2	16	31.2	22.3	9	11	31.2	0	0	2.7
大塔头	1	1.2	0	4	7.4	0	21	7	9.2	7	6.6	59	0	0	0
石门	0	0	0	2	5	1	7	5	8.0	8.5	5	43.2	0	0	3.4
王村	0	0	0	2	3.4	2.8	13	22	9.9	13	23.5	52.7	0	0	0
合计	4	7.3	0	23	26.8	8	118	122.7	107.2	103.5	92.4	363.6	0	0	11.1
百分比	1.6	2.9	0	9.3	10.8	1.6	47.5	49.2	21.9	41.6	37.1	74.2	0	0	2.3

说明：1.8个村共944户，地主20户，富农43户，中农264户，贫农（包括赤贫）617户，水田旱田共9420亩。
2.租息收入支出都是以谷计算，单位是担（每担150斤）。
3.本表牛只数量小牛未计算在内。

中共丽水地委调研组

1949年12月

第四部分　山林及特种土地调查

浙江山林情况

浙江多属山区，可耕地面积仅占全省总面积的20%。山区出产丰富，林业出产居最重要的地位。据解放初期的统计，林产总值约占全部土特产总值的18.95%。其中木材约占8.37%，薪炭约占7.25%，笋及笋干约占2.26%。木材的产区主要在丽水、建德、衢州、临安等专区，为全国所通用的“龙泉价码”便创始于丽水专区的龙泉县，从造林到伐木、运销，人民赖此为生的有相当数量。山林种类繁多，主要的是松木、杉木及竹山、柴山等，各种林山占有的比例，据金华专区3个县、临安专区5个县的9个村、衢州开化县的1个乡的调查：林山（包括松木、杉木在内）占全部山林的36.7%，木柴山占25.74%，竹山占15%，桐山占6.29%，茶山占2.68%，其他种类山林占13.59%。

山林的占有关系比普通土地占有的情况尤为集中，据金华专区一个整县及2个县的2个村、临安专区5个县的9个村、衢州专区开化县的1个乡的综合统计：地主占有全部山林的25.99%，富农占有全部山林的32.21%，公山（实际上为地主、富农所掌握）占全部山林的18.19%，中农占有全部山林的8.91%，贫、雇农占有全部山林的14.64%，其他占有全部山林的0.06%。这样，占人口少数的地主、富农，以及公山所占有的山林面积就占全部山林的76.39%，而广大的中农、贫农、雇农占有山林却只占全部山林的23.55%。有些地方地主占有比例则更大，如临安专区5个典型村山林情况的调查，地主占有的山林占全部山林的50.3%，其中临安新溪村地主占有88.6%，某些地区（如丽水专区之龙泉、庆元两县某些地主）山林成为地主的主要财产，龙泉某地主所有之山林纵横达70余里。

山林的使用情况：由于山林经营较为便当，一般的占有者即为使用者，因之地主使用山林的比例比其对一般土地的使用比例要大得多，出租数量较少。临安专区5个村的调查材料，地主出租的山林占其所有山林面积的20%。金华一个县、临安9个村的统计，地主所使用的山林占全部山林使用总面积的11.2%，富农使用的山林占全部山林使用总面积的22.4%，贫农、雇农使用的山林占全部山林使用总面积的50.58%，其他所使用的山林占全部山林使用总面积的0.03%。

地主占有的山林中以林山（杉、松等林山）最多，柴山次之，竹山又次之，农民占有茶山、桐山、杂粮山较多，因之林山、柴山、竹山占有较集中，而茶山、桐山、杂粮山则较为分散，主要是由于森林、木柴山经营较易，获利较大，而茶山、桐山必须化费很多劳动力栽培，且数量又不能太多，农民往往以自己所有土地种植。

地主占有之山林一般自己买树苗雇人种植再约定护林人，或是租给农民栽培“花息”，首先由农民开荒，第一二年种苞芦（玉米）、杂粮，同时种下桐子，到第三年桐树长大桐子即可收获，不种杂粮，于桐子收获时种下杉、松树苗，到桐子收获第三年后，杉（松）树即长大，地主即把山收回，专人看守。为地主培植树林期内，农民种植苞芦、杂粮，地主不收租或收轻额租（约为产物的10%—20%），山林培成后砍伐和出卖时，按当年农民对于山林培植的情况按成分益，有佃一主九，或佃二主八，佃三主七不等（农民的这份收益习惯说法叫给“外婆钱”）。这种剥削方式表面上很轻，实际上是很残酷的，叫做“扦苗还山”，这就使得山区存在许多白出劳力为地主培植山林的“棚户”（贫农）。农民既占有山林不多，地主山林又很多自己经营，因而也没有较多之山林租入，无地或少地之贫苦农民大多只好在地主出卖山林时为其砍伐、挑运，获取低微代价，或采取其他方法经营山货等赖以为生了。

金华专区山林情况调查

一、各种山林亩数及产量

甲、山林亩数

金华专区据一般估计，平原区约占全区面积的20%，纯山区约占30%，半山区半平原区域约占50%。本区山林比较多，但各种类型山林很难分别，有的是轮流产作，例如杉树砍了种苞萝，三年后种桐子，再接种杉树，还有的松数杂植在杉林里面。另外所谓亩，多为“喝山亩”，正确亩数很难确定。因具有上面的种种客观原因，所以材料不够全面，同时也不够正确。根据淳安和武义的一般统计，各种山林的亩数和产量如下：

淳安、武义、汤溪各种山林亩数比较表

县别	淳安			武义			汤溪		
类别＼数目	亩数	百分比	产量	亩数	百分比	产量	亩数	百分比	产量
松林	4616	15.44	7 847 200 株	33 358	11.19	—	—	—	—
茶山	4002	13.39	8000 担	5166	1.73	—	1065	1.84	14 910 斤
杉林	4942	16.54	8 895 600 株	53 390	17.90	—	50 000	86.56	25 000 000 株
桐山	4363	14.60	13 089 担	16 828	5.64	—	4029	6.97	213 537 斤
杂柴山	1772	5.93	3544 担	98 092	32.90	—	—	—	—
竹山	1020	3.41	510 担	52 475	17.60	—	2673	4.63	137 278 株
杂粮山	9174	30.69	91 740 担	38 869	13.04	—	—	—	—
合计	29 889	100.00	—	298 178	100.00	—	57 767	100.00	—

注：汤溪县尚有荒山4908亩未统计在内。

乙、产量

各种作物产量很不一致，一般估计如下：

（一）竹山的竹笋，产量有大小年之别，小年出产很少。

（二）毛竹每隔一年可产一次，每亩可产4500根左右（每块纸需毛竹28根左右，每亩竹山可作纸156块）。

（三）松林自移植之年起，经10年可以开伐，并行打枝（每2年举行一次），每亩可收松枝5担。

（四）杉木须经10—30年出卖一次，每亩约产300株。

（五）桐果出产亦有大小年之分，大年每亩可产400斤（3担桐果可化一担桐子谷，一担桐子谷可化70斤桐子白，一担桐子白可打30斤至40斤桐油）。

（六）茶子山可以连续收益七八十年，但大年与小年的产量相差很大（大年比小年多收5倍以上），一担茶子谷可化50斤左右茶子肉，4担茶肉可打一担茶油。

二、各种山林的占有情况

各种山林大多为地主、富农和公产所占有，农民只占有一小部分，农民将山林开出后，地主召开树山会，强管山林，并要农民向他缴一定的代价，后来则渐渐变为己有，向农民收山租，也有地主见农民开出后，勾结官府，进行霸占的。根据汤溪县典型材料，山林的占有情况：地主、富农占60％，（其中外籍占30％），公产占10％，中农占20％，贫农占10％。

遂安县乳庄乡白马村与李湖村的调查，松杉的占有情况是：族产占65％，地主占20％，中、贫农约占有15％。毛竹，地主占有43.3％，富农占有25.4％，中农占有14.4％，贫农占有17.2％。

但各种山林因经营方式不同，其占有情况亦有不同，一般的是松、杉、竹多为地主、富农、公产占有，因其经营较易，获利较多。茶、柏、桐多为中、贫农占有和使用，其中中农又较贫农为多，因茶、柏、桐的种植，需要较多的劳动，地主不劳动，而贫农生产资金较少，均不经营或无力经营。

三、各种山林的使用情况

甲、各阶层使用各种山林情况

武义县山林使用情况表

成份	地主	富农	中农	贫农	总计
户数	351	1217	5537	16 874	23 979
百分比	1.46	5.08	23.09	70.37	100.00
竹山	5240	7871	10 495	28 869	52 475
百分比	9.99	15	20	55.01	100.00
桐山	1682	2524	3365	9257	16 828
百分比	10	15	20	55	100.00
茶山	516	775	1030	2845	5166
百分比	9.99	15	19.94	55.07	100.00
杉山	5340	8010	10 680	29 360	53 390
百分比	10	15	20.01	54.99	100.00
松山	5358	8008	10 768	9224	33 358
百分比	16.06	24.01	32.28	27.65	100.00
柴山	9800	14 713	19 618	53 961	98 092
百分比	9.99	15	20	55.01	100.00
杂粮山	3890	5830	8850	20 299	38 869
百分比	10.01	15	22.77	52.22	100.00
合计	31 826	47 731	64 806	153 815	298 178
百分比	10.67	16.01	21.73	51.59	100.00

乙、使用、经营方法

因山林的种类不同，使用也有不同，一般的情形是：

（一）杉林、松山、木炭山、杂山（作燃料用的山）一般由业主买树苗雇人种植后，再约定护林的人，订立禁养合同。成林时修下来的树枝归禁养人，到可砍伐时再按数分拆。

（二）桐山、茶山由业主租给佃户开垦，头一二年植苞萝、杂粮和桐子，到第三年桐子可以收获时就不种杂粮，有的到第六年插下杉树苗，就还给业主，有的在桐子间混种油茶树，到桐子减产时，油茶已长大，即归还业主。

（三）竹山的使用和其它山林不同，因毛竹只可以造纸，所以租入使用毛竹山的，或者拼毛竹山的，是有能力开纸厂或者能够造纸的。如寿昌大同区四灵乡十三村，竹山70%至80%为缪家（均系该村地主）所有，全村共7个纸槽，缪家占6个，每个纸槽需用工人15人左右，7个纸槽共需雇工人百余名。而绝大部分贫农、雇农以靠做纸工为生。

丙、管理保护方法

（一）订立保护条例，插牌出示严禁砍伐（立有各种不同禁约）。

（二）租给农民使用，由农民负责，住山或轮流看管。

（三）农民替山主看管，树木砍伐后给农民种苞萝，二三年内，农民可享受低额租或不交租的权利。

（四）杂粮山农民自己经营管理种苞萝。

四、山林的租佃情形

甲、山林的租佃情况调查

山林大多为地主、富农或公产占有，农民占有为数极少，所以出租者大多是地主、富农阶层和公产，而租入者为中、贫农。下面是武义县的租佃情况调查：

武义县山林租佃情况统计表

成份	地主		富农		中农		贫农		公产		合计	
户数	351		1217		5537		16 874		0		23 979	
百分比	1.46		5.08		23.09		70.37		0		100	
租出租入	租出	租入	租出	租入	租出	租入	租出	租入	租出	租入	租出	租入
竹山	8060	0	8266	0	0	8164	0	19 047	10 885	0	27 211	27 211
百分比	29.62	0	30.38	0	0	30.00	0	70.00	40	0	100.00	100.00
桐山	2105	0	2345	0	0	2276	0	5310	3136	0	7586	7586
百分比	27.75	0	30.91	0	0	30.00	0	70.00	41.34	0	100.00	100.00
茶山	800	0	1080	0	0	910	0	2124	1154	0	3034	3034
百分比	26.37	0	35.6	0	0	29.99	0	70.01	38.03	0	100.00	100.00
杂粮山	5618	0	5924	0	0	5615	0	14 106	8179	0	19 721	19 721
百分比	28.49	0	30.04	0	0	28.47	0	71.53	41.47	0	100.00	100.00
杉树山	7850	0	9432	0	0	9129	0	18 082	9929	0	27 211	27 211
百分比	28.85	0	34.66	0	0	33.55	0	66.45	36.49	0	100.00	100.00
松树山	5702	0	5580	0	0	1482	0	15 205	5405	0	16 687	16 687
百分比	34.17	0	33.44	0	0	8.88	0	91.12	32.39	0	100.00	100.00

续表

成份	地主		富农		中农		贫农		公产		合计	
柴山	15 179	0	16 033	0	0	12 706	0	37 570	17 247	0	48 459	50 276
百分比	31.32	0	33.09	0	0	25.27	0	74.73	35.59	0	100.00	100.00
合计	45 314	0	48 660	0	0	40 282	0	111 444	55 935	0	149 909	151 726
百分比	30.23	0	32.46	0	0	26.55	0	73.45	37.31	0	100.00	100.00

乙、山林的租佃形式

（甲）分收：一般杉林、松林、木炭林、杂树林，按出产量有二八分（即佃二主八），亦有三七分、四六分的（看路远近，双方议定）。竹林、茶山、桐山等林木，每年按出产量八二分（即佃八主二），也有九一分的。

（乙）预租：一般以10年为期，并订立契约，租额大概每亩50斤谷子，有的要在头一年付足，也有分期付足。但租种杉林、松林时都由业佃双方订约，砍伐时实行分收。

（丙）出押租：造纸厂为了固定造纸来源，向山主租入竹山，通常期限以五六班者（两年称为一班，因需24个月，方能产毛竹一次）为多。其押租的数额，以每亩产量的8%至30%为原则。每年租额以8%为多（习惯上两年交一次），若佃户至期不交租，山主即可扣押租金，第二年关山，又租给别人（这是根据遂安情形）。

另外一种，便是佃户替山主看山，按不同看管情况进行分收的。

佃户不替山主耘山的，卖树时按一九分钱。

佃户替山主耘山一次的，卖树时按二八分钱。

佃户替山主耘山二次的，卖树时按三七分钱。

毛竹山管理收费，每年有一担米至三担米的。

也有耘山二次，在卖树时佃户不分钱，而在砍树后让佃户开山种苞萝，二三年不交租的。

丙、山林租佃关系与土地租佃关系的不同

（甲）期限较长，一般以10年为期，期满后再换新约。

（乙）土地租佃有佃权，山林租佃无一定的佃权。

（丙）租额在表面上似乎很轻，但需长期才有收获。

（丁）交租时，以收获物缴纳，一般的说，出什么交什么。

（戊）在订约期内，业主不得将山收回，但租期满后，大好森林即归业主所有（如桐林）。

中共金华地委调研室

1950年5月

临安专区山林情况调查

山区占有全区面积80%以上，山林在本区人民经济生活中占有很重要的地位，但是我们今天所掌握材料太少，现仅将临安县新溪乡3个村、余杭县九峰乡第二村、新登县湘溪乡枫瑞村、富阳县盛村、桐庐县义和乡阳山畈村、分水县虹桥村、安吉县三港乡十一村等9个村的初步调查加以综合，一般的说这9个村的情况大概能代表全部山区80%的地区。

一、山的占有与使用情况及其种类

甲、各阶层对山的占有与使用

9个村（村名见前，以下材料同）共1646户，6252人，占有山地8812.05亩，租入山地1224.36亩，租出山地856.95亩，使用山地9119.81亩。

一般地说，山的租佃关系不很复杂，即占有者（地主阶级亦如此）都以自营为主，从9个村统计里看出，总租入数仅为使用的13.42%，总租出山地数不及总占有的10%。

其次，因山的管理困难，不为城市拥有资金者注目，故外籍业主也较少。

各阶层租出、租入及占有、使用山地情况详见下表：

各阶层租出租入及占有使用山地统计表

成份	户口		人口		占有山地			租入山地		租出山地		使用山地		
	户数	百分比	人数	百分比	亩数	百分比	每人平均	亩数	百分比	亩数	百分比	亩数	百分比	每人平均
地主	72	4.37	413	6.60	2817.07	31.97	6.83	35.00	2.86	572.80	66.84	2247.73	24.64	5.44
富农	47	2.85	278	4.45	1079.01	12.24	3.88	69.50	5.68	119.35	13.93	1021.16	11.20	3.67
中农	368	22.36	1701	27.21	2446.46	27.76	1.44	200.05	16.34	126.40	14.75	2525.90	27.70	1.48
贫农	871	52.92	2999	47.97	2373.28	26.93	0.79	847.58	69.23	36.90	4.31	3156.56	34.61	1.05
雇农	115	6.99	265	4.24	10.10	0.12	0.04	40.95	3.34	1.50	0.17	51.05	0.56	0.192
其他	173	10.51	596	9.53	86.13	0.98	0.14	31.29	2.55	0	0	117.41	1.29	0.196
合计	1646	100.00	6252	100.00	8812.05	100.00	1.41	1224.36	100.00	856.95	100.00	9119.81	100.00	1.458

说明：1.表内其他项中系小土地出租者及赤贫。
2.占有加租入减租出不等于使用，缺少之数目为安吉、新登及新溪交来的材料内数字不符。

乙、公共山

9个村里有7个村有公堂土地，这些山都是轮流使用或出租的。

种类	占有	出租	使用
祭产	608.49	66.85	541.64
校产	52.00	50.00	2.00
公众山	33.00	0	33.00
公共产	276.80	147.05	129.75
合计	970.29	263.90	706.39

注:本表包括新溪乡(3个村)、九峰二村、枫瑞村、盛村、阳山畈村等7个村的调查。

丙、经营与管理

(一)使用情况:各阶层的山多为自己经营,出租的不到占有的10%。

(二)经营办法:(以地主阶级为例)

(甲)自营。有的山主自请工人伐下木料,直接运往各地推销,利息较大,但因手续麻烦,地主很少采用此法。

(乙)毛估。由客商到山下一看,酌定产量折合多少大米,树料以树身直径为断,直径一尺,叫一桶;毛竹以帖计算,有四五百斤之分;柴以担计算。

(丙)踏山估计。主客同到山上巡视一周,估定产量谈定价格。

(丁)过秤。由客商请工人伐下木料,在做完毕后过秤,以过秤过眼过数为定,数量比较准确。

(三)管理方式:

(甲)自管。山主住在山的附近者,多自行管理。

(乙)租管。山主以自己部分的山租给农民耕种,其中一部分土地不收取地租,或少收地租,而要农民代管山林。

(丙)请管。山主在山上建立房屋招农民居住,兼管山上花息,作为管山代价。

(丁)地主专雇农民看管山林,植树时由地主供给树苗,山林收益按主七佃三分,看管者可使用山上的毛柴,山主另租一二亩田给看管户耕种。

丁、租佃关系

农民租入山主之山,一方面在山上栽培花息作为生活收入的一部分,另一方面代地主看管山产。有些地主将山租与农民时,农民须缴押金作为租山之保证。

地租形式有劳役地租、实物地租、货币地租(抗战前较为普遍)三种,另有一些地主除收取一部分实物地租外,同时又收货币或劳役地租。

实物地租多半以玉米、茶叶和稻谷为主。

戊、山的种类

各种山因土质好坏、地势高低及位置向背(朝太阳与否)的不同,而栽培作物亦不同,因此有竹山、柴山、六谷(玉蜀黍)山、森林山、茶山、柏子山、杨梅山等种类。兹将8个村山的种类统计如下：

各种山的比较表

村名	亩数	竹山	柴山	森林山	茶山	六谷山	柏子山	杨梅山	梨山	茶子山	荒山	坟山	合计
安吉三港十一村	亩数	1232.53	1422.89	8	1.5	0	0	0	0	0	0	0	2664.92
	百分比	46.25	53.39	0.3	0.06	0	0	0	0	0	0	0	100.00
新登枫瑞村	亩数	71.03	152.21	43.83	0.7	102.53	1.45	0	0	0	104.99	0	476.74
	百分比	14.9	31.93	9.19	0.15	21.51	0.3	0	0	0	22.02	0	100.00
富阳盛村	亩数	1847.18	107.3	0	0	0	0	0	0	0	102.6	1.2	2058.28
	百分比	89.74	5.21	0	0	0	0	0	0	0	4.99	0.06	100.00
桐庐阳山村	亩数	3.63	136.41	72.85	0	0	0	5.4	0.6	0.1	95.89	0	314.88
	百分比	1.15	43.32	23.14	0	0	0	1.72	0.19	0.03	30.45	0	100.00
临安新溪村	亩数	116.45	1147.1	357.15	323.54	0	0	0	0	0	0	0	1944.24
	百分比	5.99	59	18.37	16.64	0	0	0	0	0	0	0	100.00
余杭九峰乡二村	亩数	524.1	312.55	0	56	1045.86	0	0	0	0	0	0	1938.51
	百分比	27.04	16.12	0	2.89	53.95	0	0	0	0	0	0	100.00
合计	亩数	3794.92	3278.46	481.83	381.74	1148.39	1.45	5.4	0.6	0.1	303.48	1.2	9397.57
	百分比	40.38	34.89	5.13	4.06	12.22	0.015	0.057	0.006	0.001	3.229	0.012	100.00

己、山的面积计算

山的亩分很难准确计算，一般都是“喊山为亩”，所以大小很不一致，根据一般情况是“好山亩较小，坏山亩较大，高山亩较大，低山亩较小”。

二、山产之种类及其产量

根据以上典型村对山产种类之调查，竹山占第一位，柴山次之，六谷山又次之，森林山和茶山也不在少数，兹择其主要的分别加以说明：

甲、竹山的产量

（一）拿余杭县九峰乡二村来说是：

九峰乡二村有竹山524.1亩。竹山又分苦竹山、石竹山、毛竹山三种，其中以苦竹山最重要。

（甲）苦竹稍（尖端）可用作笔杆，每亩可产100斤，可换米1斗（工资在内），此项产销颇少。

（乙）苦竹可作黄烧纸（迷信纸），每亩平均可产500斤，以1946年价格计算，可得2斗米（纯收益），此价格为往年最高者，苦竹在以前常年平均每亩仅可得0.75斗米。

（丙）苦竹还可做稻竿、帐竿，每亩产600斤，换米5斗。

苦竹的用途不能同时兼作以上种种，除笔杆一项可以附带使用外，其余做黄烧纸、稻竿、帐竿等，只能择其一种。

（二）再以临安、新溪来说明毛竹山的产量：

该乡毛竹山共计91.75亩，推算每亩毛竹山平均产量为8.4帖，每亩收益平均数为840斤谷。

毛竹收益典型调查表

姓名	面积	产量(帖)	几年产	每亩每年平均产量(帖)	每亩每年平均产量折谷数(斤)
周进甫	20.0	500	2	12.5	1250
周咏江	25.0	400	2	8.0	800
王钦飏	5.0	48	2	4.8	480
黄香玉	3.0	50	2	8.3	830
合计	53.0	998	2	8.4	840

表内毛竹产量，除由于土质、密度的不同外，人工培植的好坏亦影响产量甚多，如勤于劈柴、竹笋保护得好，产量就多，反之即少。表中产量，周进甫、周咏江系抗战前出拼，黄香玉是抗战期间，王钦飏是胜利后，由于时间的不同，收益也不同，抗战前最好价格每帖价米五升（此收入是纯收入，最好的价格是指毛竹质量好而言），抗战期间及以后价格不一，难于计算，故一律以抗战前每帖五升米的价格计算。

毛竹每帖450斤到500斤，枝数因竹的大小而不一。

乙、柴山的产量

（一）拿新溪的调查来说明柴山的产量。

杂柴包括山上的各种能够作为段柴出售的柴木，段柴每段长2.4尺，可以运往城市销售，在本乡杂柴有松、青、麻栗、白栗、枫、梓等种，由于山的土质肥瘦不同，柴木的生长的密度不同，及山的亩数大小不同，而产量相差甚大。情况见下表：

姓名	面积	产量(斤)	几年产	每亩每年平均产量(斤)	每亩每年平均产量折谷数(斤)
周信夫	8.0	100 000	15	833	41.6
周信夫	15.0	400 000	15	1778	88.9
洪永茂	16.8	500 000	15	1984	99.2
张耕火	5.4	100 000	20	926	46.3
周盛氏	20.0	300 000	15	1000	50.0
周佩	4.0	140 000	14	2500	125.0
周五公祭	31.0	1 200 000	14	2765	138.3
周官培祭	15.0	400 000	17	1569	78.5
胡长林	5.0	220 000	15	2933	146.7
范成根	6.0	220 000	13	2821	141.1

从以上典型户中来看，每亩每年平均产量最高是2933斤（胡长林），最低者为833斤（周信夫），相差之大可见一般。

全乡有柴山1108.99亩，估计全年共产2 120 400斤杂柴。

（二）据安吉县委三港乡十一村关于烧炭调查来说明炭量梗概：该村共有炭窑25个（1949年），据估计每年共可烧炭570担。

丙、六谷山的产量

产品以六谷为主，部分土地也可种大、小麦，现以余杭县九峰乡二村为代表来说明。

由于种作物年月有长短，故有新山、老山的区别，所谓新山即新开砍的苦竹山（或石竹山），即其使用年限在8年之内者（好的苦竹山则为10年），而老山则为使用年限已达10年之后的苦竹山。新山的六谷产量每亩年产量约为2石上下（好的六谷山为2.5石），每石六谷在秋收后的市场价格则可换米6斗至8斗，因此可换米1.4石左右；老山的产量则每亩1.8石（最高产量），可换米1.26石，最低的每亩0.5石，折米0.35石，一般的可产1.15石，折米0.805石。

丁、森林山的产量

现以临安县新溪乡为代表，说明森林山的产量。

本乡森林山所产树料有松、杉、梓、青、枫、杨、麻栗等种，以松杉为主。

树料收益典型户调查表

姓名	面积(亩)	产量(楠)	几年产(年)	每亩每年平均产量(楠)	每亩每年平均产量折谷(斤)	所产树料
万春根	11.0	400	40	0.91	36.6	松料
吴金祥	8.0	250	23	1.36	108.8	杉料
合计	19.0	650	31.5	1.09	72.7	但其中尚产杂柴，故实收不止此数

树木计算以楠为单位，即松树截为8尺一段，小头的直径一尺为一楠，杉树由根部以上6尺处回量，3尺为一楠，表内收益系纯收益（由于抗战后树料价格波动不一，难以得出一般价格，故仍以抗战前价格计算，同时此间树料以松、杉占大部分，其他产量很少，故以松、杉为代表来推算全年树料收益情况）。如上表：每亩每年树山产量是1.09楠，收益方面（杉是每楠4斗米，松是每楠2斗米，平均是3斗米），杉每亩每年是108.8斤谷，松每亩每年是36.6斤谷，平均每亩每年收益72.7斤谷。又如表中吴金祥8亩杉树中前年出拚500担柴，平均每亩产杂柴62.5担，以杂柴成长年平均分是15年4个月出拚一次计算，则每年平均产408斤，其收益照每担5斤谷计算，折合每亩每年收益20.4斤，因此树山每亩每年合计收益93.1斤谷。

戊、茶山的产量

仍以新溪乡为代表来说明：

土地类别	面积(亩)	总产量(斤)	每亩平均产量(斤)
茶山	371.55	26 010	70.0
茶地	54.65	3141	57.5
合计	426.20	29 151	68.4

如茶叶每斤平均以 3 斤谷计算，则每亩茶山每年产茶值谷 210 斤，每亩茶地每年产茶值谷 172.5斤。

中共临安地委
1950 年 9 月

建德县山鹤乡山林情况调查

一、概况

山鹤乡为山区，山林面积较多，在全乡土地中占有很大比重。该乡第七村共有土地3813.2亩，山地面积却占81.11%；第七村的山林面积占全村土地面积的81.82%；绪塘村山林较少，也占全村土地面积的52.03%。这些山地多为地主阶级所占有。原先这些山地本身无主的，后为地主凭借势力勾结旧官府强行霸占，特别是太平天国农民革命失败后，逃亡地主陆续归来，伪造假契来欺骗农民，或依仗恶势力诬指农民开垦的山地地权是他的，而将这些土地从农民手中掠夺过去，再通过租佃形式来剥削农民。

地主阶级占有的山林，大部都是森林密布、块子大、土质好的，贫苦农民占有极少的一点山林都是很差的，即使有些较好的山地，但因靠近地主的山地，就常会为地主借故霸占过去。当地农民说："地主的山抬头看不见天日，低头将你草帽摺（挤）掉，只有坞口的破山头，稀稀的小松树才是我们穷人的。"

二、山林占有及使用情况

兹根据山鹤乡第七、第八、第九、第十三共 4 个村的调查分述于后。

甲、占有情况

山林的占有大部集中于地主、富农手中。例如：第七村占总户口6.72%的地主占有全村山林面积的34.95%，占总户口39.55%的贫、雇农却仅有3.27%的山林；第八村的山林集中的程度更是严重，地主在全村 340 亩山林中，就占有 90%以上（地主在邻村西车坞的 2000 余亩尚不在内）。若以每人平均占有数来看：第九村每人平均占有数为2.38亩，而其中地主每人平均则有19.5亩，而贫、雇农每人仅有 1 亩；第十三村的地主每人平均占有15.58亩，而贫农阶层每人中有0.23亩。

乙、使用情况

地主占有的山林除桐山、茶山少数山地出租给农民耕种外，其余的山地大都是留着自己使用（因多年来地主将荒山租给农民开垦，农民给他培植林木，至七八年树木长成后，地主将林山收回，这样陆续出租收回，因而形成地主的使用山林占绝大多数），中农、贫农所使用的山林，除自己原有的极少的一点山地外，尚佃入一部分公地（祠堂、庙地等）及地主、富农出租的山地耕种。例如第七村地主占有的山林1081亩中，出租131.2亩，其余全部留着自用，平均每人使用土地数为15.08亩，贫农的使用土地总共只有244亩（内佃入的143亩），平均每人仅1.08亩。第九村地主的山林全部自用，其他各阶层所使用的山林除自有及佃入本村公产外，尚佃入邻村地主许恒的山地51.3亩。第十三村地主占有的山林1620.1亩（占有的公堂山地369.3亩除外）中仅出租桐山170.1亩及茶山13亩，其余全部自营。

山鹤乡第一村各阶层占有田地山林统计表

成份		地主	富农	中农	贫农	雇农	其他	祠堂	合计
户口	户数	9	8	40	50	3	24	—	134
	百分比	6.72	5.97	29.85	37.31	2.24	17.91	—	100.00
人口	人数	63	43	197	225	3	67	—	598
	百分比	10.54	7.19	32.94	37.63	0.50	11.20	—	100.00
田	占有亩数	214.6	105.0	140.1	28.8	0	3.2	84.7	576.4
	百分比	37.23	18.22	24.31	5.00	0	0.55	14.69	100.00
地	占有亩数	50.9	24.3	19.2	17.6	0	0.2	31.6	143.8
	百分比	35.40	16.90	13.35	12.24	0	0.14	21.97	100.00
山	占有亩数	1081.0	397.5	413.5	101.0	0	0	1100.0	3093.0
	百分比	34.95	12.85	13.37	3.27	0	0	35.56	100.00
	每人平均占有数	17.16	9.24	2.10	0.45	0	0	—	5.17
	租出亩数	131.2	90.0	76.0	0	0	0	0	297.2
	百分比	44.15	30.28	25.57	0	0	0	0	100.00
	租入亩数	0	0	79.9	143.0	0	1.0	0	223.9
	百分比	0	0	35.68	63.87	0	0.45	0	100.00
	使用亩数	949.8	307.5	417.4	244.0	0	1.0	1100.0	3019.7
	每人平均使用数	15.08	7.15	2.12	1.08	0	0.01	—	5.05

山鹤乡第九村各阶层占有和使用土地统计表

成份			地主	富农	中农	佃中农	贫农	佃贫农	雇农	手工业者	学田	庙祀产	合计
户口			1	2	17	14	21	31	18	7	—	—	111
人口			4	16	81	75	93	121	37	19	—	—	446
占有土地	田地亩数	亩数	17.5	33.6	110.2	6.0	42.8	4.5	2.2	1.6	0	17.7	236.1
		每人平均	4.38	2.10	1.36	0.08	0.46	0.04	0.06	0.08	0	0	0.53
	山林亩数	林亩	78.0	87.3	268.0	0	98.1	0	0	0	0	0	531.4
		茶亩	0	0	4.0	0	5.5	4.0	0	0	0	0	13.5
		桐亩	0	0	34.0	5.5	77.5	22.5	1	0	0	0	140.5
		荒山亩	0	8.1	85.7	0	31.4	13.3	0	0	61.5	177.4	377.4
		合计	78.0	95.4	391.7	5.5	212.5	39.8	1.0	0	61.5	177.4	1062.8
		每人平均	19.50	5.96	4.84	0.07	2.28	0.33	0.03	0	—	—	2.38
使用土地	田地亩数	亩数	17.5	46.0	135.5	124.4	53.5	98.3	16.3	1.9	0	0	493.3
		每人平均	4.38	2.88	1.67	1.66	0.58	0.81	0.44	0.01	—	—	1.11
	山林亩数	林亩	78.0	87.3	268.0	10.0	88.1	4.0	2.0	0	—	—	537.4
		茶亩	0	0	4.0	0	5.5	4.0	0	0	—	—	13.5
		桐亩	0	0	55.0	49.0	127.1	169.7	9.2	0	—	—	410.0
		荒山亩	0	20.0	85.7	0.5	33.7	13.3	0	0	—	—	153.2
		合计	78.0	107.3	412.7	59.5	254.4	191.0	11.2	0	—	—	1114.1
		每人平均	19.50	6.71	5.10	0.79	2.74	1.58	0.30	0	—	—	2.50

注:庙祀产的山由中农管理未列入使用数中。该村有很多山是属外村地主许恒的。

山鹤乡第十三村各阶层占有山林土地统计表

成份		地主	富农	中农	贫农	佃贫农	手工业	公堂	庙山	合计
户口	户数	15	6	44	16	84	5	—	—	170
	百分比	8.83	3.53	25.88	9.41	49.41	2.94	—	—	100
人口	人数	104	48	244	68	249	17	—	—	730
	百分比	14.25	6.58	33.42	9.31	34.11	2.33	—	—	100

续表

成份		地主	富农	中农	贫农	佃贫农	手工业	公堂	庙山	合计
松山	本村(亩)	622.90	33.10	233.10	71.70	0	3.20	130.50	19.00	1113.50
	外村(亩)	266.90	17.10	127.40	2.30	0	0	145.70	14.00	573.40
	合计	889.80	50.20	360.50	74.00	0	3.20	276.20	33.00	1686.90
	百分比	52.75	2.97	21.37	4.39	0	0.19	16.37	1.96	100
杉山	本村(亩)	492.70	40.00	109.00	0	0	0	36.00	0	677.70
	外村(亩)	34.50	10.00	0	0	0	0	106.00	0	150.50
	合计	527.20	50.00	109.00	0	0	0	142.00	0	828.20
	百分比	63.66	6.04	13.16	0	0	0	17.14	0	100
茶山	本村(亩)	10.0	0	5.00	0	0	0	0	0	15.00
	外村(亩)	3.00	0	0	0	0	0	0	0	3.00
	合计	13.00	0	5.00	0	0	0	0	0	18.00
	百分比	72.22	0	27.78	0	0	0	0	0	100
桐山	本村(亩)	172.30	0	25.00	0	0	0	0	0	197.30
	外村(亩)	17.80	0	0	0	0	0	0	0	17.80
	合计	190.10	0	25.00	0	0	0	0	0	215.10
	百分比	88.38	0	11.62	0	0	0	0	0	100
总计	本村(亩)	1297.90	73.10	372.10	71.70	0	3.20	166.50	19.00	2003.50
	外村(亩)	322.20	27.10	127.40	2.30	0	0	251.70	14.00	744.70
	合计	1620.10	100.20	499.50	74.00	0	3.20	418.20	33.00	2748.20
	百分比	58.95	3.65	18.17	2.69	0	0.12	15.22	1.20	100
	每人平均数	15.58	2.09	2.05	1.09	0	0.19	—	—	3.76

注：1. 公堂山地 418.2 亩中，地主占 369.3 亩，富农占 8 亩，中农占 40.9 亩。
2. 全村 170 户中占有山的有 52 户（公堂山未计算在内），其中计地主 13 户，富农 4 户，中农 30 户，贫农 4 户，手工业 1 户；其他 118 户均无山林。
3. 佃贫农中包括雇农在内。

三、租佃情况

佃入山地的大都是佃贫农和佃中农。在 1921 年以前，由于人口少，山地多，地主则以较低的租额将山租给农民开垦，表面上租额较轻，但实际上农民租山不过是为地主开山培林，所耗的劳动力远比平原地为大，收获又不如平地多，种不到五六年，树木长成了，山就要无条件交还地主，故此种剥削比平原地更为残酷。

过去农民租山开垦，种桐子不要交租，玉米是业佃一九分（即地主得一成，佃户得九成），树苗是佃业二八分（判山时佃户拿二成树木）。租额最低的是佃户不交租，三七——四六分苗（佃户得三至四成树木），桐子全归农民。地主就用这种方法来引骗农民为他开山培植森林。至1921年以后，垦山者日多，地主的剥削亦随之加重，提高了山林租额，玉米改为二八分，近年来佃户方面树苗一点也分不到了，例如山鹤乡第九村的地主许恒出租的山，不但树苗不分给佃户，而且连原先规定佃户不交租的桐子，他也要一九分。

佃户在租山的时候，业佃双方要签订契约，地主在契约上规定"沿边到陇垦植，扦苗还山（山边陇的土壤比较瘦瘠，树苗很难培植），如树苗不齐，任凭山主上山采摘桐子"等字样，强制佃户履约。

地主出租山地，有的还要向佃户收押租，一般可收100石玉米的山要2石谷的押租，押租虽规定在租山后第三年的租子中可以扣除，但佃户在第三年因原来垦种的山地玉米，出产已大为减少，又要重新向地主租山垦植，原付押租就移作第二次租山的押租，所以佃户的押租是永远收不回的。

纯粹种茶的山，一般也是二八分租，也有的是定租制的，其租额大约相当于该山正产量的二成，但此种租制极少。

四、山林生产情况

甲、山林的种类

根据山鹤乡第九村的调查，西车坞的山计有林山（包括杉、松）、桐山、玉米（玉蜀黍）山、茶山、竹园山、荒山等种。茶山近年来因茶价下跌，纯粹的茶山很少，多种在桐树及玉米的行间。以上各种山地中，以林山为最多，例如第十三村的山林计有2748.2亩，其中松山及杉山即占91.52%，茶山及桐山仅占8.48%。

乙、山林开垦情况

山林的经营一般的均有一定的规律性：即开垦第一年只种玉米（也有同时还种桐子的）；第二年除种玉米外，还种桐子及松、杉树苗；第三年仍可种玉米，但产量已较前减少；第四年因桐子已长大俗称"报新桐"故不再种玉米了，报新桐的桐子产量较少。第五年叫"当年桐"，第六年叫"老山桐"，产量最多，为"报新桐"之一倍，第八年桐树已老而且生虫，桐子产量大为减少，因此就将桐树砍去（也有的将桐子树身根节砍去，当年长出树枝，还能再收二年的桐子，但产量很少），这时松、杉树苗已长成为一簇簇的小山林，待十七八年后，将长成的松、杉砍伐掉，放火烧山，再重新开山轮种玉米、桐子及扦松、杉苗。

丙、林、桐、竹、玉米等的经营情况

（一）开山的第二年，被砍去的杉根上已抽了新枝，就可以砍下一部分，插在没苗的地方（因第三年树苗如不补齐，地主就要扣桐子了）。林树的成长不要加什么人工，当树长大的时

候，也有地主叫长工去砍树桠枝的，因为这样能使树长得快些。修桠枝的山，佃户如分苗，也要负担修桠枝的费用，一般是随分苗的成数来决定负担的成数。

桐山一年至少要掘一次草，最好是在农历四月间掘，因为这是草润肥（能做绿肥），但此时一般农作很忙，没空掘，所以多在秋天掘，冬天因草根已老，掘了也没用。

竹园山一年也要削一次柴，以便竹子生长，削柴、割草最好是在正月里。再迟则笋已长出，割草时容易把笋弄死。

（二）玉米必须要在芒种前种好，因为第一可防止鸟害，因芒种时将玉米种下，山上的鸟，那时到处有春花吃，就不会来吃玉米的嫩苗；第二，玉米要120天才能收，如种迟了，经过霜打后，玉米就不会长老，不能磨粉和贮藏；第三，玉米在将成熟时，大家要睡到山上防野猪，种迟了，别人玉米均已收好，就难免要受到野猪的破坏；同时玉米种后的40天内要及时铲草、拔草，否则草比苗高，玉米就要受到损害。由于以上原因，所以该地区过去农民曾有泥班头（即伴工组，打伴工的一种互助组织），来相互帮助，及时完成播种工作。

（三）山林产品的产量与收益情况：

桐子：山林一亩可收桐蒲约10至12担（即桐白1至1.2石），可榨桐油50至60斤，在第二、三年产量加倍，第四年就少了。桐子在抗战前每担值谷300斤，抗战期间，只值180斤，1948年价最高，每担值谷400斤。

松、杉：一亩山可种300枝松、杉树苗，20年后可有6楠码子（木材的计算单位）的木材。抗战前杉木每楠值谷200斤，松板每方值谷150斤。

茶叶：抗战前一亩茶山可收100至200斤茶叶（采茶每亩需25工），每担茶叶可换五六担谷，最高时一担茶叶可换10担谷子，近年来每担仅值四五担谷子了。而每亩茶叶的产量也低落到五六十至七八十斤。

竹子过去每百斤能换谷20斤，近年来只能换10斤谷。

玉米：开山种玉米，一亩要30个工（杉树山：批工4个、掘山工18到19个、拔草铲草共6个、收工半个），一般山地第一年每亩可收玉米150斤左右（因是火山地，不必下肥），第二年玉米产量要减少1/3，如每亩加30斤桐饼，收成仍可如火山地一样，第三年少收1/2，如垩上30斤桐饼，其产量可与第二年同（加桐饼要拌以灰、尿，下在坑内，然后再放下玉米子，这样每亩要多1个半工）。

由于山林的经营，有它一定的规律性，农民租种地主的山地，在六七年后，树苗已培植成林，就得无条件归还地主。地主长期占有这些山林不加砍伐，农民租入的山地就逐渐减少，因此桐子与茶的产量亦随之减少。同时农民仅有的一点自耕山，还常遭地主无理的霸占。农民长年的受地主这样的欺压与剥削，因而造成了生产力的落后，致使农民生活陷于极端贫困的境地。

丁、劳动力与工资情况

由于土地多集中于地主阶级手中，广大的贫苦农民只能佃入少量土地或出卖劳动力来维持生活，例如山鹤乡第十三村共170户，其中地主15户，占有极大部分的田、地和山林，无田、地者就有80余户，他们大多靠当长工、短工、做手工业、砍柴、卖炭、出卖劳动力来维持生活。

一般情况每工能开山 1 分；可点子 6 分；板苗 3 分；刈草 2 分。根据山鹤乡第八村的调查，农民钟来发种 3 亩山，第一年下玉米种子 1 斗 5 升，不用肥，化 25 工；第二年下玉米种子 1 斗 5 升，用桐饼 50 斤作肥料，下桐子二斗（树苗是树上桠枝），共化 15 工；第三年下玉米种子 1 斗 5 升，用桐饼 30 斤，化 15 工，上面所讲的工是垦地工，其他还有点子、板苗、刈草等工作，3 亩地每年计化 55 工。而替地主培植林木的工尚不在内。

每工的工资解放前为 3 至 6 斤米。有的地主雇工砍树，每槅码子木料的工资约 30 至 80 斤谷不等。长工工资（全年的）“把作”每年 17 至 18 担谷，普通 10 至 12 担，半作放牛的每年工资为 6 到 7 担，小放牛的没有工资，雇主每年只给他做几件衣服的钱就算数了。

五、山林管理情况

因为该乡的山林 80％以上都是地主的，因此地主对山就想尽一切办法来管理，以保障他从农民头上剥削来的非法利益。一般有下列几个办法：

甲、开禁山会，禁山会由地主、伪保长召集，全村每户参加一人，开会的人可以吃一顿饭，经费是由有山的人家摊派的。会议由地主把持，议定规约，其内容一般是规定如在山上私自砍伐树木，除追回外，还要罚款，第一次是罚洋2.4元，第二次是4.8元，以后逐次照此加倍上去；也有打锣游村的；也有具结的；该地叫做写“法扁”。

乙、与官僚相勾结，随意处罚农民，在 20 多年前，茶叶和竹笋的价格好时，地主借看守茶叶与竹笋为名，豢养过森林警察，警察人数虽然不多，但群众怕得很，连一张树叶也不敢动。

丙、设立候山户。候山户都是无地的赤贫户，大都是外地人，因为没办法才来给地主候山，地主租给他几亩地，他除了照常交租外，还有看山的义务，如有人偷窃，就要报告地主，如弄不清是谁偷的，轻则要受地主的责骂，重则要给赶出去。候山户唯一多于一般佃农的待遇就是他能在取得地主同意后，伐点竹木，做点用具自己用，但出卖是不行的。西车坞有候山户 20 多户。

附录：“开山班”的组织

山鹤乡有开山班的组织。开山班是由一个有经验的开山者发起，集合贫苦农民共同组织而成，专在山林地区替人开山，一般是 10 人或 8 人为一班，由发起人领班。一个班除上述的人专从事开山外，另还带有 2 人，一个专门管理生活、采办、杂物、保管生产工具及接洽工作的，他不参加开山种田；另外有一个小孩，他专门给人送茶、拿衣服，开山劳动也要担负一些。

开山班的工作一般在一月半开始至五月前后结束，在这一段时间内，工作是很辛苦的，不论天晴、天雨、天雪，只要有人家请开山，就要工作的，这是班里的规则。大家吃苦和遵守规则也都是自觉自愿的，他们自己规定一天不能有 2 人请假。有时候，天落雨落雪，山坡上很滑，开山工作很困难，但他们为了要吃饭，也不得不从事这种艰苦的工作。

待遇方面：按规矩雇主供膳，一般应有4块猪肉给他们加餐，并有几两烧酒，但地主是刻薄成性的，对待开山班的工人饭食往往和他自己家中两样，只给他们苞米饼及很少的几片薄肉。

开山工资每人每日约收米5斤，开山时各人带山锄一把、蓑衣一件、箬帽一顶、围裙一件、绑腿一副、草鞋一双。在1932年每日每人约可分得0.24至0.26元。小孩因劳动力较小只算半工。包头除工资外，尚“抽水”5%，因他自己除参加开山之外，还要负责班员在无工作时的伙食、接洽事务，修理农具及跑腿等等工作，当地对包头有“黄泥包头”之称。

包头在过去有一习惯，即到起班的那天，要拜菩萨，请酒，并要全体伙计保证不赌博、不打架及不无故退班等。如果那个犯了规则，那么，摆酒的钱由他负责开销。

中共浙江省农委调研科

1950年7月

衢州专区特种土地调查

一、山林情况

甲、概况

本区总面积共1700余万亩，而山地即达1300余万亩，占总面积82%。森林面积估计约为400万亩，为总面积22%，占山地面积30%。林木种类以杉、松为主，余为柏、樟、桐、茶及其他杂树等。林木直径5寸以上者，估计约为4400余万株，大部集中于遂昌、开化山岭间。

乙、分布及面积

(一) 遂昌森林面积约有150余万市亩，占全县面积40%强。林木中胸高直径5寸以上者约1480余万株，主要为马尾松、杉、油茶及杂树。该县地区辽阔，深山间不乏原始森林（如王村口、黄沙腰等区之原始森林，群众因驱逐老虎有将森林大片焚毁者)。然以交通不便，人烟稀少，确数暂时无法调查。

(二) 开化森林面积约有100万亩，占全县面积35%，有松约1200万株，杉约400万株，柏、桐、柏、樟等约20万株，为本区主要木材出产地。

(三) 常山森林面积约有44万余亩，占全县面积31%，森林主要为杉、马尾松、油茶、油桐等，树身胸高5寸以上者共约420万株（国民党伪省府在该县辟有林场推广植林，故该县林业较有基础)。

(四) 衢县森林面积约有100万亩，占全县面积40%弱，树木胸高5寸以上者约300余万株，主要为松、杉、桐、柏及其他杂树。

（五）江山森林面积约有25万亩，占全县面积10%，胸高5寸以上之树木约330万株，主要为松、杉、茶、桐等。

（六）龙游森林面积约有4.5万余亩，占全县面积2.7%，为数最少，胸高5寸以上之树木约250万株。主要种类亦为松、杉、桐、柏及其他杂树等。

丙、产量

本分区森林面积为411.5万余亩，按照典型调查每亩平均能植树30株左右，故本区总株数应为1亿2300万株以上（胸高5寸以上之树木约4400余万株），为本分区的最大特产。

木材输出以开化为最多，解放前每年输出达3万株，值米6万左右，沪杭市场称为“开木”，颇为著名，其次为遂昌、衢县、江山等，每年输出估计亦为万桶左右。

木柴除龙游外，其他五县均有输出，据1949统计，约达109万担，值米29 500余石。木炭产于衢、江、遂、开四县，1949年输出18.5万余担，值米3.2万余石，亦为本区重要输出品之一，销售沪杭一带。

总计本区森林产物共值米13.3万石左右，约占本区土特产输出价值的18%，由此可见森林对本区农民经济生活之重要。又本区80%以上均属山区，交通极为不便，木材输出全赖水道（如开化之马金港，遂昌之乌溪港），而木柴、木炭多赖肩挑人力运输，限制了其大量输出。故交通情况如能加以改善，产量当可增加数倍。

丁、占有及使用情况

据各县调查材料，山林约80%以上为地主、富农及公产占有，中、贫农占有极微，土地的占有较平原更为集中，据开化亲仁乡的典型调查情况如下：

亲仁乡各阶层占有树木比例表

种类	杉木	油桐	油茶	柏子	茶叶
地主	49	34	49	34	15
富农	42	31	29	20	14
中农	7.5	24	13	37	41
贫农	1.5	11	9	9	30
合计	100	100	100	100	100

遂昌白水乡的典型调查如下：

白水乡各阶层占有树木比例表

成份	地主	富农	中农	贫农	其他	公产	合计
杉木	3	17	18	10	3	49	100
荒山	1	41	28	7	2	21	100

根据上述情况，地主、富农及公产（实际亦为地主、富农占有）占有80%至90%的杉木和70%的桐、茶等，山区田少山多，农民生活的贫困，是可以想像的。

戊、租佃剥削情况

山的租佃关系较田为单纯，据开化、遂昌、江山等县的典型调查主要有两种：一为开化的“扦苗还山”；一为遂昌的“分扦”。所谓“扦苗还山”即农民租入地主荒山开垦，第一年种植苞萝；第二年种下桐子（三年桐），同时种下杉苗。苞萝种三年后桐子长大，即不能再种苞萝，单收桐子，桐子收三年后杉苗长大，即不能再收桐子，即将成林杉木交还地主，租佃关系即告终止。农民在种苞萝时地租为10%至20%，收桐子时情况不定，有不交租的，有对半分的。

所谓“分扦”即农民租入地主荒山开山扦苗，修树刬山（即除草松土），经过20年培养，杉苗成林后，出售时农民可与地主分取收益，一般为四六分扦（佃四业六），最高租额有三七、二八分扦，最低者为对半分扦，视土地质量而定。

上述两种租佃关系剥削均相当严重，从“扦苗还山”来看，地主除在种苞萝、桐子时取得地租外，并独得山林利益；从“分扦”来看，农民自开山、扦苗、修树、刬山经20年培养杉苗成林时止，每“山亩”种树400余株，须工57个（遂昌白水乡典型调查），每工按米7斤计，共折米400斤，而当杉木出售时，每亩山价合米400余斤，与地主四六分扦时仅得米160斤，尚亏米240斤，因此农民说：“种山如不是自己会劳动，就得讨饭。”

地主阶级除以上述租佃关系残酷剥削农民外，其他巧取豪夺、借势霸占情况也极普遍，如农民在无主荒山开垦植林以后，地主、富农当权分子即出面造契报税，夺取产权，强令农民缴地租，霸占山林，坐享劳动成果。故一般说来，山区的封建剥削是较平原更为严重的。

己、经营情况

关于木材的经营，据开化、遂昌调查，70%系地主、富农经营，20%为商人经营，纯粹“木客”很少，仅约占10%。木材产地价格（即山价）很低，一般只有木材市场价格的10%至20%左右，视木材好坏及交通情况而定。其中工资部分所占比例极大，占木材成本70%至80%，如砍工（砍倒木材）、驮工（将木材驮至河边）、作排串排工及放排工等。木材于秋冬砍伐，涨水时运出，以二至四月间外运最多。

木商资本均不大，由林山至木材集散地（如开化之马金）运费由自己付，而外运运费多仰赖杭州木行以借贷方式预付。此种借贷以实物折算，利上加利，盘剥极凶。此外，向某行借贷，木材亦须挂于某行，称之为“挑挂行”，售木时木行向买主取佣10%，向卖主取佣5%，并在各种开支、付款时间及结账上多方剥削，甚至不让双方见面，虚报价格从中获利，所以木行往往为高利贷兼中间商人的剥削。木材售价每桶（木材计算单位）合米通常为150斤至300斤，最高曾达500斤之多。木材运输对山区农民生活影响甚大，因农民土地过少，不能维持生活，多靠驮运木材弥补。解放后木材一度滞销，严重影响山区农民生活，现销路已经打开，每桶售价合米约400斤，农民生活问题已可解决一部分。

木材交易方式有“青山出拼”（即“判青山”），即买卖双方看山议值。有“成木出拼”，即山主将木材作好，由买房估价整批出售。有“卖青苗”（即“抱苗”），木材未到砍伐时期即出售订立契约，约期砍伐，价格视苗之大小而定，价格极低，剥削极凶，多为中、贫农出售。

庚、苗圃情况

全分区苗圃面积约 190 余亩，种植苗木约 67 万枝，其中大半集中于常山，约有苗圃 93 亩，苗木 54 万株。常山苗圃纯系国营，伪省府时即已创办，办理较有成绩。其余江山有 30 余亩，衢县 47 亩，余在龙游、遂昌，多为分散经营，苗木较少，经营者 80%为雇、贫农，地主、富农极少。

本区 70%以上山区均在荒芜中，今后如推行大规模造林运动，现有之苗圃将不敷甚巨，故对苗圃事业应予积极奖励，协助其发展。

二、竹林情况

甲、概况

衢州地区气候温和，雨量充足，极宜竹类植物生长。竹类有修竹、雷竹、毛竹等，以毛竹用途最多，如造纸、制竹器、建造房屋、挖竹笋、晒笋干等，与农民生活极为密切，为本区极有经济价值之植物。

本区为浙江省造纸业中心之一。全区六县除开化较少外，无不生长有大片毛竹林。惜以交通不便，未能全部利用。毛竹高达一丈四五尺。周围一二尺，培植容易，生长迅速，四五年即可成林利用，故在今日森林稀少情况下，在保持水土、调节气候及经济利益上，毛竹实占有极重要地位。

乙、面积及分布情况

本区竹林面积总计约为48.6万余市亩，分布情况可分为南北 2 个重心，北部集中于衢县、常山、遂安三县边境山区，南部集中于衢县、龙游、遂昌、江山县边境狭长山区。各县竹林面积及分布情况分述于次：

（一）衢县：衢县竹林分布于南乡北乡之石梁、杜泽、上方、大洲及岭头等区，共 35 个乡，竹林面积估计约为 20 万市亩。

据石梁区大头乡调查，全乡 4 个行政村，占有竹山 930 亩（喝山亩），以每“喝山亩”折 25 市亩，共2.3万余市亩。全乡有纸槽 68 个，最高产纸量3.9万件，全县最高产纸量为 30 万件，因此估计全县竹林面积最少约为 20 万市亩。

（二）龙游：分布于南区溪口、湖镇、官潭等区共 20 个乡，总面积统计为 4384 亩（喝山亩），大部集中溪口区，约 3588 亩，全县共折合约10.9万亩。

（三）遂昌：分布于大柘、蕉川、湖山、王村口等区，本县因地区辽阔，人口稀少，山区面积从未测量，即“喝山为亩”之标准亦没有，故竹林面积无法调查，以本县之纸及竹笋产量为根据，估计为 10 万市亩。

遂昌虽存在大片竹林，但利用造纸者不多，产纸最高为1.3万件，折合竹林 2 万亩，其余竹林多产竹笋，过去每年输出笋干约 3000 担，每斤笋干折鲜笋 13 斤，共折鲜笋约 400 万斤，本县消耗估计亦与输出量相等，共折竹笋应为 800 万斤，以每市亩竹林可产笋 100 斤计，共可折合竹林 8 万市亩，连同产纸竹林估计为 10 万市亩。

（四）江山：分布于保安、凤林、广渡等地，最高产纸量年约 5 万担，估计竹林面积为 3 万市亩，江山南部山区尚有大片未曾利用之竹林，数字无法估计。

（五）常山：分布于芳村、芙蓉等区，年产纸约1.2万担（件），竹林面积统计为 866 山亩，折合 2 万余市亩。

（六）开化：分布较为零星，统计共有 4300 余亩。

丙、产量

本区为浙江土纸业中心之一，所产种类有花笺、屏纸、方高纸、高把纸等，历史悠久，出产丰富。

纸业以清末民初时最为旺盛，但产量已无处查考，据伪省府 1930 年材料，全区年产各种土纸曾达 90 万件、担（花笺纸以件为单位，屏纸以担为单位），以衢县 50 万件（担）为最多，龙游 30 万件（担）次之，其他各县约 10 万担，至 1936 年则稍衰落，产量约为 50 余万件（担），仍以衢县为最多，约 30 万件（担），龙游约 20 万件（担）。抗战期间因交通梗塞，销路不畅，价格大跌，产量减至 20 万件（担）以下，胜利后销路转畅，价格猛涨，增产至 30 万件（担）左右。据最近材料估计，1950 年下半季至 1951 年上半季内，尚可产纸 11 万余件（担），计衢县 7 万件，龙游 3 万担，江山1.2万担。

历年来土纸产量及价格可列表如下：

年份	1930 年	1936 年	1937—1945 年	1948 年	1949 年	1950—1951 年
产量(件担)	90 万	50 万	20 万	30 万	16 万	11 万
价值(合石米)	90 万	50 万	10 万	36 万	5.33 万	7.33 万
单位价(米)	150 斤	150 斤	75 斤	180 斤	50 斤	100 斤

据大头乡调查，制一件（担）纸原料约需嫩毛竹丝 350 斤，如以产纸量折合推算，本区毛竹产量则历史上最高产量（1930 年）为 3 亿 1500 万斤，以后几个时期纸产虽减少，但并不能说本区竹产和竹林面积也随同纸产比例的急剧衰落。

竹林面积战前估计为486 000市亩。历年被开垦的面积约为 15%（大头乡典型调查，全乡竹山22 000亩，开垦面积 3267 亩），故如将历年竹林自然繁殖之数量不估计在内，则目前竹林面积尚应为413 000市亩，每亩生长毛竹以 60 根计算，共应为24 780 000根，每根毛竹每年最少能生笋一根，如其中 1/2 能够生长，则每年能生新毛竹12 390 000根，每根新竹重量以 30 斤计，每年能产新竹371 700 000斤，约合185 850吨，现在已利用造纸之竹料，仅占 15%而已。

丁、经营情况

本区竹林与农民生活极为密切，单以造纸一项而言，与纸业发生关系之农业人口约占全区总人口 20%左右，造纸集中地区则有达 80%以上者。

据不完全统计，全区共有纸槽约 500 余个，内衢县约占 300 个，龙游约占 150 个，余分布江、遂、常等县。经营纸槽者（槽户）70%以上为地主，资本家及富农约占20%，中、贫农不足10%。

竹林占有的情况据衢县大头乡、龙游悟村乡的调查，平均地主占有约40%，富农8%，资本家及公产约占10%，中、贫农及其他阶层占有40%左右，地主、富农不但占有较多，而且占有质量也较好，据大头乡材料，同面积的竹山产量相差达30余倍之多。

竹林经营非常简单，毛竹经人工移植后五六年即可成林采料，以后每年只须刬山一次，清除林间杂草荆棘，以便竹笋容易生长，每年冬笋的出产即可付刬山工资。

毛竹除供造纸以外，也直接输出贩卖，输出需视“出水”（即水道交通）情况而定。如价格太低，输出数量就不多。

三、果园情况

甲、一般情况

（一）种类面积及分布情况

本分区果园有橘、桃、李、枇杷、石榴、花红（沙果）、梨、杨梅、栗子等种类，其中以橘园为主，全分区果园面积5600亩（最近的调查），橘园要占4800亩，占果园总面积的86%，其次桃、李420亩，占8%，兹将各种果园的分布情况分述如下：

橘园：产区为衢县的航埠、沟溪两乡，面积约2500余亩，常山的仁里、象山、绣溪、定阳四乡面积约2300余亩，两县合计年产橘子约60 300余担。

桃、李：以衢、龙两县为主，但为数不多，亦不普遍，只在个别几个村子栽培，据最近两县的调查共210亩，约能产桃700多担，李500余担。

枇杷：出产在衢、常两县，其中以常山县招贤乡的沙帽山为最著名，根据两县的调查约计面积280亩，年产枇杷约3700余担。

其余如石榴、花红、梨、杨梅、栗子等各县所产数量均很少，只是个村子零星星栽培数株或几亩。

（二）占有与使用情况

根据最近各县调查，果园的占有并不很集中，尤其公产极少。以栽培面积最多的橘园来说，根据衢、常两县的典型调查，地主占20%，富农占13%，公产仅占2%，其余65%皆为农民占有。又龙游的桃园调查，全县61亩桃园，其中地主及专门经营者约占30%左右，其余70%皆为农民所有。

在使用上看，各阶层所占有的各种果园极大部分为自己使用，租进租出者很少，根据衢、常两县的橘园典型调查，有租佃关系的橘园仅为使用的10%左右，又据龙游的桃园典型户了解，其中只有专营桃园者租入公地5亩经营。这样可以看出，果园由于占有上的分散，而租佃关系极少，同时在使用上也是比较分散的。

（三）经营情况

各种果园由于占有、使用较分散，经营的技术亦很差。如橘园常由农民兼营，产橘区一般农民都会经营橘园。根据龙游了解，除有个别的地主、富农及专营者占有的几亩桃园是采用新式的接木法，产量较一般为高而品质亦佳外，普通农民的技术都很差。

乙、衢县航埠乡一、二行政村及常山辉埠乡何家村两个橘园典型村的调查

（一）橘园的种类及历史情况

橘子的种类可分橘、橙、柑等，其中以橘为最多，橘又有衢橘、福橘、七甜红等之别。品质最佳的为柑（俗称柑子），但栽培面积很少。

橘园在1915年冬季遭冰雪灾害，被冻死的达80%，自后逐年恢复，到战前为止，发展到超过1915年的一倍左右。根据衢县60个自然村的调查，当时将近40%的旱地都种植了橘林，约达8000余亩，17万余株，年产橘9万余担，在该地人民生活上占了极大的比重。但自抗战以来，因日寇蒋匪的交互迫害，人民生产情绪下降，又加各种虫害的频繁，橘树培养受到了严重影响。据最近的调查，衢县橘林受到虫害而死掉的达70%，常山达50%，现在两县栽培面积合计只有4800余亩。

（二）占有及使用情况

两个典型村各阶层占有及使用橘园比例表

地区	土地类别	地主	富农	中农	贫农	雇农	其他	祀产	合计
衢县	占有	23.6	18.7	27.6	27.2	0.7	1.2	1.0	100
	使用	20.2	15.6	32.3	29.7	0.9	1.3	0	100
常山	占有	18.2	5.9	33.4	35.7	1.5	1.9	3.4	100
	使用	17.6	5.7	35.5	37.0	1.9	2.3	0	100

根据上表情况看来，橘园在占有及使用上皆不算集中，尤其公产占有极少，仅为2%左右，各阶层除地主、富农占有使用平均数较多一些外，其余中、贫农的占有使用相近。根据常山何家村的调查，全村243户，其中有203户占有及使用橘园，约占总户口84%，惟雇农及其他阶层占有、使用的数量很少，仅占2%左右。

（三）租佃剥削情况

橘园的租佃情况极少，根据上述2个村的调查，衢县典型村全村计占有131亩橘园，而出租的仅13亩（地主出租8亩，富农出租5亩），占全部占有的10%左右。全村使用橘园128亩，内租入的仅7亩5分，仅占全部使用的6%左右。常山典型村全村占有橘园211亩，出租的12.5亩，仅占全部占有的6%，使用217亩中，内租入的19亩，也仅占使用的9%。原因主要的是橘园经济价值高，地主、富农舍不得出租，又农民怕化了大成本后被地主抽佃，亦不敢以租入地经营橘林。

橘园在剥削上却不轻，往往农民在租入的土地上栽下了橘林，地主就以加租加揽或抽地来威胁，到期不交租，地主就连地带橘树抽回去。所以橘农说："苦人种橘，财主享福。"租有分租制与定租制两种，分租制常为对半分与四六分（业四佃六）橘产，定租制一般是交稻谷120斤。

另外剥削性最大的是产销中的剥削。历年以来，橘产上市之际，往往市价很低，然后逐步

上涨，据去年衢市橘价的统计，上市至落市其价格相差3倍之多，而一般橘农急待用钱，只得在产期贱卖出售，到十二月以后价格高时早已卖完，所以“待价而估”的橘子所有人不是生产者，而是地主、富农阶级及橘商。又产销中的剥削尤以“押橘银”为最重，就是橘商及地主等，在春荒之际，乘机向农民贱价押进橘子，如今年每百斤橘子只押大米15斤，即春荒时橘农向地主借15斤大米，秋后还橘子100斤，其剥削之重显而易见了。

（四）橘园的经营及产销情况

经营情况：橘林的种植有其一定的风土，一般适合于温暖地带及平坂厚土之山地和带有沙质的稍高燥肥沃土地，含水过多的所谓包浆地不适合。橘树的种植需经过播种、育苗，一般是把种子播在菜园里，历一年后长成四五寸的苗，再把他移植成纵横相隔一市尺一株，再历四五年后长成三四尺左右，然后在春二三月或十月小阳春时，连根带泥同时掘出种到地里，纵横每隔一丈二尺（市尺）左右植一株，一般每亩地种22至30株。种下须历7年左右开始结果，15年产量最盛，50年后逐渐衰退死亡，在种下橘苗头5年对地里作物并无大妨碍，一般使作物减产20%，以后逐年长大，即难再种其他作物，种了也要减产60%至80%以上。

加工施肥：橘园每年入冬都要用草皮或泥土封根以免冻坏，至年春又掘开根泥，成一小浅潭以便盛粪肥，另外全年要耕橘地三四次，捉根虫七八次，洗刷树皮一二次，剔树枝一次及剪橘子等，全年每亩橘园要化人工22个，牛工2个，合计折合人工26个（牛工一个折人工2个），每工工资以7斤大米计算，共折稻谷237斤。肥料主要的是粪肥，全年要施肥三四次，须用人粪三五担，又青饼或桐饼约50斤，合计折谷240斤，加上工本，全年每亩橘园共须农业成本计稻谷477斤。

产销情况：橘产有盛衰年之别（即一般说的大小年），盛年时橘子挂满树梢，压断枝头，衰年时零星几只。据最近的调查，大小年平均起来，两县合计年产橘子约60 300余担。又据两个典型村的调查，每亩较好的橘园盛年时能产橘子3000斤，衰年最多产1000斤，平均起来每亩橘园约年产橘子2000斤，每百斤以70斤稻谷计算，共折稻谷1400斤，减去上述农本477斤，得纯收益923斤，与每亩田产稻谷500斤（中等田）减去农本198斤，得纯收益302斤，两相比较，每亩橘园的纯收益要多于每亩稻田纯收益621斤，也就是说每亩较好的橘园相当于3亩中等稻田的收益。

所产橘大部分集中于衢市，转运杭、沪一带销售。在衢市价格一般每百斤橘子能卖到稻谷70斤，高的140斤，低的30—40斤。至于沪、杭价格一般相当于衢市价格的一倍左右，但有时高低亦甚不一致。

中共衢州地委政研室

1950年9月

江山县公共土地调查

该县公共土地特多，根据城关区、凤林乡、清湖乡、蔡家村、淤头村等地的调查材料，公共土地平均占该地占有土地的31.87%，其中70%是祠堂田，其次是学田、祀会田、庙田、公田、桥渡田及其他公共土地。淤头村公共土地竟占该村占有土地2661.7亩的65.6%，其中祠堂田又占公共土地的89.2%。大宗祠占有土地很多，小宗祠土地虽少，但个数很多。如该县上台朱祠有田3000亩，石门眉祠有田800亩，淤头毛祠有田580亩；又如城关区有宗祠单位262个，凤林乡有宗祠单位213个。

江山县城关区、凤林乡、清湖乡、峡口乡第三村、蔡家村、淤头村公共土地统计表

项目	亩数	各种公共土地占公共土地总数百分比	公共土地占占有土地总数百分比
各地区占有土地总数	94 900	—	—
公共土地总数	30 242.8	100	31.87
祠田	21 227.5	70.19	22.37
祀会田	2065.4	6.83	2.18
学田	3507.2	11.6	3.7
庙田	1364.3	4.51	1.44
桥渡田	781.2	2.58	0.82
公田	1230.5	4.07	1.3
其他公共土地	67	0.22	0.07

现在就几个乡、村的调查材料，分别说明如下：

一、祠田

甲、祠田数量

就调查的几个乡、村统计，祠田共有21 227.5亩，占总土地数的22.37%，淤头村最多，占该村土地的58.52%，最少的峡口乡三村也有3%。兹将各乡、村的祠田数统计如下：

江山县几个乡、村祠田统计表

地区	占有土地总数	祠堂数	祠田亩数	祠田占占有土地百分比
城关区	39 526.1	262	13 133.3	33.23
凤林乡	13 788.0	213	2673.0	19.39
清湖乡	35 438.6	22	3646.3	10.29
蔡家村	837.6	—	145.4	17.36
淤头村	2661.7	—	1557.5	58.52
峡口乡三村	2648.0	3	72.0	2.72
合计	94 900.0	—	21 227.5	22.37

乙、祠田的来源及经营方式

祠田来源有三：第一，祖先遗产之一部分在分家时留下；第二，封建官僚捐募所置；第三，祠田租金收入节余购买而来。经营方式均为全部出租，收取地租。祠产的经管权主要操在地主当权派手中。其收入除一部分用作迷信开支（如过年时分香饼、修理祠堂、修族谱、扫墓、祭祖等）外，很大部分常为经管人贪污浪费，群众极端不满。收入中有一部分虽亦划为族内人教育奖金及其他社会福利事业（如桥坡、修亭、修路、施茶等）之用，但得教育奖金者必须为受高等教育之知识分子，因而受益者仍为地主、富农。

丙、淤头毛祠情况介绍

（一）组织情况

淤头毛祠，一宗五房，大宗祠下有13个小宗祠，全村353户中有340户姓毛，仅13户姓杂姓。大宗祠设族长3人，总经理1人，经理14人（都是本姓，有地主1人，富农2人，中农5人，贫农7人），掌握族中大小事情，另设管账1人，看管祠堂的1人，看山的5人。

（二）祠规和旧习

（甲）每年冬至、过年、端午三节日族人每人分糯米3斤（妇女仅在端午节有份），冬至节60岁以上族人分糯米4斤，70岁以上者6斤，80岁以上者12斤，90岁以上者24斤。60岁以上每人每年分粗布棉袄一身，70岁以上者分洋布棉袄一身。年老无子者祠堂供吃，90岁以上无子者祠堂供吃供穿。

（乙）祠堂舍施棺材，自乾隆年后，非毛姓不施，祠堂中经常有2个木匠制棺材。

（丙）每年施茶水。

（丁）修理各处破亭、破桥、破路。

（戊）维持桥渡。

近三四十年以来，祠堂管理渐趋腐败，大部旧规都已废了，只有桥渡现尚维持。

（三）收支情况

（甲）收入：该祠堂原有土地672亩（尚有大山5座），每年可收租1320石，近年被洪水冲毁一部分土地后，尚有580.8亩，租米减为1000石左右（其中佛堂租70石由祠堂管理），上述租额实收仅有四成，年约 400 石，并且由于近年祠堂管理腐败，有些人亦不交租了。

（乙）支出：

①每年津贴学校经费 30 石。

②渡船船夫薪水 12 石，去年修破亭化谷 10 石，帮助别处渡口 8 至 9 石（沿江山港43 个渡口，每处津贴 2 斗）。

③五个看山的每人每天工资 1 斤半米，全年 18 石，账房薪水每年 24 石，看管祠堂的人工资3.6石。

④田赋过去都不交清，每年仅交 100 石左右。

每年收入四百担谷中，除用于上述开支外，一部分为经管人贪污浪费，账目从不公布。

二、学田

甲、学田数量及学校对学田的依赖

兹将几个乡、村的学田数量统计如下：

江山县几个乡、村学田统计表

地区	城关区	凤林乡	清湖乡	峡口乡三村	蔡家村	淤头村	合计
占有土地总面积数	39 526.1	13 788.0	35 438.6	2648.0	837.6	2661.7	94 900.0
学校数	3	1	14	1	—	—	—
学田数	2537.6	39.0	869.1	8.0	7.6	45.9	3507.2
学田占占有土地的百分比	6.42	0.28	2.45	0.30	0.91	1.72	3.70

上表中学田平均占总土地数的3.7%，城关区较多，占6.42%，凤林乡及峡口乡第三村最少，仅占0.3%。

该县解放前，学校经费虽由伪政府补助一部分，但学田收入一般为学校经费的主要来源，特别是保校对学田的依赖程度更大。

乙、学田来源及管理情况

学田来源一般是由祠堂捐助，或一村一乡公田拨充或私人捐助。过去学田大多由校长管理，或乡保长通过校长操纵掌握，私立学校由校董会管理，收入被贪污的现象很普遍。

三、庙田

该乡庙田多为香火庙所有，如九华山庙有田五六百亩，一般庙占有十数亩至数十亩不等。大庙土地多，小庙土地虽少，但单位很多。所调查的各乡、村除城关区及淤头村无庙田外，其余各乡、村庙田各占全乡、村占有土地的百分之二三左右。共有庙田1364.3亩，占占有土地

94 900的1.44%。兹将各乡、村的庙田统计如下：

江山县几个乡、村庙田统计表

地区	城关区	凤林乡	清湖乡	峡口乡三村	蔡家村	淤头村	合计
占有土地	39 526.1	13 788.0	35 438.6	2648.0	837.6	2661.7	94 900.0
庙数	0	16	17	3	—	0	—
庙田数	0	275.0	979.2	84.0	26.1	0	1364.3
庙田占占有土地百分比	0	1.99	2.76	3.17	3.12	0	1.44

四、祀会土地

江山县几个乡、村祀会土地统计表

地区	城关区	凤林乡	清湖乡	淤头村	蔡家村	峡口乡三村	合计
占有土地	39 526.1	13 788.0	35 438.6	2661.7	837.6	2648.0	94 900.0
祀会数	0	178	28	—	0	1	—
祀会土地	0	966.0	960.5	86.9	0	52.0	2065.4
祀会土地占占有土地百分比	0	7.01	2.71	3.26	0	1.96	2.18

祀会土地特点之一为单位多、土地少，凤林乡一乡有祀会 178 个，占有土地 966 亩，每个祀会平均占有5.4亩；遂安文林村一个村有祀会庙宇单位 24 个，如黄祥光福会、黄文昌会、黄中秋会、沈家桥会、城隍庙中秋会、中秋火神会等，每个祀会占有土地一般都在 10 亩至 20 亩，甚至有不到一亩的，但每个会又为几家或几十家共有，轮流祭神，土地轮流耕种。

中共衢州地委政研室

1950 年 5 月

第五部分　鱼荡渔业调查

绍兴专区鱼荡情况

一、一般情况

绍兴专区诸暨、萧山、会稽、上虞、绍兴等5县均产淡水鱼，将各县鱼荡与土地面积列表如下：

地区	水田面积(亩)	旱地面积(亩)	渔荡面积(块)	渔荡占土地的百分比
诸暨	786 094	139 860	39 131	4.1
萧山	358 008	491 369	30 000	3.4
绍兴	469 978	49 347	41 423	7.4
会稽	419 329	85 086	97 549	16.2
上虞	434 810	98 276	28 320	5.0
合计	2 468 219	863 938	236 423	6.6

湖荡养鱼以绍兴、会稽两县为最多，其他各县数量不大，如诸暨仅白塔湖等湖养鱼，其他湖均不养鱼。解放前绍兴一县年产鱼即达到700万斤左右。

绍兴经营养鱼业者名为“鱼大司”（绍兴县共有鱼大司480户，使用鱼荡7706亩）。鱼大司自有鱼荡数目甚微，大半都是租荡养鱼。但鱼荡的租佃关系与田地有基本上的区别，有荡的小业主不但得不到好处，相反的常受鱼大司欺侮，因鱼大司多数有恶势力，霸用鱼荡，少付租金（也有不付租金的），在反动政府统治下，小业主多忍气吞声，敢怒不敢言。

往年鱼大司的负担很轻，仅以其收入的2%缴伪县政府，3%缴鱼会（据鱼大司章成皋说，实际上还不到此数）。至于给鱼荡业主的荡租，多少不定，鱼大司势力大的甚至不给。

二、鱼荡占有情况

鱼荡面积不易调查，过去业佃双方的租佃关系，多用“块”字来代表面积，用亩、分来计算的仅1%。将绍兴郊区鱼荡评定面积与绍兴鉴湖乡各阶层鱼荡占有情况，列表如下，作为参考。

绍兴城郊区鱼荡统计表

地区	鱼荡亩数	百分比
灵芝乡	5982.0	52.66
秦望乡	2010.2	17.69
鉴湖乡	3368.5	29.65
合计	11 360.7	100.00

注:上表鉴湖乡是未划乡前之总名,包括鉴湖、城郊、新鉴等 3 乡。

绍兴鉴湖乡各阶层占有鱼荡统计表

成份	鱼荡亩数	百分比
地主	12.50	2.93
富农	62.00	14.51
中农	274.00	64.13
贫农	76.00	17.79
雇农	1.00	0.23
其他	1.75	0.41
合计	427.25	100.00

注:本表所列数字系上表鉴湖乡划成 3 个乡后,鉴湖乡的数字。

鱼荡占有较分散，占有者往往只占有一个大荡中的一部分，并无固定的界线，(能养菱的荡有界线)，地主、富农及鱼大司占有鱼荡均不多，今将绍兴县城郊区鉴湖乡第二、五 2 个村各阶层占有鱼荡情况列表如下：

绍兴鉴湖乡第二村各阶层占有鱼荡情况表

成份	地主	富农	富裕中农	中农	贫农	雇农	工人	总计
本阶层总户数	0	0	9	42	41	8	44	144
有荡户	0	0	1	4	2	0	2	9
有荡户占本阶层户数百分比	0	0	11.11	9.52	4.88	0	4.55	6.25
占有亩数	0	0	2.00	6 亩零 1 块	6.20	0	1.00	—

绍兴县鉴湖乡第五村各阶层占有鱼荡情况表

成份	本阶层总户数	有荡户	有荡户占本阶层户数百分比	占有亩数
地主	1	1	100	2.5
富农	4	2	50	3
佃富农	1	1	100	1
富裕中农	6	2	33.33	2.8
中农	16	3	18.75	6.5
佃中农	51	12	23.53	32.45
贫农	84	2	2.38	14.5
雇农	8	2	25	5
公产	—	(47)	—	27.5
总计	171	25	14.62	95.25

注：上述材料是根据鱼大司严阿狗的租簿记载加以整理，不很正确，表上占有亩数比实际占有亩数要小。

从上列两表中可发现鱼荡之占有情况有如下之特点：

甲、占有鱼荡户是不多的。两村共有 315 户，占有鱼荡者只 34 户，仅占有 11％弱。

乙、各阶层普遍占有鱼荡，但占有面积都不大。

如调查鱼大司之占有及使用鱼荡情况，亦可发现同样特点，下表为绍兴严阿狗、章成皋两鱼大司之占有及使用鱼荡情况：

鱼大司姓名	自有荡块数	自有荡亩数	租入荡块数	租入荡亩数	租入荡为自有荡之倍数
严阿狗	5	20	9	500	25.0
章成皋	3	78	17	3082	39.5

如将鱼大司章成皋租入的 9 块荡的荡主占有情况来分析，可发现这 500 余亩鱼荡共有荡主约 200 多户，详见下表：

荡名	荡主户数	荡名	荡主户数	荡名	荡主户数
陈召溇	17	梅溪	李姓及吴姓家祠	山下湖	40
北海池	4	沙湖	40	诸家湾	40
庄河荡	(不详)	坟下鸭沙滩	40	贺家湾诸蛮村	50

由此可见，鱼大司自身占有鱼荡不多，大部分使用鱼荡是租入的。而且鱼荡业主非常分散，一个荡的业主有许多户，这是因为鱼荡多是上代传下来，而代代分家的缘故。

该区鱼荡占有虽一般较为分散，但有些地方亦有占有非常集中的情形，如据会稽县会龙乡调查，该乡共有鱼荡 12 只，计 600 亩，内地主、富农占有 420 亩，为总数的 70％，中农占有 100 亩，为总数的 17％。

三、租佃关系

荡主之占有鱼荡既分散零碎又因养鱼需垫支数量很大的资金，一般农民无力饲养，故鱼荡多为鱼大司所租用或霸占。荡租亦以“块”为单位议定，业主较有势力者，租金较高；懦弱可欺者（多为中、贫农），则租金极低，如会稽县铜盆港，每亩荡租约20斤鱼。而狭獠湖（此湖最大，东西长10里，南北长6里），则每亩不过鱼租1斤。荡租一般都在起鱼后缴付。今据鱼大司章成皋自报，其租入之9块鱼荡之租额如下：

荡名	数	荡主户数	租额(鱼斤)	每户得鱼(斤)
陈召溇	104	17	400	23.5
山下湖	20	40	500	12.5
沙湖	10	40	300	7.5
诸家湾	10	40	200	5.0
庄河荡	30	(不详)	900	—
梅溪	5	二姓轮流	100	—
北海池	8	4	500	125.0
贺家湾	300	50	3000	60.0
坟下鸭沙滩	100	40	2000	50.0

注：上述荡租为议定租额，但该鱼大司实付荡租仅为租额之一二成。

总之，鱼荡租额议定既低，鱼大司又常倚势少付，甚至不付。故荡租在农民收入上所占比重甚小，业主多愿收回鱼荡养菱。

四、鱼荡的经营

甲、经营方式

鱼荡的经营，要有雄厚的资金，因为需要大船、竹笆、鱼秧种、鱼饲料、雇佣工人等支出，数目很大。一般鱼荡经营多采取下列两种方式。

（一）独资经营

以此方式经营者，都是资本较厚、势力较强之鱼大司，绝大多数的鱼秧是自己由杭州或菱湖买来的，经过二三个月或一年的培养，放入大河港中。所使用之鱼荡，或传自祖上，或向业主认租，或霸占而来。也有大鱼大司压制小鱼大司，以高价认租，或利用恶势力，夺取小鱼大司现有的鱼荡的。

（二）合股经营

即数人或数十人合资共同经营，实际上有不少合股者不出资金，如过去的伪乡、镇、保长以及所谓“绅士名流”之类分文不出，坐分鱼利。养者（一般鱼大司）恃其势力，狼狈为奸，两沾其利。

合股经营者有一部分资金来自借贷（如借贷鱼秧及筑笆成本等），如此则要受高利贷剥削（贷鱼秧之年利在50%以上），获利甚微。

此外，还有一种经营方式是全部借本经营，活力更小，不过以这种方式经营的很少。

乙、经营情况

鱼大司租入鱼荡后，即可放入鱼种喂养。鱼种价格颇高，每万条（春货、或称春花、冬花）价贱时值米七石，缺货时值米十五石。该区淡水鱼以草鱼、鲢鱼等为多，不多施饲，鱼多吃荡内淘米水及菜皮等（因农村中都用河水淘米，洗菜）。但因荡大，需筑笆防鱼游走，化费很大。此外，管荡人工亦多，如鱼大司严阿狗解放前养鱼3000余亩，雇有长工85人。

今将鱼大司章成皋1948年经营鱼荡之全年收支数字列举如下，以说明鱼荡之经营及收益概况。

（一）全年收入

鱼	25 000斤	折谷10万斤

（二）全年支出（折谷）

（甲）生产费用	
①鱼种、竹笆修理、修网	16 000斤
②长、短工工资（长工3人、短工3人）	6400斤
③吃米及菜金（长短工各3人及鱼大司等共8人）	8040斤
④柴炭	2800斤
（乙）鱼会费（包括交给伪县政府）	5000斤
（丙）荡租	3600斤
（丁）烟、酒、交际及捐给慈善机关	6880斤
（戊）其他杂支	1000斤
共计支出	49 720斤
盈余	50 280斤

通常鱼大司必需依靠封建势力才能占有鱼荡不受破坏。一些恶霸鱼大司更横行乡里，无恶不作，他们不但欺压荡主，拒不付租，且侵吞同业，残酷剥削雇工。如绍兴鉴湖乡恶霸鱼大司严阿狗，即为最好的例子：严在敌伪时期，任绍兴伪渔业会理事，抗日战争胜利后又拜绍兴伪侦缉队队长周明法为“先生”，恃势鱼肉人民，其罪恶可归纳为下列几方面：

（甲）对荡主的欺压

严阿狗霸占鱼荡的方式是这样：在订租约时荡主的一切要求他都答应，但等到租约订好，鱼荡为他占用，起鱼缴租时，他就翻脸不认，随意给租，并威吓荡主：“谁欠你的租，你到法院去告我严阿狗去!”这样，鱼荡就等于是他的了，如秦阿长的鱼荡就是这样被他霸占的。

（乙）对同业的侵凌吞并

（一）一般无势力的鱼大司为求鱼荡不受骚扰，常请严阿狗入干股，每年“孝敬”，但起鱼时严阿狗仍带领其爪牙前来，名为“分鱼”，实则劫夺，往往使出本养鱼的鱼大司连本钱都保不住，只好让给他养。

（二）强占小鱼大司鱼荡。绍兴长安门外宋月红、严阿兔所租养的鱼荡期满，严阿狗乘机要两人让出，宋、严两人意欲续租，于是严阿狗带着伪侦缉队员二人，一晚上将2万斤鱼捉光。宋、严两人向伪法院起诉，但严霸有恶势力撑腰，全不畏惧。两人由绍兴告到杭州，均无结果。

（丙）对雇工的残酷剥削

替严阿狗管理燕斗荡的雇工阿德说：“我替严大司管荡一年，只有工资2石米，还是自己吃饭。替他看荡不管白天夜晚、风霜雨雪，只要发水或船只通过，都要移动竹笆，动作慢一些漏逃了鱼，不但要受责骂，还要扣减工资。”

（丁）对荡附近居民的压迫

严阿狗在起鱼时，常把荡边农民所种菜蔬踏坏，全不赔偿，且不许附近群众拾些野鱼吃。如在1947年7月间，严阿狗的捕石楼鱼荡起鱼后，遗留下来的杂鱼被绍兴城郊一些群众捉去，第二天严阿狗带来四船伪侦缉队大肆逮捕该村农民，共捕去3人，带到伪鉴湖乡镇公所苦逼，供出所有参加捉鱼的27人，严阿狗要一片鱼鳞赔鱼一条，后经人调停，结果所有参加捉鱼户赔出700万元（折米32石），另付侦缉队“出差费”40万元，才算了事。

总之，鱼大司的经营鱼荡，虽是雇工经营，但有些大鱼大司仗其资金充足，贷放鱼种给小鱼大司，以进行高利贷剥削。许多鱼荡的管理方式上带有很大的封建性，对雇工剥削也特别重。鱼大司间的竞争也不全赖经营优劣或资金雄厚与否，而是看恶势力的大小，利润的来源主要的是超经济的剥削，这种现象正是旧中国半封建社会的明显的反映。

中共绍兴地委调研室

1950年4月

海门县渔业情况

一、渔船的种类

该地共有渔船171只，兹分类列举如下：

渔船种类	小航船	大令船	虾蒲船	小网船	鳓网船	接鲜船	钓蛋船	共计
只数	17	13	20	30(对)	4	17	40	171

甲、小航船容量3000斤，每船人、网各二，每网重100斤，长7丈2尺，宽1丈5尺，专捕海鳗、小黄及杂鱼。鱼汛分春秋两季：春汛从农历二月二十日至六月二十日；秋汛从六月二十日至十月二十日。

乙、大令船以母船一、子船二合成，每只子船13至15人，二子船带有大令网、小令网各

130 条，母船则为藏鱼之用，专捕鲳、黄、黑鳓、蟹等鱼类，鱼汛从三月三日至五月上旬为最盛时期，过后则以捕蟹为主。

丙、舻艚船与大令船同，但只能带 120 条网，专捕鲳、黄、鳓等鱼，鱼汛春秋二季：春汛从三月五日至五月十八日；秋汛从七月三日至十月中旬。此种船在 1948 年有 4 只，现在没有。

丁、大虾蒲船每船 16 至 24 人，以半个月为一水，全年大部分时间均可捕虾，小虾蒲船每船 4 人，鱼架及鱼网各 90 条，鱼汛分春秋两季，春汛从三月二十三日至五月二十三日；秋汛从五月二十三日至八月中旬。大、小虾蒲船上都设有煮烧及晒鱼虾器具，捕虾后制成虾干，以防腐烂。

戊、小网船系母子各一合成。母船 5 人，子船 3 人，母船容量 5 万斤，子船只能容 3000 斤，有 2 网，每网重 49 斤，专捕黄、鳓、鲳等鱼，每船春季（二月五日至六月五日）可捕 2 万斤；秋季（六月上旬至十一月上旬）可捕 7000 斤。

己、鳓、鲳船，每船 4 人，网 75 条，专捕鳓鱼，鱼汛春秋两季，春汛从三月至六月；秋汛从六月至八月上旬，在一般情况下，每船可捕鱼 8000 斤。

庚、接鲜船，附在小航船旁，每船一人，送鲜鱼用。

二、渔民各阶层概况

渔民中的成份比较复杂，大体可分为渔业资本家（该处称长年）、富渔民、中渔民、贫渔民、渔业工人等阶层。除渔业资本家及少数富渔民备有船网及下海资金外，大部分渔民（尤其是中、贫渔民）均依靠鱼行或殷富户贷给部分或全部资金。因此，渔民长年累月的负债在解放前已成为他们生活中不可分离的现象。兹将渔民各阶层情况分述如后：

甲、渔业资本家握有全部船、网和资金，雇工下海，自己兼营工商业（也有占有少量土地出租或雇工耕种的），不参加劳动，此种渔业资本家在渔民中占绝对少数。

乙、富渔民握有船、网，雇工帮忙，自己参加劳动，技术较高，多为“老大”，收入较多。但多数富渔民有船无网或有网无船，且须向鱼行或殷富户借贷半数以上的资金，雇工或与中、贫渔民合伙才能出海捕鱼。在非鱼汛期间，以自己较高的技术，作海上运输生意，因而富渔民的生活较宽裕，但占有田地不一定很多。

丙、中渔民握有部分鱼网，与他人合伙向鱼行或殷富户租船及借本，除捕鱼外兼种田、拉车等副业，收入除付债务外所余无几。

丁、贫渔民握有少数鱼网，下海前需向鱼行或殷富户借贷鱼本，与富、中渔民合伙经营，除捕鱼外兼作种田、拉车、做工、结网、结草帽等副业，入不敷出，从十二月起就要靠借贷生活。长年负债，直至二三月捕鱼后生活才有着落。

戊、渔业工人大部分均无鱼网（或有极少数鱼网）。为渔业资本家或富渔民做工，工资有固定和分鱼两种。在捕鱼期间仍需向鱼行或殷富户借贷，捕鱼收入常不足开支，因此在秋冬季之间还须下海捕蟹、吊虾或帮工、拉车，生活极苦，终年喝稀粥、吃番薯丝，有时连粥及番薯丝且不可得。

兹将该地各地阶层情况列表如下：

渔民各阶层户口统计表

成份	占有生产资料及房屋情况	户数	小计	百分比	附注
船主或渔业资本家	有船有网有屋有田	8	8	4.37	
富渔民	有船有屋有田	1	10	5.46	
	有船有网有屋无田	9			
中渔民	有网有屋无田（内一人以小贩为业）	53	79	43.17	所占有田地数量不多
	有网有屋有田	19			
	有船有网无屋无田	7			
贫渔民	有网无屋无田	45	52	28.42	有田者亦仅一二亩或几分田
	有船无网无屋无田	1			
	有田无船无屋无网	2			
	有屋无田无网无船	2			
	有田有网无屋无船	2			
渔业工人或赤贫渔户	无产业以渔业为主	17	24	13.12	
	无产业以副业糊口	7			
其他		10	10	5.46	其中大部分是放债的殷富户
合计		183	183	100	

该地共 183 户，933 人，从事捕鱼工作者计 183 人，占总人数的19.61%。尚有 123 人从事其他生产。

渔民家庭人口及参加生产人数统计表

家庭人口	每户人口	1	2	3	4	5	6	7	8	9	11	12	合计	参加生产人数（包括其他生产）	每户人数	1	2	3	4	5	合计
	户数	5	8	26	37	38	26	24	8	7	3	1	183		户数	96	60	19	7	1	183
	总人数	5	16	78	148	190	156	168	64	63	33	12	933		总人数	96	120	57	28	5	306
附注	渔户平均每家 5 人。													生产人数占总人数 33%，每一生产者平均须负担 3 人。							

三、鱼行、船主及渔业资本家对渔民的剥削

甲、鱼行贷款给渔民的几种剥削方式

（一）贷款不计利息，但渔民向鱼行贷款后，需将所捕获的鱼类，全部按鱼行定价卖给鱼行，鱼行用大秤 100 斤鱼只折得七八十斤，而且鱼款并不当时付给。在渔民要求下，有时支给一部分钱或米，有时甚至一文不付，全部抵作贷款。鱼行进鱼后，在有高利可图时，再以小秤（100 斤可秤做 120 斤）卖给商人，鱼价不高则囤积不卖，居奇操纵。

（二）鱼行除用大秤剥削外，收购时并抽佣钱10%，如系借款户则抽佣钱8%，鱼行转卖给商人时又抽取佣钱7%，因而鱼行在一进一出之间，共得佣金15%—17%。

乙、船租

中、贫渔民固然无船，即富渔民有渔船者亦为数不多，因而租船下海捕鱼是一般渔民的惯例，鱼行与船主即借此剥削渔民。租额最低根据船的容量多寡与新旧而分为十七八包，十二三包，八九包米（每包180斤）等等级，同时在下海之前，要承租人先拿出租米的半数修理船只，在租期中与期满退还租船时又要承租人负全部修理之责。租期一般从三月初至五月底或六月初。秋季或冬季时又可另行租给他人或作运输生意。船主所投下的资金是每船需制造费100包米，大约可用10年至15年之久。

丙、渔业资本家对渔民的剥削

（一）渔业资本家以49斤麻、12斤鳑、上下网网锤子（折米1石8斗）贷给渔民结网。一个人需45天时间才能结成鱼网，每网可用2年至3年，在第一年中每条网可捕鱼27 000斤，渔业资本家抽1/9，一年之后渔网归渔业资本家所有。

（二）渔业资本家只出船、网、资金与中、贫渔民合伙捕鱼。收货物的2/3归渔业资本家，1/3归渔民，即以鳓网船计算，每船4人，网75条，每人平均合18条网（其余3条网归老大），其中渔民得6网，渔业资本家得12网。

丁、冰鲜船的剥削

握有冷藏设备的冰鲜船主乘小网船捕鱼来往不便，在海上估价购鲜鱼，等鱼出售后，再付钱给渔民。如出售时市价低于估价，其亏蚀相互均摊，高于估价时则为冰鲜船所有。

戊、渔民的斗争方式

渔民在残酷剥削下生活极端困难，即想出了种种方法与剥削者斗争，以减轻负担维持最低生活。如在捕鱼后，不直接到鱼行出卖，在海上或归途中先卖掉一部分，减少了鱼行的层层剥削，同时避免鱼行以鱼扣除欠债，尽量推延缓还，将鱼款暂存或投入其他生产事业中去。

渔民在捕鱼中将渔业资本家的2/3的网（网份属谁事先固定）摆在两头，自己1/3的网摆在中间，既可避免风浪损失，又能多获鱼类。

中共台州地委秘书处

1950年7月

吴兴县荻港镇钞田村鱼荡调查

一、一般情况

钞田村距太湖仅35里，四周环水，港汊交错，农民出门就得坐船，因此该村船只较多，全村173户中共有186只船，个别地主、富农有三五只船。

该村共有173户，719人，使用土地1589.47亩，其中鱼荡有1073.67亩，占使用土地的67.55%。吴兴全县共有鱼荡1458.67亩，78.06%集中在荻港镇（计1138.67亩），而荻港镇各村中又以钞田村占有鱼荡最多，计占全镇鱼荡总数的94.29%。因此，该村农民90%均以养鱼为生。

全村户口、人口及使用田亩统计如下：

户口	173	鱼荡	1073.67
人口	719	百分比	67.55
田	126	芦滩	155.8
百分比	7.93	百分比	9.8
地	234	共计	1589.47
百分比	14.72	每人平均	2.21

鱼荡出产较丰，1亩鱼荡比2亩田出产还多。每亩鱼荡一般的能出250斤鱼，能换米400斤，群众每年打了鱼到上海出卖，能买回半年到一年的食米，因此该村农民生活较富裕，部分贫农其生活亦达其他农村中农的水平。该村虽然有田126亩，但因地势低洼，每年要被水淹没，同时养鱼不像种田那样麻烦，所以群众对种田不及养鱼关心。

二、鱼荡的占有及使用情况

各阶层占有和使用鱼荡情况如下表：

成份	户口	人口	占有			使用		
			鱼荡亩数	百分比	每人平均亩数	鱼荡亩数	百分比	每人平均亩数
地主	6	34	198.00	27.37	5.82	139.40	12.98	4.10
富农	8	43	128.42	17.75	2.99	120.34	11.21	2.80
中农	40	196	239.06	33.04	1.22	384.03	35.77	1.96
贫农	103	422	154.15	21.31	0.37	424.70	39.56	1.01

续表

成份	户口	人口	占有			使用		
			鱼荡亩数	百分比	每人平均亩数	鱼荡亩数	百分比	每人平均亩数
雇农	10	18	1.40	0.19	0.08	2.70	0.25	0.15
鳏寡	6	6	2.50	0.34	0.42	2.50	0.23	0.42
合计	173	719	723.53	100.00	1.01	1073.67	100.00	1.49

各阶层占有和使用之鱼荡无好坏高低之分，如资金足多加肥料，出产就多，如无力施肥，出产就少。每亩鱼荡如多加 10 担人粪，再天天割草喂鱼，就能比一般鱼荡多出鱼 50 斤至 100 斤。鱼荡有远近的分别，远的不如近的荡生产便利、省工，该村的荡则全部在三里路以内。该村鱼荡均为人工荡（人工将田地挖掘成荡），现在仍不断的挖掘中，今年又挖了 6 亩。一亩田挖成荡共需要 200 个人工。当地鱼荡有一部分是祖先传下来的，但数量较少，近 40 年来挖得很多。

该地区不是人工开掘的港洋里面也有鱼，但数目难以统计。河港分有主、无主两种，靠近谁家田地的港名义上归谁。不过本村人或熟人仍可以去打鱼，但外乡人不能擅自进入打鱼。群众称港里的鱼为野鱼，因不用喂养，大者每条十几斤，一般三斤以下，但很不容易大量捕获，每两人每天能捉三五十余斤不等。在该村的东北有一个大湖，叫和洋孚，面积约有 300 亩，产鱼最丰。这个湖没有主，过去由荻港镇恶霸地主姚翔卿（伪镇长）霸占。往年他组织农民打鱼，以产量一半作为工资，镇上完全小学、伪镇公所各提一部分，名义上作办公费，实则多为私人吃喝浪费，余下大部由他贪污自肥。解放后，农民将恶霸斗倒，这个湖归镇上 4 个村共有，1949 年 12 月全镇农民联合打出鱼 20 余万斤。湖里平时不能随便打鱼，因湖中鱼很多，打一次其他的鱼全会逃走，影响全年的收入。据农民谈这个湖像锅子一样，中间很深，四周很浅，太湖里的大鱼来后，就停留在中间水深的地方不走了（因水深暖和容易存鱼）。该镇农民多在秋收后，集合 300 只至 500 只船，一天内把鱼打完。打出的鱼当日装船运往上海出卖。

三、鱼荡的租佃关系

该村各阶层租出租入鱼荡情况及外村业主在该村出租鱼荡情况可见下列两表：

全村各阶层租出和租入鱼荡统计表

成份		地主	富农	中农	贫农	雇农	鳏寡	合计
户数		6	8	40	103	10	6	173
人数		34	43	196	422	18	6	719
租出	鱼荡亩数	70.79	22.47	6.9	0.9	0	0	101.06
	占租出总数之百分比	70.05	22.23	6.83	0.89	0	0	100
	占本阶层占有鱼荡之百分比	35.75	17.5	2.89	0.58	0	0	13.97

续表

成份		地主	富农	中农	贫农	雇农	鳏寡	合计
租入	鱼荡亩数	12.19	14.39	151.87	271.45	1.3	0	451.2
	占租入总数之百分比	2.7	3.19	33.66	60.16	0.29	0	100
	占本阶层使用鱼荡之百分比	8.74	11.96	39.55	63.92	48.15	0	42.02

本外村业主出租在该村鱼荡亩数统计表

成份	本村业主出租亩数	外村业主出租亩数	合计	占总数之百分比
地主	70.79	303.67	374.46	82.99
地主兼工商业主	0	10.49	10.49	2.33
富农	22.47	14.27	36.74	8.14
中农	6.90	6.50	13.40	2.97
贫农	0	4.20	4.20	0.93
自由职业者	0	4.70	4.70	1.04
公田	0	7.21	7.21	1.60
合计	100.16	351.04	451.20	100.00

从前面两表中可以看出：出租鱼荡最多的是地主阶级，本外籍地主出租在本村的鱼荡合计为374.46亩，占本村租入鱼荡总数的82.99%。而租入鱼荡最多的是中、贫农阶层，达租入总数的93.82%，占中、贫农使用鱼荡数的52.34%，可见鱼荡的封建剥削情况亦与一般农村土地没有两样。

鱼荡租制基本上分为两种：

甲、预租

春天先将租米交给地主，然后养鱼，秋收打出鱼后再交明年的租米（明年春天交亦可，总之，要在没有养鱼前交租），否则到明年地主即将鱼荡另租给别人。预租租额一般的是5斗至7斗米，该村出租鱼荡90%以上是预租。

乙、赊租

由主佃双方议定租额，并邀中人当面订定租约，秋后再缴租米。一般赊租租额较预租为高，约在1石米左右。

四、各阶层的经营方式与养鱼方法

甲、各阶层经营方式

地主除出租一部分鱼荡外，其余鱼荡则雇工经营，如地主吴锦虎有30亩鱼荡，雇3个长工，全部自养；地主章春定有23亩鱼荡，雇2个长工及经常雇佣短工，全部自养；富农的鱼荡亦多雇有长工，中农少数雇有短工；贫农因自养鱼荡较少，必须出卖劳力才能生活，通常都为地主、富农做短工。

乙、各阶层养鱼方法

该村群众所养的鱼，共有青鱼、草鱼、白鲢、花鲢、鲤鱼等五种。养法分两种；

（一）草鱼荡：是50条草鱼、100条白鲢混合养在一只荡内（按一亩计算），草鱼吃水草，故天天需割草喂饲；白鲢吃水中的各种浮游生物，粪便能使水中有机质增加，有利于浮游生物的繁殖，故农民多在草鱼荡内加人粪以作肥料。

（二）青鱼荡：一般是一亩养青鱼50条，但也有养30条、25条的（因为青鱼秧是按斤计算，每亩分养50斤、100斤、150斤不等，鱼秧大，数量就少，鱼秧小，条数就要多），春天养得多，秋后就收得多。鲤鱼大部分混养在青鱼荡内，每亩养5条至10条不等。青鱼需喂螺蛳、豆、菜饼，故所费成本大，均为地主、富农所养。

该村鱼荡95%是草鱼，群众认为一等是青鱼，二等是草鱼，三等是鲤鱼，四等是鲢鱼（按其价值和好吃与否决定）

丙、人工肥料

草鱼荡每亩需要25个工，每个劳动力能养4至5亩。春天将鱼种买来放在荡内，就每天喂草，春天每亩荡喂草三五斤就行；吃草最多的是在农历五六七这三个月间，每亩需20担草（地里的草、水草均可），其次需人粪20担，每隔几天放一担，或放畜粪亦可。

青鱼荡在放入鱼种后，应把豆饼或菜饼捣碎放在里面，随着鱼的长大，慢慢增加数量。在春天能天天喂捣碎螺蛳为更好，一二日喂一次也行，喂的次数多，鱼长得快。螺蛳都是自嘉兴或德清一带用船摇来卖的，以德清一带的螺蛳为最好，因其皮薄肉多，大小鱼容易吃。到4月后将螺蛳整个放在荡里就行了。青鱼喂螺蛳要到收鱼为止（草鱼到七八月后就不用喂了）。养青鱼每亩共需20个工，螺蛳450桶（计4500斤），豆、菜饼30斤。

丁、产量

春天养上的鱼秧，到秋后9、10、11、12月都可收鱼（夏天因鱼尚未长大），草鱼荡每亩收200斤至250斤，能换米400斤，青鱼每亩能收300斤至400斤，能换米六七百斤，从放入鱼种的那天算起，需一年左右时间就能陆续收鱼，4两重的白鲢鱼种能长成1斤左右；2斤重的大青鱼鱼种能长成六七斤不等。

群众打鱼时须叫渔家（专给人家打鱼的，该村有 3 户）来打，自己帮他拉网子，每亩荡约 30 分钟就可打完，因渔家有大网，一网可打尽，打 1 亩须付给渔家 1 斗米。

戊、养鱼成本（按一亩计算）

草鱼秧 50 条价 75 斤米，白鲢 100 条价 18 斤米，人粪 20 担价 30 斤米（粪多数自积，仅少数要买），共计成本 123 斤米，草鱼荡均为中、贫农所养，草和粪便一般自割自积，不用化钱。

青鱼秧 50 条价 180 斤米，螺蛳 450 桶价三百六七十斤米，连菜饼共计成本 590 斤米。近二三年来，因鱼价连跌，养青鱼无利可得，甚至有赔本的。

养鱼的方法很简单，工具也很简单，只要有船、筐子、镰刀就行了。鱼荡须四五年修补一次，将荡内水抽干后，把荡底下泥土挖上来修荡边，修好后将港水再放入荡内。抽水需要水车，因该村水车很少，多从外村租来，每一架水车用一天顶一个工，折 3 升米。全村主要农具见下表：

全村主要农具统计表

名称	船	水车	锹	锄头	镰刀	罱子	耙
数量	186	5	141	242	187	29	228

全村贫、雇农都缺少船、水车、镰刀、锄等工具。

五、运销情况

该村所产的鱼都是自运到上海出卖，少数渔户因急需用钱或无劳动力，在本村出卖。该村没有大船能装鱼到上海的，卖鱼时几家合伙到菱湖镇（离该村只 9 里路）租一只大鱼船，同去上海出卖，由船主摇船，租船户（不管多少）只允许有两人跟船，沿路伙食由船主负责，船租 4 至 6 石米。该村共有中、贫农 19 户（贫农 5 户、中农 14 户）专以租船运销为副业。

该村中农章文华、杨阿福等 5 人合伙去上海卖鱼一次，成本计算如下：

（一）从菱湖镇租船一只，租米 900 斤。

（二）在上海缴所得税 90 斤米（按 3%缴纳）。

（三）用轮船拖鱼船化米 150 斤（到杨树浦市场必经 100 里的黄浦江，因浪大容易把鱼撞死，用轮船拖快，可免损失）。以上共化米 1140 斤。

共卖出鱼 18 担，得米 2950 斤，除开支外余 1810 斤，支出占鱼价的 1/3 强。

中共嘉兴地委调研室

1950 年

第六部分　家庭副业手工业调查

浙江丝绸业概况

一、蚕茧

甲、浙江蚕桑事业历史已久，其蚕茧之产量素为我国之冠。抗日战争爆发后，遭受出口限制及日寇摧残，蚕丝业大为衰减。抗战胜利后，由于国民党反动政府之卖国政策，美货充斥市场，物价激剧波动，给予蚕茧丝业之发展影响至巨，故仍继续衰落。兹将1936年及抗战胜利后各年度之蚕茧产量列表如下：

年份	估计产茧量(担)			收购茧量(担)			收购茧量占全年总产量的百分比
	改良茧	土茧	合计	改良茧	土茧	合计	
1936年	460 000	430 000	890 000	327 499	312 186	649 685	73.00
1946年	85 162	73 000	158 162	94 975	32 687	87 662	55.43
1947年	152 400	130 000	282 400	87 752	30 962	118 714	42.04
1948年	242 287	117 163	359 450	105 200	26 300	131 500	36.58
1949年	140 928	55 000	195 928	79 491	11 398	90 889	46.39

注：1. 抗战期间之产量，因材料缺乏，故未列入比较。
2. 未收购之蚕茧，全为蚕农自缫土丝出售。

乙、全省产茧地区大致分为杭、嘉、湖、绍四地区；杭州区包括杭州市、杭县、余杭、临安、安吉、於潜、昌化、新登、富阳；嘉兴区包括嘉兴市、海盐、平湖、桐乡、嘉善、海宁、崇德；湖州区包括湖州市、长兴、吴兴、德清、武康；绍兴区包括嵊县、新昌、诸暨、萧山等县市。其中以杭州市、杭县、嘉兴市、湖州市、嘉兴、吴兴、海宁、海盐、崇德、德清、诸暨等县产茧量较多，其他各县产量较少。

二、丝

甲、该省所产之丝分厂丝与土丝两种。厂丝D字等级以上的大都外销，D字以下大都内销供织绸之用。土丝又有细、肥之分。吴兴南浔区产细土丝著名，所谓“辑里千经”，亦可外销；肥丝以海宁为最多，现将历年蚕丝产量列表于后：

年份	厂丝产量(关担)	土丝产量(估计担数)
1936年	12 193	34 000
1946年	5254	7050
1947年	5311	18200
1948年	6880	22800
1949年	5600	8000

注:一关担等于1.2096市担。

该省厂丝出产地有杭州、杭县、海宁、崇德、德清、嘉兴、吴兴、萧山、嵊县等九县市。其中以杭州、嘉兴、海宁三地产量较多。厂丝多在杭州、湖州两地销售。生丝大都运往上海销售，再转售国内外各地。土丝产量以湖州为最多，约占40%以上，谚有“买不尽湖丝”之说。次为海宁、杭县。销售地点亦以上述三地为主。

现将全省历年开工丝厂数及设备概况列表如下：

年份	开工丝厂数	缫丝车数			每年开工时间	备考
		立缫车	座缫车	合计		
1936年	32	2150	6447	8597	全年	
1946年	21	850	2878	3728	7个月	原料不敷
1947年	27	1628	3142	4770	7个月	原料不敷
1948年	31	2276	2774	5050	6个月	原料不敷
1949年	8	1136	228	1364	全年	10月份调查尚有4厂在准备开工

乙、丝之买卖方法：在吴兴的南浔，海宁的长安、硖石，杭县的临平、塘栖等地均开有土丝行号，专收土丝；杭州市的土丝行大多派人到产地直接向农民收购。土丝的用途大部供应杭州、湖州两地的绸厂织绸之用，亦有加工并成千经运往国外销售的。

丙、厂丝及土丝的价格根据各该年时值折成中等白米计算，其情况如下：

年份	每关担厂丝价格(石)	每市担细土丝价格(石)
1936年	80.0	50.0
1946年	55.5	28.8
1947年	104.0	49.6
1948年	81.6	38.4
1949年	(4月份)68.0 (6月份)64.0	(4月份)32.0 (6月份)30.0

三、绸

甲、浙江之丝织业闻名全国，分布于杭州、吴兴、绍兴三地。以产量而言，杭州占90%；

吴兴占7%；绍兴占3%。丝织品可分为厂丝织物、交织物（有厂丝及人造丝交织与土丝及人造丝交织物等）及土丝织物等。兹将各类丝织物产量列表于后：

年份	厂丝织物（千码）	交织物（千码）	土丝织物（千码）	合计（千码）	备注
1936年	5940	22 080	8580	36 600	
1946年	1650	4950	3300	9900	
1947年	4950	8250	3300	16 500	
1948年	9900	13 200	3300	26 400	
1949年	4950	6650	1650	13 250	到10月15日止

乙、销售地区及比例：1936年外销占20%（内东南亚各国占80%，欧美各国占20%）；内销占80%（内华中、华东约占35%，华南占30%，华北、西北占25%，东北及其他地区占10%）。1946年至1949年四年中，平均每年外销量占25%（内东南亚各国70%，欧美各国30%），内销占75%（内华中、华东50%，华南及西南35%，华北、西北及东北等地15%）。该省丝织业除少数略具近代规模之绸厂外，大部为家庭手工业。兹将战前及近年来绸织厂及家庭手工业之主要设备情形列表于后：

年份	织户	织机台数				织机开动情形
		阔幅织机	狭幅织机	手拉机	合计	
1936年	5000	250	6284	4500	11 034	全部开织
1946年	2600	145	2840	2950	5935	开动70%
1947年	2750	360	4837	2630	7827	开动80%
1948年	3235	558	5452	2436	8446	开动95%
1949年	3238	587	5461	2402	8450	开动55%内尚有部分开半工

丙、丝织品所需原料大致以厂丝、土丝、人造丝三种为主，其他织物原料如棉纱、纺毛纱以及特种织维虽有时亦采用，但数量极微。兹将上述三种主要原料逐年用量列表于后：

年份	厂丝(关担)	土丝(关担)	人造丝(箱)	备注
1936年	13 750	30250	16 500	1. 人造丝每箱200磅。 2. 上项厂丝及土丝数量大半均超出本省年产量，因为厂丝有一部分为陈厂丝及江苏丝，土丝有一部分陈土丝。 3. 1949年非全年数量，仅到10月15日止。
1946年	4125	7700	3300	
1947年	9075	9350	5500	
1948年	16 500	11 825	8800	
1949年	8250	5940	2200	

丝绸之价格，因其种类、品质不同而有差异，同时并受季节之影响而时有涨落。兹将畅销的素大绸及天香绢之逐年市价按各该年中等米价格折算如下，以作比较：

年份	素大绸(每两合米升)	天香绢(每码合米升)
1936 年	4.75	6.57
1946 年	3.62	9.79
1947 年	5.43	10.87
1948 年	4.77	12.41
1949 年	(4 月份)3.72	7.58
	(6 月份)3.19	8.33

中共浙江省农委调研科

1949 年 12 月

嘉、湖地区蚕丝产量及茧行、绸厂简况

一、产量

蚕丝为嘉、湖地区著名之特产，抗战前年产量约鲜茧281 792担。自 1937 年起至解放时止，在日寇与国民党反动派的摧残与破坏下，产量比战前降低了 60％强。

根据 1946 年调查，嘉、湖两地仅产鲜茧124 129担（计吴兴59 210担，长兴3568担，德清 15 700担，嘉兴14 669担，嘉善 650 担，海盐 9229 担，海宁 7740 担，平湖 1142 担，崇德 7143 担，桐乡 5078 担），比战前产量竟减少了157 663担。

二、茧行、绸厂

（一）湖州地区计有：鲜茧行 8 家；绸厂大的 11 家，织机 450 台；小的 17 家，织机 105 台；零星分散的织机有 2000 台；丝厂：开工的一家，缫车 200 台；停工的一家，缫车 400 台。

（二）吴兴菱湖镇：丝厂两家，织机 450 台。

（三）嘉兴市：丝厂一家，座缫车 60 台，立缫车 156 台，共 216 台。

（四）海宁等县亦均有丝厂之设置。

中共浙江省农委调研科

1949 年 4 月

浙江油料简况

一、油料之产地、种类及数量情况

浙江省出产植物油料以桐油、青油、柏油、茶油、菜油、棉子油为主，兹将产地、种类及数量列表统计如下：

浙江省油料之产区、种类及数量统计表

县别	桐油	柏油	青油	茶油	菜油	棉子油
杭县	—	660	420	—	10 000	700
余杭	—	—	—	—	1000	—
新登	850	585	420	—	1200	—
临安	340	30	20	—	60	—
於潜	6000	950	650	5	1000	—
昌化	350	200	150	—	—	—
富阳	—	—	—	—	500	—
吴兴	—	—	—	—	—	—
长兴	—	—	—	—	3300	—
安吉	35	—	—	—	—	—
孝丰	85	20	10	—	100	—
德清	—	—	—	—	3000	—
武康	—	—	—	—	1900	—
绍兴	3000	5400	3600	10	5000	2200
萧山	170	540	360	—	4500	4080
诸暨	2800	4000	2000	65	650	—
新昌	85	200	100	—	—	—
嵊县	2500	630	290	5	—	—
上虞	280	945	430	—	5000	1250
余姚	—	250	120	—	5500	6960
金华	2800	5000	3500	—	500	—
兰溪	5600	1500	1050	—	1500	—

续表

县别	桐油	柏油	青油	茶油	菜油	棉子油
永康	1700	20	160	15	1000	—
汤溪	1700	535	270	900	1000	—
武义	1700	20	270	1500	1600	—
东阳	1700	80	50	5	350	—
义乌	1700	500	350	—	200	—
宣平	4000	360	150	500	1100	—
衢县	650	1000	700	190	1500	160
开化	2500	650	405	30000	2500	—
遂安	1700	2700	1750	2100	4000	—
江山	2000	1500	1050	900	1900	100
常山	760	2000	1400	7200	1000	160
龙游	850	3500	2450	240	2500	30
遂昌	4500	50	35	760	750	—
鄞县	420	350	155	—	120	310
慈溪	—	140	65	—	—	1820
定海	—	—	—	—	1200	310
镇海	—	—	—	—	120	120
奉化	680	870	440	150	—	—
象山	—	—	—	—	—	80
宁海	—	—	—	—	120	—
四明	—	150	100	—	—	—
临海	—	150	650	—	—	320
黄岩	1700	450	220	130	2000	—
仙居	8500	500	350	430	3000	—
温岭	130	75	370	—	500	230
三门	—	—	—	—	20	170
天台	170	1000	700	—	—	—
磐安	1000	—	—	150	—	—
永嘉	850	2000	1600	280	9000	240
平阳	1200	1000	800	1500	9000	—

续表

县别	桐油	柏油	青油	茶油	菜油	棉子油
瑞安	170	1000	800	410	12 000	180
乐清	150	165	130	45	100	70
泰顺	500	420	70	2000	—	—
玉环	—	—	—	—	—	40
丽水	3000	300	200	11 000	700	—
龙泉	1000	300	200	7960	100	—
青田	500	400	300	6000	—	—
缙云	4500	200	135	5530	1300	—
景宁	500	150	220	280	100	—
庆元	1000	60	40	400	250	—
松阳	3000	55	30	600	—	—
云和	2000	95	60	1700	1250	—
文成	—	—	—	—	—	—
嘉兴	—	2500	1750	—	8000	—
嘉善	—	—	—	—	10 000	—
海宁	—	500	500	—	8500	260
海盐	—	—	—	—	3500	140
平湖	—	—	—	—	50 000	1180
崇德	—	8100	5400	—	20 000	—
桐乡	—	1000	700	—	12 500	—
淳安	11 000	5500	3500	110	4000	—
分水	8500	1500	1000	450	—	—
建德	5000	550	350	600	2500	—
寿昌	4200	350	200	450	2500	—
浦江	4500	1500	1500	—	600	—
桐庐	3000	700	425	—	—	—
总计	117 525	66 255	45 120	84 570	227 090	21 110

注:1.单位:市担。2.时间为1948年至1949年。

二、油料之运销情况

甲、桐油

根据1948年材料，外销8万余市担（其中运销美国的占66%，英国占11%，苏联占4.5%，欧洲占15%，其他占3.5%），内销3万余市担。

乙、青油

1948年外销数量占总产量80%以上，内销占20%，多系不合出口标准的。国外市场以英属诸国为最多。

丙、柏油

外销数量很少，主要供国内淘烛厂（占50%）、肥皂厂（占30%）做原料。柏油可以提炼司的令、甘油、润滑油等工业原料，浙江所产之柏油（俗称南油）品质较北油为佳。

丁、茶油

可供食用，国际市场方面以运销欧洲为最多。（注：茶油之产量，有大小年之分，产额相差悬殊，几达一倍左右。）

戊、菜油

所产之菜子1/3以上运沪榨油，多供内销食用，亦有少数出口。

己、棉子油

所产之棉子50%运沪榨油，余在省境油厂榨制。大部分供应出口，小部分充食用。

编者按：此系解放前的产销情况，解放后已有极大改变。

中共浙江省农委调研科

1950年

浙江络麻生产情况

一、1947年以来络麻的种植面积及产量

据1947年伪杭州植麻指导区实地调查：抗战以前，以杭县临桥区为中心，连同杭州市、海宁年产麻皮10万担。其中运往日本的约2万担，运往宁波充麻筋用的约1.2万担，运往上海的约2万担，当地自用织麻布的2万担（计出麻布100万匹），其余运销烟台、天津、青岛等地制绳用。麻布则销山东、天津（装运枣用）、湖州、嘉兴、松江、苏州（盛米及杂粮用）等地。

1947年，伪棉产改进所与伪中国纺织建设公司在杭州临平设立杭州植麻指导区后，推广台湾种络麻，植麻面积有了扩展，共植22 798亩（计杭县15 420亩，杭州3361亩，海宁1928亩，嘉兴1106亩，萧山320亩，余杭663亩）外，加上农民自种之土种络麻约5万亩，共计7万余亩，其中台种络麻每亩2担，计共产4.5万担，土种络麻每亩产担半，计共产7.5万担。合计全麻区可产络麻12万担（此年因旱灾歉收）。

至1948年因继续推广台种络麻、少量的印度洋麻及夹头麻等，且麻价格又好，种麻比种其他农作物为有利，因此农民普遍种植络麻，种植面积竟达163 768亩，计平均每亩产4担，该年络麻产量约有66.2万担，其种植面积分布如下：

杭州杭县	106 483亩
海宁	28 728亩
萧山	26 935亩
其他各县	1622亩

1949年因战争关系，停止推广，又因麻价惨跌，农民植麻情绪骤低，种植面积减为103 695亩，加上霪雨成灾，致每亩平均产量仅有2担左右，故是年全省络麻总产量减为237 177担。其分布情况如下：

县别	种植亩数	生产担数	县别	种植亩数	生产担数
杭州	18 000	45 000	宁海	650	406
杭县	42 020	79 485	兰溪	250	500
海宁	12 000	30 000	金华	205	410
萧山	18 000	45 000	奉化	150	626
余姚	4000	12 000	汤溪	70	350
临海	4300	10 750	义乌	50	150

续表

县别	种植亩数	生产担数	县别	种植亩数	生产担数
三门	1200	2400	永康	150	300
富阳	1300	5850	鄞县	350	700
德清	1000	3250	总计	103 695	237 177

注：表中除杭州、杭县、海宁、萧山产的麻外，其他均是农民及渔民自用的。

二、络麻的价格

甲、络麻生产成本

根据杭州麻农的调查，每亩络麻生产成本计需人工 23 工（整地 2 工，播种 1 工，中耕、除草、间拔 6 工，施肥培土 1 工，灌溉挑水 4 工，收剥 9 工），每工工资平均以白米 8 升计算，共需工资 1 石 3 斗 8 升。肥田粉最少施用量为 30 斤，合白米 5 斗。共计每亩络麻生产成本为白米 1 石 8 斗 8 升。每亩平均产麻皮 3 担，则每担麻皮的成本为白米 6 斗 8 升，再加上运费、损耗，实际成本还大于此数。

乙、络麻市价情况

在抗战前每百斤麻皮可换米 5 斗以上，在日寇统治期内仅换食米 2 斗至 3 斗半，每亩麻皮的收入常不足支付麻的收剥工资，所以在 1946 年有不少络麻枯萎田间。至 1947 年因需要迫切，麻价渐高，每担最高价曾至 1 石 5 斗米，一般在 1 石 2 斗白米左右。此种高价一直维持到 1948 年夏，该年植麻面积之骤增，即因受此高价之影响所致。

但到了 1948 年秋季起至 1949 年夏季，麻价则一落千丈，初则每担尚在 5 斗米与 8 斗米之间，后来更降至 3 斗米与 5 斗米之间，农民非但吃麻贱之亏，且有卖不出之苦，以致麻商乘机压低价格收买，麻农损失颇巨，生产情绪低落，因此造成 1949 年的植麻面积的锐减。但解放后人民政府为了保障农民的利益，提高络麻的市价，农民生产情绪提高，情况已大见好转了。

中共浙江省农委调研科

1950 年春

松阳县造纸业概况

松阳县境西南地区各山乡交通不便，稻田很少，粮食不敷自给。但山间多竹，当地农民除种田外，利用是项原料造纸，作为副业，借以辅助生活之不足。抗战期间一度曾有一个商办的造纸厂，后因营业失败停办，现在只是农民以土法制造。因农民过去受封建势力的压迫，无力改良造纸方法，以致销路不广。再加上时受物价涨跌的影响，常常亏本。所以近年来，从事造纸的农民已经日渐减少了。

松阳产纸仅有松纸一种，据传是始于元、明之间，由一外地迁来的叶姓老翁传授制造方法，清末曾一度改良做过毛边纸，但这些都只是一种传说。抗战期间（1942 年）樟溪乡钟霖君设“松明纸厂”，从泰顺聘请技工以科学方法改制绿报纸和改良纸（据调查改良纸的原料是用稻草，出品近似道林纸），因经营不良，仅一年就亏本停办。农民现在仍仅制造松纸一种。“松纸”又名“草纸”，普通长一尺七寸七分，宽六寸。其质粗糙，颜色黄暗，只能作包裹、拭秽和迷信焚化等用，不能用来印刷和书写。另外有一种较小的——称为“小帘”，长一尺三寸二分，宽四寸八分，质地很薄，只能做迷信焚化之用，产量很少，仅占松纸的2.3%。松纸依照质料之优劣（按毛竹去皮或不去皮和只用竹皮等三种情况）分成上中下三等。

在第二区“古市”镇还出产一种“绵纸”，产量很少，每年仅产二三十万张，是温州商人开店制造的，产品不良，只能用来糊窗和制雨伞，主要原料“三面皮”是向云和县采购的，故不能算是松阳的出产。我们这次的调查只限于“松纸”。

松阳产纸地区是二、四两区——即古市区和玉岩区，其中以南源、周源两乡为最多，其余各乡以造纸为副业的农民较少，产量亦不多。两乡共有纸槽 269 个，蒸锅 55 个，本年产纸5510 担，占全县总产量一半以上。

本年全县的产量只有 1 万担左右，和 1940 年以前产量1.5万担（《浙江建设》第二期内所载）相比较，产量已经减少很多，若再不加改进，产量将要更加减少了。

松纸的运销，大都是农民逢市日（在松阳城和古市镇都是五日一市）把做好的纸挑到市场出售，古市的纸市场在“排铺”，县城的纸市场在“横街”。因路途的关系农民大多是挑到古市出售。因为农民急于出售，换购生活必需品，所以外来的纸商乘机压低价格，这实在是纸价低落的最大原因。过去还有中间剥削的“纸行”——在古市有叶德茂、经诚、叶和茂等 5 家，县城有徐姓一家，另外两家早已停业，因外销日减的关系，这几家也早就改为“纸店”，并以别种营业为主了。

松阳的纸大多由衢州、温州、青田、兰溪等地的客商来采购外运，或以丽水为中心，分散到龙泉、青田、景宁、云和等县，此外亦有以龙游、兰溪为中心，分散到建德、桐庐等县去的。这两年来，外来采购的客商因交通阻滞，运费高昂，已逐渐减少了。

松阳的纸业，现在已经十分衰落，其原因为：

一、国民党反动统治时期币值不稳定，物价变动很大，造纸因而亏本。

二、解放前农村经济枯竭，农民缺少造纸资本。

三、造纸手续很繁，日夜要照顾，必须年轻力壮的人方能胜任，历年反动派疯狂抽丁，农村的青壮年大量减少，留乡的多忙于农事，故已无剩余劳力来做纸。

四、纸业生产受中间商人的剥削很严重，造纸工人劳动所得糊口也困难，因而停业的很多。

五、松纸没有经过改良，用途范围不大，解放后，群众觉悟程度提高，对于迷信浪费的消耗已逐渐减少，因而更减少了松纸的销路。

中共浙江省第七地委调研组

1949 年 10 月

黄岩橘园调查

黄岩全县橘园面积包括 4 个区、50 个乡和 5 个镇，共有1 206 000万株，其中早橘647 400株，本地早橘113 900株，槾橘210 200株，朱红197 600株，其他36 900株，另有果树375 500株（已接的58 900株）。

橘子产量 1952 年平均产量比 1951 年增加一倍，每亩平均产橘 1500 斤至 1600 斤，折合谷3000 余斤，1951 年全县收橘2929.7万斤，1952 年估计要收4781.3万斤。其中 80％内销，20％外销。

以下系该县孝友乡的后洋村与霓桥乡的雅林汇村的橘园情况调查。

一、橘园土地关系特点

甲、各阶层占有橘园占两个村占有土地的32.28％—37.46％，使用橘园占两个村使用土地的25.42％—44.70％。其详情见下表：

村名	水田		橘园		杂粮地		合计		橘园所占百分比	
	占有	使用	占有	使用	占有	使用	占有	使用	占有	使用
后洋村	333.93	545.59	181.70	204.42	47.20	54.01	562.83	804.02	32.28	25.42
雅林汇村	326.36	237.50	206.72	205.70	18.79	17.03	551.87	460.23	37.46	44.70

乙、橘园的集中程度略低于水田，两个村地主占有橘园占全部占有橘园地的24.61％—26.05％（地主占有水田为全部占有水田的21.83％—45.89％）。贫苦农民在出卖土地时尽量保留橘园，而地主橘园亦很少出租。详见下面各阶层占有统计表：

成份			地主	富农	中农	贫农	雇农	小土地出租者	公学田	工商业者	其他	手工业	合计
后洋村	户口	户数	7	7	40	47	0	2	—	2	10	0	124
		百分比	5.65	5.65	32.26	37.90	0	8.87	—	1.61	8.06	0	100
	人口	人数	39	32	218	208	0	43	—	17	39	0	100
		百分比	6.54	5.37	36.58	34.90	0	7.22	—	2.85	6.54	0	100
	占有水田	亩数	153.25	25.33	104.21	27.04	0	20.81	1.60	1.69	0	0	333.93
		百分比	45.89	7.58	31.21	8.10	0	6.23	0.48	0.51	0	0	100
	占有橘园	亩数	47.33	16.00	70.74	26.45	0	11.65	—	9.53	0	0	181.7
		百分比	26.05	8.81	38.93	4.56	0	6.41	—	5.24	0	0	100
雅林汇村	户口	户数	5	10	46	30	1	11	—	0	0	1	104
		百分比	4.81	9.62	44.23	28.84	0.96	10.58	—	0	0	0.96	100
	人口	人数	20	52	185	134	3	24	—	0	0	4	422
		百分比	4.74	12.32	43.84	31.75	0.71	5.69	—	0	0	0.95	100
	占有水田	亩数	71.25	77.33	94.51	22.98	0	24.69	35.60	0	0	0	326.36
		百分比	21.83	23.69	28.96	7.04	0	7.57	10.91	0	0	0	100
	占有橘园	亩数	50.87	41.00	66.81	30.76	0	13.75	3.53	0	0	0	206.72
		百分比	24.61	19.83	32.32	14.88	0	6.65	1.71	0	0	0	100

丙、橘园一般自耕。亦有橘农在有田面权的水田中植橘，仍以水田租额交租，因此产生小量的租佃关系。

成份	后洋村各阶层占有与使用橘园亩数			雅林汇村各阶层占有与使用橘园亩数		
	占有	使用	差数	占有	使用	差数
地主	47.33	40.10	+7.23	50.87	45.80	+5.07
富农	16.00	16.88	−0.88	41.00	40.81	+0.19
中农	70.74	94.44	−23.7	66.81	71.94	−5.13
贫农	26.45	36.47	−10.02	30.76	33.03	−2.27
小土地出租者	11.65	7.00	+4.65	13.75	13.15	+0.60
其他	9.53	9.53	—	3.53	1.05	+2.48
合计	181.70	204.42	—	206.72	205.78	—

注：其他项内包括商人与公田。

二、橘园经营的特点

甲、橘园一般都分散成小块。在这两个村中地主所占有的橘园大的每块 5 亩到 6 亩，小的每块一分到二分。中、贫农占有的橘园大的每块只不过一亩左右。黄岩全县除公有橘园外，林让土（园艺家）一片 30 多亩的橘园算是最大的了。

乙、橘园所需资本较大，周转期较长。每亩橘园一般植橘 40 至 45 株（橘株间距离本应稍宽，最好每亩种 30 至 35 株），值米 800 至 900 斤，每年投入资本需米452.5斤（如加工培植所需更大，而普通稻田连种子每亩每年只需米 180 斤）。其中所需劳动力及肥料特多。如需提高产量，则所需劳动力及肥料更多。

项目	橘苗	劳动力					肥料（大粪）	除虫药	工具折耗	合计（折米）
		除草	施肥	除虫	培土	摘果				
数量	40—45 株	16 工	7 工	3 工	5 工	4 工	40 担	—	—	—
单价（折米）	20 斤	7.5 斤					4 斤	—	—	—
小计	800—900 斤	262.5 斤					160 斤	25 斤	15 斤	1262.5—1362.5 斤

橘苗经接枝定植后，一般须五年才有收获（定植三年后亦能产橘，但产量不多，最好摘除以免影响橘树的发育）。在这五年中虽可在橘株空隙间种些蔬菜、豆麦，但收获量不及普通土地一半。这样在定植后头五年中劳力肥料照样投入，而收益甚少，全部成本须在五年以后才能逐年收回。

丙、每年投入橘园的资本中，劳动力所占比例最大，其次是肥料。一般说，地主投入肥料较贫、雇农多，而劳动力条件则中、贫农较地主优越。橘园的增产又决定于优良的品种、及时而有效的除虫与栽培上的先进科学技术等（摘果普通 4 工，科学摘果 15 工，整枝需 4 工，一般不知整枝）。有时更须抛弃眼前收入以博取远大利益，这些科学技术，采用者尚不多。

中共台州地委调研室

1950 年 7 月调查

1952 年 11 月补充调查

附录：缙云县封建派别斗争

封建势力统治下的农村，地主阶级不断挑拨农民间的感情，使农村中形成若干封建性的小宗派，如村与村间、族与族间，常常为争山场、争田地等权益，甚至为一点气、一句话而进行斗争，斗争的方式有斗气、斗理（打官司）、斗力（械斗），有些斗得连亲戚都不相往来，而地主阶级却利用农民间的不团结，巩固了统治地位。缙云县除这些小的宗派斗争外，还有全县的有历史性的带有浓厚政治色彩的派别斗争，这就是樊派和杜派的斗争。

一、两派的背景及形成的根源

缙云的封建势力有的本身就是国民党反动派大官僚（如樊光、樊崧甫）；有的与大官僚有极密切的关系（如杜芳与战犯陈诚）。他们互相勾结，以国民党某些上层作后台，争夺小集团的特殊地位与利益。在下层群众中，则利用部分群众的落后意识，通过帮会、会社，拜干爷、识干儿等封建形式欺骗和拉拢群众，集结力量，进行斗争。缙云的两大派实际上是封建主义、帝国主义在中国的长期统治的必然产物，是国民党中复杂的派系斗争的反映，这种封建派系在国民党统治下的旧中国是相当普遍的。

二、派别斗争情况

甲、两派的首领

樊派的首领是樊家的三兄弟樊光（振初）、樊崧甫（哲山）、樊仲明（问天）。樊光在大革命后，曾做过伪国民政府外交部次长，是孔祥熙的干儿子，抗战期间住在上海法租界，曾做过汉奸，现仍住上海，是一个官僚兼地主。樊崧甫在十年内战时曾任蒋匪79师师长，在赣北“围剿”中建有“功绩”，提升为某军副军长，抗战时期在陇海路东段大吃败仗，以后就在陕西办什么“西北垦植公司”，是国民党军统分子、红帮领袖（五圣山盟主），现住上海。“浙江土产运销公司”是红帮的公开机关，匪特张宗强是他的属下。樊仲明是一个大流氓赌棍，家里是地主，他没有出外做官，全仗兄弟的势在家作威作福，是樊派的实际掌握者。抗战期间，利用派别力量当选过伪县参谋员、议长、省参议员及伪国大代表，他是缙云县封建势力的中坚，地主阶级的“诸葛亮”。为了保障革命秩序，扫除革命阻力，解放后不久就扣押起来了。

杜派的首领主要是杜芳，其次有赵舒、施北衡、施仲衍。杜芳是地主成份，民国初年毕业于省立十一师范（即处州中学前身），与战犯陈诚是同级同学，感情很好。从大革命前后至解放前，他一直负责国民党缙云县党部，解放时还是国民党县党部书记长，解放后逃亡在外，不久就被扣押。

赵舒是国民党元老，同盟会会员，曾留学日本，抗战时曾任参政员，地主成份，“威信”很高，在壶镇的势力很大，以前是较中立的实力派，但近年来与杜芳密切结合，成为杜派的中坚力量。已在1948年病死。

施北衡曾任伪十八军参谋。伪联勤总部上海港口司令，上海解放后逃往台湾，现任伪国防部部员，他的弟弟施仲衍是一个恶霸地主、流氓赌棍，在1948年被我游击队枪毙。施原属樊派势力，在1947年选举伪国大代表时被杜芳拉拢过去。

乙、两派实力和社会基础

樊派的基础主要是地主士绅及伪乡、镇、保长。亲樊的伪县长（如何宏基）当政时，几乎整个县政府在他的控制之下。伪县参议会经常是樊派操纵的。全县伪乡保长大部分是樊的干部，私立仙都中学是樊派主办的，也是他的势力范围。他直接掌握了4挺手提机枪，200余枝长短枪，这些武器都分配在仙都中学（军训用）和他控制下的乡镇公所及伪联防队中使用。此外他的干部、地主、豪绅也购买了大量枪枝，所以他们的武装力量是不小的。在抗战期间，樊派组织一个“忠义会”，对外很秘密，关起门来宣誓，一部分伪区长、伪乡镇长、伪保甲长绅士都参加，1948年又组织与发展红帮（五圣山，五伦堂），樊派分子包括地主、绅士、伪政府人员、交通、电讯机关职工、学校教职员、流氓匪特都纷纷加入。1948年冬，樊派和特务分子张宗强积极活动组织伪国防部青年救国团（当时称突击队，符号38.1.1）。

杜派以国民党县党部为其参谋本部，直接掌握着励志中学、缙云报社、励志社，和御用的职业团体如伪县农会、伪县工会、伪教育会等组织，他的基础主要是组织在国民党区分部中的一部分小学教员、流氓、悍匪和地主。在武装力量上虽有一批流氓，但不及樊派强大。近年来向杜派靠拢的官僚赵舒、施北衡虽拥有很大的政治力量和武装力量，但又不是杜芳所能完全控制和直接指挥使用的。因此杜派一贯以来都处于劣势，直到日寇投降，特务头子章昌琛做伪县长后，排樊亲杜，杜派势力才日渐增强。

丙、斗争情形

樊、杜两派的对立，大约开始于大革命前后，起初主要是争个人的“绅士”地位，还没有形成派别，他们互相反对，互相倾轧，凡事必争，日子长久就牵连了许多人卷入斗争，形成了派别。矛盾最深、仇恨最切、斗争最积极的虽然是两派的首脑及骨干人物，但在各种选举、征兵或派捐时，派别的界线也分得很清楚，普遍的表现出激烈的斗争。这种派别斗争，在抗日战争以前主要表现在教育界，闹什么中学派、师范派，这种斗争从教育界发展扩大到伪政府机关，深入基层社会中去还是胜利以后的事。特别在两次伪国大代表选举（抗战期间一次，1947年一次）和每次乡镇长、乡镇民代表、省县参议员选举中斗争得最激烈。选举时除贿选（请客、买票）外，还武装抢票、闹会场、绑架代表、暗杀……威胁利诱，无所不用。杜派虽用尽恐怖手段——暗杀、劫持代表、强迫投票、扣押对方代表，不使出席以便减少对方票数等等方法，终因封建势力比不上樊派强大，每次选举（除后一次伪国大代表选举外）都陷于失败。

派别常常控制了伪县政府或与伪县政府勾结起来，这表现在1945年县长何宏基是亲樊的，伪县府就为樊派所控制。这时杜派选举失败，利用流氓悍匪李朱生、李益藩、江德余等杀死了几个樊派干部，就公开以“反对征兵反对供应”（驻军副食供应）为号召，吸引了部分群众在南区集结，一时声势赫赫，樊派感受了很大威胁，就动员一切力量，通过伪县长何宏基、施仲衍（那时还是樊派）等控告杜派手下的流氓为“共匪”，贿买了驻在缙云西区的蒋匪军二十一师师长，派了一个团的兵力，配合樊派控制的乡镇公所及樊派的武装，包围进攻，杜派的流氓一部分被消灭，群众所受的损失极大。杜派的残余分子四散逃窜，潜伏后继续活动，又暗杀了许多樊派分子。

1946年后伪县长章昌琛是亲杜的，伪县政府就为杜芳所左右，有意识的、有计划的打击樊派，特务活动空前活跃，杜派流氓悍匪取得了合法的地位，做了伪政府的情报员。1947年秋选举伪国大代表时，杜、樊都参加竞选，中途杜自知力不能敌，以退为进，放弃候选资格，把当时伪联勤总部上海港口司令施北衡（原属樊派势力）抬出来竞选，因此就分化了樊派力量。据说当时施从上海以汽车运回巨款，贿买乡保长和选民，同时派遣大批亲信干部携带武器回乡活动。伪县政府自卫队、杜派武装都全部出勤，镇压樊派的竞选活动（追捕樊派某些干部），结果施北衡当选，樊派遭到失败，杜派获得胜利了。

非法的武装斗争结合合法斗争：1945年杜派被二十一师进攻后，和1947年樊派竞选伪国大代表失败后，都是接着就打官司，一直告到伪中央。前者告后者诬陷“忠良”，以公报私，直到何宏基撤换。后者告前者非法选举、纵匪杀人，直至章昌琛调职。但是各有各的后台老板，谁也告不倒谁。

在这种封建派别的斗争下，遭受牺牲的还是群众，因此，这些年来缙云县的人民一直是在过着暗无天日的生活。

中共丽水地委调研室

1950年1月

国家社科基金重大项目资助成果

主编 徐 勇 邓大才

中国农村调查

文献类（第3卷）下

分卷主编 刘金海

武汉出版社
WUHAN
PUBLISHING HOUSE

(鄂)新登字08号

图书在版编目（CIP）数据

中国农村调查. 文献类. 第3卷 : 全2册 / 徐勇，邓大才主编 ; 刘金海分卷主编. -- 武汉 : 武汉出版社，2024.12

ISBN 978-7-5582-6401-6

Ⅰ. ①中… Ⅱ. ①徐… ②邓… ③刘… Ⅲ. ①农村调查—研究报告—中国 Ⅳ. ① D668

中国国家版本馆 CIP 数据核字（2023）第 225766 号

主　　编：徐　勇　邓大才
本卷主编：刘金海
责任编辑：张荣伟　黄　澄
封面设计：刘　勍
出　　版：武汉出版社
社　　址：武汉市江岸区兴业路 136 号　　邮　　编：430014
电　　话：（027）85606403　　85600625
http://www.whcbs.com　　E-mail:whcbszbs@163.com
印　　刷：湖北金港彩印有限公司　　经　　销：新华书店
开　　本：787 mm×1092 mm　　1/16
印　　张：68.5　　字　　数：1780 千字
版　　次：2024 年 12 月第 1 版　　2024 年 12 月第 1 次印刷
定　　价：398.00 元（全 2 册）

第三分册
安徽省农村调查

第一部分　土地调查

皖南区农村土地情况

一、概况

皖南是指安徽省在长江南部的地区。全区总户数为873 898户，总人口为4 109 907人，约占全省人口的18.67％，其中城市人口占总人口的7.3％。皖南是安徽省人口较密的一个区域，全区共辖 3 个专区，一个直属县，一个直属市，22 个县，193 个区，4239 个行政村，3849 个自然村。

全区总面积为54 520 500市亩，耕地面积8 112 063市亩，占总面积的14.8％。耕地中有稻田6 357 289市亩（包括山地稻田在内），占总耕地面积78.4％，山地、旱地1 754 774市亩，占总耕地面积的21.6％，平均每农业人口占耕地面积为2.1亩。和其他地区一样，平原可耕土地较多，也很肥沃，山地可耕土地则较少。从整个地区来看，全区主要多为山地，只有宣城和沿江一带为小平原。这带平原的主要农业产品是稻子，也出产一部分麦子和油菜。其他如池州、徽州专区（池州在沿江边境有很少一部平原）均为山区，最著名的有黄山、九华山等。山地中有一部分农田主要是出产稻谷、苞芦（玉米），在祁门、休宁、太平等地出产著名的红茶、绿茶。木材、桐、竹等类山产亦多。其次如宣城一带的纸、歙县一带的墨，都是著名的出产。由于这些地区山多地瘠，特产丰富，有许多群众的生活均依靠经营各种特产、山产为生，因为木材、竹料的运输困难，很多群众就将它制成木器、竹器输出。所以皖南的手工业也就比较发达，手工业工人在山地农村中占有一定的数量。

部分农村地区经商的人很多，尤以徽州地区为最著名，他们足迹遍及江、浙一带，有“徽帮”之称。据调查绩溪县余川村 200 户中，在家人口为 631 人，而出外经商的为 210 人；黟县南屏村 975 个居民中，其中外出经商的有 193 人。

皖南的北部近江地区交通尚称便利，芜湖为皖南商业中心，是米之集散地。

二、土地占有及使用情况

皖南农村土地占有的情况是较集中的，它虽有山区、和山区中的小平原之分，但其土地的集中程度是一样的。所不同者地主阶级在小平原地区多住城镇，并和工商业有密切联系，而山区的地主则多住本乡、本村，他们不但占有多量的土地，且占有很大数量的山产（竹、木等），山区各种公地亦较平原农村为多，且也大部或全部为地主阶级所掌握。

现根据我们在铜陵1个村，芜湖2个村，宣城2个村，屯溪市1个村，共6个村的调查材料研究（这6个村的材料中有山地2个村，平原4个村，一般都有其代表性），将各阶层的土地占有与使用情况，分别说明如下：

甲、地主：他们是人口最少，而握有土地数量最多的一个阶级，据现有材料计算，地主的占有土地一般为40%至50%，而且愈是土地肥沃的平原地区地主占有愈多。这是皖南地区土地关系上与其他农村所共同的一个特点。现在我们再根据这6个村的材料平均数来看，地主占有户数为总户数的2.56%，人口为总人口的3.02%，占有土地为总土地数的30.72%，每人平均占有土地为11.69亩。其中地主占有土地最高的为屯溪市之徐村，地主占有土地占全村土地56.56%；芜湖杨埠村最少（因其人口仅占全村人口数的0.3%），但也占全村土地数的14.53%。这个占有数字，仅是本村地主的占有土地，我们再把本村和外村的地主在本村占有的土地综合来看，更可以知道他们土地占有集中的程度。根据铜陵、芜湖、宣城、徽州所属4个村的材料平均计算，本外村地主在本村占有土地为全村48.83%，最高的如杨埠村占64.56%。根据6个村的材料，地主的土地绝大部分出租给无地及少地的农民耕种（自己只经营极少一部分），其出租土地占本阶级的占有土地之86.27%，占全部出租土地的47.14%。使用土地很少，占总使用土地的2.82%，每人平均仅1.73亩。

根据这个情况我们知道，在皖南，地主一般的占有2.5%到3%的户口及3%左右的人口，而占有40%到50%的土地，这些土地自己只经营很少，而采用出租形式，残酷地剥削农民，进而在这个经济基础上，成为人民的统治者。

乙、富农：旧式富农较多，佃富农很少（仅从现有材料中来看佃富农是较少的），这也是皖南较其他新区不同的一个情况，一般户数约占总户数的3%左右，人口占总人口的3.5%左右，占有土地有10%到15%（有些村富农占有土地高到20%左右），其占有土地亦大部出租，因此皖南地区的富农是带有很大封建性的剥削，即所谓“半地主式”的富农，我们从下列材料就可以说明这个问题。

根据铜陵等县6个村的材料综合平均，富农户数占总户口数的2.85%，人口占总人口数的3.9%，占有土地占总土地数的16.47%，平均每人占有土地为4.85亩，本村和外村富农在本村占有土地为11.54%（4个村的资料）。

出租土地占本阶层占有土地的63.69%，占总出租土地的18.66%，他们也租入一部分土地，但只占总租入土地的3.08%，占本阶层使用土地的37.75%，其使用土地占总使用土地5.94%，每人平均为2.83亩。

另外再从铜陵、宣城、休宁等6个县9个村的调查看富农的自耕、出租、佃入情况，总计其出租土地占本阶层占有土地的59.38%，自耕土地占本阶层占有土地的40.62%，其佃入土地占本阶层的使用土地35.25%。

丙、中农：他们是农民中使用土地最多的一个阶层。由于皖南地区的土地大都集中在地主、半地主式的富农和富农手里，中农阶层本身占有土地较少，所以就不得不租进大量土地，有一部分中农则主要依靠租入土地耕种，他们租进土地一般要占到总租入土地的60%，使用土地占总使用土地的50%左右，从这6个村的材料来看，中农的户口占总户数的33.86%，人口占总人口的37.4％，占有土地为总土地的33.19％，每人平均为1.02亩，租入土地占总租入土地的59.74％，占本阶层使用土地的74.39％。

丁、贫农：贫农和其他地区一样，户数和人口最多，而占有土地却最少，主要的是靠租进土地耕种而维持生活，在农村中他们是受剥削和压迫最重的。根据铜陵等县6个村的材料，贫农占有户数为总户数的41.63％（最多的为芜湖杨埠村占总户数的60.31％），人口占总人口的40.31％，他们的占有土地仅为总土地的9.60％，每人平均为0.27亩，其中以铜陵县东家店的每人占有平均数最多，但也只有0.54亩（该村地主每人占有平均数为9.31亩）。贫农的使用土地占总使用土地30.73％，每人平均为1.41亩。租入土地占总租入土地的35％，占本阶层使用土地的83.04％。他们中也有个别的由于某些特殊情况而出租一些土地，但所占数字很小，只占到本阶层占有土地的12.22％，占总出租土地2.09％。

戊、雇农：根据6个村的材料，雇农占总户数的7.73％，人口占5.28％，占有土地占0.44％，每人平均为0.10亩。租入土地占总租入土地的1.19％，占本阶层使用土地79.41％。出租土地很少，只占到本阶层占有土地的18％，占总出租土地的0.15％，雇农在农村中所受封建阶级的压迫，比贫农阶层更加沉重。

己、工人：工人在皖南平原、山区都有一定的数量，据了解，以宣城一带较多。他们多为手工业工人，其中又以造纸工人和木、竹匠为多，根据6个村的材料，工人占总户数的6.24％，人口占总人口的5.85％。他们也有一部分占有很少土地，据总计占有土地占总土地的0.52％，每人平均为0.10亩。使用土地占总使用数的0.49％，租入土地占总租入土地的0.46％。出租土地占其占有土地的53.15％，占总租出土地0.49％。工人之所以有出租土地，是因为他们单依靠耕种很少土地无法生活，只有将这一小部分土地出租，而长期的出卖劳动力，受雇主的剥削。

这个情况反映手工业工人在皖南农村占有一定数量，也说明手工业在皖南地区很发达，他们占有与使用的土地均极微，而且占有土地也大部出租，因此他们主要的已经不是依赖土地而生活了。

庚、其他阶层：这部分主要的是除工人之外而占有一小部分土地的小土地出租者，根据6个村的调查，他们的户数为总户数的5.13％，人口占4.24％。占有土地占总占有土地的0.95％，每人平均占有土地为0.26亩。但本外村的其他阶层在本村占有的土地总数较多，根据4个村的材料为6.92％，使用土地占总使用土地的0.37％，租入土地占总租入土地的0.25％，他们的土地大部分都是出租的，其出租土地占本阶层占有土地的67.3％，占总出租土地的1.14％。

以上就是皖南地区土地占有与使用的基本情况。

三、公堂土地

公堂土地在皖南地区的土地中占有很大的数量，且遍及全区范围，一般的是山区占有比平原区较多。这种土地在名义上是为各个宗族中群众所公有，作为祭祖扫墓费用之来源，而其实质大部分是直接或间接掌握于地主、富农手中，作为他们统治、分化农民的工具的。就现有材料分析，就可以了解皖南的公堂土地在总土地数中的比重和占有情况。

甲、公堂是一个姓族集体祭祀祖宗的组织，有的姓族较小，就设立一个公堂（或祠），有的姓族很大，除设立一个总堂（或祠）外，下边还设立若干祀、会等，如祁门县莲花塘村，有一个较大的吴姓族，设立的一个总堂叫“致顺堂”，下设43个祀、30个会，出租土地有992.86亩（全村共使用土地2204.5亩）。这些堂、祠、祀、会其性质都是一样的，一般都多少占有一部分土地。根据6个村的材料统计，公堂土地占总占有土地的8.11％，这是由山区和平原材料的综合比例。我们再从山区和平原的两种材料来看，公堂在平原占有的土地稍次于山区。如徽州专区之祁门、休宁两县3个村的合计，公堂土地占总占有土地的31.97％，池州专区四个县5个村的材料，公堂土地占总占有土地的38.68％（这两个地区为山区）。再从宣城平原地区3个村的材料来看，公堂土地只占到总占有土地的3.82％。芜湖杨埠村公堂土地较多，占总占有土地的43.31％。把这4个地区的不同占有数字综合起来，12个村的公堂土地占总占有土地的23.4％。另外每个公堂占有的土地多寡，悬殊也很大，如太平县里仁村，崔义昌一个公堂辖地1106.74亩，而最小的怀德堂只有7分地。

乙、公堂土地中绝大部分是出租的，只一小部分由本姓群众轮流耕种。土地由本姓群众轮流耕种的，一般都是较小的公堂，占有土地也比较少。出租土地的公堂大都受地主、富农控制着，他们为了便利收租，多将土地出租给外姓或外村的农民种，如祁门莲花村7个公堂，共辖土地1210.19亩，本姓轮流耕种的土地仅占0.54％，租给本姓耕种的土地占8.14％，租给外姓和外村耕种的占91.32％。

丙、公堂（祠）的一般管理方式，主要有以下两种：一是由大家推定或由地主阶级指定专人管理（以族长为多）；另一种是轮流管理的方式。其管理人员的成份在前一种形式中，大多为地主豪绅本人，或是他们的代表，所管公堂一般是比较大的；后一种一般是农民自己管理，而且都是较小的公堂。我们从几个村的材料中，可以看出公堂是在被什么人控制的。如祁门县莲花塘村大小公堂（包括祠、祀、会）中，固定管理的有70个，轮流管理的有12个；其中由地主、豪绅所操纵的就有76个。歙县岩寺区东竭村有大小祠堂5个，其中鲍家祠堂管理者的成份为：地主6个，中农1个，贫农3个，其他成份2个。贵池县齐山村大小公堂44个，内有9个大公堂，据统计其管理者的成份计地主4户，富农2户，富裕中农5户，另“势力派”3户。由于这些公堂均为地主、富农所把持，因此所收的租粮，除必须拿出一定数量祭祖外，其余也就均为他们所吞没。所以农民说：“十家管公堂有九家富的。”

六个村各阶层土地占有与使用及租佃情况统计表

成份		地主	富农	中农	贫农	雇农	工人	其他	公堂	合计
户口	户数	62	69	819	1007	187	151	124	—	2419
	百分比	2.56	2.85	33.86	41.63	7.73	6.24	5.13	—	100
人口	人数	321	415	3981	4291	562	623	451	—	10 644
	百分比	3.02	3.90	37.40	40.31	5.28	5.85	4.24	—	100

续表

成份		地主	富农	中农	贫农	雇农	工人	其他	公堂	合计
占有土地	亩数	3751.95	2011.41	4053.91	1172.68	54.46	63.19	115.80	991.13	12 214.53
	百分比	30.72	16.47	33.19	9.60	0.44	0.52	0.95	8.11	100
	每人平均亩数	11.69	4.85	1.02	0.27	0.10	0.10	0.26	—	1.15
租入土地	亩数	40.72	442.99	8602.08	5039.65	170.65	66.77	35.86	—	14 398.72
	百分比	0.28	3.08	59.74	35.00	1.19	0.46	0.25	—	100
出租土地	亩数	3236.96	1281.00	1090.31	143.30	10.20	33.53	77.93	991.13	6864.36
	百分比	47.15	18.66	15.88	2.09	0.15	0.49	1.14	14.44	100
使用土地	亩数	555.71	1173.40	11 565.68	6069.03	214.91	96.43	73.73	—	19 748.89
	百分比	2.82	5.94	58.56	30.73	1.09	0.49	0.37	—	100
	每人平均亩数	1.73	2.83	2.90	1.41	0.38	0.14	0.18	—	1.85

注：1. 此表系根据铜陵县东家店，芜湖石埭村，宣城东里村、金象村，屯溪市徐村，芜湖杨埠村 6 个乡村的调查综合统计而成。

2. 以上 6 个乡村中有 4 个平原区、2 个山区，一般均有代表性。

四个村本外村业主在本村占有土地统计表

成份		芜湖	屯溪	铜陵	宣城	共计
		杨埠村	徐村	东家店	东里村	
地主	亩数	2712.40	1095.84	579.70	3435.10	7823.04
	占各村总数的百分比	64.56	59.79	28.17	43.32	48.83
富农	亩数	194.30	86.18	317.20	1250.90	1848.58
	占各村总数的百分比	4.62	4.70	15.41	15.78	11.54
中农	亩数	276.00	316.10	629.80	2026.10	3248.00
	占各村总数的百分比	6.57	17.25	30.60	25.55	20.27
贫农	亩数	61.30	105.75	280.40	583.30	1030.75
	占各村总数的百分比	1.46	5.77	13.62	7.36	6.43
公堂	亩数	337.80	63.76	216.50	236.40	854.46
	占各村总数的百分比	8.04	3.48	10.52	2.98	5.33
庙田	亩数	96.60	0	0	10.50	107.10
	占各村总数的百分比	2.30	0	0	0.13	0.67

续表

成份		芜湖杨埠村	屯溪徐村	铜陵东家店	宣城东里村	共计
其他	亩数	522.80	165.22	34.60	386.70	1109.32
	占各村总数的百分比	12.44	9.01	1.68	4.88	6.92
合计		4201.20	1832.85	2058.20	7929.00	16021.25

注:杨埠村其他一项中包括学田(246.1亩)和小商人、自由职业者的土地。

六个村各阶层出租土地比较表

成份		地主	富农	中农	贫农	其他	公堂	总计
铜陵东家店村	亩数	418.20	153.20	71.50	34.10	20.10	285.80	982.90
	百分比	42.55	15.59	7.27	3.47	2.04	29.08	100
	占本阶层占有土地百分比	71.29	49.87	12.41	12.28	64.63	100.00	47.61
芜湖石埭村	亩数	325.40	20.50	33.20	3.20	0	78.90	461.20
	百分比	70.56	4.44	7.20	0.69	0	17.11	100
	占本阶层占有土地百分比	86.04	59.10	15.80	4.70	0	—	60.89
宣城东里村	亩数	539.50	633.10	312.00	47.10	23.50	339.30	1894.50
	百分比	28.48	33.42	16.47	2.49	1.24	17.90	100
	占本阶层占有土地百分比	89.32	55.27	17.32	10.30	70.15	100.00	43.25
宣城金象村	亩数	1344.20	401.93	541.13	24.66	26.54	18.68	2357.14
	百分比	57.03	17.05	22.96	1.05	1.12	0.79	100
	占本阶层占有土地百分比	91.82	94.53	53.25	9.83	29.25	100.00	72.18
屯溪市徐村	亩数	526.66	62.07	108.98	34.24	51.52	0	783.47
	百分比	67.22	7.92	13.91	4.37	6.58	0	100
	占本阶层占有土地百分比	83.55	85.14	40.23	54.94	70.73	0	7.30
芜湖杨埠村	亩数	83.00	10.20	23.50	0	0	268.45	385.15
	百分比	21.55	2.65	6.10	0	0	69.70	100
	占本阶层占有土地百分比	92.12	39.38	13.09	0	0	100.00	62.14

续表

成份		地主	富农	中农	贫农	其他	公堂	总计
合计	亩数	3236.96	1281.00	1090.31	143.30	121.66	991.13	6864.36
	百分比	47.16	18.66	15.88	2.09	1.77	14.44	100
	占本阶层占有土地百分比	86.27	63.69	26.90	12.22	54.53	100.00	56.20

注:其他栏包括雇农、工人、贫民、小商贩及自由职业者、职员等阶层。

六个村各阶层租入土地比较表

成份		地主	富农	中农	贫农	雇农	工人	其他	总计
铜陵东家店	亩数	2.40	83.50	592.10	291.90	0	0	6.70	976.60
	百分比	0.24	8.55	60.63	29.89	0	0	0.69	100
	占本阶层使用土地百分比	1.41	35.16	53.99	54.50	0	0	57.76	47.45
芜湖石埭村	亩数	0	0	111.30	234.50	0	0	0	345.80
	百分比	0	0	32.19	67.81	0	0	0	100
	占本阶层使用土地百分比	0	0	38.59	77.70	0	0	0	53.86
宣城东里村	亩数	0	121.90	3892.20	1309.50	106.90	6.50	6.00	5443.00
	百分比	0	2.24	71.51	24.06	1.96	0.12	0.11	100
	占本阶层使用土地百分比	0	19.22	72.33	76.16	91.45	100.00	100.00	68.65
宣城金象村	亩数	25.55	43.49	1157.41	890.90	35.15	15.43	3.00	2170.93
	百分比	1.18	2.00	53.31	41.04	1.62	0.71	0.14	100
	占本阶层使用土地百分比	17.59	65.14	70.90	79.76	54.71	35.98	28.17	70.50
屯溪市徐村	亩数	6.57	24.50	1018.57	404.00	7.00	19.59	15.66	1495.89
	百分比	0.44	1.63	68.09	27.01	0.47	1.31	1.05	100
	占本阶层使用土地百分比	5.96	69.35	86.29	93.50	57.57	100.00	42.35	81.88
芜湖杨埠村	亩数	6.20	169.60	1830.50	1908.85	21.60	25.25	4.50	3966.50
	百分比	0.16	4.28	46.15	48.12	0.54	0.64	0.11	100
	占本阶层使用土地百分比	46.62	91.53	92.15	97.15	100.00	100.00	100.00	94.41

续表

成份		地主	富农	中农	贫农	雇农	工人	其他	总计
合计	亩数	40.72	442.99	8602.08	5039.65	170.65	66.77	35.86	14 398.72
	百分比	0.28	3.08	59.74	35.00	1.19	0.46	0.25	100
	占本阶层使用土地百分比	7.33	37.75	74.38	83.04	79.41	69.24	48.64	72.91

注:其他栏包括自由职业者、职员、小商人等和公堂土地。

六个村小土地出租者情况表

成份		铜陵东家店	屯溪市徐村	宣城东里村	宣城金象村	芜湖杨埠村	芜湖石埭村	合计
工人	户数	14	4	17	107	9	0	151
	占各村总户数的百分比	3.29	2.90	2.51	16.04	2.02	0	6.24
	人数	54	13	69	455	32	0	623
	占各村总人口的百分比	3.20	2.24	2.38	14.46	1.62	0	5.85
	占有土地亩数	2.20	0	16.00	44.99	0	0	63.19
	占各村总占有土地百分比	0.10	0	0.37	1.38	0	0	0.52
	租出亩数	0	0	16.00	17.53	0	0	33.53
	占各村总租出亩数百分比	0	0	0.84	0.74	0	0	0.49
	占本阶层占有土地百分比	0	0	100.00	38.96	0	0	53.15
其他	户数	87	6	10	10	11	0	124
	占各村总户数的百分比	20.47	4.35	1.47	1.50	2.46	0	5.13
	人数	312	33	27	47	32	0	451
	占各村总人口的百分比	18.48	5.70	0.93	1.49	1.62	0	4.24
	占有土地亩数	29.00	72.84	4.50	9.46	0	0	115.80
	占各村总占有土地百分比	1.40	6.54	0.10	0.29	0	0	0.95
	租出亩数	20.10	51.52	4.50	1.81	0	0	77.93
	占各村总租出亩数百分比	2.04	6.58	0.24	0.08	0	0	1.13
	占本阶层占有土地百分比	69.31	70.73	100.00	19.13	0	0	67.30

注:其他栏包括贫民、小商贩、自由职业者、职员等阶层。

十二个村公堂土地调查表

项目			总占有土地	公堂土地	
				田亩	占总占有土地百分比
徽州	祁门	钟秀村	651.00	90.00	13.82
		岭村	1679.00	711.00	42.35
	休宁	汪村	363.00	59.94	16.51
	小计		2693.00	860.94	31.97
池州	贵池	齐山村	1889.49	450.70	23.85
		杨田村	2805.30	1276.20	45.49
	太平	里仁村	7204.32	3497.26	48.54
	石埭	三民村	944.85	256.90	27.19
	铜陵	东家店村	2064.50	285.80	13.84
	小计		14 908.46	5766.86	38.68
宣城	宣城县	王山村	5795.00	155.40	2.68
		金象村	3267.45	18.68	0.57
		东里村	4380.50	339.30	7.75
	小计		13 442.95	513.38	3.82
其他	芜湖	杨埠村	619.90	268.50	43.31
总计			31 664.31	7409.68	23.40

注:杨埠村有 412 亩外村公堂田未统计在内,东家店村有 29 亩外村公堂田未统计在内。

中共皖南区党委农委会

1950 年 6 月 1 日

皖北区典型乡（村）土地情况统计

现在根据皖北6个专区1个矿区所作的典型调查，其中包括14个乡和14个村，来说明皖北地区一般农村的土地情况。

一、各阶层人口及土地占有情况

二十八个乡（村）各阶层人口及占有土地比较表（一）

地区		阜阳专区							滁县专区	
		临泉田桥乡	阜阳潘寨乡	颍上朱庙乡	亳县姬桥乡	蒙城冷涧乡	太和宝境乡	涡阳潘砦乡	来安殿发乡	滁县大王营乡
地主	人口	181	166	203	97	69	61	77	62	135
	百分比	7.79	4.96	6.39	5.78	2.44	2.27	2.06	4.26	4.31
	土地	770.40	3435.10	2335.20	932.60	757.80	548.90	865.97	8398.67	5905.60
	百分比	14.52	37.61	38.60	16.32	10.10	10.83	5.96	85.53	38.32
富农	人口	218	125	180	76	228	202	108	2	214
	百分比	9.38	3.74	5.66	4.53	8.06	7.51	2.88	0.14	6.83
	土地	1080.20	742.30	1189.97	566.00	1331.00	1053.70	863.60	81.60	2448.00
	百分比	20.37	8.13	19.67	9.90	17.74	20.79	5.95	0.83	15.88
佃富农	人口	26	22	160	—	—	—	6	—	—
	百分比	1.12	0.66	5.03	—	—	—	0.16	—	—
	土地	44.00	12.9	76.30	—	—	—	22.00	—	—
	百分比	0.83	0.14	1.26	—	—	—	0.15	—	—
中农	人口	451	693	278	464	786	805	1331	94	1205
	百分比	19.41	20.72	8.74	27.63	27.78	29.93	35.54	6.45	38.44
	土地	1270.90	1944.05	875.66	2461.60	2738.50	2221.70	6769.80	938.73	4869.30
	百分比	23.96	21.29	14.48	43.08	36.49	43.84	46.61	9.56	31.59
佃中农	人口	86	458	752	—	134	77	18	601	—
	百分比	3.70	13.70	23.66	—	4.74	2.86	0.48	41.28	—
	土地	142.40	295.42	317.10	—	280.80	31.60	47.70	30.60	—
	百分比	0.80	3.23	5.24	—	3.74	0.62	0.33	0.31	—

续表

地区		阜阳专区							滁县专区	
		临泉田桥乡	阜阳潘寨乡	颖上朱庙乡	亳县姬桥乡	蒙城冷涧乡	太和宝境乡	涡阳潘砦乡	来安殿发乡	滁县大王营乡
贫农	人口	1088	1449	558	995	1612	1352	2093	9	1093
	百分比	46.81	43.33	17.55	59.26	56.98	50.26	55.89	0.62	34.86
	土地	1753.80	1900.49	733.45	1598.30	2173.10	1172.40	5708.75	43.35	1554.40
	百分比	33.07	20.81	12.12	27.97	28.96	23.13	39.30	0.44	10.09
佃贫农	人口	170	412	725	—	—	193	89	641	—
	百分比	7.31	12.32	22.81	—	—	7.17	2.38	44.02	—
	土地	157.10	199.90	202.30	—	—	17.70	109.10	0	—
	百分比	2.96	2.19	3.34	—	—	0.35	0.75	0	—
雇农	人口	26	6	188	47	0	0	6	22	401
	百分比	1.12	0.18	5.91	2.80	0	0	0.16	1.51	12.79
	土地	57.00	4.10	35.70	37.80	0	0	16.00	0	240.50
	百分比	1.07	0.04	0.59	0.66	0	0	0.11	0	1.56
其他	人口	78	13	135	—	0	0	17	25	87
	百分比	3.36	0.39	4.25	—	0	0	0.45	1.72	2.77
	土地	103.50	4.30	13.10	—	0	0	29.70	235.45	395.30
	百分比	1.95	0.05	0.22	—	0	0	0.21	2.40	2.56
公地	土地	24.70	594.75	271.00	118.00	223.20	22.00	92.00	90.90	0
	百分比	0.47	6.51	4.48	2.07	2.97	0.44	0.63	0.93	0
合计	人口	2324	3344	3179	1679	2829	2690	3745	1456	3135
	土地	5404.00	9133.31	6049.78	5714.30	7504.40	5068.00	14 524.62	9819.30	15 413.10

二十八个乡（村）各阶层人口及占有土地比较表（二）

地区		安庆专区						宿县专区		
		潜山护地村	太湖棠利村	太湖磨利村	怀宁龙河村	怀宁骑龙村	怀宁三民村	宿县古西乡	宿县尤沟乡	宿县时东乡
地主	人口	45	105	63	37	69	30	123	67	92
	百分比	5.69	7.02	5.68	3.05	6.81	2.91	2.55	1.84	1.43
	土地	167.25	370.00	197.50	103.15	236.85	102.04	1861.60	700.70	984.60
	百分比	14.48	34.53	19.64	13.99	20.20	6.96	13.75	6.12	5.79
富农	人口	25	56	87	82	28	18	244	86	215
	百分比	3.16	3.75	7.84	6.75	2.77	1.75	5.05	2.36	3.36
	土地	50.85	84.00	82.00	101.69	27.25	48.18	1549.80	776.00	1772.50
	百分比	4.40	7.84	8.15	13.80	2.32	3.28	11.44	6.78	10.42
佃富农	人口	23	—	—	4	—	27	—	—	11
	百分比	2.91	—	—	0.33	—	2.62	—	—	0.17
	土地	24.50	—	—	1.52	—	80.91	—	—	76.50
	百分比	2.12	—	—	0.21	—	5.52	—	—	0.45
中农	人口	277	769	231	436	208	312	1641	1720	2465
	百分比	35.02	51.44	20.81	35.88	20.53	30.26	33.97	47.23	38.50
	土地	444.30	211.50	167.50	363.87	441.32	500.26	5661.10	6920.60	8945.60
	百分比	38.47	19.74	16.66	49.36	37.63	34.11	41.81	60.43	52.61
佃中农	人口	145	—	—	85	66	160	—	100	57
	百分比	18.33	—	—	7.00	6.52	15.52	—	2.75	0.89
	土地	52.50	—	—	22.82	12.40	190.62	—	170.10	113.40
	百分比	4.55	—	—	3.10	1.06	13.00	—	1.48	0.67
贫农	人口	231	565	729	382	505	162	2792	1482	3412
	百分比	29.20	37.79	65.67	31.44	49.85	15.71	57.81	40.69	53.29
	土地	113.00	41.00	113.00	12.21	168.35	127.25	4394.70	2609.00	4955.80
	百分比	9.78	3.83	11.24	1.66	14.36	8.68	32.45	22.78	29.14
佃贫农	人口	—	—	—	53	101	203	—	74	107
	百分比	—	—	—	4.36	9.97	19.69	—	2.03	1.67
	土地	—	—	—	8.36	1.87	136.69	—	41.90	104.20
	百分比	—	—	—	1.13	0.16	9.32	—	0.37	0.61

续表

地区		安庆专区						宿县专区		
		潜山护地村	太湖棠利村	太湖磨利村	怀宁龙河村	怀宁骑龙村	怀宁三民村	宿县古西乡	宿县尤沟乡	宿县时东乡
雇农	人口	33	0	0	104	13	23	11	10	32
	百分比	4.17	0	0	8.56	1.28	2.23	0.23	0.27	0.50
	土地	7.20	0	0	3.10	0	6.38	4.90	11.00	42.80
	百分比	0.62	0	0	0.42	0	0.43	0.04	0.10	0.25
其他	人口	12	0	0	32	23	96	19	103	12
	百分比	1.52	0	0	2.63	2.27	9.31	0.40	2.83	0.19
	土地	0.25	0	0	7.17	1.62	66.42	68.50	222.30	10.00
	百分比	0.02	0	0	0.97	0.14	4.53	0.51	1.94	0.06
公地	土地	295.25	365.00	445.50	113.20	282.95	207.74	0	0	0
	百分比	25.56	34.06	44.31	15.36	24.13	14.17	0	0	0
合计	人口	791	1495	1110	1215	1013	1031	4830	3642	6403
	土地	1155.10	1071.50	1005.50	737.09	1172.61	1466.49	13 540.60	11 451.60	17 005.40

二十八个乡（村）各阶层人口及占有土地比较表（三）

地区		六安专区					巢湖专区			淮南矿区	蚌埠
		舒城程冲村	六安下圩村	舒城年余村	六安廉家桥村	霍山县诸佛庵乡	肥西上派乡	乌江复虎村	和县刘塘村	洞山乡姚湾村	市东乡3个村
地主	人口	41	90	18	42	125	231	7	24	78	65
	百分比	4.38	7.22	1.95	4.63	3.90	4.01	0.89	2.29	5.11	3.86
	土地	93.65	1289.48	102.00	905.50	1640.80	2283.95	264.60	270.50	943.80	567.30
	百分比	11.90	39.34	13.30	78.40	43.88	28.02	16.45	23.20	20.61	15.20
富农	人口	136	61	40	20	36	173	36	18	215	152
	百分比	14.53	4.90	4.32	2.20	1.12	3.00	4.57	1.72	14.09	7.17
	土地	279.40	468.84	86.00	80.00	111.5	962.60	144.00	57.50	1476.00	797.5
	百分比	35.50	14.31	11.22	6.93	2.98	11.81	8.95	4.93	32.23	21.30

续表

地区		六安专区					巢湖专区			淮南矿区	蚌埠
		舒城程冲村	六安下圩村	舒城年余村	六安廉家桥村	霍山县诸佛庵乡	肥西上派乡	乌江复虎村	和县刘塘村	洞山乡姚湾村	市东乡3个村
佃富农	人口	—	—	—	—	—	16	61	10	78	18
	百分比	—	—	—	—	—	0.28	7.74	0.95	5.11	0.58
	土地	—	—	—	—	—	17.50	24.00	12.10	12.50	26.40
	百分比	—	—	—	—	—	0.22	1.49	1.04	0.27	0.70
中农	人口	266	275	203	464	384	988	226	338	404	495
	百分比	28.42	22.07	21.95	51.10	12.00	17.14	28.68	32.28	26.48	23.65
	土地	278.86	889.77	219.75	149.50	811.30	2246.65	722.80	427.80	1446.60	1290.60
	百分比	35.43	27.15	28.66	12.94	21.70	27.56	44.94	36.69	31.58	34.70
佃中农	人口	102	260	215	—	351	587	60	33	158	90
	百分比	10.90	20.87	23.24	—	10.97	10.19	7.61	3.15	10.35	4.25
	土地	91.20	2.08	14.50	—	29.60	263.45	185.00	24.90	26.20	86.20
	百分比	11.59	0.06	1.89	—	0.79	3.23	11.50	2.13	0.57	2.33
贫农	人口	226	237	244	326	363	1348	319	393	590	358
	百分比	24.14	19.02	26.38	35.90	11.34	23.39	40.48	37.54	38.66	20.90
	土地	24.43	372.11	39.00	5.00	271.70	1076.10	204.00	260.60	614.30	430.60
	百分比	3.10	11.35	5.09	0.43	7.27	13.20	12.69	22.35	13.41	11.40
佃贫农	人口	61	205	—	—	521	463	42	190	—	103
	百分比	6.52	16.45	—	—	16.28	8.03	5.33	18.15	—	0.86
	土地	19.50	0	—	—	23.70	108.50	0	49.40	—	97.90
	百分比	2.48	0	—	—	0.63	1.33	0	4.24	—	2.50
雇农	人口	104	97	63	41	92	74	37	41	0	11
	百分比	11.11	7.78	6.81	4.52	2.87	1.29	4.70	3.92	0	0.50
	土地	0	47.91	0	0	1.00	23.90	0	6.60	0	2.10
	百分比	0	1.46	0	0	0.03	0.29	0	0.57	0	0.06

续表

地区		六安专区					巢湖专区			淮南矿区	蚌埠
		舒城程冲村	六安下圩村	舒城年余村	六安廉家桥村	霍山县诸佛庵乡	肥西上派乡	乌江复虎村	和县刘塘村	洞山乡姚湾村	市东乡3个村
其他	人口	0	21	142	15	1329	1883	0	0	3	825
	百分比	0	1.69	15.35	1.65	41.52	32.67	0	0	0.20	32.20
	土地	0	0	81.50	0	651.30	1108.90	0	0	15.00	439.30
	百分比	0	0	10.63	0	17.42	13.61	0	0	0.33	11.80
公地	土地	0	207.48	224.00	15.00	198.20	59.75	64.00	56.60	45.80	—
	百分比	0	6.33	29.21	1.30	5.30	0.73	3.98	4.85	1.00	—
合计	人口	936	1246	925	908	3201	5763	788	1047	1526	2117
	土地	787.04	3277.67	766.75	1155.00	3739.10	8151.30	1608.40	1166.00	4580.20	3737.90

二十八个乡（村）各阶层人口及占有土地比较表说明：

（一）上表共统计6个专区1个矿区，包括14个乡14个村（小蚌埠市东乡3个村作1个村计算）。

（二）公地项内包括庙田、公私学田、祠堂田、老坟地等。

（三）其他项内包括小商贩、小土地出租者、手工业劳动者、自由职业者、宗教职业者等。

（四）地主占有土地占各该乡、村占有土地总数30%以上者有阜阳专区之潘寨乡、朱庙乡；安庆专区之棠利村；六安专区之下圩村、廉家桥村、诸佛庵乡；滁县专区之殿发乡、大王营乡等5个乡3个村。其中土地最集中的殿发乡，占该乡占有土地总数的85.53%。地主占有土地占各该乡、村占有土地总数的10%至30%者有田桥乡、姬桥乡、冷涧乡、宝境乡、护地村、磨利村、龙河村、骑龙村、程冲村、年余村、古西乡、上派乡、复虎村、刘塘村、姚湾村及市东乡3个村等6个乡10个村。地主占有土地在总占有土地10%以下者有潘砦乡（涡阳）、三民村、尤沟乡、时东乡等3个乡1个村。

（五）地主占有土地与公地合计，占各该乡占有土地总数的40%以上的有潘寨乡（阜阳）、朱庙乡、护地村、棠利村、磨利村、骑龙村、下圩村、年余村、廉家桥村、诸佛庵乡、殿发乡等4个乡7个村。占20%以上的有上派乡、复虎村、刘塘村、姚湾村、三民村、龙河村等1个乡5个村。占10%以上的有田桥乡、姬桥乡、冷涧乡、宝境乡等4个乡。占10%以下的仅潘砦乡1个乡。大王营、古西、尤沟、时东4乡及市东乡3个村、程冲村无公地。

二十八个乡（村）每人占有土地平均数统计表

地区		总人口	总占有土地	每人平均数
阜阳专区	临泉田桥乡	2324	5404.00	2.33
	阜阳潘寨乡	3344	9133.31	2.73
	颖上朱庙乡	3179	6049.78	1.90
	亳县姬桥乡	1679	5714.30	3.40
	蒙城冷涧乡	2829	7504.40	2.65
	太和宝境乡	2690	5068.00	1.88
	涡阳潘砦乡	3745	14524.62	3.88
安庆专区	潜山护地村	791	1155.10	1.46
	太湖棠利村	1495	1071.50	0.72
	太湖磨利村	1110	1005.50	0.91
	怀宁龙河村	1215	737.09	0.61
	怀宁骑龙村	1013	1172.61	1.16
	怀宁三民村	1031	1466.49	1.42
六安专区	舒城程冲村	936	787.04	0.84
	六安下圩村	1246	3277.66	2.63
	舒城年余村	925	766.75	0.83
	六安廉家桥村	908	1155.00	1.27
	霍山诸佛庵乡	3201	3739.10	1.17
滁县专区	来安殿发乡	1456	9819.30	6.74
	滁县大王营乡	3135	15 413.10	4.92
宿县专区	宿县古西乡	4830	13 540.60	2.80
	宿县尤沟乡	3642	11 451.60	3.14
	宿县时东乡	6403	17 005.40	2.66
巢湖专区	肥西上派乡	5763	8151.30	1.41
	乌江复虎村	788	1608.40	2.04
	和县刘塘村	1047	1166.00	1.11
淮南矿区	洞山乡姚湾村	1526	4580.20	3.00
蚌埠	小蚌埠市东乡 3 个村	2117	3737.90	1.77

二十八个乡（村）每人占有土地平均数统计表说明：

（一）全乡每人占有土地平均数以宿县专区、滁县专区、阜阳专区三地较多，除殿发乡地广人稀每人平均占有达6.74亩外，一般均在 2 亩以上，而宿县专区津浦铁路以东五河、灵壁等县地区，根据其他材料，每人平均占有土地数字比上表一般占有数字还要大些。

（二）安庆专区之湖沼地区、六安专区之里山地区，一般占有土地每人平均数较上述三专区为少，大都在一亩上下。

二、各阶层使用土地情况

十六个乡（村）每人使用土地平均数统计表

地区		总人口	总使用土地	每人平均数
阜阳专区	阜阳潘寨乡	3344	8641.88	2.58
	临泉田桥乡	2324	5433.40	2.34
	涡阳潘砦乡	3745	14 705.94	3.93
	颖上朱庙乡	3179	11 866.99	3.73
安庆专区	怀宁三民村	1031	1375.65	1.33
	怀宁龙河村	1215	969.46	0.80
六安专区	六安下圩村	1246	3576.33	2.87
	霍山诸佛庵乡	3201	3267.40	1.02
滁县专区	来安殿发乡	1456	8963.81	6.16
	滁县大王营乡	3135	18 598.10	5.93
宿县专区	宿县古西乡	4830	13 904.70	2.88
	宿县尤沟乡	3642	11 484.00	3.15
	宿县时东乡	6403	16 970.90	2.65
巢湖专区	肥西上派乡	5763	7445.25	1.29
淮南矿区	洞山乡姚湾村	1526	4598.00	3.01
蚌埠	小蚌埠市东乡3个村	2117	4300.10	2.03

十三个乡（村）各阶层每人使用土地平均数比较表

地区		全乡总平均（亩）	地主	富农	佃富农	中农	佃中农	贫农	佃贫农	雇农	其他
阜阳专区	阜阳潘寨乡	2.58	1.91	3.95	6.65	2.81	4.60	1.60	3.29	0.68	0.33
	涡阳潘砦乡	3.93	3.50	4.34	10.33	5.03	6.54	3.10	6.02	4.66	1.51
安庆专区	怀宁三民村	1.33	2.47	1.90	3.72	1.63	1.55	0.80	1.00	0.31	0.68
六安专区	六安下圩村	2.87	3.14	2.76	—	2.62	4.50	1.70	2.45	3.23	0.79
	霍山诸佛庵乡	1.02	0.40	1.44		2.54		1.19		0.20	0.17
滁县专区	来安殿发乡	6.16	3.04	5.89	7.42	4.49	7.00	2.63	3.87	1.54	1.90
	滁县大王营乡	5.93	2.23	8.17		8.03		5.04		2.60	2.10
宿县专区	宿县古西乡	2.88	2.38	5.62		3.90		2.08		0.45	0.38
	宿县尤沟乡	3.15	4.70	0	5.56	3.44	3.90	2.20	2.70	1.35	0.80
	宿县时东乡	2.65	4.11	7.30	12.01	3.60	4.50	1.50	3.00	2.10	0.16
巢湖专区	肥西上派乡	1.29	1.02	3.10	7.16	2.28	2.94	0.99	1.69	0.33	0.23
淮南矿区	洞山乡姚湾村	3.01	0	5.40	7.70	3.73	4.49	1.05	—	—	—
蚌埠	小蚌埠市东乡3个村	2.03	0	—	7.04	3.20	5.03	1.50	2.40	0.20	0.48

十三个乡（村）各阶层使用土地每人平均数比较表说明：

（一）上表统计包括6个专区1个市区1个矿区的9个乡4个村。

（二）地主使用土地有1个乡2个村高于全乡每人平均使用土地数，7个乡低于全乡平均使用数，其余2个村无使用土地。

（三）佃富农的使用土地每人平均数都在全乡每人平均数的1倍以上至5倍左右。如时东乡佃富农使用土地为全乡每人平均使用土地的453.21%，潘砦乡（涡阳）为262.29%。而富农的每人平均使用数又一般低于佃富农。

（四）中农、佃中农的每人平均使用数都比全乡使用数稍多，如市东乡3个村佃中农每人平均数为当地平均数的247.66%，中农为157.56%。

（五）贫农、佃贫农每人使用平均数一般的较全乡使用平均数为少。

三、各阶层租出租入土地情况

十三个乡（村）各阶层租出土地比例表

<table>
<tr><th colspan="2">地区</th><th>地主占百分比</th><th>富农占百分比</th><th>佃富农占百分比</th><th>中农占百分比</th><th>佃中农占百分比</th><th>贫农占百分比</th><th>佃贫农占百分比</th><th>雇农占百分比</th><th>其他占百分比</th><th>公地占百分比</th><th>合计</th></tr>
<tr><td rowspan="2">阜阳专区</td><td>阜阳潘寨乡</td><td>76.02</td><td>6.04</td><td>0</td><td>2.01</td><td>0.77</td><td>0.30</td><td>0.39</td><td>0</td><td>0</td><td>14.47</td><td>100</td></tr>
<tr><td>涡阳潘砦乡</td><td>36.30</td><td>24.36</td><td>0.12</td><td>19.80</td><td>0.97</td><td>10.70</td><td>0.61</td><td>0</td><td>0.24</td><td>6.90</td><td>100</td></tr>
<tr><td>安庆专区</td><td>怀宁三民村</td><td>11.30</td><td>4.80</td><td>2.30</td><td>2.18</td><td>0</td><td>0.22</td><td>0.49</td><td>0</td><td>6.20</td><td>72.51</td><td>100</td></tr>
<tr><td rowspan="2">六安专区</td><td>六安下圩村</td><td>56.00</td><td>16.60</td><td>0</td><td>14.70</td><td>0</td><td>1.10</td><td>0</td><td>0.10</td><td>0</td><td>11.50</td><td>100</td></tr>
<tr><td>霍山
诸佛庵乡</td><td>61.97</td><td colspan="2">2.32</td><td colspan="2">6.93</td><td colspan="2">1.14</td><td>0</td><td>19.92</td><td>7.72</td><td>100</td></tr>
<tr><td rowspan="2">滁县专区</td><td>来安殿发乡</td><td>91.12</td><td>0.87</td><td>0</td><td>4.05</td><td>0.34</td><td>0</td><td>0</td><td>0</td><td>2.60</td><td>1.02</td><td>100</td></tr>
<tr><td>滁县
大王营乡</td><td>67.21</td><td colspan="2">15.36</td><td colspan="2">8.09</td><td colspan="2">3.74</td><td>0.87</td><td>4.73</td><td>0</td><td>100</td></tr>
<tr><td rowspan="3">宿县专区</td><td>宿县古西乡</td><td>71.23</td><td colspan="2">12.61</td><td colspan="2">9.94</td><td colspan="2">3.11</td><td>0</td><td>3.11</td><td>0</td><td>100</td></tr>
<tr><td>宿县尤沟乡</td><td>29.87</td><td>29.00</td><td>0</td><td>26.00</td><td>0.20</td><td>3.60</td><td>0</td><td>0</td><td>11.33</td><td>0</td><td>100</td></tr>
<tr><td>宿县时东乡</td><td>65.40</td><td>21.90</td><td>0</td><td>11.60</td><td>0</td><td>0</td><td>0</td><td>0</td><td>1.10</td><td>0</td><td>100</td></tr>
<tr><td>巢湖专区</td><td>肥西上派乡</td><td>57.55</td><td>11.95</td><td>0.49</td><td>5.29</td><td>0.82</td><td>0.87</td><td>0.32</td><td>0.09</td><td>20.94</td><td>1.68</td><td>100</td></tr>
<tr><td>淮南矿区</td><td>洞山乡
姚湾村</td><td>68.00</td><td>22.70</td><td>0</td><td>3.03</td><td>0</td><td>1.00</td><td>0</td><td>0</td><td>1.08</td><td>4.19</td><td>100</td></tr>
<tr><td>蚌埠</td><td>小蚌埠市
东乡3个村</td><td>41.70</td><td>33.00</td><td>0</td><td>5.56</td><td>1.84</td><td>0</td><td>0</td><td>0</td><td>17.90</td><td>0</td><td>100</td></tr>
</table>

十三个乡（村）各阶层租出土地比例表说明：

（一）各阶层租出土地系各该乡各阶层租出土地的统计，外乡业主出租在该乡的土地，一律未统计在内。

（二）地主出租土地最高的占全乡租出土地总数的91.12%，其他在40%以上者有6个乡3个村，40%以下者有2个乡1个村。

（三）富农出租土地一般都占出租土地总数的10%以上，比例最高的占33%。

（四）中农出租土地在总出租土地10%以上者有3个乡1个村，其余都在5%左右。

十三个乡（村）各阶层租入土地比例表

<table>
<tr><th colspan="2">地区</th><th>地主占百分比</th><th>富农占百分比</th><th>佃富农占百分比</th><th>中农占百分比</th><th>佃中农占百分比</th><th>贫农占百分比</th><th>佃贫农占百分比</th><th>雇农占百分比</th><th>其他占百分比</th><th>合计</th></tr>
<tr><td rowspan="2">阜阳专区</td><td>阜阳潘寨乡</td><td>0</td><td>0</td><td>3.69</td><td>2.27</td><td>49.75</td><td>11.93</td><td>32.36</td><td>0</td><td>0</td><td>100</td></tr>
<tr><td>涡阳潘砦乡</td><td>0</td><td>0.24</td><td>3.30</td><td>14.31</td><td>4.72</td><td>52.67</td><td>24.10</td><td>0.66</td><td>0</td><td>100</td></tr>
<tr><td>安庆专区</td><td>怀宁三民村</td><td>2.30</td><td>0</td><td>13.30</td><td>8.80</td><td>30.10</td><td>1.60</td><td>34.80</td><td>0.40</td><td>8.70</td><td>100</td></tr>
<tr><td rowspan="2">六安专区</td><td>六安下圩村</td><td>0.12</td><td>0</td><td>0</td><td>3.72</td><td>56.00</td><td>2.47</td><td>24.10</td><td>12.80</td><td>0.79</td><td>100</td></tr>
<tr><td>霍山
诸佛庵乡</td><td>0</td><td>0</td><td>0</td><td colspan="2">57.40</td><td colspan="2">37.41</td><td>0.84</td><td>4.35</td><td>100</td></tr>
<tr><td rowspan="2">滁县专区</td><td>来安殿发乡</td><td>0</td><td>0</td><td>0</td><td>0.32</td><td>59.94</td><td>0</td><td>39.18</td><td>0.35</td><td>0.21</td><td>100</td></tr>
<tr><td>滁县
大王营乡</td><td>0.09</td><td colspan="2">4.87</td><td colspan="2">48.20</td><td colspan="2">37.60</td><td>7.70</td><td>1.54</td><td>100</td></tr>
<tr><td rowspan="3">宿县专区</td><td>宿县古西乡</td><td>0</td><td colspan="2">3.88</td><td colspan="2">38.48</td><td colspan="2">57.64</td><td>0</td><td>0</td><td>100</td></tr>
<tr><td>宿县尤沟乡</td><td>0</td><td>0</td><td>0</td><td>20.60</td><td>14.20</td><td>51.40</td><td>13.20</td><td>0.20</td><td>0.40</td><td>100</td></tr>
<tr><td>宿县时东乡</td><td>0</td><td>0</td><td>6.20</td><td>18.80</td><td>16.05</td><td>30.70</td><td>25.20</td><td>2.80</td><td>0.25</td><td>100</td></tr>
<tr><td>巢湖专区</td><td>肥西上派乡</td><td>0</td><td>0</td><td>4.01</td><td>6.81</td><td>52.29</td><td>10.07</td><td>24.04</td><td>0.13</td><td>2.65</td><td>100</td></tr>
<tr><td>淮南矿区</td><td>洞山乡
姚湾村</td><td>0</td><td>0</td><td>42.41</td><td>7.33</td><td>49.02</td><td>1.24</td><td>0</td><td>0</td><td>0</td><td>100</td></tr>
<tr><td>蚌埠</td><td>小蚌埠市
东乡3个村</td><td>0</td><td>4.07</td><td>8.70</td><td>28.00</td><td>32.45</td><td>8.17</td><td>13.10</td><td>0</td><td>5.51</td><td>100</td></tr>
</table>

各阶层租入土地比例表说明：

（一）佃富农的租入土地，除姚湾村可能因错划成份租入数字占全乡租入土地总数的42.41%以外，其他各乡均在5%左右。

注：一般的来说13个乡（村）典型的调查中佃富农的成份划高了。

（二）中农（包括佃中农）租入土地一般均占总租入土地的30%以上，在50%以上者亦有4个乡3个村。

（三）贫农（包括佃贫农）租入土地除姚湾村外，均占总租入土地的20%以上，在40%以上者亦有5个乡。

（四）将中农、贫农两阶层合并起来看，其租入土地，除三民村和姚湾村外，均占总租入土地的80%以上，在90%以上的亦有8个乡，最高的殿发乡竟达99.44%。由此可见中农和贫农阶层受封建地租剥削的严重。

中共皖北区党委政策研究室

1950年6月

安庆专区农村土地关系

一、农村中各阶级（层）土地占有情况

甲、地主阶级与贫农、雇农占有土地的对比

本区土地占有比较集中，大量的良田都掌握在地主阶级手里。根据岳西五河区北山村、太湖新仓区驼龙乡、宿松二郎区柳坪乡 3 个乡的典型调查来看，占总人口2.75%的地主，占有总土地29.96%以上的土地（其中包括公堂土地）。而占总人口45.15%的贫农和雇农，仅占有总土地的14.94%。例如宿松柳坪乡地主人数只2.62%，占有土地达全乡土地的26.37%；而贫雇农占总人口的36.61%，只有全乡土地的12.73%。太湖驼龙乡公堂田，占全乡田的40.89%，大部均为地主阶级操纵。即公堂土地不计算在内，地主每人平均占有土地亦有6.96亩，其中宿松柳坪乡地主每人平均竟达11.22亩，而贫雇农则每人仅占有0.38亩，太湖驼龙乡的贫农、雇农每人仅占有0.36亩。地主除占有大量可耕种的土地外，生长竹林和杉、松的山亦大部为其所占有。如宿松柳坪乡的竹林，地主就占了 17%；太湖驼龙乡驼龙山打石灰的山地亦大部为胡姓地主所占有。

圩田、湖地和洲地在本区沿江数县，如怀宁、望江、桐庐、宿松等县所占的面积是较大的。根据怀宁石牌区天青乡三民村（圩田）、桐庐陈湖区施湾乡东庄村（湖地）、望江华阳区华阳乡 3 个村（洲地）的调查材料来看，土地占有的程度则较山区更加集中。占人口3.49%的地主阶级，占有土地达 30%以上（其中包括公堂土地）。望江华阳乡老街村 3 户地主就占有全村土地的44.56%。其中仅怀宁三民村土地比较分散，占人口3.07%的地主，占有土地为7.44%，但把占总土地13.74%公堂土地加在内，亦达全村土地的21.18%。而该三地的贫农、雇农人口约占总人口的29.78%，但占有土地仅为土地总面积的10.6%，其中望江老街村贫农、雇农占人口 46%，其土地只占全村土地的19.59%。从土地的平均数上看，该三地地主每人平均占有土地达 13 亩（公田在外），望江老街村地主每人平均竟达31.64亩；而贫雇农每人平均仅有0.84亩，桐庐东庄村贫农、雇农每人平均占有土地则更少，只有0.24亩。

再看平原地带，根据桐城城南区法华乡的调查，土地占有情况一般仍是比较集中的。占全人口3.81%的地主，共占有土地22.19%（一小部公堂土地在内），其中有一户地主就占有全乡土地的5.54%；占人口38.91%的贫、雇农，仅占有土地9.51%，每人平均只有0.17亩。

以上这些材料明白地显示了：农村中不到总人口 3%的地主阶级，掌握了差不多 30%以上的土地，对农民进行高额的地租剥削，吮吸着农民的膏血，并从而对农民取得了无尚的政治威权，又凭借反动政府权势，非法霸占农民土地（如桐庐棕杨旧军阀柏文蔚管家所经营的美脍赛鱼湖，就霸占了沿湖 36 个湖汊，内农田达 2000 多亩）。这样农村的土地一天天地更形集中了，农民的土地逐渐地转移到地主阶级的手里。例如太湖驼龙乡租佃关系上的永佃权特别多，差不

多占总租佃土地的95%以上，产生永佃权的主要原因，就是农民因受高利贷及苛重的地租剥削而流于破产，因此将自己的土地向公堂或地主作抵押，但又舍不得离开自己的土地，只得忍痛将自己的土地以较低的价格抵押或出卖其所有权，而保留下佃权。

乙、富农和小土地出租者土地占有情况

从几个调查材料来看，山地地区3个乡的调查，占人口5.76%的富农，占有土地为12.53%。每人占有土地约为当地平均数的2.6倍（照三乡土地平均数计算，每人约1.12亩，而富农每人平均土地2.91亩）。圩田地区如三民村占3.07%的富农，占有土地9.26%，每人平均2.87亩，约为全村每人土地平均数1.28亩的2倍，望江老街村（洲地）富农占总人口的4.5%，占有土地11.98%，每人平均为8.34亩，约为该村每人平均数3.15亩的2倍半。桐庐东庄村因系鱼湖地区，靠捕鱼为生者占多数，土地少而且大部土地集中在地主和富农手中，4.6%的富农，占有土地15.8%，每人平均虽仅2.8亩，但却为该村每人土地平均占有数0.8亩的3倍多，平畈地区如桐城法华乡占总人口5.58%的富农，占有土地18.21%，每人平均占有土地约为该乡每人平均数1.22亩的2倍多。

本区富农的另一特点是出租土地数量很大，在山地数县中尤甚，根据山地地区的调查，富农出租土地常达占有土地的40%以上；平原地区也比较多，例如桐城法华乡富农出租土地亦占其占有土地的40%；江湖地区就比较少，例如怀宁三民村的富农出租土地约为其占有土地的5%，桐庐东庄村约为10%，望江老街村约为37%。

本区小土地出租者的人数及占有土地情况，根据山区3乡的调查，人口约占全人口的2.21%，占有土地约为总占有土地的4.2%左右（其中以宿松柳坪乡的数字比较大，人口占3.41%，土地占7.18%）。平畈地区如桐城法华乡占总人口1.53%的小土地出租者，占有土地为3.5%。洲地和圩田地区占有数字更少，如怀宁三民村和望江老街村的情况是：占人口0.48%和0.13%的小土地出租者，占有土地为全村土地的0.53%和0.46%。鱼湖地区如桐庐东庄村，因取鱼户多，土地比较集中，故占人口2.4%的小土地出租者占有土地5.18%。

从每人平均占有土地来看，一般约相当于全乡每人平均土地数的1倍至3倍。在小土地出租者中间，鳏、寡、孤、独占多数，如桐庐东庄村的小土地出租者全系鳏、寡、孤、独，因缺乏劳力而出租土地，其他各乡亦不少。

丙、中农占有土地情况

中农在本区是一个很大的阶层，一般占农村总人口的30%到50%，占有土地亦为30%到50%。在山地三乡中，占人口32.94%的中农，占有土地达30%，桐城法华乡中农人口占31.2%，地占8.12%。在圩田和洲地地区中农数字更加大，怀宁三民村中农人数占45.78%，占有土地占46.58%，望江华阳乡两个村平均占人口38.37%的中农，占有土地47.69%，桐庐东庄村因渔民多，中农数字较少，其人口占全人口15.6%，地占20.26%。

中农一般每人平均占有土地在全乡（村）每人平均占有数的上下，稍高于全乡每人平均土地数的较多，如怀宁三民村中农每人平均为1.46亩，而该村每人平均土地为1.42亩；岳西北山村中农每人平均为1.89亩，而该村每人平均土地为1.55亩；望江华阳乡两个村中农每人平均为

3.89亩，而该村每人平均土地为3.15亩。但亦有个别地方中农每人平均数低于全村每人平均占有土地数的，如桐城法华乡每人平均占有土地为1.42亩，而中农平均每人仅有土地0.89亩。

本区中农另一特点是租入土地较多，以山地数乡统计，佃中农就占总人口的8%。中农租入土地约占其全部使用土地的17%。平原地区如桐城法华乡佃中农占全人口的16.1%，租入土地占总使用土地的8%。圩田地区的佃中农约占总人口15%左右，租入土地约占总使用土地数的6%。仅洲地和湖地中农租入的土地比其他地区少些。故本区大多数中农和贫农、雇农一样在受着地主阶级残酷的地租剥削，中农在一般年景时，亦仅能勉强维持生活，如遇灾荒歉年或遭反动政府的苛税重压时，常流于破产而降为贫农。

二、地租形式和额外剥削

甲、租佃形式

本区租佃形式计有“勘租”、“活租田”、“二东田”（即转租田）、“分租田”、“包种”等数种，其租额一般均为每亩田正产物的1/3至1/2以上。

桐城、桐庐、怀宁多为“勘租”，即每年于秋收前，地主到地里去看庄稼长得好坏来决定租额，“勘租”租额常达土地正产量的1/2至2/3，如桐庐高甸区每石种田一般可收14石粮食，租额为“八五”“九五”不等，即交8石5斗至9石5斗；怀宁月山区每石种约产20至30石稻，租额则达10至20石。

在山地多盛行分租，即将产物按“四六”“三七”“二八”“一九”等形式业佃分益。潜山农民有叫分租为“一斛端”的，即是说农民辛苦一年，结果只落得一斛粮食。如宿松柳坪乡有“倒三七”“顺三七”分租办法，即是大季东七佃三，小季东三佃七；岳西北山村多为东三佃一。一般说来，种植山地，农民所耗的劳力特别多，因此分租制实际上是一种很严重的剥削。

此外该乡在租佃关系中，比较普遍的是“永佃权”与“羁庄田”。凡农民取得永佃权的土地，一般均付出相当田价1/2以上的“押板金”，租额约为土地正产量的1/3至1/2，但如把所付给“押板金”每年的利息合并计算，则此种剥削仍是异常苛重的。

种“羁庄田”仍需交付“押板金”，一般相当于田价的1/20到1/10，佃户无永佃权，此种租佃关系多发生在土地较少地区，实际上是地主对农民的一种额外剥削。

乙、地主对农民的额外剥削及迫害

地主阶级除对农民进行残酷的地租剥削外，同时他又凭借其政治权势，对农民进行许多额外剥削，最普遍的是“请酒”和“送礼”，送礼一般分为三节，即端午、中秋、春节。太湖驼龙乡地主规定佃户每佃田1石，须办一桌酒席，不够1石种者，几户佃户合伙办，不办者则折成鸡或稻，俟交租时一并交给地主。岳西地主将“送礼”规定在租约里，如王永北、王得隆佃地主刘佐明3石5斗田，除交租外，并在租约上规定“每年须纳黄豆1斗，小麦1斗，茶6斤，油6斤，鸡2只，随租奉上”等字样。

其次是地主对佃户进行劳役剥削，除每年租籽要佃户送上门外，当地主家有红、白大事时，亦要佃户无代价地帮忙。如桐城法华乡地主“母老虎”经营菜园，硬要佃户替她耕种，假使不做，就会遭到她的打骂甚至抽佃。

又在怀宁地区，替地主收租的狗腿子还要向佃户另收“小租”，一般为正租的3%。桐庐一般要支“跑腿”费用。此外农民还常受地主的欺诈、威胁、凌辱，甚至因而家破人亡者亦不鲜见。例如桐城法华乡吴四道种地主叶季达的田，是“勘租”，有一年灾荒，吴先割稻后报灾，结果就犯了地主所谓的“规矩”而遭了一顿痛打，他父亲更被关了8天，结果租仍要照好年成交租。地主刘子卿在厨房前桂花树上吊一根绳子，就是专打佃户的。法华乡地主“母老虎”的佃户徐黑皮有病未给她舂米，“母老虎”硬说他13石租子未交，将他拘押，后徐因无法交出，全家逃跑到南宁去。该地农民先后被“母老虎”抓进牢狱或逼死者达12人。

解放前安庆地区的农民，就在这种暗无天日的封建统治下过生活。

1950年调查

徽州专区农村情况概述

一、土地占有情况

甲、徽州各县除绩溪、黟县土地较分散外（绩溪50亩以上的地主很少），其余各县土地都很集中，如歙县龙井村，全村共有1199.5亩田，地主、富农占有954亩，占79.6%；休宁西馆村192户，除10户商业户外，其余182户中便有93户完全没有田，另47户只有极少的田，无地少地的农户占77%以上，全村1675亩田中，贫农、中农占有275亩，只占16%强，其余84%的土地，均为地主、富农占有，其中5户地主便占了600亩田，占全村土地的1/3以上。歙县桂林村242户中，29户地主、富农及公堂占有全村田地的66.3%，66户中农只占有土地22.7%，112户贫农，则仅占有土地8.7%。祁门钟秀村，地主、富农田地占全村田地的63.3%。

乙、祁门的土地情况有一特点，即公堂土地占了全县土地的一半以上，有的乡村甚至占到2/3以上。公堂按姓区分，过去均由地主、富农掌握。

丙、其余各县地主土地虽多，大部是分散各地，而不是连成一片的。

丁、大买、小买的关系，除黟县没有，旌德较少外，在徽州很多，绩溪尤其普遍。

兹将该区3个典型村的各阶层土地占有情况列表如下：

歙县岩寺区龙井村各阶层土地占有比较表

成份	户数		人口		田亩	
	户数	占总户数的百分比	人数	占总人口的百分比	田亩数	占总田亩的百分比
地主	14	12.7	68	18.1	758.0	63.2
富农	4	3.6	31	8.2	171.0	14.2
佃富农	7	6.4	34	9.0	25.9	2.2
中农	21	19.1	78	20.7	218.2	18.2
贫农	64	58.2	166	44.0	26.4	2.2
合计	110	100.0	377	100.0	1199.5	100.0

祁门城关区钟秀村各阶层土地占有情况

成份	户数	人口	田亩	占本村总亩数百分比	备注
地主	4	20	300	46.1	
富农	8	33	112	17.2	内佃富农五户
佃中农	39	117	89	13.7	
贫农	161	507	60	9.2	
小商人	60	187	0	0	
祠堂	2个	—	90	13.8	
合计	272	864	651	100.0	
说明	1.本村实有田651亩,租入1949亩,共2600亩。 2.此材料在全县说不能代表一般农村,按全县说,祠堂田占全县总田地数的1/2,该村祠堂土地占数较少。				

绩溪余川村各阶层土地占有统计表

成份	户数		人口		田亩	
	户数	百分比	人口	百分比	田亩	百分比
地主	15	7.5	26	4.1	145.20	33.5
富农	7	3.5	18	2.9	70.29	16.2
中农	49	24.5	180	28.5	146.73	33.9
贫农	125	62.5	399	63.2	70.91	16.4
雇农	4	2.0	8	1.3	0	0
共计	200	100.0	631	100.0	433.13	100.0

二、租佃关系

甲、租佃形式

（一）有死租与活租两种，所谓死租，又叫定租，即租额固定，每年秋收之后，由农民向地主交纳一定量之租谷，一般不论年成丰歉都要按约定数额交租，只有灾荒很大，几乎没有收获的情况下，得地主允许，才可不交或少交。活租是先有定额，到秋收时，农民请地主来评定年成，譬如达常年产量八成的收成，即按原订租额八折交租。还有一种分租，收割时，由地主派人到田监视农民收割，割好后，就在田里过秤分粮，有对半分，也有四六分（主四佃六）或倒四六分（主六佃四），甚至有倒三七分的。

（二）还有大买、小买，又叫大租、小租，亦叫田骨租、田皮租，实即田的所有权与使用权。相传太平天国时，地主逃往别处，田地多荒芜，后来别处农民来此开荒耕种，开好以后，地主便借口强占，说田是他的，经官方判决所有权属地主，但开荒的有使用权（永远使用）。本专区除黟县外，其他各县都有大、小买，绩溪最普遍，旌德则较少。小买权可自由买卖，大买不能干涉，大买也不能将田收回自耕或转租。小买如自己耕种，每年须向大买交一定的租（较普通租额为低），但他也可转租给第三者，佃户除向大买交田骨租外，还要向小买交田皮租。休宁田皮租重于田骨租，其他县田骨租重于田皮租，此项田皮（小买田）各阶层都有，有的县是富农、中农较多，有的县则贫农、中农较多，有的地方地主亦有一部分田皮。

乙、租额剥削

（一）租额：一般的占收获量的50％，高者至70％，死租比较轻些，但多是次等田地，土质水源都较差，常常歉收。

种山地交租情况：黟县山地（开荒地）有一九分粮的（佃九主一），也有交定租的，与一九分差不多。山地租额虽比田租轻，但产量不高，所需要的劳动力又多，还要替地主养树苗，长大了完全归地主或主八佃二、主七佃三分配。

（二）额外剥削：地主收租所用的秤、斗，比普通的要大，休宁地主收租的秤是17两的，旌德、绩溪是20两甚至24两的，部分的是18两；斗亦比普通的大1/10上下（是老斗）。旌德县农民种地主的田，还要押板。祁门地主收租，佃农要请地主吃租酒、租肉、租饭、租鸭，休宁交租谷都要过风扇。

三、高利贷剥削情况

由于受地租剥削以及国民党反动派的壮丁费、保甲费等等苛捐勒索，多数农民都要负债，甚至以借债度日，受高利贷的剥削。高利贷的种类如下：

甲、一般以实物计算，借粮还粮，大都是春季向地主借粮（亦有农民冬季就没粮了需要借的），秋后归还，冬季和春季借的，利息高些，夏季借的稍低，普通借100斤还150斤至一百七八十斤，最高的要还200斤。

乙、“放青苗”，即农民在紧急需款时出卖青苗，价格比实价要低一半，这是一种很残酷的高利贷。

丙、“出门利”，旌德农村中有一种高利贷，除订定要多少分利息外，借时即先扣利息，打八折付款，即叫做“出门利”。祁门农民借粮，亦有此种情况，借100斤打七折或八折，只得到七八十斤。绩溪亦通行，一般是八九折。这种高利贷农民吃亏更大。祁门农民借贷，多是向“东家”（即地主）借的，向其他地主不易借到。其原因是地主收租时能连借贷部分一起收，这样，佃户交了租还了债以后，剩余很少，甚至即没有粮了。

丁、利滚利：利滚利的剥削方式非常残酷，如休宁四区西馆村一贫农借地主600斤稻，已经还了利息2000多斤，又把9分田、一口肥猪、房子、家具都顶了利息，但照那地主利滚利的方法算起来，还欠800斤。

戊、借钱还粮：此种高利贷的利息亦相当高，如歙县岩寺区一地主放账，借给农民30石粮的钱，当时粮食市价值2万元一石，他却按4000元一石计算折成粮，等于“借1石要还5石，借30石粮的钱共要还150石粮”。

己、“典当包皮”：歙县南乡一带，贫农借钱，必须用田地、房屋等典当，否则借不到。借时不写当契，而写卖绝契，契外另用纸包封，外批某年取赎，到期贫农无力取赎，即撕掉包皮，成了卖契，田地即归债主所有，农民吃亏很大（典价只到卖价一半或1/3）。

庚、“凭票照付”：地主、富农高利贷者，放高利贷时如写借票显得利息过高，便不写借票和利率，而连本带利立成期票，到期本利全收，使债户弄不清利率高低，只得凭票照付债款。

中共皖南区党委政策研究室调查

1949年12月

临泉县农村经济调查

一、土地关系

甲、土地占有情况

该县土地高度集中。全县地主约2万人，占总人口数的7%（内匪、霸约占2%），占有土地达72万亩（内匪、霸、官僚占有土地约46万亩），占全县耕地总面积的40%。地主每人平均占有约36亩，而贫农每人平均仅有8分土地。

现将该县4个村各阶层占有土地的情况举例如下：

临泉县四个村各阶层土地占有情况统计表

成份			地主	富农	富裕中农	中农	贫农	其他	合计
袁庄	户数		12	11	0	35	21	6	85
	人口		64	85	0	217	103	15	484
	土地		715.4	312.4	0	412.3	58.2	—	1498.3
周桥	户数		1	4	5	23	38	4	75
	人口		1	16	23	100	228	14	382
	土地		32.2	104.7	96.6	321.9	251.2	1	807.6
杨楼	户数		5	2	14	19	54	6	100
	人口		19	8	83	133	288	30	561
	土地		107.0	35.0	314.0	270.0	284.0	16.0	1026.0
范楼	户数		3	2	4	47	49	5	110
	人口		46	17	36	480	193	11	783
	土地		440.0	182.0	198.0	872.0	127.0	—	1819.0
合计	户数	数	21	19	23	124	162	21	370
		百分比	5.7	5.1	6.2	33.5	43.8	5.7	100
	人口	数	130	126	142	930	812	70	2210
		百分比	5.9	5.7	6.4	42.1	36.7	3.2	100
	土地	数	1294.6	634.1	608.6	1876.2	720.4	17.0	5150.9
		百分比	25.2	12.3	11.8	36.4	14.0	0.3	100
	每人平均		9.96	5.03	4.29	2.02	0.89	0.24	2.33
说明			这4个村庄土地占有不算集中，但能代表一般村庄，土地更集中的村庄地主所占比例还要大。						

乙、地主掠夺土地之方式

土地之所以高度集中，是地主用下列方式掠夺农民的结果：

（一）利用灾荒年月放高利贷，1斗粮当入1亩地，2斗粮买进1亩地。例如地主张大冠囤积粮食，春季农民向他借粮1斗，麦季要还3斗，无粮就用田抵，因此兼并了很多的土地。

（二）作伪乡保人员的后台，派捐、派税，农民交不出款项时，只得卖田卖地充抵，地主不仅乘机压低地价，大量掠夺农民土地，而且还利用此项捐款，来做投机买卖及放高利贷。

（三）借征集壮丁之名，乘机大做其壮丁买卖，勒索和敲榨农民，以肥私囊。

（四）挑拨农民间的感情，造成他们内部矛盾，而自己却俨以中间人出来调解，因此从中施展其欺诈、勒索的伎俩，剥削农民。

（五）勾结并窝藏土匪，坐地分赃，如地主任鼎昌、张明之流，经常做这勾当，并以此赃款再投入高利贷或土地上，继续剥削农民。

（六）以女色勾引军阀和大官僚，来扩张封建势力，借势霸占农民土地。

（七）开设赌局，使农民堕入圈套，并乘机进行高利贷放款，这样不但将农民一年辛勤所得骗去，而且农民往往有因此而弄得倾家荡产的。

丙、几个区的地主土地集中原因的调查

现在将 24 户地主集中土地的情况和 10 户农民失去土地的情况列表如下，从这里可以看出地主怎样会富的，农民怎样会穷的。

农民失去土地情况表

区别	姓名	原有土地	历年失去土地亩数			现有土地	失去土地原因
			1929 年	1942 年	解放前		
方集	常聚九	21	13	0	6	2	荒年抵粮吃，1 亩换 2 斗，以后人多地少不够吃，逐渐卖去
滑集	陶化凤	30	0	10	0	20	1942 年因灾荒卖去 10 亩还了 3 石粮食
滑集	王振国	8	0	5	3	0	一、1942 年荒年买粮食； 二、借地主的粮 1 斗还 3 斗土地抵给了地主
滑集	赵席荣	8	—	—	8	0	原 40 亩，5 户分开，每家分了 8 亩，因无劳力，年年出粮款，逐渐卖完
胡集	刘槐堤	8	0	5	2	1	一、1942 年荒年买粮食； 二、借地主之粮 1 斗还 3 斗，将土地抵给了地主
城关	李友田	20	9	0	10	1	同上
城关	齐子德	7	0	0	4	3	一月拉了 3 次壮丁，卖地 4 亩
老集	张国凤	24	0	15	0	9	1942 年保甲长派款，土地被甲长卖掉
长官	韦子英	27	0	0	21	6	一、累年缺款逐渐卖去； 二、拉了一次壮丁卖去 3 亩
姜呰	李锦芳	12	0	0	12	0	儿子被拉去当壮丁，家中无劳动力，地卖完了

地主集中土地情况表

区别	村别	地主姓名	历年集中土地亩数			现有土地	集中土地的主要方法
			1912—1921年	1929—1942年	1947年		
瓦店	黄大庄	张俊明	100亩	—	200亩	400亩	主要是放高利贷。1929年大旱,1斗当1亩,2斗买1亩搞进不少土地。大儿子张星南当伪保长多派款。聚赌抽头。养土匪
	黄大庄	张大冠	80亩	300亩	—	400亩	屯粮,放高利贷。勾结伪政府不交田赋等负担
	肖坡	肖相堂	28亩	200亩	200亩	500亩	1932年荒年乘机买进200亩。做收发、主任、局长零买200亩。
滑集	杨庄	张振华	100亩	—	700亩	800亩	当律师、闹宗派、贪污仓库粮
	—	李保周	—	1800亩	—	2000亩	当伪区长贪污200来支枪。放高利贷
	李大庄	李老仁	300亩	—	400亩	800亩	当伪保长、贪污、卖壮丁
	谢小湾	谢老祥	500亩	—	—	5400亩	放高利贷(外传有7000多亩)
	高集	吕孟华	100亩	—	300亩	500亩	当伪保长、贪污、卖壮丁
	谢集	谢老培	100亩	—	200亩	300亩	干儿子当伪乡长,另一当伪保长,挑拨是非,贪污。开饭店强卖饭
	下湾	王正山	200亩	200亩	—	500亩	荒年放1斗还4斗的高利贷,一个荒年买了200多亩
艾亭	王新庄	王万成	300亩	—	900亩	1200亩	掌握那一片地面的伪乡保长,贪污。收老百姓银子、做买卖
	谢庄	谢老苏	—	—	—	1000亩	当伪保长数年买的
	大课庄	谢雪卿	—	—	—	1200亩	当伪乡长买的
通仙	朱老庄	朱银保	20亩	800亩	—	500亩	荒年利用封建势力买了800多亩,后闹宗派卖了些
姜岩	申楼	杨逢春	—	—	170亩	170亩	他姐嫁一个国民党反动军队的团长后,他借势参加了伪党政分会向农民勒索来的
鄗城	申楼	李中和	100亩	200亩	—	300亩	荒年及春荒时放1斗还4斗、1斗还5斗的高利贷霸占来的
	潘砦	潘毛	300亩	—	1400亩	1400亩	当伪区长贪污,放高利贷1斗还3斗
城关	朱大庄	王法周	—	—	—	300亩	当国民党反动军队团长、参谋长,放高利贷。未分家前有1000亩

续表

区别	村别	地主姓名	历年集中土地亩数			现有土地	集中土地的主要方法
			1912—1921年	1929—1942年	1947年		
方集	菜湾	谢少楼	—	—	—	500亩	荒年放高利贷
	王沿	陈子英	—	—	—	4800亩	放高利贷,荒年收买
	小黄庄	方代世	—	—	—	1200亩	放高利贷,荒年收买
	官庄	谢向普	—	—	—	1200亩	当伪乡长贪污来的
—	—	任鼎昌	—	—	—	200亩	养土匪
—	—	李老荣	400亩	1600亩	—	2000亩	荒年买的。放高利贷买的

注:以上这种地主,一个区约有七八户(方集、艾亭、滑集三区特多),全县约有120户,每个大地主周围,约有较小一些地主七八户,全县有10顷以上的地主约20户,20顷以上的地主约20户,3顷以上的地主约700户。全县地主共占土地约72万亩,占全县土地180万亩的40%。

从前面两个表中可以看出:

地主占有的土地其集中过程是很迅速的,以表中调查比较完全的14户地主来看,在1921年所占有的土地,总共仅2628亩,每户平均占有是188亩;到解放时,占有的总数高达15 000亩,每户平均占有是1071亩,比原来多了4.6倍。

地主阶级之所以能掠夺这样多的土地,其方式已如上述,这些方式总括的来讲,不外是官、匪、贪、租、债五个字,上表24户地主中,当伪团长、伪参谋长、伪区、乡长者7名;依靠反动军队或掌握反动乡保政权,从中取利者3户;加派浮收,敲榨勒索,贩卖壮丁,贪污中饱者4户;通匪窝匪,坐地分赃者1户;收款放债,利用农民荒歉,压价收购土地者9户。其实,每户地主所施用的掠夺方法决不止一种,往往是因利乘便,相机行事,甚者五毒并施,在他们的每块土地上,都是浸满了农民的鲜血的。

与这相对照的是农民在地主阶级的剥削和压迫下,迅速失去了土地,在反动政府所造成的天灾人祸下,卖完吃完,生活陷入绝境。如第一表所示:10户农民原有土地合计197亩,平均每户占有19.7亩,历年被侵占剥夺的结果,到解放前,10户总共只剩下43.5亩土地,每户平均只有4.35亩,失去的土地竟达原有土地的75%。

二、阶级关系

甲、地主阶级作威作福

地主阶级不但以土地剥削农民,而且还私设法庭,统治农民,如吕砦、潘砦、王盐店、殴坡等地地主皆设有法庭。他们竟非法的没收群众家产,例如周砦一个佃户叫洪万一,想卖木料,地主要向他借,洪不肯,因此家产就为地主法庭借故没收。

农民过年过节要给地主送礼,每逢“说事情”要送礼,送礼成了农民对地主一种经常的负担。农民平日对地主的话不敢回一个“不”字,“不”字后面跟的就是拉壮丁(地主敲诈农民的最毒的手段），就是法庭，就是黑枪，就是倾家荡产。

乙、农民又怕又恨

当地农民有“年头歉一歉，地主圈一圈”的话。如1942年发生大灾荒，李庄150多户农民饿死了30余人，地主则乘机以1斗还3斗的高利剥削农民。放出此种高利时，还要农民找可靠的保人或以地作抵押。有的地主（如李志荣）一斗二斗不借，要借就是10石、8石，目的在将农民土地全都夺去。

农民的牛被地主劫了也不敢作声。在1944年以后，土匪就公开的抢劫，将劫夺的牛喂养在恶霸地主家中，农民跟到庄门就不敢再往里走了。

在荒年中倾家荡产，变为佃户的农民很多，因此吕砦周围40多个庄，周砦周围20多个庄，于老庄周围10多个庄都成为纯佃户庄。

三、租佃情况

甲、租佃形式

（一）二八地（小拉鞭）：地主出牲口、农具、粪土、种子，佃户每人带锄一把去耕种，吃自己的，收粮是主八佃二分租；草（谷草、麦秸、荚皮）全归地主；柴火（秫秆、豆秸、芝麻秸）也是主八佃二分。如种特种作物烟叶、靛等，因费工较多，因此业佃各半分租。

（二）对半分租：牲口、农具、粪土，全由佃户出；种子主佃各半。所收粮食与柴火亦各对半分，草则全归佃户。这种租佃形式只限于租三五亩或10亩、20亩之户。

（三）包租地（课地）：一般每亩租额4斗（菜园地）至3.5斗（普通地）。此种租地菜园为多，除上述租额外，秋季每亩还得交菜100斤；如系普通地，则每亩须交秫秸200斤，草20斤。

（四）帮工地：租地主地，给地主做工，以工代替租籽，这是劳役地租。

乙、租佃中额外剥削

（一）押头：滑集区吕砦、周砦等地六月六为佃户会，实则即写押头会。周砦一冯姓佃户，租种地主65亩田，第一年（1936年）交押头油500斤、大牛1头、麦子2石；第二年加了36石麦子、5口猪，就此年年往上加。同时地主故意使佃户间形成竞争，谁出的多，就归谁种，以增加他剥削的数量。

（二）捎种地：地主自己留10亩、20亩地，要佃户代种，有的管饭，有的甚至连饭都不管，白白使用农民的劳力。

（三）佃户要给地主做短工杂事，如推磨、担水、推小车送地主出远门等，地主一有事就叫佃户做。

（四）妇女得给地主纺花。周砦佃户一年得纺1斤花，织二三丈布给地主。

（五）种10亩地得送地主1只母鸡，此外还得送锅拍、皂头、扇子等。

（六）妇女给地主家洗衣服，闺女到了十四五岁得侍奉地主的老婆。

（七）逢年过节得送礼。

1950 年调查

第二部分　经济概况调查

肥西县上派河乡农村情况调查

一、一般情况

甲、上派河乡距合肥城西南35里，属新设之肥西县。该乡计有上派河、倪湾、苍松、白衣庵、胡大塘等5个行政村，54个自然村，1276户，5673人，8151.3亩田，其中水田6319.85亩，旱地1831.45亩。公塘44个，可灌溉3389亩田。上派河街是一个500户居民的集镇，镇旁有河，下通巢湖。

乙、该乡是起状地带，岗顶是旱地，岗膀、冲下是水田，旱地占全乡土地22.5%，水田占全乡土地77.5%。旱地多种麦、棉、豆，冲田只栽稻，膀田栽稻也种麦（以稻为主），无其他特殊农产物和副业。本乡土质一般较好，旱地每年每亩平均产量180斤（以麦计），水田每亩平均产量240斤（以稻计），但各村土质不一，以最好的青沙两合土的胡大塘村来说，水田每亩每年一般收稻360斤，旱地每亩一般收小麦100斤，秋季豆子每亩收100斤，其他村的土质均较差，以此数计算，专依靠土地者，每人须有上等田1.5亩，或中等田2亩，或下等田2.5至3亩方能维持生活。

此间习惯田亩以斗、石计算，而与习惯亩的折合率各村又不一致。买卖土地不丈量，地契上无弓口，只有四至，而卫田（一种有永佃权的土地）1斗种的面积又较一般田（俗称民田）大些。据农民习惯，1石田折合5亩，经此次4个村的抽丈结果：民田每斗折合五分五，卫田每斗折合八分九。此次统计表为便利计算，仍按1石田折5亩。

二、土地关系

甲、各阶级（层）土地占有与使用情况

（一）从土地占有情况来说，地主占有土地2283.95亩，占全乡总占有土地28.02%，地主多集中于上派河街，且多数兼营工商业。

（二）本乡各阶层出租土地总数（3560.4亩）占全乡各阶层占有总数（8151.3亩）43.68%，本乡各阶层出租在本乡土地及外乡各阶层出租在本乡土地的总数（2854.35亩），占全乡各阶层使用土地总数（7445.25亩）38.34%，这个数字比占有小的原因是上派河街地主较

集中，出租在四周外乡的土地较外乡地主出租在本乡的为多。

（三）本乡地主共出租土地2049.1亩，占全乡出租土地总数的57.55％。

本乡农民佃入本乡和外乡地主的土地为1769.35亩，占全乡佃田61.99％。

（四）本乡共有富农32户，173人，占有土地962.6亩，而其中有出租土地的富农22户，110人，占有土地694.1亩，出租地425.45亩，占全乡出租地总数的11.95％。

本乡农民佃入富农出租土地为310.4亩，占全乡佃入田的10.87％。

未出租的富农10户，63人，占有土地268.5亩。

（五）土地关系的另外一个情况是地主出租土地中由佃中农佃入最多，占52.29％。其次是佃贫农，占24.03％，而佃富农只占4.01％。

乙、各阶层占有与使用土地统计

各阶层占有与使用土地统计表

（此表见P628——编者）

三、地租与永佃权问题

甲、几种不同形式的地租

（一）打租：地主在收割以前，先行遣人到各地看庄稼的好坏，在收割期间，了解实际的收成，然后便根据一般年成，确定租额，收割以后，规定时间，通知佃户前来打租，打租的办法，是根据田地多少，租头（虚租额）多少，收成好坏，三者而定，租头是根据田地的好坏定的，一般的一斗田4斗租头，地主根据收成打七分租（即按4斗租头打七折收），佃户每一斗田就要缴给地主2斗8升租，假如打八分租（打八折收租），每一斗田要缴3斗2升租，租头最高是一斗田5斗，最低的不少于3斗。3斗租头一般打十分租，即一斗田一年缴租3斗，一般的地主最多打八九分租。这种地租的形式多为大地主采用，因其田多，不能一一登田踩看，故采用此法，佃户到地主家去打租时，要带鸡或其他礼物。这种租制的土地，地主只完粮，其他苛捐杂税都要佃户出。

（二）“踩租”（也叫看租）：庄稼成熟时，佃户备轿或车把地主请来，殷勤厚待，一同到田里看庄稼，评定租额，往往佃户要求少看，地主却要多看，经过“陪新的”（即佃户请来说情的人）从中说情，反覆增减，方能确定租额，一般的是按收成对半，庄稼好则多看，不好则少看。例如：佃户倪世田种地主张月亮3石2斗田（田不好），头年给租1石5斗，第二年给租5石，第三年要7石，第四年要9石，第五年要10石，种得愈好租子加得愈重，一般中小地主均采用此法。

采用此租制的地主也是只完粮，苛捐杂税均由佃户负担，佃户请地主来看租的耗费，有的地主除“烧饭地”（即一部分地不要租），田多耗费大多除，田少耗费小少除，有的在讲租时由“陪新的”酌量从租粮中扣除。

（三）分租：一般是除种对半分，只是小地主或缺乏劳动力的中农、贫农出租的土地，才

各阶层占有与使用土地统计表

成份			地主	富农	佃富农	中农	佃中农	贫农	佃贫农	雇工	工商业者	小商贩	手工业者	工人	其他	公田	学田	合计
户口	户数		39	32	4	215	113	311	97	29	11	160	163	15	87	—	—	1276
	占全乡总户数之百分比		3.06	2.51	0.31	16.85	8.86	24.37	7.60	2.27	0.86	12.54	12.77	1.18	6.82	—	—	100
人口	人数		231	173	16	988	587	1348	463	74	65	725	682	57	354	—	—	5763
	占全乡总数人口之百分比		4.01	3.00	0.28	17.14	10.19	23.39	8.03	1.29	1.13	12.58	11.83	0.99	6.14	—	—	100
占有土地	亩数		2283.95	962.60	17.50	2246.65	263.45	1076.10	108.50	23.90	81.50	622.75	352.15	1.50	51.00	17.0	42.75	8151.30
	占全乡总占有土地之百分比		28.02	11.81	0.22	27.56	3.23	13.20	1.33	0.29	1.00	7.64	4.32	0.02	0.63	0.21	0.52	100
自耕土地	亩数		234.85	537.15	0	2058.20	234.45	1045.10	97.25	20.65	60.50	130.25	163.65	1.50	7.35	—	—	4590.90
	占全乡自耕地总数的百分比		5.12	11.70	0	44.83	5.11	22.76	2.12	0.45	1.32	2.84	3.56	0.03	0.16	—	—	100
出租土地	本乡		575.35	185.20	0	133.25	29.00	29.00	8.75	3.25	0	126.50	38.00	0	25.25	7.50	42.75	1203.80
	外乡		1473.75	240.25	17.50	55.20	0	2.00	2.50	0	21.00	366.00	150.50	0	18.40	9.50	0	2356.60
	共计		2049.10	425.45	17.50	188.45	29.00	31.00	11.25	3.25	21.00	492.50	188.50	0	43.65	17.0	42.75	3560.40
	占全乡出租土地百分比		57.55	11.95	0.49	5.29	0.82	0.87	0.32	0.09	0.59	13.83	5.29	0	1.23	0.48	1.20	100
佃入土地	本乡	地主	0	0	56.00	50.90	360.85	24.25	77.30	0	0	0	0	0	0	—	—	569.30
		富农	0	0	0	0	75.00	11.25	92.45	0	0	0	0	0	6.50	—	—	185.20
		其他	0	0	0	57.75	165.90	112.35	95.50	1.75	1.00	4.75	9.75	0.30	0.25	—	—	449.30
	外乡	地主	0	0	58.50	39.25	668.00	76.95	338.60	1.00	0	9.75	8.00	0	0	—	—	1200.05
		富农	0	0	0	0	89.25	6.50	28.45	1.00	0	0	0	0	0	—	—	125.20
		其他	0	0	0	46.75	133.50	56.05	53.75	0	0	30	5.25	0	0	—	—	325.30
	共计		0	0	114.50	194.65	1492.50	287.35	686.05	3.75	1.00	44.50	23.00	0.30	6.75	—	—	2854.35
	占总佃入土地的百分比		0	0	4.01	6.82	52.29	10.07	24.03	0.13	0.03	1.56	0.81	0.01	0.24	—	—	100
使用土地	亩数		234.85	537.15	114.50	2252.85	1726.95	1332.45	783.30	24.40	61.50	174.75	186.65	1.80	14.10	—	—	7445.25
	占总使用土地的百分比		3.15	7.21	1.54	30.26	23.19	17.90	10.52	0.33	0.83	2.35	2.51	0.02	0.19	—	—	100
	每人平均		1.02	3.10	7.16	2.28	2.94	0.99	1.69	0.33	0.95	0.24	0.27	0.03	0.04	—	—	1.29

注:1.当出地仍计算在原当出阶层内。2.外乡在本乡土地计地不计入。

采用此租制，苛捐杂税，是东佃对半负担，这种租制在此地不多。

以上三种收租形式虽然不同，但都是活租，收得多地主便要得多，收得少要得少。

（四）“埃租”（也叫死租即是包租）：地主订定1斗田一年要4斗租，佃户如愿承租时，不问收与不收，或多收少收，每年均要1斗田缴4斗租，采用此种租制者很少。

（五）坟地租：坟地一般不要租，而在地主来上坟烧纸时，佃户要招待茶饭与供给烧纸（多少斤重是在承佃时说好的）。坟地多的，除此之外，还要缴地主一部分租钱，坟地少的，只负责看管坟茔，也可以不招待。

（六）“飘田”：即是佃户承租地主较大量的土地，转租一部给其他佃户耕种，一种是不从中剥削的，地主要多少租，他就要多少租，这种情形是常有的；另一种“飘田”是有中间剥削的，即是向地主那里租来的土地，原是一斗田3斗租，他转租给其他佃户，一斗田要4斗租，从中剥削1斗租，形成二地主，这种情形现在已很少；还有一种“飘田”，是佃户因经济发生困难，把租地主的田，短期转借给其他农民耕种，借以得到一些现粮或现款，以解决困难。收割之后，由原佃户向地主缴租，新佃户便不再缴租。这种情形多是春种秋还，但须瞒着地主，否则地主便要加以指责，或收回佃权。

此地有一句谚语：“留田定八月，租到十月清。”即是地主抽佃于八月间通知佃户；佃户必须于十月间将租粮缴清，否则，地主便要追究。另外过年时佃户要到地主家去拜年，并要带一两只鸡或一些鸡蛋作礼品。

乙、卫田与民田

卫田是一种有永佃权的田，据合肥县志载：“明初时，明太祖仿效唐太祖办法，实行以兵屯田，每卒按田五十亩，上设卫指挥、千总、百总。清嘉庆年间，曾整理一次，令屯丁担任运粮。”到光绪年间，清朝政府要卫指挥及千总、百总后代（世袭的）出一定的钱，发给土地执照，变官田为私田，此后卫田才许买卖。但士卒后代种卫田，享有永佃权。现在部分卫田因佃户将佃权卖给地主，取消了永佃权，卫田变为民田。由于过去卫田是官家圈的田，又常侵犯民田，且卫田不常买卖，因此卫田一般弓口较大；民国以后，钱粮柜上尚专设卫柜以收卫田钱粮。卫田也叫军田，一般租额较轻。

民田即一般老百姓的田，以区别于卫田，因常买卖，弓口较小，不常买卖的民田，也比较大些（此地通称一石种五亩田），地租比卫田重些。

丙、埂价田与羁庄（又叫押板）

（一）埂价田——即是有永佃权的田，地主有地权，佃户有佃权，地主只能卖地权（所有权），不能卖佃权，佃户可自由典卖佃权，地主不能干涉。地主要想连佃权一起出卖时，必须经佃户同意，并要将地价给佃户一半，或只卖原地的一半，其余一半即完全属于佃户。然亦有地主依势强行将佃权一同卖出，因此发生纠纷。此田经过如此变卖，以后使用此田者就无永佃权。有埂价的田，佃户出卖佃权时，新佃户须随原佃户到地主家去认东，此后原佃户即同这块土地脱离关系，若新佃户没有去认东，原佃户可依原租额向新佃户收租，继续由原佃户向地主缴租。凡有永佃权之土地，佃户卖佃权地主不加干涉，此地称之为“客顶客，佃顶佃”。

埂价田一般有三种：一种是卫田；一种是有埂价的民田（此田较少）；一种是像“李府”“刘府”“周府”等大地主的变相埂价田，这些大地主买田只买租头，不问实际有多少地，当初也要交少数羁庄费，此后佃户在下面暗将佃权进行买卖，大地主也不过问，只要保证租头不短少即可。

（二）除卫田、有埂价的民田及“×府”的变相的埂价田外，一般民田，大部均有押板（或叫羁庄），但无永佃权，只有坟地及少数分租地无押板金。

四、借贷情况

农村借贷关系多以集镇为中心。该乡的地主多集中于上派河街上，并兼营工商业和放高利贷，下述材料即是以上派河街为中心收集的。

抗战以前的借贷皆以银元、钞票为计算单位，月利二分、年利二分半至三分为一般利贷，五分以上即为高利贷。抗战以后，由于币值贬值，农村借贷皆以实物（米）为计算单位。一般的借贷是借1石跟3斗到5斗利息，借户可以用10个月。放跟3斗的大多是地主兼小工商业家，不图利大只求能放整数而又能到期如数收回，因此升斗之户不易借到，借贷户多属比较有恒产，借来作生意上周转或其他紧急之用的。放跟5斗利的大多是鳏、寡之户或妇女私房钱，放债主图利大而不嫌零碎，升斗穷户可以借到。1石跟5斗以上即为高利贷；另外尚有八撞十、九撞十、沾稻、麦青、打钱等高利贷形式，所谓八撞十、九撞十，即是借八或九个隔一集还十个，到期不还利转本，这种债大多是赌博借贷。沾稻、麦青是在稻麦未成熟之前，借户因无吃被逼借贷，债主以当时市价之半数甚至不及半数收买借户田中稻或麦，借这债的人回家后往往痛心地对其家庭说：“我们要数米煮汤吃。”高利贷是群众所痛恨的，因此称高利贷为黑心钱，绝子绝孙钱。

解放前，上派河放债是以王刚（有50石田，开糟坊，约放债50石米）、夏德仁母亲（有39石田、夏本人任伪保安团长，放债60石米），汪富胜（有12石田、开米行、约放债50石米）、倪世周（开米行、约放债30石米、有3石田）、倪树芳、张恒甫等地主为主，加上鳏、寡、孤独户，每年约放出600石米的债，约值银元6000元至7000元。1/3放在街上，2/3放在四乡农村。除此以外还有一种商人抽出临时资金放债，在淡季放出，到生意旺季收回。

五、几个问题的调查

甲、牛租问题

租牛耕种1石田，须交牛租1石稻。春季租牛（普通1石田，二犁二耖，共需8个牛工。也有一犁一耖的，但租额一样）须出6斗稻；秋季租牛（犁耙各2次，需6个半工）须出四斗稻。租牛时犁、耙、农具都是牛主的，租牛户只管饭和草料。过去上派河街上有两家出租牛的：一家是开牛行的张宏九，有57条牛，一是张德文，有4条牛。除行里牛租出外，乡村牛户也有上街去揽田耕的。因为街上人田少，不值得置一套耕牛、农具，所以常租牛种田。

乙、公塘问题

本乡公塘共44只，灌溉田3389亩。各村管理制度大体相同，兹将白衣庵村之公塘管理方法介绍于下：

白衣庵全行政村公用4只大塘，计：夹衖郢、苏小郢两村加塘拐子与塘坎子2户及外村孙小店、倪家圩、南京郢等23户，共65户公用盛龙塘（面积300亩）。宣湾和小严湾（外村）3户、四方郢2户共29户，计田251亩，公用宣大堰塘（面积约150亩）。墙根李、上户、四方郢、高小郢、宣小郢、刘小郢、周小郢、张小郢共84户，计田550亩，公用广影塘（面积约150亩）、抄塘（面积约75亩）。使水秩序均很好，为水争吵不多，其管理办法与使用办法如下：

盛龙塘、宣大堰塘、广影塘和抄塘，各设专门塘长一人，其中有世袭的，有选举的，广影塘塘长周先文（贫农）已传四代，宣大堰塘塘长张敬舟（贫农兵痞）因原塘长死后无人，经其活动而被选上。

塘长责任是：修补塘漏，瞧看花水，分配水量，执行塘规，以及塘埂破烂时主持兴修等。

使水分配方法有三种：广影塘、抄塘和盛龙塘是以香计时，按香放水，但各塘每支香灌溉田亩数量不一，广影塘每10亩田一支香，抄塘5亩田一支香。每年用水时，由塘长根据历年经验和大家意见决定塘水输放的转数。如水只够全部水田使用一转，某户有一支香就只准放一支香的时间；水够放两转时，则可放两支香的时间，余类推。放水时塘长点香开涵（是石砌的涵洞大小一致），香完堵涵，按次看放。

宣大堰塘是全部车水，不放水，按香确定水车转数。如一户有香一支可车水700转，以两架相等的水车公用车水，将每架车上的一块幅板插上鸡毛为记，每车一转，车水的人数一次，塘长看着记数，忙时昼夜均车，塘长夫妇就换班看车。

除固定的按香使水外，各塘均有少数户用浮水，即不受时间香数的限制，可以随时车水，但最多只能用两架车接起来车，水位低时不准再接车。用浮水的有两种情况：一种是膀田，地身高，如与低田同样受“香水”限制，较难收稻。另一种是过去农村中统治人物，即农民叫“黄嘴牙”的，硬要占便宜，强取了这种特权。

一般都有习传的塘规。一、使水次序：塘长根据各户报的时间先后，先报先用，按次后推。二、按香使水：剩余的“香水”可以保留到下半年使用。但每逢大塘出丘（即塘水满到盛不下），不论以前各户用水多少，一律算用满“香水”一次，以后再用，重新记账。三、塘埂损坏须修理时，塘长通知各户，不论忙闲，均得按水份大小出工，论香挑方，不准借故不到。四、干旱时救青不救黄。五、公股放鱼，公打公分，用水时，救粮不救鱼。六、如暗开塘涵偷放水，查出时，水流入谁家田里，罚谁出工修塘。

经过土地买卖后，“香水”逐渐有些紊乱，有的卖田少卖香，造成一些用水不公现象。如宣小郢宣恒府，现有6亩田，本只应有香六寸，但他过去卖田扣香，现有香一支四寸半，多余八寸半，每年人家半旱他全收。

塘长每年秋收后按香收稻，广影塘和抄塘每年收香稻6石4斗（一支香1斗稻）。宣大堰收稻5石2斗。盛龙塘每年收稻7石多。

水塘统计表

村别	水塘数	水塘面积(亩)	灌溉面积(亩)	备注
上派村	0	0	0	
倪湾村	7	79	752	内2个为私塘
白衣庵村	4	575	1301	
苍松村	40	51	750	内14个为私塘
胡大塘村	3	115	813	
共计	54	820	3616	内16个私塘,余为公塘

丙、公田情况

公田统计表

村别	公田类别	公田亩数
上派村	学田	6.00
	天主教堂田	1.00
	祠田	2.00
倪湾村	无	0
白衣庵村	无	0
苍松村	无	0
胡大塘村	学田	28.75
共计		37.75

丁、麦田面积及收获量情况(1950年)

麦田面积及估计收获量统计表

村别	种麦面积(亩)	占全村耕种地百分比	估计收获量(斤)	每亩平均产量(斤)	备注
上派村	110.0	17.0	13 200	120.0	
倪湾村	100.0	35.0	11 000	110.0	原种麦325亩,为水淹掉225亩,麦苗已压掉肥田
白衣庵村	296.0	27.0	32 000	108.1	
苍松村	329.0	16.0	34 200	103.9	
胡大塘村	417.5	29.5	59 400	142.0	
共计	1252.5	21.2	149 800	119.1	

水田中种麦,一般习惯农民将麦子“压掉”(犁掉)肥田,因为根据经验,多收麦子稻就要减收,不合算。今年因为灾情严重,缺粮户在水田中种麦,不将其“压掉”,准备收割,以

上统计数字不包括“压掉”的麦田在内。

戊、各阶层典当土地的情况

各阶层典当土地统计表

成份	当出土地(亩)			当入土地(亩)						
	本乡	外乡	合计	本乡			外乡			合计
				地主	富农	其他	地主	富农	其他	
地主	0	7.5	7.5	0	0	0	0	0	0	0
富农	1.0	0	1.0	0	0	0	0	0	1.50	1.50
中农	15.6	19.0	34.6	0	1.0	18.20	1.25	0	11.25	31.70
贫农	23.3	1.7	25.0	0	0.6	35.80	0	0	21.25	57.65
小商贩	2.5	0	2.5	0	0	2.25	0	0	0	2.25
手工业者	2.0	0	2.0	0	0	1.50	0	0	0	1.50
其他	1.0	2.0	3.0	0	0	0	0	0	3.50	3.50
小计	45.4	30.2	75.6	0	1.6	57.75	1.25	0	37.50	98.10

注:各阶层当出本乡土地较各阶层从本乡当入土地少13.95亩,系调查登记时有讹误。

己、各阶层占有房屋、牲畜、农具、劳动力情况

各阶层房屋牲畜农具劳动力统计表

成份		房屋	牲畜		农具								劳动力	
			牛	驴	耙	犁	水车	小车	大车	砻	辗	风车	全	半
地主		338.0	11.25	1	4.33	5.00	4.83	0	0	1	1.00	0	2	7
富农	富农	195.0	13.86	2	18.25	16.75	24.08	1.00	0	0	6.67	3.85	30	45
	佃富农	17.0	2.85	0	1.65	1.65	2.25	0	0	0	0	0.40	3	7
	小计	212.0	16.71	2	19.90	18.40	26.33	1.00	0	0	6.67	4.25	33	52
中农	中农	812.0	55.25	5	58.45	76.17	82.58	23.25	0	2	2.00	1.00	213	177
	佃中农	291.0	32.40	3	28.65	37.16	25.05	10.20	0	1	2.00	1.00	143	144
	小计	1103.0	87.65	8	87.10	113.33	107.63	33.45	0	3	4.00	2.00	356	321
贫农	贫农	666.5	7.28	5	7.24	8.38	15.21	27.00	0	0	0	1.25	298	279
	佃贫农	187.5	11.55	2	6.50	13.33	7.25	17.00	0	0	0	1.00	114	94
	小计	854.0	18.83	7	13.74	21.71	22.46	44.00	0	0	0	2.25	412	373
雇农		32.0	2.00	0	0	0	0	1.00	0	0	0	0	35	20
商人		60.0	0	1	0	0	0	0	0	0	0	0	7	11

续表

成份	房屋	牲畜		农具								劳动力	
		牛	驴	耙	犁	水车	小车	大车	砻	辗	风车	全	半
手工业者	406.0	0	12	0	0	0	1.00	8	0	0	0	77	87
小商贩	305.0	2.00	0	0	0	0	1.00	0	0	0	0	44	77
工人	18.0	0	0	0	0	0	0	2	0	0	0	12	13
贫民	19.5	0	0	0	0	0	0	0	0	0	0	5	4
自由职业者	16.5	0	0	0	0	0	1.00	0	0	0	0	3	6
宗教职业者	12.0	0	0	0.33	0	0	0	0	0	0	0	1	1
合计	3376	138.44	31	125.40	158.44	161.25	82.45	10	4	11.67	8.50	987	972

注：1.农具中砻、辗、风车三项，仅为胡大塘村一村统计数字。
2.牲畜、农具数字中有小数系因与外乡所共同占有。
3.牲畜中有6条牛系在油坊中使用。
4.大车系平车。
5.全乡使用土地约7400亩，以全乡耕牛数目说，则本乡耕牛仍是不足。

中共皖北区党委政策研究室

1950年6月

宿松县柳坪乡农村经济调查

一、概况

柳坪乡位于宿松西北角，与湖北黄梅县接境，四周皆山，山占全乡面积90%以上，中为小盆地，故地形属于山区（全县有7个乡与该乡类似）。面积横直均约8华里，占全县土地面积2%，为全县最小的乡，以稻、麦、荞麦、红芋、马铃薯、白芋等为主要农作物，红芋出产尤多，为农民主要粮食之一，中农以下农民的全年食粮中，山芋要占一半。该乡并产纸、竹、杉树、松树等，造纸且为该乡农民的主要副业。

全乡共3个行政村，18个行政组，437户，1907人。使用土地计田974.959亩，地351.134亩。大部田地都是用人力把山地开发出来的，柴山、松山、杉山、草山、竹山占有面积不少。

该乡农民，男人多半种田做纸，少数并做小贩及篾货；女人及小孩亦能帮助做纸、挖地等工作。在解放前，因纸业发达，群众生活水平一般很高，即使无田无地者，只需一人劳动，即能维持五六人生活，故该乡有“黄金乡”之称。

二、土地问题

甲、土地的计算习惯

该乡土地向不以亩计算，而以“石”计算，如某田能产几石稻，即曰“几石稻田”，能产几担红芋的地，即曰“几担红芋地”。经丈量后，平均计算，每亩田约相当该地 4 石稻田（每石 75 斤），每亩地约相当该地 10 担红芋地。虽然开垦后面积逐年开大，产量也逐渐提高，原能收入 1 石者，已增至三五石不等，而习惯仍称该地为一石地。所以计算该乡土地时，实不能按上述数字折合，此地的土地数字为普遍丈量数字。

乙、田地的分布及种类

该乡田的特点是山田多，畈田少，畈田仅占全乡田亩数 40%，在风古、白菜两村，有纵横各约半里的一块，每亩可产稻 300 斤。山田中一为垅田，一为塝田，垅田系自山的夹沟处依山势自下而上砌成的石垄田，灌溉依靠泉水，土质差，阳光不足，故产量很少，每亩平均收稻约 250 斤，且因终年不能干水，又不能种植小季，约占全乡田的 50%。塝田又曰“张口垢”或“旱田”，多在山塝或山腰之处，泉水少，人力又难于灌溉，故每亩收稻只能达 200 斤，占全乡田亩数的 10%。

该乡原有的地大部均改成了田，故至今仅有山地而无平地，山地亦为依山开垦，或在夹沟，或在山塝，凡能开辟处俱已开辟，故地形极不规则，面积亦小，有的仅有桌面大小，使用牛力多感不便，大部使用锄头。地质亦非常瘦薄，一块生地，耕种 3 年至 5 年后，即需任其荒废或改种竹子、杉树，10 年之后，始堪再用。地多半栽种红芋，每亩产量约为 10 担。

大部高山均生长竹林、杉树或开作田地，仅石壁村的高山不便垦殖，尚属荒废。

丙、土地的占有及使用

该乡畈田，大部为地主、富农所占有，中农以下多占有垅田、塝田，且多属本人及祖上所开垦，兹将各阶层占有及使用田亩数统计列表如下：

各阶层土地占有及使用情况统计表

（此表见 P636——编者）

若以占有土地而言，该乡各阶层共占有2127.326亩，该乡共有 1907 人，每人平均占有土地应为1.116亩，但因该乡属山地，乡内土地不多，地主及富农占有之大部土地均在外乡，故本乡使用田地仅为1326.093亩（以本外籍在本乡田地合计），每人平均数仅为0.695亩。兹将该乡各阶层每人平均占有土地数列表如下：

各阶层每人平均占有土地统计表

（此表见 P637－P638——编者）

兹将各阶层占有之各种土地列表如下：

各阶层占有各种土地统计表

（此表见 P639——编者）

各阶层土地占有及使用情况统计表

成份		户口		人口		占有土地						使用土地				
		户数	占总户数百分比	人数	占总人口百分比	本籍在本乡		本籍在外乡	共计	占总占有土地百分比	每人平均	田	地	共计	占总使用土地百分比	每人平均
						田	地	田								
地主		9	2.06	50	2.62	82.380	4.200	474.290	560.870	26.37	11.217	14.651	4.200	18.851	1.42	0.377
富农		24	5.49	118	6.19	162.389	32.200	149.704	344.293	16.18	2.918	86.775	28.600	115.375	8.70	0.978
中农	中农	93	21.28	456	23.91	322.784	89.520	102.378	514.682	24.19	1.129	327.042	95.520	422.562	31.87	0.927
	佃中农	25	5.72	111	5.82	5.111	24.100	0.600	29.811	1.40	0.269	119.989	5.111	125.100	9.43	1.127
	小计	118	27.00	567	29.73	327.895	113.620	102.978	544.493	25.59	0.960	447.031	100.631	547.662	41.30	0.966
贫农	贫农	126	28.83	470	24.65	121.532	93.710	5.470	220.712	10.38	0.470	158.414	107.930	266.344	20.09	0.567
	佃贫农	44	10.07	192	10.07	32.300	10.123	0	42.423	1.99	0.221	141.347	15.023	156.370	11.79	0.814
	小计	170	38.90	662	34.72	153.832	103.833	5.470	263.135	12.37	0.397	299.761	122.953	422.714	31.88	0.639
雇农		14	3.20	36	1.89	3.490	4.200	0	7.690	0.36	0.214	6.185	6.800	12.985	0.98	0.361
小商贩		11	2.52	44	2.31	1.514	4.100	19.620	25.234	1.19	0.574	1.642	4.800	6.442	0.49	0.146
手工业者		67	15.33	339	17.78	57.357	77.250	15.461	150.068	7.05	0.443	79.710	73.950	153.660	11.59	0.453
自由职业者		1	0.23	2	0.10	0.816	0.800	—	1.616	0.08	0.808	0.166	0.800	0.966	0.07	0.483
宗教职业者		2	0.46	2	0.10	2.721	0.100	—	2.821	0.13	1.411	1.421	0.100	1.521	0.11	0.761
贫民		3	0.69	12	0.63	8.836	2.300	0	11.136	0.52	0.928	10.956	2.300	13.256	1.00	1.105
公田		—	—	—	—	54.106	2.400	0	56.506	2.66	0	0	0	0	0	0
小土地出租者		16	3.66	65	3.41	54.628	6.800	91.285	152.713	7.18	2.349	25.416	5.800	31.216	2.35	0.480
伪中级职员		2	0.46	10	0.52	5.121	0.200	1.430	6.751	0.32	0.675	1.245	0.200	1.445	0.11	0.145
共计		437	100.00	1907	100.00	915.085	352.003	860.238	2127.326	100.00	1.116	974.959	351.134	1326.093	100.00	0.695

注:1.占有土地包括自耕土地、出租土地、当出土地。
2.使用土地包括自耕土地、租人本外籍土地、当入土地。
3.公学田是指在本乡的,在外者不计。
4.公田内公堂14个,庙1座。

各阶层每人平均占有土地统计表

数目		每人占有土地平均数(亩)													
		0	0—0.5	0.5—0.7	0.7—1.0	1.0—1.2	1.2—1.5	1.5—2.0	2.0—2.5	2.5—3.0	3.0—4.0	4.0—5.0	5.0—10.0	10.0以上	合计
全乡总数	户	31	170	63	54	15	26	32	12	7	10	6	9	2	437
	人	109	757	301	237	61	117	139	56	24	37	23	38	8	1907
	地	0	238.546	158.969	204.266	67.022	163.697	241.757	115.600	65.812	122.437	103.307	241.177	348.230	2070.820
地主	户	0	0	0	0	0	0	0	1	0	1	1	4	2	9
	人	0	0	0	0	0	0	0	11	0	3	6	22	8	50
	地	0	0	0	0	0	0	0	23.195	0	12.805	25.076	151.564	348.230	560.870
富农	户	0	0	0	0	0	2	5	1	4	6	3	3	0	24
	人	0	0	0	0	0	11	30	11	16	26	12	12	0	118
	地	0	0	0	0	0	15.871	54.692	22.313	44.417	83.620	55.387	67.993	0	344.293
中农	户	0	6	13	24	8	16	16	6	3	1	0	0	0	93
	人	0	39	65	129	44	72	76	21	8	2	0	0	0	456
	地	0	18.045	40.857	110.700	48.763	99.473	128.400	40.829	21.395	6.220	0	0	0	514.682
佃中农	户	4	19	1	1	0	0	0	0	0	0	0	0	0	25
	人	13	89	7	2	0	0	0	0	0	0	0	0	0	111
	地	0	24.191	3.620	2.000	0	0	0	0	0	0	0	0	0	29.811
贫农	户	13	59	27	19	2	3	3	0	0	0	0	0	0	126
	人	36	239	106	70	7	5	7	0	0	0	0	0	0	470
	地	0	96.194	37.568	61.774	7.189	9.028	8.959	0	0	0	0	0	0	220.712

续表

数目		每人占有土地平均数(亩)													
		0	0—0.5	0.5—0.7	0.7—1.0	1.0—1.2	1.2—1.5	1.5—2.0	2.0—2.5	2.5—3.0	3.0—4.0	4.0—5.0	5.0—10.0	10.0以上	合计
佃贫农	户	9	30	4	1	0	0	0	0	0	0	0	0	0	44
	人	44	130	16	2	0	0	0	0	0	0	0	0	0	192
	地	0	31.602	8.921	1.900	0	0	0	0	0	0	0	0	0	42.423
雇农	户	3	10	0	0	0	0	1	0	0	0	0	0	0	14
	人	7	28	0	0	0	0	1	0	0	0	0	0	0	36
	地	0	5.915	0	0	0	0	1.775	0	0	0	0	0	0	7.690
小商贩	户	1	6	0	1	0	2	0	1	0	0	0	0	0	11
	人	7	24	0	2	0	7	0	4	0	0	0	0	0	44
	地	0	5.684	0	1.95	0	9.100	0	8.500	0	0	0	0	0	25.234
手工业者	户	1	40	17	4	4	0	1	0	0	0	0	0	0	67
	人	2	208	100	17	9	0	3	0	0	0	0	0	0	339
	地	0	56.915	63.627	14.815	9.870	0	4.841	0	0	0	0	0	0	150.068
自由职业者	户	0	0	0	1	0	0	0	0	0	0	0	0	0	1
	人	0	0	0	2	0	0	0	0	0	0	0	0	0	2
	地	0	0	0	1.616	0	0	0	0	0	0	0	0	0	1.616
其他	户	0	0	1	3	1	3	6	3	0	2	2	2	0	23
	人	0	0	7	13	1	22	22	9	0	6	5	4	0	89
	地	0	0	4.376	9.511	1.200	30.225	43.090	20.763	0	19.792	22.844	21.620	0	173.421

注:1.“其他”包括贫民、宗教职业者、伪中级职员、小土地出租者。
2.公田 56.506 亩,未统计在内。

各阶层占有各种土地统计表

成份		地主	富农	中农	佃中农	贫农	佃贫农	雇农	小商贩	手工业者	小土地出租者	公堂	其他	总计
田	亩数	82.38	162.39	322.78	5.11	121.53	32.30	3.49	1.51	57.36	54.63	54.11	17.49	915.08
	占总亩数百分比	9.00	17.75	35.27	0.56	13.28	3.53	0.38	0.17	6.27	5.97	5.91	1.91	100
地	亩数	4.20	32.20	89.52	24.10	93.71	10.12	4.20	4.10	77.25	6.80	2.40	3.40	352.00
	占总亩数百分比	1.19	9.15	25.43	6.85	26.62	2.88	1.19	1.16	21.95	1.93	0.68	0.97	100
竹山	亩数	560.00	921.00	1281.00	130.00	300.00	60.00	8.00	10.00	260.00	240.00	220.00	200.00	4190.00
	占总亩数百分比	13.37	21.98	30.57	3.10	7.16	1.43	0.19	0.24	6.21	5.73	5.25	4.77	100
杉山	亩数	220.00	420.00	460.00	100.00	80.00	40.00	0	0	100.00	160.00	180.00	40.00	1800.00
	占总亩数百分比	12.22	23.33	25.56	5.56	4.44	2.22	0	0	5.56	8.89	10.00	2.22	100
松山	亩数	902.00	1601.00	2201.00	341.00	501.00	60.00	40.00	80.00	800.00	401.00	308.00	200.00	7435.00
	占总亩数百分比	12.13	21.53	29.60	4.59	6.74	0.81	0.54	1.08	10.76	5.39	4.14	2.69	100
草山	亩数	800.00	1000.00	1100.00	0	0	0	0	0	100.00	200.00	200.00	200.00	3600.00
	占总亩数百分比	22.22	27.77	30.55	0	0	0	0	0	2.78	5.56	5.56	5.56	100
荒山	亩数	200.00	200.00	200.00	0	0	0	0	0	0	0	200.00	0	800.00
	占总亩数百分比	25.00	25.00	25.00	0	0	0	0	0	0	0	25.00	0	100
屋基空场	亩数	30.00	60.00	200.00	28.00	160.00	26.00	4.00	12.00	40.00	30.00	0	10.00	600.00
	占总亩数百分比	5.00	10.00	33.33	4.67	26.67	4.33	0.67	2.00	6.67	5.00	0	1.66	100
堰沟	亩数	38.00	64.00	98.00	2.00	38.00	8.00	2.00	0	16.00	14.00	14.00	10.00	304.00
	占总亩数百分比	12.50	21.05	32.23	0.66	12.50	2.63	0.66	0	5.26	4.61	4.61	3.29	100
小计	亩数	2836.58	4460.59	5952.30	630.21	1294.24	236.42	61.69	107.61	1450.61	1106.43	1178.51	680.89	19 996.08
	占总亩数百分比	14.19	22.31	29.77	3.15	6.47	1.18	0.31	0.54	7.25	5.53	5.89	3.41	100

注：各阶层占有土地在外乡者，不包括在内。

丁、租佃关系

该乡租佃关系较少，本乡土地出租本乡者共计327.374亩，其中地主73.529亩，富农81.502亩（其他分散在各阶层，小土地出租者占多数），从外乡租入的更少，总数为35.264亩。

该乡租佃形式有活租、额租、包租、行租、犁租等数种，剥削份量很重，一般规矩为“倒三七”“顺三七”，即收稻东七佃三，收麦东三佃七。但因该乡地少人稠，在纸业不发达时，无地少地农民争种土地者甚多，故地主常掌握土地之机动出租权，以便随时提高剥削份量，故佃农佃权时被撤换，而土地有永佃权者也很少。

戊、房屋、农具和耕牛

该乡房屋一般高大、整齐，全部为瓦屋，计 1229 间，其中地主占 60 间，富农111.5间，中、贫、雇农合计占871.5间，其他成份占有 186 间。农具与耕牛较少，全乡仅有牛 73 头半，这是因为田地不规则，多属山地，无法使用牛力之故，犁 184 张，耙 137 张；锄头特多，计1342 把，平均每家都有几把。田地灌溉大都利用泉水，故水车几乎是没有的。

三、竹林、造纸及其他副业

甲、竹林情况

全县产竹以二郎区陈长、隘口乡、三区趾凤乡及本乡为主。本乡共有竹种160 000棵，年产新笋约55 000万棵。竹产除绝大部分供做纸原料外，每年尚出售老竹约3750 棵，解放前每百棵约值稻 900 斤，总计共值稻33 750斤，解放前占全乡总收入的1.38%。本乡产竹约占全县产竹量的 12%。

本乡产竹大部属大毛竹，小竹很少，全部生长在山上。一般山垄内较出塝内长得大，尤其靠山垄朝北方的更大（一般竹性喜阴暗地，山北朝阴故大，山南朝阳较小），大者根处可作面盆。生笋时有隔年一生、三年一生、三年二生数种，平均每年生笋约占全部竹种的 60%。竹为自然产物，需用成本较少，业主只在山上立石碑为界。其占有情况列表如下：

各阶层占有竹种杉木及造纸工具情况统计表

（此表见 P641——编者）

乙、造纸情况

（一）造纸业在该乡的重要性：

该乡竹产大部用作造纸，一般在每年 5 月 20 日开始破麻，即将新竹砍成条状，放窖内浸若干时日，然后取出用碓铳碎，供做纸原料。造纸用竹占全乡竹产量的 90%以上。老竹亦有用做篾器者，但销路不多。解放前每百棵“造纸竹”约值 10 至 12 银元，解放后约值 3 至3.8银元。在买卖竹山竹种时，过去每棵约计 1 至1.2银元。

该乡群众重视竹林甚于土地，常称竹林为“摇钱树”，因用竹造纸利润大于种田，且不受

各阶层占有竹种杉木及造纸工具情况统计表

成份			地主	富农	中农			贫农			雇农	公堂	手工业者	小土地出租者	其他	总计
					中农	佃中农	小计	贫农	佃贫农	小计						
全乡总数	总户数		9	24	93	25	118	126	44	170	14	—	67	16	19	437
	占总户数百分比		2.06	5.49	21.28	5.72	27.00	28.83	10.07	38.90	3.21	—	15.33	3.66	4.35	100
	总人数		50	118	456	111	567	470	192	662	36	—	339	65	70	1907
	占总人数百分比		2.62	6.19	23.91	5.82	29.73	24.64	10.07	34.71	1.89	—	17.78	3.41	3.67	100
竹子占有情况	在本乡	户数	7	22	66	13	79	61	13	74	2	15	35	13	7	254
		棵树	15 540	24 524	36 609	3510	40 119	8931	1967	10 898	265	6199	7289	6518	2706	114 058
		占全乡百分比	13.62	21.50	32.10	3.08	35.17	7.83	1.72	9.56	0.23	5.44	6.39	5.72	2.37	100
	在外乡	户数	7	9	27	3	30	2	0	2	0	—	14	8	4	74
		棵树	13 104	5971	14 012	926	14 938	910	0	910	0	2320	1824	6574	1300	46 941
		占全乡百分比	27.92	12.72	29.85	1.97	31.82	1.94	0	1.94	0	4.94	3.89	14.00	2.77	100
杉木占有情况		户数	7	25	8	12	20	43	9	52	1	—	35	12	6	158
		棵树	3013	5325	5691	1234	6925	3485	723	4208	60	2021	1277	2267	411	25 507
		占全乡百分比	11.81	20.88	22.31	4.84	27.15	13.66	2.83	16.50	0.23	7.92	5.01	8.89	1.61	100
造纸情况	水碓	户数	6	20	60	13	73	35	9	44	0	—	67	7	3	220
		碓数	0.50	1.75	4.25	1.70	5.95	12	2	14	0	0	3.20	0.30	0.30	26
		占全乡百分比	1.92	6.73	16.35	6.54	22.89	46.15	7.69	53.85	0	0	12.31	1.15	1.15	100
	纸槽	户数	3	20	68	11	79	41	21	62	0	—	40	3	4	211
		槽数	1.25	7.75	13	3	16	12	4	16	0	0	10.40	0.50	0.40	52.30
		占全乡百分比	2.39	14.82	24.86	5.74	30.60	22.95	7.64	30.59	0	0	19.88	0.96	0.76	100
常年产纸量(担)			103	624	1371	142	1513	591	220	811	10	0	965	82	—	4108
占全乡百分比			2.51	15.19	33.37	3.46	36.83	14.39	5.36	19.75	0.24	0	23.49	1.99	—	100

水旱影响，故购买竹种从事纸业生产者甚多。若有小量田地，亦多因从事纸业而出租，这是该乡小土地出租者较多的原因之一。

该乡在造纸方面，在全县与广福、大兴、大地诸乡均占重要地位（大兴乡为第一，次为青山、陈沟两乡），每年产纸约计4108担（每担45斤），占全县总产量18%。在抗战时每担纸约值稻450斤，共计值稻约1 848 600斤，占全乡总收入77%。全乡共437户，平均每户可收入稻4230斤，1907人，每人969斤。该乡田地稀少，故纸业收入实为群众生活之主要来源，且收入较大，除占有竹山又兼营造纸者外，不占竹山之小手工业者或造纸工人，单营造纸业或出卖劳动力亦可维持较好生活。如风古村手工业者吴天喜，全家3口人，自地仅0.7亩，有纸碓1/8个，纸槽1/4个，不占有竹山，每年代人造纸，做成后双方对分，每年做70担，自得35担，值银元350元，足够维持全家丰裕生活。又如纸业工人吴记芳，田地、造纸工具均无，代雇主造纸时除由雇主供食宿外，每日可净得工资银元6角，长年可得工资200元，足可维持一家生活。抗战之后因纸业销路困难，群众生活顿感困苦。

（二）造纸工具：

水碓：是将浸过的竹片铳碎做纸的工具，使用时利用堰水，每日夜可铳碎200至400斤竹麻（可做七八担表纸），全年可使用270至340天。但在冬季缺水，或天旱不雨时，常减低效能或无法使用。水碓因使用堰水，常与农业生产发生矛盾，一般使用纸碓者，均需与堰塘占有人订立合同，规定用水办法，在天旱时农业用水应先于纸业用水，为该乡习俗，但过去地主、富农，常利用权势，强迫用水，不依合同，以致纠纷不绝。

水碓出租，解放前每日6升米，现在（1950年）2升米。其占有情况可见前表。

纸槽：用石制成，长约7尺，宽约4尺，高2.5尺，盛纸浆用。纸浆入槽后，用水及桃胶调匀，再用竹帘捞取铺平，晒干后即成纸一张。每日夜能捞纸1担，一般三日捞2担。普通水碓动一天，纸槽需6天才能捞完，即每一连纸碓需6个纸槽。纸槽出借一般无租金。

浸竹窖：凡竹林户均有窖，普通都在两个以上，系石灰做成，位在田岸旁侧。

捞纸竹帘：大小与纸面同，每捞一次，即出纸一张。

榨：木制，系用之于榨干尚带水份的纸。

（三）生产情况：

每年四月（阴历）所砍伐新竹，称“薄料麻”，为最好原料，可作毛边纸。过去因以造表纸为主，大部都于四月底至五月底始砍麻，比之“薄料麻”产量可提高50%至100%。造纸时多将100棵新竹破成条状后，捆为一把，然后下窖，内放清水，并加石灰200至300斤，浸90至200天（视新竹老嫩而定），取出用清水下窖过漂，又经10至15天后，取出晒干置于纸槽内，铳成做纸原料（水源足时一日夜即可铳完），约200至400斤（亦视竹之老嫩而定），再将原料放进纸槽大力搅匀，使之溶于水内，再取竹帘捞纸，用榨将多量水份榨出后，再揭开翻晒，然后点数，打捆，用粗石磨平两端发毛处，即可出售。每2捆纸为1担，轻重不等，平均约45斤，每担136刀，每刀36张。

兹以100棵新竹为例，将所需造纸成本及步骤列表如下：

造纸生产成本统计表

造纸过程	成本估计		说明
买新竹	100 棵	10.00 元	
破麻	2 个工	0.60 元	将竹子砍成条状
运麻	2 个工	0.60 元	将从山里所砍的竹麻，运到窖内
下窖浸	1 个工	0.30 元	90—200 天。老竹麻时间要长，嫩竹麻时间短
石灰	200 斤	1.00 元	
洗麻	1 个工	0.30 元	
下窖过漂	0.5 个工	0.15 元	需 10—15 天
晒麻	1.5 个工	0.45 元	3—5 天
将麻放碓上	2 个工	0.80 元	日夜开碓，做出原料 200—400 斤
放槽内大力搅	6 个工	1.80 元	
捞纸	12 个工	3.60 元	每担纸需 1.5—2 个工，100 棵竹原料可出 6—8 担纸
榨纸	0.3 个工	0.15 元	将刚捞出的湿纸水份榨出
揭纸	12 个工	1.20 元	将湿纸揭开，放到外面晒，女工做，每日只需工资 0.1 元
晒干纸	3 个工	0.30 元	女工做
收纸	1.5 个工	0.45 元	晒 3—5 天即收
点纸，捆纸，磨	6 个工	0.60 元	女工做，将干纸点数合并成刀，每半担一捆，然后用粗石将纸两端磨光，每担 136 刀，每刀 36 张，平均重 45 斤
合计	—	22.30 元	产出 6—8 担纸，每担 10 元共值 60—80 元，平均 6—8 个工可做一担纸，每担纸成本 3—4 元

注：成本以银元计算。

该乡在过去仅产炕表与晒表两种纸，炕表质量较好，系嫩竹做成，大部用作迷信用纸或包扎东西，小孩写字，做纸捻引火等；晒表质量差，系老竹做成，全部用作迷信纸。

（四）经销情况：

抗日战争时期为该乡纸业最发达时期，人民生活一般尚称优裕，被称作“黄金乡”，占有竹山及制纸工具者得利更大，普通不占竹山、工具，或仅占有少量竹山、工具者，亦因分工做纸或卖工做纸而生活较好。当时主要由于敌人封锁长江，江西产纸不能运销江北，因而该地产纸占有广大市场之故，同时皖北地区及河南、湖北少数地方亦均有销路，又因该乡生产未遭敌人破坏（因敌人未到过），及外地人避敌迁来该乡作纸业投资，更使该乡纸业趋于发达。当时年产量达 4108 担，占全乡总收入 77%，且利润甚丰，如以前表的生产情况而论，100 棵新竹造成纸仅需成本22.3银元，可制纸 6 至 8 担，每担约值 10 元，平均可值 70 元，故利润可达 48 元左右，这因为纸价高的缘故。

抗日战争结束，江西产纸北上，因其质好而价又贱，使该乡纸业遭受重大打击，产量大减。

四、杉树及其他

全乡杉树计有25 507棵，杉木主要销路为售与黄梅县或自制木器，挑出外乡销售。但因该乡交通不便，运销量小，又因杉树生长较慢（一尺五寸围者需20年才能长成），故与农民生活关系尚不太大。

该乡尚产柴、茶、笋衣等，全年约值25 000斤稻，约占全乡总收入4.5%。笋衣可做草鞋、鞋垫之用，每百斤可换大米2斗，年产约有30 000斤，值60石米。

五、借贷关系及雇佣关系

一般放债方式有四种：（一）放青苗：即借新竹，待破麻做纸之后还钱，以当时新竹价格加一成（110%）付息；（二）贷纸；（三）贷款；（四）贷稻。年利率均为120%。过去借贷，借出物品一律折合银元，债主要债时逼得很厉害，甚至有将负债者除房屋以外之任何产业折价还债者。兹将各阶层借出、借入数字统计如下：

各阶层借贷统计表

成份	借入		借出	
	户数	数量(元)	户数	数量(元)
地主	4	573.0	3	722.0
富农	13	1420.7	13	1577.9
中农	51	2532.0	46	2757.0
佃中农	13	446.0	6	426.0
贫农	42	2873.3	19	377.0
佃贫农	18	1078.0	7	101.0
小商贩	4	90.0	3	215.0
手工业者	41	1705.0	16	1602.0
自由职业者	1	20.0	1	71.0
雇农	5	106.0	5	70.0
贫民	2	341.0	1	202.5
小土地出租者	4	1765.0	7	1729.0
伪中级职员	1	50.0	1	25.0
宗教职业者	1	15.6	1	2.0
合计	200	13 015.6	129	9877.4

注：借出、借入数均以银元计算，利率为年利120%。

该乡雇工种田者不多，大都雇工做纸，雇主除供食宿外，每日工资普通为银元 6 角，解放后雇工做纸情况较少，工资也降低，每日约为 2 角，或仅请短工。兹将该乡雇佣劳动力变化情况及解放前工资情况列表如下：

各阶层雇用劳动力变化统计表

时间	地主			富农			佃中农			中农		
	雇主户数	雇工数	小放牛	雇主户数	雇工数	小放牛	雇主户数	雇工数	小放牛	雇主户数	雇工数	小放牛
解放前	4	5	1	15	16	2	7	2	5	19	11	8
1950 年	1	1	0	2	1	1	6	1	6	14	6	8
说明	雇工多系做纸兼种田，小放牛除放牛外尚兼收晒纸等。											

解放前工资表

雇工种类	工资额（斤米）
长工	1350
小放牛	400
短工（每日）	8.5

中共安庆地委政策研究室

1950 年 10 月

濉溪县古西乡农村经济调查

一、一般情况

甲、古西乡属濉溪县常山区，在符离集车站西，宿县城西北 30 里处。东西长 10 里，南北宽 6 里。东靠濉河，全乡包括 9 个行政村，26 个自然村，计有 1022 户，4830 人，13 540亩零 6 分土地（古饶集村与秦大庄子 2 个行政村的人口与土地未计入）。

该乡情况复杂，封建势力较大，如半步峭岈子恶霸地主赵介藩、赵成坤，是宿县西北一带的头号大恶霸。

乙、古西乡的土质，有沙土地、淤土地、两合土三种。两半张、赵圩子两村全是淤土地（多为洼地），乔店子有沙土地有淤土地，乔店子以东各村都是沙土地。全乡13 540.6亩土地中，内有上等地2076.7亩，中等地4768.3亩，下等地6695.6亩；年产量上等地每亩平均约在 200 斤以上，中等地 150 斤至 200 斤之间，下等地不到百斤。

丙、该乡主要的农作物是小麦、黄豆、高粱、红芋；其中以种小麦的为最多，每年耕种面积约占全部土地的 70％左右。

全乡由于人多地少，而且又多为下等地，在长期的封建剥削下，农民单靠农业生产不够维持生活，因此该乡农民兼搞副业生产的很多。根据1950年的调查，全乡1200户中，有700多户兼搞副业。

二、土地情况

甲、各阶级（层）土地占有及使用情况

全乡地主占总人数的2.55%，占有土地占全乡总数的13.75%，占全乡总人口5.05%的富农，占有土地占全乡总土地数的11.44%；中农占总人口的33.97%，占有土地占全乡土地的41.81%；贫农占总人口的57.81%，占有土地占全乡土地32.46%。

该乡租进土地最多的是贫农，占总租入土地数的57.64%；其次是中农，占全乡租入土地数的38.48%。全乡每人平均使用土地为2.88亩。以富农使用土地为最多，每人平均有5.62亩；中农为3.92亩，贫农为2.08亩；地主由于雇工经营，每人平均使用土地比贫农多，为2.48亩。地主出租土地占其本阶层占有土地的84.3%，占各阶层出租土地总数的71.23%，富农出租土地占总出租土地的12.61%。全乡小土地出租者不多，只有3户，占有土地52亩。全乡土地占有与使用情况如下表：

古西乡各阶层占有及使用土地统计表

成份		地主			富农	中农	贫农	雇农	小土地出租者	其他	总计
		地主	地主兼工商业	小计							
户数	户数	23	1	24	42	303	645	3	3	2	1022
	占全乡户数百分比	2.25	0.10	2.35	4.11	29.65	63.11	0.29	0.29	0.20	100
人口	人数	118	5	123	244	1641	2792	11	11	8	4830
	占全乡人口百分比	2.44	0.11	2.55	5.05	33.97	57.81	0.23	0.23	0.16	100
占有土地	亩数	1807.60	54.00	1861.60	1549.80	5661.10	4394.70	4.90	52.00	16.50	13 540.60
	占全乡土地百分比	13.35	0.40	13.75	11.44	41.81	32.46	0.04	0.38	0.12	100
	每人平均	15.32	10.80	15.13	6.35	3.45	1.57	0.45	4.73	2.06	2.80
租出土地	租出本乡土地	796.10	54.00	850.10	192.40	206.90	58.60	0	52.00	16.50	1376.50
	租出外乡土地	719.20	0	719.20	85.50	12.00	10.00	0	0	0	826.70
	合计	1515.30	54.00	1569.30	277.90	218.90	68.60	0	52.00	16.50	2203.20
	占租出土地百分比	68.78	2.45	71.23	12.61	9.94	3.11	0	2.36	0.75	100
租入土地	租自本乡业主土地	0	0	0	0	691.10	1071.80	0	0	0	1762.90
	租自外乡业主土地	0	0	0	99.50	296.80	408.10	0	0	0	804.40
	合计	0	0	0	99.50	987.90	1479.90	0	0	0	2567.30
	占全乡租进土地百分比	0	0	0	3.88	38.48	57.64	0	0	0	100

续表

成份		地主			富农	中农	贫农	雇农	小土地出租者	其他	总计
		地主	地主兼工商业	小计							
使用土地	亩数	292.30	0	292.30	1371.40	6430.10	5806.00	4.90	0	0	13 904.70
	每人平均	2.48	0	2.38	5.62	3.92	2.08	0.45	0	0	2.88

注：1.赵氏宗祠公田未列在内。
　　2.古饶集村及秦大庄子2个行政村未统计在内。

古西乡各阶层占有土地质量统计表

土质		上等	中等	下等	合计
地主	地主	400.30	582.30	825.00	1807.60
	地主兼工商业	10.70	30.40	12.90	54.00
	小计	411.00	612.70	837.90	1861.60
	占本阶层占有土地百分比	22.08	32.91	45.01	100
富农	亩数	153.90	553.90	842.00	1549.80
	占本阶层占有土地百分比	9.93	35.74	54.33	100
中农	亩数	855.80	1914.30	2891.00	5661.10
	占本阶层占有土地百分比	15.12	33.81	51.07	100
贫农	亩数	651.20	1664.30	2079.20	4394.70
	占本阶层占有土地百分比	14.82	37.87	47.31	100
雇农	亩数	1.00	2.10	1.80	4.90
	占本阶层占有土地百分比	20.41	42.86	36.73	100
小土地出租者及其他	亩数	3.80	21.00	43.70	68.50
	占本阶层占有土地百分比	5.55	30.65	63.80	100
合计		2076.70	4768.30	6695.60	13 540.60
百分比		15.34	45.21	49.45	100

乙、公田

该乡的公田主要是赵氏家祠的祭田，可以分为总祠祭田和支祠祭田两部分：

（一）赵氏总祠的祭田有529亩1分，已全部交给该乡新华中学代管，收租补贴学校经费，这部分祭田分布在古西乡有53亩，常山区孤山乡143亩8分，符离集区横口乡44亩5分，灰古乡44亩8分，时村区蒿北乡91亩8分，大店区呼沟乡151亩2分。

（二）赵氏支祠的祭田，总数约有八百多亩土地，分布在冢山头、金果寺、青果、曹李庄子、横口、青龙寺、宁山桥等处，每处有地三四十亩，或五六十亩，在古西乡的很少，这一部分土地仍由赵氏分管。

三、租佃关系

甲、租佃形式

（一）分租：地主出种子，至收割时除去种子外再对半分粮，柴草上“绕”的分，不上“绕”的不分。麦租的分法，一般是地主得 1/3，佃户得 2/3。

（二）包租：就是不管收成好坏，佃户要按照规定的租额交租。一般每亩地的租子要交 3 斗粮食（约 90 斤）。在年成好时，午季的收获，除交租外，还能剩一点。如收成不好，还不够交租粮的，只有靠秋季收获之后给予补缴，如果秋季年成再不好，一年就等于白白的替地主干活了。

乙、当地问题

全乡当出土地计有136.5亩，当入259.3亩。详见下表：

古西乡各阶层典当土地统计表

成份	当出			当入			
				本乡			
	本乡土地	外乡土地	合计	地主	富农	其他	合计
地主	58.5	0	58.5	0	0	0	0
富农	21.1	1.5	22.6	0	0	0	0
中农	21.1	0	21.1	53.5	2.0	66.6	122.1
贫农	34.3	0	34.3	57.0	0	80.2	137.2
合计	135.0	1.5	136.5	110.5	2.0	146.8	259.3

当价普通相当地价的一半，即所谓“当半”，每亩的当价约在 1 石小麦左右（320 斤），最低的当价在 150 斤小麦左右。

四、借贷情况

该乡的借贷关系有下列三种：

甲、“佯当地”：即借钱时折成田地几亩几分，以后按季给租粮。

乙、“放青麦”：在青黄不接的时候借入粮食，在麦收后就要加一倍或几倍的利息，有的只隔很少的几天，也得付出几倍的利息，例如春借粮 1 斗，麦收后就要还 3 斗。

丙、“利子钱”：有三分利的、有五分利的不等，到期本利清。此种放债户多系城镇商人和大地主，乡村地主亦有，他们都往往乘荒年歉收时，大量放出高利贷来剥削农民。

古西乡解放前借贷关系调查表

<table>
<tr><th colspan="2">成份</th><th>地主</th><th>富农</th><th>中农</th><th>贫农</th><th>雇农</th><th>小土地出租者</th><th>游民</th><th>合计</th></tr>
<tr><td colspan="2">总户数</td><td>24</td><td>42</td><td>303</td><td>645</td><td>3</td><td>3</td><td>2</td><td>1022</td></tr>
<tr><td rowspan="2">借入</td><td>户数</td><td>2</td><td>10</td><td>106</td><td>352</td><td>2</td><td>0</td><td>0</td><td>472</td></tr>
<tr><td>占本阶层户数百分比</td><td>8.33</td><td>23.81</td><td>34.98</td><td>54.57</td><td>66.67</td><td>0</td><td>0</td><td>46.18</td></tr>
<tr><td rowspan="2">借出</td><td>户数</td><td>4</td><td>9</td><td>44</td><td>17</td><td>0</td><td>0</td><td>0</td><td>74</td></tr>
<tr><td>占本阶层户数百分比</td><td>16.67</td><td>21.43</td><td>14.52</td><td>2.64</td><td>0</td><td>0</td><td>0</td><td>7.24</td></tr>
</table>

五、各阶层农具、耕畜占有情况及雇工情况

甲、农具、耕畜占有情况

该乡除地主、富农农具齐全、耕畜有剩余外，一般中农与贫农的农具大多残缺不全、耕畜不足，其中尤以贫农为最，例如以耕畜而言，645户贫农，仅有耕畜117.5头，若以每头耕畜平均可耕30亩地计算，仅可耕地3525亩，其余2281亩土地须靠人力或以人力换牛力来解决。该乡农具，耕畜占有情况如下表：

古西乡农具耕畜统计表

<table>
<tr><th colspan="3" rowspan="2">成份</th><th colspan="3">地主</th><th rowspan="2">富农</th><th rowspan="2">中农</th><th rowspan="2">贫农</th><th rowspan="2">雇农</th><th rowspan="2">小土地出租者</th><th rowspan="2">其他</th><th rowspan="2">总计</th></tr>
<tr><th>地主</th><th>地主兼工商业</th><th>小计</th></tr>
<tr><td colspan="3">户数</td><td>23</td><td>1</td><td>24</td><td>42</td><td>303</td><td>645</td><td>3</td><td>3</td><td>2</td><td>1022</td></tr>
<tr><td colspan="3">人口数</td><td>118</td><td>5</td><td>123</td><td>244</td><td>1641</td><td>2792</td><td>11</td><td>11</td><td>8</td><td>4830</td></tr>
<tr><td rowspan="9">农具</td><td colspan="2">船</td><td>0</td><td>0</td><td>0</td><td>0</td><td>0</td><td>2.0</td><td>0</td><td>0</td><td>0</td><td>2.00</td></tr>
<tr><td colspan="2">耩</td><td>5.5</td><td>0</td><td>5.5</td><td>22.0</td><td>114.85</td><td>69.8</td><td>0</td><td>0</td><td>0</td><td>212.15</td></tr>
<tr><td rowspan="2">大车</td><td>能用</td><td>3.5</td><td>0</td><td>3.5</td><td>13.5</td><td>81.65</td><td>20.5</td><td>0</td><td>0</td><td>0</td><td>119.15</td></tr>
<tr><td>待修</td><td>0</td><td>0</td><td>0</td><td>0</td><td>1.00</td><td>1.0</td><td>0</td><td>0</td><td>0</td><td>2.00</td></tr>
<tr><td colspan="2">犁</td><td>4.6</td><td>0</td><td>4.6</td><td>23.5</td><td>130.80</td><td>77.5</td><td>0</td><td>0</td><td>0</td><td>236.40</td></tr>
<tr><td colspan="2">耙</td><td>4.6</td><td>0</td><td>4.6</td><td>23.0</td><td>151.40</td><td>82.5</td><td>0</td><td>0</td><td>0</td><td>261.50</td></tr>
<tr><td colspan="2">锄头</td><td>18.0</td><td>0</td><td>18.0</td><td>65.0</td><td>402.00</td><td>438.0</td><td>2.0</td><td>0</td><td>0</td><td>925.00</td></tr>
<tr><td colspan="2">小车</td><td>0</td><td>0</td><td>0</td><td>1.0</td><td>11.00</td><td>25.0</td><td>0</td><td>0</td><td>0</td><td>37.00</td></tr>
</table>

续表

成份		地主			富农	中农	贫农	雇农	小土地出租者	其他	总计
		地主	地主兼工商业	小计							
耕畜	黄牛	3.0	0	3.0	17.0	106.50	39.5	0	0	0	166.00
	骡马	3.0	0	3.0	9.0	28.00	5.0	0	0	0	45.00
	驴	4.0	0	4.0	8.0	90.00	73.0	0	0	0	175.00
	合计	10.0	0	10.0	34.0	224.5	117.5	0	0	0	386.00

注:表内农具、牲畜数字中小数系同外乡亲友合伙用的。

乙、雇工情况

该乡雇入长工的以富农为最多，约占总数66.67%，中农亦雇有4人，地主雇入长工3人。出雇的则全系贫农、雇农，计贫农出雇长工22人，短工11人，日工457个；雇农出雇长工2人；详见下表。

古西乡人口及劳动力统计表

成份				地主			富农	中农	贫农	雇农	小土地出租者	其他	总计
				地主	地主兼工商业	小计							
户数				23	1	24	42	303	645	3	3	2	1022
人口	男			59	3	62	121	786	1435	6	7	4	2421
	女			59	2	61	123	855	1357	5	4	4	2409
	合计			118	5	123	244	1641	2792	11	11	8	4830
劳动力情况	自有	整劳动力	男	4	0	4	32	300	594	2	1	1	934
			女	0	0	0	1	15	21	0	0	0	37
		半劳动力	男	5	0	5	24	92	171	0	3	0	295
			女	12	0	12	65	409	640	2	0	1	1129
	雇入	长工		2	1	3	14	4	0	0	0	0	21
		短工		4	0	4	30	30	4	0	0	0	68
		日工		35	0	35	104	245	0	0	0	0	384
	雇出	长工		0	0	0	0	0	22	2	0	0	24
		短工		0	0	0	0	4	11	0	0	0	15
		日工		0	0	0	0	0	457	0	0	0	457

中共宿县地委农委会

1951年5月30日

来安县殿发乡农村经济调查

一、一般情况

殿发乡在来安县东北约50余里，是为纪念抗日战争中牺牲的王殿发烈士而定的乡名，辖有双山、花园、铁佛、金陵、四面墩、南万山等7个行政村，计有69个自然村，340户，1456人（金陵村户口人数不在内）。

该乡是山区，有婆婆山、苏山、万山、孟山、癞山、石玉头、后山等12座山，约占全乡面积2/3，东西长十余里，南北宽7里许。乡境共70余平方里。无交通要道，地方较偏僻闭塞。山均光秃，无林木，仅蔓生荒茅野蒿及几种药材，如沙参、党参、龙胆等，而且产量也不多。这些药材因挖取不易，故每至荒年方有人入山采掘来换粮渡荒。

二、土地情况

甲、耕地面积及产量

全乡有土地旱地7359.56亩，占耕地总面积74.95%；水田2459.74亩，占耕地总面积的25.05%。旱地宜种麦、豆类、稖头、秫秫等作物；水田主要种稻，部分秋季可种麦。其产量为：土质较差的旱地每亩每年平均可产麦、豆共132市斤；水田平均每亩产143市斤稻谷。

乙、耕地等级之划分情形

（一）以土质分：

（甲）白沙土、黑沙土两种土质为最好。

（乙）黑土、血丝马肝土（有红锈络纹马肝色）次之。黑土多在山后背阳之地，含水多，土性寒冷，苗不发旺，但旱年较好。

（丙）黄白死板土最差，难耕耘，见风燥硬，不长庄稼。

（二）以地形分：

（甲）坐山田：即两山夹一洼之田，山土冲积，比较肥沃，常有山霖润泽，不雨可收，而且大都可收两季。

（乙）回水湾田：有淤垫积肥，不受水淌，甚肥沃。

（丙）靠庄田：离庄近，便于上粪施肥。

（丁）靠塘田：水利方便，便于灌溉。

以上各种均属好田。

（戊）挂山田：一头高、一头低，坡度越大越不好，不能加工施肥，因一场大雨就要将表土冲刷殆尽，只留板土。

（己）下水湾田：土虽肥沃，但每当大雨后，山洪暴发，常将庄稼冲毁。

（庚）离村庄过远的田，照顾不到，耕作不便，收成亦少。

以上各种均属坏田。

丙、耕地面积之折算

根据当地习惯，田亩数量以小麦种斗、石计算。田地的面积很难稽考，因地权集中在少数大地主手中。亦无法从赋册中去计算，更因过去缴纳田赋极不确，有几十石种的只纳田赋银元6元，后来虽增加也不过20元。现经实际丈量结果，1石种的田，多的到18亩多，最少的也有15亩多，平均折算，1石种相当17亩上下。

丁、土地占有情况

土地集中于少数大地主手里，全乡地主14户，占总户口数的4.12%，而占有土地竟占全乡总地亩数的85.53%，地主每人平均有135.46亩。而占全乡总户口54.71%的贫、雇农仅占有总地亩的0.44%，每人平均为0.065亩，仅及地主每人平均数的1/2100，即以该乡大地主冯治安一户而言，即占有200多石种的田，在本乡的有135.94石种。如每石种以17亩计算，即占有3400多亩土地。该乡地权之集中，于此可见一般。其详情见下表：

殿发乡各阶层占有土地统计表

成份		户口		人口		占有土地			自耕土地	出租土地	
		户数	占全乡户数百分比	人数	占全乡人口百分比	亩数	占全乡占有土地百分比	每人平均土地		出租在本乡土地	出租在外乡土地
地主		14	4.12	62	4.26	8398.67	85.53	135.46	228.91	2786.58	5383.18
富农		1	0.29	2	0.14	81.60	0.83	40.80	3.40	78.20	0
中农	中农	18	5.29	94	6.46	938.73	9.56	9.99	575.38	312.35	51.00
	佃富裕中农	6	1.76	35	2.40	0	0	0	0	0	0
	佃中农	101	29.71	566	38.87	30.60	0.31	0.05	0	0	30.60
贫农	贫农	2	0.59	9	0.62	43.35	0.44	4.82	43.35	0	0
	佃贫农	175	51.47	641	44.02	0	0	0	0	0	0
雇农		9	2.65	22	1.51	0	0	0	0	0	0
其他		14	4.12	25	1.72	235.45	2.40	9.42	2.55	108.80	124.10
学田		—	—	—	—	90.90	0.93	—	—	90.90	0
合计		340	100.00	1456	100.00	9819.30	100.00	6.74	853.59	3376.83	5588.88

三、阶级关系

甲、地主阶级掠夺土地与农民垦殖之情况

自从太平天国农民革命失败后，该地区大块土地都荒芜。地主、恶霸、官僚等乘机凭其封建势力，手指口讲，将山岗野地掠为己有。如半塔整个山区几乎普遍都是向、田、朱、冯等姓地主的土地。

起初该地区仅有少数熟田，后由淮北泗阳、宿县、灵璧、睢宁等县受水灾的农民，及山东费县、滕县等地区受旱灾的农民，逃荒至此，雇佣于地主家做工，经日久苦累稍有积蓄，遂购办一些农具和耕牛，佃入土地耕种。地主为了要扩大剥削收入，凡是避水、旱灾荒来此的农民，都督促他们开荒，这些逃荒的农民，为了维持牛马般的生活，只得为地主垦荒，忍受地主阶级的残酷剥削，辛勤的耕作着，而将荒瘠的土地，开垦成为地主的良田。

乙、租佃形式与高利贷剥削

（一）租佃形式：有活租、包租两种，以田地好坏确定租额之大小。地主剥削手段至为毒辣，起初将荒山野地租给佃户，租额较轻，但及经农民辛辛苦苦将荒山野地培植成为熟田后，地主往往不是抽佃，就是将租籽加得很高，强迫佃户接受其最苛刻的剥削条件。

（甲）活租又分看租与看场分租两种：前者即地主至田边估看，往往多估收成，因此分租时，名义上是主四佃六，而实际等于对半分租，佃户吃亏，而且地主下乡看租时，还要杀鸡沽酒招待。看场分租即庄稼收割在场，主佃双方对分。

（乙）包租又分板租与定租活额两种：前者不论年成好坏，按租约交租，不得少缴一粒，后者订好租额后（较板租租额高），随年成之丰歉而定实收租额，例如八成收就打八折，七成收就打七折。

（二）高利贷形式：

（甲）放麦青：在二三月借钱，以市价的六成折成小麦，至麦子上场时归还，此种高利贷合月利25%到33%，多为商人拆放。

（乙）借一加一：即农民向地主借粮，一年归还，每借1石则加利息1石，高的有加1石5斗。例如王集地主何奠侯在四面村即放有这种利息的高利贷十几石稻子。

（丙）放洋钱：春初放出，麦季收回，每借银元1块，即加1斗小麦利息，如至秋季还，则须另加1斗菉豆。此种高利贷多为地主和商人家中妇女放出。

丙、我军北撤后，地主阶级对农民之血腥暴行与勒索情况

（一）该地区在抗日战争中，建立了抗日新政权，广大的劳动人民热烈的参加了抗日运动，进行减租减息运动。当新四军北撤后，地主阶级与其反动武装卷土重来，进行了血腥的报复，例如抗日时模范队长崔世唐，农会理事长黄得胜，合作社职员蒋士堂，模范队员张天目、张天星等五人即为该乡地主于夜间派人捕杀于山洼里。

另一方面又进行群众性的强迫自首，只要参加过革命活动的人，如：站过岗、放过哨等人，都要自首，登记、照像、写悔过书、找保等，处处要钱，见空子就钻，想尽方法敲诈勒索劳动人民，例如农会主任万保生，单为照像就用去了一担稻子。

（二）对群众任意勒索，摊派钢枪费，有1头牛的户，就规定要出枪一枝，每枝约折合大米5石。例如刘冰高、胡文德伙养牛1条，须出枪一枝，胡没法只得将牛卖掉以偿付枪费；苏郢6家佃户，每户出2石5斗芝麻，夏裕石除多交租子外，又出了10担稻的钢枪费。佃中农范书保，给地主李明俊牵去大牛1头，缴钢枪费卖了2口猪，缴捐、纳税、送礼、招待费等用了8担6斗粮食，加上缴地主的租子，结果家中的牛、驴、猪等变卖净尽，弄得生活无着。

（三）我军北撤后，地主阶级普遍进行倒租，并加重租额，高估产量，将佃户劳动积蓄掠夺精光。例如唐兴泰、沈祀富、马公金、王锡文、唐大三等36户，被地主倒租倒去计有：稻子230石2斗，黄豆、小麦、大芦秫（即玉蜀黍）共83石9斗，芝麻4石，肥猪2口，牛5条，银元110元，伪币70万元（约折87石稻）。又如夏裕石种地主吴家松的3石7斗种的田，收18石稻，交租5石，北撤后，加租加到10石。

该乡自新四军北撤后，在地主阶级残酷的掠夺与榨取下，农民生产资料被扫劫一空，不仅生活无着，且人人自危，惟恐遭反动政府非法迫害，因此生产情绪异常低落，全乡抛荒田亩激增，如万山村抛荒了2/3；四面村原有1626.26亩田，抛荒282.2亩，占全村土地17.3%；花园村原有718.7亩田，抛荒248.45亩，占全村土地14.45%。全乡耕地较抗日战争时耕地面积降低16%。同时由于生产建设停顿，水利失修，塘坝淤塞，年常成灾，因此农业收入几减少一半。

1950年6月调查

霍山县诸佛庵乡农村经济调查

一、一般情况

诸佛庵乡位于霍山县城西35里，解放后属霍山县黑石渡区，有大、小干涧、黄李畈、深水河、项家冲和诸佛庵镇6个行政村。全乡水田5000亩，旱地2191亩。人口男女合计6831人，东西长20里，南北宽10余里。诸佛庵镇有292户，1197人，镇旁一条小山河，下流15里通淠河，该乡及全县西南一带山区所产之茶、木、竹、扫帚、土纸等均由此出口。

该乡年产茶5000篓，扫帚4000捆，大小竹、木（成材的）1万根左右，如连别乡所产通过诸佛庵镇出口者统计在内，则竹、木、扫帚数量可增至10倍以上，茶叶最高运销量一年达8万篓至10万篓。该地在政治上是有基础的，1930年曾爆发农民革命，建立过苏维埃政权，分配过土地。红军撤离后，地主、富农复辟倒算，劳动人民遭受了反动派严重的迫害，逃亡至外乡者为数不少，在乡农民则过着饥寒交迫的困苦生活。

二、土地的占有和使用情况

该乡属于山区，山多田少，出产食粮仅够维持6个月左右的生活，农民必须另找其他收入弥补。土地分为水田、旱地、山地三种，水田每年每亩产稻230斤，旱地每亩产麦140斤，玉米200斤。山地的收获不一，当年开荒的能有旱地同量的收获量。二三年后收获即减少，因肥土被雨水冲掉，作物不易长大，农民俗呼山地为懒地（不上粪也长食粮的意思）。

该地农民计算田地称为几斗地几斗田，据抽丈结果，田1斗折1亩，旱地1斗折2亩，山地1斗折1亩。

兹将该乡深水河、项家冲、诸佛庵3村各阶层占有和使用土地情况统计如下：

诸佛庵乡三个村各阶层占有及使用土地情况表

成份		地主	富农	中农	贫农	雇农	工人	其他	公田	总计
户数		23	4	139	193	29	109	245	—	742
占3个村户数百分比		3.10	0.54	18.73	26.01	3.91	14.69	33.02	—	100
人数		125	36	735	884	92	320	1009	—	3201
占3个村人数百分比		3.91	1.12	22.96	27.62	2.87	10.00	31.52	—	100
占有土地	在本乡亩数	897.10	96.50	836.90	292.90	1.00	53.50	420.60	198.20	2796.70
	在外乡亩数	743.70	15.00	4.00	2.50	0	22.00	155.20	0	942.40
	合计亩数	1640.80	111.50	840.90	295.40	1.00	75.50	575.80	198.20	3739.10
	占3个村土地百分比	43.88	2.98	22.49	7.90	0.03	2.02	15.40	5.30	100
	每人平均	13.13	3.10	1.14	0.33	0.01	0.24	0.57	—	1.17
租进土地	租自本乡业主土地	0	0	865.80	693.90	17.60	8.70	56.30	—	1642.30
	租自外乡业主土地	0	0	336.60	89.80	0	0	26.00	—	452.40
	合计	0	0	1202.40	783.70	17.60	8.70	82.30	—	2094.70
	占3个村租入土地百分比	0	0	57.40	37.41	0.84	0.42	3.93	—	100
租出土地	租出本乡土地	861.70	39.50	173.90	26.80	0	23.90	310.00	198.20	1634.00
	租出外乡土地	728.70	20.00	4.00	2.50	0	22.00	155.20	0	932.40
	合计	1590.40	59.50	177.90	29.30	0	45.90	465.20	198.20	2566.40
	占3个村租出土地百分比	61.97	2.32	6.93	1.14	0	1.79	18.13	7.72	100
使用土地	亩数	50.40	52.00	1865.40	1049.80	18.60	38.30	192.90	—	3267.40
	占3个村使用土地百分比	1.54	1.59	57.09	32.13	0.57	1.17	5.91	—	100
	每人平均	0.40	1.44	2.54	1.19	0.20	0.12	0.19	—	1.02
说明	1.该乡除诸佛庵街人口(1197人)外，尚有2004人，每人平均占有1.8亩，使用1.6亩。 2.公田包括会馆、农场所有土地。 3.农场内有30.5亩在外乡未列入本表占有数内。									

诸佛庵乡三个村各阶层占有土地质量统计表

成份		水田				旱地				山地				合计			
		上	中	下	合计	上	中	下	合计	上	中	下	合计	上	中	下	合计
地主	亩数	22.00	1140.10	222.80	1384.90	39.40	169.00	40.00	248.40	0	7.50	0	7.50	61.40	1316.60	262.80	1640.80
	占本阶层占有各种土地数百分比	1.59	82.32	16.09	100.00	15.86	68.04	16.10	100.00	—	100.00	—	100.00	3.74	80.24	16.02	100
富农	亩数	40.00	53.00	3.00	96.00	7.00	3.00	0	10.00	0	5.50	0	5.50	47.00	61.50	3.00	111.50
	占本阶层占有各种土地数百分比	41.66	55.21	3.13	100.00	70.00	30.00	—	100.00	—	100.00	—	100.00	42.15	55.16	2.69	100
中农	亩数	66.00	370.30	122.80	559.10	63.80	96.00	61.50	221.30	0	60.50	0	60.50	129.80	526.80	184.30	840.90
	占本阶层占有各种土地数百分比	11.81	66.23	21.96	100.00	28.83	43.38	27.79	100.00	0	100.00	0	100.00	15.43	62.65	21.92	100
贫农	亩数	8.20	80.60	54.10	142.90	30.00	34.00	39.60	103.60	0	48.90	0	48.90	38.20	163.50	93.70	295.40
	占本阶层占有各种土地数百分比	5.74	56.40	37.86	100	28.96	32.82	38.22	100.00	0	100.00	0	100.00	12.93	55.35	31.72	100
雇农	亩数	0	0	0	0	0	0	0	0	0	1.00	0	1.00	0	1.00	0	1.00
	占本阶层占有各种土地数百分比	0	0	0	0	0	0	0	0	0	100.00	0	100.00	0	100.00	0	100

续表

成份		水田				旱地				山地				合计			
		上	中	下	合计	上	中	下	合计	上	中	下	合计	上	中	下	合计
工人	亩数	0	26.40	20.00	46.40	6.00	20.60	0	26.60	0	2.50	0	2.50	6.00	49.50	20.00	75.50
	占本阶层占有各种土地数百分比	0	56.90	43.10	100.00	22.56	77.44	0	100.00	0	100.00	0	100.00	7.95	65.56	26.49	100
公田	亩数	0	33.50	18.20	51.70	11.60	65.00	58.40	135.00	0	11.50	0	11.50	11.60	110.00	76.60	198.20
	占本阶层占有各种土地数百分比	0	64.80	35.20	100.00	8.59	48.15	43.26	100.00	0	100.00	0	100.00	5.85	55.50	38.65	100
其他	亩数	3.00	316.60	53.80	373.40	8.20	152.20	10.00	170.40	0	32.00	0	32.00	11.20	500.80	63.80	575.80
	占本阶层占有各种土地数百分比	0.80	84.79	14.41	100.00	4.81	89.32	5.87	100.00	0	100.00	0	100.00	1.95	86.97	11.08	100
合计亩数		139.20	2020.50	494.70	2654.40	166.00	539.80	209.5	915.30	0	169.40	0	169.40	305.20	2729.70	704.20	3739.10
说明		公田内有学田 172.6 亩(中田 32.5 亩,下田 14.7 亩,上地 4 亩,中地 65 亩,下地 56.4 亩)。															

从上面二表中可以看出：该乡的土地是集中的，占人口3.91%的地主，占有了43.88%的土地，而占人口30.49%的贫、雇农只有7.93%的土地。在土地的质量上亦复如此，地主占有的下田只占其全部土地的16.02%，而贫农却有31.72%的下田，雇农则全部土地中仅有中田1亩！

三、租佃关系

甲、一般情况

该乡3个村地主出租土地1590亩零4分，占出租土地总数的61.97%，其绝大部分是包租六课：即租入1石水田，一般年成租额固定6石稻子，租1石地，租额为2石小麦4石玉米。另有鱼租、鸡租、柴租、送年礼、押板金（又叫寄庄费、租田礼）及劳役服务等额外剥削，地租剥削占农业的正产收获量的50%以上，以至侵占到农民的必要生产投资，因而大大影响了农民的再生产，致使生产力降低，农民生活困苦不堪。

1930至1933年间进行过土地革命运动，地主阶级在政治上、经济上都受了很大的打击，被迫放弃了一些额外剥削。抗战时期及胜利后反动政府统治时期，地主阶级反攻复辟，又恢复了额外剥削（如增加押板金）。

乙、租佃形式、租额及其他剥削

（一）包租六课：（说明见前）“六课”或称“六租”。最好的田也有“七课”“八课”的，差的田地则为“四课”“五课”，但并不多见。若遇旱灾或虫灾失收，佃户即请“东家”看场，除“牛租”（一般1石田，牛租1石稻）、“种子”（1石田3斗稻种）后，对半分租。

（二）拨田：大佃户或自耕农民将自己使用不了多余的田地，转租或拨给无地或少地的农民使用，一般无押板金，有些大佃户则收“小课”，自耕农除收正租课外，也有些收“小课”的。

（三）长期预租：该地称为“挖疙瘩”。租额在种田前一次交清，在定期（通常是五年）内不交租，不完粮。期满下庄（即将租田还给原业主），钱即烂掉不再退回。

（四）开荒山虽没有课，其实比有课还重得多，如要替地主栽松树、杉树，培植竹园，每年要栽树300至500株，竹园要上一二次土。这些劳动的代价仅是在地主卖树木、竹子时，佃户可要求拿些竹枝做扫帚或作烧柴。看竹园、看树林一般都带种一点田，照包租六课缴租。

（五）茶租：一般较少，抗战前以货币计算，收200斤生茶（能卖30元），交租1元；抗战后，纸币贬值，改为每100斤生茶给干茶5斤。

（六）押板金，又称寄庄费或租田礼。佃户在承租时，写上领纸，言明期限（10年为一庄，5年为半庄）、租率、章规，加上押板金，交给地主，才能“上庄”承租。押板金一般约等于租课的80%，抗战前以货币计算，每石田缴40元至60元不等，抗战后，改为稻子，10石租课8石押板金。押板金可分烂押板金与不烂押板金两种，前者在承租期满时，地主收回租田，押金吞没，不再还给佃户。如项家冲村贫农操中善租陶园河地主刘业真的5斗8升地，押板金银元60元一庄，烂去30元，期满续租，再补烂掉的押金30元。此种烂押板的风气，盛行于1940年至1945年间。不烂押板金的押金在最后下庄的那一年作为租课扣除。

在农民无力再交付押板金时，则地主在正课之外，另行加收押金，亦称“小课”。如高发富租杨鹤铃2斗水田，押板金80银元烂完后，即将原租改为拨租，除7石正课外，加2担稻子的小课。

此外该地在土地革命前，另有鸡租、鱼租、柴租等剥削，在土地革命后，均已取消。

四、特殊土地

甲、特殊土地的一般概况与特点

该乡位于大别山之边缘，全乡境内除靠近山河傍有一小部分平地外，其余均系山地。山地可分为茶园、竹林、森林、荒山数种，出产除粮食外，另有茶、竹、杉树、竹席、山纸等，以上几种也即是该地区主要的山货。其中以茶叶出产最丰，每个角落均有茶树栽植，品质亦优，为农民生活来源之一。

距诸佛庵10余里路，有一地名桃源河，有山纸出产，原料全是竹子，经加工制造，由诸佛庵运销各地。

该乡各种特殊土地均有，因此该地情况可以代表大别山2/3的区域。一般说，山区特殊土地有这样几个特点：

（一）山多田少，农民可耕种土地较少，在山的周围地区，耕地占全面积1/3弱，山中地区，则更不足1/5。山区农民所种谷物，只能维持半年或七个月的生活，因而山区农民多靠垦山、伐木、打猎，以弥补生活之不足。

（二）山的类型很多：有森林山、柴山、毛山、光山、山地等。一般山多区域，尤其是靠近大山里的人民对山地并不十分重视，山上除人工培植的作物外，其余之自然出产人人可以任意采伐。因此每个山虽然有山主，而实际等于公山（但外围小山区除外）。

（三）山区出产有茶、竹、木、麻、桐油、皮油、茯苓等。其中以茶、竹、木，出产多而普遍，每个山区均有种植。这种山货的产量，依销路之广狭来决定，若销路畅通，农民收益较大，则出产较多；若价格过于低廉，有时甚至不够成本，农民无心培植，则出产量大减，影响山区农民生活极大。因而农民说：“茶是草，客是宝。”有了茶不算什么，主要靠外客来收购。

（四）大别山茶园均为分散的个体农民所有，几乎每一农民均种植茶树，但并无成林的完整的大茶园，最多的亦不过二三亩茶地，茶是该地农民主要副业，一般农民种田地以外，均附带种茶。

乙、茶山

（一）茶农种茶的一般情况：

该地没有成林的茶山，农民仅在山边地角到处种植。土地较多的农民植茶只是自用，很少出卖。田地过少的，则在山地开荒，不能种粮时，就专门种茶。亦有茶地兼种食粮或在粮地里栽植茶树的，茶粮地不分，与江南不同。如项家冲中农张信忠有茶地2亩，分为3块，产片茶四五十斤，只能维持一人生活；富裕中农张道华有茶地2亩（整块），植茶1800棵，算是该乡农民植茶面较集中的。

植茶面积较大的是霍山农场（场地在诸佛庵），该农场计有大茶园4块，面积34亩，其中最大的一块有31亩，是开荒山种植的。

（二）茶山的占有及使用情况：

兹将3个村各阶层占有和使用茶地统计如下：

诸佛庵乡三个村各阶层占有及使用茶地统计表

成份	户数	占有茶地			出租茶地		租入茶地		使用茶地		
		亩数	产量（斤）	占茶地总数的百分比	亩数	产量	亩数	产量	亩数	产量（斤）	占使用茶地的百分比
地主	2	0.6	45	0.78	0.5	30	0	0	0.1	15	0.11
富农	2	1.3	140	1.69	0	0	0	0	1.3	140	1.37
中农	48	35.6	3501	46.17	0	0	9.9	1003	45.5	4504	47.99
贫农	40	14.0	1270	18.16	0	0	11.8	1147	25.8	2417	27.21
雇农	1	0.3	31	0.39	0	0	0	0	0.3	31	0.32
其他	13	25.3	1604	32.81	5.5	410	2.0	114	21.8	1308	23.00
合计	106	77.1	6591	100.00	6	440	23.7	2264	94.8	8415	100.00
说明	1.该3村实际茶地与产量不止此数，因尚有一些茶山同时种麦未统计在内。 2.表内总产量低于该3村总产量的2/3，因有些户报得不实。 3.该3村共有742户，占有茶地户占总户数的14.3%。										

据统计表可看出：各阶层均有茶地，农民占有与使用茶地最多，地主亦占有一部分，但大部分出租给农民种植。

（三）茶的生产成本：

茶的生产成本现以一亩地作单位来计算。

（甲）1亩茶山常年耕种，除草须工6个，每一工资伙食3升米，计6工需1斗8升米，施肥需1斗米，两项合计需2斗8升米。

（乙）每亩约产茶草（生叶）300斤，每工每日采摘嫩茶叶10斤至15斤，须采摘23个工，每工工资3升米（连伙食），合计共6斗9升米。

（丙）300斤生叶，须炒工6个，每工工资3升米（连伙食），合计1斗8升米。

（丁）300斤生叶，须柴（炒茶）900斤，每百斤柴值米1升左右，合计柴草费需9升米左右。

（戊）炒茶须点灯油8两，计1升2合米。

以上几项总计起来，茶未出售前，在茶农手上须成本计1石2斗5升多米（但农民施肥及柴草等项是自己的，因此农民一般不计算在成本内），若单以工计算，每亩地出300斤茶草，合工 34 个，每 100 斤茶草炒成茶条只 56 斤，300 斤茶草共炒 168 斤，到茶行去卖，最低要打八折，并除伙挖样，每 100 斤茶条只能出卖 75 斤，每斤最高价值 1000 元（人民币）至 1500 元，折合半升米一斤，合计只能卖到五六斗米。

（四）茶租剥削：

地主所收的茶租，当地称“茶课”，租额约为产量的 20％。有的产 100 斤生茶，须向地主交租 6 斤干茶，这种剥削为最重。跟田租入的茶树，没有茶租，但需送茶叶给地主。过去亦有个别交钱租的，在每年卖茶所得中每 30 元交租 1 元（银元），现在已少见。

（五）茶的产销情况：

茶之出产方面：诸佛庵是霍山西南茶叶产销地，过去最盛时曾有 10 万篓茶由此运销（每篓 10 斤，计有 100 万斤），其中春茶 7 万篓、夏茶（即子茶）3 万篓。所产茶叶的种类，计分：“小茶”（即市场上称为韵芽、雀舌、银针等茶）是在谷雨前采摘嫩叶制成，价格较大，该地制此类茶较少。“片茶”（即市场中所称的瓜片），在谷雨前后采摘嫩老叶分类制造，7 斤生茶制 1 斤茶，价格较小茶便宜。“大茶”在立夏节前后采摘，茶叶较大，5 斤生茶制 1 斤茶。“红茶”在霍山农场与中茶公司曾试制过 200 箱，但一般茶民、商户尚不能制造。

茶之销售方面：霍山诸佛庵的茶，推销豫、鲁、冀各省及济南、天津等地。盛时更有推销至外蒙古及东北地区。

（六）茶行的陋规与剥削情况：

茶农卖茶，受茶行陋规剥削很苛重。据调查共有：

（甲）使用大秤（18 两—32 两不等），并且还要打八折或七折收购，100 斤只能作七八十斤出卖，有时还要用对折秤收购，100 斤只称剩 50 斤。且任意压低价格。

（乙）抓取茶样（农民称为大碗样）：每份抓取茶样三四斤不等。

（丙）“割耳朵”，即是借口质量不好，硬行减少重量三四斤，10 余斤不等，有时分内外称，故意作弄农民，减低份量收购。

（丁）发价抹零尾，角分以下（过去银元计算）借口没有零钱，硬行不给。

（戊）行厘（即佣金）：任意巧立名目，如“扣四”“六厘”“学厘”“苗厘”等，剥削茶农。

丙、竹园

（一）竹园占有及使用情况：

诸佛庵乡深水河、项家冲、街村 3 个村子种植竹子较少，尚不及山区里面种竹数量的 1/5。3 个村种竹户数 136 户，占总户口 742 户的18.3％，共有竹园面积365.3亩，占使用土地总面积3267.4亩的11.18％。共计有竹母数48 720棵，平均每年能出竹子 2 万棵左右。

诸佛庵乡三个村各阶层占有及使用竹园统计表

成份	户数	占有竹园			租出竹园		租入竹园		使用竹园	
		亩数	竹母数	占竹园总数的百分比	亩数	竹母数	亩数	棵树	亩数	占合计数百分比
地主	10	68.30	12 180	18.70	65.30	11 800	0	0	3.00	0.93
富农	4	30.90	2300	8.46	23.00	1300	0	0	7.90	2.46
中农	58	120.10	16 180	32.88	18.00	2190	89.50	14 870	191.60	59.69
贫农	32	60.65	10 880	16.60	2.00	50	30.55	4970	89.20	27.79
雇农	0	0	0	0	0	0	0	0	0	0
其他	32	85.35	7180	23.36	64.30	3820	8.25	610	29.30	9.13
合计	136	365.30	48 720	100.00	172.60	19 160	128.30	20 450	321.00	100.00
说明	1.租入竹园内有属外乡业主的34亩。 2.出租竹园内有出租外乡的78.3亩。									

地主占有的竹园不仅多且较好（每亩竹母数多）。山区内一般较大、较好的竹园大多为地主、富农占有。农民中，仅中农占有一部分，其他农民占有好的竹园很少。

地主的竹园大多出租或由佃户替他看管。佃户给地主看管竹园，或随田租进地主的竹园，无报酬亦无租课，需要自用时可砍伐少许，但必须取得地主同意，但不能出卖竹子。

（二）产销情况：

竹子每年均有出产，一年砍伐一次，砍伐多少根据竹母多少而定。竹母500根以上的竹园最多可砍伐30%。竹笋隔一年发一次，因此砍伐不能过分，否则来年竹笋受影响，出产要减少。

诸佛庵竹子销售最盛时每年可售5万根，今年只出售2万至3万根竹子。价高时，2100根客竹能换1石米。

该地竹子大多销售淮河两岸、蚌埠、徐州、芜湖、上海一带。

竹枝梢子可做扫帚，100根竹子的竹梢能做10捆扫帚（每捆10把），过去一捆值1斗米，每年扫帚出售约2万捆左右。

丁、森林

山区森林地带较多，除一部光山、大石、毛山、坚谷地不能生植外，一般山上大多数有森林树木。树木种类很多，如杉树、松树、栗树及其他杂树，这些树木，除杉树、松树外，其余树木只能作燃料。

杉树用处最大亦最贵重。山区农民以此作为一个重要出产。但杉树需要人工栽植才能生长，且生长较慢，每10年长一尺粗，要20年至30年才能成材。

其次是松树，用途较少，除造房子外，只能作柴火。

一般群众认为每百株杉树，10年后能每年出产10株，要是占有1500株杉树每年可出产

150株杉树，可折合米三四石。

诸佛庵等3个村没有什么森林，杉树、松树亦很少。据3个村统计，杉树共有1717棵，松树4950棵。各阶层占有情况如下：

地主占有杉树100棵，松树4600棵。富农占有杉树950棵，无松树。中农占有杉树66棵，松树350棵。可见杉树大部分为地主、富农所有。

诸佛庵一地，最盛时曾销售过1万株杉树（从各地运来），今年只出售四五千株。

戊、光山、毛山

诸佛庵3个村，除森林山地外，尚有柴山、毛山、光山等。柴山均长有栗树和其他杂树，可烧炭。8年或10年砍一次，卖给烧炭窑户，双方协商，估计该山能烧几窑炭，值多少钱，整山的柴成批出卖。

毛山和光山山上多大石，只能长些毛柴和棘草，亦有不长一物的。这两种山均无收益。

中共六安地委政策研究室

1950年6月

无为县百马乡圩区典型调查

一、一般情况

甲、百马乡位于无为县城东南约35华里，与姚沟镇、泥汊相接壤。全乡原有6个行政村（现增划为7个行政村），48个自然村，1212户，6171人，使用土地11 214亩9分1厘。该乡为平原地区，河流甚多，耕地全系圩田，农作物以稻谷为主，其他特产甚少。

乙、百马乡与邻近乡村有10个圩连成一片，称十连圩。该乡管辖4个圩（马新圩、大保圩、徐家圩、新谷圩）。全乡村落居住比较分散，没有集中的村庄，居民大部分住在圩埂上，如席湾行政村的居民，即分布在约8里许的面积内。

丙、该乡农田有上站田、中站田、下站田之分。上站田是较高的好田，能种麦子，一年可收两季庄稼，每亩平均产量为原粮500斤，此种田约占总田亩26%；中站田亦是较好的田，位置不高不低，但不能种麦子，每亩平均可产原粮400斤，此种田约占总田亩39%；下站田占35%，此种田位置低，易遭水淹，产量也较少，每亩只收原粮300斤。

丁、耕地土质以红沙土、黑沙土为最好，上站田、中站田均是此种土质。黑紫岗土质很差，下站田多属此种土质。肥料的施用，一般以秧泥、水草为最多，灰粪、秧草和红花草为次。

二、土地情况

甲、各阶层占有与使用土地情形

全乡地主、富农不多，约占总户口数的2.89％，占有土地1902.87亩，为该乡总土地数的26.16％；中农户口占总户口数32.51％，占有土地为全乡土地的46.84％，贫农户口占总数的61.30％，占有21.72％的土地。故就本乡各阶层占有土地来看，土地似乎比较分散的，但从本外乡各阶层在本乡的土地来看情况就不同了，地主、富农的土地即达全乡使用土地数的43.61％，而占总户口93.81％的中农与贫农仅占有 50％的土地。即以本乡每人平均占有数来说，地主每人平均占有 13 亩多，而贫农每人平均连半亩还不到，中农每人平均亦只有1.47亩。全乡共有使用土地11 214.91亩，中农使用土地最多，占总使用土地数的48.64％；贫农次之，占45.19％，换言之，使用土地最多的阶层却是占有土地极少的阶层。

兹将该乡各阶层土地占有及使用情况，列表如下：

百马乡各阶层土地占有及使用情况统计表

（此表见 P665——编者）

外乡业主在本乡占有土地情况表

成份	地主			富农			中农			贫农			雇农	其他	公田	合计
	地主	地主兼工商业	小计	富农	佃富农	小计	中农	佃中农	小计	贫农	佃贫农	小计				
土地亩数	3224.15	150.31	3374.46	496.35	0	496.35	543.20	0	543.20	159.65	0	159.65	2.70	64.80	330.45	4971.61
百分比	64.85	3.02	67.87	9.98	0	9.98	10.93	0	10.93	3.21	0	3.21	0.06	1.30	6.65	100

乙、各阶层土地出租与租入情形

该乡地主出租土地占总出租土地的43.94％，占其本阶层占有土地的79.5％。本外乡地主出租在本乡的土地计有3639.61亩，占全乡使用土地数的32.45％，连同其他阶层出租在本乡的土地合计6233.31亩，占全乡使用土地55.58％。

全乡各阶层共佃入土地6233.31亩，中农佃入2540.40亩，贫农佃入3577.64亩，这两个阶层佃入土地合计占佃入总数的98.15％。就是说这些无地和少地的中农、贫农，为了维持最起码的生活，不得不忍受地主及富农的苛重地租剥削，佃入土地来耕种。

地主的出租田中，绝大部分是有“押板金”与“羁庄金”的，每亩田 1 石米到 3 石米不等。在田约上载明“押板金”米数或钱数及耕种年限（一般在三年以上）。地主再拿这些“押板金”与“羁庄金”放给农民，重利盘剥，以加重他对农民的残酷剥削。

该乡在出租土地中有永佃权与活佃权之分：永佃权即田底属业主，田面归佃户，佃户有永久耕种此土地的权利。原佃户可将田转佃他人，取得“押板金”，这叫做“顶田”，业主不得干涉。“顶田”又分两种，一种是“活顶”，到期原佃户退还“押板金”将田赎回；另一种叫做“杜顶”或“呆顶”，即原佃户将田面权出卖，取得较高的卖佃金，此后则不能回赎了。在本乡

百马乡各阶层土地占有及使用情况统计表

成份		地主	富农			中农			贫农			雇农	其他	公田	合计
			富农	佃富农	小计	中农	佃中农	小计	贫农	佃贫农	小计				
户口	户数	16	18	1	19	255	139	394	443	300	743	25	15	0	1212
	百分比	1.32	1.49	0.08	1.57	21.04	11.47	32.51	36.55	24.75	61.30	2.06	1.24	0	100
人口	人数	97	106	7	113	1477	836	2313	1993	1517	3510	86	52	0	6171
	百分比	1.57	1.72	0.11	1.83	23.94	13.55	37.48	32.30	24.58	56.88	1.39	0.84	0	100
占有土地	在本乡田亩数	524.77	481.83	13.20	495.03	2855.20	438.00	3293.20	1376.15	195.15	1571.30	12.75	66.60	279.65	6243.30
	在外乡田亩数	741.55	141.52	0	141.52	113.42	0	113.42	8.20	0	8.20	0	24.60	0	1029.29
	合计	1266.32	623.35	13.20	636.55	2968.62	438.00	3406.62	1384.35	195.15	1579.50	12.75	91.20	279.65	7272.59
	百分比	17.41	8.57	0.18	8.75	40.82	6.02	46.84	19.04	2.68	21.72	0.18	1.25	3.85	100
	每人平均数	13.05	5.88	1.89	5.63	2.01	0.52	1.47	0.69	0.13	0.45	0.15	1.75	0	1.18
出租土地	出租本乡田亩数	265.15	204.90	0	204.90	379.00	0	379.00	81.10	0	81.10	1.00	50.90	279.65	1261.70
	出租外乡田亩数	741.55	141.52	0	141.52	113.42	0	113.42	8.20	0	8.20	0	24.60	0	1029.29
	合计	1006.70	346.42	0	346.42	492.42	0	492.42	89.30	0	89.30	1.00	75.50	279.65	2290.99
租入土地	从本乡业主租入土地	6.00	6.30	0	6.30	165.50	210.15	375.65	351.65	500.20	851.85	19.50	2.40	0	1261.70
	从外乡业主租入土地	4.90	29.17	13.10	42.27	821.05	1343.20	2164.75	1120.78	1605.01	2725.79	24.70	9.20	0	4971.61
	合计	10.90	35.47	13.10	48.57	987.05	1553.35	2540.40	1472.43	2105.21	3577.64	44.20	11.60	0	6233.31
使用土地	亩数	270.52	312.40	26.30	338.70	3463.25	1991.35	5454.60	2767.48	2300.36	5067.84	55.95	27.30	0	11 214.91
	百分比	2.41	2.79	0.23	3.02	30.88	17.76	48.64	24.68	20.51	45.19	0.50	0.24	0	100
	每人平均数	2.79	2.95	3.76	3.00	2.34	2.38	2.36	1.39	1.52	1.44	0.65	0.53	0	1.82

注:1.公学田仅包括在本乡者,凡在外乡者不计。

2.公田数字是学田、庙、社、祠、族、慈善、农场等土地的总和。

租入土地6233.31亩中，有永佃权的占4871亩，占全乡总佃入土地数的78.15%。这种有永佃权的土地大部分是地主的出租土地。

另一种活佃权，即出租者将田租给农民，规定佃种期限，到期业主可将田收回自种或转租。如业佃双方同意，原佃户亦可续佃，但原佃户不得随便转佃别人，如要转佃必须经业主同意，同时“顶田价”不能超过原“押板金”。此种活佃权租佃关系，一般以小土地出租者及富农出租的土地为多。

三、租佃形式及额外剥削

甲、租佃形式

（一）订租制——又叫踹租（意思是地主到田踹看后，才议定租额），即以每亩常年产量规定租额，至交租时则根据当年年成来确定实交租额，但地主一般都规定有最低限度租额，即几石起租，以保护他对农民的剥削，此种租制，该乡最为普遍。

（二）额租制——又叫“死租”，就是每亩租额规定后，不论年成丰歉（水旱灾颗粒无收者除外），均得按规定租额交租。此种租制对农民剥削程度最为苛重，该乡出租土地中属此种租制者很少。

（三）分租制——即秋收时业佃双方到场对半分租，亦有四六分或倒四六分的（即业六佃四）。此种出租土地，大部分无“押板金”，业主多属小土地出租者和缺少劳动力的鳏、寡、孤、独户。

乙、额外剥削

（一）送节礼——佃户于一年三节要向地主送鸡、鱼等节礼。

（二）服劳役——佃户经常要替地主家挑水、抬轿等做种种杂事，地主不付工资，认为是佃户应尽的义务。

（三）小租——每亩田抽2升至5升稻，其用处是酒席费、接地主来看租的接送费、送礼费，如地主不上庄，还要另送折席费。

附录：水利问题

水利在百马乡是关系到整个生产中的重要问题。

（一）组织形式：

江坝有官坝、民坝之分，官坝上至青山圩，下至刘公庙，直接负责的有庐江、无为两县。间接负责的有和县含山等；每年春修、冬修和夏泛都要有工上坝。刘公坝以下叫临江坝是民坝，坝埂负责人叫坝董，坝董总是有封建势力的人，如沙秀兰、侯健三之流。

（二）圩工负担情形：

官坝（江坝），在春修或逢泛时，共有五六百个工上坝。百马乡的大保圩、徐家圩农民每年夏泛时要上坝40天（群众俗话所谓：大坝40天），谁也不敢反抗。修圩修坝的出工，表面上按田亩负担，但实际上不合理的地方很多，如圩工：田少的负担一人，有50亩田到80亩田的也仅负担一人，形成田少负担重，田多负担轻的现象。其次还有坝费（篷费、椿费、杂费）的负担，农民每年每亩须负担坝费2升至3升米，坝董却因此大发其财。

中共巢湖地委政策研究室

1950年7月

滁县关山乡农村经济调查

一、一般概况

关山乡属滁县珠龙区，全乡东西长约20里，南北宽约15里，共划分为5个行政村，817户，2871人。境内小山重叠，田成梯形，村落分散，数家即成一庄。该乡在抗战期间，由于土匪的滋扰和顽伪的苛捐杂税，农民土地收入往往连缴租纳税都不够，生活贫困异常，因此一般都兼搞副业生产，如砍柴、劈篾或出雇零工等，妇女在秋收后农闲时，多从事纺纱。

二、土地情况

甲、各阶层土地占有情况

该乡土地占有非常集中，占全乡总人口3.31%的地主，却占有了全乡上地的39.86%，如加上滁县城内和外乡的地主（多兼营工商业）出租在该乡的土地，总共竟占总使用土地的82.81%，而占总人口79.24%的中农与贫农，仅占有22.77%的土地。如就每人平均亩数来看，地主每人平均占有15.81亩，而中农每人平均仅有0.81亩，贫农平均每人占有土地数为0.07亩，不及地主每人年均占有数的5/1000。

乙、各阶层土地使用情况

全乡使用土地共有15 888.864亩，其中有76.27%为外籍地主出租的土地。该乡地主土地亦大半出租给农民耕种，自耕地仅占其占有土地的20.20%，加上佃入128.19亩土地，其使用土地总数为446.66亩，占全乡使用土地的2.81%；富农中有7户佃富农佃入土地270.13亩，整个富农阶层总计使用土地有550.925亩；中农佃入土地占各阶层佃入总数的39.22%，其中佃中农佃入土地计5643.61亩，中农使用土地共有6325.74亩，占该乡各阶层使用土地总数的39.81%；贫农使用土地最多，约占总使用土地的44.46%，其中佃入土地有6977.97亩，约为本阶层占有土地的78倍；雇农佃入土地亦达1287.25亩，占总佃入土地的8.82%，其使用土地占各阶层使用总数的8.10%。

关山乡各阶层土地占有及使用情况统计表

（此表见 P669——编者）

关山乡外籍业主在本乡占有土地统计表

成份	占有土地		
	田	地	共计
地主	6224.89	5429.81	11 654.70
富农	164.62	87.18	251.80
中农	15.00	6.90	21.90
小商贩	5.00	33.31	38.31
手工业劳动者	12.46	10.37	22.83
自由职业者	0	6.00	6.00
工人	6.47	3.85	10.32
其他	41.49	71.95	113.44
合计	6469.93	5649.37	12 119.30

三、租佃关系

甲、租佃形式

该乡租佃形式主要有下列数种：

（一）包租制——即死租，预先将租额规定好，于春秋二季由佃户按期向地主交纳，除特殊灾情外，一般年成稍有歉收，不得减少租额。此种租制多用于土质较好的土地上。

（二）估租制——又叫看租，即地主或地主家的狗腿子于收割前下田看收成，估计产量，然后根据此产量再按“三七”、“四六”或“对半”分租。

（三）分租——又名“看场打”，住在当地的一般地主多采行此种租制，即于庄稼收割打落时，地主到场按照实收分租。

该乡租额稻麦两季相同，一般有“对半租”“四六租”“三七租”三种，以“四六租”最为普遍。分租时除正粮（稻、麦）外，芝麻、黄豆、大秫等杂粮地主也要分，租额仅比正粮少一成。

乙、额外剥削

（一）每逢年节，佃户要给地主家拜年、送礼，如猪肉、鸡、鱼、鸭、糖等。

（二）地主下田看租时，佃户要杀鸡买酒招待，地主还要向佃户索取一些蔬菜瓜果等。

（三）佃户除了要为地主听差、服役外，还要遭受地主家狗腿子的勒索，要送礼给他，否则就会随便被加上个罪名，受到加租抽佃的威胁。

关山乡各阶层土地占有及使用情况统计表

成份		户口		人口		占有土地					出租土地		租入土地		使用土地		
		户数	百分比	人数	百分比	田	地	小计	百分比	每人平均亩数	亩数	百分比	亩数	百分比	共计	百分比	每人平均
地主		21	2.57	95	3.31	747.82	754.60	1502.42	39.86	15.81	1183.95	47.71	128.19	0.88	446.66	2.81	4.701
富农	富农	13	1.59	55	1.92	366.07	358.03	724.10	19.21	13.17	443.31	17.86	—	—	280.79	1.77	5.105
	佃富农	7	0.86	40	1.39	—	—	—	—	—	—	—	270.14	1.85	270.14	1.70	6.753
	小计	20	2.45	95	3.31	366.07	358.03	724.10	19.21	7.62	443.31	17.86	270.14	1.85	550.93	3.47	5.799
中农	中农	31	3.79	125	4.35	371.18	386.66	757.84	20.10	6.06	169.41	6.83	82.71	0.57	671.14	4.22	5.369
	佃中农	168	20.57	823	28.67	6.57	4.42	10.99	0.29	0.01	—	—	5643.61	38.65	5654.60	35.59	6.871
	小计	199	24.36	948	33.02	377.75	391.08	768.83	20.39	0.81	169.41	6.83	5726.32	39.22	6325.74	39.81	6.673
贫农	贫农	8	0.98	24	0.84	20.71	44.09	64.80	1.72	2.70	—	—	39.38	0.27	104.18	0.66	4.341
	佃贫农	389	47.61	1303	45.38	11.38	13.63	25.01	0.66	0.02	4.00	0.16	6938.59	47.52	6959.60	43.80	5.341
	小计	397	48.59	1327	46.22	32.09	57.72	89.81	2.38	0.07	4.00	0.16	6977.97	47.79	7063.78	44.46	5.323
雇农		138	16.89	305	10.62	10.65	1.26	11.91	0.32	0.04	11.91	0.48	1287.25	8.82	1287.25	8.10	4.22
小商贩		13	1.59	36	1.25	—	1.86	1.86	0.05	0.05	—	—	69.67	0.48	71.53	0.45	1.99
手工业劳动者		13	1.59	35	1.22	—	1.60	1.60	0.04	0.05	—	—	71.28	0.49	72.88	0.46	2.082
自由职业者		1	0.12	1	0.04	—	—	—	—	—	—	—	—	—	—	—	—
宗教职业者		2	0.25	6	0.21	—	—	—	—	—	—	—	16.90	0.11	16.90	0.11	2.816
工人		2	0.25	6	0.21	—	—	—	—	—	—	—	27.85	0.19	27.85	0.18	4.641
贫民		6	0.73	10	0.35	—	—	—	—	—	—	—	7.05	0.05	7.05	0.04	0.705
公田		—	—	—	—	353.43	248.84	602.27	15.98	—	602.27	24.27	—	—	—	—	—
其他		5	0.61	7	0.24	26.50	40.27	66.77	1.77	9.54	66.77	2.69	18.30	0.12	18.30	0.11	2.614
共计		817	100.00	2871	100.00	1914.31	1855.25	3769.57	100.00	1.31	2481.62	100.00	14 600.91	100.00	15 888.86	100.00	5.534

注:1.占有土地包括自耕土地、出租本、外乡土地。百分比是本阶层占有数与全乡(村)占有土地总数之比,每人平均数是本阶层占有平均数。

2.使用土地包括自有自耕土地、租入本、外乡及当入土地。百分比是本阶层使用数与全乡(村)使用土地数之比,每人平均数是本阶层使用平均数。

3.公田是指在本乡的,凡在外乡者不计。

4.公田是除学田外的庙、社、祠、族、慈善、农场等的总和。

四、高利贷剥削

甲、“老驴滚”——即春借稻1石，秋收时还2石，到期不还，加倍计息，至翌年即要还4石。此种利贷在山地农村中最为普遍，约占利贷中95%以上。

乙、“四撞十”——春借4石稻，到秋收时连本还10石稻，到期不还，第二年再照老驴滚的办法计算。

丙、“麦青子”、“稻青子”——又叫卖站稻，即在稻麦要熟时，农民因为苛捐杂税及地主下田看租招待费等所迫，只得以低价卖出稻青子，以救燃眉之急。

丁、“大头利”——即借债时先扣除利息，例如每月利息三分，借10元债时，先扣除3元利息，实到手只7元。第一个月本利还10元，至第二个月即要连本利还13元，至第三个月则要还17元，以此类推。

戊、“拿工钱”——即贫苦农民因极需解决经济困难，钱又借不到，只得向地主、富农借，以“拿工钱”的方式偿还，如当时一块钱可雇3个工，而“拿工钱”的贫苦农民却要做4个到6个工来抵偿借款。

在高利盘剥下农民破产的一个实例：

贫农刘文才，7口人，家有2个半劳动力，佃种陈周民5石种田，1935年上庄，由于每月要出2斗米捐，生活极为困难，因此借了10石稻的利债；1936年因没吃，又借了5石稻，利息均为“老驴滚”加翻利；1936年午季（麦收的季节）收4石小麦，交了1石6斗租，午季后又借了2石小麦，到秋季加利折成8石稻子，因当年干旱，秋季只收稻40石，除去交牛租10石稻外，留下的30石稻，还不够交租和还账，在连年受高利贷和重租双压下实在无力负担，只得办了两桌酒，把债主和地主邀来，退还了租纸，将仅存的自田拨出抵账，家中的粮食及能抵钱的东西，由债主们评定后作价偿债，全家被迫搬出庄子，父子三个都帮长工度日。

中共滁县县委会调研组

1950年7月

滁县大王营乡农村经济调查

一、一般概况

大王营乡位于滁县城东16里，在津浦路东北侧，滁（县）六（合）公路横贯其北，全乡南北长约8里，东西宽约7里，辖有大王营、梁塘马、唐庄、高营、苏前塘等5个行政村，72个自然村（其中以大王营村为最大，因此该乡定名为大王营乡），697户，3135人（男1679人，女1456人），使用土地18 598.1亩。

该乡境内，岗岭起伏，南部有汉唐时代开筑的蓄水池，其中苏塘面积约有1000亩，荇塘面积约有500多亩，因年久失修，贮水量不大，仅足以灌溉南三村土地。全乡旱田占耕地面积的49.3%，水田占50.7%，土质以黄土与白土较多，农产物水田以稻为主，旱地以麦为主，大秫、小秫、花生次之，山芋因收获量少，故种植者不多。

二、土地关系

甲、各阶层土地占有与使用情况

该乡各阶级（层）占有与使用土地情况见附表：

大王营乡各阶层占有及使用土地情况统计表

（此表见P672－P673——编者）

就表所列数字可以看出：该乡土地占有比较集中，占总户数4.59%的地主占有全乡土地的38.32%，再加上富农的占有土地，则地主、富农占有了各阶层总土地数的54.2%；而占总户口55.67%的贫农与雇农，仅占有11.64%的土地。若以每人平均占有数来看，地主每人平均占有43.75亩，富农为11.44亩，中农则较全乡每人平均数（4.92亩）少0.88亩，而贫农仅及地主每人平均占有数的3.25%，雇农更少，仅为地主每人平均占有数的1.37%。

该乡各阶层出租土地为8154.2亩，为占有土地的52.90%，其中以地主阶级出租为最多，占出租土地总数的67.21%，为其本阶层占有土地的92.80%，地主的自耕土地仅425.4亩，为其占有土地的7.20%；富农出租土地占总出租土地数的15.36%，为其本阶层占有土地的51.16%；中农及贫、雇农亦有部分土地出租，三者总共仅及各阶层出租土地总数的12.7%。

各阶层租入土地以中农为最多，占租入土地总数的48.20%，为其本阶层使用土地的56.49%，其中佃中农租入土地达5231.90亩，占中农租入土地的95.72%；富农租入土地占4.87%，其中又以佃富农租入土地最多，占富农佃入土地的74.95%；贫农佃入土地为其占有土地的2.7倍，占其使用土地5513.2亩的77.34%，占各阶层佃入土地的37.60%。

全乡各阶层使用土地计18 598.1亩，中农使用土地占总数一半以上，贫农占29.64%，富农占9.4%，而地主仅占2.34%，此正说明了地主阶级占有大量土地，自己不劳动，出租给农民，吮吸农民血汗的事实。

大王营乡各阶层占有及使用土地情况统计表

成份			地主	富农	中农	贫农	雇农	小商贩	手工业者	自由职业者	宗教职业者	公祠田	其他	共计
户口	户数		32	34	216	255	133	3	15	4	1	—	4	697
	百分比		4.59	4.88	30.99	36.59	19.08	0.43	2.15	0.57	0.15	—	0.57	100
人口	人数		135	214	1205	1093	401	14	48	20	1	—	4	3135
	百分比		4.31	6.82	38.44	34.86	12.79	0.45	1.53	0.64	0.03	—	0.13	100
占有土地	本乡业主在本乡土地	田	2980.80	1207.90	2378.60	642.50	98.40	0	0.40	40.90	0	142.00	0	7491.50
		地	2634.80	1003.10	2480.70	911.90	142.10	0	5.50	31.30	3.00	172.20	0	7384.60
	本乡业主在外乡土地	田	150.00	90.00	3.00	0	0	0	0	0	0	0	0	243.00
		地	140.00	147.00	7.00	0	0	0	0	0	0	0	0	294.00
	共计		5905.60	2448.00	4869.30	1554.40	240.50	0	5.90	72.20	3.00	314.20	0	15 413.10
	百分比		38.32	15.88	31.59	10.08	1.56	0	0.04	0.47	0.02	2.04	0	100
	每人平均		43.75	11.44	4.04	1.42	0.60	0	0.12	3.61	3.00	—	0	4.92
自耕	田		193.60	651.00	2111.10	518.20	65.40	0	0.40	0	0	0	0	3539.70
	地		231.80	544.50	2098.50	731.00	104.10	0	5.50	3.80	0	0	0	3719.20
	合计		425.40	1195.50	4209.60	1249.20	169.50	0	5.90	3.80	0	0	0	7258.90
出租土地	出租本乡	田	2787.20	556.90	267.50	124.30	33.00	0	0	40.90	0	142.00	0	3951.80
		地	2403.00	458.60	382.20	180.90	38.00	0	0	27.50	3.00	172.20	0	3665.40
		合计	5190.20	1015.50	649.70	305.20	71.00	0	0	68.40	3.00	314.20	0	7617.20
	出租外乡	田	150.00	90.00	3.00	0	0	0	0	0	0	0	0	243.00
		地	140.00	147.00	7.00	0	0	0	0	0	0	0	0	294.00
		合计	290.00	237.00	10.00	0	0	0	0	0	0	0	0	537.00
	共计		5480.20	1252.50	659.70	305.20	71.00	0	0	68.40	3.00	314.20	0	8154.20
	百分比		67.21	15.36	8.09	3.74	0.87	0	0	0.84	0.04	3.85	0	100

续表

成份			地主	富农	中农	贫农	雇农	小商贩	手工业者	自由职业者	宗教职业者	公祠田	其他	共计
租入土地	从本乡业主租入	田	6.50	36.30	2195.40	1271.60	382.10	18.80	33.30	3.70	0	0	4.00	3951.70
		地	4.00	25.20	1742.60	1460.20	341.20	37.90	42.10	2.60	0	0	9.70	3665.50
		合计	10.50	61.50	3938.00	2731.80	723.30	56.70	75.40	6.30	0	0	13.70	7617.20
	从外乡业主租入	田	0	302.60	825.50	724.10	78.50	0.50	4.50	0	0	0	0	1935.70
		地	0	188.50	702.40	808.10	71.50	0	15.00	0	0	0	0.80	1786.30
		合计	0	491.10	1527.90	1532.20	150.00	0.50	19.50	0	0	0	0.80	3722.00
	共计		10.50	552.60	5465.90	4264.00	873.30	57.20	94.90	6.30	0	0	14.50	11 339.20
	百分比		0.09	4.87	48.20	37.60	7.70	0.51	0.84	0.06	0	0	0.13	100
使用土地	田		200.10	989.90	5132.00	2513.90	526.00	19.30	38.20	3.70	0	0	4.00	9427.10
	地		235.80	758.20	4543.50	2999.30	516.80	37.90	62.60	6.40	0	0	10.50	9171.00
	共计		435.90	1748.10	9675.50	5513.20	1042.80	57.20	100.80	10.10	0	0	14.50	18 598.10
	百分比		2.34	9.40	52.02	29.64	5.61	0.31	0.54	0.06	0	0	0.08	100
	每人平均		3.23	8.17	8.03	5.04	2.60	4.09	2.10	0.51	0	—	3.63	5.93
备注			公祠田是指在本乡的，凡在外乡者未计入。											

乙、各阶层占有与使用土地质量的比较

地主阶级不仅占有大量土地，而且其土地质量亦大部是中、上等的好地。而贫农与雇农所仅有的一点土地，大多是瘠地。即以水田与旱田而论，水田肥沃，收获量一般要较旱田多出几倍，地主、富农的土地水田就比旱田多，而中农与贫农则相反，旱田却多于水田。兹将各阶层占有与使用土地质量的比较，列表如下：

大王营乡各阶层占有土地质量统计表

土质		地主	富农	中农	贫农	雇农	手工业者	自由职业者	宗教职业者	公田	合计
水田	一等	524.1	278.7	473.7	115.3	11.8	0.4	11.8	0	8.0	1423.8
	二等	888.9	377.2	712.6	217.4	23.3	0	7.9	0	21.1	2248.4
	三等	976.4	427.6	757.9	218.3	5.9	0	12.8	0	66.2	2465.1
	四等	741.4	214.4	437.4	91.5	57.4	0	8.4	0	46.7	1597.2
	小计	3130.8	1297.9	2381.6	642.5	98.4	0.4	40.9	0	142.0	7734.5
地	一等	186.4	81.4	128.0	39.5	1.4	0	3.5	0	2.0	442.2
	二等	530.2	205.8	410.1	118.5	12.9	0	0	0	9.2	1286.7
	三等	971.3	429.0	802.8	333.8	46.9	2.6	14.6	0	71.3	2672.3
	四等	1086.9	433.9	1146.8	420.1	80.9	2.9	13.2	3.0	89.7	3277.4
	小计	2774.8	1150.1	2487.7	911.9	142.1	5.5	31.3	3.0	172.2	7678.6
合计	一等	710.5	360.1	601.7	154.8	13.2	0.4	15.3	0	10.0	1866.0
	二等	1419.7	583.0	1122.7	335.9	36.2	0	7.9	0	30.3	3535.1
	三等	1947.7	856.6	1560.7	552.1	52.8	2.6	27.4	0	137.5	5137.4
	四等	1828.3	648.3	1584.2	511.6	138.3	2.9	21.6	3.0	136.4	4874.6
	合计	5905.6	2448.0	4869.3	1554.4	240.5	5.9	72.2	3.0	314.2	15 413.1
屋基地		51.6	20.4	48.2	28.0	2.0	0.2	0.5	0	0	150.9
场地		42.4	13.6	36.8	11.7	0.8	0	0	0	0	105.3
塘		95.3	47.8	88.0	8.9	0.2	0	0	0	0	240.2
园		26.1	7.6	24.4	10.0	1.0	0.2	0.1	0	0	69.4
坟地		10.7	3.2	16.0	3.4	0	0	0	0	0	33.3
竹园		0	0.5	0	0	0	0	0	0	0	0.5

大王营乡各阶层使用土地质量统计表

地质		地主	富农	中农	贫农	雇农	手工业者	自由职业者	小商贩	其他	合计
水田	一等	52.2	206.0	907.0	384.0	62.7	4.4	0	6.9	0	1623.2
	二等	84.8	297.5	1445.5	681.8	161.9	12.5	2.2	4.4	0	2690.6
	三等	48.5	324.8	1690.6	873.3	201.7	15.7	1.5	3.0	0	3159.1
	四等	14.6	161.6	1088.9	574.8	99.7	5.6	0	5.0	4.0	1954.2
	小计	200.1	989.9	5132.0	2513.9	526.0	38.2	3.7	19.3	4.0	9427.1
地	一等	24.8	31.4	212.3	112.2	7.3	0	0	0	0	388.0
	二等	49.2	178.8	764.6	399.8	67.9	1.2	0	12.3	0	1473.8
	三等	94.8	359.6	1548.6	1012.6	173.6	35.2	3.8	13.2	2.5	3143.9
	四等	67.0	288.4	2018.0	1474.7	268.0	26.2	2.6	12.4	8.0	4165.3
	小计	235.8	758.2	4543.5	2999.3	516.8	62.6	6.4	37.9	10.5	9171.0
合计	一等	77.0	237.4	1119.3	496.2	70.0	4.4	0	6.9	0	2011.2
	二等	134.0	476.3	2210.1	1081.6	229.8	13.7	2.2	16.7	0	4164.4
	三等	143.3	584.4	3239.2	1885.9	375.3	50.9	5.3	16.2	2.5	6303.0
	四等	81.6	450.0	3106.9	2049.5	367.7	31.8	2.6	17.4	12.0	6119.5
	合计	435.9	1748.1	9675.5	5513.2	1042.8	100.8	10.1	57.2	14.5	18 598.1
屋基地		14.2	39.9	90.1	60.4	10.6	1.1	0.6	0	0.3	217.2
场地		6.6	12.6	68.9	33.5	1.7	0.6	0	0	0.3	124.2
塘		15.0	53.2	169.9	86.2	8.7	1.2	0	0	3.3	337.5
园		10.3	7.7	47.8	29.3	4.0	1.0	0.3	0	0.3	100.7
坟地		9.7	4.7	17.4	11.0	0.5	0	0	0	0	43.3
竹园		0	0.5	0	0	0	0	0	0	0	0.5
桃园		0	0	0	0	15.0	5.0	0	0	0	20.0

从上两表可以看出地主、富农占有土地中属一、二等地者较多，一等地占全乡一等地的57.37％，二等地占全乡二等地的56.63％；而中、贫、雇农三个阶层的占有土地，一等地仅占全乡一等地的41.25％，二等地仅占全乡二等地的42.28％。

使用土地中，富农使用的好地为最多，属一、二等者占其本阶层使用土地的40.83％；中农使用土地属一、二等者占本阶层使用土地的34.41％；贫农使用土地属一、二等者则更少，仅占本阶层使用土地数的28.62％。由此可见贫农所佃入的土地多系地主、富农出租的孬地。

丙、典当土地

典当田大部分是农民因生活困难或因欠债、欠租无力偿付时将自有土地典当出去的。一般规定典当期限为三年，在此期限内不准转当和回赎。抗日战争爆发后，通货膨胀，物价上涨，因此典当田价格由货币改为粮食，一般每亩田在2担稻左右。该乡各阶层典出土地者，以中农及贫、雇农为最多，占当出田74.52%，详见下表。

大王营乡各阶层土地典当关系统计表

成份				地主	富农	中农	贫农	雇农	小商贩	合计
当出	本乡		户数	1	1	10	3	5	0	20
			人数	11	6	61	16	25	0	119
			亩数	3.5	28.5	100.0	114.6	60.4	0	307.0
	外乡		户数	1	0	2	1	0	0	4
			人数	2	0	18	2	0	0	22
			亩数	81.9	0	50.2	8	0	0	140.1
	合计		户数	2	1	12	4	5	0	24
			人数	13	6	79	18	25	0	141
			亩数	85.4	28.5	150.2	122.6	60.4	0	447.1
当入	本乡	地主	户数	0	0	0	0	1	0	1
			人数	0	0	0	0	1	0	1
			亩数	0	0	0	0	3.5	0	3.5
		富农	户数	0	0	0	1	0	0	1
			人数	0	0	0	6	0	0	6
			亩数	0	0	0	28.5	0	0	28.5
		其他	户数	2	0	8	17	2	1	30
			人数	13	0	55	58	7	5	138
			亩数	30.3	0	44.6	149.4	28.6	22.1	275
	外乡	其他	户数	0	0	1	0	2	0	3
			人数	0	0	6	0	4	0	10
			亩数	0	0	39.0	0	9.8	0	48.8
	合计		户数	2	0	9	18	5	1	35
			人数	13	0	61	64	12	5	155
			亩数	30.3	0	83.6	177.9	41.9	22.1	355.8
备注	1.当入外乡栏，因地主、富农无当入，故未列入。 2.其他栏是指中农以下成份。									

三、租佃关系和高利贷剥削

甲、租佃形式与额外剥削

（一）“看场分租”——就是每当庄稼收割时，地主到场看农民割打，按实收庄稼分租，租额一般是地主出种子的则对半分粮，如系佃户自备种子者，则佃六主四分粮，租籽由佃户打好，晒干送到地主家里。本乡租田大部分是“看场分租”。

（二）“估租”——当庄稼将收割时，佃户请地主到地里来看租，根据庄稼长得好坏决定租额，由佃户收割打好扬净，等地主派人来运回。此种租制对农民剥削很重，因地主在估租时总是产量估得很高，同时还有什么“看节”、“看租酒”等额外剥削。估租制大部是住在城里或市镇上的地主，或大地主所采用的，如大地主唐玉如等均采用此制。

（三）“挨租”——就是每年把规定好的租额，先一次交清。这样如遇到荒灾歉年，佃户就没法要求减租了，这是狠毒的地主残酷剥削农民的一种花样。住在城里的部分地主有采取此种租制的。

（四）“小粮租”——农产品中除稻、麦、大小秫、豆类等正产物以外的花生、芝麻、山芋、棉花等称为“小粮”，这些“小粮”除棉花外都要缴租，花生要三七分，芝麻、山芋二八分。

乙、各种额外剥削

地主除向农民进行地租剥削外，还有其他种种名目繁多的额外剥削，如：

“押板金”——农民租种地主土地时，先要缴纳“押板金”，一般相当于地价的19%左右。有的农民拿不出，只得向高利贷者那里借钱来缴，地主拿到此项“押板金”后，又放给农民进行高利盘剥。

“预借租”——地主预先向佃户收取租米，秋收时在租米中扣除，一点利息也不付。

“送年礼”——每逢阴历年，佃农要替地主拜年送礼，一般的“四样礼”（鸭或鸡、猪肉一块3斤半、冬糖1斤、糕1斤），多的要送六样礼，至少也要送“二样礼”，否则地主就要拔田抽地甚至将佃户赶出庄去。例如张玉成种地主张成友的田，一年未送礼，地主就栽赖张玉成偷庄稼，说他看不起老板，硬将地抽回，并把他撵出庄子。

“大斗”——地主收租的斗比普通的斗要大到半升或1升，有的还自带“斗手”（量斗有特殊技巧的人），在收取租米时，多收农民的粮食。农民说，“千斤腿子朝里弯”，“不怕加一斗就怕加一手”，就是说地主腿子——斗手的诡谲。

“代种田”——地主家里有“自耕”三五亩土地的，往往要佃农代耕、代耙，不给一点报酬。

“看租酒”——又叫“管饭”，即每年于夏秋收成季节，地主到田里“估租”，佃户须办酒席招待（如地主唐裕如上庄，佃户还要供他抽大烟），当地主不愿在佃户家吃酒饭时，就要将鸭、鸡、猪肉等送到地主家里。佃户每季化费在看租“管饭”招待费上，至少要用去1石稻以上。

“代出捐税”——敌伪统治时期，按田亩摊派捐款，地主缴纳的部分全由佃户负担，如佃户张子成种张成友的土地，佃户季荣桂种陈会杨的土地，均是佃户代出捐税的。

此外地主办喜事丧事，佃户不但要送礼，而且还要当差应值，不然就要遭到地主打骂和虐待，甚至有赶出庄的危险。

丙、高利贷剥削

解放前该乡地主阶级有60%放高利贷，富农中放高利贷者有56%，其他阶层放债的较少，他们常乘农民遭了天灾人祸，及贫苦农民缺吃少穿时，大放高利贷。有的地主在放债时，要借债户指地作保，到期不还则折算土地偿还。如大王营村地主王觉先放债给农民张汉芝、王芝发，因到期还不起，便将王、张的八石多种土地折算去，以致他们被迫过着流浪生活。

该乡放债的计有：地主徐保明（放债约120石稻子）、富农黄少如（放债约100多石稻子）、高利贷者岳华斋（约100石稻子）、地主蒋如江（经营高利贷剥削，他向城市中债主借每石加利5斗的债款转放给农民，收取1石利息，从中剥削5斗）、徐如汉（放债约45石稻）、高友章（放债约50石）、潘郝氏（专靠高利贷盘剥生活，放债约30石稻）。另外尚有滁县的商业资本家在该乡放的债，如粮行李寿之（放债约百十石）、贾春和（放债约90石）、薛四麻子（放债约200石），再加上该乡孤寡户的及妇女私房钱，每年约放出债款在千石稻子以上。

高利贷剥削形式一般有三种：

第一种是放钱生息：抗日战争前多用此种方式，普遍以银元钞票为计算单位。抗日战争时期还产生了一种叫“头里跑”的放债方式，就是放债人先扣除利息，例如借10元利债，利息是3元，借债人实际上只拿到7元。

第二种是放粮还粮：抗日战争中，伪币贬值，农村借贷关系多以实物计算，利息一般的是加倍，当地称为“碰头”债，即在二三月借1石粮食，到八月中间要还2石，有的还要另加一2斗小麦，到期不还，则利变本，再定期加倍归还。也有的利息每石只加5斗或6斗，这种债多半是有亲友关系才借的，贫苦农民是借不到的。除了“碰头”债外，农村中还有一种叫“放青苗”的，即在青黄不接时，农民缺少口粮，向地主借贷，一般的借3斗或4斗，仅隔二个多月，收割庄稼时就要还1石（午季还麦，秋季还稻），如午季无力偿还，到秋收时本利就要还2石，俗称“三撞十”，此种剥削最为苛重。

第三种是放钱算粮，就是放债户先估计新粮上市时的价格，对半付钱折成粮食放给借债人。例如稻子上市估计每石8元，那末在六月里借出4元或4元5角，到秋季收稻时，借债人就要还1石稻子。群众叫做“随市作价，听涨不听跌”，放这种高利贷的大都是滁县城中粮行与本地的高利贷者，如岳华斋每年都要放这种债72石至百石左右，农民痛恨骂他为放“绝尾巴”债。

中共滁县地委政策研究室
1950年8月

当涂县连云保、贵池县杏村保及鱑口保调查

兹将3个保的基本情况和特点分述如下：

一、地主集中城镇，农民散居农村

据3个保的材料，大地主多住南京、上海、芜湖等大都市，不亲自收租，都雇有账房专门替他收租；中、小地主住城镇；只有个别住农村，且多为小地主。农民住于极分散的小庄，每庄三四户不等，没有几十户的大村，每保有七八十户到百余户，由数十小庄组成。

二、土地高度集中在地主手里，广大的农民没有土地

土地极大部集中在城镇地主手中，广大农民土地很少，靠租种地主的土地生活。连云保共156户，种地2261亩，其中就有1935亩为租入外村的土地（主要为地主所占有），占总土地85.58%，富农7户，其中4户有自己的土地共196亩；中农、贫农共137户，仅14户自己有地共130亩；12户雇农中有7户连佃入地也没有。杏村保共224户，无自田者就有129户，占总户数57.6%，全村耕地中92%的土地是租入的。鱑口保农民自耕地仅有133.1亩，而佃入地就有1233亩，占总耕地86.18%。可是地主一家就有几百亩几千亩，当涂最大地主五本善庄占有土地1万亩，杏村保在乡地主年收租百石，住城里地主则有收租达千石者。地主不但拥有大量土地，而且还拥有大量房屋和农具，出租给农民居住使用。连云保有房屋565间，地主占有421间，占74%；水车166架，地主占有148架，占89%；耙51个，地主占有44个，占86%。

三、地主大部兼营工商业且放高利贷，大部农民负债

地主除收租剥削农民外，在城镇住的大部经营工商业，并放高利贷。杏村保64户农民，共负债627.9担，平均每户负债达9.81担。鱑口保全保农民共负债818担，中农每户平均负债稻320斤，贫农每户平均负债稻570斤。借贷一般是春借秋还，年利80%到100%。欠债原因主要是农民长期受封建剥削，穷困不堪，一有婚丧嫁娶，临时灾难，就非借债不可，当年还不清，余下又拖下去，逐年利翻本，本滚利，愈拖愈多，愈拖愈穷，以致倾家荡产。债主怕农民不还，一开始就让农民将利折本，打成借据，如本一担，八分利，则写为一担八。放债且与租佃结合，农民向地主质地使钱，地仍自种，每年向债主交租，到期交钱才能收回土地，否则土地即为地主所有。

四、地租剥削的特点

租田时农民先要向地主缴押费，否则租不到地，即租到地也不能取得永佃权。此费何时交地何时退回。

地租多为粮租，租额一般占产量40%到50%，有的高达百分之六七十。每亩产稻3担至三担五者（每担100斤），交租一担二至一担五，产麦1石交租4至5斗（大麦）。习惯交租是交稻和大麦，有的则收啥交啥，一般只种稻不种麦的土地，则只交稻租不交麦租。如耙、水车等农具是地主的，则地主要收二季；有的行活租制的虽契约上规定了租额，但实交租额要庄稼熟时验地再订。在当涂庄稼熟时，佃户预备酒菜请地主前来验地，另外再请一二个中证人（能说能写有“威望”的人或伪保长），先吃喝一顿再验庄稼，看庄稼好坏订租，两方有争执时，中证人评一下，差不多就算了。如争执不下，还得依地主的，因为地租订不好，佃户是不能收割庄稼的。

贵池还有少数二东家剥削，其情形有二：（一）向地主取得佃权后，再转租出去，所得地租，交地主一部自得一部；（二）失掉劳动力佃户无力耕种，将土地转租出去，得租后交地主一部自得一部。

五、雇工情形

当涂连云保有30户（总户数156户）雇长工，共雇长工30个，都是富农、佃富农和少数富裕中农雇佣的。雇工正月下旬上工，八月下旬下工，工资十二三担稻。短工（日工或月工）一般一天四五斤米。牧童多为儿童，年工资三四担稻。

六、农民负担情况

解放前，地主仅纳田赋（当涂每亩米28斤，贵池每亩“丁田”稻92斤），其他如保甲费、壮丁费等一切大派小捐均落在农民身上。每月每亩平均须负担1斤米到2斤米，有时更多，如以每亩平均2斤计，则一年约负担24斤，再加上交租还债，支出数字就更大了，因此农民多数是入不敷出的。

贵池县鳢口保各阶层占有和使用土地统计表

成份	户数	占总户数百分比	人口	占总人口百分比	在本村占有土地	百分比	使用土地	
							亩数	每人平均数
地主	5	2.55	22	2.43	103.4	36.05	1.0	0.05
富农	1	0.51	3	0.33	0	0	14.8	4.93
富裕中农	12	6.12	59	6.53	40.5	14.12	193.3	3.28
中农	54	27.55	264	29.20	72.1	25.14	614.0	2.33
贫农	75	38.27	350	38.72	20.5	7.15	537.3	1.54
雇农	16	8.17	60	6.64	0	0	7.0	0.12
游民	4	2.04	11	1.22	0	0	0	0
小商人	6	3.06	20	2.21	6.5	2.27	2.0	0.10
船民	4	2.04	29	3.21	0	0	40.0	1.38
渔民	12	6.12	56	6.19	36.8	12.83	18.2	0.33
其他	7	3.57	30	3.32	7.0	2.44	3.0	0.10
合计	196	100.00	904	100.00	286.8	100.00	1430.6	1.58
说明	使用土地内有租入外村地1143.8亩，占全村使用土地80%。							

贵池县杏村保各阶层占有和使用土地统计表

成份	户数	占总户数百分比	人口	占总人口百分比	在本村占有土地	百分比	使用土地	
							亩数	每人平均数
地主	3	1.34	21	2.12	50.8	26.20	6.5	0.31
富农	2	0.89	12	1.21	17.0	8.77	15.5	1.29
中农	68	30.36	336	33.94	73.9	38.11	666.6	1.98
贫农	113	50.44	457	46.16	22.2	11.45	569.0	1.25
小商人	22	9.82	102	10.30	28.0	14.44	0	0
独立劳动者	3	1.34	13	1.31	0	0	0	0
渔户	11	4.91	41	4.14	0	0	0	0
自由职业者	1	0.45	4	0.41	0	0	0	0
其他	1	0.45	4	0.41	2.0	1.03	1.0	0.25
合计	224	100.00	990	100.00	193.9	100.00	1258.6	1.27
说明	使用土地内有租入外村地1064.7亩，占全村使用土地84.5%。							

当涂县连云保各阶层占有和使用土地统计表

成份	户数	占总户数百分比	人口	占总人口百分比	在本村占有土地	百分比	使用土地	
							亩数	每人平均数
富农	7	4.49	36	4.61	196.0	60.12	161.0	4.47
中农	31	19.87	152	19.46	84.0	25.77	585.0	3.85
贫农	106	67.95	535	68.50	46.0	14.11	1438.5	2.69
雇农	12	7.69	58	7.43	0	0	76.5	1.32
合计	156	100.00	781	100.00	326.0	100.00	2261.0	2.90
说明	使用土地内有1935亩为租入外村地，占全村耕地85.6%。							

中共皖南区党委政策研究室

1949年6月

铜陵县玉峰区东家店村调查

一、人口

该村距铜陵城25里，地处山区，全村共11个闾，各闾所处位置，颇为分散。在经济上该村能代表该区的一般村庄。全村共425户，1688人，按阶层划分见下表：

东家店村人口统计表

成份	户口		人口	
	户数	百分比	人数	百分比
地主	22	5.18	63	3.73
富农	19	4.47	106	6.28
中农	145	34.12	583	34.54
贫农	117	27.53	518	30.69
雇农	21	4.94	52	3.08
贫民	69	16.24	243	14.39
小商贩	18	4.23	69	4.09
手工业者	14	3.29	54	3.20
合计	425	100.00	1688	100.00

二、各阶层占有和使用土地情况

各阶层占有土地在本村的1564.9亩，另有499.6亩在外村，使用土地共2058.2亩，其中向外村业主租入的计493.3亩。兹将各阶层占有和使用土地统计如下：

东家店村各阶层占有与使用土地统计表

成份	人口		占有土地					使用土地		
	人数	百分比	土地在本村者	土地在外村者	合计	各阶层占有土地总数的百分比	各阶层每人平均占有数	亩数	各阶层使用土地占总数的百分比	各阶层每人平均使用数
地主	63	3.73	297.9	288.7	586.6	28.41	9.31	170.8	8.30	2.71
富农	106	6.28	240.9	66.3	307.2	14.88	2.90	237.5	11.54	2.24
中农	583	34.54	556.6	19.4	576.0	27.90	0.99	1096.6	53.28	1.88
贫农	518	30.69	368.2	9.6	277.8	13.46	0.54	535.6	26.02	1.03
雇农	52	3.08	0	0	0	0	0	0	0	0
贫民	243	14.39	5.9	3.5	9.4	0.46	0.04	11.6	0.56	0.05
小商贩	69	4.09	5.8	13.8	19.6	0.95	0.28	4.0	0.20	0.06
手工业者	54	3.20	2.1	0	2.1	0.10	0.04	2.1	0.10	0.04
公堂田	—	—	187.5	98.3	285.8	13.84	—	—	—	—
合计	1688	100.00	1564.9	499.6	2064.5	100.00	1.22	2058.2	100.00	1.22

该村每人平均占有土地1.22亩。雇农52人，全无土地，贫民243人，仅有土地9.4亩，每人平均尚不到半分。该村各阶层除地主每人平均占有9.31亩，富农2.90亩外，其余各阶层每人平均占有土地均不足1亩。

中农使用土地占使用土地总数的53.28％，贫农使用土地占26.02％，中贫农所使用的土地中，50％以上为租入土地。全村每人平均使用土地为1.22亩，恰与每人平均占有土地相同，此因该村各阶层出租在外村土地，与向外村业主租入土地相差极小的关系（仅6亩）。从各阶层每人平均使用土地而言，以地主之2.71亩为最高，富农、中农在2亩左右。其他各阶层均在全村平均数之下。

在向外村业主所租入的493.3亩中，绝大部分属于地主阶级所有，兹将外村业主占有土地统计如下：

外村业主占有土地统计表

成份	地主	富农	中农	贫农	小商贩	公堂田	合计
占有土地	281.80	76.30	73.20	12.20	20.80	29.00	493.30
百分比	57.12	15.47	14.84	2.47	4.22	5.88	100.00

三、租佃关系

该村各阶层共租入土地976.6亩，其中50.51%为向外村业主所租入，出租土地982.9亩，其中50.83%出租在外村。兹将各阶层租佃情况统计如下：

东家店村各阶层租入和租出土地统计表

成份	租入土地					租出土地				
	从本村业主租入土地数	从外村业主租入土地数	合计	各阶层租入土地占租入总数之百分比	租入土地占使用土地之百分比	出租在本村土地数	出租在外村土地数	合计	各阶层租出土地占租出总数之百分比	租出土地占占有土地之百分比
地主	0	2.4	2.4	0.24	1.41	129.5	288.7	418.2	42.55	71.29
富农	27.3	56.2	83.5	8.55	35.16	86.9	66.3	153.2	15.58	49.87
中农	295.2	296.9	592.1	60.63	53.99	52.1	19.4	71.5	7.27	12.41
贫农	155.4	136.5	291.9	29.89	54.50	24.5	9.6	34.1	3.47	12.28
雇农	0	0	0	0	0	0	0	0	0	0
贫民	5.4	1.3	6.7	0.69	57.76	1.0	3.5	4.5	0.46	47.87
小商贩	0	0	0	0	0	1.8	13.8	15.6	1.59	79.59
手工业者	0	0	0	0	0	0	0	0	0	0
公堂田	—	—	—	—	—	187.5	98.3	285.8	29.08	100.00
合计	483.3	493.3	976.6	100.00	47.45	483.3	499.6	982.9	100.00	47.61

租入土地的90.52%为中、贫农所租入，富农租入仅占8.55%，且其租出土地尚较租入土地多69.7亩。

地主出租土地占其占有土地的71.29%，富农出租土地亦占其占有土地的49.87%。本外村地主、富农一共出租在该村土地574.5亩，占该村租入土地976.6亩的58.83%。

四、借贷关系

该村在解放前，各阶层借债户共有165户，大部分为中、贫农，借出户计有46户，兹将各阶层借贷户数统计如下：

东家店村各阶层借贷户数统计表

成份	总户数	借入户			借出户		
		户数	占借入户总数百分比	占本阶层户数百分比	户数	占借出户总数之百分比	占本阶层户数之百分比
地主	22	8	4.85	36.36	4	8.70	18.18
富农	19	13	7.88	68.42	5	10.87	26.32
中农	145	50	30.30	34.48	16	34.78	11.03
贫农	117	62	37.58	52.99	9	19.57	7.69
雇农	21	2	1.21	9.52	1	2.17	4.76
贫民	69	15	9.09	21.74	2	4.35	2.90
小商贩	18	7	4.24	38.89	6	13.04	33.33
手工业者	14	8	4.85	57.14	3	6.52	21.43
合计	425	165	100.00	38.82	46	100.00	10.82

五、房屋、农具和耕牛情况

该村共占有房屋 917 间，其中瓦屋占79.28%。平均每户占有房屋约 2 间。共使用房屋1026.5间，平均每户使用约 2 间半。

从各阶层而言，地主每户平均占有 6 间半，且大部分为瓦屋，贫农每户平均占有约 2 间，贫民 69 户，仅占有 16 间。

出租房屋除祠堂 44 间外，大部分为地主、富农所有，占全部出租房屋的47.80%，而租入房屋的68.9%为中、贫农所租入。

兹将各阶层占有和使用房屋数统计如下：

东家店村各阶层占有和使用房屋统计表

成份	占有房屋		租入房屋		租出房屋		使用房屋	
	瓦房	草房	瓦房	草房	瓦房	草房	瓦房	草房
地主	118.5	23.0	5.5	0	36	15	88	8.0
富农	94.0	11.0	0	6.0	19	6	75	11.0
中农	241.5	76.0	44.5	23.0	22	2	264	97.0
贫农	184.0	52.5	86.0	31.5	11	1	259	83.0
贫民	16.0	0	19.0	0	2	0	33	0
小商贩	23.0	10.5	23.0	2.0	1	0	45	12.5
手工业者	2.0	9.0	20.0	8.0	0	0	22	17.0
祠堂	36.0	8.0	0	0	36	8	0	0
庙宇	12.0	0	0	0	0	0	12	0
合计	727.0	190.0	198.0	70.5	127	32	798	228.5

各阶层占有农具数见下表：

东家店村各阶层占有农具统计表

成份	犁	耙	戽	风扇	水车	耖
地主	7	7.0	8.0	10.0	9.0	7.0
富农	15	17.0	17.0	15.0	14.5	1.0
中农	84	71.5	62.5	48.5	50.0	20.5
贫农	38	32.0	24.5	19.5	17.0	6.0
贫民	0	0	1.0	0	0	0
合计	144	127.5	113.0	93.0	90.5	34.5

该村占有耕牛155.5头，使用151.5头，即尚有4头出租在外村，地主的耕牛39.53％出租，富农亦出租了其占有数的44.62％。租入耕牛中，有60.81％是中农所租入。地主、富农的每头耕牛耕种土地约11亩，贫农使用的耕牛中32.76％是租牛，且每头耕牛耕种土地达18亩半。兹将该村各阶层占有和使用耕牛数统计如下：

东家店村各阶层占有和使用耕牛统计表

成份	占有耕牛数	出租耕牛数	租入耕牛数	使用耕牛数	使用地亩数	平均每头耕牛耕种土地亩数
地主	21.5	8.5	2.0	15.0	170.8	11.39
富农	32.5	14.5	3.0	21.0	237.5	11.31
中农	80.0	16.0	22.5	86.5	1096.6	12.68
贫农	21.5	2.0	9.5	29.0	535.6	18.47
合计	155.5	41.0	37.0	151.5	2040.5	13.47

注：贫农另有驴6头，马1头，未统计在内。

中共皖南区党委农委会

1950年5月29日

广德县独树区梅溪村调查

一、一般情况

梅溪村位于广德县城西南 70 华里处，由 9 个小自然村组成的一个行政村，是一条长达 10 里的西山冲（山沟），南北宽约 3 里半。村东首紧靠石河，可通往郎溪（水路 200 里）。

全县盛产竹子，用来做表芯纸，在西区产表芯纸最多的是胡村（全村有 300 多架纸槽），其次就是梅溪。但胡村不靠大河，只能做纸不能出售竹木。梅溪村年产纸近万担，销往南京等地，除造纸外，砍伐输往郎溪的竹子，每年约达15 000根。

能够造纸又能砍伐的竹山村，在独树区（全区 22 个村）18 个竹山村中只有 10 个，其余 8 个像胡村一样只能造纸，不能卖竹子。

该村过去是个富裕村庄，每逢过节，一天能销售猪 20 多口，平时外边来此购买竹、木、表芯纸的客商很多。但由于封建地主的残酷剥削，农民逐渐失去了自己的土地，因此该村无田无山的贫苦者是相当多的，为了生活，他们只有出卖劳动力，帮纸厂砍柴，担石灰，下青山腌麻，帮客商扛运竹木下山到河边等，若全年有工可做，可勉强维持生活。

全村土地水田占 9/10，地占 1/10，水田中以“畈田”最好，“冲田”次之，“塝田”又次之，“漕田”最差，平均每亩常年可产稻子 300 至 350 斤，其中“漕田”常年积水，不能种麦。

二、各阶层占有与使用土地情况

全村各阶层占有及使用土地情况见下表：

梅溪村各阶层占有与使用土地统计表

成份	地主	富农	中农	佃中农	贫农	佃贫农	雇农	纸工	其他	合计
户数	22	18	91	13	41	34	36	68	44	367
占总户数百分比	6.00	4.90	24.80	3.54	11.17	9.26	9.81	18.53	11.99	100.00
人数	111	115	510	61	178	172	141	319	190	1797
占总人数百分比	6.18	6.40	28.38	3.39	9.91	9.57	7.85	17.75	10.57	100.00

续表

成份			地主	富农	中农	佃中农	贫农	佃贫农	雇农	纸工	其他	合计
占有土地	亩数	田	357.10	253.85	715.05	87.20	121.11	1.80	7.80	48.90	88.40	1681.21
		地	19.60	15.20	31.72	5.00	16.70	0	1.00	10.50	3.50	103.22
		合计	376.70	269.05	746.77	92.20	137.81	1.80	8.80	59.40	91.90	1784.43
	占总数的百分比		21.11	15.08	41.85	5.17	7.72	0.10	0.49	3.33	5.15	100.00
	每人平均数		3.39	2.34	1.46	1.51	0.77	0.01	0.06	0.19	0.48	0.99
租进土地	田亩数		5.00	8.90	209.10	176.50	26.30	154.30	10.20	17.20	7.30	614.80
	占本阶层租入土地百分比		0.81	1.45	34.01	28.71	4.28	25.10	1.66	2.79	1.19	100.00
出租土地	田亩数		266.30	106.70	97.10	80.50	11.00	0	0	9.50	52.20	623.30
	占本阶层出租土地百分比		42.72	17.12	15.58	12.92	1.77	0	0	1.52	8.37	100.00
使用土地	亩数	田	100.90	158.65	828.05	184.20	140.91	156.10	17.80	52.90	44.70	1684.21
		地	14.50	12.60	30.72	4.00	12.20	0	1.20	14.20	2.30	91.72
		合计	115.40	171.25	858.77	188.20	153.11	156.10	19.00	67.10	47.00	1775.93
	占总数的百分比		6.50	9.64	48.36	10.60	8.62	8.79	1.07	3.78	2.64	100.00
	每人平均数		1.04	1.49	1.68	3.09	0.86	0.91	0.13	0.21	0.25	0.99

该村比较突出的是佃中农的每人平均占有土地数字超过自耕中农，而每人平均使用土地数字亦高于一切阶层，这是由于该地生产以造纸为主，阶层的划分是参照竹山的占有情况的。其次一个现象是雇农、工人阶层人数特别多，这亦是与该地地主阶级剥削的残酷和造纸业的发达不可分割的。

三、占有竹山及造纸情况

全村各阶层占有竹山及造纸情况见下表：

梅溪村各阶层占有竹山及纸槽统计表

成份	地主	富农	中农	佃中农	贫农	雇农	纸工	其他	合计
户数	17	18	42	3	8	1	7	7	103
占本阶层总户数百分比	77.27	100.00	46.15	23.08	10.67	2.78	10.29	15.91	28.07
人数	99	115	238	12	47	5	52	44	612
占本阶层总人数百分比	89.19	100.00	46.67	19.67	13.43	3.55	16.30	23.16	34.06

续表

成份		地主	富农	中农	佃中农	贫农	雇农	纸工	其他	合计
占有竹山	亩数	289.90	269.15	318.80	4.20	25.06	0	13.90	3.00	924.01
	占全村亩数百分比	31.37	29.13	34.50	0.46	2.71	0	1.50	0.33	100
	每人平均数	2.93	2.34	1.34	0.35	0.53	0	0.27	0.07	1.51
使用竹山	亩数	113.40	171.25	306.20	15.20	41.06	0	10.60	0	657.71
	占全村使用百分比	17.24	26.04	46.56	2.31	6.24	0	1.61	0	100
	每人平均数	1.15	1.49	1.29	1.27	0.87	0	0.20	0	1.07
各阶层下纸情况	下纸担数	3990	4740	3557	265	296	20	285	420	13 573
	占总担数百分比	29.40	34.92	26.21	1.95	2.18	0.15	2.10	3.09	100
	每人平均数	40.30	41.22	14.95	22.08	6.30	4.00	5.48	9.55	22.18
各阶层占有纸槽	纸槽数	20	22	15	1	0	0	5	5	68
	占总槽数百分比	29.41	32.36	22.06	1.47	0	0	7.35	7.35	100
各阶层租入纸槽	纸槽数	7	1	2	0	0	0	0	0	10
	占租入总数百分比	70.00	10.00	20.00	0	0	0	0	0	100

从上表可看出：

甲、全村77%的地主及全部富农都占有竹山，地主、富农合计占有全村竹山的60.5%，地主每人平均占有2.93亩，富农每人平均占有2.34亩，而贫农41户中只8户有竹山，总共只占有全村竹山的2.71%，每人平均仅0.53亩。雇农则完全没有。

乙、竹山的使用以中农为最多，占全村竹山使用亩数的46.56%，富农其次，占26.04%，地主的竹山因有60%出租，故其使用土地较富农、中农为少，占全村使用竹山亩数的17.24%。

丙、就下纸情况来看，亦是以地主与富农为最多，占全村下纸担数的64.32%，每人平均约在40担以上，贫农因竹山少，资金缺乏，故下纸担数仅占全村的2.18%，每人平均只有6.3担。雇农更少。

丁、地主与富农占有纸槽的为全村的61.77%，中农为22.06%，而雇、贫农却一个也没有。地主除本阶层占有20个纸槽外，还租进了7个，约占全村租入数的70%。

四、关于竹山的经营管理与剥削方式

甲、“修山”、“养山”：竹山有旺和败的变化，不注意培养修理，就会由旺山转变为败山。竹山收入很大，所以一般人都很注意修理，在大年“下竹麻”时，也很注意砍去坏的和小的嫩竹，留下粗壮的，这样“母大子肥”，竹子就越长越大，永远是旺山，否则，一次砍伐伤了，就会成为“败山”。再养败为旺，则须经过六年（群众习惯说“三个当板”），才能得利。

乙、“禁山”：主要是禁止挖笋。准许挖笋的期限是农历八、九、十、十一月，一进腊月就要打锣禁山不许再挖了，其理由是冬笋就是明春要长出的竹子，不能挖。

丙、“下青山”和“腌麻”：在竹山的“大年”要砍下嫩竹腌麻做纸，群众称为“下青山”，其最适宜的时间是“小满”至“芒种”十五天左右，过期竹叶一散开就不好了。因此，这是竹山的一个“忙季”，每到此时，地主、富农都雇佣很多短工，突击“下青山”。

竹麻砍下山来由破麻工人锯断破碎后，就下塘用石灰腌起来，在这个过程中，地主、富农的剥削形式可分三种：

（一）“自下自腌”：山主常雇佣数十个大、小工（砍麻者为小工，破麻者为大工），一齐上山工作，山主只是里外照顾和到山上去监督工人，根据一般情况，每腌100担纸需要雇80个工（连运石灰在内）。此种办法多为地主及富农所采用。

（二）“包下青山”：这是地主采取包工的形式，伙食工资等一切都由包头去向地主包下来，再由工头雇用很多工人“下青山”，地主只要再雇人过一下秤就得了。

（三）“搭青山”：地主把竹山包给别人下麻（包者为客家），山主与客家三七出灰，对半分麻料，这样地主除了把应出的30%的石灰送到塘边外，其他一切都由客家负担，此种形式多为一般较大地主采用。

丁、纸槽与竹山的关系：纸槽分棉表、表芯二种，其不同处是棉表槽有两个槽桶，一个大碾，一条牛；表芯槽不用牛，无碾，而多一个焙炉（晒纸用），过去制一架槽需米20余石。

造纸的经营方式可分为三种：

第一种是自己开设纸厂，常年雇佣造纸工人（每架槽4个工人），这种形式在以前很普遍，现在已很少。代替这种形式的是：包给“包头”做纸，包头与老板过去是三七分纸（包头三分东家七分）。包头包下来后，他再找工人做，老板只分造好的纸，别的一切都不管，工人的伙食、工资等一切都归包头负责。包头包做的形式，几年来是最普遍的一种经营方法，但在分纸的成数上，因纸价低落，由三七分，到四六分，对半分，倒四六分，最后到倒三七分（包头七分东家三分）。解放后包头已不存在，改为“股子班”包老板的工做。

第二种是纸槽随着竹子租给客家，不收租金，这是因为搭山的客家多系外来的人（客商），只有资本，并不占有工具，所以搭青山带纸槽这是一个先决条件，否则，山就不易搭出去。

第三种是纸槽出租，出租方式又分“常年租”和“临时租”，常年租就是每年交租，如地主张新魁两架棉表槽出租，每架收租纸10担，临时租是做多少担纸交多少租，一般是每做100担纸，交租六七担纸。这种方式较为普遍。

外村在本村的竹山，一般也是采取“搭山”办法，如朱村地主张立松在本村有竹山800担，四架槽，就是搭给戴道珍、李德钱二户分腌，对半分料麻的。

五、外来户情况

外来户大部是浙江金华浦江县人，近六七年内陆续来此开荒，他们全是住在大深山内的山腰上和山湾里，用草搭起一个小草棚，自己仅有一把大镐（一二斤重），刚来时，是一面砍柴卖维持生活，一面开荒种苞谷，在生活上极其清苦，在政治上毫无地位，最受欺侮。

他们每年交租数字表面上不大，但地主利用多种手段欺骗敲诈他们，如柳方兴今年春天被山主张文兴强借去2石多米，有的地主看到他们开出来的荒山有了收益，于是就以夺田退佃方式强迫加租。

荒山种苞谷到三年后，收入就小了，于是他们就种桐子树（三年桐），桐子山收入不小，有些山主也就眼红了，如庄头村山主郑三宏去年冬将其佃户种好的桐子山强迫收回。

由于外来户没有地位与生活没有保障，所以在生产上虽有很高的劳动强度（当地人人佩服），但并不敢大胆生产和长期打算，譬如他们不培植板栗树，其理由据他们谈："山是租的，种了就得搬走，种栗树有什么用?"又说："老板要是不夺回或加租的话，我们早就种漆树了，那比板栗收入大得多!"外来户在这个村里共有17户，90口人。据了解在广德、宁国山区也有这样的情况。

六、特殊土地与公山、坟山情况

甲、祠山庙，共占有土地22亩，除庙内一个斋工自种5亩外，其余17亩出租。过去曾有竹山200担，但7年前被该村富农解宗环以7亩田换去，实际是霸占去的。

乙、化成庵，是一个和尚寺，有田3亩（出租）、竹山280担、纸槽1架，其竹山经营方式也是采用"搭山"办法。

丙、4个小祠堂（陈、杨、解、吴等4家）占有土地8.5亩，全部出租，收益作为祭祖开支。竹山200担，吴姓8户合伙经营，平均投资，平均分配，并不作为祭祀之用。

丁、摆渡船（双村渡）有5亩田，常年出租，由摆渡船户收租。

戊、坟山，较大的有两处（解、杨两家）。坟山在国民党反动政府时期对农民的禁律是很严格的，不准开荒，但也不植树。

七、耕畜、农具及房屋情况

该村各阶层占有耕畜、农具情况及各阶层占有与使用房屋情况如下：

梅溪村各阶层占有与使用耕畜农具情况表

成份	占有耕畜情况								占有农具情况					
	自用			租出(牛)			合计	占有耕畜数百分比	水车	手推车	犁	耙	耖	斛桶
	驴	牛		本村		外村								
		大	小	大	小	大								
地主	1	9	0	3	1	0	14	13.08	1	0	8	5	6	10
富农	0	9	1	2	0	0	12	11.22	7	0	9	4	4	7
中农	4	44	0	3	2	2	55	51.40	0	1	54	35	29	35
佃中农	0	7	0	0	0	0	7	6.54	0	0	11	5	9	6
贫农	0	2	0	3	1	0	6	5.61	2	1	14	5	8	4
佃贫农	0	4	0	4	0	0	8	7.48	0	0	12	1	7	5

续表

成份	占有耕畜情况								占有农具情况					
	自用			租出(牛)			合计	占有耕畜数百分比	水车	手推车	犁	耙	耖	斛桶
	驴	牛		本村		外村								
		大	小	大	小	大								
雇农	0	0	0	0	0	0	0	0	0	0	0	0	0	0
纸工	0	0	0	0	0	0	0	0	0	0	2	0	0	1
其他	2	3	0	0	0	0	5	4.67	2	1	5	2	1	1
总计	7	78	1	15	4	2	107	100.00	12	3	115	57	64	69

注:耕牛的租佃形式,完全是“分养”,佃户不交牛租,只是负担喂养,生了小牛后对分小牛,不过到忙季时,东家可拉回去耕种,再送回给佃户喂养。

梅溪村各阶层占有及使用房屋情况表

成份	户数	人口	占有情况								租借情况				
			自用		租出		借出		合计	占本村占有房屋百分比	租入		借入		合计
			瓦	草	瓦	草	瓦	草			瓦	草	瓦	草	
地主	22	111	71.0	6.0	22.0	10.0	8	12	129.0	15.91	0	0	0	0	0
富农	18	115	49.0	15.0	12.0	5.0	10	6	97.0	11.96	0	3.0	0	0	3.0
中农	91	510	135.0	45.0	24.0	12.5	7	9	232.5	28.67	15	2.0	0	0	17.0
佃中农	13	61	7.0	11.0	0	0	2	0	20.0	2.47	7	0	2	3	12.0
贫农	41	178	47.0	24.5	2.0	7.0	2	0	82.5	10.17	21	2.0	5	12	40.0
佃贫农	34	172	0	29.0	0	0	0	0	29.0	3.57	25	1.0	5	8	39.0
雇农	36	141	8.5	29.0	2.5	3.0	0	0	43.0	5.30	11	3.0	9	7	30.0
纸工	68	319	9.0	67.0	0	4.0	1	0	81.0	9.99	7	14.5	4	3	28.5
其他	44	190	36.0	48.5	6.5	3.0	3	0	97.0	11.96	4	16.0	0	2	22.0
总计	367	1797	362.5	275.0	69	44.5	33	27	811.0	100.00	90	41.5	25	35	191.5

中共皖南区党委农委会

1950年6月

屯溪市隆新乡徐村调查

一、人口

徐村离屯溪市10里，为徐村、珠里和水碓巷3个自然村所组成的行政村。该村地处平原，土地集中，可代表徽州专区土地集中的部分地区情况。该村共有138户，579人，按阶层划分可见下表：

徐村各阶层户口、人口统计表

成份	户口		人口	
	户数	百分比	人口	百分比
地主	5	3.62	25	4.32
富农	2	1.45	7	1.21
中农	57	41.30	270	46.63
贫农	62	44.93	224	38.69
雇农	2	1.45	7	1.21
其他	10	7.25	46	7.94
合计	138	100.00	579	100.00

二、各阶层占有和使用土地

该村各阶层共占有土地1114.43亩，其中206.45亩在外村，占18.53%。共使用土地1832.85亩，其中924.87亩为向外村业主所租入，占50.46%。兹将各阶层占有和使用土地情况统计如下：

徐村各阶层占有和使用土地统计表

成份	人口		占有土地					使用土地		
	人数	百分比	土地在本村者	土地在外村者	合计	各阶层占有土地占总数的百分比	每人平均占有数	使用土地亩数	各阶层使用土地占总数的百分比	每人平均使用数
地主	25	4.32	458.59	171.74	630.33	56.56	25.21	110.24	6.02	4.41
富农	7	1.21	57.45	15.45	72.90	6.54	10.41	35.33	1.93	5.05
中农	270	46.63	258.28	12.60	270.88	24.31	1.00	1180.47	64.41	4.37

续表

成份	人口		占有土地					使用土地		
	人数	百分比	土地在本村者	土地在外村者	合计	各阶层占有土地占总数的百分比	每人平均占有数	使用土地亩数	各阶层使用土地占总数的百分比	每人平均使用数
贫农	224	38.69	62.32	0	62.32	5.59	0.28	432.08	23.57	1.93
雇农	7	1.21	5.16	0	5.16	0.46	0.74	12.16	0.66	1.74
其他	46	7.94	66.18	6.66	72.84	6.54	1.58	62.57	3.41	1.36
合计	579	100.00	907.98	206.45	1114.43	100.00	1.92	1832.85	100.00	3.17

该村地主阶级共占有土地630.33亩，其中出租在外村的土地占其占有土地的27.25%；其在本村占有土地458.59亩，为该村各阶层在本村占有土地总数的50.51%。

地主每人平均占有达25.21亩，富农每人平均占有亦达10.41亩，而中农每人仅1亩，贫农平均还不到3分。由此可见各阶层占有土地的悬殊极大。

在使用土地1832.85亩中，外村地主占有637.25亩，加上本村地主在本村占有的土地，地主阶级共占有1095.84亩，为该村使用土地总数的59.79%。兹将外村业主在该村占有土地统计如下：

外村业主占有徐村土地统计表

成份	地主	富农	中农	贫农	祠堂	公田	学田	育婴院	其他	合计
占有土地亩数	637.25	28.73	57.82	43.43	63.76	15.20	35.89	29.55	13.24	924.87
百分比	68.90	3.11	6.25	4.70	6.89	1.64	3.88	3.20	1.43	100

中农使用土地为总使用土地的64.41%，贫农为23.57%。但中农、贫农使用土地中租入土地各占86.29%及93.50%。富农使用土地虽仅占总使用土地的1.93%，但每人平均使用有5.50亩，为各阶层的第一位。

该村有地主戴孙所经营的农场一所，在1939年以前雇佣技工及普通工人30余人，拥有耕种土地100余亩，植果木树7000余株，蜜蜂400余箱。因在抗战时期遭受国民党反动政府抓丁及伪军破坏等影响，现仅存果木树500余株（能收益的仅百余株），杂树500余株，蜜蜂12箱，占有土地大部分出租，仅留12亩雇工耕种，已不能称为农场。

三、租佃关系

该村各阶层占有土地中自耕的仅330.96亩，其余70.30%出租，而使用土地中81.94%亩又为租入土地，因此租佃关系颇为复杂。兹将各阶层租入及租出土地统计如下：

徐村各阶层租入及租出土地统计表

成份	租入土地					租出土地				
	从本村业主租入土地	从外村业主租入土地	合计	租入土地占总数的百分比	各阶层租入土地占使用土地的百分比	出租在本村土地	出租在外村土地	合计	租出土地占总数的百分比	各阶层租出土地占占有土地的百分比
地主	0.25	6.32	6.57	0.44	5.96	354.92	171.74	526.66	67.22	83.55
富农	23.00	1.50	24.50	1.63	69.35	46.62	15.45	62.07	7.92	85.14
中农	339.51	679.06	1018.57	67.82	86.29	96.38	12.60	108.98	13.91	40.23
贫农	194.64	209.36	404.00	26.90	93.50	34.24	0	34.24	4.37	54.94
雇农	3.20	3.80	7.00	0.47	57.57	0	0	0	0	0
其他	16.42	24.83	41.25	2.74	65.93	44.86	6.66	51.53	6.58	70.73
合计	577.02	924.87	1501.89	100.00	81.94	577.02	206.45	783.47	100.00	70.30

注：该村中、贫农租出土地占本阶层占有土地的百分比很高，这因该村中、贫农占有土地很少，且路远不便耕种，因此有若干出租，再加部分失去劳动力的农民亦将土地出租，所以百分比显得高了。

租入土地1501.89亩中，向外村业主租入924.87亩，占61.58%。向本外村地主租入计992.17亩，占租入土地总数的66.06%。

租入土地的67.82%为中农所租入，贫农租入26.90%，富农仅租入24.5亩，而其租出土地为62.07亩，为租入土地的2.5倍。

该村租入土地大部分均有永佃权，计有1145.41亩，为租入土地总数的76.26%。这种土地以中农占据最多，贫农占据最少。

租出土地783.47亩中，206.45亩出租在外村，占26.35%。地主以其占有土地的83.55%出租，富农也高达85.14%，即中、贫农亦在50%左右。

中共皖南区党委农委会

1950年5月

贵池县齐山村调查

一、一般概况

该村距贵池县仅8里，全村共有8个闾，42个自然村，绵延约10余里，村落分散。七八闾近山傍湖，地多田少，且常遭水淹，一二闾的土地较为肥沃。

该村共有406户，1656人，按阶层划分如下：

齐山村各阶层户口、人口统计表

成份	户口		人口	
	户数	百分比	人数	百分比
地主	4	0.98	32	1.93
富农	11	2.71	68	4.11
中农	131	32.27	507	30.62
贫农	247	60.84	1008	60.87
雇农	5	1.23	14	0.84
其他	8	1.97	27	1.63
合计	406	100.00	1656	100.00

注:其他栏包括木匠 1 户,理发匠 2 户,裁缝 1 户,小摊贩 3 户,泥水匠 1 户。

二、土地的占有和使用

该村各阶层占有土地1889.49亩，其中包括祠堂田及公田450.7亩，占23.85%。各阶层使用土地2793.29亩中，即有903.8亩为外村业主所占有（该处称为客庄田），占使用土地总数的32.36%，兹将各阶层占有及使用土地情况统计如下：

齐山村各阶层占有和使用土地统计表

成份	人口		占有土地			使用土地		
	人数	百分比	地亩数	占土地总数的百分比	每人平均占有数	地亩数	占使用土地总数的百分比	每人平均使用数
地主	32	1.93	87.40	4.63	2.73	70.30	2.52	2.20
富农	68	4.11	224.15	11.86	3.30	144.25	5.16	2.12
中农	507	30.62	709.44	37.55	1.40	1261.19	45.15	2.49
贫农	1008	60.87	417.80	22.11	0.41	1317.55	47.17	1.31
雇农	14	0.84	0	0	0	0	0	0
其他	27	1.63	0	0	0	0	0	0
祠堂田	—	—	225.40	11.93	—	—	—	—
公田	—	—	225.30	11.92	—	—	—	—
合计	1656	100.00	1889.49	100.00	1.14	2793.29	100.00	1.69

从上表来看，地主阶级仅占有全村4.63%的土地，但事实上，该村向外村业主所租入的土地，全部为地主所有，因而地主阶级在该村共占有土地991.2亩，占使用土地的35.49%。因该村离城很近，大地主均集居城内，在该村者仅有 4 户小地主。此 4 户地主除出租土地，雇佣长工，进行一般的剥削外，并依仗权势，操纵祠田及公田。如地主曹花柏出租土地仅 8 亩，而把

持的庙田就有33.9亩。若以地主阶级占有的土地，再加上地主阶级所控制的公田、祠田，共计为1441.9亩，占使用土地总数的51.62％。

外村业主所占有的903.8亩土地中，870余亩为贵池县城内地主所有，另30余亩是江北桐城刘姓地主及青阳林姓地主的坟田。

这样，占人口90％以上的中、贫农，其占有土地仅为使用土地总数的40％，贫农中有89户（占贫农户数的36.03％）全无土地，其中69户租田耕种，其余20户连租田也不能获得，全靠种一些旱地、打短工及砍柴维持生活。此外雇农5户，其他8户，亦全无土地。该村无土地户共计102户，占总户数的25.12％。

每人平均占有土地数以富农之3.3亩为最多，因该村4户地主均系小地主，故每人平均数仅为2.73亩，但仍为全村平均数的2倍余。

使用土地中的92.32％为中、贫农所使用，但其中租入土地占50％到60％以上。

三、各阶层占有土地的质量

地主、富农不仅占有较多的土地，且占有土地的质量亦较中、贫农土地为好。地主利用剥削所得，依靠反动政治力量，廉价强买农民的好田，因之贫农所剩下仅有的一点土地，多系坏田。兹将各阶层占有土地质量统计如下：

齐山村土地质量统计表

成份		一等田		二等田		三等田		四等田		合计亩数
		亩数	占本阶层占有土地的百分比	亩数	占本阶层占有土地的百分比	亩数	占本阶层占有土地的百分比	亩数	占本阶层占有土地的百分比	
本村各阶层占有土地	地主	29.50	33.75	32.20	36.84	24.20	27.69	1.50	1.72	87.40
	富农	57.00	25.43	110.10	49.12	17.55	7.83	39.50	17.62	224.15
	中农	52.54	7.41	297.70	41.96	174.90	24.65	184.30	25.98	709.44
	贫农	26.10	6.25	162.70	38.94	111.70	26.73	117.30	28.08	417.80
	祠田	20.10	8.92	122.00	54.13	36.00	15.97	47.30	20.98	225.40
	公田	191.30	84.91	23.90	10.61	10.10	4.48	0	0	225.30
	小计	376.54	19.93	748.60	39.62	374.45	19.82	389.90	20.63	1889.49
外村地主占有土地		43.65	4.83	284.95	31.53	231.50	25.61	343.70	38.03	903.80
合计		420.19	15.04	1033.55	37.00	605.95	21.69	733.60	26.27	2793.29

一等田该处称为畈田，每亩平均产稻450斤；二等田该处称为冲田，每亩平均产稻400斤；三等田称为台田，每亩可产稻300斤；四等田为湖田，丰收年能产三四百斤稻，好坏年成平均产量不超过200斤。

该村一等田占全部土地的15.04％，而该村地主、富农的占有土地中，一等田占25.43％到33.75％，公田则有84.91％为一等田。中、贫农所有一等田仅为其占有土地的

6.25%到7.41%。

该村各阶层所占有的四等田389.9亩中，77.35%为中、贫农所有，地主所有四等田仅1.5亩。

四、祠堂田和公田

该村祠堂田和公田共有450.7亩，且其中大部分为一、二等田，此种土地全为地主、富农所掌握。兹将祠堂田及公田情况分述于后：

甲、祠堂田

祠堂田大部分为曹、章、李、汪等四姓祠堂所有，兹将各姓大小祠堂占有土地统计如下：

齐山村各祠堂占有土地统计表

姓别	大祠堂	小祠堂	占有土地亩数
曹姓	5	13	118.0
章姓	2	9	54.0
李姓	1	2	18.0
汪姓	2	9	33.0
陈姓	0	1	2.4
共计	10	34	225.4

大祠堂10个，占有土地160亩，占全部祠堂田的70.98%。小祠堂34个，占有土地65.4亩，如以34个祠堂平均，每个祠堂为1.92亩。

祠堂管理人须具备下列三项条件：(一)有所谓“功名”的人，(二)有较多的田，(三)识字。因之大部分祠堂为地主、富农及“势力派”(有反动政治势力的伪乡保长之流)所把持。10个大祠堂的管理人中，有4户地主，2户富农，3个“势力派”人物，5户富裕中农。小祠堂则有为农民管理的，或由几个小“房头”共管，或轮流管理。因所有土地不多，收入不大，年收年付，收入除用于祭祀之外如有余，则请本堂男子吃饭一餐。大公堂收入较多，除祭祀、修理祠堂外，余粮均放债，本族人借债利息较轻，客姓人借债利息较重。亦有在灾荒年月，以低于市价二成价格，出卖粮食给本族穷苦农民，但仅为个别例外情形，这是地主、富农用以麻痹农民，掩盖自己贪污的一种手段。

祠堂田地大部为本族农民所租种，地主、富农通过祠堂，利用所谓“家法”“堂规”来统治本族农民。地租、债息等收入大部分为管理者所贪污，因此有“十家管公九家富”之说。

乙、公田

该村公田有两种：

(一)马田：在前清科举时代，该地大官僚地主用募钱办法强买了一部分土地，专作考武经费之用，故称马田。在该村有191亩，均系一等良田。共有佃户80户，内富农2户，中农

31户，贫农47户，中农租种土地近总数的1/2。

管马田的人，称为“田头”，每年代反动政府收租，从中取利，每担租抽1斗左右，称为草鞋费。“田头”有大小之分，大“田头”均为贵池城内的土豪劣绅，该村有3个小“田头”，其中2人曾任伪保长，即所谓“势力派”人物。

（二）庙田：在该村有30余亩，名为用作慈善事业，实际上为地主曹花柏一人把持。

所有公田均土质较好，且弓口较大（一亩田实有一亩一）。

五、土地的租佃情况

该村各阶层出租土地共712.5亩，其中60%以上是祠堂田及公田。租入土地1616.3亩。兹将各阶层租出及租入土地情况统计如下：

齐山村各阶层租出和租入土地统计表

成份	租出土地			租入土地		
	亩数	占出租总数的百分比	占本阶层占有土地的百分比	亩数	占租入总数的百分比	占本阶层使用土地的百分比
地主	20.9	2.93	23.91	3.80	0.24	5.41
富农	106.3	14.92	47.42	26.40	1.63	18.30
中农	131.9	18.51	18.59	683.65	42.30	54.21
贫农	2.7	0.38	0.65	902.45	55.83	68.49
雇农	0	0	0	0	0	0
其他	0	0	0	0	0	0
祠堂田	225.4	31.64	100.00	—	—	—
公田	225.3	31.62	100.00	—	—	—
合计	712.5	100.00	37.71	1616.30	100.00	57.86

因居住该村的4户地主均系小地主，故出租土地数量不多，而富农出租土地将近其占有土地的一半。

中农也有小量土地出租，其中有7户因是孤寡幼弱，缺乏劳动力（内4户因日寇及国民党反动派杀人抓丁而丧失劳动力，如张仁杰一户，为日寇杀死3人）。有3户因自有土地离家太远，不便耕种而出租。

该村向外村地主租入土地903.8亩，加上本村地主出租数，地主阶层共出租924.7亩，占租入土地的57.21%。

租入土地的98.13%为中、贫农所租用。地主一户有租入土地3.8亩，此田原为自有，因欠债而出卖，仍由自己经营，租额很轻，且不经常交租，该处称为“卖马不卖榜”。富农佃入田的有7户。富农一般都是出租远田、瘦田，佃入门口的肥田（如马田、公堂田等），出租的田瘦而租重，租入的田肥而租轻，从中剥削。

中农因劳动力较多，施肥亦较贫农为多，能按时交租，故租种的时间能较长，且部分有永佃权；贫农则随时有被地主抽佃的危险。

外村地主土地中的30余亩坟田，大部分由富农租种，中农亦有少数，均有永佃权，只在地主上坟祭祖时，由佃户供给饭食以代租谷。

该村有中农一户，转租土地3.5亩，此系因丧失劳动力而转租，租额照旧，并不另取小租。

六、对农民的剥削方式

甲、地租剥削

通行的地租有额租（死租）、分租（对半分）、估租和活租几种。

额租一般订有契约，规定年限，还要付霸脚（即押金）。租额一般在产量的40%至50%左右。租种客庄田、公堂田的额租较高。

本村地主多采分租，主佃对半分租。

活租不订契约按收成好坏以定租额，由于田少人多，贫农必须租种地主的土地，地主就认为奇货可居，谁交租多即交谁种，因此租额就高达收获量的50%至60%。而且地主往往将佃户垦熟的田，夺佃转租，借以加重剥削，原佃户不得已，只得被迫加租。以此农民对活租最为痛恨。

估租也叫临田看租，在收获前，地主同佃户到田里察看庄稼，由地主自定租额或请劣绅伪保甲长吃酒议定，佃户不能表示意见。看租时，佃户还得摆“租酒”招待，看租后，尚须送地主租鸡。

乙、高利贷的剥削

近十余年来，由于日寇及国民党反动派的横征暴敛，烧杀抢劫，加之灾荒不断，农民生活日益穷困，农村借贷关系随之增加，据调查，该村借债的有贫农63户，中农28户，雇农因为穷得一无所有，所以借贷无门。全村债户现在未还的债约有稻490多担，麻17 000万多斤。

放债的数量：地主、富农占总放债额的40%，公堂占32%，“势力派”占20%，农民之间的借贷只占10%左右（该村有中农18户放债）。一般放债利率是五分。公堂放债利息较轻，为加四或加二，“势力派”的利息最重。他们在地方上有势力，用贪污所得或挪用公款，专放短期债，如六月放2斗米，七月就要还1担稻，到期不交，剥衣拿被无所不为。富农放债要看对方家境，要有好保，要有房子田产作抵押，无产贫农不能借到分毫，到期不交，便请土豪劣绅伪保长及中人吃酒，强逼债户拿出抵押品，如贫农朱景亭便是这样把2亩田典给富农的，并且仍要自己完粮纳税。有的富农在青黄不接时放坏稻，秋后收回好稻，这种剥削也是很残酷的。

此外，还有下列几种放债形式：

（一）放生利，就是利上生利。地主、富农放麻1担，月利麻13斤，一年本利256斤，利息达150%，这种债一般放到外村的较多。在本村放麻1担利息要3担稻（该村有6/10的地种麻）。

（二）放稻青，六月青黄不接时，贫农缺粮，便向地主、富农家去借，当时不立字不具保，秋收后还稻，一般是借一还三，如到期不还，债主便领人到债户家去挑稻，因而农民一年辛苦所得粮食，交租还债后，只落得空无所有。

（三）租生利，在年成不好时，佃户无力交租，托人说话，地主便转租为债，至明年加利交付。

该村借贷全用实物，并无货币借贷。

丙、地主、富农操纵农村市场

除地租及高利贷外，地主、富农尚利用其剥削而来的雄厚资金，囤积农作物，操纵农村中的买卖。如在五六月时米贵麻贱，便卖米买麻，八九月时麻贵米贱，便以麻兑稻，随时从中图利。不论稻、麻、猪、牛，甚至香油，都趁农民急需现款时，压价收购，高价出售。还有“买小斗”的剥削，在青黄不接时，地主、富农稻谷不出仓，市上买不到粮，贫农要买米，只好恳求地主、富农，买一斗只给九升五，价钱比市上只高不低，如该村地主曹让甫过去专门做这样的营业，剥削农民。

七、各阶层占有耕牛情况

该村各阶层共有耕牛 237 头，内 8 头有租借关系，地主、富农各出租 3 头，大部分为贫农所租入，兹将各阶层占有和使用耕牛数统计如下：

各阶层占有耕牛比较表

成份	占有耕牛	出租耕牛	租入耕牛	使用耕牛
地主	8	3	0	5
富农	19	3	0	16
中农	117	2	2	117
贫农	93	0	6	99
合计	237	8	8	237

地主、富农的牛不仅够用，且有多余，出租给自己的佃户。中农 131 户有牛 115 头，将近每户 1 头牛，困难不大，贫农缺牛最多，农忙时要临时租牛耕田，耕 1 亩田付租 25 斤稻，亦有贫农把租牛耕的田里所产的稻草全部给牛主，以抵租金的。有的地主、富农常年出租牛，1 头牛年租 2 担，生了小牛按业三佃一分，如果牛在外失落，佃户按价赔偿；栏里失落两家同找；如果天灾病死，牛身归还牛主，佃户只得 1 个牛头。

八、各阶层田地施肥情形

该村常用的肥料有人粪、牛粪、湖草三种，施用油饼的很少。总的说来该村用肥比较便利，第一，离城近，一年可挑人粪 1800 担。第二，耕牛较多，一条牛能肥 5 亩田。第三，离湖近，割湖草比较方便。

地主、富农人多（有雇工）牛又多，所以不论人粪、牛粪、湖草样样都有，每亩一等田能上到5担湖草或三四十担牛粪，不干不淹，每亩能收稻5担。富裕中农有牛有粮有人力，也可以搞到与富农差不多的肥料，每亩能上湖草3担或牛粪25担。一般的中农及有牛的贫农施肥每亩也可达到湖草3担上下或牛粪20多担。没有本钱、缺乏劳力的贫农施肥比较困难：第一，到城里挑1担粪要化1升米，第二，不养牛没有牛粪，第三，没有空余时间砍湖草，而且买湖草亦要钱，一担湖草2升米才能到家，路远的要化到3升米，因此贫农能有湖草作肥的只占2/10。湖草场大都是城内地主的，农民砍一里见方湖草（约有六七十担）要化1担稻。

中共池州地委秘书处

1950年春

宣城县周王区金象村调查

该村位于宣城西南65里，南北长约20余里，东西宽约5里。全村山多田少，共有田2153.44亩，地925.8亩。而竹、木柴、茶等山共有24 553.2亩，该村土地关系可代表宣城的一般山区。

一、人口

该村共有667户，3147人，按阶层划分如下表：

金象村各阶层户口、人口统计表

成份	户口		人口	
	户数	百分比	人数	百分比
地主	24	3.60	157	4.99
富农	13	1.95	70	2.22
中农	154	23.09	832	26.44
贫农	252	37.78	1230	39.09
雇农	107	16.04	356	11.31
造纸工人	50	7.50	197	6.26
手工业者	54	8.09	249	7.91
其他	13	1.95	56	1.78
合计	667	100.00	3147	100.00

该村地主大部居住本村，仅有少数住在城镇，兼营工商业，但其家属也大部住在乡村。

因为山多田少，群众生活大都靠山维持。专靠造纸业为生的工人共有50户，197人。手工业者大都为木匠、桶匠、竹匠等。尤以桶匠为最多，他们的原料主要依靠山上的竹木。在有些自然村中，这些手工业者所占比例相当大，如四间70户中，有手工业者23户，占户口32.86%。在金象村全村中，造纸工人和手工业者共占总户口的15.6%，占总人口的14.17%。至于农民对山林的关系当然更加密切。

该村外乡人很多，占总人口的59%以上，大部分是湖北和皖北人，以皖北潜山县人最多，占外乡人总数的30%。外乡人大多是太平天国革命后迁来，一部分是近年逃荒来的。

二、田地的占有和使用情况

该村各阶层共占有田地3267.45亩，其中在外村592.42亩，占18.13%，使用田地3079.24亩，其中向外村业主租入404.21亩，占13.13%。兹将各阶层占有和使用土地统计如下：

金象村各阶层占有和使用土地统计表

成份	人口		占有土地					使用土地		
	人数	占总数之百分比	亩数			各阶层土地占总数之百分比	每人平均占有数	亩数	各阶层使用土地占总数之百分比	每人平均使用数
			在本村土地	在外村土地	合计					
地主	157	4.99	1200.37	263.55	1463.92	44.80	9.32	145.27	4.72	0.93
富农	70	2.22	235.88	189.33	425.21	13.01	6.07	66.77	2.17	0.95
中农	832	26.44	896.68	121.45	1018.13	31.16	1.22	1632.41	53.01	1.96
贫农	1230	39.09	243.26	7.50	250.76	7.68	0.20	1117.00	36.28	0.91
雇农	356	11.31	29.10	7.20	36.30	1.11	0.10	64.25	2.09	0.18
造纸工人	197	6.26	14.79	3.39	18.18	0.56	0.09	13.19	0.43	0.07
手工业者	249	7.91	26.81	0	26.81	0.82	0.11	29.70	0.96	0.12
其他	56	1.78	28.14	0	28.14	0.86	0.50	10.65	0.34	0.19
合计	3147	100.00	2675.03	592.42	3267.45	100.00	1.04	3079.24	100.00	0.98

地主人口占总人口4.99%，而占有田地达全村总占有田地的44.80%，每人平均占有数为全村平均数的9倍。富农每人平均数亦为全村平均数的5.8倍，而贫农的每人平均占有数尚不足全村每人平均占有数的1/5。

使用田地的53.01%为中农所使用，其中租入田达70.90%。贫农使用田地占36.28%，其中租入田高达79.76%。

每人平均使用数以中农最高，为全村平均数的2倍。贫农每人使用数与全村平均数相近，此因该村工人及手工业者较多，使用土地较少，故全村平均使用数较低。且地主、富农占有大量山林，使用田地数亦因而较少。

三、田地的租佃关系

该村各阶层共租出田地2359.14亩，出租在外村者592.42亩，占25.11%。租入土地2170.93亩，其中向外村业主租入404.21亩，占18.62%。出租在外村者较自外村业主租入数多188.21亩。因而该村使用数较占有数少5.76%。

兹将该村各阶层租出及租入田地统计如下：

金象村各阶层租出和租入田地统计表

<table>
<tr><th rowspan="3">成份</th><th colspan="5">出租土地</th><th colspan="5">租入土地</th></tr>
<tr><th colspan="3">亩数</th><th rowspan="2">各阶层出租土地占总数百分比</th><th rowspan="2">出租土地占本阶层占有土地之百分比</th><th colspan="3">亩数</th><th rowspan="2">各阶层租入土地占总数百分比</th><th rowspan="2">租入土地占本阶层使用土地之百分比</th></tr>
<tr><th>出租本村</th><th>出租外村</th><th>合计</th><th>租自本村业主</th><th>租自外村业主</th><th>合计</th></tr>
<tr><td>地主</td><td>1080.65</td><td>263.55</td><td>1344.20</td><td>56.98</td><td>91.82</td><td>25.55</td><td>0</td><td>25.55</td><td>1.18</td><td>17.59</td></tr>
<tr><td>富农</td><td>212.60</td><td>189.33</td><td>401.93</td><td>17.04</td><td>94.53</td><td>17.40</td><td>26.09</td><td>43.49</td><td>2.00</td><td>65.13</td></tr>
<tr><td>中农</td><td>421.68</td><td>121.45</td><td>543.13</td><td>23.02</td><td>53.35</td><td>974.01</td><td>183.40</td><td>1157.41</td><td>53.31</td><td>70.90</td></tr>
<tr><td>贫农</td><td>17.16</td><td>7.50</td><td>24.66</td><td>1.05</td><td>9.83</td><td>712.90</td><td>178.00</td><td>890.90</td><td>41.04</td><td>79.76</td></tr>
<tr><td>雇农</td><td>0</td><td>7.20</td><td>7.20</td><td>0.30</td><td>19.83</td><td>28.40</td><td>6.75</td><td>35.15</td><td>1.62</td><td>54.71</td></tr>
<tr><td>造纸工人</td><td>4.43</td><td>3.39</td><td>7.82</td><td>0.33</td><td>43.01</td><td>2.83</td><td>0</td><td>2.83</td><td>0.13</td><td>21.46</td></tr>
<tr><td>手工业者</td><td>9.71</td><td>0</td><td>9.71</td><td>0.41</td><td>36.22</td><td>2.63</td><td>9.97</td><td>12.60</td><td>0.58</td><td>42.42</td></tr>
<tr><td>其他</td><td>20.49</td><td>0</td><td>20.49</td><td>0.87</td><td>72.81</td><td>3.00</td><td>0</td><td>3.00</td><td>0.14</td><td>28.17</td></tr>
<tr><td>合计</td><td>1766.72</td><td>592.42</td><td>2359.14</td><td>100.00</td><td>72.20</td><td>1766.72</td><td>404.21</td><td>2170.93</td><td>100.00</td><td>70.50</td></tr>
</table>

地主以其占有土地的91.82%出租，富农出租高达94.53%。中农出租部分亦为其占有数的50%以上。

租入土地则90%以上为中、贫农所租入。其中绝大部分是地主的土地。

四、山林占有情况

该村共有山地24 553.2亩，其中竹山11 291.4亩，占45.99%。木山10 546.2亩，占42.95%。茶山214.8亩，占0.87%。柴山2500.8亩，占10.19%。

各阶层占有情况如下表：

金象村各阶层占有土地统计表

成份	竹山	木山	茶山	柴山	合计	占总数之百分比	每人平均占有数
地主	5554.8	7448.4	16.2	796.8	13 816.2	56.27	88.00
富农	628.2	853.2	39.6	0	1521.0	6.20	21.73
中农	3006.0	1670.4	68.1	902.4	5646.9	23.00	6.79
贫农	914.4	154.8	79.2	595.2	1743.6	7.10	1.42
雇农	133.2	226.8	6.9	120.0	486.9	1.98	1.37
造纸工人	126.0	54.0	4.8	86.4	271.2	1.11	1.38
手工业者	648.0	30.6	0	0	678.6	2.76	2.73
其他	280.8	108.0	0	0	388.8	1.58	6.94
合计	11 291.4	10 546.2	214.8	2500.8	24 553.2	100.00	7.80

全村竹山11 291.4亩中，地主占49.19%，中农占26.62%。

竹山所产的竹，大多用于造纸。地主的竹山是雇长工或短工，将毛竹制成纸料，然后包给工头，由工头再雇工人造纸。纸房一切工具设备亦全为地主所有。在解放前，造1担纸，地主付工资65斤米，在市场上每担能售170斤米。1949年上半年，因纸价低，地主与工人改为四六分纸，下半年改为三七分纸。

全村共有纸槽71架，各阶层占有情况如下表：

金象村各阶层占有纸槽统计表

成份	地主	富农	中农	贫农	雇农	造纸工人	手工业者	其他	合计
表心纸槽	17	10	8	2	0	0	0	1	38
面表纸槽	10	2	13	2	0	2	2	2	33
合计	27	12	21	4	0	2	2	3	71
各阶层占有百分比	38.03	16.90	29.58	5.63	0	2.82	2.82	4.22	100

全村木山10 546.2亩中，地主占有70.63%。中农占15.84%。木山出产全为杉木，地主除以一部杉木卖给制桶工人外，大部分包给放排工人，在水涨时运到离该村60里的韩亭出售。

五、劳动力、农具和牲畜

兹将该村各阶层的劳动力、农具及耕畜占有与租用情况统计如下：

各阶层劳动力统计表

成份	自有劳动力			
	男		女	
	整	半	整	半
地主	0	2	0	0
富农	13	4	0	1
中农	157	55	13	65
贫农	247	79	41	75
雇农	113	23	4	22
造纸工人	54	8	2	14
手工业者	44	13	4	16
其他	9	1	0	5
合计	637	185	64	198

注:地主有劳动力但不劳动。

各阶层占有农具耕畜情况表

成份	占有农具					占有耕畜			
	犁	耙	锄	耖	斛桶	牛		骡	驴
						自用	租出		
地主	4	4	40	1	4	6	12	0	0
富农	6	4	32	1	2	4	2	0	0
中农	69	50	252	11	56	81	16	0	2
贫农	34	15	367	1	18	19	0	0	4
雇农	0	0	74	0	0	1	0	0	0
造纸工人	0	0	45	0	1	1	0	0	0
手工业者	0	0	24	0	0	0	0	0	0
其他	0	0	7	0	0	0	0	4	0
合计	113	73	841	14	81	112	30	4	6

注:内富农租入耕牛1头,中农租入12头,贫农租入17头。

六、借贷关系

该村除地主富农外，30%的农民均有债务，放债者主要是地主、富农，而借债者全部是贫、雇、中农。抗战前利率一般是二分、二分半，最高不超过三分。抗战时期，利率逐渐上升至四分、五分。解放前一年，利率更趋高峰，一般是八分、九分，甚至个别有借一还二者。兹将解放前，该村借贷关系户数统计如下：

金象村借贷户数统计表

成份		地主	富农	中农	贫农	雇农	造纸工人	其他	合计
总户数		24	13	154	252	107	50	67	667
借入户	户数	0	0	33	61	13	1	13	121
	占本阶层户数百分比	0	0	21.43	24.21	12.15	2.00	19.40	18.14
借出户	户数	5	7	14	27	0	4	5	62
	占本阶层户数百分比	20.83	53.85	9.09	10.71	0	8.00	7.46	9.30

注:另有外村在该村放债者计 34 户,放出米 5198 斤,稻 6421 斤,因债主成份不明,未统计在内。

中共皖南区党委农委会

1950 年 5 月

宣城县东里村农村调查

东里村位于宣城东 6 里，南北长约 7 里，东西宽四五里。共分 37 个自然村，地处平原区，居民均务农，少数兼营捕鱼。该村能代表宣城一般平原地区的农村。

一、人口

该村共有 678 户，2894 人，除当地人外，尚有部分从湖北、河南、广东、安庆、江北等地迁来的外来户，这些外来户，均系太平天国革命后移来开荒的。

其户口与人口按阶层划分如下表：

各阶层户口人口统计表

成份	户口		人口	
	户数	百分比	人数	百分比
地主	8	1.18	44	1.52
富农	23	3.39	162	5.60
中农	304	44.84	1421	49.10

续表

成份	户口		人口	
	户数	百分比	人数	百分比
贫农	267	39.38	1043	36.04
雇农	49	7.23	128	4.42
其他	27	3.98	96	3.32
合计	678	100.00	2894	100.00

二、土地的占有和使用

该村共使用土地7929亩，而该村各阶层所占有的本村土地仅4185.5亩，即有3743.5亩为外村业主所有，占使用土地的47.21%。该村地主、富农以及个别中农也在外村置地，共计达195亩，其中以富农的102.4亩为最多，占52.51%。

该村每人平均占有土地1.51亩，使用土地2.74亩，兹将各阶层占有和使用土地情况统计如下：

东里村各阶层土地占有及使用情况表

成份	人口		占有土地					使用土地		
	人数	百分比	土地在外村	土地在本村	占有土地合计	各阶层占有土地占总数的百分比	每人平均占有数	亩数	各阶层使用土地占总数的百分比	每人平均使用数
地主	44	1.52	23.0	581.0	604.0	13.79	13.73	64.5	0.81	1.47
富农	162	5.60	102.4	1043.1	1145.5	26.15	7.07	634.3	8.00	3.92
中农	1421	49.10	11.6	1789.5	1801.1	41.12	1.27	5381.3	67.87	3.79
贫农	1043	36.04	0	457.1	457.1	10.43	0.44	1719.5	21.69	1.65
雇农	128	4.42	0	13.0	13.0	0.30	0.10	116.9	1.47	0.91
其他	96	3.32	0	20.5	20.5	0.47	0.21	12.5	0.16	0.13
特殊土地	—	—	58.0	281.3	339.3	7.74	—	0	0	0
合计	2894	100.00	195.0	4185.5	4380.5	100.00	1.51	7929.0	100.00	2.74

注：特殊土地包括公堂、学田、庙田、会田等。

如上表所示，彷彿中农占有土地很多，地主仅占本村占有土地的13.88%，但实际上，外村业主所占有的3743.5亩土地中，地主阶级就占76.24%，计2854.1亩，故本村地主和外村地主共占有土地3435.1亩，占该村使用土地的43.32%，土地集中在地主阶级手中的现象依旧是很显著的。兹将外村业主在该村占有土地统计如下：

外村业主占有东里村土地统计表

成份	地主	富农	中农	贫农	雇农	其他	特殊土地	合计
户数	70	10	22	19	3	24	—	148
占有土地	2854.10	207.80	236.60	126.20	29.60	278.50	10.70	3743.50
占有土地百分比	76.24	5.55	6.32	3.37	0.79	7.44	0.29	100

该村地主每人平均占有土地13.73亩，为全村每人平均数1.51亩的9.1倍，富农每人平均数为全村平均数的4.7倍，中农每人平均数在全村平均数之下，而中农以下各阶层则每人尚不到半亩。

该村共有公私池塘563个，内公塘396个，私塘167个。公塘为所有居民合用，私塘除自用外，随地出租，不另取租。另有水泊一条，长约2里，天旱无水，平时有水时，凡靠近水泊的田地均可使用，并无限制。

该村有特殊土地281.3亩，另58亩在外村，共339.3亩，其中祠堂田占78.19％，计265.3亩，归十族20个祠堂所有。其他庙田、公田、会田、学田仅占少数。兹将特殊土地占有情况统计如下：

特殊土地统计表

项目	祠堂田	庙田	公田	会田	学田	合计
在本村土地	207.30	10.50	20.00	9.10	34.40	281.30
在外村土地	58.00	0	0	0	0	58.00
合计	265.30	10.50	20.00	9.10	34.40	339.30
百分比	78.19	3.10	5.89	2.68	10.14	100.00

该村使用土地89.56％为中、贫农所使用，但中、贫农所使用的土地中，租入土地占70％以上。

全村每人平均使用土地2.74亩，以富农每人平均使用3.92亩为最多，次为中农3.79亩，其他各阶层每人平均使用土地均在全村平均数之下。

三、租佃关系

全村共租入土地5443亩，为使用土地的68.65％。其中向外村业主租入3743.5亩，占租入土地的68.78％。全村各阶层共租出土地1894.5亩，其中10.29％在外村。兹将各阶层租入和租出土地情况统计如下：

东里村各阶层租入和租出土地统计表

成份	租入土地					租出土地				
	从本村业主租入土地数	从外村业主租入土地数	合计	各阶层租入土地占总数的百分比	租入土地占本阶层使用土地的百分比	出租在本村土地数	出租在外村土地数	合计	各阶层租出土地占总数的百分比	租出土地占本阶层占有土地的百分比
地主	0	0	0	0	0	516.5	23.0	539.5	28.48	89.32
富农	18.9	103.0	121.9	2.24	19.22	530.7	102.4	633.1	33.42	55.27
中农	1156.1	2736.1	3892.2	71.51	72.33	300.4	11.6	312.0	16.47	17.32
贫农	455.9	853.6	1309.5	24.06	76.16	47.1	0	47.1	2.48	10.30
雇农	68.6	38.3	106.9	1.96	91.45	3.0	0	3.0	0.16	23.08
其他	0	12.5	12.5	0.23	100.00	20.5	0	20.5	1.08	100.00
特殊土地	—	—	—	—	—	281.3	58.0	339.3	17.91	100.00
合计	1699.5	3743.5	5443.0	100	68.65	1699.5	195.0	1894.5	100.00	43.25

租入土地的95.57%为中、贫农所租入，而以中农租入为最多，计3892.2亩，占71.51%。地主无租入土地，雇农租入土地仅占租入土地总数的1.96%，但雇农使用土地中91.45%为租入土地。其他阶层共使用12.5亩，全部为租入土地。

全村各阶层均有土地出租。特殊土地和其他阶层以其全部占有土地出租，地主出租土地为其占有土地的89.32%。

该村所有租田均无永佃权。至于土地典当，分死期、活期两种。死期是限定典当年期，过期不赎，作为卖绝，未到期时，亦不准赎回。活期无时期规定，随时可赎。该村有典当关系的共 8 户，出当人计贫农 5 户，中农 2 户，富农 1 户；承当人富农 1 户，中农 1 户，贫农 1 户，小商贩 2 户，公堂 1 户，另有 2 户在外村，成份不明。共有典当土地 54 亩，当价18 900斤稻。

四、借贷关系

该处高利贷形式有以下几种：

（一）“五分利”：春季借麦 1 石（只能换 8 斗米），割稻时还稻 1 石 4 斗，这种利息尚算较轻的。

（二）“加倍利”：春借稻 1 担，秋收时还 2 担，此种借贷最为普遍。

（三）“加打滚”：腊月间借稻 1 担，明年春天还麦 1 石，届期不能归回，转至秋后须还稻 5 担。

（四）“放月利”：一般为月息三分，亦有二分者。每月利上滚利，一年后滚至 5 倍。“加打滚”与“放月利”的剥削极重，因而农民非至十分窘迫时，不愿借入。借出户多为专靠放债维持生活的孤寡老妇。如何志莲在 1948 年 12 月向老寡妇郑王氏借米 1 石，言明明年春季还麦 3 石，届时未能偿还，到秋收时滚为 8 石稻。

（五）“买青利”：此种形式在解放前二三年极为盛行，剥削最甚。城镇中地主、富农所开设之砻坊、粮行，囤积粮食，平时不放债，专等一年三季买青苗，清明后“买午季秋”（菜籽、小麦），小暑后“买稻秋”，九月后“买豆秋”。一般为农民当时借到能买 1 斗米的钱，秋收时还稻 1 担。农民称此种形式为“一、二、三季拿空仓”。又说：“一背上这种债，必定要垮台”。如刘天清一户 6 人，整劳动力 3 个，租种土地 30 余亩，因为付租和负债关系，年年不够吃。

在抗战前，该处多放钱债，利率一般为二分。抗战时期，因币值不稳，渐以稻米计算，利率亦逐年增高。胜利后，因伪币恶性膨胀，农村经济破产，一般较大的地主，及城镇中地主、富农兼营工商业者，多在秋收时，压价收购，囤积粮食，到春荒时买青苗。

至于各阶层间债务关系，兹以该村第六闾为例，统计如下：

东里村第六闾债户关系统计表

成份			富农	中农	贫农	雇农	其他	合计
全闾户口			4	50	22	4	1	81
欠债户数及债额		户数	2	24	19	0	0	45
		担数	30.0	243.7	143.5	0	0	417.2
债主成份及放债数	地主	户数	0	2	1	0	0	3
		担数	0	37	75	0	0	112
	富农	户数	0	1	1	0	0	2
		担数	0	1	55	0	0	56
	中农	户数	0	8	3	0	0	11
		担数	0	28.5	5.5	0	0	34.0
	贫农	户数	0	0	1	0	0	1
		担数	0	0	2	0	0	2
	雇农	户数	0	4	1	0	0	5
		担数	0	48	3	0	0	51
	手工业者	户数	0	5	0	0	0	5
		担数	0	78	0	0	0	78
	小商贩	户数	0	5	1	0	0	6
		担数	0	17.7	2.0	0	0	19.7
	孤寡老妇	户数	0	3	1	0	0	4
		担数	30.0	33.5	9.0	0	0	72.5

注：1. 另有中、贫农无息互助借贷 76.75 担未统计在内。
2. 债额单位稻担。
3. 债主户数包括外村者。
4. 中农欠雇农数字中有 36 担系欠 2 户雇农的（另 12 担系佃中农所欠），1 户欠雇农工资 6 担，另 1 户因租了雇农的耕牛死了，作债 10 担谷赔偿，均无息。

该闾共81户，欠债者45户，占总户数的55.56%。共借入417.2担稻，其中中农借入占58.41%，贫农占34.40%。雇农4户，均无借入，此因雇农太穷，债主不愿出借之故。

从债主成份而言，则以地主3户出借112担稻为最多，占总债额的26.85%。手工业者5户出借78担（其中70担为中农所欠棺材费）为次之。从债主每户出借数额而言，亦以地主一户出借75担为最多，次为富农一户出借55担。

五、农具、耕畜占有和租借关系

该村农具、耕畜均感不足，因而不仅耕牛有租借关系，即农具亦有租入者。全村共租入耕牛69头，分常年租及代耕两种，代耕每亩收稻30斤。另有转租方式，即租入的耕牛如尚有多余畜力，再转租给人，酌取津贴，最高不超过1担稻。借用水车，一般每季付租10斤至15斤稻。兹将各阶层占有和租借农具、耕畜情况列表如下：

东里村农具、耕牛统计表

成份	水车		斛桶		自用耙	自用犁	自用锄头	自用手锹	自用手车	水牛		
	自用	借入	自用	借入						自用	出租	租入
地主	2	0	2	0	3	3	7	2	0	0	1	1
富农	18	0	19	0	18	26	44	20	0	26	5	8
中农	51	1	52	0	54	83	235	38	1	67	1	16
佃农	60.5	1	55	1	53	111	192	20	1	48	0	34
贫农	15	0	13	0	11	62	181	5	1	14	1	9
雇农	2	0	1	0	2	3	14	1	0	0	0	1
合计	148.5	2	142	1	141	288	673	86	3	155	8	69

注：佃农包括佃中农220户，佃贫农152户。

中共皖南区党委农委会

1950年5月

岳西县五河区北山村调查

一、自然情况

北山村与左邻沙村合划为一小乡，地处岳西中南部。该村自然情况可代表岳西之中等山地。居民住居及田地均在北山（8里高）之山排上，坐北朝南，全村没有一个畈，就连一个较大的冲也没有。田地极零碎，5亩一丘者仅有3丘；3亩一丘者亦极少，5分左右者占多数。有一佃户租种 8 亩田（接近山顶）竟达 120 余丘。田多地少，田多有埂，是用人工把石头垒砌起来的，许多地都是作埂用人工改为田的。

该村长年受到风、旱、虫、蚰之灾害，其主要是山高风大。特别怕北风，因北山远大，山势激陡，风较大时，房屋都被吹倒，碗粗的树都被拔起来。

又由于山势激陡，若下大雨一天，则洪水倾泄，有冲垮田堰之危险；十余天不下雨，则 2/3 田地又干旱若渴，虽少数水田有山泉灌溉，亦因水刚出泉，和阳光接触少，对稻苗刺伤甚大，故该地群众普通称“山头上田地，又想雨又怕雨”。

二、土地问题

甲、一般土地占有与使用及其有关问题

（一）各阶层占有土地及使用情况见下列诸表：

各阶层占有及使用土地情况统计表

成份		户口		人口		占有土地						使用土地				
		户数	占总户口数百分比	人数	占总人口数百分比	在本村土地		在外村土地	共计	占占有土地百分比	每人平均占有数	田	地	共计	占使用土地百分比	每人平均使用数
						田	地									
地主		11	4.49	47	4.24	219.986	7.820	72.990	300.796	17.13	6.40	32.680	6.320	39.000	2.26	0.83
富农		13	5.31	65	5.87	167.868	15.310	14.625	197.803	11.26	3.04	125.378	14.910	140.288	8.13	2.16
中农	中农	66	26.94	279	25.18	515.842	43.940	13.335	573.117	32.64	2.05	541.681	42.090	583.771	33.83	2.09
	佃中农	6	2.45	42	3.79	30.475	3.780	0	34.255	1.95	0.82	103.115	3.780	106.895	6.20	2.55
	合计	72	29.39	321	28.97	546.317	47.720	13.335	607.372	34.59	1.89	644.796	45.870	690.666	40.03	2.15
贫农	贫农	69	28.16	339	30.60	277.086	60.640	1.110	338.836	19.29	1.00	346.647	62.360	409.007	23.70	1.21
	佃贫农	44	17.96	229	20.67	49.020	15.145	0	64.165	3.65	0.28	364.785	39.060	403.845	23.41	1.76
	合计	113	46.12	568	51.27	326.106	75.785	1.110	403.001	22.94	0.71	711.432	101.420	812.852	47.11	1.43
雇农		3	1.22	7	0.63	0	0.800	0	0.800	0.05	0.11	1.350	0.800	2.150	0.13	0.31
小商贩		1	0.41	10	0.90	0	0.800	0	0.800	0.05	0.08	5.400	1.400	6.800	0.39	0.68
手工业者		15	6.12	51	4.60	7.803	5.530	0	13.333	0.76	0.26	14.173	8.830	23.003	1.33	0.45
自由职业者		2	0.82	9	0.81	10.200	0.880	3.000	14.080	0.80	1.56	0	0.480	0.480	0.03	0.05
宗教职业者		1	0.41	2	0.18	0	0	0	0	0	0	2.800	0.140	2.940	0.17	1.47
贫民		14	5.71	28	2.53	50.315	5.920	0	56.235	3.20	2.01	1.400	5.920	7.320	0.42	0.26
公田		（24）	0	0	0	125.796	1.500	—	127.296	7.25	—	0	0	0	0	—
学田		（1）	0	0	0	33.850	0.800	—	34.650	1.97	—	0	0	0	0	—
总计		245	100.00	1108	100.00	1488.241	162.865	105.060	1756.166	100.00	1.58	1539.409	186.090	1725.499	100.00	1.56

注：1. 占有土地当出土地。
2. 使用土地当入土地。
3. 公学田是指在本村土地，凡在外村者不计。
4. 公田是除学田外，庙、社、祠、族、慈善、农场等土地的总和。
5. 户数总计内无公、学、庙田户。

各阶层自耕及出租土地统计表

成份		自耕			出租土地			
					出租本村			出租外村亩数
		水田	旱地	合计	水田	旱地	合计	
地主		32.680	6.320	39.000	187.306	1.500	188.806	72.990
富农		123.428	14.910	138.338	44.440	0.400	44.840	14.625
中农	中农	456.295	41.690	497.985	59.547	2.250	61.797	13.335
	佃中农	30.475	3.780	34.255	0	0	0	0
	小计	486.770	45.470	532.240	59.547	2.250	61.797	13.335
贫农	贫农	264.636	59.170	323.806	12.450	1.470	13.920	1.110
	佃贫农	49.020	15.145	64.165	0	0	0	0
	小计	313.656	74.315	387.971	12.450	1.470	13.920	1.110
雇农		0	0.800	0.800	0	0	0	0
小商贩		0	0.800	0.800	0	0	0	0
手工业者		7.803	5.530	13.333	0	0	0	0
自由职业者		0	0.480	0.480	10.200	0.400	10.600	3.000
贫民		1.400	5.920	7.320	48.915	0	48.915	0
公田		0	0	0	125.796	1.500	127.296	0
学田		0	0	0	33.850	0.800	34.650	0
总计		965.737	154.545	1120.282	522.504	8.320	530.824	105.060

各阶层租入本村业主土地统计表

成份		出租土地户														
		地主			富农	小土地出租者	公田			学田			其他			总计
		田	地	合计			田	地	合计	田	地	合计	田	地	合计	
富农		0	0	0	1.950	0	0	0	0	0	0	0	0	0	0	1.950
中农	中农	12.651	0	12.651	8.385	14.210	33.956	0.800	34.756	0	0	0	9.134	0	9.134	79.136
	佃中农	45.880	0	45.880	0	0	25.990	0	25.990	0	0	0	0	0	0	71.870
	小计	58.531	0	58.531	8.385	14.210	59.946	0.800	60.746	0	0	0	9.134	0	9.134	151.006
贫农	贫农	19.800	0	19.800	5.225	6.725	23.600	0.460	24.060	0	0	0	25.331	1.520	26.851	82.661
	佃贫农	101.705	1.400	103.105	27.420	38.580	42.250	0.100	42.350	33.850	0.800	34.650	32.542	0	32.542	278.647
	小计	121.505	1.400	122.905	32.645	45.305	65.850	0.560	66.410	33.850	0.800	34.650	57.873	1.520	59.393	361.308
雇农		1.350	0	1.350	0	0	0	0	0	0	0	0	0	0	0	1.350
小商贩		0	0	0	1.860	0	0	0	0	0	0	0	3.540	0.600	4.140	6.000
手工业者		5.920	0.100	6.020	0	0	0	0	0	0	0	0	1.450	1.600	3.050	9.070

续表

成份	出租土地户														
	地主			富农	小土地出租者	公田			学田			其他			总计
	田	地	合计			田	地	合计	田	地	合计	田	地	合计	
宗教职业者	0	0	0	0	0	0	0.140	0.140	0	0	0	0	0	0	0.140
总计	187.306	1.500	188.806	44.840	59.515	125.796	1.500	127.296	33.850	0.800	34.650	71.997	3.720	75.717	530.824

注:1.公田项内包括庙田7.58亩。
2.其他项系指贫农、中农出租土地。
3.小土地出租者一项系指自由职业者与贫民出租土地者。

各阶层租入外村业主土地统计表

成份		出租土地户										
		地主			公田	富农			其他			总计
		田	地	合计		田	地	合计	田	地	合计	
中农	中农	0	0	0	0	1.750	0	1.750	4.900	0	4.900	6.650
	佃中农	0	0	0	0	0.770	0	0.770	0	0	0	0.770
	小计	0	0	0	0	2.520	0	2.520	4.900	0	4.900	7.420
贫农	贫农	0	0	0	0	0	0	0	2.540	0	2.540	2.540
	佃贫农	20.850	0.800	21.650	1.050	17.510	2.000	19.510	18.343	0.480	18.823	61.033
	小计	20.850	0.800	21.650	1.050	17.510	2.000	19.510	20.883	0.480	21.363	63.573
手工业者		0	0.600	0.600	0	0	0	0	0	0	0	0.600
宗教职业者		0	0	0	0	0	0	0	2.800	0	2.800	2.800
总计		20.850	1.400	22.250	1.050	20.030	2.000	22.030	28.583	0.480	29.063	74.393

各阶层每人平均占有土地统计表

成份		每人平均占有土地数													
		0	0—0.5	0.5—0.7	0.7—1.0	1.0—1.2	1.2—1.5	1.5—2.0	2.0—2.5	2.5—3.0	3.0—4.0	4.0—5.0	5.0—10.0	10以上	合计
全村总数	户	35	32	14	25	12	24	38	21	18	14	3	5	4	245
	人	148	156	68	143	71	106	159	86	74	67	5	15	10	1108
	亩	0	48.750	42.085	123.439	78.952	143.091	277.584	193.018	202.440	212.355	24.310	106.706	141.490	1594.220
地主	户	0	0	0	0	0	0	0	1	0	2	1	3	4	11
	人	0	0	0	0	0	0	0	4	0	19	2	12	10	47
	亩	0	0	0	0	0	0	0	9.700	0	58.826	9.750	81.030	141.490	300.796
富农	户	0	0	0	0	0	0	1	1	5	5	0	1	0	13
	人	0	0	0	0	0	0	7	5	26	25	0	2	0	65
	亩	0	0	0	0	0	0	12.670	11.900	75.905	79.060	0	18.268	0	197.803
中农	户	0	0	0	0	1	9	23	14	13	5	1	0	0	66
	人	0	0	0	0	7	41	104	61	48	17	1	0	0	279
	亩	0	0	0	0	7.200	55.750	187.250	136.423	126.535	55.199	4.760	0	0	573.117
佃中农	户	0	1	1	3	0	1	0	0	0	0	0	0	0	6
	人	0	6	9	22	0	5	0	0	0	0	0	0	0	42
	亩	0	2.100	5.010	20.745	0	6.400	0	0	0	0	0	0	0	34.255
贫农	户	1	8	9	16	9	14	10	2	0	0	0	0	0	69
	人	5	47	41	88	52	60	37	9	0	0	0	0	0	339
	亩	0	19.875	26.950	75.794	57.782	80.941	57.149	20.345	0	0	0	0	0	338.836

续表

成份		每人平均占有土地数													
		0	0—0.5	0.5—0.7	0.7—1.0	1.0—1.2	1.2—1.5	1.5—2.0	2.0—2.5	2.5—3.0	3.0—4.0	4.0—5.0	5.0—10.0	10 以上	合计
佃贫农	户	22	13	3	5	1	0	0	0	0	0	0	0	0	44
	人	109	63	17	32	8	0	0	0	0	0	0	0	0	229
	亩	0	19.370	9.525	26.100	9.170	0	0	0	0	0	0	0	0	64.165
雇农	户	2	1	0	0	0	0	0	0	0	0	0	0	0	3
	人	4	3	0	0	0	0	0	0	0	0	0	0	0	7
	亩	0	0.800	0	0	0	0	0	0	0	0	0	0	0	0.800
小商贩	户	0	1	0	0	0	0	0	0	0	0	0	0	0	1
	人	0	10	0	0	0	0	0	0	0	0	0	0	0	10
	亩	0	0.800	0	0	0	0	0	0	0	0	0	0	0	0.800
自由职业	户	0	0	0	0	1	0	1	0	0	0	0	0	0	2
	人	0	0	0	0	4	0	5	0	0	0	0	0	0	9
	亩	0	0	0	0	4.800	0	9.280	0	0	0	0	0	0	14.080
其他	户	10	8	1	1	0	0	3	3	0	2	1	1	0	30
	人	30	27	1	1	0	0	6	7	0	6	2	1	0	81
	亩	0	5.805	0.600	0.800	0	0	11.235	14.650	0	19.270	9.800	7.408	0	69.568

注:1.其他项内包括手工业者、宗教职业者和贫民。
　2.全村总土地中公田、学田、庙田未包括在内。

（二）小土地出租者出租土地情况：

全村小土地出租者共10户、27人，其中自由职业者2户、9人；丧失劳动力的贫民8户、18人。2户自由职业者均靠教私塾为生，每人平均占有土地不超过该村每人平均占有土地数。8户贫民中2户为烈属，一户每人平均占有土地7.4亩，超过当地每人平均占有土地（1.58亩）400%以上；一户每人平均占有土地4.8亩，超过当地每人平均占有土地300%以上。其余6户中，每人平均占有土地数超过当地每人平均占有土地200%以上者2户；100%以上者4户；都因丧失劳动力被迫出租小量土地，过着不及一般中农的生活。其中只有1户，刘韩氏1人，占有上等田地7.4亩，收租18石，生活超过一般中农，每年尚有积余。

小土地出租者土地统计表

项目	自由职业者	鳏寡孤独残废	合计
户数	2	8	10
人数	9	18	27
占有土地	14.080	54.835	68.915
每人平均占有	1.560	3.046	2.552
出租土地	13.600	50.150	63.750
每人平均出租	1.511	2.786	2.361

（三）公地情况：

全村有姓族公堂22个，地方公堂2个，庙1座，共占有田159.646亩，地2.3亩（姓族公堂占有土地113.716亩，地方公堂占有土地40.65亩，庙田7.58亩）。占总占有田亩（本籍在本外乡合计）9.22%。姓族公堂中韩姓占17个，刘姓占3个，储、王二姓各占1个。

姓族公堂的土地来源，十分之七八是祖遗，少数是集捐的，田亩都很少。20亩以上的只有一个，名韩家元公堂，土地是祖遗的，到现在已有六代了，一向掌握在地主阶级手里。10亩以上的一个，也是祖遗的，至今十代了，首事4人系贫农。5亩以上的一个，几分到4亩之间的有15个，多系中、贫农经管，都是祖遗的。集捐的只有一个。

地方公堂2个，占有田地40.65亩，是集捐的。义甲堂的土地是清同治年间十大户集捐的，专作支差及掩埋露骨，打发成群求乞之用，又叫排公（清朝县以下地区分里、甲、排，过去湖村、湖山、石榜三乡为一里，又名忠里，分十个甲，排内有公事开支，都从这里支取），首事10个，7个地主成份，3个贫农成份，实权掌握在地主手内，解放前全为伪保甲组织的办公费之来源。太平禁的土地是明末清初年代集捐的，占有土地33.85亩，为全村最大之公堂。过去也是作些慈善事情，后并为学校基金。首事14人，大首事4人，地主1人，富农3人，小首事10人系中、贫农。实权全部掌握在大首事手里。小首事徐家胜、韩邦贤说："他们是首事，我们都是听事，只管跑腿。"

庙一座，有田7.58亩，出租一部，自耕一小部（雇日工）。庙田来源是从前刘姓一家生4个女儿，都未出嫁，完全出家当了尼姑，田也随着带去，变成了今日的庙田。

公共土地统计表

项目	占有土地			出租本乡土地					
				中农	贫农		小计		
	水田	旱地	合计	水田	水田	旱地	水田	旱地	合计
学田	33.850	0.800	34.650	8.350	25.500	0.800	33.850	0.800	34.650
庙田	7.440	0.140	7.580	4.640	2.800	0.140	7.440	0.140	7.580
族地	118.356	1.360	119.716	47.196	71.160	1.360	118.356	1.360	119.716
合计	159.646	2.300	161.946	60.186	99.460	2.300	159.646	2.300	161.946

（四）土地习惯计算法与标准亩计算法：

岳西过去习惯以石种计算土地。地主们为了进一步剥削农民，在土地出租时将数字扩大，故有老庄田（每石种可产 20 石至 22 石稻）新庄田（每石种产 18 石至 20 石稻）之分。石种田的大小基本上是以产量高低决定。如北山，最好田平均每石种按地面计算合标准亩（每亩 60 平方丈）有 5 亩左右，最差的田每石种地面有达到 8 亩以上。

水田上等田每石种能折合 5 亩至 6 亩 4 分，其每亩全年产量为 380 市斤至 480 市斤稻。中等田每石种能折合 6 亩 5 分至 7 亩 3 分，其每亩全年产量为 320 至 380 市斤。下等田每石种折到 7 亩 4 分至 8 亩 2 分，每亩全年产量为 250 至 320 市斤。

乙、特殊土地之占有与使用及其有关问题

（一）山林：

北山村全村除五六里长一个大荒草山（只长些小毛柴和草，山势极陡，不便登上）外，其余小山上长有松树，但不成材料只能作燃料。以每石种（国民党反动派时曾测丈过）10 亩计算，全村共有山400.26亩，地主占有 56 亩，富农占有42.62亩，中农（包括富裕中农佃中农）占有134.9亩，贫农（包括佃贫农）占有139.44亩，其他阶层占有19.7亩。公田、庙田占有7.6亩。

山林的租佃关系，有两种类型：一种不随田出租，而业主自己砍伐，自己看管，不准租山上田的佃户有丝毫侵犯（不记载在租佃承约内）。一种是在租田承约内规定，准许佃户剃椏扫脚，但不许砍伐树身，佃户对树木有看管保护之责。中农以下的成份，占有的山多系自己栽培，自己使用。

山林占有使用情况统计表

成份		占有情况		使用情况					
				自耕		不随田出租自己砍伐		随田出租佃户剃桠扫脚	
		户数	亩数	户数	亩数	户数	亩数	户数	亩数
地主		11	56.00	2	3.60	5	44.40	4	8.00
富农		7	42.62	5	10.42	1	0.20	1	32.00
中农	中农	35	128.82	33	122.92	2	5.90	0	0
	佃中农	4	6.08	4	6.08	0	0	0	0
	小计	39	134.90	37	129.00	2	5.90	0	0
贫农	贫农	30	126.54	30	126.54	0	0	0	0
	佃贫农	8	12.90	8	12.90	0	0	0	0
	小计	38	139.44	38	139.44	0	0	0	0
手工业者		3	10.50	3	10.50	0	0	0	0
自由职业者		1	3.00	0	0	0	0	1	3.00
贫民		2	6.20	0	0	2	6.20	0	0
公田		1	5.60	0	0	0	0	1	5.60
庙田		1	2.00	0	0	0	0	1	2.00
总计		103	400.26	85	292.96	10	56.70	8	50.60

注:1.自耕乃指田自耕,山林由业主自己砍伐。
2.不随田出租自己砍伐,即田出租,山不要佃户看管,也不准剃桠扫脚砍伐树身。
3.随田出租佃户剃桠扫脚,即田出租山要佃户看管,准佃户剃桠扫脚,不准砍伐树身。

（二）水塘、水堰：

全村共有水塘23个，面积7.01亩，用水田122.2亩；水堰73条，灌溉田740.6亩，其中公塘12个，私塘11个（地主占有四、富农三、中农二、公堂一、贫农一）：公堰51条，私堰22条（地主占有七、富农三、中农五、贫农七，贫农占有者小，只能灌二三斗种，实为小水沟）。

群众对水非常重视，买田必须买水，塘脚下田及堰头的田，田价都高些。这里的堰虽多而小，灌溉面积不大，因为山河沟小，水源不大之故。堰越靠河上游，水源越大。此地俗称："水过千层堰，堰堰都有水。"即是说，一个河沟有许多堰，水顺堰而下，每个堰都有水，故堰与堰之间，矛盾不大（当然也有）。公堰多，私堰少，共堰享受水利，系按地形而分先后：头堰（即堰口田）优先享受，中堰（堰中部田）次之，末堰更次之（水尾先干）。群众使水按照古制，秩序尚好。

因山排上无畈，所以水塘都很小。公塘使水和堰一样，塘脚下田优先享受水利。登宅基水的塘一屋共有，挂高塝的塘一塝共有，垄头（即坤头）上塘一条冲共有，纯私塘很少。

不同堰或塘只要有水份，下面田的水，可以由上面田过，不发生什么争执，俗话说："肥水不过丘”，即肥水比清水重些，一夜就沉淀下去，不会流到下边田里去。

公堰、公塘均由使水户共管，堰塘损坏，由大家修理，否则停止使水权。使水时“上流下接”，即上面田水满了，下面田才可以放水，上面田有平水缺，水一到某种程度（即平水）即往下淌。在大公堰中专门雇有作堰的，负修理水道及引水之责，每年按使水份量及先后缴稻作代价。

（三）木梓：

木梓在本村是一种特产。全村共有木梓树 4038 株，地主占有 453 株，富农占有 420 株，中农（包括富裕中农、佃中农）占有 1497 株，贫农（包括佃贫农）占有 1185 株，其他阶层占有 483 株（包括公共土地在内）。每株每年平均产木梓约 5 升，每年全村共出产210.9石，可以打皮油 3570 斤，青油 3045 斤。

木梓树的使用关系（即租佃关系）大约可以分成五种类型，即：自耕；田出租，木梓自己剪；田出租，木梓佃户剪，交油租；田出租，木梓佃户剪，不交油租；田出租，木梓业主自剪大部，佃户剪一部，不交租。

木梓树不花什么成本，每年出小秧，不必花人工培养，吸收田里的肥料，慢慢长大。木梓虽为工业原料，但直接以此作原料供给工商业的户数在此地没有。

丙、各阶层牲畜、房屋及生产工具占有及使用关系

全村耕牛计黄牛21.2头，水牛37.8头。全村有牛户计 130 户，无牛户计 77 户，全村共使用田地1725.499亩，以每头水牛可以耕 3 石 5 斗种到 4 石种，每头黄牛可以耕 2 石 5 斗种到 3 石种计，牛力尚可自给自足（因地不用牛耕，全用人力开）。缺牛力户多以以下几种方式解决之：（一）租牛（俗称介牛）：过去种 1 石种牛租 2 石稻，牛草各半，现在多 1 石种为 1 石至 1 石 5 斗稻，牛草亦各半。以此种方式解决牛力困难的很普遍，全村共 44 户租牛的。（二）打牛会：即习惯的互助形式，有牛户相互间帮助，即以牛工还牛工，无牛户乃以人工换牛工，习惯是 2 个人工换 1 个牛工。（三）打牛批：这是一种严重的封建剥削。过去一些地主让佃户给带种一点田，人牛都不给代价，剥削佃户牛力与人力。

全村房屋共 736 间，佃农的房屋一部分是自己的，一部分是在土地承约内承租的，无屋租。修理时，东瓦（此地多为瓦屋）佃工，不租种田单租屋即有租，一般说来都不重。

本村农具锄头每家都有。犁、耙、耖多为农民占有，缺犁户可以互借，习惯是无代价的，租牛借农具往往连在一起的。

各阶层占有生产工具情况统计表

成份	房屋	耕牛	农具		
			犁	耙	杪
地主	110.0	1.10	2.83	4.66	29
富农	62.5	3.25	8.00	10.00	51
中农	236.5	24.46	38.58	48.40	250
贫农	182.0	10.94	27.33	35.00	236
雇农	2.0	0	0	0	1
佃中农	16.0	4.75	6.00	10.67	29
佃贫农	76.5	14.50	22.70	22.57	148
手工业者	17.0	0	1.00	0.50	25
贫民	28.0	0	1.00	0.50	25
自由职业者	5.0	0	0	0	6
合计	735.5	59.00	107.44	132.30	800

丁、租佃关系

据调查了解，岳西的土地有永佃权的很少，转佃权则更没有，一切主权操在地主手中，佃农完全处于被动地位。佃户租田虽上有系庄（押板金），但地主往往无理提出要把系庄加大，佃户无力交纳或不愿交纳时，立被夺佃。佃户转移佃权者即为犯“法”，地主立即加以“避东私佃”之罪名。

（一）租佃形式及租额：

死租：即包租，系按产量（每石种 20 石稻）东七佃三、东七五佃二五或东八佃二分，一般租额为每石种 14 石，老庄田有多到 15 石至 16 石的，不论风、旱、虫、蚰，年成歉收与否，都要按租交课。

活租：即分租，分租亦按产量东七佃三、东七五佃二五或东八佃二分，如 1 石种能收 20 石稻，则东方得 14—16 石，佃方得 4—6 石。年成歉收可以酌减。

死租兼活租（即包租兼分租）：此类租佃形式较多，即原则上是包租，年成稍有荒歉，佃户仍得按额交租，如遇不可抗拒之灾害，致使庄稼歉收太多，不能按额交租，佃户得凭中备盛席敦请东方到场按实际产量东七佃三或四股分（东三佃一）。甚至东八佃二分（按包租的租额折合分配）。

（二）契约形式：

小兴（契约形式的名称）：小兴多无承约，不上系庄（押板金），佃权毫无保障。

大兴：大兴上有系庄，并多立契约，有中人，佃权稍有保障，常种三五年至二三十年不等，乃看佃东双方关系如何而定，然并非永佃权，东方随时可以退还系庄，解除契约。

召约：系接近于典当而又不是典当的一种契约形式。被召者即佃户以比大兴所付之系庄为大之代价，换取了较长的佃权（习惯至少五年）和买典之优先权。

现附几个实例，并说明如下：

（附一：小兴例）

立承约人王永北、王得隆等四人今承到

刘佐明先生名下水田 3 石 5 升种，每年实拂租 50 石正。晒干扬净，送仓过戽。如遇风旱虫蚰，年成歉收，凭中登场亲临，四股明分，东三佃一。另黄豆租 1 斗，小麦租 1 斗，茶租 6 斤，油租 6 斤，租鸡 2 只，随租奉上。恐口无凭，立承字为证。

中人：×××

×××

年　　月　　日

说明：该田田埂上可种黄豆，每年能收到 4 斗。木梓树每年能收 5 斗，可榨皮油 9 斤，清油 6 斤。茶棵每年可收到茶叶 10 斤。田上不种小麦，只是由塝田头小地块上种些，每年能收到二三斗。该田每年只能收稻 70 石左右。每年共需人、牛工 180 个。

（附二：大兴例）

立承租人韩恺朝（北山九组）今承

刘东礼宾令侄多才、多树、多东等名下北山窦田塝田 1 石 5 斗种，随田地塝平地山场屋宇菜园一并在身居住兴种，身比上系庄净皮油 200 斤，言定系息稻 6 石正，除回保息稻兴工外，实拂租稻 12 石 6 斗整，秋收干好，制戽交拂。日后退卸，油到田还，来无预受，去无施工。今欲有凭，立字承约。

言定屋宇修理翻盖，东瓦佃工；茶叶木梓，不在承内。除刘老屋菜园地木梓一株又稻场田归佃剪取又山场树木剃椏扫脚，毋许砍伐正身。

中人：×××

×××

民国二十八年元月十八日

说明：按该田为中等田，实际上常年只能产稻 27 石至 28 石，产杂粮 3 石至 4 石，共计年产约折稻 34 石。拂租 12 石 6 斗，再加 200 斤皮油，按该地普遍习惯每百斤油每年利息为 4 石至 4 石 5 斗稻，就此计算则应折作 9 石稻才为合理，而契上，则作 6 石稻，以上两项总计，该田租额东方仍得七成。茶叶木梓又不在承内，为东方所得。而生长木梓树之田地，因受树荫影响及吸取田内肥料，产量亦有减少，此又加一重剥削。

（附三：召约例）

立召约人韩多邦今将菜家畈大猪肚田一丘又塥上中间田一丘计种 3 斗，出召于

叔士财名下兴种。比得召价皮油 150 斤，其油比亲收讫，言定每年除油息兴工外，实拂租稻 2 斗正。日后退卸还油检召，不另立承。今欲有凭，立此约为证。

民国三十年十二月

说明：按该田为上等田，每年夏秋两季能产 7 石，而被召者所付之皮油 150 斤，按普通情况放债亦能收息稻 6 石，如此计算已超过了东七五佃二五的一般租额，而佃户每年还付租 2

斗，租额当然比一般重得多。此系佃户欲求较长之使用权故。

中共安庆地委政策研究室

1950 年 10 月

芜湖县十里区杨埠村调查

一、一般概况

杨埠村距芜湖市 10 里，东西长 10 里，南北宽五六里，共有 15 个自然村。土地全为水田。该村土地关系可代表芜湖县北乡与沿江部分地区。

该村共 446 户，1981 人。按阶层划分见下表：

杨埠村各阶层户口、人口统计表

成份	户口		人口	
	户数	百分比	人数	百分比
地主	1	0.22	6	0.30
富农	11	2.47	65	3.28
中农	138	30.94	747	37.71
贫农	269	60.31	1082	54.62
雇农	7	1.57	17	0.86
其他	20	4.49	64	3.23
合计	446	100.00	1981	100.00

在其他阶层中有手工业者 9 户，32 人；小商贩 3 户，15 人。

二、各阶层占有和使用土地情况

该村各阶层共占有土地619.9亩，其中 83 亩在外村，使用土地共4201.2亩，有3664.3亩为向外村业主所租入的，占使用土地87.22%。兹将各阶层占有和使用土地情况统计如下：

杨埠村各阶层占有和使用土地统计表

成份	人口		占有土地					使用土地		
	人数	百分比	土地在本村者	土地在外村者	合计	各阶层占有土地占总数的百分比	每人平均占有数	亩数	各阶层使用土地占总数的百分比	每人平均使用数
地主	6	0.30	7.1	83.0	90.1	14.53	15.02	13.3	0.32	2.22
富农	65	3.28	25.9	0	25.9	4.18	0.40	185.3	4.41	2.85
中农	747	37.71	179.5	0	179.5	28.96	0.24	1986.5	47.28	2.66
贫农	1082	54.62	55.9	0	55.9	9.02	0.05	1964.7	46.77	1.82
雇农	17	0.86	0	0	0	0	0	21.6	0.51	1.27
其他	64	3.23	0	0	0	0	0	29.8	0.71	0.47
祠堂田	—	—	268.5	0	268.5	43.31	—	—	—	—
合计	1981	100.00	536.9	83.0	619.9	100.00	0.31	4201.2	100.00	2.12

该村因接近芜湖市，土地绝大部分为居住城区的业主所占有，本村农民占有土地极少，且在占有土地中，尚有268.5亩为祠堂田，占本村占有土地（在本村者）的50.01%，因此本村各阶层总共只占有本村土地268.4亩。

全村每人平均仅占有0.31亩，此数尚系包括祠堂田及地主在外村占有土地所计算者，若除去祠堂田及在外村土地则每人仅0.14亩而已。

若从每人平均占有数来看：中农每人仅有土地2分余，贫农则每人尚不到半分；雇农以及其他阶层均无寸土。由此可见该村农民缺少土地的情形。但这种少地现象并不包括地主在内，地主每人平均占有数仍高达15.02亩，如果将外村地主出租本村的土地合并起来看，土地集中的现象更为严重。

该村外村业主所占有的3664.3亩土地中，地主阶级占有绝大部分。兹将外村业主占有土地情况统计如下：

外村业主占有土地统计表

成份	户数	占有土地数	占有土地百分比
地主	47	2218.8	60.55
地主兼工商业者	17	486.5	13.28
富农	7	168.4	4.59
中农	8	96.5	2.63
贫农	2	5.4	0.15
小商人	7	158.7	4.33
自由职业者	5	118.0	3.22
祠堂田	5	69.3	1.89

续表

成份	户数	占有土地数	占有土地百分比
学田	3	246.1	6.72
庙田	6	96.6	2.64
合计	107	3664.3	100.00

外村业主以居住在芜湖市者较多，计地主 36 户，地主兼工商业者 14 户，富农 2 户，小商人 6 户，自由职业者 5 户，庙田 4 户，学田 3 户，共 70 户，占外村业主总户数的65.42%。

外村地主（包括兼营工商业者）占有2705.3亩，为该村使用土地的64.39%。

该村有大小祠堂 10 个，另外村 5 个，共在该村出租土地337.8亩，占该村使用土地的8.04%。最大的祠堂占有田96.5亩，最小的仅占有 4 亩。管理祠堂田的共有 24 人，除一户为富农外，其余全为中、贫农。大祠堂由两三人管理，主要负责人为族长，管帐的称为“宗书”，以下并按各支房设有“房长”。小祠堂由一人管理，亦有轮管的。祠堂田的田租收入，除清明、冬至作祭祀用及开祭时供族人吃饭外，亦有分钱的。收入少的祠堂，由族人轮流作饭，一户参加一人，共同摊钱，称为“宗份子”。

该村使用土地的94.05%为中、贫农所使用，其中租入土地各占92.15%及97.15%，雇农及其他阶层所使用的全部为租入土地。

全村每人平均使用土地2.12亩，以富农每人2.85亩为最多，中农亦超过全村每人平均数，贫、雇农均不足此数。

三、租佃关系

该村各阶层共租入土地3966.6亩，租出385.2亩，兹将各阶层的租入及租出土地统计如下：

杨埠村租入和租出土地统计表

成份	租入土地					租出土地				
	从本村业主租入土地	从外村业主租入土地	合计	占租入总数的百分比	占本阶层使用土地的百分比	出租在本村土地数	出租在外村土地数	合计	占租出总数的百分比	占本阶层占有土地的百分比
地主	1.2	5.0	6.2	0.16	46.62	0	83.0	83.0	21.55	92.12
富农	3.9	165.7	169.6	4.28	91.53	10.2	0	10.2	2.65	39.38
中农	120.6	1709.9	1830.5	46.15	92.15	23.5	0	23.5	6.10	13.09
贫农	169.8	1739.0	1908.8	48.12	97.15	0	0	0	0	0
雇农	0	21.6	21.6	0.54	100.00	0	0	0	0	0
其他	6.7	23.1	29.8	0.75	100.00	0	0	0	0	0
祠堂田	—	—	—	—	—	268.5	0	268.5	69.70	100.00
合计	302.2	3664.3	3966.5	100.00	94.41	302.2	83.0	385.2	100.00	62.14

该村租入土地之92.38％为向外村业主所租入，该村地主1户，无土地出租在本村，出租在外村83亩。在本村出租土地302.3亩中，祠堂田占88.85％，其余仅富农出租10.2亩，中农出租23.5亩。因而该村各阶层间自有土地的租佃关系是很少的。

该村所租入的3966.5亩土地中，有永佃权的计3902.7亩，占98.39％，佃户间田面权的租典关系反较自有土地的租佃关系为多。兹将各阶层田面权租典情况统计如下：

杨埠村田面权租典情况统计表

成份	户数	租入土地中有永佃权的亩数	租出及典出田面权						租入及典入田面权			
			户数	占各阶层户数百分比	租出亩数	典出亩数	合计	占各阶层永佃权亩数之百分比	户数	租入亩数	典入亩数	合计
地主	1	6.2	0	0	0	0	0	0	0	0	0	0
富农	11	169.6	7	63.64	66.9	4.0	70.9	41.80	3	9.2	4.3	13.5
中农	138	1806.0	60	43.48	168.3	104.2	272.5	15.09	59	118.5	98.6	217.1
贫农	269	1871.2	60	22.30	160.0	128.1	288.1	15.40	114	267.5	142.4	409.9
雇农	7	19.9	0	0	0	0	0	0	0	0	0	0
其他	20	29.8	2	10.00	0	9.0	9.0	30.20	0	0	0	0
合计	446	3902.7	129	28.92	395.2	245.3	640.5	16.41	176	395.2	245.3	640.5

四、借贷关系

在解放前，该村各阶层间借贷关系很普遍，利息很高，一般是加倍利，放10石稻相等于雇一长工的剥削，富裕中农以上各阶层大部分均有高利贷剥削。兹将解放前各阶层借贷户数统计如下：

杨埠村借贷户数统计表

成份	户数	放债户		借债户	
		户数	占各阶层户数之百分比	户数	占各阶层户数之百分比
地主	1	1	100.00	0	0
富农	11	9	81.82	3	27.27
中农	138	35	25.36	30	21.74
贫农	269	11	4.09	113	42.01
雇农	7	0	0	0	0
其他	20	2	10.00	0	0
合计	446	58	13.00	146	32.74

中共皖南区党委农委会

1950年5月

南陵县戴镇行政村调查

该行政村总户数为458户，共计2117人，使用土地3742亩。

一、土地关系

甲、占有情况

全村土地占有比较集中，地主人口占总人口的4.63%，而占有土地却达总占有土地数的38.38%；占总人口40.1%的贫、雇农，仅占有总地亩的2.54%。若按全村人口和全村占有土地计算，全村每人平均为1.08亩，中农每人平均数与此数相近，为1.002亩，地主每人平均则有9亩，富农为2.59亩，而贫农每人平均仅有0.08亩，雇农更少，每人平均只有0.03亩。于此可见该村广大的贫苦农民缺乏土地的严重情况。

南陵县戴镇行政村各阶层占有及使用土地统计表

成份		地主	富农	中农	贫农	雇农	贫民	手工业	游民	小商人	自由职业	公田	合计
户数	户数	19	20	149	152	47	15	29	9	10	5	3	458
	百分比	4.15	4.37	32.53	33.19	10.26	3.28	6.33	1.97	2.18	1.09	0.65	100
人口	人数	98	107	812	666	183	42	119	26	37	17	10	2117
	百分比	4.63	5.06	38.36	31.46	8.64	1.98	5.62	1.23	1.75	0.80	0.47	100
劳动力	主要劳动力	0	23	186	130	59	12	34	8	9	4	1	466
	附带劳动力	3	19	146	116	26	6	26	5	10	4	2	363
占有土地	田	860.70	273.00	756.60	33.00	0	0	0.50	19.80	0	0	224.10	2167.70
	地	16.60	4.10	57.10	20.50	4.60	0	6.40	0	2.10	2.00	4.60	118.00
	合计	877.30	277.10	813.70	53.50	4.60	0	6.90	19.80	2.10	2.00	228.70	2285.70
	百分比	38.38	12.12	35.60	2.34	0.20	0	0.30	0.87	0.09	0.09	10.01	100
	每人平均数	8.95	2.59	1.00	0.08	0.03	0	0.06	0.76	0.06	0.12	—	1.08
租出土地	亩数	694.10	163.10	268.20	3.60	0	0	0	8.00	0	0	219.70	1356.70
	百分比	51.16	12.02	19.77	0.27	0	0	0	0.59	0	0	16.19	100

续表

成份			地主	富农	中农	贫农	雇农	贫民	手工业	游民	小商人	自由职业	公田	合计
租入土地	本村业主所有	田	0	18.00	518.50	314.50	83.00	0	7.00	9.80	3.20	0	0	954.00
		地	0	0.50	11.90	34.60	7.50	0.50	6.20	0	1.00	0	0	62.20
	外村业主所有	田	11.10	146.40	1043.60	450.70	89.60	0.50	7.00	1.40	0	0	0	1750.30
		地	0	2.50	24.70	12.30	2.50	0.50	2.40	0	1.60	0	0	46.50
	合计		11.1	167.40	1598.70	812.10	182.60	1.50	22.60	11.20	5.80	0	0	2813.00
	占总佃入土地百分比		0.40	5.95	56.83	28.87	6.49	0.05	0.80	0.40	0.21	0	0	100
使用土地	田		182.70	274.30	2065.30	796.20	172.60	0.50	14.50	23.00	3.20	0	7.50	3539.80
	地		11.60	7.10	78.90	65.80	14.60	1.00	15.00	0	4.70	2.00	1.50	202.20
	合计		194.30	281.40	2144.20	862.00	187.20	1.50	29.50	23.00	7.90	2.00	9.00	3742.00
	占总数的百分比		5.19	7.52	57.30	23.04	5.00	0.04	0.79	0.62	0.21	0.05	0.24	100
	每人平均数		1.98	2.63	2.64	1.29	1.02	0.04	0.25	0.88	0.21	0.12	0.90	1.77
说明			公田有21个单位，其中只3户庙田有人口（灵山寺、大兴庵、五显殿），故在全村户数中仅计3户。											

乙、使用情况

全村使用土地共计3742亩，以全村人口平均计算，每人使用土地数为1.77亩，富农与中农使用土地较多，每人平均2.6亩以上，地主每人平均有1.98亩，雇、贫农每人平均则为1到1.3亩，其他各阶层使用土地数每人平均仅有二三分，故其主要生活来源必须依靠其他劳动来维持。

丙、租出、佃入情况

（一）全村各阶层出租土地总计1356.7亩，其中地主出租土地占总数的51.16%，占其本阶层占有土地总数的79.12%；富农出租土地占全村出租土地总数的12.02%；加上公堂出租土地，三者合计出租土地共占出租土地总数的79.37%。中农出租土地约占总数20%弱，其出租土地中在外村的约占其本阶层出租土地数的42.87%。

（二）全村佃入外村土地计1796.8亩，其中有84.18%土地系地主出租的，计1512.5亩（内属城区地主的计617亩，代公村的472.5亩，桃源村的120亩，合村区的116亩，江北桐城的120亩，芜湖的45亩，三里区的22亩），其余的284.3亩则为外村其他各阶层出租的土地。

佃入土地中，以中农佃入最多，有1598.7亩，占佃入总数的56.83%；次为贫农，佃入有812.1亩，占佃入总数的28.87%，为其本阶层自有土地的15倍；富农之佃入167.4亩土地中，有106.3亩为6户佃富农（自田总计仅六七亩）所佃种。

丁、公田情况

全村公田共有228.7亩，除灵山寺、大兴庵、五显殿三庙自种有9.2亩土地外，其余完全出租，例如该村祠堂田167.4亩，同宗族的种有66.8亩，外族的种了100.6亩，这些土地绝大多数均为贫、雇农及佃中农所佃种。公堂土地之收入，除少数用作祭祀外，其余多为经管公堂的地主、富农所侵吞私用。

戊、池塘、山地占有情况

（一）池塘：全村约有塘103个，可灌溉田1638.5亩，一般池塘没有出产（鱼、藕之类），其使用权也无所谓属于谁，只要是塘附近的田均可用水。少数有出产的池塘，则多为地主所占有。

（二）竹园柴山：该村因属山区，故山地面积亦占较大之比重。各阶层均占有若干竹园、柴山，外村人亦在该村占有一部分山地。山的出产，一般的以毛柴为最多，小松树次之，没有较大的森林。

山地大的竹园较少，仅灵山寺有一片约7亩的竹园，有生竹子1000多根，其余则为一分、二分的小竹园。该村地主占有山15座，面积108.5亩，灵山寺有山4座，约37亩，共有大小树5000株，竹子约2800根。

二、高利贷及押板情况

甲、高利贷

一般的是佃户因欠地主的租稻无法付给，打下欠条而变为借贷关系；另一种是贫苦农民在青黄不接时，向地主借口粮而欠下的债。其利息为每借稻一担加30斤、50斤、80斤、100斤（前二者大都为农民内部之间的借贷）不等。例如该村佃中农王西根于1945年欠地主杨秀芳10担租稻，加八计息，当年打了18担稻的借据，翌年还了10担，欠下8担加五计息，又打了一张12担稻的借条，1947年再付了8担，欠下4担又加五计息，仍欠6担，另外加上向地主借了9担口粮，利上滚利，至1949年时还欠地主22担稻。该村60%以上的户数是连年背债的，此种封建性的重利盘剥，是使农民贫困，束缚农村生产力的主要原因之一。

乙、押板情况

地主对佃户除了地租剥削外，尚有名目繁多的额外剥削，例如佃户租种土地时，必须付给押板，在1937年以前，每亩田需要银元一元至一元半。1937年以后，押板则改为以稻计算，一般上、中田每亩须缴60斤，普通田每亩缴30到40斤。例如富农陈光宽于1929年租地主李明义的田40亩，曾付给押板40元银洋。又如贫农谢家才于1949年租谢一勤（富农）田17亩5分，交押板3担稻。另外尚有佃户将土地转租也取押板的，如汤金发于1948年转租入缪品之17亩田，付给押板14担稻。

三、各阶层占有耕畜、农具、房屋情况

甲、耕畜、农具方面

地主占有耕畜 10 头，其中有 5 头使用于其兼营的工商业（油坊）中。富农占有耕畜较多，20 户占有了 24 头，农具方面亦较齐全；中农 149 户，占有耕畜 99 头，农具亦勉强够用；贫农耕畜、农具最为缺乏，152 户只有耕畜 26 头，平均每5.85户方有 1 头，农具亦多残缺，不敷应用。

戴镇行政村各阶层占有耕畜、农具统计表

成份	户数	主要耕畜		主要农具											
				禾桶		犁		耙		耖		水车		风车	
		占有	自用	占有	自用	占有	自用	占有	自用	占有	自用	占有	自用	占有	自用
地主	19	10	3	12	12	6	5	4	4	5	5	2	1	6	6
富农	20	24	13	16	15	17	15	11	11	9	9	7	7	10	10
中农	149	99	93.5	92	86	114	112	57	56	62	62	20	20	64	64
贫农	152	26	26	16	16	34	35	7	6	5	5	1	2	6	5
雇农	47	21	1	2	2	1	1	0	0	0	0	0	0	0	0
贫民	15	0	0	1	1	0	0	0	0	0	0	0	0	0	0
小商人	10	0	0	0	0	0	0	0	0	0	0	0	0	0	0
自由职业	5	0	0	0	0	0	0	0	0	0	0	0	0	0	0
公田	3	0	0	0	0	0	0	0	0	0	0	0	0	0	0
手工业	29	0	0	0	0	0	0	0	0	0	0	0	0	0	0
游民	9	0	0	1	1	0	0	0	0	0	0	0	0	0	0
合计	458	180	136.5	140	133	172	168	79	77	81	81	30	30	86	85

乙、房屋方面

全村有瓦屋415.5间，地主占有 131 间，占总数31.6%；地主占有草屋 52 间，占全村草屋总数（491.5间）的10.6%，地主自己使用瓦屋计81.5间、草屋 12 间，其余均随地租给农民使用。有一部分贫苦农民连一间草屋也没有，而是搭一间草棚躲避风雨，其生活之贫困，由此可见。

戴镇行政村各阶层占有与使用房屋统计表

成份	户数	房屋			
		瓦屋		草屋	
		占有	使用	占有	使用
地主	19	131.0	81.5	52.0	12.0
富农	20	34.5	33.5	40.0	42.0
中农	149	82.5	138.5	199.5	426.0
贫农	152	37.5	84.5	83.0	273.0
雇农	47	0	12.5	19.0	70.0
贫民	15	8.0	14.0	2.0	11.5
小商人	10	16.0	21.0	15.0	15.0
自由职业	5	6.0	10.0	0	3.0
手工业	29	29.0	43.0	41.0	46.0
游民	9	8.0	6.0	8.0	6.0
合计	458	415.5	469.5	491.5	922.5

中共皖南区党委农委会

1950年7月

怀宁县天青乡三民圩调查

一、概况

三民村属怀宁县石牌区天青乡，位于石牌附近万全大圩（共包括72个圩）以内。全村228户，1031人。田地共1466.49亩，每人平均土地1亩4分2厘。其中住宅和田地大部在汪石圩内。另一部在怜圩、七合圩及圩外河边。

过去村中地多田少，后经群众逐渐挖地为田，故田的面积增大，产量亦随之提高。但田内沙质较多，不易蓄水，故平日农民车水特忙，即妇女小孩亦要参加，水车亦随之而成为重要农具之一。水田每亩每季可产稻五六石，旱地多种花生、豆子、菜子、麦子等。群众除种田外，还经营几种副业，一种是做小商贩（贩布和卖菜），一种是纺织，另外还养猪、养蚕。

该村从各阶级人口及土地占有比例上看，是属于土地分散的类型。地主户口占3.07%，土地占6.96%，富农户口占3.07%，土地占8.8%；中农户口占42.98%，土地占47.11%；贫农户口占37.2%，土地占18%；雇农户口占2.63%，土地占0.43%；其他户口占11.05%，土地占4.53%；各种公堂37个，占有14.17%的土地。从地形上看，该村基本上可代表本区圩田地区，但其中水塘使用情况不能代表一般。从公堂的各种类型上看，数目之多，种类之多，基本上亦可代表本区各地公堂情形。另该村临近石牌，交通方便，村中商贩多，借贷关系多，因此又带有一般较大集镇附近地区的特点。

二、圩堤

汪石圩是万全圩内72个小圩中的一个，一面与七合圩相连，另一面为万全圩的大圩堤，并面临宜堂河（滨河）。圩内田地共730丘，有61.493石种；圩外地（万全圩堤外）159丘，约16.272石种。共有田地889丘，77.765石种。全圩共有公用水闸4个（是黑闸，即圩堤脚下筑成一个洞，可自由开关），由专人负责管理。其中一个水闸位于宜堂河中，叫横闸，管河水上下游水量的调剂；其余3个水闸均位于坝脚下（陶家汊、八字沟、王小墩），调剂圩内外水量及圩内田的水利。除4个水闸外，坝脚下并有14个涵荫（涵荫是从坝脚下筑成的小洞，由有水田户合伙开办。建筑前须向圩董呈请，经批准后始可建筑，但有涵荫户必须负责在大水时不能因涵荫而致河水内灌，酿成水灾。涵荫用途是无水塘户和有水塘户缺水时由河内车水浇田）。14个涵荫已因修堤毁坏3个，只11个能用。

全圩共有8个圩董，解放后万全大圩圩董经过了改选，并清算了旧圩董的贪污（约10余石米及一部防汛器材），但汪石圩圩董则还未改选，圩董多半是有钱有势的封建统治人物。群众说：凡能当起圩董的必须田地多势力大，或至少二者居一。圩董不是民选产生，不少是世袭，只有他不愿干时才能找别人代替，群众根本无权过问。

圩董对上是受万全圩圩堤管理委员会指导，负责向万全圩圩堤管理委员会交修圩费、出工修堤等，对本圩来讲，则是负责抢险、培修、修闸、派工派费、执行圩规。过去圩堤一切开支从未算过账，更未公布过。圩董并有免除一部应出民工和圩费的特权，但并非法定，亦非群众同意，而是由圩董自行开会规定的。

正因为圩董为封建统治人物，为了巩固其统治和分化农民阶级，于是他们便制造圩与圩间的矛盾，宗族间的矛盾，煽动农民互相打架，纠纷百出，七合圩鲁姓十多年前曾打死陈姓二个弟兄。1947年大水时，大恶霸鲁曙兰（伪区长）不准开横闸，并派一个武装班日夜看守，原因是汪姓、陈姓住地和田地均在河水上游。汪姓、陈姓农民不服，同鲁姓农民打起来，结果汪、陈二姓中各伤一人，官司还打到伪安徽省政府。这些历史上长期的纠纷，形成了各姓间相当深的怨仇。

三民圩除与七合圩有矛盾外，圩内亦有矛盾。去年大水时，圩内亦因天雨，陶家汊屋场积水成灾，而汪小墩地势低，水本可经汪小墩入别的河，但汪小墩群众在恶霸圩董汪启元鼓动下，将陶家汊积水堵死不让外流，陶家汊人不服，夜里偷将水放开，于是纠纷遂起，汪启元除带人又堵死外，并将陶家汊水闸亦堵死。同时汪启元之子带人和武器到陶家汊寻事，结果陶家汊男人吓跑，女人被吓得上房大呼救命。结果陶家汊低了头，被淹田10余石种。

三民圩每年春冬二季培修一次。培修时全圩按工程大小共分八段，由圩董分段估工、派工、监工，用土是在圩堤内外7弓外取（1927年以前是15弓外），内外是逐年轮番取土。取土地点则看缺口或培修地点而定，需要在那里取就取，业主不得反抗。除培修外，每年均购置大批抢险器材（杉木、竹子、铁丝等），如有大水即由圩董派人轮流看守，一有险工就鸣锣报警，不仅全村群众全力以赴，其他万全圩内各村亦需赶来协助，不得稍后或不来。抢险材料不足时，需用那家东西杂物，得无条件供给（即拆屋亦无例外），事后算账。

修圩出工办法有如下原则：

甲、按圩内田地多少出工，多者多出，少者少出。修圩一切费用开支亦均如此。圩外田地则不出工，亦不出费，仅在修万全圩外二里半至林老爷庙外保障（万全圩外面临大河的一个大堤，如此堤一破，不仅万全圩外田地被淹，即各小圩亦均告急）时方出工。

乙、按田种出工时，由于保护圩堤坚固及取土方便，决定凡圩内外临坝脚下之田地均从坝脚算起，扣除 2 弓面积，一弓是护坝脚，一弓是用以补偿取土时土塘损失，不管谁占有这 2 弓田地均不出任何费和工。

丙、解放后修圩堤出工办法修改了一下，原则是按劳动力出工，按田亩出粮，以粮抵工，以工抵粮。

三、水利

圩内水田为沙田，不易蓄水，需经常车水，于是水利便成了重大问题。水的来源有二：一为从水塘中车水，如天旱时则扩展到水闸外，车水进圩直接入田；一为从河中车水经涵荫入田。但由于水塘的占有与田的占有不相吻合，故二者之中尚有矛盾，现将情况分述于后：

全村水塘统计表

分类	数目	面积	占有户	使用户	灌溉面积
公塘	18	32.00	171	159	372.4
私塘	6	2.10	6	2	13.0
合计	24	34.10	177	161	385.4

公塘并非全村公有公用，而是分属于某一屋场或数户公有，包括各阶层。私塘的形成则多半是因挑圩取土或筑屋基墩取土而形成（6 个中占 4 个）。

水塘的使用者必须有三个条件：有田、有沟路（即流水沟）、有灌荫（即使水权），三者缺一不可。当地俗语说“冷水不过界”，如上表水塘占有户多而使用户少，就是因有些户在塘附近无田，或有田不能引水的缘故。另外，有的户则因有田或无沟路或无灌荫或二者均缺，无法用水，如孙妙香买进汪有堂田 1 斗 5 升种，只买了沟路，没有买灌荫，因而无法用水。又有的田为高地开成，既无涵荫又不能从塘中车水，变成旱田。故当地习惯在买卖田时，除说明田面积外，必须载明灌荫和沟路，否则买田会用不到水。不能用水情况在该村数目尚不多，但附近的村及广济圩则有此情况。至于水塘的车水则无严格限制，需要水即可随时车，只要合乎上述三个条件即可。塘内水干时，可合伙或单独从闸外向田中车水。

水塘中有一个汪家大塘尚产藕和鱼，在陶泉汊，原由金塘、小湖塘、大湖塘 3 个小塘合成，面积 20 亩，为汪姓第三房共 53 户合有，灌溉田约 80 余亩，使用户数是 34 户，由汪玉堂管理，另有 11 人参加。塘内每年可产藕 2000 斤，鱼产难统计，去年收 3300 斤。该塘由 53 户合股分益，分 6 大股，再分 60 多小股，每大股共摊 7 石稻，一小股有几斗几升不等。并有一个公堂，叫大塘公，大塘公尚有地 6 分多。过去该塘曾因车水打过架，后为避免纠纷，遂选出管塘人员，并规定每逢年成旱时“救稻不救鱼”。平日塘里的藕和鱼不能随便挖捕，无股分的如偷鱼或藕要罚鞭炮三千、酒三桌，有股分者加倍。挖塘时无劳力者出钱，有劳力者出力。该塘公地每年十月初旬收稻，稻子归修桥、修闸之用（现有粮 14 石，因去年计划修桥未成，材料已买好）。

该村有些田无塘，则靠筑成涵荫，车河水入田。另有既无水塘又无涵荫的旱田约8.52石种，合66.8亩。

四、公堂与公田

甲、公堂概况

全村有三种不同性质的公堂，第一种属于宗族姓公堂，此种公堂，都是建立在血统宗支的基础上，是为了孝敬前人留念后世，以遗产或各家捐献作为清明、冬至祭扫等费用而成立的。公堂名称一般是用祖先名字，如圣先公，世宗公等，或用本宗族的姓为名称，如汪家祠堂公。第二种为专用于某种公益事业的，如桥公、渡公。第三种完全是封建迷信的团体，是由少数人为首，吃斋打醮祭神鬼，以保佑“人畜兴旺”来愚昧群众的，如猖会公、九华公、观音会公等。这些都是农村封建势力利用宗族迷信以模糊阶级关系，便于统治剥削农民的一种手段。

三民村共有 37 个公堂，占田地207.74亩，占全村土地1466.49亩的14.17%。兹将各姓占有公堂统计如下：

怀宁县天青乡三民村公堂统计表

公堂名称		占有户数	占有土地				债务关系					用途	备考
			田	地	合计	佃户	放出稻	稻息	合计	利率	债户		
大公堂	汪祠堂公	—	22.22	13.12	35.34	14	3.70	1.80	5.50	50	1	修整祠堂祭扫	
	恒福公	1000	4.64	8.42	13.06	11	14.62	7.31	21.93	50	5		
	必胜公	1000	12.97	0	12.97	7	18.10	8.37	26.47	50	15		
	汪冥公	300	14.01	25.67	39.68	17	10.00	3.98	13.98	50	8		
	合计	2300	53.84	47.21	101.05	49	46.42	21.46	67.88	—	29		

续表

公堂名称		占有户数	占有土地				债务关系					用途	备考
			田	地	合计	佃户	放出稻	稻息	合计	利率	债户		
小公堂	必脍公	50	5.50	10.00	15.50	4	5.20	2.60	7.80	50	5	祭清明	
	世珩公	80	0	12.57	12.57	4	1.00	0.50	1.50	50	1		在外村 7 亩
	盛支公	8	2.69	3.68	6.55	7	7.81	3.87	11.68	50	6		尚有堂屋 2 幢
	圣先公	7	4.00	1.29	5.29	4	0	0	0	—	0		
	三圣公	52	0	4.00	4.00	4	0	0	0	—	0		
	石堂前公	18	5.44	4.92	10.36	—	0	0	0	—	0		有堂屋 2 幢草屋 1 间
	沙河公	24	2.26	1.47	3.73	2	0	0	0	—	0	祭扫	
	石元二公	26	0	2.60	2.60	8	0	0	0	—	0	祭祖宗结余补助金桥公	
	优月公	18	0.64	2.34	2.98	5	0	0	0	—	0	祭扫	
	孙九华公	—	0.90	0.56	1.46	2	0	0	0	—	0	祭扫	
	至和公	3	0	1.41	1.41	2	0	0	0	—	0	祭九华爷	
	佛会公	29	1.86	0	1.86	1	0	0	0	—	0	祭扫	
	昌贡公	20	0	0.54	0.54	2	4.50	2.25	6.75	50	4	祭九华爷	
	新义公	3	0	0.58	0.58	1	0	0	0	—	0	祭扫	
	四合公	4	0.70	0	0.70	1	2.00	1.00	3.00	50	1	祭扫	
	文致公	4	0.62	0	0.62	1	0	0	0	—	0	祭扫	
	贤义公	3		1.04	1.04	1	0	0	0	—	0	祭扫	
	大塘公	52	0.66	0	0.66	1	8.11	3.94	12.05	50	8	养老后存公	老母亲活着
	汪陈公	2	0	0.84	0.84	1	0	0	0	—	0	修整桥	十五石种的塘一口
	春堂公	6	0	0.58	0.58	1	0	0	0	—	0	祭扫	
	清明公	6	0	0.48	0.48	1	0	0	0	—	0	祭扫	
	柯塝公	31	0.77	0	0.77	1	0	0	0	—	0	祭扫	
	金桥公	26	1.35	5.06	6.41	9	0	0	0	—	0	祭扫	
	世琮公	8	3.81	6.22	10.03	7	2.00	0.70	2.70	30	1	修桥修闸	
	尚贞公	3	0	1.32	1.32	2	0	0	0	—	0	祭扫	
	合计	483	31.20	61.68	92.88	72	30.62	14.86	45.48	—	26	祭扫	

续表

公堂名称		占有户数	占有土地				债务关系					用途	备考
			田	地	合计	佃户	放出稻	稻息	合计	利率	债户		
其他	乐轮渡船公	28	0	10.80	10.80	26	0	0	0	—	0		
	沙潭渡公	—	0.23	2.78	3.01	4	0.75	0.37	1.12	50	1	修船费	
	昌宝公	20	0	0	0	0	13.65	7.33	20.98	50	7	船	外有地 9.28 亩佃在外村
	太阳会公	10	0	0	0	0	10.00	0	10.00	—	4	船	
	观音会公	10	0	0	0	0	6.85	0	6.85	—	3	敬天上太阳八月十五吃斋	
	谱公	80	0	0	0	0	4.00	2.00	6.00	50	1	九月十九日做观音会吃斋	
	猖会公	20	0	0	0	0	3.00	0	3.00	—	2	初起修谱以后祭扫	
	锣鼓公	30	0	0	0	0	7.20	4.32	11.52	60	3	元宵出灯凑的钱积公每年闹元宵	
	合计	198	0.23	13.58	13.81	30	45.45	14.02	59.47	—	21	闹元宵	
总计		2981	85.27	122.47	207.74	151	122.49	50.34	172.83	—	76		

在上表其他类 7 个封建性会公中，不一定都是一姓组成，也有是杂姓的，如三圣公即是汪、石、鲁、徐、贾、刘、孙七姓组合而成。另从上述统计中可看出，不管姓族大小都有公堂，这在安庆地区来说是较普遍的。

根据公堂起源、财产占有、实际用途及统治情况而言，全村公堂大致可分为三类：第一种大公堂，占千户以上的有 3 个（与旁村同姓共有），300 户的有一个，公堂内部首事（管公堂人）虽多，真正当权者却是少数较大的封建人物，且是世袭管理，俨然一个小皇帝。公堂财产绝大部分是由生放、滚利和押地变死地而来。祠堂内并有严格的家法，专管本族纠纷。第二种是小公堂，为 100 户以下 4 户以上所占有。公堂管理人大部世袭，小部首事轮流或群众轮流共管。公堂财产有的是祖先遗产，有的是开荒凑成，有的是自捐自种，有的生放押地，或生息买田地，但在钱的开支上，较公开一点。第三种为公共事业的公堂，如桥公、渡公，一般是世袭管理，开支较民主合理一点。

在解放前，公堂的出租土地公堂不负担田赋，而是佃户负担；圩内圩费如防汛、油纸等，由公堂出，工具由佃户出。反动政府摊负担时，常“按田折人丁，按丁摊负担”，把公堂田当成佃户丁，都成了佃户的负担，而上层首事更利用公堂进行贪污，剥削群众，有些甚至俨然当作一己之私产。

公堂财产用途，一般都是用于祭扫，如作清明、月半、冬至、过年、接祖等祭祀及修家谱、整祠堂、姓族打官司等费用，过去本族内有“出色”的读书人，全族亦开贺送钱，甚至补贴钱供读书，如汪如善过去考上秀才，即是一例。

乙、各种不同类型公堂的起源及财产占有和剥削情况

（一）大公堂：

（甲）财产起源：

名称	占有土地			现存粮食		
	开荒(亩)	生放买入(亩)	合计(亩)	放出稻(石)	利息(石)	合计(石)
必胜公	0	12.97	12.97	18.10	8.37	26.47
恒福公	0	13.06	13.06	14.62	7.31	21.93
汪祠公	16.80	18.54	35.34	3.70	1.80	5.50
汪冥公	20.08	19.60	39.68	10.00	3.98	13.98
合计	36.88	64.17	101.05	46.42	21.46	67.88

由上表可看出大公堂的财产不是祖遗，而是经过放高利贷，本利相滚，抵押田亩变为公田，再租给原借债户而来的。当地一般群众反映：“愿种公堂田，不借公堂债。”首事借公堂祭祖、修谱、修祠为名，进行额外剥削，还在群众面前表示自己是作好事、为大家、孝敬祖先，以蒙蔽群众。如汪祠公，在1915年修一次谱，按汪姓16岁以上的男丁摊钱，每丁120个铜钱；1937年又修一次谱，每丁又按银洋一元均摊。两次摊钱除修谱外，就是放债，在1940年前后，利息特别重，年利由50％到100％。如果放麦即是1石麦收本息3石稻。借债有的过期不还，本利相滚，结果只得把田地抵押。开荒系屡年把全村公共的沙滩或坟周围的土地，经过首事公议，按谁种谁挖谁租入的原则而开出来的。

（乙）财产使用：

开公堂荒滩，如果面积较大，必须先请首事吃酒席，经其批准；开得少亦要请吃茶，或请个别首事批准。

公堂大部佃户都是过去欠公堂债，把田抵给公堂，再租种缴租的。公堂田的一般租佃形式是额租，由首事共议决定，如不交稻则应折钱付租，因此佃户对房长首事很恭敬，并要为首事担负一些额外劳役，有的还有押板金，如汪善南佃汪家祠堂11.61亩田地，即出押板金45元银洋。

现以汪冥公租出土地及借贷关系来看：

佃户成份		户数	佃入土地	债户	借稻数
佃富农		1	9.50	0	0
中农	富裕中农	1	0.70	1	0.5
	中农	2	1.11	0	0
	佃中农	4	5.14	3	7.4
	合计	7	6.95	4	7.9
佃贫农		4	4.84	—	—
外村		5	18.39	4	2.1
合计		17	39.68	8	10.0
说明		外村成份未加统计。			

根据这个材料看，三民村 1 户佃富农佃入汪冥公田地的 24%，中农 7 户佃入 18%，佃贫农 4 户佃入 12%；而在借贷上，佃中农仅有 3 户即借占总债务 74%。可见这种封建剥削都压到中农、贫农头上。

（丙）公堂财产的支出和用途：

一般较大的开支是修谱、修整祠堂、祭祖等。现据汪家祠堂公统计：（一）祭清明常年要办五桌酒。（二）八月初十收租时首事集体吃饭，办酒二桌。（三）冬至祖前烧香办十桌酒席，吃两餐。（四）阴历腊月二十四到正月十五前皆要烧香。（五）1948 年修整祠堂用稻 20 石 2 斗 8 升。

除上述外还有一部分特殊开支，如姓族之间或本族内甲房与乙房打官司的一切费用。如 1947 年三房甲东住祠堂看祠，大房和二房不让，要本房汪善南看祠，双方不服，即由地主房长出头到省互打官司。解决时又在祠内办酒两桌。所花一切费用，都由堂内开支。而一切开支均由首事议，首事支，谁也不敢过问，账目都是马马虎虎的。

（丁）祠堂家法统治：

本宗族内发生民事纠纷，必先通过户长（家长）在祠堂说理。如土地坟山的争执，本族讨本族的老婆，房长都要干涉（这事不但过去如此，就是在去春仍发生，如永年、万福，他们讨了本族老婆，便在祠堂祖下罚跪，并办酒二桌请房长等吃），子不孝亦经祠堂房长评理，向父磕头赔罪，以戒今后。

诸如此事一举一动都得办茶办酒。如果叫看祠者跑腿，还得给跑路钱。故宗族家长统治是很严密的，不管族下发生大小事都得通过他。

（戊）大公堂首事的产生：

首事就是管账作主的人。起初按房出代表（但不是选而是自封的，一般是房中长者或小士绅会说会写的人，即使有少数贫农亦是有名无实的），但产生以后就一直都是世袭的。如汪家祠堂公虽有 29 个首事，而真正当权者仍是房下及村里几个有钱有势的人。据大公堂及小公堂统计，真正负责者有如下几人：

汪启元　地主，家有 4 人，自田7.32亩，佃公田0.8亩，兄弟当过副伪保长，自己是士绅、伪保代表，共管4个公堂，作房长约有20年。去年群众斗过他。在三民村来说为一等统治者。

汪国屏　个人是地主，家庭是中农，7口人，自田6.14亩，当过三年伪保长，是老圩董、首事。共管5个公堂，已有十五六年。解放后教私塾，待人苛刻，剥削很重。亦为一等统治者。

汪玉堂　个人是地主，家庭是中农，6口人，自田4.35亩，佃公堂田5.71亩，是小士绅、房长。共管五公一会，约计20年，为二等统治者。

汪道南　富农，自田19.04亩，出租1.37亩，放高利贷稻10石，加五利。亦是士绅、老圩董，管公堂5个，约计30年，为二等统治者。

汪厚生　老圩董，共管3个公堂，亦是小士绅。

他们有钱有势，又掌政权，又掌族权，又是圩董，形成首事的当权派。

（二）小公堂

从财产的起源及使用来看，大致可分为下列几种：

（甲）祖遗财产的公堂：

纯粹祖遗公堂共9个，占有土地44.04亩，包括有102户，土地出租情况如下：

成份	地主	富农	富裕中农	中农	贫农	合计
佃户数	1	2	3	10	14	30
佃田亩数	0.80	2.04	1.60	11.39	12.64	28.47
备注	公堂共借出稻12.5石，借给10户。另坐落外村的山地计15.57亩。					

这些公堂的起源都是祖上弟兄分家留些养老地，等上人一死即存公作祭扫之用，由弟兄们分别经管。如盛支公共有田6.55亩，由8户组成，土地即由8户分种，内中农3户佃入2.94亩，贫农5户佃入3.61亩；又如贤义公，因弟兄分家留下养老地，父死田未分，遂成贤义公。这些公堂因财产系祖遗，故常以上人真名为公堂名称，如新义公即因其上辈名新义而得名，世琮公上人叫世琮。这些公堂土地较分散，租额较轻，其收入每年除祭扫外，还作月半、过年接祖宗等用。如地租收入不敷支出时，大家即凑点补足，若有结余，一是放出生息，一是大伙分借，去年前年即由大伙分借。但一般说租稻剩余甚少，9个公堂合计仅余稻14.5石，内有7.5石是本公占有户借用，仅有7石放出，一般利息皆加五。

公堂亦由首事管理，首事也是世袭的，但较大公堂民主一点，有事大家共商。租子一般是活租，每年稻子登场，首事召集各家主评定租额，折钱付租。

（乙）开沙滩及公共场子而成的公堂：

这些公堂纯粹是开祖坟周围荒地、沙滩、公荒而成，一般是谁开谁种，但需付租以作烧香、祭扫祖先之用。像这一类型的公堂有7个，属114户占有。田产10.55石。土地使用情况如下：

成份	富裕中农	中农	贫农	合计
佃户数	3	2	6	11
佃田亩数	1.79	2.07	2.96	6.82

如石元二公，系十三年前开石林滩生荒而成，三四年后已成熟地，即称石元二公（以元二

房为名）。又如春堂公是开祖坟而来，已有5年，熟地亦变为公田。

不论何人要开公荒，必先要房长及首事或小公堂各户长协议答应才能开，如开得多，还要请吃饭。开此种荒的户口都是因家中土地缺少，生活困难，无路可走者。

（丙）后人凑钱捐地祭祖的公堂：

由于祖上无公地，后人为祭祖开支，凑钱捐地而成公堂。捐地常自献自租种。这种公堂全三民村只有2个：一是石堂前公；一是佛会公。石堂前公在1916年因前公堂被烧掉，后人凑钱新筑后，感到无钱祭扫，遂公议自动捐田。当时总共18户都自动捐出，多者9升，少者1升，但都不交租，每年祭扫修整用的钱，按升均摊。在土地使用上，谁捐谁种谁摊钱。

该二公堂共有田地12.22亩，占有者为47户，首事亦是世袭，共管共议。土地使用情况如下：

成份	富裕中农	中农	贫农	合计
佃户	1	4	8	13
佃田	0.65	3.41	8.16	12.22

（丁）凑钱放账生利买地的公堂：

这种公堂大部分是大伙凑钱放债生息、押地。出押户到期不付息，即利滚利，到付本期，没钱就以地顶，就这样把土地占下的。有的钱的来源虽不同，但生放买地的办法是一致的。

此类公堂共有4个，占有17.93亩田地，为189户占有，田出租，中农5户佃入9.04亩，贫农5户佃入8.89亩。共存稻11.11石，由10户借入。

如大塘公，原为一约有15石种面积的大塘，靠取鱼利作修桥用，后来塘子荒了，大家以过去的积余，更添凑一点钱，进行生放，初起只有5元银洋，月利2.5分，本利相滚，到1939年利钱增多，即抵押死田7.5升种，并仍在外放稻五六石，加五利。又如三圣公本为52人发起敬九华老爷，大家凑钱吃斋的，现亦有出租田4亩。这些公堂收租收入除支出有余时，即进行放债，管理人仍是世袭的。

（戊）合伙起会大家凑稻放债的封建迷信公堂：

这是过去的“上层人物”利用封建迷信邀合一些群众，敬神敬鬼，打醮吃斋，以保“人畜兴旺”而起的公堂。这类公堂有6个，共有170户，每个公堂亦有5人一8人为首事，轮流负责，但实际谁发起即谁负责。其财产情况可见本村公堂统计表。

公堂放债利息较重，现仍加五（1石稻年利5斗息），放债对象都是公堂的占有户，如果别人借贷必须首事作保。

（己）公共事业的公堂：

三民村有2个渡公、1个桥公，作修桥及修整渡船之用，群众称为万人脚、作好事。起初在光绪年间，村内士绅，献出一只小船来收买人心，后来变为靠在河两岸的住户捐钱摆渡。因为三年必须买一只新船，春季需小验一次，冬至大验一次，因此，由大伙凑钱生放买地供应这些开销。如沙潭渡公，共佃出田3.01亩，内中农佃入1.5亩，贫农佃入1.5亩：共放稻7.55斗，加五利。陶家汉渡公有田10.15亩，为屋下28户分种，分摊渡公的开支。桥公情况与渡公差不多。

（三）公堂的剥削情况：

地租：有两种形式，一是额租，平常一亩田2石稻租，亦可折钱，如特别歉收，佃户要请求让租，还得办酒席请首事、房长等人吃一顿；一是活租，这种形式多半是小公堂采用的，见稻分租，最轻对分、最重三七分，没稻应折钱交，没钱可立借约，用土地抵押，作本付息。

放债：债利一般是加五、加六、加八（即一元钱一年五角、六角、八角利），如果到期不付息，利转本，本利都到期，即“有钱钱顶，无钱地顶”。

额外剥削：不论债户或佃户租田、借贷都得通过首事，并要办酒席，否则就无保障。过去在负担上，田赋、苛捐杂税等均由佃户出，修圩、防汛等则东家（公）出钱佃户出工。

此外，佃户为了保障佃权，便要付押板金，如大塘公佃户汪墨忝，佃入2斗田，出押板金（银洋）20元，汪玉荣佃入1.8斗田，亦出押板金20元，汪家祠堂公佃户汪善南佃入10余亩田，出押板金45元。又如有关公堂的一些义务工，佃户出得亦多，以求保障佃权。

（四）首事的贪污活动：

借贷公堂财物，他们有优先权（就连他们的亲戚朋友也同样）。

还有挪用公款，随便开支。如祠堂公本族内大房和三房因争为看祠人发生纠纷，而首事（上会）互打官司，一切开支都由公堂负担。1948年灾荒严重，首事仍主持整理祠堂，用稻20.28石（据群众反映用不了）。1937年反动政府县长汪焕照主张拆祠堂作县府，公堂首事花钱说合，并通过曹连堂（土匪大队长）疏通，用钱甚多。公堂的收入群众认为绝大部分都是首事假公济私，进行贪污的。

农民借贷还不起时即强迫拿财产抵押，但首事欠债即不这样，如首事汪玉堂借三圣公堂本利银洋30元，还不起时仅把田写成典契给公堂，有钱可赎田。首事并对房下公堂佃户常派额外劳役，佃户为了维护佃权，就不得不忍受这种剥削。

五、借贷关系

由于该村地邻石牌，交通发达，商业活动较繁，借贷关系较多。

该村借贷关系在1941、1942年前由于物价较稳定，放钱的多，放稻的少，钱利每年是16%至25%，稻利每石稻每年是15%至20%。此后物价不稳，故放实物或钱折实物者多，利息涨到50%至120%，并按月或年计算复利。尤其是伪军官来放账利息特大，因握有枪杆，不怕不还。有钱人借贷能借到50%利息的借款，穷人则只能借到重利钱，名之曰“绝后钱”。

现在放账的利息因物而异，据了解，情况如下：

甲、放稻子。一般说是春放秋收，因春天二三月是群众生活最难的时间。借贷利息分为三种：第一种是一石稻5斗利；第二种是一石稻8斗利；第三种是一石稻1石利。一石稻收2斗、3斗的放得较少，群众认为放稻利在8斗以上者，才是高利贷。

乙、放小麦。一般是五六月时放出，秋后收回。小麦放1石实值稻子2石，但利息仍为50%，故1石小麦到秋后应还3石稻。

丙、放包谷（玉米）。一般说秋天放的较多，放期一年或半年。利分三种：第一种一石谷跟1斗利；第二种，一石谷跟1斗5升利；第三种一石谷跟2斗利。群众认为放包谷利低，但放得亦少。

丁、放花生。一般放法是今秋放明秋收。一年期间一石花生收稻 3 石，因花生顶 2 石稻，另加利息 1 石稻。如过期不交，再利上加利算，群众认为此是高利贷。

戊、放盐。不分时间、方法分为两种：第一种放一年一担盐，利息是 50 斤（50%利）；第二种放月利一担盐（100 斤）加利 10 斤。群众认为此是高利贷。

己、放小布。时间不定，一般说放月不放年。利息分为三种：第一种利息是十个小布要一个小布利；第二种十个小布跟一个半布利；第三种十个布跟二个布利。群众认为这种是高利贷。

庚、放皮花。一般说在有红白（婚丧）大事时，借的较多，时间有一年或一月不等。一担皮花一年时间，收利 50 斤，利息合 50%，一月时间，则一担皮花利息是 10 斤。群众认为这亦是高利贷的一种。

该村以中农、贫农借债最多，另如赌博拖债等也有。今了解借出、借入关系如下：

成份	地主	富农	中农	贫农	手工业者	雇农	小商贩	小土地所有者	贫农	合计
放出	3	3	13	2	1	1	3	1	0	27
借入	1	1	27	28	0	0	6	0	2	65

中共安庆地委会政策研究室

1950 年 12 月

第三部分　特殊问题调查

阜阳专区农村中若干问题调查

一、富农出租土地调查

甲、根据涡阳高炉乡、蒙城城南乡、临泉郭楼乡、阜阳程集乡、颍上朱庙乡调查，五个乡共4424户，17442人，50378.2亩占有土地，有富农122户，占总户数的2.76%，640人，占总人口3.67%，3788.6亩土地，占总占有土地的7.52%，出租土地940.9亩地，占本阶层占有土地的24.84%。富农在一般农村中大致是占全乡1.2%到4.6%的户数，占有7%至11%上下的土地，出租土地占本阶层占有土地17%至57%，出租户占本阶层户数50%到80%。

乙、租额情况：分租有对分、四六分（东六佃四）、三七分（东七佃三），拉边地是二八分（东八佃二）、一九分（东九佃一）。

棵租是每季每亩2斗粮，全年每亩4斗粮（每斗粮食34斤）。

死租是不论年成好坏，一般每亩交5斗租粮。如太和王砦乡佃户郑显运佃种富农张竹林35亩地，四年时间，因年成歉收，赔光了自地12亩。

二、债务情况调查

报据太和王砦乡、阜阳刘营乡的调查，各时期的债务情况如下：

抗战前债利最高者，常年利不超过本钱。1937年以后，由于国民党制造通货膨胀致使物价暴涨，因之债利日益增加。

钱债：每年利为本10倍（10元年利百元）。

粮债：每年利为本2倍（如一斗粮2斗利，还时本利3斗）。

据太和王砦乡的调查，1939年借债户占总户数5%，到抗日战争末期（1944年）该乡借债户达42%，1947年，借债户达54.3%。

三、典当关系调查

甲、各阶层典当情况

根据蒙城县庄周乡、城南乡，临泉县郭楼乡，涡阳县高炉乡，阜阳县刘营乡，颍上县朱庙乡五县6个乡的调查，该6个乡56 608亩土地中，计有典当土地2060.94亩，占总土地的3.64%，其中地主、富农之间的典当地有283.6亩，占总典当土地13.76%，地主、富农与农民之间的典当地有1089.31亩，占52.86%，农民与农民之间的典当地688.03亩，占33.38%。详见附表：

各阶层典当土地调查表

地区	各乡总土地	地主富农与农民之间		地主富农之间		农民与农民之间		总计	
		典当土地	占各乡典当数百分比	典当土地	占各乡典当数百分比	典当土地	占各乡典当数百分比	典当土地	占各乡总土地数百分比
蒙城（庄周乡）	9701.4	164.00	59.40	0	0	112.10	40.60	276.10	2.85
蒙城（城南乡）	9417.2	29.50	10.66	101.30	36.60	146.00	52.74	276.80	2.94
临泉（郭楼乡）	12 444.4	365.06	78.40	18.30	3.93	82.30	17.67	465.66	3.74
涡阳（高炉乡）	2763.6	166.05	80.50	0	0	40.23	19.50	206.28	7.46
阜阳（刘营乡）	10 239.0	121.50	42.86	6.00	2.11	156.00	55.03	283.50	2.77
颍上（朱庙乡）	12 043.2	243.20	44.01	158.00	28.59	151.40	27.40	552.60	4.59
合计	56 608.8	1089.31	52.86	283.60	13.76	688.03	33.38	2060.94	3.64

乙、典当田的价格

典当田的价格最高的每亩3石，最低者3斗，一般的每亩6斗至1石。典价高低主要是根据其土质好坏与当主及典当户的需要而定。例如颍上县朱庙乡，因沿沙河，土质肥沃，每亩典价高者达3石；太和县王砦乡因土质较差，每亩最高仅6斗，普通的只三四斗。

丙、典当期限

一般在契约上规定三年六季后可以回赎，在典当期限内，承典户可以转当。

中共阜阳地委农委会

1951年10月

歙县潜口区西山村牛租调查

一、一般情况

该村共有152户，567人，全村占有土地1329.3亩，使用土地2663.4亩。

全村共有耕牛129只，自用79只，另租入16只，共使用95只。按该村使用土地平均，每只牛须耕28亩，如以一般每只牛可耕25亩计，全村尚缺11.5只，若以全村占有之耕牛129只计算，则尚余22只多。

兹将该村耕牛占有、使用及租出、租入情况列表说明如下：

西山村各阶层占有耕牛统计表

成份	户数	占有耕牛数	自用牛数	出租		总计
				本村	外村	
地主	2	48	2	7	39	48
富农	2	2	2	0	0	2
中农	25	36	33	2	1	36
贫农	37	43	42	1	0	43
合计	66	129	79	10	40	129

西山村各阶层出租耕牛统计表

出租户成份	出租户数	出租牛数			各阶层租入牛数												备考
					富农			中农			贫农			其他			
		本村	外村	合计	本村	外村	小计	本村	外村	小计	本村	外村	小计	本村	外村	小计	
地主	2	7	39	46	0	1	1	3	14	17	4	22	26	0	2	2	
富农	0	0	0	0	0	0	0	0	0	0	0	0	0	0	0	0	
中农	3	2	1	3	0	0	0	0	0	0	2	0	2	0	1	1	
贫农	1	1	0	1	0	0	0	0	0	0	1	0	1	0	0	0	因本人参加革命家中无人看养故出租
合计	6	10	40	50	0	1	1	3	14	17	7	22	29	0	3	3	

说明：本村出租牛最多者是1户地主，出租45只，其他均出租一二只。

西山村各阶层租入耕牛统计表

租入户成份	租入户数	租入牛数			各阶层出租牛数													备考
					地主			佃富农			中农			贫农			手工业	
		本村	外村	合计	本村	外村	小计	本村	外村	小计	本村	外村	小计	本村	外村	小计	外村	
中农	3	3	1	4	3	0	3	0	0	0	0	0	0	0	1	1	0	外村贫农是休宁县的
贫农	12	7	5	12	4	1	5	0	1	1	2	1	3	1	1	2	1	
合计	15	10	6	16	7	1	8	0	1	1	2	1	3	1	2	3	1	

二、牛租形式与剥削情况

甲、租额：每只牛租额多少不等，抗战前三年的牛租最高是3担稻，近几年来农民生活困难，无力养牛，地主即乘机加重剥削，牛租增到10担。一般牛租额相等于牛价的1/5，亦有根据牛力大小以能耕地一亩作30斤谷租计算的，好的牛可耕田30余亩，租额即在10担谷左右。出租时在契约中写明租额及交租时间，还要写明租谷须要风车煽净等条件。

乙、出租的原因：地主、富农出租耕牛是纯系为取得牛租。农民出租的多数是无劳动力户，或牛有多余将其出租的。此外还有农民在通货膨胀的情形下以买牛出租的方法保存币值，备作娶妻嫁女等费用。

丙、租期：一般多为一年，没有几个月短期的。如交租不清时，地主便将牛收回，或以瘦小之牛将好牛换走，而所欠牛租仍需补交。

丁、耕牛的出租情况：

（一）牛出租时地主都执有契约。租牛时必须有中人，中人有的是农民自找的，有的是地主指定的，农民交不上租，地主就向中人追讨，并且在契约上写明。

（二）因病而死的牛，如果是普遍的牛病，农民可不赔偿，因其他事故死亡，租户应将死牛归还业主，并按契约所订牛价赔偿1/2，或者赔偿牛价1/2外，死牛业佃双方各半平分。如被贼偷盗，租户负责全部赔偿。

（三）母牛出租所生小牛的处理：生第一只小牛归业主所得，并跟大牛一起由租户负责养牧，三年后交业主。也有的是怀胎之后再租出的，所怀小牛仍归业主，或者平分。

（四）租牛户交不上牛租时，业主（地主）便强迫租户将所欠之租变成债款，立成借据后按期计息。

（五）该村地主汪金科原系流氓、牛贩子，后来买了70亩田。起初他依靠干田村的一个伪县参议员的势力，花钱买了一份收牛税的差事，从此便控制了本村和附近牛的买卖权。自己占有牛最多时达70只。因自己是牛贩，所以将牛出租给农民后，经常把农民租去养肥了的牛，以既瘦又小的牛换回，甚至有时为了谋利强迫把别人的牛卖掉，以瘦小之牛抵还。租他牛的人，有的一年之间换牛三次之多，农民因为缺牛，只得承租，又慑于他有靠山，敢怒而不敢言。

中共皖南区党委农委会
1950年6月

祁门县莲花塘村公堂、祠、会调查

一、公堂、祠、会概况

甲、公堂

（一）公堂组成情况：

（甲）吴姓：以“致顺堂”为堂名，下设43个祀，30个会，是该村最大的一个祠堂，有出租土地992亩，占全村使用土地的45%。吴姓族内包括地主4户，富农2户，中农4户，贫农10户，其他3户，共23户，87人，是全村最大的一个姓。该姓地主封建势力最强，统治着全村群众。

（乙）项姓：祠名“项氏家祠”，下设3个会，出租土地30余亩，族内共有10户，全是农民。

（丙）余姓：祠名“余德宁祠”，下设4个会，出租土地100余亩，族内有富农1户，其他都是贫农。

（丁）汪姓：祠名“汪氏宗祠”，下设2个会，有田20余亩，族内都是中、贫农。

（戊）黄姓：祠名“黄家宗祠”，有田5亩余。

（己）余姓（与上述余姓同姓不同宗）：祠名“余家宗祠”，有田不详。

（庚）朱姓：祠名“朱务本祠”，有田19亩余。族内共4户，3户中农，1户在外经商。

（二）建立原因：

（甲）为了纪念祖先，但这只是表面上的原因。

（乙）农村中的统治阶级利用农民狭隘的宗族观念，组成祠堂，培植势力，以利于他们统治人民，欺压别姓。

（丙）封建势力为了要在经济上剥削农民，利用祠堂集中一部分土地，把持出租。

乙、公会

（一）组成情况：

（甲）普福寺：是由该村的9个大姓（朱、吴、黄、余、余、汪、黄、黄、项）组成，有田20余亩出租，该田现由吴志昆霸占。

（乙）五门会：是由5个姓（三余、一黄、一项）的祠堂组成，有田20余亩出租。

（丙）聚奎文会：是四姓（一项、三余）组成，有田9亩6分出租。

（丁）聚英文会：情况不明，管理人是祁门县人。

（戊）同善茶亭：由 11 姓组成，有田 7 亩多出租，也被吴志昆霸占。

（二）建立的原因：

（甲）由部分佛教徒组成，以进行宗教活动。

（乙）有些小姓为了不受大姓中恶势力的压迫，组织起来以作抵抗。

二、各公堂、公会占有土地及租佃情况

大小公堂占有土地比较表

祠堂名称	10 亩以下		10 亩以上		50 亩以上		共计		占总祠堂土地百分比
	个	亩数	个	亩数	个	亩数	个	亩数	
吴致顺堂	44	247.769	28	598.585	2	146.51	74	992.864	82.04
项氏宗堂	3	8.700	1	22.910	0	0	4	31.610	2.61
余德宁祠	3	14.700	1	18.400	1	73.12	5	106.220	8.78
汪氏宗祠	2	8.100	1	15.100	0	0	3	23.200	1.92
黄氏宗祠	1	5.800	0	0	0	0	1	5.800	0.48
朱务本堂	0	0	1	19.400	0	0	1	19.400	1.60
余氏宗祠	1	—	0	0	0	0	1	—	—
范文机清明会	0	0	1	31.100	0	0	1	31.100	2.57
共计	54	285.069	33	705.495	3	219.63	90	1210.194	100.00

公会占有土地比较表

公会名称	10 亩以下		10 亩以上		共计		占总祠堂土地数百分比
	个	亩数	个	亩数	个	亩数	
普福寺	0	0	1	25.68	1	25.68	33.04
五门会	0	0	1	21.20	1	21.20	27.27
聚奎文会	1	9.60	0	0	1	9.60	12.35
聚英文会	0	0	1	13.45	1	13.45	17.30
同善茶亭	1	7.80	0	0	1	7.80	10.04
共计	2	17.40	3	60.33	5	77.73	100.00

公堂土地租佃情况表

祠堂名称	本姓轮种		出租本姓		出租本村外姓		出租外村		共计
	亩数	百分比	亩数	百分比	亩数	百分比	亩数	百分比	
吴致顺堂	0	0	36.72	3.70	832.64	83.86	123.50	12.44	992.86
黄氏宗祠	0	0	4.00	68.96	1.80	31.04	0	0	5.80
项氏宗祠	0	0	20.80	65.80	10.81	34.20	0	0	31.61
余德宁宗祠	0	0	24.70	23.25	45.02	42.39	36.50	34.36	106.22
汪氏宗祠	0	0	1.40	6.03	21.80	93.97	0	0	23.20
朱务本堂	6.50	33.51	7.90	40.72	0	0	5.00	25.77	19.40
范永机清明会	0	0	3.00	9.65	14.00	45.01	14.10	45.34	31.10
共计	6.50	0.54	98.52	8.14	926.07	76.52	179.10	14.80	1210.19

公会土地租佃情况表

公会名称	出租本村		出租外村		共计
	亩数	占公会土地百分比	亩数	占公会土地百分比	
五门会	21.20	27.27	0	0	21.20
聚奎文会	9.60	12.35	0	0	9.60
聚英文会	13.45	17.30	0	0	13.45
同善茶亭	3.40	4.38	4.40	5.66	7.80
普福寺	25.68	33.04	0	0	25.68
共计	73.33	94.34	4.40	5.66	77.73

三、租额及剥削花样

甲、租额按常年产量每亩最高交60%，一般是50%，最低为40%。

乙、收租中的额外剥削花样：

（一）若谷子较湿便要加秤，不然就叫挑回去不收。

（二）秤锤底加锡，使秤增大。

四、公堂、公会管理情况

该村之公堂、公会田多数是出租给固定的永佃户的，农民轮流耕种本会田的只有几亩，其管理人主要的是族内地主、富农等有势力的人，其执管的情况是固定管理的有70个；轮流管理有12个；为地主土豪劣绅所操纵的有76个。

五、收入之用途

公堂、公会收入的用途主要的是清明节聚餐祭祖，其次用以付田赋及保甲费，余下本姓分一点，大部为管理人从中贪污吞没。

中共皖南区党委农委会

1950年6月

第四部分　山林概况调查

皖南山区林山概况

皖南山区水田、旱地所占数量很小，山林约占总面积的90%上下，山地中除一部分是荒山外，其余都有很丰富的山产，很大部分群众要“靠山吃饭”。林山包括杉木林、桐山、竹山、柴山以及茶山等，其次还有要用很大人力开垦的荒山，由于这些林山的占有情况和使用情况的不同，现仅根据不完全的材料分别说明如下：

一、竹山

竹山在整个山林中，占有相当数量。其使用价值较大，经营时需要很多人工进行培植。其占有情况从现有材料看，基本上是集中在地主、富农手里。根据宣城、黟县、太平三个县4个村的调查，竹山面积占山林总面积的42.5%，户数占7.25%的地主、富农占有竹山的55.39%，公堂占有7.06%，而占92.75%户数的农民，只占有37.55%的竹山。

根据皖南的情况，竹子的使用主要的是作为造纸原料，或大批的编成排筏向外地运销。但有些地方由于水路交通不便和水源缺乏，既不能外运，又无法造纸，因此只得就地做竹篾编织各种器具等。因此这些地方制造竹器用具的手工业就非常发达，有些产品也很出名。另外，竹山还产有大量竹笋，多输出外地，可供民食。据休宁县花桥村调查，竹子一般的是三年砍一次，每次砍去原有竹棵的1/3；两年要挖一次竹笋，每亩可出干笋150斤。

竹山的经营：地主、富农一般是雇工经营，有些富农还亲自参加管理。农民大多自己经营管理，很少雇佣工人。

二、林山

林山是经过人工专门培植成材的杉木林，是山林中最主要的一部分，其用途较大，这些林木主要供制造木器、各种工具及建筑之用。林木经营过程简单，主要是初期的培植树苗及后期的砍伐、运销。但收益时间比竹子较长。

杉木林亦以地主、富农占有较多。根据宣城、宁国、黟县中3个村的调查，林山占山林面积的47.21%，其中地主以3.6%的户数占有林山的57.65%，富农以2.7%的户数占有林山的4.26%，公堂占林山的6.92%，中农、贫农、雇农以93.7%的户数而仅占有林山，山林总数的31.11%。

林山的经营方法一般的是：地主均雇工看管，富农亦多雇工经营，也有自己看管的，中农、贫农均自己栽培、自己看管。根据休宁县花桥村的调查，地主经营林山的方法是这样的：凡林山在初期培植树苗时，必须经过开发荒山的过程，因此地主把占有的荒山首先租给农民开发种苞谷，三年不收租（有的还收租，租额比田租为轻），但三年期满后要给地主培养好树苗，如杉、桐等，每亩山要栽3000棵左右。到期如数点缴给山主（地主）。这种方式看起来农民有三年苞谷收益，其实收益很小，而开发荒山、栽种树苗所耗的劳力很大，所以是极其严重的剥削，地主们不要化什么代价，而坐待收益。从这里可以看到占有50%以上林山的地主阶级，对没有林木或占有林山很少的农民实施着多么残酷的封建剥削！

三、茶山

茶叶是皖南山区的著名特产，产量很大。由于茶山的经营要化费较多的工本，因之经营茶地的面积一般不很大，在占有关系上也比较分散。根据宣城、宁国、太平三县中3个村的调查，茶山占山林总面积的7.96%，其中计：地主、富农占有茶山的11.3%，公堂占0.2%，中农、贫农、雇农占有茶山的88.5%。

地主占有的一部分茶山，均系雇工经营，但也有少数租给农民经营的，无固定租额，以每季茶的产量按成分。

四、柴山

柴山的出产多是不能成材的杂树，其中以栗树为最多，最大用途是烧炭，或直接作为燃料用，在山林的占有中次于竹山和杉木林。根据宣城、宁国、黟县中3个村的调查，柴山占山林的10.73%，其中计：地主、富农占8.23%，中农、贫农、雇农占90%左右。因为这种山收益很小，所以大部分都在农民手里，地主阶级占有很少一部，除供燃料之用外，都租给贫苦群众烧炭。炭窑也都为地主、富农所占有，因此也有不少农民从地主、富农手里租来炭窑和柴山，在烧成炭后，双方对半分或四六分收益。

此外，还有一种荒山，有的根本没有开发，有的系经过开发而又荒废的。这些荒山，一般的都有山主，有一部分是属于公有的，只能长一些杂树、柴草等，收益很少，只有附近贫苦群众就近去砍柴，如有可能开垦的，也就近开垦一些，种植庄稼如苞谷等。

根据以上几种不同林山的情况，我们从总的方面可以看到，凡出息较大，在经营时又不要化费很大工本的，一般都为地主、富农所占有。化费工本较多，而收益不大的山林，一般都为农民所有。

1951年7月调查

休宁县花桥村竹、木、茶山调查

一、概况

花桥行政村包括花桥、石潭、介首、小观坑、白石坑、司马墩6个自然村，其中以花桥最大。该村距休宁城70里，原为江西婺源县的一个边沿村庄，也是由屯溪到江西景德镇的必经之地（小山道）。全村共有224户，916人，田地210亩。这里的农民主要是依靠开荒、采茶及经营杉木、竹林维持生活；其次是依靠副业、手工业及按季节到外地出卖劳动力。

二、杉木问题

甲、各阶层占有情况及收入

杉木是花桥村的主要物产，全村共有277 129棵，内有小苗92 448棵，现（1950年）已成材和半成材的木头折合4920桶，平均每年产木头350桶，以每桶值180斤米计，折米63 000斤，能解决全村人口一个半月的生活问题。各阶层占有情况，据统计5户地主即有杉木76 700棵，折木头1110桶，占全村总桶数的22.32%，4户富农共有23 300棵，折木头728桶，占全村总桶数的14.64%，中农共有79 140棵，折木头1097桶，占全村总桶数的22.05%，贫农仅有52 140棵，折木头374桶，占总数的7.52%，祠堂、村公有和其他成份共折合木头1665桶，占全村总桶数的33.47%。

花桥行政村各阶层占有木材数量统计表

成份	户数	占总户数百分比	人数	占总人口百分比	产木数量				
					成材或半成材	小苗	合计	折合桶数	占总产木量百分比
地主	5	2.23	28	3.06	60 500	16 200	76 700	1110	22.32
富农	4	1.78	27	2.95	20 150	3150	23 300	728	14.64
中农	51	22.77	245	26.74	50 380	28 760	79 140	1097	22.05
贫农	157	70.09	587	64.08	22 065	30 075	52 140	374	7.52
小贩	1	0.45	2	0.22	1900	0	1900	54	1.09
商人	3	1.34	13	1.42	1600	700	2300	20	0.40
手工业者	3	1.34	14	1.53	900	1000	1900	18	0.36
祀会	（9个）	0	0	0	17 620	0	17 620	490	9.85

续表

成份	户数	占总户数百分比	人数	占总人口百分比	产木数量				
					成材或半成材	小苗	合计	折合桶数	占总产木量百分比
村公有	0	0	0	0	9566	12 563	22 129	1083	21.77
合计	224	100.00	916	100.00	184 681	92 448	277 129	4974	100.00
备注	贫农所有22 065棵中，有 2500 棵出卖青苗，为地主所买入。								

乙、各阶层对山林的几种经营方式

开山栽树苗后，到第十年修理一次，即可坐等砍伐木头，这是杉木生产的整个过程。杉木没有租典习惯，也没有专人看管，一般是自己经营。但经营方式各有不同：

（一）地主：荒山种杉木必须经过开发，否则不长，有的地主先把荒山出租给农民种苞谷，不收租，由农民负责给栽培树苗，等种三年后即收山。据当地农民谈，这是一种很厉害的剥削，第一年开山时用工很多，三年虽然收一些苞谷，但第四年即要还山了，每亩山要替地主栽3000 棵树苗，需要 30 个人工，比交租还重。此外另有请工栽树，每个工 3 升米。树苗长成后，有的是 10 年后修理一次，有的根本不管，只等待砍树。

砍伐树也不同，有的是在山上出卖，成材树棵每桶码子（约 30 根树左右）要包干 5 斗米，以这种出售方式占多数。还有的是自砍自卖，砍树是请工或是包日工和按工程包干，一般的是每日 3 升至 5 升米（或砍倒木头 40 根并剥了皮给米 3 升），从山上将木头运到河边并给做成木排，每桶木头 4 斗米；运到屯溪的运费每桶木头 4 升米；然后在屯溪出卖，这样做的是少数。

（二）富农自己经营的是多数，自己参加劳动，并与农民有互相换工的习惯。

（三）中、贫农一般的是自己管理自己经营，有少数在砍树时请零工、换工。

（四）祠会杉木共17 620棵，栽培修理砍伐是由族长和会头负责（有少数的是轮流管理），杉木收入表面上是用于修桥、铺路、祭祖、修建祠堂庙宇，实际上大部为几个封建头子占去。

（五）砍伐年限最多 40 年一次，最少 25 年，一般的是 30 年，但山有肥瘦之分，因此砍伐年限及收入都有不同。

此外还有一种特殊的情况：即有的农民因为突然遭到天灾人祸，被迫出卖不成材的木头和种植不久的树苗，只卖树不卖山，约定几年后即砍树还山，农民称这种出卖，为“卖青苗”，这种买卖关系对生产极为不利，因为一般在约满后即使树不成材也要砍光，不得延长期限。

三、竹山

甲、各阶层占有竹山：全村共有竹山33.636亩，竹98 021棵，每年平均产竹12 000根，制干笋 3400 斤。地主占有竹山13.36亩，大小竹40 100棵，占全村总棵数的40.91%，富农有竹山0.87亩，竹 2620 棵，占全村总棵数的2.67%，中农有竹山12.4亩，竹37 286棵，占全村总棵数的38.04%，贫农有竹山6.7亩，竹17 115棵，占全村总棵数的17.46%，其他成份共有竹山0.306亩，竹 900 棵，占全村总棵数的0.92%。

花桥村各阶层占有竹及产竹数量统计表

成份	户数	占总户数百分比	人数	产竹亩数	产竹数（棵）	各阶层产竹棵树占总数百分比
地主	5	2.23	28	13.36	40 100	40.91
富农	4	1.78	27	0.87	2620	2.67
中农	51	22.77	245	12.40	37 286	38.04
贫农	157	70.09	587	6.70	17 115	17.46
小贩	1	0.45	2	0	0	0
商人	3	1.34	13	0.07	200	0.20
手工业者	3	1.34	14	0.24	700	0.72
合计	224	100.00	916	33.64	98 021	100.00

乙、收益时间与经营方式：竹山收入比杉木收入要大要快，一般是三年砍一次，每次砍去原有竹棵数约1/3，两年要挖一次竹笋，每亩可出干笋150斤。挖笋与养竹互相结合，挖笋过多对竹林有妨碍，不挖笋与竹林也有害处。其经营方式如下：

对竹笋的处理方式有：（一）是卖地上的青笋，每亩合米8斗到1石，承买人不论从地上挖笋多少都算他所得的，这种形式对竹不利，因只顾多挖竹笋，很少顾及竹林的滋长及保养。（二）是请人挖笋对半分。（三）是自己挖笋，这种多是中、贫农，自己挖笋晒干，或出卖鲜笋。

对成材的竹棵处理方式有：（一）在山上出卖成材的竹棵，每根1斤—1斤半米，地主只收现米现钱，砍伐出卖一律不管。（二）自己经营，自砍自运，自己去出卖，但地主及部分富农是雇工来经营的。（三）结合副业，以自己的竹，自己加工制成竹品，到市上出卖（这样经营的是少数）。

丙、竹林没有专门出租的，但有些出租山地中带有少数竹苗，佃户即将这些竹苗养起，作为副产物不另交租。

四、茶山问题

甲、花桥村产茶不如附近的村庄，但种茶户很多，有90%的户数有茶叶，最多的户出茶230斤，最少是10斤，一般的每户出茶40斤左右。成块茶山极少，多是地边、田界上附种茶秧。由于国民党反动派长期的敲诈勒索、抓兵拉夫，很多农民逃亡在外，特别是抗日战争爆发后，茶业销路断绝，使原有茶山大部荒芜，据一般农民讲：“抗战以前全村产茶达到4万余斤，到临解放的时候降到3000余斤了。”

乙、由于大块和成块茶山很少，茶田租佃关系也很简单，没有单独出租的，多是茶秧跟着田、地、山走，没有专交茶租的，有的送一些茶叶，数目不一。

丙、茶叶一般是自己采收，但地主多是雇工采茶，还有的是采茶互分的。

花桥村产茶数量及各阶层占有数量统计表

成份	户数	占总户数百分比	人数	产茶数量（斤）	各阶层产茶斤数占总数百分比
地主	5	2.23	28	577.5	7.83
富农	4	1.78	27	407.0	5.52
中农	51	22.77	245	2149.5	29.14
贫农	157	70.09	587	4110.0	55.72
小贩	1	0.45	2	7.5	0.10
商人	3	1.34	13	112.5	1.52
手工业者	3	1.34	14	12.5	0.17
祀会	（9个）	—	—	0	0
村公有	—	—	—	0	0
合计	224	100.00	916	7376.5	100.00
附注	产茶数量中，贫农数字中有722斤，系租入祀会土地上的出产。				

中共皖南区党委农委会

1950年2月

黟县际村区卢村竹山、柴山调查

一、竹山、纸槽情况

甲、竹山占有情况

该村共有竹山98.82亩，除了23个祠堂祀会占有14%外（如以竹、木、柴山整个统计，则祠堂祀会占有最多，达46%），85%均分散在中、贫农手里，地主、富农占有很少（见附表）。农民都经营小块竹山，竹山一般很少租佃关系，只有祠堂的竹山全部租给纸槽占有者，每年每亩收租2担纸，供祭祀、修理祠堂之用。

竹山除每年挖鲜笋供食用及出卖外，每两年可砍竹一次，制腌料造纸。

乙、纸槽经营情况

（一）该村在竹山附近设有纸槽3个，都是小槽，每槽可产纸50担（大槽可出80担），为3户农民分别独资经营。

纸槽经营情况表

经营人姓名	占有纸槽数	使用竹山亩数			产量(纸担)
		自有	租入	共计	
余锡甫	1	2.0	1.8	3.8	45
仰正南	1	0	4.0	4.0	80
李瑞绍	1	1.6	1.4	3.0	50
共计	3	3.6	7.2	10.8	175

此外尚有12户中、贫农占有竹山9.8亩，自制腌料（竹造纸必须先将竹腌半年时间），交纸槽造纸，每年能制170担纸，制造后三七分纸（原料户得三成，槽主得七成）。

二、树木、柴山情况

全村有树木山53.94亩，所产都是杉木和松树，有柴山262.09亩。23个祠会占有树木山20.75亩，占全村树木山的38.47%；占柴山158.06亩，占全村柴山的60.31%，其余分散在农民手中。地主、富农占有山的数量不大（见后附表），因为该村地主、富农大部兼营工商业，所以占山较少，所占山亦为坟山，树木不加培植，也无人看管。

祠堂、祀会的树木山、柴山管理情形：全村祠堂、祀会23个，以卢氏褒忠祠会为最大，该祠会归卢氏一族所有，占全村祠堂、祀会所有山的67.48%（该祠占有竹山1亩，树木山6亩，柴山123亩，共达130亩）。

祠堂、祀会的山多是轮流管理的，如卢氏祠堂全族分上、下二门（上门辖6房，下门辖3房），共9房，逐年轮流管理，每年轮一房，由该房找人管理，管理人从总收入中取2/10作管理费，其余作修理祠堂与祭祀之用，再有剩余由当年经营房头分得。

树木不能每年有收益，需至树木长大后，才能砍伐，柴山出租烧木炭，每年收租苞芦300斤。

也有一些祀会是推本姓长辈管理的，如考溪自然村金、汤、余、李诸姓的祠田就是这样。

此外在水口山、来龙山有4.8亩柴山（也夹杂有些树木），属于该村公有，有专人看管，因迷信关系不加砍伐。

兹将各阶层占有山地情况统计如下：

卢村各阶层占有山林统计表

成份	户数	占有山林户数	竹山		树木山		柴山		合计	
			亩数	占竹山总数之百分比	亩数	占树木山总数之百分比	亩数	占柴山总数之百分比	亩数	占山林总数之百分比
地主	5	1	0.30	0.30	1.00	1.85	4.20	1.60	5.50	1.32
富农	5	1	0.15	0.15	0.09	0.17	1.46	0.56	1.70	0.41
中农	93	37	39.60	40.07	10.05	18.63	38.97	14.87	88.62	21.36
贫农	160	65	44.93	45.47	22.05	40.88	54.60	20.83	121.58	29.31
其他	4	0	0	0	0	0	0	0	0	0
公堂祀会	—	—	13.84	14.01	20.75	38.47	158.06	60.31	192.65	46.44
公山	—	—	0	0	0	0	4.80	1.83	4.80	1.16
合计	267	104	98.82	100.00	53.94	100.00	262.09	100.00	414.85	100.00

中共徽州地委研究室

1950 年 6 月

宁国县西津区鱼塘村山林调查

一、概况

甲、该村位于宁国县城西，距城 18 里路。计有鱼塘村、鱼沟村、郎家村、鸭子口、蒋家山、南坞村、王家店、龙潭庙 8 个小自然村。南面和北面是东西走的两条山脉，中间是一条小河，这 8 个小自然村，即散布在这条小河的两岸，长达 24 里，宽约 3 里许。全村共有 269 户，1293 人。

乙、出产种类：山的出产主要是松木、杉木、毛竹、梓树、白杨树、桐籽、柴炭、茶叶，田地主要的产稻、大麦、小麦、苞谷等。

丙、群众生活情况：全村使用田地共776.1亩（不包括山地及出租在外的田），每人平均使用土地 6 分。因田地较少，大部分群众主要生活来源依靠山林。贫农和赤贫户占了全村户口的大多数，计贫农 129 户，637 人，赤贫户（无田无山）68 户，240 人，他们靠山的方法是：租地主的荒山，开荒之后种苞谷、桐籽；给地主砍树得些工资；就地主的柴山烧炭、采野茶、放排、作棺材，并将这些出产向外推销。

二、阶级情况及各阶层对山的经营情形

甲、阶级情况及各阶层对山、田的占有情况

各阶层对山、田的占有情况如下表：

鱼塘村各阶层占有和使用田地统计表

成份	户数	占总户数百分比	人数	占总人口百分比	占有土地			出租土地			租进土地亩数	使用土地亩数	每人平均使用亩数
					占有土地亩数	占占有土地总数百分比	每人平均占有亩数	出租在本村土地亩数	出租在外村土地亩数	出租土地合计数			
地主	9	3.35	53	4.10	540.8	47.99	10.204	129.6	384.7	514.3	0	26.5	0.500
富农	11	4.09	72	5.57	194.4	17.25	2.700	76.2	67.4	143.6	0	50.8	0.706
中农	52	19.33	291	22.51	307.4	27.28	1.056	66.2	27.8	94.0	92.1	305.5	1.050
贫农	129	47.95	637	49.26	61.8	5.48	0.097	3.0	0	3.0	334.5	393.3	0.617
赤贫	68	25.28	240	18.56	0	0	0	0	0	0	0	0	0
庙田	—	—	—	—	22.6	2.00	—	0	22.6	22.6	—	—	—
合计	269	100.00	1293	100.00	1127.0	100.00	0.872	275.0	502.5	777.5	426.6	776.1	0.600

鱼塘村本村各阶层占有山林统计表

成份	林山	柴山		竹山		荒山		桐山	茶山	合计占有亩数			占占有总数百分比	每人平均占有亩数
	在本村者	在本村者	在外村者	在本村者	在外村者	在本村者	在外村者	在本村者	在本村者	在本村者	在外村者	合计		
地主	3.0	153.7	10.0	55.9	3.0	26.5	13.0	0	0	239.1	26.0	265.1	24.29	5.002
富农	18.5	190.0	1.7	45.1	0	54.9	0	0	0	308.5	1.7	310.2	28.42	4.308
中农	14.7	152.1	0	59.0	0	23.5	0	4.5	3.0	256.8	0	256.8	23.53	0.882
贫农	24.8	125.1	0	24.4	0	41.0	0	9.3	20.8	245.4	0	245.4	22.48	0.385
赤贫	0	0	0	0	0	0	0	0	0	0	0	0	0	0
族山	0	0	0	4.0	0	5.0	0	0	0	9.0	0	9.0	0.82	0
庙山	0	0	5.0	0	0	0	0	0	0	0	5.0	5.0	0.46	0
合计	61.0	620.9	16.7	188.4	3.0	150.9	13.0	13.8	23.8	1058.8	32.7	1091.5	100.00	0.844

鱼塘村本外村各阶层在本村占有山林统计表

成份	林山	柴山	竹山	荒山	桐山	茶山	合计	占全村山林总亩数百分比
地主	11.0	188.7	67.9	249.9	0	0	517.5	36.35
富农	18.5	216.0	61.1	61.9	0	0	357.5	25.11
中农	27.7	176.1	59.0	23.5	5.0	3.0	294.3	20.67
贫农	24.8	125.1	24.4	41.0	9.3	20.8	245.4	17.24
赤贫	0	0	0	0	0	0	0	0
族山	0	0	4.0	5.0	0	0	9.0	0.63
合计	82.0	705.9	216.4	381.3	14.3	23.8	1423.7	100.00

从上列各表的统计数字中，可看出该村各阶层之土地占有是极不合理的。先以占有田地来分析，该村地主每人平均占有田地10.2亩，为该村每人平均占有田地数的11.7倍；富农每人平均占有田地2.7亩，为该村每人平均占有田地数的3.1倍。如将地主、富农占有田地合计，则占总人口9.67％的地主、富农，共占有总田地数的65.24％，另一方面，贫农每人平均只占有田地0.097亩，仅及该村每人平均占有田地0.872亩的11.12％；而占总人口18.56％的 240 个赤贫农民，则全无田地。如将贫农与赤贫农民合计，则占总人口67.82％的贫苦农民仅占有总田地数的5.48％，田地的集中程度是惊人的。

再看山地的占有情况：地主每人平均占有山地 5 亩，为该村每人平均占有山地数的5.92倍；富农每人平均占有山地4.308亩，为该村每人平均占有山地数的5.1倍。地主、富农合计占有山地总数的52.71％。另一方面，贫农每人平均占有山地只0.385亩，尚不到该村每人平均占有山地数的一半；而赤贫农民亦全无山地。故山地之占有虽集中程度较田地略低，但仍极不合理。

乙、各阶层对山地的经营方法

（一）地主对山的经营方法：一般的讲地主是只管收入不注意培养的，因为他们的生活来源主要是靠出租田地，而不是靠山，所以地主很不注意在山上养树，让山自然的生长，如外村地主张道楠（有 100 多亩土地出租），在鱼塘村有 60 亩山（包括杉木山 4 亩，竹山 11 亩，柴山 25 亩，荒山 20 亩），他买这些山已有 20 多年，自买后根本没有在山上栽过林，原有树木也很难长大，因为他不很好的管理，树林间的小杂树也不设法砍掉，影响了大树的生长。有少数地主也注意养山，但办法也是靠剥削农民的劳动力。农民无饭吃，要到地主山上去开荒种苞谷，开荒要交租，租子有两种：一种是一九租额（收获物佃九主一），交这种租子的佃户，可以在山上栽树，种三四年后桐子、杉苗长大了，地主就要加租，佃户出不起租，只好连山带树还给地主，地主就这样白得了树木。另一种是二八租额，交这种租额的佃户不能在地主山上栽树。

有时地主要从山上找些钱化，那就是砍树或烧炭，砍树多是用包工的方式，譬如砍下几百棵竹子或杉木，农民把树砍下来，到外边去卖，回来对半分钱。烧炭也是地主将柴山包给农民，烧了炭，二八或三七分，地主得二成或三成。

（二）中农对山的经营：一般的说，中农有田也有山，生活来源同样靠田也靠山，单靠一方面是不能维持生活的，所以中农很注意在山上种植树木。这里从一户中农调查中，便可以看出他们对山是如何注意培养树木的。

中农汪元荣，一家5口，无田地，只有山28亩，内竹山5分，余皆荒山。这些山是1938年分家时从父母遗产中分来的，自从分家以后，每年开几亩荒山种苞谷，第二年即种桐子或杉苗，现在他已有1000余株杉树和1000余棵桐子树了。他的生活来源是：每年开山种苞谷，平均收包谷三四十石，到下半年即包地主的山烧炭，三七分炭，可分到80担左右（每担60斤），值3石米。老婆小孩采茶，每年可采干茶三四十斤（每斤换3斤米）。

（三）贫农和赤贫户的生活：现在以一户赤贫户为例，来看他们的常年生活情况：

唐其元，12口人，3个劳动力，租种毛荒山15亩，常年收苞谷3000斤，交地主300斤租，余下的能维持家里生活5个月。下半年靠烧炭维持两三个月；再采些野茶能维持2个月；其余的日子只好到山上采苦菜、笋子来维持了。他说："如果这山是我的，我就可种些桐子，栽些竹子、树苗，这样，慢慢生活即可好起来。但山不是自己的，不敢种桐子栽杉苗，因为地主太厉害，要是种了桐子、毛竹、杉木，收到利时，地主就要加租，我们交不起租，只好把山还他，因此谁也不愿意白费力气，给地主栽树。"失去了土地的农民，就经常在这饥饿线上挣扎。

中共皖南区党委农委会

1950年1月28日

歙县长陔区南源村树木情况调查

一、概况

南源行政村地处深山之中，全村126户，610人，散居于5个自然村中，地区绵延，长达15里。该村山多田少，本村的田不足10亩，连同在外村的田，也只有70多亩；山上密布丛林，仅有极少数的山坡上开垦种植了苞芦（玉米）。

全村没有地主、富农，仅有中农2户，其余都系贫、雇农。该村除了二三户鳏寡不种地外，其余的农民差不多全都到一二十里地以外的山上租入浙江遂安业主的山地种植苞芦。其租佃手续大多是集体租入后，大家分种，租额也较低，一般是收1石交9升至1斗左右。山地多半是遂安的祠堂公地，主要由于山地费工、成本高，庄稼易遭山地野兽破坏，因此租额较一般为低。

该村人民的主要生活来源，大致是依靠山地种苞芦维持4个月；茶叶收入维持2个月；其余即依靠山上树木的收益来维持。无树的农民，则靠出卖劳动力，帮人砍树赚工资来维持。如果遇树木销路不畅，价格下跌时，全村人民生活就要陷入困境，就得依靠挖蕨粉、摘箬皮维持生活（挖1担蕨粉一般须30个工，可换米2石；箬皮系编斗笠、茶篓、船蓬等用，摘1担要5个工，可换米二三斗）。故树木的销路通畅与否，价格之高低，对该村农民生活影响至巨。

二、全村树木的占有情况

甲、树木数量与种植情况

该村树木数量之多为长陔区之冠，根据调查，估计全村约有8000桶左右（“桶”——计算树木的单位，每桶合周围一尺的树木40根；周围二尺的树木不到4根；周围三尺的树木1根即有1.03桶)。该地区的树木大部分是周围一尺三到一尺五的杉木。多系农民培植的，无天然林。

杉苗由栽种到长成为周围三尺粗的杉木要30年，最肥沃的山也需20年方能长成。杉木砍伐之后，放火烧山作肥料，第二年即开垦种苞芦，连种二三年后，土质渐瘦薄时，即栽植杉苗，过二三十年再行砍伐。

乙、全村树木占有情况

（一）新裕公司：1944年，杭州新裕公司派人来买杉木，当时平均以每桶约200元伪币作价，共买了3000桶左右，距今已6年。在这一段时期里，可增长2000桶，故现在约有5000桶之谱。这个公司据传是蒋匪亲戚王某开的，解放后王某逃到台湾去，所以树木至今未砍。

（二）长陵村地主毕兆甫在该村的杉木约有1000桶，是早十几年前就买下的，于1949年砍伐了一些，但未运出。

（三）屯溪一个医生毕梦飞在该村的杉木约有四五百桶，砍下了一部分，亦未运出。

（四）该村农民一般的每户有五六十桶杉木，多的有百余桶，最少者也有二三十桶（5个自然村中，有2个自然村占有较少)，估计全村农民占有杉木约有2000余桶。

综上所述，全村杉木总计约有8500桶左右，绝大部分在官僚资本和地主手中。

三、杉木采伐季节、销路与收益情况

甲、该地区杉木的采伐季节一般在农历七月到翌年三月这一段农闲时期（因四、五、六月农民忙着种苞芦、采茶；九月忙着收苞芦)。杉木从山上砍下后，即拖到河沟边编好木排，俟涨水时由街源放到街口，再转运到杭州出售。

乙、杉木成本的计算：树木在山上价格很贱，普通一桶树木只合1至2斗米，有的离河沟远的山地树木价钱还要低，而且还无人去砍。每桶杉木由山上砍下拖到河沟整好需5个工，合计约值米3到5斗；由河沟放到街口有70里路，亦需米3到5斗；由街口放到杭州，运费工资约需5到7斗米，故每桶杉木连买带整，加上运费，最高要用去1石八九斗米，最少的也得1石四五斗米。

丙、杭州木价变化甚大，近年来木价较高，尤以1949年八九月间最高，每桶杉木可换3匹龙头细布，约折合大米4石多。该村当时赶着伐整了约300多桶，而木价竟骤然惨跌，到1950年二月，每桶仅售几斗米。该村每年可出杉木200桶左右。

中共徽州地委研究室

1950年6月

第五部分　江河湖调查

望江县长江情况调查

本文调查范围包括望江县境内长江全部，上自宿望交界之周家湾起，下至望江边境之沟口止，全长约110华里。沿江附近有余家铺、汪家墩、杨湾、龙潭口、余家洲、磨盘洲、江调号、白沙洲、华阳、司家阁、陶寓滩、獾子冲、雷港、潘家墩、金家墩、育婴洲、洲头、排楼、湖东、四号、官洲等地。调查重点在华阳河口下至陶寓滩段。

一、占有及使用情况

甲、私人占有

自华阳河口起下至陶寓滩止，中至江心，计长7华里，面积为302 400平方丈，该段为司家阁司姓公堂（名三公堂）所占有。

（一）占有来源：明朝朱元璋二年，司姓即迁居于此，以插标为记（即标业），从此该段江面水权即为司姓占有。标单在明清二代皆有官家印记，至民国初年，标单遗失。

（二）股权与管理：司姓占有水权后，即分三股管理，每股各占水权的1/3。管理人均为各房长辈，死后便相继下传。方法是各股传给各股近房长辈，如某股人口不旺，没有近房长辈时，方可传给自己的儿子。如司仁保的一股本是他父亲管的，因本房人口不旺，没有近房长辈，所以就传给他了。其管理方法是定期轮流公管，每股管一年，而每年收入是按三股均分。缴纳税课（等于土地之田赋）由三股平均负担。在抗战前每年须缴3元6角，以后即未缴过。至公堂开支亦由三股均摊。

（三）占有户数及管理人员统计如下：

股别	户数	占有户成份			管理人	
		贫农	中农	富农	姓名	成份
一股	24	15	8	1	司小保	贫农
二股	9	6	3	0	司仁保	中农
					司业义	贫农
三股	3	2	1	0	司仁和	中农
合计	36	23	12	1	—	—

（四）使用及出租情况：司姓除有个别户参加打鱼并不交租外，其他渔民均要交租，其方式有三：（甲）直接收租：公堂直接向渔户收取鱼租。在解放前，凡在该段取鱼渔户，按船计算，按年缴课，每船每年须缴 5 升至 1 斗米左右；公堂收入每年在 3 石米左右，每股约可分米 1 石。（乙）定额包租：解放前，有华阳鱼行老板胡滨梅向公堂承包，包有十年左右，包价每年约 2 石米，承包人即向渔户收取鱼课。（丙）陋规：凡是外帮来此取鱼时，鱼课加倍。如本帮渔民只缴 1 斗米而外帮渔民则要缴 2 斗米。解放后，公堂已经不收鱼课了。渔民在该段取鱼也不缴课了。

鱼课收入的用途：（一）向伪政府缴纳课税；（二）清明祭祖，每股须将鱼课收入拿出八角至一元使用；（三）剩余部分归管理人所有，作为跑腿费。

（五）渔民取鱼一般规则：（甲）试水三天。渔民到达该段取鱼时三天不纳课，如不出鱼即走，如出鱼时，即向业主订定契约，言定课价，然后正式取鱼。如三天中能捕到鱼而不向业主定立契约，业主即可没收渔民的鱼具。（乙）从农历二月到八月初，渔民可在江内自由取鱼，不缴鱼课。从八月到正月渔民取鱼时必须纳课。（丙）成帮的鱼船已包定此段水课后，其他渔户不准在该段取鱼。但如事先与包有该段的渔户接头，补纳课税，仍可取鱼，业主概不过问。这些规则，不但在此处，就是其他几处亦同时存在。

乙、公私共同占有

自华阳河口以上至周家湾止，长约 30 余华里，均是私人和公家合占的。

（一）占有来源：明末时，望江的四合圩及宿松沿江边洲地，均属彭泽县管辖。当时这一带大都是湖荡和芦柴滩，产鱼甚多。彭泽县地主豪绅联络官府，倚仗恶势力，以插标为业，将此段占为 36 股（即 36 户）所有（内官家为一股，地主豪绅 35 股），按年收取鱼课，以后逐渐开垦成地，至 1932 年开始建筑马华堤。1935 年此地分别划归望江、宿松管属。划归两县之后，鱼租仍继续由彭泽业主来收。

（二）管理方法：（甲）由 36 股轮流公管，每股管理一年。（乙）业主与官府勾结合办登记，凡在该处取鱼的渔民均须“挨户挂号”，以免漏户。每户渔民领取一张挂号证，并须缴挂号费 300 元伪币。挂号证有效期一年，期满作废另换。（丙）收课时，官府派一差人与业主携带账本同乘一船，船头上挂一木制的白漆牌，上写“虎头牌”（长一尺四寸，宽一尺），表示威严。缴不起鱼课的渔户，见到有虎头牌的船，即仓惶逃跑。

（三）剥削情况：（甲）租额：以船头计算，船罾每年 7 升至 1 斗米，钩船每只 1 斗至 2 斗。抗战前鱼课收得最紧，抗战后马虎些，解放前已有三四年未收过。（乙）额外剥削：每年除收正课外，另在各帮收“菜鱼”80 至 100 斤不等，由业主分吃，渔户即按船分摊。

另据业主之一魏海涛说，他在 1922 年收过一年课，还缴 48 两银子给官家。

丙、庙宇占有

从陶寓滩下到育婴洲头（长度不详），为雷港之忠王庙所占有，该处江岸连年受江水冲击，北岸渐渐下崩，私人土地渐成江面。但雷港一带农民在农闲时到江边取鱼，庙中看庙的人仍要收取鱼课，名为修庙公用，实则入了私囊。

丁、公有

自育婴洲到沟口止约40里，该处为望江县公有，过去实则为伪水警大队长梁金奎所霸占。解放前，梁金奎在此处收课对渔民剥削甚重，规定凡在此处取鱼者，必须领渔业执照，执照期限一年，过期作废，出境须重新登记，缴纳登记费，鱼课亦任意索取，渔民对他恨之入骨。

二、渔民情况

甲、华阳河口至陶寓滩段

常在该处取鱼的渔民共23户，120人。其他详情见华阳乡司角、塘池两村渔民情况调查表。

这些渔民都住在合成圩内，除以取鱼为其主要生活来源外，其中有些户并占有及租入一部分土地耕种，以补助其生活之不足。

捕鱼一般都有季节性，大都在阴历正、二、三月和八、九、十月间。鱼具的使用也须按季节，不能常年使用。夏季里渔民大都在修船补网。因水涨时不出鱼，无地的渔民就到江南砍柴或做些其他副业生产，以维持生活。

华阳乡司角、塘池两村渔民情况调查表

成份			富渔民	中渔民	贫渔民	渔业工人	合计
户数			1	10	11	1	23
人口			9	54	56	1	120
船只	按容量	大	1	2.00	4.00	0.5	7.50
		中	0	5.83	3.00	0	8.83
		小	1	—	1.00	0	2.00
	按质量	能用	2	6.50	7.00	0.5	16.00
		待修	0	1.33	1.00	0	2.33
鱼具	钩		8000	30 900	12 000	0	50 900
	网		3	3	12	0	18
	罾		1	5	5	1	12
	使用季节	钩	九月—一月				
		网	八月—十月				
		罾	七月—九月 三月—四月				
劳动力(男)			3	15	15	1	34

续表

<table>
<tr><td colspan="3">成份</td><td>富渔民</td><td>中渔民</td><td>贫渔民</td><td>渔业工人</td><td>合计</td></tr>
<tr><td rowspan="3">雇工情况</td><td colspan="2">人数</td><td>2</td><td>3</td><td>1</td><td>0</td><td>6</td></tr>
<tr><td rowspan="2">每人工资</td><td>解放前</td><td>7 石</td><td>6.33 石</td><td>5 石</td><td>—</td><td>—</td></tr>
<tr><td>1950 年</td><td>5 石</td><td>5 石</td><td>2 石</td><td>—</td><td>—</td></tr>
<tr><td rowspan="3">土地</td><td colspan="2">占有(地)</td><td>15</td><td>108.3</td><td>48.3</td><td>0</td><td>171.6</td></tr>
<tr><td colspan="2">租入(地)</td><td>28</td><td>50.8</td><td>41.5</td><td>0</td><td>120.3</td></tr>
<tr><td colspan="2">合计</td><td>43</td><td>159.1</td><td>89.8</td><td>0</td><td>291.9</td></tr>
<tr><td colspan="3">备注</td><td colspan="5">另有 4 户中农、1 户贫民，均以捕鱼为副业，共占有大船 3 只半、罾 6 把，未统计在内。</td></tr>
</table>

该处渔民常年约能捕鱼 374 担。富渔民 1 户，常年捕鱼 40 担；中渔民 10 户，常年捕鱼 183 担；贫渔民 11 户，常年捕鱼 143 担；渔业工人 1 户，常年捕鱼 8 担。

所产之鱼除在本地销售一部外，大部皆运往外地，或由外地鱼商来此收购。华阳以下所产鱼常运往安庆、南京、上海等地；华阳以上多运往马当、彭泽、九江等地。

渔民生活来源较农民灵活，不论年景荒旱，都有收入。水大鱼多，价钱低，水小鱼少，价钱高。二月至四月，鲢鱼价高，十月至十二月白鲲子、青鲲子、鲤鱼价高。年景好时，一斤鱼可换 1 升米至 2 升米，因而渔民生活一般较农民好些。但不逢取鱼季节时（如夏季晒船头），生活就稍苦。渔民迷信思想较为浓厚，信神烧纸敬龙王，常要化去他们收入的一部分。

乙、一般地区

其他地区渔民的情况以沟口、连洲、江调 3 乡为例，列表如下：

村别	户数	捕鱼工具			
		船	网	罾	钩
沟口村	28	28	36	21	13
湖东村	20	2	4	18	0
排楼村	14	2	3	12	0
洲头村	8	3	8	5	0
江调乡	157	51	58	109	0
合计	227	86	109	165	13

上表中的渔民，除沟口村大都依靠捕鱼为业外，其他仍以农业为主，捕鱼仅是副业。

中共安庆地委政策研究室

1950 年 9 月

桐庐县长河情况调查

一、概况

桐庐县为解放后新设县，现已恢复旧制，境内河及长江沿岸（自岸至江心）均为各阶层私人占有（仅长江木排洲沿岸是公家的）。河内产鱼；江内除鱼外尚产芦草、鱼秧等。渔民捕鱼除须交租外，还要交挂号费。

长河南接长江，北连白兔湖，在枞阳镇侧，长35里，下流宽二三十丈。本文调查部分系枞阳段，共长20里。该段捕鱼共分20步繚网（全河35步繚网），属沿河各阶层分股占有，共同出租。1927年每股能得红利8石米；解放后合收租共300石米，除开支交税外，每股仍分得1石余米。

二、占有及管理情况

枞阳段长20里，为28家业主所有，计100股。其占有情况列表如下：

成份	户数	人口	占有股数
地主	4	21	21
富农	4	23	21
中农	5	26	25
贫农	6	31	10.5
商人	5	20	15
手工业者	1	6	1.5
市镇贫民	3	17	6
合计	28	144	100

常在此段交租打鱼之渔民共115户，823人，其中主要靠打鱼为生者84户；以此为副业者31户。

该段河业由业主组织管理委员会管理，但主管人并非选举产生，为有钱有势之业主掌握。且常挑拨枞阳镇上业主与农村业主不和，以便从中贪污取利。总管人程书元为日伪时代枞阳维持会长。

三、租佃情况

该段河业出租系依渔民捕鱼工具不同及捕鱼地带重要与否而决定租金多少，一般计有六种形式：

甲、罾网：罾网是在河两岸打桩，中间用一个个小袋网连结而成，全段共分二十步安置罾网地区（是固定的，其间隔均有规定）。江水涨高倒灌时，河口是第一步罾网；江水落，河水入江时，上流为第一步罾网。第一步网罾捕鱼最多，故租金特高，计每年租米5石。其他第二、三、四……步等依次递减。二十步罾网中，计业主雇工自打四步，其余出租给24户渔民。

乙、钩船：共9只，为9户渔民所有。业主为要租方便，将渔民划分三组，又分三等：头等租金3.2石，二等3石，三等2.6石，分春冬二季交清。

丙、大罾（即搬罾）：共36张，为36户渔民所有。搬罾视安放于河水上流或下流而出不同的租金，上流每年租米1.5石，下流租米1石。

丁、篙网：共14个，为14户渔民所有。篙网捕鱼限于冬季，故租金较低，视捕鱼多少而定为3斗至6斗米。

戊、撒网：共16个，为16户渔民所有。分三个小组。撒网捕鱼在春、冬二季，租金视捕鱼多少，与篙网同。

己、铲罾：共16个，为16户渔民所有。每年春、冬二季捕鱼。租金每张5至8斗米不等。因捕鱼不多，常占捕鱼收入35%以上。

渔民对业主除交租外，在新渔户请求打鱼时还须先挂号。挂号费最少得5升米，皆为管事人私吞，也有除挂号外还得请客者。如私自打鱼，要出很重的罚金。

日伪及国民党反动派统治时期渔民除照额交租外，更要受反动政府的敲诈勒索，渔民生活非常痛苦。

中共安庆地委政策研究室

1950年9月

桐庐县施湾乡东庄村四村河调查

一、概说

四村河位于桐庐陈湖区边境，东界无为，南接长江，西连漫河、锅底河，北为东庄、洲源、江洲、界牌四村。东西长约四五里，南北宽约二三里，面积当在十二三平方里左右，呈椭圆形。全河为19个小圩连水构成。

该河可考历史可溯自清咸丰三年，当时全归四村私人占有，以后遗传子孙，因不便分拆，遂归各村公堂，在河内插标为记，各守各业。每年届捕鱼时间，由公堂接洽渔户下河，对分所得。三次之后，因鱼量稀少，遂全部开放，由渔户出资自捕（出资多少按公堂需要及鱼量估计而定）。但因仅以插标为记，捕鱼时常起越界捕鱼纠纷，故于1927年经四村各支公堂首事议定，抽去界标，统一管理，从此该河遂名四村河。以后均按此管理，无大变动。

该河鱼苗来自长江。每年在四五月涨潮之际，鱼苗自王家浍、土桥河江口涌入，自由生长卵育于陈姚湖河内。至七八月时，陈姚湖湖水渐涸，游鱼遂相率潜入内河（即枫林河、沙河、漫河、锅底河、四村河等）深处。四村河在每年八月一日（阴历）起清河，严禁捕捉，到十二月（阴历）左右方始开河。

根据东庄村1948年与1949年的情况了解，该村因土地较少，鱼产收入实为该村全体人民生活的主要来源。除极少数户不下河捕鱼外，主要靠渔业为生者达64户，304人（全村135户，546人）。其余虽靠土地或其他职业为生，但渔业亦为其主要副业收入。尤因取鱼较耕种土地容易，收获量亦较丰富，故群众对鱼湖甚为重视。

捐税方面，在日伪时代敌伪政府每年征鱼200余担。抗战后，国民党反动政府每年征鱼80到100担，并抽取1%的鱼行税。

二、业权问题

四村河为大竹山、小竹山、陷岩泊、大圩、扁圩、小圩、涧口圩、小团河、大团河、严圩、信圩、大四方圩、小四方圩、破圩、戴家圩、大陈家圩、小陈家圩、南圩、大山西河等19个小圩合水而成，绝大部分为四村周氏各支公堂占有；极少数为外姓占有（均系买自周姓公堂，不能享受其公堂收益）。1927年鱼湖统一管理后，各公堂即按各小圩过去收益情况折合银元订出各小圩河价，合计河价为1600银元；因公堂数目众多，若每年平均分配，收益不会很大，遂以天干地支计算当取年数及其股份。

周氏全族分散居住于四村内，共七房：在东庄者为三、五、七房，四、六房分住其他三村，一、二房人数甚少。各房公堂数目繁多，总计不下四五十个，其中以水聚公、权八公、鱼鲜公、崇义公、心怡堂等较大（系总公堂），其下因数代相传又各分成10余、20余小公堂不等。各小支公堂占有田产或河业都不很多，甚至并不占有。20多年前，周氏以三房心饴堂、述先公等为基础，合组成大义堂，创办新民小学，大部公堂田产均由学校掌握，河业收入40%亦归学校收取。

部分鱼湖股子亦归私人占有：周必成、高成兄弟占有信圩一口，为三四年前向公堂买入者，价伪法币19万元，该兄弟两系该村最大地主。周景棠（自由职业，实为该村幕后统治者）得戴家圩一半，系十多年前以5块银元买得。周春华（中农）得破圩一半，系祖传。左连子兄弟（渔民）亦占有部分买自公堂的股子。

股子的收益来自各捕鱼户所缴纳之篙子费。每年篙子费的征收均按原定河价折合大米，再加上管理上的必需的开支，按篙子数目平均摊派。以1948年计，每股分得河价由数斗米至1石米不等。

股子占有者可以以放贴形式将股权贴出。股子收入常在每年冬季，如春季或夏季贴出，可得该股应收入数的60%左右。

新民小学并占有大竹山圩内插屏（与江洲村对分）及开河时打七班半大网特权，均出租。插屏租费每年约在100石稻左右（1949年为90石），七班半大网约可收入10余石稻。

公堂除收入鱼产、河价之外，尚随股子占有捕蟹铺头8个（在龙王嘴、属东庄村公堂）。铺头内产蟹最多，渔民捕蟹需缴纳铺头费。铺头分三等：上等纳费1石2斗米，中等8斗，下等6斗，如得鱼亦归渔民（“铺头”即捕蟹位置）。

股子如属私人占有者，除每年照收应得河价外，并无其他特权，与该村其他渔民同，一劳动力可占有一条簖子，但亦要照纳簖子费。

本村各支公堂除占有四村河股份之外，在其他与四村河连水之漫河、锅底河亦占有部分。

三、产销情况

鱼湖所产鱼、蟹量，因渔民常年分散捕捉，无法精确统计。但以1949年每张簖子平均约能捕价值3石米的鱼（按照捕鱼时间长短不同而求取的平均数），每斤鱼估价约2合米，合鱼15担，四村共以593条簖子计，每年产鱼量当在3000担以上。产蟹就以东庄村1949年情况而言，参加捕蟹者73家，每家约得米4石，每只蟹价格约半升米，故东庄村每年收获蟹量应为15 000只左右。

本湖鱼产以胖头鱼为最多，大者七八斤（占少数），一般二三斤；鲤鱼、青鱼次之，每条约重10斤左右；其他尚产鳊鱼、鳜鱼、桂鱼、混子鱼等。全部鱼分大花、中花、毛花三种。大花包括鲤鱼、桂鱼、鳜鱼、青鱼等；中花为胖头、混子、刀鱼、鳊鱼等；毛花为小鳊鲹、小胖头、小鲢鱼，及杂鱼等。三种价格各有不同。总括的说，毛花鱼产量较多，价格较小，大花鱼产量少而价格高。蟹亦为湖内主产物之一，售价较高。

鱼的销路主要在无为、庐江、芜湖、南京及宁沪沿线、皖南一带。鲤鱼以芜湖销路最好，屯溪要桂鱼，江阴重鳜鱼，南京欢迎大花。每当鱼湖开网之先，四村鱼行在各外埠张贴广告，说明开网日期及购运办法。无为、庐江小贩遂来村挑运，每年都在百余人左右；宁、芜鱼商用大船装运，销售较多。交易均由该村开设之鱼行主持，一律不准私相买卖，鱼价按无为土桥、赵河等地平均鱼价七折计算，产鱼多少及需要数量亦起影响。交易时系直接交易性质，鱼行仅从中取佣而已。近数年来，均以米为交易媒介，鱼贩、鱼商多运来盐、布、烟、糖等生活资料，先在土桥、牛铺一带换米（约获利二三分），再去该村用米贩鱼（亦获利二三分），估计总盈利当在50%以上。若以1949年价格而论，大花鱼每担6斗米，中花4斗米，毛花2斗5升米。每年习俗开网首日鱼价须六折出售。蟹子出售，大半由小贩来此收购，每只约半升米左右，销路为除庐江、无为外之上述各地。亦有运往芜、宁出售者，每只售价达七八合米。

鱼行又名老人行，解放前限定为本村50岁以上男人及不劳动的知识分子们（在本村称“先生们”）开设，因他们不能提簖下河捕鱼之故（50岁以上老人便不占有簖子），但实际为该村封建势力周春如（地主）、周景棠（自由职业、大刀会首）、周万科（生活较好渔民）、周为勤（富农）、周为宽（生活较好渔民）、周春庭（富农）等掌握。在1948年该村鱼行分为36股。所谓一股，仅为分利时计算，鱼行不经营收购运销，亦不需资本。

鱼行并无资本，强迫渔户通过鱼行卖鱼，以收取佣金，进行封建性的中间剥削。交易时抽行佣为里五外十，即买主出行佣10%，卖者5%（按成交数为准）。鱼行须缴纳牙贴，普通在1%左右。1948年曾交4石米，1949年规定3石，实收2石，故除去税款及零星开销之后，鱼行每股可收入1石米左右。

鱼行开设时间自每年开网时起，历时两月左右即止。因以后产鱼稀少，不能图利，即由渔民零星自卖，不再通过鱼行。产蟹时间系每年寒露节起，历时一月，亦由小贩来村直接收购，不经鱼行。

湖内尚有野鸭、菱角、藕、蒿瓜等副产物。野鸭主要是扬州人来打，也有自汤沟永圩来张网捕捉者，每年约计百余人。来人先要向管理鱼湖者登记人数，经同意后始得捕捉。每组（7人）每季需交纳野鸭20对，此收入均属管理人，如有剩余再由管理人按鱼湖股数平分。野鸭每年均能捕捉数千只，除维持捕捉者生活之外，尚有结余。其他蒿瓜、菱角、藕等都归渔民食用，不出卖。

该村也有捕鱼户兼鱼贩者，多系与相识鱼贩搭伙运销。

四、经营与管理

四村河为东庄、洲源、界牌、江洲四村公堂所占有，四村居民绝大多数有宗族关系，故凡能提篙下河者均有捕鱼权利。又因鱼湖业权属于公堂，故每为各公堂中之封建势力所谓“尊长”（房首）所把持。

在解放前，鱼湖管理系统均以各支公堂首事按宗族系统组织，每年夏秋之交，各公堂首事集会，互相议定管理河务人员5至7人，一为经理，一为掌柜，一为管账，其余负责管理河务。另选8人至16人负责巡河，防止偷盗。管理人主要责任在于开定篙子数、收篙子费、议定和分配各公堂股份应得河价，并以公堂“尊长”资格，防止与制止纠纷。

鱼湖管理人员因无工资，故得不缴纳篙子费；又因执行管理任务无法下河捕鱼，故在开河期间，准许他们雇工下河，工资亦由篙子费内负担，并在开河数天内，供给其伙食，这是公开给他们的待遇。而暗里贪污舞弊，层出不穷，最主要的是有权批准外村人下河捕鱼，常利用权力，多收渔租，以饱私囊。

每当八月清河起至开河三天后了河止（开河时间视水大水小，水小在当年十一月左右，水大在次年一二月里），由管委会招请8人至16人架船两艘于开河以前日夜巡河，防止偷盗，当值时每日每人2升大米。在开河至了河期间，因避免纠纷和防止外村人私来捕鱼，巡河者更需日夜巡逻。巡逻人因无法下河捕鱼，除由管委会代雇工捕鱼外，另贴二班大网为三日工资，并免出篙子费。

湖内鱼苗来源，在过去纯系外江涌入，湖内又有野生蒿草、蒿瓜、菱角，宜于鱼苗生长，不需任何人力培养。捕鱼时又全系鱼户分散自捕，管委会除发号施令管理之外，并不需要作任何设施。

管委会于每年秋季成立后，首先登记本村下河捕鱼篙子数目，更同时进行组织工作，按自愿结合原则组织。开河时鱼多，多用大网捕捉，每只网4人，两只网必须有一只船，如无大网者即用丝网、麻网捕。在开河前夕，各户将船网集中于适当地点，并将船桨收集一堆，免生混乱，然后编发符号，至次晨响锣鸣炮开河。三天之内，如乡村有野网来此偷鱼，管委会即负责解决纠纷；三天之后，鱼已稀少，即将鱼湖全部开放，湖内鱼即无论有篙无篙均可捕捉，管委会清算账目，公布后即行撤销。

鱼湖因收益较大，又系封建把持，为防止偷窃，河规极严。未开网之先，硬行张取者，经巡河者捉获，一般除没收网船外，尚需罚款，丝钩罚米6石、大网罚米3石、丝网1石5斗，还要罚三牲祭河赔礼。除此之外，与外村纠纷尚多，在封建头子把持之下，村与村之间常易起仇恨，并有非法逮捕捆绑吊打等情形发生。

五、渔民问题

东庄村土地较少，每人平均仅占有0.813亩，使用0.494亩，更因常遭水淹，实不足以维持生活，故全村群众几乎全部以捕鱼为生或以捕鱼为其主要副业。以其生活主要来源为捕鱼者称之曰渔民，其中每年每人平均总收入（包括田地及其他副业收入在内）达8石稻以上者称“生活较好渔民”，每年每人平均总收入达4至8石稻者称之为“普通渔民”，4石稻以下者称“贫苦渔民”。兹将东庄村各种渔民从事渔业生产情况列表如下：

东庄村渔民情况统计表

生活情况	人数	占有土地（亩）	占有渔具							户数		
			鱼股	鱼篙	船只	大网	丝网	麻网	滚钩	全年捕鱼户	1—6月捕鱼户	合计
生活较好渔民	97	36.12	1	28	8	41	217	213	20	9	10	19
普通渔民	128	48.18	1	31	17	51	209	237	41	19	9	28
贫苦渔民	79	11.14	1	19	3	22	128	159	19	8	9	17
合计	304	95.44	3	78	28	114	554	609	80	36	28	64

除渔民外，东庄村其他各阶层从事渔业生产或进行鱼业剥削情况如下：

东庄村除渔民外其他各阶层从事渔业情况统计表

成份	户数	人数	占有土地（亩）	占有渔具							雇工人数
				鱼股	鱼篙	船只	大网	丝网	麻网	滚钩	
地主	8	33	139.90	2	8	3	6.5	48	34	0	3
富农	7	25	70.02	0	6	2	4	45	35	0	0
中农	19	85	89.94	1	22	7.5	31	141	137	6	1
贫农	9	28	9.70	0	9	1	2	17	17	0	0
雇农	7	16	1.20	0	6	0	2	0	8	0	0
小商贩	3	16	3.06	0	3	0	0	10	0	0	0
自由职业者	1	8	4.40	1	1	1	0	0	0	0	0
小土地出租者	8	13	23.02	0	8	0	0	0	0	0	0
手工业劳动者	2	5	5.54	0	2	1	1	15	8	0	0
游民	1	1	0	0	1	0	0	0	0	0	0
贫民	6	12	1.60	0	6	6	0	0	0	0	0
合计	71	242	348.38	4	72	21.5	46.5	276	239	6	4

依照该村习惯规定，凡12岁至50岁之男劳动力，能提竹篙下河捕鱼者，均得一条篙子的捕鱼权；凡鳏、寡、孤、独或丧失劳动力者，不论人数多少，每户篙子一条，有篙子者可自己下河或雇工下河。所谓以篙子计算，仅适用于开河时至了河时数天工夫，在了河之后，即可随便捕捉。以1949年计，东庄村篙子数计266条，洲源村144条，江洲村72条，界牌村57条，龙江湾26条，柳桂村28条（后二者系属于前四行政村之自然村），共计593条，亦即四村河于开河时全部下河捕鱼人数。

每条篙子捕鱼量多少视捕鱼时间长短及鱼湖产鱼量而有所不同，如以1948年计，全年捕鱼当在20担以上；三月捕鱼当在10担以上，仅开网起初数天，即得鱼5担以上。

孤、寡或其他所谓“先生们”是不下河捕鱼的。照习惯规定可自备船网，经管理人员同意后雇工下河，如无船网者更需租入船网。照一般情况，雇工捕鱼者均仅捕开网数天。雇工捕鱼形式有两种：一为租佃形式；一为工资形式。租佃形式即将捕鱼所得按对半、三七、四六分配（一般为篙子所有者自出网船按对半；有船而由雇工带网者按四六；船网均无者按三七）。以工资计者，普通除船网自备供给雇工伙食外，每日2斗米工价。了河以后，工资即将降低。船只租价普通自冬至起至土地会期止每只船8石稻租额，如以月论，每月2石稻，捕蟹船每季常达7石租米（均租自外村渔户）。鱼具一般并无租借形式。开河捕鱼多用大网，亦有于雇人捕鱼之外，自己尚用丝、麻网捕捉者（大半系半劳动力）。

渔民每年除交纳篙子费（1948年4斗米，1949年2斗米）外，鱼具消耗亦为其主要支出。在开网时，主要鱼具为大网、丝网、麻网；平时多用卡子、钩；在捕蟹时，多用麻网（捕蟹费网最厉害）。大网一张可用到三四年，每张约计四五斗米。麻网、丝网约用一二年，丝网为自做，需丝一两五钱，工资5升米一张（约七八天可做好，供给伙食）。麻网亦自做，每张视大小，二三两、四五两不等，每张工本费约计2斗米。卡子必须十天左右换一次，每张约在1斗5升米左右。拦网一年换两回。做网、补网均为该村老年妇女及小姑娘日常工作，补网工资1升多米一天，一个小姑娘每年做网、补网，除吃之外，还可收入1石米左右。

中共安庆地委政策研究室

1950年8月

桐庐县羹脍赛、莲花池、旺家沟、周家汊四个鱼湖简况

羹脍赛、莲花池、旺家沟、周家汊四湖均位于桐庐县棕阳区——羹脍赛、莲花池与长河口相连，旺家沟、周家汊与连城河相连。羹脍赛面积约45平方里（长15里，宽3里），莲花池占地420亩，旺家沟占120亩，周家汊占40亩。四湖均起始于明清之季，过去曾数度荒废，至近代始由业主投资经营。

一、占有关系

四湖大部属私人占有，按投资股份数分利，其中亦有部分学校及公堂产业。股份可以自由买卖，因鱼业获利较厚，故价格亦较高。

周家汊为李光炯兄弟及学校、祠堂产业，但除小部学产外，基本上属李家所有。李本人从事教育事业，其家庭则为资本家兼地主（收七八十石稻租子）。旺家沟在1921年亦由李光炯等人投资经营，其占有者以商人、地主、自由职业者占大多数，莲花池占有者成份也颇复杂。

羹脍赛湖系旧军阀柏文蔚所占有，取名民生公司，独家经营至今。柏姓既占有鱼湖后，凭借政治权势，非法扩大鱼湖，20余年来强占36个湖汊内禾田达2000多亩。每年冬季不将湖水放干，春季又提早关闭水闸，使洪水漫出鱼湖，淹去湖外禾田，又不许禾田业主搭反水坝挡水，一方面以便其养鱼，另一方面，则借湖水漫淹强占土地。如草场圩内千余亩田，因堤坏不准修复，而为其侵占。除此之外，该湖渔工及管理人员均系柏姓军人家属、亲信，胡作妄为，肆无忌惮，曾打死附近农民殷春惠等6人，被打伤或被私罚者达200多家，强奸案亦有数起。并借口防止偷鱼，持枪横冲直撞，欺压群众，因而遭到该地人民切齿痛恨。

四个鱼湖的占有情况如下表所示：

四个鱼湖占有情况调查表

成份		旺家沟	莲花池	周家汊	羹脍赛
祠堂	户数	3	2	1	0
	股份数	28.37	8.80	2	0
学校	户数	1	0	1	0
	股份数	25.00	0	4	0
慈善团体	户数	0	2	0	0
	股份数	0	23.33	0	0
教堂	户数	0	1	0	0
	股份数	0	10.30	0	0

续表

成份		旺家沟	莲花池	周家汊	鸌脍赛
地主	户数	6	3	2	1(大地主)
	股份数	131.39	13.50	8	1
富农	户数	0	3	0	0
	股份数	0	9.00	0	0
中农	户数	1	4	0	0
	股份数	12.50	7.75	0	0
贫农	户数	3	14	0	0
	股份数	6.22	32.75	0	0
贫民	户数	0	4	0	0
	股份数	0	7.75	0	0
商人	户数	2	12	0	0
	股份数	95.00	30.30	0	0
自由职业	户数	9	2	0	0
	股份数	121.52	2.00	0	0
雇农	户数	0	3	0	0
	股份数	0	1.70	0	0
手工业者	户数	0	1	0	0
	股份数	0	0.70	0	0
渔民	户数	0	3	0	0
	股份数	0	5.00	0	0
合计	户数	25	54	4	1
	股份数	420.00	152.88	14	1
其他财产		外有屋8间	外有地6亩，柴山一片，屋6间	外有低畈田6亩，柴山8亩，屋6间，湖外有鱼岩7口	外有湖外圩田20石种，可收200石稻，房屋一座40间，柴山、菜园

注：莲花池本为160股，因过于分散，不便统计，表内仅列152.88股。

二、经营管理

四个湖每年均投资雇佣渔工经营。如为多数人占有者，则按股计算投资及分红。

每年春天放下鱼苗，然后施养料如牛粪、草、牛油、炒麦、麻饼等。平时并需修补鱼池。在初放鱼苗时常雇工3至5人照应；至秋天鱼渐长大，即增加工人3至6个，负责巡逻看管防止偷盗；至冬至节应捕鱼时，则增加月工。长年渔工工资每年约10至12石米，其中熟练者工资较多，技术差者每年仅8石米。但业主常于每年上半年借口无鱼，把渔工工资打七折计算。月工工资为每月7斗至1石米。每至浅水时期，因鱼已附泥难取，又缺乏工具，故常请渔民捕捉，最初时交所得鱼四成给业主，以后鱼更稀少，只交三成。

四个鱼湖中除羹脍赛湖由业主单独经营或委托其亲信代管外，其他三个湖均由股东中产生董事会经管。董事会中推选经理一人，负责湖内事务，并雇用会计管理收支。在初兴办时，股东们均按股出资建设鱼湖，待湖已可养鱼获利时，则除按股分红外，并在当年鱼湖总收入中扣除一部分作为次年投资金。如需修补鱼湖或因其他开支而需要大批现款时，则常以100%月利或1200%年利贷入款项，至该年鱼有收入时偿还（有时放贷者即为少数股东）。因鱼湖获利常达投资之10倍，故对此种高利贷款尚能负担。

鱼湖董事会常为有钱有势之大股东所操纵，贪污舞弊现象极严重。并勾结伪政府，拖延分红时间，牟取非法利润。为便于贪污，招收渔工时，亦常保荐私人。故每年管理委员虽无工资，但实则塞满了私囊。而远地及附近小股东则获利甚少。

为经营鱼湖，各湖均建筑房屋，羹脍赛湖最多达40余间，其他三湖均有数间，专为管湖人员及渔工住宿、办公或取鱼、堆鱼之用。并各有鱼具如船、网、绳索、篙戗、水车等全套。而羹脍赛因为旧军阀柏文蔚所办，故备有长短枪十余支作为看湖使用。

羹脍赛湖仅一面通江，且甚狭小，故只需一水闸即可免除江水内溢及鱼苗外逃，每年培修费用不大。而旺家沟及周家汊却因三面或两面以圩埂与江隔绝，易遭风浪破坏。旺家沟堤埂虽系砌石叠成，但水涨时亦常漫入湖内，故每年需许多篙戗，修补费用亦较大。周家汊除鱼池外，并在圩外占有鱼岩七口，由江内鱼苗潜入自生自长，水退后，车干岩水即可捕鱼，不需任何费用，仅一二年内淘岩一次而已。

兹将四个湖的收支情况，统计如下：

四个鱼湖收支统计表

收支项目			旺家沟		莲花池		周家汊		羹脍赛	
			数量	折米(斤)	数量	折米(斤)	数量	折米(斤)	数量	折米(斤)
捕鱼收入			50 000	75 000	160 000	240 000	34 000	51 000	500 000	750 000
开支	鱼苗(条)		10 000	1050	120 000	15 000	30 000	3150	400 000	—
	养料	麦饼	6 担(麦)	1500	14 担(饼)	1200	0	0	—	—
		粪	900 担	4500	800 担	3000	300 担	1500	1000 担	5000
		饲牛费	—	—	牛 2 头	750	牛 2 头	750	牛 3 头	—
	修理工具	船(只)	4	2250	4	2250	3	1500	—	—
		网索(条)	16	2250	29	1500	16	2250	—	—
		篙戗	—	6000	—	4500	—	3000	—	—
	修理堤岸		—	9000	—	1500	—	2250	—	—
	工资	长工	4	9000	4	12 000	3	6000	12	36 000
		短工	7	2250	15	3750	12	3000	8	—
	捐税		—	600	—	750	—	300	—	900
	其他耗费		—	1500	—	18 750	—	1500	—	—
	开支合计		—	39 900	—	64 950	—	25 200	—	—

注:1. 本表数字均为抗战前后情况。
2. 羹脍赛湖因原经手人不在,故数字残缺不全。
3. 饲牛费系养牛积粪之费用,牛粪投入湖中,用以孳生游生物,作鱼的食料。

中共安庆地委政策研究室

1950 年 9 月

宣城县南漪湖调查

一、概况

甲、南漪湖位于宣城、郎溪二县交界之处，长达 70 华里，宽约 20 里，面积共约 1190 平方华里（草地在外）。在清乾隆年间，渔民迷信神鬼，有二十四姓出款打湖醮（即是在湖边烧香游行），遂掌握全湖捕鱼权利。当时曾有湖北、泰县等地渔民来湖捕鱼，获利颇多，本地渔民在封建势力操纵下，排挤外来渔民，联合了二十四姓约 1000 多户，殴打外县渔民，因此双方即起干戈，诉讼争执不已。外县人为了捕鱼，即回到原籍集众向满清政府备案，每年缴鱼税银子 72 两，得到了捕鱼权利。本地人见外县人花钱备了案，他们也向官府备案缴纳同等税银，取得捕鱼权。为着争夺捕鱼权利，湖北渔民在地主阶级的掌握下成立了十三帮，其名称为勉阳、金斗、汉州、泰州、扬州、黄岗、黄梅、兴国、宿松、广济、武昌、大冶等帮，本地人则联合了章、孙、魏、袁、贡、杨、郑、宋、胡、叶、李、王、何、唐、阮、徐、侯、裴、许、韦、鲁、周、薄、许等二十四姓。满清政府因双方缴纳同等银两，乃将湖强分为内外二湖，内湖由二十四姓所辖，外湖由十三帮控制，共缴纳税银 144 两（另外还有附加银，但数字不详），倘有出界捕鱼，应向对方纳税。

乙、1912 年官家在湖内设有炮船一只，有枪十数支，统治渔民，至 1926 年北伐以后，就撤销了炮船，在马上铺成立了水上公安局，共有伪警 30 多人，那时南湖有船 800 只左右，每年每只船须缴纳稻 130 斤（自卫队捐 50 斤在内），鱼业牌照费五角、一元、一元五角不等（当时每元可购稻 5 斗）。此外过年渔民还得送礼。公安局除剥削搜括渔民外，并在岸上为非作歹，盘查行人，敲诈勒索。因此引起 1934 年的渔民暴动，渔民缴了公安局的枪，并向当地政府控告，当地政府迫于渔民的义愤，乃撤销了水上公安分局。至 1935 年又成立了伪水上警察队，要每户渔民每年纳税 200 元。

1937 年日本帝国主义进攻后，渔业公会的枪支被土匪夺去，湖内的各种组织即解散。几年来有的渔民跑了，有的回湖北或回江北原籍，当地渔民有的亦转入了农业，湖内渔业渐渐萧条起来。到 1943 年，新四军六师当宣办事处又着手开始组织渔业公会，一月后就改为湖中乡，以 5 条船为一组，10 条船为一班，3 班为一排，3 排为一队，全湖共 9 队。

1945 年 9 月我大军北撤后，国民党反动派组织了伪宣城渔会理事会，召开十三帮二十四姓全体会，强迫渔民购枪，当时每只船连自卫捐在内，共须缴稻 200 斤，另帮头费米 2 斗。从此渔民所受压迫剥削更甚。

二、剥削情况

甲、捐税剥削

在早先捐税尚不甚重，每只船每年不过几十个铜元（能买米五六斤左右），到了 1912 年后剥削稍重，每年每只船出稻 50 斤，以后改用银元，按桨计算每把桨征收五角，每只船两三把桨，出洋一元至一元五角。

乙、理事会的剥削情况

伪理事会组织以后，名义上是渔民的组织，实质是国民党反动派的爪牙，是借故生财搜刮渔民血汗的机构，每个伪理事长除年节收“礼”以外，每月还取稻 500 斤（伙食在外），另外伪警察队每人每月取稻 300 斤（伙食在外），这些开支都出在渔民身上。还勒逼渔民购买枪支 21 条，每只船要摊派谷 45 斤。

丙、鱼行的剥削

鱼行都是那些有钱有势的封建统治阶级开设的，凡湖内所捕之鱼，除零销外，不许渔民大批外售，必须到他鱼行去卖，每斤鱼要八分佣，买卖双方都须出。

三、渔民生活情况

无论本地渔民和外来渔民，多以捕鱼为副业（约占 2/3），如十三帮的渔民因家中有田，农忙时回家，只到捕鱼时才来湖捕鱼，只有扬州帮因田少（共 95 户，人口 404 人，有船 157 只，只 4 户有田共 49 亩），以捕鱼为主要生活来源。

当地二十四姓共有 1000 多户，现在只有 125 户从事渔业，计 374 人，有船 125 只，其他大部分从事农业生产，做小生意和其他生产。

十三帮的内部组织是每帮各举帮头一人（每年每只船缴船头费若干，供给帮头的生活），负责调解本帮内渔民们的纠纷，或代表本帮向外面交涉一切重大事件。帮头实际是封建把头，平日靠渔民供养外，渔民交纳的湖课，帮头亦不如数上交，一部上自己的腰包。这些帮头在职年限均在 7 年以上，18 年以下。

十三帮共 1108 户，人口 4892 人，船 1310 只。这些帮与青红帮有所不同，这是一个公开组织，帮内不一定是一姓（如扬州帮则十五姓），因家族观念很深，由各姓中推选一位比较有威望的人为代表，到帮会里去上户籍。代表是轮流制的。

中共皖南区党委农委会

1950 年 6 月

附录：徽州专区黄山风景区情况调查

一、风景区的概况

黄山风景区周围共 160 里，完全是山，没有一块平地，共 3 个自然村，组成一个行政村，名为紫云村。

黄山有 36 大峰，36 小峰，又有温泉，有许多美丽的山景。

二、风景区的特点

该区虽说地区很大，但出产很少，只有石耳、茶叶、药材、松木等，其中以黄山毛峰茶名闻全国。

紫云村的居民绝大部分都是在 1934—1937 年黄山建筑房屋道路时从外地（如江北）来的难民，在此地作工而落户。其中工人（包括石匠、木匠、漆匠、泥匠、瓦匠、编织工人等）占全村户数的33.5％。

三、寺院的情况

该区共有寺院13个，和尚13人，有4个寺没有和尚。

有6个庙出租土地117.59亩，内有3个庙以住游客为主要收入，3个庙依靠收租，其余7个没有土地的庙全靠游客和香客维持，其中“新茅蓬”是依靠慈光寺供给的，脚庵寺是松谷庵的支庙。

过去和尚的生活一般都很好，尤其是住游客的庙过去管理局都帮助添置屋、被，几乎是帮助和尚开客店，如狮子林在1937年前每年要卖香金银元1000元之多。但近几年来游客减少，尤其解放后，游客更少，这样一来，无出租土地和山而单依靠游客的庙宇就无法维持。所以有4个庙宇的和尚已参加劳动另找自己的生活出路了。

四、人口和土地关系

紫云村全村共170户，727人，工人占全村户数33.5%，农民占全村户数58.2%，地主占全村户数0.6%，寺院占全村户数7.7%。

地主占有土地占全村土地2.53%，出租土地占全村出租土地的3.75%，农民占有土地占全村土地的28.01%，租入土地占全村租入土地98.51%，现在使用土地占全村使用土地97.39%，寺院占有土地占全村土地69.46%，出租土地占全村出租土地96.25%，租入土地则占全村租入土地的1.49%，现在使用土地占全村使用土地2.61%。

黄山风景区各阶层占有及使用土地情况表

成份	户数	人数	占有土地			出租土地		租入土地		使用土地		
			亩数	百分比	每人平均	亩数	百分比	亩数	百分比	亩数	百分比	每人平均
地主	1	5	4.60	2.53	0.92	4.60	3.75	0	0	0	0	0
农民	99	492	51.00	28.01	0.10	0	0	608.80	98.51	659.80	97.39	1.34
工人	57	217	0	0	0	0	0	0	0	0	0	0
寺院	13	13	126.48	69.46	9.73	117.98	96.25	9.20	1.49	17.70	2.61	1.36
总计	170	727	182.08	100.00	0.25	122.58	100.00	618.00	100.00	677.50	100.00	0.93

注:一个法会(芙蓉居)有17亩田出租未算在内。

黄山风景区寺院情况调查表

寺名	僧人数	房间数	占有土地		出租土地		佃入土地		使用土地		茶山（块）	竹山（亩）	主要收入		
			亩数	占占有土地百分比	亩数	占出租数百分比	亩数	占佃入数百分比	亩数	占使用土地百分比			地租（斤）	茶（斤）	笋（斤）
慈光寺	2	30	23.00	18.24	23.00	19.56	0	0	0	0	2	0	1104	38	0
翠微寺	2	12	7.29	5.78	7.29	6.20	0	0	0	0	0	0	2400	0	0
钓桥庵	2	15	10.10	8.01	4.60	3.91	9.20	100.00	14.70	83.05	1	1	336	22	—
芙蓉庵	1	4	3.10	2.46	3.10	2.63	0	0	0	0	1	5	150	50	—
松谷庵	2	16	42.60	33.79	39.60	33.68	0	0	3.00	16.95	1	8	4000	100	200
狮子林	2	12	40.00	31.72	40.00	34.02	0	0	0	0	0	0	2028	0	0
云谷寺	1	18	0	0	0	0	0	0	0	0	1	7	0	150	160
茅蓬庵	0	3	0	0	0	0	0	0	0	0	1	0	0	—	0
杨湖庵	1	3	0	0	0	0	0	0	0	0	0	0	0	0	0
文殊院	0	16	0	0	0	0	0	0	0	0	0	0	0	0	0
半山寺	0	8	0	0	0	0	0	0	0	0	0	0	0	0	0
新茅蓬	0	6	0	0	0	0	0	0	0	0	0	0	0	0	0
总计	13	143	126.09	100.00	117.59	100.00	9.20	100.00	17.70	100.00	7	21	10 018	360	360
说明	1.另外有一个法会名为芙蓉居，现共有 7 人，房 14 间，出租田 17 亩，收租 920 斤。 2.有一个脚庵寺，因是松谷庵的支庙，故不另列出，但庙的总数中这个庙应计算在内的。 3.这些寺院中的茶山、竹山，除茅蓬庵外，都是自己经营，但大部分都雇短工采茶。														

中共皖南区党委农委会

1950 年 6 月

第四分册
福建省农村调查

第一部分　土地问题及概况调查

闽东北农村土地租佃剥削情况调查

一、阶级关系及土地情况

甲、根据福安东郊的步兜山、寿宁的清源、玉壶、东坑、宁德的栖云、霞浦的江边、柘荣的新城 7 个村的调查如下：

成份	户口		人口		土地		每人平均亩数
	户数	百分比	人数	百分比	亩数	百分比	
地主	100	4.59	527	6.25	6029.050	47.95	11.440
富农	50	2.30	291	3.45	1431.070	11.38	4.920
中农	375	17.22	1525	18.07	2291.897	18.23	1.503
贫农	1076	49.40	4247	50.33	2565.740	20.40	0.604
佃农	277	12.72	996	11.80	61.500	0.49	0.062
雇农	114	5.23	291	3.45	24.200	0.19	0.083
其他	186	8.54	561	6.65	170.590	1.36	0.304
7 村合计	2178	100.00	8438	100.00	12 574.047	100.00	1.490
备注	佃农包括佃贫农、佃中农、佃富农。						

乙、根据以上材料看：地主占总人口6.25%（户口占4.59%），但却占有总土地量的47.95%。富农占总人口3.45%（户口占2.30%），占有总上地量的11.38%。中农占总人口18.07%（户口占17.22%），占总土地18.23%。而占总人口72.23%（户口占75.89%）的广大贫雇农及手工业者，仅有土地22.43%。平均地主每人占有土地较贫农多 19 倍，较雇农多 138 倍，这种不合理的土地制度严重的阻碍着农村生产力的发展，造成了广大农民的贫困。

丙、各地普遍有公地、庙地、祠堂地等，如柘荣新城保共有土地4639.99亩，其中公田896.22亩，占全村土地 19%，而广大贫雇农阶层则只占有很少的土地，甚至完全没有土地，如占全村户数8.8%的雇农就一点地也没有；占全村户数60.4%的贫农也仅占全村土地28.3%。

丁、大部土地集中于地主手中，但土地的使用却异常分散，如福安东湖农民大部租种城内地主土地，而东湖地主大部土地却出租与外村农民，形成两种复杂情况：

（一）地主的佃户多，东郊地主张子如出租田 180 亩，有 48 个佃户，分布在 10 个保、28 个自然村。

（二）农民佃地的对象多，东郊保农民来瑞明就承租了分住在 4 个保、10 个庄的业主的土地。

戊、阶级关系复杂：佃户多，从佃入土地的多少来分有半佃农、纯佃农，从阶级成份来分有佃富农、佃中农、佃贫农，如东郊保共有 511 户，地主 29 户，富农 1 户，中农 55 户，贫农 245 户，雇农 53 户，其他 128 户，其中佃农共 35 户，占总户数的6.9%。秦溪村户口中，地主和旧富农占全村户口1.9%，佃富农占2.5%，中农占1.4%，佃中农占17.4%。

己、租佃关系复杂：城镇及其周围非地主富农成份出租土地户多，如东郊保承租户 206 户，但业主有 411 户；秦溪一个自然村，佃户 64 户，但业主有 172 户。

二、租佃关系

甲、租佃形式

（一）活租制：不事先确定租额，以每年实产量业佃双方按成分配，有二八分（佃二）、三七分（佃三）、四六分（佃四）、对半分及倒四六分（佃六、地主四，这种田多系地质很坏的）。

（二）死租制：承租时定某块地为多少担租，不论实产量多少，以原租额交租，这种形式较普遍。

（三）短期租种：即是按季租种，如种地瓜时租入，收后交还。

（四）二东家制：少数户以低租租入土地，高租租给农民，从中剥削，其中尚有三种情况：

（甲）地主依势低租租进公田，高租转租给农民。

（乙）农民从地主处租入土地，自耕一部外，另以高租转租给其他农民。

（丙）自己不参加农业劳动，从地主处低租租入土地，高租出租给农民。

乙、租额剥削

租额剥削异常严重、残酷，一般租额是在正产物 50%以上，据福安东郊保第十七甲 15 个佃户调查，最高租额竟占常年产量的 148%，租额最低的也占常年产量的55.5%。租额占常年产量的平均数为 102%。原租额占今年实产量最高者则为 180%，最低为55.5%，平均数为 128%。秦溪村平地每担田租额 80 至 100 斤谷，山地租额平均占常年产量 60%左右。租额高的原因是：

（一）土地集中，农民找不到地种。

（二）封建地主统治着农村，农民无永佃权，地主可自由夺佃。

（三）1922 年时种鸦片烟风气极盛，收入很大，因此提高了租额，但后来却未降下。

丙、额外剥削

（一）押租金：农民承租土地时，首先需拿出一部份银洋（或粮物）给地主作抵押，如欠租不交地主即行扣除，押租扣完，地主就收回土地。这种情况非地主富农成份的出租土地者也有。

（二）预交租：农民开始承租地主土地时，未收益先要交租一部，如霞浦县一个农民租地主4亩地，先交租100斤。

（三）定礼：霞浦县地主规定佃户到年关每亩租田要送5斤谷子。

（四）年关节日或婚丧事，佃户得给地主送礼和无偿劳动等。

丁、债务关系的特点及与债务相关的土地问题

（一）债务关系的特点：谷子、油、麦等实物借贷比较普遍，年利最低“加五”（借100斤还150斤），一般的加八，最高的有半年加五的。另外就是复利（利加利），即本年付不出的利息转作本再生利，如柘荣新城保农民袁石奎借地主9贯谷，第二年连息为14贯，第三年要21贯，到今年本息已有315贯了。

（二）和债务相关的土地问题：

（甲）先典后租（一典一租）：农民因需钱急切，把土地典给地主，但土地仍由农民耕种，每年给地主交租，负担仍归农民。

（乙）仁情田：农民欠地主钱，把地押给地主，地主仍让农民种，农民出租子给地主，这与第一种情况大致相同。

（丙）卖青苗（包收）：农民在青黄不接时，生活无着，需粮急切，地主即拿出少部份粮食，贱价将田中的青苗买去，将来田中庄稼就由地主收获。

（转载1950年6月29日《福建日报》）

沙县赤朱保封建剥削情况调查

沙县县城共17个保，4275户，人口约两万左右。

全城共有田12 537亩7分6，自耕田3009亩7分6，占总田亩24%；出租田8528亩，占总田亩68%，大部分田地集中在地主富农手里。

县城在过去国民党反动统治时期，政权完全为500石租以上的12户大地主所操纵。

赤朱保全保227户，地主富农18户，占总户数7.93%；自耕农33户，占总户数14.54%；佃户92户（编者按：此地自耕农及佃户，未分清属何阶层），雇农52户，共占总户数63.43%；其他（小商人、自由职业者、无正当职业者）32户，占总户数14.10%。

全保有田1042亩6分9，自耕田260亩7分2，占总田亩25%；佃田781亩9分7，占总田亩75%。绝大部分田地集中在地主富农手里。

该村的地主郑士良、陈发招、官书慈、范子明、彭孝辉等人结成统治集团，长期统治着广大农民。

一、租佃关系及其他剥削情况

（一）租佃种类主要是死租制：如林云德租田 5 亩 5 分，常年收谷 11 石，交租是 8 石，但今年只收 7 石，租子还是 8 石。其次还有包租和房租（一幢房子〔住一家人〕租子 2 至 3 石）。

（二）租额：最低的是四六租（佃四、主六），最高的是二八租（佃二、主八），肥料、种子、耕牛完全是佃户负担。柯叫生和陈吓婢租种 3 亩田，年收谷子 8 石，交租4.5石（水地不能种副产物），租额占56.3%；姜定川租地主 4 亩 5 分田，年收谷子 12 石，交租7.4石，租额占产量的61.7%。李生妹的母亲说："刚收了谷子，我家连一颗谷皮也没留下！"张官水租地主 26 亩田，收谷 20 石（编者按：26 亩田只收 20 石谷，这是较特殊情况下的产量，应加以说明的），交租 14 石，另付牛租每亩 2 斗，共 5 石 2 斗，自己仅剩下 8 斗了。张官水说："过了立冬扣了锅，全家四口饿肚子！"王士生租地主 15 亩田，收谷 40 石，全部交给了地主，自己只能以副产物维生，但副产物（豆）每百斤仍要交给地主"豆税"20 斤。郑照妹租地主郑士良3.9 亩田，一年收谷 9 石，除交租 8 石外，还要替地主出田赋税 260 斤，合 2 石，共须交出 10 石，超过了全部收入。

二、高利贷剥削

甲、高利贷的种类：（一）借谷债：借谷还谷，一般利息是加六，到期本利一起还，如吴相儿、官校祥等借 1 石谷加六利，借条上为"借到干谷 1 石 6 斗，到白露日还"。（二）银洋债：如徐景文借银洋 50 元，月加一息，按月交息。（三）银租债：如乐目生借范耀海（地主）50 元，把自己 3 亩地押给他，但仍由自己租种，交 5 石租。乐目生说："这 50 元大洋，赔光了我一年的谷子！"放债者以地主富农为最多，他们并以"保公田债""神圣债"等名义进行高利贷剥削。如该村地主范子明便是靠贪污及放高利贷起家的。他放债 200 余石，放 1 石，收1.6 石至 2 石，并把保公田（庙产）的 32 万斤谷子以加八加十的利息放出，利息私吞。而且放时用 15 斤短 2 斤的小秤，收债时用 15 斤加 5 斤的大秤。李生妹借"神会谷"3 石，加六息付给"菩萨"（神会债是 10 户伙一个菩萨，每户献 1 石谷给"菩萨"，再以加六利息借"菩萨"谷子吃。这实际是地主富农利用封建迷信玩的剥削花样）。

乙、利息：利息最低的是加五，一般是加六，最高的是月斗息，称为"驴打滚"，借 8 斗谷经过九年便滚成 30 石！徐法庆借范子明、范耀海谷子 3 石，月斗利，8 个月就还 6 石 6 斗；郭发金借地主官书林 100 斤麦子，本利共还 400 斤；张官水借郑士良 3 石谷，6 年加到 30 石！他说："这笔债传到我孙子也还不清！"徐景文说："我们穷苦的农民真没法活啦！不借谷子就没吃，借来一点谷就要把家产赔光！"借债时间在习惯上是今年立冬借，明年白露还，或当年春天借，到立冬还，如到期还不起就要加重利。

每年的白露和立冬是地主收租收债的日子，也是农民最难渡过的关。农民常常眼看着一年辛苦所得的粮食，一下子交个干净。交不起的还要挨打，徐法庆就因租交不起被地主范耀海打倒在地上。不但打，还要"撤佃"，把田收回，如钟书泉今年立冬没按时交租，就给地主撤了佃。徐赤妹因利息付不起，只得把自己的田抵押给地主。

三、保甲制的罪恶

在国民党反动政府统治时期，保甲制度是地主阶级剥削农民的工具。地主恶霸等封建势力利用他们催租催债，如郭法节交不起租被反动政府押了两个月，交了租才释放；乐目生还不了债也被反动政府扣押；去年郑士良曾派乡兵替地主催租。此外，他们利用抽壮丁进行敲诈勒索，如徐法庆被伪联保主任刘祖元连抓四次壮丁，第一次勒索他银元 145 块，逼使徐法庆把菜园卖掉了，第二次勒索他银元 120 多块，徐又把房子卖掉了；第三次勒索银元 80 块，徐把一窝小猪也卖掉了；第四次来抓时，徐没东西可卖了，结果他弟弟被抓去当兵！官雪仔也给抓四次丁，前三次共出银洋 450 元，第四次来抓他儿子当兵时，他把家里东西卖了不算，连给父亲准备的棺材都卖了抵还壮丁钱。伪镇长陈鸿图声称要修镇公所，向农民派了五次款，结果一点也没修，谷子给他吞没了。在地主阶级的重租、高利剥削下，再加上反动政权的摊派勒索，造成农民家庭破产和流离失所。农民反映："土牛木马的苦受了一世，结果落个人财两空！"

地主依靠盘剥农民的血汗建筑起他们的"乐园"，过着不劳而获的生活。如大地主郑士良有田 1000 余亩，每年收租 2000 余石，自己住屋十余串院子，另外还出租房子十三幢（房租未弄清）。此外，他还有森林七片共种树 2 万余株，及放债谷 400 余石。全家 13 口人，靠地租及放高利贷过日子。

四、农民的迫切要求

解放了，农民们长年压抑在心中的反抗地主、要求翻身的怒火，终于燃烧了起来。人们在人民政府的领导下，为胜利形势及共产党的各种政策所鼓舞，不仅积极申诉自己所受地主剥削压迫的痛苦，而且积极相约参加农民协会（该村现已有 40 余人），并要求进行减租。不少农民到区里要求："快减吧！地主又把我们谷子刮光了，我们现在就没饭吃了！"贫农李生妹全家老幼到区公所要求减租说："今年收的谷，交了租和息，连个谷壳子也没有了，全家眼前就要饿肚子！"

（转载 1950 年 2 月 8 日《解放日报》）

南平专区土地、赋元情况调查

一、阶级比重及土地占有情况

根据南平县西芹镇兴华保、凤山区大坝村、古田县罗峰村、罗洋村、沙县城关区赤朱保等村保的调查材料综合统计如下：

成份	户数	百分比	人口	百分比	土地(亩)	百分比	每人平均土地(亩)
地主	26	3.34	173	4.81	3764.29	45.85	21.76
富农	31	3.98	217	6.03	944.45	11.51	4.35
中农	166	21.31	800	22.23	2175.87	26.51	2.72
贫农	393	50.45	1643	45.65	1093.48	13.32	0.67
手工业工人	53	6.80	217	6.03	65.93	0.80	0.30
小商人	70	8.99	351	9.75	165.13	2.01	0.47
自由职业	40	5.13	198	5.50	—	—	—
合计	779	100.00	3599	100.00	8209.15	100.00	2.28

由此可知：(一) 地主富农占户数7.32%，人口占10.84%，而占有土地达57.36%；地主平均每人占地21.76亩，富农每人4.35亩。(二) 贫农占户数50.45%，占人口45.65%，而仅占有土地13.32%；平均每人仅占地 6 分 6 厘，只及地主每人占地的 1/33，因此，为了维持生活，不得不以高租重利租入地主土地及借入高利贷。(三) 手工业工人亦占有极少量土地，据了解大部分手工业工人都是在封建残酷剥削下破产了的农民。(四) 雇农很少。因为租额高，剥削重，地主富农把土地租出收租比雇长工种获利更大。

再如古田罗洋村共 66 户，自己无田全靠租地过活的贫佃农就有 31 户，占总户数46.97%；南平西芹镇兴华保共 105 户，完全没田的贫农就有 42 户，占总户数 40%。南平凤山区大坝村及西芹镇兴华保共地主 12 户，70 人，每年收租1170.6担（外村未计），平均每人收16.7担租谷；富农 13 户，78 人，每年收租 751 担，平均每人收租将近 10 担；而贫农共 79 户，273 人，每年出租子774.1担，平均每人每年交租2.8担，相等于 6 个贫农供养 1 个地主，3 个多贫农供养 1 个富农。

二、赋元情况

根据南平大坝村、兴华保及古田罗洋村等 3 个村保的调查材料综合统计，赋元分布情况如下表：

成份	户数	土地	百分比	赋元	百分比
地主	12	968.86	26.56	315.41	21.19
富农	15	753.25	20.65	264.97	17.81
中农	88	1268.43	34.78	640.32	43.03
贫农	99	533.26	14.62	252.83	16.99
手工业工人	53	65.93	1.81	—	—
自由职业	8	—	—	1.14	0.08
小商人	60	57.55	1.58	13.38	0.90
合计	335	3647.28	100.00	1488.05	100.00
备注	地主富农隐瞒黑地，赋元未查出；地主富农占有的土地大部是好地，贫农大部是坏地。				

由上表可看出：地主占地26.56％，占赋元21.19％，赋元少于土地5.37％。富农占地20.65％，赋元17.81％，赋元少于土地2.84％。中农占地34.78％，赋元43.03％，赋元多于土地8.25％，贫农占地14.62％，赋元16.99％，赋元多于土地2.37％。总起来说，地主富农共占土地47.21％，赋元仅占 39％，赋元少于土地8.21％；而中贫农赋元多于土地10.62％。这个数字说明了地主富农化名隐瞒赋元，转嫁负担。

再看文宣保、兴华保、大坝村、罗洋村各阶层赋元情况：

成份	占赋元户数百分比	占总赋元百分比
地主	9.6	22.7
富农	10.9	19.9
中农	46.4	40.5
贫农	24.9	13.3
自由职业	0.1	0.2
小商人	8.1	3.4

地主富农的赋元占总赋元42.6％，赋元查并后，将不止此数，因此，负担的主要对象应当是地主富农。广大农民整理赋元查并地主富农化名户的要求是万分正确、合理的。

（转载 1950 年 12 月 13 日《福建日报》）

福安专区农村基本情况统计

福安专区各县的行政区划与土地人口统计表

县别	区数	镇数	乡数	保数	户数	人口	耕地	每人平均土地	全劳动力	半劳动力
福安	10	5	15	147	52 811	239 393	519 268	2.17	40 000	40 000
福鼎	8	5	10	210	48 511	207 690	401 914	1.94	49 300	13 128
霞浦	7	5	6	118	54 000	184 479	331 962	1.80	0	0
宁德	7	4	13	125	32 519	181 567	344 059	1.89	74 605	23 052
寿宁	6	1	10	109	28 712	109 817	215 632	1.96	24 861	38 553
周宁	4	1	5	58	13 802	47 562	95 370	2.01	13 802	6814
柘荣	3	1	2	28	7392	38 625	145 622	3.77	10 753	12 309
合计	45	22	61	795	237 747	1 009 133	2 053 827	2.04	213 321	133 856

福安专区七个村阶级情况及土地分布调查表

成份	户数	百分比	人口	百分比	土地	百分比	每人平均土地
地主	100	4.59	527	6.25	6029.050	47.95	11.440
富农	50	2.30	291	3.45	1431.070	11.38	4.920
中农	375	17.22	1525	18.07	2291.897	18.23	1.503
贫农	1076	49.40	4247	50.33	2565.740	20.40	1.604
佃农	277	12.72	996	11.80	61.500	0.49	0.062
雇农	114	5.23	291	3.45	24.200	0.19	0.083
其他	186	8.54	561	6.65	170.590	1.36	0.304
合计	2178	100.00	8438	100.00	12 574.047	100.00	1.490
说明	1.七村——福安东郊的步兜山，寿宁的清流、玉壶、东坑，宁德的栖云，福鼎的江边，柘荣的新城。 2.此表土地以亩计算。						

福安县一区东郊保十七甲租额情况调查表

姓名	土地种类	常年产量	租额	租额占常年产量百分比	今年实产量	租额占今年产量百分比	原租额减30%后占产量的百分比	副产物收获量
杨志兴	平地	1210 斤	1750 斤	145	1380 斤	127	90	
郑新现	平地	1000 斤	1150 斤	115	1000 斤	115	81	豆 40 斗，白菜 300 株，芋头 200 斤
刘松森	平地	2000 斤	1900 斤	95	1900 斤	100	90	
余盛妹	平地	440 斤	650 斤	148	360 斤	181	126	豆 25 斗，麦 100 斤，白菜 400 株，芋头 180 斤
黄俊妹	平地	600 斤	700 斤	117	520 斤	135	74	豆 25 斗，麦 150 斤
温大章	平地	3500 斤	3275 斤	94	2248 斤	146	105	豆 40 斗
温妹妹	平地	1100 斤	1200 斤	109	900 斤	133	93	
郑福弟	平地	260 斤	210 斤	81	180 斤	117	82	豆 11 斗，麦 120 斤，地瓜米 100 斤
王春基	平地	500 斤	600 斤	120	470 斤	128	90	
王松聚	平地	2500 斤	1700 斤	68	1900 斤	89	63	豆 50 斗，麦 355 斤，白菜 400 株，芋头 30 斤
余仁金	平地	120 斤	100 斤	83	110 斤	91	63	麦 50 斤
温玉明	平地	1200 斤	1165 斤	97	860 斤	135	95	
温丰弟	平地	4000 斤	4500 斤	113	3460 斤	130	91	豆 30 斗，地瓜米 400 斤，芋头 300 斤，麦 156 斤，白菜 200 株
陈翰弟	山地	600 斤	500 斤	83	560 斤	89	63	
温嫩弟	平地	160 斤	125 斤	78	150 斤	83	58	豆 8 斗
温嫩弟	山地	450 斤	250 斤	56	450 斤	56	39	
备注	1.租额占常年产量最高比例为 148% 2.租额占常年产量最低比例为 56% 3.租额占常年产量平均比例为 102% 4.租额占今年产量最高比例为 180% 5.租额占今年产量最低比例为 56% 6.租额占今年产量平均比例为 128% 7.原租额按 30%减租后占今年产量最高 126%，最低为 58%(平地) 8.原租额按 30%减租后占今年产量最高 62.5%，最低为 39%(山地) 9.陈翰弟的田是半山田，每年只收一次							

福安专区1950年春耕生产情况表

县别		福安	霞浦	福鼎	宁德	寿宁	周宁	柘荣	合计
耕地	面积亩数	519 268	331 962	401 914	344 059	215 632	95 370	145 622	2 053 827
	百分比	100	100	100	100	100	100	100	100
单季水田	亩数	283 736	122 076	236 786	128 469	139 945	60 841	94 365	1 066 218
	百分比	54.64	36.78	58.91	37.34	64.90	63.79	64.80	51.91
	产量(担数)	709 465	256 359	520 929	321 150	237 906	91 262	141 648	2 278 719
双季稻	亩数	43 670	132 784	4320	86 015	0	0	0	266 789
	百分比	8.41	40.00	1.08	25.00	0	0	0	12.99
	产量(担数)	157 212	478 022	15 552	309 654	0	0	0	960.440
地瓜	亩数	168 354	75 320	157 205	128 481	75 471	34 379	50 967	690 177
	百分比	32.42	22.69	39.11	37.34	35.00	36.05	34.35	33.61
	茹米(担数)	841 770	338 940	757 422	578 164	188 677	85 947	127 417	2 918 337
混合作物	亩数	19 300	0	0	0	0	0	0	19 300
	百分比	3.72	0	0	0	0	0	0	0.94
	产量(担数) 大豆	10 422	0	0	0	0	0	0	10 422
	产量(担数) 茹米	154 400	0	0	0	0	0	0	154 400
蔗糖	亩数	3700	1142	43.00	614	216	0	0	5715
	百分比	0.71	0.34	0.01	0.18	0.10	0	0	0.28
	产量(担数)	12 950	3997	151	4218	756	0	0	22 072
烟叶	亩数	508	640	3560	480	0	150	290	5628
	百分比	0.10	0.19	0.89	0.14	0	0.16	0.20	0.27
	产量(担数)	1016	1280	7120	960	0	300	580	11 256

福安专区1949年冬季作物情况表

县别		福安	霞浦	福鼎	宁德	寿宁	周宁	柘荣	合计
耕田亩数		519 268	331 962	401 914	344 059	215 632	95 370	145 622	2 053 827
冬耕面积	亩数	64 947	6888	43 014	20 780	12 909	4810	12 337	165 685
	占耕田亩数百分比	12.51	2.07	10.70	6.04	5.99	5.04	8.47	8.07
大麦	亩数	4726	209	7560	7273	1991	776	3374	25 909
	产量斤数	945 200	43 500	907 200	945 490	338 470	93 120	506 100	3 779 080

续表

县别		福安	霞浦	福鼎	宁德	寿宁	周宁	柘荣	合计
小麦	亩数	54 076	1250	13 240	5195	264	96	4154	78 275
	产量斤数	8 111 460	150 000	1 324 000	623 400	34 400	9600	540 620	10 793 480
马铃薯	亩数	350	140	1106	1048	6746	1945	835	12 170
	产量斤数	38 500	8700	553 000	628 800	3 667 600	105 875	417 500	5 419 975
豌豆	亩数	780	870	4589	890	295	583	1048	9055
	产量斤数	117 000	108 900	596 570	132 080	38 320	64 130	16 710	1 073 710
蚕豆	亩数	645	3086	4209	140	0	0	0	8080
	产量斤数	48 600	210 000	252 540	980	0	0	0	512 120
油菜	亩数	4370	1333	12 310	6234	3613	1410	2926	32 196
	产量斤数	393 300	100 000	738 000	229 300	224 845	56 400	102 410	1 844 255

福安专区特产情况表

县别	茶	糖	茶油	桐油	烟叶	柏油	明矾	李干
福安	16 000	12 950	6000	700	1016	0	0	200
霞浦	200	3997	40	50	1280	0	0	0
福鼎	15 000	301	800	500	7120	500	24 000	0
宁德	10 000	4298	70	80	960	0	0	300
寿宁	5000	756	1200	700	300	0	0	0
周宁	4000	0	200	150	580	0	0	0
柘荣	300	0	100	100	0	0	0	0
合计	50 500	22 302	8410	2280	11 256	500	24 000	500

福安专区水利情况表

县别	修复工程数	分配贷米斤数	实发贷米斤数	受益面积亩数	每年增产谷子斤数	备考
福安	6	65 000	41 300	10 000	350 000	小型工程未统计在内
霞浦	8	30 000	9900	19 000	1 565 000	最近又修复 8 处，工程贷米 47165 斤收益的 1479 亩
福鼎	5	45 000	8200	2000	17 000	小型工程未统计在内
宁德	13	40 000	26 100	1500	604 000	小型工程未统计在内
合计	32	180 000	85 500	32 500	2 536 000	

（转载 1950 年 12 月 13 日《福建日报》）

福州市鼓山区农村调查

一、前言

鼓山区位于福州市区东郊，依鼓山，傍闽江，有自然经济占支配地位的山村，也有商品经济较为发达的村镇。交通便利，闽江从这里流经马江而出海，福马及原由福州至上古的公路贯穿本区，构成了与闽东各县，尤其是连罗交通的要道。作为鼓山区中心的后屿，很早就为近郊的商业繁荣地。教育文化也比洪山区发达，协大林师均设本区。在福建拥有最大寺田的鼓山涌泉寺及市区规模最大的神庙——东岳泰山庙也在本区范围以内。解放后，七地委工作队在区内工作较久，农民大致已发动起来，村政权也有初步的改造。

在经济上除了稻作的农产品以外，商品作物的栽种，如菜蔬、果树、茉莉花也都占着重要的地位；闽江下游有名的洲田和蚬埕，在本区也拥有相当的数量。至于手工业，如后屿的线面，潘中的丝线，象园的木刻等早就相当发达，其中好些产品不仅销行省内，还远及南洋国外各地。又纯粹服务于市区消费的从业者，如成衣、理发等在本区也有相当的数量。

二、土地关系及其他生业

甲、人口与耕地

（一）“人多地少”的具体情况

鼓山区也像其他城市近郊的农村一样，具有“人多地少”的特点，假如将鼓山区现有耕地分给鼓山区的居民，每人可分的土地是非常有限的，依据我们搜集的不完全的各村概况的资料，把鼓山区分做三种类型来统计，显示着如下的情况：

鼓山区各村人口土地概况表

类型村	调查村数	户数	人数	土地总面积（亩）	每户平均（亩）	每人平均（亩）
后屿类型	10	2660	12 152	7810.47	2.94	0.64
鳝樟类型	15	2930	14 168	11 079.86	3.78	0.78
竹屿类型	14	2210	9954	5877.59	2.66	0.59
共计	39	7800	36 274	24 767.92	3.18	0.68
备注	“后屿类型”代表手工业较发达的地区；“竹屿类型”代表农产商品化较发达的地区；“鳝樟类型”代表一般农业区，即农田以外的其他生业较不发达的地区。这种分类纯为便于指明近郊农村的特点，这些农村情况基本上是相同的。					

鼓山区“后屿类型”各村人口土地概况表

村名	户数	人口	田地(亩)	每户平均(亩)	每人平均(亩)
后屿	708	3433	2027.99	2.86	0.59
象园	322	1300	679.03	2.11	0.52
紫阳	251	1190	611.79	2.44	0.51
大坂	119	596	536.04	4.50	0.90
秀坂	73	317	301.59	4.13	0.95
连村	118	545	221.52	1.88	0.41
潘中	188	887	394.99	2.10	0.45
凤浦	279	1152	926.47	3.32	0.80
横屿	521	2396	1761.16	3.38	0.74
茶会	81	336	349.89	4.32	1.04
总计	2660	12 152	7810.47	2.94	0.64
备注	“田亩”仅指水田。				

鼓山区“鳝樟类型”各村人口土地概况表

村名	户数	人口	田地(亩)	每户平均(亩)	每人平均(亩)
樟林	218	851	623.02	2.86	0.73
前溪	147	661	373.52	2.54	0.57
后溪	163	637	584.45	3.59	0.92
前屿	231	1099	777.90	3.37	0.71
湖塘	75	446	390.24	5.20	0.87
阜兴	210	1400	1160.00	5.52	0.83
牛山	127	538	328.17	2.58	0.61
洋裹	159	713	389.26	2.45	0.55
三岐	198	963	606.29	3.06	0.63
远洋	668	3382	2511.01	3.76	0.74
魁岐	150	826	500.00	3.33	0.61
上坂	85	484	340.00	4.00	0.70
坑门	90	380	350.00	3.89	0.92
快洲	150	700	800.00	5.33	1.14
登云	265	1088	1346.00	5.08	1.25
总计	2936	14 168	11 079.86	3.77	0.782
备注	“田亩”指水田。樟林、前溪、后溪 3 个自然村合为鳝樟行政村。				

鼓山区"竹屿类型"各村人口土地概况表

村名	户数	人口	田地(亩)	每户平均(亩)	每人平均(亩)
竹屿	383	1780	1066.04	2.78	0.60
琯尾	398	1668	250.00	0.63	0.15
浦下	34	261	91.00	2.68	0.35
岳前	78	381	130.00	1.67	0.34
岳后	105	449	300.00	2.86	0.67
台峰	335	1511	1263.29	3.77	0.84
溪口	203	801	594.47	2.93	0.74
上垱	38	261	186.00	4.89	0.71
李园	94	400	312.00	3.32	0.78
箱岭	99	468	256.77	2.59	0.55
岐兜溪尾	54	264	108.00	2.00	0.41
潭下	181	813	674.57	3.73	0.83
园中	132	562	345.45	2.62	0.61
东山	78	335	300.00	3.85	0.90
总计	2212	9954	5877.59	2.66	0.59
备注	1."田亩"系指水田。2.琯尾村系属大根区。				

我们笼统地说"地少人多",我们笼统地把全部耕地和全部人口拿来平均,结果虽然显示出了每户或每人平均土地的狭小,但问题的实质还不仅仅在这方面,我们还得进一步来分析这些土地的占有情况。

(二)土地占有情况

鼓山区各村大体都有一部分的共有田地,其面积略等于各村总面积10%左右,最多亦有达20%以上的。兹将9个村的材料,列表如下:

鼓山区各村共有田比较表

种类	湖塘	秀坂	溪口	李园	园中	前溪	魁岐	坑门	牛田、山兜
总面积	390.24	301.55	594.47	312.00	345.45	496.09	620.00	350.00	328.17
族田	51.60	10.55	19.20	25.00	7.00	42.70	60.00	0	0
寺庙田	0	0	33.60	0	34.40	0	15.00	50.00	60.95
把社田	3.80	13.48	0	0	0	0	0	0	0
农场田	0	0	0	0	0	0	0	0	9.40
各共有田合计	55.40	24.03	52.80	25.00	41.40	42.70	75.00	50.00	70.35
共有田占总面积百分比	14.20	7.97	8.88	8.01	11.98	8.61	12.10	14.29	21.44
备注	1.上表各种"田亩"仅指水田,并以"亩"为单位。 2.上列公地亩数,仅就已调查所及开列。								

至于私有土地，据后屿、鳝樟二村的调查，情况如下表：

后屿、鳝樟人口土地概况表

村名	调查户	调查户人口	占有田地总面积(亩)	每户占有平均数(亩)	每人占有平均数(亩)
后屿	627	2981	996.65	1.589	0.334
鳝樟	510	2126	1587.85	3.113	0.747
总计	1137	5107	2584.50	2.273	0.506

后屿村各阶层田地占有情况是这样的：

后屿各阶级（层）田地占有表

成份	户数		人口		占有田地		每户平均面积(亩)	每人平均面积(亩)
	户数	百分比	人数	百分比	面积(亩)	百分比		
地主	7	1.12	33	1.11	77.5	7.78	11.07	2.35
富农	9	1.44	54	1.81	76.82	7.71	8.54	1.42
中农	116	18.50	547	18.35	357.29	35.84	3.08	0.65
贫雇农	228	36.36	1117	37.47	199.27	19.99	0.87	0.18
手工业资本家	1	0.16	5	0.17	0	0	0	0
手工业者	104	16.59	506	16.97	86.77	8.71	0.83	0.17
工人	43	6.86	167	5.60	12.00	1.20	0.28	0.07
小商	38	6.06	211	7.08	128.15	12.86	3.37	0.61
小贩	33	5.26	151	5.07	9.60	0.96	0.29	0.06
店员	13	2.07	56	1.88	7.00	0.70	0.54	0.13
自由职业者	16	2.55	79	2.65	27.65	2.78	1.73	0.35
其他	19	3.03	55	1.84	14.60	1.47	0.77	0.27
总计	627	100.00	2981	100.00	996.65	100.00	1.59	0.33
备注	1.“土地占有面积”指田地亦即水田,以下各表同此。 2.“其他”包括贫民、游民、宗教职业者、华侨等。 3.“小商贩”一阶层,本文为了说明便利计又划为“小商”与“小贩”二类。“小商”是指开设店铺,但没有雇请店员的人家,他与“小贩”不同之点在于“小贩”主要是指做肩挑的或摆摊子的小生意的,他们所赚的钱基本上是相当于工资部分。以下各表同此。							

从上表我们可以看出各阶层田地占有情况是极不合理的；其中占总户数的36.36％的贫雇农，仅占有19.99％的田地；占总户数不过2.56％的地主、富农，却占有15.49％的田地，如果再把绝大部分为地主阶级所操纵和霸占的共有田（如在本村耕地中，有600余亩为福州市城内人的族田，其实际掌握权就操纵在地主阶级之手）计算在内，其所占比例将更大。从每人平均田地的亩数来看，悬殊则更加明显，地主每人平均田地达2.35亩，富农亦达1.42亩；贫雇农每

人平均仅为0.18亩，仅为地主每人平均数的1/13。

此外，后屿村中手工业者、工人、小商贩等其他阶层较多，户数竟占总户数的42.52%，占有土地亦占总面积的28.68%，这是后屿村的特点，同时也是手工业比较发达地区的特点。

鳝樟村（樟林、前溪、后溪三个自然村）的情况如下：

鳝樟各阶级（层）田地占有表

成份	户数		人口		占有田地		每户平均面积(亩)	每人平均面积(亩)
	户数	百分比	人数	百分比	面积(亩)	百分比		
地主	1	0.20	2	0.09	4.20	0.26	4.200	2.100
富农	10	1.96	70	3.29	214.19	13.49	21.419	3.059
中农	138	27.06	614	28.88	711.64	44.82	5.156	1.159
贫雇农	233	45.69	969	45.58	399.65	25.17	1.715	0.412
手工业者	29	5.68	98	4.61	69.90	4.40	2.410	0.713
工人	54	10.59	206	9.69	62.14	3.91	1.150	0.301
小商	15	2.94	88	4.14	108.39	6.83	7.226	1.231
小贩	7	1.37	24	1.13	8.23	0.52	1.175	0.342
店员	3	0.59	15	0.71	3.60	0.23	1.200	0.240
自由职业者	1	0.20	5	0.23	0	0	0	0
其他	19	3.72	35	1.65	5.91	0.37	0.311	0.169
总计	510	100.00	2126	100.00	1587.85	100.00	3.113	0.747
备注	1."其他"包括贫民、游民、宗教职业者、华侨等。 2.地主1户系于解放前即开始出卖余地，在我们调查时尚余下4亩多的田地，离开地主生活尚未满一年，故仍以地主论。							

我们如果把户数占总户数27.06%，田地占总面积44.82%的中农为标准，可以很明显的看出土地占有的不合理情况，在中农以下的是占总户数63.33%的贫雇农、手工业者、工人、小贩，仅有34%的土地；而在中农以上的是户数仅占总户数2.16%的地主富农，却占有田地总面积13.75%的土地。

鳝樟村其他阶层占有的土地不过16.26%，这显示着它与后屿的不同之点。

如果我们把无地的户数除开，仅以各阶层实际占有土地的户数来统计，不合理的情况便会更明显。

后屿各阶级（层）田地实际占有表

成份	户数					占有田地		有地者每户平均占有土地数（亩）
	总户数	无地户数		有地户数		面积（亩）	百分比	
		户数	占本阶层总户数百分比	户数	占本阶层总户数百分比			
地主	7	0	0	7	100.00	77.50	7.78	11.07
富农	9	1	11.11	8	88.88	76.82	7.71	9.60
中农	116	18	15.52	98	84.48	357.29	35.85	3.66
贫农	228	127	55.70	101	44.30	199.27	19.99	1.97
手工业者	104	74	71.15	30	28.85	86.77	8.71	2.90
工人	43	32	74.42	11	25.58	12.00	1.20	1.09
小商	38	15	39.47	23	60.53	128.15	12.86	5.57
小贩	33	25	75.76	8	24.24	9.60	0.96	1.20
店员	13	7	53.85	6	46.15	7.00	0.70	1.17
自由职业者	16	7	43.75	9	56.25	27.65	2.77	3.07
其他	19	16	84.21	3	15.79	14.60	1.47	4.87
总计	626	322	51.44	304	48.56	996.65	100.00	3.28
备注	1.“工人”包括手工业工人。 2.“其他”包括贫民、宗教职业者、华侨等。 3.手工业资本家一户未占有田。							

鳍樟村各阶级（层）田地实际占有表

成份	户数					占有田地		有地者每户平均占有土地数（亩）
	总户数	无地		有地		面积（亩）	百分比	
		户数	占本阶层总户数百分比	户数	占本阶层总户数百分比			
地主	1	0	0	1	100.0	4.20	0.3	4.20
富农	10	0	0	10	100.0	214.19	13.5	21.41
中农	138	2	1.4	136	98.6	711.64	44.8	5.23
贫农	233	50	21.5	183	78.5	399.65	25.2	2.18
手工业者	29	8	27.6	21	72.4	69.90	4.4	3.33
工人	54	17	31.5	37	68.5	62.14	3.9	1.68
小商	15	2	13.3	13	86.7	108.39	6.8	8.34

续表

成份	户数					占有田地		有地者每户平均占有土地数（亩）
	总户数	无地		有地		面积（亩）	百分比	
		户数	占本阶层总户数百分比	户数	占本阶层总户数百分比			
小贩	7	2	28.6	5	71.4	8.23	0.5	1.65
店员	3	1	33.3	2	66.6	3.60	0.2	1.80
自由职业者	1	1	100.0	0	0	0	0	0
其他	19	14	73.7	5	26.3	5.91	0.4	1.18
总计	510	97	19.0	413	81.0	1587.85	100.0	3.84
备注	“其他”包括贫民、游民、宗教职业者、华侨等。							

把各剥削阶级的占有地与其他阶层的占有地来比较，表面上似乎是比较分散的，但如果拿有地与无地的人家来比较，就显出它的集中了。在农业比重较大、手工业较不发达的鳝樟村，将近有1/5的人家没有田地，而在手工业比较发达的后屿，没有田地的却占一半以上。这种情况，一方面说明着占有地狭小的现象，不得不求助于手工业等副业弥补收入之不足，另一方面又存在着仍以农业为主的这许多没有土地的人家，必须依靠农田求活命的农村劳苦人民，势不能不向有田或田多的阶级去租种田地了。

乙、租佃制度

（一）自耕与租种

后屿、鳝樟二村农田经营面积中，自耕与租种的比例如下表：

后屿、鳝樟农家自耕与租种耕地面积比较表

村别	经营农业总户数	经营农田总面积（亩）				
		共计	自耕		租种	
			亩数	占本阶层总面积百分比	亩数	占本阶层总面积百分比
后屿	453	1640.05	768.40	46.85	871.65	53.15
鳝樟	445	1825.55	1307.93	71.65	517.62	28.35
备注	经营面积仅指水田。					

在后屿，租种地占经营总面积53. 15％；而在鳝樟则只有28. 35％，其原因是鳝樟傍山，水田租种的数量较少。

其次，看看后屿和鳝樟各阶层农田经营中自耕和租种情况的比较：

后屿、鳝樟各阶级（层）农家自耕与租种田地面积比较表

成份	村别	农业经营户数	经营田地总面积(亩)				
			共计	自耕		租种	
				亩数	占本阶层总面积百分比	亩数	占本阶层总面积百分比
富农	后屿	8	62.32	55.12	88.45	7.20	11.55
	鳝樟	10	99.07	99.07	100.00	0	0
中农	后屿	112	516.74	331.29	64.11	185.45	35.89
	鳝樟	135	783.84	676.32	86.28	107.52	13.72
贫农	后屿	220	738.22	197.47	26.75	540.75	73.25
	鳝樟	229	754.76	385.86	51.12	368.90	48.88
手工业者	后屿	49	140.22	76.67	54.68	63.55	45.32
	鳝樟	17	34.49	24.09	69.85	10.40	30.15
工人	后屿	19	49.90	9.60	19.24	40.30	80.67
	鳝樟	35	79.24	62.14	78.42	17.10	21.58
小商	后屿	19	82.75	69.65	84.17	13.10	15.83
	鳝樟	10	52.06	47.46	91.16	4.60	8.84
小贩	后屿	13	23.30	8.40	36.05	14.90	63.95
	鳝樟	4	9.23	6.23	67.50	3.00	32.50
店员	后屿	5	8.60	3.40	39.53	5.20	60.47
	鳝樟	2	6.10	3.60	59.02	2.50	40.98
自由职业者	后屿	6	10.40	10.40	100.00	0	0
	鳝樟	1	2.40	0	0	2.40	100.00
其他	后屿	2	7.60	6.40	84.21	1.20	15.79
	鳝樟	2	4.36	3.16	72.84	1.20	27.52
总计	后屿	453	1640.05	768.40	46.85	871.65	53.15
	鳝樟	445	1825.55	1307.93	71.65	517.62	28.35
备注	经营面积指水田，地主与后屿的手工业资本家不经营田地，故未列入表中。						

在后屿，租种地占经营总面积53.15%，其中贫农租种的田地占32.97%，超过了租种地一半以上；在鳝樟，贫农在租地中的比重更大；全部租种地占经营总面积28.35%，而贫农租种的部分即达20.21%，超过了1/3。

再次，把各阶层占有地中，自耕与出租的部分比较一下：

后屿、鳝樟各阶级（层）自耕与出租田地比较表

成份	村别	户数	占有田地总面积(亩)	自耕田地		出租田地	
				面积(亩)	占总面积百分比	面积(亩)	占总面积百分比
地主	后屿	7	77.50	0	0	77.50	100.0
	鳝樟	1	4.20	0	0	4.20	100.0
富农	后屿	9	76.82	55.12	71.8	21.70	28.2
	鳝樟	10	214.19	99.07	46.3	115.12	53.7
中农	后屿	116	357.29	331.29	92.7	26.00	7.3
	鳝樟	138	711.64	676.32	95.0	35.32	5.0
贫雇农	后屿	228	199.27	197.47	99.1	1.80	0.9
	鳝樟	233	399.65	385.86	96.5	13.79	3.5
手工业者	后屿	104	86.77	76.67	88.4	10.10	11.6
	鳝樟	29	69.90	24.09	34.5	45.81	65.5
工人	后屿	43	12.00	9.60	80.0	2.40	20.0
	鳝樟	54	62.14	62.14	100.0	0	0
小商	后屿	38	128.15	69.65	54.4	58.50	45.6
	鳝樟	15	108.39	47.46	43.4	60.93	56.6
小贩	后屿	33	9.60	8.40	87.5	1.20	12.5
	鳝樟	7	8.23	6.23	75.7	2.00	24.3
店员	后屿	13	7.00	3.40	48.6	3.60	51.4
	鳝樟	3	3.60	3.60	100.0	0	0
自由职业者	后屿	16	27.65	10.40	37.6	17.25	62.4
	鳝樟	1	0	0	0	0	0
其他	后屿	19	14.60	6.40	43.8	8.20	56.2
	鳝樟	19	5.91	3.16	53.5	2.75	46.5
总计	后屿	626	996.65	768.40	77.1	228.25	22.9
	鳝樟	510	1587.85	1307.93	82.3	279.92	17.7
备注	后屿手工业资本家一户无田，故未列入表中。						

在后屿、鳝樟各阶层农田经营中，租种面积则较之出租土地多至2倍以上，这是因为两村中有许多租自外村地主的土地的缘故。在村居住的人家，除却地富商人与一部分的店员手工业者外，其余很少出租田地，或仅出租少量的田地。

（二）租佃种类及佃租形态与租率

根据典型调查的资料，是这样的：

后屿、鳝樟租佃情况表

村别			后屿	鳝樟
各阶层经营农业总户数			162	107
各阶层租田总户数	户数		126	61
	占经营农业总户数百分比		77.8	57.0
租地总面积(亩)			367.55	153.45
租佃种类	永佃	亩数	6.4	0
		百分比	1.7	0
	定期	亩数	12	0
		百分比	3.3	0
	不定期	亩数	349.15	153.45
		百分比	95	100
佃租形态及租率(额)	分租	亩数	294.65	121.40
		百分比	80	79
		最高	0	0
		众数[1]	5.5	5.5
		最低	0	0
	定租	亩数	72.90	32.05
		百分比	20	21
		最高	400斤	400斤
		众数	370斤	354斤
		最低	150斤	140斤

在后屿162户、鳝樟107户的典型调查中，租田户数占经营农业总户数，在后屿为77.8%，在鳝樟为57%。租佃种类方面，后屿不定期的占95%，鳝樟则全部都是不定期的，这显示着无地农民在如何不安定和毫无保障的情况下进行耕作。至于佃租形式，大多数为分租，只有1/5左右是采取定租形式。

鼓山区一带农村的租佃形式，以往都是采取定租的；自从抗战以后，渐渐改为分租，这有几个原因：其一，由于连年水旱、风灾，水稻收成受损甚大，佃农无法按照定额交租，不能不一再请求减少，逐渐成为对分的习惯；其次，定租有硬租与非硬租之别，遇到歉年，折扣多寡又无一定标准，容易引起主佃双方争执，因此，大都采取分租的办法。就地主方面来说，多半认为定租的租率虽高，但佃户缴纳不起佃租时易被拖欠，所以分租的办法对他也并非完全不合算的；另外，这里小地主居多，恐怕也是使分租变多的一种原因。

[1] 此处众数之5.5,应是五五分成。两村分租均是五五分成。

农户因为缺少耕地，不得不向地主富农租种，但租田是否能够解决他们的问题呢？

关于这，可以分两方面来看：第一，农民每户平均究竟经营多少田地；其次，他们究竟在收获物中要被地主攫夺去多少佃租。关于农民经营的面积问题，在后屿占农田经营户73.29％的中农和贫农，他们每户平均所耕的土地，在中农为4.61亩；在贫农则为3.36亩。在鳝樟占农田经营总户数81.8％的中农和贫农，他们每户平均所耕的土地，在中农为5.8亩，在贫农则为3.29亩。这种狭小的经营面积，对于平均五口之家的生活，已经很难维持，何况在其收获量中尚须拿出一半以上的佃租缴纳给地主呢。

鼓山区农田每亩的收获量，平均全年约为550斤谷，自耕五亩田地的人家，想养活五口人，依一般计算全年就得缺少1000斤的谷子，如果还要拿出一半交佃租的话，势将缺乏半年的粮食。

丙、农田以外的生业

（一）兼业的种类及其分布

如上所述，鼓山区一般是人口众多，田地不够，无论在田地占有上，租地经营上，甚至在佃租的租率上，都显示出这种情况。在普通田地狭小的地区，假如没有旁的办法求生，是养活不了这许多人的，到了一定的限度，他们将要被迫外出。鼓山区之所以会有这样多的人口，主要的原因是由于它在福州市的近郊。

一方面由于田地不够，佃租苛重，另一方面由于它是靠近城市，遂在古老的农田经营以外，找出两条生活大道：其一为多种供城市消费商品化作物，如水果、马铃薯、蔬菜和牛乳等。其二为发展手工业，本区手工业在福州则是闻名的，例如后屿的线面，潘中的丝线，大坂、象园的木刻，紫阳的头梳，俊伟的火炉，上古的水磨，台峰的木画，这些差不多都从兼业逐渐成为专业；此外，有许多的人从事成衣匠、理发匠、土匠、木匠、厨师等行业。逐年到台湾、到外省、到南洋的人口，只要情势许可，从未间断过；但主要的是到福州，有的专以福州市为对象，像后屿的线面；有的是以福州为转口地，运销到外省、南洋和外国去的，像象园的木刻，紫阳的头梳，俊伟的火炉，后屿的石刻等。

以主要生产来区别，鼓山区可以分做三种类型地区，一种是农产商品化程度高的地区，一种是手工业发达的地区，另一种则为一般的农业区。

包括后屿在内的手工业发达的农村，我们把它叫做“后屿类型”的农村，包括竹屿在内的商品化农产发达的乡村，我们把它叫做“竹屿类型”的农村，而包括鳝溪、樟林二村在内的比较靠近山区的农村，我们把它叫做“鳝樟类型”的农村。

靠近城市的乡村虽然人多地少，但它会凭借生产的优良条件而想出服务于城市的办法，维护其生活的持续。较远一点的乡村，其生产则仍以农田为主。

后屿非农业的户口（与农业生产没有关系的人家）占总户数的1/4，这一部分的农村人口，都是在农田以外图谋他们的生计的。

（二）农村兼业与妇女劳动

鼓山区农村由于手工业及其他兼业的发达，并因为兼业及手工业的从业者多半是男子，因此农业劳动一般是由妇女来担任，鼓山区在农业经营上被称为妇女劳动区，便是这个原故。下表可显示出这种情况：

后屿、鳝樟男女农业劳动人数比较表

村别			后屿	鳝樟	合计
调查户			230	122	352
男女农业劳动总数			369	243	612
女子农业劳动人数	小计	人数	269	157	426
		占劳动总数的百分比	72.9	64.6	69.6
	主要劳动	人数	189	117	306
		占女子劳动的百分比	70.3	74.5	71.8
	附带劳动	人数	80	40	120
		占女子劳动的百分比	29.7	25.5	28.2
男子农业劳动人数	小计	人数	100	86	186
		占劳动总数的百分比	27.1	35.4	30.4
	主要劳动	人数	35	22	57
		占男子劳动的百分比	35.0	25.6	30.6
	附带劳动	人数	65	64	129
		占男子劳动的百分比	65.0	74.4	69.4

在劳动总数中，妇女劳动与男子劳动，虽然只是70与30之比，但拿主要劳动与附带劳动的比重来看，则其轻重的情形便更加显然了。后屿材料所显示的情况，不仅可以做为“后屿类型”乡村的代表，对于鼓山区农村来说，也大体是有其代表性的。

从妇女劳动这一角度来看，兼业在近郊农村中的地位，也是不言而喻的。

三、各阶级（层）的生产情况与商业资本

甲、各阶层的农田经营

后屿村各阶级（层）田地经营情况表

成份	经营农户		经营田地面积						每户平均经营面积（亩）
			共计		自耕		租种		
	户数	百分比	亩数	百分比	亩数	占经营总数百分比	亩数	占经营总数百分比	
富农	8	1.77	62.32	3.80	55.12	3.36	7.20	0.44	7.79
中农	112	24.72	516.74	31.51	331.29	20.20	185.45	11.31	4.61
贫农	220	48.57	738.22	45.01	197.47	12.04	540.75	32.97	3.36

续表

成份	经营农户		经营田地面积						每户平均经营面积（亩）
			共计		自耕		租种		
	户数	百分比	亩数	百分比	亩数	占经营总数百分比	亩数	占经营总数百分比	
手工业者	49	10.82	140.22	8.55	76.67	4.67	63.55	3.87	2.86
工人	19	4.19	49.90	3.04	9.60	0.59	40.30	2.46	2.63
小商	19	4.19	82.75	5.05	69.65	4.25	13.10	0.80	4.36
小贩	13	2.87	23.30	1.42	8.40	0.51	14.90	0.91	1.79
店员	5	1.10	8.60	0.53	3.40	0.21	5.20	0.32	1.72
自由职业者	6	1.33	10.40	0.63	10.40	0.63	0	0	1.73
其他	2	0.44	7.60	0.46	6.40	0.39	1.20	0.07	3.80
总计	453	100.00	1640.05	100.00	768.40	46.85	871.65	53.15	3.62
备注	地主及手工业资本家不经营田地，故未列入表中。								

鳍樟村各阶级（层）田地经营情况表

成份	经营农户		经营田地面积						每户平均经营面积（亩）
			共计		自耕		租种		
	户数	百分比	亩数	百分比	亩数	占经营总数百分比	亩数	占经营总数百分比	
富农	10	2.25	99.07	5.43	99.07	5.43	0	0	9.91
中农	135	30.34	783.84	42.94	676.32	37.05	107.52	5.89	5.81
贫农	229	51.46	754.76	41.34	385.86	21.14	368.90	20.21	3.30
手工业者	17	3.82	34.49	1.89	24.09	1.32	10.40	0.57	2.03
工人	35	7.86	79.24	4.34	62.14	3.40	17.10	0.93	2.26
小商	10	2.25	52.06	2.85	47.46	2.60	4.60	0.25	5.21
小贩	4	0.90	9.23	0.51	6.23	0.34	3.00	0.16	2.31
店员	2	0.45	6.10	0.33	3.60	0.20	2.50	0.14	3.05
自由职业者	1	0.22	2.40	0.13	0	0	2.40	0.13	2.40
其他	2	0.45	4.36	0.24	3.16	0.17	1.20	0.07	2.18
总计	445	100.00	1825.55	100.00	1307.93	71.65	517.62	28.35	4.10
备注	地主不经营田地，未列入表中。								

（一）共有田的经营

鼓山区共有田包括族田、寺庙田、把社田、农场田。本区族田最多的是薛家、高家和王家，这三家都是福州的大姓，在后屿一乡约占有200亩左右的土地，这三家为收租的便利起见，在后屿都设有谷仓——薛家仓、高家仓、王家仓，他们除却在后屿置有田地之外，在鼓山区其他各村也都有一些田地。族田的管理普通都是轮年的，每年换一个收租的人，这些人生手生脚的前来收租，自然是不方便的，因此，他们都联合委托在乡的人代为管仓，这样，当值的地主便只要于收成后一次收清了。三家田地中，以薛家的最多，约达百余亩，但在解放前不久，已把大部分田地以极低的价格卖与原耕佃农。其次一种是鼓山涌泉寺的僧田，散布在牛田、山兜、埠兴、洋里、远洋、三岐等村，面积约有114亩左右。

族田、庙田、把社田、学田等，一般是分租给农民们耕作，雇工经营的只有极少部分。如在本区里有存在着相当数量的鼓山涌泉寺的僧田，他们除将一部分的土地出租外，其余靠近廨院的洋田、山田及园地，有的由僧众耕种，有的则雇斋工、或外地及附近的农民耕种。据调查所得，长乐及附近农民受雇耕种廨院洋田的情形是：伙食由寺供给，种子、肥料、农具、耕牛也由寺自出，收获时按收获量八二分，寺得八成，工得二成。在农忙时，如有临时请短工则伙食由寺供给，工资由原受雇者负担。受雇者每人平均可耕8亩左右，每亩上则田常年收获量约为780斤谷，二成仅为160斤谷，因此遇到歉年工人甚至还须赔本。另外则是斋工耕种；现全寺共有斋工12人，多系闽东的宁德、罗源诸县人，其待遇除伙食外，月薪约60斤谷。斋工除耕作田地外，尚须兼作砍柴及担挑谷物上山等劳役。这样的经营方式，是属于落后的半农奴式的经营。至于僧众的参加耕作，则是更接近于落后的封建劳役制，僧众对于其所生产的成果，除了获得维持其个人的最低生活外，其他便一点没有支配的权力了。

（二）地主的经营

地主可以分为在乡与不在乡二种。在乡地主占有田的面积都不很大，就我们调查所得，普通都是10余亩至数十亩，很少到100亩的。不在乡地主以商人兼地主（不了解他们是商业资本家抑或小商贩，故称商人）为最大多数，东岳庙前的蓝字见兰堂药房、福州的华来药房，水部的牛场老板，都是比较闻名的。不在乡地主的另一个形成的原因，就是一些在乡地主田地多了，生活优裕了，于是渐渐往城里跑，或从事其他职业。就我们这次所调查的，不在乡地主便有不少是属于这一种情况的。一般的说来，地主都是不直接参加农业劳动的，他们主要的生活来源就是靠着佃租剥削收入和兼业收入，也有许多兼放高利贷的。

此外在本区，还普遍存在着如下的一种情况，即许多占有一二亩或最多二三亩田地的人家，由于在乡解决不了生活，全家出外从事手工业或其他劳动借以谋生，或者甚至于搬到更近福州市的地方去种菜售卖，把自己在乡的土地租与人家耕种的。后屿乡类同这种情况而出租土地的相当的多。如第二甲的郑林氏所租种的3亩田，业主原为本村人，去年才迁到井楼门外卖菜，而把田地出租给她的。

（三）富农的经营方式

本区富农阶级的经营方式可以分为两种类型：其一是大部出租土地，其二是经营商品作物。

关于本区富农的性质，我们可从这两种不同的类型来加以分析：

第一，就商品作物不甚发达地区的富农来说，他们出租的土地往往大于自己经营的面积。如樟林村富农刘友光家共有田地65亩，他自己只耕10余亩，其余50亩左右是出租的；后屿富农叶必蓁有水田8.5亩，全部出租，自己只耕种租来的桃山7亩，这说明在土地缺乏的情况下，雇工经营对他们没有什么好处，于是他们就拿自己家庭劳动力所能耕种之外的土地出租给人家。

第二，就商品作物比较发达地区的富农来说，据我们所得的资料，一般富农为了种桃及耕田或其他生产，都曾雇请过长工，长工多从闽东来的甚至有一些是外省人（如种桃的工人，多为广东汕头人）。抗战以后，一方面国民党反动政府乱抽壮丁，长工不易雇到；同时，又因抗战期中海口封锁，这些商品化的作物销路停滞；另外，粮食较贵，雇用长工不合算。于是他们采取另一种方式来剥削贫苦农民，即是包工制，这在上坂、快洲及魁岐各村较多；另外还有一种合营制，采用的较少。

在上坂、快洲等村的一些富农和富裕中农将自己所经营的耕地中一部分，以包工的方式分包给一些具有充分耕作能力，而需要耕地又找不到耕地的贫雇农耕种，这在当地称为包耕。这些承包耕种的贫雇农要负责完成承包耕地中除牛工外，从播种起一直到早晚稻收成止的全部工作。包工的工资普通是一亩地一担谷子（112市斤谷）。工资的支付时间，在当地的习惯是要到收成后，但大多数的贫雇农都等不到收成，早已遭受饥饿的袭击，所以多数需要向田东请求提前支付工资，工资的提前支付，一般是打七折的，那末一亩地提前领到的包工工资只剩80斤谷子了。得人家80斤谷子，就要替人家做30—40天的田工，这种剥削显然是非常苛重的。但在贫雇农方面，为着免除饥饿的威胁，也就不得不接受这种苛刻的条件而承包；在富农方面呢，一亩地出租，所能收到的田租在当地普通是200—300斤谷子，但如采用包工则其收入约如下：

一亩地的收获量：	早稻250斤谷 晚稻300斤谷 共计550斤谷
一亩地的支出：	包工工资112斤谷 牛工30斤谷 种子25斤谷 肥料30斤谷（因包工的田，大部是能挑土的所以买肥料较少） 农具修理费10斤谷（除水车谷榥等大件外，小件农具是承包人携带来的） 农忙时包工膳食20斤谷（插秧、割稻、包工是吃田东的） 共计227斤谷

收支相抵，1亩地包工经营的纯收入是323斤。

如果是预付工资则1亩地包工经营的纯收入为355斤。

这样，对富农来说，包工经营显然比出租还要合算一些。快洲、上板三村，以去年而论，采取包工经营的富农及富裕中农约15家左右。

采用合营制的租佃关系很少，在魁岐村仅有1户富农。该户富农出租了5亩地，其中有3.4亩是能种马铃薯的所谓沙皮田（就是在早稻收成后能接着种马铃薯，这在当地是被认为上等田，因为种马铃薯比种晚稻合算），去年这富农要把3.4亩田收回自耕，但佃户不肯，宁愿接受比缴纳地租剥削更重的一种合营办法。除早稻仍照每亩200斤租交纳外，下熟马铃薯则采用合营办法。即种马铃薯所需的种子、肥料、牛工、人工等由该佃农与富农各半负担，而收获物也是对半分。据当地一般农民的计算，富农是很合算的。

（四）中农的经营

由于郊区农民多半兼营其他行业，因此成份的划分，与一般农村稍有不同，在郊区有两种农民被划为中农。

第一，占有土地较富农为少，但较贫农为多，一般不剥削人家，也不必要出卖劳动力，生活在当地农户中算是过得去的人家，我们定之为中农。第二，占有土地或经营农田面积不及一般中农，但由于兼有他业，在他业中靠着本身劳动，致使生活等于一般中农，而其收入中的主要部分仍以农业收入为主的，我们也把他划为中农。

中农农业经营所显示的一个特点是每户经营面积比贫农要大1/3。根据调查，中农的每户平均经营面积，在后屿是4.61亩（见表十八），在鳝樟是5.81亩；在经营的面积中，中农的自耕地也超过了租种地，在后屿中农的经营面积中，自耕地为331.29亩，租种地只有185.45亩；在鳝樟自耕地为676.32亩，租种地只有107.52亩，而且在租种地中，由于中农的经济力较贫农雄厚，自然也比贫农所租的地要好。

中农经营所显示的第二个特点，是农具和肥料比较贫农来得完全与充足。拿大件农具，如水车、风车、谷桯来看，中农每户平均有2件左右，其他的农具也是较齐全的；至于肥料，一般近城的中农都购人粪尿和牛骨粉，傍山村则都用牛骨，我们调查时，在各村得到的资料大体是如此。

中农副业经营中，以种蔬菜、养猪最为普遍，在傍山区和山区，砍柴也相当的多，种菜及砍柴对中农来说主要在于自给，这用不着多加叙述；以养猪来说，在我们的调查区中，不养猪的中农是不多见的，因为这给他们以某种程度内对生产、生活资料供给的保障；但由于最近猪价的猛跌，他们也受到不小的损失。

中农经营的第三个特点，便是本区各村的中农，除了傍山区之外普遍都是有兼业的，纯中农较少，这也显示了"近郊"的特性，拿后屿来说，中农普遍多兼手工业，也有兼做店员、小商贩或出卖牛工的（以自己的牛或租来的牛替他人犁田及耙田）。在中农的收入中，如果把兼业及养猪的收入加起来，则往往超过了从事农业经营的收入。

中农因为有部分生活资料供给的保障，生活比较安定。一般的没有欠债，虽然他们吃的不全是大米，亦有不少人家在或长或短的时间内渗杂着薯米，但粮食比较不会发生恐慌；衣服的添置是比较困难的，但在手工业比较发达的地方，小孩子的衣服一年还可以添制一两件。

靠近山区的中农的生产和生活，大都有着自己的简单的安排，在鳝樟各村，中农的田地，供给他一年的粮食和蔬菜；养猪是一种储蓄，作为添制衣服，或供其他意外的用途；砍柴除自给外，另外卖掉些去购买油盐，只有养鸡养鸭是自家享受的部分，留为过年过节吃补之用。

（五）贫农的经营

贫农的经营田地，在其与其他阶层比较之下，显示着以下的特点：

第一，户数多而自耕地少。依据调查，在后屿占总户数48.57%的贫农，耕地面积只占总经营面积45.01%，每户平均只经营3.36亩，而其中自耕的部分只占总经营面积的12.04%，租种部分却占32.97%。在鳝樟，贫农的户数占总户数51.46%，经营面积占总经营面积的41.34%，每户平均只有3.3亩，而其中自耕部分占总经营面积21.14%，租种占20.21%。

第二，贫农所用的农具和肥料是不完全和不充分的。从农具比较表中仅能看到数量较少这一点，但就我们调查时所直接观察的情况来说，可以很明显的看到另外的一点，那就是这些人所占有的大件农具，十九是破烂不堪，勉强拿来凑用的。再从占有农具中每亩的平均数来看，更可以显示出以上的情况来，关于这，只须拿它与富农中农来对比一下，便可以知其梗概。

次就施肥方面来说，贫农一般是无力购买肥料的，除了自己家里供给少量人粪尿之外，大部分要替福州市住户倒马桶，挑水洗厝或做其他的劳役换点人粪，也有靠检猪粪来维持其农田的肥料，这就要求动员全家老幼，都参加积肥工作了。但单靠劳力所能换到的肥料究竟是有限的，因此贫农田中的施肥，不能不远离其所需要的程度了。

第三，贫农所租种的田地多半是下等田。这有如下的几种原因：其一，贫农没有地位，也没有财产上的保障，一般是租不到好田来耕种的；其次，本区的贫农在兼业的成份上，一般的要比中农高，兼业的收入在总收入中也占主要地位，致使贫农不能专心一意的耕种。同时贫农是无力购买肥料的，施肥不足不但使收获量会减低，而且继续不断的这样下去，会把耕地弄坏，所以占有好田的地主们，自然也不愿出租给贫农了。在这种情势下，除非他们拿出比人家更高的地租，才能租得一部分好田，否则就只能租到最下等的田，或向山园。因为山园一般的地租都很低，而且租山园种番薯还省肥料，虽然化费劳力较多，但贫农有多余的劳力，往10里左右的半山乃至10里以外或翻山越岭去种番薯，倒成了傍山农村的一般贫雇农的特色，这些在鳝樟、魁岐、坑门等村表现得最为明显。

贫农的副业，比较普遍的是养猪，傍山的又都以砍柴售卖为主，兼做农业短工；近城的多数从事手工业、小贩和挑担，这是弥补穷困的生活之道。他们是有什么吃什么，吃完今天又愁明天。所以，他们是很少能逃避债务的压迫的。

以上是各类农家及其农田经营的一般情况。

把各阶层农业经营中有关肥料农具两方面的情形对比来看，我们会看出以下的特点：

（甲）施肥方面，富农使用的肥料，不但充分而且价格便宜，贫农肥料用得少（买不起），勉强买点肥料又多是贵价买进的。

如鳝樟富农王著仁使用的牛骨，是在旧历年前买的，就比较便宜，每百斤只要120斤米，而贫农黄道沂到急用时才去买，40斤米只买了25斤牛骨，合每百斤160斤米。

据调查，靠山区土地都需要用牛骨，但能用牛骨的户（富农上中农）不及三成，其余只用很少或不用（用猪屎、草灰等代替）。肥料不足是一般的现象。

此外肥料有墙坑粪（原粪）和稀粪两种，原粪1担可冲水、加草等变做稀粪4—7担，而城市墙坑粪多半为富农或中农包去（因为他们出价大），贫农只能得到劳役换来的稀屎，稀屎所化的挑工就4—7倍于墙坑，因为挑工大，料力差，和有力量买墙坑屎的富农及上中农比较，一般的都显得要少用肥料。这种情况，在溪口、较场、上墩、李园、三角池、浦下各村特别显示得清楚。

至于挑土，富农中农也较充足，贫农不足。在阜头、洋里、上下岐一带，富农中农用浦土的，一般的每亩都是用500担，而贫农因为无钱不能多买，多数每亩都只用八船的浦土，每船大约 50 担，每亩只用 400 担左右。

（乙）各阶层使用农具的情形如下表：

后屿、鳝樟各阶层占有农具比较表

成份	村别	调查农业户数	经营总面积（亩）	大件农具				每户平均数	每亩平均数
				水车（架）	谷楻（个）	风车（架）	共计		
富农	后屿	4	33.30	4	2	2	8	2.00	0.240
	鳝樟	5	46.30	2	7	5	14	2.80	0.302
中农	后屿	42	204.72	39	21	17	77	1.83	0.276
	鳝樟	37	227.39	20	29	21	70	1.89	0.308
贫农	后屿	63	191.80	49	26	14	89	1.41	0.464
	鳝樟	53	178.48	26	29	17	72	1.36	0.403
其他阶级兼农	后屿	53	144.33	37	17	5	59	1.11	0.409
	鳝樟	12	25.55	4	6	3	13	1.08	0.509

后屿富农每户平均占有大件农具 2 件，中农有1.83件，贫农只有1.41件，在鳝樟富农每户平均有大件的农具2.8件，中农有1.89件，而贫农却只有1.36件了。从占有的农具中每亩的平均数来看，后屿的富农为0.24件，中农0.276件，贫农为0.464件，鳝樟的富农为0.302件，中农为0.308件，贫农则为0.403件，这显示着在占有方面，富农多于中农，中农多于贫农；但在使用方面，由于贫农和中农使用土地分散，使用农具也必然不经济，因此表显在数字上是贫农比中农多，中农又比富农多。

我们说单纯的经营农田，一般人必将不够生活，但究竟不够的程度是有多少，上面没有说到，为显示一般的情况，我们拿出最有代表性的数字并加以计算如下：

根据后屿村的一般情况，一般农家的经营面积为3.62亩，其中有53.15%的田是租种的。若以占经营农业总户数48.57%的贫农而论，其经营面积每户平均只有3.36亩，而其中租种地竟占 70%以上。现在先就一般来说，3.62亩地种二次水稻，其总收获量为 2172 斤谷，若以其中租种田为对半分租计算，其应付租谷为（以租种地占53.15%计算）577 斤谷。而农民实际所得为 1595 斤谷，尚有晚稻收获后接着用 1 亩地种麦（一般农家多种 1 亩地麦），其收获物虽无需再付租，但充其量 1 亩地最高只能收到 200 斤麦（实际上在近数年来，为了气候和病虫害的关系，一般的 1 亩地麦的收获量仅在百斤左右）。200 斤麦子折合当时的谷子不过 300 斤谷。所以水稻与麦子之所得总计仅 1595 加 300 等于 1895 斤谷，我们暂且不要除去耕种成本，来看这 1895 斤谷是否能维持一家人生活：据我们的调查，后屿一般农家的人口约 5 人，每人一年单独吃饭的粮食若要不挨饿，最低就得有 600 斤谷左右（还要掺薯米），所以五口之家其他各项生活费用不算，单以粮食一项就必需 3000 斤谷，这与不除开耕作成本的收入 1895 斤谷比较起来，就少了 1105 斤谷，实际上这种家庭要想单从农田中求得最低限度的生活便非把经营面积增加一倍，即从3.62亩增为7.24亩不可，但这在鼓山区显然是不可能的。若以在经营面积上小于一般农家经营面积，而在租佃部分又大于一般农家的贫农而论，其受地租剥削则更重，每年不敷部分更大。这里明显的指出二点，那就是地租剥削之苛重和经营面积的狭小；在这种情势下的农民大众，除了挨饿一途外，那只有找寻农业外的其他职业了。

乙、各阶层的副业与兼业

在田地不够和佃租苛重的情况之下，鼓山区的许多农民，逐渐朝着两个方向发展；其一，为商品作物，其二，为农业以外的兼业。

（一）商品作物

（甲）果树：本区果树以桃树梨树为最多，其次为柑、龙眼、荔枝、橄榄和番石榴等树。潭下村有桃树 300 余株，梨树 200 株左右，全村 60 户，每户都有种植。箬岭村种桃 200 余株，种桃户数约达总户数 50%；板桥村桃树 200 余株，梨树 10 余株；湖尾村桃树约百株，梨树 30 株；东山梨树 50 余株。还有一些果树是最近才种的，要等几年后方能产生果实，如潭下村新栽桃树约三四千株，梨树约 2000 株；板桥村有梨树 200 株，山重村桃树几十株；园中村新栽梨树 900 多株，东山新载的梨树千余株。

在这些乡村中，占总户数 3%的地主富农，占有果地达果地总面积 20%，除少数部分自种外，大部分出租，偶而也有雇长工经营的，但其数量不多，如栽种水蜜桃较长的合成农场，过去曾雇请长工 3 人，这是比较特殊的。占总户数 20%的中农，占有果树的面积约占总面积 30%以上，多半自己经营，有少数出租。占总户数 70%的贫农，占有果地仅占总面积 50%，他们全部自种，并向地主富农租种一部分果地。另外，贫农因为租不到地，多数还到荒山垦地种植。

（乙）蔬菜：鼓山区是邻接福州市的乡村，多半种菜售卖，以菜园比较发达的菜园口、琯尾、菜园中及灰炉头四村的情况来说，这四个村共有 398 户，除灰炉头居民多半捕鱼外，其余人家几乎每户都是种菜或卖菜的。种菜的户数，约占总户数 70%；不种菜而为菜贩或其他的占 30%，四村耕地除水田约 250 亩种稻外，园地百余亩全部种菜，其中自种的占 90%以上，不及 10%是菜农转入经营的。由于菜园全年种菜，其收益每亩抵得稻田 3 亩，因此佃租比较高，上等田每亩每年租金白米 600 斤，中等田 500 斤，下等田 400 斤，等级系按灌溉条件和管理的方便为标准。

（丙）马铃薯：本区栽种马铃薯的区域，以魁岐、上坂、快洲、坑门等村较为普遍，其中尤以魁岐为最，该村种马铃薯的历史据说约有百余年。马铃薯的栽种年可 2 次，第一次八月下种（早稻已收成）至十一月收成，第二次十二月下种至明年二月收成，全村马铃薯的栽培面积约 300 余亩，全年产量高达 60 万斤左右。以往运销香港等地，但均是先由福州或马尾商人承买后，再运销香港。过去曾有马铃薯运销合作社的组织，但成绩不佳。1 亩地种马铃薯与 1 亩地种水稻，其经济价值，就以去年的价格来计算，种马铃薯的收入超过水稻一倍，在抗战前马铃薯销路甚畅，价格也好，但自抗战以来由于海口封锁，销路一落千丈，致使马铃薯的培种面积日益缩小。该乡能年栽二次马铃薯的田称为沙皮田，一般多握在富裕中农及富农地主的手中，这种沙皮田出租的甚少，纵有部分出租，地租甚高，而且一般都是定租。一亩普通的田其租额约 400 斤谷左右，但亦有打八折或九折的，能种马铃薯的田则没有折扣，其中有高达 500 至 600 斤谷的。

（丁）奶牛：岳后、后屿、鳝溪、横屿等村的奶牛业较为发达，东山、竹屿、安宁下、溪口、琯尾、三角池、朝天桥各地也有一些从业者。抗战以前，单就岳后一村，即有四五十家的奶牛业者，畜养400多头的奶牛，现在岳后养牛的只有21家，奶牛48头（有奶的只有30头），大、小牛共约90头左右，后屿、鳝溪有奶牛40余头，横屿10余头，东山8头，竹屿、安宁下、溪口、琯尾、三角池、朝天桥等村各有一二家，不过几头牛而已。

这些奶牛业者究竟可以得到多少收益呢？据我们的调查大体1头奶牛，每天可以挤奶5大瓶（每瓶12两），每月可售白米100多斤，除了饲料约20斤米（自割草料的工资不计在内）之外，约得白米百斤，这跟一年以前比较至少差了50%。

（戊）茉莉花：茉莉花是熏制香片茶的主要原料，茶业盛时，本区各乡村普遍种植，据上古前溪村农会主任王著逸谈，过去上古、樟林各村在海船通畅时期，以茉莉花的生产为主业。那些时候，一切可以种植茉莉花的田地都尽量的种植。远洋村过去种植茉莉花也曾盛极一时，全村香花产量亦较其他乡村略高。在当时本区有不少乡村把种茉莉花当作一种主业，富农间有雇请短工来帮忙的。抗战期间，海口被封锁，茶业衰落，茉莉花也跟着衰落，各乡砍去茉莉花，改种其他作物的比比皆是。抗战胜利之后，有一个时期的好转，现在又陷于极度的衰落。

（二）手工业

（甲）线面业：线面是后屿村的特产，现在后屿村做线面的手工业者有90余家，每家二三人不等，经营者大约有200多人。90家之中，有30家是以线面为专业的。此外，以卖面为副业的，本村约有200户左右。

后屿线面业者，一般是自己有工具，自己做面，也不雇用工人（一两个学徒是有的），每天2个工人合做，用一包面粉（44斤），加上油料，可做50斤的线面。做面的人以1斤线面向卖面的人换1斤面粉，依现状来说，做面一个月的收入，只有100斤米左右。

每年阴历十一月初至翌年正月底，是线面业的旺季，三月至六月多半霉天，做面的人较少。因为线面的旺季正值农闲的时间，故后屿农民兼营此业的很多。这些兼业农民在农忙时，就不做或少做线面，而去种田了。

在市郊各种手工业衰落的情况下，后屿线面业的市境也相当困难，譬如他们挑到福州贩卖的线面，遇到匪机轰炸，就找不到顾主，只好原担挑回，但线面业比起其他手工业来，反而是较可维持下去的一种手工业，这几年来，从业的人数是不断地增加，许多人向线面业方面挤。本村200多家以卖面为副业的人，不少是其他手工业失业后转过来的。

（乙）水磨业：上古村的水磨利用鳝溪的水力来磨粉，在抗战期中，海运断绝，水磨业很盛。那时有50具水磨，其中后屿人有20具，前后溪人有十几具，前屿、横屿及附近各村人也有10余具。经营水磨有三种形式，其一为自己有磨房，自己购置工具，自己或雇工磨粉；其二为租用磨房，自置工具，自己或雇工磨粉；其三为租用磨房、工具，而经营磨粉。水磨的租金以水磨的新旧好坏为标准，好的每年租金10余担米，坏的二三担或四五担不等，过去每具磨需要磨师2人，杂工2人，日夜轮流工作。水磨业除了维持这些人的生活外，尚可以维持一些挑运工人的生活。近年来水磨业受机器磨粉厂和洋粉输入的打击，极度地衰落了，目前只剩下17具水磨（而且其中有2具已经大坏），大半数的磨师、磨工或挑运工人都失业或转业了。

磨粉的旺季是在麦子收成之后，大约从立夏起到端午节止（阴历三月中到五月初），每具水磨的出粉量，以工具的好坏和溪水的大小来决定的，好的水磨在水量充足时，每天（日夜）可磨粉六七百斤，一般是三四百斤，每小时可以出粉六七十斤。

目前水磨生意清淡，多半只代农家磨粉，或者磨粗糠来维持了。

（丙）丝线业：潘中村从事丝线业的有90多户（占总户数60%左右），参加丝线工作的大约有四五百人。90多户之中，有20户左右是独立手工业者，自己买丝，自己网丝、综线、打线（有时也雇工），自己染色，然后自行贩卖。有70户左右是家庭手工业工人，自己占有丝线工具，一般是由城市丝线商人供给原料，制好成品交还商人，赚取工资。丝线业者几乎全家男女老幼，在12岁以上至55岁以下都参加的，网线、综线工作比较容易，多半由妇女老幼来担任，打线技术较难，多半由男工担任，每100两丝，网丝需要20工，综线需要7工，打线需要二人合作7工，即14工。其工资是按件计算的，在初解放时，网丝1两，可得工资10两米，打线（包括综线）1只，工资8两米。自今年正月起，因销路不畅，工资减半，商人以克扣工资来进行他们的商业竞争。打线的时候，需要2个熟练工人同时工作，缺乏人手的丝线业者，就必须雇工，其工资是每只1两至1.25两米（去年为2两—2两半）。本村单做打线工人的也有十几个人，自己没有工具，专门受雇，替人家打线。

（丁）木刻业：木刻业是当作专业经营的，除了个别的家内生产之外，大都雇有工人，工具较简单，笨重的设备由老板备置，其余是由工人自带。一般采取不供膳宿的计件工资制，即按每件的卖价，除去原料费用，将所得与老板平分。过去制成品多数是由商人前来收购，运到沪、港再转销国外各地，近来因海口被美蒋封锁，销路停滞，故好些师傅不愿自备原料自行生产。

从业人数以前较多计象园292人（男249人女43人），大坂120人（其中女7人），后屿10至15人，紫阳70至75人，后伟30户约40至50人，讲堂前9人，切池3人，徐前家8人，大桥4人。大坂现在仍做这一业的约10至15人（做胚415人，刻光9至10人），其余大部失业或改行。

（戊）石刻业：本业主要分布在后屿一带，约有20余家，过去自营的十三四家，做工的只8家。樟林、秀岭、周坑等村也有做石刻的，但为数极少。过去石刻业曾盛极一时，抗战后开始萧条，福州二次收复后，重庆方面成为主要的销路，那时生意还好，抗战胜利后生意反而萧条。以前自营的，这时起多数由福州石刻店发料做工。到了去年五月以后，因为没有生意，全部停工。

过去就是自营的一般也不雇伙计，亦不收学徒，由自己子弟继承，有时生意好雇短工帮做，每天工资4角到1元不等，细石每天只能做一对（大者只能做一只），粗石每天可做5至6对，原料来自寿山，每百斤连挑工需米50斤。过去每年除阴历五、六、七月外，其余时间均有石客来乡收货。交货入店比直接售给石客价格要低三成。抗战前每对石成本4至5元者，加工后卖给石客可得10元左右，交店则只得7至8元。至于由店发料来做的工资，每对值4至5元的石，工资约为2至3元，现在这些古董店大部闭歇，就是开着的也无料可发，所以只赚工资的也无工可做了。

（己）火炉业：该业系由妇女儿童利用农隙操作的副业，后伟全村从事该业者大约有60户，切池10户，徐前村23户。工具简单，只需模型和木板，原料也易于取得，只要田泥和马粪即可。火炉有炭炉和柴炉两种，产品式样不一，大都行销本地，也有挑到长乐、连江、罗源一带去换取物资，也有批销到上海、安南一带。销售本地的每只只能赚 4 至 5 斤米，有时低到五六百元，制造很费时，销路好时不过赚点极低廉的工钱。

（三）各阶层兼业情况

后屿、鳝樟两村各阶层的兼业情况，如下表：

后屿村各阶级（层）兼营情况

成份			地主	富农	中农	贫雇农	手工业者	工人	小商贩：小商	小商贩：小贩	店员	自由职业	其他	总计
各阶层总户数	总户数		7	9	116	228	104	43	38	33	13	16	19	626
各阶层总户数	无兼业户数	户数	5	2	49	84	40	22	18	20	7	6	15	268
各阶层总户数	无兼业户数	占总户数百分比	71.43	22.22	42.24	36.84	38.46	51.16	47.37	60.61	53.85	37.50	78.95	42.81
各阶层总户数	有兼业户数	户数	2	7	67	144	64	21	20	13	6	10	4	358
各阶层总户数	有兼业户数	占总户数百分比	28.57	77.78	57.76	63.16	61.54	48.84	52.63	39.39	46.15	62.50	21.05	57.19
兼业情况：农业	共有户数	户数	0	0	0	0	45	17	20	11	4	9	4	110
兼业情况：农业	共有户数	占有兼业户总数百分比	0	0	0	0	70.31	80.95	100.00	84.62	66.67	90.00	100.00	30.73
兼业情况：农业	贫农	户数	0	0	0	0	33	13	0	7	2	1	0	56
兼业情况：农业	贫农	占共有户数百分比	0	0	0	0	73.33	76.47	0	63.64	50.00	11.11	0	50.91
兼业情况：农业	中农	户数	0	0	0	0	9	4	13	3	2	1	2	34
兼业情况：农业	中农	占共有户数百分比	0	0	0	0	20.00	23.53	65.00	27.27	50.00	11.11	50.00	30.91
兼业情况：农业	富农	户数	0	0	0	0	0	0	3	0	0	0	1	4
兼业情况：农业	富农	占共有户数百分比	0	0	0	0	0	0	15.00	0	0	0	25.00	36.36
兼业情况：农业	地主	户数	0	0	0	0	3	0	4	1	0	7	1	16
兼业情况：农业	地主	占共有户数百分比	0	0	0	0	6.67	0	20.00	9.09	0	77.78	25.00	14.55

续表

成份			地主	富农	中农	贫雇农	手工业者	工人	小商贩		店员	自由职业	其他	总计
									小商	小贩				
兼业情况	手工业者	户数	1	4	29	67	0	0	0	0	2	0	0	103
		占有兼业户总数百分比	50.00	57.14	43.28	46.53	0	0	0	0	33.33	0	0	28.77
	工人	户数	0	0	13	40	11	0	0	1	0	0	0	65
		占有兼业户总数百分比	0	0	19.40	27.78	17.19	0	0	7.69	0	0	0	18.16
	小商	户数	1	2	3	0	0	0	0	0	0	0	0	6
		占有兼业户总数百分比	50.00	28.57	4.48	0	0	0	0	0	0	0	0	1.68
	小贩	户数	0	1	13	28	6	4	0	0	0	1	0	53
		占有兼业户总数百分比	0	14.29	19.40	19.44	9.38	19.05	0	0	0	10.00	0	14.80
	店员	户数	0	0	3	4	0	0	0	1	0	0	0	8
		占有兼业户总数百分比	0	0	4.48	2.78	0	0	0	7.69	0	0	0	2.23
	自由职业	户数	0	0	5	2	1	0	0	0	0	0	0	8
		占有兼业户总数百分比	0	0	7.46	1.39	1.56	0	0	0	0	0	0	2.23
	其他	户数	0	0	1	3	1	0	0	0	0	0	0	5
		占有兼业户总数百分比	0	0	1.49	2.08	1.56	0	0	0	0	0	0	1.40
备注	“其他”指华侨、游民、贫民、职员等。手工业资本家一户无兼业，故未在表中列出。													

鳝樟村各阶级（层）兼业情况

成份				地主	富农	中农	贫雇农	手工业者	工人	小商贩		店员	自由职业	其他	总计
										小商	小贩				
各阶层总户数	总户数			1	10	138	233	29	54	15	7	3	1	19	510
	无兼业户数		户数	1	8	75	92	6	14	5	2	1	0	17	221
			占总户数百分比	100.00	80.00	54.35	39.48	20.69	25.93	33.33	28.57	33.33	0	89.47	43.33
	有兼业户数		户数	0	2	63	141	23	40	10	5	2	1	2	289
			占总户数百分比	0	20.00	45.65	60.52	79.31	74.07	66.67	71.43	66.67	100.00	10.53	56.67
兼业情况	农业	共有户数	户数	0	0	0	0	17	35	10	4	2	1	2	71
			占有兼业户总数百分比	0	0	0	0	73.91	87.50	100.00	80.00	100.00	100.00	100.00	24.57
		贫农	户数	0	0	0	0	8	29	0	2	1	1	1	42
			占共有户数百分比	0	0	0	0	47.06	82.86	0	50.00	50.00	100.00	50.00	59.15
		中农	户数	0	0	0	0	4	6	7	2	1	0	0	20
			占共有户数百分比	0	0	0	0	23.53	17.14	70.00	50.00	50.00	0	0	28.17
		富农	户数	0	0	0	0	0	0	1	0	0	0	0	1
			占共有户数百分比	0	0	0	0	0	0	10.00	0	0	0	0	1.41
		地主	户数	0	0	0	0	5	0	2	0	0	0	1	8
			占共有户数百分比	0	0	0	0	29.41	0	20.00	0	0	0	50.00	11.27

续表

成份			地主	富农	中农	贫雇农	手工业者	工人	小商贩		店员	自由职业	其他	总计
									小商	小贩				
兼业情况	手工业者	户数	0	0	25	35	0	4	0	0	0	0	0	64
		占有兼业户总数百分比	0	0	39.68	24.82	0	10.00	0	0	0	0	0	22.15
	工人	户数	0	0	16	73	4	0	0	1	0	0	0	94
		占有兼业户总数百分比	0	0	25.40	51.77	17.39	0	0	20.00	0	0	0	32.52
	小商	户数	0	2	3	2	0	0	0	0	0	0	0	7
		占有兼业户总数百分比	0	100.00	4.76	1.42	0	0	0	0	0	0	0	2.42
	小贩	户数	0	0	7	15	2	1	0	0	0	0	0	25
		占有兼业户总数百分比	0	0	11.11	10.64	8.70	2.50	0	0	0	0	0	8.65
	店员	户数	0	0	4	9	0	0	0	0	0	0	0	13
		占有兼业户总数百分比	0	0	6.35	6.38	0	0	0	0	0	0	0	4.50
	自由职业	户数	0	0	6	2	0	0	0	0	0	0	0	8
		占有兼业户总数百分比	0	0	9.52	1.42	0	0	0	0	0	0	0	2.77
	其他	户数	0	0	2	5	0	0	0	0	0	0	0	7
		占有兼业户总数百分比	0	0	3.17	3.55	0	0	0	0	0	0	0	2.42

编者按：前两表中，手工业者、小商贩等兼为地主、富农，但占有土地不多，可能有讹误。

以上两表显示着一些共同点，其一，两村兼业的户数都占总户数56%以上；其次中农、贫农、雇农和手工业者的兼业情形特别来得复杂；再次，地主富农只兼手工业和商业；小商就只有兼中农、富农和地主的；再次，中农和贫、雇农兼营手工业和小商贩及为工人的，占中、贫、雇农有兼业户数的86%以上，后屿贫农兼这三业的计达93.8%。

从这些共同点中，我们能够很显明的看出两点：就是兼业在农业中的比重，和兼业的阶级性。前者显出一般人需要兼业的情况，后者则显出地主、富农、小商兼业的固定性，中、贫、雇农兼业的不安定。如果我们进一步来分析，我们还不难看出地主、富农、小商人的兼业，是为着获取利润，他们可以有计划的来做；中农的兼业也还比较安定些，唯有贫雇农，他们有什么便做什么，一切皆以饥不择食的态度来从事的。如在象园新开的一间切面店需要几个人替他挑面到福州市售卖，而前往请求工作的就有200余人。

在这里，我们还有二点必须补充说明的，第一，上表中所列的兼业户，并不包括上山砍柴售卖和到处找寻挑担的机会以及其他做散工的贫雇农在内，假如把这些部分的户数也加进去，我们相信贫雇农阶层中没有不兼业的，而中农阶层兼业人数也会大大的增加。一般稻作的散工工资，除插秧收割较高外，其他的工作每工只赚三四斤米。近来因为劳动力价格的低廉，换工的普遍，使得过去靠受雇做散工为生的，现在也不能不另找出路而更加贱卖其劳动力，如挑豉渣、挑盐、挑糠麸的工人，早上天未明即须去挑，来回一天只能赚到三四斤米（伙食是自备的），砍柴出卖的一天也不过三四斤米，有些挑盐与各种杂货到罗源去换米和薯米的小贩——这也是最近才有的，他们每次来往10余天，除路上所需的伙食外，所余不过几十斤米（据说，好的每天只有五六斤米好赚，差的只有二三斤），如果行程拖长，或路上碰到土匪，那就不但空无所获，还得赔偿所赊来的货物。做这种小贩的在后屿、茶会、台峰、三角池、溪口等村各有几十家。其次，在后屿的兼业统计表中，地主、富农、中农及贫雇农各阶层兼营手工业户数的百分比都在50%上下，在这里，我们决不能把手工业看做无分别的职业，地主富农兼营的手工业，多半是资金较多，规模较大，利润也较厚的手工业，而贫、雇农兼营的手工业则多半是相反的，地主、富农到上古经营水磨业，中农做线面，贫农编制竹器，这些都足以说明兼营的阶级性。

兼业逐渐发达之后，虽然它给予从业者很大好处，甚至超过了农田的收益，但却给本区农村带来了不健康的现象，一方面使农村可能聚集更多的人口，另一方面却使农民不肯全力务农，使农田经营趋于粗放化。关于后一点我们从经营他业而兼事农业的情况中，也可以相当清楚地看到。

丙、商业资本的活动

由于本区农村经济兼业及农产商品化方向的发展，虽然二者对于农业经营的影响不同，前者使农业经营趋于粗放，而后者则使农业经营趋于集约，但均同一的造成了商业资本发展的前提条件，从而加强这些乡村对福州市的依存性。农民在生产上除却受着乡村封建阶级的剥削之外，还要在都市中受着商业资本的剥削，这一具体情况，我们从本区各种专业中的商业资本活动情形，可以明显的看出来。

潭下等果树业（特别是桃业）的销货办法有自卖和投牙两种，投牙价格仅及市价六成，但一般缺乏人工的多半只有投牙。如果连采摘的人都没有，那就只有“出稞”了。所谓出稞，就是在桃子全部成熟或六七成熟的时候，与果贩商洽照重量或照株数出卖，由果贩雇工采摘，其价格凭重量的只及市价之半，照株数的吃亏还要大些。

果牙或果贩另外还采用一种预买办法，便是采取贷款的方式来向果农预买，表面上贷款的利息甚薄或竟无利息，但果子成熟时的卖价仅及市价的二三成或三四成。

岳后的部分牛奶，横屿、后溪的全部牛奶是用作炼乳的，系由牛奶贩向各家收集后送往福州或横屿各厂炼制。牛奶价格一再下跌，其现价为160瓶大洋10元（每瓶20两牛奶，约合大洋6分）。岳后有牛奶贩2家，他们是代厂方收购牛奶而支取工资的，工资规定每百瓶大洋2元。

后屿线面业有向东门外“盛丰”粉厂从事信用购买面粉的，其粉价较之一般市价每斤略高一二百元，还款时如果粉价高涨，还要凭时价照加，粉厂多于粉价高时催索还款，如果无款，则转结为米，因此赊账的多吃亏很大。常常赊账的线面业经营者不仅赊账时吃亏，即平时现买也是吃亏的，因为该厂的价格总是比较高些，假如不向该厂现买贵货，无钱时便赊不到粉了。

象园、大坂的木刻古董大部分以外国人为对象而生产的，其成品的销售有两种办法，其一，卖与福州商行，如仓山的建成（岭后），华林（麦园路）泛船浦功名街的耀华等，这些商行出价甚低，生产者得不到什么好处。另一办法系由商人前来购买，当古董业盛时，经常有三十几个商人到该两乡收购或定购，定购时普通付定金二成至八成，光景好时，有付全部的，这些商人购买之后，即装运到香港或外国去卖，一转手之间，所得往往超过直接生产者所得的若干倍。

后屿石刻业盛时，从业者多将成品卖与石客，但在每年阴历五、六、七月石客不来或因急于需款，就只好卖与福州古董店，卖与后者的价格，一般要吃亏三成，但这在从业者说来，是无可奈何的。

潘中丝线工的工资，刚解放时，网丝每两线可得白米10两，打线每只8两米，从今年正月起，丝的销路不畅，商店借降低工资以维持其商业竞争，他们普遍的把网丝每两工资从10两（米）减为5两，打线从8两减为4两，这样他们便可以竞相跌价求售了。

各乡农户卖小猪时，必须通过猪贩，不能直接投牙，因为猪贩与猪牙之间有着勾结，农民直接投牙，猪牙是不肯接受的，牙行所赚的是润金，其数目约为猪价1/10，猪贩所赚的多为“骗价”，其所得有超过猪价二成至三成的。

商业资本活动的范围，不仅是农产商品化的作物以及手工业部门，而且及于农田的买卖。

据不完全的资料所示，鼓山区田园的买卖，在抗战开始以后有日益频繁的趋势，尤其是在福州第一次收复以后，由于通货膨胀，造成粮价猛涨，促使商业资本大量投放于土地的买卖，所以，土地集中的趋势更显得急剧直到福州解放为止。我们只须看田价变动的过程，便足以显示。在抗战以前，每亩上等田的田价不过80余元，折合谷子不过十六七担，福州第一次收复之后，中等田每亩的田价即涨至2000余元，折合谷子将近20担；到了福州解放前一年（1948年）冬天，每亩上等田的田价涨至30担左右，买田的多数是外乡人，尤其是福州的人，其中除去一小部分的华侨家属之外，大多数是发过国难财的商人和反动政权下贪污的公务人员。如双岳乡新村的倪某，原为一个田粮处的小职员，因贪污并做投机买卖，不到两年就在新村置有10余亩的田园。至于各村在福州的地主，其买田的时间，大多是在1941年以后，他们的成分也多半是商人。

解放以后，土地买卖也没有停止，不过多在秘密中进行，后屿薛家仓的农田便是一例，薛家仓大部分的农田，在解放之后，通过旧保长郑惠民之手卖给原承种的佃户，双岳乡类似的情事也发生过。

商业资本的活动，使农田以外的职业在鼓山区农村经济的比重上大大的增加了，这种增加绝不是意味着城乡互助，而相反的是使乡村依存于城市，由鼓山区乡村供应福州城市的，决不是城市工业的原料品，而是城市人们的消费品乃至奢侈品。这种无助于城市正常发展的商品供应，只有使鼓山区的农村一步一步的走向更加从属更加依存于消费城市而已。

四、旧社会所遗留的灾难及其影响

甲、灾难的根源

鼓山区今天的灾难，并非单纯由于海口被封锁，而是早有其历史根源的。本区在基本上也像旧中国的其他农村一样，半封建半殖民地的社会性质注定它的发展上的脆弱性。尤其是二十几年来国民党的反动统治，加以抗战期中，福州曾经两度沦陷，抗战结束后，接着来的又是反人民的内战，这十四年的战争环境，与反动派的倒行逆施，如抽丁征粮、苛捐杂税、军差摊派以及滥发纸币，造成恶性通货膨胀等等，这些都大大地加重了农民的负担，破坏着农村的生产力，进而加深了农村经济的崩溃。

首先要提到的是支配农村各种生产事业的一些封建、半封建的势力。在宗族关系上，在租佃关系上以及其他方面，这种势力都表现得相当的明显。

抗战以前，一般租佃是采取定租方式，农民缴纳给地主的部分，常达其总收获量60%至70%，抗战以后，虽然逐渐趋向于四六或五五分租，但离开城市较远的乡村，不少仍旧维持其原来定租的办法，号称四六或五五分租的地区，也还有一部分缴纳较多的地租给地主的。

城郊或在城市的商人兼地主者，一般来说，不对农民放高利贷，其地租多半用于商业。前屿的商人兼地主华来药房，岳前的商人兼地主蓝字见兰堂等都是如此；可是离城较远的在乡地主富农，大都兼放高利贷，而且有的主要是靠高利贷起家的。樟林村经过斗争的恶霸刘有光，他的父亲就是靠放高利贷起家的；园中村的富农林家穆，也是东园一带一个有名的高利贷者，他在去年还放出70担以上谷子的高利贷。

解放之后，地主富农不敢明目张胆的放高利贷，但如果托人转手，仍可借到，不过必须保守秘密。保人不但要担保到期偿还，同时还要担保保守秘密。

平地各村在青黄不接时期，向鼓岭或东岭农家借薯米的相当多，春末借到薯米100斤，六月要还白米100斤；在平地各村早稻收成时，鼓岭等山区的贫农，也有向他们特别是向上古的地富借谷子，如借谷子100斤，到晚稻收成时要还同量的糯米或粳米。其利率约为70%至80%，这种借贷还要熟人介绍，保证偿还，才能借到。

鳝樟村的后溪，当水磨业盛时，共有水磨50具，其中从业者属于前溪、后溪两村的一共只有10余具，而后屿一村的从业者却占了20具。据后溪的一个磨师兼水磨修理匠告诉我们，这是因为后屿在附近各村的势力雄厚，附近各村需要的零星东西须到后屿买，到南台办货的，也都经过后屿，因此后屿在过去各村中的地位比较特殊，他们想取得的东西，也比较容易到手。

后屿村使用耕牛替人家犁田的人，有类似行会的组织，叫做“牛福”，他们于每年春耕前及秋收后各聚餐一次，议定牛工价格，这是带有排外性的组织，他村的牛工是不能到后屿来犁田的。

在牛田、山兜、洋里以及上、中、下岐各村，每年早晚稻收割时，照例每亩须缴纳远洋地痞的巡洋谷6斤，如果不缴，田里的谷子就要被他们偷割去，这种巡洋谷，在解放后去年还被勒索过，以后有些地痞被区政府逮捕才停止。远洋是附近最大的一个村子，并有几个著名的恶霸如孙享梧等。牛田、山兜、洋里、洋岐各小村的农民一向受他们的欺压，巡洋谷的缴纳，不过是表现着封建的乡族势力在那里起着支配的作用而已。在靠近牛田与远洋的阜头村，因为村大族强，远洋地痞就不敢到那里收取巡洋谷了。

其次，在若干副业或兼业部门，不仅是商业资本，同时还有买办资本在起着控制的作用。

象园、大坂和后屿的木石刻古董业，因为过去可以运往国外销售，所以间接受着买办资本的控制，在抗战期中，福州的许多洋行派人前往象园定货，在泛船浦一带以外国人为对象的店铺，陈列着的各种古董，多半是这里的出品。

后屿旧保长郑惠民告诉我们，后屿在二十年前，曾经相当繁盛过，除了钱庄、当铺、电灯厂之外，还有一家保险公司与一个美孚煤油公司的代理机构，这些机构的具体工作，其为帝国主义来吸取中国人民的膏血的根须。

再次，在以往茉莉花兴旺的期间，从茉莉花的生产和销售关系中充分表现出半封建半殖民地社会的性格。据调查，当茶叶外销畅盛时，作为熏茶原料的茉莉花是十分吃香的，花农卖花，由于数量零碎，普通都通过花贩之手，转卖茶行，有些茶行还通过花贩来贷款，进行预买。花行通过这些花贩来控制花农，一村如有一个以上的花贩，他们就划分势力范围，以避免冲突。有些茶行背后还有外商洋行为后盾，茶行与外商洋行之间也有资金（贷款）的关系。福州伪中茶公司也有一部分资金以花贷形式流入农村，这样，便在小小的鼓山区，也可以窥见3个敌人如何的结合在一起作祟了。

在这样一个农村环境底下，副业和手工业要得到正常而健全的发展，自然是不可能的。

鼓山区尽管那样靠近福州，但手工业基本上在农村中还是处于从属的地位。从手工业的经济比重已经发展到相当高度的后屿可以看出，后屿规模最大而且最有名的手工业为线面业，从业户数为90余户，人数达200余人之多，销售的情形也还可以，但90余家中除却30余家是经常做面的以外，其余60余家每年都是从旧历十一月初旬做起，至次年正月底或二月初旬为止，就是从农事结束后开始，到下一次农事开始时为止。

比较有些设备和规模较大的手工业，要算是上古的水磨业。水磨业的生产季节，系从立夏起至端午止，就是从割麦后开始磨粉，一直磨至早稻收成为止。在生产的季节中，由于封建性的分配，大部分的从业者还不可能一直生产下去，因为每具水磨普通都由三四家合租，每人每月只有几天的生产权利。

从上述手工业在乡村中之所以不能自由发展的原因，不难看出今天手工业的衰落，不过是它的脆弱性的暴露而已。

实际上，鼓山区农村中，无论农业商品作物也好，手工业也好，在旧中国就始终没有稳定过。两种为前溪、后溪人们所公认为曾使地方繁荣的生业——磨粉业和茉莉花，自始就存在着无法平衡发展的矛盾；当海口封锁交通断绝的时期，由于外粉无法运进，因而磨粉业比较兴旺，但这时的茉莉花却断绝了销路；反之，在海运畅通的时候，由于茶业的发达，茉莉花有了出路，但这时因为外粉源源涌进，磨粉业也就交了厄运。

不仅磨粉业和茉莉花业是如此，即本区的磨粉业与福州的磨粉业之间，也存在着无法调和的矛盾。后溪一位磨师告诉我们，磨粉业之所以失败，是有两个原因：其一为外粉大批涌进，其次为福州机磨盛兴。就后者言，仅新华兴、泉丰裕各厂，每日各出面粉四五十包，已是上古磨粉业有力的竞争者了；自从二三年前新港粉厂出来之后，一家每日出粉即达百余包，上古磨粉业从此便一蹶不振。这说明着在当时的环境里，面粉业的发展，不可能从鼓山区手工业的规模，一步一步的上升成为福州市那样机磨的规模，这种发展，决不是旧中国社会所能实现的。

手工业在农村中，既不能摆脱于封建势力的羁绊，使自己的独立发展成为可能，又不能向城市发展，使自己逐步成长，以加入城市工业的系统。只使它处于进退维谷的困境，长期的供应城市居民以农业和手工业的消费品，显示出对福州市的浓厚的依存关系，并显示出多种多样性。同时，我们还看到，愈是靠近福州的乡村，副业和手工业对于福州的依存性愈大，而其多样性也表现得更加明显了。这是近郊农村衰落的历史根源。

我们固然不能忽视本区今日灾难的深重是与台湾尚未解放，海口被匪封锁以及匪机疯狂的轰炸，匪特残余的破坏等等有着密切的关联，但这些政治性的因素只是促使农村衰落的根源作总的暴露而已。

同时，上述扼杀农村生产力的 3 个敌人，基本上已被打垮；但也由于社会性质的改变，在胜利的过程中又必然要遭遇到一些新的困难。福州要由一个消费的城市变为生产的城市，必然要把过去畸形的繁荣消灭，因此，投机性的商业必然要受到严重的打击，某些专供外销或城市居民消费的对人民生产、生活无大作用的手工业自然要暂时的衰落。这些是生产力在解放过程中必然会遇到的困难，尽管在某种程度上会更加暴露衰落的旧农村的面目，但绝不能在灾难的根源上去误解它。

乙、失业与农田纠纷

由上所述，我们已经明白了，本区诸农村，对于城市的依存关系是那末密切，而由此不难推知，假定一旦城市因为本身所发生的困难而在某种范围内中止了农村的依存关系，它将如何受到深重的打击。事实上鼓山区各农村，早已面临了这种十分艰难的境地。作为这种艰困的具体表现便是失业。

大坂村农会的漫谈会上，反映出如下的情况：大坂过去从事木刻手工业的共计 120 人，现由于销路阻滞，以致其中有 100 个人失业或转业，只有 20 个人是艰困地维持着原业的，但实际上也是半失业状态。

失业或转业的 100 人中，有 70 个人在家里帮忙一部分的家务，并从事一些附带的农业劳动；另 30 个人则转业为杂工、挑担、小贩、工人及养鸭子。

连村过去打银业及其他手工业甚为发达，农业收入仅占全村总收入 30%，手工业收入占 70%；现在因为手工业者大部分都失业，失业回家的人大部分从事农业，所以目前农业收入占全村总收入 90%，手工业的收入只占 10%。

据风板村农会副主任徐福官谈，该村过去 70%的户数是兼营手工业的，现在兼业的部分多半已经停止。

岳后台峰村的漫谈会中反映，该村从前从事手工业的人约有百余人，其职业多为成衣工和厨工，现在除却15人还继续在福州就业外，其余均已失业。失业的成衣工中有一小部分转业为制造军服军帽。

园中村过去铜匠、鞋匠、木画工、衣工和机器工等一共有100余人，现在继续在业的只有10余人，余均失业，失业后多半在帮忙农作，有的挑担和砍柴，一部分上山种果树。

此外，三角池成衣业者15人中失业3人；洋里6人全失业；台峰村24人中失业者达12人；溪口理发匠10人中5人失业；洋里2人在半失业状态中；上岐、中岐、下岐3村厨工3人，土工2人均陷于半失业；至于全失业的有洋里的厨工9人，木工3人，牛田的厨工4人，山兜的金银工2人。情况较好的为上岐、中岐、下岐3村的机工，31中失业者只有3人。

以前溪村为例，可以看到一般，显示该村近十年来的失业情况如下：

前溪村手工业从业者失业概况表

职业	1941年5月以前		1949年7月以前				1949年8月以后			
	就业人数		就业人数		失业人数		就业人数		失业人数	
	人数	百分比	人数	占1941年百分比	人数	占1941年百分比	人数	占1941年百分比	人数	占1941年百分比
机器工	6	100	3	50.00	3	50.00	2	33.33	4	66.67
衣服工	15	100	4	26.67	11	73.33	2	13.33	13	86.67
古董工	6	100	0	0	6	100.00	0	0	6	100.00
藤工	16	100	6	37.50	10	62.50	0	0	16	100.00
弹棉工	2	100	0	0	2	100.00	0	0	2	100.00
鞋工	5	100	0	0	5	100.00	0	0	5	100.00
木工	34	100	8	23.53	26	76.47	0	0	34	100.00
铜铁工	10	100	0	0	10	100.00	0	0	10	100.00
其他	8	100	1	12.50	7	87.50	0	0	8	100.00
总计	102	100	22	21.57	80	78.43	4	3.92	98	96.08
备注	其他包括金箔工，理发工。									

该村1941年（福州第一次沦陷以前）手工业者102人中，在解放之前继续就业的只剩了22人，到现在就业的只有4个人。其余98人不是转业就是失业，这可代表附近各村的一般情况。

这些在解放前不靠农业为主要生活来源的人们，特别是手工业工人，现在的生产与生活状况，解决困难的办法，以及最迫切的要求，可以后屿与鳝樟两村的情况为例子来说明它。

在后屿村，我们调查了在解放前是手工业工人，解放后失业的33人（33户的户长），其中有13人失业后参加农业附带劳动，8人转业为小贩，3人做零工，1人做绒线工，1人拉车，1人先参加农业劳动，后在乡公所当职员，其余的6人无工可做，只在家帮忙杂务或照顾小孩。

参加农业附带劳动的13人中，有兼养鸭的，有兼种菜出卖的，有兼砍柴出卖的，也有兼受雇挑担或做农业短工的；转业为小贩的8人中，有卖面的，有摆摊的，也有兼受雇挑糠麸与豉渣的；至于做零工的3人，他们所做的工是更显得复杂与不固定。

这33户只有1家可算是中农成份，其余均属贫雇农阶层，他们的生活比较一般贫雇农还要困难，其中把负债的具体情况告诉过我们的有9户，根据他们说出负债的数目，由1至8担谷不等，也有借薯米2担的，多数都是零碎借来的，同时这些谷和薯米都是为着救命而通过多种关系和困难才能借到的，由这点也可以概见他们的生活状况了。

在漫谈会及个别访问中，他们有的要求政府贷以种谷和肥料，这是因为申请过而没有获得农贷的；也有要求发给执照的，如才转业为拉车的1户，因为有执照才可以参加人力车夫工会。他们还希望能够恢复他们原有的职业，并要求政府替他们的手工业找出路。其次也希望快点实行土改，俾能多分点田地，以改善他们半饥饿的生活。至于他们目前打开难关的办法，一般无非凭着他们低廉的劳动力，以饥不择食的情绪从事劳动，只要免于冻馁，所有可做的能做的都做，甚至每天只能换到斤把米的工作也要去做，既无选择工作的余地，更无计较工资高低的可能。

在鳝樟村，我们调查过在解放后失业的手工业工人14人中，原为成衣工的3人，金箔工2人，厨工及菜馆等伙计3人，古董工1人，机工1人，石工1人，鞋工1人，细木工1人，缝工1人。他们失业后有8人参加农业附带劳动，1人为修马路工人，1人为小商贩，1人做零工，其余3人无工可做。

参加农业附带劳动的8人中，多数是兼砍柴出卖的，有时也受雇挑担。砍柴的每日大约可砍四五十斤，换米2至3斤；挑担的收入约略相同，他们的生活还勉强过得去，不能砍柴挑担而又无其他工作可做的，如原为古董工的手工业工人等，他们的生活就更困难，有一家已欠2担的谷债，而家中尚无隔宿之粮。

他们的要求和后屿村的失业的手工业工人相似，主要的是希望政府帮助他们找到固定的工作。他们多数都用尽一切可能的办法以打开难关，对于生产态度，也都表现得相当的积极。

以上这些情况，是根据漫谈会及一部调查的资料反映出来的，在鳝樟村我们还做一个典型户的调查，也可以得到同样的说明：刘孔炉一家6个人吃饭，自己51岁，原是苏广店员，过去生活还好，不负债，失业后参加农业附带劳动兼做小贩，妻54岁，长女22岁，本来均从事农业劳动，长子16岁，原为艺徒，现在也成为农业附带劳动者，还有二女三女也都参加劳动，他们除了从事于农业生产外，养猪砍柴算是他们的副业。此外，刘孔炉在农隙时间，不但要做肩挑小贩，而且村子里一有零工可做，就抓紧机会抢做，去年由做小贩和零工的收入就有800斤谷。他的全家对生产也非常积极，对打开难关的办法也比较多，只要是可以做的能够做的都做到了，但是他们那样的劳动和省吃俭用，去年还要负债168斤的谷子。他也切望从速土改，更望自己能够恢复原有的职业。

以上所述，只是一些离村到福州从事手工业的人们失业回乡后的情况，至于在本村已略具规模的兼业或专业化的手工业，因销路停滞，生产缩小以致停业，失业的人除挤向农业或其他活路以期渡过目前的难关外；对于恢复原来的生业，都抱着很强烈的希望，并要求政府帮助他们克服困难。

如后屿村的线面业，还算是稍为可以维持的副业，但是近来市境不好，同时又受商业资本的剥削，也很困难。他们希望贸易公司能在后屿设立粉栈，以免再受商人剥削。最好能通过他们的生产合作社给他们一些贷款，或者赊购一部分面粉（期间只要几天），并请政府辅导，使合作社健全起来，由合作社来整购原料（面粉、油料等），以减低成本。（据线面业者陈嫩俤、陈世杰、陈茂瑜等 10 余人谈话。）

象园、大坂两村的木刻业困难十分严重，几乎全部停顿。在这两村农会漫谈会中，他们要求政府贷款，或者由贸易公司收购他们的成品，运到香港去销售（据象园农会主任柯经煊说，他们曾正式向政府提过这种请求）。

潘中村的丝线业工人，在刚刚解放的几个月，境况还好，从旧历正月起，因销路不好，商人将丝线工资减了一半，以致生活困难。在农会的漫谈会上，他们提到几个挽救办法：最好由政府设立丝线公司，他们向公司领丝做工，而且认为政府办这个公司是不会亏本的。或者由贸易公司设立丝线的销购处，规定买卖价格，造成丝价稳定的条件，这样就能提高工资而不至于无工可做。

岳后村的奶牛业也很萧条，一方面牛奶用户减少，一方面炼乳厂多半停业，据奶牛业者郑三梯说，奶牛每天必须挤奶，如果卖不出去，自己又吃不了，只好用以喂猪或倒掉。所以他们希望政府设立炼乳厂，收卖牛奶，或者将炼乳机租给他们经营。

总之，他们都希望依靠政府的力量，帮助他们克服困难来维持原来的生产，虽然有些办法是目前不可能做到的。而我们相信，依据目前的基本政策，参考他们所提出的意见，是可以订出有效的具体办法。

鼓山区手工业者大部分失业这事实，在某种意义上是可以理解为农业人口的激增，因为他们大部分回家从事农业劳动或附带劳动的，我们在调查中，发现多数过去系手工业者现在变成务农的人，他仅经营着狭小的土地，不兼他业，其中最大部分希望能够租到较多的田地或把少数原系出租的田地收回自己来耕作，借以养活全家。从这里面，我们体味到人口对土地的新的压力。

我们从调查中发现：失业人口愈多的地方，农田纠纷也就愈多。这些为着狭小的田地不够维持全家的生活，必须另找职业因而出租田地的手工业者与工人、店员、小商贩们，现在由于失业或半失业，他们唯一可能找到的生路，便是收回耕地自耕，但这对于为着饥寒所驱不得不承耕这狭小土地的佃农，显然是莫大的威胁。因此，在这些地区就构成了不少而且颇为严重的农田纠纷。

在后屿、山尾、岳后、李园、上墩、较场、溪口及其他各村，都发现有以上的情况，如“原在福州做工，去年过年时失业回家，收回田地二亩，准备今年自己耕种”、“手工业无法维持生活，准备收回田地自耕，但原佃户不肯，这事在农会调解中”等等失业者要求收回土地自耕的呈文，在各村农会屡见不鲜，这显示出农田纠纷与失业问题的关系是何等的重大。

丙、抽田与减租问题

抽田问题，是鼓山区各村的一个并不十分普遍但是十分严重的问题，向农民抽田的多半是在乡地主，他们为什么要抽田呢？表面上他们总是说公粮负担太重，生活困难，必须自己耕田，才有办法过活，而事实上，他们多半在肚子里是另有算盘的。乡村中失业问题普遍严重，在土地缺乏的情况之下，一般无地和少地的农民，多么需要多租种一些田地，因此只要有田可租，他们也就不得不接受苛刻的条件。

一位樟林的农民告诉我们，在本区各村，地主富农对于求地的贫农，多提出这样的条件：他们必须保证在任何的情形之下交足佃租（照他们的话，“无论天下怎么样变，佃租都必须十足缴纳”）。在缴租有了安全保证之后，地主富农便开始向他们的佃农抽田，用尽方法来达到他们的目的。新佃户须有充分的保证，找到地主富农认为可靠的保证人，除却保证永久缴纳佃租之外，并保证严守秘密。另外一种情况，一些地主在抽田之后，多半转租给自己认为可以始终控制得住的亲戚或族亲佃耕，他们认为这样做不但不要减租，就是在土改后，暗中还可以保留着自己的所有权。

由于封建势力在某些地区还具有控制的力量，所以地主富农的抽田甚少发生纠纷。如我们在山尾调查时，就发现蓝亨远曾经抽回去一部分田，并无纠纷，而且被他抽田的农民，还不敢告诉我们。

在岳后的农民漫谈会上反映，该村田地中属于本村人占有的土地共计264亩，过去有20%出租（约50余亩），以后陆续收回，现在出租地仅为3.6亩，在抽田过程中，并没有发生过纠纷。

这种情况在靠山的农村如李园、上墩、溪口、岳后各村发现的较多，抽田的时候，有的每亩酌给原佃户谷子一二百斤，有的根本就不给，无条件收回。

可以与抽田问题相提并论的，是鼓山区农村的减租问题，一般的讲，只要过去没有实行减租的，在解放之后一定要实行，不过在这里并不是那么简单。

解放前，在反动政权下，于1946年后，本区曾有极少数的村子实行过二五减租及三七五限租。在组设有保农社的后屿及古北两保减过租的户数可能较多一点，不过那只限于加入保农社的社员，他们必须担负保农社的各种摊派后，才能享到减租的权利，有时为着加入保农社，还须付出一笔运动费。这样由减租所能得到的实际利益原极有限，加以被减的对象，又只限于部分的外乡地主及小土地所有者，一些有势力的大地主以及可以控制保农社的地主阶级，根本就不减租。

解放后在鼓山区一般村子均实行了减租，特别是农会组织较为健全的地方，实行尤为普遍。不过在山区及傍山区的几个村情形颇不相同，如双岳乡的登云保解放后大多数还不曾减租，鹤龄保的较场、溪口、上墩、李园、箭岭各村，减租的也少于未减的，至于三角池、阜头等村根本就不曾减过。除了明减暗不减外，我们还发现过几种现象：第一，后屿、樟林各村有所谓“里二五”与“外二五”之分，“外二五”就是普通的二五减租，如果原来是五五分租，减租后业佃所得就等于37.5%与62.5%，如以收成200斤计，地主得75斤，佃农得125斤。但是“里二五”就不同了，在五五分租中佃农所得每100斤中比地主所得只多25斤，如收获量是225斤，那末在减租后，地主得100斤，佃农只得125斤。

其次，外村地主减租，本村地主不减，或是外村的多减，本村的少减，也是本区多数村子所存在的现象。对于同是本村的地主，有些村子无分别的一律照二五减，也有分为四五个等级来减的，如台峰、茶会、三岐各村，是照十五、二十、二十五、三十等四级减的，而牛田、山兜等村，在这些等级之外，还有按十减的；也有在地主所分得的全部谷子中，不论多寡都只退给佃户25斤。这样，如果地主所分得的在250斤以上，所减的租还不及最低级的十减租了。

这些等级多半是经过各村农会商定的，其中少减的有些是为着照顾孤寡及家境困难的业主，但有的则系基于对减租法令的曲解或不了解，以致违反了政策，在封建宗族势力较为浓厚的村子，那里的所谓少减，更是纯凭地主的随意“赐予”，不过表示一点意思，敷衍农会及工作组而已，所减的租率可能还不及百分之一二。至于祭田以及庙田、社田，实际上大多数都是不折不扣的缴租，连一点意思都不表示了。

五、结语

上述的各种材料，给我们明白的指出鼓山区农村是相应于中国社会经济发展的一般特性，陷于极度的衰落中。

衰落的现象，主要是表现在鼓山区农村。生产从发展到了萎缩，经营从集约到了粗放，地租形态从定额到分益；他如农业劳动工资的低减，农村手工业的停顿与半停顿，农业人口的激增，也都是显著的事实。而在衰落过程中，土地买卖的频繁，地价的上涨，这一个突出的现象，对于鼓山区，尤曲尽破坏的作用，使衰落的现象，在严重加剧中。

其次，衰落的原因，决不是基于生产上的自然条件或技术条件，而是基于半封建半殖民地的社会性质。由于土地制度极不合理，地租苛重，这种基本事实的存在，致使商业及高利贷资本、买办资本，乃至官僚资本，在一个落后的反动统治基础上有机地结合起来，阻碍了农业以及手工业的正常发展。

由于农村衰落是基于半封建半殖民地社会性质的限制，因此，衰落趋势的扭转，必须是社会性质的彻底变更。土地制度的改革，无疑是唯一根本的办法，这是针对着整个衰落根源的挖根工作，数千年的沉疴正等待着这一服药剂的救治。

福建省农民协会

1950年春

福安县南塘保农村调查

一、概说

南塘保是福安六区的一个中心保。与甘塘、后塘二保接连，俗称三塘。三塘为一大平原，拥有四五千亩肥沃的土地。北靠莲花山，南临大平原，东西各有一座笔架山，村南1里路，由内海可通相距30余里的下白石，向北走10多里是赛歧（据说福安县城原想设在此地的，这里的田地大部分是掌握在城内阳头地主手中），全保有10甲，337户，1207人，占有土地889.92亩，土质肥沃，主要产物为稻麦。

南塘保曾于1934年实行过土地革命，在国民党反动派残酷的镇压下，殉难的革命同志竟达21人之多，到现在还有23个人流落在外，生死不明的。

二、土地关系

甲、人口与耕地

南塘的土地固然颇为肥沃，但数量不足的现象却是相当严重的，根据实际资料，显示着如下的情况：

南塘保人口土地概况表

村名	户数	人数	土地总面积(亩)	每户平均(亩)	每人平均(亩)
南塘	337	1207	889.92	2.641	0.737

我们笼统的把全部耕地和人口拿来平均，这固然指出了土地不足，即每户或每人平均土地很狭小，但问题的严重性还不在这里，而是这些土地究竟是掌握在谁手里。

南塘各阶级（层）土地占有情况表

成份	户数		人口		土地占有		每户平均面积(亩)	每人平均面积(亩)
	户数	百分比	人数	百分比	面积(亩)	百分比		
地主	9	2.67	39	3.23	226.62	25.47	25.18	5.81
富农	5	1.48	31	2.57	114.50	12.87	22.90	3.69
中农	47	13.94	144	11.93	160.40	18.02	3.41	1.11
贫雇农	269	79.82	977	80.95	385.40	43.31	1.43	0.39
工人	1	0.30	1	0.08	0	0	0	0
小商贩	1	0.30	4	0.33	1.00	0.11	1.00	0.25
手工业者	1	0.30	2	0.17	0	0	0	0
宗教职业者	3	0.89	8	0.66	2.00	0.22	0.67	0.25
游民	1	0.30	1	0.08	0	0	0	0
总计	337	100.00	1207	100.00	889.92	100.00	2.64	0.74

从上表我们可以很明显的看出这样的形势来：占总户数达94.95%的中农、贫雇农、小商贩及宗教职业者，他们占有田地仅为总面积的61.66%；而户数占总户数只有4.15%的地主、富农阶级，他们占有的田地竟高到总面积的38.34%。

乙、租佃制度

土地既然集中在地主、富农阶级手里，那末，无地或少地的贫苦农民势将不能不向这些地主、富农阶级去租种田地了。

南塘保农家自耕和租种耕地面积比较表

村名	总户数	经营农田总面积(亩)				
		共计	自耕		租种	
			亩数	占总经营面积百分比	亩数	占总经营面积百分比
南塘	337	1012.8	615.7	60.79	397.1	39.21
备注	1.经营面积包括田农在内;2.外乡地主多在阳头城内和甘塘等处。					

南塘各阶级（层）自耕和租种耕地面积比较表

成份	总户数	经营农田总面积(亩)					每户平均面积(亩)
		共计	自耕		租种		
			亩数	占总经营面积百分比	亩数	占总经营面积百分比	
地主	9	30.7	30.7	3.03	0	0	3.41
富农	5	37.0	34.0	3.36	3.0	0.30	7.40
中农	47	225.0	161.1	15.91	63.9	6.31	4.79
贫雇农	269	713.7	383.5	37.86	330.2	32.60	2.65
工人	1	0	0	0	0	0	0
小商贩	1	2.0	2.0	0.20	0	0	2.00
手工业者	1	0	0	0	0	0	0
宗教职业者	3	4.4	4.4	0.43	0	0	1.47
游民	1	0	0	0	0	0	0
总计	337	1012.8	615.7	60.79	397.1	39.21	3.01
附注	中农自耕土地面积(161.1亩)超过其占有面积(160.4亩)为不合理数字,但无法校正。						

南塘保各阶级（层）自耕与出租田地比较表

成份	户数	占有土地总面积(亩)	自耕土地		出租土地	
			面积(亩)	占总面积的百分比	面积(亩)	占总面积的百分比
地主	9	226.6	30.7	3.44	195.9	22.01
富农	5	114.5	34.0	3.82	80.5	9.04
中农	47	160.4	161.1	18.10	0	0
贫雇农	269	385.4	383.5	43.10	1.9	0.21
工人	1	0	0	0	0	0

续表

成份	户数	占有土地总面积(亩)	自耕土地		出租土地	
			面积(亩)	占总面积的百分比	面积(亩)	占总面积的百分比
小商贩	1	1.0	2.0	0.23	0	0
手工业者	1	0	0	0	0	0
宗教职业	3	2.0	4.4	0.50	0	0
游民	1	0	0	0	0	0
总计	337	889.9	615.7	69.19	278.3	31.26
备注	中农自耕土地面积(161.1亩)超过其占有面积(160.4亩)为不合理数字,但无法校正。					

从上表，我们可以看出这样的情况：第一，南塘保的农田经营，以自耕占多数(60.85%)；第二，除地主富农阶级出租农田外，其余农家几近全部土地都是自耕；第三，中农只租种少许农田（占总租种农田的16.09%），而贫雇农则大量租种地主、富农的农田（占总租种农田的83.15%，租种农田占本阶层经营农田的46.27%），忍受着苛重的地租剥削。

南塘各阶级（层）分租与定租比较表

成份	租种土地总面积	分租			定租		
		户数	租种亩数	占租种土地总面积百分比	户数	租种亩数	占租种土地总面积百分比
富农	3	—	—	—	2	3.0	0.76
中农	63.9	3	6.4	1.61	38	57.5	14.48
贫雇农	330.2	17	31.5	7.93	243	298.7	75.22
总计	397.1	20	37.9	9.54	283	359.2	90.46

由此可知，南塘多为定租。定租租率最高达80%，最低的亦竟达70%，普通都在75%左右。分租则为对分。

一般说来，南塘的农民还受着高利贷的剥削，依据不完全的材料统计，其情况如下：

南塘各阶级（层）借贷情况比较表

成份	总户数	贷出			借入		
		户数	占本阶层百分比	占总户数百分比	户数	占本阶层百分比	占总户数百分比
地主	9	6	66.67	1.82	—	—	—
富农	5	2	40.00	0.61	—	—	—
中农	47	4	8.51	1.21	8	17.02	2.42
贫雇农	269	—	—	—	84	31.23	25.45
总计	330	12	3.64	3.64	92	27.88	27.88

有一半以上的地主，和差不多一半的富农都是放债的，约1/3的贫雇农是借债度日，忍受

着高利贷剥削。

高利贷的利率，就我们调查所得如下：

高利贷的利率比较表

种类	债额(斤)	年利率			季利率		
		最高	普通	最低	最高	普通	最低
谷利	100	100	50	20	80	40	20
特别高利	100(粳米)	0	0	0	0	140(200谷)	0

三、农民生活

在经营农田面积（自耕与租种）那么狭小，而又蒙受着苛重的地租与残酷的高利贷剥削的贫雇农，是怎样找生活的出路呢？据我们调查所得的资料，南塘农家除了制糖（糖为南塘农家稻麦之外的主要农业副产物）和饲养家畜（鸡、猪为最多，全保牛3头，鸭20只，猪41只，鸡213只）之外，男人多卖柴、挑担、打短工，妇女则织草席、草鞋以补贴农田经常收入的不足。但是，这并没有解救农民生活的困难。再遇天灾人祸，就不得不出卖儿女（有4家）或把老婆出租（有15人），最后甚至被迫流浪外乡（有5人）！

福建省农民协会

1950年春

古田县七保村农村调查

一、概说

七保旧名桃溪保，因有桃溪自北而南贯穿全村而得名。位于古田县城西北40里处。西与三区区政府所在地凤埔相距20里，北和二区的拉垄交界，东邻二区的平沙保，南接仕峰保。是一个自然村，同时又是一个行政村，属于古田县第三区管辖。

境内多山，虽有桃溪贯穿其间，然因河床太浅，无舟楫之便，惟木材可经此顺流至闽江左岸的水口。陆路主要的有山路一条，横亘全村，西通县城，东与双山、五都二村相接。本村离古谷公路和古瓯公路都有20里。

本村农田灌溉全靠桃溪，溪旁筑有水坝，提高水位，引水入两岸的水渠中，以灌溉洋田。但因河床太浅，所以在山洪暴发时（如1947年），桃溪两岸往往为大水泛滥，沿溪洋田就会被淹没，招致损害。但与水口以下地区比较起来，洪水为患还不算十分严重。

本村物产以稻谷为主，年约产谷5563.85担，烟业、木材和红曲都曾盛一时。

近年来，本村最繁荣的时期是1945年，有商店50家，建瓯边境的迪口、玉山及双山保等地的农产品都以此为集散地。1948 年发动游击战争后，蒋匪盘踞此间，骚扰所及，商业渐次衰落，现只剩杂货店 19 家，理发店 8 家，药材店、豆腐店、糕饼店各 2 家，黄烟店、打铁店、屠坊各 1 家。其中最大的行家是永泰号，是地主兼商人林自坚经营的。村内兼营工商业的，多数仍靠出租土地或兼种田地为主要收入，营业时间不定，景况好时雇请伙计，通常由长工兼理，现时雇请伙计和长工的都很少了。

本村有国民小学一所，去年改为中心小学。有学生 200 多名。此外，受过专科教育的 5 人，受过中等教育的 49 人，受过初等教育的 226 人。文盲有 1243 人，占全村人口 81%。

本村农民在苛重的封建剥削之下，日益陷于贫困，无力娶媳妇，因而抱童养媳之风气非常普遍，尤以中、贫农为甚。普通在儿子出生后，有的还没有生儿子就先抱童养媳来。一岁左右抱来是不要钱的，四岁至八岁左右抱来，就要男方送礼饼了。礼饼的数量要看男家的经济情况及童养媳年龄的大小而定，大约总在 200 至 400 个之间。一般贫苦农民即使幸而能娶妻，但生育子女之后，即无法维持生活。所以如生了是女孩子，就马上溺死，要是生了男孩子无力喂养，则把妻子连小孩一同典给别人，因为承典人要把前夫的儿子养到 16 岁有劳动力时才遣回。在典期内所生的小孩子则属于承典人。出典时要做好契约，由前夫的亲属或长辈签字才有效。

本村是南（平）、古（田）、（建）瓯游击区的一个据点。在三年游击战争中就打下了基础，群众觉悟程度较高，在游击战争中和解放战争中都发挥了很大的力量。

二、人口与土地

本村有 377 户，1523 人，其中男 931 人，女 592 人。本村有田地（即水田）2418.89亩，农地（即旱田）51.37亩，林地904.38亩。以上三项土地面积共计3374.64亩，每户平均可分得地8.95亩，田6.42亩，每人平均可分得地2.22亩，田1.59亩。

这里只是把人口与土地加以比较，实际上土地是集中于少数人手里的，我们且看这些土地的占有情况。

三、土地占有情况

甲、本村人在外村和外村人在本村的田地占有情况

上述本村各种土地当中，农地与林地完全是本村人占有的，而田地则有一部分是外村人占有的。同时本村人也在外村占有一部分田地。本村人占有外村田地，外村人占有本村田地，其情况可简示如次：

<table>
<tr><td colspan="2">本村的田地(2418.89亩)</td><td colspan="2">本村人占有田地(6026.75亩)</td></tr>
<tr><td rowspan="2">外村人占有本村田地(亩)</td><td colspan="2">本村人占有
本村田地(亩)</td><td>本村人占有
外村田地(亩)</td></tr>
<tr><td colspan="2">1747.16</td><td rowspan="2">4279.59</td></tr>
<tr><td>671.73</td><td>264.70</td><td>1482.46</td></tr>
<tr><td>共有田</td><td>共有田</td><td>私有田</td><td>共有田</td></tr>
</table>

依上表，本村田地2418.89亩当中，有72.23%是本村人占有的，有27.77%是外村人占有的。本村人占有田地6026.75亩当中，有28.99%在本村，有71.01%在外村。换句话说，本村人在外村占有的田地约为本村人在本村占有田地的2.49倍，约为本村田地面积的1.77倍。本村人在外村占有大量田地的原因，据说是因为在清朝本村出了一个知县，在大刮地皮衣锦荣归以后，本村田地不够他买，便在邻近村庄大买起田地来的缘故。

乙、共有田占有情况

本村田地2418.89亩当中，外村人占有的671.73亩全是共有田，本村人占有的1747.16亩中有264.70亩是共有田，二项合计，共有田为936.43亩，占本村田地总数38.71%。这个比重并不算大，这是因为本村的共有田田地大部分在外村，计有4279.59亩，再加上本村人在本村的共有田264.7亩，其总数是4544.29亩，这个数目占本村人占有田地6026.75亩的75.40%。这个比重却是相当大的，这是本村表现得最突出之点，同时也是古田县的一个特点，虽然全县共有田占总占有田的比例没有这样高，但一般也在5%以上，如过溪村共有田达61.32%，罗华村共有田达58.18%。

本村共有田基本上是祭田，占占有总数的87.9%；学田是由祭田中抽出来的，约占总数的5.19%；会田很少，只占总数的6.49%。过溪、罗华也类似这种情况。

本村祭田最多的当推林姓，占有面积达1711.01亩；郑姓次之，占有面积达1603.2亩；第三为叶姓，占有371.1亩；第四为刘姓，占有236.23亩。此外魏姓占30.58亩，周姓占有14.12亩，黄姓占有9.41亩，钟姓占有7.3亩，张姓占有4.2亩。

外村人在本村的共有田671.73亩，基本上是县城吴姓和张姓的祭田。吴姓占有309.62亩，张姓占有205亩。

本村共有田全是骨田，每年只是收租，不问稼穑之事。其中祭田是按房按户轮流收租的，其子孙不繁的、房族少、户口少、轮收的次数多，收益就大。反之，人丁盛旺的房族轮收的次数少，收益就小。例如郑姓最大祭田由43户轮流收租，其中地主1户，富农2户，中农16户，贫农22户，商业资本家1户，小商贩1户。轮收租次数最快的要六年一轮，普通的十二年一轮，轮收次数最少的要四十余年才轮得到一次。罗华村有一百多年才轮到一次的。

祭田的共有人包罗了各种不同的乃至于敌对的阶级（层）成份的人，但在宗族血统关系维系之下，按房按户轮流收租，和办理祖宗祭祀，表面上似乎初无阶级之歧视，但收租权仍是被地主当权派操纵去了。比如七保林国定当了军法承审官就有权在与他有关的祭田上总收租一次。此外如保甲费用等地方公款从祭田中摊派出来的也还是掌握在地主当权派手里。

1940年本村恶霸林梅生，强制各姓抽出一部分祭田作为所谓国教基金，即学田，开办一所小学校，林霸自为该校理事长，以后就侵占了这一部分田。

会田又叫社田，是迷信会社占有的，由会员轮流管理收租、完粮、祭祀和办会酒。本村迷信会社名目繁多，如“舍明王”“起事供”“林德堂”“永隆堂”“七棋班”“米年福”“总管爷”“大石板”“郑总管”“三月三会”“宴春福会”“林文陆会”“白露福”“唐街头”等。其中“舍明王”会田最多，计有48.08亩，“郑总管”会田最少，也有1.78亩。

迷信会社的成员包含有各阶级（层）成份的人。如地主林特岫发起的，由11人组成的“唐街头”会就有地主1户，贫农2户，其他是中农以上成份。地主又往往从中操纵会田。

丙、私有田占有情况

本村人的私有田都坐落在本村，计有1482.46亩，占本村田地2418.89亩的61.3％，占本村人占有田地6026.75亩的24.6％。与共有田比较起来，私有田的比重是很小的，这少量的私有田的占有情况如下表：

七保村各阶级（层）田地占有情况表

项目	户数		人口		占有田地						每户平均亩数	每人平均亩数
					皮骨全田		骨田		总计			
	户数	百分比	人数	百分比	亩数	百分比	亩数	百分比	亩数	百分比		
地主	10	2.65	52	3.42	31.36	4.46	169.75	21.79	201.11	13.57	20.11	3.87
富农	2	0.53	17	1.12	32.35	4.60	7.26	0.93	39.61	2.67	19.81	2.33
富裕中农	13	3.45	75	4.93	57.43	8.17	79.91	10.26	137.34	9.26	10.56	1.83
中农	89	23.61	440	28.89	276.85	39.36	281.78	36.16	558.63	37.68	6.28	1.27
贫农	178	47.21	758	49.77	234.75	33.38	83.74	10.75	318.49	21.48	1.79	0.42
雇农	41	10.87	41	2.69	0	0	0	0	0	0	0	0
商业资本家	8	2.12	66	4.33	43.48	6.18	60.71	7.79	104.19	7.03	13.02	1.58
小商贩	14	3.71	36	2.36	22.29	3.17	6.84	0.88	29.13	1.97	2.08	0.81
店员	3	0.80	11	0.72	4.8	0.68	14.0	1.80	18.8	1.27	6.27	1.71
自由职业者	2	0.53	7	0.46	0	0	41.85	5.37	41.85	2.82	20.92	5.97
手工业者	13	3.45	13	0.85	0	0	0	0	0	0	0	0
迷信职业者	1	0.27	1	0.07	0	0	0	0	0	0	0	0
游民	1	0.27	4	0.26	0	0	0	0	0	0	0	0
其他	2	0.53	2	0.13	0	0	33.31	4.27	33.31	2.25	16.66	16.66
总计	377	100.00	1523	100.00	703.31	100.00	779.15	100.00	1482.46	100.00	3.93	0.97

从上表我们可以看到：占总户数5.3％的地主、富农和商业资本家竟占有田地总面积1482.46亩的23.27％；占总户数27.06％的富裕中农和中农则占有田地总面积的46.94％；而占

总户数52.25%的贫农、小商贩、店员和自由职业者则仅占有田地总面积的27.54%；占总户数14.59%的手工业者、雇农和游民则没有田地。

其次，上表中地主每户平均占有田地面积仅仅比富农多了0.30亩，地主每人平均比富农的也只多了1.54亩。其所以划为地主阶级是因为他们不参加农业生产，是放高利贷的，多数又是掌握了祭田、会田和学田的有钱有势的人家，可以对农民行使经济的和超经济的剥削。比如地主林梅生己业田不过7.28亩，收租谷 841 斤，但每年侵吞国教基金，即学田租，却达 7250 斤，约 9 倍于己业田的收入。

以上还没有把无田户除开，如把无田户除开，则毫无疑问土地的占有是更集中的。

七保村各阶级（层）实际占有田地比较表

项目	总户数	无田户		有田户		占有田地数		有田户平均占有田数（亩）
		户数	占本阶层总户数百分比	户数	占本阶层总户数百分比	面积（亩）	占总面积百分比	
地主	10	0	0	10	100.00	201.11	13.57	20.11
富农	2	0	0	2	100.00	39.61	2.67	19.81
富裕中农	13	1	7.69	12	92.31	137.34	9.26	11.45
中农	89	29	32.58	60	67.42	558.63	37.68	9.31
贫农	178	113	63.48	65	36.52	318.49	21.48	4.90
商业资本家	8	1	12.50	7	87.50	104.19	7.03	14.88
小商贩	14	4	28.57	10	71.43	29.13	1.97	2.91
店员	3	1	33.33	2	66.67	18.80	1.27	9.40
自由职业者	2	0	0	2	100.00	41.85	2.82	20.93
手工业者	13	13	100.00	0	0	0	0	0
雇农	41	41	100.00	0	0	0	0	0
迷信职业者	1	1	100.00	0	0	0	0	0
游民	1	1	100.00	0	0	0	0	0
其他	2	0	0	2	100.00	33.31	2.25	0
总计	377	205	54.38	172	45.62	1482.46	100.00	8.62

在这个表中田地集中的情况是更明显地表现出来了。它告诉我们七保有 1/2 以上的人家没有田地，这当中无田的雇农、贫农和中农就占到总户数的48.5%，即 183 户没有田，约占无田户的89.27%。这些人为求活命就不得不向地主、富农租种田地。

其次，表中有自由职业者 2 户，每户平均占有田20.93亩，比地主每户平均占有数多了0.82亩，其所以仍为自由职业者而不是地主，是因为他们的主要收入是教书的薪水，没有放高利贷，也没有掌握共有田和其他权势。他们占有的田全是骨田，收租较少。

丁、林地占有情况

本村林地面积为904.38亩，占本村土地面积26.80%，其占有情况基本上是与本村田地的占有情况一致的。

七保村森林地占有情况表

项目		片数	亩数	占总亩数百分比	株数	占总株数百分比
私有林	中农	2	45.76	5.06	11 000	5.06
	商业资本家	1	41.60	4.60	10 000	4.60
	小计	3	87.36	9.66	21 000	9.66
宗族林		15	817.02	90.34	196 400	90.34
总计		18	904.38	100.00	217 400	100.00

从上表可见七保的森林地无论就亩数言或就株数言，大约都有90%是宗族林，只有10%是私有林。这些私有林中并没有地主和富农占有的，而只是中农2户和商业资本家1户。但是地主尤其是地主当权派，虽然没有己业林，却都稳拿了宗族林地。如地主林梅生和郑绍玖就实际上占有了各该姓的宗族林地。

四、土地使用情况

本村田地2418.89亩中有共有田936.43亩（包括本村人在本村的和外村人在本村的），全是出租的。本村人占有田6026.75亩中，有共有田4544.29亩（包括在本村的与在外村的），全是出租的。

本村的私有田1482.46亩中，也有一部分是出租的，其情况如下表：

七保村私有田各阶级（层）自耕与出租田地比较表

成份	户数	占有面积（亩）	自耕		出租	
			面积（亩）	占本阶层占有面积百分比	面积（亩）	占本阶层占有面积百分比
地主	10	201.11	0	0	201.11	100.00
富农	2	39.61	3.20	8.08	36.41	91.92
富裕中农	13	137.34	31.97	23.28	105.37	76.72
中农	89	558.63	200.14	35.83	358.49	64.17
贫农	178	318.49	187.65	58.92	130.84	41.08
商业资本家	8	104.19	14.39	13.81	89.80	86.19
小商贩	14	29.13	20.17	69.24	8.96	30.76
店员	3	18.80	2.40	12.77	16.40	87.23

续表

成份	户数	占有面积（亩）	自耕		出租	
			面积（亩）	占本阶层占有面积百分比	面积（亩）	占本阶层占有面积百分比
自由职业者	2	41.85	0	0	41.85	100.00
其他	2	33.31	0	0	33.31	100.00
总计	321	1482.46	459.92	31.02	1022.54	68.98
备注	无田地的雇农、手工业者、迷信职业者和游民共计56户除去，故只有321户。					

从表中我们可以看到各阶级（层）出租田地的比重的大小，是按这样的顺序很整齐地递减着的：地主和自由职业者的田全部出租，富农和商业资本家的田十分之八九出租，富裕中农和中农的田十分之六七出租，贫农和小商贩的田十分之三四出租。

全村私有田有68.98%即1022.54亩是出租的。如果加上在本村的全部出租的共有田963.43亩（包括本村人的和外村人在本村的），则全村田地有1958.97亩，即80.99%是出租的。

私有田（全是本村人占有的）出租部分1022.54亩，如果加上本村人的全部出租的共有田4544.29亩，有5566.83亩，占本村人占有田92.30%是出租的。

其次，我们从自耕与租种的比重来看田地使用情况。

七保村各阶级（层）自耕与租种田地比较表

成份	户数	经营总面积（亩）	自耕		租种	
			面积（亩）	占本阶层总经营面积百分比	面积（亩）	占本阶层总经营面积百分比
富农	2	60.70	3.20	5.27	57.50	94.73
富裕中农	12	202.67	31.97	15.77	170.70	84.23
中农	89	1195.37	200.14	16.74	995.23	83.26
贫农	155	1765.61	187.65	10.63	1577.96	89.37
商业资本家	4	52.96	14.39	27.17	38.57	72.83
小商贩	4	21.15	20.17	95.37	0.98	4.63
店员	1	2.40	2.40	100.00	0	0
自由职业者	1	5.25	0	0	5.25	100.00
游民	1	8.56	0	0	8.56	100.00
总计	269	3314.67	459.92	13.88	2854.75	86.12

该村有地主10户，富裕中农1户，贫农23户，商业资本家4户，小商贩10户，店员2户和自由职业者1户，共51户不种田。有游民1户在解放后种起田来了。（编者按：不种田的，实际上不能称为农民，此处恐有讹误。）

依上表，租种面积占了经营面积的86.12%，可见大部分使用田地的人是没有田地的。特别是贫农经营面积的89.37%是租种的，可见广大的农民阶级是如何地被封建租佃制度所困扼。

上表中富农经营面积94.73%是租种的，并不是表示富农也受地租剥削，正好相反，他们把自己较远、较坏的田地以高额地租出租，而租进较近、较好租额较低的共有田，以从中剥削。

上表中经营总面积为3314.67亩，较本村田地多895.78亩，显然是向外村租种的。

五、剥削情况

甲、租佃剥削

从前面所说到的本村田地使用情况来看，无论是在占有总面积或经营总面积中，自耕田地所占比例都是小的，而出租的或租种的面积都占80%以上。这对于本村的租佃制度已提供了一些量的认识。但更重要的，我们要探悉它的内容、性质，以了解它的剥削情况。

本村租佃种类最普遍的当推永佃制，是属于买卖永佃和保留永佃，或有少数是属于开垦永佃。

永佃制在本村通称为“田面田根”或“田皮田骨”。“面田”或“骨田”是属于永佃主的所有权，“根田”或“皮田”是属于永佃农的使用权。永佃农也可将它的“根田”或“皮田”出卖或出租，出租时所收取的地租叫“租仔”，即“小租”，以别于永佃主收取的“大租”。

本村田地2418.89亩中，共有田（包括本村人的和外村人在本村的）都是骨田，计有936.43亩，私有田之中也有779.15亩是骨田，两项合计为1715.58亩，占全村出租面积的87.47%。本村人在外村占有的共有田4279.59亩也全是骨田。

本村有骨田1715.58亩，相对的应该也有皮田1715.58亩；但实际上本村人的皮田只有1440.73亩，可见有皮田274.85亩是落在外村人之手了。本村皮田占有情况如下表：

七保各阶级（层）皮田实际占有情况表

成份	户数		人数		皮田(亩)				每户平均(亩)	每人平均(亩)
	户数	百分比	人数	百分比	自耕	转租	合计	占总数的百分比		
地主	3	1.32	11	0.99	0	26.71	26.71	1.85	8.90	2.42
富农	2	0.88	17	1.55	57.50	22.80	80.30	5.57	40.15	4.72
富裕中农	9	3.97	51	4.63	61.88	17.45	79.33	5.51	8.81	1.56
中农	67	29.52	358	32.52	281.24	68.52	349.76	24.28	5.22	0.98
贫农	137	60.35	600	54.50	702.35	132.03	834.38	57.91	6.09	1.39
商业资本家	6	2.64	52	4.72	38.57	16.89	55.46	3.85	9.24	1.07
小商贩	1	0.44	2	0.18	0.98	0	0.98	0.07	0.98	0.49
自由职业者	1	0.44	6	0.55	0	5.25	5.25	0.37	5.25	0.88
游民	1	0.44	4	0.36	8.56	0	8.56	0.59	8.56	2.14
总数	227	100.00	1101	100.00	1151.08	289.65	1440.73	100.00	6.35	1.31

本村皮田1440.73亩中，自耕的有1151.08亩，占皮田总数79.90%，转租的有289.65亩，

占皮田总数20.12%。国民党反动政府实行田赋征实以后，田赋负担加重，为避免这种负担起见，买田者转移目标到皮田上来了，皮田的转租有增加趋势。

除了占本村租佃面积87.47%的永佃制以外，所余的12.53%，即243.39亩都是不定期佃。农民这部分田的耕作权毫无保障，与永佃制比较恰好相反。

本村没有钱租和力租，一律都是物租。物租中间最大部分又是定租，在全村租种面积中，只有510.18亩田地是采取分租的。其情况如以下二表所示：

七保村定租租率表

租率(百分比)		10—20	30	40	50	60—70	70—90	90—100	总计
皮骨全田	面积(亩)	4.58	11.03	9.51	61.95	32.09	31.19	30.84	181.19
	百分比	2.53	6.09	5.25	34.19	17.71	17.21	17.02	100.00
骨田	面积(亩)	342.59	424.74	627.27	664.28	244.92	166.46	65.69	2535.95
	百分比	13.51	16.75	24.74	26.19	9.66	6.56	2.59	100.00

七保村分租租率表

租率(百分比)		20	40	50	60	70	75	80	总计
田地	面积(亩)	2.19	21.75	106.52	181.8	143.18	2.18	52.56	510.18
	百分比	0.62	4.26	20.84	35.56	28.01	0.43	10.28	100.00

皮骨全田的租率是较高的，34%的田，租率都是在50%，17%的田，租率达到90%至100%，有个别的因田地减产了而租额还仍旧，租率竟达110%。永佃租一般是较低的，但如皮田转租收取小租的，则其租率也不低。如承租皮田的佃户叶正培，每年要在他常年产量的14石谷中，缴3.8石给皮主做小租，又缴6石由皮主转交给骨主做大租，共9.8石谷，占了他常年产量14石谷的70%。

分租租率几乎都在50%以上，其中以60%至70%的占最大部分。

由此可见七保村地租苛重的一般，农民勤劳所得，绝大部分为封建地主攫去。古城其他地区如罗华、过溪等地，情况亦属如此，罗华分租租率一般是在50%以上，有高达85%的，最普通的是70%，定租一般亦在50%以上，有高达60%至100%以上的，最普通的是70%至90%。过溪分租有对分、四（佃）六（主）分、二（佃）八（主）分等。定租的上等田租额，都在80%以上，中等田租额在70%左右，下等田租额为50%至60%。

封建剥削是残酷苛重的，农民除了受到地租剥削外，还要受到其他各种剥削，如贡纳式的负担，替地主服无偿劳役，及其他各种无理苛索。在七保村，地主临田分收，佃户要置酒款待。租谷要佃户送入地主谷仓。地主建筑房屋或坟墓时，要佃户无代价的帮工。过溪佃户租种地主土地，除纳地租外，每年要送豆、鸡或鸭等给地主，称为豆山、鸡山或鸭山。

至于林地租佃剥削情形是这样的：这里林地有竹山、茶山及种植杉、松的山地。租山者向山主承租私有山，或向房长承租族有山，先做好山契，载明分益或按年交租。普通不定租期，依山主所定的“规矩”，凡连续三年欠租的，山主可以把山地收回。

林地租额随各种林地而有不同。竹、茶叶、茶油山，普通在未收获前不需付租（土质肥沃的要交租）。有收获时，茶林每千株纳谷 10 斤，竹千株纳谷 14 斤。杉山如系分益，则七（佃）三（主）分。种植头几年副产物如山稻、桐子归佃户所得，纳租则每千株年纳谷子 14 斤。松山多系分益，收获时，由农民合伙砍伐，做成木材贩卖，卖后种植者得卖价二成，而此二成又与山主七（佃）三（主）分。

乙、高利贷剥削

贫苦的农民因疾病、婚丧、渡荒或青黄不接，不得不向地主富农借贷。一般是谷贷。债主放债的条件，要看对方是否有不动产或出产物足以保证清偿。

1943 年发生灾荒，高利贷资本曾大肆活跃。有所谓“牛相斗”，年利率达 100%。更厉害的是所谓“牛母加牛子踢一脚”，年利率高达 233%（“踢一脚”指 33%部分）。在这种高利贷的剥削下，中、贫农破产的不少。如中农钟长明向地主林家间（外村）借谷 1 担，年利 233%，三年后，利滚利，本利达35.937担。结果钟长明不得不把山田 6 亩抵卖给债主（田价共 50 担谷）。

据不完全的统计，在 1949 年解放前，本村借贷情况如下表：

七保村高利贷剥削情况表

成份	总户数	借债户数		债额(担)	年利率		
		借债户	百分比		最高	普通	最低
中农	89	7	7.87	25	50	30	20
贫农	178	78	43.82	325	80	40	20
雇农	41	10	24.39	20	150	50	20
手工业者	13	4	30.77	8	50	30	20
总计	321	99	30.84	378	—	—	—
备注	借贷期限通称年利,但实际多数为 3 个月左右。						

除上述如“牛相斗”等突出的情况外，在上表中可以看到利率普通都在 50%，最低也在 20%，而最高的也达 150%。在上表中，我们还可以看出负债的阶级性，拿最高的年利率来说，中农的最高利率为 50%，贫农为 80%，雇农则为 150%，由此可见，贫雇农受高利贷剥削是特别苛重的。

七保村农民受到的高利贷剥削，还有其他数种形式：如卖青苗，即农民将青苗向人预卖，估计其收获量，按市低若干成折价，并须先被扣利息二成，一般只能取得四成的代价；卖豆花，即农民下豆种时（正月），因缺乏食粮或田本，即将尚未产出的豆预卖与人，一般只能取得五成或七成的代价（借时名为 100 斤，而农民实际只拿到 50 斤或 70 斤）。

“短了一年，十年补不上”这是七保村的俗谚，解放后本村的地主富农都不敢在本村放债，大部分余粮都转向外村放债了，致使困难户告贷无门，如不互助互济，则农民的生活将更困难。

丙、商业资本剥削

烟叶亦为本村农民重要的出产，销路好的时候，福州有商人来买，吃亏还不太大，如将烟叶求售于古田县城栈行，在栈行操纵价格的情况之下，所受剥削更重，他们不得不以低廉的价格出售烟叶。

本村最大的杂货店永泰号，虽说只有资本12担米，年可获利240担米。老板林自坚，是地主兼商业资本家，他以地租剥削所得投资于商业，兼放高利贷，经常往福州买回肥料、日用品等来卖，农民赊购时，照价折米挂账，到收获时按高利率加息偿还。此外，农民在出卖农产物时，有许多须经牙行之手，受其剥削。

丁、农业雇工剥削

此间地、富雇工不多。一般的长工每年要做300天工，工资一年6至12担谷，衣服自己做，吃雇主的。小病不扣工资，大病不但要扣工资，时间长的还要被解雇。有的雇主开店铺，长工在农闲时还要调到店里做工。

零工，由雇主津贴午饭的，每日工资米6斤，吃三餐的，每日工资4斤。

雇用儿童充当牧牛、砍柴等工作，无工资，只供给吃饭。

戊、牛租剥削

本村共有牛86头，除不能耕作的小牛14头外，尚有耕牛72头，其占有情况如下：

七保耕牛占有情况表

项目	户数	耕牛数（头）	占耕牛总数百分比	平均每户耕牛数（头）	有牛户		无牛户	
					户数	占有牛户百分比	户数	百分比
地主	10	0	0	0	0	0	10	2.91
富农	2	14	19.44	7	1	3.03	1	0.29
富裕中农	13	9	12.50	0.69	5	15.15	8	2.33
中农	89	31	43.06	0.35	16	48.49	73	21.22
贫农	178	15	20.83	0.08	10	30.30	168	48.84
雇农	41	0	0	0	0	0	41	11.92
商业资本家	8	3	4.17	0.38	1	3.03	7	2.03
其他	36	0	0	0	0	0	36	10.46
总计	377	72	100.00	0.19	33	100.00	344	100.00

从上表我们可以看到，178户的贫农中有牛的只有10户，每户平均只有0.08头，而2户富农占有耕牛14头，每户平均有7头，商业资本家中的1户，也占有耕牛3头。

本村的耕牛，大部分出租给附近的双山保及罗华各村，但基于占有上的非常不均，因此占有较多耕牛的富农及商业资本家等，可以多一项牛租的收入，而广大的贫农阶层，有94%以上耕种田地就需要负担一笔牛租的开销。

耕牛出租有两种方式，一是全季出租，一是零租。租用期间，租用者须雇用牧童照顾，并负担饲养、犁田农具及人工等费用，牛主不管。

全季出租（耕作时间60日）：最高租额7石米（1石等于145斤），普通租额5石米（以上指壮牛），小牛（刚学耕田）租额3石米。母牛一般不全季出租，因母牛过度劳动会影响生殖。

零租：每日租额米12.5斤。

租牛条件：全季出租的由租牛者找人担保做好约字，估计牛价，如跌坏或死掉，须照价赔偿。零租不要找保及做约手续。

己、其他剥削

（一）鸭埕租：村庄周围洋田收割后，田内有剩余谷粒及小虫，以之出租供人饲养鸭群，年可收租米10担。这种租米，过去由地主当权派经收，名义上是用之于全乡的公益事业，实际上多半被地主当权派所侵吞。

（二）放排租：木材出口经桃溪水坝（共有5个坝，过去为林、叶、张、郑、钟五姓所分占，现在已由村农会接收过来），每次纳租金10担（千株以上）。

（三）中人钱：封建地主阶级利用氏族制的残余，制订“产不出族”的规则，以便于他们兼并农民的土地。因此当土地典卖与外村外族时，封建地主阶级就极尽其敲榨的能事，规定土地卖给外村外族，必须经本村本族中人签字，中人未签字的田无人敢买。中人要抽很重的中人钱，典当的，等于典价的30%，卖断的则等于卖价的60%。

六、生产情况

甲、农业生产情况

七保村的农业生产是在残酷的剥削下进行的，生产的衰落自是必然的，首先我们可以看到的是生产资金枯竭的情况。在七保，这是一个显明的现象，占剥削收入主要部分的地租，不是充作生产资金，而是用于无益的消费或投机；拿占土地绝大部份的祭田、会田或学田来说，地租的主要用途，就是大吃大喝，如祭祀扫墓的宴会铺张，发墓饼，发丁份肉，迎神赛会，以及当权派的侵吞中饱，辗转浪费，使全部收入点滴无存。地主的收入，同样地不会投入生产，除了用之于地主个人的享乐消费之外，就是充为商业投机或高利贷的资本。这样，反映到农业生产上的，就是资金极端的枯竭。因为地主的资金既不曾投入生产，而贫雇农又在高额地租等层层的剥削下，不但无力改进生产，就是进行单纯再生产的资金都难以获致。这种情况首先可以从耕作资金下减，即耕作渐趋粗放的现象看出来。按当地每亩洋田约需耕作资金142.6斤谷，每亩山田约需耕作资金148.7斤谷，详细数字如下：

七保村每亩洋田、山田耕作资金计算表（单位：斤谷）

耕地		洋田	山田
粪	担	1	1
	折合谷	15	15
牛骨	斤	2.0	2.5
	折合谷	5.00	6.25
盐	斤	2.0	2.5
	折合谷	5.00	6.25
种子	斤	4.5	3.5
	折合谷	4.5	3.5
牛工	工	2.52	0.50
	折合谷	8.7	1.7
人工	工	9	10
	折合谷	104.4	116.0
合计	折合谷的斤数	142.60	148.70

事实上上表所列数字一般地都在不断下降，由于资金缺乏，农业生产都在益加粗放的情况下进行。如贫农叶明远耕耘山田34亩，只能用粪28担，牛骨68斤，盐65斤。肥料使用在过去还有采取肥田粉的，一般的是用盐、粪、鸡毛、猪毛、头发、牛骨、烟梗、稻草、灰、桐油饼等，现在只用普通肥料，连盐和牛骨也少用了。贫雇农的肥料使用量较之以前约减低了1/3。

耕作资金的枯竭也可从农具的减少中看出来。七保的农具的添置与修理也在不断减少中。据当地专门制造农具的铁匠估计，过去每个农家每年至少要打一天的铁来制造农具，现在只需要半天了。由此可见农具的增添或修补已减低一半了。

耕牛在本村尚不见缺乏，使用头数在长时间内不曾有增减。本村现有耕牛86头，大72头，小14头，其使用情况已在前面提过。罗华村的耕牛，在1947年计大小27头，耕田的14头，1948年23头，耕田的13头，1949年26头，耕田的13头。这里一般都是用水牛耕洋田，每头每天本来可耕4亩，用黄牛耕山田，每天可耕3亩，由于耕地面积并未扩展，牛力剩余很多，耕牛使用还是维持一个旧有状态。

再次就劳动力的利用来看，七保村洋田每年可耕种二次，山田可耕种一次，一般具有全劳动力而不兼营副业的农民，每人可耕洋田20亩，山田25亩，最多的可耕洋田25亩，山田30亩。但是劳动力的实际上如何使用呢？下表将指出它的梗概：

七保村各阶层农业劳动情况表

成份	户数	占总户数百分比	人口数	占总人数百分比	参加农业劳动人数				经营土地亩数	平均每个劳动力经营土地亩数
					全劳动力	半劳动力	合计	占本阶层人数百分比		
富农	2	0.78	17	1.25	4	2	6	35.29	60.70	12.14
富裕中农	11	4.26	67	4.93	12	2	14	20.90	183.87	14.14
中农	86	33.33	426	31.37	75	19	94	22.07	1177.41	13.93
贫农	148	57.36	798	58.76	156	26	182	22.81	1613.95	19.55
商人	4	1.55	18	1.33	0	0	0	0	52.96	0
小商贩	4	1.55	19	1.40	1	1	2	10.53	21.15	14.10
店员	1	0.39	3	0.22	0	0	0	0	2.40	0
自由职业	1	0.39	6	0.44	0	0	0	0	5.25	0
游民	1	0.39	4	0.30	1	0	1	25.00	8.56	8.56
总计	258	100.00	1358	100.00	249	50	299	22.02	3126.25	11.41
备注	平均每个劳动力经营土地亩数项中以 2 个半劳动力折合 1 个全劳动力计算。									

按上表所述，七保村每个具有全劳动力的农民平均只耕11.41亩的田，除去商人和自由职业者以外，如按每人能耕 20 亩计算，则依现有情况，还剩余 1/3 以上的劳动力。

由于劳动力过剩，便不能不廉价出卖，当地农民为了要活命，无论怎样艰苦的工都做，工资的高低更是无法计较的。养牛的农家从前所雇用的牧童，本来是有工资的，近来改作只供膳宿了。过去做长工的，每年可赚 800 斤米，解放前后减低到只有 500 至 600 斤米了，而连这样低廉的工资尚无处找到雇主。好些人无工可做，只好上山砍柴，每天约砍得 2 担，在当地可换米 4 斤。解放前在反动派的统治下，每名壮丁卖身价原来是 80 担谷子，后来跌到只要 20 担谷子，还是有人为着求活而卖身做壮丁的。

在想尽办法而终于无法可想的生计陷于绝境的农民，除了把命根子——土地典当出卖外，就只有离乡背井一途。在 1943 年当地大灾荒，平日靠出卖劳动力的或是耕耘田地过活的，都感到无法生活，纷纷外迁他乡，其中以去建瓯南雅口一带为最多，该处土地肥沃而劳动力缺乏，无论做佃农，做长工，做生意或砍柴，都可以有活路。还有部分迁移到建瓯城郊或建阳去的。因为户口已经移动，这一部份离村的农民究有多少，不能作详尽的统计。估计约有 100 个劳动力在外边，其中 40 个至 50 个是做长工的。根据现有的户籍册统计，七保村 377 户，1523 人中，就有 86 人已经离乡，计往南洋的 6 人，参加革命工作的 35 人，在外经商的 14 人，店员 11 人，工人 5 人，自由职业者 3 人，种田的 5 人，雇农 1 人，被蒋匪抽丁的 6 人。罗华村 304 户 1335 人中有 63 户，154 人离村，31 户是外出经商的，12 户外出务农，16 户参加革命。过溪村 378 户 1653 人有 26 人离村，其中 14 人当壮丁，7 人经商，这个数字只是就现在户籍册内有记载部分计算出来的，还不能说明全部的离村人口。

一方面由于农业生产上的资金极度枯竭，技术停滞；另一方面又由于劳动力过剩，不能不贱价出卖，以至引起人口离村，在这种种苦难交相煎迫下，农业生产自然只有一天天的衰落下去了。其结果是：

第一是农业产量的降低。按过去当地一般的产量：洋田每亩常年产量330斤谷，丰年360斤，歉年250斤；上山田常年240斤，丰年320斤，歉年200斤；中山田常年170斤，丰年190斤，歉年120斤；下山田常年120斤，丰年135斤，歉年80斤。但近几年来一般的产量都减低了，长期地停滞在歉年的数字上。

第二是耕地面积的减少，亦即荒地的增加。近年来，七保村耕地面积不仅是不曾扩展，相反的在不断缩小中。由于资金缺乏，地质稍差的田土，一旦受洪水冲涮，就无法重新整理，高山田地的灌溉系统一旦受到破坏，也无法修复。至于溪边田地，如果防洪设备好，农民是乐意耕耘的，但近年水利失修，洪水可能冲洗的地区，大都无人耕耘。由此种种不同的原因和影响，造成了荒地增加的现象。据估计七保村现有熟荒地303亩（10亩在本村，293亩在外村），罗华村也有荒地127.56亩（67亩在本村，60.56亩在外村）。

第三是灾害的增加。近年来天灾与蒋灾纷至沓来，相继为患，使得一般农民即图苟延残喘，尚不可得。自然灾害在1943年以后有几次的水旱灾，还有田蜢害（这里有一种叫做田蜢的害虫，类似蚊子，专门咬坏稻秆，时常为灾）、螟虫及野猪灾。蒋灾则除了苛捐杂税以及名目繁多的摊派以外，最严重的要算强迫抽丁，普遍勒索壮丁费。此外如匪军过境频繁，及尚有一部驻扎这里，不时派夫征工，索取供应，有故可借时就烧杀掠夺，弄得十室九空，鸡犬不留。

乙、特产及其他副业生产

农民把剩余下来的劳动力尽量利用来增加各方面的收入。斫松柴是由大家合伙进行的，自备伙食和工具，所得和山主二八分，斫者得益八成。还有业肩挑的，在到县城的35里路程上往返，全天可赚12斤米，除伙食外净得7至8斤米。做短工的每日可赚4斤米，伙食由雇主供给，农忙时工资较高，全年可做100天的零工。妇女除照顾家庭及饲养家畜以外，一般不参加农业劳动，个别穷苦妇女打草鞋出卖，还有在家内编织自用的麻布，差不多每家都有麻布机。家畜饲养如猪、羊、鸡、鸭等也十分普遍。

在副业中最重要的是烟叶生产。烟叶是商品作物，以往销路较好，解放前后虽没有减租，但租种烟叶田地的仍不少。中农以上的农家，凡是有耕地的几乎都有种植，因为烟叶需要多量肥料，贫雇农缺乏资金大都无法种植。本村农民对烟草的选种、栽植、晒烟等均富有经验，烟叶生产是很著名的。烟叶产量，每千株可产烟百斤，春分下种，经过4个月至立夏即可收获，需施肥七八次。每1000株生产成本计：种子肥料220斤米，人工30天合180斤米，按普通市价出卖，可获利40斤米（折谷58斤）。除稻作外，烟叶要算是本村最主要的收入。可是现在产量也已减少了，每年仅产200担，等于过去生产的1/3。相反地本村地瓜产量却增加了一倍，这显示着适应当前环境需要，商品作物减少了，口粮作物在逐渐增加中。

木材业在副业中也占着重要的地位，并有向专业发展的趋势。解放前后，海口被敌人封锁，销路停滞，业务全陷停顿状态。木材业的经营，首先需要重视栽培，全村树木只有229 300株，其中包括茶油树6600株，松杉桐49 700株，茶树100 000株，竹11 500株，风水林

2100株，杂林数不详。

森林经营有合股、家族、独资三种方式，合股经营的计6片，占地130.21亩，共31 300株，每人一股，共同出工种植，年终结算，如出工不够，按短工工价折算，此种合股者全系贫农。家族经营的有6片，占地112 736亩，共有8500株，由全姓共同经营和分益，不出工者出工资。独资经营者有3片，占地35.36亩，共有8500株，其中计中农2户，贫农1户。除上述外，尚有专门雇工经营的计6片，占地685.58亩，共有162 400株，其工资为：锄山、布种、插枝每天10斤米（包食），砍杉树枝每千棵8斤米，这种专门雇工经营者计富裕中农1户，中农2户，商人1户。

森林的种植通常是山稻、杉、桐混在一起，前两年山稻不需肥料可种两年，第三年起有桐子收获，即不能再种山稻，桐子可连续收三年，桐子一斗可榨油1斤2两。杉要到三四十年后才可砍伐。茶油树种后七至八年便可有收成，茶叶树种后三至四年可采茶。竹种后五年生笋，二十年后可成竹林。这里竹收获比杉重要，每年白笋干及造纸竹的出产，足够换取全村3个月的粮食。

本村直接靠木材为生的约40至50人，现在一部份离村改就他业，一部份失业在家，急待着木材业的复业。好些木工是利用农隙去作工的，现在这份劳动力只好闲置着。现在森林大都未成材，砍伐后只能当柴烧，好的材料已经提前砍伐了。以前木材大都经过水路运到福州销售，以往沿途经过关卡，都需要付出摊派和买路钱，水闸租便是其中之一，沿途敲诈过多，生产者获利很少，另外销路不好，都是促使木材业停顿的原因。

过去本村红曲业很盛，各阶层都兼营此业，全村有曲埕30多家，产品销行上海、天津、北京一带，自抗战后停做，至今不曾恢复；糯米的输出额曾经很大，现在也全部陷于停顿；旧社会所给予七保村的灾难，显示在特产、商品作物上和其他副业上，较之在农业生产上是更加露骨和残酷。

丙、农民生活的困难

本村农民生活在目前是极端困难的，失业和半失业的户数，简直无法统计，一般农家不仅是缺乏生产资料，就连口粮也感到缺乏，七保村全村缺粮户共计150户，粮食从收获时起，可以吃到旧历四月的计100户，现已断炊的有7户。罗华村农民有80%缺粮。

福建省农民协会

1950年春

晋江县侨区农村调查

一、晋南侨区的一般概况

在泉州专区所辖九县中，晋江、南安、永春被视为“富侨区”，这是因为这三县中的侨客以工商业资本家和中小商人较多，不比莆、仙等县的侨客多操苦力。但晋江亦自有其特点，未能与南、永并列，例如：（一）三县虽同为缺粮县份，人多地少，但后二者水田较多，且较肥沃（尤以南安的英都和炉内二乡产米最丰），晋江除晋北外，晋南几乎大部份为农地（晋江俗称为园），土壤甚坏（属砖石壤和红壤），不但在数量上不够耕作，而且质量上也不宜耕作；（二）晋江华侨多数旅菲，人数总计10多万，占各地华侨总数1.428%，且均系经营商业，不比南、永华侨多在马来亚、印尼等地，从事产业经营（如树胶、锡的资本家或工人），而这些地方的华侨人口要占到华侨总数50%弱。但战后（抗日战争）初期，由于菲岛较为安定，对侨汇限制较宽，且为美钞区域，于是旅菲华侨便惹人注目地活跃起来，晋江也便红极一时，不过作为一般侨区的代表，其代表性较差。作为商业资本家、中小商人和店员的旅菲华侨情况，及其以农地为主的侨眷住区，晋南却是一个最恰当的典型。

晋南所包括的地区，以石狮为中心，东至蚶江、永宁；南界金井、深沪；西接安海、东石、青阳，自成一片孤悬海外的波状起伏的平原，境内残丘星罗棋布，岩石嶙峋突屼，可以说是一块标准的滨海地形。其气候属海岸性，其气温常介于20℃至22℃之间，雨量约在1400公厘以下。海滨地带终年遭受海风、季风及飓风的侵袭，土地蒸发量特大，不特使土壤易于红壤化，并促使岩石迅速崩解，自然植物生长困难。所以本区土壤，大部面积常为红壤及半风化幼年残积土所淹盖，这便是促使本区田少的自然原因（据本省土壤地质调查所的报告），加以国民党反动派多年来的压榨剥削，晋南人民生活和耕作遭受着重重的威胁。

表面看来，这里的“社会问题”不是表现在土地生产关系而是表现在土地本身，可是晋南人民的主要威胁却仍然是与地主当权派狼狈为奸的地方封建势力，甚至其威胁还要驾乎一般的地主当权派之上。这表现在械斗的频仍与惨烈（晋江在解放后还发生械斗二起）；也表现在外钞的操纵与投机。一些封建头子，以张房大姓中的房长族长身份出现，他们自己虽没有土地或稍有土地，可是他们常常是族内祭田的操纵者，同时他们勾结省县的首僚党棍，利用大部分农民和部分侨客的保守与虚荣，强调房族界限，掀动械斗，这样既可以借此掩饰或淡化农村中的阶级矛盾，又可以从中敛钱并提高自己在房族中的统治地位。当物价波动时，他们经营信局代理，积压侨汇，囤积居奇，并趁机放高利贷，甚至还发行所谓“美钞辅币”，掠夺侨眷和一般农民。晋南人民在这种欺骗和剥削的情况下，一部分进步的青年便加入游击队从事地下斗争，一部分则凭着旅菲亲友的援引而远渡重洋，但大部分人民只好挨受苦难，嗷待解放。

以上所述，我们都可以从彭田和涵坂两个村的调查资料中显示出来。彭田村是晋江第八区彭田保四个自然村（彭田加曾寨、坝边、湖内）中较大的一村，位于石狮东南3市里之处，全村面积半方里，分前后二乡，地势略高，山丘有松柏、灵寿、马后和石鼓内诸山。有石狮至东石的民营公路经过，有水坑溪和东头过溪流过，溪水来自山泉，仅可供全村农田10%之用，而20%靠井潭，70%靠天水，所以旱灾为本村农民主要威胁之一。全村有326户，1653人，华侨152户，870人（其中出国华侨217人），教育不甚普及，文盲占全村人口60%。居民尚迷信，每年元月初旬，必与邻乡人士隔山掷石为戏，谓之“相杠”，相传可因此避免瘟疫，故“相杠”时伤亡不论，但也有因此引起械斗者。至于涵坂，则为一行政村，辖有八个村落（后林、桥北、桥南、大乡、下埭、涵口、湖中、苏埭、埭顶），位于晋江第五区晋江流域右岸平原，距县城10余华里，交通较便，水利也较好，不过却有水灾之患。全村有616户，2971人，华侨209户，出国华侨402人，教育较发达，有完全小学1所，现有学生225人，此外尚有大学生3人，高中生13人，初中生64人。迷信习气也甚普遍（每年七月盛行盂兰盆会），封建气息也很强烈，如本村是属于有名的“东西佛”的“西佛”会帮，为械斗的封建阵容之一。此外还流行着互济性质的“父母会”，但也常为封建派系所利用。

二、晋南的侨客、侨眷与侨汇

据一般估计，晋江全县人口60余万，出洋谋生者占1/6，其中晋南究占多少，尚无确实统计，惟为数甚多，殆可断言。据不完全的统计，每乡出国者多在15%至20%。

彭田等四村华侨出国人数表

村名	全村人口	出国华侨人口	
		人口	占全村人口的百分比
彭田	1653	217	13.13
涵坂	2791	403	14.40
埔宅	514	82	15.95
岱峰	2000	400	20.00
备考	埔宅数字系据泉州地委办公室调查，岱峰系据侨委会调查。		

关于华侨在外就业的情况及其阶层，尤其是收入方面，较难得到确实的资料，因此对华侨的阶级划分颇感困难。现以“主要生活来源靠什么”作为划分阶级成分的原则，试将彭田村的华侨划分如下：

彭田村华侨各阶级（层）户口比较表

<table>
<tr><th colspan="3">成份</th><th>地主</th><th>中农</th><th>贫农</th><th>商业
资本家</th><th>小商贩</th><th>店员</th><th>自由
职业者</th><th>合计</th></tr>
<tr><td rowspan="2">户数</td><td colspan="2">户数</td><td>2</td><td>9</td><td>1</td><td>5</td><td>34</td><td>98</td><td>3</td><td>152</td></tr>
<tr><td colspan="2">百分比</td><td>1.32</td><td>5.92</td><td>0.66</td><td>3.29</td><td>22.37</td><td>64.47</td><td>1.97</td><td>100.00</td></tr>
<tr><td rowspan="10">人数</td><td rowspan="4">在家</td><td>男</td><td>3</td><td>9</td><td>2</td><td>8</td><td>55</td><td>147</td><td>8</td><td>232</td></tr>
<tr><td>女</td><td>3</td><td>18</td><td>1</td><td>12</td><td>101</td><td>273</td><td>13</td><td>421</td></tr>
<tr><td>小计</td><td>6</td><td>27</td><td>3</td><td>20</td><td>156</td><td>420</td><td>21</td><td>653</td></tr>
<tr><td>占总人数百分比</td><td>0.69</td><td>3.10</td><td>0.35</td><td>2.30</td><td>17.93</td><td>48.28</td><td>2.41</td><td>75.06</td></tr>
<tr><td rowspan="4">出外</td><td>男</td><td>2</td><td>14</td><td>1</td><td>9</td><td>50</td><td>115</td><td>10</td><td>201</td></tr>
<tr><td>女</td><td>0</td><td>1</td><td>0</td><td>2</td><td>7</td><td>5</td><td>1</td><td>16</td></tr>
<tr><td>小计</td><td>2</td><td>15</td><td>1</td><td>11</td><td>57</td><td>120</td><td>11</td><td>217</td></tr>
<tr><td>占总人数百分比</td><td>0.23</td><td>1.73</td><td>0.12</td><td>1.26</td><td>6.55</td><td>13.79</td><td>1.26</td><td>24.94</td></tr>
<tr><td colspan="2">合计</td><td>8</td><td>42</td><td>4</td><td>31</td><td>213</td><td>540</td><td>32</td><td>870</td></tr>
<tr><td colspan="2">百分比</td><td>0.92</td><td>4.83</td><td>0.46</td><td>3.56</td><td>24.48</td><td>62.07</td><td>3.68</td><td>100.00</td></tr>
</table>

表中所列各阶层，地主2户均为店员，小商贩大部分为开菜馆店者，多半有少数雇工，但也有不雇工的，其中还有业土产运销者。至于店员，其在菲待遇通常为每月100美元。此外在中农、贫农户的侨客中，只有1户为小商贩，其余均为店员。根据上表，我们可以得到四个情况：第一，该村的华侨阶层多属小商贩和店员；第二，这些外出人口与在家人口之比约为1∶3，一般说来，侨客在外面大多数（几乎全部）是有职业的，在家人口大多数是没有职业的，因此可以说1个侨客需要养活3个侨眷，而其中小商贩和店员的负担还要更多些；第三，在家人口中以妇女较多，晋南侨村的妇女是不大劳动的，几乎大部分依赖侨汇，加以在家人口的男人中还可能有小孩和等“大字”（即入口证）出洋的成年人，如此则依赖侨汇生活者为数更多；第四，以农业为主要生活来源者（如表中的中农和贫农），则出国人数较少。

同样在涵坂的资料中，小商占40人，占总人口9.95%，店员占267人，占总人口66.42%，236户华侨中，据其中209户的统计，其家中眷属生活绝大部分靠南洋者127户，占209户的60.77%；其半数靠南洋者51户，占209户的24.40%；其少部分靠南洋者31户，占209户的14.83%。

涵坂村华侨各阶级（层）户口比较表

成份	户数			人数		
	全村户数	华侨户数	占华侨总户数百分比	全村人数	出国华侨人数	占华侨总人数百分比
地主	2	0	0	28	0	0
中农	91	18	7.63	398	18	4.48
贫农	204	13	5.51	783	13	3.23
资本家	1	1	0.42	18	2	0.50
小商	40	24	10.17	201	40	9.95
店员	196	150	63.56	962	267	66.42
手工业者	57	16	6.78	289	61	15.17
自由职业者	5	1	0.42	21	1	0.25
游民	2	0	0	9	0	0
全家外出	18	13	5.51	82	—	—
合计	616	236	100.00	2791	402	100.00
备考	全家外出18户，不了解其成份；其中13户华侨不知其人数。					

其次，侨汇汇兑的经手机构为信局和银行，而信局一向是经手着压倒的数字。有关信局的组织及其与华侨各阶层的关系，可另以专题说明，本文暂予从略。至于侨汇数字，据泉州中国银行外汇股在1950年2月的估计：即在抗战胜利（1946年）到解放前（1948年8月）这一段时间，约三年中，闽南侨汇约有2000万美元，其中以菲律宾汇入占多数，这正是晋南侨眷最红的时候。但自1949年起，菲律宾以入超巨大，外汇资源缺乏，物价上涨，侨汇遂日渐减少，尤其解放以后，由于美、菲、蒋的勾结，菲政府对华侨汇款限制极严，晋南侨眷的生活颇感困难。

关于晋南的侨汇每月究为若干？每户的确实数字和具体用途（每月汇几次？每次汇若干？汇回作何用？若汇回为家用，可用多久？可养活几人?），惜无稽考资料，故未能作深入分析。惟侨汇对晋南人民的经济生活的一般影响，尚有线索可寻，当侨汇畅通时，侨眷的生活固然提高了，而非侨眷如商人、手工业者、自由职业者及一般苦力，其收入亦因而增多。例如：一、以石狮论，其1948年税收数字较惠安一县还要多，当时生意最好是布店，布店店员的薪水除了食宿，每月还可入白米300斤，可见商业繁荣之一般；二、侨汇除供侨眷一般生活消费外，还有婚丧迷信（如有名的七月普渡）、建筑等专款开支。以建筑而论，若一乡有侨客兴建洋房，除了木工、泥工、石工等，一般苦力也可以搬石运木；三、侨乡学校林立，多为华侨捐资创办，中学教员月入美金30元，小学教员月入美金10至15元不等；四、侨眷的亲友在侨汇畅通时也可以有机会获得赠予或借贷，因而解决了一部分人的生活。以上所述，还只限于侨汇用于一般消费而言，此外如购买土地，放高利贷和从事金融投机等，不过一切总以侨汇畅通为前提，否则侨区人民，特别是侨眷的生活便将十分困难。如太平洋战争发生（1941年12月）后侨汇不通，晋南侨眷曾经从出卖首饰、衣服、家具、劳力以至于自己身体。

三、土地关系与农业生产

甲、土地占有情况

晋南侨区为丘陵地带，耕地狭小，土地贫瘠，从彭田和涵坂两村的户口与耕地的比较中，可以看出这种情况：

彭田涵坂二村户口耕地比较表

村名	户数	人口	耕地面积				
			田	地	共计	每户平均	每人平均
彭田	326	1653	172.38	1600.96	1773.34	5.44	1.07
涵坂	616	2791	1844.87	0	1844.87	2.99	0.66

涵坂村有少数农地只作培植秧苗之用，不种谷物，所以没有计算在内，表中彭田村每人平均土地面积虽较涵坂为大，但彭田村地多田少，如单以田来计算，每人不过一分。

这些土地有少数是族有的，如彭田村族有田地7.85亩，农地10.22亩。涵坂村有轮植田588.37亩。其余都是私有土地，其占有情况如次表：

彭田村各阶级（层）土地实际占有情况表

成份	有地户数		有地人数		土地面积					
	户数	百分比	人数	百分比	田（亩）	地（亩）	合计（亩）	百分比	每户平均亩数	每人平均亩数
地主	2	0.65	8	0.50	0.70	31.93	32.63	1.86	16.32	4.08
中农	98	31.61	511	32.02	73.48	693.64	767.12	43.70	7.83	1.50
贫农	72	23.23	265	16.60	23.35	197.34	220.69	12.57	3.07	0.83
商业资本家	5	1.61	31	1.94	4.85	27.70	32.55	1.86	6.51	1.05
小商	32	10.32	208	13.03	12.15	134.50	146.65	8.36	4.58	0.71
小贩	1	0.32	6	0.38	0	2.00	2.00	0.11	2.00	0.33
店员	96	30.97	532	33.33	45.88	478.08	523.96	29.85	5.46	0.98
自由职业者	3	0.97	32	2.01	4.12	21.35	25.47	1.45	8.49	0.80
手工业者	1	0.32	3	0.19	0	4.20	4.20	0.24	4.20	1.40
合计	310	100.00	1596	100.00	164.53	1590.74	1755.27	100.00	5.66	1.10

涵坂村各阶级（层）土地占有情况表

成份	户数		人数		土地面积			
	户数	百分比	人数	百分比	亩数	百分比	每户平均亩数	每人平均亩数
地主	2	0.33	28	1.00	114.76	9.13	57.38	4.10
中农	91	14.77	398	14.26	353.34	28.12	3.88	0.89
贫农	204	33.12	783	28.05	361.99	28.81	1.77	0.46
资本家	1	0.16	18	0.65	1.30	0.10	1.30	0.07
小商	40	6.49	201	7.20	56.18	4.47	1.40	0.28
店员	196	31.82	962	34.47	296.49	23.60	1.51	0.31
手工业者	57	9.25	289	10.36	56.41	4.49	0.99	0.20
自由职业者	5	0.81	21	0.75	4.24	0.34	0.85	0.20
游民	2	0.33	9	0.32	2.66	0.21	1.33	0.30
全家外出	18	2.92	82	2.94	9.10	0.73	0.51	0.11
合计	616	100.00	2791	100.00	1256.47	100.00	2.04	0.45
备考	全家外出 18 户(其中华侨 13 户)不了解其成份。							

从上面两表可以看出，晋南侨区的土地占有虽然不算十分集中，但各阶层每户平均占有土地的面积仍相当悬殊，如彭田村地主 2 户，占有土地32.63亩，涵坂村地主 2 户，占有土地竟达114.76亩（其中 1 户地主占地100.1亩），两村地主每人平均所有土地都在 4 亩以上，比起全村每人平均占有面积，大约为 4 倍到 6 倍。

总的来说，两村土地占有仍是较分散的：第一，地主阶级的户数少，两村一共只有 4 户地主，没有富农，他们所占土地对全村面积的百分比也不算高；第二，没有土地的户数不多，彭田村的无地户 16 户，仅占总户数4.9%。

彭田村无地户情况表

成份	户数			人数		
	总户数	无地户数	占本阶层总户数百分比	总人口	无地人口	占本阶层总人口百分比
地主	2	0	0	8	0	0
中农	99	1	1.01	519	8	1.54
贫农	81	9	11.11	294	29	9.86
商业资本家	5	0	0	31	0	0
小商	34	2	5.88	213	5	2.35
小贩	3	2	66.67	13	7	53.85
店员	98	2	2.04	540	8	1.48

续表

成份	户数			人数		
	总户数	无地户数	占本阶层总户数百分比	总人口	无地人口	占本阶层总人口百分比
自由职业者	3	0	0	32	0	0
手工业者	1	0	0	3	0	0
合计	326	16	4.91	1653	57	3.45

晋南是华侨的家乡，华侨究竟占有多少土地，我们且看彭田村的情况：

彭田村华侨与非华侨土地占有比较表

成份			华侨	非华侨	合计
户数		户数	152	174	326
		占总户数百分比	46.63	53.37	100.00
人数		人数	870	783	1653
		占总人数百分比	52.63	47.37	100.00
土地面积	田	亩数	76.45	88.08	164.53
		占土地总面积百分比	4.35	5.02	9.37
	地	亩数	791.99	798.75	1590.74
		占土地总面积百分比	45.12	45.51	90.63
	总计	亩数	868.44	886.83	1755.27
		占土地总面积百分比	49.48	50.52	100.00
		每户平均	5.71	5.10	5.38
		每人平均	1.00	1.13	1.06

占全村户数46.63%，占全村人口52.63%的华侨，其所有的土地，不过全村土地面积的49.48%（包括田地），由此可见他们对土地并不感到十分兴趣，他们并没有把很多的资金来购买土地，借以进行剥削，这是晋南华侨的一个特点。但我们并不能认为福建华侨都是如此，据侨委会的调查，莆田、永春、龙溪、海澄诸县，土地肥沃，地租额很高，华侨在外发了财，多半回乡购买大量土地，用以出租或经营农场。

现在，我们再回头进一步分析华侨各阶层土地实际占有的情况，仍以彭田村的调查资料制表如下：

彭田村华侨各阶级（层）土地实际占有表

成份	有地户数		有地人数		土地面积					
	户数	百分比	人数	百分比	田（亩）	地（亩）	合计	百分比	每户平均	每人平均
地主	2	1.35	8	0.93	0.70	31.93	32.63	3.76	16.32	4.08
中农	9	6.08	42	4.90	8.75	95.43	104.18	12.00	11.58	2.48
贫农	1	0.68	4	0.47	0	3.00	3.00	0.34	3.00	0.75
商业资本家	5	3.38	31	3.62	4.85	27.70	32.55	3.75	6.51	1.05
小商	32	21.62	208	24.27	12.15	134.50	146.65	16.89	4.58	0.71
店员	96	64.86	532	62.08	45.88	478.08	523.96	60.33	5.46	0.98
自由职业者	3	2.03	32	3.73	4.12	21.35	25.47	2.93	8.49	0.80
合计	148	100.00	857	100.00	76.45	791.99	868.44	100.00	5.87	1.01

在上表中，我们必须注意华侨地主、中农和贫农，他们在国外的职业大都是店员（其中只有1户是小商贩，是划在中农内的），如果以华侨在国外的职业来划分，那么店员阶层是110户，594人。有地户数108户，586人，共有土地663.77亩，平均起来，每户为6.15亩，每人为1.14亩。如果与自由职业者、商业资本家阶层的每户平均占有面积比较一下，店员的土地是稍微大一些，这是很值得我们注意的一个现象。根据这一次调查，小商以上的华侨家庭生活费用有80%以上是依靠侨汇，而土地收入是占极小部分或者没有，而店员则不同，平均起来1个华侨店员要维持3个半侨眷（而1个资本家只要维持2个侨眷），他们所寄回的汇款只为家用开支的半数或者不及半数，他们家庭的生活还需要依靠土地上的收入来弥补。同时，他们在国外的收入少，职业不安定，他们的眷属更需要一点土地，以备侨汇不继时，生活有所凭借。

乙、土地使用情况

华侨与非华侨占有的土地中，自耕地和出租地情况列表如下：

彭田村华侨与非华侨自耕与出租土地比较表

类别		华侨	非华侨	合计
有地户数	户数	148	162	310
	百分比	47.74	52.26	100.00
有地人数	人数	857	739	1596
	百分比	53.70	46.30	100.00
土地总面积	亩数	868.44	886.83	1755.27
	百分比	49.48	50.52	100.00

续表

类别		华侨	非华侨	合计
自耕土地面积	田(亩)	49.23	77.48	126.71
	地(亩)	585.82	760.98	1346.80
	合计	635.05	838.46	1473.51
	占土地总面积百分比	36.18	47.77	83.95
出租土地面积	田(亩)	27.22	10.60	37.82
	地(亩)	206.17	37.77	243.94
	合计	233.39	48.37	281.76
	占土地总面积百分比	13.30	2.75	16.05

上表显示出华侨出租的土地为非华侨出租土地的五倍，这说明华侨不是以农业为主，侨眷的生活主要的是依靠侨汇。而且这里的妇女是不参加农业主要劳动的，侨眷缺乏劳动力，便不得不将土地出租。

我们再把各阶层华侨与非华侨的自耕地与出租地来比较。

彭田村华侨各阶级（层）自耕与出租土地比较表

项目	有地户数		有地人数		土地总面积		自耕土地面积				出租土地面积			
	户数	百分比	人数	百分比	亩数	百分比	田（亩）	地（亩）	合计（亩）	占本阶层土地面积的百分比	田（亩）	地（亩）	合计（亩）	占本阶层土地面积的百分比
地主	2	1.35	8	0.93	32.63	3.76	0.70	6.80	7.50	22.98	0	25.13	25.13	77.02
中农	9	6.08	42	4.90	104.18	12.00	5.05	53.36	58.41	56.07	3.70	42.07	45.77	43.93
贫农	1	0.68	4	0.47	3.00	0.34	0	3.00	3.00	100.00	0	0	0	0
商业资本家	5	3.38	31	3.62	32.55	3.75	0.70	7.70	8.40	25.81	4.15	20.00	24.15	74.19
小商	32	21.62	208	24.27	146.65	16.89	7.15	109.77	116.92	79.73	5.00	24.73	29.73	20.27
店员	96	64.86	532	62.08	523.96	60.33	32.63	385.79	418.42	79.86	13.25	92.29	105.54	20.14
自由职业	3	2.03	32	3.73	25.47	2.93	3.00	19.40	22.40	87.95	1.12	1.95	3.07	12.05
合计	148	100.00	857	100.00	868.44	100.00	49.23	585.82	635.05	73.13	27.22	206.17	233.39	26.87

彭田村非华侨各阶级（层）自耕与出租土地比较表

项目	有地户数		有地人数		土地总面积		自耕土地面积				出租土地面积			
	户数	百分比	人数	百分比	亩数	百分比	田（亩）	地（亩）	合计（亩）	占本阶层土地的百分比	田（亩）	地（亩）	合计（亩）	占本阶层土地的百分比
中农	89	54.94	469	63.46	662.94	74.75	55.03	571.11	626.14	94.45	9.70	27.10	36.80	5.55
贫农	71	43.82	261	35.32	217.69	24.55	22.45	183.67	206.12	94.69	0.90	10.67	11.57	5.31
小商	1	0.62	6	0.81	2.00	0.23	0	2.00	2.00	100.00	0	0	0	0
手工业者	1	0.62	3	0.41	4.20	0.47	0	4.20	4.20	100.00	0	0	0	0
合计	162	100.00	739	100.00	886.83	100.00	77.48	760.98	838.46	94.54	10.60	37.77	48.37	5.45

华侨各阶层之中，出租土地的比例最大者是地主（在菲为店员）和商业资本家，其次是中农（在菲为店员）。而小商、店员、自由职业者出租土地是较少的。但如以华侨中出租土地最小的阶层是自由职业者（出租占12.05%）与非华侨中出租土地较多的阶层——中农（出租占5.55%）相比，华侨出租土地的比例还是大得多。

其次，关于土地使用方面自耕和租种情况列表如下：

彭田村华侨与非华侨土地使用比较表

项目	使用户数		使用人数		土地总面积		自耕				租种			
	户数	百分比	人数	百分比	亩数	百分比	田（亩）	地（亩）	合计（亩）	占土地总面积百分比	田（亩）	地（亩）	合计（亩）	占土地总面积百分比
华侨	146	45.91	850	52.28	633.15	36.23	19.23	585.82	605.05	34.62	4.30	23.80	28.10	1.61
非华侨	172	54.09	776	47.72	1114.31	63.77	77.48	760.98	838.46	47.98	40.00	235.85	275.85	15.78
合计	318	100.00	1626	100.00	1747.46	100.00	96.71	1346.80	1443.51	82.60	44.30	259.65	303.95	17.39

上面说过，华侨占有土地面积是和非华侨大约相等，而使用面积则差得很多，从表中可以看到华侨耕种面积仅及非华侨的一半，而华侨耕种土地中，绝大部分是自耕的，只有28亩是租种的。

再把华侨与非华侨各阶层的使用情况，各制成一表如下：

彭田村华侨各阶级（层）土地使用比较表

项目	使用户数		使用人数		土地总面积		自耕				租种			
	户数	百分比	人数	百分比	亩数	百分比	田（亩）	地（亩）	合计（亩）	占各阶层使用面积百分比	田（亩）	地（亩）	合计（亩）	占各阶层使用面积百分比
地主	2	1.37	8	0.94	7.50	1.18	0.70	6.80	7.50	100.00	0	0	0	0
中农	9	6.16	42	4.94	58.41	9.23	5.05	53.36	58.41	100.00	0	0	0	0
贫农	1	0.69	4	0.47	3.00	0.47	0	3.00	3.00	100.00	0	0	0	0
商业资本家	4	2.74	27	3.18	8.40	1.33	0.70	7.70	8.40	100.00	0	0	0	0
小商	32	21.92	208	24.47	118.42	18.70	7.15	109.77	116.92	98.73	1.50	0	1.50	1.27
店员	95	65.07	529	62.24	415.02	65.55	2.63	385.79	388.42	93.59	2.80	23.8	26.60	6.41
自由职业者	3	2.05	32	3.76	22.40	3.54	3.00	19.40	22.40	100.00	0	0	0	0
合计	146	100.00	850	100.00	633.15	100.00	19.23	585.82	605.05	95.56	4.30	23.80	28.10	4.44

彭田村非华侨各阶层土地使用比较表

项目	使用户数		使用人数		土地总面积		自耕				租种			
	户数	百分比	人数	百分比	亩数	百分比	田（亩）	地（亩）	合计（亩）	占各阶层使用面积百分比	田（亩）	地（亩）	合计（亩）	占本阶层使用面积百分比
中农	90	52.33	477	61.47	797.84	71.60	55.03	571.11	626.14	78.48	24.10	147.60	171.70	21.52
贫农	80	46.51	290	37.37	310.27	27.84	22.45	183.67	206.12	66.43	15.90	88.25	104.15	33.57
小贩	1	0.58	6	0.77	2.00	0.18	0	2.00	2.00	100.00	0	0	0	0
手工业者	1	0.58	3	0.39	4.20	0.38	0	4.20	4.20	100.00	0	0	0	0
合计	172	100.00	776	100.00	1114.31	100.00	77.48	760.98	838.46	75.24	40.00	235.85	275.85	24.76

华侨中除了店员租种少量土地外，其余各阶层几乎全部没有租种，而非华侨农民则租种了275.85亩，占全村租种土地303.95亩的91％。

丙、农业经营方式与生产力

据彭田村的调查，劳动情况统计如下：

华侨劳动情况表

成份	户数	人口	劳动力		参加农业劳动	
			全	半	主	副
地主	2	8	4	0	0	0
中农	9	42	18	5	4	6
贫农	1	4	3	1	1	1
商业资本家	5	31	13	5	0	1
小商	34	213	88	24	2	25
店员	98	540	224	63	26	99
自由职业者	3	32	16	4	0	2
共计	152	870	366	102	33	134

非华侨劳动情况表

成份	户数	人口	劳动力		参加农业劳动	
			全	半	主	副
中农	90	477	270	44	91	45
贫农	80	290	106	38	55	24
小贩	3	13	7	0	0	1
手工业者	1	3	2	0	0	1
共计	174	783	385	82	146	71

两表中参加农业劳动的人数都不及劳动力人数的一半，这由于当地的妇女只是料理家务，而不参加农业主要劳动的缘故，而华侨成年男子多半到海外谋生，参加农业劳动的人数很少，留在家里的侨眷妇女是不劳动或只参加附带劳动的。

既然华侨家属极少参加农业主要劳动（仅33人），而华侨经营农田总面积却有630亩以上，因此，他们一般是农忙时雇用短工（彭田村雇用长工的只有1户）来耕种。

彭田村华侨经营农田劳动情况表

成份	经营户数		自己参加主要劳动		自己参加附带劳动		自己不参加劳动	
	户数	百分比	户数	百分比	户数	百分比	户数	百分比
地主	2	1.37	0	0	0	0	2	100.00
中农	9	6.16	4	44.44	5	55.56	0	0
贫农	1	0.69	1	100.00	0	0	0	0
商业资本家	4	2.74	0	0	1	25.00	3	75.00
小商	32	21.92	2	6.25	23	71.88	7	21.88
店员	95	65.07	25	26.32	69	72.63	1	1.05
自由职业者	3	2.05	0	0	1	33.33	2	66.67
合计	146	100.00	32	21.92	99	67.81	15	10.27

从表上看出2/3的华侨家庭只是参加附带劳动，而主要的费力的农田耕作是雇工经营的。雇工的工资，晋南各乡都差不多，每日是美金6角（大约等于8至12斤谷子），华侨雇工有时是不计工资的，因为华侨汇款回家，多少分一些接济亲友，当农忙或家里有事时，侨眷们便叫亲友来帮忙，变成人情来往而不计工资了。至于非华侨农民，很少雇工，农忙时多半换工，青年农民之间也有不严密的换工组织，感情较好的几个人组成一组，进行不大计价的人情换工。

其次，彭田村耕牛较多，计95头，平均每二家就有1头牛，没有牛的农户需雇牛犁田，每亩牛工（牛租加上犁田工资）是30斤谷子，农地牛工减半。涵坂村耕牛较少，只有29头，另有奶牛和小牛15头，其牛工与彭田村相同。关于农具，没有详细调查，大致耕地5亩以上的中农之家，各色农具俱全。其余的人，至少也有锄头、畚箕。关于肥料，主要的是人粪屎、牛屎和垃圾土，也有用豆饼和花生渣的。但贫苦的农民和贫侨，除自己积肥或到石狮去运垃圾土外，他们是买不起肥料的，因此产量便低。今年春荒时，有些农民缺乏种子和肥料，过去侨区高利贷较盛行，尚有处借贷，但因解放之初，侨汇减少，侨眷没钱放债，加以一般人们不明自由借贷的政策，即使有钱也怕被人视为高利贷者，因而也不肯放债。不过，在侨汇畅通之时，这里农民对农业生产反而粗放，因为侨眷靠侨汇生活，其他农民可以有零工做，收入较农业收入多，于是对农田倒不肯精耕细作了。

最后，关于农产物的种类及其产量。彭田村只有水田172亩，其中一部分可种早晚稻二次，而多半只能种一次早稻，一季地瓜。农地1601亩，是两年轮作三次，一般是第一年九月种麦，到第二年三月收割后即种地瓜，至十二月种豆或花生，第三年六月至九月之间休耕，俾使地力恢复。彭田村主要农产物便是稻、麦、地瓜、豆和花生，地瓜是当地农民主要食粮，而以米为副粮。麦子和花生多半出卖，豆子自用，作豆酱、豆豉，或者作为肥料。副产物有菜、瓜和萝卜，多为自家做菜吃。一部分农家还养猪、羊、鸡、鸭出卖，以补贴家用。全村农作物的产量没有精密的调查，据估计：最主要的是地瓜干，每年约产5000担；其次是豆和花生，约产700余担，此外谷子200担，麦子160余担。常年每亩稻田的产量：上等田两季为350斤，中等田300斤，下等田280斤。但如秋季缺水，多改种地瓜。单以早稻产量计，上等田200

斤，中等田 180 斤，下等田 150 斤。秋季种地瓜每亩可收 800 斤，晒地瓜干 260 至 270 斤。农田种地瓜每亩年产 700 斤，晒干 220 至 230 斤。

总之，田地的生产力很低，而农业成本却很高，稻田每亩牛工工资稻 30 斤，两季谷种共 16 斤，农具折旧 15 斤，肥料除自己积肥和挑垃圾土外，一般得买进豆饼 25 至 30 斤，如果农忙要雇短工，每日工资美金六角（约 10 斤稻），如此扣除了生产成本后，农民是没有什么剩余的。

丁、地租的形态和租额

据彭田、涵坂两村的调查，这里的租佃关系，除了少数永佃之外，都是定期的。其地租形态主要的是定租，只有少部分采取分租方式，彭田村的租佃关系中，定租占 90%，分租只有 10%。

定租每亩田地的年租额，一般是上季纳 50 斤谷子，下季纳 50 斤地瓜干；最高的是 60 斤谷子，70 斤地瓜干；最低的是 40 斤谷子，30 斤地瓜干。农地都是交地瓜干，一般是年租 50 斤，最高的 60 斤，最低的 30 斤。

分租：彭田有二种形式，一种是对半分租，地主出种子、肥料，生产物业佃平分，稻草归佃户所有；另一种分租形式为佃户出种子、肥料，可得收获量 2/3，其余 1/3 为地租，交给地主。涵坂村的分租除上述两种外，还有“四六”分租的，地主出种子、肥料，佃户得收获量的四成，地主得六成。综上所述，我们把地主所出种子肥料的成本除外，把定额地租和总收获量对比来计算本区的地租率，大概是 20% 至 33%，同其他地区比较起来是不高的。

一则由于地租不高，一则由于侨眷主要的是靠侨汇来维持生活，他们对于收取地租便不感到兴趣。有一些华侨出租土地给本族亲友，并不收租，只要替他保管田地，交纳田粮就够了，这种做法，在解放前就有的。这里地租率所以较低的基本原因，是由于土地生产力低，劳动的剩余价值很小，不可能提供更高的地租。另外这里有一半的侨眷是靠侨汇来生活，虽然华侨的出国，主要是因为当地人多地少，依靠土地不足以维持生活（当然华侨出国还有其社会原因），但华侨出国的结果，反过来减轻了人口对土地的需要，所以地租没有提高。这是与一般农村不同的。

然而，我们不能只看见地租率低，就认为剥削轻微。较低的地租仍然囊括全部的剩余劳动，并且超过了它。据涵坂村的调查，地主对佃户除了榨取地租外，还有额外的剥削。例如地主随便叫佃户到他家里去做零工，不给代价，俗称“粗工不论，取长补短”就是说明这种关系，大地主陈文卿对于他的佃户陈长统、陈长细就是这样的。另有一种额外剥削便是送礼物，佃户逢年过节给地主送礼，如牛奶、鸡鸭、米粉、地瓜等，佃户王鼎给陈文卿送礼就是一例。

戊、土地的典押与买卖

就彭田村来说，解放前 1 亩田地的卖价平均是 14 担谷子，典价是 7 担，农地 1 亩可卖 6 担，典价是 3 担。

农民依靠土地生活，非不得已不肯出卖土地。即使非卖不可，也不愿意一次卖断。这里土地买卖的惯例，所谓“三纸一断”，第一纸是出典，价格是田价的 50%，五年后可以赎回；第二纸是卖田骨，再拿田价的 20%，十年后还可以赎回；第三纸是卖田皮，再拿田价 30%，这样才算是卖断了。

土地买卖最盛的是抗战时期，有的因为侨汇不通，生活困难，迫而卖田的，有的是因为反动政府抽壮丁或苛捐摊派，而卖田的。

卖田的大部分是贫农和贫侨（店员之家）。买田者的成份，3/4 是中农以上，1/4 是华侨。

由于地租低而田价高，买田收租，不如做生意或放债为合算，因此，华侨富商不愿意购买土地，反而是华侨中的店员，为了保障家庭的生活，买了一些田地，以备侨汇不济时，侨眷生活有个着落。

解放后，出卖土地的在彭田村有一家，1 户贫农把农地 1 丘卖给华侨，价格 100 美元。

因为这里土地买卖的惯例是三纸一断，近来赎田纠纷很多，在解放前，因为货币贬值，没有一定的回赎办法，按原价等于无价赎回，所以多半由双方协议，凡典田到期，由买主多种一季或一年，然后赎回。

己、宗族田的占有与使用

闽南侨区一般都有相当多的宗族田，据泉州地委调查，这种土地占了总面积 20%左右，有的属于全族共有，有的分属各房。此外，有些地方，还有不少的庙产、学产和帮产。

彭田村的宗族田地较少，只有田7.85亩，地10.22亩。

涵坂村的族田有588.37亩，占全村田地总面积（1844.8亩）31.89%，虽然较一般稍为偏高了些，仍可以代表侨区族田的一般情况。

这些宗族田地，几乎都是轮祭田，由共有的各房各户轮流耕种或出租，当值者负担祭扫的开支。

共有田轮流耕种的结果，使农民不注意保护田地，实行掠夺地力的经营，使土壤变坏，估计这种族田的收成，要较一般产量低 1/5。

尽管族田是采用轮值的制度，而在宗族封建势力浓厚的侨区，族长、房长对这些族田有极大的支配权，例如，涵坂村某族长出卖族田，就不把钱分给贫穷无势力的族人，而独自侵吞。

四、侨区兼业与资本活动

因为资料不多，特将兼业与资本活动并在一起来说明。

甲、兼业

侨区农民除了依靠农业外，还要靠出卖劳动力来补贴，不过其收入与侨汇很有关系，以彭田论，当侨汇畅通时，华侨汇款回乡盖了七座洋房，每坐洋房的建筑时间需要半年至一年，经常要用小工如挑土、挑沙、挑灰、搅土、挑水、琢碎石等，每天需用 10 余人，每工工资折谷 8 斤。再如搬运砖石也需要很多劳动力，当时彭田村农民曾为此买驴 50 匹，手推车 14 辆，来从事运输工作，他们的工资为每工折谷 15 斤；此外如作小贩、挑鱼、挑牛肉、挑菜的有 38 人，每日每人平均可赚谷子 8 至 10 斤；抬轿的有 15 人，卖零食担的有 2 人，他们收入也很可观。

同时因为战后侨客回乡的很多，农民常于空暇时赴车站搬运行李，其工资比普通工资高一倍。解放之初，侨汇中断，这些兼业都成了问题，驴卖掉了，挑鱼卖的只剩下10人，这些剩余的劳动力除了在农忙做侨眷的零工（每工8斤谷子），另有三人外出做长工（每年得米9至10担）以外，其余的人便只好在自己的农田上精耕细作。例如每天都有50多人一早就到石狮去挑垃圾，以便作为下季做肥料之用。

在涵坂也有类似的情形，不过涵坂的手工业和商业较为发达，手工业以竹工（竹篮、竹笠、灯笼等）最多，共88户，165人；其次为瓦窑工（5户，14人）、木器工（3户，4人）、建筑工（2户，2人）、涂纸工、理发、鞋工各一户，共8人，此外有小商贩12户，21人（其中有5个妇女经营），商业有药店（1户，2人）、酒店、辗米厂各1户，共5人（彭田村也有小店7间，解放后只剩4间）。涵坂的手工业在解放后较差，因没有建筑房子，故建筑工窑的工人全部失业。解放后竹器的销路也不好。涵坂华侨曾经将这种手艺（竹工）带到菲律宾去，有2户获利甚丰，在家乡盖了洋房。但战后被美国纸袋及木箱所代替，这种行业在菲律宾也没落了。

乙、高利贷

据泉州地委的调查，闽南高利贷的剥削甚于地租剥削，他们估计，须以五年以上的地租才能等于高利贷一年的收入。在晋南，钱贷多用美钞，贷放者多为侨眷。他们不是直接贷给借款人，而是需要中间人去建立借贷关系，普通为月利10%，以复利计算，另需给中间人以借款额的5%作为佣金，并于借款时即扣除，因此债务人要经过两重剥削——债权人与中间人的剥削。而且在借款时还须抵押品，抵押品的价值应相等或超过所借款的价值。借款者多为一般商人，其借入目的是为了充实资金，进行囤积货物，因为在物价波动的时候，利润收入常常是高过利息支出，因此这种高利贷与其说是对借款商人的剥削，毋宁说是对侨区一般消费者的剥削。不过有些侨眷在侨汇不济时，也有向中间人借钱过活的，其手续与利率均同上述。至于一般贫苦农民，因为拿不出抵押品，只好借到类似卖青苗的所谓“浮水票”债，即当春稻布下时，借谷子100斤，大约以当时谷价六折付钱，到收成时还谷100斤。此外在侨区还流行着“谷会”（如涵坂便有十几起），以黄金为单位，采用投票方式，利息最高者为月息四分，最低者为二分。解放后因为侨汇阻滞，且侨眷不明人民政府的自由借贷政策，故借贷关系无形中止，一般贫苦农民无处借贷，春耕颇感困难。

丙、金融投机

在物价上涨的时候，金融投机在侨区特别盛行，从事这种买卖的叫做“金钞商”。这类商人在厦门及泉州曾普遍存在，在晋南重镇石狮及次于石狮的市镇如永宁、同口、深沪等地也有。营业者可分为兼业与专业两种，前者多由银楼或信局兼办，后者有店铺设备则类似过去的钱庄。不过在石狮的专营金钞商甚为简单，他们只在一家店铺的门口排着一桌一椅，桌上一个算盘，一块纸招牌，上书“收买美钞宋纸”，看去很像一个测字摊。据本省研究院社会科学研究所的调查，石狮在解放前二年专营此业者共有30家，兼营者21家，其资本额最少美钞100元，其活动资金多向银行或信局作短期借款。他们的组织非常严密，石狮镇有其同业公会，会中设有电话，专与泉、厦联络，每日行市涨跌均由公会通知，进出之间，有一定差额，他们便在这个差额上获取利润。经营这种业务的人多与华侨有关系，或为其子弟，或为其亲戚，或为其同宗，他们利用着这些关系，拉拢作为自己的后台和主顾。除此以外，石狮的货物多以美钞计价，即使表面上用国币标价，实际上计算成本还是以美钞为单位，有的干脆用美钞支付，支付时折合国币价较金钞商的进价为高，因此他们也分去金钞商一部分利润。国民党反动政府对于这种投机事业不但不予制止，反而利用职权从事，敛钱或进行勒索。如 1948 年 6 月伪保安处丁×以“检查”为名，一次便勒索 300 多元美钞。又当地伪警局派出所所长陈鉴清勾结银行和信局，利用公款，来往泉、厦，专干这项投机生意。据说他的利润数以万计。解放前夕，青阳匪特庄澄波等特趁机发行所谓“美钞辅币”，名为“石狮流通券”，以美元为单位，分为 1 角、5 角、1 元三种，这笔不化本钱的勾当，也刮去了晋南人民的不少脂膏。刚解放时，因为人民币尚不稳定，匪特又造谣，故美钞仍控制晋南市场。以后经人民银行举办原币汇款与原币存款，侨眷及一般群众对人民政府开始有了新的认识。但民信局所操纵的地下侨汇仍相当横行，自今年三月起实施财经统一政策以后，我们国家的财政状况开始好转，晋南侨区这种建立在通货膨胀基础上的金融投机亦已从此归于消灭。

福建省农民协会

1950 年春

第二部分　共有田调查

福建农村普遍存在着共有田，其种类有：族田、学田、会田、庙田、寺田及会馆田等。其分布情况、在土地总面积中所占比重及与私有田不同的特性，都是值得我们探讨的。但我们没有较全面的调查，只能就 11 个县中的若干村子的材料加以说明。

本省共有土地不限于田地，农地、果地、荡地、林地、基地也都有共有的，但以田地为主要，所以我们只说共有田，明了了共有田的情况对于其他共有地的情况也可略窥其梗概。

一、数量与分布

本省各地区共有田在田地总数中的比重是这样的：

古田七保占75.8%，古田过溪占61.4%，古田罗华占58.18%，建阳营前占37.31%，建瓯松山保占19.07%，永定中川村占70.04%，永定西湖村占 60%，永安吉前保占56.6%（以上属于闽北闽西地区）。仙游（4 个村）占43.5%，永春（7 个村）占29.53%，莆田华西占21.87%，南安新榜村占 15%，福州市郊（6 个村）占13.55%，福州市郊（2 个村）占7.98%，福清梧屿村占9.02%（以上属于沿海地区）。

从这里，我们可以看到各地共有田所占比重极不一律，有高到75.8%的，也有低到7.98%的，以一般来讲，闽北、闽西占 50%以上；沿海各地只占到 20%至 30%。

闽北、闽西各地共有田的比重高于沿海各地，因此我们可以说，本省的共有田大部分是分布在闽北、闽西各地。

其次，我们看看本省各地区各种共有田所占的比重：

福建省各地区各种共有田分配情况

地区		共有田总亩数		族田		学田		会田		庙田		寺田	
		亩数	百分比	亩数	百分比	亩数	百分比	亩数	百分比	亩数	百分比	亩数	百分比
古田	七保	4545.30	100	3985.93	87.69	264.58	5.82	294.79	6.49	0	0	0	0
	罗华	2445.44	100	2028.85	82.96	138.86	5.68	54.66	2.23	63.72	2.61	159.35	6.52
	过溪	1444.12	100	1409.18	97.58	0	0	34.94	2.42	0	0	0	0
建阳	营前	1051.00	100	953.80	90.75	79.7	7.58	17.50	1.67	0	0	0	0
建瓯	松山	194.68	100	194.68	100.00	0	0	0	0	0	0	0	0
福州	加洋	112.46	100	112.46	100.00	0	0	0	0	0	0	0	0
	湖塘	55.40	100	51.60	93.14	0	0	3.80	6.86	0	0	0	0
	溪口	52.80	100	19.20	36.36	0	0	0	0	33.60	63.64	0	0
	魁歧	75.00	100	60.00	80.00	0	0	0	0	0	0	15.00	20.00

续表

地区		共有田总亩数		族田		学田		会田		庙田		寺田	
		亩数	百分比	亩数	百分比	亩数	百分比	亩数	百分比	亩数	百分比	亩数	百分比
闽侯	长柄	378.91	100	373.11	98.47	5.80	1.53	0	0	0	0	0	0
福清	梧屿	120.13	100	105.83	88.09	11.00	9.16	3.30	2.75	0	0	0	0
莆田	华西	384.95	100	231.95	60.25	126.10	32.76	0	0	26.90	6.99	0	0
晋江	涵坂	517.00	100	517.00	100.00	0	0	0	0	0	0	0	0
永定	中川	1891.45	100	1821.75	96.31	69.70	3.69	0	0	0	0	0	0
	西湖	324.19	100	222.54	68.64	0	0	101.65	31.36	0	0	0	0
永安	吉山	1533.75	100	1312.28	85.56	0	0	221.47	14.44	0	0	0	0
总计		15 126.58	100	13 400.16	88.59	695.74	4.60	732.11	4.84	124.22	0.82	174.35	1.15

从上表中可以看出在各种共有田中，族田占绝对的多数，而学田、会田、庙田、寺田等一般为数不多。这些共有田中，除了寺田较不普遍外，其他如学田、会田、庙田等，也如族田一样的普遍存在于各地，在上表中所以不能明显地表现出来，乃因有好些学田，还是以族田形式存在着，有好些会田也常常是属于族田的一部分，在我们的资料中难于把它们划出来。而庙田又常常与会田分不开，所以上表中有好些村中欠缺学田、会田及庙田的数量。寺田大多数属于各山胜迹的寺院，如福州的鼓山涌泉寺占有耕地500余亩，莆田的尊山寺占有寺田56.9亩，一般农村中则较少。上表中没有列入会馆田，因为会馆多布在城市或商业地区，在农村中难以找到。我们知道的会馆田，计建阳江西会馆有田42亩，福州的浙江会馆有田138.06亩。不过会馆在全省各城市及商业地区普遍存在着，如地域组织的同乡会，行业组织的帮会，以及与此有关系的天后宫、万寿宫等，我们不难推想会馆田的数量定亦不在少数。

二、发生原因

族田的产生原因，据我们调查，一般人都认为是官僚、商人或地主在生前保留下来的赡养田，死后子孙为他保留下来作为祭祀田，经过一二代以后就变成族田了，如古田县罗华村魏宜文以“斌然公”名义，留下11.78亩的田地充作自己的赡养田，魏死后便成为族田。当然演进到今日的族田，已不限于地主、富农阶级，中农和部分的贫农，划出一部分土地为族田的也有。

此外还有些地区的族田是以全族武力争夺得来的。如福州近郊的尚干、林浦等村的洲田，有极大部分在几十年前是以全族武力和邻村械斗而得到的。

地主从他们的所有土地中划出一部分为族田，部分固然为了作死后的祭祀之用，但最主要的还是怕子孙把产业败光。所以提作族田，也就是想使占有的土地保持得更稳固些。中、贫农所产生的族田，虽也同样受浓厚的祭祀观念的影响，但颇多是由于他们占有的土地有限，如都分给子孙们，非但不能使他们解决生活，且反而使耕地的使用显得更零碎与不合理，以族田的方式保留下来，让子孙们得以从事较合理的使用。如古田过溪保贫农宋炳良父亲留下只有永佃权的4亩田地，由炳良兄弟3人轮流耕种就是一例。

学田是充当学校经费的，过去乡间都是从族田抽出一部分收入，或直接抽出一部分田地为书灯田，或儒资田专门作为私塾经费或奖励族中子弟读书、考试等费用。近几十年来，各乡先后创设小学，大多数从一族或数族的族田中提出一部分田租，或另划一部分田地为学田，或则直接将书灯田、儒资田转化为学田，也有由临时捐募或摊派来的。到1935年前后反动派政府曾通令全省各地，将各村所有的会田、庙田，及原充学校经费的族田，充作国教基金，至此学田的数量较前增多了。

会田大多数是属于迷信组织的。如古田罗华村秋斋社的土地是这样来的：据说是在明代该村遭受严重的蝗灾，为祈福敬神，由全村农户捐派社田29.5亩，作为一年一度的集会之用。过溪保的上元会，是农民在每年元宵节日备酒联欢的集会，由各会友集款购置田产。

闽西各县为修桥铺路而组织的桥会、路会也曾有鸠资置田的，福州市近郊农民联欢的各种名目的把社等也都购买了少量的田地。综观以上各种会田的起源，虽有部分是为了农村实际的需要，如桥会、路会等，但大部分的会田是农民间为联络感情的迷信组织。会馆田则是会馆的产业之一，会馆大多遍设于省县城市内，或商业繁盛地区。如建阳的江西会馆，起源于逊清宣统年间，江西商人至此经商者日众，便捐款建筑一所华万宫，凡到建阳的江西商人，都要到这里登记，并捐银三四角至1元不等。置有田地42亩。又如福州市的汀州会馆，原是长汀、上杭二县经营纸靛的商人组织“纸靛网”，后由“纸靛网”扩充为“四县网”，再进而为汀州会馆，置有会馆田16.8亩。

至于庙田、寺田，是属于庙宇、寺院的产业，它们的来源除了封建帝王赐予之外，多由各方捐献而来。如古田罗华村的倪公庙，是宋代一个进京赴考的员生高中归来建筑的，置有田97.92亩。寺田开始虽由各方捐献而来，但往往由于某一寺院香火旺盛，收入增多而添置的，也有霸占的，如福州鼓山涌泉寺的五百余亩水田及数片山地，就包含了捐献、购置及霸占等各种不同的来源。

上述各种共有田的起源，虽各有不同，但都说明它们都带有极浓厚的封建性质，由于封建社会需要而产生，这些性质更具体的表现在这些土地的占有和使用情况中。

三、占有情况

首先我们来看族田，族田的占有在名义上是以原购置者（祖宗）为单位，不同的祖宗，有不同的族田；各代祖宗有各代祖宗的族田。所以在一地区的一姓氏中，常常包含许多单位及大小不同的族田，如古田罗华村有族田1965.71亩，由112单位（祖宗）所分占（内中仅有林姓族田一项计3.15亩，其余全部为魏姓的族田），其占有情况如下：

古田罗华各组距族田单位数亩数与共有者户数占有情况

各单位占有族田面积的组距(亩)	总户数	单位数	每单位亩数	总亩数
1—1.99	21	5	1.73	8.66
2—2.99	117	7	2.56	17.93
3—3.99	97	7	3.55	24.84
4—4.99	79	8	4.47	35.79
5—5.99	98	9	5.52	49.64
6—6.99	142	7	6.28	43.96
7—7.99	89	7	7.47	52.27
8—8.99	171	7	8.50	59.53
9—9.99	93	8	9.31	74.51
10—12.99	196	10	11.27	112.70
13—15.99	151	8	14.94	119.49
16—20.99	263	9	17.55	157.99
21—30.99	159	6	24.95	149.70
31—50.99	163	8	37.48	299.80
51—100.99	34	4	68.17	272.67
101—200.99	0	0	0	0
201 以上	8	2	243.12	486.23

各单位的族田的占有是极不平衡的，有多到 200 亩以上的，也有少到 2 亩以下的，而以 13 亩以下的占最多数，此外没有族田的族姓也不少。

在上表中，除最后二组的占地面最大，而共有者户数又最少之外，其他各组都大体上呈现着面积大的户数也多。共有者户数较多的族田在一般是历史较久。

各单位族田共有者的阶级成份是相当复杂的，如罗华村有一项魏姓族田（西源公）19.75 亩，共同占有者计有地主 1 户，富农 2 户，富中农 2 户，中农 13 户，贫农 31 户，雇农 10 户，商人 4 户，手工业者 2 户，革命职员 4 户，自由职业者及店员各 2 户，共 73 户。但也有纯粹由地主阶层共同占有的，如同村魏桂生公族田68.76亩，由地主魏宜照、宜津、宜立等 3 户共同占有；魏宜添公族田307.86亩，由地主魏维城、观森、永健、观坦等 4 户共同占有。也有由贫农共同占有的，如同村的魏善侯公族田17.8亩，由贫农魏宜侨、宜旺、兴生等 5 户共同占有。这里又说明着一件事，年代远久的族田，共有者的阶级成份复杂，年代较短的族田，共同享有者阶级成份较单纯。单纯为地主共有的族田和单纯由贫农共有的族田在数量上有极大的差别。

但仅从各阶层占有族田的形式上去考察是不够的，其实有大部分的族田，形式上是共有，但实质上完全为地主所把持和侵占，所以我们若要充分的了解族田的实际占有的本质，还得进一步从族田的管理上来探究。

族田虽是属于全族所共有，但在管理上由专人负责，这种负责人通常称为总理、经理、理事、理财、值理数等，这种人大多数是由人口众多所谓“嫡房”的士绅或地主、富农来充任，但他们除了负责管理宗族土地的出租、起佃（即撤佃）及租谷的收入保管外，照例也负责执行这种收入的支出任务。他们在族田的收支上，很少能有清白的，营私舞弊、明掠暗吞已成普遍的现象，从下面的一些事例中我们可以明显看出，他们对族田是如何管理的。

如上杭县安乡村的族田由于乡民大多不识字，对族田的收支向不过问，因此，管理族田的人既可挪用族谷（族的收入）贷放，复又在族谷出粜时将谷价报低，在祭祀的用度上将物价浮报，从中获得利益。又如上杭县泰拔乡的“太公田”，由于农民大都不识字，“太公尝田”簿账操在少数人的手中，某老前辈是前清秀才，族人推选他管理太公田，可是经数年后，熟悉太公尝田的人渐渐过世，一般族人只知每年扫墓时有食，有猪肉分，此外一概不管，其实也管不着，因此这位老先生渐将尝田储谷放高利贷，所得利息概归己有。1929 年革命后，这位老先生更借口：公尝簿因乱遗失，把其中一部分尝田变为己有，而族人原来就对太公田不甚清楚，纵有人知道一些，也因提不出证据或慑于淫威，只好眼看尝田被这位管理者吞没。不但闽西如此，其他各地也有同样事件发生，如莆田华西村多数族田由地主富农或族内强有力者所掌握。出租田地的收入，除一部分作为扫墓祭祖之用外，剩余部分全部为管理者私自瓜分。又如，永安吉山乡吉前保凡远代祖宗公田均为地主把持出租，每年拿出一部分祭祀用外，其余多被侵吞。

这种上层分子独占包揽的事，在族田用途中也明显的表示出来。如族田之中的“儒资田”、“书灯田”，只规定有功名的人或毕业生才能享受。

这班“功名”人物，无疑的多出于地主、富农阶层，如建阳县营前村有李姓“书灯田”79.7亩，享受者共 11 人，全为地主，所以很明显地说明这些族田是由地主阶级所独占。

至此已非常明显的指出，这些在形式上属于全族共有的族田，它的实际占有者与享受者是些什么阶层的人物了。当然，我们也得同时说明一点，有不少的族田，是族房轮流收租，或轮流耕种的，这些轮收租或轮种的族田，是可能减少管理者的控制的，但在用途上被上层分子独占是难于避免的。

其次我们来看学田、会田及会馆田的实际占有情况：

关于学田，其中有一部分是由族田转化过来的，这种学田有的是由学校管理，有的还是由宗族管理，也有虽由学校管理，而学董会等组织还是受宗族的间接支配。如古田七保的国教基金田264.58亩，每年收租 9900 斤米，只有 4000 斤供学校开销，余均被董事长林梅生（恶霸）所侵吞。至于完全由学校占有及管理的学田，名义上虽然是学校用，是用于学校经费的支出，但也多为校长或校董会会长，从学田的支出中舞弊，把部分学田变成私田的现象也常发生。如武平县中山乡中山小学，占有学田约 100 亩左右，该校校长谢肇燊在十余年中，就有好些学田已变成他的私田了。

关于会田，侵占把持的情形更为普遍。如古田县罗华村的“秋祭”社“总负责”者把社田中的 3 亩田占有使用；永安吉前保，地主刘海关十五年前组织八月半会，置有田 11 亩，该田租谷放债取息，全归其私有。

至于会馆田，因隶属于会馆，会馆的组织和管理情况便决定了会馆田的管理情况。会馆自始就握在少数人手里。如福州市的浙江会馆，在福州解放前，有理事会、监事会等组织，理监事多是反动政府下面的官僚，如伪福建高等法院院长宋孟年，庭长许绪佑，是该会开支的决定者，每年的收入全部在各种名目上报销光。

关于庙田，因为它的构成与会田有直接的关联，所以它的管理的情况和会田无大差异。寺田是属于寺院的僧侣，但亦为僧侣中的支配者所掌握。

四、使用情况

共有田的使用方式也如一般私有田一样，有“出租”及“自耕”二种。在“出租”方面有的是由管理族田的经理负责，有的是由共有者顺序轮流负责。在“自耕”方面，绝大部分是各共有者按一定的顺序轮流耕种。在寺田中也有极少部分是由斋工或寺院雇工经营的。

现以族田的使用方式为例，来说明共有田的使用情况。

族田的使用包括有两种方式：一是出租给个别农民耕种，一是由共有者顺序轮种。在出租中又有由专门管理人如经理、理事之流负责出租和收租，及由共有者按房顺序轮流出租及收租等两种；在佃租类别上，也有钱租及物租之分，而以物租占绝大部分；物租中又有分租与额租之别，额租因收租上比较便利，最适合这种占有形式土地的管理，所以占绝大多数；但无论是分租或额租，它的租率，不会比一般高，在某些地区，如闽西一带，族田的租率往往要比一般租率稍为低些；在租佃期限上，有定期、不定期和永佃三种，但有契约的永佃甚少，一般农民都是在定期或不定期下佃入，能按时缴纳田租的可以得到延续。一般有佃权的要比较稳固些，农民按时交租，撤佃的情形很少发生。

如永安县黄竹洋村有这样的规定：“佃耕族田的佃户如不欠租，族田的所有者永远不能撤佃。”又如古田罗华村，有魏汉源公族田7.65亩出佃给后山洋农民耕种，因租佃时间已长，该佃农对该族田已获得了永佃权。有好些地区在租佃中，本族有优先承租权，租率也比较低，缴租的限期也可延迟到祭祀的时候。如永定县西湖村，族人承租族田的租率，就比出租给一般人要低些，而在租佃的期限上，更能使之接近于永佃的形式。这种出租的族田一般都是属于上代祖宗的田，在数量上也比较大，而且大部分是在外乡。这些族田有的共有者户数众多，阶级成份复杂，有的户数较少而多半属于地主、富农或商人，都是出租。如前面已经提到过古田西源公族田、司夔公族田及宜添公族田都是全部出租。

轮种，大多属于年代较近、数量较少、而又坐落在本村或离村不远、为中农以下的农民所共有的族田。如前面提到过的罗华村魏善侯公族田、魏汉源公族田都是轮种的。所谓轮种，即族田的共有者按房顺序轮流耕种，如某一祖宗下面分有三房，则族田由三房轮种。又如每房下面又分若干户，则轮到该房时，又应按户顺序轮种，轮种期间大多为一年，也有二年或三年的。轮到的人，如因缺乏劳动力，或不谙农事，也可出租给别人耕种，贫穷的农民甚至把自己在轮种中应有的期限出卖。也有把几次能轮到的佃权（这种多属用期较短的共有者）预先出卖的。这样逐年轮流耕种，很可能发生下列两种掠夺地力或破坏地力的现象。一种是轮到的人，只有一年的耕作权利，不能作有计划的打算，致使地力不能得到适当的调节；另一种是不施肥料只用各种方法掠夺地力。这些现象的结果，具体的反映在生产的递减上。据古田文城保的一位农民告诉我们：他的祖父有一块田，在未提作族田以前每年产量可得1700斤谷子，在提作族田四年之后，只收1200斤谷子。闽南各县也有轮种产量比一般田减低20%的现象。

轮到族田耕种的农民收获物虽然是归自己，而该年的田赋也要自己缴纳，和一般自耕农民相似，不过他们要负担该年祭祀的费用。如古田过溪保贫农陈国光去年轮耕族田3.53亩，收获米500斤，除去完粮70斤及种子肥料牛租等费外，剩余250斤全部花在祭祀上。罗华村1户农民轮种族田3.15亩，收获700斤米，除耕种成本（单指现金支出）、完粮、祭祀费用外，可余下200斤米。

我们从祭祀费用田赋两项之总和来看，轮种田的支出，不会低过一般土地的地租部分的。而且祭祀费用在春季即需预先付出。

最后我们来看这种土地的买卖。因为族田的占有是属于某一祖宗脉下的全体子孙所共有，所以一般的不能私自出卖。但土地的买卖，并不因之受限制。如建阳县营前村贫农袁熙光于1948年因病需款，征得族人同意出卖彭墩乡的族田14亩（每年收租500斤米），价1400斤，卖得价款由全部共有人分益。有好些贫困的族人，所能得到的族田使用权可以转让甚至卖绝。如罗华村雇农魏宜香，几年前死了母亲无法收埋，把一项和堂兄共有的族田永佃权卖给堂兄，即此后他不再享有轮流的权利。属轮收租约的，情形也相似。

这种收租及使用权的买卖，一般是要先商请其他共有者承买，如他们声明不买，才能卖给别人，这样便使好些族田的使用权，集中到本族地主、富农阶层的手中了。

福建省农民协会

1950年春

第三部分　山林果地鱼塘盐区调查

福建山林情况

一、山区概况

福建全省土地总面积约1亿8千余万亩，其中山地占80%以上，林地约3200余万亩，占全省土地面积17.8%，分布在40余县内，为我国四大林区之一。主要林木种类有：杉、松、樟、楠、竹、茶等。抗战前常年产量约510余万株，1929年曾达1000万株以上，解放前减产至320万株。抗战前杉木常年产量328万株，松164万株，樟4000株，杂木22万株。

山林分布闽江流域、汀江流域、九龙江流域及晋江、木兰溪流域等地。产量以闽江流域最多，约占全省总产量70%。以建阳、南平、永安专区为主要林区，产量占全省半数以上。龙岩专区次之。县则以尤溪产杉最多，永安产松最多，建瓯产樟最多。各种木材，除杉木需人工培植外，其余多属自然生长。杉木成材一般须经过20年至40年，大的多至百年。松木一般经60年成材。樟木则须百年以上。

木材销售福州、龙溪、上海、天津、潮州等地。解放后，因卖价低于成本，经营者减少，本年五月全省土产会议后已好转。

竹山以龙岩专区为主，建阳、南平专区次之。龙岩竹以制文化用纸为主，常年产纸量354 310担，占全省总产量796 000担的45%。现广东、江西等地纸商大批前来订购，唯因资本缺乏、交通不便，一时尚难恢复。建阳、南平竹则以制笋干为主，抗战前全省常年产量125 000余市担，闽北占其大部，笋干90%销售至上海、汉口、天津及南洋群岛、越南一带。解放后，除国外滞销外，国内销路仍畅。

产茶以福安、建阳两专区为主，抗战前常年产量达212 950担，解放前骤减至48 600担，解放后增至81 000担，并大量改制红茶，推销苏联及东欧。

杂山主要出产为香菰、樟脑、松香、松节油和制名贵家具的楠、樟、花梨等。建阳、南平、永安及龙岩四个专区，香菰常年产量14800余市担，解放前销售长江流域、广州及新加坡、南洋群岛等地；解放后销路仍畅，如建阳专区本年产菰55万斤，已输出50万斤。

抗战前，樟脑年产约2万担，松香年产约20万斤，解放后，因美国松香被逐出中国市场，纸业中松香用途增加，去年浦城即产松香达100万斤，今年可增产至150万斤。销售上海、济南、华北等地。松节油的主要产区为尤溪、德化、大田，抗战前年产约5万加仑，最近年产可增至10万加仑。

各种产品产销情形的盛、衰、畅、滞，对山区群众生活影响极大，据旧海关统计：本省茶、纸、木材、笋干、鲜干果五大特产（皆林产品），自1912年至1939年每年平均输出值3 954 936银元，约折谷10亿斤，占全省粮食总产量20%左右。菰类、桐油等尚未计入。本省直接间接依靠林产品为生者约有400万以上人口。

二、山林的占有与使用情况

杉木林以建阳专区占有最为集中，据可代表一般情况的建瓯3个乡的统计：地主及公山占有59%，工商业者占有10.5%，富农占有4%，中农占有12.5%，贫、雇农占有11%，小商贩占有3%。地主和工商业者占有的多为大片、靠河近的山林。南平和建阳相似。龙溪专区占有集中程度略差，据南靖县6个村的调查，地主、富农及公山占有约50%左右。龙岩专区因是老红色区，占有较分散。竹山占有比杉木分散，据南平县余泗村的调查：地主占有13.4%，富农占有8.2%，中农占有40.7%，贫、雇农占有31.1%，公轮山及庙产占有5.7%，其他占0.9%。龙岩专区产竹最多，占有极分散，据3个县13个乡统计，地主和富农占有全部竹山的7.8%。茶山占有以建阳、南平两专区最为集中，据建瓯3个乡统计：地主占有57.1%，富农占有22.1%，中农占有8.5%，贫农占有12.3%。产茶最多的福安专区则较分散，据福安县范坑、坦洋二乡调查，地主占有6.6%，富农占有0.9%，中农占有35.2%，贫农占有51.2%，小土地出租者占有3.3%，其他2.6%。油桐的占有情况，据福安县范坑乡的调查：富农6.7%，中农41.1%，贫农52.1%。杂山、荒山据建瓯房村口的调查，地主占有64片，平均每户有2片以上；中农占有87片，平均每户有1片；贫农占有18片，平均每户0.05片。地主占有的杂山、荒山亦多为大片的，靠近溪河，土壤较肥。族有山大部为封建势力所操纵，如南靖县罗坑乡族山占全乡森林60%，被封建势力盗卖和霸占的各为23%，至今只剩下14%。

地主占有的杉木山，解放前，主要是在春荒季节以等于平常一半的工资雇短工经营。但在抗日战争胜利以后，特别是在解放前四五年来，他们就几乎不再投资经营山林。其次为用插苗还山方式经营，即地主要农民为其代植杉木，在树未长大的头几年，农民可种甘薯、桐子等作物，不必交租。再次为用租佃方式经营，租额视山林位置、土壤好坏等条件，自10%至40%不等。至于农民所有的山林则多为自营或合营，也有少数出租或给人“插苗还山”的。大部农民因生活困难，不到杉木成材就卖青山，遭受地主、商人严重的高利贷掠夺，即使成材也多被低价买去。借贷的利息通常是100%，加以高利贷转为买青山，则每每使山区农民陷于完全破产。

竹山大部是自营和雇短工经营，少数为合伙经营或出租。造纸的竹山，山主和农民多以制成之竹麻（造纸的原料）来分成。制造文化用纸的大型纸厂约值500担米，中型的约值350担米，而制造普通用纸的小型纸槽则只需米30担即可。文化用纸需要有较高技术之工人，工资较高，普通用纸则一般农民多能自造，雇工的甚少。

制菰的树为具有六七十年树龄以上的锥栗、栎树等杂木，夹杂生长于其他树木之间。菰农为浙江人，有制菰专门技术。经营方法是浙江或本省的香菰经营者雇佣菰农经营，每厂少则3人多则10人，工资低微，生活非常苦。但也有少数菰农合股经营的。菰行则一面向香菰经营者和菰农放出高利贷，一面低价购进香菰，剥削较重。

福建省农民协会

1950年春

建阳县印山村林地调查

一、概况

建阳县林地主要分布于黄坑、后畲、唐科、荣垳一带。其中尤以荣垳、黄坑为最重要。印山村不是建阳县最主要的林区；但也不是林地最少的地区。它大体上可以代表建阳县一般的林区情况，在某种程度上还可代表闽北林区的一般情况。

印山村在（建）阳（浦）城公路西侧，离县城15华里，是建阳县第一区管辖的1个行政村。它包括有7个自然村，即徐厉、外曹、底曹、燕山后、埂头、南山、水尾。周围有48华里长，村公所在水尾村。

全村有134户，472人。土地总面积为14 801.20亩，计田地面积1418.05亩，占总面积9.58%，林地面积12 052.4亩，占总面积81.43%，荒山面积1330.75亩，占总面积8.99%。

林地面积12 052.4亩，当中天然林面积为5886.3亩，占林地总面积48.84%；经济林面积6166.1亩，占林地总面积51.16%。

本村经济林可分杉林、竹林、茶林、椮油林、杨梅林、松林和杂林七种。各种经济林的面积和占经济林总面积的百分比是这样的：

杉林面积508.90亩，占8.25%；

竹林面积783.64亩，占12.71%；

茶林面积4682.26亩，占75.94%；

椮油林面积104.60亩，占1.70%；

松林面积8.30亩，占0.13%；

杨梅林面积75.90亩，占1.23%；

杂林面积2.50亩，占0.04%。

如果以本村林地按本村户数和人数平均分配，则每户可分得林地89.94亩，计经济林13.06亩，天然林12.47亩；每人可分得林地25.53亩，计经济林13.06亩，天然林12.47亩，但实际上林地是集中于少数人手里的。

二、林地占有情况

甲、共有林

本村有少量的共有林，其占有情况如下：

印山村共有林占有情况

<table>
<tr><th colspan="3">项目</th><th>族林</th><th>庙林</th><th>风水林</th><th>无主林</th><th>总计</th></tr>
<tr><td colspan="2" rowspan="2">总计</td><td>面积</td><td>652.5</td><td>239.2</td><td>100.0</td><td>2824.4</td><td>3816.1</td></tr>
<tr><td>百分比</td><td>17.10</td><td>6.27</td><td>2.62</td><td>74.01</td><td>100.00</td></tr>
<tr><td colspan="2" rowspan="2">天然林</td><td>面积</td><td>373.3</td><td>223.9</td><td>100.0</td><td>2824.4</td><td>3521.6</td></tr>
<tr><td>百分比</td><td>10.60</td><td>6.36</td><td>2.84</td><td>80.20</td><td>100.00</td></tr>
<tr><td rowspan="14">经济林</td><td rowspan="2">合计</td><td>面积</td><td>279.2</td><td>15.3</td><td>0</td><td>0</td><td>294.5</td></tr>
<tr><td>百分比</td><td>94.80</td><td>5.20</td><td>0</td><td>0</td><td>100.00</td></tr>
<tr><td rowspan="2">杉林</td><td>面积</td><td>85.6</td><td>3.3</td><td>0</td><td>0</td><td>88.9</td></tr>
<tr><td>百分比</td><td>96.29</td><td>3.71</td><td>0</td><td>0</td><td>100.00</td></tr>
<tr><td rowspan="2">茶林</td><td>面积</td><td>25.0</td><td>0</td><td>0</td><td>0</td><td>25.0</td></tr>
<tr><td>百分比</td><td>100.00</td><td>0</td><td>0</td><td>0</td><td>100.00</td></tr>
<tr><td rowspan="2">竹林</td><td>面积</td><td>83.4</td><td>3.7</td><td>0</td><td>0</td><td>87.1</td></tr>
<tr><td>百分比</td><td>95.75</td><td>4.25</td><td>0</td><td>0</td><td>100.00</td></tr>
<tr><td rowspan="2">棕油林</td><td>面积</td><td>64.8</td><td>0</td><td>0</td><td>0</td><td>64.8</td></tr>
<tr><td>百分比</td><td>100.00</td><td>0</td><td>0</td><td>0</td><td>100.00</td></tr>
<tr><td rowspan="2">杨梅林</td><td>面积</td><td>20.4</td><td>0</td><td>0</td><td>0</td><td>20.4</td></tr>
<tr><td>百分比</td><td>100.00</td><td>0</td><td>0</td><td>0</td><td>100.00</td></tr>
<tr><td rowspan="2">松林</td><td>面积</td><td>0</td><td>8.3</td><td>0</td><td>0</td><td>8.3</td></tr>
<tr><td>百分比</td><td>0</td><td>100.00</td><td>0</td><td>0</td><td>100.00</td></tr>
</table>

全村共有林总面积为3816.1亩，笼统的看来，以无主林最多，占共有林总数74.01%；次为族林，约占17.1%；第三为庙林，约占6.27%；风水林最少，约占2.62%。但是这里面大部分是天然林，其经济价值是远不如经济林的。共有林之中的经济林基本上是由族林占有了，约为94.8%。庙林只占了共有经济林的5.2%。风水林和无主林都没有经济林。风水林的存在，根本上就不是基于经济意义上的，无主林的存在，即是因为经济价值太低，没有人要，除了供全村人樵采之外，别无用处。

族林内天然林373.3亩，经济林279.2亩。其中有外村袁、丁、曹三姓的族林，因为他们在本村都有祖坟，祖坟周围便是各该姓的族林，共计有502.4亩。

庙林是全村人共有的，私人不得砍伐，只有修桥、补路、做水闸和修庙宇时可以砍伐，风水林则不论私人或公家都不得砍伐，因为砍了就会“有伤风水”。

印山村共有林面积占林地总面积31.66%，其中最大部分还是天然林，如专就经济林来看，则所占数量不过4.78%，所以最大部分是由私人占有了。

乙、私有林

印山村林地大部分是私有林，有8236.3亩，占全村林地面积68.34%，私有经济林为

5871.6亩，占全村经济林95.22%。

私有林又可分本村人占有的和外村人占有的两部分：

（一）本村人占有林地

在私有林中，本村人占有的只占小部分，约为27.36%，光拿经济林来看则更少，约占私有经济林的14.2%，各阶层的占有情况如下：

印山村各阶级（层）占有林地情况表（面积：亩）

项目			地主	富农	中农	贫农	总计
户口		户数	1	1	38	94	134
		百分比	0.75	0.75	28.35	70.15	100
占有面积			539.60	22.50	415.40	1276.10	2253.60
每户平均			539.60	22.50	10.93	13.58	16.82
天然林		面积	502.50	15.00	165.80	736.30	1419.60
		百分比	35.40	1.06	11.68	51.86	100
		每户平均	502.50	15.00	4.36	7.83	10.59
经济林	合计	面积	37.10	7.50	249.60	539.80	834.00
		百分比	4.45	0.90	29.93	64.72	100
		每户平均	37.10	7.50	6.57	5.74	6.22
	杉林	片数	3	3	17	13	36
		株数	1000	450	1500	1010	3960
		面积	10.00	7.50	68.60	62.50	148.60
		百分比	6.73	5.05	46.16	42.06	100
	茶林	面积	18.66	0	88.30	47.30	154.26
		百分比	12.10	0	57.24	30.66	100
	竹林	片数	2	0	40	69	111
		面积	3.44	0	42.60	405.20	451.24
		百分比	0.76	0	9.44	89.80	100
	椮油林	面积	0	0	13.50	11.30	24.80
		百分比	0	0	54.44	45.56	100
	杨梅林	片数	2	0	5	5	12
		株数	70	0	500	150	720
		面积	5.00	0	36.60	11.00	52.60
		百分比	9.51	0	69.58	20.91	100
	杂林	面积	0	0	0	2.50	2.50
		百分比	0	0	0	100.00	100

上表中，占有林地最多的是地主，至于富农、中农和贫农占有数量相差都不大，富农占有数量且较中农、贫农少；但质量上仍是富农优于中农，中农优于贫农。而且中农38户中有25户无林地，只有13户实际占有林地，有林户平均每户占有林地31.95亩，内有天然林12.75亩，经济林19.2亩。贫农94户中有58户无林地，只有36户实际占有林地，有林户平均每户占有林地35.45亩，内占有天然林20.45亩，经济林15亩。

地主1户，占有的林地不论是天然林或经济林都占了全村的35%以上。还有竹山2片，大年能产笋500斤，杉林10亩，计杉木1000株，茶林18.66亩现已荒了。

富农1户，因为他是迁居来的，占有经济林地7.5亩，杉木450株，算是占有最少的了。

中农都没有成片的杉林，所占竹林产笋也少，都是杂处在天然林之中。

贫农有一半是没有田的，多靠山为生，占有的山又不是好山，如贫农余金林有林地41亩，只有杨梅150株，杉木450株，其余都是天然林或荒山，因此面积虽大，经济价值却小。

（二）外村人在本村占有林地

本村林地大部分是被外村人占有了，约占有私有林的72.64%，占私有经济林的85.8%。

外村人在本村占有林地的计有23户，内地主16户，资本家1户，商贩3户，贫农（即菰农）3户，其占有情况如下：

外村人各阶级（层）在印山村占有林地情况表

项目		地主	资本家	商贩	贫农(菰农)	总计
户数	户数	16	1	3	3	23
	百分比	69.57	4.35	13.04	13.04	100
总计	面积	1075.70	4801.40	42.80	62.80	5982.70
	百分比	17.98	80.25	0.72	1.05	100
每户平均		67.23	4801.40	14.27	20.93	260.12
天然林	面积	601.10	296.00	23.00	25.00	945.10
	百分比	63.60	31.32	2.43	2.65	100
每户平均		37.57	296.00	7.67	8.33	41.09

续表

项目			地主	资本家	商贩	贫农(菰农)	总计
经济林	总计	面积	474.60	4505.40	19.80	37.80	5037.60
		百分比	9.42	89.44	0.39	0.75	100
	每户平均		29.66	4505.40	6.60	12.60	219.03
	杉林	片数	55	0	2	0	57
		株数	7000	0	510	0	7510
		面积	267.90	0	3.50	0	271.40
		百分比	98.71	0	1.29	0	100
	茶林	面积	0	4500.00	3.00	0	4503.00
		百分比	0	99.93	0.07	0	100
	竹林	片数	28	3	5	3	39
		面积	188.80	5.40	13.30	37.80	245.30
		百分比	76.97	2.20	5.42	15.41	100
	椮油林	面积	15.00	0	0	0	15.00
		百分比	100.00	0	0	0	100
	杨梅林	片数	1	0	0	0	1
		株数	28	0	0	0	28
		面积	2.90	0	0	0	2.90
		百分比	100.00	0	0	0	100

从上表可见外村人在本村占有的林地绝大部分是被1户资本家占有了，计占有外村人在本村占有林的80.25%，占有外村人在本村占有经济林的89.44%，就是在全村林地面积（包括本村人外村人占有）来说，他一户已占有了全村林地面积的58.3%，占全村经济林的76.73%，而且他占有的这些经济林基本上又是经济价值较高的茶林（但现在已荒芜了），由此可见本村林地集中的情况了。

地主16户所占有的林地数量是远不如资本家所占有的，他们约占有外村人在本村占有林地的18%弱；若就经济林来说则只占有9.42%，如果就全村范围（包括本村人和外村人占有的）来看，则占私有林地13.06%，占经济林8.08%。这些地主都住在建阳城里，到印山村来买地的。

商贩3户是建阳开店的，贫农3户即是浙江省来做香菰的菰农，有些盈余，便买了竹山3片。

三、林地使用方式

本村庙林基本上都是天然林，只有很少数的经济林。风水林全部是天然林，用不着花大工夫去经营。它们都是全村人共有的，所以每年只须派10人至20人负责管理，除草和开火路。

族有杉林由族中派人经管，在古田七保村族林多数由全族出工共同经营，不出工的出工资。除杉林外全部出租。所以共有经济林是以租佃经营为主。

以上是说共有林的使用方式，至于私有林除天然林外，其经济林的使用方式则如下：

印山村自营租佃和雇工的林地面积表

项目	面积(亩)	占经济林总数的百分比
自营	5607.77	95.50
出租	165.40	2.82
雇工	84.50	1.44
不详	13.93	0.24
合计	5871.60	100.00
备注	雇工经营都是雇短工的,严格讲起来是雇工经营。	

观上表可知印山村私有经济林的使用方式基本上是自营，租佃经营和雇工经营都只占极少数，兹分别说明之。

甲、自营

本村林地各阶层自营情况如下：

印山村各阶级（层）自营各种林地面积表

项目	地主	外乡地主	富农	资本家	中农	商贩	贫农	贫农（菰农）	合计
户数	1	16	1	1	38	3	94	3	157
占有面积	37.10	474.60	7.50	4505.40	249.60	19.80	539.80	37.80	5871.60
自营面积	30.50	266.80	7.50	4500.00	238.20	6.50	528.80	29.47	5607.77
自营面积占占有面积百分比	82.21	56.22	100.00	99.88	95.43	32.83	97.96	77.96	95.51

续表

项目			地主	外乡地主	富农	资本家	中农	商贩	贫农	贫农（菰农）	合计
各种林地自营情况	杉木林	户数	1	5	1	0	13	3	36	0	59
		片数	3	50	3	0	17	2	13	0	88
		株数	1000	5000	450	0	1500	510	1010	0	9470
		面积	10.00	209.50	7.50	0	68.60	3.50	62.50	0	361.60
	竹林	户数	1	5	0	0	11	0	36	2	55
		片数	2	10	0	0	38	0	0	2	52
		面积	3.44	50.40	0	0	37.60	0	405.20	29.47	526.11
	杨梅林	户数	1	1	0	0	5	0	0	0	7
		片数	2	1	0	0	5	0	0	0	8
		株数	70	28	0	0	500	0	0	0	598
		面积	5.00	2.90	0	0	36.60	0	0	0	44.50
	茶林	户数	1	0	0	1	11	1	36	0	50
		面积	12.06	0	0	4500.00	81.90	3.00	47.30	0	4644.26
	桫油林	户数	0	2	0	0	6	0	0	0	8
		面积	0	4.00	0	0	13.50	0	11.30	0	28.80
	杂树林	户数	0	0	0	0	0	0	1	0	1
		面积	0	0	0	0	0	0	2.50	0	2.50
备注			本村	外村	本村	外村	本村	外村	本村	外村菰农	

依上表各阶层除外村地主外，林地基本上都是自营。资本家占有的 4500 亩林地也算是自营，这是因为这家资本家原是雇工经营茶山 4500 亩的，后来在 1936 年死亡了，便停止雇工经营，现在茶山完全荒芜，而捐赠给江西会馆，它没有雇工，也没有租佃，只是归江西会馆管业，所以现在只是名义上的“自营”。

在自营中间采取合股经营方式的，有地主 5 户，经营杉林五片58.4亩，2000 株，经营茶林一片6.6亩；有中农 2 户，经营竹林一片 5 亩，经营茶林二片6.4亩；有贫农 2 户，经营杨梅林五片 11 亩，150 株，方法是一工一股，共同种植，共同收益，年终结算，工少的以短工工资补足。

乙、租佃

本村林地租佃经营的情况如下：

印山村各阶级（层）出租林地面积及租额情况表

项目	竹林				茶林				椮油林			
	户数	面积	租额	佃户成份	户数	面积	租额	佃户成份	户数	面积	租额	佃户成份
地主	6	117.5	15	贫农 2 中农 4	1	6.6	0.3 银元	中农 1	4	11.0	10	中农 2 贫农 2
商贩	3	13.3	17	贫农 2	0	0	0	0	0	0	0	0
资本家	1	5.4	15	中农 1	0	0	0	0	0	0	0	0
贫菰农	1	11.6	10	贫农 4	0	0	0	0	0	0	0	0
合计	11	147.8	—	—	1	6.6	0.3 银元	0	4	11.0	—	—
备注	单位:亩。租额是占全部生产物的百分比。											

本村林地租佃面积及租额高低已见上表，至于租佃种类则以定租制和分益制较为常见。地租形态基本上是物租，钱租则占极少数。

竹林、椮油林、杨梅林、茶林都是定租，交笋（大年交笋小年不交）、交茶、交米、交钱的都有，一般须花一天工夫送租子到山主家中。

杉林大都是分租，通常是九一分，佃九主一，也有二八分、三七分和四六分的，靠近河旁交通便利、山场又好的，则多实行对分。

杉林、茶林出租后，一切生产资料全由佃户负责，竹林出租则不同，佃户在做笋时，则山主须供给山厂和工具，佃户则负责除草、挖笋、煮笋和焙笋等。

佃户除受山租剥削之外，还受山租以外的剥削，如贫农杨金泉、周嫩奴、王家信向袁姓地主租山，除交租笋 250 斤、椮油 5%以外，还要替山主看山，隔一年要花 70 天工除草，不给工资。一般佃户隔一年都得替地主无偿做 30 天至 70 天工。

丙、雇工经营

上面已经说过本村林地现时没有真正雇工经营的，即有雇工也只是雇短工。真正有雇工经营的当推 1929 年江西资本家盛长生，雇 200 余人在本村经营茶山一片 4500 亩，惟在 1936 年盛死亡之后就停止经营了。

现时的雇工经营只是雇短工，雇短工经营的有林地84.5亩，有地主 6 户，中农 2 户，贫农 6 户。

雇工的如地主李发祥有笋山 16 片，内 10 片自己经营，每逢大年雇工 20 至 30 人前往山上挖笋，除供给伙食外，每人每日工资米 5 斤或笋 10 斤。

山主李老七有杉山一片，每隔一年请 20 多个工除一次草，除供膳外，每人每日工资1.5斤米。

四、木材和各种林产的产销情况

本村的木材出产主要是杉木，其次是松木和杂木，林产主要是笋、茶业、香菰，其次是椮油和杨梅。

一般说来，本村这几种产物都还是副业，没有成为专业的地位。产品的出产基本上都是为了外销。

甲、木材

木材生产一般是由木商买好杉木后，由包头招工承办，工人到厂做工须由熟人介绍，工资不是入厂之时决定，而是由监工在工作中决定各个工人工资的等级，在散厂时才开工（即发工资）。工资一般可分为五等：头等每日 17 斤米，二等 15 斤米，三等 13 斤米，四等 11 斤米，五等 9 斤米，都由厂主供饭。

为了控制工人以便于剥削起见，厂主有各种迷信的规定。如早上起来不可说话，要到山上工作一小时后才可说话，打破饭碗就是不吉利，要受责骂处罚。上工时不可错拿人家的工具，拿错了人家工具的人，那一天就得白白替被拿错工具的人做工，被拿错工具的人可以在床上睡一天大觉，干拿一天工资。

厂主对工人的处罚有扣工资、不算伙食和开除三种。开除的方法是将被开除的工人名字贴在饭桶上，被开除的工人即算账离厂。

要到散厂时才开工，开工时，一般当权派或木商都请兵来镇压；生怕工人因工资太低而反抗，这种请兵镇压开工的木厂，每人每日工资要比普通木厂低 2 斤米。

开工前后包头常在厂招妓设赌，引诱工人赌博，工人的消耗由工资中扣除。

木材运销地点在福州，计程须 15 天，在砍伐完毕待运的时候，就可以向福州木行贷款，季利率 20%，以木材为抵押，即是说木材的运费可向木行贷款，但须以木材投该行为条件。

在 1930 年以前木材产销最盛。建阳全县有 50 余厂经营木材，出口价值达 20 余万银元。1930 年以后因销路差，捐税重，价钱大减，木厂纷纷倒闭。1931 至 1932 年竟至无人采伐。到了 1935 至 1936 年才渐渐恢复经营，但福州木行不贷款，经营者少，年运销价值不过三四万元。抗战以后木业还是长期衰落。解放以后又因海口被封锁，1949 年运到福州木材 200 排（每排 200 多株），结果是亏本了 12 两金子，因此今年没有人经营木业了。

乙、香菰

建阳香菰产地以茶埼、莘阑、麻沙、书坊、将口和徐市为主。印山村也出香菰。据 1949 年统计，全县有菰行 4 个，菰厂 100 多个，菰农 500 多人。

做香菰的不论是菰农、菰行都是来自浙江龙泉、庆元、景宁三县。每年冬至来，次年清明归。开菰行的多数是地主、富农，开菰厂的多数是中农，少数是贫农，菰农都是贫农。

每个菰厂有一个老板，通常雇工三五人，多的则 8 人至 10 人。由老板供膳。工资是在菰厂结束时视产菰量多少和菰价高低来发给的。工资很低，通常都不够做旅费回家。

菰农的生活是非常苦的，都是严冬在山上工作，越是下雪越要加紧工作。每年只有农历年初一休息半天，吃的是生饭、米汤和竹笋，不准吃菰，只有每月初二和十六两日买猪“做福”，做福时还须请山主、东家及村里的流氓。

菰农来做香菰都只带旅费，不带资金，所需资金须向菰行借高利贷。菰行的资金是以月利100%向商业资本家借的，或月利50%向银行借来的，到期末付息还以复利计算。菰行转手即以200%的月息贷给菰农，按月复利计算。菰农是以所产香菰偿还给菰行，价格由菰行决定，一般都比市价低了20%。

1949年全县产菰2万斤左右（因未下雪产量特别少），近年来普通可产3万斤，较之最盛时期的年产4万斤已经减产1/4了。

香菰生产后即由菰行运销福州，或转销上海和广东等地。

丙、茶、笋、杨梅和椮油

印山村茶业基本上已停止生产了，建阳全县也减少了大部分，原因与全国各地相同一致，即自1935年受台湾茶倾销，1937年抗战开始，外销受阻，1939年受官僚资本的中茶公司残酷的剥削，遂至茶产全部停顿，茶山荒芜。

建阳竹笋出产最盛的1930年达540 000斤，出口值达110 000元，近年来虽无详细统计，产量降低很多是很明显的。印山村农民普遍以挖竹笋为副业，惟不制笋干，多数是自用或挑到附近市场上去卖。

印山村杨梅年产约60 000斤左右，大都运到城里去卖。椮油年产约200斤左右，基本上是自用。

五、林业衰落与各阶层居民的生活

林地是高度集中在资本家和地主手里，木材和各种林产又是操在商人手里，农民的林业生产是在封建地租、商业资本和高利贷等重重剥削之下进行的，部分的还受到洋货倾销的排斥和海口封锁的困厄。加以国民党反动政府的肆意破坏森林，在1939年以后竹林已被砍伐了80%。杉木也被滥伐，无人看管，被火烧毁。茶林普遍是荒芜了。杉林和杨梅林也大部荒芜。

林业收入在本村各阶层居民的总收入中所占比重是各不相同的，本村仅有的1户地主徐树功，每年能收竹笋500斤，有杉木1000株，有18.66亩荒了的茶林；但收入基本上是靠202.15亩水田，每年收租谷36 360斤。本村1户富农金固本，收入90%是靠水田，10%是靠林地。中农翁良兴耕田收入占71%，林产收入占29%。贫农有一半是没有田的，多数靠山为生，但占有林地不好，如贫农余金林耕田收入占61%，林产收入占39%。

这样看来，各阶层依靠林业为生的程度是贫农大于中农，中农大于富农，富农大于地主，所以林业衰落给予中、贫农，特别是贫农生活上的威胁是非常严重的。

但是这种现象不能视为一般的现象，它是在这样的条件下存在的：第一，山多田少，如印山村田地面积只占9.51%，林地面积占82.3%，农民光靠种上了租田以后不够维持生活，须依靠山地（山租较田租低得多）来补助生活的程度很大；第二，林业基本上没有专业化，地主、商人没有直接经营；只是农民作为自己的副业经营着；第三，林业生产商品化的程度不大，而且还在倒退为自给自足的生产。

福建省农民协会
1950年春

闽江下游洲田与蚬埕调查

洲田与蚬埕是闽江下游的特种土地，在它的占有与使用关系上，不但构成了沿江各村历来纷争的焦点，同时，在这里也显示了更尖锐的阶级对立关系。在本省土地问题中，它无疑地是值得注视的一个问题。不过由于这次对于此一问题的调查不够普遍，只能作一种下列的说明。

一、洲田与蚬埕的形成及其分布

甲、洲田与蚬埕的形成

在沿江滨水之区因沙泥淤积而形成洲地，这种洲地可以培垦成田，所以一般称为洲田。蚬埕是养蚬的场所，它也是淤积形成的土地，但还未露出水面。一般的蚬埕都附着于洲田的周围。蚬埕继续淤积又可形成洲田。所以二者几乎存在着不可分离的关系。

洲田与蚬埕有单由天然形成的和人工形成的两种。前者是在江水缓流处沙泥不断的沉淀冲积，逐渐浮涨起来而形成洲田或蚬埕。后者多数是为防止沿岸某些地区被水冲崩，抛石扦篙(即插竹，筑成堤坝)，使水流改变方向，转急为缓，而在堤坝以内逐渐浮壅出来的洲地。

洲地的浮壅，是需要经历一段较长时间的；而洲田的形成，更非短期所可致。一般的说，它是经过以下各阶段逐渐形成的：

（一）浮壅的沙泥堆，在潮汐时接近水面或部分露出水面，这时为使冲积的面积更大，浮壅的时间更快，就需要佐以人工培卫，使其能适应着生产上的需要而成长起来。如果是宜于养蚬的地点，就把它培卫成为蚬埕；否则就使它继续成长为一块洲地。

（二）开始露出水面的洲地，有的是沙洲，有的是上面已经滋长着水草的含有泥质的洲地。这都是尚未培垦成田的洲地，在涨潮时一部或全部还会淹没水中。

（三）洲地浮壅至一定高度，涨潮时不会淹没，同时在地质土壤方面，经过不断的培养，宜于种植一般水田所种植的作物，这时才算是完全成熟的洲田。

乙、洲田与蚬埕的消长

洲地或洲田形成后，并非一成不变。基于水流的改向或溪洪的冲击，常会减缩其面积，如1947年大水灾，闽江下游一带的洲田就被冲毁不少，只就义序一乡的洲田说，被冲毁的亩数计有义和洲60亩，建新洲90余亩，橄榄洲60余亩，公司洲20余亩，加上其他各洲被冲毁的亩数总计约有600余亩，占该乡洲田总面积的30%以上。

有的在不断的冲溃损失中完全毁灭了，如吴山乡沿江一带，过去有上洲、下洲、陈光洲、江心洲、大五洲、祠堂洲、三较洲等，约有数千亩，经长期陆续冲溃，已全部毁灭。在闽县及侯官县各种地理志中，我们可以发现多到不可胜数的洲田在各个不同时期中毁灭了。鼓山的涌泉寺志就记载着该寺在明清两代被冲毁了的洲田有几万亩。就以这次所调查的义序乡来说，十几年前还占地约300亩的民生洲，现在也已经完全被冲毁了。

此外，还有因水流的冲击，在洲田上压了几尺乃至几丈厚的沙，使良田成为荒洲。如有名的六十分洲及鳌峰洲，过去都是膏腴肥沃的洲田，现在大部分已成了不能种植任何作物的荒洲。义序乡的洲田，近几年来被沙压的也达331.57亩之多。

水流一面冲毁了许多既成的洲田，一面却不断的壅现了许多新洲。如闽江下游的北港，在1924年闽江局石坝工程完成后，在石坝以北就陆续壅现了10余处新洲；南港方面，如石步城门附近的三和兴洲，吴山的三兴洲，以及长乐县猴屿，浮岐间的蝙蝠洲，马江青洲乡的江中痕洲等，都是浮壅不久面积较大的著名新洲。

洲田的消长，相传每三十年就有一次较大的变动，所谓“三十年前水流东，三十年后水流西”，但这种变动，并非骤然的一次的变动，而是指大约三十年的不断的变动，可能整个地改换了原来的面目。

不过这种变动，只是就一般的趋势而言，它并不能规范着所有的洲地与洲田。基于特殊有利的地形，或经过长期的抛石培卫，筑成坚固的堤坝之后，这种洲地与洲田，不但不会在短时期内消灭，还可以逐渐的扩大与巩固，而成为沿江的村落。如鼓山区的快洲与儒江两村，南屿乡的流浪村，尚干乡的禄家村以及龙潭角附近的三县洲，都是建筑在浮起的洲地上的，这些村落至少都具有几百年的历史，尽管其中部分的时有消长，但作为整个的洲地来看，长期内并无如何巨大的变动。

蚬埕大多数都是依傍在洲田的周围，所以洲田的崩毁以至于消灭当然会影响到蚬埕的存在；而洲田的成长也会使蚬埕转变而归并于洲田。这时，又不能不再找新的蚬埕了。因此，蚬埕的消长比洲田更加来得频繁。

丙、洲田与蚬埕的分布

本省的洲田与蚬埕，主要的是分布在闽江下游，尤以南北港为多。北港方面的洲田与蚬埕，根据伪闽江工程处1935年的测量，自鳌峰洲以下至下磕的文兴洲，大小共有40余洲及26个蚬埕。其中最密集的是江边至林浦一段，计有11个洲及6个蚬埕；其次要算魁岐至鱼墩（即儒江）一段，计有9个洲及4个蚬埕；其余的则分布于远洋、梁厝、鳖头、洋下、下磕各村。其中洲田面积最大的要推磨溪附近的公潞洲，蚬埕面积最大的要推鱼墩附近的“荒”埕（埕的名称），占地在千亩以上。

南港方面的洲田与蚬埕，据估计多于北港两倍以上，其中分布在尚干附近江面的为最多，次为南港、南屿各村，其余的散在义序、螺洲、吴山、吴屿、城门、石步各村，而这几村中又以义序所占的为最多。

在南北港汇流的马江以下，还分布着不少的洲田；特别在闽侯县的琅岐与长乐县的猴屿、浮岐一带，其中还有占地在2000亩以上的（如蝙蝠洲）。但蚬埕就不适宜于存在这里了。

二、洲田与蚬埕的占有情况

甲、占有的步骤

洲田与蚬埕的原始占有，没有不是通过乡、族组织来进行的。当泥沙淤积的洲地，逐渐浮壅接近水面时，只要是可以培卫成为蚬埕或洲田，附近的乡村族姓，就会毫不放松地把它占有。其占有的程序是这样的，发现此种洲地时，照例要传锣集众，鸠资认股，有股的每人要带一束草根，集体的投上这块洲地，这样就表示把它占有了。接着就推选甲首（也有称为股首，就是股东代表）和总董（亦称理事类似常董），一面在洲地周围，插竹抛石，开始做蚬埕培卫的工作；一面则签约立契，投税领照，进行所有权的登记工作。不是被水冲毁而再壅的新洲，一般都认为是属于国有的。就必须经过领买的手续，才能确定所有权。

洲田与蚬埕的占有，多数是以村为单位，属于一村的洲田与蚬埕，全村人都可以参加股份。也有以姓为单位的，如吴山乡的三兴洲，是由全乡林、陈、赵三姓共同占有的；而门前洲仔则只属于林、陈两姓，与赵姓无干。此外还有联乡占有的，如石步附近的三和兴洲，就是由石步、城门、螺洲三乡联合占有的。三和兴洲就在石步乡前，石步乡为惧怕尚干乡来争夺，就联合螺洲与城门二乡以对抗之，所以成为三乡共同占有。

关于占有者的股份、组织等情况，兹以吴山的三兴洲，马江的江中痕洲为例说明如次。

三兴洲的股份，根据该洲所订的合约内载："本洲为本乡林、赵、陈三姓所共有，按族之兴衰，配股之多寡，林姓族大，分配 260 股，赵姓族较小，分配 150 股，陈姓最小，分配 40 股。共计 450 股，每股 1 元（约折谷半担），股金共 450 元，折谷约 225 担，陆续交付。"

马江的江中痕洲，则由青洲的五乡，即罗星塔、路上、横墩、浦西、洲尾等共同占有（面积计 3000 余亩，已成洲的 800 余亩）。股份旧股为 400 股，新股 208 股，共 608 股，旧股的股金每股 45 斤米，新股则每股 50 斤米，共计28 400斤米。凡属五乡的人都可以参加，不过每人规定只能参加 1 股，最多者亦不能超过 5 股（根据该五乡所联合组织的统一壅垦公司的约字）。

江中痕洲只有洲田，三兴洲还附有蚬埕，所列的股份包括蚬埕在内。不过这并非经营洲田蚬埕的股本，而是取得所有权的代价。

集股之后接着就是股份的组织，三兴洲的组织是把全村三姓分为三甲（所有权的单位，并非保甲之甲），每姓的所有权者组成一甲，每甲选出甲首 1 人，总董（也有称为董事或理事）2 人，前者负责收集股金，后者主要的任务是在对外。江中痕洲的组织，形式上较为完整，所谓"统一壅垦公司"就是江中痕洲共同占有者的组织，每 20 股立甲首 1 人，管理事务，并共推理事 18 人，主持对外事宜，理事中并有理事长 1 人，综理全洲事务。

甲首多数以各姓的族房长或年龄辈份较高者充之，其成份不一，而总董或理事之流，则多半属于地主阶级，而当权派在其中尤占着最主要的地位。

有了股金，有了组织，一方面就开始扦篙培卫，另一方面则进行取得合法的所有权的工作。

如属旧有的洲田，被水冲毁后再壅起来，照例只要向政府缴纳一笔登记费，就可以取得合法的所有权；如属新壅的洲地，就必须向政府办理领购的手续。一般洲田领购的价格，根据所搜集不完全的资料估计，向伪福建官产处领购，1918 年每亩大洋 1 元；1920 年每亩约 1 元 3 角，上等的有时每亩达 2 元。这种价格一直保持至 1931 年前后均无大的变动。1936 年伪省府颁布了国有沙田洲地海滩放租放领办法，其中关于放领洲地的地价，只载明“由财厅会同地政局参酌时值或邻地地价拟定后报财部备案”，并不作硬性的规定，不过这时已经是以米计算了，放租的租谷，每亩较前提高了数倍至三四十倍不等，以此类推，这时放领的地价也就相当可观了。

乙、占有中的纠纷

以上所述，为洲田与蚬埕自原始占有以至取得所有权时所要经历的几个步骤，但实际上并不如此简单。在洲田或蚬埕被发现时，往往不是一乡或一族可以和平而顺利地把它占有的，而是要经过乡与乡或族与族之间的激烈争夺之后，才能断定属谁的。

在闽江下游的沿江各村，一般都是聚族而居，彼此存在着严格的畛域观念，而“强欺弱，众暴寡”又成为乡族间普遍的现象。如果浮壅的洲地，在一些“一姓的大乡”附近，问题还比较简单，只要各房各派都能利益均沾，就可以免除纠纷，如果是“小姓”或“小乡”的所在地发现了洲地，那就无可避免地要引起一场激烈争夺。

在北港，如远洋、江边等村，都是争夺洲田闻名的强乡，而在南港方面，则尚干乡在洲地争夺的历史中所占的地位当首屈一指。尚干为林姓一姓聚居之乡，宗族繁衍，人丁旺盛，不但在南港范围内恃其乡大人众占有了许多洲田与蚬埕，还曾插足过北港与琅岐、长乐一带的占洲之争。尚干之外的“一姓大乡”要推义序，义序在南台岛，全乡姓黄，人口仅次于尚干，也是争洲闻名的大乡。

强乡大姓为着争夺新壅的洲地，必需有所借口或造成既成事实，以便实行侵占，其所持的理由，往往是极为可笑的。1943 年义序的竹榄保以本村民生洲被水冲毁，认为在距离 7 里之遥的吴屿村所新壅的复兴洲，就是民生洲的再现，因此把它占领，不久，在复兴洲附近的三兴洲，复壅出一块属于吴山村三兴洲下段的洲地，也被义序乡指为是民生洲余地的再现，先在该洲上撮花布种，到了收成的时候，又纠众强割，连吴山村所种的作物也被割去，还打伤吴山村 1 人。

尚干乡过去在北港鼓山麓一带争洲，其所持的理由也大都是新壅的某洲，就是本乡所属的某洲或某处堤岸崩毁后泥沙流至此处淤积起来的。实际上南港与北港是两个平行的支流，风马牛不相及，所以尚干乡的洲地，以往曾被人称为“飞洲”，其意思是说在南港的洲地可以飞到北港。

洲田、蚬埕的争占，如双方势均力敌，往往会酿成械斗，否则在强弱悬殊的形势下，小乡或小姓就只有投诉官府。关于前者的事实，多至不胜枚举，如尚干、义序、远洋、江边等乡，在过去都是惯于为争洲而发动械斗的强乡，至今尚干乡与义序乡还存在着一些乡族间的隔阂，据说就是因过去争洲械斗所遗留下来的宿恨。在南屿附近的观洲与晓岐两村，去年还发生过为着争洲而引起的一场规模不小的械斗。所谓“无尸不成洲”，这句话并不是没有事实根据的。

至于争洲涉讼，在闽江下游的沿江各村，尤成为家常便饭。福州的部分律师的主要的收入是靠洲田、蚬埕的讼案得来，还有一些被推为总董或理事的省绅与顾问以及法院里与审理洲案有关的诸色人等也是多数以洲案的收入为其一部或大部的生活来源。

这种争洲的诉讼，往往是长期的乃至永远不能解决的争执。如吴山的三兴洲，从1917年到现在的33年中，除了1931年至1943年这一段时间以外，其余将近22年的时间都在诉讼之中。

丙、实际上谁掌握了洲田、蚬埕

乡、族占有洲田、蚬埕不是一件简单容易的事，不论乡、族的强弱，都要付出相当的代价。而这种争夺得来的洲田、蚬埕，究竟是掌握在谁的手里呢？

第一，从共同占有者的成分来观察，尽管其中包括了农村各阶层，个别的洲田、蚬埕其股份的大部分还分配在中农以下的各阶层手里。如义序浦口保的义和洲，中、贫农所占的股份就达到46%以上，但他们只不过持有股份而已，不仅总董与理事轮不到他们充当，就是甲首，属于农民阶级的也并不很多。这些握有实权可以任意支配一切的总董或理事，几乎没有例外的都是出身于剥削阶级。有些还是著名的土劣、讼棍或官僚。在三兴洲和江中痕洲的诉讼案卷里，可以发现作为双方代表的总董或理事，都是这种人物，如三兴洲的南方代表赵承禹与林衡，一个是“业儒”，一个是“法政毕业”，家中都有相当的田产；在江中痕洲的讼案中，一方是几个青洲乡有名的土劣与学棍做代表，而另一方面则是由代表马尾系海军军官利益的刘仿甫（伪海军部长刘冠雄之兄）及其子刘如靖主持其事。

第二，从共同占有者的权利与义务来看，表面上所有乡、族的成员都有参加股份的权利，但一姓或一房的股份，早经限定，并非个个都能参加，就是得到参加股份机会的劳苦大众，其所能参加的份额，又受着严格的限制，如青洲的统一壅垦公司就规定每户只许参加1股，但有钱有势的乡绅则不在此限。而且股约还规定：关于本洲分耕之日，每百亩应提出40亩匀分，各理事共得9亩，各甲首共得9亩，并酬劳郑、李两顾问共得2亩，贡献本乡办理教育共20亩。这里所谓每百亩提出40亩匀分，就无异在股份总额中配搭40%的干股。

在长乐的猴屿与浮岐争洲的讼案中，猴屿方面所委任的律师在委任书内载明：“本洲在管业登记收益后，应划出股份中10%为永远酬劳费。”

在争洲的纠纷一旦酿成械斗时，这些剥削阶级不但可以任意支配股款，还可以动用乡、族的“祖尝”，争斗愈剧，讼案愈久，他们就得益愈多。所以乡族所占有的洲田与蚬埕，实质上就是乡、族中少数的剥削阶级所占有。有的就索性占为己业了。如净屏乡恶霸叶大茂占有著名的江心洲。远洋乡恶霸孙亨梧占有了几达该乡2/3的洲田与蚬埕。都是仗着有钱有势由乡、族占有转化而来的。

那末在洲田与蚬埕的原始占有中，一般农民为什么跟着剥削阶级的后面争着入股情愿负担干股的支出，出了1股股金只能享受到0.6股的利益，甚至在酿成械斗的场合还不惜牺牲生命去争夺与自己不大相干的东西呢？关于这一问题的解答，我们不能只笼统地一般地说农民落后，容易受剥削阶级的欺骗与利用。还应该指出，由于闽江下游沿江各村一般的缺乏耕地，农民对于土地的要求非常迫切，只要有地可耕，他们就不惜拿出任何代价去换取，他们之所以对于争夺洲田会感到这么重要，与其说是为着要获得洲田的所有权，不如看做是为着要取得它的使用权而争夺（争夺离村甚远的洲田自属例外）。

三、洲田与蚬埕的租佃制度及生产情况

甲、洲田与蚬埕的使用情况

洲田、蚬埕大部分是乡、族占有的，共有人如果是农民，特别是贫、中农阶层，他们参加股份的目的，主要的是为着需要耕地，所以一般都是自己耕作的。其他阶层的，多数拿来出租，尤其是地主阶级所分得的全部出租。但不论自耕或出租，他们必须提出一定款子作为“乡款”或“祠堂银”，等于向乡、族缴纳地租。

私人占有的洲田，如属整块的土地，有的雇工经营，如叶大茂所占的江心洲就是一例。如果占有的是零碎的分散的洲田，大多数还是拿来出租。至于所有权尚未确定的洲地，则需要办理报垦的手续，向政府承租，再转租给农民，所以一般也都是出租的。

蚬埕的使用除了极少数为经营者所霸占的（如远洋孙亨梧经营的蚬埕）以外，一般的都可以看做是属于乡、族占有的（虽然没有正式取得所有权，但也无须领购或报垦），这些蚬埕全部都是出租的。

乙、洲田与蚬埕的租佃制度

洲田与蚬埕的租佃，也如闽江下游一般田地的租佃一样，只有钱租与物租两种。抗战前一般都实行着钱租，只有极少数的洲田交物租。抗战前期钱租与物租曾经并行一时，到了1941年后，由于币值急剧的跌落，全部都改为物租。洲田的物租，有的交谷子，有的以所栽种的作物缴租。而蚬埕则一般的都是交谷子，就是约定交蚬，也是照时值折成谷子交纳的。

佃租形态：蚬埕全部是定租，而洲田过去是定租制与分租制并行，近来则定租多于分租。在石步与螺洲、城门一带的洲田，采取分租制的现在不及10％，其中多数是兼着自耕的富农与中农，而90％以上的都属于定租。

租期：洲田多半没有一定的租期，只要不欠租，就可以长期使用。蚬埕则都有一定的租期，一般的由十余年至二十余年不等，租期中经营者可以随时停止经营。租期届满时得优先续租。

至于租率与租额，如属新壅的洲地，在垦荒期中不要交租，垦荒期长短没有硬性规定，要看所栽种的作物而定。1947年伪政府所订的福建省国有沙田洲地海滩放租放领办法规定承租新壅的洲地，前八年免租。到了可以种植一种有芒的水稻（俗称“牛蕇”或“水壮”）时开始交租。如采分租办法，开始多半是主四佃六，以后随着产量的递增，租率也逐渐由主四佃六发展到主五佃五以至于主六佃四。如义序乡的洲田租率，在解放前几乎全部都是按主六佃四分租的，解放后才回复到五五分租。如采定租办法，其租率一般比较分租为低，其租额视田的等级高低而定，大约每亩每年自240斤至300斤左右。个别的上等洲田，其租率租额都比较一般的洋田为高。

蚬埕租有一次交付的，有按年交付的。前者适用于新埕，后者适用于旧埕。其租额高低相

差甚远，如吴山三兴洲附近的泰兴埕，计分内外两埕，租期第一次为12年，内埕埕租台伏20元（约折米10担），外埕30元（约折米15担），均于租期届满时交清；第二次（旧埕）续租租期为40个月，而埕租亦与第一期相同。如按年计算，则内埕每年租额只有3担米，外埕年租只有3.75担米。义序的蚬埕，大约每洲每年以津贴洲田与蚬埕的名义付出埕租谷子6担。还有石步、螺洲、城门三乡所共有的三和兴蚬埕，每年的蚬埕租是以蚬290斗计算的。其中蚬埕租210斗，鱼埕租80斗（经营蚬埕者一般都要在蚬埕上捕鱼，既可避免小蚬被鱼吞食，又可作为副产收入，实际上所谓鱼埕并不在蚬埕之外，如果每斗蚬按最低价格8斤米计算，则290斗就折合米2320斤。约等于义序的埕租5倍，等于吴山泰兴埕的内埕埕租6倍。

为什么以上三埕的埕租会存在着这样大的差异呢？除了义序的蚬埕，埕面较狭产量较少外，三和兴和泰兴两埕，都是有名的好埕，产量相差不远，但泰兴的租特别低，是因为被尚干乡人强租去的。

部分的洲田有采取包租转佃的制度，如吴山的门前洲仔，就是由“船上金”（人名）向林姓包出，而转租给各佃户的。蜑户不少是佃耕洲田的，如三兴洲15户的佃农中，蜑户就占了6户。他们一部分已迁住岸上，一部分还居住小船上，把捕鱼剩下来的时间，兼事耕作，以弥补生活，所受到的地租剥削是很苛重的。

丙、洲田的生产情况

洲田与蚬埕都须经过扦篙培卫的工作，但这步工作在洲田是属于占有者的，其生产是从形成了的洲田开始，在新壅的洲地里，只能栽种荟草或芦草（织席原料），经过大约5年光景，可以种植蒿笋之类的作物，再过二三年才能栽种有芒的水稻即所谓“牛草”（抗战前充作鸭料，现多改作粮食）。这是因为新壅的洲地潮涨时还会被水淹没，荟草以及“牛草”都不怕水，而且草类可聚泥土，使洲地逐渐浮壅，并罩上一层油泥；“牛草”则还有吸收泥土中所含过量的盐质的作用。

“牛草”种过三五年之后就可以种植普通的谷物（开始多种红米稻），这时也逐渐由每年一熟变为两熟。除了栽种稻谷外，还可栽种麦、薯、甘蔗等，这已经算是上等的洲田了。

洲田土壤是很肥沃的，无论种植何种作物，均无须施用肥料，这比在洋田上耕作占便宜，但洲田一般较洋田低，每年春汛及夏汛，常会被洪水淹没，所以需要多准备些秧苗，以备秧苗被洪淹坏后再补插，多的甚至有一年插三次的。这又是洲田比一般洋田花费工本较大的地方。至于所需种子与洋田不相上下，一次收的每亩大约需要谷种10斤。所需牛工较洋田为便宜（每亩在义序为谷17斤）。拿人工来说，洲田比洋田可省施肥及戽水的工力，但往返（乘船）须趁潮水的涨落，需时较多，作物将近成熟时还要不断的去巡看（有的搬到洲上搭篷住下），这里所需的人工就比一般的洋田为多。但总的来说，种洲田比种洋田所费工力要少些。

洲田的收获量，仅就稻说，在种植“牛草”时，每亩每年只能收割200多斤，到了栽种普通每年一次收的稻谷，每亩的产量总在400多斤左右（去年义序义和洲收获量每亩平均390斤），至于每年可以两次收的上等洲田，其收获量大约要比洋田高出二成。在远洋村一般的洋田，每亩每年早晚两季可割稻谷700余斤，而靠近村前的洲田，则每亩可割800余斤。不过每年两次收的洲田，早稻的产量比晚稻差，这是因为春夏多洪患之故。

丁、蚬埕的生产情况

扦篙培卫是蚬埕生产的第一步工作，除了最初的一次范围较大的扦插竹篙有的并须抛石外，还须经常的更换修补。一般的蚬埕，每年要更换修补两次：第一次在阴历正月至二月；第二次在八月至九月。中等的蚬埕两次所需的大小竹篙约200把，按时值折米约400余斤，劈篙和插篙的工资约等于竹篙价值的20%。如果遇到洪水，插篙的次数及所需的竹篙也就加多。

在扦篙培卫之后，第二步工作就是布蚬种。蚬种多数是由洪塘方面买来的，有粗种（厚壳的黑蚬）与细种（普通称为幼种也有叫做黄蚬）之分。粗种每斗（44斤）价格值米15斤半，细种每斗值米30斤，有些老埕如梁厝等会生长“白生蚬”（在埕中繁殖的蚬，壳薄，容易被鱼吞食），不过数量不多。

布种的时间，每年分为四次，第一次一至二月，第二次五至六月，第三次七至八月，第四次十一至十二月。每埕所需的种蚬多寡，要看埕的新旧和大小而定，一个普通的埕，大约每年要布放200斗左右的蚬种（如义序的义胜兴蚬埕）。

粗种的蚬种，布放一年后可出卖，细种则需要经过一年半的培养。由蚬种培养到可以出卖的蚬，其每粒重量约增到15倍，不过由于蚬种都拌有10%的沙泥，而布放后有些又会被鱼吃或大水冲去，所留下的约当原来的50%至70%，实际上一般的都是以各埕每年扒蚬的多寡，作为计算它的产量的尺度。

扒蚬是有季节的，太热或太冷的气候都不宜于扒蚬，所以扒蚬的时间，上季都在三至五月，下季则在八至十一月。普通的旧埕有一年扒2000斗至5000斗的，如义序的义振兴、泰兴盛两埕，去年扒2000余斗，义胜兴扒3000余斗，远洋的蚬埕扒蚬将近5000斗。最小的埕有一年只扒几百斗的，如义序成兴埕去年扒400余斗。而最大的埕，一年也有可扒万余斗的。如三和兴洲在1947年就扒过1万斗。不过并不是年年如此，一般有所谓蚬埕三年兴三年败的说法，这是由于可扒时尽量的扒，而且多扒少布，过分地剥夺了地力之后，产量就必然会减少。这时就需要大量的布放蚬种，减少扒蚬，才能逐渐回复到原有的产量。

这几年来，一般购买力的降低，反而促使蚬的销路增加起来，主要是因为蚬的价格比普通菜蔬低廉，产量也就随着增加了。除了大部分销行于福州外，沿海各县如长乐、连江、福清等吃蚬的也不在少数，此外还有制成咸蚬运销上游南平、闽清各地的。

蚬的出卖，一般都是通过蚬商之手。蚬商根据市场上的需要，向各蚬埕收货转卖，各埕将蚬批售与蚬商的价格，在市景最好时每斗可售米20多斤，目前虽然销路不错，但每斗的批售价只有8至12斤。

蚬埕整个的生产过程都是雇工进行的，而充当此项雇工的几乎全部是蜒户，工资低廉得可惊。上面说过劈篙与插篙的工资等于篙价的20%，这是属于包工的性质，如属零雇，每天工资只有2斤米，童工还只有1.5斤。布蚬种则一般只供膳食，不给工资；扒蚬的工资系按蚬价的5%付给，照目前的蚬价，每人一天就是能扒10斗（一般的每人每日只扒七八斗），所得的工资也不过是大米4斤。如果以一个中等的蚬埕（如义序的义胜兴埕）为例，在没有大的水患的年份，须购买竹篙200把（需米400斤），蚬种200斗（按细种计算，需米6000斤），可扒蚬3000斗（每斗按10斤米计算计3万斤）。所需雇工工资如下：扦篙，按篙价400斤米的20%计算共 80 斤；播种，按 20 工计算约 40 斤；扒蚬，每人每天以扒蚬 10 斗，工资以 4 斤计算，共 1200 斤；各种临时雇工（如除草等），每天工资 2 斤，以 100 天计算，共 200 斤。共计 1520 斤米。再加上购买竹篙的 400 斤和购买蚬种的 6000 斤（米），则三项成本共计 7920 斤米，就是再加上蚬埕租与公司人员（包括经理、会计、掌盘等）的薪给及各种杂耗，总数也不会超过 15 000斤米，这样，在售蚬 3000 斗的收益 3 万斤米中，成本尚不及一半。但实际上并没有这样大的利益，除了水患及被窃的损失姑不计算外，一般的蚬埕经营者都要对乡、族尽其一定的贡纳义务，有些是抽出收益的一部做本乡学校的"国教基金"。也有把收益分做三份，一份给祠堂，一份给学校，留给股东的只有 1/3。如果因纠纷涉讼，还要付出一笔无法计算的诉讼费。

经营蚬埕，一般都还是把它看做利益最大的一种营业，特别是尚干乡一部专营蚬业的人，不惜用千方百计取得蚬埕，其中如"兴登堡"（人名）等数人，都是由经营蚬埕而致富的。但没有封建特权的人经营蚬埕，盈利是不会多的。

福建省农民协会

1950 年春

福州市郊鱼塘调查

一、鱼塘的分布

福州市郊鱼塘的分布，依福州旧有的七城门，即东、南、西、北，水部、井楼、汤门来区分，则鱼塘的面积以南郊占第一位；西郊占第二位；北郊占第三位；东、北、井、汤四郊占第四位。当 1928 年至 1930 年反动派统治的时期，伪国民党省党部委员徐达在近郊包收鱼捐，以充该党部经费。那时全年的捐额为大洋 2000 元，按南郊 50%，西郊 20%，水郊 10%，东、北、井、汤各郊合共 20%的比例摊派，由此也可以概见南郊与西郊的鱼塘在整个市郊中的比重了。

毗邻市区的鱼塘，经济价值较大，而西、南郊地势低洼，易受水灾，宜塘不宜田，因此成为最重要的鱼塘区。但多数是人工挖成的，故口数多，而面积小。如西郊的西豹乡有鱼塘 207 口，面积共为749.71亩，占该乡土地面积 11%强，一般面积仅在 3 至 7 亩之间，小的只有一亩多，大的亦不超过 20 亩。井郊有名的六一泉鱼塘亦只有 18 亩。南郊斗池最大的一口鱼塘，占地不过 20 多亩。

离市区较远的鱼塘区，一般口数少，而面积大，且都是天然形成的；如离市区 20 里的桐口中房村的"中房湖"占地达 500 余亩。侯官乡沙堤著名的莲鱼塘"莲蓬港"，宽约四五丈，长达四五里。洪山桥的"观言湖"，占地 300 余亩。祭酒岭的"张都墓湖"占地也有 200 余亩。但这些鱼塘的经济价值小于毗邻市区的，因此少有专养鱼的。

西豹乡是本市最重要的鱼塘区，本文的说明都以这里的调查材料为根据。

二、鱼塘的占有

市郊鱼塘占有中，共有塘（包括族有、庙有和救济院占有的）达30%－50%，私有塘达50%－70%。共有塘之所以占有很大的比重，是因为鱼塘不像田地那样容易分割，在鱼塘的占有者死后，如果有两个以上的继承人，就往往变为轮收或轮营的鱼塘，这样年代再长久就变为族有的了。兹以西豹乡和西豹乡所属的嘉洋、斗涵、江东三村的情况列表如次：

西豹乡共有、私有鱼塘比较表

项目	全乡总计	共有	私有
口数	207	65	142
亩数	749.71	262.10	487.61
百分比	100.00	34.96	65.04
备注	私产中，外村占有49口，71.79亩。		

嘉洋、斗涵、江东三村共有、私有鱼塘比较表

项目	嘉洋			斗涵			江东		
	全村总计	共有	私有	全村总计	共有	私有	全村总计	共有	私有
口数	67	24	43	47	19.00	28.00	13	5	8
亩数	215.93	92.25	123.68	165.75	82.70	83.05	43.75	14.45	29.30
百分比	100.00	42.72	57.28	100.00	49.89	50.11	100.00	33.03	66.97

共有鱼塘的共有人，尽管各阶层都有，但较多的较好的鱼塘，却为极少数的地主及商业资本家所掌握。如嘉洋村占全村户数不满7%的地主及商业资本家掌握30%以上的共有塘，其中多数还是面积较大的鱼塘及鱼种池；占户数15%的富农及中农阶层，也掌握将近50%的共有塘，而占全村总户数达78%以上的贫农及其他阶层所掌握的，却不及共有塘20%。

至于私有鱼塘的占有情况，则可以西豹乡嘉洋村列表说明之：

西豹乡嘉洋村各阶级（层）鱼塘占有情况表

成份		地主	商业资本家	富农	富裕中农	中农	其他	总计	附注
总户数		11	6	3	11	22	6	59	没有占有鱼塘有：贫雇农60户，小商贩32户，手工业者35户，工人28户，旧职员15户，自由职业6户，店员4户，革命家属4户，合计184户。
无塘户	户数	4	0	2	5	17	5	33	
	百分比	36.36	0	66.67	45.45	77.27	83.33	55.93	
有塘户	户数	7	6	1	6	5	1	26	
	百分比	63.64	100.00	33.33	54.55	22.73	16.67	44.07	

续表

成份		地主	商业资本家	富农	富裕中农	中农	其他	总计	附注
有塘户占有塘面积	口数	11	8	1	6	1	1	28	
	面积(亩)	60.74	40.10	1.72	13.90	1.62	5.60	123.68	
	百分比	49.11	32.42	1.39	11.24	1.31	4.53	100.00	
	每户平均	5.52	5.01	1.72	2.32	1.62	5.60	4.42	
鱼塘赋元		24.296	14.600	0.688	5.560	0.432	2.300	47.876	

依上表嘉洋村私有鱼塘的占有是非常集中的，地主与商业资本家就占有了80%以上。

三、重重剥削下的鱼塘经营

嘉洋村的鱼塘80%以上集中在地主和商业资本家手里，但它们多数不是自己经营，而是出租去剥削他人的。其情况如下表：

嘉洋村鱼塘自营与出租比较表

成份	户数	占有面积(亩)	自营		出租	
			面积(亩)	百分比	面积(亩)	百分比
地主	7	60.74	0	0	60.74	100.00
商业资本家	6	40.10	36.50	91.02	3.60	8.98
富农	1	1.72	1.72	100.00	0	0
富裕中农	6	13.90	13.90	100.00	0	0
中农	5	1.62	1.62	100.00	0	0
其他	1	5.60	0	0	5.60	100.00
总计	26	123.68	53.74	43.45	69.94	56.55

嘉洋村鱼塘自营与租营比较表

成份	户数	经营面积(亩)	自营		租营	
			面积(亩)	百分比	面积(亩)	百分比
商业资本家	4	61.90	36.50	58.97	25.40	41.03
富农	1	1.72	1.72	100.00	0	0
富裕中农	6	62.92	13.90	22.09	49.02	77.91
中农	5	28.87	1.62	5.61	27.25	94.39
贫农	5	16.39	0	0	16.39	100.00

续表

成份	户数	经营面积(亩)	自营		租营	
			面积(亩)	百分比	面积(亩)	百分比
小商贩	2	10.15	0	0	10.15	100.00
手工业者	2	4.27	0	0	4.27	100.00
总计	25	186.22	53.74	28.86	132.48	71.14

依以上二表，鱼塘自营与出租的比例是43.45比56.55，出租稍多；“自营”与“租营”的比例是28.86比71.14，租营较多。西豹乡的小柳、兴园、凤租诸村租营面积都在85%至90%之间。可见经营鱼塘的大部分都要受鱼塘租的剥削。至于共有塘多数是轮营的。

我们一般的可以说，地主及商业资本家多数不经营而只出租鱼塘，富农及中农多数是自营并兼租营鱼塘，而贫农除少数轮营塘外全都是租营的鱼塘。但这还不够显示出鱼塘使用关系中的阶级性质。在近郊经营鱼塘，大约可以分为四类：（一）自塘自营，（二）招股合营，（三）租塘独营，（四）租塘合营。第一类的自塘自营，不但贫农无份，就是中农也占少数，几乎整个属于商业资本家和富农的；第二类的招股合营，则四种成份都有，这在中农及个别的贫农方面，多数是出于没有资金或缺乏资金，不得已才把自己占有的鱼塘与人合营；而在富农及少数商业资本家方面，往往为着缺乏人工，而且有的鱼塘花工多，收益少，与其雇工自营，不若把可以当做长工利用的贫农及一般专做鱼塘雇工的蜒户招来入股，较为合算。至于第三类的租塘独营，多半是属于鱼种池，此种鱼塘可放鱼种，鱼种卖完，又可再放大鱼，收益较多，工本及塘租也较贵，不但不是贫农所能问津，一般中农也不易租到，所以多落到富农手里。只有第四类的租塘合营，在中、贫农阶层中才占多数。

鱼塘的租佃形态，全部是定租，而且是物租，通常是以鱼交租。每亩普通的鱼塘，其租额每年大约是100多斤鱼，上等的鱼塘及鱼种池，每亩租额130斤左右，而下等的也有每亩年租额六七十斤的。

鱼塘租额的高低，除根据一些土质好坏、面积大小（面积愈大经营愈有利）、交通便否等条件之外，还要看交租的时间与次数而定。一般的每年分为三次（阴历正月、六月、八月）或四次（正月、六月、八月、十二月）交租。如在年头一次交清，可照一般的租额减低1/4。除了这种预租之外，也还有所谓“卖年份”的，这多数是一些贫农与贫苦阶层为着生活所迫，在共有塘当轮的时间尚未到来前就将这种当轮的所有权贱价出卖或预先出租，其所得约当一般租额的2/3。

鱼塘的租率约为一般鱼塘每亩产鱼量的（一般的鱼塘每亩可产鱼400至500斤）20%至25%左右，表面上似乎塘租的剥削并不如田地那样的苛重。但不仅经营鱼塘所需成本较大，成本常占产量的50%至55%，而且灾害较多，收获没有保障，如遇到溪洪暴涨，鱼塘周围需要筑围，这又是额外支出，如因水势过猛而池塍崩毁，则塘内之鱼大部逃出，造成严重的意外损失（1947年大水，近郊的鱼塘即普遍受此灾害）。除了水患之外，鱼塘经常会遭遇到的还有一种灾害——鱼瘟，鱼瘟对于鱼的损害程度，有时还大过水灾，农民对于这一灾害，往往是束手无策，听其自然。

撇开灾害不说，就以平常年头计算，经营鱼塘的人除按上述的租额交纳塘租外，照例在年终捕鱼时，还须“进贡”塘主一批池鱼，这种额外的剥削一般称为“鱼例”，其“进贡”的数量，每亩由10余斤至五六十斤不等，如果把这笔“鱼例”加入池租计算，则每亩的租率，当不会低于产量的30%。

鱼塘的经营者，除受塘主的塘租剥削之外，一般的还受另外的两种剥削，其一是养鱼种人的剥削，其二是售卖时经纪人的剥削。

市郊鱼塘饲养的鱼类，主要的是鲢鱼与草鱼，所需鱼苗须从江西鄱阳湖与湖南洞庭湖运来。在过去，每年六七月间照例有江西的“鱼客”挑运来福州售卖，这几年鱼客稀少，一般经营鱼塘的富农及商人，多数集资向外采购（1949年还向汕头采购一批鱼苗用飞机运回）。一般经营鱼塘的中、贫农，既无力直接向外采购，就只有忍受中间商人独占价格的苛重剥削。

售鱼的经纪人，一般称为“数头”，这是经手鱼的买卖并司理账目的意思。“数头”的组织称为“伙”，每“伙”由“数头”及五六个小鱼贩（俗称“担草担”）组成。过去“数头”在市郊中共有十数伙，以南郊为最多，现在还有六七伙，南郊四伙（有时五伙），西郊及井郊各一伙。此外还有所谓“数头存”，实际是小“数头”，多散在东、北、水等郊。

市内各菜馆厨店及鱼市场需要鲜鱼时，由各伙的“担草担”通知“数头”，然后由“数头”指定鱼塘捕捉，“担草担”的利润一般约占售价5%，而“数头”的经手润金照习惯规定只有3%，在表面上似乎还低于“担草担”利润；但实际上“数头”因基于其特殊的地位，对于鱼塘的经营者，存在着类似牙贩的剥削。因为池鱼与海鱼不同，必须有了顾主才好捕捉，而一般养鱼人与市场没有联系，在价格上和过秤的斤两上都要受“数头”的摆布。“数头”一般自己都经营鱼塘，鱼价好时就出卖自己鱼塘的鱼，反之就出卖别人的鱼。“数头”多数又经营种池，贫农及个别中农无力购买鱼种，“数头”就贷以鱼种，在“早水”（阴历六月）捕鱼时，除价格受“数头”操纵外，还须照付40%的利息，如果半赊半现，则另外加息20%以上；有时“数头”还兼贷款给鱼塘的经营者，或预付一部或全部的鱼价，其利息约同于一般农村的高利贷。

商业资本及高利贷者不但剥削鱼塘经营者，而且还兼并鱼塘。据世代经营鱼塘的井郊老农李德馨、周兆俊谈：“抗战前就经营鱼塘的现在已经没有几家了，他们的鱼塘多半都更换了好几个塘主。”又说：“抗战前鱼塘的买卖还比较少数，以后多数因为大洪水、鱼瘟、鱼价跌落各种原因，经营亏本了，就不能出卖。抗战结束后，鱼塘的抵押与买卖越发加多，买鱼塘的多半是福州的商人，如洋头口吉时有店后有名的‘担八’池，有15亩大，大前年被中亭路一家金铺买去，不久又以130两黄金的代价卖给另外一个商人。井郊马清水的鱼塘这几年就经过好几次的买卖与抵押。”

在地租、商业资本、高利贷、捐税以及其他各种剥削联合进攻之下，鱼塘的经营是在逐渐衰退中，最明显的表现就在大部分的独资经营者已感到资金枯竭难以支撑残局，而不得不改为合营，拉一些专做鱼塘工的蜒户或鱼工加入股份。在嘉洋村合营占经营面积70%以上。但是直接生产者在生产组织中的地位是不足道的，生产的果实大部分还是通过地租、商业资本、高利贷者而落到地主、商人手里去了，使直接生产者对生产的关心减少，以致偷工减料，使经营趋于粗放。同时占相当大的比重的轮营鱼塘，因若干年才轮得到一次，经营者也往往不注意加以改良，而且有掠夺鱼塘生产力的现象。

福建省农民协会
1950 年春

福州市郊果地调查

一、概说

福州市郊果产种类甚多，而以柑、桔、荔枝、龙眼、桃、梨为主，其次如李、橄榄、香蕉、黄皮果等产量也颇为可观。柑、桔主要分布于南台岛的义序、螺洲等乡；荔枝、龙眼主要分布于凤岗、洪塘及甘蔗以北的沿江各村；桃、梨则主要分布于鼓山区旧有的双岳乡各村。我们对市郊的果地没有作普遍的调查，只就义序乡的柑、桔和鼓山区的桃、梨作为选样调查。

义序乡的果树以柑、桔为多，尤以浦口、尚保、中山 3 个保的红桔占主要地位。所产的红桔除供应福州市的消费外，在海运畅通的时候，并大量出售于上海、青岛、烟台、天津以及南洋各地，在销路旺盛时期，一担桔可换米 120 斤至 130 斤。而在抗战期间，因海口封锁，桔业曾衰落一时。抗战胜利后，桔业随着交通的恢复又慢慢的好转。福州解放以来，由于沿海受蒋匪的骚扰，桔子销路暂时又呈阻塞，所以去年每担桔子只换米 40 斤，其价格只有最好年成的 1/3。人民政府为了照顾桔农的生产，在公粮负担上特按赋元的七折优待，然桔农终因过去所受的损失太大，对于桔业的经营不感兴趣，个别的佃农对桔业采取消极的态度，不但不下肥料，而且也不除草灭虫，所以就目前来说，桔业暂时还是衰退的，唯有在台湾解放以后，海外贸易畅通，才能恢复生产。

鼓山区的果树以桃、梨为主，过去水蜜桃曾经驰名省外，抗战前傍山的各村，特别是较场、竹屿、李园、箔岭、潭下等村，都盛产水蜜桃，近几年来各村桃树所存无多，除箔岭栽植水蜜桃的还占总户数 50%以外，只有潭园保（现改为乡，潭下、园中、东山各村属之）各村还有继续大批种植。

鼓山区的桃、梨主要是分布在旧有的双岳乡，而以潭下等村为最多，其分布如次：

潭下——桃树大者 300 余株，小者（今年或去年才栽的）三四千株。桃树中的水蜜桃占九成，红桃约占一成。每家都栽梨，株数约等于桃树的六成，十之八九都是花梨与台湾梨。天水梨约占 1/10。板桥——桃树大者 200 余株，小者较少，梨树大者 10 余株，小者约二三百株。湖尾——桃树大者百株，小者数十株，梨树大者约 30 株，小者数十株。山重——桃树小者数十株。东山——桃树小者约 100 株，梨树大者约 80 株，小者约 1000 株。园中——梨树小者百余株。箔岭——桃树大者 200 余株。

二、占有情况

就我们所调查过的闽侯县义序乡与福州市的鼓山区而言，果地的占有情况大体是这样的：

义序乡的橘园面积为565.73亩，占全部耕地面积30.6%，其中属于族有的有33.4亩，其余属于私有的。各阶层占有果地的情况如下：

义序乡各阶级（层）果地占有情况表

成份	户数		人数		果地占有		每户平均	每人平均
	户数	百分比	人数	百分比	面积	百分比		
地主	13	1.60	171	4.45	109.79	20.62	8.45	0.64
富农	12	1.47	106	2.76	56.14	10.55	4.68	0.53
富裕中农	9	1.11	62	1.62	18.28	3.43	2.03	0.29
中农	93	11.42	576	15.00	138.16	25.95	1.49	0.24
贫农	304	37.35	1416	36.89	121.95	22.91	0.40	0.09
小商	51	6.26	257	6.69	41.57	7.81	0.82	0.16
小贩	90	11.06	322	8.39	5.43	1.02	0.06	0.02
工人	194	23.83	747	19.46	18.52	3.48	0.10	0.02
自由职业	20	2.46	76	1.98	1.70	0.32	0.09	0.02
贫民	28	3.44	106	2.76	20.79	3.91	0.74	0.20
总计	814	100.00	3839	100.00	532.33	100.00	0.65	0.14
附注	“小商”阶层中可能包括二三户商业资本家，但因资料不全，未划出。							

鼓山区各阶层占有果地的情况可以潭下村为例：

潭下村地主、富农占总户数3%，占有果地20%以上，除一部分自行种植外，多数出租。中农占总户数20%，占有果地30%以上，多数自种，少数出租。贫农占总户数70%以上，占有果地不及50%，除自耕外，一部分租种，一部分向较远山地开荒种植。

三、剥削情况

种植桔树一般要经过6年的时间才能结果，同时肥料、人工等的成本比之普通作物为大，所以桔园的佃租形态及租额常视桔树的大小及人工、肥料如何负担而定，在义序乡约有下列几种不同的租佃关系：

甲、业主只出土地，所有树苗、肥料、除虫、剪枝等等一概由佃农负责，最初三年是种粮食，每亩每年纳地租1担谷子，后三年不纳租，6年后有桔子收成时由主佃对分。

过去还有交纳谷租的，业主每年向佃户收定谷租，每亩300斤，这种租佃关系，现在已不存在了。此外还有交纳钱租的，但因为抗战期中币值一再暴跌的结果，十余年前就没有了。

乙、业主出地及树苗，其余如施肥、除虫、剪枝等所需人工及农本全由佃户负担。前三年副产物对分，后三年不纳租，6年后桔子有收成时主佃对分。但在15年或20年后业主有权全部收回。

丙、业佃合资购买树苗、肥料，而剪枝、施肥等所需人工则由佃农负责，最初三年副产物对分，后三年不纳租，6年后桔子收成对分。

丁、业主将已长成的桔园出租，其情形如下：

（一）肥料人工由佃农负责，收成时佃户得四成业主得六成。

（二）肥料由业主负责，人工由佃户负责，收成时佃户得三成业主得七成，这种租佃关系现在已不存在于本乡了。

戊、业主出地，桔苗合资购买，肥料、除虫、剪枝由佃户负责，收成时佃户得45%，业主得55%。

义序乡的桔子将成熟时，福州市商人即组织桔厂下乡收桔，在桔园里搭下草棚，直接向各桔户收购，先酌交部分定钱，待脱售后付清。桔厂商向桔户购买时要通过中间人（经纪人），他们从中剥削佣钱，一般是商人出3%，桔户出2%。

鼓山区果地的租佃关系多是定期的，大约15至20年为期。佃租基本上是属于定租，但自承租之日起每亩逐年递增租米20余斤，亦有承租三年内不纳租（因为桃三年内不能结实），第四年起才纳租，其租额约较前者高出一倍。其所出产的桃、梨，有的自行挑市售卖，惟一般均缺乏人工，且挑卖数量有限，多数均投牙或出樸（预卖）。投牙之价格仅等于售价六成；出樸则所得更少，普通约仅及售价五成。出樸的方式有两种，一种论担，一种论株。论担者在成熟时出樸，自行采摘，按担计算。此与投牙相似，所不同者投牙须自己挑往，出樸则承樸者须自行来挑（此种人多为果贩）。论株者，大约在成熟六七成时即按株计算出卖，被牙贩剥削更大。在潭下乡种植桃、梨者有时因缺乏肥料或食粮，可向果牙或果贩借贷，桃、梨成熟时必须向其樸卖。此种贷款从表面看虽然是没有利息或仅有薄息，但果品售价仅及市价的二三成或三四成，其剥削比之一般利息更重。

通常在果子快成熟时，承包人为免被小偷偷摘，多请人看管，这些看管的人多是当地流氓头子，或是当地有“声望”的人。因为如果不请这些人看管，他们就会来玩弄花样，如西豹村的荔枝在收成时承包人得抽出20%的果子给看管者当酬劳，此外果地主人和承包者双方，又各须抽出5%至10%的收获给介绍人作佣金。

四、生产情况

在上述的剥削情况下，果业的生产成果大部分是被地主、果贩和果牙等窃取去了，果农无力再用以维持或扩大果业生产。特别是抗战时受战争影响和本省海口被日寇封锁，解放以后又被美蒋残余匪帮封锁，销路受阻，果业生产的维持是十分困难的。其衰落情况可自以下的事实略窥一斑：

首先，跌价亏本的情况。普通每亩果地可产橘子7担，抗战前每担可换米120斤，共可换米840斤。普通田地每亩可产谷500斤，折米350斤。所以普通果地较之普通田地每亩可多产490斤米。在解放前海口未被封锁，每担橘子还可换米100斤，每亩地比每亩田地可多得米350斤。但解放以后，海口被封锁，销路受阻，橘价暴跌，每担仅可换米40斤；计算每亩果地要亏本70斤米左右。

水蜜桃及天水梨在丰收时每亩果地收益可等于3亩稻田。依常年价格，水蜜桃1斤可换米

1 斤，红桃 1 斤可换米0.5斤，天水梨 1 斤可换米1.5斤，花梨 1 斤可换米 12 两，台湾梨 1 斤可换米 10 两。但近年来价格猛跌，经营者亏本累累，因而多停止经营或改种粮食（如抗战时期）。如抗战前鼓山区多数乡村，特别是较场、竹屿、箔岭各村都盛产水蜜桃，现在则所余无多了。连以水蜜桃著名的合成农场现在也没有几株了。

其次，租营果地需要 13 年才能收回成本（即自营也要 10 年才能收回成本）。但是义序乡有 60%的果地未满 13 年就被地主收回去了，致使租营果地者裹足不前。

第三，生产量下降。根据义序乡的浦口、尚保、中山 3 个保的调查，橘子减产的情况如下表：

义序乡浦口、尚保、中山三保各时期桔子产量比较表

项目	老龄桔树			中龄桔树			幼龄桔树			总面积（亩）	总产量（担）
	面积	株树	年产量（担）	面积	株树	年产量（担）	面积	株树	年产量（担）		
抗战前	163.18	20	815.9	407.90	50	2855.300	244.77	30	244.770	815.85	3915.97
抗战中	123.18	20	615.9	307.90	50	2156.300	184.77	30	184.770	615.85	2956.97
抗战后	266.36	40	1131.8	169.77	30	1188.390	169.77	30	169.770	605.90	2489.96
解放后	282.86	50	1414.3	131.15	20	791.022	169.72	30	169.719	583.73	2375.04
备注	抗战中开辟机场占去 200 亩抗地，战后扩充 50 亩地。										

从上表可看出，福桔的产量在各个时期中逐渐减少。目前的产量仅及抗战以前的六七成，产值仅及战前的二三成。

第四，老龄的桔树多，中龄和幼龄的桔树少。如义序乡老龄桔树占 50%，中龄桔树占 20%，幼龄桔树占 30%。按福桔 40 至 60 年为老龄，20 至 40 年为中龄，6 至 20 年为幼龄。每株桔树年产量：老龄可产 40 至 50 斤，中龄可产 100 斤，幼龄可产 10 斤。这样不但表示目前的产量少，而且将来还有减产之势。

福建省农民协会

1950 年春

惠安县后楼村盐区调查

一、概说

后楼村在惠安县东北，距城30华里，是惠安县山腰乡的1个自然村。村后靠山，山上多石头，不生草木。村前临湄洲湾，海滩多水但没有鱼，居民多经营盐业。全村79户，443人，占有盐坎2921坎（坎的面积约一丈见方），平均每人占6.6坎。居民中约68%经营盐坎，56%依靠经营盐坎为其主要生活来源。凡直接与盐发生关系的，包括晒盐、挑盐（工人）、运输（商人）及靠收盐租吃饭的在内，达总人口的80.4%。全村占有田地122.9亩，平均每人占有0.29亩，分散在96%的居民手里。人口密集，土地少，分散而且瘦瘠，居民多靠盐为生，但亦重视农业，这是后楼村的基本特点。因此我们根据生产资料的占有与使用关系来分析阶级时，必须增加盐主、富盐、富中盐、中盐、贫盐等阶层，才能符合本村的具体情况。

后楼村各阶级（层）户口概况表

项目	户数		人数			
	户	占总户数百分比	男	女	合计	占总人数百分比
盐主	1	1.27	2	5	7	1.58
富盐	1	1.27	7	5	12	2.71
富裕中盐	5	6.33	15	16	31	7.00
中盐	17	21.52	46	45	91	20.54
贫盐	20	25.31	63	50	113	25.51
中农	10	12.65	38	32	70	15.80
贫农	16	20.25	32	37	69	15.58
工人	1	1.27	3	2	5	1.13
商业资本家	2	2.53	8	13	21	4.74
小商贩	2	2.53	5	2	7	1.58
自由职业	1	1.27	3	3	6	1.35
职员	2	2.53	4	5	9	2.03
其他	1	1.27	1	1	2	0.45
合计	79	100	227	216	443	100

盐主兼商业资本家1户，本人在香港作证券交易，讨了小老婆，每年约寄回银元500块，家里7口人，大老婆在家收盐租及田租，管理家务。自耕小部分田，雇工1人，解放前买了许

多材料，预备造洋房。富盐1户，家12口，5个劳动力，占有盐坎223坎，出租60坎，自晒163坎。劳动力不够，要雇工帮晒，长子全家3口，在南洋经商（杂货店），常寄款回家。这户富盐兼放高利贷，年利普通80%，解放后（1949年10月）开始建筑“五间张楼”，停止放债。商业资本家2户，都是运盐商人，出租盐坎94坎，生活很好；现因交通不便，运盐有困难，在家坐吃老本，预备改行。工人1户，是靠挑盐为生的（贫盐、贫农挑盐的也很多），现在挑盐的时候少，靠帮零工维持，如替商家到枫亭镇（仙游县）打货、一天来回60里，可赚米5斤，每天三餐地瓜干，勉强糊口。中盐是指一般占有盐坎不剥削别人，也不受剥削或受轻微剥削的户。本村17户中盐一般缺口粮2个月，参加挑盐的很多。贫盐占有较少的盐坎，都被迫出卖劳动力。盐民中都附带从事农业劳动，经营少量土地，一般中盐、中农除年节食干饭外，与贫盐、贫农一样终年食地瓜干及麦，生活非常困苦。

本村多数姓庄，宗族封建势力浓厚，有大房、小房和顶乡三派，大、小房靠海而居，是强房，顶乡离海较远，是弱房。可以兴筑盐坎的海滩地带全属于大、小房所有。各宗派之间时因小事细故被封建势力者挑拨利用而发生械斗。

由于国民党反动派的长期搜括，盐民生活日趋困苦，山腰盐民曾群起反抗，国民党反动派除以武装镇压盐民暴动外，并于1938年组织盐民联合社（1945年改晒户联合社），以加强对盐民的控制，规定凡自营或租营盐坎的晒户必须参加，每一联合社设一公堆，晒户所收成的盐，必送交公堆集中，由场方统一销售，联合社社长由反动派指定，所以多数社长都是掌握在封建上层人物的手里。如盐主庄国宗是小房里长房的房长，其堂弟当了伪乡长，他便做两个公堆的社长。社长包办社内一切事项，如管理公堆，过秤晒户的盐，发放盐本、盐贷（伪盐局发给盐民的盐价叫做盐本，在盐尚未销出时，先发一部分的盐本贷款，叫做盐贷）及挑运等，造成社长剥削盐民发财的机会，解放前盐本天天低落（到解放时每担盐只值3斤米），加以社长串通伪场务人员共同舞弊，将盐本挪去周转，盐民遭受更大的损失，甚至不能维持起码的生活，山腰盐民曾以各种行动来反对国民党反动派的压迫与剥削，如包围盐场要求提高盐本，大量的集体走私等。

解放前，盐民过着牛马般的生活，早就渴望着解放，因此当人民解放军大规模向闽南进军的时候，山腰盐民就在地方党领导下强迫伪盐警放下了武器，共同接管了伪盐务局及惠安县城（当时有少数已参加工作）。

二、盐坎的占有与经营

甲、盐坎的占有

本村占有盐坎2921坎，若以全村79户，443人平均计算，每户可占36.97坎，每人可占6.6坎，而实际上各阶层占有盐坎的情况并不这样平均。

后楼村各阶级（层）占有盐坎统计表

成份			盐主	富盐	富裕中盐	中盐	贫盐	中农	贫农	工人	商业资本家	小商贩	职员	自由职业	其他	总计
总户数			1	1	5	17	20	10	16	1	2	2	2	1	1	79
总人数			7	12	31	91	113	70	69	5	21	7	9	6	2	443
占有盐坎	户数	户数	1	1	5	15	14	5	1	0	2	0	0	1	0	45
		百分比	2.22	2.22	11.11	33.34	31.11	11.11	2.22	0	4.45	0	0	2.22	0	100.00
	人数	人数	7	12	31	82	86	48	6	0	21	0	0	6	0	299
		百分比	2.34	4.01	10.37	27.43	28.76	16.05	2.01	0	7.02	0	0	2.01	0	100.00
	盐坎数合计		120	223	555	934	670	294	12	0	94	0	0	19	0	2921
	百分比		4.11	7.63	19.00	31.98	22.94	10.06	0.41	0	3.22	0	0	0.65	0	100.00
	自营	坎数	0	163	535	934	670	142	12	0	0	0	0	19	0	2475
		占本阶层占有百分比	0	73.09	96.40	100.00	100.00	48.30	100.00	0	0	0	0	100.00	0	84.73
	出租	坎数	120	60	20	0	0	152	0	0	94	0	0	0	0	446
		占本阶层占有百分比	100.00	26.91	3.60	0	0	51.70	0	0	100.00	0	0	0	0	15.27
	每户占有平均		120.0	223.0	111.0	62.3	47.9	58.8	12.0	0	47.0	0	0	19.0	0	64.9
	每人占有平均		17.1	18.6	17.9	11.4	7.8	6.1	2.0	0	4.5	0	0	3.2	0	9.8

由上表可以看出本村实际占有盐坎的为 45 户，占总户数 79 户的56.96%，人数为 299 人，占总人数 443 人的67.49%。

如果我们单就以盐为生的 5 个阶层来看，盐主 1 户，有 120 坎，富盐 1 户有 223 坎，共占总坎数的11.74%。而73.92%的盐坎，是掌握在富裕中盐、中盐、贫盐手里。其他14.34%则分散在中、贫农、商业资本家及自由职业者手中。因此本村盐坎的占有是不平均的，但也不算十分集中。

乙、盐坎的经营

（一）各阶层经营方式与剥削情况

全村经营盐坎的有 52 户，302 人，总共经营 3397 坎，现在把各阶层经营的盐坎数列表如下：

后楼村各阶级（层）经营盐坎统计表

成份	总户数	总人数	经营盐坎											
			户数	百分比	人数	百分比	经营盐坎数	占经营总坎数百分比	自营		租入		每户平均	每人平均
									坎数	占本阶层百分比	坎数	占本阶层百分比		
盐主	1	7	0	0	0	0	0	0	0	0	0	0	0	0
富盐	1	12	1	1.92	12	3.97	163	4.80	163	100.00	0	0	163.00	13.58
富裕中盐	5	31	5	9.62	31	10.26	535	15.75	535	100.00	0	0	107.00	17.26
中盐	17	91	17	32.69	91	30.13	1211	35.65	934	77.13	277	22.87	71.23	13.31
贫盐	20	113	20	38.46	113	37.42	1069	31.47	670	62.68	399	37.32	53.45	9.46
中农	10	70	5	9.62	34	11.26	268	7.89	142	52.99	126	47.01	53.60	7.88
贫农	16	69	3	5.77	15	4.97	132	3.88	12	9.09	120	90.91	44.00	8.80
工人	1	5	0	0	0	0	0	0	0	0	0	0	0	0
商业资本家	2	21	0	0	0	0	0	0	0	0	0	0	0	0
小商贩	2	7	0	0	0	0	0	0	0	0	0	0	0	0
职员	2	9	0	0	0	0	0	0	0	0	0	0	0	0
自由职业	1	6	1	1.92	6	1.99	19	0.56	19	100.00	0	0	19.00	3.16
其他	1	2	0	0	0	0	0	0	0	0	0	0	0	0
总计	79	443	52	100.00	302	100.00	3397	100.00	2475	72.86	922	27.14	65.33	11.25

由上表中可以看出，盐坎的经营除了盐民之外，中、贫农也经营了一小部分。在经营各阶层中，每户平均最多的是富盐（163坎），而每人平均最多的则为富裕中盐（17.26坎）；富盐、中盐每人平均13坎多，其他各阶层每人平均都在7.88至9.46坎间，由此可见本村盐坎的经营是分散零碎的。

本村盐坎的经营方式是以自晒为主，自晒占总经营坎数的72.86%，故租佃的关系较少，除盐主（1户120坎）及商业资本家（2户94坎）占有的盐坎全部出租外，其他占有盐坎的各阶层绝大部分都是自晒，富盐1户自晒的占占有坎数73.1%，富裕中盐自晒的占96.4%，全村仅有15.27%的盐坎出租。其中中农这一阶层出租的较多，计有152坎，但其租入的也有126坎。其他中、贫盐及贫农经营的盐坎部分系租入的。租入与租出间的差额476坎系本村人租用外村人在本村占有的坎数。

租额的高低决定于盐场的好坏及盐坎的远近，盐坎好、产量多的，佃户只能得四成；盐坎坏或坎座远、产量少、劳动费得多的，佃户常得六成，一般是五成。

租佃关系中有一个显著的特点，就是佃户只出劳力，其他筑围堤、铺盐坎、修卤埕及主要晒盐工具如水车、戽斗、盐抓、盐篮等全归业主负责。这在表面上看来似乎业佃负担相当的合理，而实际上并不然，每经营盐坎30坎，需要器材费101.5斤米，修补埕坎费100斤米，晒盐工500斤米，挑盐工75斤米，共计需费776.5斤米。盐主出器材和埕坎修补费，即201.5斤米，占总费用的25.95%；佃户出晒盐工、挑盐工，即575斤米，占总费用的74.05%。可见业佃的负担并不公平合理，坎租剥削还是很苛重的。

佃户所受的剥削还不止此。30坎平均产盐180担，需成本776.5斤米，每担盐成本为4.31斤米，国民党反动政府每担盐只给盐本3斤米，由业佃平分。这样计算起来，经营盐坎究竟是谁占了便宜，谁亏了老本，是再清楚不过了。

后楼村盐主和佃户经营盈亏情况表

项目	每担成本(米)	百分比	每担盐本(米)	百分比	盈(米)	亏(米)
佃户	3.19斤	74.01	1.5斤	50	0	1.69斤
盐主	1.12斤	25.99	1.5斤	50	0.38斤	0
合计	4.31斤	100.00	3.0斤	100	0	1.31斤

国民党反动派统治时期，佃户受到双重的剥削，所得盐本不够工资，解放后盐本提高到每担5斤，1950年5月份又增至7斤，因此盐民所得渐接近成本。

（二）制盐过程与生产量

山腰盐场制盐都用晒制，其过程是：当朔望之日，涨潮之先或退潮的时候，打开水闸，使海水入潮沟，海水经潮沟流入卤埕（共三四个埕，第一埕水较深，俗称深水埕，第二埕起水较浅，俗称浅水埕），任风吹日晒，海水经过这段时期蒸发变成浓卤，再灌进盐坎吹晒，夏、秋旺季即日可成盐，春、冬（淡季）则经三四日始成。倘遇大雨将卤水冲淡，得将储水池中的淡水取出，重新再制，卤井的设备即为了这个原因。

山腰盐场由于开始时无计划的建坎，第二埕高于第一埕，因之要使第一埕的卤水到第二埕，必需用人工车水或戽水，这便成了山腰盐民在制盐过程中的主要劳动。尤其在夏、秋之间，产盐最多的时候（旺季），他们清早就去车水，下午则扒盐（从盐坎中扒出结晶的盐），扒好的盐要交公堆，然后再把卤水戽进坎内，让它蒸发。春、冬则相反，大部时间不能晒盐，若遇雨季有连续月余不能下埕作事的。每年气候晴雨不同，晒盐的日子也不等，平均每年可晒盐100天（看气候）。每坎产盐数量与盐坎的好坏大小都有密切的关系。若以每坎一丈见方计算，则平均每坎年产盐600斤（以100天计）。

每坎每日产量情况表

等级	普通(斤)	旺季(斤)	淡季(斤)
上等盐坎	9—12	14—18	6—8
中等盐坎	6—8	9—12	3—5
下等盐坎	4—6	6—8	1—3

（三）劳动力使用情况

在晒盐过程中雇工的，都是占有较多盐坎的富盐及富裕中盐，但都是雇的零工，又以童工为最多。童工工资低廉，约为大工的1/3，由于扒盐（收盐）的时候在下午，所以常雇半工，大工5斤米，童工1.5斤米，大工作半天工3斤米，童工1斤米。

除此外，在七、八、九月（旧历）修围堤时，雇工就比较普遍，这时雇主的成份不一定是富盐或富裕中盐，就是贫苦盐民，为了及时修好堤防止海水泛滥，也得要雇工，自己有空，又去给别人帮工，工资每日5斤米。其间没有换工互助。

全村计参加主要劳动的89人，附带劳动的83人，平均每劳动力晒盐26.03坎，其中农民及自由职业均附带经营。若单以盐民（富盐、富裕中盐、中盐、贫盐）计算，平均每劳动力经营28.77坎，据调查各阶层参加劳动情形如下：

后楼村各阶级（层）参加盐业劳动情况表

成份	总户数	总人数	参加盐业劳动户数	盐户劳动力情况							实际参加盐业劳动情况					经营盐坎数	每主要劳动力平均经营盐坎数
				全劳动力		半劳动力		无劳动力		合计	主要劳动		附带劳动		合计		
				男	女	男	女	男	女		男	女	男	女			
盐主	1	7	0	0	0	0	0	0	0	0	0	0	0	0	0	0	0
富盐	1	12	1	5	4	1	0	1	1	12	3	0	0	4	7	163	32.6
富裕中盐	5	31	5	10	8	1	1	4	7	31	9	1	1	10	21	535	34.5
中盐	17	91	17	19	21	7	8	20	16	91	22	6	2	20	50	1211	31.1
贫盐	20	113	20	25	23	6	6	32	21	113	23	5	6	26	60	1069	24.3
中农	10	70	5	10	8	1	4	7	4	34	8	4	2	7	21	268	16.2
贫农	16	69	3	3	5	1	0	2	4	15	4	2	1	3	10	132	16.5
工人	1	5	0	0	0	0	0	0	0	0	0	0	0	0	0	0	0

续表

成份	总户数	总人数	参加盐业劳动户数	盐户劳动力情况							实际参加盐业劳动情况					经营盐坎数	每主要劳动力平均经营盐坎数
				全劳动力		半劳动力		无劳动力		合计	主要劳动		附带劳动		合计		
				男	女	男	女	男	女		男	女	男	女			
商业资本家	2	21	0	0	0	0	0	0	0	0	0	0	0	0	0	0	0
小商贩	2	7	0	0	0	0	0	0	0	0	0	0	0	0	0	0	0
职员	2	9	0	0	0	0	0	0	0	0	0	0	0	0	0	0	0
自由职业	1	6	1	3	1	0	1	0	1	6	2	0	0	1	3	19	7.6
其他	1	2	0	0	0	0	0	0	0	0	0	0	0	0	0	0	0
总计	79	443	52	75	70	17	20	66	54	302	71	18	12	71	172	3397	26.0
				145		37		120			89		83				
备考	经营盐坎数项中是以每主要劳动力平均计算。2个附带劳动合1个主要劳动计算(参加盐业劳动)。盐户劳动力情况是按年龄划分。																

从表中看出，富盐经营较多的盐坎，平均每劳动力经营32.6坎。而山腰盐坎平均每劳动力晒盐的工作能力是25至30坎。富盐因为劳动力不够，须常雇工。就是贫盐在旺季也是很忙的，但全年平均晒盐只100天，若自晒的包括筑堤、铺坎也只142个工就够了。忙的时候感到人不够，淡季或落雨则空时间又很多。后楼每逢旧历十二月、正月、二月，赌博的风气特别盛行，这是与盐民的空闲有关系的。

国民党反动统治时期，劳动力有下面几种出路：

（甲）挑盐：要是盐销路好，这是盐民的一个主要副业，不过在国民党反动统治时工资低微，且由社长包办，从中剥削，而挑盐的次序混乱往往引起纠纷，弱者常挑不到盐。近年来销路不畅，挑盐的比较减少。

（乙）种地：全村中每人平均仅有地0.28亩，所以大都自己使用，盐民除晒盐外还能够而且必须从事农业劳动。

（丙）帮工：一般居民除从事于盐业和农业劳动外，还得要被雇去作短工来维持家庭生活。在盐忙和农忙时，被雇的机会较多。

（丁）走私：反动派长期的统治，盐民受压迫日甚，盐本低而且不按时发放，盐民大都被迫走私。解放前走私愈来愈多由个别、小量、暗地的到集体、大量和公开的走私，当时走私1担盐，即可赚米20斤，盐民不但靠以解决了生活困难，而且都积蓄了些钱。

最普遍和最重要的就是从事农业生产，其他如养蛏、讨蛏及兼手工业者为数极少。

三、作为副业的农业生产

甲、耕地的占有

本村耕地很少，总共只有122.9亩，其中田地70.8亩，农地52.1亩，而且其占有情况是非常分散的。有地的户数76户，占总户数96.2%，有地的人数425人，占总人口的95.94%，只有3户贫盐没有耕地，这里没有地主、富农，90%以上的土地是掌握在劳动人民手里，在这里农田已经不是主要的财产了。

后楼村各阶级（层）耕地占有情况表

（此表见P910——编者）

乙、耕地的经营

（一）经营方式与地租剥削

各阶层占有的土地大多数是自耕，除中、贫农外皆以此为补助收入，出租的土地很少，在这里土地已经不是主要的剥削手段。

后楼村各阶级（层）出租与自耕比较表

（此表见P911——编者）

盐主及商业资本家不但出租田地、农地，而且也经营一部分田地、农地，这些人自己是不参加劳动的，完全靠雇工经营。这里雇工的主要形式是零工，很少雇长工或短工，零工每天工资通常是大米5斤。

上表中也可以看出，佃入的11.1亩田、农地（占全村经营面积8.89%）比出租的9.15亩田、农地（占全村占有总面积7.45%）为多，同时佃入的不一定是中、贫农。中、贫盐同样也佃入田、农地，而且比中、贫农为多，兹将各阶层租佃户数、人口及田、农地面积列表如下：

后楼村田、农地租佃关系统计表

（此表见P912——编者）

由此可看出，除中、贫农佃入田、农地经营外，中、贫盐因劳动力有剩余也佃入部分田、农地附带经营。其租佃形态有两种：

（甲）分租：此种形态较为普遍，对分的，种子、肥料业佃各出一半，收获物和草都对分。一二分的，种子、肥料由业主出，收获物，佃户得1/3，业主得2/3。地瓜的分法略有不同，地瓜成熟后，在田上分段，业佃各自去收。

后楼村各阶级（层）耕地占有情况表

成份			盐主	富盐	富裕中盐	中盐	贫盐	中农	贫农	工人	商业资本家	小商贩	职员	自由职业	其他	总计
总户数			1	1	5	17	20	10	16	1	2	2	2	1	1	79
总人数			7	12	31	91	113	70	69	5	21	7	9	6	2	443
有地户数			1	1	5	17	17	10	16	1	2	2	2	1	1	76
占有地总户数百分比			1.32	1.32	6.58	22.37	22.36	13.15	21.05	1.32	2.63	2.63	2.63	1.32	1.32	100.00
有地人数			7	12	31	91	95	70	69	5	21	7	9	6	2	425
占有地总人数百分比			1.65	2.82	7.29	21.41	22.35	16.47	16.24	1.18	4.94	1.65	2.12	1.41	0.47	100.00
耕地占有	合计(亩)		4.20	1.10	12.15	20.90	20.85	28.70	20.20	0.30	6.00	2.50	1.70	1.90	2.40	122.90
	占总面积百分比		3.42	0.90	9.89	17.01	16.96	23.35	16.44	0.24	4.88	2.03	1.38	1.55	1.95	100.00
	每人平均(亩)		0.60	0.09	0.39	0.23	0.22	0.41	0.29	0.06	0.29	0.36	0.19	0.32	1.20	0.29
	田地	面积(亩)	0.50	1.10	11.65	13.70	18.65	13.50	6.20	0.30	0.40	1.40	0.70	0.30	2.40	70.80
		占本阶层占有数百分比	11.90	100.00	95.88	65.55	89.45	47.04	30.69	100.00	6.67	56.00	41.18	15.79	100.00	57.61
		每人平均(亩)	0.07	0.09	0.38	0.15	0.19	0.19	0.09	0.06	0.02	0.20	0.08	0.05	1.20	0.17
	农地	面积(亩)	3.7	0	0.5	7.2	2.2	15.2	14.0	0	5.6	1.1	1.0	1.6	0	52.1
		占本阶层占有数百分比	88.10	0	4.12	34.45	10.55	52.96	69.31	0	93.33	44.00	58.82	84.21	0	42.39
		每人平均(亩)	0.53	0	0.02	0.08	0.03	0.22	0.20	0	0.27	0.16	0.11	0.27	0	0.12

后楼村各阶级（层）出租与自耕比较表

成份		盐主	富盐	富裕中盐	中盐	贫盐	中农	贫农	工人	商业资本家	小商贩	职员	自由职业	其他	总计
总户数		1	1	5	17	20	10	16	1	2	2	2	1	1	79
总人数		7	12	31	91	113	70	69	5	21	7	9	6	2	443
有地户数		1	1	5	17	17	10	16	1	2	2	2	1	1	76
有地人数		7	12	31	91	95	70	69	5	21	7	9	6	2	425
占有面积(亩)		4.20	1.10	12.15	20.90	20.85	28.70	20.20	0.30	6.00	2.50	1.70	1.90	2.40	122.90
自耕(亩)	合计	1.70	1.10	12.15	20.90	20.85	27.90	18.85	0.30	2.60	1.40	1.70	1.90	2.40	113.75
	占本阶层占有面积百分比	40.48	100.00	100.00	100.00	100.00	97.21	93.32	100.00	43.33	56.00	100.00	100.00	100.00	92.55
	田地	0	1.10	11.65	13.70	18.65	12.70	5.70	0.30	0.40	1.10	0.70	0.30	2.40	68.70
	农地	1.70	0	0.50	7.20	2.20	15.20	13.15	0	2.20	0.30	1.00	1.60	0	45.05
出租(亩)	合计	2.50	0	0	0	0	0.80	1.35	0	3.40	1.10	0	0	0	9.15
	占本阶层占有面积百分比	59.52	0	0	0	0	2.79	6.68	0	56.67	44.00	0	0	0	7.45
	田地	0.50	0	0	0	0	0.80	0.50	0	0	0.30	0	0	0	2.10
	农地	2.00	0	0	0	0	0	0.85	0	3.40	0.80	0	0	0	7.05

后楼村田、农地租佃关系统计表

成份			地主	富盐	富裕中盐	中盐	贫盐	中农	贫农	工人	商业资本家	小商贩	职员	自由职业	其他	总计
总户数			1	1	5	17	20	10	16	1	2	2	2	1	1	79
总人数			7	12	31	91	113	70	69	5	21	7	9	6	2	443
出租	户数	户数	1	0	0	0	0	1	2	0	2	1	0	0	0	7
		占本阶层户数百分比	100.00	0	0	0	0	10.00	12.50	0	100.00	50.00	0	0	0	8.82
		占出租户数百分比	14.29	0	0	0	0	14.29	28.57	0	28.57	14.29	0	0	0	100.00
	人口	人数	7	0	0	0	0	18	7	0	21	4	0	0	0	57
		占本阶层人口百分比	100.00	0	0	0	0	25.71	10.14	0	100.00	57.14	0	0	0	12.87
		占出租人口百分比	12.28	0	0	0	0	31.58	12.28	0	36.84	7.02	0	0	0	100.00
	亩数	合计	2.50	0	0	0	0	0.80	1.35	0	3.40	1.10	0	0	0	9.15
		田地	0.5	0	0	0	0	0.8	0.5	0	0	0.3	0	0	0	2.1
		农地	2.00	0	0	0	0	0	0.85	0	3.40	0.80	0	0	0	7.05
	占出租总数百分比		27.32	0	0	0	0	8.74	14.76	0	37.16	12.02	0	0	0	100.00
租入	户数	户数	0	0	0	4	7	1	6	0	0	0	0	0	0	18
		占本阶层户数百分比	0	0	0	23.53	35.00	10.00	37.50	0	0	0	0	0	0	22.78
		占总租入户数百分比	0	0	0	22.22	38.89	5.56	33.33	0	0	0	0	0	0	100.00
	人口	人数	0	0	0	29	36	6	24	0	0	0	0	0	0	95
		占本阶层人口百分比	0	0	0	31.87	31.86	8.57	34.78	0	0	0	0	0	0	21.44
		占总租入人口百分比	0	0	0	30.53	37.89	6.32	25.26	0	0	0	0	0	0	100.00
	亩数	合计	0	0	0	4.1	2.7	0.8	3.5	0	0	0	0	0	0	11.1
		田地	0	0	0	3.1	1.5	0	1.5	0	0	0	0	0	0	6.1
		农地	0	0	0	1.0	1.2	0.8	2.0	0	0	0	0	0	0	5.0
	占租入总数百分比		0	0	0	36.94	24.32	7.21	31.53	0	0	0	0	0	0	100.00

（乙）定租：此种形态较少，看田的好、坏，分上中下三等，上等的每年交地瓜干 500 斤，中等的 400 斤，下等的 250 斤。

本村的农业经营显示着两个特点：第一、本村农业经营虽然是作为副业，但全村有 96% 左右户数参加农业经营；第二是经营面积非常少。以农业生产为主的中农，其经营面积要算是最大了，但也不过是每户平均2.87亩，每人平均0.41亩。工人经营面积最少，每户平均只有0.3亩，每人平均只有0.06亩。土地之少可以想见。详情如下表：

后楼村各阶级（层）佃农经营情况表（单位：市亩）

（此表见 P914——编者）

（二）农具与耕牛

这里主要的生产工具是水车及锄头，其占有情况如下表：

后楼村各阶级（层）主要农具及耕牛占有情况表

成份	户数	人数	水车		锄头		犁		粪桶		耕牛	
			数量	占总数百分比	数量	占总数百分比	数量	占总数百分比	数量	占总数百分比	数量	占总数百分比
盐主	1	7	1	2.38	1	0.89	0	0	0	0	0	0
富盐	1	12	2	4.76	3	2.68	0	0	4	3.42	0	0
富裕中盐	5	31	6	14.29	11	9.82	1	16.67	14	11.97	1	20.00
中盐	17	91	12	28.57	31	27.68	3	50.00	32	27.35	2	40.00
贫盐	20	113	10	23.81	23	20.54	2	33.33	31	26.50	2	40.00
中农	10	70	6	14.29	19	16.97	0	0	16	13.68	0	0
贫农	16	69	2	4.76	17	15.18	0	0	13	11.11	0	0
工人	1	5	0	0	1	0.89	0	0	1	0.85	0	0
商业资本家	2	21	1	2.38	1	0.89	0	0	0	0	0	0
小商贩	2	7	1	2.38	2	1.79	0	0	1	0.85	0	0
职员	2	9	0	0	1	0.89	0	0	2	1.71	0	0
自由职业	1	6	1	2.38	1	0.89	0	0	1	0.85	0	0
其他	1	2	0	0	1	0.89	0	0	2	1.71	0	0
总计	79	443	42	100.00	112	100.00	6	100.00	117	100.00	5	100.00

水车在农业与盐业上是通用的，因此农民与盐民占有水车之比重相差也少。如中盐 17 户，占总户数21.52%，有水车 12 部，占总水车数28.57%；中农 10 户，占总户数12.66%，有水车 6 部，占总水车数14.29%。因其占有较为普遍，故没有出租或租用水车的情形。

在上表中可以看到全村只有 5 头耕牛，而且都为中、贫盐占有。其原因：一、田、农地少，农民养不起牛，而且一头耕牛平均所耕面积只有24.58亩，畜力已经够了。二、盐民与农业

后楼村各阶级（层）佃农经营情况表（单位：市亩）

成份		盐主	富盐	富裕中盐	中盐	贫盐	中农	贫农	工人	商业资本家	小商贩	职员	自由职业	其他	总计
总户数		1	1	5	17	20	10	16	1	2	2	2	1	1	79
总人数		7	12	31	91	113	70	69	5	21	7	9	6	2	443
经营户数		1	1	5	17	18	10	16	1	2	1	2	1	1	76
百分比		1.32	1.32	6.58	22.36	23.68	13.15	21.05	1.32	2.63	1.32	2.63	1.32	1.32	100.00
经营户人数		7	12	31	91	99	70	69	5	21	3	9	6	2	425
百分比		1.65	2.82	7.29	21.41	23.29	16.47	16.24	1.18	4.94	0.71	2.12	1.41	0.47	100.00
经营面积	合计	1.70	1.10	12.15	25.00	23.55	28.70	22.35	0.30	2.60	1.40	1.70	1.90	2.40	124.85
经营面积	占总面积百分比	1.36	0.88	9.73	20.03	18.86	22.99	17.90	0.24	2.09	1.12	1.36	1.52	1.92	100.00
经营面积	每人平均数	0.24	0.09	0.39	0.27	0.24	0.41	0.32	0.06	0.12	0.47	0.19	0.32	1.20	0.29
经营面积	每户平均数	1.70	1.10	2.43	1.47	1.31	2.87	1.40	0.30	1.30	1.40	0.85	1.90	2.40	1.64
经营面积 田地	自耕	0	1.10	11.65	13.70	18.65	12.70	5.70	0.30	0.40	1.10	0.70	0.30	2.40	68.70
经营面积 田地	租人	0	0	0	3.10	1.50	0	1.50	0	0	0	0	0	0	6.10
经营面积 田地	小计	0	1.10	11.65	16.80	20.15	12.70	7.20	0.30	0.40	1.10	0.70	0.30	2.40	74.80
经营面积 田地	占本阶层经营总面积百分比	0	100.00	95.88	67.20	85.56	44.25	32.21	100.00	15.38	78.57	41.18	15.79	100.00	59.91
经营面积 田地	每人平均数	0	0.09	0.38	0.18	0.20	0.18	0.10	0.06	0.02	0.37	0.08	0.05	1.20	0.18
经营面积 农地	自耕	1.70	0	0.50	7.20	2.20	15.20	13.15	0	2.20	0.30	1.00	1.60	0	45.05
经营面积 农地	租人	0	0	0	1.00	1.20	0.80	2.00	0	0	0	0	0	0	5.00
经营面积 农地	小计	1.70	0	0.50	8.20	3.40	16.00	15.15	0	2.20	0.30	1.00	1.60	0	50.05
经营面积 农地	占本阶层经营总面积百分比	100.00	0	4.12	32.80	14.44	55.75	67.79	0	84.62	21.43	58.82	84.21	0	40.09
经营面积 农地	每人平均数	0.24	0	0.02	0.09	0.03	0.23	0.22	0	0.10	0.10	0.11	0.27	0	0.12

仍有密切的联系。三、有耕牛者能够出租以增加收入，因此占有耕牛者也就不一定是中、贫农。

由于耕牛少，大多数都要租牛耕田，其形态及租额是：人、牛、犁一齐出租，耕农地一亩需米7斤，耕田地1亩（二次）需米20斤。

（三）劳动情况与生产量

地少人多，且盐业又不能完全解决全部生活，都希望能从田农的生产得到一些补助，同时农忙时候正是产盐的淡季，农闲时候才是产盐的旺季，不会冲突，因此多互相兼业。其情况如下表：

耕作时间与晒盐时间对照表

时间	农业	盐业
1月	种豆(农忙)	淡季
2月	播早稻种(农忙)	淡季
3月	种花生、插秧、收麦(农忙)	淡季
4月	收麦、种地瓜、施肥(农忙)	淡季
5月	收豆、施肥(普通)	普通
6月	收早稻(农忙)	普通
7月	收花生、种晚稻(农忙)	旺季
8月	施肥(农闲)	旺季
9月	(农闲)	旺季(修堤)
10月	种麦(普通)	普通
11月	收地瓜及晚稻(农忙)	普通
12月	(农闲)	淡季

盐民也有从事农业劳动的可能，中、贫盐还要租种农田以使用其剩余的劳动力，因此一般都珍视土地，这主要表现在地价高昂，1亩田地值黄金五六两，1亩农地也能值黄金三四两，虽然地价很高、但土地买卖甚少，95%以上的居民都有一点土地，并努力耕种自己既有的少量田、农地。其劳动情况如下表：

后楼村各阶层经营田、农地劳动情况表

（此表见P916——编者）

从上表可以看出，1个劳动力平均耕种田、农地0.78亩，故以剩余的劳动力就可以实行精耕细作。

精耕细作不但表现在多用劳动力，而且表现在多施肥，如种一亩地瓜，经常下肥3次到4次，计下土肥10担到20担，粪肥20担到30担，花生饼或豆饼160斤到200斤。单下土肥及粪肥的，常下到100担左右。因精耕细作的结果，原来此地土地很瘦，而现在生产量反较他处

后楼村各阶层经营田、农地劳动情况表

成份	总户数	总人数	经营户数	经营农业户劳动力情况							实际参加农业劳动情况					经营土地数	每户主要劳动力经营土地平均数
				全劳动力		半劳动力		无劳动力		合计	主要劳动		附带劳动		合计		
				男	女	男	女	男	女		男	女	男	女			
盐主	1	7	1	1	1	0	1	1	3	7	0	0	0	0	0	1.70	0
富盐	1	12	1	5	4	1	0	1	1	12	3	0	0	4	7	1.10	0.22
富裕中盐	5	31	5	10	8	1	1	4	7	31	9	1	1	10	21	12.15	0.78
中盐	17	91	17	19	21	7	8	20	16	91	22	6	2	20	50	25.00	0.64
贫盐	20	113	18	20	20	6	4	30	19	99	19	5	5	23	52	23.55	0.62
中农	10	70	10	18	13	3	7	17	12	70	11	7	3	10	31	28.70	1.17
贫农	16	69	16	15	20	4	7	13	10	69	9	14	5	10	38	22.35	0.73
工人	1	5	1	1	1	0	0	2	1	5	1	0	0	2	3	0.30	0.15
商业资本家	2	21	2	4	5	2	3	2	5	21	0	0	0	0	0	2.60	0
小商贩	2	7	1	1	1	0	0	1	0	3	0	1	1	0	2	1.40	0.93
职员	2	9	2	2	2	1	0	1	3	9	0	2	0	0	2	1.70	0.85
自由职业	1	6	1	3	1	0	1	0	1	6	2	0	0	1	3	1.90	0.76
其他	1	2	1	0	1	1	0	0	0	2	0	0	0	0	0	2.40	0
总计	79	443	76	99	98	26	32	92	78	425	76	36	17	80	209	124.85	0.78
				197		58		170			112		97				
备考	盐主、商业资本家及其他1户的经营数不加进平均。每户主要劳动力平均经营土地数项中是以2个附带劳动合1个主要劳动计算(参加农业劳动)。经营农业户的劳动力情况是按年龄划分的。																

为高。其情形如下表：

后楼村各种农作物单位面积（亩）产量表（单位：斤）

项目	普通	最高	最低	备考
地瓜	2400	3000	2000	收获量是指未晒干的。
麦	300	400	200	
稻	300	400	150	
花生	350	450	200	
白豆	250	300	100	

虽然居民这样在农业上加工、加肥，但因田地靠海，常遭到海水及洪水之灾害，使农作物歉收，因国民党反动政府之苛重剥削，使这个能够抵御的天灾变成不能抵御。去年三月他们不顾一切的要把水闸建筑起来，以抵御这个天灾（全村计负担了大米 60 担左右之水利费），但到现在为止，才完成了 80％的工程，今年三月初旬仍遭了洪水之害，白豆可能歉收。现在人民政府领导下，已准备完成这个工程，这将使他们的劳动成果得到保障了。

四、盐业与村民生活

甲、盐业在本村经济上的重要性

（一）从经营方面看

后楼村依靠经营盐坎为其生活主要来源的阶层有富盐、富裕中盐、中盐及贫盐民，这四个阶层共 43 户，占总户数的54.43％，人口 247 人，占总人口数55.76％。而靠经营田、农地为生的只有中农贫农两个阶层，26 户，139 人，占总户数的32.91％，总人口的31.38％。

兹就二者比较于下：

盐坎与田、农地在后楼村居民主业上的比重表

项目	户数	占总户数百分比	人数	占总人数百分比
主要经营盐坎	43	54.43	247	55.76
主要经营田、农地	26	32.91	139	31.38

此外，挑盐工人、运盐商都是靠盐为生，合起来占了全村人口 60％。

本村以经营盐、农为副业情形：

盐坎与田、农地在后楼村居民副业上的比重表

项目	户数	占总户数百分比	人数	占总人数百分比
副业经营盐坎	9	11.39	55	12.42
副业经营田、农地	50	63.29	286	64.56

由此可见主要经营盐坎和附带经营田、农地的户较多，就整个村来说，以经营盐坎为主，经营田、农地为次。

（二）从收入方面观察

本村共经营盐坎3397坎，田、农地124.85亩，居民除了从事晒盐、种地外，主要是挑盐、运盐，每年土地上的收入约值大米4万余斤，盐坎的收入一般为田、农地收成两倍到两倍半，盐价提高后，全村的收入也增加，盐的比重会更大。

后楼村各阶级（层）各种收入比较表（单位：斤米）

成份	户数	人数	收入概况					
			合计	盐坎	田、农地	其他	每户平均	每人平均
盐主	1	7	6530	1800	730	4000	6530	932.9
富盐	1	12	7675	5790	385	1500	7675	639.6
富裕中盐	5	31	37 852.5	32 160	4352.5	1340	7571	1221.0
中盐	17	91	39 885	26 070	7315	6500	2346	438.3
贫盐	20	113	33 447.5	20 100	7297.5	6050	1672	296.0
中农	10	70	17 545	6150	10 045	1350	1754	250.6
贫农	16	69	13780	2160	7070	4550	8613	199.7
工人	1	5	1055	0	105	950	1055	211.0
商业资本家	2	21	38 510	1410	2100	35 000	19255	1833.8
小商贩	2	7	3375	0	875	2500	1688	482.1
职员	2	9	2895	0	595	2300	1448	321.7
自由职业	1	6	2735	570	665	1500	2735	455.8
其他	1	2	2340	0	840	1500	2340	1170.0
总计	79	443	207 625	96 210	42 375	69 040	2628	468.7

盐坎一年可收米96 210斤，为总收入的46.34%，田、农地收米42 375斤，为总收入的20.41%，其他占了33.25%，其他项内的收入包括商业资本家运盐的巨额收入35 000斤大米，包括工人、中盐、贫盐、中农及贫农挑盐的大笔工资，所以从盐方面（晒盐、挑盐、运盐）的收入，占了全村总收入的79.59%。

乙、盐销与村民生活

（一）盐销对本村居民的影响

盐有销路，盐民就能及时领到盐本，盐工就有工作，挑盐的就有盐挑（中盐、贫盐、中农、贫农、工人），运盐商就有生意做，居民生活就会富裕，否则天天闹荒。

（二）反动统治时期无计划的生产加给盐民的痛苦

抗日战争时期，国民党反动派放弃了沿海诸省，山东、江苏、浙江各大盐区相继沦陷在日本帝国主义手里，内地湘、赣、鄂所需食盐部分靠福建盐场供应，国民党反动派在这时提出盲目性的增产，并规定“盐工缓役”及“无息贷款”，在这样的引诱下，各地大量兴修盐坎，产量大增。如1943年全省产量竟达451万余担，较战争初期1937年超出两倍，当时无法外销，盐场堆积如山，次年即由增产变为限产。现将1943至1945年三年的产销情形列表如下：

福建省盐的生产与运销概况表（单位：担）

年份	产量	放运		
		合计	本运	外运
1943年	4 518 596.47	3 627 300.78	3 357 697.27	269 603.51
1944年	2 428 620.78	1 514 936.58	1 492 312.58	22 624.00
1945年	951 933.62	987 718.98	648 414.54	339 304.44

以后产量逐年减少，1945年反动政府强令废坎，缩小盐区。至1948年解放战争逼近长江，山东、江苏的各盐场对距离较远的地区供盐不便，福建复由限产改为增产。以山腰盐场为例：1945年时产量仅161 118.33担，1948年竟达527 120.79担，较1945年超出2.3倍。产量骤增骤减，盐坎时兴时废，盐民的增减率也跟着变动，如1943年全省晒盐户26 235户，参加晒盐的盐工44 603人，1947年晒户锐减至13 143户，盐工只26 796人，反动政府在限产废坎时从不照顾盐民的转业问题，用野蛮的武力强迫盐民停晒（有的发一点转业贷金），盐民离开了盐坎，生活困难，造成极悲惨的情形，尤以闽东、福清、南埕、鉴江各盐场盐民受到此种迫害为最剧，由于盲目生产造成产销间不协调，致使产量堆积，盐本降低（每担3斤半）。盐本不够成本还在其次，主要的是盐民生产的盐不能运出即不能领到盐本，同时挑盐的也没盐挑，造成盐区居民生活的困苦。

（三）解放后的情形

解放后，盐本提高，每担由3斤米增为5斤米。今年五月复提高到7斤。较国民党时期增加了1.33倍。在盐未销出前，并由政府先发盐贷，每担5斤，以安定盐民生活。盐本每十天发一次，废除了社长的中间剥削，使盐民的生活有了保障。目前山腰各盐场，正以公社为单位，发动盐民组织盐民小组，看管公堆，并改善挑盐关系，规定每华里1担盐的脚力为米6两，另方面实行“以销限产”，在不合制盐条件（盐坎坏，盐质不好等）及盐坎分散不便管理的地区，积极发动盐民转业，有计划的使产销逐渐平衡，消除反动统治时期由于盲目生产所给予盐民的一切痛苦。

山腰盐场现存盐约30余万担，其中还有两年前的存盐，盐本虽然提高，但盐无销路，盐民只能领到盐贷，挑盐工人及运盐商人也感到无事可做，由于收入的减少，影响到盐民的生活很大。

造成盐销困难的原因：一、运盐不便。本省产盐除自销外历年都有部分销到广东、江西和湖南等地，解放后海上被蒋匪封锁，陆路运输又不便，致使本省盐产无法外销。二、国民党反动政府近十余年来实行通货膨胀政策，商人以往囤积的盐不得不抛出，因此也影响外销。三、去年（解放前）各盐场盐民为逃避国民党反动政府的苛税，大量的集体走私，估计去年一年走私即达60万担，民间的私盐很多。

解放以后盐区群众工作还没有深入展开，群众对人民政府还不十分了解，思想上还存在着某些顾虑，主要的是受国民党反动派对盐坎时废时兴的影响。所以一般有废坎的盐民都抱着废坎能复晒的希望，而有坎的盐民又时刻担心人民政府会废坎限产。佃户及占有少量盐坎的盐民要求盐坎重新分配，取消盐主的封建剥削。再因盐销困难而引起盐民迫切要求的是迅速解放台湾及沿海岛屿，澈底消灭国民党反动派，改善盐民的生活。

附：典型户调查

一、庄国宗（盐主）

庄国宗43岁，全家13口（妻子、父、母、6个儿子、2个女儿、1个媳妇），大儿16岁，在惠安读初中，去年结婚，媳妇常住娘家（此地风俗）。次子11岁，三子10岁，大女14岁，小女7岁，均在小学读书。3个小儿在家里，双亲生病不能劳动。妻子36岁，大足，除参加农业附带劳动外，在家管理家务。

庄国宗旧制中学程度，是小房里长房的房长，早年做运盐商，后来堂弟庄鸣盛当了伪乡长，他便作了两个公堆的社长。利用职权串通伪场务人员，挪用盐民的盐本周转牟利，又借权势充当伪国大代表，六年前霸占盐民基地兴建“五间张”大厦。

出租盐坎584坎，其中120坎是他父亲分下的，余皆在社长任内剥削盐民陆续购买的。盖房子、讨媳妇，卖去119坎，尚余465坎，分租给5个佃户，租额50%，又有水车7架，盐耙16把，盐挡5把，皮捶6枝，戽斗6个，除水车5架分给5户盐民使用外，其他盐具常要佃户出（一般是盐主出的），另外围堤250步，每年雇工修3次（随海水大小而定），盐埕卤埕要雇工修整，还要购买碎碍、椭子，平均每年向盐坎投资情况如下：

<table>
<tr><th colspan="2">项目</th><th>数量</th><th>使用时间</th><th>单价</th><th>一年所用数额</th><th>备考</th></tr>
<tr><td rowspan="5">材料及用具</td><td>水车</td><td>5(部)</td><td>5(年)</td><td>200</td><td>200</td><td rowspan="9">1.单价及一年所用款是以大米计算（市斤）。
2.水车通常可用5年。</td></tr>
<tr><td>碍片</td><td>9(担)</td><td>1(年)</td><td>30</td><td>270</td></tr>
<tr><td>椭子</td><td>100(技)</td><td>1(年)</td><td>3</td><td>300</td></tr>
<tr><td>其他工具</td><td>0</td><td>0</td><td>0</td><td>50</td></tr>
<tr><td>合计</td><td>—</td><td>—</td><td>—</td><td>820</td></tr>
<tr><td rowspan="3">雇工</td><td>修盐坎卤埕</td><td>90(工)</td><td>1(年)</td><td>5</td><td>450</td></tr>
<tr><td>修园堤</td><td>80(工)</td><td>1(年)</td><td>5</td><td>400</td></tr>
<tr><td>合计</td><td>—</td><td>—</td><td>—</td><td>850</td></tr>
<tr><td colspan="2">总计</td><td>—</td><td>—</td><td>—</td><td>1670</td></tr>
</table>

平均每年用去1670斤大米，456坎盐坎一年可晒盐2700担，对分后得盐1350担，国民党时盐本每担3斤米（盐未销售之前先发盐贷2斤出卖后再补1斤），可得4050斤，除去1670斤外，尚余2380斤，占全部盐坎生产量的29.4%，占盐主自己收入的58.8%。自有田1亩，农地2.6亩，主要靠雇工经营，一年的出产量如下：

项目	产量(斤)	每百斤折米(斤)	合计(米斤)
地瓜	5540	10	554
麦	430	50	215
花生	420	120	504
白豆	100	100	100
总计	6490	—	1373

平均每年向农业投资：

项目		数量	单位折米	合计(米斤)	备考
肥料	肥田粉	20 斤	1 斤肥田粉折米 2 斤	40	
	豆饼	100	2 斤豆饼折米 1 斤	50	
	花生饼	150	2 斤花生饼折米 1 斤	75	
	合计	—	—	165	
雇工	翻土	2 次	1 亩 1 次 7 斤米	50	3.6 亩翻 2 次
	下种	9 工	1 工 5 斤米	45	
	施肥	23	1 工 5 斤米	115	
	收成	12	1 工 5 斤米	60	
	合计	—	—	270	
总计		—	—	435	

肥料除肥田粉、豆饼、花生饼之外，还要人粪肥和土肥，人粪肥是自家积的，土肥不要钱，只花工挑，农业方面除去开支外剥削雇工获利 938 斤大米。

“五间张”大厦，部分出租（给盐局职员），每月房租 40 斤大米，年收 480 斤。

家中 10 个人吃饭（媳妇在娘家，长子在惠安，幼子 1 岁不会吃），平常三餐都吃地瓜干，菜多咸鱼、蛏、花生、豆子，初一、十五、年节、生日就吃两餐米饭，一顿地瓜粥，有客人来往时即杀鸡、买肉、吃鲜鱼。一年烧草 130 担，自己田中出产 55 担，买 75 担（110 斤米），全年生活费 3570 斤米，5 个人念书，大儿子学费 350 斤，4 个念小学的需米 120 斤，其他如双亲及小孩的医药费、迷信消耗、交际杂用等 800 斤米。

全年收支情况如下：

项目	盐	农	其他	总计
收入	4050	1373	480	5903
支出	1670	435	4840	6945
盈亏	＋2380	＋938	－4360	－1042
备注	其他项收入为房租,支出为家庭费用。			

盐租的收入 4050 斤，占总收入 5903 斤大米的68.6%，农业剥削雇工收入 1373 斤，占总

收入的23.3％，房租占8.1％，其向盐业投资1670斤占总支出的24％，向农业的投资占总支出6.3％。

上面看出他的收入不够支出，超出了1042斤，而事实上他不但没有欠债，而且过着比一般盐民较好的生活，盖大厦，讨媳妇，穿皮大衣，这是因为他在解放前兼作两个晒户联合社的社长、房长和国大代表，借权威贪污剥削盐民，将盐民的盐贷延长不发，挪去私用，并串通伪盐务人员大批走私，因此获了许多利润。

解放后盐本逐渐提高，他在盐租方面的收入，也跟着增加，国民党时盐本每担是3斤米，他收盐租1350担，可得米4050斤，刚解放时盐本增为每担5斤，他可得米6750斤，5月盐本又提高为7斤米，他就可收入9450斤，较国民党时盐租增加了133％（目前盐销困难，先由政府发盐贷，每担5斤米，按旬发一次），现在他被撤去社长职，加上不能走私，失去剥削的机会。

他抵抗借粮、征粮，去年游击队向他借粮10担，他只交5担，今年征公粮他也推脱不交，并故意装穷以图隐蔽他过去的剥削罪行。

二、庄好生（贫盐）

庄好生，54岁，山腰锦工保人，家里4人吃饭。7年前死了妻子，欠一身债。不识字。全劳动。长子22岁，初小程度，能记账，次子17岁，3个人都晒盐、挑担、种地，幼子12岁帮忙作工，今年学校不收费，才去读书。

自家没有盐坎，佃入100坎，对半分收。修围堤、挡土、修盐坎、卤堤，由业主负责，主要盐具、水车、盐耙、筛，也由该业主出。

3个人晒100坎盐，人手稍感不够，清早就要去踏水车，把深水埕（储水池）的海水车到浅水田（卤埕）里，再把第一浅水埕车到第二埕，把第二埕又车到第三埕，中午回家吃饭，午饭后，开始扒盐，并将盐送入公堆，公堆靠得近可省许多工夫，盐送完了把卤水浇入坎内，让之蒸发。下雨时，还得冒雨把卤水放进卤坎。

平均每年晒盐100天，100坎共需420个工，3个人只要忙140天，半年空闲（夏、秋忙得很，春季较空），劳动力极不调协。

因盐坎不好，一年只能晒500担盐，还租后净得250担，解放前盐本每担3斤米（盐贷2斤），250担应得盐本750斤米，但社长（又称盐头）舞弊不按旬发放，在伪币贬值时期，实际上达不到此数。

4个人吃饭，一年中除年节、普渡（七月半）、菩萨生日以米拌地瓜干作饭外，经常一天三餐地瓜干，全年需米12担，靠晒盐不够生活。

补救的办法及劳动力的出路：

（一）种海沙地8分，一年出地瓜11担。

（二）挑盐：盐有销路就有挑。

（三）作工：替别人修堤、担土。

（四）走私：盐本低，又不即时发放，被迫走私，担盐出场就可换米20斤。

1943年妻子去世，无钱殓葬，向人借银元50块，月息2％，到今年本利135元。前年青黄不接时向人借地瓜 3 担，至七月，要还花生 3 担，但遇海水灾，花生失收，去年 3 分地的花生 100 余斤悉数被债主取去，还欠 2 担。

解放后，每担盐本已提高到 7 斤，又废除了社长无理的剥削，按时发放盐贷，生活有了保障，参加了盐民小组。目前海上蒋匪侵扰，航运不便，盐的销路不好，盐本不能全部即刻拿到，但先发盐本 5 斤。挑盐的机会也少了，债主又实行经济封锁，借债不易，暂时生活有困难。

希望台湾解放，盐有销路，生活就可以改善。

三、庄细只（雇工）

锦石房“弱房”人，今年 39 岁，没田没地也没有盐坎，只有一间“大房”。厨房筑在房门口，家具简单，只有一付挑担，及一个捉鱼篮。父亲在时，也有 5 亩多田地，但为了他们生在弱房里，所以靠近村庄田地的农作物常被强房的牲畜所损坏。父亲就索性把这些会被损坏的田地便宜地卖掉，替他的哥哥结婚，十几年前接连死去了祖父、母及父、母亲 4 个，这些丧事，使所余不多的田地卖掉了大部分，只剩1.5亩。在抗战前不久，兄、弟 2 人就分了家，兄多分了 3 分的“长孙田”，自己只分得 6 分。抗战时曾被保长抽壮丁入伍一次，不久偷跑回家，保长又要他入伍，只得雇 1 个壮丁给保长送入伍。但后来保长又说他雇的壮丁中途偷跑了，硬把他抓去，后由家里用钱托人去说情，才容他再雇 1 个壮丁换他回家，经过这两次抽丁后，仅有的 6 分田地也卖光了。现在只剩下海里一些蚵石。好年份还可收百多斤蚵，换了地瓜干，可维持一个多月。

妻子 39 岁（5 年前才结婚，因结婚尚欠大姐1.5钱的黄金未还），儿子才 1 岁，所以妻子不能赚钱贴家用，只能洗衣，煮吃，管家务。

自己专门做短工，挑担，抬轿，十一二月到正、二月搞些海产，换些地瓜或地瓜干做食粮。在解放前也曾贩私盐。解放前工资一天五六角，物价常波动，天天劳苦也不得一饱。去年六月向庄维才先支 8 元，但每天下午都得替庄维才耙盐，挑盐；工资一天才 2 角 5 分，比普通工资便宜了 5 分钱；直到八月初才抵清了这笔账。解放后，短工难做，工价四五斤大米，但物价稳定。本来到“春工动”就比较有工做；今年“春工动”了，到处去问都没人要雇工，“盐无销路，台湾未解放，做工亦难”。现在一日工资大约 1 角多或 2 角左右，所以生活还苦，过年过节也只能用几角钱。

地瓜干一担在去年（解放前）是 45 斤大米。今年“军队过境”，30 斤大米就有一担地瓜干。生活虽苦，只要一月能做得 10 天工，就可得四五十斤大米了，两人吃还可剩下一二十斤大米可以买百斤草及一些零用，这样就可马虎的挨过去。

自己只读过一年书，字认得不多，只会记账。解放后参加农会小组，今年 3 月 23 日本村农会成立，被选为农会主任。开始时，因是穷人，怕讲话没有人听，事情难做，常提出辞职，但调解了一二件民事后，就进步了，积极起来了。“有人民政府撑腰，只要会员们团结，事情就好办了”。本来想到泉州拉黄包车赚钱，现在有事了，而且家中比较过得去，能够先借粮食济急，就不想去了。

四、庄学程（贫农）

庄学程23岁，耕田。读过6年书，能看报。一家9口，弟学仁在本地饼店当学徒，每年可得工资米240斤。三弟学鹏在山腰盐务局盐警大队当通讯员，月薪大米120斤，除伙食65斤及零用衣着费用外，每年约可拿回米240斤。学妹19岁，3年前出嫁，常居娘家，参加农业附带劳动。珍妹14岁，拾菜喂猪。小妹及祖母不能劳动。母亲40岁，管理家务。妻17岁，常居娘家。

自种中等田1亩，下等田0.25亩，农地1.1亩。土质很坏，只能二年种一次。稻虽一年可种二次，因花的成本太多，所以种稻的较少，普通轮种地瓜、大麦、白豆、花生等农作物。去年种地瓜1.75亩，收50担，可够吃8个月。白豆0.9亩，收220斤，作豆酱和肥料之用。种花生0.4亩，收干花生80斤，榨得花生油25斤够吃一年，花生饼又可作肥料。种大麦1.55亩，可收400斤。小麦0.3亩，可收50斤，大、小麦的收成可作2个月粮食，靠农作物的收入还欠2个月的粮食，要靠2间铺面出租补足，房子每年租金270斤米，换地瓜干够吃2个月，其他生活杂费依靠2个弟弟的薪金（480斤米折银元57.6元，和自己作工或作小生意（作面）的收入）。去年本村建筑小学，当校工50天，赚米250斤，折30元，共收入87.6元，全年支出柴草18元，杂费87元（天香15元，普渡15元，衣服15元，人客5元，过节10元，医药费10元，油火、烟17元），水利费39斤豆，折3元，共108元，收租相抵亏20.4元，加上去年麦子歉收，向熟人借到花生油25斤，年利70%，前年自己结婚，向妹婿借黄金2.5钱，月利7%，准备今年谷子收成后还账。

在国民党统治的时候，常受伪保长的压迫，解放后，区干部到本村调查黑地，合并赋元，组织农会小组，他被选出参加村干训练班，学习搞合并赋元，现工作很积极，惟伪保长的势力仍然存在，群众觉悟还不高，伪保长还掌握了一部分群众，工作感到有些困难。

福建省农民协会

1950年春

第四部分　耕牛调查

平常都说本省耕牛缺乏，但其情况怎样，哪个地方缺乏，哪个阶级缺乏，缺乏的人如何取得耕牛使用，有无剥削关系，这些问题都值得我们探求的，但我们没有全面的调查，只能就几个村的资料做举例式的说明。

一、占有情况

先就几个村的农村户数与耕牛数的比例来看：

24 个村每户平均占有耕牛比较表

地名	户数	牛数	每户平均数
福州魁岐	150	12	0.080
福州上坂	85	8	0.094
福州快洲	180	19	0.106
福州樟林	216	14	0.065
福州前溪	134	11	0.082
福州后溪	101	20	0.198
福州潘中	188	1	0.005
莆田华西	291	43	0.148
莆田苍峰村	167	26	0.156
莆田小横塘	78	33	0.423
福安资国寺	182	21	0.115
晋江涵坂	616	50	0.081
南安莲东保	210	59	0.281
建阳垌瑶	151	6	0.040
古田七保	377	72	0.191
永安辛桥头黄竹乡	102	17	0.167
永安吉前保	140	31	0.221
大田福塘保	148	25	0.169
德化宝美保	261	62	0.238

续表

地名	户数	牛数	每户平均数
宁化小溪保	170	6	0.035
明溪坪埠保	190	42	0.221
龙岩菜园村	220	51	0.232
永定卓坑源	68	23	0.338
永定西湖村	64	35	0.547

上表各村每户平均耕牛数极不一致，多数要 2 户至 10 户才有 1 头耕牛。有的甚至 100 户以上才有 1 头耕牛。福州市郊农村因需牛耕田地户较少，及需牛耕种田地户的经营耕地面积也少，因此如潘中村 188 户只有耕牛 1 头。但这种观察太笼统了，一则这里的户数不全是需牛耕田户（经营果园，山林以及饲养牲畜的都要除开），而是农村总户数；二则耕牛是使用在耕地上的，撇开了耕地，光以户数与牛数比较是难以确定耕牛缺乏情况的。

其次，就耕牛数与耕地数比较来看，也就是说，本省现有耕牛数量够不够耕作本省现有耕地。要说明这个问题，必须先确定耕牛的耕作能力。本省几个村耕牛的耕作能力如下：

七个地区每头耕牛每年耕作能力表

<table>
<tr><th>地区</th><th>耕牛种类</th><th>耕作能力
（耕地面积:亩）</th><th>地区</th><th colspan="2">耕牛种类</th><th>耕作能力
（耕地面积:亩）</th></tr>
<tr><td rowspan="2">福州市郊</td><td>水牛(公)</td><td>60—90</td><td>明溪县</td><td colspan="2">耕牛</td><td>30—60</td></tr>
<tr><td>黄牛(公)</td><td>30—70</td><td rowspan="6">龙岩东红区</td><td rowspan="3">水牛</td><td>上等</td><td>25—30</td></tr>
<tr><td rowspan="2">莆田华西村</td><td>水牛(公)</td><td>40—60</td><td>中等</td><td>20—25</td></tr>
<tr><td>黄牛(公)</td><td>23—40</td><td>下等</td><td>10—20</td></tr>
<tr><td rowspan="2">古田七保</td><td>水牛(公)</td><td>78—100</td><td rowspan="3">黄牛</td><td>上等</td><td>20—25</td></tr>
<tr><td>黄牛(公)</td><td>50—70</td><td>中等</td><td>15—20</td></tr>
<tr><td>永安吉山</td><td>耕牛</td><td>20—36</td><td>下等</td><td>10 以下</td></tr>
<tr><td>大田福塘保</td><td>耕牛</td><td>40—70</td><td></td><td colspan="3"></td></tr>
</table>

上表中各地耕牛的耕作能力大小极不一致，这是因各地生产情况与自然条件不同的缘故，我们就以各地耕牛的耕作能力与各地每头耕牛平均负担耕地面积来比较，就可以看出各该地或其邻近地区的耕牛是缺乏还是过剩。

二十三个村（保）每头耕牛每年平均耕作面积表

地区		耕牛头数	耕地面积(亩)	平均耕作面积(亩)
福州	魁岐	12	500.00	41.67
	樟林	14	623.02	44.50
	后屿	19	2027.99	106.74
	前屿	11	777.90	70.72
	上坂	8	340.00	42.50
	快洲	19	800.00	42.11
	连村	2	221.52	110.76
	潘中	1	394.99	394.99
	象园	5	679.03	135.81
莆田	华西	43	1785.52	41.52
	小横塘	33	611.50	18.53
福安	资国寺	21	514.42	24.50
建阳	垌瑶	6	2285.00	380.83
古田	七保	72	2417.00	33.57
	罗华	24	1645.34	68.56
永安	辛桥头黄竹乡	17	602.75	35.46
	吉前保	31	809.19	26.10
大田	福塘保	25	1211.06	48.44
明溪	坪埠保	42	1646.51	39.20
龙岩	菜园村	51	671.45	13.17
永定	卓坑源	23	674.46	29.32
	小溪背	70	374.34	5.35
	西湖村	35	522.90	14.94

根据以上23个村的统计，有5个村缺乏耕牛，有18个村不缺，这缺乏耕牛的5个村子中，4个都是在福州市郊，这是因为在这里耕牛使用已专业化，所需耕牛数量可以少些，还可把邻村南港一带榨甘蔗用的牛力租借来填补不足，鼓岭的耕牛也可因栽种季节不同而给予调剂。因此在平常年间大体上是不缺乏耕牛的。

虽然总的来说耕牛是不缺乏的，但各阶级（层）的占有是极不平均的，因为在封建社会里，耕牛是最重要的生产工具，也被部分地主（多数是中、小地主）和富农垄断了去，贫雇农和部分中农是缺乏耕牛的，其情况可以下表来说明：

二十二个村（保）各阶级（层）占有耕牛情况表

地区		总户数	总牛数	地主		富农		中农		贫雇农		其他	
				户数百分比	牛数百分比	户数百分比	牛数百分比	户数百分比	牛数百分比	户数百分比	牛数百分比	户数百分比	牛数百分比
福州	上坂	85	8	1.70	0	5.85	12.5	29.01	87.5	30.42	0	33.02	0
	快洲	130	19	0.55	0	1.10	0	31.90	78.90	31.90	21.10	34.55	0
	樟林	216	14	0.45	0	1.80	0	25.65	57.14	64.80	42.86	7.30	0
	前溪	134	11	0.55	0	1.10	0	22.30	81.81	27.31	18.19	48.74	0
	后溪	161	20	0	0	2.48	10.0	26.08	90.00	22.97	0	48.47	0
莆田	华西	291	43	0.68	0	4.42	9.32	26.52	58.13	57.12	32.55	11.26	0
	苍峰村	167	26	3.58	1.92	4.78	1.92	37.07	42.40	48.43	53.76	6.14	0
	小横塘	78	33	0	0	10.25	12.12	53.84	75.75	33.33	12.13	2.58	0
福安	资国寺	182	21	0	0	1.60	14.20	49.20	42.90	49.20	42.90	0	0
晋江	涵坂	616	50	0.32	0	0	0	14.74	54.00	33.04	42.00	51.90	4.00
南安	莲东保	210	59	0.95	0	2.38	5.07	23.32	59.15	59.97	35.78	13.38	0
建阳	垌瑶	151	6	3.31	33.22	2.64	0	33.10	66.78	49.65	0	11.30	0
古田	七保	377	72	2.65	0	0.55	18.60	27.04	54.60	58.08	23.29	11.68	3.51
永安	辛桥头黄竹乡	102	11	0.99	0	0	0	28.45	60.71	69.66	39.29	0.90	0
	吉前乡	140	31	5.71	0	6.42	0	9.73	29.00	78.14	71.00	0	0
大田	福塘保	148	25	2.70	0	5.40	16.00	33.07	56.00	53.43	28.00	5.40	0
德化	宝美保	261	62	3.06	1.70	7.32	19.32	19.91	19.32	61.66	59.66	8.05	0
宁化	小溪保	170	6	2.10	66.64	2.10	33.36	15.78	0	46.81	0	33.21	0
明溪	坪埠保	190	42	0	0	0.53	0.99	16.30	29.15	72.06	64.86	11.11	5.00
龙岩	菜园村	220	51	0	0	0	0	38.60	74.48	41.80	15.68	19.60	9.84
永定	卓坑源	68	23	0	0	10.29	17.36	60.57	78.12	29.14	4.52	0	0
	西湖村	64	35	0	0	4.68	14.25	68.64	85.75	15.60	0	11.08	0

从上表观察，中农占有耕牛总数的55.69％为最多；贫雇农占有耕牛总数的32.63％居其次；富农占有耕牛总数的8.76％居第三位；地主占有耕牛总数的1.12％为最少。其他阶层占有1.8％。

但本省经营地主甚少，多数地主不必占有耕牛。部分富农的出租地多于自耕地，也不必占有耕牛，如果将地主、富农不占有耕牛的村子除开，单就地主、富农占有耕牛的村子来考察，则各村平均地主占总户数3.01％，平均占有耕牛总数的25.87％，两者的比例为1∶8.6；各村平均富农占总户数4.47％，平均占有耕牛总数的13.2％，两者的比例为1∶3；各村中农平均占总户数31.4%，平均占有耕牛总数的61%，两者的比例为1∶2；各村贫雇农平均占总户数47.02%，平均占有耕牛总数的36%，两者的比例为1∶0.8。即是说在这些村子耕牛的占有情况是：地主多于富农，富农多于中农，中农多于贫雇农。

地主富农集中耕牛较为突出的，如古田过溪村1户富农占有耕牛15头。古田七保1户富农占有耕牛14头。建阳有三大牛主，占有耕牛350头。永定半村陈姓地主占有耕牛200余头(1948年调查)。而在贫雇农中，有耕牛的很多是2家乃至2家以上的农户合养的，所以贫雇农和部分中农就像依靠地主富农的土地一样的要依靠地主富农的耕牛。

此外，还有一种牛工也占有耕牛，他们有牛有犁，有较高明的犁田技术，专门给人家犁田赚工钱（有超过工资的剥削部分）。在福州市郊鼓山区最为盛行。这些牛工还成立一种类似行会组织的耕牛组合，称为“牛福”，排斥外乡耕牛。牛工多数为中农成份，这也是福州市郊地主、富农占有耕牛特别少的原因之一。

耕牛虽然也是剥削的手段，但它的价值还不高，没有能够高度集中在少数人手里，主要还是直接生产者所有，其数量的多寡视经营面积的大小而定，当然有了耕牛也就可以增加经营面积了，但主要还是受经营面积所决定的。其情况可以下表显示之：

武平（新民保、新生保）、龙岩（保太保、安彬保）农户耕牛分配与经营面积比较表

类别	地区	调查户数	经营总面积（亩）	有耕牛户				无耕牛户		
				户数	牛数	经营面积	每户平均经营面积	户数	经营面积	每户平均经营面积
自耕农	新民保	28	183.5	11	11	96.8	8.8	17	86.7	5.1
	新生保	20	133.5	7	7	58.1	8.3	13	75.4	5.8
	保太保	7	32.1	4	4	22.8	5.7	3	9.3	3.1
	安彬保	2	19.2	2	2	19.2	9.6	0	0	0
半自耕农	新民保	26	208.8	12	12	133.2	11.1	14	75.6	5.4
	新生保	14	174.8	9	8	141.3	15.7	5	33.5	6.7
	保太保	4	34.8	2	2	21.6	10.8	2	13.2	6.6
	安彬保	11	134.8	7	7	100.8	14.4	4	34.0	8.7
佃农	新民保	59	297.4	7	7	68.6	9.8	52	228.8	4.4
	新生保	40	211.5	5	5	43.5	8.7	35	168.0	4.8
	保太保	19	109.6	4	4	30.8	7.7	15	78.8	5.3
	安彬保	40	268.6	11	10	124.3	11.3	29	144.3	4.9
合计		270	1808.6	81	79	861.0	10.63	189	947.6	5.01

从上表，我们可以看出无论是自耕农半自耕农或佃农都一律显示着有牛户的经营面积大过无牛户的经营面积。但在市郊农村则因农民经营面积狭小，兼业很普遍，加以耕牛专业化盛行，其情况便有所不同了。

福州市郊快洲、前溪农户耕牛分配与经营面积比较表

村别	成份	调查户数	经营总面积（亩）	有耕牛户				无耕牛户		
				户数	牛数	经营面积	每户平均经营面积（亩）	户数	经营面积（亩）	每户平均经营面积（亩）
快洲	富农	2	13.20	0	0	0	0	2	13.20	6.60
	中农	58	377.40	12	15	77.90	6.49	46	299.50	6.51
	贫农	58	192.11	4	4	2.30	0.58	54	189.81	3.52
前溪	富农	2	18.75	0	0	0	0	2	18.75	9.38
	中农	39	194.33	8	9	48.52	6.07	31	145.81	4.70
	贫农	50	129.32	2	2	4.00	2.00	48	125.32	2.61

上表可以看出，在快洲中农阶层中，有牛户的平均经营面积与无牛户的差不多，而贫农阶层则无牛户的经营面积反超过了有牛户。在前溪中农有牛户的经营面积虽大于无牛户，但贫农则仍然是无牛户的大于有牛户。在快洲村还有1户中农和3户贫农，占有耕牛而没有经营农业；占有耕牛而经营面积在3亩以下的，中农有3户，贫农有1户。在前溪虽然没有出现占有耕牛而不经营农业的，但经营面积在3亩以下而占有耕牛的农户，中农、贫农各有2户。这种现象，在沿海各地及闽北、闽西的一些地区也有存在，不过没有如福州近郊表现得那么明显而已。

二、使用情况

由上面的分析，我们知道各地区贫雇农和部分中农是缺乏耕牛的，但另一方面，一些有耕牛的农家，因经营面积细小，不能充分使用耕牛，因此就产生了牛主出租耕牛，牛工受雇犁田的耕牛租用关系。耕牛的使用一般有三种方式：一种是耕牛的自有自用，一种是耕牛与人力的变工互助，另一种是耕牛的租用。

先看耕牛自有自用，这种耕牛使用方式是比较简单，是中农最普遍使用的方式，但有一部分的中农和多数贫农，受经济上和经营面积上的限制，使他们不可能，也不大需要自己花一笔巨款去购买1头耕牛，于是在尽可能的情况下合几户共同购买，合养与合用1头耕牛。这种现象相当普遍，各农村都或多或少的存在，变成了使用耕牛的自有自用方式的另一形态。但能合几户购买1头耕牛，也须一笔资金，没有钱的农民还是不能采用这种办法，于是耕牛与人力的变工互助方式在某种条件下便产生了。

所谓耕牛与人力的变工互助，就是有牛之家连人带耕牛及犁、耙等一起为无牛之家耕地，而无牛之家则以田间的别种劳动来交换，即人工与牛工的互换。这种方式各地区都普遍使用。这种变工互助没有严格的规定，各地情况不一，但多以天为单位，如龙岩西陈区条园村有耕牛的农民自己带牛，为无牛户冬季犁一次浸冬，春季翻犁一次，同时耙平，每亩应换麦季忙工2.5工。在麦和早稻收获后，每亩翻犁一次，同时耙平，换秋季工3工（刈晚稻），在晚稻收成后每亩犁田一次（供栽小麦），则换春季忙工 2 工。但在同县的东红区菜园村情况则不相同，按该村惯例，是 1 个人工和 1 头牛工相等的变工交换，但普通均由牛主带牛工（两工），且耕作时间较短，雇主除供给耕牛青草饲料外，对牛主膳食仍须优待，还工时，普通均照短工待遇。而永安黄竹乡则一牛工换 4 个半人工，永定中川村一牛工换 5 个人工，这种牛工换人工的比率是决定于当地耕牛数量的多少，在使用耕牛到专业化程度明显的地区，有牛之家既以专门使用耕牛的收入为主要生活来源，人工换牛工的事自然会大大减少的。如福州近郊农村，及古田七保罗华村等，就在同一农村中也不是每家都能这样做，很多采取牛工换人工的双方都是基于有“交情”。这种农民之间耕牛的变工互助今后应作为解决农村中耕牛缺乏的主要方式。

目前在各地区解决耕牛缺乏问题的最主要者是耕牛的租用方式。

耕牛的租用方式，若依租用期限的长短，可分为租年、租季和租日等三种。

所谓租年，即耕牛租用期限在一年或一年以上的，采用这种方式的耕牛占有者，多半是地主、富农（有的地主、富农是兼牛贩的），而承租人是中农或贫农。租用双方须要订立契约，契约中一般载有租用期限、租金数量、在租用期间承租人应负的责任，及所生小牛（租牛的全是牸牛）的分配等。如福州近郊西豹乡的牛租约是这样的：“租金每年 500 斤谷，所生小牛双方对分，承租人负责豢养，耕牛在承租期中，如有被盗失，承租人应负责赔偿，如因疾病死亡，通知牛主后无须赔偿。”在古田过溪保，租用牸牛，一年租金随牛的壮健从 150 至 300 斤米，承租人负责喂养，牸牛生下的小牛，第一胎小牛双方对分，第二胎以下的小牛，牛主得 1/4。

所谓租季，即租用限于需牛耕作的季节，时间从一至三个月不等，租用双方的阶级成份，租用的手续，以及承租者应负的责任，均同租年。租金的高低各地区不大一律，如古田罗华村租春季的牛租，大牛最高 648 斤米，普通 576 斤米。小牛最高 360 斤米，普通 288 斤米（该小牛只学会耕田一年后的）。而福州近郊农村多向南港一带租用春季耕牛，全季租金：上等 1000 至 1500 斤米，中等 900 至 1000 斤米，下等 600 斤米左右。

所谓租日，即租用耕牛以一天为单位，租用双方多临时口头约定，租方大多为牛力多余的农家，或一些租入耕牛而有多余者，用方大多限于临时迫切需用耕牛的贫苦农民。

以租季或租年二种方式租得耕牛的农民，一般多再转租给个别需牛的农民，转租多半是以亩为计算单位，但这种转租，有些地方是仅以耕牛出租，一切附带的农具及使用耕牛的人工由承租人自筹，租金以亩为单位计算。另一种是一切附带的农具及使用耕牛的人工，都由出租人全部负责，即所谓“包做牛工”，计算也是以亩为单位。当然还有颇多的自己占有耕牛，而有牛力多余的农民也采用以上二种方式出租。关于前者即仅出租耕牛而向承租者收取租金的现象，在闽西、武平、上杭、永定等县相当普遍。而后者即“包做牛工”的现象，在福州近郊最为普遍，其他各地区也或多或少的存在，这种包做牛工的现象是非常接近使用耕牛专业化，事实上，在福州近郊农村，使用耕牛专业化的现象是非常明显的，所以我们再进一步的分析使用耕牛专业化的情况。

从单纯出租耕牛到包做牛工，是农村缺乏耕牛反映在使用耕牛上的一种过程。一般的说来，当农民开始失去耕牛的时候，犁耙等农具是还存在的，而且他们也还有使用耕牛的技术，所以他们只须租入耕牛就够了，当农民缺乏耕牛到不可恢复的时候，也就是他们长期的借租用别人耕牛的结果，犁耙也必然的被迫出卖，同时因为长久的不占有耕牛，逐渐失去了使用耕牛的技术，于是必然进一步的演变到，不但需要耕牛，而且也需要犁、耙和使用耕牛的人。当然到这个阶段，还不一定是有牛者一定兼做牛工，其中农民也可能租入耕牛，而请别的农民来使用，但这里已充分的替使用耕牛专业化准备了条件，这些条件可借着地区较近都市，农业受都市经济的影响，或其他如水利方面的特别易于控制等等的原因，使耕牛的租用方式从“包做牛工”进到使用耕牛专业化。

福州近郊农村耕牛的缺乏和每一农户经营面积的细小程度，都超过了一般的农村，再加上因为它靠近福州市，农民在都市的工商业吸引下，都朝都市走去，于是造成了一些农村男劳动力特别缺乏，主要是靠女人劳动的情况，而女性劳动在使用耕牛上比之男性劳动，是会有较多的困难的。又由于这些农村的水田多半是吃浦水的（导引闽江江水的水渠称浦），农民多以踏车为主要灌溉的方法，浦水随潮水而涨落，农民对水田的灌溉，较易控制，使用耕牛的人，在整个耙田季节中，可以从容的顺次替租牛户犁田，这样，就造成了耕牛使用的专业化成熟的条件，由于使用耕牛专业化的出现，把耕牛的劳动强度大大的提高，减少了耕牛的需要数。这些村子1头耕牛在耙田的季节中，能犁到70至90亩的面积，有的甚至超过100亩。同时也给一般农家在耕作中得到不少的便利。

三、牛租及牛工资

关于仅以耕牛出租而收取一定的牛租，它的剥削性质非常明显。专为农民“包做牛工”的牛工资，由于它包含了使用耕牛者的劳动力的代价，所以是否含有剥削性质，则要看它是否过高的（高过工资成本部分）。

要答复这个问题，我们先来分析使用耕牛者方面，在福州近郊的后屿村，耕牛是纯粹当作农具来使用，所以耕牛都是壮健的大水公牛。该村包做牛工的收支计算如下：

收入方面：1头耕牛全年耕90亩地，每亩牛工工资30斤米

合计2700斤米

支出方面：

（一）45天的牛饲料费（耕90亩须45天）220斤米

（二）平时饲料费（买些干草）130斤米

（三）犁、耙的折旧、修理及添置零件等60斤米

（四）牛绳、蓑衣、斗笠20斤米

（五）牛的折旧233斤米

（六）使用耕牛人工45天（每天以16斤米计）720斤米

合计1383斤米

收支相减：盈余1317斤米

这就是说明着占有1头耕牛包做别人耕地90亩的牛工，除了自己获得45天工资720斤米的报酬外，还可得盈余1317斤米，如我们暂时假定使用耕牛一天工资16斤米是合理的话（事实上当地单请人做牛工一天是16斤米），那末已可使我们约略的看出一亩地30斤米的牛工工资是过高了，但过高到什么程度？还得先计算上面所定的使用耕牛者的工资一天16斤米是否

适当？现在我们把该村经营一亩地，以全部雇工来计算成本。

种子22.5斤谷；工资：拔秧插秧2.2工，26斤米；牛工工资30斤米

肥料70斤谷；施肥3.5工，28斤米

农具修理30斤谷；中耕除草10.0工，100斤米

割稻4.0工，48斤米

割稿0.8工，6斤米

踏车15.0工，75斤米

共计122.5斤谷；共计35.5工，283斤米

依100斤谷折米70斤计算，则1亩成本等于122.5斤谷加404.3斤谷，共526.8斤谷。

若以收获量575斤谷来看，则收支差不多相抵，这是说明该村目下的每亩成本已高到相当全部创造的价值了，在当地一般把插秧的工和使用耕牛的工同样看待，所以使用耕牛一天工资16斤米，也同样的取回他们所创造的全部价值了，这也是说使用耕牛一天工资16斤米是适当的。那么上面所计算出的，包耕90亩地的成本1383斤米，即包耕每亩地的牛工成本15.4斤米，也约等于包做牛工者在耕地的收获物中所创造和所转移过去的价值，所以一亩地收30斤米的牛工资，显然是过高了，30减15.4等于14.6斤米，这14.6斤米，完全是由于占有耕牛而得来的剩余价值。

当然除这样的计算以外，还得同时考虑到使用耕牛专业者家人的生活。现就以五口之家而论，占有耕牛一头，包做牛工的收入就有1317（盈余）加720（工资）等于2037斤米。单就2037斤米来看，已能解决全家的吃饭问题了，一年只须45天紧张工作，就能解决一年吃饭问题，这比之一般农民终年辛苦而不得温饱是不可比拟了！

所以牛工工资过高到已剥削一般农民的地步，是毫无疑义的。不过这种牛工工资的剥削，并不能和牛租的剥削一样反映出那么明显的阶级对立性。因为使用耕牛专业化者大多是中、贫农。又如我们从另一方面来看耕牛使用专业化的性质，能使我们了解得更清楚，就以福州近郊农村来说，牛工工资的高低，极不一律。

台峰（一亩地）46斤谷，后屿43斤谷，樟林37.5斤谷

茶会42斤谷，前屿30斤谷，上板30斤谷

箔岭36斤谷，湖塘32斤谷，洋里28斤谷

固然影响牛工工资高低的因素很多，但在同属一个区域内的，如后屿、前屿，只隔一条公路，后屿与湖塘是并连着，各种自然条件及耕牛制度都甚相同，但这3个村的牛工工资有差别。这种牛工工资的差异，是由占有耕牛者所组成的一种封建性的组织“牛福”造成的，前屿牛工工资低，后屿牛工工资高，而后屿人不敢请前屿的牛工，而前屿的耕牛占有者也不敢越界而耕。这完全由于后屿的占有耕牛者组织了“牛福”，限制了别村的耕牛占有者来这里犁田的缘故。后屿“牛福”的组织是这样的：每年正月尾二月初，该村占有耕牛者以牛神生日为题，聚集宴会一次，商议本年牛工工资分配牛力，防止外村耕牛占有者来村等事项。后屿人都说：“开一次‘牛福’，牛租增高一次”。这不是无理由的。

福建省农民协会

1950年春

第五部分　龙岩县保留土地革命果实地区四个典型村土地情况调查

一、土地改革过程简述

1929年闽西龙岩、永定等地的人民在中国共产党领导下，发动了武装暴动，组成了中国工农红军游击队，在中央红军的直接支援与帮助下，建立起闽西苏维埃区，又进行了土地革命，打倒了地主阶级和国民党反动政府在闽西的统治，成为中国革命史上光辉的一页。龙岩劳苦农民积极的参加了这一革命斗争，废除了封建的土地所有制，分得了土地。1931年红军撤离龙岩城，十九路军进占龙岩县城，于1932年以村为单位，重新调整土地，地主富农也分给了田。同年冬，十九路军败退，从此该区又重落于反动政府的统治之下，但多年来，该区农民一直在我党领导下，及我武装游击队的支援配合下，与地主阶级及国民党反动政府进行了不断的英勇的斗争，这斗争是以土地问题为中心内容的。地主阶级借反动政府的力量，企图向农民夺取土地，征收地租，但均被我党领导下的农民大众粉碎了。1943年起，国民党反动政府推行“扶植自耕农”政策，目的是在设法直接收回已分的土地情况下，想给地主阶级最后收回一笔地价，并企图赖借这次土地调整，使当时的一些伪保甲人员及一些反动分子能分到较多较好的土地，但同样地遭受到我党和农民大众的打击而失败，使原有的土地革命的成果，基本上保持下来。

我们这次调查的4个村子，是西陈区的条围村和东红区的泉井、溪兜、菜园等村。西陈区在龙岩县城的西郊，东红区在县城西南，相距约15华里，这4个村子都是革命老根据地。1929年的土地革命成果大体上都被保留下来了，这4个村在一定限度内，可以代表闽西保留土地革命果实地区的情况。

二、土地关系

据我们最近调查这些村子的耕地占有状况是这样的：

西陈区条围村，有耕地587.02亩，其中包括公有的田27.74亩（内保公田18.3亩，学田9.44亩），私有的559.28亩，私有耕地的占有情况如下：

龙岩西陈区条围村各阶层土地占有情况表

成份	户数		人口		占有土地面积(亩)		每户平均亩数	每人平均亩数	备注
	户数	百分比	人数	百分比	亩数	百分比			
地主	0	0	0	0	0	0	0	0	
富农	0	0	0	0	0	0	0	0	
富裕中农	12	6.15	60	5.84	66.13	11.82	5.51	1.102	
中农	63	32.31	320	31.16	245.11	43.83	3.89	0.766	
贫农	56	28.72	285	27.75	134.37	24.02	2.40	0.471	
商人	5	2.57	26	2.53	2.65	0.47	0.53	0.102	内有2户6人无地
小商贩	15	7.69	110	10.71	29.02	5.19	1.93	0.264	内有4户23人无地
手工业	12	6.15	58	5.65	20.45	3.66	1.70	0.353	内有2户10人无地
工人	13	6.67	85	8.28	23.28	4.16	1.79	0.274	内有3户11人无地
自由职业者	8	4.10	12	1.17	1.10	0.20	0.14	0.092	内有6户7人无地
革命职员	7	3.59	54	5.26	34.10	6.10	4.87	0.631	内有1户5人无地
贫民	4	2.05	17	1.65	3.07	0.55	0.77	0.181	内有1户1人无地
合计	195	100.00	1027	100.00	559.28	100.00	2.87	0.545	

在东红区的泉井、菜园、溪兜3个自然村，总有耕地2638.81亩，其中共有田300.79亩，私有的2338.02亩，私有耕地的占有情况如下表：

东红区溪兜、泉井、菜园三个村各阶层土地占有情况表

成份	户数		人口		占有土地面积		每户平均亩数	每人平均亩数
	户数	百分比	人数	百分比	亩数	百分比		
地主	0	0	0	0	0	0	0	0
富农	2	0.29	18	0.61	19.15	0.82	9.58	1.064
富裕中农	24	3.50	151	5.14	165.29	7.07	6.89	1.095
中农	296	43.15	1267	43.10	1336.61	57.17	4.52	1.055
贫农	294	42.86	1177	40.03	660.78	28.26	2.25	0.561
独立生产者	19	2.77	87	2.96	48.19	2.06	2.54	0.554
工人	1	0.14	1	0.03	2.25	0.10	2.25	2.250
小商贩	34	4.96	178	6.06	63.10	2.70	1.86	0.354
商人	8	1.16	33	1.12	21.95	0.94	2.74	0.665
自由职业者	5	0.73	22	0.75	15.27	0.65	3.05	0.694

续表

成份	户数		人口		占有土地面积		每户平均亩数	每人平均亩数
	户数	百分比	人数	百分比	亩数	百分比		
贫民	3	0.44	6	0.20	5.43	0.23	1.81	0.905
合计	686	100.00	2940	100.00	2338.02	100.00	3.41	0.795
备注	富农2户都兼营商业,农业主要劳动依靠雇短工。 户数与人数中都包括了无地的,但具体有多少及属于哪些阶层则不详。							

以上二表除了同一的指出各阶层的每户或每人平均所占有的耕地面积比较平均外，更重要的是地主已不存在了，富农也很少。在东红区的3个自然村中只有2户富农，但这2户占有的土地还不及总数的1%，而且都是兼营商业的。西陈区条围村连富农也没有，占有土地最多的是中农（包括富裕中农），其次为贫农。富裕中农、中农、贫农合计占总户数的67.18%，占总人数的64.75%，而占有耕地79.66%。在东红区3个村中，中农、贫农合计占总户数的89.51%，占总人数的88.27%，而占有耕地92.50%。所以依各阶层占有的土地而言，大体上是平均的，但若以每户占有土地数及每人平均占有土地数来看，他们之间是仍有差别。这种差别在以下二表显示得更清楚。

龙岩县西陈区条围村每人占有田亩分级统计表

分级田亩	户数	占本村户数百分比	人口	占本村人口百分比	土地总数	占本村土地百分比	每户平均人数	每人平均亩数
0.01—0.1	2	1.14	10	1.04	0.79	0.14	5.00	0.08
0.11—0.2	12	6.82	92	9.54	17.03	3.07	7.67	0.19
0.21—0.3	12	6.82	84	8.71	23.36	4.21	7.00	0.28
0.31—0.5	46	26.13	265	27.49	109.18	19.69	5.76	0.41
0.51—0.7	39	22.16	226	23.44	132.57	23.90	5.79	0.59
0.71—1.0	42	23.86	213	22.10	175.09	31.57	5.07	0.82
1.01—1.3	12	6.82	44	4.56	49.41	8.91	3.67	1.12
1.31—1.5	6	3.41	21	2.18	29.13	5.25	3.50	1.39
1.51—2.0	2	1.14	5	0.52	8.40	1.52	2.50	1.68
2.01—3.0	3	1.70	4	0.42	9.65	1.74	1.33	2.41
总计	176	100.00	964	100.00	554.61	100.00	5.48	0.58
附注	各阶层无土地户(19户63人)不在内,又土地总数比第一表差4.67亩,因无原始材料,无法改正。							

东红区菜园村每人占有土地分级统计表

分级田亩	户数	占本村户数百分比	人口	占本村人口百分比	土地总数	占本村土地百分比	每户平均人数	每人平均亩数
0.01—0.2	6	2.78	42	4.09	6.62	0.99	7.00	0.16
0.21—0.3	9	4.17	49	4.78	12.93	1.93	5.44	0.26
0.31—0.5	43	19.91	249	24.27	104.55	15.57	5.79	0.42
0.51—0.7	77	35.65	391	38.11	230.58	34.34	5.08	0.59
0.71—1.0	44	20.37	174	16.96	144.23	21.48	3.95	0.83
1.01—1.3	18	8.33	66	6.43	72.95	10.86	3.67	1.11
1.31—1.5	5	2.31	22	2.14	31.64	4.71	4.40	1.44
1.51—2.0	6	2.78	16	1.56	26.51	3.95	2.67	1.66
2.01—3.0	7	3.24	15	1.46	35.14	5.23	2.14	2.34
3亩以上	1	0.46	2	0.20	6.30	0.94	2.00	3.15
合计	216	100.00	1026	100.00	671.45	100.00	4.75	0.65

上两表已把每人平均占有土地的差别完全反映出来了。条围村每人平均占有土地的差别比菜园村更甚，如果把以上两表每户平均人数和每人平均亩数比较起来看，还会发现一个特点，即人多的户每人平均占有土地少，人少的户每人平均占有土地多，这与当时按人口分田，人多的户多分，人少的户少分的情况不同了。主要是由于近20年来，在反动统治下的一些红军烈属及革命人民的土地，被反动政府强横的掠夺或充作公田，或直接分掉的缘故。就以1943年而言，潘九三同志的2亩田被伪政府没收，烈属王保菊的5亩田也被陈一致（伪保长）抽去，朱九根母亲之2亩7分田也被抽作公田。而另一个原因是本区各村都有相当数量的华侨，近年因南洋的商业不景气，华侨大多回来，他们都没有耕地。此外，多年来人口的生死变动也是一个原因。这些原因都或多或少地影响每户及每人的土地占有的平均，虽然如此，但由于经过土地革命后，一般人对于购买土地不感兴趣，加上各村都无形中有禁止出卖土地的规定，大大的限制了土地的转移，使当时土地占有的基本情况仍能保持到今天。

但宗族土地仍有部分存在，如条围村的林地，一般的均由宗族占有，就中以陈姓占有最多，章姓次之，魏姓又次之。东红区也有类似的情形，如井泉村大部是邓姓，宗族观念很强，因无钱修理宗祠，自1945年起，便将一部分死人的土地用来出租，将租作为修祠之用（对死人的田有两种处理方法：死人有直系亲属的，而又有劳动力的交给其亲属耕种；如死者无亲属，则交出来作为修宗祠之用）。这部分田便变成了邓姓公有田，因为每年都有死亡，所以这项公有田已达53.15亩，每年由邓姓农民投标耕作。此外各村都保存有相当数量的保公田或学田，在条围村有保公田8.3亩，学田9.44亩；在溪兜、龙泉、菜园三自然村有公田300亩（内溪兜中学学田160余亩，溪兜小学学田20余亩），这些公田及学田都是取自农民手中，如保公田是每村在分配土地的时候划出一部分不分配的土地及一些没有人要的坏地，当时是作为将来由于人口的生死移动土地不够分配时拿来分配的。学田是用以办学校的，但在反动政府统治时期，这些公田都实际上掌握在少数分子手中，保公田的收入变成了伪保长、保队附等的薪水及保办公费等的支出。

三、租佃关系及借贷关系

土地改革虽然基本上消灭了封建的剥削关系，消灭了封建的地租，但租佃关系仍然存在着，我们在前面屡经提到，这些地区都有或多或少的公田、学田，这些公田、学田都是采取投标方式分租给得标农民耕种的，租额的高低看田地的好坏而定，但一般租额是相当的高，在东红区三村中，学田的租额约占收获量的40%至50%。保公田较差，每亩租额从30斤谷至100斤谷不等，在条围村18.3亩保公田收租78箩（约等于收获量30%至40%），9.44亩学田收租40箩（约等于收获量40%至50%）。在私人占有土地方面，出租的以园地较多，如条围村出租的园地有25亩，占总田地面积的4%，租额约为收获量的43.75%。此外，有些人因为外出，名义上是把田托亲友耕种，实际也有租佃的成分，当地称之为“托耕”。关于公田出租的收入虽然形式上是规定用于“公事”上，但由于这些租谷的保管及收支，解放前均操在旧乡保甲人员手中，他们把这些租谷胡乱的开支，实际上是“化公为私”了，就以其中学田而论，在用途上虽比保公田正当些，但舞弊的情形是仍然存在的，如溪兜中学校长张景崧就是这样的。

条围村农民之间的园地出租是基于该村耕作制度的需要。该村接近城市（龙岩县城），一般农家除栽种水稻外还栽种小麦、蔬菜、烟叶、甘蔗等物。据该地农民一般的经验，种甘蔗地要十年轮种一次，种烟叶也要三年轮种一次，小麦也不能年年都种，否则都要影响作物生长。种蔬菜最花肥料，因而使田园较多的人不能全部自己耕作。这样一来就使农民之间彼此发生租佃的关系。如有园地的农户自己无力全部栽种蔬菜时，也就不得不出租一部分给别人；同时假如他自己既要种蔬菜，又要种烟叶或甘蔗，则又须向别人租地耕作。这种大半由于耕作上的需要所发生的租佃形式，非但不易找到某一块是经常出租的，同样的也不易找到经常有地出租的农户，这就明显的说明了这种租佃关系和地主对于农民施行封建剥削的租佃关系在本质上是不同的。至于“托耕”，与其说是“托耕”人出租土地不如说是想保持这块分得的土地，因为在解放前无人耕种的土地是会被收归公有的。

其次我们来看这些村子的借贷关系。

这些村子虽然一般的已消灭了寄生的地主阶级及专以高利贷为业的人，但借贷关系还是存在的。据1945年及1947年本省研究院社会科学研究所的调查报告，这些村子在1945年春借粮食的农户占总户数的26.36%，借现金的约占36.96%。每户借入粮食的数量最多的为1000斤谷，最少的5斤谷，普通的为150至250斤谷。每户借入现金的数量最多的为1万元（伪币），最少的为100元（伪币），普通的为1500至3000元（伪币）。借款时间多在春夏二季，尤以青黄不接的时候最多，还款时间多在秋收时期。借贷的利率较高，春天借入粮食秋收偿还，利率约在50%。借贷来源，有的是向人口少、有粮食多余的农家借来，有的是向商人借来，有的是向村中负责保管公学田收入和保管积谷的少数分子借来。借债者多属贫农。借款的用途，借入粮食的97.4%是用于生活消费，用于生产的只占2.6%，借入现金的有84.6%是用于生活消费，用于生产的占11.9%（大多数购买肥料），其他占3.5%。又据我们这次调查，条围村农家缺粮情况如下：

条围村缺粮情况表

项目		户数	百分比
调查户数		176	100
缺粮户及缺粮情况	共计	121	68.75
	缺 1 个月	3	1.71
	缺 2 个月	7	3.98
	缺 3 个月	25	14.20
	缺 4 个月	17	9.66
	缺 5 个月	16	9.09
	缺 6 个月	53	30.11
全年粮食适可维持户		55	31.25
粮食有多余户		0	0

占68.75%的农家缺乏粮食，他们中除了部分的能够设法找寻副业增加收入来弥补外，大部分的不是挨饥受饿就只有向别人借债了。在经济上比较宽裕的人，都不敢放债，使农村的借贷有陷于呆滞的趋势。虽有一些借贷发生，但均须通过“人情”的关系，而且利率是相当高的，借一箩还一箩八。此外，据社会科学研究所调查，在解放前，这些村子还存在特殊形式的借贷，如“卖田丘”，即是出卖土地使用权，这种所谓“卖田丘”乃是贫穷农家因有急需或无力偿还债务或无力耕作时，将耕地的使用权出卖与人，但可在一定期限后回赎，一般的出卖期限从一年到三年不等，卖价约等于收获量的 1/3，如 1 亩地一年能收获 20 桶谷子，卖使用权一年的代价约为 7 桶谷子。出卖期间该土地的负担由承买人负责。

“卖田圻”的相当普遍，为了出卖田地使用权而引起纠纷的事也数见不鲜。解放前，伪西墩乡乡公所对出卖土地使用权有这样的判例，“出卖土地使用权是用于婚丧寿庆等所谓迫不得已时则不加深究，如为了赌博等耗费而出卖的经人告发一律没收充公”，不过这种事情，在解放后已甚少发现了。典青苗、当房屋的也曾经有过。

这些村子中普遍存在着一种互济互助性质的“合会”，这些“合会”的种类以时间分有“月会”“季会”“年会”；以会金分有“谷会”“钱会”；以得会的方法分有“摇会”“轮会”“标会”。此外还有以某种专门用途而分的如“孝子会”等等。以上各种合会，除“孝子会”是由于贫苦农民为准备父母的丧葬费而组织的，每年每会员定期向会缴纳会谷，以备不时之需外，其他各种合会，都为某一农家（会首）由于某种事项（多为结婚或缴子弟学费等，但在东红区的紫冈乡也有部分是由于生产开矿等）需款急用，一时又难以筹划，于是邀集同宗或亲友 10 人或 10 余人组成。首会的“会谷”或“会金”由会首收受，以后各期则以按序轮流、摇骰子或投标来决定，直到全体会友得会后才告结束。显然，投标决定（即标会）是多少带些投机性质，利息有时已相当于高利贷，因而大大的减损其“有无相济，急难相助”的互助合作精神了。

四、生产情况

首先我们来看这些村子的每户经营面积。在条围村，每户平均占有土地面积最大的是富裕中农，为5.51亩，中农为3.89亩，贫农仅2.40亩，其他职业兼农业的则更小，各阶层平均为2.87亩。在溪兜、泉井、菜园三村，各阶层每户平均占有耕地面积比较大些，如富农为9.58亩，富裕中农为6.89亩，中农为4.52亩，贫农为2.25亩，各阶层每户平均为3.41亩。这些村子因为基本上消灭了封建的土地所有制，所以每户占有耕地面积与每户经营面积大体上是一致的。每户经营面积已经这样细小了，但这样细小的面积还不是一整块，还要分成许多零碎的丘块，如条围村559.28亩耕地，分成 796 丘，每丘平均只有0.702亩，其中最大丘的面积为3.3亩，最小丘面积为0.11亩。菜园村比条围村还要零碎，在该村671.45亩耕地中竟分成 1555 丘，每丘平均只有0.43亩，其中最大丘的面积为1.26亩，最小丘的为0.076亩。

其次来看这些村的劳动情况。这些村子是男女都种田的。因为每户都分有田，所以每户都要到田间工作（纯粹雇工经营的非常少）。这样一来，参加农业劳动的人数就普遍增加了。条围村有全劳动力 231 人，其中男 208 人，女 23 人；有半劳动力 142 人，其中男 43 人，女 99 人。若以 2 个半劳动力折合 1 个全劳动力，则全村有男全劳动力229.5单位，女全劳动72.5单位，总计全劳动力 302 单位。在菜园村有全劳动力 166 人，内男 126 人，女 40 人，半劳动力 166 人，内男 40 人，女 76 人。如前折合则该村有男全劳动力 146 单位，女全劳动力 78 单位，总计全劳动力 224 单位。我们若以经营面积和劳动力对比起来看，则在条围村每一单位全劳动只经营1.85亩，而菜园村虽比条围村多些，也不过2.9亩。一全劳动只经营这些地，这已不是单纯的以劳动力为主的精耕细作所能容纳全部劳动力的了。但这些农村在表面上虽有劳动力过剩的现象，却并非这些村子的农家劳动力每一时间都是有多余的。由于农业耕作的季节性，和一些工作比较具有专门技术性，如插秧、犁田等等，因而在农忙时雇工的情形是经常有的。不过这些村子中的雇工完全是短工，长工是没有的。一方面每人都分得一份土地。另方面每户只有这一点耕地也用不着雇请长工。这些村子雇请的短工，不限于本村人，外村外县人也有，如条围村在农忙时就雇请武平县永福乡人。条围村 176 户中经常雇短工的有 24 户，农忙时雇短工的有 52 户。菜园村 216 户当中常雇短工的有 21 户，农忙时雇短工的有 48 户。不雇短工的农家，多采用换工的方式，大体上是以工作能力约略相等为原则，普通是男工换男工，女工换女工，学工换学工，常工换常工，不过当地是女工换工的较多。

农具、耕牛方面，以条围村与菜园村各阶层的占有情况列表如下：

条围村耕牛占有情况表

成份	总计		水牛		黄牛	
	头数	百分比	头数	占总计百分比	头数	占总计百分比
富裕中农	6	18.75	5	15.62	1	3.13
中农	21	65.62	19	59.38	2	6.24
贫农	3	9.38	2	6.25	1	3.13
革命职员	2	6.25	2	6.25	0	0
合计	32	100.00	28	87.50	4	12.50

菜园村耕牛占有情况表

成份	总计		水牛		黄牛	
	头数	百分比	头数	占总计百分比	头数	占总计百分比
中农	38	74.51	14	27.45	24	47.06
贫农	8	15.69	3	5.89	5	9.80
小商贩	5	9.80	0	0	5	9.80
合计	51	100.00	17	33.34	34	66.66

这二个村子都一律的显示出中农及富裕中农占有耕牛占总耕牛数的3/4，或3/4以上，我们虽然没有每户占有耕牛的资料，但就以每户占有1头耕牛来计算，在条围村有195户只能有32户占有耕牛，占有耕牛户数仅及总户数17%，而菜园村216户只能有51户占有耕牛，占有耕牛户数占总户数23%，也就是说在条围村有83%的农家，菜园村有77%的农家是没有耕牛的，不过若以耕牛和耕地面积对比起来看，则情形是完全两样，即牛力足够耕种这些村的耕地。条围村每头耕牛的耕作能力是这样的：

水牛上等25至30亩，中等20至25亩，下等10至20亩

黄牛上等15至20亩，中等10至15亩，下等5至10亩

就以中等耕牛的耕作能力水牛每头平均可耕地22.5亩，黄牛可耕12.5亩来计算，则条围村水牛28头可耕630亩，另黄牛4头可耕50亩，合计32头牛可耕680亩。

菜园村17头水牛可耕382.5亩，另黄牛34头，可耕425亩，合计51头牛，可耕地807.5亩。

条围村全村耕地有587.02亩，而32头耕牛可耕680亩，耕牛尚有多余13.68%；同样菜园村51头牛可耕地807.5亩，而仅有耕地699.84亩，亦多余15.81%。不过当我们以这样的标准算出耕牛劳动力的多余时，我们还得考虑到另一方面，即耕地灌溉的遭遇意外，致使耕牛一时需要增加的情况，以及将耕牛用来搞副业等。这样，牛力就不会多余，有时还会感到不够了。

没有耕牛的农家既然那么多，他们自必向有牛力多余的农家借用或租用了，这几村一般的无牛之家也多无犁、耙等工具，而自已也不一定会用牛，所以租牛还得连同用牛的人也一起请来。牛工工资多以一天计算，也有以亩计算的。另一取得耕牛使用的方式就是人工换牛工；条

围村是牛主带牛耕种，冬季犁一次浸冬，春季翻犁一次，同时耙平，每亩应换春季忙工二工半；在早稻收获后犁一次，同时耙平，一亩换秋季忙工三工；在晚稻收成后犁田一次则换春季忙工二工。在东红区是一个人工换一牛工，如牛由牛主带耕，则换二工。

这些村子各种作物的种子多是由农家自己选留，极少向外购买的，肥料一般以人粪尿和木灰为主，堆肥、烟叶、豆饼等也有部分农家采用。据调查凡有养牛和养猪的人家肥料够用，若单只养牛的全年要缺肥料20%，单养猪的约缺肥料30%，倘全部不养家畜者，其肥料至少缺50%以上。

农作物种类，在条围村有早稻、晚稻、小麦、甘蔗、甘薯、棉花、烟叶、蔬菜等几种。在菜园村则仅有早稻、晚稻、中稻、小麦、甘薯等。在以上各种作物中均以水稻占主要，小麦则菜园村多于条围村。因为条围村多数的土地黏湿，不宜种麦，故多行浸冬。去年该村种麦的面积仅占耕地面积的1/3左右。甘薯各村都有栽种，有的栽在旱地，有的栽在田中。蔬菜的栽种面积比菜园村大得多，因为条围村靠近龙岩县城容易销售。菜园村及条围村是早稻、晚稻、小麦或早稻、甘薯、小麦等轮作的。在条围村也有蔬菜、甘薯、烟叶等轮作的。各种作物每亩常年产量如下：

条围村			菜园村
早稻	上等田	450—500斤	450斤
	中等田	400—450斤	380斤
	下等田	350—400斤	320斤
晚稻	上等田	350—400斤	350斤
	中等田	300—350斤	300斤
	下等田	250—300斤	250斤
小麦	上等田	200—240斤	200斤
	中等田	182—200斤	180斤
	下等田	160—180斤	180斤
甘薯	田地	2500—3000斤	
	旱地	2000—2500斤	
	山地	1000—2000斤	
烟叶	田地	130—150斤	
甘蔗	田地	4000—5000斤	
棉花	园地	30—40斤	

现以条围村种1亩地早、晚稻的收支计算如下（1950年二三月我们调查时，该地尚通用银元，故以银元计价，以下均同此）：

支出方面：（一）种子费：4斤谷，折银洋0.2元；（二）肥料费：人粪尿4担，小肥8担，烟叶6斤，共折银洋9.5元；（三）人工15工（包括家工在内），计工资银洋15.0元；（四）农具修理折旧，银洋1.0元；（五）牛租银洋2.0元。共计支出银洋27.7元。

收入方面：收入谷子 864 斤，折银洋43.2元。

收支相抵可盈余银洋15.5元。生产成本占总收获量 64%，属于可变资本的部分（工资）占生产成本 54%，属于不变资本部分（种子、肥料、农具折旧等）则占 46%。其中肥料费9.5元占生产成本的 34%，可说是施肥相当多了。

这些村子的农民除了在狭小零碎的耕地上精耕细作和少数的到南洋或外乡做工以外，普遍都从事副业生产。这些村子的副业相当多，在菜园村计有如下数种：

甲、草席：妇女在农闲时多从事织草席，席草来源除小部分由漳州运来外，大部分出产于本地（白土），每日 2 人可织大席 2 领，除成本外可得0.4元（银元）左右。

乙、挑货：有微小资本者以草纸、铁等挑往南靖之和溪墟出售，再买盐及乌糖等挑回本地白土墟出售，如此轮流赶墟，每次往返需 5 天，除伙食外约可赚 1 至 2 元（银元）左右。

丙、挑煤：本村农民特别是妇女除农忙外，均往附近的萧坑挑煤，除自用外，也有出售。每日可挑 2 担，全部出售约可赚0.36元（银元）。

丁、饲养家畜家禽：本村饲养家畜家禽的非常普遍，以养猪的利益最大，并可以解决部分肥料问题，对农民的生活帮助不少。据一般估计：一头猪平均每月可长 20 至 25 斤，按每斤市价银元0.3元计算，可得 6 至7.5元，而每月付出的饲料费平均在 3 元左右，可获利 3 至4.5元。

条围村因为靠近县城，副业更为发达，种类也特别多。一般农家除了饲养家畜家禽外，有30%的妇女从事织布或织带子，自己织自己卖，每天可赚0.2元，若代人织，每日工资可得银元0.07 至 0.1元。男人多挑担或做小商贩，挑担有到漳州、厦门的，有往永定、大埔的，有到漳平、宁洋、永安的，也有到长汀的，以到漳州、厦门为最多。据调查本村农民经营这些副业的有五六十家，几乎占总户数的 1/3。从龙岩到漳州来回需 10 天，可得工资银洋 20 元，除伙食、宿费、草鞋等费外，可赚挑力银洋11.2元。小贩多以有些资本的农民，自己担货去卖，再买些海货和糖等挑回附近圩市出售，再于圩市购买七产挑回龙岩县城出售，每次赶圩，其营业额在 5 至 10 元的，约可赚银洋 1 元左右。这样贩运不但部分解决农民的生活，对于城乡经济的交流也起了很大的作用。挑煤也是本村普遍的副业，全村挑煤的约占全村人口 50%。条围村各阶层兼业情况如下表：

条围村各阶级（层）兼业情况表

成份	调查总户数						兼业情况															
	总户数		无兼业户数		有兼业户数		农业		手工业		工人		小商贩		店员		自由职业		革命职员		其他	
	户数	百分比	户数	百分比	户数	百分比	户数	百分比	户数	百分比	户数	百分比	户数	百分比	户数	百分比	户数	百分比	户数	百分比	户数	百分比
富裕中农	12	6.15	3	1.54	9	4.61	0	0	4	2.05	3	1.54	1	0.51	0	0	0	0	1	0.51	0	0
中农	63	32.31	17	8.72	46	23.59	0	0	12	6.15	11	5.64	13	6.67	0	0	3	1.54	7	3.59	0	0
贫农	56	28.72	6	3.08	50	25.64	0	0	7	3.58	18	9.23	17	8.72	3	1.53	1	0.51	3	1.54	1	0.51
小商	5	2.57	1	0.51	4	2.05	3	1.54	1	0.51	0	0	0	0	0	0	0	0	0	0	0	0
小贩	15	7.69	4	2.05	11	5.64	11	5.64	0	0	0	0	0	0	0	0	0	0	0	0	0	0
手工业	12	6.15	0	0	12	6.15	10	5.13	0	0	0	0	2	1.03	0	0	0	0	0	0	0	0
工人	13	6.67	0	0	13	6.67	10	5.13	2	1.03	0	0	1	0.51	0	0	0	0	0	0	0	0

续表

成份	调查总户数						兼业情况															
	总户数		无兼业户数		有兼业户数		农业		手工业		工人		小商贩		店员		自由职业		革命职员		其他	
	户数	百分比	户数	百分比	户数	百分比	户数	百分比	户数	百分比	户数	百分比	户数	百分比	户数	百分比	户数	百分比	户数	百分比	户数	百分比
自由职业	8	4.10	6	3.08	2	1.03	2	1.03	0	0	0	0	0	0	0	0	0	0	0	0	0	0
革命职员	7	3.59	1	0.51	6	3.08	6	3.07	0	0	0	0	0	0	0	0	0	0	0	0	0	0
贫民	4	2.05	0	0	4	2.05	3	1.54	0	0	1	0.51	0	0	0	0	0	0	0	0	0	0
合计	195	100.00	38	19.49	157	80.51	45	23.08	26	13.32	33	16.92	34	17.44	3	1.53	4	2.05	11	5.64	1	0.51
附注	1."其他"指猪粪。2."工人"包括挑货、挑煤的。																					

从上面的叙述可以知道这些村子虽然农家兼营副业相当普遍，但绝大部分是以出卖劳力为主的工人、手工业及小贩等。这些副业，绝大部分是依靠城市工商业的繁荣而存在的。

最后说到这些村子的灾害。

首先触到的是蒋匪灾，这种灾情在东红区比西陈区表现得更严重。东红区自1929年革命起至1949年解放时为止，在这20年中除了经常遭受到一般农村同样的抓丁、苛派外，还经常遭受国民党的残杀、焚毁房屋、摧残森林、毁村移民的种种祸害。在这20年内东红区白土遭受蒋匪惨杀的农民先后近百人，附近山上的林木一律被砍伐或烧毁，如今已是牛山濯濯了。在1945年8月更强迫该区住在山村一带的农民迁至白土，致使这一带田园荒芜。

其次是天灾。菜园村的农田多数是"靠天"吃饭的，每年山洪爆发，沿溪圩田就要遭受水灾，若天不下雨，一般梯田又要遭受旱灾。再加上霜害风灾，真是灾难重重，难以为生了。兹将近年来受灾情况列表如下：

天灾种类	发生时间	受害作物	单位面积产量受损估计
风灾	1948年秋	晚稻	25%
霜灾	1948年冬	小麦	30%
旱灾	1947年春	早稻	50%
水灾	1948年夏	早稻	20%

条围村农田水利条件较好，灌溉不成问题，故水旱威胁较少。惟1947年大水灾把官陂冲坏，以致水源断绝，当年早稻收成大减，晚稻大部分也没有下种，多改种甘薯。至1948年春，官陂虽修建完竣，但在是年夏又被洪水破坏，致晚稻又减收30%左右。现官陂已重新修好，旱灾威胁已不存在，不过风灾及霜灾仍是非常严重，如1948年初秋，晚稻遭风灾损失约25%，同年冬末春初，小麦又遭严重霜害，收成减少30%至35%。

再次是作物病虫害。在虫害方面，水稻有螟虫、浮尘子、稻苞虫等，其中螟害尤烈。菜园村在1948年因受螟害而损失晚稻约10%。小麦因生长于冬季，故病虫害较少。甘蔗、蔬菜等虫害亦甚烈，计有蚜虫、吹绵介壳虫、地蚕、瓜守、粉蝶及卷叶虫。农民对这些虫害除捕杀外，用药剂杀虫者甚多。在病害方面，一般作物尚不严重，惟小麦常患黑穗病和锈病，蔬菜多患青枯病及缩叶病，但为害还算不普遍，亦不甚严重。

近年来兽疫、牛瘟较少发生，仅在1947年时发生一次牛瘟，损失甚大，条围村约死牛10余头，菜园村达20余头。猪瘟较流行。1947年春，菜园村出现猪肺疫（出血性和败血症），死40余头。此外鸡瘟、鸭瘟亦常有发生。

五、结语

根据上述调查材料，我们对于这些地方的土地问题和生产问题，提出如下的意见：

甲、这些村子中，封建的地主所有制已经废除，地主阶级已被消灭，广大劳动农民保留下土地革命的果实，现在土地占有状况以阶级来看，已经大体上平均了；如以户为单位来看，则尚有差别，但这已是农民内部的问题了，因而在这些地方不应当再来一次普遍的土地改革。要解决这些地方的土地占有的差别，首先应当从公田着手，其次应把少数反动分子在解放前靠国民党反动政府的势力强夺农民的土地归还农民。至于个别的农民之间的土地调整，应当是协商处理，而不应当强制施行。分配公田、调整土地，应当结合在生产中进行，不应当孤立的去进行，更不可妨害生产。

乙、这些地方的基本问题是恢复和发展生产的问题。这里的农民，由于长期遭受国民党反动统治的掠夺和摧残，虽然土地是保留了下来，但是仍未能摆脱贫困，农民要摆脱贫困，在分散的小农经济的生产状况下，是不可能的；尤其在国民党反动政府统治下，更加不可能。要摆脱这种贫困，就必须在工人阶级及共产党的领导下，在国家的援助下，使农业逐步走向集体化，使用机器耕作，不断地增加产量，才能人人富裕起来。当前，我们就应当全力领导农民进行生产，组织变工互助，组织合作社，节省出更多的劳动力，来发展农、副业生产。政府以贷款等方式来予以援助也是必要的。

福建省农民协会

1950年春

第五分册
山东省农村调查

第一部分　土地及经济变化调查

莒南、赣榆县三个区的农村调查

莒南县的壮岗和团林区，及赣榆县的金山区，是滨海区的革命根据地。1943 年在壮岗的臧家庄、坡里、李家、河子、乔家庄、下峪子、小岭后，团林区的崖上、彭河石、李家村，金山区的张夏庄、前历庄、黄泥堐等 13 个村进行了农村情况调查，这 13 个村大致能代表三个区的一般情况。

一、土地问题

甲、土地等级和产量

根据 1942 年和 1943 年的负担估计，各级土地所占面积的百分比如下：

区别	一级地	二级地	三级地	四级地	五级地	六级地	合计
壮岗	5.82	22.41	17.13	20.89	33.75	—	100
团林	11.86	17.35	38.59	26.35	3.85	2.00	100
金山	13.10	23.72	34.01	16.01	13.16	—	100
平均	11.26	21.42	32.23	20.28	14.16	0.65	100

从上表可看出金山区一、二等地较多，占36.82%，团林区三等地占38.59%；而壮岗区的好地少，四、五等地要占54.64%。各级土地的产量按二年三熟计算，其常年产量如下：

区别	一级地	二级地	三级地	四级地	五级地	六级地
壮岗	226	186	160	144	131	—
团林	221	189	164	153	115	—
金山	224	165	132	127	87	—
平均	224	180	152	141	111	75
备注	产量单位:斤。 金山区的产量较低,是因为有些地不能种地瓜(山芋),或种地瓜和谷子产量较差的缘故,其他作物都是不相上下的。					

乙、土地占有与使用情况

（一）各阶层土地占有情况

根据三个区 13 个村的调查，各阶层占有土地情况如下：

成份	户数	百分比	人口	百分比	地亩	百分比	每户平均	每人平均
地主	76	3.31	358	3.30	3838.27	12.78	50.50	10.72
富农	198	8.63	1191	10.97	6670.52	22.21	33.69	5.60
中农	708	30.87	3492	32.16	11 956.44	39.82	16.89	3.42
贫农	1192	51.96	5417	49.89	7369.71	24.54	6.18	1.36
雇农	53	2.31	173	1.59	59.47	0.20	1.12	0.34
其他	67	2.92	227	2.09	91.56	0.31	1.37	0.40
公田	—	—	—	—	42.99	0.14	—	—
合计	2294	100.00	10 858	100.00	30 028.96	100.00	13.09	2.77
备注	"其他"项包括手工业者、小商人、看庙的、看林的、流氓及外出情况不详无法确定成份者。公田是宗族田和庙田，每户每人总平均亩数不包括公田。							

这三个区的土地比起大店、沟头、筳宾三个区（地主占有土地55.82%，富农占11.96%，中农、贫农共占有33.07%）来说，土地是比较分散的。

再从这三个区的 2294 户的占有土地分级统计和大店、沟头、筳宾三区对比来看：

级数（亩）	壮岗等三区户数百分比	壮岗等三区亩数百分比	筳宾等三区户数百分比	筳宾等三区亩数百分比
无地户	4.49	14.48	—	—
5 亩以下	27.20	37.78	6.45	7.80
6—10	25.02	22.89	14.55	12.34
11—20	23.63	14.46	26.19	14.40
21—30	10.60	4.98	20.09	8.62
31—50	6.71	2.23	19.66	6.30
51—70	1.44	0.62	6.17	2.67
71—100	0.61	0.58	3.89	3.58
101—200	0.30	0.99	3.00	9.98
201—300	—	0.37	—	6.56
300 以上	—	0.62	—	27.75

从这表的对比中，可看出这三个区的土地是较分散的。

现将三区各阶层每户每人的平均土地比较如下：

成份	每户平均地亩			每人平均地亩		
	壮岗	团林	金山	壮岗	团林	金山
地主	45.11	51.41	59.45	12.30	9.07	10.06
富农	35.33	33.46	28.61	6.27	4.97	5.12
中农	17.78	18.76	13.92	3.84	3.12	2.96
贫农	7.56	5.91	5.02	1.66	1.38	1.09
雇农	0.86	0.84	1.35	0.45	0.28	0.34
其他	4.17	—	0.78	1.32	—	0.22
总平均	15.84	14.37	8.90	3.41	2.84	1.90

由上表可看出壮岗区的每户每人平均土地最多，团林次之，金山最少。壮岗、团林两区每户平均 15 亩左右，而金山区尚不足 9 亩，壮岗、团林两区每人平均 3 亩左右，而金山区每人尚不足 2 亩，悬殊甚大，原因如次：

甲、壮岗、团林两区于 1942 年秋季公粮负担时，办理过初步的土地陈报和部份的进行过反黑地斗争，而金山区尚未做过，黑地可能很多。

乙、金山区经营副业的较多，在 826 户中有 290 户，占总户数的35.1%，而团林区经营副业的只有占 1/5 强，壮岗区经营副业的最少。

（二）各阶层占有土地的土质比较

地主、富农占有的土地都是好地，而其他阶层大多较坏。兹将各阶层占有土地等级土质比较如下：

甲、壮岗坡里村各阶层占有各级土地的百分比如下：

成份	一级地	二级地	三级地	四级地	五级地	合计
地主及富农	16.36	31.27	29.35	12.66	10.36	100
中农	8.19	20.46	30.13	18.18	23.04	100
贫农及雇农	9.05	19.05	28.00	21.17	22.73	100
其他	7.40	15.31	33.65	5.61	38.02	100

乙、团林区 3 个村各阶层占有自然地亩与标准亩折合的比较，情况如下：

成份	自然亩数	折标准亩	每中亩合自然亩数
地主	771.09	393.39	1.96
富农	1472.21	617.70	2.38
中农	2215.11	797.88	2.78
贫农	1164.32	384.48	3.03
雇农	8.41	2.96	2.84
备注	标准亩产量等于该区一级地的产量。		

丙、金山区3个村各阶层占有各种土质百分比如下：

成份	黄土	黑土	黑泥角	白碱地	黄泥角	火炉岗	沙土地
地主及富农	14.44	33.47	3.56	10.05	5.92	11.42	21.14
中农	18.48	19.58	1.28	9.69	7.27	18.24	25.46
贫农	16.59	18.98	1.22	7.37	5.17	22.10	28.57
备注	各种土质平均产量，黄土地每亩产214斤，黑土地173斤，黑泥角172斤，白碱地226斤，黄泥角123斤，沙土地每亩仅产100斤。						

（三）各阶层土地使用情况

兹将三区13个村各阶层的使用土地情形列表如下：

成份	占有地	租出地	租出占占有地的百分比	租入地	租入占使用百分比	使用地
地主	3838.27	1595.22	41.56	22.90	1.01	2265.95
富农	6670.52	527.35	7.91	84.62	1.36	6227.79
中农	11 956.44	553.76	4.63	891.53	7.25	12 294.21
贫农	7369.71	325.69	4.42	1680.72	19.26	8724.74
雇农	59.47	9.32	15.67	27.91	35.75	78.06
其他	91.56	50.06	54.67	64.79	60.96	106.29
公田	42.99	42.99	100.00	—	—	—
总计	30 028.96	3104.39	10.34	2772.47	9.34	29 697.04
备注	地主租入土地是经营地主给自己亲族代种的地。					

地主出租土地占其所有土地的41.56%，其余大部土地尚留作自己雇工耕种，比起大店一带地主，出租土地占所有土地的96.07%，悬殊极大。大店一带富农租入地多于出租土地，租入地占其使用地30%以上，而这里租出地却多于租入地五倍（租入地只占使用地的7.91%）。大店一带中农、贫农租入土地均占其使用土地的30%以上，而这里均在20%以下，说明这里的租佃比重是不很大的。

从三个区农佃统计中也可说明这种情形：

农户	户数	百分比	使用地亩	百分比	每户平均使用地亩
自耕农	1470	64.08	19 413.78	65.37	13.21
半自耕农	609	26.55	9604.35	32.34	15.77
佃农	56	2.44	533.55	1.80	9.53
出租户	92	4.01	145.36	0.49	1.58
无地户	67	2.92	—	—	—
总计	2294	100.00	29 697.04	100.00	12.95

从上表可看出自耕农占了整个农户的64.08%，无地户占2.92%，有租佃关系的户数占

33%（大店有租佃关系的户数为47.75%）。

我们再进一步看三个区各阶层使用土地的比较：

成份	使用土地百分比			每户平均使用土地		
	壮岗	团林	金山	壮岗	团林	金山
地主	6.00	8.12	11.04	26.02	29.65	27.58
富农	23.25	24.92	12.73	33.33	31.00	25.85
中农	43.95	42.37	34.75	17.83	18.70	15.21
贫农	26.42	24.23	40.09	9.39	6.73	5.64
雇农	0.12	0.36	0.52	1.46	1.95	1.31
其他	0.26	—	0.87	3.58	—	1.19
总计	100.00	100.00	100.00	16.09	13.96	8.85

上表指出，地主使用土地平均不过占总使用土地1/10左右；富农使用土地在团林、壮岗将及1/4；在金山只1/8强。壮岗、团林两区中农使用土地最多，金山区使用土地最多的却是贫农，壮岗、团林两区的使用土地尚不如金山区的分散。

根据下表壮岗区3个村和团林区3个村土地使用分级统计，更可以得到进一步的说明：

等级	户数	百分比	亩数	百分比
不明户	53	5.74	—	—
5亩以下	133	14.41	445.37	3.17
6亩—10亩	221	23.94	1684.13	11.97
11亩—20亩	255	27.63	3730.83	26.53
21亩—30亩	158	17.12	3919.20	27.87
31亩—50亩	77	8.34	2880.14	20.48
51亩—70亩	24	2.60	1239.34	8.81
71亩—100亩	2	0.22	164.16	1.17
总计	923	100.00	14 063.17	100.00

耕种土地20亩以下的占全户数的65.98%，耕种21亩至50亩的占全村户数的25.46%，耕种51亩以上的尚不及3%。

土地分散的原因：

甲、土地的占有原较分散。

乙、地主租出土地多分成为二三亩或三五亩的小份。

丙、富农经营的土地并不多，一般耕种约30亩左右好田，其余的则再分散出租给农民耕种。

由于这里的土地较少，广大的贫苦农民缺乏土地，而又租不到地种，所以不少农民只有从事手工业或小商贩以及出卖劳力来维持或补助生活。

丙、抗战以来的土地转移

抗日战争爆发以后，土地增减变动甚大。

（一）现根据三个区8个村的调查统计土地买卖的情况如下：（壮岗区缺李家河子、臧家庄子、下峪子和小岭后4个村的材料）

成份	买地户数	占本阶层户数百分比	买地亩数	占本阶层土地百分比	卖地户数	占本阶层户数百分比	卖地亩数	占本阶层土地百分比
地主	6	12.50	24.10	0.88	36	75.00	884.68	32.46
富农	29	23.31	115.77	2.79	39	30.00	247.93	5.98
中农	161	32.86	539.04	7.05	110	22.45	320.72	4.19
贫农及雇农	218	22.34	605.41	11.49	141	14.45	386.85	7.34
其他	9	22.50	18.30	46.68	1	2.50	4.00	10.20
总计	423	25.12	1302.62	6.56	327	19.41	1844.18	9.29

（二）壮岗坡里、团林李家村及金山区3个庄共5个村历年土地买卖数如下：

成份		1937	1938	1939	1940	1941	1942	1943	总计
地主	买	—	5.00	—	3.00	—	5.00	6.10	19.10
	卖	—	13.00	—	7.00	87.40	149.00	241.14	497.54
富农	买	—	4.00	12.50	—	5.50	4.70	14.50	41.20
	卖	—	—	4.10	13.80	42.80	63.40	68.02	192.12
中农	买	7.30	8.87	3.58	34.95	77.64	72.85	62.15	267.34
	卖	—	18.90	14.29	21.50	55.00	61.00	63.75	234.44
贫雇农	买	0.40	7.73	38.60	50.82	66.90	114.46	168.50	447.41
	卖	4.00	16.20	29.50	31.82	51.60	47.90	83.00	264.02
小商	买	—	—	—	3.50	5.00	1.30	8.50	18.30
	卖	—	—	—	—	—	—	4.00	4.00
合计	买	7.70	25.60	54.68	92.27	155.04	198.31	259.75	793.35
	卖	4.00	48.10	47.89	74.12	236.80	321.30	459.91	1192.12
备注	上表所谓买卖地，包括典当和赎地，因调查时常混淆在一起，故未分开统计。								

地主的土地自1941年后卖出的很多，买的很少。富农也是卖多于买，数目虽小于地主而情形大致相同。中农、贫农和雇农，都是买多于卖。这说明了我根据地建立之后，土地逐渐向中农以及在生活上改善了的贫农手里转移，形成土地日益分散的趋势。但还有不少中农、贫农卖出土地（特别在1941年后）数目仍很大（中、贫、雇农卖地户占总卖地户数76.8%），这是由于在战争情况下经济动荡，生活困难等原因所致。

为了了解抗战前后的土地分配及阶层变化的情形，将壮岗区的坡里，团林区的崖上、彭河石、李家村，及金山区的张夏庄、黄泥堐 6 村的阶层变化情况列表如下：

成份	户数			亩数		
	战前	现在	增减	战前	现在	增减
地主	49	41	－8	3814.27	2161.36	－1652.91
富农	62	80	＋18	2364.25	2665.48	＋301.23
中农	270	324	＋54	4273.61	5139.54	＋865.93
贫农	589	679	＋90	3619.23	3756.99	＋137.76
雇农	63	50	－13	74.93	55.23	－19.70
其他	21	12	－9	15.34	15.74	＋0.40
总计	1054	1186	＋132	14 161.63	13 794.34	－367.29
备注	总地亩减少的原因,不是因土地面积减少,而是有些大户将地卖到外庄。增加的土地,除了买入土地外,还有一些是开荒土地。 富农户数的增加大半是由于自己分家,中农升为富农的不多。					

从这 1000 多户的变化中可看出地主是下降的，富农、中农和贫农都是向上发展的，而以中农发展为最快。雇农和其他阶层（小商贩、手工业等）减少了，他们都变成了贫农。地主的下降主要是高利贷和投机生意减少了，负担相对的加重，再加上生活的浪费等原因。农民的上升则主要的是由于我根据地减租减息政策的实行。土匪的肃清，不正当娱乐的戒绝，苛捐杂税的豁免，并且适当的开展副业生产等，使农民安心生产，经济向上发展。

由于抗战后户数的增多，每户和每人的平均地亩都减少了，兹将团林区 3 个庄和金山区 2 个庄（缺前历庄）各阶层抗战前后每人、每户平均地亩，比较如下：

成份	每人平均		每户平均	
	战前	现在	战前	现在
地主	11.77	9.14	81.15	52.44
富农	5.59	4.98	35.62	32.17
中农	2.88	2.94	15.69	16.19
贫农	1.66	1.19	5.89	5.24
雇农	0.35	0.32	1.16	1.22
其他	0.07	0.16	0.24	0.49
总计	2.72	2.32	12.98	11.16

二、租佃关系

甲、租佃关系概况

（一）租佃关系的普遍程度及特点，据11个村（因缺壮岗的李家、河子）的调查统计如下：

各阶层出租土地比较表

成份	租出户占本阶层户数百分比	租出土地占本阶层占有总数的百分比	每户平均租出亩数
地主	67.57	42.60	31.90
富农	29.27	8.23	9.42
中农	11.51	4.98	7.17
贫雇农	5.35	9.23	5.15
其他	4.61	54.67	16.69
合计	11.33	12.43	12.17

各阶层租入土地比较表

成份	佃入户占本阶层户数百分比	佃入土地占本阶层使用总数百分比	每户平均佃入亩数
地主	4.05	6.11	7.63
富农	3.14	13.21	14.10
中农	29.44	8.02	4.53
贫雇农	31.62	47.07	5.27
其他	12.31	23.79	2.73
合计	24.39	10.88	5.05

租佃关系较复杂，各阶层都有租出和租入的土地。兹为更具体的了解这种情形，且看下面的各阶层租佃统计：

各阶层出租土地比较表

成份	出租户数	占总出租户数百分比	出租亩数	占总出租土地百分比
地主	50	19.92	1595.22	52.11
富农	56	22.31	527.35	17.23
中农	77	30.68	553.76	18.09
贫雇农	65	25.90	335.01	10.94
其他	3	1.19	50.06	1.63
合计	251	100.00	3061.40	100.00
备注	公田42.99亩未列入。			

各阶层租入土地比较表

成份	租入户数	占总租入户数百分比	租入亩数	占总租入土地百分比
地主	3	0.56	22.90	0.84
富农	6	1.11	84.62	3.10
中农	197	36.48	891.53	32.66
贫雇农	326	60.37	1708.63	62.60
其他	8	1.48	21.80	0.80
合计	540	100.00	2729.48	100.00

租出土地，地主占一半强。佃入土地无论在户数和亩数上，贫农都占绝大多数。

现再进一步的分析这一带租佃关系的特点。

甲、这一带的地主、富农，因大多数兼商人和高利贷者，他们奸诈诡谲，善于经营，因此都雇工耕作。所以除个别孤、寡将土地完全出租外，其余只是出租其比较远的和坏的土地。如在团林区 15 户地主中，有 4 户自己经营，9 户一半自己经营一半出租，2 户完全出租。金山区 22 户地主中，经营地主有 14 户，完全出租的只有 8 户。壮岗区情形也差不多。

乙、纯佃户少，租种土地的都是自己有一些土地而不敷耕种的半自耕农，如在 12 个村 2294 户中，纯佃户只有 56 户，占总数的2.44%。

丙、中、贫农出租土地占29.03%。这些出租户多数是孤、寡、残废等无劳动力户或外出从事其他职业者，因此不得不将自己的小量土地出租或由其亲属代耕。

（二）过去流行的租佃制度：

租佃制度最主要的是分租制。一般是劳力、畜力和肥料由佃户出，种子由主、佃双方负担（先由地主拿出然后由公堆除还），收获后粮食双方平分，牛草作耕牛饲料，烧柴大地主要的比较少，中地主平分。另外还有个别的行“干提鞭”“拍牛客”“白种地”等租制的。

乙、抗战以来租佃关系的变化

抗战以来，租佃关系普遍的起了很大的变化，兹将团林区彭河石和堐上抗战前后租出土地的情况比较如次（租进土地未统计）：

1937 年各阶层出租土地统计表

成份	总户数	出租户数	出租户占总户数百分比	占有亩数	出租亩数	出租土地占占有土地百分比	平均每户出租土地
地主	16	11	68.75	1394.47	803.81	57.64	73.07
富农	34	6	17.65	1227.31	41.35	3.37	6.89
中农	93	4	4.30	1350.81	15.50	1.15	3.88
贫农	144	3	2.08	994.84	11.06	1.11	3.69
雇农	12	3	25.00	19.83	19.83	100.00	6.61
其他	1	—	—	—	—	—	—
合计	300	27	9.00	4987.26	891.55	17.88	33.02

1943 年各阶层出租土地统计表

成份	总户数	出租户数	出租户占总户数百分比	占有亩数	出租亩数	出租土地占占有土地百分比	平均每户出租土地
地主	15	11	73.33	771.09	326.37	42.33	29.67
富农	43	24	55.81	1434.29	145.77	10.16	6.07
中农	107	14	13.08	1840.32	37.35	2.03	2.67
贫农	160	19	11.88	845.64	88.66	10.48	4.67
雇农	9	1	11.11	4.20	4.20	100.00	4.20
其他	1	—	—	—	—	—	—
合计	335	69	20.60	4895.54	602.35	12.30	8.73

从上面统计中看出除地主出租土地减少外，其他阶层都增加了，其原因如下：

（一）地主在抗战中经济力量削弱了。战前 16 户地主有地1394.47亩，战后只有771.09亩，土地减少近一半，还有的地主收回了一些土地自己雇工耕种，所以地主的租出土地减少了很多。

（二）一些富农和富裕中农，为减轻负担和减少雇工，所以增加了出租土地。

（三）中农、贫农则多因为分了家，没有劳力的只好将土地租出。

另外从壮岗区坡里和下峪子两村历年租佃统计中，也可看出抗战中租佃关系的变化：

各阶层历年出租土地比较表

成份	1937 年		1940 年		1943 年	
	出租户数	出租亩数	出租户数	出租亩数	出租户数	出租亩数
地主	9	207.01	9	207.01	12	263.41
富农	8	73.53	9	70.29	15	91.41
中农	10	75.45	12	80.15	22	104.52
贫农	2	6.39	3	9.54	16	51.74
总计	29	362.38	33	366.99	65	511.08

各阶层历年租入土地比较表

成份	1937 年		1940 年		1943 年	
	租入户数	租入亩数	租入户数	租入亩数	租入户数	租入亩数
中农	11	58.10	14	59.40	29	118.66
贫农	39	215.92	50	260.06	113	508.77
其他	1	20.52	1	20.52	1	20.52
总计	51	294.54	65	339.98	143	647.95

各阶层历年租佃关系均有发展，特别是在1940年以后，租入、租出的增加尤为显著。

由于人口、户数的增加，中、贫农需要土地更形迫切，亦是租佃关系增加的主要原因。同时从表中亦可看到佃入土地最多且增加最快者为贫农，这不仅证明了贫农要求土地的迫切，并且也说明了土地使用的趋向，向着更分散的小农经济发展。

租佃制度也有了一些变化：

甲、佃种的时间更短了。过去租种时间一般都是三五年或五六年，现在佃种的时间都变为二年或三年了，时间愈短对佃户的威胁就愈大。

乙、"拔地"增多。只种一季的"拔地"，一般都是种瓜、种菜的，佃户上粪很多，地租很高（都是定租，租额比一般地租高三四倍），这样地主得租既多，又能把薄地变成肥地，剥削的手段是很毒辣的。

丙、地主分柴草的更多了。以前大地主（如堐上三合、利兴东等家）出租土地一般是不分柴草或分得很少的，近来由于负担公草公柴，地主在这一借口之下，柴草也和粮食一样对分了。

丁、代耕地户增多，中、贫农分家之后，没有劳动力的即将土地找其亲戚代耕，如坡里、下峪子两村，在69户出租户中，有13户是代种的；143户租入户中，有34户是给自己的亲族代种地的。这种代种地，因主佃双方均系农民，经济上往往不分彼此，政治上完全平等，所以不能以一般的租佃关系看待。

三、雇佣关系

甲、雇佣关系的普遍程度

该地区雇佣关系是比较普遍的，以团林区为最多。在堐上一村，雇主户数占总农户的24%；以金山区为最少。兹将三个区9个村的雇佣关系统计如下（缺壮岗区3个村）：

九个村雇佣情况统计表

区别	雇主户数	雇工人数	总户数	雇主占总户数的百分比
壮岗区	73	90	466	15.67
团林区	85	109	392	21.68
金山区	64	101	826	7.75
合计	222	300	1684	13.18

各阶层雇主户数统计表

成份	总户数	雇主户数	雇主户数占本阶层户数百分比
地主	48	36	75.00
富农	130	113	86.92
中农	490	69	14.08
贫农	909	4	0.44
合计	1577	222	14.08
备注	本表总户数内未包括其他阶层,故与前表总户数不同。		

自有劳动力和雇工的比例表

成份	平均每户使用土地	自有劳动力及工数	雇工工数	家工(即自有劳动力)百分比	雇工百分比
地主	36.50	8.0	100.0	7.41	92.59
富农	29.57	150.5	139.5	53.50	46.50
中农	16.30	629.5	57.5	91.63	8.37
贫农	6.60	933.0	3.0	99.68	0.32

乙、各阶层雇佣工人的比较

根据壮岗及团林两区6个村的调查，地主、富农雇佣的多是男工，中农雇用的多是童工，而且多系两家合雇1个，贫农则全系雇的童工，详见下表：

成份	男工	占雇工总数百分比	童工	占雇工总数百分比	女工	占雇工总数百分比
地主	28.5	68.67	7.0	16.87	6	14.46
富农	2.0	64.25	33.5	34.71	1	1.04
中农	13.0	42.62	17.5	57.38	—	—
贫农	—	—	2.0	100.00	—	—
合计	103.5	60.70	60.0	35.19	7	4.11

丙、抗战前后雇佣关系的变化

（一）雇主户数及雇工人数的增减

壮岗区坡里村雇主及雇工人数历年变动如下表：

年份	地主		富农		中农	
	户数	雇工人数	户数	雇工人数	户数	雇工人数
1937 年	3	5	8	16	3	3
1938 年	3	5	8	16	3	3
1939 年	3	5	8	15.5	4	4
1940 年	3	5	8	15.5	3	3
1941 年	3	5	9	17	4	4
1942 年	4	7	10	18	8	7
1943 年	4	5.5	10	16	8	7

又据团林、金山两区 2 个村的调查，抗战前后雇入雇工人数变化如下：

年份	地主	富农	中农	合计
1937 年	76	47.0	16.5	139.5
1943 年	74	73.5	40.0	187.5

1937 年团林区雇主户数占总户数14.86%，1943 年占21.68%，金山区 1937 年占7.07%，1943 年占7.75%。除地主外（团林区地主雇入人数略有增加）各阶层雇入人数均有增加，比较壮岗区更为显著，因这两区工作发展较迟，而 1943 年环境稳定，负担减轻（免除了对敌顽的负担），故生产大有发展。

（二）工资的变化

壮岗区坡里村历年工资变化如下（全村雇出雇入大工小工女工总平均数）：

年份	1937 年	1938 年	1939 年	1940 年	1941 年	1942 年	1943 年
工资(元)	25.96	35.27	46.91	67.57	95.54	178.84	—
合高粱数(斤)	865	882	586	338	318	179	361
实际工资指数	100	102	68	39	37	21	42

这一村的情形可以代表这一带工资的变化。由于币值下跌，实际工资是逐年降低着，至 1942 年只当 1937 年的 1/5，增资后也只及战前工资的 2/5。

四、借贷关系

甲、借贷情况

壮岗与团林两区，在抗战前，大店十字路的地主和商人来放债的很多，本地地主、富农放账的也不少，据不完全的调查，在 200 户人家的堐上，经常放账的即有 17 家（2 户地主、12 户富农、3 户中农），在被调查的 53 户中，借债的即有 23 户，放债的有 10 户，有借贷关系的占户数的 62%强，金山区的地主和商人放债的也不少，在抗战前这一带的借贷关系是相当多的。

放债户大都为地主和商人，借债的都是中农和稍有地产的贫农，借债时要有保人和田地或房产作保证，故赤贫的人一般是借不到钱的。借用期间多是10个月，也有半年或3个月的，利息多是三分、四分，也有高至五六分的（金山区），到期不还即要“准”地（即所谓“利涨准拆”地）。

乙、抗战中借贷关系的变化

抗战爆发后，因战争和物价上涨的关系，大店地主来放债的绝迹了，其他放账的也多改变了方式，或秘密的进行。

根据坡里村的调查，其借贷关系的发展和变化情况如下：

成份		地主	富农	中农	贫农	共计
1937年	借债户数	0	1	6	3	10
	款数	0	600	1060	142	1802
1939年	借债户数	0	1	5	3	9
	款数	0	150	980	280	1410
1941年	借债户数	0	0	6	12	18
	粮数	0	0	30	690	720
	元数	0	0	1280	790	2070
1942年	借债户数	0	2	12	12	26
	粮数	0	0	580	525	1105
	元数	0	110	2330	1700	4140
1943年	借债户数	1	6	32	32	71
	粮数	0	614	2307	1996	4917
	元数	500	5000	27 233	13 180	45 913

1941年后，物价飞涨，出放货币不如出放实物稳固可靠，所以粮食、花生等实物借贷逐年增加。这种实物借贷已成了普遍的借贷形式，一般是春借秋还，每百斤加利息50斤。兹再将堐上和下峪子两村出借户贷放的实物统计如下：

村别	米子（小米）		生油		豆饼		瓜干子		马穇种子		备注
	户数	斤数	户数	斤数	户数	斤数	户数	斤数	户数	斤数	
堐上	13	1900	—	—	—	—	2	80	—	—	调查不完全
下峪	13	4230	1	300	1	12	1	50	5	190	

一般高利贷者利用物价涨落，采取银粮转折的方法，加重剥削，其方式如下：

（一）春借花生米100斤，市价500元，即作成750元；秋天花生米每百斤230元。这样，春借花生米百斤，使用半年，必需出卖326斤才能清账，利息合226%。如种1亩薄地，需种

20 斤，秋天也只收 60 多斤。如果是借种子的话，除了白赔牛工、人工、肥料外，刚够还债。

（二）春借生油 100 斤，市价 900 元，即作价 1350 元或 1400 元；秋天市价 600 元。这样春借油百斤，秋天需付出 230 斤左右，利息合 130%左右。

（三）春借瓜干百斤，市价 400 元，即作价 600 元，秋天市价 100 元，即秋天需以 600 斤还账，利息合 500%。

今年物价跌落，利率也高到不可想像，如团林彭河石两家贫农，春荒时借款 500 元，利息三分，共粜穇子 100 斤，今冬归还 650 元，需粜穇子 600 多斤。

五、生产问题

甲、各阶层劳动力、畜力、农具等分配情况

（一）劳动力的分配

根据三区 9 个村（壮岗区缺 3 个村）的调查，各阶层的使用土地及劳动力，情况如下：

成份	人工(劳动力)	百分比数	使用土地	每人平均使用土地
地主	110	4.96	1914.21	17.40
富农	325	14.65	4449.44	13.69
中农	732	33.00	8765.05	11.97
贫农	999	45.04	6559.57	6.57
雇农	10	0.45	78.06	7.81
其他	42	1.90	63.30	1.51
合计	2218	100.00	21 829.63	9.84
备注	编者按:9 个村雇农有 53 户,而劳动力仅 10 个,恐调查有误。			

按一般耕作能力计算，每个人工可耕种土地 12 亩，以此标准地主缺乏劳动力 31%，富农约缺 12%，中农略有盈余，贫农余 45%。贫农土地不好虽较费人工，顶多不过使用其劳力的 2/3，另外 1/3 劳力是必需出卖或进行其他生产的。

（二）畜力的分配

根据团林区的调查，各阶层耕畜及牲畜种类比较情况如下：

各阶层占有耕畜统计表

成份	牲畜数	百分比数	平均每个牲口耕种地亩数
地主	69	9.50	27.74(两年三季合 41.62)
富农	205	28.24	21.70(两年三季合 32.55)
中农	342	47.11	25.63(两年三季合 38.45)
贫农	107	14.74	61.30(两年三季合 92.00)
雇农	—	—	—
其他	3	0.41	21.10(两年三季合 31.65)
合计	726	100.00	30.07(两年三季合 45.10)

各阶层占有耕畜种类比较统计表

成份	大牛	中牛	小牛	大驴	小驴	合计
地主	41.18	11.76	—	47.06	—	100
富农	33.07	15.75	6.30	32.18	12.70	100
中农	7.27	25.45	31.36	13.92	22.00	100
贫农	3.77	18.88	50.94	7.53	18.88	100

小驴一般是不能用来耕种的，小牛顶多有 1/3 可辅助使用，1 个中牛和 1 个大驴可顶 1 个大牛，一般砂土和黄土地，大牛可以单独成为 1 个牛犋，在黑土地则必须 2 个牲口。1 个牛犋每年（两季）可耕种 70 亩（每季 35 亩）。

从以上二表中可看出地主、富农的耕畜多为大牛大驴，而中农、贫农则多系小牛小驴，同时多是数家一个牲口或各有一个不成犋的牲口，因此农民之间就产生了简单的变工互助组织，如搭犋、伙养牛，或以剩余的劳动力来换取地主、富农剩余的畜力。

（三）各阶层农具分配情况

该地区地主除了完全出租户外，每家约占有一犁一车，富农为 3 家合 2 件，中农 2 家半有一件，贫农 10 家一件，兹将各阶层占有农具百分比列表如下：

成份	犁(件)	百分比数	平均每家占有件数	小车(辆)	百分比数	平均每家占有辆数
地主	33	7.37	0.61	31	6.87	0.57
富农	99	22.10	0.68	91	20.18	0.62
中农	225	50.22	0.42	222	49.22	0.42
贫农	91	20.31	0.09	107	23.73	0.11
合计	448	100.00	0.25	451	100.00	0.25

乙、各阶层种植情况的比较

各阶层种植各种作物面积，如下表所示（壮岗区乔家庄，团林区彭河石，金山区黄泥堐三村材料)：

成份	地主	富农	中农	贫农	合计
高粱	5.68	4.94	6.17	3.66	5.11
谷子	16.67	12.34	10.79	17.04	14.21
穇子	13.59	18.49	19.08	15.60	16.69
稻子	3.62	3.51	2.08	0.43	2.41
马穇	10.51	9.22	10.97	12.41	10.78
棉花	2.02	0.22	0.18	0.05	0.62
地瓜	16.82	17.91	19.77	27.37	20.47
花生	13.82	15.82	16.54	12.64	14.71
豆子	14.15	14.08	11.66	8.23	12.03
其他	3.12	3.47	2.76	2.57	2.98

春地种穇子和谷子（带壳的小米）最多，高粱较少，稻子更少，这是由于土质的限制；种棉花是个别的零星的现象，虽然砂土、白炭土、黄土都适于植棉，种棉一亩可以得净花三四十斤，相当于3亩花生的收获。

秋地种地瓜的较多，而以贫农种得尤多，花生、豆子较少，这一方面是由于土质的关系，一方面也说明了地瓜是贫苦农民最主要的食粮。

丙、抗战前后生产情况的比较

（一）垦荒情况

抗战以来由于战争的负担，人口的增多，以及政府的奖励和提倡，垦植荒地逐年有增加，而以1942和1943年为最多，据彭河石村调查各阶层开荒数目如下：

成份	总户数	开荒户数	占本阶层户数百分比	原有亩数	开荒亩数	开荒占原有亩数百分比
地主	5	1	20.00	138.00	0.68	0.49
富农	19	15	78.95	541.20	18.00	3.33
中农	54	35	64.82	910.80	49.50	5.43
贫农	52	31	59.62	330.00	38.30	11.61
雇农	4	1	25.00	4.20	5.00	119.05
手工业者	1	1	100.00	—	5.00	—
总计	135	84	62.22	1924.20	116.48	6.05

（二）劳动力和牲畜的增加

根据团林区三村和金山区1个村的战后劳动力、牲畜数目统计如下：

成份	人工(劳动力)		耕畜		猪	
	战前	现在	战前	现在	战前	现在
地主	24	32	22	16	30	20
富农	88	128	53	71	59	84
中农	162	257	91	124	113	162
贫农	264	270	49	35	72	97
雇农	9	—	—	—	1	—
其他	0	1	—	—	—	—
合计	547	688	215	246	275	363
备注	劳动力一项中已减去雇入长工和出雇长工数。 半劳动力按2人折合成1个劳动力计算。					

劳动力和牲畜，统比抗战前有显著的增加。劳动力的增加除因人口较抗战前增加外，又因外出不易，生活困难也推动着一些人加入生产。牲畜增加是滨海区的特殊现象，原因是在历年敌人“扫荡”中所受摧残较少。地主和贫农的耕畜减少了，这是因为地主的土地减少了，而贫农则因为富裕的已上升为中农，贫困者则因土地少（每户平均土地较战前少），牛草困难，养不起牲口，猪比战前增多了（除地主外），这都说明在人力、畜力和粪力的比较上是优于战前了。

（三）副业的变化

据团林和金山两区1216户的调查，抗战前和现在的副业情况，统计如下：

成份	小生意		手工业		苦力		酒店油坊		看树场		经商		总计	
	战前	现在	战前	现在	战前	现在	战前	现在	战前	现在	战前	现在	战前	现在
地主	0	0	3	4	0	0	4	1	0	0	5	4	12	9
富农	4	5	6	6	0	0	0	0	1	1	5	4	16	16
中农	36	47	11	12	2	8	0	0	2	2	11	9	62	78
贫农	137	148	26	37	30	30	0	0	9	9	21	7	223	231
雇农	3	2	1	0	0	1	0	0	0	0	1	0	5	3
其他	24	28	4	2	1	0	0	0	0	0	1	2	30	32
合计	204	230	51	61	33	39	4	1	12	12	44	26	348	369
备注	小生意包括打小油、卖油条、磨面等带有手工业性质而又不是手工业的小本经营； 经商则是纯贩卖性质的，如卖布贩粮及杂货等。													

从参加副业的数目上看，比战前略有增加，但增加的多是小生意（卖油条、卖豆腐的），较大的生意（如油坊酒店）和经商的都比战前减少了。

（四）农具的变化

抗战后地主经营土地减少，中、贫农耕地增加，因而农具亦随之增多。详见下表：

成份	年份	犁			车			耧		
		数	百分比	每户平均数	数	百分比	每户平均数	数	百分比	每户平均数
地主	1937	63	12.50	0.92	37	23.27	0.54	41	24.26	0.62
	1944	53	8.53	0.80	17	10.97	0.26	11	7.24	0.17
富农	1937	75	14.88	0.65	28	17.61	0.24	29	17.16	0.25
	1944	73	11.76	0.68	31	20.00	0.29	27	17.76	0.25
中农	1937	229	45.44	0.40	59	37.11	0.10	74	43.79	0.13
	1944	325	52.34	0.42	79	50.97	0.10	85	55.92	0.11
贫农	1937	128	25.40	0.17	33	20.75	0.04	23	13.61	0.03
	1944	166	26.73	0.18	26	16.77	0.03	27	17.76	0.03
雇农	1937	9	1.78	0.05	2	1.26	0.01	2	1.18	0.01
	1944	4	0.64	0.07	2	1.29	0.04	2	1.32	0.04
总计	1937	504	100.00	0.29	159	100.00	0.09	169	100.00	0.10
	1944	621	100.00	0.33	155	100.00	0.08	152	100.00	0.08
备注	1937 年系 8 个村庄的调查，1944 年系 9 个村庄的调查。									

（五）养猪和粪力变化

养猪和粪力的变化情况略如下表：

成份	年份	猪		
		只数	占本年度总数百分比	每户平均养猪数
地主	1937 年	139	12.03	2.04
	1944 年	80	5.00	1.21
富农	1937 年	155	13.41	1.35
	1944 年	183	11.43	1.69
中农	1937 年	474	41.00	0.82
	1944 年	759	47.41	0.98
贫农	1937 年	349	30.19	0.46
	1944 年	553	34.54	0.62
雇农	1937 年	39	3.37	0.22
	1944 年	26	1.62	0.46
总计	1937 年	1156	100.00	0.68
	1944 年	1601	100.00	0.84

中共中央山东分局调查研究室

1944 年 4 月

莒南县三个区十一个村的调查

大店、筵宾、沟头三区，在战前是大店的封建地主直接统治的地区，封建势力根深蒂固，残酷的压榨和剥削着广大的劳动人民。1941 年该地区建立了抗日民主根据地。由于我党土地政策的实施，封建势力已被削弱，农民生活有了改善。1945 年夏山东分局在大店区的大店、将军山前、何家店、下河；筵宾区的集前、东集西、大山前、后良店及沟头区的邢家水磨、沙汪头、团埠子等 11 个村庄进行了调查，兹分述于后。

一、抗战前各阶层状况

甲、各阶层土地占有情况

十一个村各阶层占有土地情况表

成份	户数	百分比	人口	百分比	地亩	百分比	每人平均土地数
地主	169	6.78	957	7.30	34 403.85	58.97	35.95
富农	173	6.95	1171	8.94	6038.89	10.35	5.16
中农	717	28.78	3868	29.52	11 158.09	19.13	2.88
贫农	931	37.38	4817	36.77	5555.36	9.52	1.15
雇农	157	6.30	642	4.90	176.49	0.30	0.27
手工业工人	124	4.98	627	4.79	333.07	0.57	0.53
商人	163	6.54	750	5.72	388.14	0.67	0.52
自由职业者	9	0.36	50	0.38	50.89	0.09	1.02
其他	48	1.93	220	1.68	84.57	0.14	0.38
外出	—	—	—	—	153.42	0.26	—
合计	2491	100.00	13 102	100.00	58 342.77	100.00	4.45
备注	外出地亩，系外出户的土地，他们无人在家，成份不详，土地由人代种。						

该地区地主占有土地是很集中的，地主 169 户就占有 3 万多亩土地，而 2000 多户农民和其他阶层才有 2 万多亩土地。

以大店区来说，共有地主 136 户，占有土地31 668.08亩，其中 300 亩以上的大地主有 28 户，占有土地即达18 839.68亩。947 户农民中，没有土地的就有 340 户。很清楚的看出，这一带大部分的土地是集中在地主的手中，特别是集中在大店大地主的手中，而广大的农民，大多缺少土地或没有土地。

乙、租佃情况

该地区租佃关系相当普遍，地主的土地90%以上都出租，剩下的一些也多半是额外剥削佃户要他们无偿的代种。最贫苦的农民很难租到土地或只能租到很少的土地。兹将各阶层出租与佃入土地情况列表于下：

1937年各阶层土地租佃情况表

成份	租入地亩	占其使用土地百分比	出租地亩	占其所有土地百分比
地主	0	0	32 238.38	93.71
富农	3425.02	37.50	329.41	5.45
中农	5560.98	33.89	311.80	2.79
贫农	2161.92	28.62	164.13	2.95
雇农	112.36	39.45	4.01	2.27
手工业工人	39.66	11.49	27.68	8.31
商人	26.56	7.56	63.14	16.27
自由职业者	0	0	13.21	25.96
其他	3.16	5.89	34.08	40.30
外出	0	0	153.42	100.00
合计	11 329.66	31.18	33 339.26	57.14

各阶层租入土地比较表

成份	佃户	占佃户总数百分比	各阶层租入土地占总租入土地百分比	每户平均租入亩数
富农	44	9.30	30.23	77.84
中农	167	35.31	49.08	33.30
贫农	232	49.05	19.08	9.32
雇农	16	3.38	0.99	7.02
手工业者	8	1.69	0.35	4.96
商人	5	1.06	0.24	5.31
其他	1	0.21	0.03	3.16
合计	473	100.00	100.00	23.95

丙、租佃关系与残酷的额外剥削

无地和少地的农民，为了维持生活就不得不租种地主的土地，遭受地主苛刻的地租剥削。一般佃种地，多系分租制，牲畜、农具、肥料、人工完全由佃户负担，主佃对半分粮，柴草跟粮分，牛草随牛。地主对佃户除了地租剥削外，还有如下的额外剥削：

（一）双除种：如种地时用地主的种子，收下来归还，借一还二，如种1亩麦须种子8斤，收下来就得扣16斤给地主，一般每亩可收80斤麦，扣去种子16斤，后再平分，佃户就只能分到32斤。往往在歉收年成，把收下的粮全给地主充作种子还不够，欠下的第二年仍须补交。佃户每因此而负债，以致弄得典田卖地来交地主的种子。

（二）白带地：又叫“棉花地”，名义上是叫佃户代种几亩棉花，实际上这是对佃户的一种额外剥削，是劳役地租的残余。每个佃户差不多都要给地主无代价的白种几亩地（一般相当于租入地的1/10）。如农民郭世本佃种守忍堂54亩地，就给白代种地6亩。

（三）干拨工：佃户除白种地外还要给地主服役，工资很少（名义上给地主做工一天，给1升稃子，但地主家的斗小，实际上只有9合），每个佃户拨工都很多，种一犋牛的佃户每年约拨工一百数十个，不管忙闲，随叫随到，要用几个工就做几个工，佃户往往放着自己的庄稼无法锄，无法收割，先替地主推小车走亲戚，或是“扎戏台”。

（四）折牛价：佃户买牛向地主借钱，分年在收获时归还。如农民孔献荣借了五柳堂的40元牛价，每年还粮635斤，扣了4年，计2540斤，按当时的粮价已值六七十元，还不给清账。

（五）送礼：平时要给地主送鲜货如瓜果等，每到旧历年底，佃户要给地主送席、饭帚、条帚、瓢以及送鱼送肉等，此外并须送接年礼，谓之“接年金”，每亩收50文。

由于这些残酷的剥削，往往种100多亩地的佃户，全家勤劳生产，还不能维持最低的生活，而且往往弄的债务累累，如老佃户王顺佃种100亩地，种了六辈子，不但没有积余，而且把自己原有的30亩地和一处宅子也赔进去了，这样的例子是很普遍的。另外佃户如果触犯了地主或掌柜的，就会被揭锅锁门（大抹头）弄得倾家荡产，无家可归。

丁、高利贷剥削情况

地主以高利贷剥削农民非常普遍，剥削手段，异常毒辣。其方式有下列种种：

（一）票归洋：战前几年，现洋比值不断涨价，而杂票则不断下跌。高利贷者，把借出的杂票归成现洋，再把现洋兑成杂票放出，辗转取利。如大店卢凤洲于1927年2月借同德厚商号杂票130吊，三分利，同年11月涨利39吊，付利26吊，下欠本利143吊，作成现洋28元，1928到1929两年中，因蝗虫、水灾歉收，无力偿还，至1930年本利共付了银洋57.4元（合杂票482吊），才算把债务清偿。

（二）转风钱：当铺当东西，六分利，甚至十分利，时间很短，转风就成“死当”。

（三）先坐利：即在当铺当东西先扣除3个月的利息，例如当价10元，四分利，典当人只拿到8元8角，10个月后赎当时除还10元外，还要再付7个月的利息。俗谓“锄顶袄，袄顶锄，一年搭上一个小牛犊”，就是用袄时把锄当了，用锄时再把袄当了把锄头换回来，一年就须赔出相当一个小牛的利钱。剥削的残酷可以想见了。

（四）利滚利：即到期不还，利复作本，又生利。借款时要有保人。如刘德在1937年由王香勤作保，借到地主庄学洪洋20元，三分利，10月为期。到1940年还了一匹驴子（值30元），地主不答应，把刘关押起来，后经人说情，又还了30元钱，才得释放。

（五）利涨准折：定期放款，指地作保，立好文书，到期不还即作死契。如团埠子宋儒在1931年借了同德堂100吊钱，于1933年麦季后，就被准去值400吊钱的4.37亩地。

此外，预买农产品的方法也不少。

戊、野蛮的政治压迫

这一带地主，大都做过官，世代相传，与反动官僚有着密切的关系，靠着政治权威压迫人民。旧的如翰林庄陔兰（现在曲阜孔家）、举人庄德孚（做过莒县教育局局长，现家居）。新的如国民党军长庄明远（闻现任印缅军参谋长）和丁惟芬、秦德纯等姻亲相联，来往密切。伪莒县县长总是按照这些封建势力的意图办事的。他们写给县长一纸小条，便可把农民弄得家破人亡。所以民谣说："莒县坐下朱仁秀，他和堂号一把联。"地主在政治上直接统治着农民，如本区的伪区长、乡长大都是地主，如邢家水沫的邢家世就当过伪区长、乡长；居叶堂也当过老八区的伪区长，作威作福，欺压人民。所以农民都说："大店镇，赛北京，居叶堂是二朝廷。"当年气焰，可以想见。他们设"公役"，养团练，横行霸道，统治这一带的人民。同时他们还组织会门，设局聚赌。也办了几处小学，用来麻痹农民的意识。

他们靠着土地、高利贷资本和政治机器，吸吮农民的血汗，而农民终年劳作的结果，依然是负债、饥饿和破产。

这就是抗战以前这一带农民和地主阶级的情景。

二、抗战以来农村情况的若干变化

甲、土地转移和阶级变化

抗战以来特别是我党土地政策贯彻执行以来，这一带的各个阶层都起了极其显著的变化，首先便是土地从集中到分散，从寄生的地主手里，向勤劳的农民手里转移，兹将11个村各阶层土地增减情形及各阶层变化列表于下：

十一个村各阶层土地增减统计表

成份	增加土地				减少土地				增减差
	1938年至1940年	1941年至1942年	1943年至1945年	总计	1938年至1940年	1941年至1942年	1943年至1945年	总计	
地主	58.80	98.93	170.34	328.07	3176.53	3862.25	15 362.28	22 401.06	−22 072.99
富农	67.88	215.91	350.73	634.52	208.66	313.30	1135.34	1657.30	−1022.78
中农	331.71	473.35	1987.35	2792.41	208.16	196.71	729.46	1134.33	+1658.08
贫农	309.82	487.62	2916.08	3713.52	128.44	132.53	306.69	567.66	+3145.86
雇农	70.44	77.25	502.89	650.58	2.15	2.36	7.54	12.05	+638.53
手工业者	50.99	49.83	480.46	581.28	13.12	20.94	30.95	65.01	+516.27
商人	165.24	112.42	547.77	825.43	13.91	34.53	46.07	94.51	+730.92
自由职业者	0	8.46	27.23	35.69	0	2.22	1.11	3.33	+32.36
其他	71.46	15.88	92.85	180.19	28.13	39.18	104.61	171.92	+8.27
外来户	32.96	112.37	246.69	392.02	0	0	12.32	12.32	+379.70
合计	1159.30	1652.02	7322.39	10 133.71	3779.10	4604.02	17 736.37	26 119.49	−15 985.78

各阶层户口升降统计表

1937年		1945年户数										附注
成份	户数	地主	富农	中农	贫农	雇农	手工业工人	商人	自由职业者	游民	合计	
地主	169	142	6	39	7	0	0	6	2	0	202	外出6户 分家多39户
富农	173	1	82	143	13	0	0	1	0	0	240	外出2户 分家多69户
中农	717	0	12	754	111	0	6	3	0	0	886	外出1户 分家多170户
贫农	931	0	2	392	577	0	7	5	0	0	983	外出6户 分家多58户
雇农	157	0	0	36	101	13	2	6	0	0	158	外出1户 分家多2户
手工业者	124	0	1	8	32	2	81	6	0	0	130	分家多6户
商人	163	1	2	46	55	1	7	61	0	0	173	分家多10户
自由职业者	9	0	0	2	4	0	0	1	2	0	9	—
其他	48	0	2	13	19	0	3	8	0	6	51	分家多3户
外来	0	2	0	24	54	2	19	13	0	0	114	—
合计	2491	146	107	1457	973	18	125	110	4	6	2946	外出18户 分家多359户

上表说明中农阶层有很大增加，不少贫农上升为中农，地主、富农均在减少。

地主阶级下降的原因是：（一）在敌伪和国民党军队的摧残下，有一些小地主遭受到烧杀掠夺，逃难他乡。（二）浪费享乐，他们吃大烟，嫖女人，同时他们离开剥削别人的劳动就不能生活，故佣人众多，生活上挥霍甚巨。如1937年“资仁堂”佣人有37个；1943年“居业堂”一家仅掌柜的即有8人；“贞信堂”一户只有2口人，管事的伺候的就有六七个。在取消高利贷剥削及生意倒闭的情况下，地主只有靠卖地来支持。他们自1941年到1942年间即卖去土地3862.25亩。（三）减租减息的执行，特别是1944年以来的查减斗争，大大地削弱了地主的经济势力，他们共减少土地15 362.28亩，占其历年来“减少土地”总数的68.58%。因被斗追出的土地有10 777.69亩（出卖土地未计）。如“居业堂”原有1518.96亩地，1944年赔偿群众损失计1181.55亩，尚余337.41亩；庄德孚在斗争前有186.74亩地，斗争后只有1.24亩；邢家水磨的邢茕忱在斗争前有地311.27亩，现只有27.41亩，削弱的情形是很明显的。

富农土地减少和下降的原因，主要的是：（一）分家和人口增多，由于逃避负担和害怕斗争而分家的富农很多（69户）。如邢家水磨23户富农中，分家的即有17户，因而下降的有16户。（二）过去这一带佃富农很多，由于地主抽卖土地和拨地的结果，在44户佃富农中减少佃地2931.67亩（被拨1110.68亩，地主抽卖1820.99亩）。（三）在减租减息中也有少数被削弱。

中农增加土地1600亩，上升的有12户。主要的原因是：（一）减租减息斗争中分得了果实。（二）由于我根据地内封建性剥削减轻，负担合理，一般农民勤劳增产，开展副业，增加了收入。如后良店中农王发因织“大机”，两年就买了2亩半地。下降的也不少，主要原因是：

（一）分家和人口增多，原有的土地不够维持生活。（二）劳动力缺乏因而下降。（三）因婚、丧、疾病而出卖土地，如后良店中农王作善因丧事卖地2.5亩，因病卖地2亩降为贫农。（四）原来的佃中农被抽或被拨去了佃地；他们在1937年佃入土地总额5560.98亩，现只有1621.75亩，因而下降。

贫农上升户数占其总户数的40%，增加土地亦较任何阶层为多。主要原因为：（一）他们在减租增资找工及其他斗争中得到很多的利益，并且在拨地中获得不少的佃地。大店贫农朱殿元，原来一亩地也没有，只靠佃种十多亩地和出雇生活，去年在查减中找进了20.87亩。来景王三成在去年查减中找进了1万元钱，生活得到极其显著的改善。（二）由于我根据地的巩固和翻身斗争的胜利，使他们有了改善生产的条件，提高了他们的生产情绪，克勤克俭发展副业，提高了生活水平。如大山前的全村贫农有2/3是由于发展副业生产而买地的。后良店王义靠推盐就置了3.12亩地。

雇农的经济地位，和贫农一样有了改善，原有157户，除13户仍为雇农外，其余绝大部分已上升，少数改变了行业，从事其他非农业生产。

其他阶层，生活也都普遍的提高，兹按其原来的成份将其户数土地增减列下：

成份	1937年		1945年		增减差	
	户数	亩数	户数	亩数	户数	亩数
地主	169	34 403.85	202	12 333.89	+33	−22 069.96
富农	173	6038.89	240	4956.76	+67	−1083.13
中农	717	11 158.09	886	12 750.58	+169	+1592.49
贫农	931	5555.36	983	8761.86	+52	+3206.50
雇农	157	176.49	158	793.88	+1	+617.39
手工业工人	124	333.07	130	849.25	+6	+516.18
商人	163	388.14	173	1042.50	+10	+654.36
自由职业者	9	50.89	9	83.25	—	+32.36
其他	48	84.57	51	225.45	+3	+140.88
外出	—	153.42	—	0	—	−153.42
外来	—	0	114	551.03	+114	+551.03
合计	2491	58 342.77	2946	42 348.45	+455	−15 994.32

注：因有分家、外迁、继承等关系故与以上表土地增减有出入。

各阶层土地占有起了变化，据11个村的统计如下：

成份	户数	百分比	人口	百分比	占有地亩	百分比
地主	146	4.96	616	4.49	11 708.77	27.65
富农	107	3.63	527	3.84	3012.99	7.12
中农	1457	49.46	6769	49.32	20 137.70	47.55
贫农	973	33.03	4602	33.53	6104.40	14.42
雇农	18	0.61	50	0.36	32.23	0.08
手工业工人	125	4.24	599	4.37	834.40	1.97
商人	110	3.73	520	3.79	441.02	1.04
自由职业者	4	0.14	20	0.15	31.60	0.07
其他	6	0.20	21	0.15	5.90	0.01
外出	—	—	—	—	39.44	0.09
合计	2946	100.00	13 724	100.00	42 348.45	100.00

编者按:本表系1945年情况,土地数字与前表略有不符之处,但仍足以说明基本的情况。

从战前战后每户每人平均占有土地比较来看，也有了显著的变化：

成份	1937年		1945年(按现在成份统计)	
	每户平均	每人平均	每户平均	每人平均
地主	203.57	35.95	80.20	19.01
富农	34.91	5.16	28.16	5.72
中农	15.56	2.88	13.82	2.98
贫农	5.97	1.15	6.27	1.33
雇农	1.12	0.27	1.79	0.64
手工业工人	2.69	0.53	66.80	1.39
商人	2.38	0.52	4.01	0.85
自由职业者	5.65	1.02	7.90	1.58
其他	1.76	0.38	0.98	0.28
外出	—	—	—	—
合计	23.42	4.45	14.37	3.09

乙、租佃关系的变化

土地使用亦日趋分散，租佃土地逐渐从较大的农户手里向小农户手里转移，而且每户的租佃亩数减少，户数却在增多。下面是历年土地租佃关系的变化：

各阶层租出情况统计表

成份	1937 年		1942 年		1943 年		1944 年		1945 年	
	户数	亩数	户数	亩数	户数	亩数	户数	亩数	户数	亩数
地主	162	32 238.38	167	26 078.66	177	24 668.01	184	15 696.16	165	11 232.08
富农	18	329.41	22	269.98	33	310.85	53	328.70	61	355.56
中农	24	311.80	35	341.38	48	362.68	68	374.07	73	399.96
贫农	25	164.13	21	117.61	26	134.17	31	174.63	27	118.26
雇农	1	4.01	2	16.97	3	11.78	4	20.72	5	16.69
手工业工人	2	27.68	2	8.88	2	5.00	3	16.76	4	28.00
商人	10	63.14	9	80.44	9	84.84	10	92.84	15	110.50
自由职业者	1	13.21	1	13.21	1	13.21	1	13.21	1	13.21
其他	5	34.08	7	59.34	7	50.24	7	34.92	6	39.07
外出	13	153.42	11	142.47	11	142.47	9	131.35	8	91.05
合计	261	33 339.26	277	27 128.94	317	25 783.25	370	16 883.36	365	12 404.38

注:本表系按战前成份统计。

各阶层租入土地情况统计表

成份	1937 年		1942 年		1943 年		1944 年		1945 年	
	户数	亩数	户数	亩数	户数	亩数	户数	亩数	户数	亩数
地主	0	0	0	0	3	8.20	4	24.58	8	53.95
富农	44	3425.02	43	1788.23	46	1252.15	49	856.56	49	493.36
中农	167	5560.98	160	3462.59	191	3117.54	205	2145.61	203	1621.75
贫农	232	2161.92	311	1920.20	379	2101.32	435	2016.46	416	1992.86
雇农	16	112.36	28	135.39	46	194.58	74	327.73	77	342.16
手工业工人	8	39.66	21	233.80	29	106.04	42	147.33	49	172.46
商人	5	26.56	35	1.00	57	328.47	75	357.39	87	405.57
自由职业者	0	0	1	47.48	3	7.22	3	10.22	4	15.44
其他	1	3.16	7	33.84	13	63.73	20	106.52	23	115.78
外出	0	0	4	86.00	9	58.88	22	104.01	42	188.59
合计	473	11 329.66	610	7708.53	776	7238.13	929	6096.41	958	5401.92

注:本表系按战前成份统计。

1945 年比 1937 年出租亩数减少了 2 万余亩，而户数却增加了 100 余户；佃入亩数减少了一半，而户数却加了一倍，这主要是由于地主土地的减少和拨地所致。

各阶层租入土地比较表

成份	佃户	占总佃户百分比	租入土地	占总租入土地百分比	每户平均租入土地
地主	2	0.21	9.52	0.18	4.76
富农	4	0.42	28.12	0.52	7.03
中农	382	39.87	2717.96	50.31	7.12
贫农	495	51.67	2393.70	44.31	4.84
雇农	7	0.73	25.10	0.47	3.59
手工业工人	24	2.51	63.00	1.17	2.63
商人	43	4.49	160.54	2.97	3.73
自由职业者	1	0.10	4.00	0.07	4.00
合计	958	100.00	5401.94	100.00	5.64

注：地主佃户2户，是两户破落地主，系抗属。

过去富农占整个佃户的9.3%，租地占整个租地的30.32%，平均每户租入77.84，而现在户数只占0.42%，租地亩数只占0.52%，平均每户只租入7.03亩。贫农无论在户数或土地亩数上均较前增加，其他阶层也因户数增多而土地更形分散。过去每一佃户平均租入23.95亩，现在只租入5.64亩了。

在租佃制度上也起了很大的变化：

（一）过去的佃户是地主的奴隶，佃权无保障，地主不仅可以随时抽地，随意拨工派差，奴役佃户，有时甚至故意找佃户的错岔，来个“大抹头”“扫佃出门”。现在主佃关系是自由的契约关系，一般都订有三年、五年或十年的租佃合同，佃权有一定的保障，佃户可以安心的把全部劳力使用在土地耕作上，不再受地主那些额外剥削了。

（二）过去的租额名义上是对半分，但由于“双除种”“折牛价”“送礼”等额外剥削，佃户剩下的粮食只能有30%或40%。现在这些额外剥削全取消了，把对半分粮也改成了新的定租或三七五和六二五分粮，如大店地主的出租地差不多完全改成了定租制。据大店北村调查，定租制占整个租佃关系的87%，定租的办法有两种：一种是按年定租，一种是按季定租，按季定租多用于中、小地主，其租额如下：

地级	一等地	二等地	三等地	四等地
麦产量	180	140	90	50
定租额	22.50	17.50	12.50	10.00
占麦产量百分比	12.50	12.50	13.89	20.00
高粱产量	200	160	100	70
定租额	67.50	52.50	41.25	30.00
占高粱产量百分比	33.75	32.81	41.25	42.86

续表

地级	一等地	二等地	三等地	四等地
豆产量	150	120	80	50
定租额	33.75	26.25	20.75	15.00
占豆产量百分比	22.50	21.88	25.94	30.00

注:1.坏地可种瓜、花生,有不能种瓜的黑土地,产量遇雨水调和的年头,比好地还高,不过不很准成。
2.产量单位为斤。

按年定租的多用于较大地主,其租额如下:

地级	全年产量	定租额	占产量百分比
一等地	265	67	25.28
二等地	210	52	24.76
三等地	135	41	30.37
四等级	85	22	25.88

注:产量单位为斤。

筵宾区大店区地主的土地也改成了定租,租额如下:

地级	麦产量	定租额	高粱产量	定租额	豆产量	定租额
一等地	100	18	120	27	120	18
二等地	80	14	80	21	80	14
三等地	50	10	60	15	60	10

注:产量单位为斤。

大店按季定租麦较低,高粱较高,合计起来和按年定租租额比较,仍相近似,而后一种对佃户有更大的机动范围。

由以上诸表可看出:主佃收入和过去比较起来,有了很大的变化。

丙、抗战前后的农业生产和农家副业

抗战前后的使用土地变化如下:

成份	1937年			1945年		
	使用土地	占总使用土地百分比	每户平均	使用土地	占总使用土地百分比	每户平均
地主	2165.47	5.96	12.81	635.58	1.80	4.35
富农	9134.50	25.14	52.80	2384.76	6.76	22.29
中农	16 407.27	45.16	22.88	22 240.69	63.04	15.26
贫农	7553.15	20.79	8.11	8507.85	24.12	8.74
雇农	284.84	0.78	1.81	80.98	0.23	4.50

续表

成份	1937 年			1945 年		
	使用土地	占总使用土地百分比	每户平均	使用土地	占总使用土地百分比	每户平均
手工业工人	345.05	0.95	2.78	891.84	2.53	7.13
商人	351.56	0.97	2.16	506.40	1.44	4.60
自由职业者	37.68	0.10	4.19	26.24	0.07	6.56
其他	53.65	0.15	1.12	4.48	0.01	0.75
合计	36 333.17	100.00	14.59	35 278.82	100.00	11.98

注:1.1945 年使用土地,地主借出 82.55 亩,富农借出 235.96 亩,中农借出 45.89 亩,中农借入 100.65 亩,贫农借入 141.80 亩,雇农借入 26.42 亩,手工业借入 25.72 亩,商人借入 3.40 亩,自由职业者借入 1.70 亩,均加入计算。
2.土地单位为亩。

地主在战前使用土地有 2000 多亩，1945 年则只有 600 多亩了.

富农使用土地也因减少雇工而缩小耕地，其历年减少雇工的情况如下表：

莒南县三个区 11 个村的调查

年份	1937 年	1942 年	1943 年	1944 年	1945 年
雇主户数	104	53	29	33	5
雇工人数	119	57	34	37	5

注:雇主户数仅指富农雇主,不包括其他阶层。

他们的租种地大部都被抽或被拨去了，同时，由于雇工增资原因，富农把自己的土地无条件的借给别人耕种，如集前、东集西和邢家水磨 3 个村的 38 户富农中，出借土地的有 26 户，共出借土地228.96亩，现在这一带已经没有像过去那样耕种百亩以上土地，雇二三个长工，养 2 个大水牛的富农了，耕种 50 亩的也很少见。在 107 户富农中，雇工的仅有 5 户，雇工 5 人，而绝大部分变为雇短工或从变工组里找工。中农、贫农的使用土地增加了很多（中农增加的特多，都是贫农上升为中农的），由于租佃制度的改变及我政府贷种贷款的施行，负担合理，他们的生产有显著的提高。

如后良店今春农贷 8000 元中有 5800 元贷给了 7 个变工组：计买猪者 4 个组，买牛者 3 个组，买农具者 4 个组，买牛草者 2 个组，买驴者 1 个组，买粪者 4 个组，对于生产的帮助是很大的。

再看各阶层劳动力和牲畜的变化：

劳动力变化表

成份	1937 年			1945 年		
	家工	雇工	每工平均耕地	家工	雇工	每工平均耕地
地主	5.50	26	68.75	13.00	2	42.37
富农	223.00	119	26.71	109.50	5	20.83
中农	994.50	25	16.09	1746.00	7	12.69
贫农	1099.50	3	6.85	968.50	1	8.78
雇农	159.50	0	1.79	9.00	0	9.00
手工业工人	101.50	2	3.33	106.00	3	8.18
商人	163.50	0	2.15	79.50	1	6.29
自由职业者	4.50	0	8.37	3.00	0	8.75
其他	29.50	0	1.82	0.50	0	8.96
合计	2781.00	175	12.29	3035.00	17	11.56

地主过去是靠着剥削一大部佃户的劳动力过活，今天有的自己参加一些劳作，有的还有家庭佣人（60 余人）能做一部分田间劳作。富农劳动力比先充裕了，其他各阶层劳动力仍有很多的剩余，开展副业还有很大的可能。

耕畜变化表

成份	1937 年			1945 年		
	牛	驴	骡	牛	驴	骡
地主	11	17.50	3	1	25	0
富农	159	119	0	31.50	59	0
中农	270	245	0	266	304	1
贫农	101.50	90.50	0	75.50	78.75	1
雇农	0.50	2	0	1.50	4	0
手工业工人	2	4	0	3	12.75	0
商人	1	13	0	3.50	14.50	1
自由职业者	0	1	0	0	1	0
其他	0	1	0	0	1	0
合计	545	493	3	382	500	3

地主的耕畜战前与战后相较大为减少，富农的耕畜亦大大减少，其他阶层除贫农外，一般驴都增加了，这主要是驮盐和推面磨用。牛力一般减少的很多，特别是大牛减少得最多，约减少了 6/10，小牛仍维持原数。耕畜的减少是各阶层耕作上的最大困难，如东集西 130 户中，今夏种黄豆的就有 30 户是以人拉犁的。

其次养猪是农民积肥的主要办法，抗战以来猪的数量增加了很多：

成份	1937 年		1945 年	
	猪数	平均每户养猪	猪数	平均每户养猪
地主	19	0.11	11.5	0.08
富农	152	0.88	98.0	0.91
中农	251	0.35	741.0	0.51
贫农	168	0.18	324.5	0.33
雇农	2	0.01	—	—
其他	24	0.07	40.0	0.16
合计	616	0.25	1215.0	0.41

副业的变化也很大，以大店为例，情况如下表：

成份		地主	富农	中农	贫农	雇农	其他	合计
1937 年	弹花	0	0	1	0	0	0	1
	织布	0	0	1	0	0	3	4
	卖小吃	0	1	19	75	13	95	203
	经商	20	2	5	10	0	33	70
	开店	0	2	1	2	0	20	25
	苦力	0	0	7	41	18	15	81
	手艺	0	1	7	19	5	48	80
	医生	2	0	0	0	0	2	4
	合计	22	6	41	147	36	216	468
1945 年	弹花	1	0	0	0	0	0	1
	织布	5	3	3	3	0	4	18
	纺线	91	19	330	348	8	136	932
	卖小吃	1	1	48	84	1	47	182
	经商	2	3	15	8	0	23	51
	开店	1	1	5	1	0	9	17
	苦力	0	0	20	26	2	7	55
	手艺	6	0	16	26	1	35	84
	医生	1	0	2	0	0	1	4
	合计	108	27	439	496	12	262	1344

注：织布户按调查时仍在经营者计算（停业者未计入），估计在农闲时经营织布的能比 18 户多一倍或一倍以上。

有的副业比战前增加3倍，特别是纺织业得到普遍的发展，过去地主兼营的酒店、油坊都停闭了，现在多是纺花、织布、卷烟、刻字等。商贩方面，过去卖奢侈品的减少了，大多是群众所必需的棉布、针线等日用品，改变了以前的情况。

纺织业不仅在大店很普遍，即在筵宾、沟头两区发展得也很快，其情况如下表：

成份		地主	富农	中农	贫农	雇农	其他	合计
大店区	总户数	134	45	647	657	13	155	1651
	纺户	85	28	388	412	8	116	1037
	纺车	100	36	503	514	10	143	1306
筵宾区	总户数	6	21	377	170	4	86	664
	纺户	2	13	235	123	1	30	404
	纺车	6	14	289	134	1	38	482
沟头区	总户数	6	41	433	146	1	4	631
	纺户	2	19	208	79	5	0	313
	纺车	2	23	229	79	6	0	339
合计	总户数	146	107	1457	973	18	245	2946
	纺户	89	60	831	614	14	146	1754
	纺车	108	73	1021	727	17	181	2127

大店区平均每户有纺车0.79辆，筵宾区0.73辆，沟头区0.54辆，总平均每户有纺车0.72辆，差不多每3家有2辆纺车，妇女利用了她们的剩余时间，给家庭增加了很大收入，甚至有的一家数口靠着纺线吃饭，也有的靠纺线置了地发了家的，这些事情在战前是不能想象的。

中共中央山东分局调查研究室

1945年8月

编者按：由于1945年各阶层拨地频繁，当时在统计工作上有实际困难，个别表中略有差异。

沭水县（新设）石河、临沭县（新设）蛟龙、大兴三个区农村经济情况调查

沭水县的石河区及临沭县的大兴、蛟龙区旧为临沂县五区和郯城县五区的一部分，是山东南部较老的根据地。该地解放前盗匪很多，恶霸横行，广大的劳动人民处于水深火热之中。1940年我军进入该地后，即发动群众，开展各项民主建设，自此以后该地区的情况即起了根本变化。兹根据1944年六七月间石河区的甄家沟、马家峪、河凹；蛟龙区的前后蛟龙汪、前历城；大兴区的北晨、盐店官庄，胡家沟等9个村的调查，来说明这一地区的农村经济情况的变化。

一、土地问题

甲、土地占有情况

9个村各阶层土地占有情况如下表：

成份	户数		人口		地亩(官亩)	
	户数	百分比	人数	百分比	亩数	百分比
地主	66	3.46	349	4.04	6676.94	17.36
富农	108	5.66	594	6.88	4707.98	12.24
中农	775	40.60	3350	38.80	17 266.87	44.90
贫农	898	47.04	4097	47.45	9547.78	24.83
雇农	57	2.98	231	2.68	247.82	0.64
其他	5	0.26	13	0.15	12.71	0.03
合计	1909	100.00	8634	100.00	38 460.10	100.00

注:地亩均以官亩计算,每旧亩合官亩1.2345亩。

该地区的土地不算太集中，地主土地仅占总土地的17.36%，但多是好地，而农民的土地则多是坏地。现根据8个村（因缺甄家沟）的调查，将各阶层占有土地等级的比例列表如下：

成份	一级地	二级地	三级地	四级地	五级地	六级地	七级地	合计
地主	6.68	10.77	16.00	25.61	31.93	5.14	3.87	100
富农	27.01	26.89	14.91	16.51	10.62	3.98	0.08	100
中农	30.25	26.17	21.08	14.05	6.29	2.16	—	100
贫农	40.06	21.46	20.91	10.61	6.05	0.66	0.25	100

注:级越高,地越好。

农民的土地70%甚至80%以上是三级以下的土地。蛟龙汪有“头枕西北岭，脚登万口烟”之谚，就是说那里的好地都被地主囊括去了。

该地的土地占有情况，过去是比较集中的，如1937年这9个村各阶层土地占有情况是这样的：

成份	户数		人口		地亩(官亩)	
	户数	百分比	人数	百分比	亩数	百分比
地主	68	3.98	408	5.15	17 497.98	38.34
富农	115	6.72	683	8.62	6057.60	13.27
中农	579	33.86	2464	31.11	13 232.11	28.99
贫农	765	44.74	3619	45.69	8297.30	18.18
雇农	178	10.41	733	9.25	547.28	1.20
其他	5	0.29	14	0.18	9.02	0.02
合计	1710	100.00	7921	100.00	45 641.29	100.00

1937年9个村68户地主拥有17 497.98亩土地，占总土地数的38.34%，平均每户占有257.32亩。其中甄家沟一户地主占有7000多亩土地，占全村土地70%以上，蛟龙汪28户地主占有全村土地的一半。地主阶级是怎样把土地集中在自己手里的呢？他们兼并土地的方式有下列几种：

（一）放高利贷：“利涨准折”土地（农民无力偿还高利贷，折地归还）：如甄家沟的地主在清末只有薄田300亩（可耕地只有百余亩），至1931年，即达六七千亩，他们大部分就是用利涨准折来的。蛟龙汪28户地主中，就有20户是经常以放高利贷来掠夺土地的。

（二）滥罚强买：该地地主是政治上直接的统治者，如蛟龙汪的胡伯衡是临沂五区的伪区长，甄家沟地主甄安乐和北晨地主周老六都是伪乡长。他们是这一带的土皇帝，为所欲为，随意敲榨勒索农民。1926年地主甄一晨诬赖后古城庄农民张学习家小牛吃了他的花生，曾罚花生1石，肉5斤，鸡10只，酒5斤；他又诬赖杨家湖的杨家禄是土匪，罚地12亩，霸为己有；他又说孙家山的孙长会偷他的树，罚洋400元；和他口角过的甄德里被逼吓跑了，所留下来的80亩地也被他没收；又如农民甄安明有5亩好地和他的地相邻，他强用不及一半的价钱买了去。这样欺压霸占农民的例子是不胜枚举的。

（三）贪污粮款：地主们仗着他们政治上的权威，将民脂民膏任意搜刮中饱，甄家沟地主发家的开端就是在清末时贪污了一大批办义仓的公粮。他们又常在国民党反动政府摊派捐税时，额外的剥削农民，以肥私囊。

（四）设局欺骗：这一带大地主如甄安乐、胡伯衡及周老六，都设有赌局，诱骗农民，农民甄奎士的9亩半好地，就是被地主这样诓骗去的。

（五）经营商业：大的地主家里都有酒店、油坊、粮行。甄家沟的地主更开设钱庄，发行票子。

抗战以来，特别是解放以来，该地农村经济情况变化是很大的，从下面的1937年与1944

年土地占有对比表上可以看出，这一时期，地主的土地减少了一半多，富农亦略有减少，中农、贫农土地增加，雇农和其他阶层土地亦均见增加，这正说明了民主政权成立后，基本群众生活是日趋上升的。

成份	每户平均占有土地		每人平均占有土地		本阶层占有土地占总占有土地百分比	
	1937 年	1944 年	1937 年	1944 年	1937 年	1944 年
地主	257.32	101.17	42.89	19.13	38.34	17.36
富农	52.67	43.59	8.87	7.93	13.27	12.24
中农	22.85	22.28	5.37	5.15	28.99	44.90
贫农	10.85	10.63	2.29	2.33	18.18	24.83
雇农	3.07	4.35	0.75	1.07	1.20	0.64
其他	1.80	2.54	0.64	0.98	0.02	0.03
总平均	26.69	20.15	5.76	4.45	100.00	100.00

乙、土地使用情况

9 个村各阶层土地使用情况如下表：

成分		地主	富农	中农	贫农	雇农	其他	合计
总户数		66	108	775	898	57	5	1909
占有土地亩数		6676.94	4707.98	17 266.87	9547.78	247.82	12.71	38 460.10
租出土地	户数	58	40	72	24	2	1	197
	占总户数的百分比	87.88	37.04	9.29	2.67	3.51	20.00	10.32
	亩数	4014.95	429.33	792.44	158.94	11.11	1.85	5408.62
	占本阶层占有土地百分比	60.13	9.12	4.59	1.66	4.48	14.56	14.06
	每户平均数	69.22	10.73	11.01	6.62	5.56	1.85	27.45
租入土地	户数	1	7	146	446	25	2	627
	占总户数的百分比	1.52	6.48	18.84	49.67	43.86	40.00	32.84
	亩数	16.05	121.30	1103.93	3601.60	154.68	12.34	5009.90
	占本阶层使用土地百分比	0.60	2.76	6.28	27.73	39.52	53.19	13.16
	每户平均数	16.05	17.33	7.56	8.08	6.19	6.17	7.99
使用土地亩数		2678.04	4399.95	17 578.36	12 990.44	391.39	23.20	38 061.38

注：地主租入土地的只一户，共 16 亩零 5 厘，是租种其本家近族的。

地主出租土地占总出租土地的74.23%，占其本阶层占有土地的60.13%，其余不到40%的土地大多雇工经营，有的地主雇用五六个甚至十来个雇工经营大块的土地。

富农租出土地约为其租入土地的 4 倍，说明这里的富农带着浓厚的封建性。

中、贫农出租土地占总出租土地的17.59%，出租者多是孤、寡缺乏劳动力的人。租入土地以贫农为最多，占总租入土地数的71.89%，加上中农的租入土地合计占总租入土地的93.92%，中农、贫农使用土地占总使用土地的80.31%。

在使用土地上，近几年来也起了不小的变化，根据9个村的调查，各阶层在1937年和1944年使用土地的对比如下表：

成份	1937年			1944年		
	使用土地			使用土地		
	亩数	百分比	每户平均数	亩数	百分比	每户平均数
地主	7908.29	21.73	118.03	1813.89	5.28	32.39
富农	5478.09	15.06	50.72	4168.48	12.14	39.70
中农	13 521.87	37.16	24.19	15 944.07	46.44	21.87
贫农	8818.32	24.23	12.33	11 992.84	34.93	14.08
雇农	652.28	1.79	3.66	391.39	1.14	6.87
其他	9.02	0.03	1.80	23.20	0.07	4.64
合计	36 387.87	100.00	22.28	34 333.87	100.00	19.03

从上表可以看出地主的使用土地减少了3/4强，每户耕种亩数也减少了3/4以上。富农使用土地也减少了1/4。减少的原因是：

（一）地主逃亡：抗战后不少的地主逃亡，因而将土地出租，如大地主胡伯衡、周老六等原都经营大块土地，后因逃亡在敌区，故其土地出租了。

（二）工资增加：雇工增资斗争获得胜利后，一些地主、富农消极抵抗，减雇工人，把自耕土地出租。例如北晨富农周建丰减雇了1个长工，多出租了20亩地，河凹富农李振开过去雇5个长工，现在1个也不雇了，出租了60%的土地。

（三）逃避负担：由于抗战期间负担较重，地主、富农为逃避负担及缩小自己的目标，而把自己经营的土地出租。

（四）"拔地"：农救会动员地主、富农拿出一部分自耕土地，解决贫苦农民缺乏土地使用的困难。如蛟龙汪的地主胡老八和北晨的地主周老六等自耕土地，一大部分是由农救会动员拔下来的，另外也有自愿让出来的。

（五）出卖和出当：抗日战争期中，地主出卖和出当的土地约占其本阶层占有土地的一半，8个村的富农出卖了1000余亩，为原占有土地的1/5，因而其使用土地也就必然减少了。

由于上述原因，中、贫农和其他阶层的使用地都增加了，他们的占有土地同时也有增加。但中农使用土地的增加还赶不上其户数增加的快，因之中农1944年每户平均使用土地反而较1937年减少。雇农使用土地比原来增加了一倍，但由于上升为贫、中农的很多，户数锐减，因而其总使用土地亦因之减少。

该地使用土地是逐渐趋向分散的，因而增强了小农经营。现在从蛟龙汪、河凹和北晨3个村的1937年和1944年土地经营者的分类材料来看，这种变化是：

农户分类	1937 年			1944 年		
	户数	使用土地	每户平均数	户数	使用土地	每户平均数
自耕农	745	20 042.92	26.90	631	13 762.10	21.81
半自耕农	60	1774.89	29.58	274	5480.91	20.00
佃户	23	757.37	32.93	52	794.68	15.28
出租户	22	94.21	4.28	47	218.04	4.64
无地户	67	0	0	11	0	0
合计	917	22 669.39	24.72	1015	20 255.73	19.96

丙、抗战以来的土地转移及阶级变化

抗战爆发以来，土地转移变化很大，根据 9 个村调查材料，各阶层土地增减如下表：

成份	卖出	当出	被赎	共计减少	占所有地百分比	买入	当入	赎回	共计增加	占所有地百分比
地主	2742.14	4037.13	2736.01	9515.28	54.38	41.26	54.52	58.33	154.11	0.88
富农	453.72	427.15	43.33	924.20	15.26	98.06	148.23	99.04	345.33	5.70
中农	603.84	318.38	78.52	1000.74	7.56	628.37	617.68	232.76	1478.81	11.18
贫农	346.12	189.08	72.02	607.22	7.32	951.66	1323.61	525.26	2800.53	33.75
雇农	20.64	24.05	24.69	69.38	12.68	264.65	329.07	49.11	642.83	117.46
其他	0.12	7.30	—	7.42	82.26	19.68	43.69	—	63.37	702.55
合计	4166.58	5003.09	2954.57	12 124.24	26.56	2003.68	2516.80	964.50	5484.98	12.02
备注	增加土地开荒未计入，减少地中被代管的地未计入。 农民赎地除普通当地回赎外，也包括反“利涨准折”斗争回来的土地。									

地主增加土地较少，减少土地却很多，约占原有土地一半以上，如果再加上当了汉奸的地主而被代管的土地757.98亩，则减少土地将近 60%。地主土地减少中有一大部分是以极低的代价出当的，甚至有伪当假卖的，企图打埋伏逃避负担，缩小斗争目标，故还不是真正的破落，这是值得注意的。富农所减少的土地几乎等于增加的土地的 3 倍。中农以下的阶层都是增加多于减少，这显然是基本群众生活上升的标志。我们考察蛟龙、大兴两区土地转移的时间，多半是在减租减息运动开展之后，就不难明了这一趋向，是我党正确执行政策的效果。

现在将蛟龙、大兴两区各阶层增加（包括买、当、赎三项）土地情况分在我军未到前（1937—1939 年）、我军到后（1940—1942 年）及深入查减后三个时期比较如下：

成份	1938—1939年	1940—1942年	1943—1944年	增加土地合计
地主	—	41.92	112.19	154.11
富农	2.35	154.44	117.73	274.52
中农	59.90	364.74	703.44	1128.08
贫农	120.78	574.85	1331.64	2027.27
雇农	27.12	192.89	398.87	618.88
其他	5.57	35.43	22.37	63.37
合计	215.72	1364.27	2686.24	4266.23

不仅如此，在阶级本身也发生很大的变化。其情况如下表：

成份	1937年	1944年							
	户数	地主	富农	中农	贫农	雇农	其他	合计	附注
地主	68	64	13	9	3	0	0	89	因分家多21户
富农	115	1	81	39	6	0	0	127	因分家多12户
中农	579	1	14	569	68	0	0	652	因分家多73户
贫农	765	0	0	141	689	1	1	832	因分家多67户
雇农	178	0	0	15	118	55	1	189	因分家多11户
其他	5	0	0	2	14	1	3	20	1944年包括外来户15家
合计	1710	66	108	775	898	57	5	1909	因分家及外来共增加199户

地主是下降的阶级，89户（1937年原为68户，因分家多出21户）中有1/3以上的户数已下降为其他成份。

富农下降户数也达1/3，原因是：

（一）分家：分家后经济情况已不能保持原有地位者计有8户。

（二）减少雇工：因工资增加而解雇工人，自己更多的参加了劳动，变成了不剥削人也不受人剥削的中农。

（三）被斗争：过去有的富农是高利贷者，有的是恶霸或贪污分子，被斗争后有的经济情况已不能再保持富农的地位。

（四）商业经营的减少：过去开油坊、贩粮食的都停止了，营业收入减少。

（五）由于怕负担，把土地出典或出卖，而缩小了自己的耕地。

中农上升为富农的14户中，有的原系富裕中农，因劳力减少而雇人耕种变为富农。降为贫农的有68户，大多系分家和人口增多或因婚、丧、疾病和失去劳动力生活困难等，因而将土地出卖，下降为贫农的。

贫、雇农上升的最多，原因是：

（一）贫、雇农在反恶霸斗争中，找回了不少的土地，如甄家沟在斗争后农民增加了不少的土地，并有7户贫农上升成中农，其情况如下表：

成份	斗争前			斗争后		
	户数	地亩	每户平均	户数	地亩	每户平均
地主	10	4356.16	435.62	10	1657.13	165.71
富农	3	249.99	83.33	3	249.99	83.33
中农	39	1317.95	33.79	46	1645.60	35.77
贫农	53	788.97	14.89	46	880.94	19.15

（二）用比较低的代价（10斤麦子或10斤高粱）当入了不少的土地。

（三）废除了敌伪的苛捐杂税，社会秩序安定，勤俭的贫农能够有些积蓄购买土地。

（四）开荒：甄家沟开荒60亩，马家峪开荒80多亩，河凹开荒40多亩，大部分是贫农开的。

（五）增加工资：雇农和一部分贫农，以工资买地者亦不少。

以上变化虽只是9个村的材料，从这里已可窥见山东滨海解放区解放后阶级变化的缩影。

二、租佃关系

甲、租佃形式

（一）分租：该地租佃制度，一般是对半分粮，工具、耕畜和肥料均由佃户负担，种子除花生、地瓜外多由主佃双方分担，除花生秧、地瓜秧归佃户外，柴草也是对半分，这种剥削已经很严重，但地主往往还要加重这种剥削，如地主出的种子并不及一半。如甄家沟地主只出麦种2斤，还不及实需种子的1/3，地主不仅要分牛草，而且连通粮（筛下的粮食）甚至糠秕也不让佃户一点。

（二）干锄地：地主把自己种好了的地，交给佃户代锄和收割，粮食对半分，草统归地主，以这种方式剥削佃户的劳动力。因为这种地差不多全是种的谷子和高粱，需工很多，一般要锄四遍，故如按工资计算，佃户所分到的粮还不够付工资的。

（三）拔瓜地：佃户把地租来，只种一季瓜即要把地还给地主，此种地的租额要比一般地租多5倍。如蛟龙汪每亩多者交谷5斗（合400斤），河凹每亩交租3斗。同时此种地佃户在上面施肥很多，地主收回后不用上粪就能收一季好麦子。

（四）拔地瓜地：在麦收之后贫苦农民租种地主的土地，约定只种一季地瓜即把地还给地主，一切农本均由佃户出，地瓜对半分，这比一般分租地的剥削苛刻得多。1亩地瓜需瓜种30斤，折高粱7斤，浇秧、种、锄、翻秧、收共需工10个，以市价计合高粱197斤，牛工1个折2个工，合高粱26斤，共需成本粮230斤。即按收地瓜千斤计，顶多只能折高粱250斤，佃户分得125斤，比农本还少105斤。

（五）干提鞭：即一切农本由地主出，佃户只出劳动力，收获对半分，牛草归牛。佃户必须给地主家服很多劳役，如挑水、喂牛、推土、填栏等等，差不多全年有1/3的时间在地主家作雇工，付给的工资只不过是自己劳动出来的收获物的一半而已。

乙、额外剥削

除上述地租剥削外，还有地主加之于农民的许多残酷毒辣的额外剥削。

（一）揽约：佃户租种地主土地时，先要找好保人，写好文书，并要以自己的房地产作抵押，租地后如果欠下地主的租账，便以房地抵偿，谓之“锁门”。如蛟龙汪佃户胡继法因欠租而被地主锁了门，自己1亩多地、4分宅基，一起被地主侵占去了，逼得一家老小当了乞丐。

（二）抽地：佃户租种地主土地，按习惯是种二年三季，但佃权是毫无保障的，地主随时可找佃户岔子，将地抽去。如1941年甄家沟甄德普因为长疮，地主拨工没有去，结果自己上了21驮粪的7亩租地被地主抽去。1935年佃户甄德伶的谷子地已经锄了头遍，也因拨工未去而被地主抽去。

（三）拨工：地主家逢婚丧喜事、送亲叫友、修房屋、打围墙、伐树木等一切杂事，均要佃户无偿的为他劳动。同时佃户家的女人也要经常给地主家缝洗衣服、烙煎饼、捏谷穗、切瓜干、抱孩子等，简直像地主的家奴。

佃户拨工多少是与租佃土地多少成正比的，如甄家沟有所谓“大拨工”“小拨工”之分。“大拨工”是佃地较多的大佃户，佃种四五十亩以上，平均一年要出工一百余次，出牲口五六十次；“拨小工”出工二三十次，牲口一二十次。

（四）白代地：凡租种地主30亩地以上的佃户，除照付地租外，还要无偿地替地主代种三五亩地。

（五）送礼：每逢过年过节时佃户必须向地主送礼，一般的是猪肉一刀（12斤至20斤），鸡2只，鲤鱼2条，月饼或细点3至5斤，并有送粉条和虾皮的。除过年过节之外，每逢瓜果下来，都要先送给地主尝鲜。北晨地主周老六家的佃户，种的大个西瓜，向来不准出卖，必须送给他。甄家沟佃户甄全长，因为贫困没有给地主送礼，结果被抽了地，而且还被赶到外村去住。

（六）人格上的不平等：佃户对地主一律称“爷”，而地主则无论佃户多大年纪，甚至是他本家爷爷，也叫小名。其他如打、骂、奸淫的事情也是层出不穷的。如地主甄一辰从青岛回来，佃户不知道没去给他请安，被骂遍全庄。地主甄洪喜强奸佃户甄德成的新过门的儿媳。

（七）罚租：庄稼歉收，地主便罚佃户，如古城庄佃户张希占种8亩黄豆，收成不好，地主嫌分得少，说佃户偷去了，罚了320斤，连豆秸亦全部夺去了。

丙、抗战以来租佃关系的变化

抗战以来租佃关系更加普遍，使用土地更加分散了，可以从下列8个村1937年到1944年租佃土地的变化看出（缺甄家沟的材料）。

租入土地的情况如下：

成份	1937 年				1944 年			
	租入户	占本阶层总户数百分比	租入土地	占本阶层使用土地百分比	租入户	占本阶层总户数百分比	租入土地	占本阶层使用土地百分比
地主	0	0	0	0	1	1.79	16.05	0.88
富农	11	10.19	108.22	1.98	7	6.67	121.30	2.91
中农	65	31.82	1586.64	11.73	134	18.38	1060.72	6.65
贫农	116	15.12	1411.07	16.00	412	48.36	3484.94	29.06
雇农	17	9.33	105.00	16.10	25	43.86	154.68	39.52
其他	0	0	0	0	2	40.00	12.34	53.19
合计	209	12.22	3210.93	8.82	581	32.21	4850.03	14.13

租出土地的情况如下：

成份	1937 年				1944 年			
	出租户	占本阶层总户数百分比	出租亩	占本阶层总亩数百分比	出租户	占本阶层总户数百分比	出租亩	占本阶层总亩数百分比
地主	35	52.25	2151.83	21.39	48	85.71	3257.38	70.69
富农	7	6.48	130.35	2.37	38	36.19	410.81	9.00
中农	19	3.35	246.70	2.03	66	9.05	726.39	4.55
贫农	13	1.82	99.01	1.29	24	2.82	158.94	1.81
雇农	0	0	0	0	2	3.51	11.11	4.48
其他	0	0	0	0	1	20.00	1.85	14.56
合计	74	4.56	2627.89	7.33	179	9.92	4566.48	13.41

租入户数 8 年增加了一倍多，租入地亩也增加了 1/3。不过中农的租入土地减少了 1/3，户数却增加了一倍多。1937 年平均一户中农租入 24 亩多地，1944 年仅及 8 亩。贫农租入土地的亩数增加得最多，这是拔地时把中农的租入地匀给了贫农的缘故。

出租地各阶层都增加了，而以地主、富农增加得为最显著，这是由于地主逃亡、减少雇工、逃避负担及被拔地等原因所致。中、贫农出租地的增加，则是因分家的关系，孤寡增加了。根据蛟龙、大兴两区 6 个村的调查，历年租佃户数、亩数如下：

年份	租入土地			出租土地		
	户数	亩数	每户平均数	户数	亩数	每户平均数
1937	189	2770.21	14.66	65	2158.32	33.20
1942	317	4090.26	12.90	86	3600.32	41.86
1943	399	4102.90	10.28	97	3473.39	35.81
1944	516	4174.26	8.09	128	3884.92	30.35
备注	出租土地中,学田、庙田和代管地均未计入。					

三、雇佣关系

甲、各阶层雇佣情况

各阶层雇佣情况如下表所示:

三个区九个村各阶层受雇与出雇户统计表

成份	户数	雇主户数	占本阶层户数百分比	出雇户数	占本阶层户数百分比
地主	66	38	57.58	0	0
富农	108	84	77.78	0	0
中农	775	31	4.00	5	0.65
贫农	898	0	0	60	6.68
雇农	57	0	0	52	91.23
其他	5	0	0	0	0
合计	1909	153	8.01	117	6.13

三个区九个村雇主的自有劳动力与雇工人数比例统计表

成份	自有劳力		雇工		合计	
	人数	百分比	人数	百分比	人数	百分比
地主	7.5	8.15	84.5	91.85	92.0	100
富农	119.0	60.10	79.0	39.90	198.0	100
中农	825.0	97.06	25.0	2.94	850.0	100

三个区八个村各阶层雇佣工人分类统计表

成份	男工		童工		女工		合计	
	人数	百分比	人数	百分比	人数	百分比	人数	百分比
地主	68.5	81.06	2.0	2.37	14.0	16.57	84.5	100
富农	66.5	89.86	7.5	10.14	0	0	74.0	100
中农	20.0	81.63	4.5	18.37	0	0	24.5	100
合计	155.0	84.70	14.0	7.65	14.0	7.65	183.0	100

注:此表内缺前历城村的数字,故为8个村的统计数字。

地主雇佣女工14人，都是地主的家内仆人，不从事农业劳动。中农雇入童工、半工最多，成年工、长工很少。富农雇入男工比例最大，但仍不及地主多。

乙、雇佣工人的待遇

这一带的地主、土豪、恶霸等对待雇工是极其苛刻的，除照例给蓑衣、苇笠、手巾、鞋子、旱烟外，什么也不给。有的地主在雇佣雇工时往往是带强制性的，例如：甄家沟的地主甄安乐看中了雇农王三，一定要雇他，但王三不愿受雇他家，结果甄安乐就诬说他通土匪，把他抓了来，罚做十年长工，没给一个工钱；又如马家峪的农民孙开祥因欠地主的债，被逼着白给甄安乐家干了一年活。地主们管理雇工是十分凶狠的，对雇工不是打骂就是罚，甚至打死无论。如北晨的周建银雇到地主周老六家里，因为摘了他一个瓜，被罚跪了半天，脑袋还被大烟袋敲了几十下。刘希彩雇给地主甄安乐家，因与小孩打架而被罚了340元。又如地主胡伯衡家的雇工因回家没请假，被加上偷盗和通匪的罪名，活活的给打死了。在蛟龙汪群众中有这几句歌谣："要吃蛟龙汪的饭，须拿命来换，先买老芦席，后买装死棺。"这是雇工们多么惨痛的写照啊！雇工的工资很少能挣到手拿回家的，因为地主设有赌局，引诱或强迫工人赌博，非把雇工一年辛辛苦苦挣的一点血汗钱全部输给他，才肯罢。有的雇工不但把一年的工资给地主骗去，而且还要搭上仅有的一点土地，还有的甚至把身子作抵押白给地主干几年活。

丙、抗战前后雇佣关系的变化

(一)户数、人数的增减

现将9个村各阶层在1937年和1944年雇出雇入户数比较如下：

雇入统计表

成份	户数			人数		
	1937年	1944年	增减差	1937年	1944年	增减差
地主	40	38	−2	207.5	84.5	−123.0
富农	97	84	−13	115.5	79.0	−36.5
中农	51	31	−20	46.5	25.0	−21.5
合计	188	153	−35	369.5	188.5	−181.0

雇出统计表

成份	户数			人数		
	1937 年	1944 年	增减差	1937 年	1944 年	增减差
中农	8	5	－3	5.0	4.5	－0.5
贫农	104	60	－44	111.0	57.5	－53.5
雇农	168	52	－116	223.5	52.0	－171.5
合计	280	117	－163	339.5	114.0	－225.5

1937 年雇入户数为 188 户，占总户数（1710）的10.99%，1944 年减为 153 户占总户数的8.01%，减少了 1/5，而人数则减少将及一半。

1937 年雇出 280 户，占总户数的16.37%，至 1944 年为 117 户占总户数的6.13%，减少了58%，而人数则减了 2/3。

（二）工资变化

类别	1937 年	1941 年	1942 年增资前	1942 年增资后	1943 年	1944 年
工资元数	30	125	227	—	—	—
折合粮食斤数	1000	401	227	374	550	600
实际工资指数	100	40	23	37	55	60

工人的实际工资是逐年降低的，1942 年增资后至今虽逐年增高，但工人所得仍不及战前水平。1942 年夏实施增资政策，一般是工资每百元增粮 70 斤，数目如下：

类别	大工	二工	三工	童工	女工
原工资(元)	220	180	150	100	150
增粮(斤)	154	136	105	70	105
共合粮(斤)	374	316	255	170	255

注:1942 年每元合粮 1 斤。

1943 年将货币工资一律改为粮食工资，大工改为高粱 550 斤，二工 400 斤，三工 350 斤，童工 150 斤，女工 400 斤。1944 年工资规定都差不多合于政府规定的标准：大工六七百斤，二工五六百斤，三工 500 斤，童工 350 斤，女工 500 斤。今年工资虽比去年略高，但因布贵粮贱，工人生活仍较困难。

（三）其他待遇

在今年由于工人斗争的结果，其他待遇略有改善，兹将蛟龙和大兴两区情况说明如下：

（甲）蛟龙区：

1937 年计有蓑衣一件，苇笠一顶，手布尺半，鞋两双，单裤一条（大地主家不给），并供给黄烟。

1944 年计有蓑衣一件，苇笠一顶，手巾一条，布鞋两双，单裤褂一身，草鞋两双，以及烟若干。

（乙）大兴区：

1937年计有：蓑衣一身，苇笠一顶，披肩布三尺半，烟叶一斤，鞋一双，单裤一条，挑水钱25个大板，农忙酒钱120个大板。

1944年计有：小裤褂一套，蓑衣一身，苇笠一顶，披肩布二尺半，小席一条，农忙酒钱约10元。

四、借贷关系

甲、借贷情况

这一带的借贷关系是相当普遍的，如甄家沟70多户人家，就有60户是负债户，其负债的原因如下：

（一）匪多——谚语谓“莫山到羽山，土匪万万千”，农民遭匪害的很多。

（二）恶霸横行——他们任意敲榨勒索农民。

（三）灾荒——该区地瘠民贫，一遇荒年，便须借债度日。

这些就造成地主、土豪进行高利盘剥的有利条件。蛟龙汪36户地主中，就有28户是放高利贷发财的；甄家沟的甄安乐，更是有名的高利贷者，在今年的减息斗争中，仅仅退的利涨准折地就有2000多亩，现在欠他账的农民还有379户，债款计洋13682.2元。

乙、借贷形式

（一）行利账：额数由三五元以至千元不等，一般的是从二三十元至百十元左右，利息三分至五分，期限10个月，也有5个月的。到期不还复利计算，过期一日，增息半月，半月以上，增息一月。借钱时多以地作抵押，到期不还则准地，叫做利涨准折地。如蛟龙汪胡维礼在1927年借了胡北衡250吊钱，四分利，10月为期，至1933年涨至本利1300吊，准去好地14亩（当时值1680吊）。

（二）工夫账：即借债人以工还债。借债款额虽小，但借债人劳力便要受债主的支配，随时要为债主做工，同时工价也任凭债主规定，有时低于市价的1/5，有时甚至比市价低一半。

（三）粮食账：在荒年时，出借䅟子和花生饼，借时作好价钱按数计息，利息是很高的，如甄家沟甄德普在1916年时，借了地主两片半毛饼，作价一吊钱，到1925年涨成了14吊，被准去了9亩地。

（四）花生油账：一般多是春借秋还，借时作好价钱（高于市价），按数计息，但是只听涨不听落。如河凹李望美放油450斤给农民，市价90元，他却作价112.5元，比市价高1/5，10月为期，利息三分。有1户到期未还，即被准去地7亩。

（五）分养猪：债主拿出本钱买猪，由穷人喂养，如买10斤重的小猪需本10元，喂至100斤可卖45元，烂价对分各得22元5角，利息一倍多（编者按：这是否算高利贷，值得研究）。

债务到期，地主便派狗腿子或团丁到门坐催，一切吃用由债务人负责，债务人因受不了，就不得不变产还债，或任其准地。还有的债务到期归还不上，被债主绑去拷打，并派人看押起来，一切费用也加到债务人身上，往往为了欠几十元的债，酒钱饭钱也要花上几十元。

丙、抗战后借贷关系的变化

抗战开始时，社会秩序紊乱，人心惶惶，债主怕放债没保证，乃停放新债，而且也加速清理旧债，急着准地或准其他物品，如河凹的李望美就强迫王从大把已种下地瓜的3亩地准给了他。因之，这时期的借贷关系逐渐减少。

该地解放后，债主们都隐蔽起来，他们不敢公开地放债了，而且旧债也不敢明目张胆的强收。这一时期，借贷关系是在秘密的条件下进行的。到1943年因币值差额过大，纠纷叠起，借贷关系才暴露出来。但过去的大户放债减少了，新添了小户债主，而且多系实物借贷，因此使得借贷关系更加复杂化。这时期放债的情况如下：

（一）行利账：专放行利钱的很少了，多是小户的私房出放，利息三分。

（二）粮食账：还有个别的地主在出放，借时作价很高，如北晨周从会于1943年春借地主穇子1斗，市价120元，作价500元，比市价高四倍。

（三）花生油账：放花生油账的自1942年之后骤然增多，因当时物价不断高涨，放行利钱的获利不多，因此债主们改变了剥削的花样，出借时作好价钱听涨不听落，如1943年春出借生油190斤，当时市价550元，作价600元，到秋天归还时，涨到2100元。

（四）工夫账：在个别的村庄仍然还不少，如北晨的周老六1943年还在放工夫账，春天短工每工6元，他只给1元或1元5角，割麦每工15元，只算5元。利息高过本钱的三四倍以至六倍。直到今年这种借贷形式才绝迹。

五、生产问题

甲、劳动力分配变化

现以三个区8个村（因缺甄家沟一村）的调查，说明各阶层使用土地及劳动力分配的情况：

劳动力分配情况表

成份	年份	劳动力个数	百分比	使用土地		
				亩数	百分比	每人平均数
地主	1937年	167	9.09	7908.29	21.74	47.36
	1944年	74	3.60	1813.89	5.29	24.51
富农	1937年	227	12.36	5478.09	15.06	24.13
	1944年	194	9.44	4168.48	12.15	21.49
中农	1937年	654	35.60	13 521.87	37.17	20.68
	1944年	848	41.26	15 944.07	46.47	18.80

续表

成份	年份	劳动力个数	百分比	使用土地		
				亩数	百分比	每人平均数
贫农	1937 年	690	37.56	8818.32	24.24	12.78
	1944 年	900	43.80	11 992.84	34.95	13.33
雇农	1937 年	99	5.39	652.28	1.79	6.59
	1944 年	39	1.90	391.39	1.14	10.04
合计	1937 年	1837	100.00	36 378.85	100.00	19.80
	1944 年	2055	100.00	34 310.67	100.00	16.70

该地区一般以能耕种土地 20 亩者为一全劳动力，由上表可看出，1937 年地主缺少劳力57.77%，但由于实行残酷的劳役剥削，如拨工、白代地、放工夫账，以及找短工等弥补之。富农缺17.12%均以短工补助，中农仅缺3.27%，贫农则余36.10%。1944 年由于地主富农使用土地的减少，中、贫农使用土地的增加，地主劳力的缺少减至18.41%，全靠雇短工解决。富农缺6.92%，中农余5.99%，贫农仍余33.37%，虽在开荒驮盐等方面使用一部分，但因其他副业不发达，故其多余劳动力尚未得到充分使用。

乙、耕畜分配的变化

耕畜分配比较表

成份	年份	牲畜数	百分比
地主	1937 年	124	11.96
	1944 年	60	5.42
富农	1937 年	191	18.42
	1944 年	146	13.18
中农	1937 年	460	44.36
	1944 年	601	54.24
贫农	1937 年	248	23.91
	1944 年	291	26.26
雇农	1937 年	14	1.35
	1944 年	10	0.90
共计	1937 年	1037	100.00
	1944 年	1108	100.00

大小耕畜比例表

成份	年份	大牛	中牛	小牛	驴	共计
地主	1937 年	51.43	4.76	2.86	40.95	100
	1944 年	25.86	8.63	1.72	63.79	100
富农	1937 年	12.77	24.46	10.64	52.13	100
	1944 年	10.96	23.29	4.11	61.64	100
中农	1937 年	8.89	10.63	8.03	72.45	100
	1944 年	7.91	11.86	6.43	73.80	100
贫农	1937 年	3.17	10.21	7.75	78.87	100
	1944 年	8.87	8.53	6.83	75.77	100
雇农	1937 年	0	0	0	100.00	100
	1944 年	0	10.00	10.00	80.00	100

1937 年至 1944 年以来，地主、富农的耕畜是减少了，中、贫农增多了，但中、贫农饲养的多系小耕畜，不能耕或不能单独耕作，而地主、富农则多为大耕畜，故地主、富农畜力还是有剩余的。这一地区耕牛历来是奇缺的，特别是抗战以后，地主出租土地及卖牛，耕牛更加减少了，而中、贫农因缺牛草无力喂养，虽有的村养春牛（小牛主要为积粪），但秋收后便卖了。缺乏牛力，深耕是困难的。

丙、农具分配的变化

农具分配比较表

成份	年份	犁	百分比	每户平均	车	百分比	每户平均	耩	百分比	每户平均
地主	1937 年	63	12.50	0.93	37	23.27	0.54	41	24.26	0.60
	1944 年	53	8.53	0.80	17	10.97	0.26	11	7.24	0.17
富农	1937 年	75	14.88	0.65	28	17.61	0.24	29	17.16	0.25
	1944 年	73	11.76	0.68	31	20.00	0.29	27	17.76	0.25
中农	1937 年	229	45.44	0.40	59	37.11	0.10	74	43.79	0.13
	1944 年	325	52.34	0.42	79	50.97	0.10	85	55.92	0.11
贫农	1937 年	128	25.40	0.17	33	20.75	0.04	23	13.61	0.03
	1944 年	166	26.73	0.18	26	16.77	0.03	27	17.76	0.03
雇农	1937 年	9	1.78	0.05	2	1.26	0.01	2	1.18	0.01
	1944 年	4	0.64	0.07	2	1.29	0.04	2	1.32	0.04
共计	1937 年	504	100.00	0.30	159	100.00	0.09	169	100.00	0.10
	1944 年	621	100.00	0.33	155	100.00	0.08	152	100.00	0.08

注:1937 年系 8 个村庄,1944 年系 9 个村庄。

抗战后地主多由经营转为出租，中、贫农则因使用土地增加而须买农具，其中犁增加较多，其他农具因价贵，在敷衍使用及损坏不添的情况下，略微减少了。小车缺乏很多，故中、贫农在运输上使用剩余劳动是一难题。至于其他农具，若今后在劳动互助中适当的调济，尚可补足。

丁、养猪和粪力变化

养猪情况比较表

成份	年份	猪数	百分比	每户平均养猪数
地主	1937年	139	12.03	2.04
	1944年	80	5.00	1.21
富农	1937年	155	13.41	1.35
	1944年	183	11.43	1.69
中农	1937年	474	41.00	0.82
	1944年	759	47.41	0.98
贫农	1937年	349	30.19	0.46
	1944年	553	34.54	0.62
雇农	1937年	39	3.37	0.22
	1944年	26	1.62	0.46
共计	1937年	1156	100.00	0.68
	1944年	1601	100.00	0.84

地主养猪较前减少了，过去每季上铺粪及苗粪各一次，而今只上一次苗粪。大生产运动以来各阶层养猪均有增加，但中、贫农多喂小猪，不过百斤即卖了，同时因猪食恶劣及散放在外，粪既少而力弱，其他牲畜又少，因此一般每亩只可上四箩（280斤）。据农民讲：这样的粪力在庄稼熟前一个月即消散了，故产粮皮厚粒小，少打粮食，因此今后大量发展副业，榨油、推粉、磨面、做豆腐、养猪，以提高生产是很必要的。

中共中央山东分局调查研究室

1944年12月

沂南县艾山乡土地调查

一、简要情况

甲、艾山乡辖12个行政村，33个自然村，南至芦山，北临汶河，长达18里，东西阔约12里。该乡土地肥瘦不均，有平原好地，也有山岭薄地，如夏庄、东西辛庄、东西波池等村，平地较多，土质也好。李家庄子、塘家峪子、栗林等村虽多系平地，但多为沙土地，同时也有山岭薄地。大碾行政村的9个小山庄，芦山行政村的5个庄，五石垛子、塘家峪子行政村的5个自然村，全系山岭薄地。

乙、各阶层土地占有情况：土地集中的庄子如塘子庄子（8家地主）、李家宅子（地主赵尊慕有地3顷）、夏庄（19户地主，李家宅子地主在这庄也有8顷地）、西波池（11户地主）、塘家峪子（有岩麓地主3顷地，而20多户人家都是佃户）。这几个庄地好庄大土地集中，阶级明显。李家庄子，东西辛庄，栗林等仅有几家小地主和富农、中农较多，土地不如上述各庄集中。一般村，大碾、芦山、五石垛子、艾山后，塘家峪子行政村的张家林等5个自然村，只有几个富农，中、贫农多，庄子小，土地分散，而且土质也差。

丙、这个乡自1938年就建立了抗日根据地，党的基础与群众组织基础也很健全。经过减租减息、反奸诉苦、土改复查等运动，土地问题已起了根本变化。

二、三个时期土地变化概况

甲、双减前土地概况

双减前各阶层的土地如下表：

岸堤区艾山乡双减前各阶层土地统计表

成份		地主	富农	中农	贫农	赤贫	总计
户数		60	169	440	745	104	1518
人口	人数	295	784	1768	3322	309	6478
	百分比	4.56	12.10	27.29	51.28	4.77	100.00
官亩	亩数	4525.72	3920.17	6853.78	6622.28	0	21 921.95
	百分比	20.65	17.88	31.26	30.21	0	100.00
	每人平均数	15.34	5.00	3.88	1.99	0	3.38

续表

成份		地主	富农	中农	贫农	赤贫	总计
中亩	亩数	3208.69	2064.27	3383.87	3029.99	0	11 686.82
	百分比	27.46	17.66	28.95	25.93	0	100.00
	每人平均数	10.88	2.63	1.91	0.91	0	1.80
产量	斤数	481 303.50	309 640.50	507 580.50	454 498.50	0	1 753 023.00
	百分比	27.46	17.66	28.95	25.93	0	100.00
	每人平均数	1631.54	394.95	287.09	136.81	0	270.61

备注：中亩是按产量计算的，每中亩产量150斤。

再以土地集中、一般和分散三种典型村的统计来看，则如下表：

土地集中的夏庄行政村双减前各阶层土地统计表

成份		地主	富农	中农	贫农	赤贫	总计
户数		19	12	32	70	28	161
人口	人数	61	62	114	260	82	579
	百分比	10.54	10.71	19.69	44.90	14.16	100.00
官亩	亩数	1009.30	317.00	441.85	358.33	0	2126.48
	百分比	47.46	14.91	20.78	16.85	0	100.00
	每人平均数	16.55	5.11	3.88	1.38	0	3.67
中亩	亩数	807.44	236.20	353.50	286.66	0	1683.80
	百分比	47.95	14.03	20.99	17.03	0	100.00
	每人平均数	13.24	3.81	3.10	1.10	0	2.91
产量	斤数	121 116.00	35 430.00	53 025.00	42 999.00	0	252 570.00
	百分比	47.95	14.03	20.99	17.03	0	100.00
	每人平均数	1985.50	571.50	465.10	165.40	0	436.20

注：1.官亩一亩240杆子；2.每中亩产量150斤。

土地一般的东西辛庄双减前各阶层土地统计表

成份		地主	富农	中农	贫农	赤贫	总计
户数		8	15	59	74	12	168
人口	人数	72	90	282	343	35	822
	百分比	8.76	10.95	34.30	41.73	4.26	100.00
官亩	亩数	422.50	376.07	776.84	403.37	0	1978.78
	百分比	21.35	19.01	39.26	20.38	0	100.00
	每人平均数	5.87	4.18	2.75	1.18	0	2.41
中亩	亩数	279.10	259.67	442.07	192.52	0	1173.36
	百分比	23.79	22.13	37.67	16.41	0	100.00
	每人平均数	3.88	2.89	1.57	0.56	0	1.43
产量	斤数	41 865.00	38 950.50	66 310.50	28 878.00	0	176 004.00
	百分比	23.79	22.13	37.67	16.41	0	100.00
	每人平均数	581.46	432.78	235.14	84.19	0	214.12

土地分散的劈片石子双减前各阶层土地统计表

成份		富农	中农	贫农	赤贫	总计
户数		5	39	10	1	55
人口	人数	17	143	42	2	204
	百分比	8.33	70.10	20.59	0.98	100.00
官亩	亩数	122.65	616.41	120.84	0	859.90
	百分比	14.26	71.69	14.05	0	100.00
	每人平均数	7.21	4.31	2.88	0	4.22
中亩	亩数	52.35	209.55	34.91	0	296.81
	百分比	17.64	70.60	11.76	0	100.00
	每人平均数	3.08	1.47	0.83	0	1.45
产量	斤数	7852.5	31432.5	5236.5	0	44 521.5
	百分比	17.64	70.60	11.76	0	100.00
	每人平均数	461.91	219.81	124.68	0	218.24

乙、双减和反奸诉苦后土地变化概况

双减和反奸诉苦后艾山乡各阶层土地变化统计：

岸堤区艾山乡双减和反奸诉苦后各阶层土地统计表

成份		地主	富农	中农	贫农	赤贫	总计
户数		60	169	673	581	37	1520
人口	人数	340	846	3101	2762	70	7119
	百分比	4.78	11.88	43.56	38.80	0.98	100.00
官亩	亩数	1592.83	3660.90	10 696.32	5971.90	0	21 921.95
	百分比	7.27	16.70	48.79	27.24	0	100.00
	每人平均数	4.68	4.33	3.45	2.16	0	3.08
中亩	亩数	1242.08	2092.13	5668.74	2683.87	0	11 686.82
	百分比	10.63	17.90	48.51	22.96	0	100.00
	每人平均数	3.65	2.47	1.83	0.97	0	1.64
产量	斤数	186 312.0	313 819.5	850 311.0	402 580.5	0	1 753 023.0
	百分比	10.63	17.90	48.51	22.96	0	100.00
	每人平均数	547.98	370.95	274.21	145.76	0	246.25

从全乡统计看出：

（一）双减前后，地主、富农人口没有什么大变化，土地由38.53%减到23.97%（官亩），但与农民比较，土地仍是既多且好。

（二）中农人口由27.29%上升到43.56%，土地由31.26%上升到48.79%（官亩）。

（三）贫农和赤贫人口由56.05%减到39.78%。土地占有变为27.24%（官亩）。其中仍有占人口0.98%的37户赤贫没有土地。

这乡土地经双减和反奸诉苦后，地主、富农土地一般被削弱，大多数贫农上升为中农，除尚有少数无地的赤贫户外，大都有了土地。

再以上述三村为例，分述如下：

（一）土地集中的夏庄，经双减反奸诉苦后各阶层土地变化如下表所示：

成份		地主	富农	中农	贫农	赤贫	总计
户数		19	12	93	29	8	161
人口	人数	92	70	483	128	8	781
	百分比	11.78	8.96	61.84	16.39	1.03	100.00
官亩	亩数	296.86	255.11	1261.76	258.02	0	2071.75
	百分比	14.33	12.31	60.90	12.46	0	100.00
	每人平均数	3.23	3.64	2.61	2.02	0	2.65

续表

成份		地主	富农	中农	贫农	赤贫	总计
中亩	亩数	246.68	211.32	913.58	142.54	0	1514.12
	百分比	16.29	13.96	60.34	9.41	0	100.00
	每人平均数	2.68	3.02	1.89	1.11	0	1.94
产量	斤数	37 002	31 698	137 037	21 381	0	227 118
	百分比	16.29	13.96	60.34	9.41	0	100.00
	每人平均数	402.20	452.83	283.72	167.04	0	290.80

从上表看出：

甲、地主、富农人口由双减前占全村21.25％降到20.74％。土地由62.37％，减到26.64％（官亩）。

乙、中农人口由19.69％，上升到61.84％。土地由20.78％，上升为60.9％（官亩）。

丙、贫农及赤贫人口由59.06％减至17.42％。占有土地由16.85％，减至12.46％（官亩）。

（二）土地一般的东西辛庄，经双减反奸后各阶层土地变化如下表所示：

成份		地主	富农	中农	贫农	赤贫	总计
户数		8	15	82	62	1	168
人口	人数	73	97	403	270	1	844
	百分比	8.65	11.49	47.75	31.99	0.12	100.00
官亩	亩数	178.60	323.56	1205.98	462.93	0	2171.07
	百分比	8.23	14.90	55.55	21.32	0	100.00
	每人平均数	2.45	3.34	2.99	1.71	0	2.57
中亩	亩数	141.56	225.69	702.84	229.33	0	1299.42
	百分比	10.89	17.37	54.09	17.65	0	100.00
	每人平均数	1.94	2.33	1.74	0.85	0	1.54
产量	斤数	21 234.0	33 853.5	105 426.0	34 399.5	0	194 913.0
	百分比	10.89	17.37	54.09	17.65	0	100.00
	每人平均数	290.88	349.01	261.60	127.41	0	230.94

从上表看出：

甲、地主、富农人口由双减前19.71％上升到20.14％。土地由占40.36％，减到23.13％（官亩）。

乙、中农人口由双减前占全村34.30％，增到47.75％。土地由39.26％，增加到占有55.55％（官亩）。

丙、贫农及赤贫人口由双减前占有45.99％减至32.11％。土地占有变为21.32％（官亩）。

（三）土地分散的劈片石子，经双减反奸后各阶层土地变化如下表所示：

成份		富农	中农	贫农及赤贫	总计
户数		5	41	9	55
人口	人数	19	174	43	236
	百分比	8.05	73.73	18.22	100.00
官亩	亩数	125.80	690.46	117.62	933.88
	百分比	13.47	73.93	12.60	100.00
	每人平均数	6.62	3.97	2.74	3.96
中亩	亩数	55.19	240.04	35.92	331.15
	百分比	16.67	72.48	10.85	100.00
	每人平均数	2.90	1.38	0.84	1.40
产量	斤数	8278.5	36 006.0	5388.0	49 672.5
	百分比	16.67	72.48	10.85	100.00
	每人平均数	435.71	206.93	125.30	210.48

从上表看出：

甲、富农人口由双减前的8.33%，降为8.05%。土地由14.26%，降为占13.47%（官亩）。

乙、中农人口由双减前的70.1%，上升为73.73%。土地由71.69%，上升为占73.93%（官亩）。

丙、贫农及赤贫人口由双减前的21.57%减为18.22%，占有土地变为12.6%（官亩）。（事实上赤贫的农民已完全上升）

丙、土改复查后土地变化概况

土改复查后艾山乡各阶层土地变化如下表所示：

成份		地主	富农	中农	贫农	赤贫	总计
户数		63	169	689	577	25	1523
人口	人数	345	883	3310	2814	43	7395
	百分比	4.67	11.94	44.76	38.05	0.58	100.00
官亩	亩数	657.98	2723.01	11 320.79	7118.90	101.28	21 921.96
	百分比	3.00	12.42	51.64	32.48	0.46	100.00
	每人平均数	1.91	3.08	3.42	2.53	2.36	2.96
中亩	亩数	441.45	1479.57	6102.13	3590.46	73.21	11 686.82
	百分比	3.78	12.66	52.21	30.72	0.63	100.00
	每人平均数	1.28	1.68	1.84	1.28	1.70	1.58
产量	斤数	66 217.5	221 935.5	915 319.5	538 569.0	10 981.5	1 753 023.0
	百分比	3.78	12.66	52.21	30.72	0.63	100.00
	每人平均数	191.93	251.34	276.53	191.39	255.38	237.06

从上表看出以下几个问题：

（一）地主、富农人口无大变化，土地由复查前的23.97％，降为占有15.42％（官亩），地虽少，但大都是好地。如地主刘乃宗5口人，土改复查后只留4.302官亩，折5.162中亩。

（二）中农人口由复查前的43.56％，上升为44.76％，土地由复查前的48.79％，上升为51.64％（官亩），地多而好。

（三）贫农及赤贫人口由复查前的39.78％，降为38.63％，土地由27.24％，增加到32.94％（官亩）。贫农及赤贫土地虽有增加，但仍较少而不好，不过每人都有了土地，而且不少贫农还上升为中农。

再以上述三村为例，其变化情况如下：

夏庄村土改复查后各阶层土地统计表

成份		地主	富农	中农	贫农	赤贫	总计
户数		19	12	93	29	8	161
人口	人数	91	70	493	150	8	812
	百分比	11.21	8.62	60.71	18.47	0.99	100.00
官亩	亩数	96.69	113.69	1350.03	319.98	24.03	1904.42
	百分比	5.08	5.97	70.89	16.80	1.26	100.00
	每人平均数	1.06	1.62	2.74	2.13	3.00	2.35
中亩	亩数	92.46	106.63	1014.96	287.36	22.45	1523.86
	百分比	6.07	7.00	66.60	18.86	1.47	100.00
	每人平均数	1.02	1.52	2.06	1.92	2.81	1.88
产量	斤数	13 869.0	15 994.5	152 244.0	43 104.0	3367.5	228 579.0
	百分比	6.07	7.00	66.60	18.86	1.47	100.00
	每人平均数	152.41	228.49	308.81	287.36	420.94	281.50

如上表所示：

甲、地主、富农人口由复查前的20.74％，降为19.83％（由于总人口增多的关系）。土地由26.64％，降为占有11.05％（官亩）。

乙、中农人口在复查前后，基本上无变化。由于总人口增加，比例较前略小些。土地由60.9％，增加到70.89％（官亩）。

丙、贫农及赤贫因人口增多，由占全村17.42％，增至19.46％。土地由12.46％，增至18.06％（官亩）。

东西辛庄土改复查后各阶层土地统计表

成份		地主	富农	中农	贫农及赤贫	总计
户数		8	15	82	63	168
人口	人数	72	96	423	272	863
	百分比	8.34	11.12	49.02	31.52	100.00
官亩	亩数	68.73	211.55	1279.28	639.10	2198.66
	百分比	3.13	9.62	58.18	29.07	100.00
	每人平均数	0.95	2.20	3.02	2.35	2.55
中亩	亩数	50.15	150.44	752.16	356.58	1309.33
	百分比	3.83	11.49	57.45	27.23	100.00
	每人平均数	0.70	1.57	1.78	1.31	1.52
产量	斤数	7522.5	22 566.0	112 824.00	53 487.00	196 399.50
	百分比	3.83	11.49	57.45	27.23	100.00
	每人平均数	104.48	235.06	266.72	196.64	227.58

甲、地主、富农人口由复查前20.14%，降为19.46%。土地由23.13%，降到12.75%（官亩）。

乙、中农人口由复查前的47.75%，增至49.02%。土地由55.55%，增至58.18%（官亩）。

丙、贫农及赤贫人口由复查前的32.11%，减至31.52%。土地由21.32%，增至29.07%（官亩）。事实上，赤贫已全部上升。

劈片石子土改复查后各阶层土地统计表

成份		富农	中农	贫农	总计
户数		5	48	2	55
人口	人数	22	228	3	253
	百分比	8.69	90.12	1.19	100.00
官亩	亩数	118.02	918.40	12.34	1048.76
	百分比	11.25	87.57	1.18	100.00
	每人平均数	5.36	4.03	4.11	4.15
中亩	亩数	46.58	330.32	4.55	381.45
	百分比	12.21	86.60	1.19	100.00
	每人平均数	2.12	1.45	1.52	1.51
产量	斤数	6987.0	49 548.0	682.5	57 217.5
	百分比	12.21	86.60	1.19	100.00
	每人平均数	317.59	217.32	227.50	226.16

甲、富农人口由复查前的8.05％，增至8.69％。土地由13.47％，降为11.25％（官亩）。

乙、中农人口由复查前的73.73％，增至90.12％。土地由73.93％，增加到87.57％（官亩）。

丙、贫农人口由复查前的18.22％，减少至1.19％。土地由12.6％减至1.18％（官亩）。事实上赤贫已完全上升，贫农也大部上升。

中共鲁中区党委调查研究室

1949年12月

兰陵县台儿庄土地关系调查

孙亭、陡沟、刘家湖、提桥是在台儿庄周围的4个庄子，它的土地情况很能代表台儿庄周围的地区。4个庄子共有12033亩9分土地，其各阶层占有情况，如下表所示：

各阶层土地占有情况表

村名		孙亭	陡沟	刘家湖	提桥	总计
地主	户口数	1	7	2	4	14
	占总户口数百分比	3.03	10.94	1.72	3.51	4.28
	地亩数	1386	8695	188	215	10 484
	占总土地数百分比	81.15	96.45	32.44	29.39	87.12
富农	户口数	6	8	6	5	25
	占总户口数百分比	18.18	12.50	5.17	4.38	7.65
	地亩数	265	169	175	221	830
	占总土地数百分比	15.52	1.88	30.20	30.22	6.90
中农	户口数	9	9	37	29	84
	占总户口数百分比	27.27	14.06	31.90	25.44	25.69
	地亩数	32	113	195	244	584
	占总土地数百分比	1.87	1.25	33.65	33.36	4.85
贫农	户口数	17	40	71	76	204
	占总户口数百分比	51.52	62.50	61.21	66.67	62.38
	地亩数	25.00	38.00	21.50	51.40	135.90
	占总土地数百分比	1.46	0.42	3.71	7.03	1.13
全村小计	户口数	33	64	116	114	327
	地亩数	1708.00	9015.00	579.50	731.40	12 033.90

从以上材料说明四庄共327户中，地主14户，只占总户口的4.28％，但却占有土地10484

亩，占总土地数的87.12％，平均每户地主有地748亩8分，其中最大的地主尤利成有地30顷左右。富农25户，占总户口7.65％，有地830亩，占总土地的6.9％，平均每户富农有地33亩2分。中农84户，占总户口25.69％，共有土地584亩，占总土地数4.85％。平均每户中农有地6亩9分5厘。贫农共204户，占总户口62.38％，共有土地135亩9分，占总土地的1.13％，平均每户占有土地6分7厘。部分贫农甚至于被地主掠夺得连一分土地都没有，被迫常年出外逃荒讨饭，或做一些最小成本的挑贩。

据另外4个庄子的统计，共有284户，其中佃户183户，占总户口64.4％，在6718亩的耕地中，租进的就有4780亩，占总耕地的71.15％，自耕土地共有1938亩，只占总耕地的28.85％。特别是孙町庄子，在32户中，没有1个地主，但耕种镇上大地主尤利成的土地却达1386亩，占总耕地的94.3％，自耕土地只有83亩5分，占总耕地5.68％。在抗战开始以后，由于敌伪（还有投敌半投敌的国民党军队）七八年的掠夺榨取，不但加速了农民失去土地的趋势，连中、小地主也受到一定程度的危害，土地日益集中到大地主手中，农村广大劳苦阶层经济情况便迅速的走向破产：如刘家湖庄，抗战期间，本庄中卖到外庄的土地有1139亩5分，为战前全庄耕地2322亩7分的49％。阶级关系也起了重大的变化，原来7户地主变成2户，其中5户地主有4个降为富农，1个则降为贫农，还有2个地主仍保持着地主成份，但土地也减少了；战前20个富农中，除2个仍为富农外，16个降为中农，2个降为贫农了；抗战前平均每户有地20亩零2厘，抗战后平均每户只有10亩2分，只及战前的一半。黄庄原有地1000亩，经过抗战减少了810亩，现在只有190亩了；原来只有6个佃户，现在增加到40户；地主原有2户，现在1户都没有了；中农19户，现仅余6户；贫农原有的42户未变，却又增加30户，总之全村贫农占92.3％。

这大批土地转移的方向有二：

一、从农村业主逐渐转移集中到市镇上的大地主手里，这在抗战以前就已有这个现象，而抗战后则更明显了。有些地主在市镇兼营商业，他们常把商业上所得的盈利拿到乡里，购买土地，然后把土地租给佃户进行剥削，这种封建剥削和商业资本交互作用的结果，土地便逐渐集中起来，大商人大都兼做了大地主。如台儿庄最大的地主尤利成就是洋油公司、京货店、铁货店等大商业的老板。又如台儿庄附近14个庄子的土地中，现有25户地主，在市镇上的就有17户，出租土地3176亩，为地主出租土地4269亩的74.4％。另有两户地主在滕县。本乡只有6个地主，且土地全部不出租。更显著的是陡沟庄子，占总耕地64％的土地，系台儿庄的37户地主所出租。同样孙亭占总耕地94.3％的租入地，也全部是镇上出租的。又如前张庄共有30户，就有28户佃户，其中有24户系在抗战后把自己的土地卖给镇上的地主，而变成佃户的。

二、从农民及部分地主手里逐渐集中到汉奸或和汉奸有关系的当权派的地主手里。在上述25个地主中，汉奸地主就有10个，土地占地主总占有土地的36％，如伪乡长兼伪大队长汉奸毛文贵，抗战前只有39亩5分地，还典当给人家；当了几年汉奸，已有255亩地了，住起了瓦房，还雇了2个办饭的。另外有园1亩5分，牛4头，马2头，驴1头，羊1只。又雇了2个雇工，租种了230亩地。又如大汉奸黄全明、郑典三等，既是大地主又是大商人，黄全明除开民生粮行、黄同兴油坊、糟坊、茶食店、杂货店、布店、山芋干行、芝麻行等9个大商店外，并占有10顷以上的土地。因此这些大汉奸、大商人、大地主三位一体的人物，在抗战开始以后，就成为台儿庄的主要统治者。这是抗战期中土地关系上的一个很大的特色。

造成这些土地转移的原因，就是上述这撮统治者，向人民进行疯狂剥削的结果。他们首先是利用伪政权和武装直接向人民进行残酷的掠夺与榨取，有的农民因负担不起，只得将土地出卖或交给汉奸。如陡沟一庄，在 1944 年全年共先后向伪乡公所、伪宪兵队、伪大队部、伪区长等交款、交税 6 次（小的不算），平均每亩地要出粮食 53 斤 3 两，钱 54 元。汉奸张利元的队伍单要 5 个月给养，每亩就摊到粮食 8 斤，柴 16 斤，此外还要洋布、鞋等，前后共出了 11 次。总计苛捐杂税共粮49 050斤，款48 500元，草11 800斤，平均每户一年交纳粮食 766 斤，钱 757 元 8 角，草 200 斤，平均每亩每年出粮 61 斤 5 两。一般估计每亩土地一年的收获量是 180 斤（即麦 9 小斗高粱 9 小斗），则每亩负担要占收获量的 34%。更残酷的是：佃户租地还要纳一年的捐税，这就无怪农民只得出卖土地了。

其次，国民党反动派军队逃跑后，留下的许多散兵游勇勾结地主封建势力，曾猖獗一时，给农村很大的破坏。如黄庄就有 21 户农民（内中农 14 户，贫农 7 户），因被抢掠而破产下降了。

敌人的抢购粮食、通过伪行政系统大量进行高利贷剥削、控制粮行等经济掠夺也是原因之一。如敌人把靠运河岸的黄庄的粮行取消后，许多人失业了，加上连年水灾，农民生活一年不如一年。

当然，基本的原因，还是地主封建经济的剥削。台儿庄附近农村两种租佃形式对农民的地租剥削，都是很厉害的。如公打平分的分租制，地租即占了收获量的 50%，如果加上清工、捐税、劳力、吃粮等额外剥削，那简直要超过全部收获量，因此使农民进行再生产都几乎不可能了。另一种是定租制，虽然在好年成时，似乎租率较轻，但在这连年水灾的地区，农民吃亏是无法计算的，如天庄王正清去年种地主刘传江 10 亩地，去年每亩只收 42 斤，但仍须交租 75 斤，这样租额就几乎是总收获量一倍半了。

封建剥削中的另一特点，是贫农非但自己失去土地，甚至租不到土地耕种。土地都由镇市地主集中租给农村里的一些大佃户，而这些大佃户大都是以富农方式进行生产的，但也有带有极大封建剥削性质的，如陡沟庄子 28 个佃户中有 1 个地主、8 个富农，租种 810 亩 5 分土地，占全庄租地的 75%，平均每户租进 90 亩；又如汉奸地主毛文贵一人租种镇上 7 户地主的土地约 230 亩；而贫农、中农 19 户，只租进 124 亩土地，平均每户只租地 6 亩 5 分。此外还有 25 户贫农（占总户口的39.06%）全部土地都被地主掠夺去了，同时又租不着一分土地，逼得 4 户全家常年逃荒在外讨饭，9 户推小车挑担做小生意，12 户则专门和那些大佃户打长短工。其中有个叫张鸿宾，替毛文贵打长短工已 17 年，家有老母儿子等 3 人，没有一亩土地，也租不进一亩地。

毛文贵雇长工表面给雇工 10 亩地耕种，除了照样分租粮、纳公粮外，还从中捞取一大笔清工的中间剥削，即湖（田）里做活算工，场里做活不算工。在这种汉奸地主家里，一年的清工至少有 100 天，一般大佃户也要有四五十工。雇工如种他 10 亩地，自己没有牲口，必须用地主的牲口，牲口每年耕高粱 2 工，扒地 1 工，拉场打场 4 工半，耕豆子 1 工，共 8 工半，而雇工替地主做的清工，却要 100 个工。不仅如此，雇工阴天下雨没活做，还要回自己家中吃饭，还要长工短算。一般雇工比长年雇工剥削更厉害，工资按每天市价，但又受到地主、富农专门对付短工的“青苗会”的压制，“青苗会”常常把雇工的工资，压到比市价低很多。

还有一种叫“悬租”的剥削形式，是高利贷剥削的一种，是在抗战后本镇汉奸封建势力的一大“创造”。他们为了满足高度的剥削欲望，把借出的钱凭空折成几亩地，要债户每年按亩数交租粮，其实债户一亩地都没有，因此群众又叫它为“当空”。如闵纪成向李纪才借钱150元，每年交1担2斗粮食，3年期满，共交粮食3担6斗，合当时市价2325元，利为本钱的15倍多。而且这种悬租，是和敌伪的苛捐、抢购、掠夺密切结合进行的，很多都通过伪行政系统的贷放保证，每年5月20日前必须将本利交清。现在这里债务全部已清，原因是拖欠要坐牢吃官司。

鲁南区农会

1945年

邹县二区大黄庄地主剥削农民的花样

一、两个最大的地主

大黄庄平、徐两家地主是邹县东南的封建堡垒，“平家的地，徐家的钱”，在当地很出名。这两家又有三多的称号，即“地多、钱多、腿子多”。两家地主土地最多到过50余顷，附近30余村的劳苦农民，均受过他们的残酷剥削。下面就是他们起家的手段和剥削花样。

二、剥削花样

甲、放高利贷

“利涨准折”：此地叫“滚地折产”。地主通常乘天灾人祸时，向农民放钱、放粮食。放粮的利息一般是春吃1升，麦收后还2升；有的将粮食作价，再按三分利生息。放钱一般是五个月的短期，利息三分至五分不等，并要有保人，或以地契抵押；过期不还，利上滚利，或将负债户的地折算过来。

地主更用一种卑鄙毒辣的手段欺骗贫苦农民，就是当债户把债还清后，地主不把借帖还给农民，而叫“管账的”花言巧语对债户说：“钱已经还清了，债帖还在城里，以后再捎来吧！谁还赖谁吗?”负债户认为钱已经还清了，借帖没捎来也不要紧，就相信了地主的鬼话，谁知过了几年，地主便叫“管账的”带着债帖到债户家去要账，债户虽说明某年某月已还清了，但“管账的”坚不承认，并出示借帖，这时债户只得忍气吞声，折变家产还两次账。

在债户无力偿还债款时，地主便叫患大麻疯症的人蹲在负债农民的门口要账，不给不走，还要很好的管饭，直逼得负债户卖房卖地还债为止。如小北庄王继文1922年借平家的京钱150吊，四分生息，每年上利60吊，到1937年底还不上账了，地主雇“大麻疯”去蹲门讨债，王继文管了他3天的饭，又花了30吊钱才把“大麻疯”先打发走，然后卖了4亩7分地（每亩185吊），前后共花了2000多吊钱，这样才算把债还清，但至今借帖还没有拿回来。

又如大山阴时耿祥于1927年被土匪架去，向平家借120块银元去赎身，当时市价每元值8吊400文，地主则按13吊计算，5个月的短期再加四分生息，到期未还，又利上滚利，10个月后结算，折去9亩半地（每亩地值250吊，而地主只按170吊计算）。

再如邢家庄张伯敏于1927年大儿被匪架去，借徐建桂（徐家）30块银元，市价8吊400文合1元，他按12吊合1元计算，每元吃亏3吊600文，5个月的期，用3亩地作抵押。第二年庄稼歉收，更加还不上利了，逼得他领着老婆孩子下了关东，地主把他的5亩8分地全部拿去。

被平、徐两家地主放高利贷滚地折产的，有十几个庄子，有四五百户之多。他们两家的佃户，大都是由借贷关系而转为租佃关系的。如小山阴农民租种的300多亩，都是原先农民自己的地，被地主用高利贷滚去的。

乙、“活契地”（即变相的典当地）

两家地主（主要是平家）见敌伪在该庄建立了据点，为了把敌伪负担转嫁到农民身上，自己又能得到利益，便想出这个刁毒的办法，即把自己的一部分田廉价“活”给农民，每亩带上银两（田赋），每季“捐项”也归农民负担，因为地价很低，不少农民上了当，甚至有的卖了自己的地来“活”地的。农民“活”到土地后，地主便把自己土地的银两负担也加到农民身上。由于负担加重，农民土地中收的粮食还不够缴“捐项”，二三年后便把地价“栏”进去了。“活”地户有的因负担过重，要求地主回地，有的和地主一算账便无地无钱了（钱由地主代缴了捐项），这样地主便无代价的把土地收了回去，有的转为租佃关系。有不少“活”地户因负担过重，不仅失钱失地，甚至还要找钱给地主。

如香城徐伟平，1941年“活”平家的地8亩，“活”价300元（伪钞）。第一年“捐项”100元（合高粱200斤），第二年捐费1000元（粮食150元一百斤）。第三年捐费2000元（粮食170元一百斤）。结果一算账地价早没有了，地主便将地收回。

徐东怀“活”平家地7亩（每亩50元），共“活”价350元。三年后一算账不但无地无钱了，还要找给地主“捐项”钱120元。

徐伟仁1941年“活”徐家地3亩，“活”价150元带一两银子（当时麦子28元一斗）。第一年拿捐洋150元，第二年拿225元、豆子72斤，第三年把地价栏进去连捐项又拿上300元、小麦70多斤、谷子60斤，只得要求地主收回土地，将地转为租佃关系。

丙、租佃制度与额外剥削

1921年以前大都是对半分租，1921年以后就改为定租制。租额很高，每亩4升至5升（1升为22斤），要占总产量的70%以上。另外尚有很多额外剥削，其情况如下：

（一）“官场”：徐家地主在大黄庄有一个大官场，所有的佃户收割的庄稼都得推到大黄庄官场上去打场，连八九里路以外的佃户也得去官场上打场。打好后地主把上风头的好粮食量去。农民为了要种地，不得不来，这样平均每户农民每年为了推运粮食要多用20多个人工。

（二）“大斗、大秤”：地主家备有加一的大斗，每斗比普通斗多1升，有时还要量尖斗（量时高出斗面）；又用大秤，如徐家地主的大秤是加十六的，每百斤比普通秤多16斤。

（三）任意涨租、蝗旱不减租：地主任意增加地租，如1924年地主嫌租额定得低，便推说捐税负担重，每亩涨租半升（11斤）。地主曾答应过佃户歉年（收成不好的年份）减租，真正到歉年时，如1938年6月发大水淹了十几个庄子，秋后又旱。1939年也是旱灾，1940年又是蝗灾，五谷失收。地主一点也不肯减，硬叫佃户如数交上。佃户在地主的封建势力压迫下，只得折变自己的产业，交清地租。

（四）荒地包租：地主出租土地大部分都是不足亩数的，而且还连荒地也计算在内，每亩地内总有一二分荒地，这些荒地，佃户也得如数交纳地租。

（五）放工夫账：佃户在春天无粮吃时，地主即放工夫账。吃1升还2升，作出价钱，到收割庄稼时给地主做活还工，为了还工，到农忙时农民往往要将自己的庄稼扔下而去为地主干活。

（六）送礼：佃户每年五月端午、八月中秋、过年以及地主家有红白大事都得送礼，否则地主便要找借口将地抽回。如小山阴、邢庄、小河圈村的几个佃户就是因未能按节送礼，地主把地抽回去给别人种了。又如邢庄张士德种地主徐建彬的20亩地，因未送礼，春天地上已撒上粪要耕了，地主借口他父亲老了，硬把地收回10亩，这样，10亩田里所上的40车粪，就白给地主强占去了。小河圈农民平昭凤，1943年种平家地主13亩地，有3亩春地上了12车粪，已耕耙好了，结果被地主借故硬收回去，一个工本钱都未给。

（七）无偿劳役：地主随便剥削佃户的劳动力，叫做“帮工”。帮工种类很多，可分为：

甲、收割：每年夏秋收割时，地主要佃户把自己家的活放着不做，先给他帮工，有些佃户没法，只得雇短工做家里的活。

乙、送粮：佃户每年夏秋两季给地主送粮食、柴火到邹县城里，一送好几次，一趟来回需时两天，都是替地主白干的。

丙、割苇子：地主在小山阴有20多亩芦苇子，每年秋后地主叫佃户给他割苇子，连饭都不供给。

丁、送地主进城下乡：地主在邹县与大黄庄均有住宅，经常往返，都叫佃户来回接送。地主家的亲戚或女儿走娘家，也由佃户接送。

戊、切地瓜干、摘花生：地主自己种着几亩地，每年秋后叫佃户家的男女都得去帮工切地瓜干、摘花生；有的佃户全家都去帮工，一连有去10多天的。

己、佃户家的妇女经常给地主家洗衣服、烙煎饼、办饭、看孩子。

庚、打堰帮工：小山阴村东西有两条沙河，地主的地有些在河边上，地主为了不使涨水冲地，便常要佃户帮工打堰。

丁、成立保家局子镇压农民

抗日战争前，地主为了维持其对农民的统治，私买枪枝子弹，雇用了20多个壮丁，成立保家局子。地主掌握武装后，便进一步的血腥镇压与统治农民。现将地主罪行略述如下：

（一）打、骂、罚

地主对农民打、骂、罚是很寻常的事，如大山阴农民戴兴科上徐家要饭，因冒犯了地主，被打了两棍，骂了一顿。

小河圈农民焦丙成的小孩在徐家地头上拾几棵麦，被徐建桂家罚了50元，还请了一桌客。

何庄农民崔玉存在平家地头上走路，平家赖他拔豆子，罚了24元，又请了一桌客。

（二）三条人命

小河圈农民徐方立的父亲，到徐家去籴粮食，粮食没有籴到手，反被地主诬赖他偷去两只元宝（其实是地主的侄子偷去的），逮去审问。放回家后，就这样活活的气死了。

大黄庄农民徐景元的父亲于1916年在地主徐建桂家当帮工，地主要他下地瓜窖子拾地瓜，因窖子太深，空气少，被闷死在窖子里。地主当时狡猾的答应给徐景元50亩地，2000吊钱发丧，可是等佃户自己殡送了以后，却一个钱一亩地也没给。

张乌庄农民张怀举的父亲借徐家的钱，因未还上利息，被打了一顿，结果也因此气愤而死。

（三）剥削雇工工资

香城农民胡永金的老婆，给平家地主办饭，一年没有给工资。

大黄庄农民平福胡雇给平福义家放猪6年，说给他5亩地为工资，结果1亩也未给。

农民平福海雇给平香岑家11年，他的老婆又给地主烙了10年煎饼，说给10亩地为工资，结果未给。

小河圈张时氏给徐永振家当奶妈4个多月，言明给两个粗布，结果未给。

诸家庄农民时培旺给徐家干活4年，地主只付了一年的工资。又给平家地主雇了5年，每年工资言明为130吊钱，总共只拿了160吊钱，其余的也不给了。

（四）卖命的钱也不给

军阀韩复榘时代办的“乡农学校”，要抽丁训练，地主买壮丁顶替他去训练，但结果地主却一个钱也不给。如邢家庄农民张正学的儿子卖给平家地主，言明3个月100元，后开拔走了，地主一文钱也没有给。又如平福现的哥哥卖给地主平福义，当时答应给10亩地，开拔走后，结果却一亩也没有给，地主就这样的奸诈和狡猾，欺骗农民。

戊、勾结敌伪进一步的统治和欺压农民

扩充反动武装：1938年敌伪占领邹县后，平家地主就搬到谷山来住，为了保护自己的生命财产和继续维持对农民的统治，便以原有的20多人和枪的基础扩充反动武装。向各村群众抽枪、抽款、要捐、要粮等，很快的就发展到百余人，于是推他亲戚乌广汉为“司令”，平福顺自任“副司令”，在方圆60里的地面内大肆搜括，当地农民均深受其害。但不久他又投降了敌人，做了敌人忠实的走狗，变本加厉的残害人民。

结合伪政权：大黄庄安上据点后，伪区公所也设在大黄庄，地主和伪区长徐伟干勾结起来，对农民随便的打、骂、罚、押，谁欠地主的高利贷不还或交不上租子，便被捉到伪区公所押起来，直到交上款子，才把人放出。如香城农民徐伟香种徐家的地交不上租子，就被捉去押了一天，后托人去保并把租子交齐，才放出来。

地主又把负担转嫁到农民身上：例如大黄庄共有90两银子（田赋）的负担，地主就占72

两银子，敌人要出伕挖掏香城西头，农民只有 20 两银子，却挖 42 米远；地主有 72 两银子，才挖 45 米远，负担都叫周围村庄群众给包着。尤其是强迫农民出伕挖沟修碉堡，几十个村子的群众在天灾、人祸、五谷失收的情况下，饿着肚子还要替地主出伕。大黄庄敌人修洗澡堂，还要农民轮流担水、听差。晚上又要给敌人站岗，还要受监工员的鞭打。

农民在地主阶级封建统治下，在地主阶级与敌伪的联合进攻下，过着非人的生活，只有在共产党的领导下，进行了各种艰苦顽强的斗争，才逐渐的得到幸福美满的日子。

中共鲁南区党委调研室

1947 年

第二部分　渔业烟业蚕业调查

山东渔业概况

本省鱼产很丰，沿渤海、黄海有渔业县、市 37 个。北起渤海湾之无棣县，南至新浦高公岛，海岸线约长 750 浬，渔区面积约59 250方浬。大小渔港 74 处，其中烟台、青岛为我国北部机轮作业两大重要港口及渔产集散中心。渔场以石岛、龙须岛、威海、烟台、莱州岛、青岛、连云港等为最大。海产主要有：花鱼、刀鱼、鲞鱼、鲅鱼、比目鱼、鳕鱼、加吉鱼、鲟鱼、红鞋鱼、黄古鱼、鲨鱼、河豚、鲮鱼、鲁子鱼、对虾、虾、海参、海螺、干贝、鲍鱼、海蜇、蟹子等 30 余种。全省境内湖泊亦很多，较大者为微山、昭阳、南阳、独山、蜀山、处山、南望等湖；较小者为东平、麻大泊、清水泊、洰定、大明等湖，湖区面积计有12 057.2平方里，合6 508 880亩。其湖产种类是：鱼、藕为大宗，其次并有苇、芦、蒲、湖草、菱角等；淡水鱼类主要有鲤鱼、鲫鱼、白扁鱼、黑鱼、鲶鱼、小虾、鲟鱼、鲹鱼、鳝鱼、毛刀鱼、蟹子、泥鳅等 30 余种。

1935 年时，全省沿海机轮 301 只，帆船约16 657只，渔民34 665人，年产海产 500 万担左右。抗日战争与解放战争中，经过日寇和蒋匪之掠夺摧残，渔村破产，渔民失业，渔业生产大大降低，如胶东调查，鱼产仅达战前 1/5。解放以后，由于人民政府的扶持虽已逐渐恢复，但距战前水平仍相差很远，至 1949 年统计：渔轮 50 只，帆船11 248只，全年产鱼1 569 460担，仅达战前 30％左右。淡水渔业，最近调查：有渔民127 040人，渔船21 805只，一般年产401 184担。

（转载 1950 年 10 月 17 日《大众日报》）

山东烟草业概况

山东为我国两大产烟区之一（另一为河南）。省内中部（潍县、安邱、昌乐等地）土质肥沃，土层深厚，具备植烟的优越条件。因为产品优良，其集散地又多在青州（益都），故有青州烟叶之称。

1912 年英美帝国主义为满足其本国卷烟原料之需，鉴于该省土质气候均极适宜美种烟之种植，当地人工低廉，熏烟燃料又丰足，随由美输入美烟种，在坊子一带进行试种，结果成绩良好。农民因比种粮有利而群起改种烟，于是英、美一面设基地大量收买，并建立烤烟厂，加工包装由青输出；一面继续输入大批烟种，扩大栽培，烟区因此逐年增加。此后日寇见有利可图，亦设厂收买。从此山东烟草市场由英美独家操纵，变为各帝国主义者相互争夺渔利之地。

嗣后帝国主义者因仅是掠夺原料，尚不能达其经济操纵之目的，乃将过去的单纯掠夺原料变为直接来我国投资，在各大城市任意设立卷烟工厂，就地制造，就地推销，省却运费与关税，以进行摧残我国卷烟事业，达到获取更高利润的目的。所以这一阶段该省扩大烟田，变成了帝国主义者对我国由城市到农村经济掠夺的事例之一，这即是山东烟业发展中的一段简史。

一、产品分布

产品的分布地区极广，沿胶济铁路的两侧，西起泰山脉北部的平原，东至高密的西部，东西漫长五百余里，包括了东部安邱、诸城、高密，中部潍县、昌乐，西部临朐、益都、临淄、寿光、博兴、广饶等10余县。

二、种类及品质

所产烟草可分土、洋两种，土种又称枇杷种，因其叶厚而小，形似枇杷叶，故以得名；洋种又名大叶子，以其叶大而得名（即由美输入之维奇尼亚种），就卷烟所需来讲，只有洋种烟一种（即美烟）。该省所产美种烟与美、日所产相较，其特质不同如下：

甲、香气：山东美种烟之香气，轻淡缓和，具有甘味，且与其他烟配合性大，但配以少许香料叶后，甘味方能发挥；虽芳香气较淡，然比日产者刺激性较小。

乙、色泽：山东美种烟之优良者色极鲜美，不亚于美、日产品，惟青烟较多，这主要因栽培太晚所致。

丙、保火性：山东美种烟之保火性，高于美、日产品，即便青烟也无碍于保火性。

丁、灰分色泽：山东美种烟燃烧后，与美、日产品灰分不同，呈白色。

戊、弹性：山东美种烟比美、日所产弹性弱。

己、叶子大小厚薄：叶子之大小厚薄，对于制造工作率及卷烟支数，关系重大，潍县坊子一带所产叶小而厚，益都一带稍大而薄。比美、日产品其厚薄无甚差异，只叶形略小。

三、几个阶段的烟产情况

我们先从下表来看：

年份	种植亩数	产量
1935年	401 614亩	80 322 800斤
1936年	410 495亩	62 300 000斤
1941年	129 649亩	15 178 933斤
1942年	107 904亩	11 732 672斤
1948年	215 842亩	39 520 111斤
1949年	144 732亩	16 524 210斤

从上表可以看出自1936年后，特别是战争期间山东烟田减少很多，较战前减少三倍之多，产量更减四倍有余。主要原因一方面因为各地卷烟工厂遭受日寇压榨及限制，相继倒闭，而英美帝国主义势力因形势所迫亦相继撤退，即尚存在者其经营范围亦日益缩小；另一方面日寇大量散发伪钞掠夺产品，致通货膨胀，使烟粮价格比例相差无几，烟农获利甚微，生活无法维持，致使种烟者逐渐减少。

解放后在我人民政府扶持下，1948年较敌伪统治时期（1942年）种植亩数已增加一倍多。但1949年比1948年种植面积则减少33%，产量减少58%。造成这种减产的原因，主要是因1948年尚处于战争环境，必须以大批人力、物力、财力支援战争，对烟粮比例未能适当掌握，同时秋收烟叶登市时，收买断续，致使烟农不能及时出售以换回所需物品，影响了烟农生产的情绪；另外1949年春旱、夏涝、虫咬等灾害及农民无力施肥，更使产量大为减少。全国解放后，政府对烟农大力扶持，情况已转变。

（转载1950年3月16日《大众日报》）

山东蚕丝业概况

一、历年蚕丝业的兴衰概况

山东的蚕丝业，有悠久的历史，饲养柞蚕与桑蚕，成为农村的一种重要副业。柞蚕茧主要出产在胶东牙前、文登、莱东、栖霞、乳山、牟平等地。最盛时期，约在1923－1928年之间，为胶东丝绸业的黄金时代。在烟台有缫丝厂40余家，工人48 000余名（部分为缫东北之丝），缫出之丝，一部分输往国外，一部分织成茧绸，销于内地。桑蚕丝的主要产区，为鲁中南的临朐、沂水、蒙阴、新泰、莱芜、博山等县，在民国初年所产之丝，部分运至青岛、上海转销国外，部分销于周村、张店。嗣后因帝国主义垄断了蚕丝的价格，窒息了蚕丝业的发展。

1917－1918年间，日帝国主义的铃木丝厂侵入山东地区后，为排挤华商丝厂，高价收买干茧，曾刺激鲁中南莱芜等地养蚕业兴盛一时，待张店、周村之华商丝厂渐被摧垮后，遂压低丝价，迫使蚕农丝商，以低价卖出，受其剥削。1928－1929年间，开始有小型框丝手工业之工厂成立。仅莱芜地区即发展至七八家，工人约300余人。继至1936年调查，鲁中南全部地区年产桑茧7 756 673斤，缫丝约60万斤，缫丝厂约400余家，缫丝车子3000余台，织绸土机6000余台，年产茧绸15万匹左右。据1937年调查，年产柞茧13亿粒，缫丝80万斤。胶东在1927－1937年间，年产桑茧约60万斤左右，所缫之丝，主要由上海转销国外，部分销于周村、张店。但由于太平洋战争爆发，对外输出受阻，而日本帝国主义又在大量倾销蚕丝，操纵丝价，垄断市场，致当时丝价下跌1/3，给弱小的手工业又一惨重的打击。俟后山东蚕丝之买卖，又被伪“新民会”所垄断，采取“大秤”“压价”“找零”等等剥削方式，致使蚕农日益贫困，对蚕丝业的发展失去信心，便纷纷砍伐桑树改为农田，自此山东的蚕丝业便一蹶不振。

二、近几年来的恢复情形

抗日战争胜利后，山东解放区便日渐扩大，在人民政府发展生产繁荣经济的方针下，竭力扶持农村副业的恢复与发展，蚕丝业便在衰落的状态下，得以逐渐恢复。政府领导群众组织了许多合作社，减少了商人对蚕农的剥削，公营贸易部门则以高价收购茧丝和茧绸，并大力开展茧绸的销路，推广出口；且向海外采购优良蚕种，解决蚕种的困难。

通过以上的扶持与指导，山东近几年来蚕丝业的恢复是有成绩的，据1949年调查，胶东地区年产灰丝（柞蚕丝）600包，白丝（桑丝）120包（每包100斤），现有织绸厂42家（内有合作社27家），织绸机178台（内有电机60台）；鲁中南地区的昌乐、益都、临沂年产桑茧30万斤，缫丝25 000斤，临朐产茧1 688 400斤，缫丝140 700斤，博山、莱芜、新泰产茧750 000斤，缫丝62 500斤，沂源、沂水、沂蒙山、蒙阴等地产茧154万斤，缫丝11万斤。全区约产柞茧丝16万斤，有缫丝厂约50余家，缫丝车子1500台，织绸机700台，产桑绸75 000匹，产柞绸27 000匹。

鲁中南全区，以临朐县产丝最多，全县耕地面积57 998 832亩，约有桑树40 000株（仅战前1/3）。在859村约40 000余户中，养蚕者20 000余户，1949年留蚕种7000余斤，有缫丝车子1280部、纩车113部，合作社约60余处。

（转载1950年4月6日《大众日报》）

龙口粉丝

龙口粉丝是山东著名特产之一，不仅遍销全国各地，而且在国际市场上——特别在香港南洋各地，更是久负盛誉的。其产地是在胶东半岛濒渤海的一个港口——龙口附近的黄县、招远、蓬莱、栖霞等县。因各地产品均由龙口运至国内外销售，这样龙口便成了粉丝的集散市场，因之而得龙口粉丝之名。各县所产以招远为最多，约占总产量70%左右，黄县产量则占20%左右，蓬莱、栖霞等县则占10%左右。其中以招远之老界河两岸所产粉丝质量最佳，产量也最多。

一、生产情况

粉丝制造的好坏，与气候有极大关系，故其生产有一定的季节性：夏季因天气很热，粉丝易黏在一起，冬季则天气过冷，粉丝易冻，所以这两季都不是主要产粉丝季节；春秋两季天气晴和，是产粉丝的最好季节。其开始及停止日期为：春季是清明起至夏季止，其中尤以谷雨与立夏之间所出产品最佳。秋季自白露起至大雪止，其中尤以霜降与立冬之间所出产品最佳。这虽是产粉丝良季，但仍有春怕膘（刮南风时晒粉丝易黏在一起），秋怕立之说（刮西北风时晒粉丝易挺直不柔软）。

制造粉丝的原料为吉豆（亦称录豆），制一斤粉丝通常需 2 斤 10 两至 2 斤 12 两吉豆。粉坊制粉习惯以粉坨计算，60 斤吉豆可作一个粉坨，每个粉坨可制造粉丝 21 斤至 23 斤。每 8 个粉坨称为一盆粉，每盆粉可产粉丝 168 斤至 184 斤，同时能出粉浆 300 斤（可作肥料）。每个粉坊每天能做 4—10 余个粉坨不等。做一盆粉有 7 个人即可，分掌看锅、打瓢、抓粉、理粉、提粉、拉火、挑水等工作，因有些活不重，故妇女亦能参加工作。每盆粉由温豆推磨到晒成粉丝的全部过程，约需五六天。产品好坏主要看其是否合乎“细、白、亮、干”四个标准，及是否掺假。如果制粉不完全使用吉豆为原料，而掺入豇豆、地瓜，则制出之粉色泽发暗。如掺高粱则略带红色，如掺白玉米则色白而不亮，且粉质发硬。唯有用吉豆制造，并且技术也要好，才能达到这四个标准。

二、几个时期的产销数字

年份	产量	输出量
1936 年	32 410 000 斤	30 813 000 斤
1943 年	5 143 700 斤	2 422 400 斤
1947 年	3 231 000 斤	2 174 800 斤
1949 年	4 356 900 斤	3 929 800 斤

从上列数字中，我们可以看到：在战时，由于敌伪暴力摧残剥削及海运的停顿，致使产量衰落到仅占战前的15.9%；输出只占7.9%。战后则因正处我自卫战争时期，销路益形迟滞，致所产仅占战前9.97%；输出占 7%。1949 年，由于全国基本上已经解放，粉丝销路稍见好转，加上人民政府的扶持，已较 1947 年增产百余万斤，占战前13.4%；输出则占12.8%。这证明粉丝业正在恢复。

三、粉丝业与农业

招、黄、蓬、栖一带群众所以乐于推粉，不仅因为可以赚钱，而且还因其副产品——粉浆为上等肥料及饲养料。因产粉各县多系山地，土质较薄，须多施肥，即使推粉赔钱但还有粉浆可用，因此制粉丝有时不赚钱或少许赔钱也仍愿干。在生产者中有句流行的俗语：“春天赔钱，到秋天看。”其意即是到秋天收庄稼时就知道了，推粉户的土地既比别人肥沃，就能多打粮。

制粉丝对农业增产是起着刺激作用的，这在群众自身经验中已证实了这点。如 1949 年招、黄、蓬、栖一带群众的粉丝生产，所得结果可作以下的计算：

全年共输出粉丝3 929 800斤，如根据一般推粉者所得之利润，约每推一斤粉丝，平均能获利折合吉豆 5 两，共能获利折合吉豆1 228 062.5斤。按每制粉一斤，能出粉浆1.7斤计算，其共得粉浆肥料为6 680 660斤（如经摊晒可得干肥料3 024 363斤）。依照农民的经验每亩地施肥 400 斤，一般可增产粮食 50 斤计，所产粉浆共能喂地16 702亩，共能增产粮食835 100斤。在灾荒年头，粉浆渣还可顶粮吃，故利用推粉方式来结合救灾是有很大作用的。如 1949 年蓬莱县薛山区寨子村，刘新莱互助组共推吉豆 8000 斤，共获得利润折玉米 4000 余斤（连粉浆折合在内），对渡荒起着极大作用。

（转载 1950 年 3 月 13 日《大众日报》）

第六分册
华东各大中城市郊区农村调查

华东大、中城市郊区农村情况初步研究

一

华东各大、中城市郊区包括：直辖上海、南京；苏南无锡、镇江、苏州、常州；山东济南、青岛、徐州；浙江杭州、宁波、温州；皖北合肥、蚌埠、安庆；皖南芜湖；福建福州、厦门；苏北南通、扬州、泰州等市郊区。

华东各城市郊区农村，生产关系带有浓厚的半封建性与半殖民地性，农民受着帝国主义、封建主义、官僚资本主义三位一体的压迫与剥削。它与城市联系密切，又多数处在国防前线。由于帝国主义与官僚资本主义长期统治下某些城市的畸形发展，造成了这些城市郊区土地投机买卖的盛行，除帝国主义及官僚资本直接侵入农村进行土地投机外，也有某些人为保持币值而购买土地，某些人为投资工商业或因经济破产而出卖土地，致使土地商品化程度大大提高。此外，加上房地、墓地需要增加，城市对某些农业经济作物需要增加等，使郊区土地关系具有了下列特点：

（一）土地数量较少，占有情况分散，租佃关系比较复杂。

郊区农民一般使用土地较少，每一农业人口平均使用土地只有1亩或不到1亩。土地占有情况较一般农村为分散。据上海江湾乡调查，该乡共9697人（内江湾镇有3905人），使用土地6484.36亩，其中地主、富农占有9.3％；中、贫、雇农占有43.8％；城市工商业者、地产商人、小土地出租者等占有约35％。出租土地业主共有1202户，除地主、富农外，有工人、农民、自由职业者等，其中80％居住在城市或外乡。苏南各城市郊区地主几乎全部兼营工商业或其家中有人从事其他职业，且大都住在城内。

（二）特殊土地多。特别是上海，除一般农村所有的各种特殊土地外，尚有工厂、农场、牧场、苗圃、花园、别墅等土地，分别为银行、钱庄、公司、企业、地产公司等所占有。此外，尚有外人占用的土地，以及过去为日本帝国主义、国民党反动派所圈用现已收归国有的土地等。据不完全统计，此种特殊土地及公地，在上海郊区即占6万余亩（飞机场、教堂等土地尚未统计在内），约占郊区全部农业土地12％。苏州特殊土地亦有30种之多。在特殊土地中，因各城市情况的不同，其占有多寡情形亦有不同，如上海、青岛多国防用地，徐州多营房土地，南京多陵园土地，杭州多名胜古迹土地等。

（三）土地商品化与农产物商品化程度比一般农村为高。地价贵，地权变动大。农产物主要是为供给城市需要，杭州郊区绝大部分土地种棉、麻、茶；苏州郊区种花多；而菜园多，则是各地郊区普遍的情形。这是因为种植经济作物，工本较大，产量较高，宜于在郊区种植，而主要是供给城市需要。一般农作物如稻、麦等，则因耕畜少，技术差，生产量有的反不如农村。郊区农场用科学方法经营及有进步设备的甚少。如上海63个私营农场，有新式农具、温床等设备的只有4所。

（四）近郊地租以定租、预租为多，租额较一般农村略轻。上海近郊租额，普通的每亩为二三斗米，高的每亩租额也有120斤糙米，甚或更高的。工商业家及部分小土地出租者出租土地的租额较轻，地主、富农的出租土地租额较重，外乡人地租较本地人为重。又因业主多在城市，中间剥削较农村为多，二地主、三地主及代管人且任意加租或抽佃，此亦是郊区土地的特点。

二

郊区农村在阶级关系上有如下特点：

（一）农民除受地主阶级的剥削与压迫外，还受其代理人的剥削与压迫，受地产投机商人的剥削与压迫，受帝国主义、国民党反动派及为其所御用的帮会、流氓头子的剥削与压迫。他们利用城市为中心，依靠反动乡保政权、警察、特务压榨农民，农民对之痛恨殊深。

（二）非农业人口多，成份复杂。如上海郊区南龚家宅村共137户，就有40余种职业。淞北乡工人户数占总户数1/3，洋泾乡一村共49户，纯粹农民只有1户。苏南各郊区非农业人口约占郊区人口的15%至30%左右，贫农、雇农亦只占30%左右。群众一般心理重工轻农，不甚重视农业生产，很多兼营副业或从事别种职业以维持生活。

（三）外来户多，成份复杂。如上海郊区新民乡外地人占全乡人口的43.8%（这些外来户中有相当比例是苏北、皖北等地的逃亡地主），苏州城郊外来户人口占22%。又上海郊区本地人以作工为主，外地人以务农为主。

上海市郊区农村情况特点

一、概况

上海市郊区共有10个区57个乡镇，754 456人。各区人口、耕地统计如下：

上海市郊区区乡户口人口耕地统计表

地区		吴淞区	江湾区	新市区	大场区	真如区	新泾区	龙华区	杨思区	洋泾区	高桥区	共计
区数		1	1	1	1	1	1	1	1	1	1	10
乡（镇街）数		2	5	5	5	6	7	6	6	8	7	57
户数	农村户数	3122	5674	7145	8940	9275	12 072	12 321	9282	17 307	16 557	101 695
	城镇户数	4401	2804	4506	4320	2077	3419	4174	6395	31 019	164	63 279
	总户数	7523	8478	11 651	13 260	11 352	15 491	16 495	15 677	48 326	16 721	164 974
	农村户数占总户数百分比	41.50	66.93	61.33	67.42	81.70	77.93	74.70	59.21	35.81	99.02	61.64

续表

<table>
<tr><th colspan="3">地区</th><th>吴淞区</th><th>江湾区</th><th>新市区</th><th>大场区</th><th>真如区</th><th>新泾区</th><th>龙华区</th><th>杨思区</th><th>洋泾区</th><th>高桥区</th><th>共计</th></tr>
<tr><td rowspan="10">人口数</td><td rowspan="3">农村</td><td>农业人口</td><td>13 496</td><td>20 091</td><td>10 684</td><td>34 396</td><td>33 035</td><td>48 456</td><td>47 810</td><td>33 032</td><td>39 807</td><td>53 158</td><td>333 965</td></tr>
<tr><td>非农业人口</td><td>3271</td><td>7378</td><td>22 567</td><td>11 116</td><td>13 426</td><td>15 231</td><td>7782</td><td>15 906</td><td>41 507</td><td>24 212</td><td>162 396</td></tr>
<tr><td>合计</td><td>16 767</td><td>27 469</td><td>33 251</td><td>45 512</td><td>46 461</td><td>63 687</td><td>55 592</td><td>48 938</td><td>81 314</td><td>77 370</td><td>496 361</td></tr>
<tr><td rowspan="3">城镇</td><td>农业人口</td><td>0</td><td>0</td><td>0</td><td>0</td><td>0</td><td>0</td><td>0</td><td>0</td><td>0</td><td>0</td><td>0</td></tr>
<tr><td>非农业人口</td><td>19 462</td><td>11 133</td><td>24 379</td><td>13 925</td><td>6590</td><td>9349</td><td>19 627</td><td>21 751</td><td>131 141</td><td>738</td><td>258 095</td></tr>
<tr><td>合计</td><td>19 462</td><td>11 133</td><td>24 379</td><td>13 925</td><td>6590</td><td>9349</td><td>19 627</td><td>21 751</td><td>131 141</td><td>738</td><td>258 095</td></tr>
<tr><td rowspan="4">总计</td><td>农业人口</td><td>13 496</td><td>20 091</td><td>10 684</td><td>34 396</td><td>33 035</td><td>48 456</td><td>47 810</td><td>33 032</td><td>39 807</td><td>53 158</td><td>333 965</td></tr>
<tr><td>非农业人口</td><td>22 733</td><td>18 511</td><td>46 946</td><td>25 041</td><td>20 016</td><td>24 580</td><td>27 409</td><td>37 657</td><td>172 648</td><td>24 950</td><td>420 491</td></tr>
<tr><td>总计</td><td>36 229</td><td>38 602</td><td>57 630</td><td>59 437</td><td>53 051</td><td>73 036</td><td>75 219</td><td>70 689</td><td>212 455</td><td>78 108</td><td>754 456</td></tr>
<tr><td>农业人口占总人口百分比</td><td>37.25</td><td>52.05</td><td>18.54</td><td>57.87</td><td>62.27</td><td>66.35</td><td>63.56</td><td>46.73</td><td>18.74</td><td>68.06</td><td>44.27</td></tr>
<tr><td rowspan="4">耕地亩数</td><td colspan="2">水田</td><td>18 072.17</td><td>16 043.72</td><td>9325.37</td><td>36 292.36</td><td>6837.12</td><td>49 245.13</td><td>23 485.34</td><td>11 161.45</td><td>23 686.73</td><td>55 145.31</td><td>249 294.70</td></tr>
<tr><td colspan="2">旱田</td><td>8192.70</td><td>15 414.56</td><td>11 215.10</td><td>14 395.29</td><td>51 599.76</td><td>42 459.03</td><td>63 645.27</td><td>26 043.37</td><td>31 398.70</td><td>29 693.63</td><td>294 057.41</td></tr>
<tr><td colspan="2">合计</td><td>26 264.87</td><td>31 458.28</td><td>20 540.47</td><td>50 687.65</td><td>58 436.88</td><td>91 704.16</td><td>87 130.61</td><td>37 204.82</td><td>55 085.43</td><td>84 838.94</td><td>543 352.11</td></tr>
<tr><td colspan="2">水田占耕地亩数百分比</td><td>68.81</td><td>51.00</td><td>45.40</td><td>71.60</td><td>11.70</td><td>53.70</td><td>26.90</td><td>30.00</td><td>43.00</td><td>65.00</td><td>45.90</td></tr>
<tr><td colspan="3">每一农业人口平均耕地亩数</td><td>1.95</td><td>1.57</td><td>1.92</td><td>1.47</td><td>1.77</td><td>1.89</td><td>1.82</td><td>1.13</td><td>1.38</td><td>1.60</td><td>1.63</td></tr>
<tr><td colspan="3">说明</td><td colspan="11">1. 上海市郊区有农村性、郊区性、市区性三种地带，有些区工厂很多，也有近代化马路，城镇与农村界线较难划分，因此城镇户数实指小镇集上及工厂区的无土地户而言。
2. 郊区人口总数系 1950 年 12 月土地改革开始时数字，除高桥区以土地改革时材料为准外，余均根据公安局材料。
3. 水田、旱地资料根据农事处资料百分比推算，与农事处实际材料略有出入。</td></tr>
</table>

上表 10 个区毗连于上海市郊周围，因各区地理条件不同及受过去上海在帝国主义分割统治下畸形发展的影响，故均有其不同特点：如吴淞是海港要塞地区；江湾、新市是“新上海”的建筑地；北新泾是工业建厂区；虹桥路是风景别墅区等。其他大场、真如、龙华、高桥、洋泾等一般性的郊区中，也都有一些与城市有密切联系的集镇。

市郊 10 个区包括之地域极为广阔，其与城市之关系亦视离市区之远近而有所不同，通常都将郊区划分为下列三等地区：

（一）城市地区：指紧接市区之若干集镇、街道，如浦东东昌路等。

（二）近郊地区：指毗连市区之各乡，如龙华区之曹河泾乡、新泾区之虹桥乡、真如区之交通乡、大场区之彭浦乡、新市区之萧庙乡、洋泾区之高庙乡等。这些地区约占整个郊区的一半左右，因接近城市，故居民阶级关系及职业状况极为复杂，农民使用土地量较少，都种植园艺作物以供应城市需要。

（三）远郊地区：指离市区较远之各乡，如莘庄、诸翟、江桥、生建、海滨、高东、陆行等乡，其面积亦占郊区之一半左右，人口则不及一半。这些地区与苏南一般农村情况大致相同。

二、土地关系

甲、郊区农村中各阶层占有土地情况

上海市郊区农村各阶层土地占有情况统计表

<table>
<tr><th rowspan="2">成份</th><th colspan="4">户口</th><th colspan="3">土地</th></tr>
<tr><th>户数</th><th>占总户数的百分比</th><th>人口</th><th>占总人口的百分比</th><th>亩数</th><th>占总土地的百分比</th><th>每人平均占有亩数</th></tr>
<tr><td>地主</td><td>2181</td><td>1.69</td><td>5883</td><td>1.19</td><td>61 272.58</td><td>9.56</td><td>10.42</td></tr>
<tr><td>半地主式富农</td><td>277</td><td>0.21</td><td>1804</td><td>0.36</td><td>9524.07</td><td>1.49</td><td>5.28</td></tr>
<tr><td>富农</td><td>1038</td><td>0.80</td><td>8246</td><td>1.66</td><td>29 572.81</td><td>4.62</td><td>3.59</td></tr>
<tr><td>中农
贫农
雇农
手工业及工人
小商贩</td><td>89 068</td><td>68.85</td><td>404 284</td><td>81.45</td><td>355 143.24</td><td>55.43</td><td>0.88</td></tr>
<tr><td>工商业者</td><td>7308</td><td>5.65</td><td>13 809</td><td>2.78</td><td>42 261.57</td><td>6.60</td><td>3.06</td></tr>
<tr><td>小土地出租者</td><td>17 849</td><td>13.80</td><td>39 617</td><td>7.98</td><td>59 964.20</td><td>9.36</td><td>1.51</td></tr>
<tr><td>其他阶层</td><td>9460</td><td>7.31</td><td>22 718</td><td>4.58</td><td>19 444.14</td><td>3.03</td><td>0.86</td></tr>
<tr><td>特殊土地</td><td>2188</td><td>1.69</td><td>—</td><td>—</td><td>63 500.61</td><td>9.91</td><td>—</td></tr>
<tr><td>公地</td><td>—</td><td>—</td><td>—</td><td>—</td><td>—</td><td>—</td><td>—</td></tr>
<tr><td>合计</td><td>129 369</td><td>100.00</td><td>496 361</td><td>100.00</td><td>640 683.22</td><td>100.00</td><td>1.29</td></tr>
<tr><td>说明</td><td colspan="7">1.郊区土地改革时，近郊地区没有划分中、贫、雇农，因此中、贫、雇农及手工业工人小商贩等统计在一起。
2.其他阶层系指成份不明户，官僚资产阶级、反革命分子、债利生活者等阶层。
3.特殊土地内包括：外人土地及庙宇、会馆、公墓、山庄、机关、学校、银行、公司、团体、农场、教会等土地。
4.业主的户数中包括住在上海市区与外县的业主。人口数则仅指郊区业主的人口而言。</td></tr>
</table>

从上表所列数字中可见郊区土地占有情况较一般农村为分散。地主、富农占有土地为总土地数的15.67%，其中为地主所占有者计9.56%。中、贫农民及手工业者、工人、小商贩等共占有总土地的55.43%，他们的阶级关系极为复杂，且不易划分清楚。由于接近城市，人口密度较高，因此农民一般使用土地较少，并多兼作手工业或其他职业。农民自己从事农业劳动其妻女为产业工人以及本人为工人而其家属从事农业劳动的，共占郊区农村总人口的81.45%，其平均占有土地数为0.88亩。此外，小土地出租者、工商业家等亦均占有相当数量的土地。

上表的户数及土地数中包括有外地业主在内（尤其是地主、小土地出租者、工商业者诸阶层中，外地业主所占之比重颇大）。为显示出外地（主要是市区）业主在郊区占有土地情况起见，现以高桥区之高南乡、真如区之交通乡、江湾区之中心乡、洋泾区之浦南乡等 4 个乡为例，将该4个乡之本地及外乡业主所占有的土地，分别统计于下列二表：

高南、交通、中心、浦南四个乡各阶层占有土地统计表

成份			地主	半地主式富农	富农	中农	贫农	雇农	工人	小土地出租者	工商业者	其他	公地	合计
户数	高桥区高南乡	数	10	9	51	734	820	40	21	157	58	20	13	1933
		百分比	0.52	0.47	2.64	37.97	42.42	2.07	1.09	8.12	3.00	1.03	0.67	100
	真如区交通乡	数	4	1	13	1122			649	58	1	236	14	2098
		百分比	0.19	0.05	0.62	53.48			30.93	2.76	0.05	11.25	0.67	100
	江湾区中心乡	数	1	1	2	768				24	0	3	11	810
		百分比	0.12	0.12	0.25	94.82				2.96	0	0.37	1.36	100
	洋泾区浦南乡	数	6	0	2	323			1839	214	43	159	7	2593
		百分比	0.23	0	0.08	12.46			70.92	8.25	1.66	6.13	0.27	100
人口数	高桥区高南乡	数	90	63	340	3675	3936	83	84	586	366	33	—	9256
		百分比	0.97	0.68	3.67	39.70	42.52	0.90	0.91	6.33	3.96	0.36	—	100
	真如区交通乡	数	37	11	89	5465			2731	252	5	885	—	9475
		百分比	0.39	0.12	0.94	57.68			28.82	2.66	0.05	9.34	—	100
	江湾区中心乡	数	9	8	13	3998				148	0	19	—	4195
		百分比	0.22	0.19	0.31	95.30				3.53	0	0.45	—	100
	洋泾区浦南乡	数	49	0	23	861			7704	1149	377	578	—	10 741
		百分比	0.46	0	0.21	8.02			71.72	10.70	3.51	5.38	—	100
占有土地	高桥区高南乡	亩数	532.04	258.04	1106.25	5428.31	2742.07	5.31	23.63	659.45	772.36	131.53	231.48	11 890.47
		百分比	4.47	2.17	9.30	45.65	23.06	0.04	0.20	5.55	6.50	1.11	1.95	100
		每人平均	5.91	4.10	3.25	1.48	0.70	0.06	0.28	1.13	2.11	3.99	—	1.28
	真如区交通乡	亩数	132.52	28.21	247.26	4668.98			400.72	397.25	10.98	128.03	134.59	6148.54
		百分比	2.15	0.46	4.02	75.94			6.52	6.46	0.18	2.08	2.19	100
		每人平均	3.58	2.56	2.78	0.85			0.15	1.58	2.20	0.14	—	0.65
	江湾区中心乡	亩数	1.02	49.05	77.67	2954.79				303.85	0	69.71	3399.99	6856.08
		百分比	0.01	0.72	1.13	43.10				4.43	0	1.02	49.59	100
		每人平均	0.11	6.13	5.97	0.74				2.05	0	3.67	—	1.63
	洋泾区浦南乡	亩数	55.25	0	19.13	127.94			1119.65	777.53	247.61	55.98	139.08	2542.17
		百分比	2.18	0	0.75	5.03			44.04	30.59	9.74	2.20	5.47	100
		每人平均	1.13	0	0.83	0.15			0.15	0.68	0.66	0.10	—	0.24

注：1. 中心乡1户地主是二地主。
2. 占有土地中一部分是在外乡占有的，其数字为：高南乡，395.57亩；交通乡，180.89亩；中心乡，334.25亩；浦南乡，387.74亩。

高南、交通、中心、浦南四个乡中外地业主占有土地统计表

成份			地主	半地主式富农	富农	中农	贫农	雇农	工人	小土地出租者	工商业家	成份不明	其他	特殊土地及公地	合计
户数	高桥区高南乡	数	12	1	5	15	1	0	0	77	88	0	4	0	203
		百分比	5.91	0.49	2.47	7.39	0.49	0	0	37.93	43.35	0	1.97	0	100
	真如区交通乡	数	48	2	5	22				439	281	98	0	12	907
		百分比	5.29	0.22	0.55	2.43				48.40	30.98	10.81	0	1.32	100
	江湾区中心乡	数	34	2	1	45				376	171	117	16	333	1095
		百分比	3.11	0.18	0.09	4.11				34.34	15.62	10.68	1.46	30.41	100
	洋泾区浦南乡	数	5	0	0	70			169	217	51	7	14	6	539
		百分比	0.93	0	0	12.99			31.35	40.26	9.46	1.30	2.60	1.11	100
占有土地	高桥区高南乡	亩数	474.93	5.70	14.37	22.25	1.00	0	0	242.00	370.10	0	21.17	0	1151.52
		百分比	41.24	0.49	1.25	1.93	0.09	0	0	21.02	32.14	0	1.84	0	100
	真如区交通乡	亩数	192.60	6.60	10.85	31.97				924.63	646.31	276.62	0	157.41	2246.99
		百分比	8.57	0.30	0.48	1.42				41.15	28.76	12.31	0	7.01	100
	江湾区中心乡	亩数	728.15	8.08	7.89	54.68				690.31	1080.78	205.90	53.98	779.02	3608.79
		百分比	20.18	0.22	0.22	1.51				19.13	29.95	5.70	1.50	21.59	100
	洋泾区浦南乡	亩数	6.06	0	0	23.39			124.52	362.38	161.43	12.55	7.07	120.25	817.65
		百分比	0.74	0	0	2.86			15.23	44.32	19.74	1.54	0.86	14.71	100

从上列三表中可发现郊区土地的占有关系上有如下之特点：

（一）郊区地主占有土地不多。如以地主占有土地占本乡各阶层占有土地总数之百分比计：高南乡为6.64%（包括半地主式富农所占土地，下同）；交通乡为2.61%；中心乡为0.73%；浦南乡为2.18%。而且地主中纯地主很少，据江湾区江湾乡调查：该乡 18 户地主中，纯粹依靠土地生活者只有 3 户。

（二）富农不多，除高南乡富农人数占该乡总人口的3.67%，土地占本乡各阶层占有土地总数的9.3%外，其余各乡富农人数均不足 1%，占有土地也都在 5%以下。

（三）从地主、富农占有土地不多的情况下，可看出郊区农村土地占有之分散。如将贫农、雇农、中农及工人、手工业者合并统计：人数占各乡总人口的79.74%至 95.3%；占有土地为本乡各阶层占有土地总数的43.1%至 82.46%；每人平均占有土地则为0.15 亩至 1.05亩。一般是愈接近市区，愈与城市关系密切，其土地占有愈为分散。

（四）城市中各个阶层与各种职业者均有一部分人在郊区或多或少占有土地，并在总使用土地中占有相当大的比重。如仍以上述 4 个乡为例：高南乡总使用土地为12646.42亩，外乡业主占有1151.52亩，占总数的9.11%；交通乡总使用土地为8214.64亩，外乡业主占有2246.99亩，占总数的27.35%；中心乡总使用土地为10130.62亩，外乡业主占有3608.79亩，占总数的35.62%；浦南乡总使用土地为2972.08亩，外乡业主占有817.65亩，占总数的27.51%。市区业主以工商业者与小土地出租者为数最多，其占有情况亦甚分散。

（五）在郊区有各种名目之特殊土地。外人、银行信托公司、地产公司、企业、牧场、农场、庙宇、祠堂、公墓、会馆、工厂、学校、教会、慈善团体等均在郊区占有土地。此外，并有相当数量的公田、荒地、沙田、浮土地、渔塘、藕池及政府圈用之土地等。各区特殊土地分别统计如下表：

上海市郊区特殊土地

土地种类	高桥区	吴淞区	江湾区	大场区	真如区	杨思区	洋泾区	龙华区	新市区	新泾区	总计
外人土地	1134.100	428.122	187.700	357.900	177.771	258.339	2414.108	349.300	276.600	1889.582	7473.522
银行及地产公司	712.000	30.128	1272.965	252.000	42.410	86.947	0	0	2119.687	786.199	5302.336
公司企业土地	0	0	57.600	0	71.600	70.510	0	0	221.090	20.295	441.095
工厂土地	0	318.595	776.628	7.300	281.841	0	0	1397.043	1150.470	470.468	4402.345
农场、牧场及苗圃	51.500	36.744	1507.250	487.500	911.959	38.071	57.000	561.235	496.100	563.784	4711.143
学校土地	304.497	103.795	209.027	56.994	33.116	108.116	55.867	926.826	1045.800	297.297	3141.335
慈善机关土地	9.700	11.011	246.956	329.300	86.733	275.385	0	291.125	464.766	20.627	1735.603
医院土地	10.000	0	297.302	0	56.000	0	0	0	0	88.004	451.306
公墓、会馆土地	21.113	38.600	916.251	1478.100	208.871	0	136.378	223.000	227.222	559.609	3809.144
花园、别墅土地	0	0	250.000	303.000	91.510	12.300	0	266.745	64.000	1468.666	2456.221
庙宇土地	151.955	80.645	183.900	87.000	274.972	239.504	116.452	354.020	38.030	169.043	1695.521
祠堂土地	1184.816	84.498	62.500	321.000	847.266	927.740	398.096	1584.765	30.600	86.675	5527.956
圈用土地及公地	443.050	2500.000	6211.599	0	140.000	14.992	0	68.540	195.201	587.008	10 160.390
无主土地	1278.464	482.996	1227.924	380.800	164.500	75.525	15.248	63.859	1084.274	1770.145	6543.735
鱼塘藕池	0	52.000	0	0	10.000	0	0	39.700	0.500	0	102.200
荒地	0	900.000	1573.000	0	99.900	28.000	438.053	370.900	0	167.690	3577.543
浮土	0	250.000	1206.000	0	33.000	177.378	0	0	0	0	1666.378
其他土地	0	0	189.500	0	20.000	88.332	0	0	5.000	0	302.832
合计	5301.195	5317.134	16 376.102	4060.894	3551.449	2401.139	3631.202	6497.058	7419.340	8945.092	63 500.605

（六）上海曾数次遭受战祸，业主逃散；又因郊区土地买卖频繁，业佃之间不易联系，故出现了部分所谓“无主土地”。此外，郊区阶级关系复杂，因之业主成份不明之现象亦时有发现。

乙、由于土地占有的复杂，在土地使用上亦形成许多复杂情况

（一）出租土地数量颇大。城市工商业家及其他各阶层在郊区占有之土地，除筑有工厂、住宅及已作特定用途者外，直接从事农业经营的为数颇少，大多暂时租与农民耕种。此外，郊区农村中的手工业者、工人，甚至有若干农民因占有土地太少，亦常将土地出租，从事其他工作；再加上地主、富农、小土地出租者出租的土地，故郊区发生租佃关系之土地占总使用土地中很大的比重。如据吴淞区淞北乡同兴村的调查：该村共有使用土地645.67亩，其中为外村业主出租者计293.58亩，本村业主出租者139.82亩，总共出租土地占总使用土地的67.20%。再如真如区电台乡厂头村之使用土地为1307.69亩，其中出租土地占530.15亩（外籍业主出租311.86亩），为总使用土地数的40.54%。

（二）因土地分散，业主众多，以致形成一主多佃、一佃多主、地少佃多等复杂情况。很多村庄甚至业主超过佃户数。如江湾乡安乐村全村共 145 户，而在该村出租土地的业主即有 173 户；泗塘乡白漾村全村共 87 户，在该村出租土地业主竟达 122 户。

出租土地极其零碎，亦为郊区土地关系特点之一。据新泾区诸翟乡新民村调查：该村 13

户地主共出租土地1668.62亩，其中有一户地主张访之竟有佃户 84 户之多（出租土地245.34亩）；其他有佃户 42 户的一户，39 户的一户，37 户的一户，26 户的一户；最少的亦有四五个佃户（均包括外村佃户在内）。而该村 104 个佃户中：一佃七主的有 3 户，一佃六主的有 7 户，五主的有 8 户，四主的有 14 户，三主的有 23 户，二主的有 22 户，一主的有 27 户。由此可见土地出租分散情形之一斑。

（三）很多出租土地的业主都不在本区、本乡，其中大多又住在市内，因之业主与佃户之间无直接联系，都由代管人收租。这些代管人大部是地保和土地贩子，他们除代业主收租外，并仗势从中渔利，额外盘剥，甚至采取抽佃等横暴手段以达到私自加租的目的。

（四）小土地出租者户数甚多，而且出租土地在郊区总使用土地中亦占有相当比例。在郊区占有土地的小土地出租者共有17 849户，占全郊区占有土地总户数的13.8%，共出租土地59 964.2亩，为郊区总使用土地的9.36%。再如江湾乡的调查：城市工人、贫民、手工业者、小商贩等在该乡占有之土地为全乡土地的19.2%。

丙、郊区租佃情况

（一）租佃形式繁杂

甲、定租：又叫包租，农民叫租种地。每年每亩有固定租额，不论荒歉，都需实缴。一般以实物（米）交租，租额每亩自 2 斗至 1 石米不等，亦有缴黄豆及棉花的。

乙、分租：农民叫分种地。佃户每年分二季缴租，正副产物均需按规定比例和业主分收，佃户并要替业主做到粮进仓，草上堆，才算完事。分租剥削甚重，一般是对半分收或四六分收（业四佃六，但亦有倒四六分收即业六佃四的），肥料、种子则业佃各出一半，个别有倒二八（肥料、车水工业主出，种子业佃各半）倒三七（种、肥都业七佃三分出）分收的，剥削更重。

分租形式多种多样，有所谓“指田分种”：业主将出租土地分为两块（面积相等），指定一块由佃户代耕，自出种子肥料，这实际上是一种劳役地租；也有业主视佃户劳动力情况将大小熟分开，由两个佃户轮流分种的。

丙、预租：为数很少，佃户先缴租后才能耕种，这是地主怕农民荒年交不起租而采用的办法。

丁、无租或礼租：业主不收租。有些佃户在农作物收获后送些新鲜的菜、豆给业主，即为礼租。这种情形在近郊地区较多，业主多为城市中的工商业家或富有的职员。

以上四种租佃形式以定租为最普遍，分租次之，预租为数很少。如大场区童江村83.4亩出租土地中（包括外村业主在该村出租之土地），定租的计56.9亩（其中有极少数为预租），分租的计15.8亩，礼租的计6.2亩，余下4.5亩不交租。至于某些近市区的乡、村，因出租土地业主中很多为城市工商业家及其他职业者，故礼租及不收租情形较多，如在新泾区南龚家宅村的168.98亩出租土地中（不包括该村业主出租在外村的土地），定租为56.51亩，分租为9.5亩，无租及礼租的共达102.97亩。

（二）租额轻重不等，农民无永佃权

总的来说，郊区地租较普通农村为轻，而其中又有不同的情况。一般是远郊农村性地区租额较重，近郊地区租额较轻；地主、富农租重，工商业家、商人租轻；靠地租为生者租重，不依靠地租为生者租轻。如远郊地区之龙华区宝南乡东吴村，旱田每亩租额一般 4 斗到 8 斗米，水田 6 斗到 1 石米，新泾区新民村租额一般是 6 至 8 斗黄豆，最高 9 斗，最低2.5斗，无租是极个别的，详见下列二表：

新民村各阶层出租土地租额统计表

成份			地主	半地主式富农 富农	中农	贫农	小土地出租者 自由职业者	合计
户数			13	11	18	3	7	52
出租总亩数			1668.62	242.60	100.68	9.25	87.48	2108.63
包租制	黄豆	2.5 斗	1.80	0	0	0	0	1.80
		4 斗	32.46	1.24	0	0	0	33.70
		4.5 斗	10.50	0	0	0	0	10.50
		5 斗	33.78	25.84	0	0	0.70	60.32
		5.5 斗	2.00	0	0	0	0	2.00
		6 斗	328.02	21.80	6.50	1.25	9.00	366.57
		6.5 斗	74.35	3.50	2.63	0	4.17	84.65
		7 斗	377.93	74.61	59.89	0	51.16	563.59
		7.5 斗	113.90	13.50	2.00	0	20.45	149.85
		8 斗	218.81	22.11	1.50	0	0	242.42
		8.5 斗	4.00	0	0	0	0	4.00
		9 斗	24.00	0	0	0	0	24.00
	糙米	6 斗	80.00	0	0	0	0	80.00
		7 斗	73.76	36.50	17.66	5.00	0	132.92
		8 斗	5.80	0	0	0	0	5.80
分租制	对分		62.73	29.50	4.00	3.00	2.00	101.23
	四六分		31.90	14.00	6.50	—	—	52.40
钱租制			6.20	0	0	0	0	6.20
不收租			2.00	0	0	0	0	2.00
不明			184.68	0	0	0	0	184.68
备注			1. 钱租制内 3.7 亩为银元 4 元，2.5 亩租额不明。 2. 包租制内缴糙米的系出租在青浦县的。 3. 地主张家声逃亡在外，出租外村有 184.68 亩土地，租额不明。					

外籍业主出租在新民村土地租额统计表

成份	户数	出租本村总亩数	包租制（黄豆）											分租制		礼租制	不收租	未订
			3斗	3.5斗	4斗	5斗	5.5斗	6斗	6.5斗	7斗	7.5斗	8斗	10斗	对分	四六分			
地主	12	68.20	0	0	0	0.9	0	30.2	0	19.7	3.8	0	0	10.6	3.00	0	0	0
富农	13	50.30	0	0	0	3.0	0	15.5	0	23.5	0	1.3	0	5.0	0	0	2.0	0
中农	17	52.50	0	0	3.0	6.3	0	14.5	0	22.5	2.0	3.5	0.7	0	0	0	0	0
贫农	2	5.50	0	0	0	0	0	1.0	0	0	0	4.5	0	0	0	0	0	0
雇农	1	2.00	0	0	0	0	0	0	0	0	0	0	0	0	0	0	0	2.0
其他	24	49.85	1.15	2.5	6.0	5.8	4.0	5.5	6.0	10.0	2.4	0	0	1.0	0	5.5	0	0
合计	69	228.35	1.15	2.5	9.0	16.0	4.0	66.7	6.0	75.7	8.2	9.3	0.7	16.6	3.0	5.5	2.0	2.0
备注	其他阶层包括自由职业者1户，工人6户，手工业者5户，商人5户，小商贩4户，宗教职业者1户，及其他不能包括于上述阶层者2户。																	

近郊农村地区以新泾区南龚家宅村为例，该村56.51亩定租土地中，每亩租额在2斗米或4斗豆者占大部分，少数最高的每亩5斗米，最低5升米；又如江湾区大同乡高境村，其出租土地中无租、礼租及租额在2斗米以下占总出租土地的60.27%。一般说来，分租制剥削是较重的，而分租大都发生于远郊各乡，业主则多为地主、富农。

城市各阶层对地租剥削之不十分感到兴趣，反映出他们购买土地的目的是在作投机买卖或作建造厂房、住宅、墓地等用，其出租给农民耕种都是暂时的，随时可能抽佃。

没有永佃权是郊区租佃关系的特点之一。一般说来，远郊地区农民虽无永佃权，但因多为本地人，自己多少有一些土地，故换佃情况较少；而近郊地区则因外来户多，需地耕种迫切，一些二地主、代管人趁机加重剥削，任意抽佃，甚至有每年更换佃户，看谁出租多给谁种的，农民在这种情况下，自然不愿在土地上多投入工本劳力，这就大大影响了生产量的提高。

（三）各种额外剥削繁多

郊区地租虽一般较轻，但额外剥削却异常繁重，常见者约有下列数种：

甲、押租：农民在租种地主土地之前，首先要交一定的钱米作为抵押，称做"押租金"，也叫"顶首"。这种情形以龙华、新泾等区较为普遍，地主收了农民的押租后，再以之放高利贷剥削农民，退佃时甚至不退押租，无理吞没。如龙华区东吴村贫农褚根生租种地主褚心正的7亩地，共付顶首米9石；新泾区九联村贫农陈九高等4户租种地主张善泰的土地19亩，交顶首米1石2斗。

乙、虚田实租：各区均甚普遍。如龙华区东吴村地主出租土地一般均以8分作一亩计算；真如区厂头村地主杨金氏9亩8分地作13亩出租；新泾区新民村农民周志才种地主2亩6分地，要当3亩交租；吴淞区同兴村农民陆阿妹租种地主蔡坤金地2亩7分，交租时硬被算成3亩。

丙、大斛大秤：据新泾区新民村调查，该村地主家普遍都有两张斛子两把秤，收租用泗泾斛（重85斤）或五分称（每百斤比市秤多5斤），而支出时却用市斛（重70斤）或市秤。

除此而外，尚有地主强迫农民为他无偿的服役，连饭都不供给。郊区土地一般无永佃权，如佃户不经常送礼，一些二地主，就借故抽佃，农民为要保持佃权，被迫在年节时送上糯米粉、鸡蛋等东西，这也是农民的一种沉重的负担。

丁、土地商品化的程度很高

上海市区有几十家大小地产公司，经营郊区土地买卖，在近郊乡村中也有大量的地皮贩子专作土地投机。由于这些人在郊区土地上的投机操纵，因之造成地价逐渐上涨，也使土地转移频速，地权变动很大。如据江湾区江湾镇调查，该镇共有 17 家地产公司，35 个土地贩子。江湾乡 1931 年前每亩土地约值 5 石米，至 1945 年日本帝国主义投降前后，涨至每亩 50 石米。

在郊区地价高昂的情况下，农民非但不易租到土地耕种，且自有之少量土地亦极易为地主恶霸所垂涎，而被侵吞。

戊、上海市郊区土地占有关系复杂的原因

上海市郊区土地占有关系之所以如此复杂，基本上还是由于上海这个大城市过去在帝国主义、官僚资本主义和封建主义三位一体的统治下畸形发展的结果。由于帝国主义长期统治，扩大租界，掠夺土地，逐步地使上海走向殖民地化，以及国民党反动政府所谓“大上海”计划，造成了上海的虚假繁荣，因而促成与刺激官僚资本家及投机商人在郊区土地上的投机，这也就是大批地产公司与地皮贩子产生的根源。其次，由于过去国民党反动统治下币值不稳，使得部分城市商人与其他职业者为了保存币值而向土地投资，间或亦进行投机买卖。此外，也有城市中富裕的小资产阶级及高级职员在郊区购买少许土地作屋基坟地，及部分劳动者购买土地准备失业后耕种，这使城市各阶层都或多或少地在郊区占有了土地。另一方面，过去上海经济上的畸形繁荣，促使了农村地主之转向城市，投资工商业，与大批农民之成为产业工人与其他职业者，这也造成郊区土地占有的分散，小土地出租者众多，农民占有土地较少的重要原因。

从以上土地占有关系的特点来看，虽然地主不占有大量土地，而且在帝国主义、官僚资本侵蚀下，土地商品化的程度很高，但郊区农村基本上并未摆脱封建土地所有制的性质。地租剥削虽普遍较轻，但只是说明郊区土地占有者更热衷于地价的投机。在额外剥削苛重及二地主、代管人的操纵把持下，农民所受的压榨并未稍有减轻，由于土地被帝国主义、官僚买办阶级、地主等的垄断操纵，不仅扼杀了农业生产提高的可能，而且也在很大程度上窒息了城市工商业的发展。

三、阶级关系

郊区因城乡联系密切，故阶级关系特别复杂，除城市各阶层都在郊区占有并出租土地外，农村中地主亦很多兼有工商业或其他职业，在郊区地主总人口 5883 人中，兼有工商业及其他职业的人口共达 2096 人（包括家庭人口），占地主总人口的35.63%，其占有土地为地主总占有土地的27.4%。再以前述之高南、交通、中心、浦南等四乡为例，浦南乡 6 户地主中，纯地主仅 1 户，其占有土地为地主占有土地总数的31.42%；高南乡 10 户地主中，纯地主为 6 户，占有土地为总地主土地的32.93%。详见下表：

高南、交通、中心、浦南四乡地主统计表

项目		高桥区高南乡	真如区交通乡	江湾区中心乡	洋泾区浦南乡
地主总数	户数	10	4	1	6
	人口	90	37	9	49
	土地	532.04	132.52	1.02	55.25
纯地主数	户数	6	3	1	1
	人口	49	25	9	4
	土地	175.21	89.67	1.02	17.36
纯地主占地主总数百分比	户数	60.00	75.00	100.00	16.67
	人口	54.44	67.57	100.00	8.16
	土地	32.93	67.67	100.00	31.42

注:中心乡1户地主为二地主。

另一方面，由于帝国主义及官僚资本之直接侵入农村，购买土地，进行投机买卖，致使地产公司及土地贩子，成为郊区农村中的新兴势力。这些地皮贩子，或是二地主、代收租人，或为当地的地痞流氓，他们收租夺佃，强买土地，成为帝国主义及封建势力的有力工具，再加上反动军警、帮会道门、土匪特务，就形成了帝国主义、官僚资本及封建势力压迫并掠夺农民的整套统治机构。

在上述情形下，也就加速了农民的分化。郊区农民纯以农业为生的为数很少，大部分均兼有其他不固定职业或从事副业生产。如小贩、车夫、工匠、各种手工业等，在靠近工厂地区并有不少农户家有一二个产业工人。因此，郊区非农业人口占有相当大的比例，如江湾区薛沈村总共59户中，以做工为全部生活来源者有17户；靠薪金生活者3户；做小贩者1户；半工半农而以做工为主要生活来源者15户；做小贩带种田者8户；鳏、寡、孤、独、依亲友生活者2户，纯粹赖农业收入生活者仅13户。再以新泾区南龚家宅村为例，该村总人口681人中，除去儿童及从事家务的妇女外（约占总人口一半以上），从事农业劳动的人仅达总人口的13.95%，而从事其他职业的人达总人口的33.19%。

以上为近郊地区之一般情况，至于远郊农村中，则仍以农业占主要地位，与苏南一般农村情况相同。

四、生产情况

郊区农作物种类有稻、麦、棉花、菜籽、豆类及蔬菜等。虽接近城市，但并没有什么进步的耕作方法，农业技术亦并不较苏南一般农村为高；相反的，因郊区农民很多兼营副业生产及从事其他各种不固定的职业，相对地减少了对农事的关心。在作物种类上远郊地区与近郊一带又有所不同：远郊地区大多种植稻、麦、棉花等一般性作物，产量不高，据粗略统计，稻田每亩产量在200—400斤之间；麦产每亩在70—110斤之间；棉花每亩约产40—100斤。近郊一带则因城市需要及肥料充足，农民很多种植蔬菜、豆类等园艺作物，农产品商品化的程度更高。如以新泾区南龚家宅村为例，该村458.27亩使用土地中，种植各种作物的此例如下：

各种作物种植比例表

熟次	作物名称	占耕地面积百分比
小熟	小麦	51.92
	元麦	9.76
	蚕豆	10.12
	菜籽	12.24
	蔬菜	15.96
	合计	100.00
大熟	大豆	72.26
	棉花（本棉）	8.77
	棉花（改良棉）	3.01
	蔬菜	15.96
	合计	100.00

园艺作物所费工本较大，产量亦较丰。据新泾区新泾乡调查，该乡每亩菜地每年可收四熟，其每熟作物名称、需肥担数及收获量估计如下：

每亩菜地收获量表

熟次	作物名称	需粪担数	收获担数
一熟	大白菜	40	25
二熟	四月满	15	25
三熟	鸡毛菜	15	20
四熟	马铃薯	45	25

每经营一熟需人工 25 个：计翻土 3 工；施肥 7 工；耘草 3 工；收获及挑运 12 工。以每工折米 6 升计，共折米 1 石 5 斗。

蔬菜每担价格平均在 1 斗至 1 斗五六升米之间。

上列作物种植情况是较好的，收获量也颇高。一般菜农种菜平均每年收获在三次左右。如新市区三河村菜农陆金法种有菜地 5 亩半，其每年总共投入之工本及收益情况估计如下：

劳动力：两个半（本人算一个整劳动力；妻、子三人折算一个整劳动力；内弟一人每月来帮忙 10 天折算半个劳动力）。

菜种：共 10 种，内 6 种需买（主要是花菜、卷心菜、广东生菜等），卷心菜种每两需 2 斗米（可种 1000 棵，每亩种 1200 棵）；花菜种每亩 5 斗米。5 亩半地菜种共需 5 石多米。

肥料：每年需肥（粪肥）值米 12 石。

农具添置：5 斗米。

杀虫药液、药粉：5 斗米。

收益：每年可收菜3次，共可收各种蔬菜250担，如以每担菜平均价格折米1斗6升折算（一般小白菜每担值1斗米，花菜每担最高可值四五斗米），共可收入40石米。

如不计地租及劳动力的价格，该菜农全年可收入22石米。

上海市郊区土地改革委员会

1951年5月

上海市郊区四个典型村调查

该4个村包括市郊地区两种类型的农村：一种是远郊性农村，以新泾区诸翟乡新民村、江湾区泗塘乡白漾村两村为代表；一种是近郊性农村，以新泾区新泾乡南龚家宅村、江湾区大同乡高境村两村为代表。根据以上4个典型村的调查，归纳出市郊地区农村与一般农村不同的几个特点：

一、土地占有关系的复杂性

在市郊地区占有土地者，除地主、富农及农民外，城市工商业者、地产商人以及工人、小资产阶层也都占有数量不等的土地，另有一部分土地是国家所有的公地；此外，郊区居民职业情况复杂，生活来源多种多样，因此，造成了郊区土地占有情况的错综复杂。一般说，远郊农村地区的土地较集中，工商业者占有土地比例较小，地主占有土地量比近郊大，农民使用土地量也较大。近郊性地区则地主占有土地量较小，并有相当数量土地为工商业者及各种不同职业的小土地出租者所有，占有者成份亦复杂，每人平均使用土地量较小。现列举情况如下：

（一）远郊性的农村地区以新泾区诸翟乡新民村为例，该村共有155户，占有土地3463.84亩。外村业主在该村占有土地者有69户，占有土地288.35亩。除去外村业主占有土地不计，该村地主共占有土地1789.95亩，占该村各阶层占有土地的51.68%；半地主式富农占有土地351.41亩，占各阶层占有土地的10.14%；富农占有土地71.71亩，占各阶层占有土地的2.07%；如将地主、富农合计，则占全村人口18.99%的地主、富农共占有全村各阶层占有土地的63.89%，而占总人口75.6%的劳动人民（包括中农、贫农、雇农、工人、手工业者等），只占有全村各阶层占有土地的32.22%；其他小土地出租者、自由职业者、宗教职业者等共占有土地134.81亩，占全村各阶层占有土地的3.89%。外籍业主在该村占有土地者的成份，计有：各种地主（包括地主兼工商业者及地主从事其他职业者）、各种富农（包括富农兼工商业资本家、工商业资本家兼富农）、中农、贫农、雇农、自由职业者、工人、手工业者、商人、小商贩等，其出租土地计为该村总使用土地之10.84%，而其中一半以上为地主富农所占有。由此可见该村土地占有情况虽很复杂，但土地的占有是很集中的。

此外，从使用土地情况来看，该村平均每人使用土地数为2.65亩，在市郊地区来说也是土地比较多的。

上海市新泾区诸翟乡新民村各阶层土地占有及使用情况统计表

成份		地主				半地主式富农	富农	中农	贫农	雇农	小土地出租者	自由职业者	工人	手工业者	宗教职业者	总计
		地主	地主兼工商业者	地主家中有人从事自由职业者	小计											
户	户数	9	2	2	13	8	3	68	47	5	4	3	2	1	1	155
	百分比	5.81	1.29	1.29	8.39	5.16	1.94	43.87	30.32	3.23	2.58	1.94	1.29	0.64	0.64	100
人	人数	47	19	23	89	52	10	371	202	15	25	12	10	3	6	795
	百分比	5.91	2.39	2.89	11.19	6.54	1.26	46.67	25.41	1.89	3.14	1.51	1.26	0.38	0.75	100
占有土地	亩数	1373.64	134.50	281.81	1789.95	351.41	71.71	903.19	198.67	5.40	102.81	31.00	8.70	0	1.00	3463.84
	百分比	39.66	3.88	8.14	51.68	10.14	2.07	26.07	5.74	0.16	2.97	0.89	0.25	0	0.03	100
	每人平均数	29.23	7.08	12.25	20.11	6.76	7.17	2.43	0.98	0.36	4.11	2.58	0.87	0	0.17	4.36
租出土地	出租本村土地	320.79	21.80	36.44	379.03	71.53	15.52	25.50	1.50	0	27.74	2.00	0	0	0	522.82
	出租外村土地	971.92	96.20	221.47	1289.59	145.60	9.95	75.18	7.75	0	39.24	18.50	0	0	0	1585.81
	合计	1292.71	118.00	257.91	1668.62	217.13	25.47	100.68	9.25	0	66.98	20.50	0	0	0	2108.63
	占租出土地百分比	61.30	5.60	12.23	79.13	10.30	1.21	4.77	0.44	0	3.18	0.97	0	0	0	100
	占本阶层占有土地百分比	94.11	87.73	91.52	93.22	61.79	35.52	11.15	4.66	0	65.15	66.13	0	0	0	60.88
租入土地	租自本村土地	2.70	0	0	2.70	3.64	1.00	260.61	228.67	13.70	0	0	5.50	2.00	5.00	522.82
	租自外村土地	0	0	0	0	6.00	0	137.7	73.65	0	0	0	5.00	4.00	2.00	228.35
	合计	2.70	0	0	2.70	9.64	1.00	398.31	302.32	13.70	0	0	10.50	6.00	7.00	751.17
	占租入土地百分比	0.36	0	0	0.36	1.28	0.13	53.03	40.25	1.82	0	0	1.40	0.80	0.93	100
	占本阶层使用土地百分比	3.23	0	0	2.18	6.26	2.69	33.17	61.48	71.73	0	0	54.69	100	87.50	35.66
使用土地	亩数	83.64	16.50	23.90	124.04	154.02	37.13	1200.82	491.74	19.10	35.83	10.50	19.20	6.00	8.00	2106.38
	百分比	3.97	0.78	1.14	5.89	7.31	1.76	57.01	23.35	0.91	1.70	0.50	0.91	0.28	0.38	100
	每人平均数	1.78	0.87	1.04	1.39	2.96	3.71	3.24	2.43	1.27	1.43	0.88	1.92	2.00	1.33	2.65

外籍业主在新民村出租土地情况表

成份		户数	占有土地亩数
地主	地主	5	33.20
	地主兼工商业	6	30.00
	地主家中有人从事自由职业者	1	5.00
	小计	12	68.20
富农	富农	8	28.30
	富农兼商业资本家	3	19.00
	手工业资本家兼富农	2	3.00
	小计	13	50.30
中农		17	52.50
贫农		2	5.50
雇农		1	2.00
自由职业者		1	2.40
工人		6	11.00
手工业者		5	18.00
商人		5	9.00
小商贩		4	5.95
宗教职业者		1	1.00
其他		2	2.50
总计		69	228.35

上海市江湾区泗塘乡白漾行政村各阶层土地占有及使用情况统计表

成份		中农	贫农	雇农	贫民	工人	商人	合计
户口	户数	27	55	1	1	2	1	87
	百分比	31.03	63.22	1.15	1.15	2.30	1.15	100
人口	人数	121	242	2	1	7	1	374
	百分比	32.35	64.71	0.53	0.27	1.87	0.27	100
占有土地	亩数	307.20	169.40	0	0	4.00	15.60	496.20
	百分比	61.91	34.14	0	0	0.81	3.14	100
	每人平均数	2.54	0.70	0	0	0.57	15.60	1.33

续表

成份		中农	贫农	雇农	贫民	工人	商人	合计
租出土地	出租本村土地	24.50	0	0	0	1.00	0	25.50
	出租外村土地	8.40	1.50	0	0	0	10.60	20.50
	合计	32.90	1.50	0	0	1.00	10.60	46.00
	百分比	71.52	3.26	0	0	2.18	23.04	100
	占本阶层占有土地百分比	10.71	0.89	0	0	25.00	67.95	9.27
租入土地	租自本村土地	—	—	0	0	—	0	25.50
	租自外村土地	—	—	0	0	—	0	318.80
	合计	53.20	284.60	0	0	6.50	0	344.30
	百分比	15.45	82.66	0	0	1.89	0	100
	占本阶层使用土地百分比	16.24	62.90	0	0	68.42	0	43.34
使用土地	亩数	327.50	452.50	0	0	9.50	5.00	794.50
	百分比	41.22	56.95	0	0	1.20	0.63	100
	每人平均数	2.71	1.87	0	0	1.36	5.00	2.12

外籍业主在白漾村出租土地情况表

成份	户数	占有土地亩数
地主	8	66.30
中农	2	2.50
手工业者	1	1.00
小商贩	4	8.80
工商业家	4	29.60
工人	7	9.70
商人	24	80.10
自由职业者	3	11.30
职员	5	10.50
公田	2	9.60
慈善机关	1	5.00
无主	3	1.80
成份未定	54	82.60
总计	118	318.80

（二）近郊性的农村地区以新泾区新泾乡南龚家宅村为例，该村地主共有土地91.78亩，

占全村各阶层占有土地总数的11.3%；富农土地273.22亩，占33.63%，手工业资本家土地1.65亩，占0.2%；劳动人民中，中、贫农共占有土地89.63亩，占各阶层占有土地的11.03%；其他各种职业者，如工人、手工业者、职员、自由职业者等共占有土地134.26亩，占各阶层占有土地的16.52%；此外，小商人、宗教职业者、游民及未能确定成份者共占有土地 220 亩，占各阶层占有土地的27.08%。外籍业主在该村占有土地共147.88亩，占有者的成份，计地主、工商业家、工人等共 20 户，未能确定成份者 46 户及公地，其出租土地为该村总使用土地的32.27%。由此可见该村土地占有情况，复杂而且分散。

从使用土地情况来看，该村平均每人使用土地仅0.67亩，故大部必须兼有副业或从事其他职业，始可维持生活。

上海市新泾区新泾乡南龚家宅行政村各阶层土地占有及使用情况统计表

成份		地主	富农	中农	贫农	手工业者	小商人	贫民	手工业资本家	工人	职员	自由职业者	宗教职业者	游民	祠堂地	成份未定	总计
户	户数	2	7	4	15	16	14	6	1	54	4	1	1	3	0	9	137
	百分比	1.46	5.11	2.92	10.95	11.68	10.22	4.38	0.73	39.41	2.92	0.73	0.73	2.19	0	6.57	100
人	人数	18	49	20	76	82	57	16	6	260	15	4	3	14	0	61	681
	百分比	2.64	7.19	2.94	11.16	12.04	8.37	2.35	0.88	38.18	2.20	0.59	0.44	2.06	0	8.96	100
占有土地	亩数	91.78	273.22	33.24	56.39	28.59	11.08	0.94	1.65	104.73	0	0	2.00	13.63	2.00	193.29	812.54
	百分比	11.30	33.63	4.09	6.94	3.52	1.36	0.12	0.20	12.89	0	0	0.24	1.68	0.24	23.79	100
	每人平均数	5.10	5.58	1.66	0.74	0.35	0.19	0.06	0.28	0.40	0	0	0.67	0.97	0	3.17	1.19
租出土地	出租本村土地	9.37	6.52	0.72	2.20	0	0	0	0	0	0	0	0	0.30	2.00	0	21.11
	出租外村土地	71.65	206.55	0.70	5.51	6.66	0.92	0.65	1.65	49.61	0	0	0	9.45	0	148.79	502.14
	合计	81.02	213.07	1.42	7.71	6.66	0.92	0.65	1.65	49.61	0	0	0	9.75	2.00	148.79	523.25
	百分比	15.48	40.72	0.27	1.47	1.27	0.18	0.13	0.32	9.48	0	0	0	1.86	0.38	28.44	100
	占本阶层占有土地百分比	88.27	77.98	4.27	13.67	23.29	8.30	69.15	100	47.37	0	0	0	71.53	100	76.98	64.40
租入土地	租自本村土地	0	0	2.72	4.08	3.42	2.40	0	0.20	4.90	0	0	0	0	0	3.39	21.11
	租自外村土地	0	7.90	7.00	37.49	13.10	8.40	1.00	0	60.15	0	0	2.00	0	0	10.83	147.87
	合计	0	7.90	9.72	41.57	16.52	10.80	1.00	0.20	65.05	0	0	2.00	0	0	14.22	168.98
	百分比	0	4.68	5.75	24.60	9.78	6.39	0.59	0.12	38.49	0	0	1.18	0	0	8.42	100
	占本阶层使用土地百分比	0	11.61	23.40	46.06	42.96	51.50	77.52	100	54.14	0	0	50.00	0	0	24.22	36.87
使用土地	亩数	10.76	68.04	41.54	90.25	38.45	20.97	1.29	0.20	120.17	0	0	4.00	3.88	0	58.72	458.27
	百分比	2.35	14.85	9.07	19.69	8.39	4.58	0.28	0.04	26.22	0	0	0.87	0.85	0	12.81	100
	每人平均数	0.60	1.39	2.08	1.19	0.47	0.37	0.08	0.03	0.46	0	0	1.33	0.28	0	0.96	0.67

外籍业主在南龚家宅村出租土地情况表

成份	户数	占有土地亩数
地主	3	3.60
工商业家	16	57.09
工人	1	1.00
公地	0	6.70
成份未定	46	79.49
总计	66	147.88

上海市江湾区大同乡高境行政村各阶层土地占有及使用情况统计表

成份		中农	贫农	工人	其他	合计
户口	户数	10	69	19	16	114
	百分比	8.77	60.53	16.67	14.03	100
人口	人数	58	306	133	49	546
	百分比	10.62	56.05	24.36	8.97	100
占有土地	亩数	108.60	87.80	22.60	0	219.00
	百分比	49.59	40.09	10.32	0	100
	每人平均数	1.87	0.29	0.17	0	0.40
租出土地	出租本村土地	—	—	—	0	24.15
	出租外村土地	—	—	—	0	14.05
	合计	25.60	10.60	2.00	0	38.20
	百分比	67.02	27.74	5.24	0	100
	占本阶层占有土地百分比	23.57	12.07	8.85	0	17.44
租入土地	租自本村土地	—	—	—	0	24.15
	租自外村土地	—	—	—	0	193.45
	合计	18.50	176.30	22.80	0	217.60
	百分比	8.50	81.02	10.48	0	100
	占本阶层使用土地百分比	18.23	69.55	52.53	0	54.62
使用土地	亩数	101.50	253.50	43.40	0	398.40
	百分比	25.48	63.63	10.89	0	100
	每人平均数	1.75	0.83	0.33	0	0.73

外籍业主在高境村出租土地情况表

成份	户数	占有土地亩数
地主	3	81.40
工商业家	4	28.80
商人	2	9.45
无主	—	45.40
成份不明	8	28.40
总计	17	193.45

二、租佃关系的复杂性

由于市郊土地占有的复杂，因此产生了租佃关系的复杂性。除地主、富农大量出租土地外，城市各阶层亦多与农民发生租佃关系。部分农民也因土地太少，逐渐转向城市，成为手工业者或工人，而将小量土地出租，这种情形尤以近郊地区为最。现仍以上述新民村、南龚家宅村两村为例，分析如下：

（一）新民村出租土地者本村共52户，计地主13户，出租土地1668.62亩；半地主式富农8户，出租土地217.13亩；富农3户，出租土地25.47亩；以上地主、富农共24户，出租土地1911.22亩，占本村总出租户的46.15%，总出租土地的90.64%；其他富裕中农8户（包括“租入又租出户”3户），租出土地55.78亩；中农8户（包括“租入又租出户”6户），出租土地39.2亩；佃中农2户（租入土地又租出土地），出租土地5.7亩；贫农2户（是租入土地又租出土地），出租土地8亩；佃贫农1户（是租入土地又租出土地），出租土地1.25亩；小土地出租者4户，出租土地66.98亩；自由职业者3户，出租土地20.5亩；以上本村各阶层共出租土地2108.63亩，占总占有土地的60.88%，内有1585.81亩出租在外村。

此外，外村业主69户，共在该村出租土地228.35亩。其中地主、富农、商人等共30户，出租土地127.5亩，占外籍业主出租土地总数的55.84%；中农、贫农及其他劳动人民（包括工人、手工业者）共31户，出租土地89亩；占外村出租土地的38.97%；其他如自由职业者、小商贩等小资产阶层计8户，共出租土地11.85亩，占外村出租土地的5.19%。

租入土地方面：该村租入土地者共104户（内包括“租入又租出户”14户），共租入土地751.17亩，占该村总使用土地的35.66%。

除上述之极复杂的租佃关系外，发生租佃关系之土地亦分割得极为零碎。据统计，该村出租土地的13户地主中，有一户地主竟有佃户84户之多，其他有佃户42户的一户，有佃户39户的一户，最少的也有四五个佃户（均包括外村佃户）；而该村104个佃户中，一佃七主的有3户，一佃六主的有7户，一佃五主的8户，一佃四主的14户，一佃三主的23户，一佃二主的22户，租种一户地主的土地的佃户仅27户。使用土地的分散零碎，自可想见。

（二）南龚家宅村出租土地者本村共39户，计地主2户（包括“租入又租出户”1户），出租土地81.02亩；富农7户（包括“租入又租出户”4户），出租土地213.07亩；手工业资本家1户（是“租入又租出户”），出租土地1.65亩；以上地主、富农及手工业资本家共10户，出租土地295.74亩，占本村总出租户的25.64%，总出租土地的56.52%。其他出租土地者尚有中农1户（是“租入又租出户”），贫农5户（包括“租入又租出户”3户），手工业者4户（包括“租入又租出户”3户），工人9户（包括“租入又租出户”7户），游民3户，小商人1户（是“租入又租出户”），贫民1户，成份未确定者5户（以上均租入土地又租出土地）。总计本村各阶层共出租土地523.25亩，占总占有土地的64.4%，内大部均出租在外村。

此外，外村业主66户，共在该村出租土地147.88亩，其中地主3户，出租土地3.6亩，占外村业主出租土地总数的2.43%；工商业家16户，出租土地57.09亩，占外村出租土地的38.61%；其他工人及成份未定者共47户，出租土地80.49亩，占外村出租土地的54.43%。另有公地6.7亩出租在该村。

租入土地方面：该村租入土地者共69户（内包括“租入又租出户”27户），占全村总户数的一半以上，共租入土地168.98亩，占总使用土地的36.87%。

由此可见，近郊农村之租佃关系亦极复杂。

郊区土地租佃关系复杂的原因，主要是占有的复杂、分散，及占有者占有土地目的的不同。除地主半地主式富农占有土地之目的是为了出租以进行封建剥削外，城市各阶层占有土地的目的并不主要在获取地租。如：

甲、工商业资本家占有的土地，部分是用作扩充企业，如厂房、宿舍等；部分则留作自己建造花园、别墅。

乙、银行、地产商等是把土地看做投机对象，其目的在操纵地价，待机高价出售。

丙、高级职员、小商人等占有少量之土地，大多用作宅基或坟地。

这些土地有的已经成为厂基、花园、别墅、坟地等，有的则尚未建厂造屋，而暂时租予农民耕种。其中银行、地产商占有的部分土地因辗转买卖，业主购得后甚至不知土地座落何处，也不收租，变成了所谓“无主”土地了。

至于农民及手工业者、贫民等出租土地的原因，大半是因为缺乏劳动力及从事其他职业之故。

由此可见，郊区特殊土地为数颇多，城市各阶层对土地需要的目的不同，因而一方面造成了土地买卖的频繁，土地分割得极为零碎。同时，也就使得土地的租佃关系变得极其复杂了。

三、群众生活来源的多样性

在郊区群众生活来源上，一般说远郊农村以农业为主，而近郊农村则群众从事或兼有其他职业者甚众。详情可见下列四表：

新泾区诸翟乡新民行政村人口职业表

职业		农业	工业	商业	自由职业	雇工	学生	失学	失业	家务	无业	无劳动力	小孩	其他	总计
人数	男	180	12	9	11	4	38	3	0	2	3	6	87	2	357
	女	205	3	3	7	2	47	0	3	44	5	12	107	0	438
	合计	385	15	12	18	6	85	3	3	46	8	18	194	2	795

新泾区新泾乡南龚家宅人口职业表

职业	人数		
	男	女	合计
农业	48	47	95
纱厂工人	1	45	46
香烟厂工人	0	1	1
电话公司职工	5	0	5
面粉厂工人	2	0	2
印刷工人	1	0	1
牧场工人	2	0	2
电灯匠	1	0	1
铜匠	8	0	8
司机	5	0	5
马路工	6	0	6
洗衣	2	0	2
佣工	3	6	9
小工	5	0	5
三轮车夫	2	0	2
园丁	15	0	15
厨师	6	0	6
职员	5	0	5
菜行职员	2	0	2
茶社职工	1	1	2
自由职业者	1	0	1
兽医	1	0	1
演员	0	1	1
泥水匠	13	0	13
竹匠	2	0	2
石匠	1	0	1
成衣匠	8	2	10
木匠	3	0	3
理发匠	3	0	3
弹花匠	2	0	2
皮匠	1	0	1

续表

职业	人数		
	男	女	合计
土地经纪人	6	0	6
手工业资本家	1	0	1
商人	2	0	2
小贩	11	0	11
菜贩	23	5	28
警士	1	0	1
舞女	0	1	1
道士	2	0	2
尼姑	0	3	3
巫婆	1	1	2
小孩	120	119	239
家务	3	118	121
其他	5	1	6
总计	330	351	681

江湾区泗塘乡白漾行政村人口职业表

职业	工人	农业	家务	小孩及丧失劳力	合计
人数	19	214	4	137	374

江湾区大同乡高境行政村人口职业表

职业	种田	做工	自由职业	交通运输	商贩	公务	家务	求学	小孩	其他	合计
人数	125	47	5	21	16	1	103	15	202	11	546
备考	种田的包括兼营小贩及做临时工，做工的包括临时小工。										

从表上数字可以看出，近郊农村居民之职业情况甚为复杂，而远郊地区则与一般农村无大区别。如撇开上表中之儿童、学生及从事家务之妇女，则在新民村，从事工商业及自由职业的人，只占总人口的5.66％，而从事农业生产的人却达48.43％；南龚家宅村之情况则与上相反：从事农业劳动的人占总人口13.95％，而职员、工人、自由职业者等从事其他职业的人却占总人口的33.19％。这很清楚地显示出近郊地区在城市工商业影响下阶级分化的趋势。

上海市郊区土地改革委员会

1950年12月

上海市郊区江湾乡农村情况调查

江湾乡位于上海市北郊，与市区毗连，包括江湾镇及近镇的 14 个村。全乡共有 3259 户，9697 人；其中江湾镇有 1911 户，3905 人；如撇开市镇不计，该乡共 14 个行政村（43 个自然村）计有 1348 户，5792 人，共有土地6984.356亩。

一、土地占有及使用情况

甲、土地占有较分散

14 个行政村共有土地6484.356亩（该乡共有土地6984.356亩，其中海军电台圈用地 200 亩，靶子场圈用地 300 亩，故实际数字应如上列），其占有情况为：地主占有481.319亩（其中地主兼工商业或其他职业兼地主者计占有363.442亩）；城市工商业家占有645.577亩；房主兼有土地者占有7.8亩；富农占有125.858亩；农民占有2837.134亩（包括农民兼有其他职业者）；城市工人、贫民、小商贩、自由职业者、职员、手工业者等共占有1243.323亩；外侨（英、美、意）占有16.6亩；教会占有2.5亩；银行、公司占有27.276亩；地产公司占有71.3亩；会馆山庄占有48.4亩；学校、医院占有21.35亩；慈善团体占有28.68亩；祠堂庙宇占有79.691亩；公墓土地17.7亩；公地132.102亩；另有234.026亩的土地占有者，成份尚未能断定为小土地出租者抑工商业者；此外，并有无主土地463.720亩（部分只知姓名，部分可能为小土地出租者，并包括公、私荒地77.130亩在内）。

从以上占有情况，可看出如下特点：

（一）该乡地主及地主兼工商业家等所占有的土地为全部土地数的7.4%，而纯粹依赖土地生活之地主其占有土地仅为土地总数的1.8%。在无主土地中可能有一部分是逃亡地主的，现没有计入，但即使加上这一部分，地主的占有数量，还是远小于一般农村。

（二）富农占有土地亦不多，全乡 5 户富农，占有土地只占总土地数的1.9%。

（三）占全乡绝大多数人口的农民只占有总土地数的43.8%，一般说来农民占有土地是不足的。

（四）部分土地分散在城市各阶层手中，如城市工人、贫民、小商贩、手工业者、职员等共占有总土地的19.2%。

（五）特殊土地种类较多，地产公司、银行、外侨都占有数量不等的土地，而无主土地中，又有部分是逃亡的国民党反动官僚所占有的土地。

造成以上特点有下列原因：

（一）郊区农村与城市联系密切，地主容易将土地资本转化为工商业资本，因此阡陌相望的大地主就少；另一方面，很多农民转向城市，成为产业工人、小贩、手工业者，而将原有的小量土地出租，造成众多的小土地出租者。

（二）郊区土地一般商品化的程度较高，城市工商业资本家及富裕小资产阶级多在市郊购置若干土地，留待城市扩充时用于经营工商业或待价而沽，因此地权的变动很快，而土地集中的可能性也就减少，加上国民党反动派曾“计划”在江湾建立“新市”，更造成了帝国主义及官僚资本家对郊区土地的攫夺。帝国主义的公司、企业及工商业家在江湾占有的土地，据了解其目的均在独占土地以作投机，一些官僚及富裕职员也购买土地准备做宅基等用，由于城市各阶层对郊区土地要求的迫切，于是投机商人、土地贩子乘机活跃，大大提高了土地商品化的程度。

乙、由于土地占有情况复杂，在使用上也形成了许多复杂情况

（一）出租土地数量较大，除少数已成军用、公用建筑、墓地、花园、别墅等土地外，城市业主直接经营的土地为数很少，都租给农民耕种；再加上本乡地主、富农出租的土地，因此，一般农民租入的土地均超过其自耕土地，佃户最少的村也占全村总户数的40%以上，多的要占全村户数的100%。

（二）由于土地分散，故出租土地的业主众多，且大部不在本乡。一般小土地出租者户数很多，而每户占有的土地却不多，加之业主占有土地不完全在一村一乡，而是分散在很多村庄，甚至有若干业主土地分散在几个区及外省外县的，因此就造成了一佃多主，业主超过佃户数的畸形现象。14个行政村出租土地的业主达1202户（其中尚有一部分无主土地未予计入），安乐行政村全村居民145户，而在该村出租土地的业主即有173户，业主最少的村也占全村佃户的半数以上，这些出租土地的业主，除18%住在江湾镇外，82%均在外区外乡，中间绝大部分又都集中在上海市郊。

（三）小土地出租者出租的土地，在总出租土地中占有相当大的比例。据估计，全部出租土地约3560亩，其中35%以上为小土地出租者所出租。

丙、在土地占有分散及租佃关系极其复杂的情况下，在剥削形式方面，亦有与一般农村不同的特点

（一）大部分出租土地都有代管、代收租的中间人，代管人中有少数是农民，也有部分是富农，而大部是地保和土地贩子。中间人一般均从中取利，甚至有很多中间人收了租不交给业主的。

（二）租佃形式极为复杂，除多数为定租外，还有分租、预租、代种、礼租、实物租等名目。租制中以分租剥削最重。也有佃户因荒年欠租，被逼而逐渐加租的。额外剥削亦普遍存在，如大秤、差费、管饭等等。

（三）从租额看，郊区一般要比普通农村为低，最高为每亩100斤谷，50斤麦，也有120斤米的，通常每亩租额为2斗至3斗米。但外乡农民租地种比本乡农民租地种时租额要高些，这是因为外来农民更迫切需要土地，地主乘机加强剥削的缘故。

（四）城市工商业家，富裕的自由职业者、职员等人出租的土地，其租额一般要比地主、富农所出租的土地地租为轻。有些工商业家及富裕的土地所有者甚至不收租，他们买地的目的主要是从事土地投机，而不热衷于地租剥削。

从以上的分析可以知道，郊区土地关系虽极复杂，但基本上仍未摆脱封建土地所有制的性质，只是在官僚买办资本侵蚀下，大大增强了土地商品化的程度。

郊区土地地权变动性大，农民无永佃权。该乡1931年前每亩土地约值5石米，至1945年日本帝国主义投降前后涨至每亩50石米，且土地转移频速，江湾镇上共有17家地产公司，35个土地贩子。农民在此种情形下非但极不容易租到土地耕种，即在租得土地后，亦往往因土地所有者地权转移或中间人意图提高租额而被抽佃，佃权极无保障，这造成了郊区农民对土地经营的不安心，不愿多投入工本劳力，直接影响了土地的产量。同时，由于地价的高涨，农民原来占有的小量土地亦往往为地主所垂涎，而终至被夺。所以，虽然郊区土地租额一般较轻，但农民所受地主阶级的压迫和掠夺并未减轻，只是在形式上更加多种多样而已。

二、阶级关系特别复杂

郊区因城乡关系密切，除市内有许多工商业家、自由职业者、市民、工人等，在郊区占有并出租土地外，在乡地主亦多兼营工商业及其他职业。全乡18户地主中，纯地主只有3户；其余为：地主兼工商业者2户；自由职业者兼地主2户；工商业家兼地主9户；房主兼地主2户。

同时，由于上海过去在帝国主义及国民党反动统治下的虚假繁荣、与所谓建立“新市区”，造成了郊区土地价格的上涨，不少商人以土地为对象，进行投机买卖。帝国主义及官僚资本势力亦直接侵入农村，购买土地，进行投机；地产公司及土地贩子代替了地保等。失去土地的农民则转化为产业工人或城市贫民。

另一方面，留在乡村的农民在帝国主义、官僚资本和封建势力相互勾结之下，遭受残酷的剥削。特务、帮会、流氓等亦同时对农民进行勒索敲诈。

这些情况，就加速了农民的分化，该乡纯农民为数很少，大部分都兼有其他职业，种菜兼菜贩者占多数；此外并有手工业者、小贩、人力车工人、码头工人等，这些群众主要生活来源已不依靠土地，但间或耕种若干土地。除市镇外，全乡非农业人口共有1410人，占全乡人口的24.3%。

此外，该乡尚有相当数量的外乡人（约六七十户），大多均已落户，其成份较为复杂：有些是苏北、皖北等地逃荒来的农民，他们都开荒或租种若干土地；也有做小商贩或有子女去工厂做工的。

1951年2月调查

上海市郊特殊土地调查

一、外人土地

甲、占有情况

外人在郊区共占有土地7473.522亩。其中英国占有最多，共占土地3993.563亩；美国次之，共占土地1785.042亩；法国第三，共占土地913.793亩；其他国家则占有土地数量较少。从占有土地的业主来分：商业方面占有土地最多，计3628.544亩；工业次之，占1121.09亩；此外，教会亦占有土地688.918亩。其情况见下列二表。

上海市郊外人占有土地面积分类表

国别	合计	政府机关	地产商	工业	商业	金融业	私人	教会	总会	文化	待查
英国	3993.563	1.384	81.467	857.975	1983.364	132.001	475.898	5.494	437.499	0	18.481
美国	1785.042	0	86.716	170.815	1057.017	0	81.492	54.000	0	293.271	41.731
法国	913.793	0	34.086	0	130.701	0	113.761	605.245	0	0	30.000
丹麦	272.875	0	0	0	229.755	0	43.120	0	0	0	0
德国	213.526	0	0	92.300	110.000	0	11.226	0	0	0	0
意大利	40.000	0	0	0	40.000	0	0	0	0	0	0
瑞士	22.450	0	0	0	10.413	0	12.037	0	0	0	0
比利时	16.255	0	0	0	0	0	16.255	0	0	0	0
犹太	8.763	0	0	0	0	0	3.996	0	0	0	4.767
日本	5.000	0	0	0	0	0	0	0	0	0	5.000
葡萄牙	3.500	0	0	0	0	0	3.500	0	0	0	0
巴西	2.783	0	0	0	0	0	2.783	0	0	0	0
印度	1.500	0	0	0	0	0	1.500	0	0	0	0
其他	194.472	0	0	0	67.294	0	41.543	24.179	0	0	61.456
总计	7473.522	1.384	202.269	1121.090	3628.544	132.001	807.111	688.918	437.499	293.271	161.435

注：1.其他栏包括其他国家及国籍待查者。

2.以上类别划分不能完全说明其使用情况，例如“商业”内外人占有的土地，有些建有别墅、花园等，而非直接使用于商业的。

市郊各区外人占有土地分布统计表

国别	合计	新市	江湾	吴淞	大场	新泾	龙华	杨思	洋泾	高桥	真如
英国	3993.563	10.000	111.200	205.952	0	1318.637	0	93.106	1613.368	641.300	0
美国	1785.042	9.000	10.400	6.275	299.000	273.976	0	146.124	576.996	300.000	163.271
法国	913.793	0	27.000	160.628	40.900	93.112	349.300	19.109	223.744	0	0
丹麦	272.875	200.000	0	49.755	13.000	5.120	0	0	0	0	5.000
德国	213.526	0	0	0	0	11.226	0	0	0	192.800	9.500
意大利	40.000	30.000	10.000	0	0	0	0	0	0	0	0
瑞士	22.450	0	0	0	0	22.450	0	0	0	0	0
比利时	16.255	0	0	0	0	16.255	0	0	0	0	0
犹太	8.763	0	0	0	0	8.763	0	0	0	0	0
日本	5.000	0	0	0	5.000	0	0	0	0	0	0
葡萄牙	3.500	3.500	0	0	0	0	0	0	0	0	0
巴西	2.783	0	0	0	0	2.783	0	0	0	0	0
印度	1.500	1.500	0	0	0	0	0	0	0	0	0
其他	194.472	22.600	29.100	5.512	0	137.260	0	0	0	0	0
总计	7473.522	276.600	187.700	428.122	357.900	1889.582	349.300	258.339	2414.108	1134.100	177.771

乙、外人占得土地的方法

外人占有土地的方法，约分以下几种：

（一）通过自己的领事馆向中国政府提出购买土地要求，以中国政府名义收买。这种购买方式大都发生于租界初辟时，由于当时满清政府的腐朽颟顸及对外人的奴颜婢膝，名为“通过中国政府”其实只是一种形式，用来遮掩帝国主义对我国土地的直接掠夺。如外人要在郊区购买土地，则由外国领事馆通过上海“道台”，由道台向农民“购买”后，租贷给外人，并出道契或永契一纸，规定每年每亩外人需出制钱1500文，但实际上一直没有付款。后国民党反动政府更换过去的道契（或永契），分别发给永租契或“所有权状”。于是这些土地就正式为外人占有了。

（二）直接向中国政府购买。如高桥区亚细亚石油公司及另外两个英国人所占有的100多亩土地，就是向当时濬浦局购买的。

（三）向地产公司及银行购买。由于地产公司及银行等都进行土地投机买卖，占有土地大部在交通要道位置较宜之处，故外人有一部分土地是向地产公司及银行购买的。

（四）通过当地的封建地主或恶势力向农民强行收买。如当时英、美等国人在高桥买进的土地，大多是经过伪区长钟玉良之手，向农民强买的。美国人兰金在真如区买的150余亩土地，也是通过地保向农民强迫收买的。

（五）利用宗教迷信麻醉群众，由信徒捐献的。杨思、洋泾两区大部分教堂土地都是信徒捐献的，这些土地后来都变成了法国教会的私产。

（六）利用中国人名义出面购买。抗战前国民党的“新上海计划”里曾假惺惺的规定不准外人在“新上海”（江湾、新市一带）买地，于是一些外人就利用中国人出面购买。

（七）直接出高价向农民收买。

总之，外人所以在上海郊区获有大量土地，除利用其政治、经济上之特殊地位及反动政府之腐朽颟顸外，并又以宗教、教育等事业为幌子，对群众进行欺骗、麻醉，借以获得土地。巧取豪夺，极尽诡谲欺诈之能事。

丙、外人占有土地分布及使用状况

各区外人占有土地分类情况表

区别	合计	政府机关	地产商	工业	商业	金融业	私人	教会	总会	文化	待查
新市	276.600	0	0	0	229.000	0	5.000	2.300	0	0	40.300
江湾	187.700	0	0	0	45.100	0	130.600	0	0	0	12.000
吴淞	428.122	0	0	24.736	204.053	0	146.154	32.617	0	0	20.562
大场	357.900	0	0	80.000	0	0	15.000	104.900	0	140.000	18.000
新泾	1889.582	1.384	192.269	17.341	586.231	47.701	501.357	35.227	437.499	0	70.573
龙华	349.300	0	0	0	0	0	0	349.300	0	0	0
杨思	258.339	0	0	93.106	146.124	0	0	19.109	0	0	0
洋泾	2414.108	0	0	813.607	1455.036	0	0	145.465	0	0	0
高桥	1134.100	0	0	82.800	963.000	84.300	4.000	0	0	0	0
真如	177.771	0	10.000	9.500	0	0	5.000	0	0	153.271	0
总计	7473.522	1.384	202.269	1121.09	3628.544	132.001	807.111	688.918	437.499	293.271	161.435

（一）工商企业所占土地

这些土地大部分分布在高桥、杨思、洋泾、吴淞四区沿黄浦江一带交通便利之处。以英国人占有土地数量最多，在四区共占有2337.817亩，计工业方面895.03亩，商业方面1442.787亩。美国次之，四区共占有1029.395亩，计工业方面 90 亩，商业方面939.395亩。这些土地大都用作大工商企业的厂基、堆栈、仓库、码头等，如英国蓝烟囱轮船公司占有土地266.521亩，公和祥码头公司占有土地240.026亩，马勒造船厂占有土地 237 亩，英联船厂占有土地353.744亩，亚细亚石油公司占有土地771.221亩，美商德士古、美孚两石油公司占有土地786.996亩等。他们占据了黄浦江一带最好的位置，或建码头仓库，以便利商品上卸，垄断市场；或设立工厂，直接剥削我国工人，摧残我国民族工业。显然，这些帝国主义吮吸中国人民膏血的据点的存在，是直接侵害和窒息着我国民族工商业的发展。

（二）金融业、地产商及非大规模垄断性企业占有的土地

这些土地大部分布在新泾、吴淞、新市三区的近郊交通要道地区，如新泾区虹桥路一带，吴淞区军工路一带等。其购买的目的大都是为了进行土地投机买卖，操纵地价，从中获取暴利。譬如当时外人在吴淞区买地，大都进行一次清丈，而把土地有意识的丈多，以便卖出时可获厚利，有许多外人就是靠进行土地买卖而致富的。

外人之地产商在进行土地投机买卖时，多以下列方式聚敛资金：

甲、发行公司债券。利用部分市民的崇外心理，并以该公司债券能在外国证券交易所流通为号召，借此获得大量低息资金以购买土地，进行土地投机。如在新泾区占有土地76.716亩的普益地产公司，即发行过此项债券。

乙、以地产向外国银行抵押，将抵押所得资金再买进土地。有些地产公司并可得到外商金融业的透支，益增加其进行投机活动的力量。

由于这些地产商对土地的居奇操纵，使我国民族工商业家在购买厂地时受到很大的困难，也阻碍了城市的扩展。

（三）私人和总会占有的土地

这类土地大部为私人住宅和宿舍，分布在新泾、吴淞两区。特别是新泾区虹桥路一带，外人土地集中，大小房屋，据不完全统计即有105幢，加上花园、运动场等共占有土地501.357亩。此外，虹桥抛球场总会也占有土地419.016亩。这一带就因此成了外人住宅区和星期游憩场所。很明显的，这些奢华的生活和享受都是建筑在我国劳动人民的血汗上的。

（四）教会占有的土地

各国教会在郊区占有土地共计688.918亩（实际上还不止此数，如大场区即有部分教会土地未统计在内）。其中以法国教会占有最多，计605.245亩；近年来美国教会势力扩张，占有土地急遽增加，单大场美国南浸礼会即占有土地250亩左右（表中未全部计入，因这材料系后来补充调查所得）。这些教会并配合了帝国主义开办的学校，进行其奴化、麻醉我国人民的活动。

二、银行土地

各区银行占有土地情况

区别	类别	占有单位	占有土地	来源及占有目的	使用情况	备注
高桥	公营	0	0	—	—	
	私营	0	0	—	—	
洋泾	公营	0	0	—	—	
	私营	0	0	—	—	
杨思	公营	0	0	—	—	
	私营	1	86.947	购买63.5亩，余为申粮地	出租农田30亩，船厂用5亩	51.947亩为滩池

续表

区别	类别	占有单位	占有土地	来源及占有目的	使用情况	备注
龙华	公营	0	0	—	—	
	私营	0	0	—	—	
新泾	公营	0	40.100	购买	2.742亩建洋房，余为农场	
	私营	8	345.417	204.171亩为欠款抵充来的，余系购买	大部分出租，小部分建洋房	
真如	公营	0	0	—	—	
	私营	0	0	—	—	
大场	公营	0	0	—	—	
	私营	0	0	—	—	
江湾	公营	0	265.896	购买，拟建厂房及市房	2.55亩为农田，余上有建筑物	
	私营	9	399.589	购买，拟建厂房及市房	30亩荒地不能耕种，余出租	
新市	公营	0	1149.886	购买，拟建大楼、宿舍、仓库、市房等	1100亩为仓库，余出租	
	私营	13	215.914	—	出租	
吴淞	公营	0	0	—	—	
	私营	1	11.828	购买，拟建厂	出租	
总计	公营	0	1455.882	—	—	
	私营	32	1059.695	—	—	

银行占有土地大部集中于新泾、江湾、新市三区。其中公营银行占有1455.882亩；私营银行占有1059.695亩。公营银行占有之土地大部用作建筑仓库、市房等，而私营银行占有土地之目的多在等待市区扩展后高价出售或建屋出租。在未出售或建屋前大都租予农民耕种。

土地来源大都是收买的，小部分是欠款抵充，如华大砖瓦厂即是为了还不出银行欠款，将合资经营的厂基等全部作价抵偿。

三、地产公司土地

各区地产公司占有土地情况

区别	占有单位	占有土地	来源及占有目的	使用情况
高桥	2	712.000	购买以进行土地投机	租给农民耕种
洋泾	0	0	—	—
杨思	0	0	—	—

续表

区别	占有单位	占有土地	来源及占有目的	使用情况
龙华	0	0	—	—
新泾	13	400.682	购买以进行土地投机	租给农民耕种
真如	2	42.410	购买以进行土地投机	租给农民耕种
大场	8	252.000	购买以进行土地投机	租给农民耕种
江湾	13	607.480	购买以进行土地投机	租给农民耕种
新市	25	753.887	购买以进行土地投机	租给农民耕种
吴淞	1	18.300	购买以进行土地投机	租给农民耕种
总计	64	2786.759	—	—

全部郊区除洋泾、杨思、龙华三区外，其他各区都有地产公司的土地，总数达2786.759亩。其中尤以新市、江湾、新泾三区为最多，而所占土地大都分布在交通要道，能建立工厂、仓库与市房、大楼的地方。占有目的并不是为了自己使用，而是等待市区扩展，工商业需用土地时高价卖出，谋取暴利。因此，地产公司之占有土地，完全是投机买卖的性质。

四、公司企业土地

各区公司企业占有土地情况

区别	占有单位	占有土地	来源及占有目的	使用情况
高桥	0	0	—	—
洋泾	0	0	—	—
杨思	1	70.510	购买12亩,余为申粮地	原作木行基地,现租给农民耕种
龙华	0	0	—	—
新泾	5	20.295	购买,1户拟建厂,计10.736亩	宅基3.38亩,余租给农民耕种
真如	4	71.600	购买,3户拟建厂,计41.6亩	现租给农民耕种
大场	0	0	—	—
江湾	3	57.600	购买,用作建造仓库	租给农民耕种
新市	6	221.090	购买,有的作基地,有的贩卖	租给农民耕种
吴淞	0	0	—	—
总计	19	441.095	—	—

有19个企业公司在郊区占有土地，共计441.095亩，除3.38亩为宅基外，余全部出租。占有土地之目的除部分是为了建厂外（如大华科学仪器公司占有之10.736亩厂基），大部分是独占土地，等待机会高价卖出，与地产公司无甚区别。

五、工厂土地

各区工厂占有土地情况

区别	性质	占有单位	占有土地	使用情况
真如	公营	1	140.000	房子40间。一部是农田，约70亩，余为厂基
	私营	10	141.841	出租农田77.626亩，余64.215亩为厂基
吴淞	公营	1	152.238	60亩在厂外未用，自用计92.238亩
	私营	1	166.357	158.076亩为厂基，8.281亩为公浜
江湾	公营	0	0	—
	私营	15	776.628	458.614亩为厂基，318.014亩出租给农民耕种
新市	公营	0	0	—
	私营	13	1150.470	701亩为厂基，449.470亩为农田，出租
大场	公营	0	0	—
	私营	1	7.300	农田，出租
龙华	公营	1	387.000	107亩农田为孤儿院使用，40亩被群众造房屋，240亩为厂基
	私营	14	1010.043	399.866亩农田，75.268亩是砖厂的原料地，余厂基计534.909亩
新泾	公营	1	36.527	厂基
	私营	16	433.941	厂基
洋泾	公营	0	0	—
	私营	0	0	—
杨思	公营	0	0	—
	私营	0	0	—
高桥	公营	0	0	—
	私营	0	0	—
总计	公营	4	715.765	—
	私营	70	3686.580	—

全郊区据不完全统计共有公私工厂74家，占有土地4402.345亩，已作厂基的有2789.52亩，占全部工厂占有土地的63.36%，现为农田而出租的有1429.276亩，占总占有土地的32.47%。这些农田有的是尚未建厂，故暂时出租；有的是工厂在抗日战争中被毁，尚未恢复，而由农民开垦耕种。

六、牧场、农场、苗圃土地

各区牧场情况统计表

区别	占有单位	占有土地（亩）	职工人数	使用情况	建立时间	备注
江湾	1	3	—	牧场基地1亩	—	2亩出租
大场	1	127	47	牛舍、养牛场地	—	国营
龙华	1	43	4	同上	1932	
新泾	1	16	19	同上	—	
真如	1	68	4	种草给牛吃	1934	现只种草10亩，余种庄稼
新市	1	25	—	牧场基地18亩	1942	出租农田7亩
总计	6	282	74	—	—	

各区农场情况

区别	性质	占有单位	建立时间		占有土地	职工人数	设备情况	管理与经营情况	备注
			解放前	解放后					
高桥	公营	1	0	1	34.400	7	抽水机1架	作农业试验	系高行农校
	私营	1	1	0	17.100	1	孵鸡机、采蜜机各一	养家禽与蜜蜂	租入0.8亩地
洋泾	公营	1	1	0	25.000	0	无	试验改良种现停办，地由区政府接管	
	私营	1	1	0	32.000	0	机器磨子、弹花机各一	作一般的农业生产，机器磨子等不直接用在农作上	租入地22亩
杨思	公营	0	0	0	0	0	—	—	
	私营	1	1	0	38.071	2	无	种植桃树、麻菇，接种花木，解放前有技师1人，解放后辞去	
龙华	公营	1	1	0	120.000	0	无	监狱农场、教养院与部队耕种土地	
	私营	14	14	0	395.235	30	一个农场解放前有温室现已毁	一般的农业生产，3所停办，111.255亩出租	
新泾	公营	2	0	2	160.000	95	无	作一般种植，一个为监狱农场	
	私营	15	3	12	317.784	61	3所有温床	有技术员，作一般的农业生产	

续表

区别	性质	占有单位	建立时间		占有土地	职工人数	设备情况	管理与经营情况	备注
			解放前	解放后					
真如	公营	0	0	0	0	0	—	—	
	私营	14	14	0	585.127	13	无	种一般农作物，9所已停办，土地384.434亩出租	现营的租入8亩
大场	公营	0	0	0	0	0	—	—	
	私营	8	6	2	360.500	20	无	2所已停办，土地125亩出租，另有3所亦出租土地190亩，自营土地作一般农业生产	
江湾	公营	2	2	0	1470.000	31	无	1所作试验，1所作一般耕种	
	私营	3	2	1	30.750	0	1所有简单新式农具	一般农业生产	租入地5亩
新市	公营	1	1	0	350.000	48	拖拉机2部	种棉花	
	私营	4	4	0	121.100	14	无	作一般农业生产	
吴淞	公营	0	0	0	0	0	—	—	
	私营	2	2	0	34.744	24	无	桃园	
总计	公营	8	5	3	2159.400	181	—	—	
	私营	63	48	15	1932.411	165	—	—	

各区苗圃情况表

区别	苗圃数	占有土地	职工数	经营情况
吴淞	1	2.000	—	种桑树、梧桐等
江湾	1	3.500	—	只种少数树，其他土地现作农田
龙华	1	3.000	（临时工）2	温室二座，温床一座，种植花苗
高桥	0	0	0	—
真如	3	258.832	4	专种树苗，小部出租，部分为普通农田
新泾	1	70.000	12	专植树苗
总计	7	337.332	18	—

郊区牧场除一所为国营外，余均为私营。所占有土地一般都是建牛舍、或作放牧场所，出租极少。私营牧场的经营多带有资本主义的性质。

农场、苗圃则情况较为复杂。如郊区71个农场中，公营计8个，私营63个，共有工人346人，占有土地4091.811亩；其中解放前建立的53个，解放后建立的18个。现已停办的农场有15个，其土地620.689亩出租给农民耕种。此外，继续经营的农场也有土地190亩出租，现有的55个公私营农场共使用土地3471.122亩（洋泾区公营农场1所亦已停办，其占有土地25亩为区政府接管）。

这些农场、苗圃，除若干公立农业试验所外，绝大部分是没有进步的生产设备。有的虽有些温室、温床及简单的新式农具，但数量既少，又缺乏科学的技术指导，管理亦不完善，所以不但种植的农作物大部为普通作物，且其收获量往往不及一般农田。某些私营农场实际上近似经营地主。

七、学校土地

各区学校土地概况统计表

<table>
<tr><th rowspan="2">区别</th><th rowspan="2">性质</th><th rowspan="2">占有单位</th><th rowspan="2">占有面积</th><th colspan="4">使用情况</th><th rowspan="2">备注</th></tr>
<tr><th>校基</th><th>农田</th><th>出租</th><th>荒地</th></tr>
<tr><td rowspan="2">杨思</td><td>公立</td><td>21</td><td>74.592</td><td>61.391</td><td>12.591</td><td>0.480</td><td>0.130</td><td rowspan="2">内租用地9.41亩，借用9.571亩</td></tr>
<tr><td>私立</td><td>2</td><td>33.524</td><td>6.000</td><td>0</td><td>27.524</td><td>0</td></tr>
<tr><td rowspan="2">新市</td><td>公立</td><td>4</td><td>444.000</td><td>249.000</td><td>128.000</td><td>66.000</td><td>1.000</td><td rowspan="2">黄长乡未统计在内，农场1个占地100亩；沪江大学占地360亩</td></tr>
<tr><td>私立</td><td>6</td><td>601.800</td><td>372.050</td><td>207.250</td><td>0</td><td>22.500</td></tr>
<tr><td rowspan="2">洋泾</td><td>公立</td><td>13</td><td>34.367</td><td>23.792</td><td>7.575</td><td>3.000</td><td>0</td><td rowspan="2">内借用1.6亩，租用2亩，7个私立教会学校未统计在内</td></tr>
<tr><td>私立</td><td>9</td><td>21.500</td><td>17.000</td><td>4.500</td><td>0</td><td>0</td></tr>
<tr><td rowspan="2">大场</td><td>公立</td><td>3</td><td>46.991</td><td>24.928</td><td>14.063</td><td>4.000</td><td>4.000</td><td rowspan="2">内彭浦国校土地没统计在内</td></tr>
<tr><td>私立</td><td>2</td><td>10.003</td><td>3.003</td><td>0</td><td>0</td><td>7.000</td></tr>
<tr><td rowspan="2">吴淞</td><td>公立</td><td>3</td><td>13.520</td><td>0</td><td>0</td><td>0</td><td>0</td><td rowspan="2">公校土地使用情况不明，因战争的影响其中大部已成农田</td></tr>
<tr><td>私立</td><td>2</td><td>90.275</td><td>0</td><td>0</td><td>0</td><td>0</td></tr>
<tr><td rowspan="2">新泾</td><td>公立</td><td>22</td><td>84.200</td><td>84.200</td><td>0</td><td>0</td><td>0</td><td rowspan="2">内有英人私立盲童学校一所占26.015亩</td></tr>
<tr><td>私立</td><td>7</td><td>213.097</td><td>0</td><td>0</td><td>0</td><td>0</td></tr>
<tr><td rowspan="2">真如</td><td>公立</td><td>1</td><td>20.260</td><td>0</td><td>0</td><td>0</td><td>0</td><td rowspan="2">使用情况不明</td></tr>
<tr><td>私立</td><td>1</td><td>12.856</td><td>7.856</td><td>0</td><td>5.000</td><td>0</td></tr>
<tr><td rowspan="2">龙华</td><td>公立</td><td>8</td><td>529.350</td><td>313.950</td><td>90.720</td><td>19.700</td><td>104.980</td><td rowspan="2">内农场两个占地130亩，法国天主堂办学校一所占3.48亩，有17亩租用地</td></tr>
<tr><td>私立</td><td>9</td><td>397.476</td><td>45.636</td><td>290.540</td><td>61.300</td><td>0</td></tr>
<tr><td rowspan="2">高桥</td><td>公立</td><td>31</td><td>276.681</td><td>256.389</td><td>20.292</td><td>0</td><td>0</td><td rowspan="2"></td></tr>
<tr><td>私立</td><td>4</td><td>27.816</td><td>27.816</td><td>0</td><td>0</td><td>0</td></tr>
</table>

续表

区别	性质	占有单位	占有面积	使用情况				备注
				校基	农田	出租	荒地	
江湾	公立	9	141.530	16.020	35.000	8.710	81.800	内音乐院上海分院占地 80 亩
	私立	1	67.497	0	0	0	0	
总计	公立	115	1665.491	1029.670	308.241	101.890	191.910	使用情况栏内校基一项包括房屋、操场、球场、校园、草圃等
	私立	43	1475.844	479.361	502.290	93.824	29.500	

部分学校土地在未建校前，很多是庙产、庵产、祠堂土地、公地或圈用土地；亦有若干为教会产业；另一部分私立学校土地是地方上捐献的。

有些学校将校园外的多余土地出租，以租金补助学校经费。此外，尚有少数学校（如复旦大学、七宝农业职业学校）拥有农场，雇有工人耕种。

八、花园、别墅土地

各区花园、别墅、土地统计表

区名	面积	使用概况
新市	64.000	大都为上海资本家占有，已有 20 余亩垦为农田（材料不完全）
江湾	250.000	大部分为花园洋房宅地，极小部分系耕地
吴淞	0	—
大场	303.000	使用情况不明
新泾	1468.666	大部为工商业家、高级职员等的别墅，极小部分由代管人耕种
龙华	266.745	除房屋、园地 45 亩外，其余 200 多亩全部出租给农民使用
杨思	12.300	花园
洋泾	0	—
高桥	0	—
真如	91.510	大部分为别墅，极小部分由代管人耕种
总计	2456.221	—

郊区之别墅、花园多为城市工商业家占有，作为夏天或假日休息作乐之用。其面积一般在 1 亩至 10 亩之间。房主除据有住宅、草地外，通常还占有附近之小块田地，这些土地大多为代管人或近地农民耕种，不收租，但佃户需为房主照管房屋。

有一些所谓“花园”的土地，实际上只有小部分为墓地或种些花草，大部分土地已成农田。如龙华区几个花园，占有土地达266.745亩，其中大部出租给农民耕种，与一般地主出租土地无异。

九、其他特殊土地

除上述各种特殊土地外，上海郊区尚有公墓、会馆土地3809.144亩；庙宇土地1695.521亩；祠堂土地5527.956亩；圈用地及公地10 160.39亩（大部为军用，飞机场土地不在内）；慈善机关土地1735.603亩；医院土地451.306亩；无主土地6543.735亩；荒地3577.543亩；浮土地（黄浦江浮出水面之土地）1666.378亩；鱼塘、藕池 1022 亩；其他土地302.832亩。

中共上海市市郊工委政策研究组

1951 年 1 月

上海市虹桥镇农村经济调查

一、概况

虹桥镇在上海西郊，属龙华区，大部农民都是种植蔬菜的，间有因不易引水灌溉而种植小麦、棉花、黄豆的。由于在大都市边上，所以农民的农业生产品除自用外，完全供应上海市区。菜农的产品，因为时间和人力的限制，很少直接运到市区，都在虹桥镇的菜行出售，菜行从中抽取 5%的佣金，中间剥削相当重。

虹桥镇共有人口 1432 人，除本地人外，有少数的苏、浙、皖、鲁等地迁来的人口。

二、地权分配情况

虹桥镇共有居民 312 户，经调查有土地租佃关系的户数共 199 户，现在就 199 户的不同成份中，调查其租佃关系，列表统计如后：

虹桥镇租佃关系分析表

成份	地主	富农	中农	贫农	商人	独立劳动者	小贩	教员	其他	总计
户数	8	13	32	57	49	21	16	2	1	199
百分比	4.0	6.5	16.1	28.7	24.6	10.6	8.0	1.0	0.5	100.0
人数	38	73	155	256	272	83	73	11	1	962
百分比	4.0	7.6	16.1	26.6	28.3	8.6	7.6	1.1	0.1	100.0
成人数	20	46	95	156	161	50	45	6	1	580
百分比	3.4	7.9	16.4	26.9	27.8	8.6	7.8	1.0	0.2	100.0
占有田亩	483.0	234.4	155.3	111.8	182.3	40.0	43.0	5.5	1.2	1256.5

续表

成份	地主	富农	中农	贫农	商人	独立劳动者	小贩	教员	其他	总计
占总占有田亩之百分比	38.4	18.7	12.4	8.9	14.5	3.2	3.4	0.4	0.1	100.0
每人平均田亩	12.7	3.2	1.0	0.4	0.7	0.5	0.6	0.5	1.2	1.3
租入田亩	3.2	18.3	100.4	169.5	26.6	25.5	7.2	0.8	—	351.5
占总租入田亩之百分比	0.9	5.2	28.6	48.2	7.6	7.3	2.0	0.2	—	100.0
租出田亩	462.7	152.8	44.8	6.0	103.3	19.3	14.9	2.0	—	805.8
占总租出田亩之百分比	57.4	19.0	5.6	0.7	12.8	2.4	1.8	0.3	—	100.0
使用田亩	23.5	99.9	210.9	275.3	105.6	46.2	35.3	4.3	1.2	802.2
占总使用田亩之百分比	2.9	12.5	26.3	34.3	13.2	5.8	4.4	0.5	0.1	100.0

附注：1.成人指 18 岁以上的人。2."其他"一户系宗教职业者。

从上表可见占全户数 4％的地主，竟拥有土地 483 亩，占总亩数的38.4％，而占44.8％的中农、贫农户，只占有田亩267.1亩，仅占总亩数的21.3％，地权之不平均由此可见。地主、富农虽然拥有不少土地，但表中仍有租入田亩21.5亩，这并不是说，地主、富农于耕种自己土地之外，再租入别人土地耕种，而是大部分为地主、富农凭借其封建势力或政治势力（如乡镇保甲长）把上海人或外县人的风水田（坟地）取得支配权，因为按照习俗，风水田是不付租子的，仅须于扫墓或年节时送些蔬菜礼物就可以了。地主、富农取得这些土地的支配权后，再以高租转租给贫农，以二地主身份，坐收其利。至于本身从事劳动的富农，则往往以肥沃的风水田给自己种，再把自己种不完的坏田租给贫农。

表中 8 户地主有人口 38 人，成人数有 20 人，而使用田亩仅23.5亩，为其占有田亩的4.87％，其余95.13％的土地全部出租，不劳而获。

表中贫农户数有 57 户，人数有 256 人，占有田111.8亩，平均每人仅有0.44亩，何以糊口！因此不得不向地主、富农租入土地从事耕种。表中贫农租入土地共169.5亩，占总租入田亩的48.2％。

虹桥镇的商人，除了几家较大的铺子外，大都是半农半商的，光靠买卖收入，不足赡家，因此在空暇时，家中的剩余劳动力，全部从事田间耕作。

三、租佃制度和剥削情形

虹桥镇的租佃制度相当复杂，其中以包租、分租、积佃为最多，分述如下：

甲、包租——就是定租制，因土地的肥瘠，租额也不等，以每亩每年 5 斗米左右的最普通，最少的每亩每年 1 斗米，最高的有 1 石米或 1 石米以上的。

虹桥镇农民租入土地中包租租额统计表

租额分组(每亩;斗米)	亩数	占总包租亩数之百分比
0.51—1.50	2.0	1.6
1.51—2.50	8.2	6.5
2.51—3.50	22.6	17.8
3.51—4.50	24.7	19.4
4.51—5.50	35.4	27.9
5.51—6.50	19.7	15.5
6.51—7.50	10.3	8.1
7.51—10.50	4.1	3.2
总计	127.0	100.00

注:1.上表是未经过减租的数字。
2.最近租额不明或未定的都不统计在内,故总数少于前表出租亩数。

乙、分租——分租有两种形式，一种是地主什么都不负担，一种是地主佃户各出种子、肥料的一半，收获后照原来契约规定成数分配，一般都是对半分，间或有三七分、四六分的。

行分租制的土地，佃户到田里收菜时，要预先通知地主，否则以私自取菜当小偷论罪。

丙、积佃——相当于押租，地主急于用钱时，将土地押给佃户耕种，讲明耕种年限，积佃费用，到期还钱还田，积佃期间的所有权暂时属于佃户。这种租佃形式的剥削是很重的，一亩田积佃给佃户，时期有一年的、三年的、五年的，佃户先要一次付给地主积佃租 3 担米或 4 担米，最高有到 5 担米一亩的。积佃期间，佃户不付租，地主不付利息，但契约上写明到期还钱是不按实物折算的。在敌伪和国民党反动统治时期，由于纸币不断贬值，到还钱时，那笔款子已只够买一包火柴了，因此有些狡猾的地主，往往本身并不急需款项，也把田地高价积佃给佃户，一次收进不少米款，利用这笔钱放高利贷，或再买进新田，或到城市里做生意，从事投机，而到期时只须按照契约规定把极少数的钱还给佃户就可以了。

积佃的田，一般要比普通的田好些，农民往往昧于近利，不惜以重利佃进。

丁、种青——佃户先交三年或五年的租，然后种田，这种租制在敌伪和国民党反动统治时期很多，是一种最最厉害的租制，剥削最重。

戊、风水田（坟田）——大都是上海地主在乡下买了一块田地做坟地，仍由原业主的农民耕种，名义上佃户不交租子，只替地主看管土地，不过佃户于清明、重阳扫墓时对主人要招待，逢年过节要送些新鲜蔬菜去。

己、不收租——主佃因亲戚至友关系不收租钱，但这种土地为数较少。

庚、其他——凡不属于以上各种租佃制度的，或租佃情况不明的，归入此项。如“代种租”，地主以一份土地租给佃户不收租金，但佃户要无酬地为地主耕种部分的土地，相当于劳役地租，剥削也很重。

虹桥镇租佃制度分析表

租佃制度	租入亩数	占总租入亩数之百分比	租出亩数	占总租出亩数之百分比
包租	163.7	46.6	596.8	74.1
分租	20.0	5.7	23.5	2.9
积佃	40.3	11.4	84.9	10.5
种青	8.0	2.3	2.5	0.3
风水田	63.6	18.1	2.9	0.4
不收租	15.9	4.5	16.5	2.0
其他	40.0	11.4	78.7	9.8
总计	351.5	100.0	805.8	100.0

四、蔬菜的运销情形及中间剥削

蔬菜从生产者手中到消费者手中，其中过程并不简单，至少要经过三重剥削，多至五六重，运销过程如后：

菜农为什么不直接运到市区卖给消费者，或不经菜行直接卖给菜贩而免除许多中间剥削呢？主要是菜农没有空余时间和缺乏运输工具，同时菜价的上落无定，菜农与菜贩间无法获得一公平合理菜价，因菜农不明市价，不熟悉市场供求情形，菜价开低了怕自己吃亏，价要高了，菜贩不要，彼此的价是否正确，也没有标准，菜贩也有同样的顾虑，大家宁愿吃些亏到菜行交易。

菜行是道地的中间剥削者，它仅仅为菜农与菜贩做一套所谓“公证”手续，就可平白地从菜农身上榨取5%的佣金（在解放前佣金达10%，解放初期还是7%，后减为5%），如以每一菜农一年中被菜行剥削去的佣金加起来，将是一个惊人的数目。

菜贩在菜行中买得蔬菜后，也并不都是卖给消费者的，他们大都卖给小菜场的摊贩（或本身就在小菜场中设摊的），或卖给市区的伙食店，只有小部分直接与消费者交易，有的菜贩，甚至再卖给徐家汇或十六铺菜行，再由菜行卖给小菜场摊贩，其中转折之多，令人难以想像。

（转载1949年12月《经济周报》第10卷第八、九期）

南京市郊区农村概况

南京市郊区有五个半区，计：八区（燕子矶）、九区（汤山）、十区（南郊）、十一区（上新河）、陵园区（以中山陵园为中心）及七区（两浦）的一部分农村（计有2个乡的农村区域）。

共计57个乡、镇（48个乡、9个镇），624个自然村，170 150人（内农业人口110 700人，非农业人口59 450人），公地59 012亩，私地292 700亩。

在土地占有情况上：沿江之号圩田、洲地较集中，如八区四合圩4户地主即占有土地万亩，十一区之江心洲2万多亩土地，1/3以上为地主所占有。近郊地区则较分散，一般地主占有土地大多在50至100亩左右，且星罗棋布的散在各地，很少有集中一处者。公地以陵园及八区为最多（八区八卦洲47 000多亩地，几全为公地），十一区为最少。另外还有祠堂、庙宇、会馆、慈善团体、机关、学校、工商业资本家兼地主及小土地出租者等占有的土地。愈是近郊则占有情况愈复杂。

在土地经营上也极分散，除洲地尚有自耕百亩者外，一般中、富农多耕种20至30亩左右，经营方法上相当落后，大规模投资于农业经营的几乎没有，除群众公有的抽水机和八卦洲的拖拉机外，无进步设施。

以上情况说明：不论土地的占有与经营均是愈近城郊愈分散，根据几种类型的典型调查，各地区最少每人平均0.56亩（农业人口平均每人1.04亩，此系近郊），在江心洲及两浦的田，极少数地区的情况是每人平均4亩。因此，在近郊地区的一个显著特点是人多地少。

由于土地占有的分散与复杂，小土地出租者甚多，地主又多居住城内兼营工商业，故表现在土地关系上极为复杂。

在租佃关系上，一般均为定租与分租，租额很重，且有残酷地额外剥削，佃户有交三四次押板金的，严重的已超过地价，租额每亩高的至1石5斗，低的也要1石2斗，佃入土地者一般均为无地或少地的贫苦农民。

无论定租、分租或阴庄租，其剥削分量均达农民收获量的一半，农民缴租10年即可买到同样一块地，甚至超过。有些出租菜园的地主则看什么办法剥削得最多就采用什么办法，没有一定的租制；钱租合适要钱，粮食贵了要粮食，菜贵了要实物，并时常增加租额，还有预交租。押金则很普遍，多者佃户要交三四次，抗战前交银元，日伪时代要伪币，国民党反动派统治时代要伪法币伪金圆券，农民被逼，为了交租又要遭受高利贷的苛刻剥削。地主验田看成时，农民还要请地主吃大饭；一年三节或地主家遇有红白事，农民要送礼；平时农民要无报酬的替地主修屋、晒粮、碾米、打杂，而农民终年劳动不得温饱。有些恶霸地主如七里洲的萧月波，还勾结官府，杀害农民，焚烧房屋，霸占田产，抢夺妇女，鱼肉人民，无恶不作。十一区地主陈良智，曾在其任伪区长时屠杀30余个农民。所以在郊区之地主阶级与过去的反动统治紧紧结合一起，其中许多是过去的官僚，因此在郊区的地主阶级对农民的政治上的压迫与经济上的剥削是十分严重的，并不比一般农村为轻，反而剥削花样更多，统治手段更加毒辣。

1951年1月调查

杭州市郊区农村概况

杭州市近郊共5个区，30个乡，138个村（靠城区的街道除外）共120 329人，农业人口99 415人，总面积248 150亩，其中耕地面积：地83 876亩，田36 929亩，共120 805亩，荒地及山64 826亩，坟20 804亩，荡6014亩，林木16 610亩，基地18 639亩，其他452亩。占有情况据初步了解是：地主20 560亩，庙田14 713亩，社田1431亩，其他阶层22 326亩（包括义庄、祭祀田、学田等在内)。关于占有情况的调查是很不完整的，对其他阶层的占有情况均未调查。

郊区 30 个乡中，离城较远的有 14 个乡，绝大部分人口是农民，每人平均耕地在 1 亩半左右，主要是靠农业收入维持生活；靠城近的有 16 个乡，农业人口平均每人耕地半亩到 1 亩，有的村每人平均只有 3 分左右。

郊区出租土地的占有情况很复杂，业主除地主外，工商业家、官僚、庙宇等都占有很大数量，同时有些工人、职员、小贩也占有一部分土地，据弄口一个乡的调查，外籍业主共 499 户，占有土地 2288 亩；计地主 65 户，占有土地 571 亩；地主兼工商业者 58 户，占有土地 594 亩；富农 14 户，占有土地 86 亩；工商业者 66 户，占有土地 209 亩；小土地出租者 222 户，占有土地 587 亩；其他 74 户，占有土地 241 亩；此外，另有公地 76 亩。地主、富农多数兼营工商业，农民中部分兼做小贩及各种手工业生产。

郊区的农业生产粮食很少，大部分是经济作物，除稻田外，耕地83 876亩中，麻地26 400亩，棉地14 790亩，其他大部是菜地，在生产中使用劳力较多，工本较大，因此，生产量一般是高的，但由于地主阶级的残酷剥削，及投机商人的操纵市场，农民生活仍是极度痛苦的。

1951 年春调查

无锡市郊区农村概况

无锡市郊区计：南郊有新民、保安、新竹、新本、芦村、羊北六乡；西郊有山南、山北二乡；北郊有五河、黄巷二乡，共 10 个乡。此外还有一个行政上直属市区的李庄村。

郊区农村中有相当数量的非农业人口，据 15 个村调查材料，在总人口22 918人中，职工计 3435 人，其他商人、小贩、手工业者计 2093 人。

兹将郊区土地情况说明如下：

(一) 一般说土地占有关系比较复杂，就租佃情况来看，据所调查的16 377.468亩使用土地中，佃田就有6671.433亩，占总土地的40.7%(这些租田中灰肥田约占 90%)。同时南北郊区具体情况不同：北郊所调查的 6 个村共有土地3918.571亩，其中佃田有2810.642亩，达总土地数的71.7%；所调查的西郊土地计 2011 亩，佃田有1137.667亩，占56.6%；南郊所调查的10 447.897亩土地中，佃田有2723.124亩，占26.1%。这些出租土地，虽大部分掌握在地主手中，但亦有部分是为城市工人、小贩占有，如北郊五和村 608 亩佃田中，小土地出租者出租的共有160.71亩，占26.4%。此外，尚有许多地主向城市工商业投资，逐渐转化为工商业家兼地主，或地主兼工商业者。

(二) 土地使用比较分散：因郊区人口较多，很多农民须依城市生活，根据爱和村调查，每人平均使用土地数为1.1亩(这还是郊区最多的)。全村 379 户中，超过平均数一倍以上者，只有 3 户，这说明了土地使用分散的程度。

(三) 特殊土地较多。无锡为苏南主要工业城市，工商业家在四郊占有土地者为数颇多，如南门铁业公司占有土地三四十亩，茂兴公司有地 40 多亩，北郊启新纱厂有地 30 余亩，华新丝厂有桑田 200 余亩，这些土地，有的是准备用来建厂的，但目前大多租给农民或雇人耕种，市郊一些私人农场亦占有部分土地。此外，慈善机关（如同仁堂、成人德堂、施材局等）、祠堂、公墓、教堂等都占有数量不等的土地。

1950年12月调查

附录：无锡市郊杨北乡工商业家占有土地情况调查

无锡市郊杨北乡工商业家占有土地情况统计如下：

无锡市郊杨北乡工商业家占有土地情况统计表

成份	村名	户口	人口		占有土地				
					自营			出租	合计
			在家	在外	自耕	雇人耕种	小计		
工业资本家	济南村	2	1	10	0.15	8.520	8.670	0	8.670
	镇溪村	2	2	11	0	4.000	4.000	13.880	17.880
	盛北村	1	2	4	0	1.390	1.390	5.604	6.994
	盛东村	2	0	11	0	0	0	21.578	21.578
	耕读村	5	11	29	0	3.000	3.000	34.927	37.927
	曹婆村	5	6	9	5.309	8.189	13.498	21.633	35.131
	蠡东村	3	0	17	0	3.444	3.444	26.460	29.904
	小计	20	22	91	5.459	28.543	34.002	124.082	158.084
商业资本家	济南村	6	1	41	0.960	5.170	6.130	37.660	43.790
	镇溪村	6	37	24	0	28.730	28.730	20.520	49.250
	盛北村	7	10	33	0	23.205	23.205	18.155	41.360
	盛东村	4	8	18	0	10.290	10.290	15.755	26.045
	耕读村	3	1	11	0.315	0	0.315	10.800	11.115
	曹婆村	3	0	22	0	17.976	17.976	8.190	26.166
	蠡东村	3	4	20	3.551	0	3.551	13.539	17.090
	小计	32	61	169	4.826	85.371	90.197	124.619	214.816

续表

成份	村名	户口	人口		占有土地				
					自营			出租	合计
			在家	在外	自耕	雇人耕种	小计		
手工业资本家	济南村	0	0	0	0	0	0	0	0
	镇溪村	3	10	14	0.650	6.810	7.460	3.390	10.850
	盛北村	2	0	10	0	0.900	0.900	4.429	5.329
	盛东村	0	0	0	0	0	0	0	0
	耕读村	1	0	8	0	0	0	1.761	1.761
	曹婆村	1	0	0	0.430	0	0.430	1.500	1.930
	蠡东村	1	12	5	0	9.506	9.506	0	9.506
	小计	8	22	37	1.080	17.216	18.296	11.080	29.376
合计		60	105	297	11.365	131.130	142.495	259.781	402.276
备注	1. 工业资本家在曹婆村缺 2 户人口，蠡东村缺 2 户人口。 2. 商业资本家在盛北村缺 1 户人口，耕读村缺 1 户人口，曹婆村缺 1 户人口。 3. 商业资本家项内之雇人耕种中有 10.981 亩土地系托人代耕。 4. 工业资本家项内雇人耕种中有 3.39 亩土地托人代耕。 5. 商业资本家内 1 户占有 5.616 亩土地，原出租，现收回雇人耕种。 6. 商业资本家内有 1 户原在无锡开银楼，解放后歇业，全家 13 人返家 5 人，其中有 1 人已参加农业劳动。								

在杨北乡占有土地房屋者共有 80 户工商业家，其中有 20 户因材料不全，故上表统计数字为 60 户。

从 60 户统计材料来看，以商业资本家为最多（共 32 户）；工业资本家次之（20 户）；手工业资本家最少（8 户）。这些资本家散布在沪宁各大城市。其中在上海 37 户（包括商业资本家 19 户，工业资本家 13 户，手工业资本家 5 户）；在无锡 20 户（包括商业资本家 11 户，工业资本家 6 户，手工业资本家 3 户），在其他城市 3 户（包括商业资本家 2 户，工业资本家 1 户）。在商业资本家中，以开铁行为最多，计有 12 户，其他计开米行的 4 户，瓷器栈、药材店、木行等各 2 户，肉庄、南货杂号、五金店、嫁妆店、银楼、绸庄、槽坊、桐油麻丝店、南货店、布店等各 1 户。工业资本家中，计开机器厂的 7 户，铁工厂的 4 户，棉花打包厂的 2 户，纱厂、丝厂、袜厂、橡胶厂、造船机器厂、帽织厂、马达修理厂各 1 户。手工业资本家中开铜作的 2 户，漆店、电镀作、铁匠店、草帽店、棋子工场、糖坊等各 1 户。

这些资本家在郊区占有的土地，最多一户占有23.737亩，最少的则占1.213亩。这些土地大部系出租或雇人耕种（包括托人代耕），但也有少数自己家中有人参加农业劳动的。有些户则自己耕种一部，出租或雇人耕种一部。

1951 年 2 月调查

济南市郊区农村概况

济南市郊区除新划归郊区的郊五区外，包括原八、九、十、十一 4 个区的农村，共 33 个乡镇，186 个自然村。共约有23 000多户，10 万左右人口（郊区人口流动性甚大，现较前略减），约有耕地 13 万亩左右，平均每人约有土地 1 亩 3 分至 1 亩 5 分。

土地占有虽较一般农村为分散，且公地与特殊土地很多，但仍然是地主阶级（不到3.5%的人口）占有较大量的而且较好的土地（占总土地的 15%以上，约20 400余亩），个别乡（如老屯）的地主，占人口 5%，占地 20%左右。地主一般每人平均占有土地在 5 亩以上。富农约占总人口的百分之三四，占有土地 10%以上，每人平均 3 亩左右。中农占人口 30%，占有土地 45%，每人平均约1.5亩。至于贫农、雇农，则人数占 30%（约35 000人），而土地仅占 15%至 25%，平均每人只有八九分地。其他如工人、贫民、小贩、自由职业者等占人口 30%以上，约占土地 2%至 6%。

农民租种地主土地，租额一般占产量的 50%至 70%。且有种种额外剥削，这一不合理的土地剥削制度的存在，成了郊区地主一贯统治压迫农民的物质基础。

此外，郊区土地在占有关系上尚有如下的特点：

（一）地少人多，土地分布及占有情况极不平衡，并有不少学田、义地及教会土地等。土地的使用分散，经营也很落后。在占有土地中，藕田、稻田、菜园很多（水田约有 4000 多亩，园田约有 2 万亩），农作物中园艺作物占很大的比例，农产品商品化的程度很高。

（二）阶级关系特别复杂，有地主兼营工商业者，亦有工商业家兼有出租土地的，城市各阶层在郊区都有小量土地出租，内有自由职业者、小贩、手工业者、工人，以及鳏、寡、孤、独等；也有租入土地后再租出的；而且有些人职业复杂，个人或家属兼有一二种职业，成份较难划分。

（三）各村均杂居有大量非农业人口，约占 20%，个别区占 25%，这些人多为工人、小贩或手工业者，其中亦有人附带耕种小块土地。

1951 年 1 月调查

苏州市郊区土地关系的特点

（一）苏州市郊区人口很多，农民兼营副业者亦不少。据葑门外石炮头村调查，全村共有 194 户，685 人，每人平均使用土地0.99亩，而每人平均占有土地仅0.29亩。又据南园 7 个村的调查，共有 132 户，555 人，占有土地102.14亩，每人平均0.18亩；使用土地426.24亩，每人平均0.77亩。由于人多地少，劳动力有余，而且距城较近，购粪便利，一般农民对土地都是精耕细作的。这些土地，很多已变为肥沃黑土；同时边种边收，土地间歇的时间很少。

由于接近城市，郊区居民经营副业者很多，而且副业的种类极其复杂。如葑门外石炮头村全村 685 人中，依靠各种手工业及副业为生的就有 390 人，占56.93%；这些人都或多或少的兼种一些土地。副业的种类则有：捉鱼虾、打蒲包、洗衣服、做草纸、烧窑、做灯草、贩花、做锡箔、打草席草绳、贩水果、捉田螺、做泥水木匠、补锅、做吹手、糊火柴等十数种之多。

此外，郊区的外籍人口也很多。如苏州市郊共有27 549户，125 973人，其中苏北、浙江等外籍户计18 313户，占总户数的66.47%；外籍人口计78 945人，占总人口的62.67%。

（二）租佃情况复杂。郊区占有和出租土地的业主，各阶层均有，城市各阶层（主要是工商业家）占有的土地，除租给一般农民耕种外，有的用作厂基、仓库、煤栈等；有的建筑公馆、别墅或作坟场、义冢；有的作为投机商投机的对象，情况相当复杂。据杨家巷新村路的调查，共有业主 12 户（公产户数未计），占有土地134.1亩，其中地主 1 户，占有 30 亩；富农 1 户，占有 25 亩；小贩 1 户，占有 3 亩；工商业家 1 户，占有 4 亩；工人 2 户占有 17 亩；公产 14.2亩；祠堂 1 户，占有10.75亩；工厂 1 户，占有15.85亩；其他及成份不明者 4 户，占有 14.3亩。

（三）农产品商品化。苏州市郊区的农民，依靠出卖农产品而换取生活资料的很多，因此，农产品商品化，成了郊区的一个特点。据了解，城郊土地中，包括稻田、旱田、澜田、桑田、鱼池、菱池、果园、竹园等土地 10 余种之多。而农产品则有稻、麦、山芋、高粱、玉米、玳玳花、茉莉花、芡米、藕、慈菇、菱、荸荠、灯草、油菜、蚕豆及蔬菜等 20 余种，其中除稻、麦和部分高粱、山芋、玉米等系农民自己食用外，余则全部或大部出售。如以各种土地收益折合计算，则每亩花田栽花的土地，澜田的农产品收益，超过稻田收益的一倍左右。由此可看出商品性农产物在郊区居民生活中所起的作用了。但这些花田、鱼池等特殊土地的种植，需要有较大的工本和较高的技术，因此一个普通的花农也要雇用长工和短工。而技术较高的长工，每年工资最多的能拿到 15 石米，较一般农村的长工为高。

1950 年 12 月调查

镇江市郊区永东乡调查[1]

一、概况

永东乡即解放前永固乡的一部，原有 3 个保，34 个甲；解放后划为 9 个行政村，80 个行政小组，54 个自然村。面积东至金山河，西至大坝，南到杨家港，北至长江；东西长 8 里，南北长 3 里，周围长 22 里。

该乡共有 1142 户，5303 人。农产品以稻、麦、芦柴为主。

［1］ 编者按：永东乡是个中等城市的郊区，它的情况已和一般农村差不多。

二、土地情况

甲、土地占有与使用

该乡各阶层共占有土地7431.18亩，其中自耕6622.7亩，出租808.48亩；共使用土地13 744.41亩，其中佃入7121.71亩。详细数字列表如下：

镇江永东乡各阶层占有和使用土地统计表

成份	户口		人口		占有土地					佃入土地		使用土地		
	户数	百分比	人数	百分比	自耕田	出租田	合计	百分比	每人平均数	亩数	百分比	亩数	百分比	每人平均数
地主	6	0.53	69	1.30	545.87	202.3	748.17	10.07	10.84	10.00	0.14	555.87	4.04	8.06
富农	48	4.20	216	4.07	466.90	161.2	628.10	8.45	2.91	2295.79	32.24	2762.69	20.10	12.79
中农	442	38.70	2066	38.96	3497.91	220.1	3718.01	50.03	1.80	2821.09	39.61	6319.00	45.98	3.06
贫农	512	44.83	2436	45.94	1937.82	50.47	1988.29	26.75	0.82	1897.73	26.65	3835.55	27.91	1.57
职工	37	3.24	148	2.79	47.20	15.60	62.80	0.85	0.42	18.90	0.26	66.10	0.48	0.45
贫民	46	4.03	145	2.73	0	0	0	0	0	23.20	0.33	23.20	0.17	0.16
商人	23	2.02	132	2.49	87.40	79.01	166.41	2.24	1.26	52.60	0.74	140.00	1.02	1.06
宗教职业者	3	0.26	7	0.13	6.50	29.00	35.50	0.48	5.07	0	0	6.50	0.05	0.93
独立劳动者	3	0.26	12	0.23	20.00	0.80	20.80	0.28	1.73	2.40	0.03	22.40	0.16	1.87
其他	22	1.93	72	1.36	13.10	50.00	63.10	0.85	0.88	0	0	13.10	0.09	0.18
总计	1142	100	5303	100	6622.70	808.48	7431.18	100	1.40	7121.71	100	13744.41	100	2.59
备注	其他栏内包括游民、高利贷者及小土地出租者等，其中有16户不占有土地。													

乙、芦柴田情况

全乡共有芦柴田12 200亩，其范围：东至招商局，西接永西乡，南连夹江，北至长江；东西长20里，南北阔3里。这些芦滩，都是由沙洲土地逐渐长成的，但历年来变化很大，长坍不一，如利生洲东岸，原来有1400亩，七八年来，就长起了一倍多；而征润洲三四年来却坍掉了300余亩。

征润洲的2600亩芦滩田（另有一熟地5.52亩），为镇江旗民互助社所占有，这些土地是在满清政府被推翻时，留镇江旗民无法生活，呈准当时的政府予以耕种的，但目前已为少数旗民封建头子如高茂亭等掌握，一般旗民得益不大（留在镇江的旗民有5000余人，生活大多很贫苦）。其他4个洲的9600亩芦滩系陈逸三、马忠义等向伪政府沙田局所承租，租金出水田每亩米2斗至4斗，不出水田每亩1斗左右，这些承租人均与国民党反动政府有关系，或本人就是国民党的官员，他们在每年收割时，临时雇用短工，分别采取“二八”“三七”“四六”等分收办法，剥削雇工劳动，而自己则坐享其成。

三、地租概况

甲、二熟水田：这种田的租米，分为两次缴。即每亩在夏收登场时，缴麦租2斗；秋收登场时，缴租米 4 斗。年成差可以酌减一些。

乙、一熟水田：这种田的租米，必须一次缴清，即每亩在秋收登场时，一次缴白米 4 斗，租米不清，田即被抽回。

丙、二熟旱田：每亩租额，全年小麦、黄豆各 2 斗 5 升，目前这些旱地已变成园田，故不问年成好坏，每年均须缴粮食 5 斗。因此也叫呆租田。

丁、一熟旱田：如镇江旗民互助社出租的5.52亩土地，就是属于这种一熟旱田，其租额原来为钱租，每亩1.6元（折米 3 斗余），后来改收租米，按收获粮好坏评定租额，并且一律采用大秤，同时还要佃户将租米送至镇上。这种田佃户有永佃权，是在开垦缴出了 5 元押板金（约折米 1 石）取得的。

戊、押板田：每亩需押金约熟米 1 石 5 斗，租米照缴，每年米、麦租合计 6 斗。这种田佃户有永佃权，业主不能随便收回。收回时须退还押金。

己、呆租田：这种田的租额呆定，不管年成好坏，租米照缴；租米不清地主即收回土地。如地主萧心田出租在本乡的 377 亩土地，就是这种呆租田，全年租额每亩白米 5 斗，小麦 3 斗。

庚、分租田：这种田多半是鳏、寡、孤、独或缺乏劳动力者所出租。主佃双方各出一半种子和肥料，收获时稻、麦和稻草、麦秆均系平分。

四、高利贷情况

该乡的高利贷剥削情况，有如下几种：

甲、月利：按月交利，每石 2 斗。交不出即利上加利。如第一村许基根，借伪建设厅一科员 3 石米，言明月利每石 2 斗，后因不能按月交付，经过三年，许基根即因此破产，直至目前，尾欠尚未交清。

乙、年利：按年交利，每石 5 斗至 6 斗，交不出也是利上加利。如第二村贫农韦明顺，借外来地主 2 石米，三年不到，本利变成了 6 石 7 斗 5 升。

丙、卖青苗：可分为两种：一是卖稻青；一是卖麦青。是在每年青黄不接时，农民因生活困难，向放债户借债，每石按市价打八折，等稻、麦登场时候还。如五村富农何开福，借给中农叶松有 5 石麦，稻登场时就收进了 5 石米。

五、副业情况

全乡 1142 户中，经营副业的有 394 户，占总户口的34.5%，其中以中农贫农为最多，共计 324 户（中农 158 户），占经营副业户口的82.23%。此外贫民 23 户，富农 15 户，商人 14 户，其他 7 户，职工 6 户，地主 5 户。副业的种类也很复杂，据统计：捉鱼 107 户，划船的 21 户，从事各项手工业和做苦力的 91 户，开磨坊、碾坊和糟坊的 50 户，做小贩或其他职业的 125 户。

六、耕牛和农具

全村共有耕牛 89 头，水车 384 部。其各阶层占有情况：地主占有耕牛 3 头，水车 9 部；富农占有耕牛 13 头，水车 24 部；中农占有耕牛 55 头，水车 202 部；贫农占有耕牛 17 头，水车 131 部；贫民占有耕牛 1 头；职工占有水车 3 部；商人占有水车 8 部；其他占有水车 7 部。

中共镇江地委

1951 年 1 月